Diccionario
Cambridge
POCKET

ENGLISH-SPANISH
ESPAÑOL-INGLÉS
Para estudiantes de inglés

CAMBRIDGE
UNIVERSITY PRESS

CAMBRIDGE
UNIVERSITY PRESS

University Printing House, Cambridge CB2 8BS, United Kingdom

One Liberty Plaza, 20th Floor, New York, NY 10006, USA

477 Williamstown Road, Port Melbourne, VIC 3207, Australia

4843/24, 2nd Floor, Ansari Road, Daryaganj, Delhi – 110002, India

79 Anson Road, #06–04/06, Singapore 079906

José Abascal, 56 – 1°, 28003 Madrid, Spain

EDICIONES SM
c/Impresores 2, Urbanización Prado del Espino, 28660 Boadilla del Monte (Madrid)

Cambridge University Press is part of the University of Cambridge.

It furthers the University's mission by disseminating knowledge in the pursuit of education, learning and research at the highest international levels of excellence.

www.cambridge.org
© Cambridge University Press and Ediciones SM 2008

First published 2009
20 19 18 17 16 15 14 13 12

Printed in Spain by Marbán Libros S.L.
Legal deposit: B-2954-2012

ISBN 978-84-8323-478-5 POCKET paperback (Europe)
ISBN 978-84-8323-476-1 POCKET paperback + CD-ROM (the Americas)
ISBN 978-84-8323-481-5 POCKET paperback (the Americas)

ISBN 978-84-8323-475-4 COMPACT paperback + CD-ROM (Europe)
ISBN 978-84-8323-477-8 COMPACT paperback + CD-ROM (the Americas)
ISBN 978-84-8323-482-2 COMPACT paperback (the Americas)

Diccionario
Cambridge
POCKET

Proyecto editorial
Concepción Maldonado

Coordinación editorial
Nieves Almarza
Yolanda Lozano

Asesoramiento y revisión
Mike Champion

Equipo de redacción
Amparo Cantalejo
Richard Cook
Cristina Cristóbal
Elena Díaz-Plaza
Mercedes Escudero
Juan Fernández
Miguel Ángel Galindo
Patricia Matas
Eva Piñeiro
Heather Sutton
Irene Tablado
Aránzazu Tauroni

Cuadros gramaticales y de uso
Carolina Blázquez

Ilustración
Fátima García García
Javier Olivares
Mª Antonia Santolaya
Javier Vázquez

Guía de Conversación
Mike Champion
Mercedes Escudero
Diseño e ilustraciones: Julio Sánchez

Gestión de la Base de Datos
Ana Castro
Antonio del Saz

Análisis del Corpus
Julie Moore

Apoyo base de datos del diccionario y el Corpus
Dominic Glennon

Preimpresión
Negra / Proyectos Gráficos

Universidad de Salamanca
Julia Alonso
Amparo Cantalejo
Federico Faccio
María Jesús Fernández
Marta Fernández
Teresa Fuentes
Lucía Morado
Miguel Sánchez
Santiago Sánchez
Lara Sanz

Fotografía
Javier Calbet; Sonsoles Prada; R. Open, J. Hancer, G. Howard, J. Player, J. Mead, S. Powell, M. Kaylan, M. Quaraishy / CAMERA PRESS-ZARDOYA; M. Franck, T. Hoepker, M. Parr, B. Barbey / MAGNUM-ZARDOYA; Laguna, R. Whitman / LIAISON-ZARDOYA; R. Shing, W. O. Appelioftt / ZARDOYA; Archivo SM; C. Windsor, D. E. Myers, S. Westmorland, N. Fobes; M. Smith; W. Corbett / FOTOTECA STONE; j: M. Navia; B. Simmons, C. Lacz, J. P. Durand, Lopesino Hidalgo / MARCO POLO; J. J: Balbuena; AGE FOTOSTOCK; J. M. Ruiz; M&C Denis Huot, M. Brodsky, B. Simmons / STOCK PHOTOS; Pedro Carrión; Olimpia Torres; F. López Aranguren, Amaro Olivares; J: M. Reyero; José Julián Rico; SIPA PRESS; EL CAMALEÓN; Gabriel Echevarría; José Luis González; Carlos Jiménez; Pascual Rubio; José Sacristán; A. Salazar; M. Carrazo / CONTIFOTO; P. A. Thompson / INDEX; J. Jaén / STAFF.

ÍNDICE GENERAL

Introduction

Cambridge POCKET is a bilingual dictionary specifically written to meet the needs of Spanish beginner learners of English.

This Spanish-English dictionary includes not only thousands of words, phrases and examples together with their translations, but also extensive notes highlighting the most common mistakes made by Hispanic learners of English all over the world, informed by the Cambridge Learner Corpus. At the same time, Grammar boxes focus on the most difficult and problematic aspects of English providing simple explanations and examples. The dictionary has an excellent coverage of British and American English as well as Spanish spoken in Spain and Latin America.

In addition, Cambridge POCKET includes a thorough 32 page Conversation Guide which contextualises common conversations and communications, showing the most frequent expressions and structures as well as essential vocabulary. This resource allows students of English visiting an English-speaking country for the first time to communicate successfully in various situations.

The 32-page full-colour section of illustrated vocabulary is designed to help students learn and consolidate the key vocabulary and to put it into context.

The English-Spanish dictionary section is filled with 'clues' in Spanish showing the different meanings of a word as well as real examples taken from the Cambridge International Corpus of more than a billion words in order to ensure students choose the correct word for any given situation.

Presentación

Cambridge POCKET es un diccionario bilingüe, pensado especialmente para cubrir las necesidades de estudiantes hispanohablantes de inglés, de nivel inicial.

Este diccionario ofrece, además de cientos de palabras, expresiones y ejemplos junto a sus traducciones, numerosas notas para destacar los errores más comunes cometidos por los hispanohablantes al expresarse en inglés. Estos errores han sido extraídos del Cambridge Learner Corpus. Asimismo, se han incluido unos cuadros de gramática que recogen los aspectos más problemáticos del inglés, con explicaciones sencillas y ejemplos prácticos. El diccionario cubre de manera extensiva el inglés británico y americano, así como el español de España y el de Hispanoamérica.

Igualmente, se incluye una Guía de Conversación de 32 páginas en la que se contextualizan conversaciones frecuentes, con vocabulario y estructuras esenciales para un estudiante de inglés que se encuentre por primera vez en un país de habla inglesa. Esta Guía le permitirá afrontar con éxito diversas situaciones de comunicación.

Las 32 páginas de ilustraciones temáticas en color están diseñadas para ayudar a aprender el vocabulario de forma significativa y contextualizada.

El diccionario inglés-español facilita la elección de los términos mediante abundantes 'pistas' en español sobre los distintos significados posibles de una palabra y ejemplos reales, obtenidos del Cambridge International Corpus que contiene más de mil millones de palabras.

Índice de cuadros gramaticales y de uso

Ordenados alfabéticamente, independientemente de que
estén en la parte *English-Spanish* o en la parte español-inglés

Índice de la guía de conversación

Repertorio de las expresiones más útiles ordenadas alfabéticamente por temas

Índice de ilustraciones en color

Ordenados alfabéticamente por temas

Ejemplos de uso

Indicación en las palabras más usuales *(las primeras que hay que aprender)* ⟶ [↑]**bike** /baɪk/ *n* [c] **1** *(inform)* ⇒bici **2** *(inform)* ⇒moto

Transcripción fonética y notas de pronunciación *(en la página 15 están todos los signos fonéticos)* ⟶ [↑]**clothes** UK: /kləʊðz/ US: /kloʊðz/ *n* [PL] ⇒ropa: *Where did you put my clothes?* - ¿Dónde has puesto mi ropa? ■ PRON. La e no se pronuncia

Distinción inglés británico e inglés americano ⟶ [↑]**lorry** UK: /ˈlɒr.i/ US: /ˈlɔːr-/ [*pl* lorries] *UK n* [c] **1** *(UK/US tb* truck) ⇒camión **2** ~ **driver** ⇒camione-ro,ra

Formas comparativas y superlativas del inglés ⟶ [↑]**dizzy** /ˈdɪz.i/ *adj* [*comp* dizzier, *superl* dizziest] ⇒mareado,da

Información sobre el plural ⟶ [↑]**beach** /biːtʃ/ [*pl* beaches] *n* [c] ⇒playa

Formas irregulares de verbos ⟶ [↑]**arise,** arose, arisen /əˈraɪz/ [arising] *v* [I] ⇒pre-sentarse ⇒surgir

[↑]**answer**¹ UK: /ˈɑːnt.sə/ US: /ˈænt.sə/ *v* [T, I] **1** ⇒con-testar ⇒responder **2** to ~ the door ⇒abrir la puerta
PHRASAL VERBS

Distinción clara entre locuciones y *phrasal verbs* ⟶ · **to answer back** ⇒replicar ⇒dar una mala contestación
· **to answer to *sb* (for *sth*)** ⇒responder ante alguien [de algo]

[↑]**prohibit** /prəˈhɪb.ɪt/ *v* [T] *(form)* ⇒prohibir ■ CONSTR. 1. to prohibit sb from doing sth 2. Se usa más en pasiva

Notas gramaticales y de uso para evitar malas traducciones o usos incorrectos ⟶ [↑]**advice** /ədˈvaɪs/ *n* [U] ⇒consejo: *He asked me for advice* - Me pidió consejo; *I gave him a piece of advice* - Le di un consejo ■ Se dice some advice o a piece of advice. Incorrecto: an advice ■ Distinto de notice (aviso)

[↑]**library** /ˈlaɪ.brər.i, -bri/ [*pl* libraries] *n* [c] ⇒biblio-teca: *to take some books out of the library* - sacar unos libros de la biblioteca ■ Distinto de bookshop (librería)

continuous /kənˈtɪn.ju.əs/ *adj* ⇒continuo,nua ⇒constante ■ Se usa para algo que no se interrumpe. Comparar con *continual*

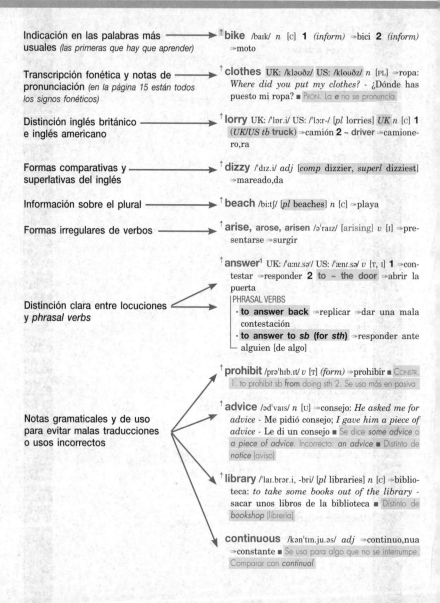

adhesivo, va ∎ *adj.* **1** ⇒adhesive: *cinta adhesiva* - adhesive tape ∎ **adhesivo** *s.m.* **2** *(sustancia)* ⇒adhesive **3** *(pegatina)* ⇒sticker

→ Distintas categorías en una misma palabra

estación *s.f.* **1** *(del año)* ⇒season **2** *(de tren o de autobús)* ⇒station

→ Pistas que ayudan a encontrar la traducción deseada

llamada *s.f.* **1** *(telefónica)* ⇒phone call ⇒call: *llamada a cobro revertido* - reverse-charge call **2** *devolver la llamada* - to call back **3** *pasarle una llamada a alguien* - to put sb through

→ Abundantes ejemplos de uso

brazo *s.m.* **1** ⇒arm **2** *(de mar)* ⇒inlet **3** ~ de gitano ⇒Swiss roll **4** con los brazos abiertos ⇒with open arms **5** con los brazos cruzados ⇒with folded arms **6** dar el ~ a torcer *col.* ⇒to give way **7** del ~ ⇒arm in arm **8** ser el ~ derecho de alguien ⇒to be *sb's* right-hand person

→ Locuciones y expresiones usuales

mujer *s.f.* **1** ⇒woman *(pl* women) **2** *(esposa)* ⇒wife *(pl* wives)

→ Plurales irregulares

antena *s.f.* **1** *(de un aparato)* ⇒aerial *UK;* ⇒antenna *US (pl* antennas) **2** *(de un insecto)* ⇒antenna *(pl* antennae)

→ Distinción inglés británico e inglés americano

piscis *adj. / s.com.* ⇒Pisces *n*

→ Categoría de la traducción, cuando no coincide exactamente con la del español

botella *s.f.* **1** ⇒bottle [Hay dos formas de decir *una botella de vino: a bottle of wine* (si está llena) y *a wine bottle* (si está vacía)] **2** {de/en} botella ⇒bottled

depender *v.* ⇒to depend [CONSTR. 1. to depend on sth/sb 2. to depend + interrogativo] [Se dice: *It depends on you - Depende de ti.* Incorrecto: *It depends of you*] **1 2 3**

→ Notas gramaticales y de uso para evitar malas traducciones o usos incorrectos

fruta *s.f.* ⇒fruit [Normalmente se usa como nombre incontable. Se dice *the fruit, some fruit* o *a piece of fruit.* Incorrecto: *a fruit*]

Índice de abreviaturas

adj	adjective	*numer.*	numeral
adj.	adjetivo	*offens*	offensive
adv	adverb	*old-fash*	old-fashioned
adv.	adverbio	*pl.*	plural
AMÉR.	Hispanoamericano	*poét.*	poético
art	article	*poses.*	posesivo
art.determ.	artículo determinante	*prep*	preposition
art.indeterm.	artículo indeterminado	*prep.*	preposición
Aus	Australian English	*prnl.*	pronominal
AUX	auxiliary verb	*pron*	pronoun
C	countable	*pron.*	pronombre
col.	coloquial	PRON.	Pronunciación
conj	conjunction	*pron.excl.*	pronombre exclamativo
conj.	conjunción	*pron.pers.*	pronombre personal
CONSTR.	Construcción	*relat.*	relativo
demos.	demostrativo	*s.*	sustantivo
desp.	despectivo	*s.amb.*	sustantivo ambiguo
euphem	euphemism	*sb*	somebody
excl	exclamation	*s.com.*	sustantivo común
excl.	exclamación	*s.f.*	sustantivo femenino
form	formal	*s.m.*	sustantivo masculino
form.	formal	*Scot*	Scottish English
hum	humorous	*sing*	singular
I	intransitive	*sth*	something
indef.	indefinido	T	transitive
inform	informal	U	uncountable
interj.	interjección	UK	British English
interrog.	interrogativo	US	American English
lit	literary	*v*	verb
n	noun	*v.*	verbo
NO PL	no plural	*very inform*	very informal
North Eng	Northern English	*vulg*	vulgar

Símbolos empleados en este diccionario

	Traducción	■	Notas
~	Sustituye la palabra que se traduce	/ /	Transcripción fonética
		{.../...}	Se puede elegir cualquier elemento de los encerrados entre llaves
▌	Separación de distintas categorías gramaticales		
	Palabras que son marca comercial o proceden de una marca comercial	↑	Precede a las palabras más usuales (las primeras que hay que aprender)

Signos de transcripción fonética

Sonidos vocálicos

Vocales cortas

Símbolo:	Se pronuncia:
/æ/	at, can,
/e/	egg, bed,
/ɪ/	in, did, sit,
/ɒ/	on, off, top
/ʊ/	put, book, could
/ʌ/	us, sun, but
/i/	very, happy
/ə/	ago, balloon, cinema

Vocales largas

Símbolo:	Se pronuncia:
/ɑ:/	arm, car, father
/i:/	eat, me, see
/ɜ:/	bird, her, learn
/ɔ:/	or, horse, saw
/u:/	you, blue, too

Diptongos

Símbolo:	Se pronuncia:
/eɪ/	day, station, eight
/aɪ/	I, my, time
/ɔɪ/	boy, toy, coin
/əʊ/	open, go, home
/oʊ/	low (US)
/aʊ/	out, now, brown
/ɪə/	ear, year, here
/eə/	air, hair, where
/ʊə/	pure, tour
/aɪə/	fire, hire
/aʊə/	our, sour, shower

Sonidos consonánticos

Símbolo:	Se pronuncia:
/b/	big, cab
/d/	do, sad
/dʒ/	gentleman, just, bridge
/f/	fat, if
/g/	go, bag
/h/	happy, house
/j/	yes, you
/k/	cat, black
/l/	leg, little
/m/	me, time
/n/	not, can
/ŋ/	ring, sang
/p/	pen, top
/r/	red, dry
/s/	sit, less
/ʃ/	she, fish
/t/	ten, bit
/t̬/	better (US)
/tʃ/	chip, catch
/v/	vet, give
/w/	we, window, queen
/z/	zip, lazy
/ʒ/	pleasure, television
/ð/	this, they, then
/θ/	thin, think, bath

Dictionary

ENGLISH
SPANISH

A ▬

a¹ /eɪ/ [pl a's] n [C] *(letra del alfabeto)* ⇒a

†**a²** /ə, eɪ/ *art* **1** ⇒un,-a: *It's a girl* - Es una niña **2** ⇒un,-a: *I have a dozen eggs* - Tengo una docena de huevos; *a lot of ideas* - una cantidad de ideas **3** *(frecuencia)* ⇒al: *twice a year* - dos veces al año ■ Ver cuadro en esta página y ver cuadros any / a (en frases negativas e interrogativas) y a / an / the

A /eɪ/ [pl A's] ▌n [C, U] **1** *(nota musical)* ⇒la **2** *(en un examen)* ⇒sobresaliente ▌n [C] **3** ⇒A ■ Procede de amp (amperio)

abaci n [PL] See **abacus**

aback /ə'bæk/ **to be taken ~** ⇒dejar a alguien desconcertado,da

abacus /'æb.ə.kəs/ [pl abaci, abacuses] n [C] *(instrumento para cálculos aritméticos)* ⇒ábaco

†**abandon** /ə'bæn.dən/ v [T] **1** ⇒abandonar **2** ⇒renunciar: *She abandoned her plan* - Renunció a su plan

abattoir UK: /'æb.ə.twɑ:ʳ/ US: /-twɑ:r/ *UK* n [C] ⇒matadero

abbey /'æb.i/ n [C] ⇒abadía ■ Al dar el nombre de una abadía, se escribe con mayúscula inicial: *Westminster Abbey*

†**abbreviate** /ə'bri:.vi.eɪt/ [abbreviated, abbreviating] v [T] ⇒abreviar

abbreviation /ə,bri:.vi'eɪ.ʃən/ n [C] ⇒abreviatura ⇒sigla

abdicate /'æb.dɪ.keɪt/ [abdicated, abdicating] v [T, I] ⇒abdicar: *to abdicate in favour of sb* - abdicar en favor de alguien

abdomen /'æb.də.mən/ n [C] *(form)* ⇒abdomen

abduct /æb'dʌkt/ v [T] **1** ⇒secuestrar **2** ⇒abducir ■ CONSTR. Se usa más en pasiva

abide /ə'baɪd/ [abided, abiding] v [T] ⇒soportar: *I can't abide this heat* - No soporto este calor ■ Normalmente se usa con *can't* o *couldn't*

| PHRASAL VERBS
| · **to abide by** *sth* **1** *(una decisión)* ⇒acatar **2**
| *(una promesa)* ⇒cumplir

†**ability** UK: /ə'bɪl.ɪ.ti/ US: /-ə.ˤt̬i/ [pl abilities] n [C, U] **1** ⇒capacidad **2** ⇒talento

ablaze /ə'bleɪz/ adj ⇒en llamas

†**able** /'eɪ.bl̩/ adj **1** ⇒capaz ⇒competente **2 to be ~ to** ⇒ser capaz de ⇒poder ■ Se usa como infinitivo de can

†**abnormal** UK: /æb'nɔ:.məl/ US: /-'nɔ:r-/ adj ⇒anormal

†**aboard** UK: /ə'bɔ:d/ US: /-'bɔ:rd/ adv, prep *(en una embarcación, en un avión, en un tren)* ⇒a bordo

abode UK: /ə'bəʊd/ US: /-'boʊd/ n [C] *(form)* ⇒morada ⇒domicilio

†**abolish** UK: /ə'bɒl.ɪʃ/ US: /-'bɑː.lɪʃ/ [abolishes] v [T] ⇒abolir ⇒suprimir

abolition /,æb.ə'lɪʃ.ən/ n [U] ⇒abolición

abominable UK: /ə'bɒm.ɪ.nə.bl̩/ US: /-'bɑː.mɪ-/ adj **1** ⇒abominable: *the abominable snowman* - el abominable hombre de las nieves **2** ⇒pésimo,ma

aboriginal /,æb.ə'rɪdʒ.ɪ.nəl/ adj ⇒aborigen

---

a / an

- **A** se usa delante de palabras que empiezan con sonido consonántico "a balloon" y delante de palabras que empiezan con "y", "eu" o "u" cuando estas letras iniciales se pronuncian como se pronuncia el pronombre "you" ("a young woman").

- **An** se usa delante de palabras que empiezan con sonido vocálico "an orange" y delante de palabras que empiezan por "h" cuando esta letra no se pronuncia ("an hour").

a	an
a dog	an envelope
a European country	an elephant
a yard	an instrument
a hero	an honour

(Ver también cuadro **a / an / the**.)

A † **abort** UK: /ə'bɔːt/ US: /-'bɔrt/ v [T] **1** ⇒abortar [intencionadamente] **2** *(un proceso)* ⇒paralizar

abortion UK: /ə'bɔː.ʃⁿn/ US: /-'bɔːr-/ n [C, U] ⇒aborto [intencional]

abortive UK: /ə'bɔː.tɪv/ US: /-'bɔːr.ˠtɪv/ adj *(form)* ⇒fallido,da: *an abortive attempt* - un intento fallido

abound /ə'baʊnd/ v [I] ⇒abundar

PHRASAL VERBS
· **to abound {in/with} sth** ⇒abundar algo: *This region abounds with vineyards* - En esta región abundan los viñedos

† **about** /ə'baʊt/ adv, prep **1** ⇒sobre ⇒acerca de **2** ⇒aproximadamente ⇒más o menos **3** ⇒casi **4** ⇒por todas partes **5** {how/what} about...? ⇒¿qué tal si...? **6** to be ~ ⇒tratar de

† **above** /ə'bʌv/ adv, prep **1** ⇒encima de ⇒por encima de ■ Ver cuadro over / above **2** ⇒arriba: *to receive orders from above* - recibir órdenes de arriba **3** ⇒más de: *above average* - más del promedio **4** ~ all ⇒sobre todo

abrasive /ə'breɪ.sɪv/ adj **1** *(un comportamiento)* ⇒brusco,ca ⇒corrosivo,va **2** *(una sustancia)* ⇒abrasivo,va ⇒áspero,ra

abreast /ə'brest/ adv **1** ⇒a la par **2** to keep (sb) ~ of sth *(form)* ⇒mantener al corriente de algo

† **abroad** /ə'brɔːd/ adv ⇒en el extranjero ⇒al extranjero ■ Incorrecto: *We're going to abroad*

† **abrupt** /ə'brʌpt/ adj **1** ⇒brusco,ca ⇒abrupto,ta ⇒inesperado,da **2** ⇒brusco,ca ⇒cortante

abscess /'æb.ses/ [pl abscesses] n [C] *(en medicina)* ⇒absceso

† **absence** /'æb.sⁿns/ n [C, U] **1** ⇒ausencia **2** in the ~ of ⇒a falta de: *In the absence of tea, I'll drink coffee* - A falta de té, beberé café

absent /'æb.sⁿnt/ adj ⇒ausente ⇒distraído,da

absentee /ˌæb.sⁿn'tiː/ n [C] ⇒ausente

absent-minded /ˌæb.sⁿnt'maɪn.dɪd/ adj ⇒despistado,da ⇒distraído,da

† **absolute** /ˌæb.sə'luːt, '---/ adj ⇒absoluto,ta ⇒total

absolutely /ˌæb.sə'luːt.li, '--,--/ adv **1** ⇒completamente ⇒absolutamente ⇒realmente **2** ⇒desde luego: «*Do you think we will win?» «Absolutely!»* - «¿Crees que vamos a ganar?» ¡Desde luego!»

absolve UK: /əb'zɒlv/ US: /-'zɑːlv/ [absolved, absolving] v [T] *(form)* ⇒eximir: *The official report absolves him of blame* - El informe oficial le exime de culpa ■ CONSTR. to absolve sb from/of sth

† **absorb** UK: /əb'zɔːb/ US: /-'zɔːrb/ v [T] **1** ⇒absorber **2** ⇒asimilar **3** ⇒amortiguar

absorbent UK: /əb'zɔː.bⁿnt/ US: /-'zɔːr-/ adj *(un material)* ⇒absorbente

absorbing UK: /əb'zɔː.bɪŋ/ US: /-'zɔːr-/ adj ⇒cautivador,-a ⇒que te atrapa

abstain /æb'steɪn/ v [I] *(form)* ⇒abstenerse: *I abstained from voting* - Me abstuve de votar ■ CONSTR. to abstain from + doing sth

† **abstract** /'æb.strækt/ adj **1** ⇒abstracto,ta **2** in the ~ ⇒en abstracto

† **absurd** UK: /əb'sɜːd/ US: /-'sɜːrd/ adj ⇒absurdo,da

abundance /ə'bʌn.dⁿnts/ n [U, NO PL] *(form)* ⇒abundancia: *in abundance* - en abundancia

abundant /ə'bʌn.dⁿnt/ adj *(form)* ⇒abundante

abuse¹ /ə'bjuːs/ ■ n [C, U] **1** ⇒abuso: *an abuse of power* - un abuso de poder ■ n [U] **2** ⇒insultos **3** ⇒malos tratos

abuse² /ə'bjuːz/ [abused, abusing] v [T] **1** ⇒abusar de **2** ⇒insultar ⇒ofender **3** ⇒maltratar

abyss /ə'bɪs/ [pl abysses] n [C] *(lit)* ⇒abismo

† **academic** /ˌæk.ə'dem.ɪk/ adj **1** ⇒académico,ca: *academic standards* - niveles académicos **2** ⇒intrascendente ⇒irrelevante **3** ⇒teórico,ca ⇒especulativo,va

academy /ə'kæd.ə.mi/ [pl academies] n [C] ⇒academia

† **accelerate** UK: /ək'sel.ə.reɪt/ US: /-ɚ.eɪt/ [accelerated, accelerating] v [T, I] ⇒acelerar

accent /'æk.sⁿnt/ n [C] **1** ⇒acento: *She speaks Spanish with a French accent* - Habla español con acento francés **2** *(en ortografía)* ⇒tilde ⇒acento **3** ⇒énfasis

accentuate /ək'sen.tju.eɪt/ [accentuated, accentuating] v [T] ⇒acentuar ⇒enfatizar ⇒realzar

† **accept** /ək'sept/ ■ v [T, I] **1** ⇒aceptar ⇒aprobar ■ v [T] **2** ⇒acoger **3** ⇒aceptar ⇒admitir **4** ⇒confesar ⇒reconocer ■ CONSTR. to accept + (that) ■ PRON. La primera c se pronuncia como una k y la segunda como una s

acceptable /ək'sep.tə.bl/ adj ⇒aceptable ■ PRON. La primera c se pronuncia como una k y la segunda como una s

acceptance /ək'sep.tⁿnts/ n [U] ⇒aceptación ⇒aprobación ⇒acogida

† **access** /'æk.ses/ n [U] **1** *(a un lugar)* ⇒entrada ⇒acceso **2** *(a algo)* ⇒acceso ■ PRON. La primera c se pronuncia como una k y la segunda como una s

accessible /ək'ses.ə.bl/ adj ⇒accesible ■ PRON. La primera c se pronuncia como una k y la segunda como una s

accessory UK: /ək'ses.ᵊr.i/ US: /-ɚ-/ [pl accessories] n [C] **1** ⇒accesorio ⇒complemento ■ Se usa más en plural **2** *(form)* ⇒cómplice: *to be an accessory to sth* - ser cómplice de algo

† **accident** /'æk.sɪ.dⁿnt/ n [C] **1** ⇒accidente **2** *It was an accident* - Fue sin querer **3** by ~ ⇒por casualidad: *I met him by accident* - Me lo encontré por casualidad **2** ⇒por descuido: *I dropped it by accident* - Se me cayó por descuido ■ PRON. La primera c se pronuncia como una k y la segunda como una s

accidental UK: /ˌæk.sɪˈden.tᵊl/ US: /-ˁt̬[ə]l/ *adj* ⇨casual un encuentro accidental; ⇨accidental ■ PRON. La primera *c* se pronuncia como una *k* y la segunda como una *s*

accidentally UK: /ˌæk.sɪˈden.tᵊl.i/ US: /-ˁt̬[ə]l-/ *adv* ⇨casualmente ⇨accidentalmente

acclaim[1] /əˈkleɪm/ *n* [U] ⇨aclamación ⇨aplauso ⇨buena acogida

acclaim[2] /əˈkleɪm/ *v* [T] ⇨aclamar

†**accommodate** UK: /əˈkɒm.ə.deɪt/ US: /-ˈkɑː.mə-/ [accommodated, accommodating] *v* [T] **1** ⇨alojar **2** *(form)* ⇨adaptar(se) **3** ⇨complacer ⇨condescender

accommodation UK: /əˌkɒm.əˈdeɪ.ʃᵊn/ US: /-ˌkɑː.mə-/ *(US tb* **accommodations**) *n* [U] ⇨alojamiento ⇨habitaciones ⇨vivienda

accompaniment /əˈkʌm.pᵊn.ɪ.mənt/ *n* [C, U] **1** *(en música)* ⇨acompañamiento **2** *(en una comida)* ⇨guarnición

†**accompany** /əˈkʌm.pə.ni/ [accompanies, accompanied] *v* [T] **1** *(form)* ⇨acompañar: *to accompany sb to a place* - acompañar a alguien a un sitio **2** *(en música)* ⇨acompañar

accomplice UK: /əˈkʌm.plɪs/ US: /-ˈkɑːm-/ *n* [C] ⇨cómplice

†**accomplish** UK: /əˈkʌm.plɪʃ/ US: /-ˈkɑːm-/ [accomplishes] *v* [T] ⇨lograr ⇨realizar

accomplished UK: /əˈkʌm.plɪʃt/ US: /-ˈkɑːm-/ *adj* *(form)* ⇨consumado,da ⇨experto,ta

accomplishment UK: /əˈkʌm.plɪʃ.mənt/ US: /-ˈkɑːm-/ *n* [C, U] **1** ⇨logro ⇨realización **2** ⇨talento

accord[1] UK: /əˈkɔːd/ US: /-ˈkɔːrd/ *n* [C, U] **1** ⇨acuerdo [formal] ⇨convenio **2** *with one ~* *(form)* ⇨de común acuerdo

accord[2] UK: /əˈkɔːd/ US: /-ˈkɔːrd/ *v* [T] *(form)* *(un trato especial)* ⇨conceder ⇨dar ■ CONSTR. to accord + dos objetos

|PHRASAL VERBS
└ **to accord with sth** *(form)* ⇨coincidir con algo

accordance UK: /əˈkɔː.dᵊnts/ US: /-ˈkɔːr-/ *in ~ with sth (form)* ⇨de acuerdo con algo: *In accordance with her wishes she was buried next to her husband* - De acuerdo con sus deseos, la enterraron junto a su marido

accordingly UK: /əˈkɔː.dɪŋ.li/ US: /-ˈkɔːr-/ *adv* **1** ⇨por consiguiente **2** ⇨en consecuencia: *to act accordingly* - actuar en consecuencia

†**according to** *prep* ⇨según: *According to him, the fire was arson* - Según dice él, el incendio fue provocado

accordion UK: /əˈkɔː.di.ən/ US: /-ˈkɔːr-/ *n* [C] ⇨acordeón: *to play the accordion* - tocar el acordeón

account[1] /əˈkaʊnt/ *n* [C] **1** ⇨relato [de un evento] **2** ⇨cuenta bancaria **3** ⇨contabilidad **4** ⇨factura **5** {by/from} *all accounts* ⇨por lo que dicen **6** *of no ~* *(form)* ⇨sin ninguna importancia **7** *on ~* ⇨a cuenta **8** *on ~ of* ⇨a causa de **9** *on {that/this} ~* *(form)* ⇨según {eso/esto} **10** *to take sth into ~* ⇨tener algo en cuenta

account[2] /əˈkaʊnt/

|PHRASAL VERBS
· **account for sth 1** ⇨explicar ⇨rendir cuentas
└ **2** ⇨constituir

accountable UK: /əˈkaʊn.tə.bl̩/ US: /-ˁt̬ə-/ *adj* ⇨responsable ■ CONSTR. Se usa detrás de un verbo

accountancy UK: /əˈkaʊn.tᵊnt.si/ US: /-ˁt̬]nt-/ *UK n* [U] ⇨contabilidad

†**accountant** UK: /əˈkaʊn.tᵊnt/ US: /-ˁt̬[ə]nt/ *n* [C] ⇨contable ⇨contador,-a *AMÉR.*

accounts /əˈkaʊnts/ *n* [PL] ⇨contabilidad ⇨cuentas

†**accumulate** /əˈkjuː.mjʊ.leɪt/ [accumulated, accumulating] *v* [T, I] ⇨acumular(se)

accuracy /ˈæk.jʊ.rə.si/ *n* [U] ⇨precisión ⇨exactitud

†**accurate** /ˈæk.jʊ.rət/ *adj* ⇨correcto,ta ⇨fiel ⇨preciso,sa

accusation /ˌæk.jʊˈzeɪ.ʃᵊn/ *n* [C, U] ⇨acusación: *a false accusation* - una acusación infundada

†**accuse** /əˈkjuːz/ [accused, accusing] *v* [T] ⇨acusar: *to accuse sb of committing a crime* - acusar a alguien de cometer un delito ■ CONSTR. to accuse of + doing sth

accused *the ~* ⇨el acusado, la acusada: *The accused appeared before the judge* - Los acusados comparecieron ante el juez

accustom /əˈkʌs.təm/

|PHRASAL VERBS
· **to accustom** *oneself* **to {sth/doing sth}** ⇨acostumbrarse a algo

accustomed /əˈkʌs.təmd/ *adj* ⇨acostumbrado,da: *You'll soon get accustomed to it* - Pronto te acostumbrarás ■ CONSTR. accustomed to doing sth ■ PRON. La *e* no se pronuncia

ace /eɪs/ *n* [C] **1** *(naipe)* ⇨as **2** *(en tenis)* ⇨saque ganador

ache[1] /eɪk/ *n* [C] ⇨dolor ⇨molestia

ache[2] /eɪk/ [ached, aching] *v* [I] **1** ⇨doler: *My arms ache* - Me duelen los brazos **2** ⇨tener agujetas: *My legs ached the next day* - Tuve agujetas al día siguiente ■ PRON. Rima con *make*

†**achieve** /əˈtʃiːv/ [achieved, achieving] *v* [T] ⇨lograr ⇨conseguir ■ Nunca se usa seguido de otro verbo

achievement /əˈtʃiːv.mənt/ *n* [C, U] ⇨logro ⇨realización

aching *adj* **1** ⇨dolorido,da **2** ⇨con agujetas

acid[1] /ˈæs.ɪd/ *n* [C, U] ⇨ácido

acid[2] /ˈæs.ɪd/ *adj* **1** ⇨ácido,da *(un comentario)* ⇨mordaz **3** *(un sabor)* ⇨agrio,gria

acid rain *n* [U] ⇨lluvia ácida

A † **acknowledge** UK: /ək'nɒl.ɪdʒ/ US: /-'nɑː.lɪdʒ/ [acknowledged, acknowledging] *v* [T] ⇒reconocer ⇒admitir ■ CONSTR. 1. to acknowledge + (that) 2. to acknowledge + doing sth 3. to acknowledge + to do sth

acne /'æk.ni/ *n* [U] ⇒acné ■ PRON. La segunda sílaba se pronuncia como *knee*

acorn UK: /'eɪ.kɔːn/ US: /-kɔːrn/ *n* [C] ⇒bellota

acoustic /ə'kuː.stɪk/ *adj* ⇒acústico,ca

acoustics /ə'kuː.stɪks/ *n* [PL] ⇒acústica: *The acoustics in the hall are great* - La acústica de la sala es estupenda

† **acquaintance** /ə'kweɪn.tⁿnts/ *n* [C] **1** ⇒conocido,da: *They're not friends, just acquaintances* - No son amigos, solo conocidos **2 to make sb's ~** *(form)* ⇒conocer a alguien [por primera vez]

acquainted UK: /ə'kweɪn.tɪd/ US: /-°ṭɪd/ *adj* **1** *(form)* ⇒familiarizado,da ■ CONSTR. Se usa detrás de un verbo **2 to be ~ with** *sth/sb (form)* ⇒conocer ⇒estar familiarizado,da **3 to get ~ with** *sth/sb (form)* ⇒conocer [por primera vez] ■ PRON. La *e* se pronuncia como la *i* en *did*

acquiesce /ˌæk.wi'es/ [acquiesced, acquiescing] *v* [I] *(form)* ⇒condescender ⇒aceptar ⇒consentir ■ CONSTR. to acquiesce in/to sth

† **acquire** UK: /ə'kwaɪəʳ/ US: /-'kwaɪɚ/ [acquired, acquiring] *v* [T] **1** *(posesiones)* ⇒adquirir ⇒obtener ⇒conseguir **2** *(conocimientos, habilidades)* ⇒adquirir ■ PRON. Rima con *fire*

acquisition /ˌæk.wɪ'zɪʃ.ⁿn/ *n* [C, U] ⇒adquisición

acquit /ə'kwɪt/ *v* [T] ⇒absolver ■ CONSTR. Se usa más en pasiva

† **acre** UK: /'eɪ.kəʳ/ US: /-kɚ/ *n* [C] *(unidad de medida)* ⇒acre

acrobat /'æk.rə.bæt/ *n* [C] ⇒acróbata

acrobatics UK: /ˌæk.rə'bæt.ɪks/ US: /-'bæ°ṭ-/ *n* [PL] ⇒acrobacia

acronym UK: /'æk.rəʊ.nɪm/ US: /-rə-/ *n* [C] ⇒acrónimo

† **across** UK: /ə'krɒs/ US: /-'krɑːs/ *adv, prep* **1** ⇒a través de ⇒por **2** ⇒al otro lado de **3** ⇒de un lado a otro **4** ⇒al otro lado **5** *I ran across the street* - Crucé la calle corriendo ■ Se usa frecuentemente con verbos de movimiento. Al traducirlo en español su significado suele estar implícito en el verbo: *to swim across the river* - cruzar el río nadando ■ Ver cuadro **6** ⇒de ancho **7 ~ from** ⇒enfrente de

acrylic[1] /ə'krɪl.ɪk/ *adj* ⇒acrílico,ca

acrylic[2] /ə'krɪl.ɪk/ ■ *n* [U] **1** *(tela)* ⇒acrílico ■ *n* [C] **2** *(pintura)* ⇒acrílico

† **act**[1] /ækt/ ■ *v* [I] **1** ⇒actuar ⇒hacer algo **2** ⇒comportarse ⇒hacer ■ *v* [T, I] **3** *(en teatro, en cine)* ⇒actuar ⇒interpretar

act[2] /ækt/ ■ *n* [NO PL] **1** *(para disimular)* ⇒acto ⇒engaño ■ *n* [C] **2** ⇒acto ⇒acción **3** *(en teatro)* ⇒acto **4** *(en un espectáculo)* ⇒número **5** *(tb Act of Parliament)* ⇒ley ⇒normativa **6 in the ~** ⇒con las manos en la masa ⇒in fraganti **7 to get one's ~ together** *(inform)* ⇒organizarse **8 to put on an ~** *(inform)* ⇒fingir

acting[1] /'æk.tɪŋ/ *adj* ⇒interino,na ⇒en funciones

acting[2] /'æk.tɪŋ/ *n* [U] ⇒arte dramático ⇒interpretación

† **action** /'æk.ʃⁿn/ *n* [C, U] **1** ⇒acción **2 in ~** ⇒en acción: *You must come and see me in action* - Tienes que venir a verme en acción **3 to be out of ~** ⇒no funcionar: *This car is out of action* - Este coche no funciona **4 to put** *sth* **into ~** ⇒poner en práctica

activate /'æk.tɪ.veɪt/ [activated, activating] *v* [T] ⇒activar: *to activate a device* - activar un dispositivo

† **active** /'æk.tɪv/ *adj* **1** ⇒activo,va ⇒dinámico,ca **2** ⇒activo,va ⇒implicado,da **3** *(un volcán)* ⇒en actividad

actively /'æk.tɪv.li/ *adv* ⇒activamente

activist /'æk.tɪ.vɪst/ *n* [C] *(en política)* ⇒activista

† **activity** UK: /æk'tɪv.ɪ.ti/ US: /-ə.°ṭi/ [pl activities] *n* [C, U] **1** ⇒actividad ■ Se usa más en plural **2** ⇒movimiento ⇒bullicio

† **actor** UK: /'æk.təʳ/ US: /-tɚ/ *n* [C] ⇒actor ⇒actriz ■ Para una mujer se suele usar *actress*

actress [pl actresses] *n* [C] ⇒actriz

† **actual** /'æk.tʃu.əl, -tju-, -tʃul/ *adj* ⇒real ⇒verdadero,ra ■ Distinto de *current* (actual)

† **actually** /'æk.tʃu.ə.li, -tju-, -tʃu.li/ *adv* **1** ⇒de hecho: *I grew more and more bored and actually fell asleep for a few minutes* - Estaba cada vez más aburrido; de hecho, me quedé dormido unos

---

across / through

- Se usa **across** para expresar un desplazamiento de un lado a otro:

  · *to walk across the road.*
  (cruzar la calle.)

- Se usa **through** para expresar un desplazamiento en el que se atraviesa un lugar con obstáculos:

  · *I had to go through the city and there was a terrible traffic jam.*
  (Tenía que cruzar la ciudad y había un tráfico horrible.)

  También se utiliza **through** para expresar el paso por un espacio en tres dimensiones:

  · *to go through a tunnel.*
  (pasar por el túnel.)

minutos **2** ⇒en realidad **3** ⇒a decir verdad ■ Distinto de *currently* (actualmente)

acupuncture UK: /'æk.jʊ.pʌŋk.tʃəʳ/ US: /-tʃɚ/ *n* [U] ⇒acupuntura

acute /əˈkjuːt/ *adj* **1** ⇒extremo,ma ⇒grave **2** ⇒agudo,da: *an acute pain* - un dolor agudo **3** *(un ángulo)* ⇒agudo,da **4** *(un sentido o una mente)* ⇒agudo,da ⇒perspicaz

ad /æd/ *n* [C] *(inform)* ⇒forma abreviada de **advertisement** (anuncio publicitario)

AD /ˌeɪˈdiː/ *adv* ⇒d.C. ⇒después de Cristo ■ Procede de *Anno Domini* (en el Año del Señor)

adamant /'æd.ə.mənt/ *adj* ⇒categórico,ca ⇒firme

Adam's apple /ˌæd.əmzˈæp.l̩/ *n* [C] *(en un hombre)* ⇒nuez ⇒bocado de Adán

† adapt /əˈdæpt/ *v* [I] ⇒adaptar(se): *to adapt to a new situation* - adaptarse a una nueva situación; *Adapt the content for your audience* - Adapte el contenido para su público

† add /æd/ *v* [T] **1** ⇒sumar **2** ⇒añadir ⇒agregar **3** *(un dato)* ⇒añadir ■ Constr. to add + that

PHRASAL VERBS
· **to add up** *(inform)* *(una situación)* ⇒cuadrar ⇒encajar *col.;* ⇒tener sentido
· **to add (sth) up** [M] *(cifras)* ⇒cuadrar
└ **to add up to (sth)** ⇒ascender a

adder UK: /'æd.əʳ/ US: /-ɚ/ *n* [C] *(animal)* ⇒víbora

† addict /'æd.ɪkt/ *n* [C] ⇒aficionado,da ⇒adicto,ta

addicted /əˈdɪk.tɪd/ *adj* ⇒adicto,ta

addiction /əˈdɪk.ʃən/ *n* [C, U] ⇒adicción ⇒dependencia

addictive /əˈdɪk.tɪv/ *adj* ⇒adictivo,va

addition /əˈdɪʃ.ən/ *n* [C, U] **1** *(en matemáticas)* ⇒suma **2** ⇒agregación ⇒incorporación ⇒adquisición

additional /əˈdɪʃ.ən.əl/ *adj* ⇒adicional ⇒extra

additive UK: /'æd.ɪ.tɪv/ US: /-ə.ˤtɪv/ *n* [C] ⇒aditivo

† address¹ UK: /əˈdres/ US: /'æd.res/ [*pl* addresses] *n* [C] **1** ⇒domicilio ⇒dirección **2** *(form)* ⇒discurso [formal]: *to give an address* - pronunciar un discurso

address² /əˈdres/ [addresses] *v* [T] **1** ⇒dirigir ⇒poner la dirección del destinatario **2** *(form)* ⇒dirigir **3** *(form)* *(al hablar)* ⇒dirigirse **4** *(un asunto, un problema)* ⇒abordar ⇒tratar

adept¹ /əˈdept/ *adj* ⇒ducho,cha ⇒hábil ■ Distinto de *supporter* (adepto,ta)

adept² /əˈdept/ *n* [C] ⇒experto,ta ■ Distinto de *supporter* (adepto,ta)

† adequate /'æd.ə.kwət/ *adj* **1** ⇒suficiente **2** ⇒apropiado,da ⇒adecuado,da

adhere UK: /ədˈhɪəʳ/ US: /-ˈhɪr/ [adhered, adhering] *v* [I] *(form)* *(a una superficie)* ⇒adherirse ⇒pegarse

PHRASAL VERBS
· **to adhere to sth 1** *(form)* *(una norma, regla o promesa)* ⇒cumplir con ⇒observar **2** *(form)* ⇒apoyar algo ⇒adherirse a algo

adhesive¹ /ədˈhiː.sɪv/ *n* [C, U] ⇒adhesivo ⇒pegamento

adhesive² /ədˈhiː.sɪv/ *adj* ⇒adhesivo,va

† adjacent /əˈdʒeɪ.sənt/ *adj* *(form)* ⇒adyacente ⇒contiguo,gua

† adjective /'ædʒ.ek.tɪv/ *n* [C] *(en gramática)* ⇒adjetivo

adjoining /əˈdʒɔɪ.nɪŋ/ *adj* ⇒colindante ⇒contiguo,gua

adjourn UK: /əˈdʒɜːn/ US: /-ˈdʒɜːn/ *v* [T, I] **1** *(form)* ⇒parar ⇒aplazar **2** *(form)* ⇒suspender(se) **3** *(en un tribunal): The court is adjourned* - Se levanta la sesión

† adjust /əˈdʒʌst/ ■ *v* [T] **1** ⇒ajustar ⇒regular ⇒reajustar ■ *v* [I] **2** ⇒adaptarse

administration /ədˌmɪn.ɪˈstreɪ.ʃən/ *n* [U] **1** ⇒administración **2** *US* ⇒gobierno: *the Kennedy administration* - el Gobierno de Kennedy

administrative UK: /ədˈmɪn.ɪ.strə.tɪv/ US: /-ˤtɪv/ *adj* ⇒administrativo,va

admirable /'æd.mɪ.rə.bl̩/ *adj* ⇒admirable

admiral /'æd.mɪ.rəl/ *n* [C] ⇒almirante

admiration /ˌæd.mɪˈreɪ.ʃən/ *n* [U] ⇒admiración

admire UK: /ədˈmaɪəʳ/ US: /-ˈmaɪr/ [admired, admiring] *v* [T] **1** ⇒estimar ⇒admirar **2** ⇒contemplar ⇒admirar

admission /ədˈmɪʃ.ən/ ■ *n* [C] **1** *(de culpa o debilidad)* ⇒confesión ⇒reconocimiento **2** *n* [U] ⇒entrada ⇒admisión

† admit /ədˈmɪt/ [admitted, admitting] ■ *v* [T, I] **1** ⇒reconocer ⇒admitir ■ Constr. 1. to admit + (that) 2. to admit + doing sth 3. to admit + to doing sth ■ *v* [T] **2** ⇒admitir ⇒permitir la entrada

adolescence /ˌæd.əˈles.ənts/ *n* [U] ⇒adolescencia ■ Pron. La primera *c* no se pronuncia

† adolescent /ˌæd.əˈles.ənt/ *adj, n* [C] ⇒adolescente

† adopt UK: /əˈdɒpt/ US: /-ˈdɑːpt/ ■ *v* [T, I] **1** *(un niño)* ⇒adoptar ■ *v* [T] **2** *(una actitud, un plan)* ⇒adoptar

adopted UK: /əˈdɒp.tɪd/ US: /-ˈdɑːp-/ *adj* ⇒adoptivo,va

adore UK: /əˈdɔːʳ/ US: /-ˈdɔːr/ [adored, adoring] *v* [T] **1** ⇒adorar ⇒encantar: *I adore black and white films* - Me encantan las películas en blanco y negro

adorn UK: /əˈdɔːn/ US: /-ˈdɔːrn/ *v* [T] *(form)* ⇒adornar ⇒embellecer

adrenalin /əˈdren.ᵊl.ɪn/ *(tb* adrenaline*)* *n* [U] ⇒adrenalina

adrenaline *n* [U] See **adrenalin**

A

adult¹ /ˈæd.ʌlt, əˈdʌlt/ n [c] ⇒adulto,ta ⇒mayor

adult² /ˈæd.ʌlt, əˈdʌlt/ adj ⇒adulto,ta ⇒para adultos

adulthood /ˈæd.ʌlt.hʊd, əˈdʌlt-/ n [U] **1** (etapa) ⇒madurez **2** ⇒mayoría de edad

advance¹ UK: /ədˈvɑːnts/ US: /-ˈvænts/ n [c, U] **1** (en movimiento) ⇒avance **2** ⇒progreso ⇒avance **3** (sueldo) ⇒adelanto **4** in ~ ⇒con antelación ⇒por adelantado

advance² UK: /ədˈvɑːnts/ US: /-ˈvænts/ [advanced, advancing] ∎ v [T, I] **1** ⇒avanzar ⇒progresar ∎ v [I] **2** (en movimiento) ⇒avanzar

advanced UK: /ədˈvɑːnst/ US: /-ˈvænst/ adj **1** ⇒casi acabado,da ⇒adelantado,da **2** (de nivel) ⇒avanzado,da ⇒superior ∎ PRON. La e no se pronuncia

† **advantage** UK: /ədˈvɑːn.tɪdʒ/ US: /-ˈvæn.ˤt̬ɪdʒ/ n [c, U] **1** ⇒ventaja ⇒provecho **2** (en tenis) ⇒ventaja **3** to take ~ of sth ⇒aprovechar algo **4** to take ~ of sb ⇒aprovecharse de alguien ∎ PRON. La última ma se pronuncia como la i en did

advantageous /ˌæd.vænˈteɪ.dʒəs/ adj ⇒ventajoso,sa

† **adventure** UK: /ədˈven.tʃə/ US: /-tʃə/ n [c, U] **1** ⇒aventura **2** ~ sports ⇒deportes de riesgo ∎ PRON. Rima con butcher

adventurous UK: /ədˈven.tʃər.əs/ US: /-tʃə-/ adj **1** ⇒aventurero,ra **2** ⇒emprendedor,-a **3** ⇒aventurado,da

† **adverb** UK: /ˈæd.vɜːb/ US: /-vɜːb/ n [c] (en gramática) ⇒adverbio

† **advert** UK: /ˈæd.vɜːt/ US: /-vɜːt/ UK n [c] ⇒forma abreviada de **advertisement** (anuncio publicitario)

† **advertise** UK: /ˈæd.və.taɪz/ US: /-və-/ [advertised, advertising] ∎ v [T] **1** ⇒anunciar: to advertise a product - anunciar un producto ∎ v [I] **2** ⇒poner un anuncio **3** ⇒hacer publicidad

advertisement UK: /ədˈvɜː.tɪs.mənt/ US: /ˈæd.vɚ.taɪz.mənt/ n [c] **1** ⇒anuncio [publicitario] **2** a job advertisement - una oferta de trabajo ∎ La forma abreviada es ad o advert ∎ Distinto de announcement (declaración)

† **advice** /ədˈvaɪs/ n [U] ⇒consejo: He asked me for advice - Me pidió consejo; I gave him a piece of advice - Le di un consejo ∎ Se dice some advice o a piece of advice. Incorrecto: an advice ∎ Distinto de notice (aviso)

advisable /ədˈvaɪ.zə.bl̩/ adj ⇒aconsejable: It's advisable to do physical exercise - Es aconsejable hacer ejercicio físico ∎ CONSTR. Se usa detrás de un verbo

advise /ədˈvaɪz/ [advised, advising] v [T, I] ⇒recomendar ⇒aconsejar ∎ CONSTR. 1. to advise + that 2. to advise + doing sth 3. to advise + to do sth 4. to advise + interrogativa indirecta

advisory UK: /ədˈvaɪ.zᵊr.i/ US: /-zə-/ adj ⇒consultivo,va: an advisory committee - un comité consultivo

advocacy /ˈæd.və.kə.si/ n [U] ⇒apoyo ⇒defensa

advocate¹ /ˈæd.və.keɪt/ [advocated, advocating] v [T] ⇒propugnar ⇒abogar por ⇒recomendar

advocate² /ˈæd.və.kət/ n [c] **1** UK ⇒defensor,-a **2** UK ⇒abogado defensor, abogada defensora **3** ⇒adalid ⇒abanderado,da

aerial UK: /ˈeə.ri.əl/ US: /ˈer.i-/ UK (US antenna) n [c] ⇒antena [de un aparato]

aerobics UK: /eəˈrəʊ.bɪks/ US: /erˈoʊ-/ n [U] (gimnasia) ⇒aeróbic

† **aeroplane** UK: /ˈeə.rə.pleɪn/ US: /ˈer-/ UK (US airplane) n [c] ⇒avión ∎ La forma abreviada es plane

aerosol UK: /ˈeə.rəʊ.sɒl/ US: /ˈer.ə.sɑːl/ n [c] ⇒aerosol

aesthetic UK: /esˈθet.ɪk/ US: /-ˈθeˤt̬-/ (US tb esthetic) adj ⇒estético,ca ⇒bonito,ta

† **affair** UK: /əˈfeə²/ US: /-ˈfer/ n [c] **1** ⇒asunto: That is my affair - Eso es asunto mío **2** ⇒ocasión ⇒acontecimiento **3** ⇒aventura amorosa ⇒lío col.

† **affect** /əˈfekt/ v [T] **1** ⇒afectar ⇒influir **2** ⇒conmover ⇒emocionar ∎ CONSTR. Se usa más en pasiva

affected /əˈfek.tɪd/ adj ⇒afectado,da ⇒fingido,da

† **affection** /əˈfek.ʃᵊn/ n [U] ⇒cariño: to have great affection for sb - sentir mucho cariño por alguien ∎ Distinto de condition (afección)

affectionate /əˈfek.ʃᵊn.ət/ adj ⇒cariñoso,sa: She's a very affectionate person - Es una persona muy cariñosa

affective adj (form) ⇒afectivo,va

affirm UK: /əˈfɜːm/ US: /-ˈfɜːm/ v [T] (form) ⇒afirmar ⇒declarar

affirmative UK: /əˈfɜː.mə.tɪv/ US: /-ˈfɜː.mə.ˤt̬ɪv/ adj (form) ⇒afirmativo,va

affix /ˈæf.ɪks/ [pl affixes] n [c] (en gramática) ⇒afijo

† **afford** /əˈfɔːd/ US: /-ˈfɔːrd/ v [T] **1** (una compra) ⇒pagar ⇒permitirse **2** (un error) ⇒permitirse [el lujo de] **3** (form) ⇒proporcionar ∎ CONSTR. to afford + to do sth

† **afraid** /əˈfreɪd/ adj **1** ⇒asustado,da: Don't be afraid - No estés asustado ∎ CONSTR. Se usa detrás de un verbo **2** I'm ~ (that) ⇒me temo que: I'm afraid that I won't be able to go - Me temo que no podré ir **3** to be ~ for sth/sb ⇒temer por **4** to be ~ (of sth) ⇒tener miedo: He's afraid of flying - Tiene miedo a volar ∎ CONSTR. to be afraid of + doing sth **5** to be ~ to do sth ⇒no atreverse a hacer algo

Africa /ˈæf.rɪ.kə/ n [U] ⇒África

African /ˈæf.rɪ.kən/ adj, n [c] ⇒africano,na

African-American (tb Afro-american) adj, n [c] ⇒afroamericano,na

Afro-american *adj, n* [C] See **African-Amer-ican**

†**after**[1] UK: /ˈɑːf.tə²/ US: /ˈæf.tə/ *prep* **1** *(tiempo)* ⇨después de **2** *(lugar)* ⇨detrás de **3** *(en una escala)* ⇨después de **4** *US (para las horas)* ⇨y **5** ~ all ⇨después de todo ⇨con todo **6** ~ you ⇨usted primero ⇨después de usted ⇨tú primero **7** the day ~ tomorrow ⇨pasado mañana **8** to be ~ sth ⇨buscar algo ⇨pretender

†**after**[2] UK: /ˈɑːf.tə²/ US: /ˈæf.tə/ *conj* ⇨después de: *After finishing my homework, I phoned him* - Después de hacer los deberes, lo llamé por teléfono; *After forty-five minutes, the train finally arrived* - Después de cuarenta y cinco minutos, el tren por fin llegó ■ Nunca se usa seguido de un verbo en futuro

†**afternoon** UK: /ˌɑːf.təˈnuːn/ US: /ˌæf.tə-/ *n* [C, U] *(hasta las seis de la tarde)* ⇨tarde ■ Se usa desde las doce del mediodía hasta las seis de la tarde. Comparar con *evening* ■ Ver cuadro partes del día

afterward *US adv* See **afterwards**

†**afterwards** UK: /ˈɑːf.tə.wədz/ US: /ˈæf.tə.wədz/ *(US tb* afterward*) adv* ⇨después: *We left shortly afterwards* - Nos fuimos poco después

†**again** UK: /əˈgen/ UK: /-ˈgeɪn/ US: /-ˈgen/ *adv* **1** ⇨de nuevo ⇨otra vez **2** ~ and ~ ⇨una y otra vez **3** never ~ ⇨nunca más **4** once ~ ⇨una vez más

†**against** UK: /əˈgentst/ UK: /-ˈgeɪntst/ US: /-ˈgentst/ *prep* **1** *(contacto)* ⇨contra **2** *(en deportes)* ⇨contra **3** ⇨en contra de: *I'm against the death penalty* - Estoy en contra de la pena de muerte

†**age**[1] /eɪdʒ/ *n* [U] **1** ⇨edad **2** ⇨época **3** ⇨vejez **4** for ages *(inform)* ⇨hace mucho ⇨mucho tiempo **5** under ~ ⇨menor de edad ⇨demasiado joven

age[2] /eɪdʒ/ *[aged, aging; UK tb* ageing*] v* [T, I] ⇨envejecer: *She has aged a lot recently* - Ha envejecido mucho últimamente

aged[1] /eɪ.dʒɪd/ *adj* ⇨viejo,ja ⇨mayor ■ PRON. La *e* se pronuncia como la *i* en *did*

aged[2] /eɪdʒd/ *n* ⇨de... años: *She has two girls, aged two and four* - Tiene dos hijas, de dos y cuatro años ■ PRON. La *e* no se pronuncia

ageing[1] /ˈeɪ.dʒɪŋ/ *UK (US* aging*) adj* ⇨avejentado,da

ageing[2] /ˈeɪ.dʒɪŋ/ *UK (US* aging*) n* [U] ⇨envejecimiento

agency /ˈeɪ.dʒ³nt.si/ *[pl* agencies*] n* [C] **1** ⇨agencia ⇨organismo **2** temp ~ ⇨empresa de trabajo temporal

†**agenda** /əˈdʒen.də/ *n* [C] ⇨orden del día ■ Distinto de *diary* (agenda)

†**agent** /ˈeɪ.dʒ³nt/ *n* [C] ⇨agente ⇨representante

aggravate /ˈæg.rə.veɪt/ *[aggravated, aggravating] v* [T] **1** *(inform)* ⇨fastidiar ⇨incordiar *col.;* ⇨irritar **2** ⇨agravar

†**aggression** /əˈgreʃ.³n/ *n* [U] **1** ⇨agresión **2** ⇨agresividad

aggressive /əˈgres.ɪv/ *adj* **1** ⇨agresivo,va **2** *(una actitud)* ⇨violento,ta

agile UK: /ˈædʒ.aɪl/ US: /-[ə]l/ *adj* ⇨ágil: *You've got a very agile mind* - Tienes una mente muy ágil

aging /ˈeɪ.dʒɪŋ/ *US adj, n* [U] See **ageing**

agitated UK: /ˈædʒ.ɪ.teɪ.tɪd/ US: /-ˈtɪd/ *adj* ⇨perturbado,da ⇨nervioso,sa ■ PRON. La *e* se pronuncia como la *i* en *did*

agnostic UK: /ægˈnɒs.tɪk/ US: /-ˈnɑː.stɪk/ *n* [C] ⇨agnóstico,ca

†**ago** UK: /əˈgəʊ/ US: /-ˈgoʊ/ *adv* ⇨hace: *I started learning English only two years ago* - Empecé a estudiar inglés hace solo dos años ■ Se sitúa detrás del período al que hace referencia y suele aparecer al final de la frase. Se usa con verbos en pasado simple o en pasado continuo. Comparar con *for* y *since*

agonize /ˈæg.ə.naɪz/ *[agonized, agonizing] v* [I] ⇨atormentar(se) ⇨reconcomer(se) ■ CONSTR. to agonize about/over sth ■ Distinto de *to be dying* (agonizar)

agony /ˈæg.ə.ni/ *[pl* agonies*] n* [C, U] ⇨sufrimiento ⇨agonía ⇨dolor [extremo]

agony aunt *UK n* [U] *(en un periódico o revista)* ⇨consejero,ra sentimental

†**agree** /əˈgriː/ *[agreed]* ■ *v* [T, I] **1** ⇨estar de acuerdo ■ CONSTR. to agree + (that) **2** ⇨ponerse de acuerdo ■ CONSTR. 1. to agree + (that) 2. to agree + to do sth ■ *v* [I] **3** ⇨consentir ⇨acceder ■ CONSTR. to agree + to do sth **4** ⇨aprobar ⇨aceptar **5** not to ~ with sb ⇨no sentarle bien a alguien

agreeable /əˈgriː.ə.bl/ *adj* **1** *(form)* ⇨conforme: *I'm agreeable to it* - Estoy conforme con ello ■ CONSTR. to be agreeable to sth **2** *(form)* ⇨agradable

agreed /əˈgriːd/ *adj (un precio, una norma)* ⇨fijado,da ⇨establecido,da ⇨acordado,da

†**agreement** /əˈgriː.mənt/ *n* [C, U] **1** ⇨acuerdo: *to reach an agreement* - llegar a un acuerdo **2** in ~ ⇨de acuerdo

†**agriculture** UK: /ˈæg.rɪ.kʌl.tʃə²/ US: /-tʃə/ *n* [U] ⇨agricultura

ah /ɑː/ *excl* ⇨¡ah!

aha /ɑːˈhɑː/ *excl* ⇨¡ajá! *col.:* *Aha, now I understand you!* - ¡Ajá, ahora te entiendo!

†**ahead** /əˈhed/ *adv* **1** ⇨delante: *Who was ahead of me in the queue?* - ¿Quién estaba delante de mí en la fila? **2** straight ~ ⇨todo recto: *Go straight ahead until you get to the hospital* - Sigue todo recto hasta llegar al hospital **3** to be ~ ⇨llevar ventaja

ahead of *prep* **1** ⇨delante de: *Tony sat just ahead of Mary* - Tony se sentó justo delante de Mary **2** ahead of {schedule/time} *to be a month ahead of schedule* - llevar un mes de adelanto sobre lo calculado

AI /ˌeɪˈaɪ/ n [U] ⇒forma abreviada de **artificial intelligence** (inteligencia artificial)

aid¹ /eɪd/ n [C, U] **1** ⇒ayuda ⇒apoyo ⇒auxilio **2** in ~ of sth/sb ⇒a beneficio de

aid² v [T] ⇒ayudar ⇒facilitar

† **AIDS** /eɪdz/ n [U] ⇒sida ∎ Procede de *Acquired Immune Deficiency Syndrome* (síndrome de la inmunodeficiencia adquirida)

ailment /ˈeɪl.mənt/ n [C] ⇒achaque ⇒dolencia ⇒enfermedad

† **aim¹** /eɪm/ ∎ n [C] **1** ⇒objetivo ⇒propósito ∎ n [U] **2** ⇒puntería **3** to take ~ ⇒apuntar

† **aim²** /eɪm/ v [T, I] **1** (con un arma) ⇒apuntar **2** ⇒proponerse ⇒querer ⇒pretender **3** to ~ sth at ⇒dirigir algo a

aimless /ˈeɪm.ləs/ adj ⇒sin objetivo ⇒sin propósito fijo ⇒sin sentido

ain't /eɪnt/ **1** (inform) (am not, are not, is not) See **be 2** (inform) (have not got, has not got) See **have**

† **air¹** UK: /eə²/ US: /er/ n [U] **1** ⇒aire: to get some fresh air - tomar el aire **2** (manera, apariencia): He had an air of incredulity - Parecía no creerlo **3** by ~ ⇒por avión **4** up in the ~ ⇒en el aire col.

air² ∎ v [T, I] **1** (una prenda de vestir) ⇒airear ⇒orear ∎ v [T] **2** (un lugar) ⇒ventilar ⇒airear

† **air conditioning** n [U] ⇒aire acondicionado

† **aircraft** UK: /ˈeə.krɑːft/ US: /ˈer.kræft/ [pl aircraft] n [C] ⇒avión

airfare UK: /ˈeə.feə/ US: /ˈer.fer/ n [C] ⇒precio del billete de avión

airfield UK: /ˈeə.fiːld/ US: /ˈer-/ n [C] ⇒aeródromo

air force n [C] ⇒fuerzas aéreas

air hostess [pl air hostesses] UK n [C] ⇒azafata ⇒aeromoza AMÉR.

† **airline** UK: /ˈeə.laɪn/ US: /ˈer-/ n [C] ⇒línea aérea ⇒compañía aérea

airliner UK: /ˈeəˌlaɪ.nə²/ US: /ˈerˌlaɪ.nə/ n [C] ⇒avión [comercial] ⇒avión de pasajeros

airmail UK: /ˈeə.meɪl/ US: /ˈer-/ n [U] ⇒correo aéreo: by airmail - por correo aéreo

airplane UK: /ˈeə.pleɪn/ US: /ˈer-/ US n [C] See **aeroplane**

† **airport** UK: /ˈeə.pɔːt/ US: /ˈer.pɔːrt/ n [C] ⇒aeropuerto

air raid n [C] ⇒ataque aéreo

airtight UK: /ˈeə.taɪt/ US: /ˈer-/ adj (un contenedor) ⇒hermético,ca

airway UK: /ˈeə.weɪ/ US: /ˈer-/ n [C] **1** (en anatomía) ⇒vía respiratoria **2** (en aviación) ⇒ruta aérea

airy UK: /ˈeə.ri/ US: /ˈer.i/ adj [comp airier, superl airiest] **1** (una habitación) ⇒bien ventilado,da **2** (una persona, una actitud) ⇒poco serio,ria ⇒despreocupado,da

aisle /aɪl/ n [C] (en un supermercado, un avión o una sala) ⇒pasillo ∎ PRON. La s no se pronuncia

† **alarm** UK: /əˈlɑːm/ US: /-lɑːrm/ ∎ n [U] **1** ⇒alarma ⇒miedo ⇒pánico ⇒susto **2** n [C] (de luz o sonido) ⇒alarma **3** to raise the ~ ⇒dar la alarma

alarm clock n [C] ⇒despertador

alas /əˈlæs/ adv (lit) ⇒desgraciadamente ⇒por desgracia

Alaska /əˈlæs.kə/ n [U] ⇒Alaska ∎ La forma abreviada es AK

Alaskan /əˈlæs.kən/ adj, n [C] ⇒de Alaska

Albanian /ælˈbeɪ.ni.ən/ adj, n [C] ⇒albanés,-a

albeit UK: /ɔːlˈbiː.ɪt/ US: /ɑːl-/ conj (form) ⇒aunque

album /ˈæl.bəm/ n [C] **1** ⇒álbum: photo album - álbum de fotos **2** (en música) ⇒álbum

† **alcohol** UK: /ˈæl.kə.hɒl/ US: /-hɑːl/ n [U] ⇒alcohol

alcoholic UK: /ˌæl.kəˈhɒl.ɪk/ US: /-ˈhɑː.lɪk/ adj, n [C] ⇒alcohólico,ca: alcoholic drinks - bebidas alcohólicas

ale /eɪl/ n [C, U] ⇒cerveza: pale ale - cerveza rubia ligera

alert¹ UK: /əˈlɜːt/ US: /-ˈlɜːt/ adj **1** (mentalmente) ⇒espabilado,da ⇒despierto,ta **2** ⇒alerta: to be alert to sth - estar alerta a algo

alert² UK: /əˈlɜːt/ US: /-ˈlɜːt/ n [C] **1** ⇒alarma ⇒alerta **2** bomb ~ ⇒aviso de bomba

A level n [PL] ⇒en el Reino Unido, examen estatal para estudiantes de diecisiete y dieciocho años

algae /ˈæl.giː/ n [PL] ⇒algas

algebra /ˈæl.dʒə.brə/ n [U] (en matemáticas) ⇒álgebra

Algerian UK: /ælˈdʒɪə.ri.ən/ US: /-ˈdʒɪr.i-/ adj, n [C] ⇒argelino,na

alibi /ˈæl.ɪ.baɪ/ n [C] ⇒coartada: to have an alibi - tener una coartada

alien¹ /ˈeɪ.li.ən/ adj ⇒extraño,ña ⇒ajeno,na

alien² /ˈeɪ.li.ən/ n [C] **1** ⇒extraterrestre ⇒alienígena **2** (form) (persona) ⇒extranjero,ra

alienate /ˈeɪ.li.ə.neɪt/ [alienated, alienating] v [T] **1** ⇒alienar: His job alienated him - Su trabajo lo alienaba **2** ⇒ofender ⇒provocar un alejamiento

alight /əˈlaɪt/ UK adj **1** ⇒encendido,da ⇒ardiendo ∎ CONSTR. Se usa detrás de un verbo **2** to set sth ~ UK ⇒prender fuego a algo

align v [T, I] ⇒alinear

PHRASAL VERBS

· **to align oneself with sb** ⇒aliarse con alguien: They aligned themselves with the minority faction - Se aliaron con la facción minoritaria

alike¹ /əˈlaɪk/ adj **1** ⇒similar **2** (carácter) ⇒igual **3** to look ~ ⇒parecerse: You two look very alike - Vosotros dos os parecéis mucho ∎ CONSTR. Se usa detrás de un verbo

alike² /ə'laɪk/ *adv* 1 ⇒igual ⇒por igual 2 ⇒tanto: *both men and women alike* - tanto hombres como mujeres

†**alive** /ə'laɪv/ *adj* 1 ⇒vivo,va: *I think she's still alive* - Creo que sigue viva; *The bar of soap seems to be alive* - Parece que la pastilla de jabón está viva ■ CONSTR. Se usa detrás de un verbo 2 ~ **and kicking** ⇒vivito,ta y coleando *col.* 3 **to keep** *sth* ~ ⇒conservar

†**all¹** UK: /ɔːl/ US: /ɑːl/ *pron* ⇒todo: *All you need is a bit of self-confidence* - Todo lo que necesitas es un poco más de confianza en ti mismo; *She's a woman that has seen it all* - Es una mujer que lo ha visto todo

all² UK: /ɔːl/ US: /ɑːl/ *adj* 1 ⇒todos,das: *All my friends came to the party* - Todos mis amigos vinieron a la fiesta 2 *(cantidad entera)* ⇒todo,da

†**all³** UK: /ɔːl/ US: /ɑːl/ *adv* 1 ⇒por completo ⇒totalmente ⇒muy 2 *(en deportes): The score was three all* - El resultado fue empate a tres 3 ~ **along** ⇒todo el tiempo 4 ~ **but** 1 ⇒todos,das menos: *All but Steven came to the ceremony* - Vinieron todos a la ceremonia, menos Steven 2 ⇒casi: *She all but died* - Casi se muere 5 ~ **in** *(en un precio)* ⇒todo incluido 6 ~ **in** ~ ⇒en resumen ⇒en general ⇒a fin de cuentas 7 ~ **over** ⇒por todo,da: *There were sheets of paper all over the floor* - Había papeles por todo el suelo 8 ~ **the better** ⇒tanto mejor 9 ~ **the more** ⇒todavía más: *It is snowing today, which makes our excursion all the more exciting* - Está nevando, lo que hace que nuestra excursión sea todavía más emocionante 10 ~ **too** ⇒demasiado 11 **in** ~ ⇒en total 12 **not at** ~ ⇒en absoluto: *He isn't at all stupid* - No es tonto en absoluto 13 **that's** ~ ⇒eso es todo ⇒nada más 14 **to be** ~ **over** ⇒haberse terminado: *It's all over, Jane, and I don't want to see you again* - Se ha terminado, Jane, y no quiero volver a verte

†**allegation** /ˌæl.ə'ɡeɪ.ʃ°n/ *n* [c] 1 ⇒alegación ⇒aseveración 2 ⇒acusación

†**allege** /ə'ledʒ/ [alleged, alleging] *v* [T] ⇒alegar: *She alleged that she was abroad at the time* - Alegó que se encontraba en el extranjero ■ CONSTR. 1. to allege + (that) 2. to allege + to do sth 3. Se usa más en pasiva

allegiance /ə'liː.dʒ°nts/ *n* [U] ⇒lealtad: *to pledge allegiance to the flag* - jurar lealtad a la bandera

allergic /ə'lɜː.dʒɪk/ UK: /-lɜː-/ *adj* ⇒alérgico,ca: *I'm allergic to cats* - Soy alérgica a los gatos ■ CONSTR. Se usa detrás de un verbo

allergy UK: /'æl.ə.dʒi/ US: /-ɚ-/ *[pl* allergies] *n* [c] ⇒alergia: *I've got an allergy to some kinds of food* - Tengo alergia a algunos alimentos

alley /'æl.i/ *n* [c] ⇒callejón ⇒callejuela

†**alliance** /ə'laɪ.ɑ°nts/ *n* [c] ⇒alianza ⇒acuerdo

†**allied** /'æl.aɪd, ə'laɪd/ *adj* 1 ⇒aliado,da 2 ⇒relacionado,da: *allied subjects* - temas relacionados

alligator UK: /'æl.ɪ.ɡeɪ.tə/ US: /-ˁtˠ/ *n* [c] ⇒caimán

all-night *adj* 1 *(un negocio)* ⇒abierto,ta toda la noche 2 *(un evento)* ⇒que dura toda la noche

†**allocate** /'æl.ə.keɪt/ [allocated, allocating] *v* [T] ⇒asignar ⇒repartir ■ CONSTR. to allocate + dos objetos

allot UK: /ə'lɒt/ US: /-'lɑːt/ [allotted, allotting] *v* [T] ⇒asignar ■ CONSTR. 1. to allot + dos objetos 2. Se usa más en pasiva

all-out UK: /'ɔːl.aʊt/ US: /ɑːl-/ *adj* ⇒total: *an all-out offensive* - una ofensiva total

†**allow** /ə'laʊ/ *v* [T] 1 ⇒permitir ⇒dejar ■ CONSTR. 1. to allow + to do sth 2. to allow + dos objetos 3. Se usa más en pasiva 2 *(form)* ⇒conceder ⇒admitir ■ CONSTR. to allow + that 3 ⇒calcular: *Allow five hour for the journey* - Calcula cinco horas para el viaje

| PHRASAL VERBS
· **to allow for** *sth* ⇒tener algo en cuenta ■ CONSTR. to allow for + doing sth

allowance /ə'laʊ.ɑ°nts/ *n* [c] 1 ⇒concesión 2 *(dinero)* ⇒pensión ⇒asignación ⇒subvención 3 *US* ⇒paga semanal 4 **to make** ~ **for** *sth* ⇒tener algo en cuenta: *We have to make allowance for bad weather* - Debemos tener en cuenta el mal tiempo 5 **to make allowances for** *sth/sb* ⇒hacer concesiones ⇒ser compasivo,va

alloy /'æl.ɔɪ/ *n* [c] ⇒aleación

all right¹ *adj, adv* 1 ⇒bien: *The show was all right* - La función estuvo bien 2 ⇒seguro ⇒bien ■ CONSTR. Se usa detrás de un verbo

all right² *excl* ⇒de acuerdo

all-time UK: /'ɔːl.taɪm/ US: /'ɑːl-/ *adj* 1 ⇒de todos los tiempos: *an all-time record* - un récord de todos los tiempos 2 ⇒nunca visto,ta ⇒sin precedentes

ally¹ /'æl.aɪ/ *[pl* allies] *n* [c] ⇒aliado,da

ally² /ə'laɪ/ *[allies, allied]*

| PHRASAL VERBS
· **to ally** *oneself* {to/with} *sb* ⇒aliarse con alguien

almond UK: /'ɑː.mənd/ US: /'ɑːl-/ *n* [c, U] ⇒almendra: *almond flakes* - láminas de almendra

†**almost** UK: /'ɔːl.məʊst/ US: /'ɑːl.moʊst/ *adv* ⇒casi: *Tim is almost as tall as his father* - Tim es casi tan alto como su padre; *I'm almost finished* - Casi he terminado

†**alone** UK: /ə'ləʊn/ US: /-'loʊn/ *adj, adv* *(sin compañía)* ⇒solo,la ■ CONSTR. Se usa detrás de un verbo ■ Hace referencia al estado. Comparar con *lonely*

†**along¹** UK: /ə'lɒŋ/ US: /-'lɑːŋ/ *prep* ⇒a lo largo de ⇒por

■ A † **along**² UK: /ə'lɒŋ/ US: /-'lɑːŋ/ *adv* **1** *(hacia ade-lante): Drive along slowly until you see it* - Conduce despacio hasta que lo veas ■ Se usa frecuentemente con verbos de movimiento. Al traducirlo en español su significado suele estar implícito en el verbo: *to drive along - conducir* **2** ~ *with sth/sb* ⇒con: *Are you coming along with us?* - ¿Te vienes con nosotros?

† **alongside** UK: /ə‚lɒŋ'saɪd/ US: /ə'lɑːŋ.saɪd/ *adv, prep* ⇒junto a ⇒al lado de ⇒al costado de ■ Se usa con objetos móviles. Comparar con *next to*

† **aloud** /ə'laʊd/ *adv* ⇒en voz alta ⇒a voces

† **alphabet** /'æl.fə.bet/ *n* [c] ⇒alfabeto ⇒abecedario
alphabetical UK: /‚æl.fə'bet.ɪ.kəl/ US: /-'beˤt̬-/ *adj* ⇒alfabético,ca: *in alphabetical order* - por orden alfabético

† **already** /ɔːl'red.i/ *adv* **1** *(antes de ahora)* ⇒ya **2** *(antes de lo esperado)* ⇒ya ■ Se usa en oraciones afirmativas e interrogativas ■ Ver cuadro

† **alright** UK: /ɔːl'raɪt/ US: /ɑːl-/ *adv* See **all right**

† **also** UK: /'ɔːl.səʊ/ US: /'ɑːl.soʊ/ *adv* ⇒también ⇒además ■ Normalmente *also* se sitúa delante del verbo principal y después del verbo auxiliar. *Too* y *as well* siempre se sitúan al final.
altar UK: /'ɔːl.tə'/ UK: /'ɒl-/ US: /-ˤt̬ə/ *n* [c] ⇒altar: *high altar* - altar mayor

† **alter** UK: /'ɒl.tə'/ US: /'ɑːl.ˤt̬ə/ *v* [T, I] **1** ⇒alterar ⇒cambiar **2** *(una prenda de vestir)* ⇒arreglar
alteration UK: /‚ɒl.tə'reɪ.ʃ°n/ US: /‚ɑːl.ˤt̬ə-/ *n* [c, U] **1** ⇒cambio ⇒alteración **2** *(ropa)* ⇒arreglo

† **alternate** UK: /'ɒl.tə.neɪt/ US: /'ɑːl.ˤt̬ə-/ [alternated, alternating] ■ *v* [T] **1** ⇒alternar **2** ⇒alternar ⇒oscilar ■ Constr. Se usa generalmente seguido de las preposiciones *between* y *with* ■ *v* [I] **3** ⇒turnarse

† **alternative** UK: /ɒl'tɜː.nə.tɪv/ US: /ɑːl'tɜː.nə.ˤt̬ɪv/ *n* [c] ⇒alternativa ⇒posibilidad ⇒opción
alternatively UK: /ɒl'tɜː.nə.tɪv.li/ US: /ɑːl'tɜː.nə.ˤt̬ɪv-/ *adv* **1** ⇒si no **2** *We could go to the cinema, or alternatively, we could go to the theatre* - Podemos ir al cine, o podemos ir al teatro

† **although** UK: /ɔːl'ðəʊ/ US: /ɑːl'ðoʊ/ *conj* **1** ⇒aunque: *Although I didn't study hard, I passed the exam* - Aprobé el examen, aunque no estudié mucho **2** ⇒a pesar de que ⇒aunque
altitude UK: /'æl.tɪ.tjuːd/ US: /-ˤt̬ə.tuːd/ *n* [c, U] ⇒altura ⇒altitud

† **altogether** UK: /‚ɔːl.tə'geð.ə'/ US: /‚ɑːl.tə'geð.ə/ *adv* **1** ⇒totalmente ⇒del todo ⇒completamente **2** ⇒en total: *How much is it altogether?* - ¿Cuánto es en total?

aluminium /‚æl.jʊ'mɪn.i.əm/ *UK n* [U] **1** *(en química)* ⇒aluminio **2** ~ *foil* ⇒papel de aluminio

† **always** UK: /'ɔːl.weɪz/ US: /'ɑːl-/ *adv* **1** ⇒siempre: *You can always change your mind* - Siempre puedes cambiar de idea ■ Se sitúa detrás del verbo *to be* y de los verbos auxiliares y modales, y delante de los demás verbos: *James has always turned up late* - James siempre ha llegado tarde; *I always walk to school* - Siempre voy andando al colegio **2** *as* ~ ⇒como siempre

---

already / yet

• **Already** se usa en oraciones afirmativas y en interrogativas que expresan sorpresa. **Already** se sitúa detrás de los verbos auxiliares y modales, y delante del resto de los verbos. Cuando expresa sorpresa porque la acción ha terminado solo puede situarse al final.

afirmativa	negativa	interrogativa
I have **already** seen that film. (Esa película ya la he visto.) I **already** phoned him (Ya le llamé.)	–	Have you finished **already**? (¿Has terminado ya?)

• **Yet** se usa en oraciones negativas y en interrogativas. **Yet** se sitúa al final de las oraciones.

afirmativa	negativa	interrogativa
–	She hasn't phoned me **yet**. (Aún no me ha llamado.)	Have you finished **yet**? (¿Has terminado ya?)

(Ver también cuadro **todavía**.)

† **a.m.** /ˌeɪ'em/ *adv* ⇨de la mañana: *School starts at 8.30 a.m.* - Las clases empiezan a las 8.30 de la mañana ■ Cuando se dice *a.m.* no se dice *o'clock* ■ Procede de *ante meridiem* (antes del mediodía)

am /æm, əm/ ⇨primera persona singular del presente del verbo *to be*

AM /ˌeɪ'em/ *n* [U] *(en la radio)* ⇨AM ■ Procede de *amplitude modulation* (modulación de amplitud)

amalgamate /ə'mæl.gə.meɪt/ [amalgamated, amalgamating] *v* [T, I] ⇨fusionarse

† **amateur** UK: /'æm.ə.təʳ/ US: /-ˤt̬ə/ *adj, n* [C] ⇨aficionado,da ⇨amateur

† **amaze** /ə'meɪz/ [amazed, amazing] *v* [T] ⇨asombrar ⇨alucinar ■ Pron. La segunda sílaba, *maze*, rima con *days*

amazed /ə'meɪzd/ *adj* **1** ⇨asombrado,da ⇨sorprendido,da ⇨alucinado,da **2** *I was amazed to hear that they had married* - Aluciné al oír que se habían casado ■ Constr. 1. amazed at/by sth/sb 2. amazed + to do sth 3. amazed + (that) ■ Ver cuadro adjetivos terminados en "-ed" / "-ing": excited / exciting

amazement /ə'meɪz.mənt/ *n* [U] ⇨asombro: *He looked at me in amazement* - Me miró con asombro

amazing /ə'meɪ.zɪŋ/ *adj* ⇨asombroso,sa ⇨alucinante ■ Pron. La segunda parte, *maz*, rima con *days* ■ Ver cuadro adjetivos terminados en "-ed" / "-ing": excited / exciting

amazingly /ə'meɪ.zɪŋ.li/ *adv* ⇨increíblemente ⇨extraordinariamente

† **ambassador** UK: /æm'bæs.ə.dəʳ/ US: /-də/ *n* [C] ⇨embajador,-a

amber UK: /'æm.bəʳ/ US: /-bə/ *n* [U] **1** *(joya)* ⇨ámbar **2** *(color)* ⇨ámbar **3** *(en un semáforo)* ⇨amarillo

ambient /'æm.bi.ənt/ *adj (form)* ⇨ambiental: *ambient temperature* - temperatura ambiental

ambiguity UK: /ˌæm.bɪ'gjuː.ɪ.ti/ US: /-ə.ˤt̬i/ *[pl ambiguities] n* [C, U] ⇨ambigüedad

† **ambiguous** /æm'bɪg.ju.əs/ *adj* ⇨ambiguo,gua

† **ambition** /æm'bɪʃ.ᵊn/ *n* [C, U] **1** ⇨ambición ⇨aspiración **2** *(cualidad)* ⇨ambición

ambitious /æm'bɪʃ.əs/ *adj* ⇨ambicioso,sa

† **ambulance** /'æm.bjʊ.ləns/ *n* [C] ⇨ambulancia: *Call for an ambulance!* - ¡Pide una ambulancia!

ambush /'æm.bʊʃ/ *[pl ambushes] n* [C] ⇨emboscada

amen /ˌɑː'men, ˌeɪ-/ *excl* ⇨amén

amend /ə'mend/ *v* [T] *(un texto legal)* ⇨modificar ⇨enmendar ■ Constr. Se usa más en pasiva

amends /ə'mendz/ **to make ~** ⇨compensar a alguien por algo [mal hecho]

amenity UK: /ə'miː.nɪ.ti/ US: /ə'men.ə.ˤt̬i/ *[pl amenities] n* [C] ⇨instalación ⇨comodidad ⇨servicio ■ Se usa más en plural

American[1] /ə'mer.ɪ.kən/ *adj* ⇨estadounidense ⇨norteamericano,na ⇨americano,na **2** *(América del sur, central y del norte)* ⇨americano,na

American[2] /ə'mer.ɪ.kən/ *n* [C] ⇨estadounidense ⇨norteamericano,na ⇨americano,na

American Indian *(tb* Indian) *adj, n* [C] *(de América del norte)* ⇨indio,dia ⇨amerindio,dia

amiable /'eɪ.mi.ə.bl̩/ *adj* ⇨atento,ta ⇨amable ⇨afable

amicable /'æm.ɪ.kə.bl̩/ *adj* ⇨amistoso,sa ⇨amigable

† **amid** /ə'mɪd/ *prep (form)* ⇨entre: *She told it to me amid sobs and tears* - Me lo contó entre sollozos y lágrimas

ammunition /ˌæm.jʊ'nɪʃ.ᵊn/ *n* [U] **1** ⇨munición **2** *(en una discusión)* ⇨argumentos

amnesia /æm'niː.zi.ə, -ʒə/ *n* [U] ⇨amnesia: *to suffer from amnesia* - padecer amnesia

amnesty /'æm.nɪ.sti/ *[pl amnesties] n* [C, U] ⇨amnistía: *to grant an amnesty* - conceder una amnistía

† **among** /ə'mʌŋ/ *(tb* amongst) *prep (más de dos cosas o personas)* ⇨entre ■ Ver cuadro entre (among / between)

amongst *prep* See **among**

amount[1] /ə'maʊnt/ *n* [C] **1** ⇨cantidad ⇨suma ■ Se usa especialmente con nombres incontables **2** **to ~ to** *sth (una cantidad)* ⇨ascender a algo ⇨equivaler

amount[2] /ə'maʊnt/

PHRASAL VERBS
· **to amount to** *sth (una cantidad)* ⇨ascender a algo ⇨equivaler a algo

amp /æmp/ *n* [C] **1** *(en física)* ⇨amperio **2** *(inform)* ⇨forma abreviada de **amplifier** (amplificador)

† **ample** /'æm.pl̩/ *adj* ⇨abundante ⇨más que suficiente

amplifier UK: /'æm.plɪ.faɪ.əʳ/ US: /-ə/ *n* [C] ⇨amplificador ■ La forma abreviada es *amp*

amplify /'æm.plɪ.faɪ/ [amplifies, amplified] *v* [T] **1** ⇨amplificar **2** *(form)* ⇨ampliar

amputate /'æm.pju.teɪt/ [amputated, amputating] *v* [T, I] ⇨amputar

† **amuse** /ə'mjuːz/ [amused, amusing] *v* [T] **1** ⇨divertir ⇨hacer gracia **2** ⇨entretenerse ⇨divertirse ■ Constr. Se usa más como reflexivo

amusement /ə'mjuːz.mənt/ *n* [U] ⇨diversión ⇨entretenimiento ⇨distracción

amusing[2] /ə'mjuː.zɪŋ/ *adj* ⇨divertido,da ⇨entretenido,da ■ Distinto de *amused* (que se divierte) ■ Ver cuadro adjetivos terminados en "-ed" / "-ing": excited / exciting

† **an** /ən, æn/ *art* See **a** ■ Ver cuadros a / an y a / an / the

anaemia /ə'niː.mi.ə/ UK (US anemia) n [U] (en medicina) ⇒anemia ■ PRON. La segunda sílaba, nae, rima con knee

anaesthetic UK: /ˌæn.əs'θet.ɪk/ US: /-'θeˤt̬-/ UK (US anesthetic) n [C, U] ⇒anestesia

analogy /ə'næl.ə.dʒi/ [pl analogies] n [C, U] ⇒analogía: by analogy - por analogía

† **analyse** /'æn.ə˚l.aɪz/ [analysed, analysing] UK v [T] ⇒analizar: to analyse a text - analizar un texto

analyses n [PL] See **analysis**

analysis /ə'næl.ə.sɪs/ [pl analyses] n [C, U] 1 ⇒análisis 2 in the {final/last} ~ ⇒a fin de cuentas

† **analyst** /'æn.ə.lɪst/ n [C] 1 ⇒analista: He works as a financial analyst - Trabaja como analista financiero 2 ⇒psicoanalista

analytical UK: /ˌæn.ə'lɪt.ɪ.kəl/ US: /-'lɪˤt̬-/ adj ⇒analítico,ca

anarchy /'æn.ə.ki/ US: /-ɚ-/ n [U] ⇒anarquía

anatomy /ə'næt.ə.mi/ US: /-'næˤt̬-/ [pl anatomies] n [C, U] ⇒anatomía

† **ancestor** UK: /'æn.ses.tə˚/ US: /-tɚ/ n [C] ⇒antepasado,da ⇒precursor,-a

† **anchor** UK: /'æŋ.kə˚/ US: /-kɚ/ n [C] 1 ⇒ancla: to drop anchor - echar anclas 2 (persona) ⇒pilar ⇒sostén

† **ancient** /'eɪn.tʃ˚nt/ adj 1 (en historia) ⇒antiguo,gua 2 (inform) ⇒muy viejo,ja: Your car is ancient! - ¡Tu coche es muy viejo! ■ Distinto de elderly man/elderly woman (anciano,na)

† **and** /ænd, ənd, ən/ conj 1 ⇒y: Pat plays the guitar and the violin - Pat toca la guitarra y el violín 2 (secuencia) ⇒y 3 ⇒con: fish and chips - pescado con patatas fritas 4 (comparación): higher and higher - cada vez más alto 5 (repetición): I've worked and worked - He trabajado sin parar

Andorra /æn'dɔː.rə/ n [U] ⇒Andorra

Andorran /æn'dɔː.rən/ adj, n [C] ⇒andorrano,na

anecdote UK: /'æn.ɪk.dəʊt/ US: /-doʊt/ n [C] ⇒anécdota

anemia /ə'niː.mi.ə/ US n [U] See **anaemia**

anesthetic US n [U] See **anaesthetic**

† **angel** /'eɪn.dʒ˚l/ n [C] 1 ⇒ángel 2 (persona) ⇒ángel ⇒cielo

† **anger** UK: /'æŋ.gə˚/ US: /-gɚ/ n [U] ⇒enfado ⇒ira

† **angle** /'æŋ.gl/ n [C] 1 ⇒ángulo: at a 180° angle - en un ángulo de 180°; an acute angle - un ángulo agudo 2 ⇒punto de vista

Anglican /'æŋ.glɪ.kən/ n [C] ⇒anglicano,na

Anglo-Saxon /ˌæŋ.gləʊ'sæk.s˚n/ US: /ˌæŋ.gloʊ-/ adj, n [C] ⇒anglosajón,-a

Angola UK: /æŋ'gəʊ.lə/ US: /-'goʊ-/ n [U] ⇒Angola

Angolan UK: /æŋ'gəʊ.lən/ US: /-'goʊ-/ adj, n [C] ⇒angoleño,ña

angrily /'æŋ.grɪ.li/ adv ⇒con ira ⇒airadamente

† **angry** /'æŋ.gri/ adj [comp angrier, superl angriest] 1 ⇒enfadado,da 2 to get ~ ⇒enfadarse ⇒embroncarse AMÉR. col.

anguish /'æŋ.gwɪʃ/ n [U] (sufrimiento físico o mental) ⇒angustia ⇒congoja

angular UK: /'æŋ.gjʊ.lə˚/ US: /-lɚ/ adj 1 ⇒angular: angular shapes - formas angulares 2 (una persona) ⇒huesudo,da

† **animal** /'æn.ɪ.məl/ n [C] 1 ⇒animal 2 (offens) ⇒bruto,ta desp.; ⇒bestia desp.

animate[1] /'æn.ɪ.mət/ adj ⇒viviente ⇒vivo,va ⇒animado,da

animate[2] /'æn.ɪ.meɪt/ [animated, animating] v [T] 1 ⇒animar: A faint smile animated her face - Una leve sonrisa animó su rostro 2 ⇒hacer dibujos animados

animated UK: /'æn.ɪ.meɪ.tɪd/ US: /-ˤt̬ɪd/ adj 1 ⇒animado,da ⇒vivaz 2 ~ cartoons ⇒dibujos animados

animation /ˌæn.ɪ'meɪ.ʃ˚n/ n [U] 1 ⇒vivacidad ⇒animación 2 (en cine o en informática) ⇒animación 2 ⇒imágenes animadas

† **ankle** /'æŋ.kl/ n [C] ⇒tobillo: Kelly twisted her ankle yesterday - Kelly se torció el tobillo ayer

anniversary UK: /ˌæn.ɪ'vɜː.s˚r.i/ US: /-'vɜː.sɚ-/ [pl anniversaries] n [C] ⇒aniversario: a wedding anniversary - un aniversario de boda

announce /ə'naʊnts/ [announced, announcing] v [T] ⇒anunciar ⇒declarar ⇒comunicar ⇒hacer público,ca ■ CONSTR. to announce + (that)

announcement /ə'naʊnt.smənt/ n [C] ⇒declaración ⇒anuncio ■ Distinto de advertisement (anuncio publicitario)

announcer UK: /ə'naʊnt.sə˚/ US: /-sɚ/ n [C] (en la radio, en la televisión) ⇒locutor,-a ⇒presentador,-a ⇒conductor,-a AMÉR.

† **annoy** /ə'nɔɪ/ v [T] ⇒irritar ⇒mosquear col.; ⇒molestar ⇒fregar AMÉR. col.; ⇒chingar AMÉR. vulg.

annoyance /ə'nɔɪ.˚nts/ ■ n [U] 1 ⇒enfado ⇒enojo ■ n [C] 2 ⇒molestia ⇒irritación

annoyed /ə'nɔɪd/ adj ⇒enfadado,da ⇒irritado,da ⇒mosqueado,da col.

annoying /ə'nɔɪ.ɪŋ/ adj ⇒molesto,ta: That noise is very annoying - Ese ruido es muy molesto

† **annual** /'æn.ju.əl, -jʊl/ adj ⇒anual: annual income - ingresos anuales

anonymity UK: /ˌæn.ɒn'ɪm.ɪ.ti/ US: /-ə'nɪm.ə.ˤt̬i/ n [U] ⇒anonimato

† **anonymous** UK: /ə'nɒn.ɪ.məs/ US: /-'nɑː.nə-/ adj ⇒anónimo,ma: an anonymous letter - una carta anónima

anorak /'æn.˚r.æk/ UK n [C] 1 ⇒anorak 2 UK (persona) ⇒obseso,sa

anorexia /ˌæn.ə.rek.si.ə.nə'vəu.sə/ *(tb* **anorexia nervosa)** *n* [U] *(en medicina)* ⇨anorexia

† **another**¹ UK: /ə'nʌð.əʳ/ US: /-əl *adj* ⇨otro,tra ■ Se usa especialmente con sustantivos en singular sin artículo u otros determinantes, y con sustantivos en plural acompañados de un numeral: *Can you give me another sandwich?* - ¿*Me puedes dar otro sándwich?; We have to wait another three months* - *Tendremos que esperar otros tres meses.* Comparar con *other*

† **another**² UK: /ə'nʌð.əʳ/ US: /-əl *pron* ⇨otro,tra: *I don't like this jacket; I want another* - *Esta chaqueta no me gusta; quiero otra* ■ Nunca se usa con artículo delante u otros determinantes. Incorrecto: *I want the another, I want other.* Comparar con *other*

† **answer**¹ UK: /'ɑːnt.səʳ/ US: /'ænt.səl *v* [T, I] 1 ⇨contestar ⇨responder 2 to ~ the door ⇨abrir la puerta
| PHRASAL VERBS
| · **to answer back** ⇨replicar ⇨dar una mala contestación
| · **to answer to sb (for sth)** ⇨responder ante alguien [de algo]

† **answer**² UK: /'ɑːnt.səʳ/ US: /'ænt.səl *n* [C] 1 ⇨contestación ⇨respuesta 2 in ~ to sth ⇨en respuesta a algo ■ PRON. La w no se pronuncia

† **answering machine** *(UK tb* **answerphone)** *n* [C] ⇨contestador automático ■ PRON. La w no se pronuncia

† **answerphone** UK: /'ɑːnt.sə.fəun/ US: /'ænt.sə.foun/ *UK n* [C] See **answering machine**

† **ant** /ænt/ *n* [C] ⇨hormiga

antagonism /æn'tæg.ə.nɪ.zᵊm/ *n* [U] ⇨antagonismo ⇨hostilidad

Antarctic UK: /æn'tɑːk.tɪk/ US: /-'tɑːrk-/ *adj* ⇨antártico,ca

antelope /'æn.tɪ.ləup/ US: /-ᵊt[ə]l.oup/ *n* [C] ⇨antílope

antenna /æn'ten.ə/ *n* [C] 1 *(de un insecto)* ⇨antena ■ Su plural es *antennae* 2 US *(UK* aerial) *(de un aparato)* ⇨antena ■ Su plural es *antennas*

anthem /'ænt.θəm/ *n* [C] ⇨himno: *national anthem* - *himno nacional*

anthology UK: /æn'θɒl.ə.dʒi/ US: /-'θɑː.lə-/ *[pl* anthologies] *n* [C] ⇨antología

anthropologist UK: /ˌænt.θrə'pɒl.ə.dʒɪst/ US: /-'pɑː.lə-/ *n* [C] ⇨antropólogo,ga

anthropology UK: /ˌænt.θrə'pɒl.ə.dʒi/ US: /-'pɑː.lə-/ *n* [U] ⇨antropología

† **antibiotic** UK: /ˌæn.ti.baɪ'ɒt.ɪk/ US: /-ᵊti.baɪ'ɑː.ᵊtɪk/ *n* [C] *(en biología)* ⇨antibiótico ■ Se usa más en plural ■ PRON. La tercera sílaba, *bi*, rima con *by*

antibody UK: /'æn.ti.bɒd.i/ US: /-ᵊti.bɑː.di/ *[pl* antibodies] *n* [C] *(en biología)* ⇨anticuerpo

† **anticipate** /æn'tɪs.ɪ.peɪt/ [anticipated, anticipating] *v* [T] 1 ⇨prever: *Do you anticipate any obstacles?*

- ¿*Prevés algún obstáculo?*; ⇨esperar ■ CONSTR. to anticipate + that 2 ⇨adelantarse ⇨anticiparse

anticipation /ænˌtɪs.ɪ'peɪ.ʃᵊn/ *n* [U] 1 *(previo a algo)* ⇨ilusión ⇨excitación 2 in ~ of ⇨en previsión de

anticlimax UK: /ˌæn.tiˈklaɪ.mæks/ US: /-ᵊti-/ *[pl* anticlimaxes] *n* [C] ⇨anticlímax ⇨decepción

antics UK: /'æn.tɪks/ US: /-ᵊtɪks/ *n* [PL] 1 ⇨travesuras ⇨payasadas 2 to be up to one's ~ ⇨hacer de las suyas *col.*

antidote UK: /'æn.ti.dəut/ US: /-ᵊti.dout/ *n* [C] ⇨antídoto: *Laughing is a good antidote to stress* - *La risa es un buen antídoto contra el estrés*

antiquated UK: /'æn.tɪ.kweɪ.tɪd/ US: /-ᵊtə.kweɪ.ᵊtɪd/ *adj* ⇨anticuado,da

antique¹ /æn'tiːk/ *n* [C] ⇨antigüedad ⇨reliquia

antique² /æn'tiːk/ *adj* 1 ⇨antiguo,gua [con valor]: *an antique vase* - *un jarrón antiguo* 2 ~ dealer ⇨anticuario,ria

antler UK: /'æn.tləʳ/ US: /-l.əʳ/ *n* [C] 1 *(de un ciervo, un alce, o un reno)* ⇨asta ⇨cuerno 2 antlers *(de un ciervo, un alce, o un reno)* ⇨cornamenta

anus /'eɪ.nəs/ *[pl* anuses] *n* [C] ⇨ano

† **anxiety** UK: /æŋ'zaɪ.ə.ti/ US: /-ᵊti/ *n* [U] 1 ⇨preocupación ⇨inquietud 2 ⇨ansiedad: *anxiety attack* - *ataque de ansiedad*

anxious /'æŋk.ʃəs/ *adj* 1 ⇨preocupado,da ⇨nervioso,sa: *I'm always anxious before an exam* - *Siempre estoy nerviosa antes de un examen* 2 ⇨deseoso,sa ⇨ansioso,sa

anxiously /'æŋk.ʃə.sli/ *adv* 1 ⇨con gran preocupación 2 ⇨ansiosamente ⇨con ansiedad

† **any** /'en.i/ *adj, pron* 1 *(con nombres contables en oraciones interrogativas)* ⇨alguno,na 2 *(con nombres contables en oraciones negativas)* ⇨ninguno,na 3 *(con nombres incontables en oraciones interrogativas)* ⇨algo de 4 *(con nombres incontables en oraciones interrogativas):* I haven't got any money. Have you got any? - No tengo ninguno. ¿Tú tienes? ■ Sin traducción en español 5 *(con nombres incontables en oraciones negativas)* ⇨nada 6 ⇨cualquiera: *You can get this book in any bookshop* - *Este libro se consigue en cualquier librería* 7 *(en oraciones condicionales): If I had any friends here...* - *Si tuviera amigos aquí...* ■ Normalmente se usa en oraciones interrogativas o negativas. Comparar con *some* ■ Ver cuadro en página siguiente y ver cuadro **some / any**

† **anybody** UK: /'en.i.bɒd.i/ US: /-ˌbɑː.di/ *pron* See **anyone**

anyhow /'en.i.hau/ *adv* See **anyway**

any more not... any more ⇨ya no: *Brook doesn't live here any more* - *Brook ya no vive aquí*

■ A

anyone /'en.i.wʌn/ *(tb anybody) pron* **1** *(en oraciones interrogativas)* ⇒alguien **2** *(en oraciones negativas)* ⇒nadie **3** *(en oraciones afirmativas)* ⇒cualquiera ⇒todo el mundo ■ Normalmente se usa en oraciones interrogativas o negativas. Comparar con *somebody*

anyplace /'en.i.pleɪs/ *US adv* See **anywhere**

anything /'en.i.θɪŋ/ *pron* **1** *(en oraciones interrogativas)* ⇒algo **2** *(en oraciones negativas)* ⇒nada **3** *(en oraciones afirmativas)* ⇒cualquier cosa ⇒lo que sea ■ Normalmente se usa en oraciones interrogativas o negativas. Comparar con *something* **4** ~ but ⇒todo menos: *They were anything but nice -* Eran todo menos agradables

anyway /'en.i.weɪ/ *(tb anyhow) adv* **1** *(spoken)* ⇒de todas formas ⇒de todos modos **2** *(spoken)* ⇒al menos **3** *(spoken)* ⇒bueno: *Anyway, give my regards to Hannah -* Bueno, saluda a Hannah de mi parte **4** *(spoken) (para cambiar de tema)* ⇒cambiando de tema ⇒bueno

anywhere UK: /'en.i.weəʳ/ US: /-wer/ *(US tb anyplace) adv* **1** *(en oraciones interrogativas)* ⇒en algún sitio ⇒a alguna parte **2** *(en oraciones afirmativas)* ⇒en cualquier lugar ⇒a cualquier lugar **3** *(en oraciones negativas)* ⇒en ningún sitio ⇒a ninguna parte

apart UK: /ə'pɑːt/ US: /-'pɑːrt/ *adv* **1** ⇒separado,da ⇒aislado,da **2** *He stood some metres apart from the crowd -* Permaneció a unos metros de la multitud **3** ~ from ⇒de no ser por ⇒aparte de

apartment UK: /ə'pɑːt.mənt/ US: /-'pɑːrt-/ *US (UK* **flat)** *n* [C] ⇒piso ⇒apartamento ⇒departamento *AMÉR.*

apathetic UK: /ˌæp.ə'θet.ɪk/ US: /-'θeˤt̬-/ *adj* ⇒apático,ca

apathy /'æp.ə.θi/ *n* [U] ⇒apatía

ape /eɪp/ *n* [C] ⇒simio,mia

apologetic UK: /ə.pɒl.ə'dʒet.ɪk/ US: /-ˌpɑː.lə'dʒeˤt̬.ɪk/ *adj* **1** ⇒apologético,ca ⇒de disculpa **2** to be ~ about *sth* ⇒disculparse: *He was very apologetic about it -* Se disculpó mucho por lo ocurrido

apologise [apologised, apologising] *UK v* [I] See **apologize**

apologize UK: /ə'pɒl.ə.dʒaɪz/ US: /-'pɑː.lə-/ [apologized, apologizing] *(UK tb apologise) v* [I] ⇒disculparse ⇒pedir disculpas

apology UK: /ə'pɒl.ə.dʒi/ US: /-'pɑː.lə-/ *[pl apologies] n* [C] **1** ⇒disculpa ■ Distinto de *defence* (apología) **2** to make no {apologies/apology} for *sth* ⇒no disculparse por algo

apostle UK: /ə'pɒs.l/ US: /-'pɑː.sl/ *n* [C] ⇒apóstol

apostrophe UK: /ə'pɒs.tra.fi/ US: /-'pɑː.strə-/ *n* [C] *(en ortografía)* ⇒apóstrofo ■ Ver cuadro signos de puntuación

appal UK: /ə'pɔːl/ US: /-'pɑː.l/ [appalled, appalling] *UK v* [T] **1** ⇒horrorizar ⇒indignar ⇒dejar consternado,da **2** ⇒repeler ⇒repugnar

appalling UK: /ə'pɔː.lɪŋ/ US: /-'pɑː-/ *adj* **1** ⇒horrible ⇒espantoso,sa **2** ⇒pésimo,ma ⇒atroz

apparatus UK: /ˌæp.ə'reɪ.təs/ US: /-'ræˤt̬.əs/ ■ *n* [U] **1** ⇒aparato ⇒equipo ■ *n* [C] **2** *(en una organización)* ⇒aparato ■ El plural es *apparatus* o *apparatuses* **3** *(en anatomía)* ⇒aparato ■ El plural es *apparatus* o *apparatuses*

apparent UK: /ə'pær.ᵉnt/ US: /-'per-/ *adj* **1** ⇒claro,ra ⇒evidente **2** ⇒aparente ⇒supuesto,ta

apparently UK: /ə'pær.ᵉnt.li/ US: /-'per-/ *adv* ⇒al parecer ⇒por lo visto ⇒dizque *AMÉR.*

appeal[1] /ə'piːl/ ■ *n* [C] **1** ⇒petición **2** ⇒llamamiento ■ *n* [C, U] **3** *(en derecho)* ⇒apelación ⇒recurso ■ *n* [U] **4** ⇒atractivo ⇒encanto

appeal[2] /ə'piːl/ *v* [I] **1** ⇒pedir ⇒solicitar **2** ⇒atraer ⇒interesar ■ CONSTR. to appeal + to sb **3** *(en derecho)* ⇒apelar

appear UK: /ə'pɪə/ US: /-'pɪr/ *v* [I] **1** ⇒aparecer ⇒salir **2** ⇒parecer ⇒parece ser que ■ CONSTR. 1. to appear + (that) 2. to appear + to do sth **3** *(en derecho)* ⇒comparecer

appearance UK: /ə'pɪə.rənts/ US: /-'pɪr.[ə]nts/ ■ *n* [C] **1** ⇒aparición: *He recorded his appearance on TV -* Grabó su aparición en televisión ■ *n* [C, U] **2** ⇒aspecto **3** to keep up appearances ⇒mantener las apariencias

appendicitis UK: /əˌpen.dɪ'saɪ.tɪs/ US: /-ˤt̬ɪs/ *n* [U] ⇒apendicitis ■ La penúltima sílaba *ci* rima con *my*

---

any / a (en frases negativas e interrogativas)

• **Any** se usa:

  – Con nombres en plural:

    · *Have you got **any** cookies?*
    (¿Tienes galletas?)

    · *We don't have **any** stamps.*
    (No tenemos ningún sello.)

  – Con nombres incontables

    · *Is there **any** sugar left?*
    (¿Queda algo de azúcar?)

• **A** solo se usa con nombres contables en singular:

    · *Have you got **a** pen?*
    (¿Tienes un bolígrafo?)

    · *She hasn't got **a** dog.*
    (Ella no tiene un perro.)

(Ver también cuadro **some / any**.)

appendix /ə'pen.dɪks/ [pl appendices, appendixes] n [C] ⇒apéndice

† **appetite** /'æp.ɪ.taɪt/ n [C, U] **1** ⇒apetito **2** ⇒apetencia ⇒deseo

appetizer UK: /'æp.ɪ.taɪ.zəʳ/ US: /-zəʳ/ n [C] **1** (comida) ⇒aperitivo ⇒antojitos AMÉR. **2** US (UK starter) ⇒primer plato

appetizing /'æp.ɪ.taɪ.zɪŋ/ adj ⇒apetitoso,sa

† **applaud** UK: /ə'plɔːd/ US: /-'plɑːd/ v [T, I] ⇒aplaudir

applause UK: /ə'plɔːz/ US: /-'plɑːz/ n [U] **1** ⇒aplauso **2** A round of applause for our guest - Un aplauso para nuestro invitado

† **apple** /'æp.l̩/ n [C] ⇒manzana

† **appliance** /ə'plaɪ.ənts/ n [C] **1** ⇒aparato **2** electrical ~ ⇒electrodoméstico

applicable /ə'plɪk.ə.bl̩/ adj ⇒aplicable

application /ˌæp.lɪ'keɪ.ʃ⁰n/ ■ n [C, U] **1** ⇒solicitud: Please fill in the application form - Por favor, rellene el impreso de solicitud **2** ⇒uso ⇒aplicación ■ n [U] **3** ⇒puesta en práctica ⇒aplicación **4** ⇒aplicación ⇒dedicación

applied /ə'plaɪd/ adj (una ciencia o disciplina) ⇒aplicado,da

† **apply** /ə'plaɪ/ [applies, applied] ■ v [I] **1** ⇒solicitar **2** ⇒referirse ⇒afectar ■ v [T] **3** ⇒aplicar ⇒utilizar **4** ⇒aplicar ⇒extender **5** to ~ oneself ⇒aplicarse

† **appoint** /ə'pɔɪnt/ v [T] ⇒nombrar: She was appointed chairwoman of the board - Fue nombrada presidenta del consejo

† **appointment** /ə'pɔɪnt.mənt/ ■ n [C, U] **1** ⇒nombramiento ■ n [C] **2** ⇒cita [formal]: I've got an appointment with the dentist - Tengo cita con el dentista ■ Se usa para citas con especialistas (médico, dentista, abogado, etc.). Comparar con meeting y date

appraisal /ə'preɪ.z⁰l/ n [C, U] ⇒evaluación ⇒valoración

† **appreciate** /ə'priː.ʃi.eɪt/ [appreciated, appreciating] ■ v [T] **1** ⇒agradecer **2** ⇒apreciar ⇒valorar **3** (un asunto) ⇒comprender ■ v [I] **4** (bienes) ⇒revalorizarse

apprehension /ˌæp.rɪ'hen.ʃ⁰n/ n [U] **1** (form) ⇒aprehensión ⇒arresto **2** (form) ⇒aprehensión ⇒comprensión

apprentice UK: /ə'pren.tɪs/ US: /-°t̬ɪs/ n [C] ⇒aprendiz,-a ⇒chícharo AMÉR.

† **approach**[1] UK: /ə'prəʊtʃ/ US: /-'proʊtʃ/ [approaches] ■ v [T, I] **1** ⇒acercarse ⇒aproximarse ■ v [T] **2** (un asunto) ⇒abordar ⇒enfocar ⇒plantear **3** to ~ sb ⇒acudir en ayuda de alguien

† **approach**[2] UK: /ə'prəʊtʃ/ US: /-'proʊtʃ/ [pl approaches] ■ n [C, U] **1** ⇒acercamiento ⇒aproximación ■ n [C] **2** ⇒enfoque ⇒planteamiento

† **appropriate**[1] UK: /ə'prəʊ.pri.ət/ US: /-'proʊ-/ adj ⇒adecuado,da ⇒oportuno,na ⇒apropiado,da ■

PRON. La segunda a se pronuncia como en el adverbio inglés ago

appropriate[2] UK: /ə'prəʊ.pri.eɪt/ US: /-'proʊ-/ [appropriated, appropriating] v [T] **1** (form) ⇒apropiarse **2** (form) ⇒destinar [dinero]

appropriately UK: /ə'prəʊ.pri.ət.li/ US: /-'proʊ-/ adv ⇒apropiadamente ⇒adecuadamente ⇒debidamente

approval /ə'pruː.v⁰l/ n [U] **1** ⇒aprobación ⇒consentimiento **2** ⇒apoyo ⇒aprobación [de una propuesta] **3** on ~ ⇒a prueba: to buy sth on approval - comprar algo a prueba

† **approve** /ə'pruːv/ [approved, approving] ■ v [I] **1** ⇒aprobar ⇒estar de acuerdo ■ CONSTR. to approve of sth ■ v [T] **2** (una propuesta, un plan) ⇒ratificar ⇒aprobar

† **approximate** UK: /ə'prɒk.sɪ.mət/ US: /-'prɑːk/ adj ⇒aproximado,da

approximately UK: /ə'prɒk.sɪ.mət.li/ US: /-'prɑːk-/ adv ⇒aproximadamente ■ La forma abreviada es approx

apricot UK: /'eɪ.prɪ.kɒt/ US: /-kɑːt/ n [C] **1** (fruta) ⇒albaricoque ⇒damasco AMÉR. **2** (color) ⇒albaricoque

† **April** /'eɪ.prəl/ n [C, U] ⇒abril: in April - en abril; on April 10th - el diez de abril ■ La forma abreviada es Apr

April Fool's Day /ˌeɪ.prəl'fuːlz.deɪ/ n [C, U] ⇒día de los inocentes ■ Se celebra el 1 de abril y equivale al día de los Santos Inocentes en España.

apron /'eɪ.prən/ n [C] ⇒delantal

apt /æpt/ adj **1** ⇒acertado,da ⇒adecuado,da **2** to be ~ to do sth ⇒tener tendencia a hacer algo: He's apt to forget his anniversary - Tiene tendencia a olvidar el aniversario

aptitude UK: /'æp.tɪ.tjuːd/ US: /-tuːd/ n [C, U] ⇒aptitud ⇒talento

aquarium UK: /ə'kweə.ri.əm/ US: /-'kwer.i-/ [pl aquaria, aquariums] n [C] (para peces) ⇒acuario

Aquarius UK: /ə'kweə.ri.əs/ US: /-'kwer.i-/ [pl Aquariuses] n [C, U] (signo del zodíaco) ⇒acuario

aquatic UK: /ə'kwæt.ɪk/ US: /-'kwæ°t̬-/ adj ⇒acuático,ca: an aquatic plant - una planta acuática

Arab UK: /'ær.əb/ US: /'er-/ adj, n [C] ⇒árabe ■ Distinto de arabic (el idioma árabe)

Arabic[1] UK: /'ær.ə.bɪk/ US: /'er-/ n [U] (idioma) ⇒árabe ■ Distinto de Arab (gentilicio)

Arabic[2] UK: /'ær.ə.bɪk/ US: /'er-/ adj ⇒árabe: Arabic script - la escritura árabe

arable UK: /'ær.ə.bl̩/ US: /'er-/ adj ⇒cultivable ⇒de cultivo

† **arbitrary** UK: /'ɑː.bɪ.trə.ri/ US: /'ɑːr.bə.trer-/ adj **1** ⇒arbitrario,ria **2** ⇒indiscriminado,da

arbitrate UK: /'ɑː.bɪ.treɪt/ US: /'ɑːr-/ [arbitrated, arbitrating] v [T, I] ⇒mediar ⇒arbitrar

A

arc UK: /ɑːk/ US: /ɑːrk/ *n* [c] ⇒arco

arcade UK: /ɑːˈkeɪd/ US: /ɑːr-/ *n* [c] ⇒soportales ⇒galería [comercial]

arch[1] UK: /ɑːtʃ/ US: /ɑːrtʃ/ [*pl* arches] *n* [c] *(en una construcción)* ⇒arco

arch[2] UK: /ɑːtʃ/ US: /ɑːrtʃ/ [arches] *v* [T, I] **1** *(la espalda)* ⇒arquear **2** *(las cejas)* ⇒enarcar

archaeologist UK: /ˌɑːkiˈɒl.ə.dʒɪst/ US: /ˌɑːr.kiˈɑː.lə-/ *UK n* [c] ⇒arqueólogo,ga

† **archaeology** UK: /ˌɑːkiˈɒl.ə.dʒi/ US: /ˌɑːr.kiˈɑː.lə-/ *UK (US archeology) n* [U] ⇒arqueología

archaic UK: /ɑːˈkeɪ.ɪk/ US: /ɑːr-/ *adj* ⇒arcaico,ca

archbishop /ˌɑːtʃˈbɪʃ.əp/ *n* [c] ⇒arzobispo

archeology UK: /ˌɑːkiˈɒl.ə.dʒi/ US: /ˌɑːr.kiˈɑː.lə-/ *US n* [U] See **archaeology**

archery UK: /ˈɑː.tʃə.ri/ US: /ˈɑːr.tʃə.i/ *n* [U] ⇒tiro con arco

† **architect** UK: /ˈɑː.kɪ.tekt/ US: /ˈɑːr-/ *n* [c] ⇒arquitecto,ta

architecture UK: /ˈɑː.kɪ.tek.tʃəʳ/ US: /ˈɑːr.kɪ.tek.tʃə/ *n* [U] ⇒arquitectura

archive UK: /ˈɑː.kaɪv/ US: /ˈɑːr-/ *n* [c] ⇒archivo [histórico]

Arctic UK: /ˈɑːk.tɪk/ US: /ˈɑːrk-/ *adj* ⇒ártico,ca

ardent UK: /ˈɑː.dᵊnt/ US: /ˈɑːr-/ *adj* ⇒apasionado,da ⇒ferviente

are /ɑːʳ/, /əʳ/ ⇒tercera persona plural del presente del verbo *to be*

† **area** UK: /ˈeə.ri.ə/ US: /ˈer.i-/ *n* [c] **1** ⇒área ⇒superficie ⇒zona **2** *(unidad de superficie)* ⇒área **3** ⇒área ⇒ámbito

area code *US (UK* dialling code*) n* [c] ⇒prefijo telefónico: *What is your area code?* - ¿Cuál es tu prefijo telefónico?

arena /əˈriː.nə/ *n* [c] **1** ⇒estadio **2** ⇒pista **3** *(en una plaza de toros)* ⇒ruedo **4** ⇒ámbito ⇒escena

aren't UK: /ɑːnt/ US: /ɑːrnt/ *(are not)* See **be**

Argentina UK: /ˌɑː.dʒənˈtiː.nə/ US: /ˌɑːr-/ *n* [U] ⇒Argentina ■ PRON. La segunda sílaba, *gen*, se pronuncia como en *gentleman*

Argentine *adj, n* [c] See **Argentinian**

Argentinian UK: /ˌɑː.dʒənˈtɪn.i.ən/ US: /ˌɑːr-/ *(tb* Argentine*) adj, n* [c] ⇒argentino,na ■ PRON. La segunda sílaba, *gen*, se pronuncia como en *gentleman*

arguable UK: /ˈɑːg.ju.ə.bl̩/ US: /ˈɑːrg-/ *adj* **1** *(form)* ⇒discutible **2** it is ~ that *(form)* ⇒podría afirmarse que

† **argue** UK: /ˈɑːg.juː/ US: /ˈɑːrg-/ [argued, arguing] ■ *v* [I] **1** ⇒reñir ⇒discutir ■ Se usa para discusiones con discordia. Comparar con *to discuss* (hablar, discutir) ■ *v* [T, I] **2** ⇒alegar: *He argued that he didn't know anything about it* - Alegaba que él no sabía nada ■ CONSTR. to argue + that **3** ⇒sostener ⇒opinar

† **argument** UK: /ˈɑːg.ju.mənt/ US: /ˈɑːrg-/ *n* [c] **1** ⇒riña ⇒discusión **2** ⇒argumento ⇒razonamiento **3** to have an ~ ⇒discutir

arid UK: /ˈær.ɪd/ US: /ˈer-/ *adj* ⇒árido,da

Aries UK: /ˈeə.riːz/ US: /ˈer.iːz/ [*pl* Arieses] *n* [c, U] *(signo del zodíaco)* ⇒aries

arise, arose, arisen /əˈraɪz/ [arising] *v* [I] ⇒presentarse ⇒surgir

arisen past participle of **arise**

aristocracy UK: /ˌðiˌær.ɪˈstɒk.rə.si/ US: /-ˌer.ɪˈstɑː.krə-/ [*pl* aristocracies] *n* [c] ⇒aristocracia ■ Por ser un nombre colectivo se puede usar con el verbo en singular o en plural

aristocrat UK: /ˈær.ɪ.stə.kræt/ US: /ˈer-/ *n* [c] ⇒aristócrata

† **arithmetic** UK: /əˈrɪθ.mə.tɪk/ US: /-ˈ͡ʈɪk/ *n* [U] ⇒aritmética ⇒cálculo

ark UK: /ɒi'ɑːk/ US: /-ˈɑːrk/ the ~ *(en la Biblia)* ⇒arca de Noé

† **arm** UK: /ɑːm/ US: /ɑːrm/ *n* [c] **1** ⇒brazo: *I broke my arm* - Me he roto el brazo **2** *(en una prenda de vestir)* ⇒manga **3** ~ in ~ ⇒del brazo: *They walked arm in arm* - Iban cogidos del brazo **4** to twist *sb's* ~ *(inform)* ⇒liar a alguien *col.;* ⇒persuadir a alguien ⇒convencer a alguien

armband UK: /ˈɑːm.bænd/ US: /ˈɑːrm-/ *n* [c] ⇒brazalete [de tela]: *the Captain's armband* - el brazalete del capitán

† **armchair** UK: /ˈɑːm.tʃeəʳ/ US: /ˈɑːrm.tʃer/ *n* [c] ⇒sillón

armed UK: /ɑːmd/ US: /ɑːrmd/ *adj* **1** ⇒armado,da **2** ~ robbery ⇒atraco a mano armada ■ PRON. La e no se pronuncia

armed forces *(tb* armed services*) n* [PL] ⇒fuerzas armadas

Armenia UK: /ɑːˈmiː.ni.ə/ US: /ɑːr-/ *n* [U] ⇒Armenia

Armenian[1] UK: /ɑːˈmiː.ni.ən/ US: /ɑːr-/ ■ *n* [U] **1** *(idioma)* ⇒armenio ■ *n* [c] **2** *(gentilicio)* ⇒armenio,nia

Armenian[2] UK: /ɑːˈmiː.ni.ən/ US: /ɑːr-/ *adj* ⇒armenio,nia

armistice UK: /ˈɑː.mɪ.stɪs/ US: /ˈɑːr-/ *n* [c] ⇒armisticio

† **armour** UK: /ˈɑː.məʳ/ US: /ˈɑːr.mə/ *UK (US armor) n* [U] ⇒armadura

armpit UK: /ˈɑːm.pɪt/ US: /ˈɑːrm-/ *n* [c] ⇒sobaco ⇒axila

arms UK: /ɑːmz/ US: /ɑːrmz/ *n* [PL] **1** ⇒armamento **2** ⇒armas **3** to be up in ~ ⇒estar en pie de guerra

† **army** UK: /ˈɑː.mi/ US: /ˈɑːr-/ [*pl* armies] *n* [c] ⇒ejército de tierra ■ Por ser un nombre colectivo se puede usar con el verbo en singular o en plural

aroma UK: /əˈrəʊ.mə/ US: /-ˈroʊ-/ *n* [c] ⇒aroma: *the aroma of freshly made coffee* - el aroma del café recién hecho

arose UK: /əˈrəʊz/ US: /-ˈroʊz/ *past tense of* **arise**

† **around** /əˈraʊnd/ *adv, prep* **1** *(UK tb round) (lugar)* ⇒alrededor de **2** *(UK tb round) (distintos lugares)* ⇒por **3** *(cálculo aproximado)* ⇒aproximadamente ⇒alrededor de **4** *(UK tb round) (lugar)* ⇒alrededor **5** *(UK tb round)* ⇒de un lugar a otro ⇒de un sitio para otro **6** *(UK tb round)* ⇒cerca ⇒por aquí

† **arouse** /əˈraʊz/ [aroused, arousing] *v* [T] **1** ⇒provocar ⇒suscitar **2** *(un sentimiento o una sensación)* ⇒despertar **3** ⇒enfadar ⇒alterar **4** ⇒excitar [sexualmente] **5 to ~ sb from sleep** *(form)* ⇒despertar a alguien

† **arrange** /əˈreɪndʒ/ [arranged, arranging] *v* [T] **1** ⇒acordar ⇒quedar ∎ CONSTR. to arrange + to do sth **2** ⇒concretar ⇒fijar **3** ⇒organizar ⇒colocar **4** *(en música)* ⇒arreglar

arrangement /əˈreɪndʒmənt/ ∎ *n* [C, U] **1** ⇒acuerdo: *to come to an arrangement with sb* - llegar a un acuerdo con alguien ∎ *n* [U] **2** ⇒disposición ∎ *n* [C] **3** ⇒arreglo

arrangements *n* [PL] ⇒preparativos ⇒planes ∎ CONSTR. arrangements + to do sth

arrest¹ /əˈrest/ *v* [T] **1** ⇒arrestar ⇒detener **2** *(form)* ⇒contener ⇒frenar

arrest² /əˈrest/ *n* [C, U] **1** ⇒arresto ⇒detención **2 to be under ~** ⇒estar detenido,da

arrival /əˈraɪ.vəl/ ∎ *n* [U] **1** ⇒llegada: *the arrival of flight 2202* - la llegada del vuelo 2202; *arrivals hall* - sala de llegadas **2** ⇒llegada ⇒inicio ∎ *n* [C] **3** *the new arrivals* - los recién llegados

† **arrive** /əˈraɪv/ [arrived, arriving] *v* [I] ⇒llegar: *to arrive at a conclusion* - llegar a una conclusión ∎ CONSTR. 1. to arrive in se usa con países, ciudades, pueblos, etc.: *We arrived in London at 10 p.m.* - Llegamos a Londres a las 10 de la noche. 2. to arrive at se usa con edificios, estaciones, aeropuertos, etc.: *What time did you arrive at the hotel?* - ¿A qué hora llegaste al hotel? 3. Cuando se hace referencia a la llegada a casa, se usa sin preposición: *I arrived home late* - Llegué a casa tarde

† **arrogant** UK: /ˈær.ə.gənt/ US: /-er-/ *adj* ⇒arrogante

† **arrow** UK: /ˈær.əʊ/ US: /ˈer.oʊ/ *n* [C] *(arma)* ⇒flecha

arson UK: /ˈɑː.sən/ US: /ˈɑːr-/ *n* [U] ⇒incendio provocado

arsonist UK: /ˈɑː.sən.ɪst/ US: /ˈɑːr-/ *n* [C] ⇒incendiario,ria ⇒pirómano,na

† **art** UK: /ɑːt/ US: /ɑːrt/ ∎ *n* [U] **1** ⇒arte: *art lessons* - clases de arte ∎ *n* [C, U] **2** ⇒arte ⇒habilidad ⇒destreza

artery UK: /ˈɑː.tər.i/ US: /ˈɑːr.t̬ə-/ [pl arteries] *n* [C] ⇒arteria

art gallery [pl art galleries] *n* [C] **1** ⇒museo de arte **2** ⇒galería de arte

artichoke UK: /ˈɑː.tɪ.tʃəʊk/ US: /ˈɑːr.t̬ɪ.tʃoʊk/ *n* [C] ⇒alcachofa: *stuffed artichoke* - alcachofa rellena

† **article** UK: /ˈɑː.tɪ.kḷ/ US: /ˈɑːr.t̬ɪ-/ *n* [C] **1** ⇒artículo ⇒reportaje **2** *(en gramática)* ⇒artículo **3** ⇒objeto: *an article of value* - un objeto de valor **4 ~ of clothing** ⇒prenda de vestir

articulate UK: /ɑːˈtɪk.jʊ.lət/ US: /ɑːr-/ *adj* **1** ⇒elocuente ⇒facundo,da *form.* **2** *She's very articulate* - Se expresa con mucha facilidad

† **artificial** UK: /ˌɑː.tɪˈfɪʃ.əl/ US: /ˌɑːr.t̬ɪ-/ *adj* **1** *(un objeto)* ⇒artificial **2** *(una actitud, una persona)* ⇒artificial ⇒insincero,ra ⇒forzado,da

artificial intelligence *n* [U] ⇒inteligencia artificial ∎ la forma abreviada es AI

artillery UK: /ɑːˈtɪl.ər.i/ US: /ɑːrˈtɪl.ə-/ *n* [U] ⇒artillería: *heavy artillery* - artillería pesada

artisan UK: /ˈɑː.tɪ.zæn/ US: /ˈɑːr.t̬ɪ-/ *n* [C] ⇒artesano,na

artist UK: /ˈɑː.tɪst/ US: /ˈɑːr.t̬ɪst/ *n* [C] ⇒artista ∎ Se usa para referirse a una persona que crea una obra de arte

artistic UK: /ɑːˈtɪs.tɪk/ US: /ɑːr-/ *adj* ⇒artístico,ca

artistically UK: /ɑːˈtɪs.tɪ.kli/ US: /ɑːr-/ *adv* ⇒artísticamente

† **arts** UK: /ɑːts/ US: /ɑːrts/ *n* [PL] *(en la universidad)* ⇒letras ⇒humanidades

artwork UK: /ˈɑːt.wɜːk/ US: /ˈɑːrt.wɜːrk/ *n* [U] **1** ⇒ilustración ⇒material gráfico **2** *This book has got excellent artwork* - Este libro está muy bien ilustrado

† **as** /əz, æz/ *conj, prep* **1** *(función)* ⇒como **2** *(con profesiones)* ⇒como **3** *(modo)* ⇒como ∎ Se usa para comparar oraciones (*I'll do it as I please* - Lo haré como me parezca), pero nunca para comparar sintagmas nominales ni para dar ejemplos. Comparar con *like* **4** *(tiempo)* ⇒cuando ⇒mientras **5** *(causa)* ⇒ya que ⇒como **6 as... as** ⇒tan... como: *My younger brother is almost as tall as I am* - Mi hermano pequeño es casi tan alto como yo **7 ~ for sth/sb** ⇒en cuanto a: *As for the flat, the relatives will decide what to do with it* - En cuanto al piso, los familiares decidirán qué hacer con él **8 ~ {from/ of}** *(form)* ⇒a partir de: *as from 6 June* - a partir del seis de junio **9 ~ {if/though}** ⇒como si: *She talks as though she were the boss* - Habla como si fuera la jefa **10 ~ it is** ⇒vista la situación **11 ~ much again** ⇒otro tanto **12 ~ to sth** *(form)* ⇒en cuanto a algo **13 ~ yet** ⇒hasta ahora

asap /ˌeɪ.es.eɪˈpiː/ ⇒forma abreviada de **as soon as possible** (lo antes posible)

asbestos UK: /æsˈbes.tɒs/ US: /-tɑːs/ *n* [U] *(mineral)* ⇒amianto

ascend /əˈsend/ ∎ *v* [T, I] **1** *(form)* ⇒subir ⇒ascender ⇒elevar(se) ∎ *v* [I] **2** *(form) (en el trabajo)* ⇒ascender

ascent /əˈsent/ ∎ *n* [C, NO PL] **1** ⇒subida ⇒ascenso ∎ *n* [C] **2** ⇒cuesta

ascertain UK: /ˌæs.əˈteɪn/ US: /-ɚ-/ v [T] *(form)* ⇝averiguar: *They'll ascertain how the robbery was carried out* - Averiguarán cómo se cometió el robo ∎ CONSTR. to ascertain + interrogativa indirecta

ascribe /əˈskraɪb/

PHRASAL VERBS

· **to ascribe** *sth* **to** *sth/sb (form)* ⇝atribuir algo a: *Everyone ascribes the anonymous letter to him* - Todos le atribuyen la carta anónima

ash /æʃ/ [*pl* ashes] ∎ n [C, U] **1** ⇝ceniza: *Their house was reduced to ashes* - Su casa quedó reducida a cenizas ∎ n [C] **2** *(árbol)* ⇝fresno

† **ashamed** /əˈʃeɪmd/ *adj* **1** ⇝avergonzado,da **2** to be ~ ⇝tener vergüenza ∎ CONSTR. ashamed of sth/sb ∎ PRON. La e no se pronuncia

ashore UK: /əˈʃɔːr/ US: /-ˈʃɔːr/ *adv* **1** ⇝en la orilla **2** ⇝en tierra **3** to {come/go} ~ ⇝desembarcar

ashtray /ˈæʃ.treɪ/ n [C] ⇝cenicero

Asia /ˈeɪ.ʒə/ n [U] ⇝Asia ∎ PRON. La primera a se pronuncia como en *she*

Asian /ˈeɪ.ʒ³n/ *adj, n* [C] ⇝asiático,ca ∎ PRON. La primera A se pronuncia como ei en *eight*

† **aside** /əˈsaɪd/ *adv, prep* ⇝a un lado: *Move aside* - Échate a un lado

† **ask** UK: /ɑːsk/ US: /æsk/ ∎ v [T, I] **1** ⇝preguntar ⇝hacer una pregunta ∎ CONSTR. 1. to ask + interrogativa indirecta 2. to ask + dos objetos **2** ⇝pedir ∎ CONSTR. 1. to ask + to do sth 2. to ask for sth ∎ v [T] **3** ⇝invitar **4** don't ~ me! *(inform)* ⇝¡yo qué sé! **5** for the asking *(inform)* ⇝con solo pedirlo **6** to ~ for {it/trouble} *(inform)* ⇝buscarse problemas

PHRASAL VERBS

· **to ask after** *sb* ⇝preguntar cómo está alguien

† **asleep** /əˈsliːp/ *adj* **1** ⇝dormido,da: *The baby is sound asleep* - El bebé está profundamente dormido ∎ CONSTR. Se usa detrás de un verbo **2** to fall ~ ⇝quedarse dormido,da

asparagus UK: /əˈspær.ə.gəs/ US: /-ˈsper-/ n [U] ⇝espárrago: *asparagus tips* - puntas de espárragos

† **aspect** /ˈæs.pekt/ ∎ n [C] **1** ⇝aspecto ⇝faceta **2** *(de un edificio)* ⇝orientación ∎ n [NO PL] **3** *(form)* ⇝aspecto ⇝apariencia

asphalt UK: /ˈæs.fɔːlt/ US: /-fɑːlt/ *US* (*UK* Tarmac®) n [U] ⇝asfalto

† **aspiration** UK: /ˌæs.pɪˈreɪ.ʃ³n/ US: /-pəˈeɪ-/ n [C] ⇝aspiración ⇝objetivo ∎ Se usa más en plural

† **aspire** /əˈspaɪər/ US: /-ˈspaɪr/

PHRASAL VERBS

· **to aspire to** *sth* ⇝aspirar a algo

aspirin /ˈæs.pɪ.rɪn/ [*pl* aspirin, aspirins] n [C] ⇝aspirina®: *to take an aspirin* - tomar una aspirina

ass /æs/ [*pl* asses] n [C] **1** *(tb donkey) (old-fash) (animal)* ⇝asno,na ⇝burro,rra **2** *(inform)* ⇝imbécil *col. desp.* **3** *US (very inform)* ⇝culo *col.*

† **assassin** /əˈsæs.ɪn/ n [C] ⇝magnicida ⇝asesino,na ∎ Se usa cuando la víctima es una persona importante. Comparar con *murderer*

assassinate /əˈsæs.ɪ.neɪt/ [assassinated, assassinating] v [T] ⇝perpetrar un magnicidio ⇝asesinar ∎ Se usa cuando se refiere a una persona importante. Comparar con *murder*

assault¹ UK: /əˈsɒlt/ US: /-ˈsɑːlt/ ∎ n [C, U] **1** *(a una persona)* ⇝agresión ∎ n [C] **2** ⇝ataque [militar] ⇝incursión ⇝asalto

assault² UK: /əˈsɒlt/ US: /-ˈsɑːlt/ v [T] ⇝agredir ⇝atacar

assemble /əˈsem.bl̩/ [assembled, assembling] ∎ v [T, I] **1** ⇝reunir(se) ⇝congregar(se) ∎ v [T] **2** ⇝montar ⇝armar

† **assembly** /əˈsem.bli/ ∎ n [C] **1** ⇝reunión ∎ El plural es *assemblies* **2** ⇝asamblea ∎ El plural es *assemblies* ∎ n [C, U] **3** ⇝asamblea escolar ∎ n [U] **4** ⇝montaje ⇝ensamblaje

† **assert** UK: /əˈsɜːt/ US: /-ˈsɜːt/ v [T] **1** *(form)* ⇝aseverar ⇝afirmar ∎ CONSTR. to assert + that **2** *(la autoridad)* ⇝hacer valer ⇝imponer **3** *(un derecho)* ⇝reivindicar ⇝reclamar ∎ Distinto de *to reclaim* (recuperar) **4** to ~ *oneself* ⇝imponerse

† **assertive** UK: /əˈsɜː.tɪv/ US: /-ˈsɜː.ˁtɪv/ *adj* ⇝firme ⇝que se hace valer

† **assess** /əˈses/ [assesses] v [T] **1** ⇝tasar ⇝valorar **2** ⇝calcular ⇝estimar **3** ⇝evaluar

asset /ˈæs.et, -ɪt/ n [C] **1** ⇝ventaja ⇝punto a favor ⇝baza **2** *(de una empresa)* ⇝empleado,da muy valioso,sa **3** *(en economía)* ⇝activo ⇝bien ∎ Se usa más en plural

† **assign** /əˈsaɪn/ v [T] **1** *(una tarea)* ⇝encargar ⇝asignar ∎ CONSTR. 1. to assign sb to sth 2. Se usa más en pasiva **2** ⇝asignar: *They assigned all the colours a letter* - Asignaron una letra a cada color **3** *(una herencia)* ⇝ceder ⇝legar ∎ CONSTR. to assign + dos objetos **4** *(a un lugar)* ⇝destinar ∎ CONSTR. Se usa más en pasiva

assignment /əˈsaɪn.mənt/ ∎ n [C] **1** ⇝tarea ⇝trabajo ∎ n [U] **2** ⇝misión

assimilate /əˈsɪm.ɪ.leɪt/ [assimilated, assimilating] ∎ v [T] **1** ⇝asimilar: *to assimilate new ideas* - asimilar nuevas ideas ∎ v [T, I] **2** *(a un entorno)* ⇝integrar(se) ⇝adaptar(se)

† **assist** /əˈsɪst/ v [T, I] ⇝ayudar ⇝asistir

† **assistance** /əˈsɪs.t³nts/ n [U] *(form)* ⇝ayuda: *Thank you for your assistance* - Gracias por su ayuda

† **assistant** /əˈsɪs.t³nt/ n [C] **1** ⇝ayudante ⇝asistente **2** ~ **manager** ⇝subdirector,-a

associate¹ UK: /əˈsəʊ.si.eɪt/ US: /-ˈsoʊ-/ [associated, associating] v [T] ⇝asociar ⇝relacionar ⇝vincular

associate² UK: /əˈsəʊ.si.ət/ US: /-ˈsoʊ-/ n [C] ⇝socio,cia

† **association** UK: /əˌsəʊ.siˈeɪ.ʃᵊn/ US: /-ˌsoʊ-/ ■ n [C] **1** *(organización)* ⇒asociación ■ Por ser un nombre colectivo se puede usar con el verbo en singular o en plural ■ n [C, U] **2** *(unión)* ⇒conexión ⇒asociación

assorted UK: /əˈsɔː.tɪd/ US: /-ˈsɔːr.ˤt̬ɪd/ adj ⇒variado,da ⇒surtido,da

assortment UK: /əˈsɔːt.mənt/ US: /-ˈsɔːrt-/ n [C] ⇒variedad ⇒surtido ⇒colección

† **assume** UK: /əˈsjuːm/ US: /-ˈsuːm/ [assumed, assuming] v [T] **1** ⇒suponer ⇒dar por sentado ■ Constr. to assume + (that) **2** ⇒asumir **3** ⇒adoptar

assumed adj **1** ⇒falso,sa: *an assumed name* - un nombre falso **2** ⇒presunto,ta

assumption /əˈsʌmp.ʃᵊn/ ■ n [C] **1** ⇒suposición ⇒supuesto ■ n [U] **2** ⇒adquisición ⇒toma

assurance UK: /əˈʃɔː.rənts/ US: /-ˈʃɝ.[ə]nts/ ■ n [C] **1** ⇒garantía ⇒promesa ■ n [U] **2** ⇒confianza

† **assure** UK: /əˈʃɔː/ US: /-ˈʃɝ/ [assured, assuring] v [T] ⇒asegurar ⇒prometer ■ Constr. to assure + (that)

† **asterisk** UK: /ˈæs.tᵊr.ɪsk/ US: /-tɚ-/ n [C] *(en ortografía)* ⇒asterisco

asteroid UK: /ˈæs.tᵊr.ɔɪd/ US: /-tə.rɔɪd/ n [C] ⇒asteroide: *the asteroid belt* - el anillo de asteroides

asthma UK: /ˈæs.mə/ US: /ˈæz-/ n [U] *(en medicina)* ⇒asma

† **astonish** UK: /əˈstɒn.ɪʃ/ US: /-ˈstɑː.nɪʃ/ [astonishes] v [T] ⇒asombrar ⇒dejar pasmado,da

astonishment UK: /əˈstɒn.ɪʃ.mənt/ US: /-ˈstɑː.nɪʃ-/ n [U] ⇒asombro ⇒sorpresa ⇒estupor ■ Distinto de *stupor* (sopor)

astound /əˈstaʊnd/ v [T] ⇒pasmar ⇒dejar atónito,ta ⇒asombrar

astray /əˈstreɪ/ **1 to go ~** ⇒descarriarse ⇒extraviarse **2 to lead sb ~** ⇒llevar a alguien por mal camino

astride /əˈstraɪd/ adv, prep ⇒a horcajadas: *to sit astride* - sentarse a horcajadas

† **astrology** UK: /əˈstrɒl.ə.dʒi/ US: /-ˈstrɑː.lə-/ n [U] ⇒astrología

astronaut UK: /ˈæs.trə.nɔːt/ US: /-nɑːt/ n [C] ⇒astronauta

† **astronomy** UK: /əˈstrɒn.ə.mi/ US: /-ˈstrɑː.nə-/ n [U] ⇒astronomía

astute UK: /əˈstjuːt/ US: /-ˈstuːt/ adj ⇒sagaz ⇒listo,ta ⇒astuto,ta

asylum /əˈsaɪ.ləm/ n [U] ⇒asilo político: *They are seeking asylum* - Buscan asilo político

† **at** /ət, æt/ prep **1** *(lugar concreto)* ⇒en **2** *(tiempo)*: *at night* - por la noche **3** *(para las horas)* ⇒a **4** *(velocidad)* ⇒a **5** *(precio)* ⇒en **6** *(en una dirección)* ⇒en ■ Se usa cuando se especifica el número de la calle. Comparar con *in* **7** *(dirección)* ⇒hacia ■ Ver cuadro *on* / *in* / *at* (preposiciones de tiempo)

ate /et, eɪt/ past tense of **eat**

† **athlete** /ˈæθ.liːt/ n [C] ⇒atleta

athletic UK: /æθˈlet.ɪk/ US: /-ˈleˤt̬-/ adj ⇒atlético,ca

athletics UK: /æθˈlet.ɪks/ US: /-ˈleˤt̬-/ UK n [U] ⇒atletismo: *an athletics meeting* - una competición de atletismo

† **atlas** /ˈæt.ləs/ [pl atlases] n [C] **1** ⇒atlas **2** *road ~* ⇒mapa de carreteras

ATM /ˌeɪ.tiːˈem/ US n [C] ⇒forma abreviada de **Automatic Teller Machine** (cajero automático)

atmosphere UK: /ˈæt.məs.fɪə/ US: /-fɪr/ ■ n [C, U] **1** *(gas, aire)* ⇒atmósfera ■ n [C] **2** *(de un planeta)* ⇒atmósfera ■ n [NO PL] **3** *(en un lugar específico)* ⇒ambiente

atmospheric /ˌæt.məsˈfer.ɪk/ adj ⇒atmosférico,ca: *atmospheric conditions* - condiciones atmosféricas

† **atom** UK: /ˈæt.əm/ US: /ˈæˤt̬-/ n [C] *(en química)* ⇒átomo

atomic UK: /əˈtɒm.ɪk/ US: /-ˈtɑː.mɪk/ adj ⇒atómico,ca

atrocious UK: /əˈtrəʊ.ʃəs/ US: /-ˈtroʊ-/ adj **1** ⇒atroz ⇒cruel **2** ⇒horrible ⇒espantoso,sa ⇒pésimo,ma

† **attach** /əˈtætʃ/ [attaches] v [T] **1** ⇒adjuntar: *I attach a copy of the contract* - Le adjunto una copia del contrato **2** ⇒atar ⇒unir **3** *to ~ importance to sth* ⇒darle importancia a algo: *I didn't attach any importance to it* - No le di ninguna importancia

attached /əˈtætʃt/ adj **1** ⇒unido,da **2** ⇒adjunto,ta: *the attached document* - el documento adjunto **3** *to be ~ to sth/sb* ⇒tener cariño a ⇒estar unido,da a

† **attack¹** /əˈtæk/ n [C, U] ⇒ataque: *a frontal attack* - un ataque frontal

† **attack²** /əˈtæk/ v [T, I] ⇒atacar: *The soldiers attacked the military post* - Los soldados atacaron el puesto militar

attain /əˈteɪn/ v [T] **1** *(form)* ⇒alcanzar ⇒conseguir **2** *(form) (a una edad, una condición)* ⇒llegar ■ Nunca se usa seguido de otro verbo

† **attempt¹** /əˈtempt/ n [C] **1** ⇒intento: *to make an attempt* - hacer un intento **2** *an ~ on one's life* ⇒intento de asesinato

† **attempt²** /əˈtempt/ v [T] ⇒intentar ⇒tratar ■ Constr. to attempt + to do sth

† **attend** /əˈtend/ v [T, I] **1** ⇒acudir ⇒asistir **2** ⇒atender ⇒cuidar

| PHRASAL VERBS
· to attend to sth/sb ⇒ocuparse de

attendance /əˈten.dᵊnts/ n [C, U] **1** ⇒concurrencia ⇒asistencia **2** *to be in ~ (form)* ⇒estar presente

attendant /əˈten.dᵊnt/ n [C] *(de un lugar público)* ⇒celador,-a ⇒encargado,da ⇒vigilante

† **attention** /əˈten.tʃᵊn/ n [U] **1** ⇒atención: *Can I have your attention, please?* - Atención, por favor

A

2 to {attract/get} (sb's) ~ ⇒llamar la atención (de alguien)

attentive UK: /ə'ten.tɪv/ US: /-ˤtɪv/ *adj* ⇒atento,ta: *You should always be attentive to the signs* - Deberías estar siempre atento a las señales

attic UK: /'æt.ɪk/ US: /'æˤt̬-/ *n* [c] ⇒desván ⇒buhardilla ⇒entretecho *AMÉR.* ■ Distinto de *top floor* (ático)

† **attitude** UK: /'æt.ɪ.tjuːd/ US: /'æˤt̬.ɪ.tuːd/ *n* [c, u] ⇒actitud ⇒postura

† **attorney** UK: /ə'tɜː.ni/ US: /-'tɜː-/ *US* (*UK/US tb* lawyer) *n* [c] ⇒abogado,da

† **attract** /ə'trækt/ *v* [T] **1** ⇒atraer: *Honey attracts bears* - La miel atrae a los osos **2** ⇒atraer [sexualmente] ■ Constr. Se usa más en pasiva

attraction /ə'træk.ʃən/ ■ *n* [c] **1** ⇒atracción ⇒atractivo ■ *n* [u] **2** ⇒encanto ⇒atractivo ⇒atracción

† **attractive** /ə'træk.tɪv/ *adj* **1** ⇒guapo,pa ⇒atractivo,va **2** ⇒atractivo,va ⇒interesante

attribute¹ /ə'trɪb.juːt, -juːt/

| PHRASAL VERBS
└· **to attribute** *sth* **to** *sth/sb* ⇒atribuir algo

attribute² /'æt.rɪ.bjuːt/ *n* [c] ⇒atributo

aubergine UK: /'əu.bə.ʒiːn/ US: /'ou.bə-/ *UK* (*US* eggplant) *n* [c] ⇒berenjena

auburn UK: /'ɔː.bən/ US: /'ɑː.bən/ *adj (el pelo)* ⇒cobrizo,za ⇒castaño rojizo

auction¹ UK: /'ɔːk.ʃən/ US: /'ɑːk-/ *n* [c, u] ⇒subasta: *to bid at an auction* - pujar en una subasta

auction² UK: /'ɔːk.ʃən/ US: /'ɑːk-/ *v* [T] ⇒subastar: *She auctioned her collection of paintings* - Subastó su colección de cuadros

audible UK: /'ɔː.dɪ.bl/ US: /'ɑː-/ *adj* ⇒audible

† **audience** UK: /'ɔː.di.ənts/ US: /'ɑː-/ *n* [c] **1** (*en un espectáculo*) ⇒público ■ Por ser un nombre colectivo se puede usar con el verbo en singular o en plural **2** (*en un programa de radiotelevisión*) ⇒audiencia ■ Por ser un nombre colectivo se puede usar con el verbo en singular o en plural **3** (*form*) ⇒audiencia ⇒recepción

audio UK: /'ɔː.di.əu/ US: /'ɑː.di.ou/ *adj* (*un equipo o un sistema*) ⇒de audio

audit¹ UK: /'ɔː.dɪt/ US: /'ɑː-/ *n* [c] ⇒auditoría ⇒revisión de cuentas

audit² UK: /'ɔː.dɪt/ US: /'ɑː-/ *v* [T] ⇒auditar ⇒hacer una auditoría

audition¹ UK: /ɔː'dɪʃ.ən/ US: /ɑː-/ *n* [c] ⇒audición ⇒prueba

audition² UK: /ɔː'dɪʃ.ən/ US: /ɑː-/ *v* [T, I] ⇒hacer una audición

auditorium UK: /ˌɔː.dɪ'tɔː.ri.əm/ US: /ˌɑː.dɪ'tɔːr.i-/ [*pl* auditoria, auditoriums] *n* [c] (*sala*) ⇒auditorio

auditory UK: /'ɔː.dɪ.tri/ US: /'ɑː-/ *adj* (*form*) ⇒auditivo,va ■ Distinto de *auditorium* (auditorio)

† **August** UK: /'ɔː.gəst/ US: /'ɑː-/ *n* [c, u] ⇒agosto: *in August* - en agosto; *on August 1st* - el 1 de agosto ■ La forma abreviada es Aug

† **aunt** UK: /ɑːnt/ US: /ænt/ *n* [c] (*pariente*) ⇒tía

auntie *n* [c] (*inform*) (*pariente*) ⇒tía

au pair *n* [c] ⇒au pair

austere UK: /ɔː'stɪəʳ/ US: /ɑː'stɪr/ *adj* ⇒austero,ra

Australasia UK: /ˌɒs.trə'leɪ.ʒə/ US: /ˌɑː.strə-/ *n* [u] ⇒Australasia

Australia UK: /ɒs'treɪ.li.ə/ US: /ɑː'streɪl.jə/ *n* [u] ⇒Australia ■ Pron. *stra* rima con *day*

Australian UK: /ɒs'treɪ.li.ən/ US: /ɑː'streɪl.jən/ *adj, n* [c] ⇒australiano,na

Austria UK: /'ɒs.tri.ə/ US: /'ɑː.stri-/ *n* [u] ⇒Austria

Austrian UK: /'ɒ.stri:.ən/ US: /'ɔː.stri:ən/ *adj, n* [c] ⇒austríaco,ca

† **authentic** UK: /ɔː'θen.tɪk/ US: /ɑː'θen.ˤtɪk/ *adj* ⇒auténtico,ca

† **author** UK: /'ɔː.θəʳ/ US: /'ɑː.θə/ *n* [c] ⇒autor,-a ■ Pron. La sílaba *au* se pronuncia como *aw* en *saw*

authoritarian UK: /ɔːˌθɒr.ɪ'teə.ri.ən/ US: /əˌθɔːr.ɪ'ter.i-/ *adj* ⇒autoritario,ria: *an authoritarian regime* - un régimen autoritario

authoritative UK: /ɔː'θɒr.ɪ.tə.tɪv/ US: /ə'θɔːr.ɪ.ˤtə.ˤtɪv/ *adj* **1** ⇒autoritario,ria: *an authoritative voice* - una voz autoritaria **2** ⇒serio,ria ⇒acreditado,da

† **authority** UK: /ɔː'θɒr.ɪ.ti/ US: /ə'θɔːr.ɪ.ˤti/ ■ *n* [u] **1** ⇒autoridad ⇒poder ■ *n* [c] **2** (*persona*) ⇒experto,ta ⇒autoridad ■ El plural es *authorities* **3 to have** *sth* **on good ~** ⇒saber algo de buena tinta *col.*

† **authorize** UK: /'ɔː.θʳr.aɪz/ US: /'ɑː.θə-/ [authorized, authorizing] *v* [T] ⇒autorizar: *Are you authorized to enter?* - ¿Estás autorizado a entrar?

autobiography UK: /ˌɔː.təu.baɪ'ɒg.rə.fi/ US: /ˌɑː.ˤtə.baɪ'ɑː.grə-/ [*pl* autobiographies] *n* [c] ⇒autobiografía ■ Pron. La tercera sílaba, *bi*, se pronuncia como *buy*

autograph UK: /'ɔː.tə.grɑːf/ US: /'ɑː.ˤtə.græf/ *n* [c] ⇒autógrafo: *Could I have your autograph, please?* - ¿Me da su autógrafo, por favor?

automate UK: /'ɔː.tə.meɪt/ US: /'ɑː.ˤtə-/ [automated, automating] *v* [T] ⇒automatizar: *to automate a process* - automatizar un proceso

† **automatic** UK: /ˌɔː.tə'mæt.ɪk/ US: /ˌɑː.ˤtə'mæˤt̬-/ *adj* ⇒automático,ca: *automatic car* - coche automático

automobile UK: /'ɔː.tə.məu.biːl/ US: /'ɑː.ˤtə.mou-/ *US* (*UK/US tb* car) *n* [c] ⇒automóvil ⇒carro *AMÉR.*; ⇒auto *AMÉR.*

autonomous UK: /ɔː'tɒn.ə.məs/ US: /ɑː'tɑː.nə-/ *adj* ⇒autónomo,ma: *autonomous region* - región autónoma

autonomy UK: /ɔ:'tɒn.ə.mi/ US: /ɑ:'tɑ:.nə-/ *n* [U] ⇒autonomía: *to preserve one's autonomy* - mantener la propia autonomía

autopsy UK: /'ɔ:.tɒp.si/ US: /'ɑ:.tɑ:p-/ [*pl* autopsies] *n* [C] ⇒autopsia: *to perform an autopsy* - realizar una autopsia

↑ **autumn** UK: /'ɔ:.təm/ US: /'ɑ:.ºt[ə]m/ (*US tb* fall) *n* [C, U] ⇒otoño: *in the autumn* - en otoño

auxiliary¹ UK: /ɔ:g'zɪl.i.ºr.i/ US: /ɑ:g'zɪl.i.er-/ *adj* ⇒auxiliar ■ Ver cuadro en página siguiente

auxiliary² UK: /ɔ:g'zɪl.i.ºr.i/ US: /ɑ:g'zɪl.i.er-/ [*pl* auxiliaries] *n* [C] ⇒ayudante

avail¹ /ə'veɪl/ **to {little/no}** ~ ⇒en vano ⇒inútilmente

avail² /ə'veɪl/

| PHRASAL VERBS
· **to avail oneself of sth** (*form*) ⇒hacer uso de algo ⇒aprovechar algo ⇒disfrutar de algo

↑ **available** /ə'veɪ.lə.bl/ *adj* **1** ⇒disponible: *I'm available* - Estoy disponible **2** *There are still tickets available for the concert* - Aún quedan entradas para el concierto **3** ⇒libre

avalanche UK: /'æv.ºl.ɑ:ntʃ/ US: /-æntʃ/ *n* [C] ⇒avalancha ⇒alud

avant-garde UK: /ˌæv.ɑ̃ɪ̯:'gɑ:d/ US: /-'gɑ:rd/ *adj* ⇒vanguardista

Ave *n* [U] ⇒forma abreviada de **avenue** (avenida): *5th Ave.* - la quinta avenida ■ Solo se usa cuando se nombra una avenida determinada

↑ **avenue** UK: /'æv.ə.nju:/ US: /-nu:/ *n* [C] **1** ⇒avenida ■ La forma abreviada es Ave ■ Al dar el nombre de una avenida, se escribe con mayúscula inicial: *Fremont Avenue* **2** ⇒posibilidad ⇒vía

↑ **average**¹ UK: /'æv.ºr.ɪdʒ/ US: /-ɚ-/ *adj* **1** ⇒normal ⇒común **2** ⇒mediocre ■ PRON. La segunda a se pronuncia como *i* en *did*

↑ **average**² UK: /'æv.ºr.ɪdʒ/ US: /-ɚ-/ *n* [C, U] ⇒promedio ⇒media

aversion UK: /ə'vɜ:.ʃºn/ US: /-ʒºn/ *n* [C] ⇒aversión ⇒antipatía

avert /ə'vɜ:t/ US: /-'vɜ:t/ *v* [T] ⇒evitar: *to avert a conflict* - evitar un conflicto

↑ **aviation** /ˌeɪ.vi'eɪ.ʃºn/ *n* [U] ⇒aviación

avid /'æv.ɪd/ *adj* ⇒ávido,da ⇒anhelante ⇒ferviente

avocado (pear) UK: /ˌæv.ə.kɑ:.dəʊ/ US: /-dou/ *n* [C] ⇒aguacate ⇒palta AMÉR.

↑ **avoid** /ə'vɔɪd/ *v* [T] ⇒evitar ⇒eludir ⇒esquivar ■ CONSTR. to avoid + doing sth

await /ə'weɪt/ *v* [T] (*form*) ⇒esperar ⇒aguardar

↑ **awake**¹ /ə'weɪk/ *adj* ⇒despierto,ta: *Are you awake?* - ¿Estás despierto?

awake², awoke, awoken /ə'weɪk/ [awaking] *v* [T, I] (*lit*) ⇒despertar(se): *This awoke my curiosity* - Esto despertó mi curiosidad; *He awoke me with a kiss* - Me despertó con un beso

awaken /ə'weɪ.kºn/

| PHRASAL VERBS
· **to awaken sb to sth 1** (*lit*) ⇒advertir a alguien de algo: *to awaken sb to a danger* - advertir a alguien de un peligro **2** ⇒hacer consciente a alguien de algo

award¹ UK: /ə'wɔ:d/ US: /-'wɔ:rd/ *n* [C] ⇒premio ⇒galardón

award² UK: /ə'wɔ:d/ US: /-'wɔ:rd/ *v* [T] **1** ⇒premiar [con algo]: *They awarded him a gold medal* - Lo premiaron con una medalla de oro **2** ⇒conceder: *She was awarded the prize for best actress* - Le concedieron el premio a la mejor actriz ■ CONSTR. 1. to award + dos objetos 2. Se usa más en pasiva

↑ **aware** UK: /ə'weəʳ/ US: /-'wer/ *adj* **1** ⇒consciente: *Are you aware of the problem?* - ¿Eres consciente del problema? ■ CONSTR. to be aware of/that sth **2** *She is not aware that we are here* - Ella no sabe que estamos aquí ■ CONSTR. to be aware of/that sth **3 as far as I am** ~ ⇒que yo sepa **4 to make sb** ~ **of sth** ⇒concienciar a alguien de algo

awareness UK: /ə'weə.nəs/ US: /-'wer-/ *n* [U] ⇒conciencia ⇒conocimiento

↑ **away** /ə'weɪ/ *adv* **1** ⇒de viaje: *I was away when you phoned* - Cuando llamaste, estaba de viaje **2** (*distancia*) ⇒a... de **3** (*en deportes*) ⇒fuera de casa

↑ **awe** UK: /ɔ:/ US: /ɑ:/ *n* [U] **1** ⇒veneración **2** ⇒temor y respeto **3 to be in** ~ **of sb 1** ⇒sentir gran admiración y respeto por alguien **2** ⇒sentirse intimidado,da por alguien

↑ **awful** UK: /'ɔ:.fºl/ US: /'ɑ:-/ *adj* **1** ⇒horrible ⇒espantoso,sa **2** ⇒pésimo,ma **3** (*una persona, un estado*) ⇒muy malo,la ⇒horroroso,sa

awfully UK: /'ɔ:.fºl.i/ US: /'ɑ:-/ *adv* (*inform*) ⇒muy ⇒tremendamente

↑ **awkward** UK: /'ɔ:.kwəd/ US: /'ɑ:.kwəd/ *adj* **1** (*una situación, un asunto*) ⇒violento,ta ⇒delicado,da ⇒incómodo,da **2** (*un movimiento*) ⇒torpe ⇒desgarbado,da

awkwardness UK: /'ɔ:.kwəd.nəs/ US: /'ɑ:.kwəd-/ *n* [U] **1** (*de una situación*) ⇒incomodidad **2** (*de un movimiento*) ⇒torpeza

awoke UK: /ə'wəʊk/ US: /-'woʊk/ past tense of **awake**

awoken UK: /ə'wəʊ.kºn/ US: /-'woʊ-/ past participle of **awake**

axe /æks/ (*US tb* ax) *n* [C] **1** ⇒hacha: *to chop wood with an axe* - cortar leña con el hacha **2 to have an** ~ **to grind** ⇒tener un interés personal en algo

axis /'æk.sɪs/ [*pl* axes] *n* [C] ⇒eje

axle /'æk.sl̩/ *n* [C] (*de un vehículo*) ⇒eje

aye¹ /aɪ/ *adv* ⇒sí: *to say aye* - decir sí

aye² /aɪ/ *n* [C] ⇒voto a favor

A

auxiliary verbs: be / do / have

En inglés hay tres verbos que se utilizan a veces como verbos auxiliares: **be**, **do** y **have**.

- **Be** se usa para formar:
  - **Los tiempos continuos:** "be" + la forma en "-ing" del verbo principal:
    - *They **are playing** football.* · *I **was walking** through the park when I found a ring.*
    - (Están jugando al fútbol.) (Estaba caminando por el parque cuando me encontré un anillo.)

  - **La voz pasiva:** "be" + el participio pasado del verbo principal:
    - *English **is spoken** in Australia.* · *I **was walking** through the park when I found a ring.*
    - (En Australia se habla inglés.) (Estaba caminando por el parque cuando me encontré un anillo.)

  - **Oraciones cortas** (cuando se quiere evitar la repetición de una parte de la oración):
    - *Was Jim at the party? No, he **wasn't**.*
    - (¿Estaba Jim en la fiesta? No.)

- **Do** se usa para formar:
  - **El presente**, en oraciones negativas e interrogativas: "do" + el infinitivo sin "to" del verbo principal:
    - *I **don't drink** coffee.* · *Do you **want** an apple?*
    - (No tomo café.) (¿Quieres una manzana?)

  - **El pasado**, en oraciones negativas e interrogativas: "did" + el infinitivo sin "to" del verbo principal:
    - *I **didn't understand** that film.* · *Did you **have** a good time?*
    - (No entendí esa película.) (¿Te lo has pasado bien?)

  - **Oraciones cortas** (cuando se quiere evitar la repetición del verbo o de una parte de la oración):
    - *Does your mother speak English?* · *My mother doesn't like cooking,*
    - *Yes, she **does**.* *but I **do**.*
    - (¿Tu madre habla inglés? Sí.) (A mi madre no le gusta cocinar, pero a mí sí.)

  - **Question tags:**
    - *She usually comes back at 6 pm, **doesn't** she?* · *You didn't see her last night, **did** you?*
    - (Ella vuelve normalmente a las 6 de la tarde, ¿no?) (No la viste anoche, ¿no?)

- **Have** se usa para formar:
  - **El presente perfecto simple** ("have" + el participio pasado del verbo principal):
    - *I should **have studied** harder.* / (Debería haber estudiado más.)

  - **El presente continuo** ("have" + "been" + la forma en "-ing" del verbo principal):
    - *We **have been looking** for you.* / (Te hemos estado buscando.)

  - **El pasado perfecto** ("had" + el participio pasado del verbo principal):
    - *Susan **had left** when I arrived home.* / (Susan se había ido cuando llegué a casa.)

  - **El pasado continuo** ("had" + "been" + la forma en "-ing" del verbo principal):
    - *He told me he **had been waiting** for a long time.* / (Me dijo que había estado esperando mucho tiempo.)

  - **Oraciones cortas** (cuando se quiere evitar la repetición del verbo o de una parte de la oración):
    - *Have you done your homework? / Yes, I **have**.* · *Had she warned you about it? / No, she **hadn't**.*
    - (¿Has hecho tus deberes? / Sí.) (¿Te había advertido de eso? / No.)

  - **Question tags:**
    - *You haven't told him, **have** you?* · *He hasn't seen her today, **has** he?*
    - (No se lo has dicho, ¿no?) (No la ha visto hoy, ¿verdad?)

B

b

b /biː/ [*pl* b's] *n* [C] *(letra del alfabeto)* ⇨b

B /biː/ [*pl* B's] *n* [C, U] **1** *(calificación)* ⇨notable **2** *(nota musical)* ⇨si

BA /ˌbiːˈeɪ/ *n* [C] ⇨forma abreviada de **Bachelor of Arts** (licenciatura en una carrera de Humanidades o de Ciencias Sociales)

babble¹ /ˈbæb.l̩/ [babbled, babbling] *v* [T, I] **1** ⇨barbullar *col.;* ⇨cotorrear *col.* **2** ⇨farfullar *col.*

babble² /ˈbæb.l̩/ *n* [U] **1** ⇨balbuceo **2** ⇨cuchicheo

babe /beɪb/ *n* [C] **1** *(very inform)* ⇨nena *col.: I miss you, babe* - Nena, te echo de menos **2** *(lit)* ⇨bebé

† **baby** /ˈbeɪ.bi/ [*pl* babies] *n* [C] **1** ⇨bebé ⇨guagua *AMÉR.* **2** *(de un animal)* ⇨cría **3 to have a ~** ⇨dar a luz ⇨tener un niño

baby carriage *US* (*UK* pram) *n* [C] ⇨cochecito [de niño]

babyish /ˈbeɪ.bi.ɪʃ/ *adj* ⇨infantil

babysit /ˈbeɪ.bi.sɪt/ [babysitted, babysitting] *v* [T, I] ⇨cuidar niños

babysitter *UK:* /ˈbeɪ.bɪˌsɪt.əʳ/ *US:* /-ˌsɪˢt̬.ɚ/ *n* [C] ⇨niñero,ra ⇨canguro *col.*

babysitting *n* [U] ⇨cuidado de niños [como canguro]

bachelor *UK:* /ˈbætʃ.ªl.əʳ/ *US:* /-ɚ/ *n* [C] **1** *(hombre)* ⇨soltero ■ Se emplea únicamente con hombres **2 Bachelor of Arts** ⇨licenciatura en una carrera de Humanidades o Ciencias Sociales ■ La forma abreviada es *BA* **3 Bachelor of Science** ⇨licenciatura en una carrera de Ciencias ■ La forma abreviada es *BSc*

† **back¹** /bæk/ *adv* **1** ⇨hacia atrás: *Move back, please* - Échate hacia atrás, por favor **2** ⇨de vuelta: *I'll be back at five* - Estaré de vuelta a las cinco **3** *When are you coming back?* - ¿Cuándo vuelves? **4** ⇨de nuevo ⇨otra vez **5 ~ and forth** ⇨de acá para allá: *People ran back and forth fetching water* - La gente corría de acá para allá cogiendo agua ■ Se usa frecuentemente para expresar reciprocidad. Al traducirlo en español su significado suele estar implícito en el verbo: *to smile back* - devolver una sonrisa

† **back²** /bæk/ *n* [C] **1** ⇨parte de atrás: *at the back of the house* - en la parte de atrás de la casa **2** ⇨espalda: *My back aches* - Me duele la espalda; *to sit back-to-back* - sentarse espalda contra espalda **3** *(de un asiento)* ⇨respaldo **4 ~ to front** *UK* ⇨al revés: *You're wearing your shirt back to front* - Llevas la camisa al revés **5 behind sb's ~** ⇨a espaldas de alguien: *to talk behind sb's back* - hablar a espaldas de alguien **6 to turn one's ~ on sth/sb** ⇨dar la espalda

back³ /bæk/ *v* [T] **1** ⇨dar marcha atrás **2** ⇨apoyar ⇨respaldar **3** ⇨financiar ⇨subvencionar

PHRASAL VERBS
· **to back away 1** ⇨retroceder **2** *(un plan, una idea)* ⇨cancelar
· **to back down** ⇨echarse atrás ⇨rajarse *col.*
· **to back onto sth** *His house backs onto the beach* - Su casa da a la playa
· **to back out** ⇨rajarse *col.;* ⇨retirarse
· **to back sth up** [M] **1** *(en informática)* ⇨hacer una copia de seguridad **2** ⇨respaldar ■ Constr. Se usa más en pasiva

† **back⁴** /bæk/ *adj* ⇨trasero,ra

backache /ˈbæk.eɪk/ *n* [C, U] ⇨dolor de espalda: *I have a backache* - Tengo dolor de espalda ■ Pron. La última sílaba, *ache*, rima con *make*

backbone *UK:* /ˈbæk.bəʊn/ *US:* /-boʊn/ ■ *n* [C] **1** *(en anatomía)* ⇨espina dorsal **2** ⇨pilar ■ *n* [U] **3** ⇨arrojo ⇨agallas *col.*

backfire *UK:* /bæk.faɪəʳ/ *US:* /-faɪr/ *UK:* /ˌbækˈfaɪəʳ/ *US:* /-ˈfaɪr/ [backfired, backfiring] *v* [I] **1** ⇨fallar ⇨salir mal **2** *(un motor)* ⇨petardear *col.*

† **background** /ˈbæk.graʊnd/ ■ *n* [U] **1** ⇨orígenes ⇨antecedentes ■ *n* [C] **2** *(de una foto o cuadro)* ⇨fondo

backing /ˈbæk.ɪŋ/ *n* [U] **1** *(especialmente económico)* ⇨apoyo ⇨respaldo **2** *(en música)* ⇨acompañamiento

backlash /ˈbæk.læʃ/ *n* [C] ⇨reacción violenta

backlog *UK:* /ˈbæk.lɒg/ *US:* /-lɑːg/ *n* [C] *I have a big backlog of work* - Tengo mucho trabajo atrasado

B

backpack /'bæk.pæk/ *US* (*UK* **rucksack**) *n* [C] ⇒mochila

backpacker UK: /'bæk.pæk.ə²/ US: /-ə/ *n* [C] ⇒excursionista ⇒mochilero,ra

backside /'bæk.saɪd/ *n* [C] (*inform*) ⇒trasero *col.*

backspin *n* [U] (*de una pelota*) ⇒efecto hacia atrás

backstage /'bæk.steɪdʒ/, /-'-'-/ *adv* ⇒entre bastidores ⇒entre bambalinas

† **backup** /'bæk.ʌp/ ■ *n* [C, U] **1** ⇒apoyo ⇒soporte ■ *n* [C] **2** (*en informática*) ⇒copia de seguridad

backward UK: /'bæk.wəd/ US: /-wəd/ *adj* **1** ⇒atrás: *a backward look* - una mirada atrás **2** ⇒atrasado,da *desp.;* ⇒retrasado,da *desp.* ■ Las expresiones *to be a slow learner* o *to have learning difficulties* se consideran más apropiadas

† **backwards** UK: /'bæk.wədz/ US: /-wədz/ *adv* **1** ⇒hacia atrás: *Careful you don't fall backwards* - Cuidado, no te caigas hacia atrás **2** ⇒hacia atrás ⇒de atrás hacia delante **3** ~ *and forwards* ⇒de un lado para otro

backyard UK: /ˌbæk'jɑːd/ US: /-'jɑːrd/ *n* [C] **1** *UK* ⇒patio trasero **2** *US* ⇒jardín trasero

† **bacon** /'beɪ.kən/ *n* [U] ⇒panceta ⇒beicon

† **bacteria** UK: /bæk'tɪə.ri.ə/ US: /-'tɪr.i-/ *n* [PL] ⇒bacteria

† **bad** /bæd/ *adj* [*comp* worse, *superl* worst] **1** ⇒malo,la ⇒mal **2** ⇒malo,la ⇒perjudicial **3** ⇒grave ⇒serio,ria **4** *not* ~ *at all* ⇒nada mal **5** *to be* ~ *at sth I'm bad at figures* - Se me dan mal los cálculos **6** *too* ~ (*inform*) ⇒mala suerte *col.;* ⇒yeta *AMÉR. col.*

bade /bæd/ *past tense of* **bid**

† **badge** /bædʒ/ *UK n* [C] ⇒insignia ⇒pin ⇒chapa

badger UK: /'bædʒ.ə²/ US: /-ə/ *n* [C] (*animal*) ⇒tejón

badly /'bæd.li/ *adv* [*comp* worse, *superl* worst] **1** ⇒mal **2** ⇒gravemente ⇒seriamente **3** ⇒con urgencia ⇒urgentemente **4** *to be badly-off* **1** ⇒andar mal de dinero **2** (*en una situación o lugar*) ⇒estar mal

badminton /'bæd.mɪn.t²n/ *n* [U] ⇒bádminton: *a game of badminton* - un partido de bádminton

baffle /'bæf.l/ [baffled, baffling] *v* [T] **1** ⇒dejar perplejo,ja ⇒desconcertar **2** (*planes, esfuerzos*) ⇒frustrar ■ CONSTR. Se usa más en pasiva

† **bag** /bæg/ *n* [C] **1** ⇒bolsa ⇒bolso **2** *bags of sth UK* (*inform*) ⇒un montón de algo *col.;* ⇒una pila de algo *col.* **3** *to be in the* ~ (*very inform, old-fash*) ⇒tener en el bote *col.*

bagel /'beɪ.g²l/ *n* [C] ⇒panecillo en forma de rosca

† **baggage** /'bæg.ɪdʒ/ *n* [U] ⇒equipaje: *excess baggage* - exceso de equipaje; *hand baggage* - equipaje de mano ■ PRON. La última *a* se pronuncia como la *i* en *did*

baggy /'bæg.i/ *adj* [*comp* baggier, *superl* baggiest] (*una prenda de vestir*) ⇒holgado,da

bagpipes /'bæg.paɪps/ *n* [PL] ⇒gaita: *to play the bagpipes* - tocar la gaita

BAGPIPES

bail /beɪl/ *n* [U] ⇒fianza: *to be released on bail* - poner en libertad bajo fianza; *to stand bail for sb* - pagar la fianza

bailiff /'beɪ.lɪf/ *UK n* [C] (*en derecho*) ⇒alguacil

bait /beɪt/ *n* [U] ⇒cebo ⇒anzuelo

† **bake** /beɪk/ [baked, baking] *v* [T, I] ⇒asar ⇒hornear

baked beans *n* [PL] ⇒alubias en salsa de tomate [enlatadas]

baked potato [*pl* baked potatoes] *n* [C] ⇒patata asada [con piel] ■ PRON. La *e* no se pronuncia

† **baker** UK: /'beɪ.kə²/ US: /-kə/ *n* [C] ⇒panadero,ra ⇒pastelero,ra

baker's [*pl* bakers'] *n* [C] ⇒panadería ⇒pastelería

bakery UK: /'beɪ.k²r.i/ US: /-kə.i/ [*pl* bakeries] *n* [C] ⇒panadería ⇒pastelería

balance¹ /'bæl.²nts/ *n* [U] **1** ⇒equilibrio **2** ⇒báscula **3** (*en economía*) ⇒saldo **4** *on* ~ ⇒a fin de cuentas **5** *to throw sb off* ~ ⇒pillar a alguien desprevenido

balance² /'bæl.²nts/ [balanced, balancing] *v* [T, I] **1** ⇒mantener en equilibrio **2** ⇒compensar ⇒nivelar **3** (*una cuenta*) ⇒cuadrar ■ Distinto de *to swing* o *to rock* (*balancear*)

balanced *adj* ⇒equilibrado,da: *a balanced diet* - una dieta equilibrada

balcony /'bæl.kə.ni/ [*pl* balconies] *n* [C] **1** ⇒balcón **2** ⇒terraza [de una casa]

† **bald** UK: /bɔːld/ US: /bɑːld/ *adj* ⇒calvo,va

† **ball** UK: /bɔːl/ US: /bɑːl/ *n* [C] **1** ⇒bola ⇒pelota **2** ⇒ovillo: *a ball of wool* - un ovillo de lana **3** ⇒baile **4** *to be on the* ~ ⇒estar espabilado,da **5** *to have a* ~ (*inform*) ⇒pasarlo bomba *col.* **6** *to set*

the ~ **rolling** ⇨poner algo en marcha ⇨comenzar algo ■ Distinto de *balloon* (globo)

ballad /'bæl.əd/ *n* [C] ⇨balada

ballerina /ˌbæl.ə'riː.nə/ *n* [C] ⇨bailarina [de ballet]

† **ballet** UK: /'bæl.eɪ/ US: /-'-/ *n* [U] **1** ⇨ballet **2** ~ **dancer** ⇨bailarín,-a

ball game *n* [C] **1** ⇨juego de pelota **2** *US* ⇨partido de béisbol **3 to be a whole new** ~ ⇨ser otro cantar *col.*

† **balloon** /bə'luːn/ *n* [C] **1** ⇨globo: *He bought some balloons for the party* - Compró unos globos para la fiesta **2** ⇨globo aerostático ■ Distinto de *ball* (balón)

ballot¹ /'bæl.ət/ *n* [C] **1** ⇨votación: *to hold a ballot* - someter algo a votación **2** ⇨papeleta ⇨voto ⇨boleta *AMÉR.*

ballot² /'bæl.ət/ *UK v* [T] ⇨votar [en secreto]

ballpark UK: /'bɔːl.pɑːk/ US: /'bɑːl.pɑːrk/ *US n* [C] **1** ⇨estadio de béisbol **2 a ~ figure** ⇨una cifra aproximada

ballroom /'bɔːl.ruːm/ *n* [C] ⇨salón de baile

balls UK: /bɔːlz/ US: /bɑːlz/ *n* [U] **1** *(vulg)* ⇨huevos *vulg.* **2 to have the ~ to do** *sth (vulg)* ⇨tener huevos para hacer algo *vulg.*

Baltic *adj* ⇨báltico,ca

bamboo /bæm'buː/ *n* [C, U] ⇨bambú

ban¹ /bæn/ [banned, banning] *v* [T] ⇨prohibir [por ley]: *to ban smoking in public places* - prohibir el tabaco en los lugares públicos

ban² /bæn/ *n* [C] ⇨prohibición [por ley]

† **banana** UK: /bə'nɑː.nə/ US: /-'næn.ə/ *n* [C, U] ⇨plátano ⇨banana **2** *banana tree* - platanero

† **band** /bænd/ *n* [C] **1** ⇨cinta **2** *(en una prenda de vestir)* ⇨raya ancha **3** *(de música)* ⇨grupo ⇨banda ■ Por ser un nombre colectivo se puede usar con el verbo en singular o en plural **4** *(de personas)* ⇨grupo ⇨pandilla ■ Por ser un nombre colectivo se puede usar con el verbo en singular o en plural **5** *(en la radio)* ⇨banda de frecuencia

bandage¹ /'bæn.dɪdʒ/ *n* [C, U] ⇨venda ⇨vendaje ■ PRON. La última *a* se pronuncia como la *i* en *did*

bandage² /'bæn.dɪdʒ/ [bandaged, bandaging] *v* [T] ⇨vendar: *The nurse bandaged her arm* - El enfermero le vendó el brazo ■ PRON. La última *a* se pronuncia *i* en *did*

Band-Aid® *US* (*UK* plaster) *n* [C] ⇨tirita® ⇨curita® *AMÉR.*

bandit /'bæn.dɪt/ *n* [C] ⇨bandido,da

† **bandwagon** /'bændˌwæg.ən/ **to {get/jump} on the ~** ⇨subir(se) al carro *col.*: *They were quick to jump on the bandwagon* - No dudaron en subirse al carro

bang¹ /bæŋ/ *n* [C] **1** ⇨golpe ⇨portazo **2** ⇨estallido ⇨estruendo

bang² /bæŋ/ *v* [T, I] **1** ⇨dar golpes ⇨dar un portazo **2** ⇨golpear

bang³ /bæŋ/ *adv* **1** *UK (inform)* ⇨justo ⇨exactamente **2** ~ **goes** *sth UK (inform)* ⇨adiós a algo: *He has to work in August, so bang goes our summer holiday* - Tiene que trabajar en agosto, así que adiós a nuestras vacaciones **3 to go** ~ *(inform)* ⇨explotar ⇨estallar

banger UK: /'bæŋ.əʳ/ US: /-ə/ *UK n* [C] **1** *(explosivo)* ⇨petardo **2** *(inform) (coche)* ⇨cacharro *col.* **3** *(inform)* ⇨salchicha: *bangers and mash* - salchichas con puré de patatas

Bangladesh *n* [U] ⇨Bangladesh

Bangladeshi *adj, n* [C] ⇨bangladeshí

bangs /bæŋz/ *US* (*UK* fringe) *n* [PL] ⇨flequillo

banish /'bæn.ɪʃ/ [banishes] *v* [T] ⇨desterrar: *The King banished the disloyal knight* - El rey desterró al desleal caballero; *I'll banish all thoughts of him from my mind* - Lo desterraré completamente de mi mente

banister UK: /'bæn.ɪ.stəʳ/ US: /-stə/ *n* [C] *(en una escalera)* ⇨barandilla ⇨pasamanos

† **bank¹** /bæŋk/ *n* [C] **1** *(de dinero)* ⇨banco **2** *(de un lago o un río)* ⇨orilla ⇨ribera **3** ⇨banco [de arena]

bank² /bæŋk/ ■ *v* [T, I] **1** ⇨tener una cuenta: *Who do you bank with?* - ¿En qué banco tienes una cuenta? ■ *v* [T] **2** ⇨ingresar: *Wait until Monday to bank your cheque* - Espera al lunes para ingresar el talón

PHRASAL VERBS

· **to bank on** *sth/sb* **1** ⇨contar con: *We are banking on your presence* - Contamos con su presencia **2** ⇨fiar(se): *I wouldn't bank on it* - Yo no me fiaría

† **bank account** *n* [C] ⇨cuenta bancaria: *to open a bank account* - abrir una cuenta

banker UK: /'bæŋ.kəʳ/ US: /-kə/ *n* [C] **1** ⇨banquero,ra **2** *(en un juego)* ⇨la banca

bank holiday *UK n* [C] ⇨día festivo en que cierran los bancos y muchos establecimientos comerciales

banking /'bæŋ.kɪŋ/ *n* [U] *(actividad)* ⇨banca

† **bankrupt** /'bæŋ.krʌpt/ *adj* ⇨en bancarrota ⇨arruinado,da

bankruptcy /'bæŋ.krəpt.si/ ■ *n* [U] **1** ⇨bancarrota **2** ⇨decadencia: *moral bankruptcy* - decadencia moral ■ *n* [C] **3** ⇨quiebra ■ El plural es *bankruptcies*

banner UK: /'bæn.əʳ/ US: /-ə/ *n* [C] **1** ⇨banderín ⇨estandarte **2** ⇨pancarta

banquet /'bæŋ.kwɪt/ *n* [C] ⇨banquete: *They held a banquet for two hundred guests* - Dieron un banquete para doscientos invitados

baptism /'bæp.tɪ.zəm/ *n* [C, U] ⇨bautismo

baptize /bæp'taɪz/ [baptized, baptizing] (*UK tb* baptise) *v* [T] ⇒bautizar

bar¹ UK: /baː'/ US: /baːr/ *n* [c] **1** *(lugar)* ⇒bar **2** *(en un bar)* ⇒barra ⇒mostrador **3** *(de metal)* ⇒reja ⇒barra ⇒barrote **4** *(en música)* ⇒compás

bar² UK: /baː'/ US: /baːr/ [barred, barring] *v* [T] **1** ⇒prohibir la entrada: *They have barred me from entering the building* - Me prohibieron entrar al edificio **2** ⇒enrejar ⇒poner barrotes **3** ⇒tapar ⇒bloquear

barbarian UK: /baː'beə.ri.ən/ US: /baːr'ber.i-/ *n* [c] *(en historia)* ⇒bárbaro,ra

barbaric UK: /baː'bær.ɪk/ US: /baːr-/ *adj* **1** ⇒bárbaro,ra ⇒extremadamente cruel **2** *a barbaric act* - una atrocidad

barbecue¹ UK: /'baː.bɪ.kjuː/ US: /'baːr-/ *n* [c] **1** *(para cocinar)* ⇒barbacoa ⇒parrilla **2** *(evento)* ⇒barbacoa

barbecue² UK: /'baː.bɪ.kjuː/ US: /'baːr-/ [barbecued, barbecuing] *v* [T, I] ⇒hacer a la barbacoa

barbed wire *n* [U] ⇒alambrada ⇒alambre de espino

† **barber** UK: /'baː.bə'/ US: /'baːr.bə/ *n* [c] ⇒peluquero,ra [de hombres] ⇒barbero,ra

bar code *n* [c] ⇒código de barras

† **bare** UK: /beə'/ US: /ber/ *adj* **1** ⇒desnudo,da ⇒biringo,ga *AMÉR. col.*; ⇒pilucho,cha *AMÉR. col.* **2** *(un armario)* ⇒vacío,a **3** ⇒básico,ca

barefoot UK: /'beə.fʊt/ US: /'ber-/ *adj, adv* ⇒descalzo,za: *to walk barefoot* - andar descalzo

† **barely** UK: /'beə.li/ US: /'ber-/ *adv* ⇒apenas: *You've barely eaten* - Apenas has comido

bargain¹ UK: /'baː.gɪn/ US: /'baːr-/ *n* [c] **1** ⇒ganga ⇒chollo **2** ⇒acuerdo ⇒trato **3** *into the ~ UK* ⇒además

bargain² UK: /'baː.gɪn/ US: /'baːr-/ *v* [I] ⇒negociar ⇒regatear
| PHRASAL VERBS
| · **to bargain {for/on}** *sth* ⇒contar con algo ⇒esperar algo
⌐ perar algo

barge UK: /baːdʒ/ US: /baːrdʒ/ *n* [c] ⇒barcaza

baritone UK: /'bær.ɪ.təʊn/ US: /-toʊn/ *n* [c] ⇒barítono

bark¹ UK: /baːk/ US: /baːrk/ *n* [c] **1** ⇒ladrido **2** *(de un árbol)* ⇒corteza

bark² UK: /baːk/ US: /baːrk/ *v* [I] ⇒ladrar: *Her dog barks at strangers* - Su perro ladra a los desconocidos ■ CONSTR. to bark at sth/sb

barley UK: /'baː.li/ US: /'baːr-/ *n* [U] *(cereal)* ⇒cebada

barmaid UK: /'baː.meɪd/ US: /'baːr-/ *UK* (*US* bartender) *n* [c] *(en un bar)* ⇒camarera ■ Se emplea únicamente con mujeres

barman UK: /'baː.mən/ US: /'baːr-/ [*pl* barmen] *UK* (*US* bartender) *n* [c] ⇒barman ⇒camarero

barmy UK: /'baː.mi/ US: /'baːr-/ *UK adj* [*comp* barmier, *superl* barmiest] *(inform)* ⇒chiflado,da *col.*; ⇒piantado,da *AMÉR. col.*

† **barn** UK: /baːn/ US: /baːrn/ *n* [c] ⇒granero ⇒establo [para vacas]

barometer UK: /bə'rɒm.ɪ.tə'/ US: /-'raː.mɪ.°ʧə/ *n* [c] ⇒barómetro

baron /'bær.ən/ *n* [c] **1** *(título nobiliario)* ⇒barón **2** ⇒magnate

baroness /'bær.ən.es/, /,--'-/ [*pl* baronesses] *n* [c] *(título nobiliario)* ⇒baronesa

barracks /'bær.əks/ [*pl* barracks] *n* [c] ⇒cuartel [militar] ■ Se puede usar con el verbo en singular o en plural

barrel /'bær.ºl/ *n* [c] **1** ⇒barril ⇒tonel **2** *(de un arma)* ⇒cañón

barren /'bær.ºn/ *adj* ⇒árido,da ⇒yermo,ma

barricade¹ /'bær.ɪ.keɪd/, /--'-/ *n* [c] ⇒barricada: *To the barricades!* - ¡A las barricadas!

barricade² /'bær.ɪ.keɪd/, /--'-/ [barricaded, barricading] *v* [T] **1** ⇒poner una barricada **2** *to ~ oneself* ⇒refugiarse ⇒parapetarse ■ CONSTR. Se usa generalmente seguido de una preposición

† **barrier** /'bær.i.ə'/ US: /-ə/ *n* [c] ⇒barrera ⇒valla

barrister UK: /'bær.ɪ.stə'/ US: /-stə/ *n* [c] **1** *(en Reino Unido y Australia)* ⇒abogado,da que puede intervenir en todos los tribunales **2** *prosecution ~* ⇒fiscal ■ Comparar con *solicitor*

barrow UK: /'bær.əʊ/ US: /-oʊ/ *n* [c] **1** *UK* (*UK/US tb* wheelbarrow) ⇒carretilla **2** ⇒túmulo

bartender UK: /'baː.ten.də'/ US: /'baːr.ten.də/ *US* (*UK* barmaid/barman) *n* [c] *(en un bar)* ⇒camarero,ra

barter UK: /'baː.tə'/ US: /'baːr.°ʧə/ *v* [T, I] ⇒cambiar ⇒canjear

base¹ /beɪs/ *n* [c] **1** *(de un objeto)* ⇒base ⇒pie **2** ⇒sucursal ⇒sede **3** ⇒base [militar]

† **base²** /beɪs/ *to be based {at/in}* ⇒estar establecido,da en

† **baseball** UK: /'beɪs.bɔːl/ US: /-baːl/ *n* [U] ⇒béisbol: *to play baseball* - jugar al béisbol

baseball cap *n* [c] ⇒gorra de béisbol

basement /'beɪs.mənt/ *n* [c] ⇒sótano

bases /'beɪs.siːz/, /'beɪs.sɪz/ *n* [PL] **1** See **basis 2** See **base**

bash¹ /bæʃ/ [*pl* bashes] *n* [c] **1** *(inform)* ⇒porrazo *col.* **2** *(inform)* ⇒fiesta: *my birthday bash* - mi fiesta de cumpleaños **3** *to have a ~ at sth UK (inform)* ⇒intentar algo

bash² /bæʃ/ [bashes] *v* [T] *(inform)* ⇒dar(se) un porrazo *col.*; ⇒golpear(se) ⇒pegar con fuerza

† **basic** /'beɪ.sɪk/ *adj* ⇒básico,ca ⇒fundamental

basically /'beɪ.sɪ.kli/ *adv* **1** ⇒en el fondo **2** ⇒básicamente ⇒fundamentalmente

basil UK: /'bæz.ºl/ US: /'beɪ.z[ə]l/ n [U] ⇒albahaca

† **basin** /'beɪ.sºn/ n [C] **1** UK ⇒cuenco **2** UK (en un cuarto de baño) ⇒lavabo ⇒lavatorio AMÉR.; ⇒pileta AMÉR. **3** UK ⇒palangana **4** (en un río, lago o mar) ⇒cuenca

† **basis** /'beɪ.sɪs/ [pl bases] n [C] **1** ⇒base **2** on the ~ of sth ⇒de acuerdo con algo

† **basket** UK: /'bɑː.skɪt/ US: /'bæs.kɪt/ n [C] **1** ⇒cesto **2** (de mimbre) ⇒cesta ⇒canasta **3** (en baloncesto) ⇒canasta

† **basketball** UK: /'bɑː.skɪt.bɔːl/ US: /'bæs.kɪt.bɑːl/ n [U] ⇒baloncesto ⇒basquetbol AMÉR.

bass[1] /beɪs/, /bæs/ [pl basses] ■ n [C] **1** (tb double bass) (instrumento musical) ⇒contrabajo **2** (instrumento musical) ⇒bajo ■ n [C, U] **3** (cantante) ⇒bajo

bass[2] /beɪs/, /bæs/ adj (en música) ⇒bajo

bat[1] /bæt/ n [C] **1** ⇒murciélago **2** ⇒pala ⇒bate

bat[2] /bæt/ [batted, batting] v [T] ⇒batear

batch /bætʃ/ [pl batches] n [C] **1** ⇒lote [de cosas o personas] **2** ⇒hornada

† **bath**[1] /bɑːθ/ US: /bæθ/ n [C] **1** UK (US bathtub) ⇒bañera ⇒tina AMÉR.; ⇒bañadera AMÉR. **2** (en la bañera) ⇒baño

bath[2] UK: /bɑːθ/ US: /bæθ/ UK v [T, I] (en la bañera) ⇒bañar(se)

bathe /beɪð/ [bathed, bathing] ■ v [I] **1** (en el mar o en una piscina) ⇒bañarse ■ v [T, I] **2** (una herida o una parte del cuerpo) ⇒lavar

bathing costume (tb costume) UK n [C] (old-fash) ⇒bañador

bathrobe UK: /'bɑː.θ.rəub/ US: /'bæθ.roub/ n [C] **1** ⇒albornoz **2** US (UK dressing gown) ⇒bata

† **bathroom** UK: /'bɑː.θ.rʊm/ UK: /-ruːm/ US: /'bæθ-/ (UK tb toilet) n [C] ⇒cuarto de baño ⇒aseo ⇒lavatorio AMÉR.

bathtub UK: /'bɑː.θ.tʌb/ US: /'bæθ-/ n [C] US (UK bath) ⇒bañera ⇒tina AMÉR.; ⇒bañadera AMÉR.

baton UK: /'bæt.ɒn/ US: /'bæˤt̬.[ə]n/ n [C] **1** US ⇒porra ⇒cachiporra **2** (en música) ⇒batuta **3** (en una carrera de relevos) ⇒testigo

batsman /'bæt.smən/ [pl batsmen] UK n [C] (en cricket) ⇒bateador

batsmen UK n [PL] See **batsman**

battalion /bəˈtæl.i.ən/ n [C] ⇒batallón

batter[1] UK: /'bæt.əˤ/ US: /'bæˤt̬.əˤ/ n [U] **1** (para freír) ⇒rebozado **2** (para creps o tortitas) ⇒masa **3** (en béisbol) ⇒bateador,-a

batter[2] UK: /'bæt.əˤ/ US: /'bæˤt̬.əˤ/ v [T, I] **1** ⇒maltratar [físicamente] ⇒apalear **2** (un objeto) ⇒golpear con fuerza **3** (el viento, las olas) ⇒azotar ■ CONSTR. Se usa generalmente seguido de las preposiciones against, at, on, o de un adverbio

battered UK: /'bæt.əd/ US: /'bæˤt̬.əd/ adj **1** ⇒maltratado,da **2** ⇒usado,da ⇒ajado,da

† **battery** UK: /'bæt.ºr.i/ US: /'bæˤt̬.ə.i/ [pl batteries] n [C] **1** ⇒pila: a rechargeable battery - una pila recargable **2** (de un coche) ⇒batería

battle[1] UK: /'bæt.l/ US: /'bæˤt̬-/ n [C] ⇒batalla ⇒lucha

battle[2] UK: /'bæt.l/ US: /'bæˤt̬-/ [battled, battling] v [I] ⇒combatir ⇒luchar

bawl UK: /bɔːl/ US: /bɑːl/ v [T, I] **1** (inform) ⇒berrear: The child started to bawl - El niño empezó a berrear **2** (inform) ⇒chillar ⇒gritar

† **bay** /beɪ/ n [C] **1** ⇒golfo ⇒bahía ■ Al dar el nombre de un golfo o una bahía, se escribe con mayúscula inicial: the Bay of Biscay - el golfo de Vizcaya **2** to {hold/keep} sth/sb at ~ ⇒mantener a raya

bayonet /'beɪ.ə.nət/ n [C] ⇒bayoneta

bay (tree) n [C] (árbol) ⇒laurel

bazaar UK: /bəˈzɑː/ US: /-ˈzɑːr/ n [C] **1** (en algunos países orientales) ⇒bazar **2** ⇒mercadillo

B&B n [C, U] ⇒forma abreviada de **bed and breakfast** (pensión con desayuno)

BC /ˌbiːˈsiː/ adv ⇒a.C. ■ Procede de Before Christ (antes de Cristo)

† **be, was/were, been** /biː, bi/, /bɪ/, /bɪ, wɒz/wɜːˤ, biːn/ [being] ■ v **1** (cualidad) ⇒ser **2** (estado) ⇒estar **3** (lugar) ⇒estar ■ CONSTR. Se usa generalmente seguido de una preposición o un adverbio. En este sentido, been se emplea como participio de pasado del verbo to go para indicar que alguien ha ido y ha regresado de un lugar: I've been to London twice this year - He estado en Londres dos veces este año **4** (medida) ⇒tener **5** (distancia) ⇒quedar ⇒estar **6** (edad) ⇒tener **7** ⇒tener lugar ⇒ser **8** (sensación) ⇒tener **9** (sentimiento o sensación) ⇒estar ■ v [AUX] **10** ⇒estar: I am reading right now - Ahora mismo estoy leyendo; What were you doing when I phoned? - ¿Qué estabas haciendo cuando te llamé? ■ Ver cuadro en página siguiente y ver cuadro auxiliary verbs

† **beach** /biːtʃ/ [pl beaches] n [C] ⇒playa

bead /biːd/ n [C] **1** ⇒cuenta ⇒abalorio **2** (de líquido) ⇒gota

beak /biːk/ n [C] (de un pájaro) ⇒pico

beaker UK: /'biː.kəˤ/ US: /-kəˤ/ UK n [C] **1** (en química) ⇒vaso de precipitados **2** UK (de plástico) ⇒vaso

beam[1] /biːm/ n [C] **1** ⇒rayo de luz ⇒haz de luz **2** ⇒viga: a wooden beam - una viga de madera **3** ⇒gran sonrisa ⇒sonrisa radiante

beam[2] /biːm/ ■ v [I] **1** ⇒sonreír abiertamente ⇒brillar ⇒resplandecer ■ v [T] **3** (un programa de televisión) ⇒retransmitir ■ CONSTR. Se usa más en pasiva

† **bean** /biːn/ n [C] **1** ⇒judía: green beans - judías verdes; ⇒habichuela AMÉR.; ⇒frijol AMÉR. **2** ⇒grano: coffee beans - granos de café

beanstalk n [C] ⇒tallo [de una judía]

↑ **bear¹**, bore, borne UK: /beə²/ US: /ber/ v [T] **1** *(un peso)* ⇒aguantar **2** ⇒soportar: *I can't bear being alone* - No soporto estar solo ■ CONSTR. 1. to bear + doing sth 2. to bear + to do sth **3** ⇒portar ⇒llevar **4** *(form)* ⇒dar a luz ⇒tener hijos,jas **5** ⇒guardar rencor **6** to ~ {relation/resemblance} to *sth/sb* ⇒guardar {relación/parecido} con **7** to ~ *sth/sb* in mind ⇒tener en cuenta [para el futuro] **8** to ~ {left/right} ⇒girar {a la izquierda/a la derecha}
| PHRASAL VERBS
└ **. to bear** *sth/sb* **out** [M] ⇒confirmar ⇒apoyar

bear² UK: /beə²/ US: /ber/ n [C] ⇒oso,sa

bearable UK: /'beə.rə.bl/ US: /'ber.ə-/ adj ⇒soportable: *It's hot here, but it's bearable* - Hace calor aquí, pero es soportable

↑ **beard** UK: /bɪəd/ US: /bɪrd/ n [C] ⇒barba: *to have a beard* - llevar barba

bearer UK: /'beə.rə²/ US: /'ber.ə/ n [C] **1** *(de un documento o un talón)* ⇒portador,-a ⇒titular **2** ⇒porteador,-a [de carga] **3** *(de una credencial)* ⇒titular

beast /biːst/ n [C] **1** *(form) (animal)* ⇒bestia **2** *(persona)* ⇒bestia *desp.*

↑ **beat¹**, beat, beaten /biːt/ ■ v [T] **1** ⇒batir ⇒vencer a ■ v [T, I] **2** ⇒golpear: *The wind was beating against the windows* - El viento golpeaba contra las ventanas ■ CONSTR. Se usa generalmente seguido de una preposición o un adverbio ■ v [I] **3** ⇒latir

beat² /biːt/ n [C, U] **1** *(de un tambor)* ⇒golpe **2** ⇒ritmo: *the beat of the music* - el ritmo de la música **3** *(tb heartbeat)* ⇒latido ⇒ritmo cardíaco

beaten UK: /'biː.tⁿn/ US: /-ˁt[ə]n/ past participle of **beat**

beating UK: /'biː.tɪŋ/ US: /-ˁtɪŋ/ n [C] **1** ⇒golpeteo ⇒redoble **2** ⇒paliza **3** ⇒latido **4** ⇒derrota [muy clara] ⇒paliza *col.* **5** to take some ~ ⇒ser difícil: *It will take some beating to defeat this team* - Será difícil ganar a este equipo

beautician /bjuːˈtɪʃ.ⁿn/ n [C] ⇒esteticista

beautiful² /biː/ n [C, U] **1** *(de un tambor)* ⇒hermoso,sa ⇒bello,lla ⇒precioso,sa

beautifully UK: /'bjuː.tɪ.fⁱl.i/ US: /-ˁtɪ-/ adv ⇒estupendamente ⇒de maravilla

↑ **beauty** UK: /'bjuː.ti/ US: /-ˁti/ n [U] ⇒belleza

beauty salon n [C] ⇒salón de belleza

beaver UK: /'biː.və²/ US: /-və/ n [C] *(animal)* ⇒castor

became /bɪˈkeɪm/ past tense of **become**

↑ **because** /bɪˈkɒz/, /-ˈkʌz/ conj ⇒porque: *He bought a chocolate cake because his sister loves them* - Compró una tarta de chocolate porque a su hermana le encantan ■ La forma abreviada es *'cos* o *'cause*

because of prep ⇒debido a: *They postponed the match because of the rain* - Han aplazado el partido debido a la lluvia

to be (ser / estar)			

present simple			
affirmative	**contractions**	**negative**	**questions**
I am	I'm	I'm not	am I?
you are	you're	you aren't	aren't you?
he/she/it is	he/she/it's	he/she/it isn't	is he/she/it?
we are	we're	we aren't	are we?
you are	you're	you aren't	are you?
they are	they're	they aren't	are they?

past tense			**the -ing form**
affirmative	**negative**	**questions**	being
I was	I wasn't	was I?	
you were	you weren't	were you?	
he/she/it was	he/she/it wasn't	was he/she/it?	**past participle**
we were	we weren't	were we?	been
you were	you weren't	were you?	
they were	they weren't	were they?	

(Ver también cuadro **auxiliary verbs**.)

beckon /'bek.ªn/ ∎ *v* [T, I] **1** ⇒llamar con señas ⇒hacer señas ∎ *v* [I] **2** ⇒atraer ⇒fascinar

† **become, became, become** /bɪ'kʌm/ [becoming] *v* [I] **1** ⇒convertirse en ⇒hacerse **2** ⇒tornarse ⇒volverse

| PHRASAL VERBS
└ **to become of** *sth/sb* ⇒ser de

becoming /bɪ'kʌm.ɪŋ/ **1** *adj (old-fash)* ⇒favorecedor,-a **2** to be ~ *(old-fash)* ⇒sentar bien: *His jacket is very becoming* - Esa chaqueta le sienta muy bien

† **bed** /bɪːˈed/, /bed/ *n* [C] **1** ⇒cama: *to make the bed* - hacer la cama **2** *(en un río)* ⇒lecho **3** *(en un mar)* ⇒fondo

bed and breakfast *n* [C, U] ⇒pensión con desayuno ∎ La forma abreviada es B&B o B and B

bedbug *n* [C] *(animal)* ⇒chinche

bedclothes UK: /'bed.kləʊðz/ US: /-kloʊðz/ *n* [PL] ⇒ropa de cama

† **bedroom** /'bed.rʊm/, /-ruːm/ *n* [C] ⇒dormitorio ⇒habitación ⇒recámara *AMÉR.*

bedside /'bed.saɪd/ *n* [C] ⇒cabecera: *Sit at his bedside* - Siéntate junto a su cabecero

bedspread /'bed.spred/ *n* [C] ⇒cobertor ⇒colcha

bedtime /'bed.taɪm/ *n* [U] ⇒hora de acostarse

† **bee** /biː/ *n* [C] ⇒abeja: *worker bee* - abeja obrera; *queen bee* - abeja reina

beech (tree) /biːtʃ/ [*pl* beeches] *n* [C, U] *(árbol)* ⇒haya

† **beef** /biːf/ *n* [U] ⇒carne de vaca: *roast beef* - rosbif

beefburger UK: /'biːf.bɜːs.gəʳ/ US: /-ˌbɜːr.gɚ/ *UK (UK/US tb* **hamburger**) *n* [C] ⇒hamburguesa

beehive /'biː.haɪv/ *n* [C] ⇒colmena ∎ La forma abreviada es *hive*

been /biːn/ past participle of **be**

beep¹ /biːp/ *v* [T, I] **1** ⇒pitar ⇒tocar [el claxon] **2** *(un despertador)* ⇒sonar

beep² /biːp/ *n* [C] ⇒pitido

† **beer** /bɪəʳ/ US: /bɪr/ *n* [C, U] ⇒cerveza: *beer mug* - jarra de cerveza

beet /biːt/ *US (UK* **beetroot**) *n* [C, U] ⇒remolacha ⇒betarraga *AMÉR.*

beetle UK: /'biː.tl̩/ US: /-ˈt̬l̩/ *n* [C] ⇒escarabajo: *dung beetle* - escarabajo pelotero

beetroot /'biː.truːt/ *UK n* [C, U] See **beet**

† **before¹** UK: /bɪ'fɔːʳ/ US: /-'fɔːr/ *prep* **1** ⇒ante ⇒delante de **2** *(tiempo)* ⇒antes de **3** *(lugar)* ⇒antes de

† **before²** UK: /bɪ'fɔːʳ/ US: /-'fɔːr/ *conj* ⇒antes de: *Think before you speak* - Piensa antes de hablar ∎ Nunca se usa seguido de un verbo en futuro

† **before³** UK: /bɪ'fɔːʳ/ US: /-'fɔːr/ *adv* **1** ⇒antes: *Have you been here before?* - ¿Has estado antes aquí? **2** ⇒antes ⇒anterior

beforehand UK: /bɪ'fɔː.hænd/ US: /-'fɔːr-/ *adv* ⇒de antemano: *I spoke to him beforehand* - Hablé con él de antemano

† **beg** /beg/ [begged, begging] ∎ *v* [I] **1** ⇒mendigar: *A lot of people beg in big cities* - Mucha gente mendiga en las grandes ciudades ∎ *v* [T, I] **2** ⇒rogar ⇒suplicar ∎ CONSTR. to beg + to do sth

began /bɪ'gæn/ past tense of **begin**

beggar UK: /'beg.əʳ/ US: /-ɚ/ *n* [C] **1** ⇒mendigo,ga **2** the poor ~ *(inform)* ⇒el pobre diablo *col.*

† **begin, began, begun** /bɪ'gɪn/ [beginning] *v* [T, I] **1** ⇒empezar ⇒comenzar ∎ CONSTR. 1. to begin + doing sth 2. to begin + to do sth **2** to ~ with **1** ⇒al principio **2** ⇒para empezar

beginner UK: /bɪ'gɪn.əʳ/ US: /-ɚ/ *n* [C] ⇒principiante: *beginner's luck* - suerte del principiante

beginning /bɪ'gɪn.ɪŋ/ *n* [C] ⇒comienzo ⇒principio ⇒origen

begun /bɪ'gʌn/ past participle of **begin**

† **behave** /bɪ'heɪv/ [behaved, behaving] *v* [I] **1** ⇒portarse ⇒comportarse **2** ~ *oneself* ⇒comportarse

behavior *US n* [U] See **behaviour**

behaviour UK: /bɪ'heɪ.vjəʳ/ US: /-vjɚ/ *UK (US* **behavior**) *n* [U] ⇒comportamiento ⇒conducta

behead /bɪ'hed/ *v* [T] ⇒decapitar ∎ CONSTR. Se usa más en pasiva

† **behind¹** /bɪ'haɪnd/ *prep* **1** ⇒detrás de **2** ⇒por detrás de: *We are behind other companies in technological development* - Vamos por detrás de otras empresas en desarrollo tecnológico **3** ⇒a favor de

† **behind²** /bɪ'haɪnd/ *adv* **1** ⇒atrás ⇒detrás **2** ⇒atrasado,da ⇒retrasado,da

behind³ /bɪ'haɪnd/ *n* [C] *(inform, euphem)* ⇒trasero *col.*

beige /beɪʒ/ *adj, n* [U] ⇒beige ⇒beis

† **being** /'biː.ɪŋ/ ∎ *n* [C, U] **1** ⇒ser ∎ *n* [U] **2** ⇒existencia **3** to come into ~ ⇒nacer ⇒crearse

belated UK: /bɪ'leɪ.tɪd/ US: /-ˈt̬ɪd/ *adj* **1** ⇒tardío,a **2** *A belated Happy Birthday!* - ¡Feliz Cumpleaños, aunque sea tarde!

Belgian /'bel.dʒən/ *adj, n* [C] ⇒belga

Belgium *n* [U] ⇒Bélgica

† **belief** /bɪ'liːf/ *n* [U] **1** ⇒creencia **2** ⇒opinión **3** beyond ~ ⇒increíblemente ⇒increíble **4** in the ~ that ⇒confiando en que

† **believe** /bɪ'liːv/ [believed, believing] *v* [T] **1** ⇒creer: *I believe you* - Te creo; *I don't believe my ears* - No me lo puedo creer **2** ⇒pensar ⇒creer ∎ CONSTR. to believe + (that) **3** ~ **it or not** ⇒aunque no lo creas

| PHRASAL VERBS
· **to believe in** *sth/sb* ⇒creer en: *Do you believe in witches?* - ¿Crees en las brujas?

B ▬

■ **B** ↑

believer UK: /bɪˈliː.vəʳ/ US: /-vɚ/ n [C] **1** ⇒creyente **2 to be a ~ in** *sth* ⇒ser partidario,ria de algo

↑ **bell** /bel/ n [C] **1** ⇒timbre: *to ring the bell* - tocar al timbre **2** ⇒campana

bellow¹ UK: /ˈbel.əʊ/ US: /-oʊ/ v [T, I] ⇒bramar ⇒gritar

bellow² UK: /ˈbel.əʊ/ US: /-oʊ/ n [C] ⇒bramido ⇒grito

belly /ˈbel.i/ [pl bellies] n [C] (inform) ⇒barriga col.; ⇒panza col.; ⇒guata AMÉR. col.

belly button n [C] (inform) ⇒ombligo ■ Pertenece al lenguaje infantil

↑ **belong** /bɪˈlɒŋ/ US: /-ˈlɑːŋ/ v [I] **1** ⇒pertenecer: *This belongs to my grandfather* - Esto pertenece a mi abuelo; *I feel I don't belong here* - Siento que este no es mi sitio **2** ⇒ser miembro de ⇒pertenecer

belongings UK: /bɪˈlɒŋ.ɪŋz/ US: /-ˈlɑːŋ-/ n [PL] ⇒pertenencias

Belorussian¹ ■ n [U] **1** (idioma) ⇒bielorruso ■ n [C] **2** (gentilicio) ⇒bielorruso,sa

Belorussian² adj ⇒bielorruso,sa

beloved /bɪˈlʌv.ɪd/,/-ˈlʌvd/ adj (lit) ⇒amado,da

↑ **below**¹ UK: /bɪˈləʊ/ US: /-ˈloʊ/ prep ⇒por debajo de ⇒bajo

↑ **below**² UK: /bɪˈləʊ/ US: /-ˈloʊ/ adv ⇒bajo ⇒de abajo ⇒abajo

↑ **belt** /belt/ n [C] **1** ⇒cinturón: *seat belt* - cinturón de seguridad **2 to be below the ~** ⇒ser un golpe bajo

↑ **bench** /bentʃ/ [pl benches] n [C] **1** ⇒banco ⇒asiento **2** (en deportes) ⇒banquillo ⇒banca AMÉR. **3** (en política) ⇒escaño

↑ **bend**¹, bent, bent /bend/ v [T, I] ⇒doblar ⇒encorvar
| PHRASAL VERBS
└ **· to bend down** ⇒agacharse ⇒inclinarse

bend² /bend/ n [C] **1** ⇒curva: *a tight bend* - una curva cerrada **2** ⇒recodo **3** (en fontanería) ⇒codo **4 round the ~** (inform) ⇒chalado,da col.; ⇒loco,ca

↑ **beneath** /bɪˈniːθ/ prep ⇒debajo de ⇒bajo

benefactor UK: /ˈben.ɪ.fæk.təʳ/ US: /-ˤtɚ/ n [C] ⇒benefactor,-a

beneficial /ˌben.ɪˈfɪʃ.ªl/ adj ⇒beneficioso,sa ⇒útil ⇒provechoso,sa

↑ **benefit**¹ /ˈben.ɪ.fɪt/ n [C, U] **1** (elemento positivo) ⇒beneficio ⇒ventaja **2** ⇒subsidio **3** ⇒función benéfica **4 to give** *sb* **the ~ of the doubt** ⇒conceder a alguien el beneficio de la duda

benefit² /ˈben.ɪ.fɪt/ v [T] ⇒beneficiar

benevolent /bɪˈnev.ªl.ªnt/ adj **1** (form) ⇒benevolente **2** ⇒benéfico,ca

benign /bɪˈnaɪn/ adj ⇒benigno,na: *a benign tumour* - un tumor benigno

bent¹ /bent/ adj **1** (offens) ⇒marica vulg. desp. **2** ⇒corrupto,ta

bent² /bent/ past tense and past participle forms of **bend**

bequeath /bɪˈkwiːð/ v [T] (form) ⇒legar: *to bequeath sth to sb* - legar algo a alguien ■ CONSTR. to bequeath + dos objetos

bequest /bɪˈkwest/ n [C] ⇒legado

bereaved /bɪˈriːvd/ adj **1** ⇒que ha perdido un ser querido **2** *the bereaved family* - la familia del difunto

beret UK: /ˈber.eɪ/ US: /bəˈreɪ/ n [C] ⇒boina ■ PRON. La última *e* rima con *way*

↑ **berry** /ˈber.i/ [pl berries] n [C] ⇒baya

berserk UK: /bəˈzɜːk/ US: /bəˈzɝk/ adj **1** ⇒loco,ca ⇒desquiciado,da **2 to go ~** (inform) ⇒perder los estribos ⇒ponerse como un fiera col.

berth¹ UK: /bɜːθ/ US: /bɝθ/ n [C] **1** (en una embarcación) ⇒camarote **2** (en un tren) ⇒litera

berth² UK: /bɜːθ/ US: /bɝθ/ v [T, I] (una embarcación) ⇒atracar

beset, beset, beset /bɪˈset/ [besetting] v [T] **1** (form) ⇒agobiar **2** (form) **to be beset by doubts** - estar lleno de dudas ■ CONSTR. Se usa más en pasiva

↑ **beside** /bɪˈsaɪd/ prep **1** ⇒al lado de ⇒junto a **2 ~ oneself (with** *sth***)** ⇒fuera de sí [por algo]

besides¹ /bɪˈsaɪdz/ prep ⇒además de ⇒aparte de

besides² /bɪˈsaɪdz/ adv ⇒además

besiege /bɪˈsiːdʒ/ [besieged, besieging] v [T] **1** ⇒asediar ⇒sitiar **2** ⇒asediar ⇒bombardear ⇒acosar ■ CONSTR. Se usa más en pasiva

↑ **best**¹ /best/ adj **1** the superlative form of **good 2 ~ before** (en un producto) ⇒consumir preferentemente antes de

↑ **best**² /best/ adv **1** the superlative form of **well 2 as ~ you can** ⇒lo mejor que puedas

best³ /best/ n [NO PL] **1 all the best!** (inform) ⇒que te vaya bien **2 at ~** ⇒como mucho ⇒en el mejor de los casos **3 to {do/try} one's ~** ⇒hacer todo lo posible: *I'll do my best to go* - Haré todo lo posible por ir **4 to make the ~ of** *sth* ⇒sacar el máximo partido de algo

best man [pl best men] n [NO PL] ⇒padrino de boda

bestseller UK: /ˌbestˈsel.əʳ/ US: /-ɚ/ n [C] **1** (para libros) ⇒éxito de ventas ⇒superventas ⇒best seller **2** ⇒producto de mayores ventas

best-selling /ˌbestˈsel.ɪŋ/ adj **1** (un escritor) ⇒de éxito **2** (un producto) ⇒de mayores ventas

↑ **bet**¹, bet, bet /bet/ [betting] v [T, I] **1** ⇒apostar ■ CONSTR. 1. to bet on sth 2. to bet + dos objetos + (that) **2 I ~** (inform) ⇒seguro que ⇒a que **3** *I wouldn't bet on it!* - ¡No me fiaría! **4 you bet!** (inform) ⇒¡ya lo creo! col. ■ CONSTR. to bet + (that)

bingo

bet² /bet/ *n* [c] ⇒apuesta

† **betray** /bɪ'treɪ/ *v* [T] **1** ⇒traicionar: *Never betray your friends* - Nunca traiciones a tus amigos **2** *(un secreto)* ⇒revelar

† **better¹** UK: /'bet.ə'/ US: /'beˤt̬.ɚ/ *adj* **1** the comparative form of **good**: *Peter used to get better marks in Secondary School* - Peter sacaba mejores notas en el instituto; *The slower, the better* - Cuanto más despacio, mejor **2** to be no ~ than ⇒no ser más que

† **better²** UK: /'bet.ə'/ US: /'beˤt̬.ɚ/ *adv* **1** the comparative form of **well**: *Since he's been having guitar lessons, he can play much better* - Desde que va a clases de guitarra toca mucho mejor **2** to be ~ off (without *sth/sb*) ⇒estar mejor [sin algo o sin alguien]

better³ UK: /'bet.ə'/ US: /'beˤt̬.ɚ/ *n* [U] to get the ~ of *sb (un sentimiento)* ⇒superar a alguien ⇒vencer a alguien

† **between¹** /bɪ'twiːn/ *prep* **1** *(dos cosas o personas)* ⇒entre **2** *(unión de dos cosas)* ⇒entre **3** *(cálculo aproximado)* ⇒entre **4** *(tiempo)* ⇒entre ■ Ver cuadro entre (among / between)

† **between²** /bɪ'twiːn/ *adv* ⇒en medio

† **beware** UK: /bɪ'weə'/ US: /-'wer/ *v* [I] ⇒tener cuidado: *Beware of the dog!* - ¡Ten cuidado con el perro! ■ CONSTR. to beware of + doing sth ■ Normalmente se usa solo en imperativo e infinitivo

bewildering UK: /bɪ'wɪl.dər.ɪŋ/ US: /-dɚ.ɪŋ/ *adj* ⇒desconcertante

bewitch /bɪ'wɪtʃ/ [bewitches] *v* [T] ⇒cautivar ⇒encantar ⇒hechizar ■ CONSTR. Se usa más en pasiva

beyond¹ UK: /bi'jɒnd/ US: /-'jɑːnd/ *prep* **1** ⇒más allá de **2** to be ~ *sb (inform) He's beyond me* - No puedo entenderlo

beyond² UK: /bi'jɒnd/ US: /-'jɑːnd/ *adv* ⇒más allá

† **bias** /'baɪ.əs/ [*pl* biasses] *n* [c, U] ⇒prejuicio ⇒parcialidad

biased /'baɪ.əst/ *adj* **1** ⇒parcial **2** to be ~ towards *sth* ⇒tener inclinación por algo

bib /bɪb/ *n* [c] ⇒babero

† **Bible** /'baɪ.bḷ/ *n* [c, NO PL] ⇒Biblia: *the Holy Bible* - la Santa Biblia

biblical /'bɪb.lɪ.kᵊl/ *adj* ⇒bíblico,ca

bibliography UK: /ˌbɪb.li'ɒg.rə.fi/ US: /-'ɑː.grə-/ [*pl* bibliographies] *n* [c] ⇒bibliografía

biceps /'baɪ.seps/ [*pl* biceps] *n* [c] ⇒bíceps

bicker UK: /'bɪk.ə'/ US: /-ɚ/ *v* [I] ⇒discutir por menudencias

bicycle /'baɪ.sɪ.kḷ/ *n* [c] ⇒bicicleta ■ Normalmente se usa bike

bid¹ /bɪd/ *n* [c] **1** ⇒oferta **2** *(en una subasta)* ⇒puja **3** ⇒intento ⇒conato **4** to make a ~ for *sth* ⇒intentar conseguir algo

bid², bid, bid (*tb* bade, bidden) /bɪd/ [bidding] *v* [T, I] **1** ⇒ofrecer ■ CONSTR. to bid + dos objetos **2** ⇒pujar

bidden past participle of **bid**

bide /baɪd/ to ~ *one's time* ⇒esperar el momento oportuno

biennial /baɪ'en.i.əl/ *adj* ⇒bienal

† **big¹** /bɪg/ *adj* [*comp* bigger, *superl* biggest] **1** ⇒grande ■ Ver cuadro grande (big / great) **2** ⇒importante: *a big decision* - una decisión importante

big² /bɪg/ *adv* [*comp* bigger, *superl* biggest] *(inform)* ⇒a lo grande

Bigfoot [*pl* bigfeet] *n* [c] ⇒yeti del noroeste de EE. UU. y oeste de Canadá

big-headed /ˌbɪg'hed.ɪd/ *adj* ⇒engreído,da

bigoted UK: /'bɪg.ə.tɪd/ US: /-ˤt̬ɪd/ *adj* ⇒intolerante

† **bike** /baɪk/ *n* [c] **1** *(inform)* ⇒bici **2** *(inform)* ⇒moto

biker UK: /'baɪ.kə'/ US: /-kɚ/ *n* [c] ⇒motociclista

bikini /bɪ'kiː.ni/ *n* [c] ⇒biquini: *bikini bottom* - parte de abajo del biquini; *bikini top* - parte de arriba del biquini

bilingual /baɪ'lɪŋ.gwᵊl/ *adj* ⇒bilingüe

bill /bɪl/ *n* [c, NO PL] **1** *UK (US check)* ⇒cuenta: *to pay the bill* - pagar la cuenta **2** ⇒factura **3** *(en derecho)* ⇒proyecto de ley **4** to {fill/fit} the ~ ⇒satisfacer los requisitos

billboard UK: /'bɪl.bɔːd/ US: /-bɔːrd/ *US (UK hoarding)* *n* [c] ⇒valla publicitaria

billiards UK: /'bɪl.i.ədz/ US: /'bɪl.jɚdz/ *n* [U] ⇒billar

billing /'bɪl.ɪŋ/ to give {star/top} ~ to *sb (en una película u obra de teatro)* ⇒encabezar el cartel

† **billion** /'bɪl.jən/ *n* [c] ⇒millardo ⇒mil millones ■ Distinto de trillion (billón). Anteriormente billion significaba one million million (billón)

† **bin** /bɪn/ *UK (US trash can)* *n* [c] **1** ⇒cubo de basura ⇒caneca *AMÉR.* **2** ⇒papelera

binary UK: /'baɪ.nᵊr.i/ US: /-nɚ-/ *adj* ⇒binario,ria: *binary code* - código binario

bind¹, bound, bound /baɪnd/ *v* [T] **1** ⇒atar: *They bound the package with string* - Ataron el paquete con una cuerda **2** ⇒encuadernar

bind² /baɪnd/ *n* [c] *(inform)* ⇒lata *col.*; ⇒rollo *col.*

binder UK: /'baɪn.də'/ US: /-dɚ/ *n* [c] ⇒carpeta: *ring binder* - carpeta de anillas ■ Distinto de carpet (alfombra)

binding¹ /'baɪn.dɪŋ/ *n* [c, U] **1** ⇒encuadernación **2** ⇒ribete

binding² /'baɪn.dɪŋ/ *adj* ⇒vinculante: *a binding obligation* - un compromiso vinculante

binge /bɪndʒ/ *n* [c] **1** *(inform)* ⇒comilona *col.* **2** *(inform)* ⇒borrachera *col.*

bingo UK: /'bɪŋ.gəʊ/ US: /-goʊ/ *n* [U] ⇒bingo: *to play bingo* - jugar al bingo

B

B

binoculars UK: /bɪˈnɒk.jʊ.ləz/ US: /-ˈnɑː.kjʊ.lɚz/ *n* [PL] ⇒prismáticos
biochemical UK: /ˌbaɪ.əʊˈkem.ɪ.kəl/ US: /-oʊ-/ *adj* ⇒bioquímico,ca
biochemistry UK: /ˌbaɪ.əʊˈkem.ɪ.stri/ US: /-oʊ-/ *n* [U] ⇒bioquímica
biodegradable UK: /ˌbaɪ.əʊ.dɪˈgreɪ.dɪ.bl̩/ US: /-oʊ-/ *adj* ⇒biodegradable
biodiversity UK: /ˌbaɪ.əʊ.daɪˈvɜː.sɪ.ti/ US: /-oʊ.dɪˈvɝː.sə.ˤt̬i/ *n* [U] ⇒biodiversidad
bioengineering *n* [U] ⇒bioingenería ■ PRON. *bi* se pronuncia como *by* y la *o* es larga, como en el término inglés *no*
biographer UK: /baɪˈɒg.rə.fəʳ/ US: /-ˈɑː.grə.fɚ/ *n* [C] ⇒biógrafo,fa
↑**biography** UK: /baɪˈɒg.rə.fi/ US: /-ˈɑː.grə-/ [*pl* biographies] *n* [C, U] ⇒biografía
biological UK: /ˌbaɪ.əˈlɒdʒ.ɪ.kəl/ US: /-ˈlɑː.dʒɪ-/ *adj* ⇒biológico,ca: *biological clock* - reloj biológico
biologist UK: /baɪˈɒl.ə.dʒɪst/ US: /-ˈɑː.lə-/ *n* [C] ⇒biólogo,ga
↑**biology** UK: /baɪˈɒl.ə.dʒi/ US: /-ˈɑː.lə-/ *n* [U] ⇒biología
biotechnology UK: /ˌbaɪ.əʊ.tekˈnɒl.ə.dʒi/ US: /-oʊ.tekˈnɑː.lə-/ *n* [U] ⇒biotecnología
birch UK: /bɜːtʃ/ US: /bɝːtʃ/ [*pl* birches] *n* [C] *(árbol)* ⇒abedul
↑**bird** UK: /bɜːd/ US: /bɝːd/ *n* [C] ⇒ave ⇒pájaro
biro® [*pl* biros] *UK n* [C] ⇒bolígrafo ⇒birome *AMÉR.*; ⇒esfero *AMÉR. col.*
↑**birth** UK: /bɜːθ/ US: /bɝːθ/ ▮ *n* [C, U] **1** ⇒nacimiento ⇒parto **2** ⇒natalidad ▮ *n* [NO PL] **3** ⇒cuna ⇒origen **4 to give ~** ⇒dar a luz: *She gave birth to a beautiful baby boy* - Dio a luz a un precioso niño
birth control *n* [U] **1** ⇒control de natalidad **2** ⇒método anticonceptivo
↑**birthday** UK: /ˈbɜː.θeɪ/ US: /ˈbɝː.θ-/ *n* [C] ⇒cumpleaños: *Happy birthday!* - ¡Feliz cumpleaños!; *When is your birthday?* - ¿Cuándo es tu cumpleaños?
birthmark UK: /ˈbɜːθ.mɑːk/ US: /ˈbɝːθ.mɑːrk/ *n* [C] ⇒mancha de nacimiento ⇒antojo
birthplace UK: /ˈbɜːθ.pleɪs/ US: /ˈbɝːθ-/ *n* [C] ⇒lugar de nacimiento
↑**biscuit** /ˈbɪs.kɪt/ *UK* (*US* **cookie**) *n* [C] ⇒galleta ⇒masita *AMÉR.* ■ PRON. La parte final, *cuit*, se pronuncia como *kit*
bisexual /baɪˈsek.sju.əl/ *adj, n* [C] ⇒bisexual
↑**bishop** /ˈbɪʃ.əp/ *n* [C] **1** ⇒obispo **2** *(en ajedrez)* ⇒alfil
bison /ˈbaɪ.sən/ [*pl* bison] *n* [C] *(animal)* ⇒bisonte ■ PRON. La parte inicial se pronuncia como *bye*
↑**bit¹** /bɪt/ *n* [C] **1** ⇒trozo: *small bits of broken glass* - trozos pequeños de cristal roto **2** *(en informática)* ⇒bit **3** *(para un caballo)* ⇒bocado ⇒freno **4 a ~ 1** ⇒un poco: *I'm a bit tired* - Estoy un poco cansado; *Could I have a bit more soup, please?* - ¿Podría tomar un poco más de sopa, por favor? **2** *(inform)* ⇒un rato ⇒un periquete *col.* **5 a ~ much** *(inform)* ⇒demasiado **6 ~ by ~** ⇒poco a poco **7 bits and pieces** *(inform) I could only find bits and pieces of information* - Sólo pude encontrar información suelta **8 not {a/one} ~** ⇒en absoluto
bit² /bɪt/ past tense of **bite**
bitch /bɪtʃ/ [*pl* bitches] *n* [C] **1** *(animal doméstico)* ⇒perra **2** *(very inform, offens)* ⇒zorra *vulg. desp.*
↑**bite¹, bit, bitten** /baɪt/ [biting] *v* [T, I] **1** ⇒morder **2** ⇒picar: *Mosquitoes bit his arm* - Los mosquitos le picaron en el brazo
bite² /baɪt/ *n* [C] **1** *(de insecto)* ⇒picadura **2** *(de mamífero, reptil o pez)* ⇒mordedura **3** *(comida)* ⇒bocado
bitten /ˈbɪt.ən/ past participle of **bite**
bitter¹ UK: /ˈbɪt.əʳ/ US: /ˈbɪˤt̬.ɚ/ *adj* **1** *(de sabor)* ⇒amargo,ga **2** ⇒enfadado,da ⇒amargado,da **3** ⇒glacial ⇒gélido,da
bitter² UK: /ˈbɪt.əʳ/ US: /ˈbɪˤt̬.ɚ/ *UK n* [U] ⇒cerveza tostada ⇒cerveza amarga
bitterly UK: /ˈbɪt.ə.li/ US: /ˈbɪˤt̬.ɚ-/ *adv* ⇒con amargura
↑**bizarre** UK: /bɪˈzɑːʳ/ US: /-ˈzɑːr/ *adj* ⇒extraño,ña ■ Distinto de *courageous* (bizarro)
↑**black¹** /blæk/ *adj* **1** ⇒negro,gra: *jet black* - negro azabache **2** ⇒malo,la ⇒oscuro,ra
↑**black²** /blæk/ *n* [C] *(color)* ⇒negro
↑**black³** /blæk/
PHRASAL VERBS
· **to black out** *(inform)* ⇒perder el conocimiento ⇒desmayarse
blackberry UK: /ˈblæk.bəʳr.i/ US: /-ber-/ [*pl* blackberries] *n* [C] **1** *(fruta)* ⇒mora **2** *(planta)* ⇒zarzamora
blackbird UK: /ˈblæk.bɜːd/ US: /-bɝːd/ *n* [C] *(ave)* ⇒mirlo
↑**blackboard** UK: /ˈblæk.bɔːd/ US: /-bɔːrd/ (*US tb* **chalkboard**) *n* [C] ⇒pizarra
blackcurrant UK: /ˌblækˈkʌr.ənt/ US: /ˈblæk.kɝː-/ *n* [C] *(fruta)* ⇒grosella negra
blacken /ˈblæk.ən/ ▮ *v* [T, I] **1** ⇒ennegrecer(se): *The fire has blackened the walls* - El fuego ha ennegrecido las paredes ▮ *v* [T] **2** ⇒manchar ⇒mancillar
blacklist¹ /ˈblæk.lɪst/ *n* [C] ⇒lista negra: *to be on a blacklist* - figurar en una lista negra
blacklist² /ˈblæk.lɪst/ *v* [T] ⇒poner en la lista negra: *He has been blacklisted* - Lo han puesto en la lista negra ■ CONSTR. Se usa más en pasiva

blackmail[1] /'blæk.meɪl/ *n* [U] ⇒chantaje: *It's emotional blackmail* - Es un chantaje emocional

blackmail[2] /'blæk.meɪl/ *v* [T] ⇒chantajear: *He was blackmailed by the mafia* - La mafia lo estaba chantajeando

blackness *n* [U] ⇒negrura ⇒negror

blacksmith /'blæk.smɪθ/ *n* [C] ⇒herrero,ra

bladder UK: /'blæd.əʳ/ US: /-ə/ *n* [C] *(en anatomía)* ⇒vejiga

[†] **blade** /bleɪd/ *n* [C] **1** *(de un cuchillo)* ⇒hoja ⇒filo **2** *(de un ventilador)* ⇒aspa **3** *(remo)* ⇒pala **4** *(hierba)* ⇒brizna

[†] **blame**[1] /bleɪm/ [blamed, blaming] *v* [T] **1** ⇒culpar: *Don't blame me!* - ¡No me eches la culpa!; *to blame oneself* - culparse a sí mismo **2** to be to ~ **(for sth)** ⇒tener la culpa de algo

[†] **blame**[2] /bleɪm/ *n* [U] ⇒culpa: *to put the blame on sb* - echar la culpa a alguien

bland /blænd/ *adj* ⇒soso,a ⇒insípido,da ⇒insulso,sa ■ Distinto de *soft* (blando)

blank[1] /blæŋk/ *adj* **1** ⇒en blanco: *a blank sheet of paper* - una hoja en blanco; *My mind went blank* - Se me quedó la mente en blanco **2** *(una pantalla, una pared)* ⇒vacío,a **3** *(una cara, una expresión)* ⇒impasible **4** ⇒perdido,da ⇒vacío,a ⇒inexpresivo,va **5** *(una sensación)* ⇒vacío,a **6** ~ **cartridge** ⇒cartucho de fogueo

blank[2] /blæŋk/ *n* [C] **1** *(en un formulario)* ⇒espacio en blanco **2** ⇒bala de fogueo

blanket[1] /'blæŋ.kɪt/ *n* [C] ⇒manta ⇒cobija *AMÉR.;* ⇒frazada *AMÉR.*

blanket[2] /'blæŋ.kɪt/ *v* [T] *(lit)* ⇒cubrir

blanket[3] /'blæŋ.kɪt/ *adj* ⇒general ⇒completo,ta

blare UK: /bleəʳ/ US: /bler/ [blared, blaring] *v* [I] ⇒sonar a todo volumen

blasphemy /'blæs.fə.mi/ [*pl* blasphemies] *n* [C, U] ⇒blasfemia

blast[1] UK: /blɑːst/ US: /blæst/ *n* [C] **1** ⇒ráfaga: *a blast of wind* - una ráfaga de viento **2** *(de agua)* ⇒explosión ⇒chorro

blast[2] UK: /blɑːst/ US: /blæst/ *v* [T, I] ⇒destruir [con explosivos]

blast-off UK: /'blɑːst.ɒf/ US: /'blæst.ɑːf/ *n* [U] ⇒lanzamiento [de una nave espacial]

blatant /'bleɪ.tʰnt/ *adj* ⇒descarado,da ⇒flagrante

blaze[1] /bleɪz/ [blazed, blazing] *v* [I] **1** ⇒arder: *The logs blazed in the fireplace* - Los troncos ardían en la chimenea **2** ⇒brillar

blaze[2] /bleɪz/ *n* [C] **1** ⇒incendio ⇒hoguera **2** a ~ **of glory** ⇒un momento de gloria

blazer UK: /'bleɪ.zəʳ/ US: /-zə/ *n* [C] *(prenda de vestir)* ⇒blazer ⇒americana

bleach[1] /bliːtʃ/ *n* [U] ⇒lejía ⇒lavandina *AMÉR.*

bleach[2] /bliːtʃ/ *v* [T] **1** ⇒lavar con lejía ⇒blanquear **2** ⇒aclarar: *The sun has bleached my hair* - El sol me ha aclarado el pelo

bleak /bliːk/ *adj* **1** *(un clima)* ⇒inhóspito,ta ⇒desapacible ⇒crudo,da **2** *(un lugar)* ⇒desolado,da **3** *(una situación)* ⇒desolador,-a ⇒nada prometedor,-a

bleat /bliːt/ *v* [I] ⇒balar

bled past tense and past participle forms of **bleed**

[†] **bleed**, bled, bled /bliːd/ *v* [I] ⇒sangrar: *My hand is bleeding* - Me sangra la mano

bleep[1] /bliːp/ *n* [C] ⇒pitido

bleep[2] /bliːp/ *v* [I] *(un aparato electrónico)* ⇒dar pitidos ⇒llamar

blemish /'blem.ɪʃ/ *n* [C, U] ⇒tacha ⇒mancha

blend[1] /blend/ ■ *v* [T] **1** ⇒mezclar ■ *v* [T, I] **2** ⇒combinarse

PHRASAL VERBS
· **to blend into sth** ⇒integrarse en algo
└ **to blend in (with sth/sb)** ⇒armonizar

blend[2] /blend/ *n* [C] ⇒mezcla: *a blend of tea* - un té de mezcla

blender UK: /'blen.dəʳ/ US: /-də/ *n* [C] ⇒licuadora

[†] **bless**, blest, blest *(tb* blessed, blessed*)* /bles/ [blesses] *v* [T] **1** ⇒bendecir: *to bless sb* - bendecir a alguien ■ Se usan más las formas regulares del pasado y del participio **2** ~ **you!** *(para un estornudo)* ⇒¡Jesús! **3** to be blessed with sth ⇒gozar de algo

blessed /blest/, /'bles.ɪd/ *adj* **1** ⇒bendito,ta **2** ⇒dotado,da: *He's blessed with good qualities* - Está dotado de buenas cualidades **3** *(en religión)* ⇒santísimo,ma

blessing /'bles.ɪŋ/ *n* [C, U] **1** *(en religión)* ⇒bendición **2** ⇒visto bueno **3** to be a ~ **in disguise** ⇒no hay mal que por bien no venga

blest past tense and past participle forms of **bless**

blew /bluː/ past tense of **blow**

[†] **blind**[1] /blaɪnd/ *adj* ⇒ciego,ga: *a blind date* - una cita a ciegas

blind[2] /blaɪnd/ *v* [T] ⇒deslumbrar ⇒cegar

blind[3] /blaɪnd/ *n* [C] **1** ⇒persiana: *to raise the blinds* - subir las persianas; *to lower the blinds* - bajar las persianas **2** *US (UK* hide*)* ⇒observatorio [de animales]

blindfold[1] UK: /'blaɪnd.fəʊld/ US: /-foʊld/ *n* [C] *(para los ojos)* ⇒venda

blindfold[2] UK: /'blaɪnd.fəʊld/ US: /-foʊld/ *v* [T] ⇒vendar los ojos

blinding /'blaɪn.dɪŋ/ *adj* **1** *(una luz)* ⇒cegador,-a **2** a ~ **headache** ⇒un dolor de cabeza terrible

blind spot *n* [C] **1** ⇒punto débil **2** *(en la conducción)* ⇒ángulo muerto

blink[1] /blɪŋk/ ■ *v* [T, I] **1** ⇒parpadear ■ *v* [I] **2** ⇒centellear ⇒titilar

blink² /blɪŋk/ n [C] ⇒parpadeo

blip /blɪp/ n [C] **1** ⇒pitido **2** *(en un radar)* ⇒señal luminosa

bliss /blɪs/ n [U] ⇒dicha ⇒felicidad

blister UK: /'blɪs.tə²/ US: /-tə/ n [C] *(en la piel)* ⇒ampolla

blistering UK: /'blɪs.tər.ɪŋ/ US: /-tə-/ adj **1** ⇒abrasador,-a **2** ⇒mordaz ⇒feroz **3** *(en deportes)* ⇒arrollador,-a **4** *(velocidad)* ⇒vertiginoso,sa

blitz /blɪts/ n [C] ⇒campaña intensiva

blizzard UK: /'blɪz.əd/ US: /-əd/ n [C] ⇒ventisca

bloated UK: /'bləʊ.tɪd/ US: /'bloʊ.ˤt̬ɪd/ adj ⇒hinchado,da: *His belly was bloated from drinking* - Después de beber, tenía la barriga hinchada

blob UK: /blɒb/ US: /blɑːb/ n [C] **1** ⇒gota gorda: *a blob of glue* - una gota gorda de pegamento **2** ⇒mancha

bloc UK: /blɒk/ US: /blɑːk/ n [C] ⇒bloque [de países]

block¹ UK: /blɒk/ US: /blɑːk/ n [C] **1** ⇒bloque: *a block of concrete* - un bloque de hormigón **2** *(de edificios)* ⇒bloque ⇒manzana ⇒cuadra *AMÉR.* **3** ⇒obstáculo ⇒impedimento

↑ **block²** UK: /blɒk/ US: /blɑːk/ v [T] **1** ⇒bloquear ⇒obstruir **2** ⇒tapar **3** ⇒impedir **4** *(en deportes)* ⇒parar

blockade¹ UK: /blɒk'eɪd/ US: /blɑːˈkeɪd/ n [C] *(militar o de comercio)* ⇒bloqueo

blockade² UK: /blɒk'eɪd/ US: /blɑːˈkeɪd/ [blockaded, blockading] v [T] ⇒bloquear

blockage UK: /'blɒk.ɪdʒ/ US: /'blɑː.kɪdʒ/ n [C, U] ⇒obstrucción ⇒atasco

blockbuster UK: /'blɒk,bʌs.tə²/ US: /'blɑːk,bʌs.tə/ n [C] **1** *(inform)* ⇒éxito de taquilla **2** *(inform)* *(para libros)* ⇒gran éxito de ventas **3** *(un producto)* ⇒gran éxito de ventas

block capitals n [PL] ⇒letras mayúsculas

block of flats [pl blocks of flats] *UK* n [C] ⇒bloque de pisos

blog UK: /blɒg/ US: /blɑːg/ n [C] *(en internet)* ⇒cuaderno de bitácora ⇒blog

↑ **bloke** UK: /bləʊk/ US: /bloʊk/ *UK* n [C] *(inform)* ⇒tío *col.;* ⇒tipo *col.* ■ Se emplea únicamente con hombres

blond adj See **blonde**

↑ **blonde** UK: /blɒnd/ US: /blɑːnd/ adj, n [C] ⇒rubio,bia ⇒güero,ra *AMÉR.*

↑ **blood** /blʌd/ n [U] ⇒sangre: *a blood test* - un análisis de sangre; *a blood donor* - un donante de sangre; *blood group* - grupo sanguíneo ■ PRON. La doble vocal se pronuncia como la *u* en el término inglés *sun*

blood pressure n [U] *(en medicina)* ⇒tensión arterial

bloodshed /'blʌd.ʃed/ n [U] ⇒derramamiento de sangre

bloodshot UK: /'blʌd.ʃɒt/ US: /-ʃɑːt/ adj *(un ojo)* ⇒inyectado,da en sangre ⇒rojo,ja

bloodstained /'blʌd.steɪnd/ adj ⇒manchado,da de sangre

bloodstream /'blʌd.striːm/ n [NO PL] **1** ⇒corriente sanguínea ⇒flujo sanguíneo **2** *injected directly into the bloodstream* - inyectado directamente en la sangre ■ PRON. La doble vocal se pronuncia como la *u* en el término inglés *sun*

bloodthirsty UK: /'blʌd,θɜː.sti/ US: /-,θɝː-/ adj [comp bloodthirstier, superl bloodthirstiest] **1** ⇒sanguinario,ria ⇒ávido,da de sangre **2** ⇒sangriento,ta: *a bloodthirsty film* - una película sangrienta

↑ **bloody** /'blʌd.i/ adj [comp bloodier, superl bloodiest] **1** ⇒sangriento,ta: *a bloody battle* - una batalla sangrienta **2** *UK (very inform)* ⇒maldito,ta *col.;* ⇒puñetero,ra *col.* ■ PRON. La doble vocal se pronuncia como la *u* en el término inglés *sun*

bloom¹ /bluːm/ v [I] ⇒florecer: *The roses are blooming* - Las rosas están floreciendo

bloom² /bluːm/ n [C] ⇒flor

blossom¹ UK: /'blɒs.əm/ US: /'blɑː.s[ə]m/ v [I] ⇒florecer

blossom² UK: /'blɒs.əm/ US: /'blɑː.s[ə]m/ n [C, U] ⇒flor [de un árbol frutal]

blot¹ UK: /blɒt/ US: /blɑːt/ [botted, blotting] v [T] **1** ⇒secar [con papel o tela] **2** *(un papel)* ⇒emborronar

|PHRASAL VERBS
| · **to blot** *sth* **out 1** ⇒tapar algo **2** ⇒borrar algo de la mente

blot² UK: /blɒt/ US: /blɑːt/ n [C] **1** ⇒mancha: *a blot on sb's reputation* - una mancha en la reputación de alguien **2** ⇒borrón [de tinta]

blotch UK: /blɒtʃ/ US: /blɑːtʃ/ [pl blotches] n [C] *(en la piel)* ⇒mancha

blouse UK: /blaʊz/ US: /blaʊs/ n [C] ⇒blusa

↑ **blow¹**, blew, blown UK: /bləʊ/ US: /bloʊ/ v [I] **1** ⇒soplar: *The wind is blowing hard today* - El viento sopla muy fuerte hoy **2** *(un silbato)* ⇒tocar **3** to ~ a {fuse/gasket} *(inform, old-fash)* ⇒ponerse hecho,cha una fiera **4** to ~ one's nose ⇒sonarse: *Take this handkerchief and blow your nose* - Coge este pañuelo y suénate

|PHRASAL VERBS
| · **to blow** *sth* **away** [M] *(el viento, el aire)* ⇒llevarse algo
| · **to blow** *sth* **down** [M] *(el viento)* ⇒derribar
| · **to blow** *sth* **out** [M] ⇒apagar algo [con aire]: *to blow a candle out* - apagar una vela
| · **to blow over 1** ⇒ser derribado,da [por el viento] **2** *(una tormenta)* ⇒pasar **3** *(un escándalo)* ⇒olvidarse
| · **to blow up (at** *sb***)** *(inform)* ⇒ponerse hecho,cha una furia con alguien

blow² UK: /bləʊ/ US: /bloʊ/ *n* [c] **1** ⇨golpe: *a low blow* - un golpe bajo **2 to come to blows (over sth)** ⇨llegar a las manos [por algo]

blown UK: /bləʊn/ US: /bloʊn/ past participle of **blow**

† **blue¹** /bluː/ *adj* **1** *(color)* ⇨azul **2** *(relacionado con el sexo)* ⇨verde ⇨porno **3** *(inform)* ⇨triste: *I feel blue* - Me siento triste

† **blue²** /bluː/ *n* [c, u] **1** ⇨azul: *light blue and dark blue* - azul claro y azul oscuro **2 out of the ~** *(inform)* ⇨de repente ⇨inesperadamente

blueberry /'bluːˌbˢr.i/, /-ˌber-/ [*pl* blueberries] *n* [c] *(fruta)* ⇨arándano

blue-collar UK: /ˌbluː'kɒl.əˢ/ US: /-'kɑː.lə/ *adj (un trabajador)* ⇨que emplea la fuerza física en su trabajo

blue-eyed boy UK (US **fair-haired boy**) *n* [c] *(inform)* ⇨niño mimado

blueprint /'bluːˌprɪnt/ *n* [c] **1** ⇨programa ⇨proyecto **2** *(en arquitectura)* ⇨primer proyecto ⇨anteproyecto

bluff¹ /blʌf/ *v* [T, I] **1** ⇨tirarse un farol *col.;* ⇨engañar **2** ⇨fingir ⇨vacilar *col.*

bluff² /blʌf/ *n* [c, u] ⇨mentira ⇨farol *col.;* ⇨engaño

blunder¹ UK: /'blʌn.dəˢ/ US: /-də/ *n* [c] ⇨metedura de pata *col.;* ⇨metida de pata *AMÉR. col.;* ⇨error

blunder² UK: /'blʌn.dəˢ/ US: /-də/ *v* [I] **1** ⇨meter la pata *col.: I blundered telling her the secret* - Metí la pata al contarle el secreto **2** ⇨precipitarse: *The country is blundering towards a crisis* - El país se precipita hacia la crisis

blunt /blʌnt/ *adj* **1** ⇨desafilado,da ⇨romo,ma **2** ⇨directo,ta ⇨brusco,ca

blur UK: /blɜːˢ/ US: /blɜː/ [blurred, blurring] ■ *v* [T, I] **1** *(una imagen)* ⇨desdibujarse ⇨hacerse borroso,sa **2** *(una diferencia)* ⇨atenuarse ■ *v* [T] **3** ⇨empañar: *Tears blurred his eyes* - Las lágrimas empañaban sus ojos

blurred UK: /blɜːd/ US: /blɜːd/ *adj* **1** ⇨borroso,sa ⇨difuso,sa ⇨desenfocado,da **2** *(un recuerdo)* ⇨vago,ga ⇨borroso,sa ■ PRON. La e no se pronuncia

blurt UK: /blɜːt/ US: /blɜːt/ (*tb* blurt out) *v* [T] ⇨soltar ⇨espetar

† **blush¹** /blʌʃ/ [blushes] *v* [I] ⇨ruborizarse ⇨ponerse rojo,ja

† **blush²** /blʌʃ/ *US n* [c] See **blusher**

blusher UK: /'blʌʃ.əˢ/ US: /-ə/ UK (US **blush**) *n* [c, u] *(maquillaje)* ⇨colorete

boar UK: /bɔːˢ/ US: /bɔːr/ [*pl* boar, boars] *n* [c] **1** *(animal)* ⇨verraco **2** wild ~ ⇨jabalí

board¹ UK: /bɔːd/ US: /bɔːrd/ *n* [c] **1** ⇨tabla ⇨tablón **2** ⇨pizarra **3** (*tb* board of directors) ⇨junta directiva ⇨consejo de administración ■ Por ser

un nombre colectivo se puede usar con el verbo en singular o en plural **4** *(de un juego)* ⇨tablero **5** *(en hotel o pensión)* ⇨comida **6** above ~ ⇨ilícito,ta ⇨ilegal **7** across ~ ⇨en todos los niveles **8** on ~ ⇨**1** *(en un avión o embarcación)* ⇨a bordo de **2** *(en un tren)* ⇨dentro de ■ Incorrecto: no se usa con la preposición *of*

board² UK: /bɔːd/ US: /bɔːrd/ *v* [T, I] **1** *(a un avión o embarcación)* ⇨embarcar ⇨subir a bordo **2** *(a un tren)* ⇨subir **3** ⇨hospedar

| PHRASAL VERBS
· **to board sth up** [M] *(una puerta, una venta-
└ na)* ⇨tapar con tablas

boarder UK: /'bɔː.dəˢ/ US: /'bɔːr.də/ *n* [c] **1** UK *(un alumno)* ⇨interno,na **2** US (UK **lodger**) *(de una casa particular)* ⇨huésped,-a

boarding school *n* [c] ⇨internado: *to attend a boarding school* - ir a un internado

boast¹ UK: /bəʊst/ US: /boʊst/ *v* [T, I] **1** ⇨fanfarronear ⇨jactarse ⇨presumir ■ CONSTR. 1. to boast + that 2. to boast about sth/sb **2** *(form)* ⇨gozar de ⇨contar con

boast² UK: /bəʊst/ US: /boʊst/ *n* [c] ⇨fanfarronada ⇨alarde

boastful UK: /'bəʊst.fˢl/ US: /'boʊst-/ *adj (al hablar)* ⇨presuntuoso,sa ⇨presumido,da ⇨fanfarrón,-a *col.*

† **boat** UK: /bəʊt/ US: /boʊt/ *n* [c] ⇨bote ⇨barca ⇨barco ⇨buque ■ Se usa con embarcaciones pequeñas y, coloquialmente, con todas. Comparar con *ship*

boating UK: /'bəʊ.tɪŋ/ US: /'boʊ.ˢtɪŋ/ *n* [u] ⇨paseo en barca: *to go boating* - ir de paseo en barca

bob¹ UK: /bɒb/ US: /bɑːb/ [bobbed, bobbing] *v* [T] ⇨flotar [en el agua meciéndose con las olas]

| PHRASAL VERBS
└ **to bob up** ⇨aparecer ⇨surgir

bob² UK: /bɒb/ US: /bɑːb/ *n* [c] **1** *(inform)* ⇨chelín **2** ⇨pelo a lo garçon ■ Se emplea únicamente con mujeres

bobby UK: /'bɒb.i/ US: /'bɑː.bi/ [*pl* bobbies] UK *n* [c] *(inform)* ⇨poli *col.*

bode UK: /bəʊd/ US: /boʊd/ [boded, boding] ■ *v* [T, I] *(lit)* ⇨augurar ⇨auspiciar

bodily¹ UK: /'bɒd.ɪ.li/ US: /'bɑː.dɪ-/ *adj* ⇨corporal ⇨fisiológico,ca

bodily² UK: /'bɒd.ɪ.li/ US: /'bɑː.dɪ-/ *adv* **1** ⇨en persona **2** *(con los brazos)* ⇨a la fuerza **3** ⇨en conjunto

† **body** UK: /'bɒd.i/ US: /'bɑː.di/ [*pl* bodies] *n* [c] **1** ⇨cuerpo: *a healthy body* - un cuerpo sano **2** ⇨cadáver **3** ⇨grupo ⇨organismo **4** ⇨en conjunto **5 ~ and soul** ⇨en cuerpo y alma

bodybuilding UK: /'bɒd.iˌbɪl.dɪŋ/ US: /'bɑː.di-/ *n* [u] ⇨culturismo

B ▬

bodyguard

B

bodyguard UK: /'bɒd.i.gɑːd/ US: /'bɑː.di.gɑːrd/ n [C] ⇒guardaespaldas ⇒guardia personal ■ Se puede usar con el verbo en singular o en plural

bog¹ UK: /bɒg/ US: /bɑːg/ n [C] **1** ⇒ciénaga **2** (very inform) ⇒váter col.; ⇒meadero vulg.

bog² UK: /bɒg/ US: /bɑːg/ [bogged, bogging]
| PHRASAL VERBS
| · **to be bogged down** ⇒estancar(se) ⇒empantanarse ⇒atascarse

bogus UK: /'bəʊ.gəs/ US: /'boʊ-/ adj ⇒fraudulento,ta ⇒falso,sa

boil UK: /bɔɪl/ v [T, I] **1** ⇒hervir: Water boils at 100°C - El agua hierve a cien grados **2** ⇒cocer
| PHRASAL VERBS
| · **to boil down sth** ⇒reducirse a algo
| · **to boil over** ⇒salirse [por el calor]: The milk is boiling over! - ¡Se está saliendo la leche!

boiler UK: /'bɔɪ.ləʳ/ US: /-lɚ/ n [C] **1** ⇒caldera ⇒calentador [de agua] **2** (en una embarcación) ⇒calderas

boiling adj **1** (inform) (el tiempo, el día) ⇒muy caliente ⇒asfixiante **2** It's boiling! - ¡Me aso!

boiling point n [U] ⇒punto de ebullición

boisterous UK: /'bɔɪ.stᵊr.əs/ US: /-stɚ-/ adj ⇒bullicioso,sa ⇒escandaloso,sa ⇒alborotado,da

bold UK: /bəʊld/ US: /boʊld/ adj **1** ⇒audaz ⇒valiente **2** ⇒descarado,da ⇒atrevido,da **3** ⇒bien definido,da ⇒marcado,da **4** ⇒llamativo,va **5** to {be/make} so ~ (as to do sth) (form) ⇒atreverse a hacer algo

Bolivia n [U] ⇒Bolivia

Bolivian adj, n [C] ⇒boliviano,na

bolster UK: /'bəʊl.stəʳ/ US: /'boʊl.stɚ/ v [T] **1** (la moral) ⇒levantar **2** (una industria) ⇒impulsar **3** (una imagen, un argumento) ⇒reforzar

bolt UK: /bəʊlt/ US: /boʊlt/ n [C] **1** (de una puerta, ventana) ⇒cerrojo **2** ⇒perno ⇒tornillo **3** ⇒rayo ⇒relámpago

bomb¹ UK: /bɒm/ US: /bɑːm/ n [C] **1** ⇒bomba [explosiva]: a bomb alert - un aviso de bomba **2** to go little a ~ ⇒ir como un rayo ■ PRON. No se pronuncia la b final

bomb² UK: /bɒm/ US: /bɑːm/ v [T] ⇒bombardear

bombard UK: /bɒm'bɑːd/ US: /bɑːm'bɑːrd/ v [T] **1** ⇒bombardear [con bombas] **2** ⇒acosar ⇒bombardear

bomber UK: /'bɒm.əʳ/ US: /'bɑː.mɚ/ n [C] **1** (avión) ⇒bombardero **2** ⇒persona que pone bombas

bombshell UK: /'bɒm.ʃel/ US: /'bɑːm-/ n [C] **1** (inform) ⇒notición ⇒bombazo col. **2** ⇒mujer despampanante

bond¹ UK: /bɒnd/ US: /bɑːnd/ n [C] **1** ⇒lazo ⇒vínculo **2** ⇒pacto **3** (en economía) ⇒bono

bond² UK: /bɒnd/ US: /bɑːnd/ ■ v [T, I] **1** ⇒unir(se) ⇒adherir(se) ■ v [I] ⇒establecer lazos afectivos

bonds UK: /bɒndz/ US: /bɑːndz/ n [PL] ⇒ataduras ⇒cadenas

bone UK: /bəʊn/ US: /boʊn/ n [C, U] **1** (del cuerpo) ⇒hueso **2** (de la carne) ⇒hueso **3** (del pescado) ⇒espina **4** to have a ~ to pick with sb (inform) ⇒tener que arreglar cuentas con alguien: I have a bone to pick with you - Tú y yo tenemos que arreglar cuentas

bone marrow n [U] (en anatomía) ⇒médula ósea

bonfire UK: /'bɒn.faɪəʳ/ US: /'bɑːn.faɪr/ n [C] ⇒hoguera: to make a bonfire - encender una hoguera

bonnet UK: /'bɒn.ɪt/ US: /'bɑː.nɪt/ n [C] **1** UK (US hood) (en un vehículo) ⇒capó **2** (de señora) ⇒sombrero **3** (de bebé) ⇒gorro

bonus UK: /'bəʊ.nəs/ US: /'boʊ-/ [pl bonuses] n [C] (paga) ⇒extra ⇒prima ⇒plus

bony UK: /'bəʊ.ni/ US: /'boʊ-/ adj [comp bonier, superl boniest] ⇒huesudo,da ⇒óseo,a

boo¹ /buː/ v [T, I] ⇒abuchear: The spectators booed the players - El público abucheó a los jugadores

boo² /buː/ n [C] ⇒abucheo

boob /buːb/ n [C] **1** (inform) ⇒teta col. **2** (inform) ⇒metedura de pata col.; ⇒metida de pata AMÉR. col. **3** (inform) ⇒tonto,ta desp.; ⇒bobo,ba desp.

booby prize n [C] (en una competición) ⇒premio de consolación al último clasificado

book¹ /bʊk/ n [C] **1** ⇒libro **2** ⇒libreto **3** to be in sb's bad books ⇒estar en la lista negra de alguien **4** to be in sb's good books ⇒gozar del favor de alguien

book² /bʊk/ ■ v [T, I] **1** ⇒reservar ■ v [T] **2** UK (en deportes) ⇒amonestar **3** ⇒contratar **4** (inform) (la policía) ⇒fichar **5** to be booked up **1** ⇒estar sin plazas **2** (inform) ⇒estar ocupado,da
| PHRASAL VERBS
| · **to book in** (en un hotel) ⇒registrar(se)

bookcase /'bʊk.keɪs/ n [C] ⇒estantería ⇒librería

booking /'bʊk.ɪŋ/ n [C] UK **1** ⇒reserva: booking fee - suplemento por hacer la reserva **2** UK (en deportes) ⇒amonestación

booklet /'bʊk.lət/ n [C] ⇒folleto

bookmaker UK: /'bʊkˌmeɪ.kəʳ/ US: /-kɚ/ n [C] ⇒corredor,-a de apuestas

bookmark¹ UK: /'bʊk.mɑːk/ US: /'bʊk.mɑːrk/ US: /-mɑːrk/ n [C] **1** ⇒marcapáginas **2** (en internet) ⇒favorito

bookmark² UK: /'bʊk.mɑːk/ US: /'bʊk.mɑːrk/ /-mɑːrk/ v [T] (en internet) ⇒añadir a la lista de favoritos

bookseller UK: /'bʊkˌsel.əʳ/ US: /-ɚ/ n [C] ⇒librero,ra

bookshelf /'bʊk.ʃelf/ [pl bookshelves] n [C] ⇒estante [para libros]

B =

† **bookshop** UK:/ˈbʊk.ʃɒp/ US:/-ʃɑːp/ *UK* (*US* bookstore) *n* [c] *(establecimiento)* ⇒librería

boom¹ /buːm/ *n* [c, u] **1** ⇒estruendo **2** ⇒boom

boom² /buːm/ *v* [i] ⇒retumbar ⇒tronar ⇒resonar

boomerang /ˈbuː.mə.ræŋ/ *n* [c] ⇒bumerán

boost¹ /buːst/ *n* [c] **1** ⇒estímulo [positivo] ⇒impulso ⇒empujón **2** ⇒aumento

boost² /buːst/ *v* [t] **1** *(ventas, beneficios)* ⇒dar un empujón a ⇒estimular ⇒impulsar ⇒disparar **2** ⇒aumentar ⇒alentar

boot¹ /buːt/ *n* [c] **1** ⇒bota **2** *UK* (*US* trunk) ⇒maletero ⇒baúl *AMÉR.;* ⇒cajuela *AMÉR.*

boot² /buːt/ *v* [t] **1** ⇒dar una patada **2** to ~ *sth* (up) *(en informática)* ⇒arrancar algo ⇒iniciar algo

| PHRASAL VERBS
· **to boot** *sb* **out** *(inform)* ⇒poner a alguien de patitas en la calle *col.*

booth UK:/buːð/ US:/buːθ/ *n* [c] **1** ⇒cabina: *a telephone booth* - una cabina de teléfono **2** *(en una feria)* ⇒caseta

booze¹ /buːz/ *n* [u] *(inform)* ⇒bebida alcohólica

booze² /buːz/ [boozed, boozing] *v* [i] **1** *(inform)* *(alcohol)* ⇒soplar *col.;* ⇒pimplar *col.;* ⇒beber **2** *to go out boozing* - salir de copas

† **border**¹ UK:/ˈbɔː.də⁄/ US:/ˈbɔːr.də⁄ *n* [c] **1** ⇒frontera: *the border between the two countries* - la frontera entre los dos países **2** ⇒borde

border² UK:/ˈbɔː.də⁄/ US:/ˈbɔːr.də⁄ *v* [t, i] ⇒limitar ⇒lindar

| PHRASAL VERBS
└ **to border on** *sth* ⇒rayar en algo

borderline¹ UK: /ˈbɔː.də.laɪn/ US: /ˈbɔːr.də-/ *adj* ⇒dudoso,sa: *a borderline case* - un caso dudoso

borderline² UK: /ˈbɔː.də.laɪn/ US: /ˈbɔːr.də-/ *n* [NO PL] ⇒línea divisoria ⇒límite

bore¹ UK:/bɔː/ US:/bɔːr/ [bored, boring] ∎ **1** past tense of **bear** ∎ *v* [t] **2** ⇒aburrir

bore² UK:/bɔː/ US:/bɔːr/ ∎ *n* [NO PL] **1** *(inform)* ⇒pesadez ⇒rollo *col.* ∎ *n* [c] **2** *(inform)* ⇒pelmazo,za *col.;* ⇒pesado,da

bored UK:/bɔːd/ US:/bɔːrd/ *adj* ⇒aburrido,da: *to be bored stiff* - aburrirse como una ostra ∎ PRON. No se pronuncia la e ∎ Ver cuadro adjetivos terminados en "-ed" / "-ing": excited / exciting

boredom UK:/ˈbɔː.dəm/ US:/ˈbɔːr-/ *n* [u] ⇒aburrimiento

boring UK:/ˈbɔː.rɪŋ/ US:/ˈbɔːr.ɪŋ/ *adj* ⇒aburrido,da: *The film was really boring* - La película era muy aburrida; *a boring speech* - un discurso aburrido ∎ Distinto de *to be bored* (estar aburrido) ∎ Ver cuadro adjetivos terminados en "-ed" / "-ing": excited / exciting

† **born**¹ UK:/bɔːn/ US:/bɔːrn/ *to be* ~ ⇒nacer: *I was born in 1977* - Nací en 1977

born² UK:/bɔːn/ US:/bɔːrn/ *adj* **1** ⇒nato,ta: *She's a born artist* - Es una artista nata **2** ⇒nacido,da ∎ CONSTR. Se usa detrás de un verbo

borne UK:/bɔːn/ US:/bɔːrn/ past participle of **bear**

borough UK:/ˈbʌr.ə/ US:/ˈbɜː.oʊ/ *n* [c] **1** ⇒municipio **2** *(en Londres y Nueva York)* ⇒distrito municipal

† **borrow** UK:/ˈbɒr.əʊ/ US:/ˈbɑː.roʊ/ US:/ˈbɑːr.oʊ/ *v* [t] ⇒pedir prestado,da ⇒tomar prestado,da

borrowing UK:/ˈbɒr.əʊ.ɪŋ/ US:/ˈbɑːr.oʊ-/ *n* [u] **1** *(en economía)* ⇒crédito **2** *(en lingüística)* ⇒préstamo

Bosnia-Herzegovina *n* [u] ⇒Bosnia y Herzegovina

Bosnian *adj, n* [c] ⇒bosnio-herzegovino,na ⇒bosnio,nia

bosom /ˈbʊz.²m/ *n* [c] **1** ⇒busto ⇒seno **2** ⇒seno: *in the bosom of the family* - en el seno de la familia

boss¹ UK:/bɒs/ US:/bɑːs/ *[pl* bosses] *n* [c] ⇒jefe,fa

boss² UK:/bɒs/ US:/bɑːs/ *v* [t] ⇒dar órdenes ⇒mandar ∎ CONSTR. to boss sb about/around

bossy UK:/ˈbɒs.i/ US:/ˈbɑː.si/ *adj* [comp bossier, superl bossiest] ⇒mandón,-a *col.: Don't be so bossy* - No seas tan mandón

botany UK:/ˈbɒt.²n.i/ US:/ˈbɑː.²t[ə]n-/ *n* [u] ⇒botánica

botch¹ UK:/bɒtʃ/ US:/bɑːtʃ/ *v* [t] ⇒estropearlo ⇒cagarla *vulg.*

botch² UK:/bɒtʃ/ US:/bɑːtʃ/ *[pl* botches] *n* [c] **1** ⇒error ⇒metedura de pata **2** ⇒chapuza *col.: to make a botch of sth* - hacer una chapuza

† **both** UK:/bəʊθ/ US:/boʊθ/ *adj, pron* **1** ⇒ambos,bas ⇒los dos, las dos **2** *both... and...* ⇒tanto... como...

† **bother**¹ UK:/ˈbɒð.ə⁄/ US:/ˈbɑː.ðə⁄ *v* [t] **1** ⇒molestar ⇒fregar *AMÉR. col.* ∎ *v* [t, i] **2** ⇒molestarse **3** ⇒preocupar ∎ CONSTR. 1. to bother + that 2. to bother + doing sth 3. to bother + to do sth **4** *can't be bothered* **1** *UK* *(inform)* ⇒no dar la gana **2** ⇒pasar *col.* **5** *I'm not bothered* ⇒me da igual

bother² UK:/ˈbɒð.ə⁄/ US:/ˈbɑː.ðə⁄ *n* [u] ⇒molestia

† **bottle**¹ UK:/ˈbɒt.l/ US:/ˈbɑː.²t̞l/ *n* [c] **1** ⇒botella **2** ⇒frasco

bottle² UK:/ˈbɒt.l/ US:/ˈbɑː.²t̞l/ [bottled, bottling] *v* [t] ⇒embotellar ⇒envasar ∎ CONSTR. Se usa más en pasiva

bottle bank *n* [c] ⇒contenedor para vidrio [para reciclar]

† **bottom**¹ UK:/ˈbɒt.əm/ US:/ˌbɑː.²t̞əm/ UK:/ˈbɒt.²m/ US:/ˈbɑː.²t̞əm/ *n* [c] **1** ⇒fondo ⇒final ⇒pie **2** ⇒culo ⇒trasero *col.* ∎ Distinto de *button* (botón)

bottom² UK:/ˈbɒt.əm/ US:/ˌbɑː.²t̞əm/ UK:/ˈbɒt.²m/ US:/ˈbɑː.²t̞əm/ *adj* ⇒último,ma

bough /baʊ/ *n* [c] *(lit)* *(de un árbol)* ⇒rama [grande]

B

bought UK: /bɔːt/ US: /baːt/ past tense and past participle forms of **buy**

boulder UK: /ˈbəʊl.dəʳ/ US: /ˈboʊl.də/ n [c] ⇒roca grande

boulevard UK: /ˈbuː.lə.vɑːd/ US: /ˈbʊl.ə.vɑːrd/ n [c] ⇒bulevar

† **bounce** /baʊnts/ [bounced, bouncing] v [T, I] **1** ⇒botar ⇒hacer rebotar **2** (un cheque) ⇒rechazar ⇒ser devuelto,ta
| PHRASAL VERBS
└ **· to bounce back** (inform) ⇒recuperarse

bouncer UK: /ˈbaʊnt.səʳ/ US: /-sə/ n [c] (de un bar) ⇒gorila col.; ⇒portero,ra

bouncing /ˈbaʊnt.sɪŋ/ adj (una persona) ⇒rebosante

bouncy /ˈbaʊnt.si/ adj [comp bouncier, superl bounciest] **1** ⇒jovial ⇒dinámico,ca **2** (una pelota) ⇒que bota [bien]

bound¹ /baʊnd/ adj **1** ⇒obligado,da: to be bound by the rules to do sth - estar obligado por las normas a hacer algo **2** ~ up with sth ⇒ligado,da a algo **3** to be ~ for ⇒navegar con rumbo a **4** to be ~ to do sth ⇒seguro que: You're bound to lose your bet - Seguro que pierdes la apuesta

bound² /baʊnd/ ■ **1** past tense and past participle forms of **bind** ■ v [I] **2** ⇒correr dando saltos ⇒saltar ■ CONSTR. Se usa generalmente seguido de una preposición o un adverbio

† **boundary** /ˈbaʊn.dʰr.i/ [pl boundaries] n [c] ⇒frontera ⇒límite

bounds /baʊndz/ n [PL] **1** ⇒límites: beyond reasonable bounds - más allá de los límites razonables **2** out of ~ ⇒zona donde no se puede entrar ⇒zona prohibida

bouquet /bʊˈkeɪ/ n [c] ⇒ramo [de flores]: a bouquet of roses - un ramo de rosas

bourgeois UK: /ˈbɔː.ʒ.wɑ/ US: /ˈbʊrʒ-/ adj ⇒burgués,-a

bout /baʊt/ n [c] **1** (en medicina) ⇒ataque **2** (en boxeo) ⇒combate **3** (de una actividad) ⇒racha

boutique /buːˈtiːk/ n [c] ⇒boutique ⇒tienda de ropa

† **bow¹** /baʊ/ UK: /bəʊ/ US: /boʊ/ v [T, I] **1** (la cabeza) ⇒bajar ⇒inclinar **2** ⇒hacer una reverencia ⇒inclinarse

† **bow²** /baʊ/ UK: /bəʊ/ US: /boʊ/ n [c] **1** ⇒reverencia **2** (en náutica) ⇒proa **3** (arma) ⇒arco **4** (de un instrumento musical) ⇒arco **5** ⇒lazo ⇒cinta

bowel /ˈbaʊ.ʰl/, /ˈbaʊʰlz/ n [c] ⇒intestino ■ Se usa más en plural

† **bowl¹** UK: /bəʊl/ US: /boʊl/ n [c] **1** ⇒tazón ⇒bol ⇒cuenco **2** ⇒plato hondo **3** ⇒bola ⇒pelota

† **bowl²** UK: /bəʊl/ US: /boʊl/ v [T, I] ⇒lanzar [la pelota]

bowler UK: /ˈbəʊ.ləʳ/ US: /ˈboʊ.lə/ UK n [c] (en cricket) ⇒lanzador,-a

bowler hat UK (US **derby**) n [c] (sombrero) ⇒bombín

bowling UK: /ˈbəʊ.lɪŋ/ US: /ˈboʊ-/ (UK tb **tenpin bowling**) n [U] ⇒bolos: to go bowling - ir a jugar a los bolos

bowling alley n [c] ⇒bolera

bow tie n [c] ⇒pajarita

box¹ UK: /bɒks/ US: /baːks/ [pl boxes] n [c] **1** ⇒caja ⇒estuche **2** ⇒palco **3** (en un formulario) ⇒recuadro ⇒casilla

box² UK: /bɒks/ US: /baːks/ v [T, I] **1** ⇒boxear **2** ⇒embalar ■ CONSTR. Se usa frecuentemente seguido de la preposición up

boxer UK: /ˈbɒk.səʳ/ US: /ˈbaːk.sə/ n [c] ⇒boxeador,-a

boxer shorts n [PL] (ropa interior) ⇒boxer

† **boxing** UK: /ˈbɒk.sɪŋ/ US: /ˈbaːk-/ n [U] ⇒boxeo

Boxing Day n [c, U] ⇒fiesta del 26 de diciembre

box office n [c] (en un teatro o cine) ⇒taquilla

† **boy** /bɔɪ/ n [c] ⇒niño ⇒chico ⇒chamaco AMÉR. ■ El uso de boy para referirse a un adulto puede resultar ofensivo

boycott¹ UK: /ˈbɔɪ.kɒt/ US: /-kaːt/ n [c] ⇒boicot

boycott² UK: /ˈbɔɪ.kɒt/ US: /-kaːt/ v [T] ⇒boicotear

† **boyfriend** /ˈbɔɪ.frend/ n [c] ⇒novio ⇒pololo AMÉR. col.

boyhood /ˈbɔɪ.hʊd/ n [U] ⇒niñez ■ Se emplea únicamente con hombres

boyish /ˈbɔɪ.ɪʃ/ adj **1** ⇒juvenil ■ Se emplea únicamente con hombres **2** ⇒hombruno,na

Boy Scout n [c] ⇒scout ⇒niño explorador

† **bra** /brɑː/ n [c] ⇒sujetador ⇒corpiño AMÉR.; ⇒ajustador AMÉR.

brace¹ /breɪs/ [braced, bracing] v [T] **1** (un tejado o una pared) ⇒sujetar **2** ⇒apoyar **3** to ~ oneself (for sth) ⇒mentalizar(se) ⇒prepararse [para algo difícil]

brace² /breɪs/ n [c] **1** ⇒soporte [ortopédico] **2** ⇒collarín **3** UK (US **braces**) ⇒ortodoncia: to wear a brace - llevar una ortodoncia **4** (de dos cosas iguales) ⇒pareja

† **bracelet** /ˈbreɪ.slət/ n [c] ⇒brazalete ⇒pulsera ■ PRON. La primera parte, brace, rima con race

braces /ˈbreɪ.sɪz/ n [PL] **1** UK (US **suspenders**) ⇒tirantes ⇒suspensores AMÉR. **2** US See **brace**

bracing /ˈbreɪ.sɪŋ/ adj ⇒tonificante ⇒estimulante

bracket¹ /ˈbræk.ɪt/ n [c] **1** (soporte) ⇒abrazadera **2** ⇒grupo **3** ⇒categoría **4** square brackets ⇒corchetes

bracket² /'bræk.ɪt/ v [T] **1** ⇒agrupar **2** ⇒equiparar ■ CONSTR. 1. to be bracketed with sth/sb 2. Se usa más en pasiva **3** ⇒poner entre paréntesis

brackets n [PL] ⇒paréntesis: *in brackets* - entre paréntesis ■ Ver cuadro signos de puntuación

brag /bræg/ [bragged, bragging] v [I] ⇒jactarse ⇒presumir ■ CONSTR. to brag about sth

braid /breɪd/ ■ n [C] **1** *US (UK* plait) ⇒trenza ■ n [U] **2** *(labor textil)* ⇒pasamanería

Braille /breɪl/ n [U] ⇒Braille

† **brain** /breɪn/ n [C] **1** *(órgano)* ⇒cerebro **2** *(inteligencia)* ⇒cerebro **3** to have **sth** on the ~ *(inform)* ⇒tener algo metido en la cabeza

brains /breɪnz/ n [PL] **1** ⇒seso ⇒inteligencia **2** *(inform)* ⇒líder ⇒cerebro

brainstorming UK: /'breɪnˌstɔː.mɪŋ/ US: /-ˌstɔːr-/ n [U] ⇒intercambio rápido de ideas ⇒lluvia de ideas

brainwash UK: /'breɪn.wɒʃ/ US: /-wɑːʃ/ v [T] ⇒lavar el cerebro ■ CONSTR. to brainwash sb into + doing sth

brainwave /'breɪn.weɪv/ *UK (US* brainstorm) n [C] ⇒idea brillante

brainy /'breɪ.ni/ adj [comp brainier, superl brainiest] *(inform)* ⇒inteligente ⇒listo,ta

brake¹ /breɪk/ n [C] **1** *(de un vehículo)* ⇒freno **2** to put the brakes on ⇒frenar

brake² /breɪk/ [braked, braking] v [I] *(un vehículo)* ⇒frenar

branch¹ UK: /brɑːntʃ/ US: /bræntʃ/ [pl branches] n [C] **1** *(de un árbol)* ⇒rama **2** *(de una empresa)* ⇒sucursal

branch² UK: /brɑːntʃ/ US: /bræntʃ/

|PHRASAL VERBS

· to **branch off** *(un camino o una carretera)* ⇒desviar(se) ⇒bifurcarse

brand¹ /brænd/ n [C] *(de un producto)* ⇒marca

brand² /brænd/ v [T] **1** ⇒calificar: *to brand sb as sth* - calificar a alguien de algo **2** *(el ganado)* ⇒marcar

brandish /'bræn.dɪʃ/ [brandishes] v [T] ⇒empuñar ⇒blandir

brand new adj ⇒nuevo,va ⇒recién estrenado,da ⇒flamante

† **brandy** /'bræn.di/ [pl brandies] n [C, U] ⇒brandy

brash /bræʃ/ adj **1** ⇒presuntuoso,sa ⇒insolente **2** *(un color o una prenda)* ⇒alegre ⇒chillón,-a

† **brass** UK: /brɑːs/ US: /bræs/ n [U] ⇒latón

brat /bræt/ n [C] *(inform)* ⇒mocoso,sa desp. ■ Normalmente se usa para niños

bravado UK: /brə'vɑː.dəʊ/ US: /-dou/ n [U] ⇒bravata ⇒bravuconería

brave¹ /breɪv/ adj ⇒valiente: *a brave decision* - una decisión valiente

brave² /breɪv/ [braved, braving] v [T] *(una adversidad)* ⇒desafiar ⇒soportar

bravery UK: /'breɪ.v³r.i/ US: /-vɚ-/ n [U] ⇒valentía ⇒valor

brawl UK: /brɔːl/ US: /brɑːl/ n [C] ⇒reyerta

Brazil n [U] ⇒Brasil

Brazilian adj, n [C] ⇒brasileño,ña

breach¹ /briːtʃ/ [pl breaches] n [C] **1** *(form)* ⇒ruptura **2** ⇒infracción ⇒incumplimiento **3** ⇒fallo

breach² /briːtʃ/ v [T] **1** ⇒infringir ⇒incumplir **2** *(form) (una promesa)* ⇒romper

† **bread** /bred/ n [U] ⇒pan: *wholemeal bread* - pan integral; *white sliced bread* - pan de molde ■ Se dice *a piece of bread, a slice of bread* o *a loaf of bread*. Incorrecto: *a bread*

BREAD

A PIECE OF TOAST   ROLL   LOAF   PITTA BREAD

breadcrumbs /'bred.krʌmz/ n [PL] **1** ⇒pan rallado **2** fish in ~ ⇒pescado empanado

† **breadth** /bredθ/, /bretθ/ n [U] **1** ⇒anchura ⇒ancho **2** ⇒amplitud: *breadth of knowledge* - amplitud de conocimientos

break¹, broke, broken /breɪk/ ■ v [T, I] **1** ⇒romper ■ v [T] **2** *(una ley)* ⇒violar **3** *(una promesa)* ⇒incumplir **4** *(una caída)* ⇒amortiguar **5** *(un viaje)* ⇒interrumpir **6** *(un código)* ⇒descifrar **7** *(un récord)* ⇒superar ■ v [I] **8** *(el tiempo)* ⇒cambiar **9** *(una tormenta)* ⇒estallar **10** *(una noticia)* ⇒hacerse público,ca **11** *(la luz)* ⇒quebrarse **12** *(las olas)* ⇒romper **13** to ~ **(for sth)** ⇒hacer un descanso [para algo]

|PHRASAL VERBS

· to **break away (from sth)** ⇒separarse [de algo] ⇒romper [con algo]

· to **break down 1** *(un vehículo o una máquina)* ⇒averiarse **2** ⇒romper a llorar ⇒derrumbarse

· to **break sth down [M] 1** ⇒derribar algo **2** ⇒desglosar algo ⇒dividir algo

· to **break in 1** ⇒entrar forzando algo ⇒allanar **2** ⇒interrumpir

· to **break into sth** ⇒forzar la entrada para robar

B

· **to break (sth) off** ⇒interrumpirse ⇒callarse
· **to break out 1** ⇒producirse **2** ⇒estallar
· **to break out of sth** ⇒escaparse de algo
· **to break through sth** ⇒abrirse camino a través de algo
· **to break up 1** (una relación sentimental) ⇒romper ⇒separarse **2** UK (un período escolar) ⇒terminar ⇒acabar
· **to break sth up** [M] ⇒dividir algo ⇒separar algo

break² /breɪk/ n [C] **1** ⇒ruptura **2** ⇒pausa ⇒descanso **3** UK (US **recess**) (en la escuela) ⇒recreo **4** ⇒agujero ⇒hueco **5** (inform) ⇒golpe de suerte **6 to give sb a ~** ⇒dar un respiro a alguien **7 to make a ~ for it** ⇒intentar escapar

↑**breakdown** /'breɪk.daʊn/ n [C] **1** (de un vehículo o una máquina) ⇒avería ⇒pana AMÉR.; ⇒varada AMÉR. **2** ⇒interrupción: a breakdown in peace talks - una interrupción de las negociaciones de paz **3** ⇒desglose **4** ⇒crisis [de salud]

↑**breakfast** /'brek.fəst/ n [C, U] **1** ⇒desayuno **2 to have ~** ⇒desayunar

break-in /'breɪk.ɪn/ n [C] (en un edificio) ⇒robo [con allanamiento]

↑**breakthrough** /'breɪk.θruː/ n [C] **1** ⇒gran avance **2** ⇒descubrimiento significativo ⇒adelanto significativo

↑**breast** /brest/ ■ n [C, U] **1** (de una persona o un animal) ⇒pecho **2** (de ave) ⇒pechuga ■ n [C] **3** (de mujer) ⇒pecho ⇒mama

breast-feed /'brest.fiːd/ v [T, I] ⇒dar el pecho ⇒amamantar

breaststroke UK: /'brest.strəʊk/ US: /-stroʊk/ n [U] (en natación) ⇒estilo braza

↑**breath** /breθ/ n [C, U] **1** ⇒respiración ⇒aliento **2** ⇒aire **3 ~ of fresh air** ⇒soplo de aire fresco **4 out of ~** ⇒sin aliento **5 to catch one's ~** ⇒recuperar el aliento ⇒contener la respiración **6 to get one's ~ back** ⇒recuperar el aliento **7 to take sb's ~ away** ⇒dejar a alguien boquiabierto,ta **8 under one's ~** ⇒entre susurros

breathe /briːð/ [breathed, breathing] v [T, I] **1** ⇒respirar: to breathe deeply - respirar profundamente **2 not to ~ a word** ⇒no soltar ni una palabra **3 to ~ down sb's neck** (inform) ⇒estar encima de alguien **4 to ~ (new) life into sth** ⇒infundir vida a algo

PHRASAL VERBS
· **to breathe (sth) in** ⇒aspirar [algo]
· **to breathe (sth) out** ⇒espirar [algo]

breathing /'briː.ðɪŋ/ n [U] (proceso) ⇒respiración
breathless /'breθ.ləs/ adj ⇒sin aliento
breathtaking /'breθ.teɪ.kɪŋ/ adj **1** ⇒impresionante **2** (velocidad) ⇒vertiginoso,sa

bred past tense and past participle forms of **breed**

breed¹ /briːd/ n [C] (de un animal) ⇒raza

breed², bred, bred /briːd/ ■ v [T, I] **1** (un animal) ⇒criar ■ v [T] **2** ⇒producir ⇒generar ⇒engendrar ■ v [I] **3** ⇒reproducirse

↑**breeze** /briːz/ n [C] ⇒brisa ⇒aire

brew /bruː/ ■ v [T] **1** (cerveza) ⇒elaborar ■ v [T, I] **2** (una infusión) ⇒hacer ⇒preparar

brewery UK: /'bruə.ri/ US: /'bruːr.i/ [pl breweries] n [C] ⇒cervecería ⇒fábrica de cerveza

bribe¹ /braɪb/ n [C] ⇒soborno

bribe² /braɪb/ [bribed, bribing] v [T] ⇒sobornar: to bribe sb to lie - sobornar a alguien para que mienta ■ CONSTR. to bribe + to do sth

bribery UK: /'braɪ.bʳr.i/ US: /-bə-/ n [U] ⇒soborno

brick¹ /brɪk/ n [C] **1** ⇒ladrillo **2** (inform) ⇒pedazo de pan col.: He's a brick - Es un pedazo de pan

brick² /brɪk/
PHRASAL VERBS
· **to brick sth {in/up}** ⇒tapiar algo

bricklayer UK: /'brɪk.leɪ.əʳ/ US: /-ə/ n [C] ⇒albañil,-a

↑**bride** /braɪd/ n [C] (en una boda) ⇒novia

bridegroom /'braɪd.grʊm/, /-gruːm/ n [C] (en una boda) ⇒novio ■ La forma abreviada es groom

bridesmaid /'braɪdz.meɪd/ n [C] ⇒dama de honor

bridge¹ /brɪdʒ/ n [C] **1** ⇒puente: a suspension bridge - un puente colgante **2** (en una embarcación) ⇒puente de mando **3** ⇒vínculo **4** (juego de cartas) ⇒bridge

bridge² /brɪdʒ/ **to ~ the {gap/gulf} between sth and sth** ⇒aunar ⇒salvar ⇒unificar ⇒acortar la distancia

bridle /'braɪ.dl/ n [C] (de un caballo) ⇒brida

↑**brief** /briːf/ adj **1** ⇒breve: Be brief, please - Sé breve, por favor **2 in ~** ⇒en resumen

briefcase /'briːf.keɪs/ n [C] ⇒maletín

briefing /'briː.fɪŋ/ n [C, U] ⇒briefing ⇒reunión informativa [antes de algo]

briefly /'briː.fli/ adv **1** ⇒brevemente ⇒por un corto espacio de tiempo **2** ⇒en pocas palabras

briefs /briːfs/ n [PL] **1** ⇒calzoncillos **2** ⇒bragas ⇒calzonarias AMÉR.; ⇒blúmer AMÉR.

brigade /brɪ'geɪd/ n [C] **1** ⇒brigada **2 fire ~** ⇒cuerpo de bomberos

↑**bright** /braɪt/ adj **1** ⇒brillante ⇒luminoso,sa **2** ⇒listo,ta **3** ⇒alegre **4** (una luz) ⇒fuerte **5** (un color) ⇒vivo,va

brighten UK: /'braɪ.tʲn/ US: /-ˤt̬[ə]n/ (tb brighten up) ■ v [T, I] **1** ⇒iluminar(se) ⇒alegrar(se) ■ v [T] **2** (un sitio) ⇒iluminar más ⇒dar más luz a **3** (una perspectiva o el tiempo) ⇒mejorar

brightly /'braɪt.li/ *adv* **1** ⊸intensamente: *The moon was shining brightly in the sky* - La luna brillaba intensamente en el cielo **2** *(sonreír, saludar, decir)* ⊸alegremente

† **brilliant** /'brɪl.i.ənt/ *adj* **1** ⊸brillante **2** ⊸inteligente ⊸brillante **3** *UK* ⊸estupendo,da ⊸chévere *AMÉR. col.*

brim /brɪm/ *n* [c] **1** *(de un vaso)* ⊸borde **2** *(de un sombrero)* ⊸ala

† **bring**, brought, brought /brɪŋ/ *v* [T] **1** ⊸traer ■ CONSTR. to bring + dos objetos **2** ⊸reportar [beneficios]

| PHRASAL VERBS
· **to bring** *sth* **about** [M] ⊸producir algo ⊸provocar algo ⊸generar algo ⊸causar algo
· **to bring** *sth* **back** [M] **1** ⊸devolver algo ⊸restaurar algo **2** ⊸recordar algo
· **to bring** *sth* **down** [M] **1** *(un precio)* ⊸reducir **2** *(UK tb* **to put sth down into sth)** ⊸atribuir **3** ⊸derribar algo
· **to bring** *sth* **forward** ⊸adelantar algo
· **to bring** *sth* **off** ⊸lograr algo
· **to bring** *sth* **on** ⊸provocar algo
· **to bring** *sth* **out** [M] **1** *(un producto)* ⊸sacar ⊸lanzar **2** ⊸publicar **3** ⊸realzar
· **to bring** *sb* **round** ⊸hacer que alguien vuelva en sí
· **to bring** *sth/sb* **together** ⊸reconciliar ⊸unir
· **to bring** *sth* **up** [M] **1** ⊸mencionar algo **2** *UK (inform)* ⊸vomitar ⊸devolver
└· **to bring** *sb* **up** [M] ⊸criar a alguien ⊸educar

† **brink** /brɪŋk/ *n* [NO PL] ⊸borde: *They were on the brink of ruin* - Estaban al borde de la ruina; *on the brink of the precipice* - al borde del precipicio

brisk /brɪsk/ *adj* **1** ⊸rápido,da **2** ⊸vigoroso,sa **3** *(un negocio)* ⊸activo,va

Brit /brɪt/ *n* [c] **1** *(inform)* ⊸forma abreviada de **British** (británico,ca) **2** ⊸forma abreviada de **Briton**

Britain *n* [NO PL] See **Great Britain**

British[1] UK: /'brɪt.ɪʃ/ US: /'brɪˤt̬-/ *adj* ⊸británico,ca

British[2] UK: /'brɪt.ɪʃ/ US: /'brɪˤt̬-/ **the ~** *(gentilicio)* ⊸los británicos, las británicas ■ El singular es *a British man*, *a British woman* o *a Briton* ■ La forma abreviada es *Brit*

Briton UK: /'brɪt.ᵊn/ US: /'brɪˤt̬-/ *n* [c] *(gentilicio)* ⊸británico,ca ■ La forma abreviada es *Brit*

brittle UK: /'brɪt.l̩/ US: /'brɪˤt̬-/ *adj* ⊸quebradizo,za ⊸frágil

broach UK: /brəʊtʃ/ US: /broʊtʃ/ [broaches] *v* [T] ⊸abordar ⊸sacar a colación

† **broad** /brɔːd/ US: /brɑːd/ *adj* **1** ⊸ancho,cha ⊸amplio,plia **2** *(un acento)* ⊸marcado,da **3 in ~ daylight** ⊸a plena luz del día

broadband UK: /'brɔːd.bænd/ US: /'brɑːd-/ *n* [U] *(en internet)* ⊸banda ancha

broadcast[1] UK: /'brɔːd.kɑːst/ US: /'brɑːd.kæst/ *n* [c] *(en radio o televisión)* ⊸emisión ⊸retransmisión

broadcast[2], broadcast, broadcast *(US* broadcasted, broadcasted) UK: /'brɔːd.kɑːst/ US: /'brɑːd.kæst/ *v* [T, I] **1** *(en radio o televisión)* ⊸emitir ⊸retransmitir ■ CONSTR. Se usa más en pasiva **2** ⊸publicar ⊸propagar

broaden UK: /'brɔː.dᵊn/ US: /'brɑː-/ *v* [T, I] **1** ⊸ensanchar **2** ⊸ampliar: *to broaden one's knowledge* - ampliar los conocimientos

broadly UK: /'brɔːd.li/ US: /'brɑːd-/ *adv* **1** ⊸en líneas generales **2** *(sonreír)* ⊸abiertamente

broadsheet UK: /'brɔːd.ʃiːt/ US: /'brɑːd-/ *UK n* [c] ⊸periódico de gran formato y de calidad

broccoli UK: /'brɒk.ᵊl.i/ US: /'brɑː.k[ə]l-/ *n* [U] ⊸brécol

brochure UK: /'brəʊ.ʃəʳ/ US: /broʊ'ʃʊr/ *n* [c] ⊸folleto [grande]: *a holiday brochure* - un folleto de vacaciones

broiler UK: /'brɔɪ.ləʳ/ US: /-lᵊ/ *US* *(UK/US tb* **grill)** *n* [c] ⊸parrilla ⊸grill

broke[1] UK: /brəʊk/ US: /broʊk/ *adj* **1** *(inform)* ⊸sin blanca *col.;* ⊸quebrado,da *AMÉR. col.* **2 to go ~** *(inform) (una empresa)* ⊸quebrar

broke[2] UK: /brəʊk/ US: /broʊk/ past tense of **break**

broken[1] UK: /'brəʊ.kᵊn/ US: /'broʊ-/ *adj* **1** ⊸roto,ta ⊸fragmentado,da **2** ⊸estropeado,da ⊸averiado,da **3** ⊸fracasado,da ⊸destrozado,a

broken[2] UK: /'brəʊ.kᵊn/ US: /'broʊ-/ past participle of **break**

broken-hearted UK: /ˌbrəʊ.kᵊn'hɑː.tɪd/ US: /ˌbroʊ.k[ə]n'hɑːr.ˤt̬ɪd/ *adj* **1** ⊸descorazonado,da **2 to be ~** ⊸tener el corazón roto

broker UK: /'brəʊ.kəʳ/ US: /'broʊ.kᵊ/ *n* [c] ⊸forma abreviada de **stockbroker** (corredor,-a de bolsa)

bronchitis UK: /brɒŋ'kaɪ.tɪs/ US: /brɑː'ŋ'kaɪ.ˤt̬ɪs/ *n* [U] ⊸bronquitis ■ PRON. La segunda sílaba, *chi*, rima con *my*

† **bronze** UK: /brɒnz/ US: /brɑːnz/ *n* [U] ⊸bronce

brooch UK: /brəʊtʃ/ US: /broʊtʃ/ [pl brooches] *n* [c] ⊸broche

brood /bruːd/ *v* [I] **1** *(ave)* ⊸empollar **2** ⊸cavilar ⊸dar vueltas [a algún problema]

brook /brʊk/ *n* [c] ⊸arroyo ⊸quebrada *AMÉR.*

broom /bruːm/, /brʊm/ *n* [c] **1** ⊸escoba **2** *(planta)* ⊸retama

broth UK: /brɒθ/ US: /brɑːθ/ *n* [U] ⊸caldo ⊸sopa

† **brother** UK: /'brʌð.əʳ/ US: /-ᵊ/ *n* [c] ⊸hermano ■ Se refiere únicamente a los hermanos de sexo masculino. Para hacer referencia a los hermanos en general hay que utilizar la locución *brothers and sisters*: *How many brothers and sisters have you got?* - ¿Cuántos hermanos tienes?

brother-in-law UK: /ˈbrʌð.ə.rɪn.lɔː/ US: /-ɚ.ɪn.lɑː/ [pl brothers-in-law] n [c] ⇒cuñado

brotherly UK: /ˈbrʌð.ºl.i/ US: /-ɚ.li/ adj ⇒fraternal ⇒fraterno

brought UK: /brɔːt/ US: /brɑːt/ past tense and past participle forms of **bring**

brow /braʊ/ ■ n [c] **1** (de la cara) ⇒frente ■ Se usa más **forehead** ■ n [NO PL] **2** UK (de una colina) ⇒cima

brown¹ /braʊn/ n [c, u] ⇒marrón

brown² /braʊn/ adj **1** ⇒marrón **2** (el pelo) ⇒castaño,ña **3** (la piel) ⇒moreno,na **4** (el azúcar) ⇒moreno,na

brownie /ˈbraʊ.ni/ n [c] ⇒bizcocho de chocolate y nueces ⇒brownie

Brownie /ˈbraʊ.ni/ n [c] ⇒niña exploradora de entre siete y diez años

browse /braʊz/ [browsed, browsing] v [I] **1** (una revista) ⇒hojear **2** (en una tienda) ⇒echar un vistazo ⇒curiosear ⇒mirar **3** ⇒pastar ⇒pacer
|PHRASAL VERBS
|· **to browse through** sth (una publicación) ⇒hojear

browser UK: /ˈbraʊ.zɚ/ US: /ˈbraʊ.zɚ/ (tb web browser) n [c] (en informática) ⇒navegador

bruise¹ /bruːz/ n [c] **1** ⇒moratón ⇒cardenal **2** (en la fruta) ⇒golpe

bruise² /bruːz/ [bruised, bruising] v [T] ⇒hacerse un moratón ⇒magullar(se) ■ CONSTR. Se usa más en pasiva

brush¹ /brʌʃ/ [pl brushes] n [c] **1** ⇒cepillo **2** ⇒brocha **3** ⇒pincel

brush² /brʌʃ/ v [T] ⇒cepillar: to brush one's hair - cepillarse el pelo
|PHRASAL VERBS
|· **to brush against** sth ⇒rozar algo ligeramente al pasar
|· **to brush** sth {aside/off} [M] ⇒rechazar algo ⇒no hacer caso a algo
|· **to brush {by/past}** sth/sb ⇒pasar rozando ⇒pasar muy cerca (de)
|· **to brush** sth **up** ⇒dar un repaso a algo

brushed adj (una tela, un tejido) ⇒peinado,da

brusque UK: /bruːsk/ US: /brʌsk/ adj (maneras) ⇒brusco,ca ⇒poco cortés

brutal UK: /ˈbruː.tºl/ US: /-ºt[ə]l/ adj ⇒brutal ⇒cruel

brute /bruːt/ adj ⇒bruto,ta: brute force - fuerza bruta

BSE /ˌbiː.es'iː/ n [U] ⇒forma abreviada de **Bovine Spongiform Encephalopathy** (encefalopatía bovina espongiforme)

BTW (en internet) ⇒forma abreviada de **by the way** (a propósito)

bubble¹ /ˈbʌb.l̩/ n [c] ⇒burbuja ⇒pompa

bubble² /ˈbʌb.l̩/ [bubbled, bubbling] v [I] **1** ⇒borbotar **2** ⇒burbujear

bubble gum (tb gum) n [U] ⇒chicle [de globo]

bubbly /ˈbʌb.li/ adj [comp bubblier, superl bubbliest] **1** (una persona) ⇒animado,da ⇒entusiasta ⇒dicharachero,ra **2** ⇒espumoso,sa ⇒burbujeante ⇒efervescente

buck¹ /bʌk/ n [c] **1** (inform) ⇒dólar americano o australiano **2** (de algunos animales como el ciervo o el conejo) ⇒macho **3** the ~ stops here ⇒yo soy el último responsable ⇒yo soy la última responsable **4** to make a quick ~ (inform) ⇒hacer pasta rápidamente col.; ⇒hacer dinero fácil col.

buck² /bʌk/ v [I] **1** (un caballo) ⇒dar brincos **2** to ~ the trend ⇒ir contra la corriente
|PHRASAL VERBS
|· **to buck** sb **up** (inform) ⇒animar a alguien

bucket /ˈbʌk.ɪt/ n [c] (recipiente) ⇒cubo

buckle¹ /ˈbʌk.l̩/ n [c] ⇒hebilla: the belt buckle - la hebilla de un cinturón

buckle² /ˈbʌk.l̩/ [buckled, buckling] ■ v [I] **1** ⇒doblarse ⇒fallar ■ v [T] **2** ⇒combar(se): The door buckled when he kicked it - Combó la puerta de una patada **3** to ~ sth {on/up} ⇒abrochar algo

bud /bʌd/ n [c] **1** (de una hoja) ⇒brote **2** (de una flor) ⇒capullo **3** US (inform) ⇒amigo ■ Se emplea únicamente con hombres

Buddhism /ˈbʊd.ɪ.zºm/ n [U] ⇒budismo

Buddhist /ˈbʊd.ɪst/ adj, n [c] ⇒budista

budding /ˈbʌd.ɪŋ/ adj ⇒en ciernes: a budding friendship - amistad en ciernes

buddy /ˈbʌd.i/ [pl buddies] n [c] (inform) ⇒colega col.; ⇒tío col. ■ Se emplea únicamente con hombres

budge /bʌdʒ/ [budged, budging] v [T, I] **1** ⇒ceder ⇒cambiar de opinión **2** ⇒mover(se): She won't budge from the village - No se moverá del pueblo

budgerigar UK n [c] ⇒periquito,ta ■ La forma abreviada es **budgie**

budget¹ /ˈbʌdʒ.ɪt/ n [c, u] **1** ⇒presupuesto: to go over budget - exceder el presupuesto **2** (en política) ⇒presupuestos generales

budget² /ˈbʌdʒ.ɪt/ v [T, I] **1** ⇒presupuestar **2** (los gastos) ⇒planificar **3** to ~ for sth ⇒contar con algo

buff¹ /bʌf/ adj, n [U] ⇒beige ⇒beis

buff² /bʌf/ n [c] **1** ⇒entusiasta ⇒aficionado,da **2** film ~ ⇒cinéfilo,la

buffalo UK: /ˈbʌf.ə.ləʊ/ US: /-loʊ/ [pl buffaloes, buffalo] n [c] **1** ⇒búfalo,la **2** ⇒bisonte [americano]

buffer UK: /ˈbʌf.ɚ/ US: /-ɚ/ n [c] **1** (de un tren) ⇒tope **2** ⇒amortiguador

buffet /'bʌf.ɪt/ UK: /'buf.eɪ/ US: /bə'feɪ/ n [C] **1** *(comida)* ⇒bufé **2** *UK (en un tren o una estación de tren)* ⇒cafetería ⇒bar

bug[1] /bʌg/ n [C] **1** ⇒chinche ⇒bicho col. *(inform)* **2** *(de personas u ordenadores)* ⇒virus **3** *(inform)* ⇒micrófono oculto

bug[2] /bʌg/ [bugged, bugging] v [T] **1** *(inform)* ⇒molestar: *Is that noise bugging you?* - ¿Te molesta este ruido? **2** *(un teléfono)* ⇒pinchar **3** ⇒poner un micrófono oculto

buggy /'bʌg.i/ [pl buggies] *(UK tb pushchair)* n [C] ⇒carricoche [de bebé] ⇒cochecito

[†] **build, built, built** /bɪld/ v [T, I] ⇒construir ⇒crear ⇒producir ■ PRON. Rima con *bill*

| PHRASAL VERBS
· **to build sth in 1** ⇒incorporar algo **2** *(un mueble)* ⇒empotrar
· **to build on sth** ⇒aprovechar algo
· **to build sth/sb up** ⇒poner muy bien
└ **to build sth up [M]** ⇒fortalecer ⇒alimentar

builder UK: /'bɪl.dər/ US: /-də/ n [C] **1** ⇒constructor,-a **2** ⇒albañil,-a ■ PRON. La parte inicial, *buil*, se pronuncia como *bill*

[†] **building** n [C, U] ⇒edificio: *a three storey building* - un edificio de tres plantas ■ PRON. La parte inicial *buil* se pronuncia como *bill*

building society [pl building societies] *UK* n [C] ⇒sociedad de préstamos hipotecarios

build-up /'bɪld.ʌp/ n [C, U] **1** ⇒aumento progresivo **2** ⇒acumulación ⇒concentración **3** ⇒propaganda **4** the ~ sth *UK (de un evento)* ⇒período antes de ⇒período de preparación previo

built past tense and past participle forms of **build**

built-in /ˌbɪlt'ɪn/ *US adj* **1** ⇒incorporado,da **2** ⇒inherente **3** ⇒empotrado,da: *a built-in cupboard* - un armario empotrado

built-up /ˌbɪlt'ʌp/ *adj* ⇒edificado,da

bulb /bʌlb/ n [C] **1** *(tb light bulb)* ⇒bombilla ⇒foco *AMÉR.;* ⇒ampolleta *AMÉR.* **2** *(planta)* ⇒bulbo

Bulgaria n [U] ⇒Bulgaria

Bulgarian[1] ■ n [U] **1** *(idioma)* ⇒búlgaro ■ n [C] **2** *(gentilicio)* ⇒búlgaro,ra

Bulgarian[2] *adj* ⇒búlgaro,ra

bulge[1] /bʌldʒ/ [bulged, bulging] v [I] **1** *(una estructura)* ⇒sobresalir **2** ⇒estar repleto,ta

bulge[2] /bʌldʒ/ n [C] **1** ⇒protuberancia ⇒bulto ⇒abombamiento **2** ⇒aumento [transitorio]

bulk /bʌlk/ ■ n [C] **1** *(de una persona)* ⇒volumen ⇒masa ■ n [U] **2** *(cantidad)* ⇒la mayor parte **3** in ~ ⇒al por mayor ⇒en grandes cantidades ⇒a granel

bulky /'bʌl.ki/ *adj* [comp bulkier, superl bulkiest] ⇒voluminoso,sa ⇒abultado,da

[†] **bull** /bʊl/ n [C] ⇒toro: *a charging bull* - un toro que está embistiendo

bulldog UK: /'bʊl.dɒg/ US: /-dɑ:g/ n [C] *(perro)* ⇒bulldog

bulldozer UK: /'bʊlˌdəʊ.zər/ US: /-ˌdoʊ.zə/ n [C] *(máquina pesada)* ⇒bulldozer ⇒topadora *AMÉR.*

[†] **bullet** /'bʊl.ɪt/ n [C] ⇒bala: *a stray bullet* - una bala extraviada; *a bullet wound* - una herida de bala

bulletin UK: /'bʊl.ə.tɪn/ US: /-ˤtɪn/ n [C] **1** ⇒boletín informativo **2** *(de un organismo oficial)* ⇒boletín **3** ⇒parte ⇒comunicación

bulletin board *US (UK noticeboard)* n [C] ⇒tablón de anuncios

bullion /'bʊl.i.ən/ n [U] **1** ⇒oro en lingotes **2** ⇒plata en lingotes

bullock /'bʊl.ək/ n [C] ⇒novillo castrado

bully[1] /'bʊl.i/ [bullies, bullied] v [T] ⇒intimidar ⇒meterse con ■ CONSTR. to bully sb into + doing sth

bully[2] /'bʊl.i/ [pl bullies] n [C] ⇒matón,-a col.; ⇒acosador,-a

bum[1] /bʌm/ n [C] **1** *UK (inform)* ⇒culo ⇒culete col. **2** *US (inform)* ⇒vagabundo,da **3** *(inform)* ⇒holgazán,-a

bum[2] /bʌm/ [bummed, bumming]
| PHRASAL VERBS
└ **to bum around** ⇒vagabundear

bumbag /'bʌm.bæg/ *UK (US fanny pack)* n [C] *(bolsa)* ⇒riñonera

bumblebee /'bʌm.bl.bi:/ n [C] ⇒abejorro

bummer UK: /'bʌm.ər/ US: /-ə/ n [NO PL] *(offens)* ⇒rollo col.; ⇒lata col.

bump[1] /bʌmp/ v [T] ⇒chocar ■ CONSTR. Se usa generalmente seguido de las preposiciones against e into
| PHRASAL VERBS
· **to bump into sb** *(inform)* ⇒toparse con alguien ⇒encontrarse con alguien
· **to bump sb off [M]** *(inform)* ⇒cargarse a alguien col.; ⇒liquidar a alguien col.
· **to bump sth up** *(inform)* ⇒aumentar algo └ ⇒subir algo

bump[2] /bʌmp/ n [C] **1** ⇒montículo ⇒bache **2** ⇒chichón **3** ⇒ruido ⇒golpe **4** ⇒abolladura

bumper[1] UK: /'bʌm.pər/ US: /-pə/ n [C] ⇒parachoques ⇒bómper *AMÉR.*

bumper[2] UK: /'bʌm.pər/ US: /-pə/ *adj* ⇒abundante ⇒excepcional

bumpy /'bʌm.pi/ *adj* [comp bumpier, superl bumpiest] **1** *(una carretera)* ⇒con baches **2** *(un vuelo)* ⇒con turbulencias **3** *(una superficie)* ⇒desigual

bun /bʌn/ n [C] **1** *UK* ⇒bollo **2** *(en el pelo)* ⇒moño

bunch /bʌntʃ/ [pl bunches] ■ n [C] **1** ⇒ramo **2** ⇒manojo **3** ⇒racimo ■ n [NO PL] **4** *(inform) (de personas)* ⇒grupo ⇒panda col.

B ■

bunch² /bʌntʃ/ *v* [T, I] ⇒agrupar(se) ⇒apiñar(se)

bundle¹ /'bʌn.dl/ *n* [C] **1** ⇒fardo ⇒fajo **2** ⇒montón **3** ⇒haz

bundle² /'bʌn.dl/ [bundled, bundling] *v* [T, I] ⇒apretujar(se): *We bundled into the car* - Nos apretujamos en el coche ■ CONSTR. Se usa generalmente seguido de la preposición into

| PHRASAL VERBS
· **to bundle** *sth* {together/up} [M] *(varias cosas)*
⇒liar ⇒amarrar

bung¹ /bʌŋ/ *UK n* [C] **1** *(inform)* ⇒tapón **2** *(inform)* ⇒soborno

bung² /bʌŋ/ *UK v* [T] **1** *(inform)* ⇒poner [rápidamente] ⇒meter [rápidamente] ■ CONSTR. Se usa generalmente seguido de una preposición o un adverbio **2** *(inform)* ⇒arrojar [rápidamente] ⇒tirar **3** *(inform)* ⇒taponar(se): *My nose is bunged up* - Se me ha taponado la nariz

bungalow UK: /'bʌŋ.gºl.əʊ/ US: /-oʊ/ *n* [C] ⇒bungaló

bungee jumping /'bʌn.dʒi,dʒʌm.pɪŋ/ *n* [U] ⇒puenting: *to go bungee jumping* - hacer puenting

bungle /'bʌŋ.gl/ [bungled, bungling] *v* [T] ⇒hacer mal ⇒desaprovechar una oportunidad

bunk¹ /bʌŋk/ *n* [C] **1** ⇒litera **2 to do a ~** *(inform)* ⇒poner pies en polvorosa *col.*

bunk² /bʌŋk/ *excl (inform)* ⇒¡tonterías!

bunk³ /bʌŋk/

| PHRASAL VERBS
· **to bunk off** *(sth)* *UK (inform)* ⇒pirarse [de algún lugar] *col.*

bunny [*pl* bunnies] *n* [C] ⇒conejito,ta ■ Pertenece al lenguaje infantil

buoy¹ /bɔɪ/ US: /'buː.i/ *n* [C] ⇒boya

buoy² UK: /bɔɪ/ US: /'buː.i/ *(tb* buoy up) *v* [T] ⇒animar: *She was buoyed up by his words* - Sus palabras la animaron ■ CONSTR. Se usa más en pasiva

buoyant /'bɔɪ.ºnt/ *adj* **1** ⇒animado,da **2** ⇒boyante **3** ⇒que flota

burden¹ UK: /'bɜː.dºn/ US: /'bɜː-/ *n* [C] ⇒carga ⇒peso

burden² UK: /'bɜː.dºn/ US: /'bɜː-/ *v* [T] **1** ⇒cargar: *I was burdened with all the responsibility* - Me cargaron con toda la responsabilidad **2** ⇒agobiar

bureau UK: /'bjʊə.rəʊ/ US: /'bjʊr.oʊ/ [*pl* bureaux; US bureaus] *n* [C] **1** ⇒agencia ⇒oficina **2** ⇒escritorio **3** *US* (*UK/US tb* chest of drawers) ⇒cómoda

bureaucracy UK: /bjʊəˈrɒk.rə.si/ US: /bjuˈrɑː.krə-/ [*pl* bureaucracies] *n* [C, U] ⇒burocracia

† **burger** UK: /'bɜː.gəʳ/ US: /'bɜː.gə/ *n* [C] ⇒forma abreviada de **hamburger** (hamburguesa)

† **burglar** UK: /'bɜː.gləʳ/ US: /'bɜː.glə/ *n* [C] ⇒ladrón,-a [que entra en una casa a escondidas] ⇒caco *col.*

burglary UK: /'bɜː.gl²r.i/ US: /'bɜː.glə-/ [*pl* burglaries] *n* [C, U] *(en un edificio)* ⇒robo

burgle UK: /'bɜː.gl/ US: /'bɜː-/ [burgled, burgling] *UK v* [T] *(en un edificio)* ⇒robar ■ CONSTR. Se usa más en pasiva ■ Ver cuadro robar (steal / rob / burgle)

† **burial** /'ber.i.əl/ *n* [C, U] ⇒entierro

burly UK: /'bɜː.li/ US: /'bɜː-/ *adj* [*comp* burlier, *superl* burliest] ⇒fornido,da ⇒corpulento,ta

burn¹, burnt, burnt (*US tb* burned, burned) UK: /bɜːn/ US: /bɜːn/ ■ *v* [T, I] **1** ⇒arder ⇒quemarse ■ *v* [T] **2** ⇒quemar: *They've burnt all their old papers* - Han quemado todos los papeles viejos **3** *(los ojos, una herida)* ⇒escocer **4 to ~ for** *sth*/to do *sth* ⇒arder en deseos de algo

burn² UK: /bɜːn/ US: /bɜːn/ *n* [C] **1** ⇒quemadura **2** *(en Escocia)* ⇒arroyo

burning UK: /'bɜː.nɪŋ/ US: /'bɜː-/ *adj* **1** ⇒ardiente **2** ⇒grande ⇒intenso,sa **3** ⇒candente

burnt UK: /bɜːnt/ US: /bɜːnt/ past tense and past participle forms of **burn**

burp¹ UK: /bɜːp/ US: /bɜːp/ *v* [I] ⇒eructar

burp² UK: /bɜːp/ US: /bɜːp/ *n* [C] ⇒eructo

burrow¹ UK: /'bʌr.əʊ/ US: /'bɜː.oʊ/ *v* [I] ⇒excavar: *to burrow a hole* - excavar un agujero ■ CONSTR. Se usa generalmente seguido de la preposición into

burrow² UK: /'bʌr.əʊ/ US: /'bɜː.oʊ/ *n* [C] ⇒madriguera

burst¹, burst, burst UK: /bɜːst/ US: /bɜːst/ *v* [T, I] **1** ⇒estallar ⇒reventar ⇒explotar **2 to be bursting to do** *sth* ⇒reventar por hacer algo *col.* **3 to ~ open** ⇒abrirse de golpe **4 to ~ out laughing** ⇒soltar una carcajada

| PHRASAL VERBS
· **to burst** {in/into *sth*} ⇒irrumpir
· **to burst out** ⇒salir de golpe [de una habitación]

burst² UK: /bɜːst/ US: /bɜːst/ *n* [C] **1** *(de un sentimiento)* ⇒arranque **2** *(de aplausos)* ⇒salva **3** *(de disparos)* ⇒ráfaga

† **bury** /'ber.i/ [buries, buried] *v* [T] **1** ⇒enterrar: *Shakespeare was buried in Stratford* - Shakespeare fue enterrado en Stratford **2** ⇒clavar ■ CONSTR. Se usa más en pasiva ■ PRON. Rima con merry

† **bus** /bʌs/ [*pl* buses] *n* [C] **1** ⇒autobús ⇒guagua *AMÉR.;* ⇒camión *AMÉR.;* ⇒colectivo *AMÉR.* **2** *Where can I catch the number 29 bus?* - ¿Dónde cojo el 29?

† **bush** /bʊʃ/ [*pl* bushes] *n* [C] **1** ⇒arbusto **2** *(en África, en Australia)* ⇒sabana

bushy /'bʊʃ.i/ *adj* [*comp* bushier, *superl* bushiest] **1** *(un bigote, una barba)* ⇒poblado,da **2** *(un* *rabo de animal)* ⇨peludo,da **3** *(una planta)* ⇨frondoso,sa **4** ⇨con arbustos

busily /'bɪz.ɪ.li/ *adv* **1** ⇨afanosamente **2** ⇨enérgicamente

† **business** /'bɪz.nɪs/ ∎ *n* [U] **1** ⇨negocio: *a profitable business* - un negocio rentable; *to do business with sb* - hacer negocios con alguien **2** ⇨cuestión ⇨asunto ∎ *n* [C] **3** ⇨empresa: *a successful business* - una empresa de éxito ∎ El plural es *businesses* **4** *on ~* ⇨de negocios: *His father is away on business* - Su padre está fuera en viaje de negocios ∎ La *u* inicial se pronuncia como la *i* en *bill* **5** *to get down to ~* ⇨ir al grano *col.* **6** *to go out of ~* ⇨quebrar **7** *to have no ~ doing sth* ⇨no tener derecho a hacer algo

businesslike /'bɪz.nɪs.laɪk/ *adj* **1** ⇨profesional: *She's very businesslike at work* - Es muy profesional en su trabajo **2** ⇨serio,ria ⇨formal **3** ⇨sistemático,ca

† **businessman** /'bɪz.nɪs.mən/ *[pl businessmen] n* [C] ⇨hombre de negocios

† **businesswoman** /'bɪz.nɪsˌwʊm.ən/ *[pl businesswomen] n* [C] ⇨mujer de negocios

busk /bʌsk/ *UK v* [I] ⇨cantar o tocar algún instrumento en la calle para obtener dinero

bus station *n* [C] ⇨estación de autobuses

† **bus stop** *n* [C] ⇨parada de autobús

bust¹, bust, bust *(US busted, busted)* /bʌst/ *v* [T] **1** *(inform)* ⇨destrozar ⇨echar abajo **2** *(inform)* ⇨detener: *The police busted him yesterday* - La policía lo detuvo ayer ∎ CONSTR. Se usa más en pasiva **3** *(inform)* ⇨hacer una redada ⇨registrar

bust² /bʌst/ *n* [C] **1** *(de mujer)* ⇨busto ⇨pecho **2** *(estatua)* ⇨busto

bust³ /bʌst/ *adj* **1** *(inform)* ⇨escacharrado,da *col.;* ⇨roto,ta ∎ CONSTR. Se usa detrás de un verbo **2** *to go ~ (una empresa)* ⇨quebrar ⇨quedarse en bancarrota

bustle¹ /'bʌs.l̩/ [bustled, bustling] *v* [I] ⇨trajinar

bustle² /'bʌs.l̩/ ∎ *n* [U] ⇨bullicio ⇨ajetreo ∎ *n* [C] **2** *(prenda de vestir)* ⇨polisón

† **busy** /'bɪz.i/ *adj [comp busier, superl busiest]* **1** ⇨atareado,da ⇨ocupado,da **2** ⇨concurrido,da ⇨lleno,na **3** *US (UK engaged) (un teléfono)* ⇨comunicando ∎ PRON. La *u* se pronuncia como la *i* en *big*

† **but¹** /bʌt, bət/ *conj* ⇨pero ⇨sin embargo

† **but²** /bʌt, bət/ *prep* **1** ⇨excepto ⇨menos **2** *~ for sth/sb* ⇨de no haber sido por

butcher¹ UK: /'butʃ.ə'/ US: /-ə/ *n* [C] ⇨carnicero,ra

† **butcher²** UK: /'butʃ.ə'/ US: /-ə/ *v* [T] ⇨matar

butcher's *[pl butchers']* *UK n* [C] ⇨carnicería

butler UK: /'bʌt.lə'/ US: /-lə/ *n* [C] ⇨mayordomo

butt¹ /bʌt/ *n* [C] **1** *US (inform)* ⇨culo *col.* **2** ⇨colilla [de un cigarrillo] **3** ⇨tonel **4** ⇨blanco: *to be the butt of all the criticism* - ser el blanco de todas las críticas

butt² /bʌt/ *v* [T] ⇨dar un cabezazo

| PHRASAL VERBS

· *to butt in (inform) (una conversación)* ⇨interrumpir

† **butter¹** UK: /'bʌt.ə'/ US: /'bʌˤt̬.ə/ *n* [U] ⇨mantequilla ⇨manteca AMÉR.

butter² UK: /'bʌt.ə'/ US: /'bʌˤt̬.ə/ *v* [T] ⇨untar con mantequilla: *to butter a piece of toast* - untar una tostada con mantequilla

buttercup UK: /'bʌt.ə.kʌp/ US: /'bʌˤt̬.ə-/ *n* [C] *(en botánica)* ⇨ranúnculo

† **butterfly** UK: /'bʌt.ə.flaɪ/ US: /'bʌˤt̬.ə-/ *[pl butterflies] n* [C] **1** ⇨mariposa **2** *to have butterflies (in one's stomach) (inform)* ⇨sentir un cosquilleo en el estómago

buttock UK: /'bʌt.ək/ US: /'bʌˤt̬-/ *n* [C] ⇨nalga

button¹ UK: /'bʌt.ᵊn/ US: /'bʌˤt̬-/ *n* [C] *(en una prenda o en una máquina)* ⇨botón ∎ Distinto de *bottom* (último, fondo)

† **button²** UK: /'bʌt.ᵊn/ US: /'bʌˤt̬-/

| PHRASAL VERBS

└· *to button sth (up)* ⇨abrochar(se) algo

buttonhole¹ UK: /'bʌt.ᵊn.həʊl/ US: /'bʌˤt̬.[ə]n.hoʊl/ *n* [C] *(en una prenda de vestir)* ⇨ojal

buttonhole² UK: /'bʌt.ᵊn.həʊl/ US: /'bʌˤt̬.[ə]n.hoʊl/ *[buttonholed, buttonholing] v* [T] ⇨aprovechar una oportunidad para hablar ⇨enganchar *col.*

† **buy¹**, bought, bought /baɪ/ *v* [T] ⇨comprar: *She'll buy David a new school bag* - Le comprará una cartera nueva a David ∎ CONSTR. to buy + dos objetos

buy² /baɪ/ *n* [C] ⇨compra

buyer UK: /'baɪ.ə'/ US: /-ə/ *n* [C] ⇨comprador,-a: *We have a buyer for the house* - Tenemos un comprador para la casa

buzz¹ /bʌz/ *n* [NO PL] **1** *Skiing gives me a buzz* - Esquiar me vuelve loca **2** *(inform)* ⇨llamada telefónica ⇨toque **3** ⇨zumbido **4** ⇨murmullo

buzz² /bʌz/ *v* [I] **1** ⇨zumbar: *My ears are buzzing* - Me zumban los oídos **2** ⇨estar muy animado,da: *The party is buzzing* - Esta fiesta está muy animada ∎ CONSTR. Se usa más en pasiva

| PHRASAL VERBS

└· *to buzz off (inform)* ⇨largarse *col.*

buzzer UK: /'bʌz.ə'/ US: /-ə/ *n* [C] ⇨timbre [eléctrico]

† **by¹** /baɪ/ *prep* **1** *(autoría)* ⇨por **2** *(plazo de tiempo)* ⇨para **3** *(transporte)* ⇨en **4** *(modo)* ∎ Se usa con verbos en gerundio para indicar el modo en el que se lleva a cabo una acción: *He makes a living by selling cars*

- *Se gana la vida vendiendo coches* **5** ⇒junto a ⇒cerca de

B ↑ **by**[2] /baɪ/ *adv* **1** ⇒por delante: *She went by without saying a word* - Pasó por delante sin decirnos una palabra **2** to {keep/put} *sth* ~ ⇒guardar algo para más tarde

bye (*tb* bye-bye) *excl* **1** *(inform)* ⇒¡adiós! ⇒¡hasta luego! **2** bye for now ⇒hasta pronto

bye-bye *excl* See **bye**

by-election /'baɪ.ɪˌlek.ʃ°n/ *n* [c] ⇒elecciones parciales

bypass[1] UK: /'baɪ.pɑːs/ US: /-pæs/ [*pl* bypasses] *n* [c] **1** *(en medicina)* ⇒baipás ⇒puente **2** *(carretera)* ⇒circunvalación

bypass[2] UK: /'baɪ.pɑːs/ US: /-pæs/ *v* [T] **1** ⇒evitar ⇒saltar **2** ⇒circunvalar

by-product UK: /'baɪˌprɒd.ʌkt/ US: /-ˌprɑː.dəkt/ *n* [c] **1** ⇒subproducto **2** ⇒consecuencia ⇒resultado

bystander UK: /'baɪˌstæn.də'/ US: /-də/ *n* [c] **1** *(de un hecho)* ⇒espectador,-a ⇒testigo **2** *Several innocent bystanders were injured* - Varios transeúntes resultaron heridos

C

C /siː/ [pl c's] n [C] (letra del alfabeto) ⇒c ■ PRON. Se pronuncia como *see*

C¹ /siː/ [pl C's] n [C, U] (nota musical) ⇒do

C² /siː/ n [U] ⇒forma abreviada de **centigrade** (escala centígrada)

cab /kæb/ n [C] **1** (de un camión) ⇒cabina **2** (inform) ⇒taxi

CAB UK n [C] ⇒forma abreviada de **Citizens' Advice Bureau** (oficina de información al ciudadano)

cabaret UK: /ˈkæb.ə.reɪ/ US: /-ə.eɪ/ n [C, U] ⇒cabaré

† **cabbage** /ˈkæb.ɪdʒ/ n [C, U] **1** ⇒repollo ⇒col **2** red ~ ⇒lombarda ■ PRON. La última *a* se pronuncia como la *i* de *did*

cabin /ˈkæb.ɪn/ n [C] **1** ⇒camarote **2** (de un camión o un avión) ⇒cabina ■ Distinto de *booth* y *box* (cabina)

† **cabinet** n [C] ⇒vitrina ⇒armario [de objetos] ■ Por ser un nombre colectivo se puede usar con el verbo en singular o en plural ■ Distinto de *booth* y *box* (cabina)

† **cable** /ˈkeɪ.bl̩/ n [C, U] ⇒cable: *a length of cable* - un trozo de cable

cable car n [C] ⇒teleférico

cache /kæʃ/ n [C] ⇒alijo: *a cache of arms* - un alijo de armas

cactus /ˈkæk.təs/ [pl cacti, cactuses] n [C] ⇒cacto ⇒cactus

cadet /kəˈdet/ n [C] ⇒cadete

Cadillac® n [C] ⇒Cadillac®

caesarean UK (US cesarean) n [C, U] ⇒cesárea

café /ˈkæf.eɪ/ n [C] ⇒cafetería ⇒café

cafeteria UK: /ˌkæf.əˈtɪə.ri.ə/ US: /-ˈtɪr.i-/ n [C] (en un colegio, en una oficina) ⇒cafetería ⇒cantina

caffeine /ˈkæf.iːn/ n [U] ⇒cafeína

† **cage** /keɪdʒ/ n [C] ⇒jaula

cagey /ˈkeɪ.dʒi/ adj [comp cagier, superl cagiest] ⇒reservado,da [para dar información]

cake /keɪk/ n [C, U] **1** ⇒tarta ⇒torta AMÉR.; ⇒ponqué AMÉR. **2** ⇒pastel **3** to have one's ~ and eat it ⇒estar en misa y repicando col.

caked adj ⇒cubierto,ta: *caked with dust* - cubierto de polvo

calamity UK: /kəˈlæm.ɪ.ti/ US: /-ə.ˤṭi/ [pl calamities] n [C] ⇒desastre ⇒calamidad

calcium /ˈkæl.si.ᵊm/ n [U] ⇒calcio

† **calculate** /ˈkæl.kjʊ.leɪt/ [calculated, calculating] v [T] ⇒calcular: *to calculate the purchase price* - calcular el importe de una compra

calculation /ˌkæl.kjʊˈleɪ.ʃᵊn/ n [C, U] ⇒cálculo

calculator UK: /ˈkæl.kjʊ.leɪ.tər/ US: /-ˤṭɚ/ n [C] ⇒calculadora

† **calendar** UK: /ˈkæl.ɪn.dər/ US: /-dɚ/ n [C] ⇒almanaque ⇒calendario

calf UK: /kɑːf/ US: /kæf/ n [C] **1** ⇒ternero,ra ■ El plural es *calves* **2** ⇒pantorrilla ■ El plural es *calves*

calibre UK: /ˈkæl.ɪ.bər/ US: /-bɚ/ UK n [U] **1** ⇒calibre [de un arma] **2** ⇒calibre ⇒nivel

† **call¹** UK: /kɔːl/ US: /kɑːl/ v [T, I] **1** ⇒llamar ⇒gritar **2** (UK tb ring) ⇒telefonear ⇒llamar

|PHRASAL VERBS|
| · **to call back** ⇒volver: *She'll call back in a couple of hours* - Volverá en un par de horas |
| · **to call (sb) back** (UK tb **to ring (sb) back**) ⇒devolver la llamada ⇒volver a llamar: *Can you call me back in five minutes?* - ¿Puedes volver a llamar dentro de cinco minutos? |
| · **to call for sth 1** *He is calling for help* - Está pidiendo ayuda **2** ⇒avisar ⇒llamar **3** *This news calls for a celebration!* - ¡Esta noticia hay que celebrarla! **4** ⇒requerir ⇒exigir **5** ⇒recoger: *I will call for Susan at six* - Recogeré a Susan a las seis |
| · **to call sth off [M] 1** (un trato o un plan) ⇒anular ⇒cancelar **2** (una búsqueda) ⇒abandonar |

† **call²** UK: /kɔːl/ US: /kɑːl/ n [C] **1** ⇒grito ⇒llamada **2** ⇒llamada telefónica **3** *Can you give me a call at six?* - ¿Puedes llamarme a las seis? **4** ⇒necesidad: *There was no call for you to be rude* - No había necesidad de ser tan grosero **5** ⇒llamamiento

caller UK: /ˈkɔː.lər/ US: /ˈkɑː.lɚ/ n [C] **1** ⇒persona que llama [por teléfono]: *The caller didn't give*

C

me his name - La persona que llamó no me dijo su nombre **2** *UK* ⇒visitante ⇒visita

calling UK: /ˈkɔː.lɪŋ/ US: /ˈkɑː-/ *n* [c] **1** ⇒vocación **2** ~ **card** *1 US* ⇒tarjeta de visita **2** *US* ⇒tarjeta telefónica

callous /ˈkæl.əs/ *adj* ⇒cruel ⇒insensible

† **calm**[1] /kɑːm/ *adj* **1** ⇒calmado,da ⇒tranquilo,la ⇒sereno,na **2** *Be calm!* - ¡Tranquilízaos!

calm[2] /kɑːm/ *v* [T] ⇒calmar ⇒tranquilizar

┌ PHRASAL VERBS
│ · **to calm (sb) down** [M] ⇒calmar(se) ⇒tranqui-
└ lizar(se)

calm[3] /kɑːm/ *n* [U] ⇒calma

calmly /ˈkɑːm.li/ *adv* ⇒con calma ⇒tranquilamente

calorie UK: /ˈkæl.ᵊr.i/ US: /-ɚ-/ *n* [c] ⇒caloría: *a low calorie diet* - una dieta baja en calorías

calves UK: /kɑːvz/ US: /kævz/ *n* [PL] See **calf**

camcorder UK: /ˈkæm,kɔː.dəʳ/ US: /-,kɔːr.dɚ/ *n* [c] ⇒cámara de vídeo

came /keɪm/ past tense of **come**

camel /ˈkæm.ᵊl/ *n* [c] ⇒camello,lla: *to ride a camel* - montar en camello

† **camera** /ˈkæm.rə/ *n* [c] ⇒cámara fotográfica

cameraman /ˈkæm.rə.mæn, -mən/ [*pl* cameramen] *n* [c] *(persona)* ⇒cámara

Cameroon /ˌkæm.əˈruːn/ *n* [U] ⇒Camerún

Cameroonian /ˌkæm.əˈruː.ni.ən/ *adj, n* [c] ⇒camerunés,-a

camouflage[1] /ˈkæm.ə.flɑːʒ/ *n* [U] ⇒camuflaje

camouflage[2] /ˈkæm.ə.flɑːʒ/ [camouflaged, camouflaging] *v* [T] ⇒camuflar(se)

camp[1] /kæmp/ *v* [I] ⇒acampar

camp[2] /kæmp/ *n* [c] ⇒campamento

campaign[1] /kæmˈpeɪn/ *n* [c] **1** ⇒campaña electoral **2** ⇒campaña militar

campaign[2] /kæmˈpeɪn/ *v* [I] ⇒hacer campaña

campaigner UK: /ˌkæmˈpeɪ.nəʳ/ US: /-nɚ/ *n* [c] **1** ⇒militante **2** *(de una causa)* ⇒defensor,-a

camper UK: /ˈkæm.pəʳ/ US: /-pɚ/ *n* [c] **1** ⇒campista *2 UK* ⇒autocaravana *3 US* ⇒caravana

camping /ˈkæm.pɪŋ/ *n* [U] **1** ⇒acampada **2** *(actividad)* ⇒camping

campsite /ˈkæmp.saɪt/ *(US tb* campground*)* *n* [c] **1** ⇒zona de acampada **2** *(lugar)* ⇒camping

† **campus** /ˈkæm.pəs/ [*pl* campuses] *n* [c, U] ⇒campus ⇒ciudad universitaria

† **can**[1] /kæn, kən/ *v* [MODAL] **1** *(posibilidad)* ⇒ser capaz ⇒poder **2** *(peticiones)* ⇒poder ■ La forma condicional *could* se usa frecuentemente en peticiones y es más cortés. También se puede utilizar la forma *may*, para peticiones en primera persona, pero es más formal **3** *(habilidad, capacidad)* ⇒saber **4** *(permiso)* ⇒poder ■ La forma condicional *could* también se usa y

es más cortés **5** *(probabilidad)* ⇒poder ■ CONSTR. can + do sth ■ *Be able to* se emplea como forma infinitiva de *can* ■ *Could* es el pasado y el condicional de *can* ■ Ver cuadro modal verbs

can[2] /kæn/ *n* [c] **1** *(de bebida)* ⇒lata ⇒bote **2** *(UK tb* tin*)* *(de un alimento)* ⇒lata

CAN

can[3] /kæn/ [canned, canning] *v* [T] ⇒enlatar

Canada /ˈkæn.ə.də/ *n* [U] ⇒Canadá ■ PRON. Se acentúa la primera sílaba

Canadian /kəˈneɪ.di.ən/ *adj, n* [c] ⇒canadiense

† **canal** /kəˈnæl/ *n* [c] **1** *(para barcazas)* ⇒canal [de agua] **2** *(en anatomía)* ⇒tubo

canary UK: /kəˈneə.ri/ US: /-ˈner.i/ [*pl* canaries] *n* [c] *(ave)* ⇒canario,ria

† **cancel** /ˈkæn.sᵊl/ [cancelled, cancelling; *US* canceled, canceling] *v* [T] ⇒cancelar: *They cancelled the show* - Cancelaron el espectáculo

┌ PHRASAL VERBS
└ · **to cancel sth out** ⇒compensar algo

cancellation /ˌkæn.sᵊlˈeɪ.ʃᵊn/ *n* [c, U] ⇒cancelación

† **cancer** UK: /ˈkæn.səʳ/ US: /-sɚ/ *n* [U] *(en medicina)* ⇒cáncer

† **Cancer** *n* [c, U] *(signo del zodíaco)* ⇒cáncer

candid /ˈkæn.dɪd/ *adj* **1** ⇒franco,ca: *a candid response* - una respuesta franca **2** *(una fotografía)* ⇒espontáneo,a ⇒natural

† **candidate** /ˈkæn.dɪ.dət, -deɪt/ *n* [c] **1** ⇒candidato,ta *2 UK* ⇒examinando,da ⇒opositor,-a **3** *(para un puesto)* ⇒aspirante ⇒solicitante

† **candle** /ˈkæn.dl̩/ *n* [c] ⇒vela ⇒cirio

candlelight /ˈkæn.dl̩.laɪt/ *n* [U] ⇒luz de una vela

candlestick /ˈkæn.dl̩.stɪk/ *n* [c] ⇒candelabro

† **candy** /ˈkæn.di/ [*pl* candies] *US* (*UK* sweet*)* *n* [c, U] ⇒caramelo

cane /keɪn/ *n* [c, U] **1** ⇒caña: *sugar cane* - caña de azúcar **2** ⇒mimbre **3** ⇒bastón *4 UK* ⇒vara

canine /ˈkeɪ.naɪn/ *adj* ⇒canino,na

canine (tooth) [*pl* canine (teeth)] *n* [c] ⇒diente canino ⇒colmillo

canister UK: /'kæn.ɪ.stəʳ/ US: /-stɚ/ n [C] **1** *(de té, de galletas)* ⇒lata **2** ⇒bote

cannabis /'kæn.ə.bɪs/ *UK (US* **marijuana)** n [U] *(planta, droga)* ⇒cannabis

canned /kænd/ adj **1** *(UK tb* **tinned)** *(un alimento o una bebida)* ⇒enlatado,da **2** ⇒enlatado,da col.; ⇒grabado,da col.

cannibal /'kæn.ɪ.bəl/ n [C] ⇒caníbal

cannon /'kæn.ən/ n [C] *(arma)* ⇒cañón

†**cannot** UK: /'kæn.ɒt/ US: /-ɑːt/ See **can** ■ La contracción es *can't*

canoe /kə'nuː/ n [C] ⇒canoa ⇒piragua

canoeing /kə'nuː.ɪŋ/ n [U] ⇒piragüismo ⇒canotaje AMÉR.

can opener n [C] ⇒abrelatas

canopy /'kæn.ə.pi/ [pl canopies] n [C] **1** ⇒dosel **2** ⇒techo ⇒toldo ⇒marquesina

†**can't** UK: /kɑːnt/ US: /kænt/ *(cannot)* See **can**

†**canteen** /kæn'tiːn/ n [C] **1** ⇒cantina ⇒comedor **2** ⇒cantimplora

canter UK: /'kæn.təʳ/ US: /-tɚ/ n [C] ⇒trote rápido

canvas /'kæn.vəs/ ■ n [U] **1** ⇒lona: *canvas shoes - zapatillas de lona* ■ n [C] **2** *(en arte)* ⇒lienzo ■ El plural es *canvases* **3** under ~ ⇒en una tienda de campaña: *to live under canvas - vivir en una tienda de campaña*

canvass /'kæn.vəs/ [pl canvasses] n [C] *(form)* ⇒sondeo [de opinión]

canyon /'kæn.jən/ n [C] *(en geología)* ⇒cañón

cap¹ /kæp/ n [C] **1** ⇒gorra **2** *(de un bolígrafo)* ⇒capuchón ⇒tapón ⇒tapa

cap² /kæp/ [capped, capping] v [T] **1** ⇒superar **2** to ~ it all *(inform)* ⇒para colmo col.

capability UK: /ˌkeɪ.pə'bɪl.ɪ.ti/ US: /-ə.ˤti/ [pl capabilities] n [C, U] ⇒aptitud ⇒capacidad

†**capable** /'keɪ.pə.bl/ adj **1** *(cualidad)* ⇒competente ⇒capaz **2** *(con potencial)* ⇒capaz

†**capacity** UK: /kə'pæs.ə.ti/ US: /-ˤti/ [pl capacities] n [C, U, NO PL] **1** *(de un lugar)* ⇒capacidad ⇒aforo **2** ⇒aptitud ⇒capacidad

cape /keɪp/ n [C] **1** *(prenda de vestir)* ⇒capa ⇒capote **2** *(en geología)* ⇒cabo

caper¹ UK: /'keɪ.pəʳ/ US: /-pɚ/ v [I] ⇒dar saltos [de alegría] ⇒brincar ■ CONSTR. Se usa generalmente seguido de una preposición o un adverbio

caper² UK: /'keɪ.pəʳ/ US: /-pɚ/ n [C] **1** *(planta)* ⇒alcaparra **2** ⇒travesura ⇒fechoría

Cape Verde UK: /ˌkeɪp'vɜːd/ US: /-'vɝːd/ n [U] ⇒Cabo Verde

Cape Verdean UK: /ˌkeɪp'vɜː.di.ən/ US: /-'vɝː-/ adj, n [C] ⇒caboverdiano,na

capillary UK: /kə'pɪl.ˤr.i/ US: /-ɚ-/ [pl capillaries] n [C] *(en anatomía)* ⇒vaso capilar

---

†**capital** UK: /'kæp.ɪ.t°l/ US: /-ˤt[ə]l/ ■ n [C] **1** *(en geografía)* ⇒capital ■ n [U] **2** *(en economía)* ⇒capital **3** ⇒mayúscula **4** *(de una columna)* ⇒capitel **5** to make ~ (out) of sth ⇒sacar partido de algo

†**capitalism** UK: /'kæp.ɪ.t°l.ɪ.z°m/ US: /-ˤt[ə]l-/ n [U] ⇒capitalismo

capitalize UK: /'kæp.ɪ.t°l.aɪz/ US: /-ˤt[ə]l-/ [capitalized, capitalizing] v [I] *(form)* ⇒poner en mayúsculas ■ Se usa más *to put in capitals*

PHRASAL VERBS
· **to capitalize on sth** ⇒capitalizar algo ⇒sacar provecho de algo

capitulate /kə'pɪt.jʊ.leɪt/ [capitulated, capitulating] v [I] ⇒capitular

cappuccino UK: /ˌkæp.ʊ'tʃiː.nəʊ/ US: /-noʊ/ n [C, U] ⇒café capuchino

Capricorn UK: /'kæp.rɪ.kɔːn/ US: /-kɔːrn/ n [C, U] *(signo del zodíaco)* ⇒capricornio

capsaicin n [C] ⇒componente del chile

capsize /kæp'saɪz/ [capsized, capsizing] v [T, I] *(un embarcación)* ⇒volcar

capsule UK: /'kæp.sjuːl/ US: /-s[ə]l/ n [C] **1** ⇒cápsula **2** *a space capsule - una cápsula espacial*

captain¹ UK: /'kæp.tɪn/ US: /-t[ə]n/ n [C] **1** *(de un barco, de un avión)* ⇒capitán,-a ⇒comandante **2** *(del ejército, de la marina)* ⇒capitán,-a **3** *(de un equipo)* ⇒capitán,-a

captain² UK: /'kæp.tɪn/ US: /-t[ə]n/ v [T] ⇒capitanear ⇒liderar

caption /'kæp.ʃ°n/ n [C] **1** ⇒pie de foto **2** ⇒encabezamiento ⇒título

captivate /'kæp.tɪ.veɪt/ [captivated, captivating] v [T] ⇒cautivar

captive¹ /'kæp.tɪv/ adj **1** ⇒cautivo,va ⇒en cautiverio **2** to {hold/take} sb ~ ⇒apresar a alguien

captive² /'kæp.tɪv/ n [C] ⇒cautivo,va

captivity UK: /kæp'tɪv.ɪ.ti/ US: /-ə.ˤti/ n [U] ⇒cautividad ⇒cautiverio

capture¹ UK: /'kæp.tʃəʳ/ US: /-tʃɚ/ [captured, capturing] v [T] **1** ⇒capturar ⇒cazar **2** ⇒conquistar ⇒tomar **3** ⇒captar

capture² UK: /'kæp.tʃəʳ/ US: /-tʃɚ/ n [C, U] **1** ⇒captura **2** *(un lugar)* ⇒conquista ⇒toma *(de datos)* ⇒captura ⇒recogida

†**car** UK: /kɑːʳ/ US: /kɑːr/ n [C] **1** *(US tb* **automobile)** *(UK tb* **motor car)** ⇒coche ⇒carro AMÉR.; ⇒auto AMÉR. **2** *US (UK* **coach)** ⇒vagón [de tren]

caramel UK: /'kær.ə.m°l/ US: /'kɑːr.məl/ UK: /'ker.ə-/ n [U] **1** ⇒caramelo **2** ⇒azúcar tostado

carat UK: /'kær.ət/ US: /'ker-/ *UK (US* **karat)** n [C] ⇒quilate: *4 carat gold - oro de cuatro quilates* ■

caravan UK: /'kær.ə.væn/ US: /'ker-/ *UK (US* **trailer)** n [C] **1** *(remolque grande)* ⇒caravana **2** ⇒carromato

carbohydrate UK: /ˌkɑː.bəʊˈhaɪ.dreɪt/ US: /ˌkɑːr-/ *n* [C, U] *(en química)* ⇒hidrato de carbono

† **carbon** UK: /ˈkɑː.bⁿn/ US: /ˈkɑːr-/ ■ *n* [U] **1** *(en química)* ⇒carbono ■ *n* [C] **2** ⇒hoja de papel carbón

carbon copy *[pl carbon copies]* *n* [C] **1** ⇒copia hecha con papel carbón **2** ⇒réplica ⇒calco

car boot sale *UK n* [C] ⇒mercadillo en el que particulares venden objetos de segunda mano, normalmente desde el maletero del coche

carcass UK: /ˈkɑː.kəs/ US: /ˈkɑːr-/ *[pl carcasses]* *n* [C] **1** *(de un animal muerto)* ⇒cadáver ⇒restos ⇒despojos **2** *(de un edificio)* ⇒ruinas ⇒armazón **3** *(de un vehículo)* ⇒carcasa

† **card** UK: /kɑːd/ US: /kɑːrd/ *n* [C] **1** ⇒forma abreviada de **postcard** (postal) **2** ⇒tarjeta: *a birthday card* - una tarjeta de cumpleaños; *a greetings card* - una tarjeta de felicitación **3** ⇒naipe ⇒carta ⇒tarjeta *[personal]* ⇒carné **5** on the cards *(inform)* ⇒probable **6** to play one's cards right ⇒jugar bien las propias cartas

† **cardboard** UK: /ˈkɑːd.bɔːd/ US: /ˈkɑːrd.bɔːrd/ *n* [U] ⇒cartón ⇒cartulina

cardiac UK: /ˈkɑː.di.æk/ US: /ˈkɑːr-/ *adj* ⇒cardíaco,ca: *He suffered a cardiac arrest* - Sufrió un paro cardíaco

† **cardigan** UK: /ˈkɑː.dɪ.gən/ US: /ˈkɑːr-/ *n* [C] ⇒rebeca ⇒chaqueta de punto

cardinal[1] UK: /ˈkɑː.dɪ.nəl/ US: /ˈkɑːr-/ *n* [C] **1** *(en religión)* ⇒cardenal **2** *(ave)* ⇒cardenal

cardinal[2] UK: /ˈkɑː.dɪ.nəl/ US: /ˈkɑːr-/ *adj* **1** See **cardinal (number) 2** *(form)* ⇒esencial ⇒fundamental **3** *a cardinal sin* - un pecado capital

cardinal (number) *n* [C] ⇒número cardinal

† **care**[1] UK: /keə/ US: /ker/ *[cared, caring]* *v* [I] ⇒importar: *I don't care how you sorted it out* - No me importa cómo lo solucionaste ■ CONSTR. to care + interrogativa indirecta

| PHRASAL VERBS
| · **to care for** *sth/sb* **1** ⇒atender ⇒cuidar **2** *(form)* ⇒gustar: *I don't care for chocolate* - No me gusta el chocolate **3** *(form)* ⇒apetecer

† **care**[2] UK: /keə/ US: /ker/ ■ *n* [U] **1** ⇒atención ⇒cuidado ■ *n* [C, U] **2** ⇒preocupación: *She seems to have no cares* - Parece no tener preocupaciones **3** take care! *(en despedidas)* ⇒¡cuídate! **4** to take ~ of *sth/sb* **1** ⇒cuidar **2** ⇒encargarse ⇒ocuparse

† **career**[1] UK: /kəˈrɪə/ US: /-ˈrɪr/ *n* [C] ⇒carrera [profesional]

career[2] UK: /kəˈrɪə/ US: /-ˈrɪr/ *v* [I] ⇒correr muy deprisa

carefree UK: /ˈkeə.friː/ US: /ˈker-/ *adj* ⇒libre de preocupaciones

careful UK: /ˈkeə.fⁿl/ US: /ˈker-/ *adj* **1** ⇒cuidadoso,sa ⇒cauteloso,sa ⇒prudente **2** be careful! ⇒¡ten cuidado!

carefully UK: /ˈkeə.fⁿl.i/ US: /ˈker-/ *adv* ⇒con cuidado

careless UK: /ˈkeə.ləs/ US: /ˈker-/ *adj* ⇒descuidado,da ⇒tonto,ta ⇒negligente ⇒imprudente

carer UK: /ˈkeə.rə/ US: /ˈker.ə/ *UK (US* **caretaker**) *n* [C] ⇒cuidador,-a

caress[1] /kəˈres/ *v* [T] ⇒acariciar

caress[2] /kəˈres/ *[pl caresses]* *n* [C] ⇒caricia

caretaker UK: /ˈkeə.teɪ.kə/ US: /ˈker.teɪ.kə/n *n* [C] **1** *UK (US* **janitor**) *(de un edificio)* ⇒conserje ⇒portero,ra ⇒vigilante **2** *US (UK* **carer**) ⇒cuidador,-a

cargo UK: /ˈkɑː.gəʊ/ US: /ˈkɑːr.goʊ/ *[pl cargoes, cargos]* *n* [C, U] ⇒carga ⇒cargamento ■ Distinto de *post* (cargo)

Caribbean UK: /ˌkær.ɪˈbiː.ⁿn/ UK: /kəˈrɪb.i-/ US: /ˌker.ɪˈbiː-/ *adj, n* [C] ⇒caribeño,ña

caricature UK: /ˈkær.ɪ.kə.tʃʊə/ US: /ˈker.ɪ.kə.tʃʊr/ *n* [C, U] ⇒caricatura

† **caring** UK: /ˈkeə.rɪŋ/ US: /ˈker.ɪŋ/ *adj* **1** ⇒cariñoso,sa y comprensivo,va **2** ⇒humanitario,ria

carnation UK: /kɑːˈneɪ.ʃⁿn/ US: /kɑːr-/ *n* [C] ⇒clavel

carnival UK: /ˈkɑː.nɪ.vⁿl/ US: /ˈkɑːr-/ ■ *n* [C, U] **1** ⇒carnaval: *the carnival queen* - la reina del carnaval ■ *n* [C] **2** *US (UK* **fête**) ⇒feria [benéfica] ⇒fiesta

carnivore UK: /ˈkɑː.nɪ.vɔː/ US: /ˈkɑːr.nɪ.vɔːr/ *n* [C] ⇒carnívoro,ra

carol UK: /ˈkær.ⁿl/ US: /ˈker-/ *n* [C] ⇒villancico

carousel UK: /ˌkær.ʊˈsel/ US: /ˌker.ə-/ *n* [C] **1** *US (UK tb* **roundabout**) ⇒carrusel ⇒tiovivo **2** ⇒cinta [transportadora]

† **car park** *UK (US* **parking lot**) *n* [C] ⇒aparcamiento ⇒parqueadero *AMÉR.;* ⇒parqueo *AMÉR.*

carpenter UK: /ˈkɑː.pɪn.tə/ US: /ˈkɑːr.pɪn.ˁtə/ *n* [C] ⇒carpintero,ra

carpet[1] UK: /ˈkɑː.pɪt/ US: /ˈkɑːr-/ *n* [C, U] ⇒moqueta ⇒alfombra ⇒tapete *AMÉR.* ■ Distinto de *binder* y *folder* (carpeta)

carpet[2] UK: /ˈkɑː.pɪt/ US: /ˈkɑːr-/ *v* [T] ⇒alfombrar ⇒enmoquetar

† **carriage** UK: /ˈkær.ɪdʒ/ US: /ˈker-/ ■ *n* [C] **1** *UK (en un tren)* ⇒vagón de pasajeros **2** ⇒carruaje ⇒carroza ■ *n* [U] **3** *UK* ⇒transporte de mercancías ■ PRON. Rima con *fridge*

carriageway UK: /ˈkær.ɪdʒ.weɪ/ US: /ˈker-/ *UK n* [C] **1** ⇒calzada **2** ⇒carretera: *dual carriageway* - carretera de doble calzada

carrier UK: /ˈkær.i.ə/ US: /ˈker.i.ə/ *n* [C] **1** ⇒empresa de transportes **2** ⇒compañía aérea **3** ⇒portador,-a [de una enfermedad]

carrier bag *UK n* [C] ⇒bolsa de plástico

† **carrot** UK: /ˈkær.ət/ US: /ˈker-/ *n* [C] **1** ⇒zanahoria **2** *(inform)* ⇒recompensa

† **carry** UK: /'kær.i/ US: /'ker-/ [carries, carried] ∎ *v* [T] **1** ⇒llevar: *Do you want me to carry the suitcase?* - ¿Quieres que te lleve la maleta? **2** ⇒soportar ∎ *v* [I] **3** ⇒oírse desde lejos: *His voice carries* - Su voz se oye desde lejos

PHRASAL VERBS

· **to carry sb away [M]** ⇒dejarse llevar por algo: *They were carried away by their excitement* - Se dejaron llevar por la emoción

· **to carry sth off [M]** ⇒salir airoso,sa de algo ⇒llevarse ⇒alzarse con

· **to carry sth out [M] 1** ⇒llevar algo a cabo ⇒realizar algo **2** *(una promesa)* ⇒cumplir

· **to carry sth through** ⇒llevar algo a término

· **to get carried away** ⇒emocionarse ⇒entu-
└ siasmarse

cart¹ UK: /kɑːt/ US: /kɑːrt/ *n* [C] **1** ⇒carro **2** ⇒carreta **3** *US (UK* trolley*)* ⇒carrito de la compra **4** ⇒carretilla

cart² UK: /kɑːt/ US: /kɑːrt/ *v* [T] *(inform)* ⇒transportar ⇒cargar con ∎ CONSTR. Se usa generalmente seguido de una preposición o un adverbio

PHRASAL VERBS

· **to cart sth {about/around}** *(inform)* ⇒cargar con algo

└ **to cart sth/sb {away/off}** *(inform)* ⇒llevarse

carton UK: /'kɑː.tᵊn/ US: /'kɑːr.ᵗt[ə]n/ *n* [C] *(envase)* ⇒cartón ⇒tetra brik

† **cartoon** UK: /kɑː'tuːn/ US: /kɑːr-/ *n* [C] **1** ⇒chiste gráfico ⇒viñeta **2** ⇒dibujos animados **3** *(en arte)* ⇒dibujo ⇒cartón

CARTOON

cartridge UK: /'kɑː.trɪdʒ/ US: /'kɑːr-/ *n* [C] **1** ⇒película [fotográfica] **2** ⇒cartucho [de tinta] **3** *(de un arma de fuego)* ⇒cartucho

† **carve** UK: /kɑːv/ US: /kɑːrv/ [carved, carving] *v* [T] **1** ⇒esculpir ⇒tallar **2** ⇒grabar

PHRASAL VERBS

· **to carve sth out (for oneself)** ⇒forjarse algo

· **to carve sth up [M]** ⇒repartir(se) algo ⇒divi-
└ dir(se) algo

carving UK: /'kɑː.vɪŋ/ US: /'kɑːr-/ ∎ *n* [C] **1** ⇒escultura ⇒talla ∎ *n* [U] **2** *(actividad)* ⇒escultura

cascade /kæs'keɪd/ *n* [C] **1** ⇒cascada ⇒salto de agua **2** *(lit)* ⇒aluvión

† **case** /keɪs/ ∎ *n* [C] **1** *(ejemplo)* ⇒caso **2** *UK (UK/ US tb* suitcase*)* ⇒maleta ⇒maletín **3** ⇒funda **4** ⇒proceso judicial ∎ *n* [NO PL] **5** ⇒argumentos **6** court ~ ⇒causa ⇒juicio **7** in any ~ ⇒en cualquier caso ⇒de cualquier forma ⇒de todos modos **8** (just) in ~ ⇒por si acaso ⇒por si

† **cash**¹ /kæʃ/ *n* [U] **1** ⇒dinero en efectivo **2** *to pay in cash* - pagar en efectivo **3** ~ on delivery ⇒entrega contra reembolso ∎ La forma abreviada es *COD*

cash² /kæʃ/ *v* [T] ⇒cobrar: *to cash a cheque* - cobrar un cheque

PHRASAL VERBS

└ **to cash in on sth** ⇒aprovecharse de algo

cash card *UK n* [C] ⇒tarjeta bancaria

cash desk *UK n* [C] *(en un establecimiento)* ⇒caja

cashier UK: /kæʃ'ɪə/ US: /-'ɪr/ *n* [C] ⇒cajero,ra

† **cash machine** *(UK tb* cashpoint*)* *n* [C] ⇒cajero automático

cashmere UK: /'kæʃ.mɪə/ US: /-mɪr/ *n* [U] ⇒cachemir

cashpoint /'kæʃ.pɔɪnt/ *UK n* [C] See **cash machine**

† **casino** UK: /kə'siː.nəʊ/ US: /-noʊ/ *n* [C] ⇒casino

cask UK: /kɑːsk/ US: /kæsk/ *n* [C] ⇒barril ⇒cuba

casket UK: /'kɑː.skɪt/ US: /'kæs.kɪt/ *n* [C] **1** *UK* ⇒cofre [para guardar objetos de valor] **2** *US (UK/US tb* coffin*)* ⇒ataúd ⇒cajón *AMÉR.*

casserole UK: /'kæs.ᵊr.əʊl/ US: /-ə.roʊl/ *n* [C] **1** *(tb* casserole dish*)* *(para el horno)* ⇒cazuela **2** ⇒guiso ∎ Distinto de *saucepan* (cacerola)

† **cassette** /kə'set/ *n* [C] ⇒cinta ⇒casete

cast¹ UK: /kɑːst/ US: /kæst/ *n* [C] **1** *(en un espectáculo)* ⇒reparto ∎ Por ser un nombre colectivo se puede usar con el verbo en singular o en plural **2** ⇒molde

cast², cast, cast UK: /kɑːst/ US: /kæst/ *v* [T] **1** *(en un espectáculo)* ⇒seleccionar ⇒hacer el reparto ∎ CONSTR. Se usa más en pasiva **2** ⇒votar ⇒dar el voto **3** *(lit)* ⇒lanzar ⇒tirar ∎ CONSTR. Se usa generalmente seguido de una preposición o un adverbio **4** *(en escultura)* ⇒vaciar **5** to ~ a spell on sth/sb ⇒hechizar **6** to ~ one's vote ⇒votar ⇒dar el voto

PHRASAL VERBS

· **to cast {about/around} for sth** *(form)* ⇒buscar algo

· **to cast sth/sb aside [M]** *(form)* ⇒dejar de lado ⇒desechar

· **to cast sth off [M]** *(form)* ⇒deshacerse de
└ algo

caste UK: /kɑːst/ US: /kæst/ *n* [C, U] ⇒casta ⇒grupo social

cast iron *n* [U] ⇒hierro con un alto contenido de carbono

↑**castle** UK: /ˈkɑː.sl/ US: /ˈkæs.l/ *n* [C] ⇒castillo **2** *(en ajedrez)* ⇒torre ■ PRON. La *t* no se pronuncia

castrate /kæsˈtreɪt/ [castrated, castrating] *v* [T] ⇒castrar

↑**casual** /ˈkæʒ.ju.əl/ *adj* **1** ⇒despreocupado,da: *a casual attitude* - una actitud despreocupada **2** *UK* ⇒temporal ⇒esporádico,ca ⇒ocasional ■ Distinto de *chance* (casual)

casually /ˈkæʒ.ju.ə.li/ *adv* ⇒de manera informal ⇒despreocupadamente

↑**casualty** /ˈkæʒ.ju.əl.ti/ ■ *n* [C] **1** ⇒víctima ⇒baja ■ El plural es *casualties* ■ *n* [U] **2** *UK* ⇒sala de urgencias ■ Distinto de *coincidence* y *chance* (casualidad)

↑**cat** /kæt/ *n* [C] **1** ⇒gato,ta **2** ⇒felino

Catalan UK: /ˈkæt.ə.læn/ US: /ˈkæˤt̬-/ *n* [U] *(idioma)* ⇒catalán ■ PRON. Se acentúa la primera sílaba

catalogue¹ UK: /ˈkæt.ə.lɒg/ US: /ˈkæˤt̬.[ə]l.ɑːg/ *n* [C] **1** ⇒catálogo **2** ⇒serie: *a catalogue of problems* - una serie de problemas **3** ⇒fichero

catalogue² UK: /ˈkæt.ə.lɒg/ US: /ˈkæˤt̬.[ə]l.ɑːg/ [catalogued, cataloguing] *v* [T] ⇒catalogar

catalyst UK: /ˈkæt.ə.lɪst/ US: /ˈkæˤt̬-/ *n* [C] ⇒catalizador

catamaran UK: /ˈkæt.ə.mə.ræn/ US: /ˈkæˤt̬-/ *n* [C] *(barco)* ⇒catamarán

catapult¹ UK: /ˈkæt.ə.pʌlt/ US: /ˈkæˤt̬-/ *v* [T] ⇒catapultar ■ CONSTR. Se usa generalmente seguido de una preposición o un adverbio

catapult² UK: /ˈkæt.ə.pʌlt/ US: /ˈkæˤt̬-/ *n* [C] **1** ⇒catapulta **2** *UK* ⇒tirachinas

cataract UK: /ˈkæt.ə.rækt/ US: /ˈkæˤt̬-/ *n* [C] **1** *(de los ojos)* ⇒catarata **2** *(form) (de agua)* ⇒catarata

catarrh /kəˈtɑː/ US: /-ˈtɑːr/ *UK n* [U] *(form)* ⇒catarro

catastrophe /kəˈtæs.trə.fi/ *n* [C] ⇒catástrofe

↑**catch¹**, caught, caught /kætʃ/ *v* [T] **1** ⇒coger ⇒agarrar **2** ⇒cazar ⇒atrapar ■ CONSTR. *to catch + doing sth* **3** ⇒pillar(se) **4** *(un medio de transporte)* ⇒tomar ⇒coger **5** *(una enfermedad)* ⇒coger ⇒contraer **6** ⇒oír ⇒entender **7** *to ~ fire* ⇒arder ⇒prender(se)

|PHRASAL VERBS

· *to {be/get} caught up in sth* ⇒estar metido,da en algo
· *to catch at sth* ⇒tratar de agarrar algo
· *to catch on* ⇒poner(se) de moda
· *to catch on (to sth)* ⇒enterarse de algo
· *to catch sb out* [M] *UK* ⇒coger desprevenido,da a alguien ⇒pillar a alguien
· *to catch up with sth/sb* ⇒alcanzar ⇒ponerse al día

catch² /kætʃ/ [*pl* catches] *n* [NO PL] **1** ⇒trampa ⇒gato encerrado *col.* **2** ⇒pesca **3** ⇒cierre ⇒cerradura **4** *to be sb a good ~* ⇒ser un buen partido *col.*

catching /ˈkætʃ.ɪŋ/ *adj* **1** ⇒contagioso,sa **2** *(una norma, una cláusula)* ⇒general ⇒para todo

catchment area UK: /ˈkætʃ.mənt̩ˌeə.ri.ə/ US: /ˈketʃ.məntˌer.i-/ *UK n* [C] ⇒distrito ⇒zona de captación

catchphrase /ˈkætʃ.freɪz/ *n* [C] ⇒frase favorita ⇒frase de moda

catchy /ˈkætʃ.i/ *adj* [*comp* catchier, *superl* catchiest] *(una canción, una melodía)* ⇒pegadizo,za

categorical UK: /ˌkæt.əˈgɒr.ɪ.kᵊl/ US: /ˌkæˤt̬.əˈgɑːr-/ *adj* **1** ⇒categórico,ca *(una negación)* ⇒enfático,ca ⇒rotundo,da

↑**category** UK: /ˈkæt.ə.gri/ US: /ˈkæˤt̬-/ [*pl* categories] *n* [C] ⇒categoría

cater UK: /ˈkeɪ.tə/ US: /-ˤt̬ə/ *v* [I] ⇒abastecer: *to cater for sb* - abastecer a alguien

|PHRASAL VERBS

· *to cater for sth/sb UK* (*US to cater to sb*) ⇒dirigirse a ⇒atender a: *to cater for sb's needs* - atender a las necesidades de alguien
· *to cater to sth/sb* ⇒satisfacer los caprichos

catering UK: /ˈkeɪ.tᵊr.ɪŋ/ US: /-ˤt̬ə-/ *n* [U] **1** ⇒catering **2** ⇒estudios de hostelería

caterpillar UK: /ˈkæt.ə.pɪl.ə/ US: /ˈkæˤt̬.ə.pɪl.ə/ *n* [C] **1** ⇒oruga **2** ⇒tractor de oruga

↑**cathedral** /kəˈθiː.drəl/ *n* [C] ⇒catedral ■ PRON. La *e* se pronuncia con énfasis y como la *i* de *Spanish*

↑**Catholic** /ˈkæθᵊl.ɪk/ *adj, n* [C] ⇒católico,ca: *She's a Catholic* - Es católica ■ PRON. La *th* se pronuncia como la *z* española y la *o* no se pronuncia

Catholicism UK: /kəˈθɒl.ɪ.sɪ.zᵊm/ US: /-ˈθɑː.lɪ-/ *n* [U] ⇒catolicismo

↑**cattle** UK: /ˈkæt.l/ US: /ˈkæˤt̬-/ *n* [PL] ⇒ganado vacuno

catwalk UK: /ˈkæt.wɔːk/ US: /-wɑːk/ *n* [C] ⇒pasarela [de desfiles]

caught UK: /kɔːt/ US: /kɑːt/ past tense and past participle forms of **catch**

cauldron UK: /ˈkɔːl.drᵊn/ US: /ˈkɑːl-/ *n* [C] **1** *(lit)* ⇒caldero **2** *a cauldron of unrest* - un semillero de descontento

cauliflower UK: /ˈkɒl.ɪˌflaʊ.ə/ US: /ˈkɑː.lɪˌflaʊr/ *n* [C, U] ⇒coliflor

↑**cause¹** UK: /kɔːz/ US: /kɑːz/ *n* [C, U] **1** *(origen)* ⇒causa **2** ⇒razón **3** *(propósito)* ⇒causa

↑**cause²** UK: /kɔːz/ US: /kɑːz/ [caused, causing] *v* [T] ⇒hacer ⇒causar ■ CONSTR. 1.to cause + to do sth 2. to cause + dos objetos

causeway UK: /ˈkɔːz.weɪ/ US: /ˈkɑːz-/ *n* [C] ⇒camino elevado

caustic UK: /'kɔː.stɪk/ US: /'kɑː-/ *adj* **1** ⇒cáustico,ca **2** ⇒mordaz

caution[1] UK: /'kɔː.ʃ°n/ US: /'kɑː-/ ■ *n* [U] **1** ⇒cautela ⇒precaución ■ *n* [C, U] **2** ⇒advertencia **3** *UK* ⇒amonestación **4** to {cast/throw} ~ to the winds ⇒abandonar toda precaución

caution[2] UK: /'kɔː.ʃ°n/ US: /'kɑː-/ *v* [T] **1** *(form)* ⇒advertir: *to caution sb about sth* - advertir a alguien de algo **2** ⇒leerle los derechos a alguien ■ Constr. Se usa más en pasiva

cautious UK: /'kɔː.ʃəs/ US: /'kɑː-/ *adj* ⇒cauto,ta ⇒precavido,da ⇒prudente

cavalry /'kæv.°l.ri/ *n* [U] ⇒caballería: *cavalry charge* - carga de caballería ■ Por ser un nombre colectivo se puede usar con el verbo en singular o en plural

cave[1] /keɪv/ *n* [C] ⇒cueva ⇒caverna

† **cave**[2] /keɪv/

| PHRASAL VERBS
| · **to cave in** *(una estructura)* ⇒venirse abajo ⇒derrumbarse ⇒ceder

caveman /'keɪv.mæn/ [*pl* cavemen] *n* [C] ⇒troglodita ⇒cavernícola

cavern UK: /'kæv.°n/ US: /-ən/ *n* [C] ⇒caverna

cavewoman [*pl* cavewomen] *n* [C] ⇒troglodita ⇒cavernícola

caviar UK: /'kæv.i.ɑː/ US: /-ɑːr/ UK: /ˌ--'-/ *n* [U] ⇒caviar

cavity UK: /'kæv.ɪ.ti/ US: /-ə.ˁt̬i/ [*pl* cavities] *n* [C] **1** ⇒cavidad **2** ⇒caries

† **CD** /ˌsiː'diː/ *n* [C] ⇒CD ■ Procede de *compact disc* (disco compacto) ■ Pron. La C se pronuncia como *see* y la D rima con ello

† **CD player** *n* [C] ⇒reproductor de CD ■ Procede de *compact disc player* (reproductor de discos compactos)

† **CD-ROM** UK: /ˌsiː.diːˈrɒm/ US: /-ˈrɑːm/ *n* [C, U] ⇒CD-ROM ■ Procede de *compact disc read only memory* (disco compacto solo de lectura)

CE *n* [NO PL] ⇒forma abreviada de **Church of England** (iglesia anglicana)

† **cease** /siːs/ [ceased, ceasing] *v* [T, I] **1** *(form)* ⇒cesar ⇒terminar **2** *(form)* ⇒dejar de: *The machine ceased to function* - La máquina dejó de funcionar ■ Constr. 1. to cease + doing sth 2. to cease + to do sth

ceasefire UK: /'siːs.faɪə/ US: /-faɪr/ *n* [C] ⇒alto el fuego: *to announce a ceasefire* - declarar un alto el fuego

ceaseless /'siː.sləs/ *adj (form)* ⇒incesante ⇒continuo,nua

† **ceiling** /'siː.lɪŋ/ *n* [C] **1** ⇒techo: *to look up at the ceiling* - mirar al techo **2** ⇒tope ⇒límite ■ Pron. La primera sílaba, *cei*, se pronuncia como *see*

† **celebrate** /'sel.ɪ.breɪt/ [celebrated, celebrating] *v* [T, I] ⇒celebrar ⇒festejar

celebrated UK: /'sel.ɪ.breɪ.tɪd/ US: /-ˁt̬ɪd/ *adj* ⇒célebre: *to be celebrated for sth* - ser célebre por algo

celebration /ˌsel.ɪ'breɪ.ʃ°n/ *n* [C, U] ⇒celebración ⇒fiesta ■ Pron. La *c* se pronuncia como una *s*

† **celebrity** UK: /sɪˈleb.rɪ.ti/ US: /-ˁt̬i/ [*pl* celebrities] *n* [C] ⇒celebridad

celery /'sel.ʰr.i/ US: /-ə-/ *n* [U] ⇒apio

† **cell** /sel/ *n* [C] **1** ⇒célula: *living cells* - células vivas **2** ⇒celda

† **cellar** UK: /'sel.ə/ US: /-ə/ *n* [C] ⇒sótano ⇒bodega

cellmate /'sel.meɪt/ *n* [C] ⇒compañero,ra de celda

cello UK: /'tʃel.əʊ/ US: /-oʊ/ *n* [C] ⇒violonchelo ⇒chelo ■ Pron. La *c* se pronuncia como una *ch*

cellular /'sel.ju.lə/ US: /-lə/ *adj* ⇒celular

† **Celsius** /'sel.si.əs/ *(tb* centigrade) *adj, n* [U] ⇒escala de Celsius ⇒escala centígrada ■ La forma abreviada es *C* ■ Con números se escribe normalmente el signo ºC en lugar de *centigrade*: 25 ºC - 25 grados ■ Pron. La *c* se pronuncia como una *s*

Celtic /'kel.tɪk, 'sel-/ *adj* ⇒celta ⇒céltico,ca ■ Pron. Las dos *c* se pronuncian como una *k*

cement[1] /sɪ'ment/ *n* [U] ⇒cemento ■ Pron. La *c* se pronuncia como una *s*

cement[2] /sɪ'ment/ *v* [T] **1** ⇒fortalecer: *Time cemented their relationship* - El tiempo fortaleció su relación **2** ⇒revestir de cemento

† **cemetery** UK: /'sem.ə.tri/ US: /-ter.i/ [*pl* cemeteries] *n* [C] ⇒cementerio ■ Pron. La *c* se pronuncia como una *s*. La última *e* no se pronuncia

censor[1] UK: /'sent.sə/ US: /-sə/ *v* [T] ⇒censurar ■ Constr. Se usa más en pasiva

censor[2] UK: /'sent.sə/ US: /-sə/ *n* [C] ⇒censor,-a

censure[1] UK: /'sen.ʃə/ US: /-ʃə/ [censured, censuring] *v* [T] *(form)* ⇒censurar ⇒desaprobar

censure[2] UK: /'sen.ʃə/ US: /-ʃə/ *n* [U] *(form)* ⇒censura ⇒desaprobación

census /'sent.səs/ [*pl* censuses] *n* [C] ⇒censo ⇒padrón

† **cent** /sent/ *n* [C] *(moneda)* ⇒centavo ■ Pron. La *c* se pronuncia como una *s*

centenary UK: /sen'tiː.n°r.i/ UK: /-'ten.ʰr-/ US: /-'ten.ə-/ [*pl* centenaries] *UK n* [C] ⇒centenario

center UK: /'sen.tə/ US: /-ˁt̬ə/ *US n* [C], *v* [T] See **centre**

† **centigrade**[1] UK: /'sen.tɪ.greɪd/ US: /-ˁt̬ɪ-/ *(tb* Celsius) *n* [U] ⇒escala centígrada ⇒escala de Celsius ■ La forma abreviada es *C* ■ Con números se escribe normalmente el signo ºC en lugar de *centigrade*: 25 ºC - 25 grados ■ Pron. La *c* se pronuncia como una *s*

† **centigrade**[2] UK: /'sen.tɪ.greɪd/ US: /-ˁt̬ɪ-/ *adj* ⇒centígrado ■ Pron. La *c* se pronuncia como una *s*

† **centimetre** UK: /'sen.tɪˌmiː.tə/ US: /-ˁt̬ɪˌmiː.ˁt̬ə/ *UK n* [C] ⇒centímetro ■ La forma abreviada es *cm* ■ Pron. La *c* se pronuncia como una *s*

†**central** /'sen.trəl/ *adj* **1** ⇒central **2** ⇒central ⇒principal **3** *(en una ciudad)* ⇒céntrico,ca ■ PRON. La c se pronuncia como una s

centralize /'sen.trə.laɪz/ [centralized, centralizing] *v* [T] ⇒centralizar: *to centralize power* - centralizar el poder ■ CONSTR. Se usa más en pasiva

centrally /'sen.trə.li/ *adv* ⇒en el centro

†**centre¹** UK: /'sen.tə³/ US: /-ˤt̬ə/ *UK* (*US* **center**) *n* [C] ⇒centro: *the town centre* - el centro de la ciudad ■ PRON. La c se pronuncia como una s

centre² UK: /'sen.tə³/ US: /-ˤt̬ə/ [centred, centring] *UK* (*US* **center**) *v* [T] ⇒centrar ■ PRON. La c se pronuncia como una s

| PHRASAL VERBS
| · **to centre {around/on}** *sth/sb* ⇒centrarse en: *I tried to centre my attention on the task* - Procuré centrar mi atención en la tarea

†**century** UK: /'sen.tʃ³r.i/ US: /-tʃə-/ [*pl* centuries] *n* [C] **1** ⇒siglo: *in the 19th century* - en el siglo XIX; *over the centuries* - con el paso de los siglos **2** *(mucho tiempo)* ⇒siglo **3** *(en cricket)* ⇒cien carreras ■ PRON. La c se pronuncia como una s

†**cereal** UK: /'sɪə.ri.əl/ US: /'sɪr.i-/ *n* [C, U] **1** ⇒cereal **2** ⇒cereales: *breakfast cereals* - cereales de desayuno ■ PRON. La c se pronuncia como una s y la sílaba, cer rima con near

cerebral /'ser.ɪ.brəl/ *adj* **1** *(form)* ⇒cerebral ⇒mental **2** *(form) (una persona)* ⇒cerebral ⇒calculador,-a

ceremonial UK: /ˌser.ɪ'məʊ.ni.əl/ US: /-'moʊ-/ *adj* ⇒ceremonial

†**ceremony** /'ser.ɪ.mə.ni/ [*pl* ceremonies] *n* [C] ⇒ceremonia: *the opening ceremony* - la ceremonia de apertura ■ PRON. La c se pronuncia como una s

cert UK: /sɜːt/ US: /sɜːt/ *UK n* [C] *(inform)* ⇒ganador seguro, ganadora segura

†**certain** UK: /'sɜː.t³n/ US: /'sɜː-/ *adj* **1** ⇒seguro,ra: *Do you know for certain?* - ¿Estás seguro?; ⇒convencido,da **2** ⇒determinado,da ⇒cierto,ta **3** for ~ ⇒con seguridad **4** to make ~ (that) ⇒asegurarse (de que) ■ PRON. La c se pronuncia como una s

certainly UK: /'sɜː.t³n.li/ US: /'sɜː-/ *adv* **1** ⇒seguro ⇒con toda certeza **2** ⇒desde luego ⇒por supuesto

certainty UK: /'sɜː.t³n.ti/ US: /'sɜː-/ ■ *n* [U] **1** ⇒seguridad ⇒certeza ■ *n* [C] **2** ⇒hecho ⇒realidad ■ El plural es certainties

†**certificate** UK: /sə'tɪf.ɪ.kət/ US: /sə-/ *n* [C] **1** ⇒certificado ⇒partida **2** *(de educación)* ⇒título ⇒diploma **3** doctor's ~ ⇒baja médica ■ PRON. La primera c se pronuncia como una s

certify UK: /'sɜː.tɪ.faɪ/ US: /'sɜː.ˤt̬ə-/ [certifies, certified] *v* [T] ⇒certificar

cesarean *US* (*UK* **caesarean**) *n* [C] ⇒cesárea

CFC /ˌsiː.ef'siː/ *n* [U] *(en química)* ⇒CFC ■ Procede de *chlorofluorocarbon* (clorofluorocarbono)

chain¹ /tʃeɪn/ *n* [C] **1** ⇒cadena **2** in chains ⇒encadenado,da ■ PRON. Rima con rain

chain² /tʃeɪn/ *v* [T] ⇒encadenar ⇒atar ■ CONSTR. Se usa generalmente seguido de las preposiciones up y to ■ PRON. Rima con rain

chain-smoke UK: /'tʃeɪn.sməʊk/ US: /-smoʊk/ [chain-smoked, chain-smoking] *v* [T, I] ⇒fumar como un carretero col.

chain store *n* [C] ⇒tienda que pertenece a una cadena de establecimientos

†**chair¹** UK: /tʃeə³/ US: /tʃer/ *n* [C] **1** ⇒silla **2** ⇒presidente,ta **3** *(en la universidad)* ⇒cátedra

chair² UK: /tʃeə³/ US: /tʃer/ *v* [T] ⇒presidir

CHAIR

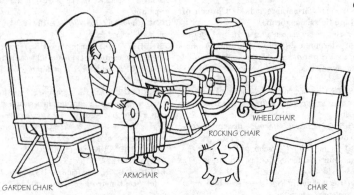

GARDEN CHAIR

ARMCHAIR

ROCKING CHAIR

WHEELCHAIR

CHAIR

chairman /'tʃeə.mən/ [pl chairmen] n [C] ⇒presidente

chairperson n [C] ⇒presidente,ta

chairwoman UK: /'tʃeəˌwʊm.ən/ US: /'tʃer-/ [pl chairwomen] n [C] ⇒presidenta

chalet /'ʃæl.eɪ/ n [C] (en una montaña) ⇒chalé [de madera] ■ PRON. La t no se pronuncia

chalk¹ UK: /tʃɔːk/ US: /tʃɑːk/ n [U] **1** ⇒tiza **2** like ~ and cheese ⇒como la noche y el día: We are like chalk and cheese - Somos como la noche y el día

chalk² UK: /tʃɔːk/ US: /tʃɑːk/ UK v [T] ⇒escribir [con tiza]: He chalked his name on the blackboard - Escribió su nombre en la pizarra
|PHRASAL VERBS
· to chalk sth up [M] (una victoria, un punto) ⇒apuntarse ⇒anotarse

chalkboard UK: /'tʃɔːk.bɔːd/ US: /'tʃɑːk.bɔːrd/ US (UK/US tb blackboard) n [C] ⇒pizarra

chance³ UK: /tʃɑːnts/ US: /tʃænts/ adj ⇒casual ⇒fortuito,ta

chancellor UK: /'tʃɑːnt.səl.əʳ/ US: /'tʃænt.s[ə]l.əʳ/ n [C] **1** ⇒canciller **2** (en algunas universidades) ⇒rector,-a **3** Chancellor of the Exchequer UK ⇒ministro,tra de Economía y Hacienda

chandelier UK: /ˌʃæn.də'lɪəʳ/ US: /-'lɪr/ n [C] ⇒candelabro

change¹ /tʃeɪndʒ/ [changed, changing] ■ v [T, I] **1** ⇒cambiar: This country has changed a lot in the last twenty years - Este país ha cambiado mucho en los últimos veinte años **2** (en un medio de transporte) ⇒hacer transbordo **3** v [T] ⇒cambiar [moneda] ■ PRON. chan rima con rain
|PHRASAL VERBS
· to change over ⇒cambiar [de una cosa a otra]

change² /tʃeɪndʒ/ ■ n [C, U] **1** ⇒cambio: I'm amazed by the change in her attitude - Estoy asombrado por su cambio de actitud; ⇒transformación ■ n [U] **2** (dinero) ⇒cambio ⇒vuelta ⇒vuelto AMÉR. **3** ⇒dinero suelto ⇒feria AMÉR. **4** a ~ of clothes ⇒una muda ■ PRON. chan rima con rain

changeover UK: /'tʃeɪndʒˌəʊ.vəʳ/ US: /-ˌoʊ.vəʳ/ n [C] ⇒cambio ⇒transición

changing room UK n [C] **1** (en deportes) ⇒vestuario **2** (en una tienda) ⇒probador

channel¹ /'tʃæn.əl/ n [C] **1** ⇒canal **2** ⇒cadena ⇒emisora **3** The (English) Channel ⇒el Canal de la Mancha ■ PRON. Se acentúa la primera sílaba

channel² /'tʃæn.əl/ [channelled, channelling; US channeled, channeling] v [T] ⇒canalizar ⇒dirigir

chant¹ UK: /tʃɑːnt/ US: /tʃænt/ v [T, I] ⇒corear

chant² UK: /tʃɑːnt/ US: /tʃænt/ n [C] **1** ⇒consigna ⇒canción **2** ⇒canto **3** (en religión) ⇒canto litúrgico ⇒salmodia

chaos UK: /'keɪ.ɒs/ US: /-ɑːs/ n [U] ⇒caos ■ PRON. La primera sílaba, cha, rima con day y la ch se pronuncia como una k

chap /tʃæp/ UK n [C] (inform) ⇒tío col.

chapel /'tʃæp.əl/ n [C] ⇒capilla

chaplain /'tʃæp.lɪn/ n [C] ⇒capellán ■ PRON. La última parte, lain, rima con el término inglés in

chapter UK: /'tʃæp.təʳ/ US: /-təʳ/ n [C] ⇒capítulo: in the opening chapter of the book - en el primer capítulo del libro

character UK: /'kær.ɪk.təʳ/ US: /'ker.ɪk.təʳ/ ■ n [C, U] **1** ⇒carácter ⇒temperamento ■ n [C] **2** ⇒personaje: the most important character - el personaje principal **3** ⇒carácter: Japanese characters - caracteres japoneses ■ PRON. Se acentúa la primera sílaba

characteristic¹ UK: /ˌkær.ɪk.tə'rɪs.tɪk/ US: /ˌker-/ n [C] ⇒característica

chamber UK: /'tʃeɪm.bəʳ/ US: /-bəʳ/ n [C] (form) ⇒cámara: a torture chamber - una cámara de tortura **2** ⇒cámara [parlamentaria] ■ PRON. La primera parte, cha, rima con day

chamberlain n [C] ⇒chambelán

champagne /ʃæm'peɪn/ n [U] ⇒champán ■ PRON. La ch se pronuncia como la sh en shall y la última parte, pagne, se pronuncia como pain

champion¹ /'tʃæm.pi.ən/ n [C] **1** ⇒campeón,-a **2** ⇒defensor,-a ⇒abanderado,da

champion² /'tʃæm.pi.ən/ v [T] ⇒defender ⇒abanderar

championship /'tʃæm.pi.ən.ʃɪp/ n [C] ⇒campeonato

chance¹ UK: /tʃɑːnts/ US: /tʃænts/ n [C, U] **1** ⇒posibilidad: I don't stand a chance of winning - No tengo ninguna posibilidad de ganar **2** ⇒suerte: Work hard, don't leave it to chance! - ¡Trabaja duro y no te fíes de la suerte! **3** ⇒oportunidad: to miss a chance - perder una oportunidad **4** by (any) ~ ⇒por casualidad: Are you from Australia, by any chance? - ¿Eres de Australia, por casualidad? **5** chances are (that) ⇒lo más probable es (que): Chances are that he'll pass the exam - Lo más probable es que apruebe el examen **6** to take a ~ ⇒correr el riesgo: I'll take the chance - Correré el riesgo

chance² UK: /tʃɑːnts/ US: /tʃænts/ [chanced, chancing] v [T] (inform) ⇒probar suerte

characteristic² UK: /ˌkær.ɪk.təˈrɪs.tɪk/ US: /ˌker-/ *adj* ⇒característico,ca

characterize UK: /ˈkær.ɪk.tə.raɪz/ US: /ˈker.ɪk.tə.aɪz/ [characterized, characterizing] *v* [T] **1** ⇒caracterizar ■ CONSTR. Se usa más en pasiva **2** ⇒describir ⇒calificar

charade UK: /ʃəˈrɑːd/ US: /-ˈreɪd/ *n* [C] ⇒farsa

charcoal UK: /ˈtʃɑː.kəʊl/ US: /ˈtʃɑːr.koʊl/ *n* [U] **1** ⇒carbón vegetal **2** *(en arte)* ⇒carboncillo

† **charge¹** UK: /tʃɑːdʒ/ US: /tʃɑːrdʒ/ [charged, charging] ■ *v* [T] **1** ⇒cobrar ■ CONSTR. to charge + dos objetos **2** ⇒acusar ■ CONSTR. 1. to charge sb with sth 2. Se usa más en pasiva ■ *v* [T, I] **3** ⇒cargar ⇒embestir **4** ⇒recargar ⇒cargar

† **charge²** UK: /tʃɑːdʒ/ US: /tʃɑːrdʒ/ ■ *n* [C, U] **1** ⇒precio ⇒pago ■ *n* [C] **2** ⇒acusación ⇒cargo **3** ⇒carga ⇒acometida ⇒ataque **4** ⇒carga [explosiva] **5 to be in ~ of** *sth/sb* ⇒estar al frente de ⇒estar a cargo de ⇒ser el responsable de

chariot UK: /ˈtʃær.i.ət/ US: /ˈtʃer-/ *n* [C] *(en la antigüedad)* ⇒cuadriga ⇒carro

charisma /kəˈrɪz.mə/ *n* [U] ⇒carisma: *She has a lot of charisma* - Tiene mucho carisma

charitable UK: /ˈtʃær.ɪ.tə.bl̩/ US: /ˈtʃer.ɪ.ˁtə-/ *adj* **1** ⇒caritativo,va ⇒benéfico,ca **2** ⇒comprensivo,va

† **charity** UK: /ˈtʃær.ɪ.ti/ US: /ˈtʃer.ɪ.ˁti/ ■ *n* [U] **1** *(form)* ⇒caridad ■ *n* [C, U] **2** ⇒institución benéfica ■ El plural es *charities*

charity shop *UK n* [C] ⇒tienda de una organización benéfica

charlie UK: /ˈtʃɑː.li/ US: /ˈtʃɑːr-/ *n* [C] *(inform, old-fash)* ⇒tonto,ta ⇒primo,ma *col.*

charm¹ UK: /tʃɑːm/ US: /tʃɑːrm/ ■ *n* [C, U] **1** ⇒encanto: *She used all her charms to persuade me* - Empleó todos sus encantos para convencerme ■ *n* [C] **2** ⇒amuleto **3** *(un plan)*: **to work like a charm** - funcionar a las mil maravillas

charm² UK: /tʃɑːm/ US: /tʃɑːrm/ *v* [T] ⇒encantar ⇒cautivar ■ CONSTR. Se usa más en pasiva

charming UK: /ˈtʃɑː.mɪŋ/ US: /ˈtʃɑːr-/ *adj* **1** *(una persona)* ⇒encantador,-a ⇒cautivador,-a **2** *(un lugar)* ⇒encantador,-a **3** *(un objeto)* ⇒muy bonito,ta ⇒muy mono,na

chart¹ UK: /tʃɑːt/ US: /tʃɑːrt/ *n* [C] **1** ⇒tabla ⇒gráfico **2** ⇒carta de navegación **3 the charts** ⇒lista de éxitos [musicales]: *at the top of the charts* - en el número uno de la lista de éxitos

chart² UK: /tʃɑːt/ US: /tʃɑːrt/ *v* [T] **1** ⇒levantar un mapa ⇒trazar una carta de navegación **2** ⇒reflejar ⇒dejar constancia

charter¹ UK: /ˈtʃɑː.tə/ US: /ˈtʃɑːr.ˁtə/ *n* [C] ⇒carta ⇒estatuto

charter² UK: /ˈtʃɑː.tə/ US: /ˈtʃɑːr.ˁtə/ *v* [T] ⇒fletar: *to charter a ship* - fletar un barco

† **chase¹** /tʃeɪs/ [chased, chasing] ■ *v* [T, I] **1** ⇒perseguir: *The dogs chased the fox to the river* - Los perros persiguieron al zorro hasta el río ■ *v* [T] **2** *UK* ⇒andar a la caza de algo *col.* ■ PRON. Rima con *face*

PHRASAL VERBS
· **to chase** *sb* **up** [M] *(inform)* ⇒contactar a alguien [para averiguar por qué no se ha cumplido algo]

chase² /tʃeɪs/ *n* [C] ⇒persecución: *a car chase* - una persecución de coches

chasm /ˈkæz.ᵊm/ *n* [C] ⇒abismo ■ PRON. La ch se pronuncia como una *k*

chassis UK: /ˈʃæs.i/ US: /ˈtʃæs.i/ UK: /ˈʃæs.iz/ /ˈtʃæs.iz/ [pl chassis] *n* [C] *(en un automóvil)* ⇒chasis

chastity UK: /ˈtʃæs.tə.ti/ US: /-ˁti/ *n* [U] ⇒castidad

chat¹ /tʃæt/ [chatted, chatting] *v* [I] ⇒charlar: *We chatted until two in the morning* - Estuvimos charlando hasta las dos de la madrugada

PHRASAL VERBS
· **to chat** *sb* **up** [M] *UK (inform)* ⇒coquetear con alguien ⇒ligar con alguien *col.*

chat² /tʃæt/ *n* [C, U] **1** ⇒charla ⇒conversación **2** *(en el ordenador)* ⇒chat ⇒conversatorio *AMÉR.*

chat room *n* [C] *(en internet)* ⇒foro

chatter¹ UK: /ˈtʃæt.ə/ US: /ˈtʃæˁt.ə/ *v* [I] **1** ⇒cotorrear *col.;* ⇒charlar **2** *(un pájaro)* ⇒gorjear ■ *v* [T, I] **3** *(los dientes)* ⇒castañetear [por frío]

chatter² UK: /ˈtʃæt.ə/ US: /ˈtʃæˁt.ə/ *n* [U] **1** ⇒charloteo *col.;* ⇒cháchara *col.* **2** *(de un pájaro)* ⇒gorjeo **3** *(de los dientes)* ⇒castañeteo

chauffeur¹ UK: /ˈʃəʊ.fə/ US: /ʃoʊˈfɚ/ *n* [C] ⇒chófer ⇒chofer *AMÉR.* ■ PRON. La ch se pronuncia como sh en *shop*

chauffeur² UK: /ˈʃəʊ.fə/ US: /ʃoʊˈfɚ/ *v* [T] ⇒llevar en coche ■ CONSTR. Se usa generalmente seguido de las preposiciones *around* y *about* ■ PRON. La ch se pronuncia como sh en *shop*

† **cheap** /tʃiːp/ *adj* **1** ⇒barato,ta: *That's very cheap!* - ¡Eso es muy barato! **2** *(un chiste, un comentario)* ⇒fácil ⇒de mal gusto **3** *US* ⇒tacaño,ña *desp.;* ⇒rácano,na *col. desp.*

cheat¹ /tʃiːt/ ■ *v* [I] **1** ⇒hacer trampas ⇒copiar [en un examen] ■ *v* [T] **2** ⇒engañar ■ PRON. Rima con *eat*

PHRASAL VERBS
· **to cheat on** *sb (inform)* ⇒poner los cuernos a alguien *col.;* ⇒engañar a alguien
· **to cheat** *sb* **out of** *sth* ⇒quitar algo a alguien [engañándolo]

cheat² /tʃiːt/ *n* [C] ⇒tramposo,sa ⇒fullero,ra ■ PRON. Rima con *eat*

† **check¹** /tʃek/ ■ *v* [T, I] **1** ⇒revisar ⇒comprobar ⇒checar *AMÉR.;* ⇒chequear *AMÉR.* ■ CONSTR. to check +

(that) **2** *(en ajedrez)* ⇒dar jaque ∎ *v* [T] **3** ⇒poner freno a ∎ *v* [I] **4** ⇒consultar

PHRASAL VERBS

· **to check in 1** *(en un hotel)* ⇒registrar(se) **2** *(en un aeropuerto)* ⇒facturar ⇒checar *AMÉR.;* ⇒chequear *AMÉR.*
· **to check sth off** [M] ⇒comprobar y tachar [de una lista]
· **to check out** *(en un hotel)* ⇒dejar la habitación
· **to check sth out** [M] *US* ⇒sacar [un libro de una biblioteca]
· **to check sth/sb out** [M] **1** *(inform)* ⇒verificar ⇒comprobar **2** *(inform)* ⇒echar un vistazo
└ · **to check up on sb** ⇒investigar a alguien

check² /tʃek/ ∎ *n* [c] **1** ⇒revisión ⇒comprobación **2** *to do a check on sth* - comprobar algo **3** *US* *(UK* bill*)* ⇒cuenta ⇒factura **4** *US (UK* tick*)* ⇒visto bueno ⇒marca **5** *US (UK* cheque*)* ⇒cheque **6** *(en ajedrez)* ⇒jaque ∎ *n* [c, U] **7** ⇒tela de cuadros **8** *to {hold/keep} sth in ~* ⇒contener algo ⇒controlar algo

checkbook /'tʃek.bʊk/ *US (UK* chequebook*) n* [c] ⇒talonario de cheques

checked /tʃekt/ *adj* ⇒de cuadros: *a blue and white checked shirt* - una camisa de cuadros blancos y azules ∎ PRON. La última e no se pronuncia

checkers UK: /'tʃek.əz/ US: /-ɚz/ *US (UK* draughts*) n* [U] *(juego)* ⇒damas

check-in /'tʃek.ɪn/ ∎ *n* [c] **1** *(en un aeropuerto)* ⇒mostrador de facturación ∎ *n* [U] **2** ⇒facturación [del equipaje]

checking account *US (UK* current account*) n* [c] ⇒cuenta corriente

checklist /'tʃek.lɪst/ *n* [c] ⇒lista que uno escribe para acordarse de algo

checkmate /'tʃek.meɪt/ *n* [U] *(en ajedrez)* ⇒jaque mate ∎ PRON. La última parte, mate, rima con el término inglés late

†**checkout** /'tʃek.aʊt/ *n* [c] *(en una tienda)* ⇒caja

checkpoint /'tʃek.pɔɪnt/ *n* [c] ⇒puesto de control: *to pass through a checkpoint* - pasar por un puesto de control

check-up *n* [c] ⇒revisión médica ⇒chequeo

†**cheek** /tʃiːk/ *n* [c] **1** ⇒mejilla **2** *UK She's got a cheek!* - ¡Qué cara tiene! ∎ CONSTR. to have a cheek to do something

cheekbone UK: /'tʃiːk.bəʊn/ US: /-boʊn/ *n* [c] ⇒pómulo ∎ Se usa más en plural

cheeky /'tʃiː.ki/ *UK adj* [comp cheekier, superl cheekiest] ⇒fresco,ca ⇒descarado,da ⇒impertinente

cheer¹ UK: /tʃɪəʳ/ US: /tʃɪr/ *v* [T, I] ⇒vitorear ⇒animar ⇒vivar *AMÉR.*

PHRASAL VERBS

· **to cheer sb on** [M] ⇒animar a alguien ⇒alentar a alguien
· **to cheer sth up** [M] ⇒dar vida ⇒alegrar algo
└ · **to cheer (sb) up** [M] ⇒alegrar(se) ⇒animar(se)

cheer² UK: /tʃɪəʳ/ US: /tʃɪr/ *n* [c] ⇒hurra: *Three cheers for our team!* - ¡Tres hurras por nuestro equipo!

†**cheerful** UK: /'tʃɪə.fᵊl/ US: /'tʃɪr-/ *adj* ⇒alegre: *You're very cheerful today* - Estás muy alegre hoy

cheerfully UK: /'tʃɪə.fᵊl.i/ US: /'tʃɪr-/ *adv* ⇒alegremente ⇒tranquilamente

cheerfulness UK: /'tʃɪə.fᵊl.nəs/ US: /'tʃɪr-/ *n* [U] ⇒alegría

cheering¹ UK: /'tʃɪə.rɪŋ/ US: /'tʃɪr-/ *adj* ⇒alentador,-a

cheering² UK: /'tʃɪə.rɪŋ/ US: /'tʃɪr-/ *n* [U] ⇒aliento ⇒ánimo

cheerleader UK: /'tʃɪə.liː.dəʳ/ US: /'tʃɪr.liː.dɚ/ *n* [c] *(en deportes)* ⇒animador,-a ∎ Se usa más con mujeres

cheers *excl* **1** *(en un brindis)* ⇒¡salud! **2** *UK (inform)* ⇒¡gracias! **3** *UK (inform)* ⇒¡adiós! ⇒¡hasta luego!

†**cheese** /tʃiːz/ *n* [c, U] ⇒queso

cheeseburger UK: /'tʃiːz.bɜː.gəʳ/ US: /-bɝː.gɚ/ *n* [c] ⇒hamburguesa con queso

cheesecake /'tʃiːz.keɪk/ *n* [c, U] ⇒tarta de queso

cheetah UK: /'tʃiː.tə/ US: /-ˤtə/ *n* [c] ⇒guepardo ∎ PRON. La última h no se pronuncia

†**chef** /ʃef/ *n* [c] ⇒chef ∎ PRON. La ch se pronuncia como sh en shop

chemical¹ /'kem.ɪ.kᵊl/ *adj* ⇒químico,ca ∎ PRON. La ch se pronuncia como una k

†**chemical²** /'kem.ɪ.kᵊl/ *n* [c] ⇒sustancia química ∎ PRON. La ch se pronuncia como una k

chemically /'kem.ɪ.kli/ *adv* ⇒químicamente ∎ PRON. La ch se pronuncia como k y la a no se pronuncia

†**chemist** /'kem.ɪst/ *n* [c] **1** ⇒químico,ca **2** *UK (UK/ US tb* pharmacist*)* ⇒farmacéutico,ca ∎ PRON. La ch se pronuncia como una k

†**chemistry** /'kem.ɪ.stri/ *n* [U] ⇒química

chemist's [pl chemists'] *UK (US* drugstore*) n* [c] ⇒farmacia ∎ PRON. La ch se pronuncia como una k

†**cheque** /tʃek/ *UK (US* check*) n* [c] ⇒cheque ⇒talón

chequebook /'tʃek.bʊk/ *UK (US* checkbook*) n* [c] ⇒talonario de cheques

cherish /'tʃer.ɪʃ/ [cherishes] *v* [T] **1** ⇒acariciar ⇒considerar **2** ⇒valorar

†**cherry** /'tʃer.i/ [pl cherries] *n* [c] **1** ⇒cereza **2** *cherry tree* - cerezo

chess /tʃes/ n [U] ⇒ajedrez: *to play chess* - jugar al ajedrez

chest /tʃest/ n [c] **1** ⇒pecho **2** ⇒cofre **3 to get sth off** *one's* ~ *(inform)* ⇒desahogarse

chestnut[1] /'tʃest.nʌt/ n [c] **1** *(fruto)* ⇒castaña **2** *(árbol)* ⇒castaño ■ PRON. La *u* se pronuncia como en el término inglés *sun*

chestnut[2] /'tʃest.nʌt/ adj ⇒castaño,ña ■ PRON. La *u* se pronuncia como en el término inglés *sun*

chest of drawers [pl chests of drawers] UK (US **bureau**) n [c] ⇒cómoda

chew /tʃuː/ v [T, I] ⇒masticar: *This steak is hard to chew* - Me cuesta masticar este filete

| PHRASAL VERBS
· **to chew sth over** [M] *(una idea o un tema)* ⇒rumiar col.

chewing gum n [U] ⇒chicle

chick /tʃɪk/ n [c] **1** *(animal)* ⇒pollo **2** *(inform)* ⇒chavala

chicken[1] /'tʃɪk.ɪn/ ■ n [c] **1** ⇒pollo ⇒gallo ⇒gallina **2** *(inform)* ⇒miedica col. ■ n [U] **3** ⇒carne de pollo

chicken[2] /'tʃɪk.ɪn/

| PHRASAL VERBS
· **to chicken out** *(inform)* ⇒rilarse col.; ⇒rajarse col.

chief[1] /tʃiːf/ adj ⇒principal: *my chief concern* - mi principal preocupación ■ PRON. La primera parte, *chie*, rima con el término inglés *me*

chief[2] /tʃiːf/ n [c] *(de una tribu o de un servicio)* ⇒jefe,fa ■ PRON. La primera parte, *chie*, rima con el término inglés *me*

chiefly /'tʃiː.fli/ adv ⇒principalmente

chieftain /'tʃiːf.tⁿn/ n [c] *(de una tribu o de un clan)* ⇒jefe,fa ⇒cacique

child /tʃaɪld/ [pl children] n [c] **1** ⇒niño,ña **2** ⇒hijo,ja: *He has a four-year-old child* - Tiene un hijo de cuatro años **3 to be a child's play** ⇒ser un juego de niños ⇒ser muy fácil ■ PRON. La *i* se pronuncia como el pronombre de primera persona *I*

childbirth UK: /'tʃaɪld.bɜːθ/ US: /-bɜːθ/ n [U] *(actividad)* ⇒parto

childcare UK: /'tʃaɪld.keəʳ/ US: /-ker/ n [U] **1** ⇒cuidado de los niños **2** ~ **facilities** ⇒guarderías

childhood /'tʃaɪld.hʊd/ n [U] ⇒infancia ⇒niñez

childish /'tʃaɪl.dɪʃ/ adj ⇒infantil ⇒pueril

childminder UK: /'tʃaɪld.maɪn.dəʳ/ US: /-dɚ/ UK n [c] ⇒niñero,ra que cuida niños en su propia casa

children /'tʃɪl.drən/ n [PL] See **child** ■ Se dice *three children*. Incorrecto: *three childrens* ■ PRON. La *i* se pronuncia como en *ill*

Chile /'tʃɪl.i/ n [U] ⇒Chile

Chilean /'tʃɪl.i.ən/ adj, n [c] ⇒chileno,na

chill[1] /tʃɪl/ ■ v [T] **1** ⇒enfriar: *Put some ice in the drinks to chill them* - Echa hielo a las bebidas para enfriarlas ■ v [I] **2** ⇒enfriarse

| PHRASAL VERBS
└ **to chill out** *(inform)* ⇒relajarse

chill[2] /tʃɪl/ ■ n [NO PL] **1** ⇒fresco ■ n [c] **2** ⇒escalofrío: *That noise sent a chill down my spine* - Ese sonido me produjo un escalofrío en la espalda **3** UK ⇒resfriado

chilli /'tʃɪl.i/ [pl chillies] UK ■ n [c, U] **1** ⇒chile ⇒guindilla ⇒ají AMÉR. ■ n [c] **2** *(plato)* ⇒chile

chilly /'tʃɪl.i/ adj [comp chillier, superl chilliest] ⇒frío,a: *It's a chilly afternoon* - Hace frío esta tarde; *a chilly stare* - una mirada fría

chime[1] /tʃaɪm/ [chimed, chiming] v [T, I] ⇒repicar ⇒dar

| PHRASAL VERBS
└ **to chime in** *(en una conversación)* ⇒interrumpir

chime[2] /tʃaɪm/ n [c] **1** ⇒campanada **2** ⇒repique

chimney /'tʃɪm.ni/ n [c] *(para la extracción de humos)* ⇒chimenea ■ Comparar con *fireplace*

chimpanzee /ˌtʃɪm.pænˈziː/ n [c] ⇒chimpancé

chin /tʃɪn/ n [c] ⇒barbilla ⇒mentón

china /'tʃaɪ.nə/ n [U] **1** ⇒porcelana **2** ⇒vajilla de porcelana ■ Distinto de *pebble* (china) ■ PRON. La *i* se pronuncia como el pronombre de primera persona *I*

Chinatown /'tʃaɪ.nə.taʊn/ n [U] ⇒zona de una ciudad que acoge el centro social de la comunidad china en la que hay muchas tiendas y restaurantes chinos ■ PRON. La *i* se pronuncia como el pronombre de primera persona *I*

Chinese[1] /tʃaɪˈniːz/ adj ⇒chino,na ■ PRON. La *i* se pronuncia como el pronombre de primera persona *I*

Chinese[2] /tʃaɪˈniːz/ n [U] **1** *(idioma)* ⇒chino **2 the** ~ *(gentilicio)* ⇒los chinos, las chinas ■ El singular es *a Chinese man, a Chinese woman* ■ PRON. La *i* se pronuncia como el pronombre de primera persona *I*

chink /tʃɪŋk/ n [c] **1** ⇒grieta ⇒abertura **2** ⇒tintineo **3** *(offens) (persona)* ⇒chino,na **4 a** ~ **in** *sb's* **armour** ⇒punto débil

chip[1] /tʃɪp/ n [c] **1** UK ⇒patata frita [natural]: *Do you want chips with your steak?* - ¿Quieres patatas fritas con el filete? **2** US *(UK* crisp*)* ⇒patata frita [de bolsa] **3** *(en informática)* ⇒chip **4** *(en fútbol)* ⇒vaselina **5** *(en un juego)* ⇒ficha **6** ⇒astilla [de madera] **7** ⇒mella ⇒desportilladura **8 a** ~ **off the old block** *(inform)* ⇒de tal palo tal astilla col. **9 to have a** ~ **on** *one's* **shoulder** *(inform)* ⇒ser un,-a resentido,da

chip[2] /tʃɪp/ [chipped, chipping] v [T] ⇒mellar ⇒desportillar ⇒romper(se)

| PHRASAL VERBS
· **to chip in (sth)** [M] *(inform)* ⇒hacer un fondo común ⇒contribuir [con dinero]

chirp UK: /tʃɜːp/ US: /tʃɜːrp/ v [I] *(un pájaro)* ⇨gorjear ⇨trinar

chirpy UK: /'tʃɜː.pi/ US: /'tʃɜː-/ *UK adj* [*comp* chirpier, *superl* chirpiest) *(inform)* ⇨alegre ⇨animado,da

chisel /'tʃɪz.ᵊl/ n [C] ⇨cincel

chives /tʃaɪvz/ n [PL] *(planta)* ⇨cebollino

chlorine UK: /'klɔː.riːn/ US: /'klɔːr.iːn/ n [U] ⇨cloro

chocaholic UK: /ˌtʃɒk.əˈhɒl.ɪk/ US: /ˌtʃɑː.kəˈhɑː.lɪk/ n [C] See **chocoholic**

chocoholic UK: /ˌtʃɒk.əˈhɒl.ɪk/ US: /ˌtʃɑː.kəˈhɑː.lɪk/ *(tb* chocaholic) n [C] *(inform, hum)* ⇨adicto,ta al chocolate ⇨chocolatero,ra

† **chocolate** UK: /'tʃɒk.lət/ US: /'tʃɑːk-/ ■ n [U] **1** ⇨chocolate: *a bar of chocolate* - una tableta de chocolate ■ n [C] **2** ⇨bombón: *a box of chocolates* - una caja de bombones ■ PRON. La segunda *o* no se pronuncia y la *a* se pronuncia como en *ago*

† **choice¹** /tʃɔɪs/ ■ n [U, NO PL] **1** ⇨elección **2** *If I had a choice, I wouldn't stay* - Si yo pudiera elegir, no me quedaría **3** ⇨selección ⇨variedad ■ n [C] **4** *to make choices* - tomar decisiones

choice² /tʃɔɪs/ *adj* ⇨selecto,ta: *the choicest jewels* - las joyas más selectas

† **choir** UK: /kwaɪəʳ/ US: /kwaɪr/ n [C] ⇨coro ⇨orfeón ■ Por ser un nombre colectivo se puede usar con el verbo en singular o en plural ■ PRON. La *ch* se pronuncia como una *k*

choke¹ UK: /tʃəʊk/ US: /tʃoʊk/ [choked, choking] ■ v [I] **1** ⇨atragantarse ⇨atorarse *AMÉR.* **2** ⇨ahogarse ■ v [T] **3** ⇨estrangular **4** *(tb* choke up) ⇨atascar ■ CONSTR. Se usa más en pasiva

│ PHRASAL VERBS
│ · **to choke** *sth* **back** [M] ⇨tragarse algo ⇨con-
└ tener algo

choke² UK: /tʃəʊk/ US: /tʃoʊk/ n [C] *(en un coche)* ⇨estárter

cholera UK: /'kɒl.ᵊr.ə/ US: /'kɑː.lə-/ n [U] *(en medicina)* ⇨cólera

cholesterol UK: /kəˈles.tᵊr.ɒl/ US: /-tə.rɑːl/ n [U] ⇨colesterol

† **choose**, chose, chosen /tʃuːz/ [choosing] ■ v [T] **1** ⇨seleccionar ⇨elegir ■ v [I] **2** ⇨elegir ⇨decidir: *He has chosen to go to university* - Ha decidido ir a la universidad ■ PRON. Rima con el verbo inglés *lose*

chop¹ UK: /tʃɒp/ US: /tʃɑːp/ [chopped, chopping] v [T] ⇨trocear ⇨cortar

│ PHRASAL VERBS
│ · **to chop** *sth* **down** [M] ⇨talar algo
│ · **to chop** *sth* **off** [M] ⇨cortar algo [con una herramienta afilada]: *to chop off a branch* - cor-
└ tar una rama

chop² UK: /tʃɒp/ US: /tʃɑːp/ n [C] **1** ⇨chuleta: *pork chops* - chuletas de cerdo **2** ⇨tajo

chopper UK: /'tʃɒp.əʳ/ US: /'tʃɑː.pə/ n [C] **1** *(inform)* ⇨helicóptero **2** ⇨hacha pequeña

choppy UK: /'tʃɒp.i/ US: /'tʃɑː.pi/ *adj* [*comp* choppier, *superl* choppiest) *(el mar)* ⇨picado,da ⇨revuelto,ta

chopsticks n [PL] ⇨palillos [chinos]

choral UK: /'kɔː.rᵊl/ US: /'kɔːr.[ə]l/ *adj* ⇨coral: *choral music* - música coral ■ PRON. La *ch* se pronuncia como una *k* y se acentúa la primera sílaba

chord UK: /kɔːd/ US: /kɔːrd/ n [C] *(en música)* ⇨acorde

chore UK: /tʃɔːʳ/ US: /tʃɔːr/ [*pl* chores] n [C] **1** ⇨trabajo rutinario **2** ⇨faena de la casa

choreography UK: /ˌkɒr.iˈɒg.rə.fi/ US: /ˌkɔːr.iˈɑː.grə-/ n [U] ⇨coreografía

chorus¹ UK: /'kɔː.rəs/ US: /'kɔːr.əs/ [*pl* choruses] n [C] **1** *(en una canción)* ⇨estribillo **2** *(en un espectáculo)* ⇨coro ■ Por ser un nombre colectivo se puede usar con el verbo en singular o en plural ■ PRON. La *ch* se pronuncia como una *k*

chorus² UK: /'kɔː.rəs/ US: /'kɔːr.əs/ [choruses] *UK v* [T] ⇨corear

chose UK: /tʃəʊz/ US: /tʃoʊz/ past tense of **choose**

chosen /'tʃəʊ.zᵊn/ US: /'tʃoʊ-/ past participle of **choose**

† **Christ** /kraɪst/ *(tb* Jesus Christ) n ⇨Cristo ■ PRON. La primera parte, *chri*, se pronuncia como *cry*

christen /'krɪs.ᵊn/ v [T] ⇨bautizar

† **Christian** /'krɪs.tʃən, -ti.ən/ *adj, n* [C] ⇨cristiano,na

Christianity UK: /ˌkrɪs.tiˈæn.ɪ.ti/ US: /-tʃiˈæn.ə.ˤti/ n [U] ⇨cristianismo

Christian name n [C] ⇨nombre de pila

† **Christmas** /'krɪs.məs/ [*pl* Christmases] n [C, U] ⇨Navidad: *Where are you going to spend Christmas?* - ¿Dónde vas a pasar la navidad? ■ La forma abreviada es *Xmas*

Christmas cracker *UK* (*UK tb* cracker) n [C] ⇨piñata de papel [con forma de caramelo]

chrome UK: /krəʊm/ US: /kroʊm/ n [U] *(en química)* ⇨cromo

chromosome UK: /'krəʊ.mə.səʊm/ US: /'kroʊ.mə.soʊm/ n [C] ⇨cromosoma

† **chronic** UK: /'krɒn.ɪk/ US: /'krɑː.nɪk/ *adj* **1** ⇨crónico,ca: *a chronic complaint* - una afección crónica **2** ⇨empedernido,da ⇨incorregible

chronicle¹ UK: /'krɒn.ɪ.kl̩/ US: /'krɑː.nɪ-/ n [C] ⇨crónica

chronicle² UK: /'krɒn.ɪ.kl̩/ US: /'krɑː.nɪ-/ [chronicled, chronicling] v [T] ⇨registrar ⇨hacer una crónica

chronological UK: /ˌkrɒn.əˈlɒdʒ.ɪ.kᵊl/ US: /-ˈlɑː.dʒɪ-/ *adj* ⇨cronológico,ca: *in chronological order* - en orden cronológico

C

chubby /'tʃʌb.i/ adj [comp chubbier, superl chubbiest] ⇒regordete,ta col.

chuck /tʃʌk/ v [T] **1** (inform) ⇒lanzar ⇒echar ■ CONSTR. Se usa generalmente seguido de una preposición o un adverbio **2** (inform) ⇒abandonar

PHRASAL VERBS

· **to chuck sth {away/out}** [M] (inform) ⇒tirar algo [a la basura]

· **to chuck sth in** [M] UK (inform) ⇒abandonar algo ⇒mandar algo al diablo col.

· **to chuck sb out** [M] UK (inform) ⇒largar a
└ alguien col.

chuckle¹ /'tʃʌk.l/ [chuckled, chuckling] v [I] ⇒reír(se) entre dientes

chuckle² /'tʃʌk.l/ n [C] ⇒risa entre dientes

chum /tʃʌm/ n [C] (inform) ⇒colega col.

chunk /tʃʌŋk/ n [C] ⇒trozo gordo: a chunk of bread - un trozo gordo de pan

† **church** UK: /tʃɜːtʃ/ US: /tʃɝːtʃ/ [pl churches] n [C, U] ⇒iglesia: to go to church - ir a la iglesia ■ PRON. La primera parte, chur, rima con el término inglés her

churchyard UK: /'tʃɜːtʃ.jɑːd/ US: /'tʃɝːtʃ.jɑːrd/ n [C] ⇒cementerio de una iglesia

churn UK: /tʃɜːn/ US: /tʃɝːn/ ■ v [T] **1** (un líquido) ⇒remover ⇒mezclar ■ v [I] **2** (el estómago) ⇒revolverse

PHRASAL VERBS

· **to churn sth out** [M] (inform) ⇒producir algo
└ como churros col.

chute /ʃuːt/ n [C] **1** ⇒tobogán: to go down the chute - bajar por el tobogán **2** (inform) ⇒forma abreviada de **parachute** (paracaídas) ■ PRON. Se pronuncia como shoot

cider UK: /'saɪ.də/ US: /-dɚ/ n [C, U] ⇒sidra: a bottle of cider - una botella de sidra

cigar UK: /sɪ'gɑː/ US: /-'gɑːr/ n [C] ⇒puro

† **cigarette** UK: /ˌsɪg.ə'ret/ US: /-ɚ-/ n [C] ⇒cigarrillo: a pack of cigarettes - un paquete de cigarrillos

cinder UK: /'sɪn.də/ US: /-dɚ/ n [C] ⇒ascua ⇒brasa

† **cinema** /'sɪn.ə.mə/ UK (US movie theater) n [C] (local) ⇒cine ■ PRON. La c se pronuncia como una s

cinnamon /'sɪn.ə.mən/ n [U] ⇒canela

† **circle¹** UK: /'sɜː.kl/ US: /'sɝː-/ n [C] ⇒círculo ■ PRON. La primera c se pronuncia como una s

circle² UK: /'sɜː.kl/ US: /'sɝː-/ [circled, circling] ■ v [T, I] **1** ⇒dar vueltas ■ v [T] **2** ⇒rodear: Circle the right answers - Rodee la respuesta correcta ■ PRON. La primera c se pronuncia como una s

† **circuit** UK: /'sɜː.kɪt/ US: /'sɝː-/ n [C] **1** ⇒circuito [de carreras] **2** ⇒circuito **3** ⇒gira ⇒tour ■ PRON. La primera ca se pronuncia como una s y la u no se pronuncia

circular¹ UK: /'sɜː.kju.lə/ US: /'sɝː.kju.lɚ/ adj ⇒circular ⇒redondo,da ■ PRON. La primera c se pronuncia como una s

circular² UK: /'sɜː.kju.lə/ US: /'sɝː.kju.lɚ/ n [C] ⇒circular ⇒comunicado ■ PRON. La primera c se pronuncia como una s

† **circulate** UK: /'sɜː.kju.leɪt/ US: /'sɝː-/ [circulated, circulating] ■ v [I] **1** ⇒circular ⇒correr ■ v [T, I] **2** ⇒circular ⇒fluir

circulation UK: /ˌsɜː.kju'leɪ.ʃən/ US: /ˌsɝː-/ ■ n [U] **1** ⇒circulación [sanguínea] **2** ⇒circulación ■ n [NO PL] **3** (en prensa) ⇒tirada ■ PRON. La primera c se pronuncia como una s

circumcise UK: /'sɜː.kəm.saɪz/ US: /'sɝː-/ [circumcised, circumcising] v [T] ⇒circuncidar

circumference UK: /sə'kʌm.fʰr.ᵊnts/ US: /sə'kʌm.fɚ-/ n [C, U] ⇒circunferencia

† **circumstance** UK: /'sɜː.kəm.stɑːnts/ US: /'sɝː.kəm.stænts/ n [C] ⇒circunstancia: not under any circumstances - bajo ninguna circunstancia ■ PRON. La primera c se pronuncia como una s

† **circus** UK: /'sɜː.kəs/ US: /'sɝː-/ [pl circuses] n [C] **1** ⇒circo **2** UK ⇒glorieta ■ PRON. La primera c se pronuncia como una s

cistern UK: /'sɪs.tən/ US: /-tɚn/ n [C] ⇒cisterna

cite /saɪt/ [cited, citing] v [T] (form) ⇒citar ⇒nombrar

† **citizen** UK: /'sɪt.ɪ.zᵊn/ US: /'sɪt̬-/ n [C] ⇒ciudadano,na ■ PRON. La c se pronuncia como una s

† **city** UK: /'sɪt.i/ US: /'sɪt̬-/ [pl cities] n [C] **1** ⇒ciudad: the city centre - el centro de la ciudad **2** the City UK ⇒el centro financiero de Londres ■ PRON. La c se pronuncia como una s

civic /'sɪv.ɪk/ adj **1** ⇒municipal **2** ⇒cívico,ca

† **civil** /'sɪv.ᵊl/ adj **1** ⇒civil: civil war - guerra civil **2** civil engineer - ingeniero de caminos **3** (una persona, un comportamiento) ⇒educado,da ⇒cortés

† **civilian** /sɪ'vɪl.i.ən/ n [C] ⇒civil: civilian casualties - bajas civiles

† **civilization** /ˌsɪv.ᵊl.aɪ'zeɪ.ʃᵊn/ n [C, U] ⇒civilización ■ PRON. La c se pronuncia como una s y li rima con my

civilized /'sɪv.ɪ.laɪzd/ adj ⇒civilizado,da ■ PRON. La c se pronuncia como una s y la e no se pronuncia

civil rights n [PL] ⇒derechos del ciudadano

Civil Service n [NO PL] ⇒administración pública: to work in the Civil Service - trabajar en la administración pública

cl n [C] ⇒forma abreviada de **centilitre** (centilitro)

clad /klæd/ adj **1** (lit) ⇒vestido,da: to be clad in blue - ir vestido de azul **2** ⇒cubierto,ta

claim¹ /kleɪm/ n [C] **1** ⇒afirmación **2** ⇒reclamación ⇒petición ⇒demanda ⇒reclamo AMÉR. **3** ⇒derecho: to have a claim to sth - tener derecho a algo ▪ Distinto de reclamation (recuperación de un terreno)

† **claim²** /kleɪm/ ■ v [T] **1** ⇒afirmar ■ CONSTR. 1. to claim + (that) 2. to claim + to do sth **2** ⇒reclamar **3** (una

vida) ⇒cobrarse ▮ *v* [T, I] **4** *(un subsidio)* ⇒solicitar ■ Distinto de *to reclaim* (recuperar)

clam¹ /klæm/ *n* [C] ⇒almeja

clam² /klæm/ [clammed, clamming]

PHRASAL VERBS

· **to clam up** *(inform)* ⇒cerrar el pico *col.*

clamber UK: /ˈklæm.bəʳ/ US: /-bə/ *v* [I] **1** ⇒trepar: *to clamber up a tree* - trepar a un árbol **2** ⇒subir con dificultades ■ CONSTR. Se usa generalmente seguido de una preposición o un adverbio

clammy /ˈklæm.i/ *adj* [*comp* clammier, *superl* clammiest] ⇒pegajoso,sa ⇒sudoroso,sa

clamour¹ UK: /ˈklæm.əʳ/ US: /-ə/ *UK v* [I] ⇒clamar ⇒pedir ■ CONSTR. 1. to clamour [for/against] sth 2. to clamour + to do sth

clamour² UK: /ˈklæm.əʳ/ US: /-ə/ *UK n* [U, NO PL] *(form)* ⇒clamor: *a public clamour* - un clamor popular

clamp¹ /klæmp/ *n* [C] ⇒abrazadera

clamp² /klæmp/ *v* [T] **1** ⇒sujetar(se) con fuerza **2** ⇒sujetar con una abrazadera ■ Se usa generalmente seguido de una preposición

PHRASAL VERBS

· **to clamp down on *sth*** ⇒reprimir algo ⇒actuar contra algo

clampdown /ˈklæmp.daʊn/ *n* [C] ⇒medida drástica: *a clampdown on delinquency* - una medida drástica contra la delincuencia

clan /klæn/ *n* [C] **1** ⇒clan **2** *(familia)* ⇒clan *col.*

clandestine /klænˈdes.tɪn/ *adj* *(form)* ⇒clandestino,na: *a clandestine meeting* - una reunión clandestina

clang¹ /klæŋ/ ▮ *v* [I] **1** ⇒sonar ⇒repicar ▮ *v* [T] **2** ⇒hacer sonar ⇒tocar

clang² /klæŋ/ *n* [C] **1** ⇒sonido metálico **2** ⇒estruendo

clank¹ /klæŋk/ *v* [I] ⇒hacer un ruido metálico

clank² /klæŋk/ *n* [C] ⇒ruido metálico

clap¹ /klæp/ [clapped, clapping] *v* [T, I] **1** ⇒aplaudir **2 to ~ *sb* on the back** ⇒dar una palmadita en la espalda

clap² /klæp/ ▮ *n* [C] **1** ⇒palmadita: *a clap on the back* - una palmadita en la espalda ▮ *n* [NO PL] **2** ⇒aplauso **3 a ~ of thunder** ⇒un trueno

clapping *n* [U] ⇒aplausos

clarification UK: /ˌklær.ɪ.fɪˈkeɪ.ʃᵊn/ US: /ˌkler-/ *n* [C, U] ⇒aclaración: *to seek a clarification* - pedir una aclaración

clarify UK: /ˈklær.ɪ.faɪ/ US: /ˈkler-/ [clarifies, clarified] *v* [T] ⇒aclarar: *to clarify a situation* - aclarar una situación ■ PRON. La última sílaba, *fy*, rima con *my*

clarinet UK: /ˌklær.ɪˈnet/ US: /ˌkler-/ *n* [C] ⇒clarinete: *to play the clarinet in an orchestra* - tocar el clarinete en una orquesta

clarity UK: /ˈklær.ɪ.ti/ US: /ˈkler.ɪ.ˤt̬i/ *n* [U] ⇒claridad: *to write with unusual clarity* - escribir con claridad inusual

clash¹ /klæʃ/ ▮ *v* [I] **1** ⇒chocar ⇒enfrentarse ■ CONSTR. Se usa generalmente seguido de las preposiciones over y with **2** *(colores, estilos)* ⇒desentonar ▮ *v* [T, I] **3** ⇒producir un sonido metálico

clash² /klæʃ/ [*pl* clashes] *n* [C] **1** ⇒enfrentamiento ⇒choque ⇒conflicto **2** ⇒sonido metálico

clasp¹ UK: /klɑːsp/ US: /klæsp/ *v* [T] ⇒agarrar ⇒sujetar

clasp² UK: /klɑːsp/ US: /klæsp/ ▮ *n* [C] **1** ⇒cierre ⇒broche ▮ *n* [NO PL] **2** ⇒apretón ⇒agarrón

↑ **class¹** UK: /klɑːs/ US: /klæs/ [*pl* classes] ▮ *n* [C] **1** ⇒clase ⇒grupo de estudiantes ■ Por ser un nombre colectivo se puede usar con el verbo en singular o en plural **2** ⇒clase ⇒tipo **3** ⇒clase ⇒condición social **4 to be in a ~ of *one*'s own** ⇒ser inigualable **5** *n* [C, U] *(lección)* ⇒clase **6** *n* [U] *(inform)* *(estilo)* ⇒clase ■ Al ser incontable, no tiene plural

class² UK: /klɑːs/ US: /klæs/ *v* [T] **1** ⇒clasificar **2** *(a una persona)* ⇒etiquetar ⇒catalogar ■ CONSTR. to class sb as sth

classic¹ /ˈklæs.ɪk/ *adj* **1** *(un caso, un ejemplo)* ⇒clásico,ca ⇒típico,ca **2** *(un estilo)* ⇒clásico,ca ⇒conservador,-a **3** *That film is a classic film* - Esa película es un clásico

classic² /ˈklæs.ɪk/ *n* [C] ⇒clásico: *a classic of world literature* - un clásico de la literatura universal

↑ **classical** /ˈklæs.ɪ.kᵊl/ *adj* ⇒clásico,ca: *classical music* - música clásica

classify /ˈklæs.ɪ.faɪ/ [classifies, classified] *v* [T] ⇒clasificar ⇒ordenar ■ CONSTR. Se usa más en pasiva

classmate UK: /ˈklɑːs.meɪt/ US: /ˈklæs-/ *n* [C] ⇒compañero,ra de clase

↑ **classroom** UK: /ˈklɑːs.ruːm/ UK: /-rʊm/ US: /ˈklæs-/ *n* [C] ⇒aula ⇒clase

classy UK: /ˈklɑː.si/ US: /ˈklæs.i/ *adj* [*comp* classier, *superl* classiest] *(inform)* ⇒con estilo: *a classy dress* - un vestido con estilo

clatter¹ UK: /ˈklæt.əʳ/ US: /ˈklæˤt̬.ə/ *n* [NO PL] ⇒estrépito ⇒estruendo

clatter² UK: /ˈklæt.əʳ/ US: /ˈklæˤt̬.ə/ *v* [I] ⇒causar un estruendo

↑ **clause** UK: /klɔːz/ US: /klɑːz/ *n* [C] **1** *(en derecho)* ⇒cláusula **2** *(en gramática)* ⇒proposición

claustrophobia UK: /ˌklɒs.trəˈfəʊ.bi.ə/ US: /ˌklɑː.strəˈfoʊ-/ *n* [U] ⇒claustrofobia

claw¹ UK: /klɔː/ US: /klɑː/ *n* [C] **1** ⇒garra **2** ⇒pinza **3** *(de un gato)* ⇒uña

claw² UK: /klɔː/ US: /klɑː/ *v* [T, I] ⇒arañar

clay /kleɪ/ *n* [U] ⇒arcilla

C

C

clean¹ /kliːn/ adj **1** ⇒limpio,pia: *He keeps his house very clean* - Siempre tiene la casa muy limpia **2** ⇒limpio,pia ⇒justo,ta ⇒honesto,ta ⇒moral ⇒decente **4 to make a ~ break** ⇒cortar por lo sano *col.*; ⇒acabar por completo con algo

clean² /kliːn/ v [T, I] ⇒limpiar: *to clean one's teeth* - lavarse los dientes

|PHRASAL VERBS
· **to clean** *sth* **off** [M] ⇒limpiar algo
· **to clean** *sth* **out** [M] ⇒hacer una limpieza a fondo
· **to clean** *sth/sb* **out** [M] *(very inform)* ⇒dejar temblando *col.*
· **to clean** *(sth/sb)* **up** [M] **1** ⇒ordenar ⇒limpiar **2** ⇒limpiar: *The police cleaned up the neighbourhood* - La policía limpió el barrio

cleaner UK: /ˈkliːnə/ US: /-nə/ ∎ n [C] **1** *(oficio)* ⇒limpiador,-a ∎ n [C, U] **2** *(sustancia)* ⇒producto de limpieza ⇒limpiador

cleaner's UK: /ˈkliːnəz/ US: /-nəz/ [pl cleaners'] n [C] ⇒tintorería

cleaning /ˈkliːnɪŋ/ n [U] ⇒limpieza ⇒lavado

cleanse /klenz/ [cleansed, cleansing] v [T] ⇒limpiar a fondo

clear¹ UK: /klɪə/ US: /klɪr/ adj **1** ⇒claro,ra ⇒despejado,da ⇒limpio,pia ⇒transparente **2** ⇒claro,ra ⇒sencillo,lla **3** ⇒claro,ra ⇒obvio,via **4** ⇒seguro,ra ⇒claro,ra **5 as ~ as day** ⇒más claro que el agua **6 as ~ as mud** *(hum)* ⇒incomprensible ⇒nada claro,ra **7 to be in the ~** ⇒estar fuera de sospecha **8 to make** *sth* **~ to** *sb* ⇒dejar algo claro a alguien

clear² UK: /klɪə/ US: /klɪr/ ∎ v [I] **1** ⇒despejar ∎ v [T] **2** ⇒recoger ⇒despejar **3** *(un obstáculo)* ⇒salvar **4 to ~ the air** ⇒aclarar las cosas

|PHRASAL VERBS
· **to clear** *sth* **away** [M] ⇒quitar algo
· **to clear off** *UK (inform)* ⇒largarse *col.*
· **to clear** *sth* **out** ⇒hacer una limpieza de algo ⇒ordenar algo
· **to clear up 1** *(el día)* ⇒abrir **2** *(el tiempo)* ⇒mejorar
· **to clear** *sth* **up** [M] ⇒aclarar algo ⇒resolver algo

clear³ UK: /klɪə/ US: /klɪr/ adv **1** ⇒claramente **2** ⇒lejos

clearance UK: /ˈklɪə.rənts/ US: /ˈklɪr.[ə]nts/ n [C, U] **1** *(de un lugar)* ⇒desocupación **2** ⇒permiso [oficial]: *The plane had clearance to land* - El avión tenía permiso para aterrizar **3** ⇒gálibo **4** *(en fútbol)* ⇒despeje **5 ~ sale** ⇒liquidación

clear-cut UK: /ˌklɪəˈkʌt/ US: /ˌklɪr-/ adj ⇒claro,ra ⇒manifiesto,ta

clearing UK: /ˈklɪə.rɪŋ/ US: /ˈklɪr.ɪŋ/ n [C] *(en un bosque)* ⇒calvero ⇒claro

clearly UK: /ˈklɪə.li/ US: /ˈklɪr-/ adv **1** ⇒evidentemente ⇒claramente **2** ⇒claramente ⇒con claridad **3** ⇒desde luego: *Clearly you do not understand* - Desde luego, no entiendes

cleavage /ˈkliː.vɪdʒ/ n [C, U] ⇒escote ∎ PRON. La a se pronuncia como la i en did

clef /klef/ n [C] *(en música)* ⇒clave

clement /ˈklem.ənt/ adj **1** *(form) (una persona)* ⇒clemente **2** *(el tiempo atmosférico)* ⇒benigno,na

clench /klentʃ/ [clenches] v [T] ⇒apretar: *to clench one's fists* - apretar los puños

clergy UK: /ˈklɜː.dʒi/ US: /ˈklɜːr-/ n [PL] ⇒clero

clergyman UK: /ˈklɜː.dʒi.mən/ US: /ˈklɜːr-/ [pl clergymen] n [C] ⇒clérigo

clerical /ˈkler.ɪ.kᵊl/ adj **1** ⇒clerical **2** *(un trabajo)* ⇒de oficina

clerk UK: /klɑːk/ US: /klɜːk/ n [C] **1** ⇒oficinista **2** ⇒empleado,da *US (UK shop assistant)* ⇒dependiente,ta **4** *US (en un hotel)* ⇒recepcionista ∎ PRON. La primera parte, cler, rima con far

clever UK: /ˈklev.ə/ US: /-ə/ adj **1** ⇒listo,ta **2** ⇒hábil **3** ⇒ingenioso,sa: *a clever idea* - una idea ingeniosa **4 to be too ~ by half** ⇒pasarse de listo,ta *col.*

cliché UK: /ˈkliː.ʃeɪ/ US: /-ˈ-/ *US* n [C] ⇒cliché ⇒tópico ∎ PRON. La ch se pronuncia como la sh en shop

click¹ /klɪk/ ∎ v [T, I] **1** ⇒chasquear **2** *(en informática)* ⇒hacer clic ∎ v [I] **3** *(inform)* ⇒caer en la cuenta *col.*; ⇒entender

click² /klɪk/ n [C] **1** ⇒chasquido **2** *(en informática)* ⇒clic **3** ⇒taconazo

client /ˈklaɪ.ənt/ n [C] ⇒cliente ∎ PRON. La primera parte, cli, rima con fly

clientele UK: /ˌkliː.ɒnˈtel/ US: /-ɑːn-/ n [NO PL] ⇒clientela ∎ Por ser un nombre colectivo se puede usar con el verbo en singular o en plural

cliff /klɪf/ n [C] ⇒acantilado: *a very steep cliff* - un acantilado muy abrupto

climate /ˈklaɪ.mət/ ∎ n [C, U] **1** ⇒clima: *climate change* - cambio climático ∎ n [C] **2** ⇒ambiente ⇒situación ∎ PRON. La primera sílaba, clim, rima con el término inglés time

climatic UK: /klaɪˈmæt.ɪk/ US: /-ˈmæˤt̬-/ adj *(form)* ⇒climático,ca: *climatic conditions* - las condiciones climáticas

climax /ˈklaɪ.mæks/ [pl climaxes] n [C] ⇒clímax ⇒culmen ∎ PRON. La primera parte, clim, rima con el término inglés time

climb¹ /klaɪm/ v [T, I] **1** ⇒ascender ⇒subir **2** ⇒trepar: *to climb a wall* - trepar por un muro **3** *(un precio)* ⇒subir ∎ PRON. La b no se pronuncia. Esta palabra rima con el término inglés time

close-knit

PHRASAL VERBS

· **to climb down** *UK (inform)* ⇒admitir un error ⇒recular *col.;* ⇒retractarse

· **to climb out of** *sth* ⇒salir

└ **to climb up** *sth* ⇒subirse a algo

† **climb²** /klaɪm/ *n* [c] ⇒escalada ⇒subida ■ PRON. La *b* no se pronuncia. Esta palabra rima con el término inglés *time*

climbing /'klaɪ.mɪŋ/ *n* [U] ⇒montañismo ⇒alpinismo ⇒andinismo *AMÉR.* ■ PRON. La *b* no se pronuncia

clinch /klɪntʃ/ *v* [T] **1** *(inform)* ⇒cerrar con éxito: *to clinch a deal* - cerrar un trato con éxito **2** ~ *it His performance in the final audition clinched it for him* - Su actuación en el casting final fue decisiva para él

† **cling, clung, clung** /klɪŋ/ *v* [I] **1** ⇒agarrar(se): *Cling on to the rock until they rescue you!* - ¡Agárrate a la roca hasta que te rescaten! ■ CONSTR. Se usa generalmente seguido de las preposiciones *on, together* y *to* **2** ⇒aferrarse

PHRASAL VERBS

└ **to cling to** *sb* ⇒estar atado a alguien

clingfilm® /'klɪŋ.fɪlm/ *UK n* [U] ⇒plástico transparente

† **clinic** /'klɪn.ɪk/ *n* [c] ⇒clínica

† **clinical** /'klɪn.ɪ.kᵊl/ *adj* **1** ⇒clínico,ca: *clinical trials* - ensayos clínicos **2** *(una actitud)* ⇒frío,-a

clink¹ /klɪŋk/ ■ *v* [T, I] **1** *(objetos metálicos o de cristal)* ⇒chocar ■ *v* [I] **2** ⇒tintinear

clink² /klɪŋk/ ■ *n* [c] **1** ⇒tintineo ■ *n* [U, NO PL] **2** *(inform)* ⇒talego *col.*

clip¹ /klɪp/ *n* [c] **1** ⇒clip **2** ⇒tráiler [de una película]

clip² /klɪp/ [clipped, clipping] ■ *v* [T, I] **1** ⇒sujetar con un clip ■ *v* [T] **2** ⇒cortar **3** ⇒golpear

clipboard UK: /'klɪp.bɔːd/ US: /-bɔːrd/ *n* [c] ⇒carpeta con un clip en la parte superior que sirve para sujetar papeles

clique UK: /kliːk/ US: /klɪk/ *n* [c] ⇒camarilla ■ Por ser un nombre colectivo se puede usar con el verbo en singular o en plural

cloak¹ UK: /kləʊk/ US: /kloʊk/ *n* [c] *(prenda de vestir)* ⇒capa

cloak² UK: /kləʊk/ US: /kloʊk/ *v* [T] *to be cloaked in sth* - estar envuelto en algo

cloakroom UK: /'kləʊk.rʊm/ UK: /-ruːm/ US: /'kloʊk-/ *n* [c] **1** ⇒guardarropa **2** *UK (form, old-fash)* ⇒lavabo ⇒aseo

† **clock¹** UK: /klɒk/ US: /klɑːk/ *n* [c] **1** ⇒reloj [de pared]: *to set the clock* - poner en hora el reloj; *That clock is fast* - Ese reloj está adelantado **2** *UK (en un vehículo)* ⇒cuentakilómetros **3** *around/round the* ~ ⇒las veinticuatro horas del día **4** *to turn the* ~ *back UK* ⇒volver atrás: *If*

only I could turn the clock back! - ¡Ojalá pudiese volver atrás!

† **clock²** UK: /klɒk/ US: /klɑːk/ *v* [T] ⇒cronometrar

PHRASAL VERBS

· **to clock in** *(UK tb* **to clock on)** *(al llegar al trabajo)* ⇒fichar ⇒checar *AMÉR.*

· **to clock off** *(UK tb* **to clock out)** *(al salir del trabajo)* ⇒fichar ⇒checar *AMÉR.*

└ **to clock** *sth* **up** [M] ⇒acumular algo

clockwise UK: /'klɒk.waɪz/ US: /'klɑːk-/ *adj, adv* ⇒en el sentido de las agujas del reloj ■ PRON. *wi* rima con *my*

clockwork¹ UK: /'klɒk.wɜːk/ US: /'klɑːk.wɝːk/ *adj* ⇒de cuerda: *a clockwork toy* - un juguete de cuerda

clockwork² UK: /'klɒk.wɜːk/ US: /'klɑːk.wɝːk/ *n* [U] **1** ⇒mecanismo de cuerda **2** *as regular as a* ~ ⇒como un reloj *col.* **3** *to go like* ~ ⇒marchar como un reloj *col.;* ⇒salir a las mil maravillas *col.*

clog¹ UK: /klɒg/ US: /klɑːg/ *n* [c] ⇒zueco ⇒chanclo

clog² UK: /klɒg/ US: /klɑːg/ [clogged, clogging] *(tb* **clog up)** *v* [T, I] ⇒bloquear: *The accident clogged up the road* - El accidente bloqueó la carretera

cloister UK: /'klɔɪ.stə/ US: /-stɚ/ *n* [c] ⇒claustro ■ PRON. La primera parte, *cloi,* rima con *boy*

clone¹ UK: /kləʊn/ US: /kloʊn/ *n* [c] ⇒clon

clone² UK: /kləʊn/ US: /kloʊn/ [cloned, cloning] *v* [T] ⇒clonar

† **close¹** UK: /kləʊz/ US: /kloʊz/ [closed, closing] *v* [T, I] **1** *(UK tb* **shut)** ⇒cerrar: *Close your eyes* - Cierra los ojos; *The corner shop closes on Fridays* - La tienda de la esquina cierra los viernes **2** ⇒concluir ⇒clausurar

PHRASAL VERBS

· **to close (***sth***) down** [M] ⇒cerrar algo [definitivamente] ⇒clausurar algo

· **to close in** ⇒acercarse: *The enemy closed in for the attack* - El enemigo se acercó para atacar

† **close²** UK: /kləʊs/ US: /kloʊs/ *adj* **1** ⇒próximo,ma ⇒cercano,na **2** ⇒cercano,na ⇒íntimo,ma **3** ⇒minucioso,sa ⇒cuidadoso,sa **4** *It was close, but we escaped* - Escapamos por los pelos **5** ⇒reservado,da **6** ⇒reñido,da ⇒disputado,da **7** ⇒bochornoso ⇒sofocante

† **close³** UK: /kləʊs/ US: /kloʊs/ *adv* ⇒cerca: *We're getting close* - Ya estamos cerca

close⁴ UK: /kləʊz/ US: /kloʊz/ ■ *n* [NO PL] **1** ⇒final ⇒fin ■ *n* [c] **2** *UK* ⇒calle: *I live at 22 Kensington Close* - Vivo en el número 22 de la calle Kensington Close

closed UK: /kləʊzd/ US: /kloʊzd/ *adj* ⇒cerrado,da ■ PRON. La *e* no se pronuncia

close-knit UK: /ˌkləʊs'nɪt/ US: /ˌkloʊs-/ *adj* ⇒unido,da: *a very close-knit group* - un grupo muy unido

closely UK: /'kləʊ.sli/ US: /'kloʊ-/ adv **1** ⇒estrechamente **2** ⇒atentamente

closet UK: /'klɒz.ɪt/ US: /'klɑː.zɪt/ n [c] US (UK/US tb **wardrobe**) ⇒armario ropero

close-up UK: /'kləʊs.ʌp/ US: /'kloʊs-/ n [c] ⇒primer plano

closing UK: /'kləʊ.zɪŋ/ US: /'kloʊz-/ adj ⇒último,ma ⇒final

closure UK: /'kləʊ.ʒəʳ/ US: /'kloʊ.ʒɚ/ n [c, u] **1** ⇒cierre [de un negocio] **2** ⇒fin

clot UK: /klɒt/ US: /klɑːt/ n [c] **1** ⇒coágulo **2** UK (inform) ⇒imbécil col. desp.

†**cloth** UK: /klɒθ/ US: /klɑːθ/ ∎ n [u] **1** ⇒paño ⇒tela ∎ n [c] **2** ⇒bayeta ⇒trapo

†**clothes** UK: /kləʊðz/ US: /kloʊðz/ n [pl] ⇒ropa: Where did you put my clothes? - ¿Dónde has puesto mi ropa? ∎ Pron. La e no se pronuncia

clothes peg UK n [c] ⇒pinza de la ropa ⇒gancho AMÉR.

†**clothing** UK: /'kləʊ.ðɪŋ/ US: /'kloʊ-/ n [u] **1** ⇒ropa **2** a piece of clothing - una prenda de vestir **3** the clothing industry - la industria textil

cloud[1] /klaʊd/ ∎ n [c, u] **1** ⇒nube ∎ n [c] **2** ⇒nube [de algo]: a cloud of smoke - una nube de humo ∎ Pron. La ou se pronuncia como en el término inglés out

cloud[2] /klaʊd/ ∎ v [t] **1** ⇒nublar(se) ⇒ofuscar(se) ∎ v [i] **2** ⇒empañar(se): The mirror clouded - Se empañó el espejo

| PHRASAL VERBS
· **to cloud over** ⇒nublar(se): The sky clouded over - El cielo se nubló

cloudless /'klaʊd.ləs/ adj ⇒despejado,da ⇒raso,sa

cloudy /'klaʊ.di/ adj [comp cloudier, superl cloudiest] **1** ⇒nuboso,sa ⇒nublado,da **2** ⇒turbio,-a ∎ Pron. La ou se pronuncia como en el término inglés out

clout[1] /klaʊt/ UK v [t] (inform) ⇒dar un tortazo col.

clout[2] /klaʊt/ ∎ n [c] **1** UK (inform) ⇒tortazo col. ∎ n [u] **2** ⇒influencia: a person with clout - una persona con influencia

clover UK: /'kləʊ.vəʳ/ US: /'kloʊ.vɚ/ n [u] ⇒trébol

clown /klaʊn/ n [c] ⇒payaso,sa ∎ Pron. La ow se pronuncia como en how

†**club**[1] /klʌb/ n [c] **1** ⇒club: to be a member of a club - ser socio de un club **2** ⇒porra ⇒palo **3** ⇒palo de golf ⇒discoteca ∎ Pron. La u se pronuncia como en el término inglés run

club[2] /klʌb/ [clubbed, clubbing] v [t] ⇒aporrear ⇒golpear con un palo ∎ Pron. La u se pronuncia como en el término inglés run

| PHRASAL VERBS
∟ **to club together** UK ⇒hacer un fondo común

clubbing /'klʌb.ɪŋ/ **to go ~** ⇒ir de discotecas ∎ Pron. La u se pronuncia como en el término inglés run

clubs /klʌbz/ n [u] (naipe) ⇒tréboles

cluck[1] /klʌk/ v [i] ⇒cloquear ⇒cacarear

cluck[2] /klʌk/ n [c] ⇒cacareo

†**clue** /kluː/ n [c] **1** ⇒pista: Give me a clue - Dame una pista **2** **not to have a ~** (inform) ⇒no tener ni idea col.: He doesn't have a clue about car mechanics - No tiene ni idea de mecánica ∎ Pron. Rima con blue

clump /klʌmp/ n [c] **1** ⇒grupo de árboles **2** ⇒manojo ⇒mata

†**clumsy** /'klʌm.zi/ adj [comp clumsier, superl clumsiest] ⇒torpe ⇒manazas col.; ⇒patoso,sa col.

clung /klʌŋ/ past tense and past participle forms of **cling**

cluster[1] UK: /'klʌs.təʳ/ US: /-tɚ/ n [c] **1** ⇒grupo pequeño: The students talked in clusters - Los estudiantes hablaban en pequeños grupos **2** (en estadística) ⇒grupo **3** ⇒racimo [de fruta]

cluster[2] UK: /'klʌs.təʳ/ US: /-tɚ/ v [i] **1** ⇒apiñarse: The kids clustered around their grandfather - Los niños se apiñaron alrededor de su abuelo **2** (números, casos) ⇒agruparse

clutch[1] /klʌtʃ/ v [t] ⇒agarrar ⇒apretar

| PHRASAL VERBS
· **to clutch at sth** ⇒intentar agarrar algo ⇒intentar aferrarse a algo

clutch[2] /klʌtʃ/ ∎ n [c, u] **1** ⇒garra ∎ El plural es clutches ∎ n [c] **2** ⇒nidada ∎ El plural es clutches ∎ n [u] **3** ⇒embrague

clutter[1] UK: /'klʌt.əʳ/ US: /'klʌˤt̬.ɚ/ v [t] (un lugar) ⇒abarrotar ⇒atestar ∎ Constr. Se usa más en pasiva

clutter[2] UK: /'klʌt.əʳ/ US: /'klʌˤt̬.ɚ/ n [u] ⇒desorden ⇒confusión

cm n [c] ⇒forma abreviada escrita de **centimetre** (centímetro)

c/o UK: /ˌsiːˈəʊ/ US: /-ˈoʊ/ prep ⇒forma abreviada de **care of** (en casa de): Please send the parcel to Mike Simpson, c/o the Wilkins family - Por favor, envíe el paquete a Mike Simpson, en casa de los Wilkins

coach[1] UK: /kəʊtʃ/ US: /koʊtʃ/ v [t] **1** ⇒entrenar **2** ⇒dar clases

†**coach**[2] UK: /kəʊtʃ/ US: /koʊtʃ/ [pl coaches] n [c] **1** UK ⇒autocar ⇒autobús **2** ⇒coche de caballos **3** UK (US car) ⇒vagón [de tren] **4** US (en un avión o en un tren) ⇒asiento de tarifa reducida **5** ⇒entrenador,-a ⇒preparador,-a

†**coal** UK: /kəʊl/ US: /koʊl/ n [u] **1** ⇒carbón: a coal mine - una mina de carbón **2** coals ⇒brasas de carbón

coalition UK: /ˌkəʊ.əˈlɪʃ.ªn/ US: /ˌkoʊ-/ n [c] ⇒coalición: to form a coalition - formar una coalición ∎ Por ser un nombre colectivo se puede usar con el verbo en singular o en plural

coarse UK: /kɔːs/ US: /kɔːrs/ *adj* **1** ⇨grueso,sa ⇨áspero,ra **2** *(una persona)* ⇨vulgar *desp.;* ⇨grosero,ra ■ PRON. Rima con *horse*

† **coast**[1] UK: /kəʊst/ US: /koʊst/ *n* [C, U] ⇨costa: *the Mediterranean coast* - la costa mediterránea

coast[2] UK: /kəʊst/ US: /koʊst/ *v* [I] **1** *(un vehículo)* ⇨ir en punto muerto **2** ⇨deslizar(se): *The sports car coasted down the motorway* - El deportivo se deslizaba por la autopista

coastal UK: /ˈkəʊ.stᵊl/ US: /ˈkoʊ-/ *adj* ⇨costero,ra

coaster UK: /ˈkəʊ.stəʳ/ US: /ˈkoʊ.stɚ/ *n* [C] ⇨posavasos

coastguard UK: /ˈkəʊst.ɡɑːd/ US: /ˈkoʊst.ɡɑːrd/ *n* [C] **1** *(organización)* ⇨servicio de guardacostas **2** *(persona)* ⇨guardia costero,ra ■ PRON. La u no se pronuncia

coastline UK: /ˈkəʊst.laɪn/ US: /ˈkoʊst-/ *n* [C, U] ⇨litoral

† **coat**[1] UK: /kəʊt/ US: /koʊt/ *n* [C] **1** ⇨abrigo ⇨chaquetón **2** *(de un animal)* ⇨pelaje **3** ⇨mano de pintura: *It'll need two coats* - Necesitará dos manos de pintura

coat[2] UK: /kəʊt/ US: /koʊt/ *v* [T] ⇨cubrir ⇨bañar

coat hanger *n* [C] ⇨perchero ⇨percha ⇨gancho AMÉR.

coax UK: /kəʊks/ US: /koʊks/ [coaxes] *v* [T] ⇨persuadir: *to coax sb into doing sth* - persuadir a alguien para que haga algo ■ CONSTR. to coax into + doing sth

| PHRASAL VERBS
· to coax *sth* {from/out of} *sb* ⇨sonsacar algo
└ a alguien

cobbler UK: /ˈkɒb.ləʳ/ US: /ˈkɑː.blɚ/ *UK n* [C] *(old-fash)* ⇨zapatero,ra

cobweb UK: /ˈkɒb.web/ US: /ˈkɑːb-/ *n* [C] ⇨telaraña

cocaine UK: /kəʊˈkeɪn/ US: /koʊ-/ *n* [U] ⇨cocaína

cock[1] UK: /kɒk/ US: /kɑːk/ *n* [C] **1** *UK* (*US* rooster) ⇨gallo: *the song of cock* - el canto del gallo **2** *(vulg)* ⇨polla *vulg.*

cock[2] UK: /kɒk/ US: /kɑːk/ *v* [T] **1** *(un arma)* ⇨amartillar **2** ⇨levantar: *to cock an eyebrow* - levantar una ceja **3** to ~ *sth* up ⇨cagarla *vulg.*

cockney[1] ■ *n* [C] **1** ⇨persona nacida en el este de Londres ■ *n* [U] **2** ⇨dialecto de las personas de clase obrera nacidas en el este de Londres

cockney[2] *adj* ⇨del este de Londres y de su gente

cockpit UK: /ˈkɒk.pɪt/ US: /ˈkɑːk-/ *n* [C] ⇨cabina [de un avión]

cockroach UK: /ˈkɒk.rəʊtʃ/ US: /ˈkɑːk.roʊtʃ/ *[pl* cockroaches] *n* [C] ⇨cucaracha: *I saw a cockroach last night* - Anoche vi una cucaracha

cocktail UK: /ˈkɒk.teɪl/ US: /ˈkɑːk-/ ■ *n* [C] **1** ⇨cóctel: *a cocktail bar* - un bar de cócteles ■ *n* [C, U] **2** ⇨macedonia [de frutas]

† **cocoa** UK: /ˈkəʊ.kəʊ/ US: /ˈkoʊ.koʊ/ *n* [U] ⇨cacao ⇨chocolate

coconut UK: /ˈkəʊ.kə.nʌt/ US: /ˈkoʊ-/ *n* [C] ⇨coco

cocoon /kəˈkuːn/ *n* [C] **1** ⇨capullo [de un gusano] **2** ⇨caparazón

cod UK: /kɒd/ US: /kɑːd/ *[pl* cod] *n* [C, U] ⇨bacalao

COD UK: /ˌsiː.əʊˈdiː/ US: /-oʊˈ-/ *adv* ⇨forma abreviada de **cash on delivery** (entrega contra reembolso)

† **code** UK: /kəʊd/ US: /koʊd/ ■ *n* [C, U] **1** ⇨código ⇨clave ■ *n* [C] **2** *(en derecho)* ⇨código

coded UK: /ˈkəʊd.ɪd/ US: /ˈkoʊd-/ *adj* **1** ⇨codificado,da **2** ⇨indirecto,ta ■ PRON. La e se pronuncia como la i en *did*

coerce UK: /kəʊˈɜːs/ US: /koʊˈɜːs/ [coerced, coercing] *v* [T] *(form)* ⇨coaccionar ■ CONSTR. to coerce into + doing sth

† **coffee** UK: /ˈkɒf.i/ US: /ˈkɑː.fi/ ■ *n* [U] **1** ⇨café ■ *n* [C, U] **2** *(referido a la bebida y su recipiente)* ⇨café **3** ~ **maker** ⇨cafetera

coffee pot *n* [C] ⇨cafetera

coffin UK: /ˈkɒf.ɪn/ US: /ˈkɑː.fɪn/ *(US tb* casket) *n* [C] ⇨ataúd

cog UK: /kɒɡ/ US: /kɑːɡ/ *n* [C] **1** ⇨rueda dentada **2** *(en una rueda dentada)* ⇨diente

cogent UK: /ˈkəʊ.dʒᵊnt/ US: /ˈkoʊ-/ *adj* *(form)* ⇨convincente ⇨contundente

cognitive UK: /ˈkɒɡ.nɪ.tɪv/ US: /ˈkɑːɡ.nɪˤt̬ɪv/ *adj* ⇨cognoscitivo,va

coherent UK: /kəʊˈhɪə.rənt/ US: /koʊˈhɪr.[ə]nt/ *adj* **1** ⇨coherente ⇨consecuente **2** *(una forma de hablar)* ⇨inteligible

cohesion UK: /kəʊˈhiː.ʒᵊn/ US: /koʊ-/ *n* [U] ⇨cohesión

cohesive UK: /kəʊˈhiː.sɪv/ US: /koʊ-/ *adj* ⇨cohesionado,da ⇨equilibrado,da

coil[1] /kɔɪl/ *n* [C] **1** ⇨espiral **2** ⇨rollo [de cuerda o de alambre] **3** *(en un coche)* ⇨bobina eléctrica **4** *UK (inform)* ⇨diu ⇨dispositivo intrauterino

coil[2] /kɔɪl/ *v* [I] ⇨enrollar(se)

coin[1] /kɔɪn/ *n* [C] ⇨moneda: *coin collecting* - colección de monedas

coin[2] /kɔɪn/ *v* [T] ⇨acuñar

† **coincide** UK: /ˌkəʊ.ɪnˈsaɪd/ US: /ˌkoʊ-/ [coincided, coinciding] *v* [I] ⇨coincidir: *Our opinions coincide with yours* - Nuestras opiniones coinciden con las vuestras ■ PRON. La última sílaba, *cide*, se pronuncia como el sustantivo inglés *side*

† **coincidence** UK: /kəʊˈɪnt.sɪ.dᵊnts/ US: /koʊ-/ *n* [C, U] ⇨coincidencia ⇨casualidad

coke UK: /kəʊk/ US: /koʊk/ *n* [U] **1** ⇨coque **2** *(inform)* ⇨cocaína ⇨coca *col.*

Coke® UK: /kəʊk/ US: /koʊk/ *n* [C, U] ⇨coca cola®: *Two Cokes with ice, please* - Dos cocacolas con hielo, por favor

C

cola UK: /ˈkəʊ.lə/ US: /koʊ-/ n [c, u] *(bebida)* ⇒cola

colander UK: /ˈkʌl.ɪn.dər/ US: /ˈkɑː.lən.də/ n [c] ⇒escurridor ⇒colador

†**cold¹** UK: /kəʊld/ US: /koʊld/ adj 1 ⇒frío,a: *The soup is cold* - La sopa está fría 2 **to be ~** ⇒tener frío: *I'm so cold!* - ¡Tengo mucho frío! 2 ⇒hacer frío: *It's very cold, two degrees below zero* - Hace mucho frío, estamos a dos grados bajo cero 3 **to get ~** 1 ⇒enfriarse 2 ⇒coger frío 4 **to {get/have} ~ feet** ⇒entrar miedo ⇒acobardarse ■ Generalmente indica una temperatura fría y desagradable. Comparar con *cool*

cold² UK: /kəʊld/ US: /koʊld/ ■ n [u, NO PL] 1 ⇒frío ■ n [c] 2 ⇒resfriado: *I have a bad cold* - Tengo un buen resfriado 3 **to catch a ~** ⇒resfriarse

cold-blooded UK: /ˌkəʊldˈblʌd.ɪd/ US: /ˌkoʊld-/ adj 1 ⇒desalmado,da ⇒despiadado,da 2 ⇒de sangre fría: *Reptiles are cold-blooded animals* - Los reptiles son animales de sangre fría

coldly UK: /ˈkəʊld.li/ US: /ˈkoʊld-/ adv ⇒fríamente ⇒con frialdad

coldness UK: /ˈkəʊld.nəs/ US: /ˈkoʊld-/ n [u] ⇒frialdad

collaborate /kəˈlæb.ə.reɪt/ [collaborated, collaborating] v [I] ⇒colaborar ⇒participar

collaboration /kəˌlæb.əˈreɪ.ʃᵊn/ ■ n [c, u] 1 ⇒colaboración ⇒participación ■ n [u] 2 ⇒colaboracionismo

collage UK: /ˈkɒl.ɑːʒ/ US: /ˈkɑː.lɑːʒ/ ■ n [c, u] 1 *(obra)* ⇒collage ■ n [u] 2 *(técnica)* ⇒collage

collapse¹ /kəˈlæps/ [collapsed, collapsing] ■ v [I] 1 ⇒derrumbarse ⇒desplomarse ⇒venirse abajo 2 *(una persona)* ⇒desmayarse ■ v [T, I] 3 *(un mueble)* ⇒plegar(se)

collapse² /kəˈlæps/ ■ n [u] 1 ⇒derrumbamiento ■ n [c, u] 2 ⇒desmayo ⇒desfallecimiento 3 ⇒caída: *the collapse of the Government* - la caída del Gobierno

†**collar** UK: /ˈkɒl.ər/ US: /ˈkɑː.lə/ n [c] 1 *(de una prenda de vestir)* ⇒cuello 2 *(de un animal)* ⇒collar

collarbone UK: /ˈkɒl.ə.bəʊn/ US: /ˈkɑː.lə.boʊn/ n [c] ⇒clavícula

collateral¹ UK: /kəˈlæt.ᵊr.ᵊl/ US: /-ˈlæˤt̬.ə-/ n [u] *(form)* ⇒garantía bancaria ⇒fianza

collateral² UK: /kəˈlæt.ᵊr.ᵊl/ US: /-ˈlæˤt̬.ə-/ adj *(form)* ⇒colateral

†**colleague** UK: /ˈkɒl.iːɡ/ US: /ˈkɑː.liːɡ/ n [c] *(de trabajo)* ⇒compañero,ra ⇒colega ■ PRON. *llea* rima con el término inglés *me*

†**collect¹** /kəˈlekt/ ■ v [T] 1 ⇒coleccionar 2 ⇒reunir ⇒recabar ■ v [T, I] 3 *(dinero)* ⇒recaudar ⇒recolectar ■ v [I] 4 ⇒reunirse

collect² /kəˈlekt/ US adj, adv ⇒a cobro revertido: *a collect call* - una llamada a cobro revertido

collected /kəˈlek.tɪd/ adj 1 ⇒sereno,na ⇒sosegado,da 2 ⇒completo,ta ■ PRON. La última *e* se pronuncia como la *i* en *did*

collection /kəˈlek.ʃᵊn/ ■ n [c] 1 ⇒colección: *a collection of postcards* - una colección de postales 2 ⇒colecta 3 ⇒conjunto ⇒grupo ■ n [c, u] 4 ⇒recogida

collective¹ /kəˈlek.tɪv/ adj ⇒colectivo,va: *collective noun* - sustantivo colectivo

collective² /kəˈlek.tɪv/ n [c] ⇒cooperativa

collector UK: /kəˈlek.tər/ US: /-tə/ n [c] 1 ⇒coleccionista 2 ⇒revisor,-a: *Get your ticket ready, the collector is coming* - Saca el billete, que viene el revisor

†**college** UK: /ˈkɒl.ɪdʒ/ US: /ˈkɑː.lɪdʒ/ n [c, u] 1 ⇒facultad universitaria 2 *UK* ⇒escuela superior de formación profesional 3 *US* ⇒universidad ■ PRON. La última parte, *llege*, rima con *fridge*

collide /kəˈlaɪd/ [collided, colliding] v [I] 1 ⇒chocar(se): *I collided with the lamp-post* - Choqué contra la farola 2 ⇒estar en desacuerdo ⇒chocar

colliery UK: /ˈkɒl.i.ᵊr.i/ US: /ˈkɑː.ljə/ [pl collieries] *UK* n [c] ⇒mina de carbón

collision /kəˈlɪʒ.ᵊn/ n [c] ⇒choque ⇒colisión

colloquial UK: /kəˈləʊ.kwi.ᵊl/ US: /-ˈloʊ-/ adj ⇒coloquial: *in colloquial speech* - en lenguaje coloquial

Colombia /kəˈlʌm.bi.ə/ n [u] ⇒Colombia

Colombian /kəˈlʌm.bi.ən/ adj, n [c] ⇒colombiano,na

colon UK: /ˈkəʊ.lɒn/ US: /ˈkoʊ.lən/ n [c] 1 *(en gramática)* ⇒dos puntos ■ Ver cuadro signos de puntuación 2 *(en anatomía)* ⇒colon

colonel UK: /ˈkɜː.nᵊl/ US: /ˈkɜː-/ n [c] ⇒coronel ■ PRON. La primera parte, *col*, se pronuncia como *cur* en *curtain* y la segunda *o* no se pronuncia

colonial UK: /kəˈləʊ.ni.ᵊl/ US: /-ˈloʊ-/ adj ⇒colonial

†**colony** UK: /ˈkɒl.ə.ni/ US: /ˈkɑː.lə-/ [pl colonies] n [c] ⇒colonia: *a colony of ants* - una colonia de hormigas

color UK: /ˈkʌl.ər/ US: /-ə/ US n [c, u], v [T] See **colour**

colored US adj See **coloured**

colorful US adj See **colourful**

colossal UK: /kəˈlɒs.ᵊl/ US: /ˈlɑː.s[ə]l/ adj ⇒colosal ■ PRON. Se acentúa en la segunda sílaba, *lo*

colossus UK: /kəˈlɒs.əs/ US: /-ˈlɑː.səs/ [pl colossi, colossuses] n [c] ⇒coloso

†**colour¹** UK: /ˈkʌl.ər/ US: /-ə/ *UK* (*US* color) n [c, u] 1 ⇒color: *What colour is it?* - ¿De qué color es? 2 **to {be/feel} off ~** ⇒no sentirse bien

colour² UK: /ˈkʌl.ər/ US: /-ə/ *UK* (*US* color) ■ v [T, I] 1 ⇒colorear ■ v [T] 2 *(una opinión o una idea)* ⇒marcar ■ CONSTR. Se usa más en pasiva

colour-blind UK: /'kʌl.ə.blaɪnd/ US: /-ɚ-/ *UK adj* ⇨daltónico,ca: *He is colour-blind and sees red as green* - Es daltónico, lo que es rojo lo ve verde ■ Pron. *blind* rima con *find*

coloured UK: /'kʌl.əd/ US: /-əd/ *UK* (*US* colored) *adj* **1** ⇨de color: *an earth-coloured fabric* - un tejido de color tierra **2** ⇨coloreado,da ■ Pron. La *e* no se pronuncia

colourful UK: /'kʌl.ə.fˀl/ US: /-ɚ-/ *UK* (*US* colorful) *adj* **1** ⇨lleno,na de color ⇨con mucho colorido **2** ⇨pintoresco,ca

colouring UK: /'kʌl.ˀr.ɪŋ/ US: /-ɚ-/ *UK n* [U] **1** ⇨colorido **2** ⇨color [de la cara]: *Eve has bad colouring* - Eve tiene mal color **3** ⇨colorante

colt UK: /kəʊlt/ US: /koʊlt/ *n* [C] (*animal*) ⇨potro

† **column** UK: /'kɒl.əm/ US: /'kɑː.ləm/ *n* [C] **1** (*estructura arquitectónica*) ⇨columna **2** (*en un periódico*) ⇨columna ■ Pron. La *n* no se pronuncia

coma UK: /'kəʊ.mə/ US: /'koʊ-/ *n* [C] (*en medicina*) ⇨coma

comb¹ UK: /kəʊm/ US: /koʊm/ *n* [C] **1** ⇨peine **2** ⇨peineta ■ Pron. La *b* no se pronuncia

comb² UK: /kəʊm/ US: /koʊm/ *v* [T] **1** ⇨peinar: *Wash your face and comb your hair* - Lávate la cara y péinate **2** (*una zona*) ⇨rastrear ⇨peinar ■ Pron. La *b* no se pronuncia

combat¹ UK: /'kɒm.bæt/ US: /'kɑːm-/ *n* [C, U] ⇨combate: *combat zone* - zona de combate

combat² UK: /kəm'bæt/ US: /'kɑːm.bæt/ *v* [T] ⇨combatir: *to combat an illness* - combatir una enfermedad

combination UK: /ˌkɒm.bɪ'neɪ.ʃˀn/ US: /ˌkɑːm-/ ■ *n* [C, U] **1** ⇨combinación **2** *n* [C] (*de números*) ⇨combinación

† **combine** /kəm'baɪn/ [combined, combining] *v* [T, I] ⇨combinar

combined *adj* ⇨conjunto,ta ■ Pron. La *e* no se pronuncia

† **come**, came, come /kʌm/ [coming] *v* [I] **1** ⇨venir ⇨ir **2** ⇨venir ⇨llegar **3** (*en una secuencia*) ⇨ser **4** ⇨ser de **5** ⇨llegar a ■ Constr. *to come + to do sth* **6** (*un producto*) ⇨venir **7** ⇨pasar ⇨ocurrir **8** (*vulg*) ⇨correrse *vulg.* **9** ~ on! **1** ⇨¡venga ya! **2** ⇨¡vamos! ⇨¡venga! ⇨¡ándale! *AMÉR.* **10** to ~ to nothing ⇨quedarse en nada ■ Pron. El presente *come* rima con el término inglés *some*. El pasado *came* rima con el término inglés *same*

| PHRASAL VERBS

· **to come about** ⇨suceder ⇨ocurrir
· **to come across** *sth/sb* ⇨tropezarse con ⇨dar con ⇨encontrar por casualidad
· **to come along 1** ⇨acudir ⇨asistir ⇨venir ⇨acompañar **2** ⇨ir ⇨progresar
· **to come apart** ⇨deshacerse ⇨romperse

· **to come {around/round} to** *sth* **1** (*el humor*) ⇨cambiar **2** (*una opinión*) ⇨empezar a compartir ⇨llegar a compartir
· **to come away (from** *sth*) ⇨desprenderse [de algo] ⇨alejarse [de algo] ⇨marcharse
· **to come back 1** ⇨volver ⇨regresar **2** ⇨responder **3** ⇨recordar ⇨acordarse
· **to come by** *sth* ⇨conseguir algo ⇨adquirir algo
· **to come down 1** (*los precios, un nivel, una escalera*) ⇨bajar **2** (*las hojas de los árboles, la lluvia o la nieve*) ⇨caer **3** (*un avión*) ⇨aterrizar **4** (*inform*) ⇨desplomarse ⇨desvanecerse
· **to come forward** ⇨ofrecerse
· **to come in 1** ⇨entrar ⇨llegar **2** (*la marea*) ⇨subir **3** (*inform*) ⇨aparecer ⇨entrar en escena
· **to come in for** *sth UK* ⇨ser el blanco de
· **to come off 1** ⇨caerse ⇨desprenderse **2** (*inform*) (*un plan*) ⇨tener éxito ⇨salir bien **3** (*un botón*) ⇨salir(se) **4** *Come off it!* - ¡Venga ya! **5** (*una medicina*) ⇨dejar [de tomar]
· **to come on 1** (*en deportes*) ⇨entrar [al campo] **2** ⇨salir [al escenario] **3** ⇨progresar **4** (*una luz*) ⇨encenderse
· **to come out 1** (*de un lugar*) ⇨salir **2** (*una mancha*) ⇨salir ⇨desaparecer **3** ⇨poner de manifiesto **4** ⇨salir del armario *col.* **5** (*una flor*) ⇨florecer **6** ⇨resultar ⇨salir
· **to come out with** *sth* **1** ⇨soltar algo *col.* **2** ⇨salir
· **to come over 1** ⇨venir [a un lugar] **2** ⇨dar una imagen ⇨parecer
· **to come over** *sb* **1** (*un sentimiento*) ⇨invadir a alguien **2** *I don't know what come over me* - No sé qué me pasó
· **to come round 1** *UK* ⇨visitar ⇨ir a ver **2** ⇨recobrar la consciencia ⇨volver en sí
· **to come through (***sth***)** ⇨sobrevivir [a algo] ⇨superar
· **to come to** ⇨volver en sí [después de un golpe o una operación]
· **to come to** *sth* **1** *He's an expert when it comes to DIY* - Es experto cuando se trata de bricolaje **2** (*una cantidad*) ⇨ascender a algo **3** ⇨llegar [a una situación generalmente negativa]
· **to come up 1** (*el sol, la luna*) ⇨salir **2** (*un problema, una oportunidad*) ⇨surgir **3** (*un tema*) ⇨mencionar ⇨hablar ⇨surgir
· **to come up against** *sth/sb* (*un problema, una dificultad*) ⇨encontrarse con
└ · **to come up to** *sb* ⇨acercarse

comeback /'kʌm.bæk/ *n* [C] **1** (*a una actividad*) ⇨retorno ⇨vuelta **2** ⇨réplica ⇨contestación

C ■

comedian /kə'mi:.di.ən/ *n* [C] **1** ⇒humorista **2** ⇒comediante ■ PRON. *me* se pronuncia como el término inglés *me*

† **comedy** UK: /'kɒm.ə.di/ US: /'kɑː.mə-/ ■ *n* [U] **1** *(género)* ⇒comedia ■ *n* [C, U] **2** *(obra)* ⇒comedia ■ El plural es *comedies*

comet UK: /'kɒm.ɪt/ US: /'kɑː.mɪt/ *n* [C] *(en astronomía)* ⇒cometa

comfort¹ UK: /'kʌm.fət/ US: /-fət/ *n* [U] **1** ⇒comodidad ⇒confort **2** ⇒consuelo ■ PRON. La *r* no se pronuncia y la segunda *o* se pronuncia como la *a* en el adverbio inglés *ago*

comfort² UK: /'kʌm.fət/ US: /-fət/ *v* [T] ⇒confortar ⇒consolar

† **comfortable** UK: /'kʌmp.fə.tə.bl̩/ US: /-fəˠ.tˠə-/ *adj* **1** ⇒cómodo,da ⇒confortable **2** *(una victoria)* ⇒fácil **3** *(una mayoría)* ⇒amplio,plia

comfortably /'kʌmf.tə.bli/ *adv* **1** ⇒cómodamente **2** ⇒fácilmente **3 to be ~ off** ⇒vivir con holgura

comforter UK: /'kʌm.fə.təˠ/ US: /-ˠtˠə/ *US* *(UK/US tb* duvet*)* *n* [C] ⇒edredón

comfy /'kʌm.fi/ *adj* [*comp* comfier, *superl* comfiest] *(inform)* ⇒cómodo,da

comic¹ UK: /'kɒm.ɪk/ US: /'kɑː.mɪk/ *adj* ⇒cómico,ca

comic² UK: /'kɒm.ɪk/ US: /'kɑː.mɪk/ *n* [C] **1** ⇒tebeo ⇒cómic **2** ⇒cómico,ca

coming¹ /'kʌm.ɪŋ/ *n* [NO PL] **1** ⇒llegada: *the coming of autumn* - la llegada del otoño **2** *(en religión)* ⇒advenimiento

coming² /'kʌm.ɪŋ/ *adj* ⇒próximo,ma ⇒venidero ⇒que viene

† **comma** UK: /'kɒm.ə/ US: /'kɑː.mə/ *n* [C] *(en gramática)* ⇒coma ■ Ver cuadro signos de puntuación

command¹ UK: /kə'mɑːnd/ US: /-'mænd/ ■ *n* [C] **1** ⇒orden: *to obey a command* - obedecer una orden **2** *(en informática)* ⇒comando ■ *n* [NO PL] **3** ⇒dominio ⇒habilidad ■ *n* [U] **4** ⇒mando: *to be in command* - estar al mando

command² UK: /kə'mɑːnd/ US: /-'mænd/ ■ *v* [T, I] **1** *(form)* ⇒ordenar ■ CONSTR. to command + to do sth **2** *(form)* ⇒disponer [de recursos] ■ *v* [T] **3** *(form)* ⇒mandar

† **commander** UK: /kə'mɑːn.dəˠ/ US: /-'mæn.dəˠ/ *n* [C] **1** *(en el ejército)* ⇒comandante **2** *(de una embarcación)* ⇒capitán

commando UK: /kə'mɑːn.dəʊ/ US: /-'mæn.doʊ/ [*pl* commandoes, comandos] *n* [C] **1** *(en el ejército)* ⇒comando **2** *(grupo de personas)* ⇒comando

commemorate /kə'mem.ə.reɪt/ [commemorated, commemorating] *v* [T] ⇒conmemorar

commence /kə'mens/ [commenced, commencing] *v* [T, I] *(form)* ⇒dar comienzo ⇒emprender ⇒empezar

commend /kə'mend/ *v* [T] **1** *(form)* ⇒elogiar: *He commended me for my success* - Me elogió por mis éxitos ■ CONSTR. Se usa más en pasiva **2** ⇒recomendar **3** *(el alma, el espíritu)* ⇒encomendar

† **comment¹** UK: /'kɒm.ent/ US: /'kɑː.ment/ *n* [C, U] ⇒observación ⇒comentario

† **comment²** UK: /'kɒm.ent/ US: /'kɑː.ment/ *v* [T, I] ⇒comentar: *I commented that she should be more careful* - Le comenté que debía tener más cuidado ■ CONSTR. 1. to comment + that 2. to comment + on

commentary UK: /'kɒm.ən.tri/ US: /'kɑː.mən.ter-/ [*pl* commentaries] *n* [C, U] ⇒comentario ⇒crónica

commentator UK: /'kɒm.ən.teɪ.təˠ/ US: /'kɑː.mən.teɪ.ˠtə/ *n* [C] ⇒comentarista ⇒cronista

commerce UK: /'kɒm.ɜːs/ US: /'kɑː.mɜːs/ *n* [U] *(actividad)* ⇒comercio

commercial¹ UK: /kə'mɜː.ʃ⁰l/ US: /-'mɜː-/ *n* [C] ⇒anuncio [publicitario]: *TV commercials* - los anuncios de la tele ■ PRON. La *ci* se pronuncia como *sh* en *shop*

commercial² UK: /kə'mɜː.ʃ⁰l/ US: /-'mɜː-/ *adj* **1** ⇒comercial ⇒mercantil **2** ⇒vendible ⇒comercial ■ PRON. La *ci* se pronuncia como *sh* en *shop*

commercial traveller *n* [C] See **traveller**

commission¹ /kə'mɪʃ.ˠn/ ■ *n* [C, U] **1** ⇒encargo **2** ⇒comisión ⇒porcentaje **3** *n* [C] *(en política)* ⇒comisión ⇒comité

commission² /kə'mɪʃ.ˠn/ *v* [T] ⇒encargar: *I commissioned her to design my wedding dress* - Le encargué el diseño de mi traje de novia

commissioner UK: /kə'mɪʃ.ˠn.əˠ/ US: /-ə/ *n* [C] ⇒comisario,ria

† **commit** /kə'mɪt/ [committed, committing] *v* [T] **1** ⇒cometer: *She has never committed a crime* - Nunca ha cometido un delito **2** *(recursos)* ⇒asignar **3 to ~ oneself 1** ⇒comprometerse **2** ⇒pronunciarse **4 to ~ sth to memory** *I've committed it to memory* - Lo he aprendido de memoria

committed UK: /kə'mɪt.ɪd/ US: /-'mɪˠt-/ *adj* **1** ⇒devoto,ta **2 to be ~ to sth/sb** ⇒estar comprometido,da ⇒entregarse

† **committee** UK: /kə'mɪt.i/ US: /-'mɪˠt-/ *n* [C] ⇒comité: *to sit on a committee* - estar en un comité ■ Por ser un nombre colectivo se puede usar con el verbo en singular o en plural ■ PRON. Se acentúa en la segunda sílaba

commodity UK: /kə'mɒd.ə.ti/ US: /-'mɑː.də.ˠti/ [*pl* commodities] *n* [C] **1** ⇒artículo ⇒mercancía **2** *(en economía)* ⇒materia prima

† **common¹** UK: /'kɒm.ən/ US: /'kɑː.mən/ *adj* **1** ⇒corriente ⇒común **2** ⇒corriente ⇒frecuente **3** ⇒corriente ⇒ordinario,ria ⇒normal **4** ⇒común ⇒compartido,da **5** *UK* *(offens)* ⇒vulgar ⇒ordinario,ria **6 in ~** ⇒en común

■C

common[2] UK: /ˈkɒm.ən/ US: /ˈkɑː.mən/ *n* [C] **1** ⇨ejido **2 the Commons** *(en Reino Unido y Canadá)* ⇨la Cámara de los Comunes

commonly UK: /ˈkɒm.ən.li/ US: /ˈkɑː.mən-/ *adv* ⇨generalmente ⇨por lo general

commonplace UK: /ˈkɒm.ən.pleɪs/ US: /ˈkɑː.mən-/ *adj* ⇨habitual ⇨normal

commons *US n* [PL] See **common**

Commonwealth the ~ ⇨la Commonwealth

commotion UK: /kəˈməʊ.ʃən/ US: /-ˈmoʊ-/ *n* [U, NO PL] ⇨conmoción

communal UK: /ˈkɒm.ju.nəl/ UK: /kəˈmju:-/ US: /ˈkɑː.mjə-/ *adj* ⇨comunal

commune UK: /ˈkɒm.ju:n/ US: /ˈkɑː.mju:n/ *n* [C] ⇨comuna ■ Por ser un nombre colectivo se puede usar con el verbo en singular o en plural ■ PRON. La *u* se pronuncia como *you*

† **communicate** /kəˈmju:.nɪ.keɪt/ [communicated, communicating] *v* [I] ⇨comunicarse ■ PRON. La *u* se pronuncia como *you*

communication /kəˌmju:.nɪˈkeɪ.ʃən/ *n* [C, U] **1** ⇨comunicación: *communication problems* - problemas de comunicación **2** *(form)* ⇨mensaje ■ PRON. La *u* se pronuncia como *you*

communicative UK: /kəˈmju:.nɪ.kə.tɪv/ US: /-ˤtɪv/ *adj* ⇨comunicativo,va: *She's not very communicative* - No es muy comunicativa

communion /kəˈmju:.ni.ən/ *n* [U] ⇨comunión ■ PRON. La *u* se pronuncia como *you*

communiqué /kəˈmju:.nɪ.keɪ/ *n* [C] ⇨comunicado: *to issue a communiqué* - emitir un comunicado

† **communism** UK: /ˈkɒm.ju.nɪ.zəm/ US: /ˈkɑː.mjə-/ *n* [U] ⇨comunismo

† **community** UK: /kəˈmju:.nə.ti/ US: /-ˤti/ *[pl* communities] *n* [C] **1** ⇨comunidad **2** ⇨colonia: *a British community* - una colonia británica ■ Por ser un nombre colectivo se puede usar con el verbo en singular o en plural ■ PRON. La *u* se pronuncia como *you*

commute /kəˈmju:t/ [commuted, commuting] ■ *v* [I] **1** ⇨viajar para ir al trabajo ■ *v* [T] **2** ⇨conmutar ■ PRON. La *u* se pronuncia como *you*

compact /kəmˈpækt/ *adj* ⇨compacto,ta

compact[2] UK: /ˈkɒm.pækt/ US: /ˈkɑː.m-/ *n* [C] ⇨polvera

compact disc *n* [C] ⇨disco compacto ■ La forma abreviada es *CD*

† **companion** /kəmˈpæn.jən/ *n* [C] *(de viaje, de la vida)* ⇨compañero,ra

† **company** /ˈkʌm.pə.ni/ *[pl* companies] *n* [C] **1** ⇨empresa ⇨compañía ■ La forma abreviada es *Co.* **2** ⇨compañía ⇨grupo de artistas ■ Por ser un nombre colectivo se puede usar con el verbo en singular o en plural **3 to keep** *sb* ~ ⇨hacer compañía a alguien

company car *n* [C] ⇨coche de empresa

comparable UK: /ˈkɒm.pᵊr.ə.bl/ US: /ˈkɑː.m.pə-/ *adj* ⇨comparable: *to be comparable to sth* - ser comparable con algo ■ PRON. La primera *a* prácticamente no se pronuncia

† **comparative** UK: /kəmˈpær.ə.tɪv/ US: /-ˈper.ə.ˤtɪv/ *n* [C] ⇨comparativo ■ Ver cuadro en página siguiente

† **compare** UK: /kəmˈpeə/ US: /-ˈper/ [compared, comparing] *v* [T] ⇨comparar(se)

comparison UK: /kəmˈpær.ɪ.sᵊn/ US: /-ˈper-/ *n* [C, U] ⇨comparación: *in comparison* - en comparación

compartment /kəmˈpɑːt.mənt/ US: /-ˈpɑːrt-/ *n* [C] **1** *(de un vagón de tren)* ⇨compartimento **2** *(de un objeto)* ⇨compartimento

compass /ˈkʌm.pəs/ *[pl* compasses] *n* [C] **1** ⇨brújula **2** *US* See **compasses** ■ PRON. La primera parte, *com*, se pronuncia como *come*

compasses /ˈkʌm.pə.sɪz/ *UK* (*US* **compass**) *n* [PL] *(en matemáticas)* ⇨compás

compassion /kəmˈpæʃ.ᵊn/ *n* [U] ⇨compasión: *to feel compassion for sb* - sentir compasión por alguien

† **compatible** /kəmˈpæt.ɪ.bl/ *adj* ⇨compatible ■ PRON. La última parte, *ble*, se pronuncia como en *table*

compel /kəmˈpel/ [compelled, compelling] *v* [T] *(form)* ⇨obligar: *They compelled him to resign* - Lo obligaron a dimitir

† **compensate** UK: /ˈkɒm.pən.seɪt/ US: /ˈkɑː.m-/ [compensated, compensating] ■ *v* [T, I] **1** ⇨compensar **2** *v* [T] ⇨indemnizar: *The airline compensated the victims* - La compañía aérea indemnizó a la víctimas

† **compete** /kəmˈpi:t/ [competed, competing] *v* [I] **1** ⇨competir ⇨participar **2** ⇨competir ⇨medirse ■ PRON. *pete* rima con *feet*

† **competence** UK: /ˈkɒm.pɪ.tᵊns/ US: /ˈkɑː.m-/ *n* [C, U] **1** ⇨competencia [para hacer algo] ⇨capacidad **2** *(de un tribunal)* ⇨competencia

competent UK: /ˈkɒm.pɪ.tᵊnt/ US: /ˈkɑː.m.pə.ˤt[ə]nt/ *adj* ⇨eficiente ⇨competente ■ PRON. La última *e* se pronuncia como la *a* en el adverbio inglés *ago*

competition UK: /ˌkɒm.pəˈtɪʃ.ᵊn/ US: /ˌkɑː.m-/ ■ *n* [C] **1** ⇨competición ⇨concurso ■ *n* [U] **2** ⇨competencia ⇨rivalidad

competitive UK: /kəmˈpet.ɪ.tɪv/ US: /-ˈpeˤt.ə.ˤtɪv/ *adj* ⇨competitivo,va: *competitive spirit* - espíritu competitivo

competitively UK: /kəmˈpet.ɪ.tɪv.li/ US: /-ˈpeˤt.ə.ˤtɪv-/ *adv* **1** ⇨competitivamente ⇨con espíritu competitivo **2** *competitively priced* - a precios competitivos

competitor UK: /kəmˈpet.ɪ.tə/ US: /-ˈpeˤt.ɪ.ˤtə/ *n* [C] **1** ⇨competidor,-a ⇨rival **2** ⇨participante

comparative and superlative forms of adjectives

- **Formación:**

– **"-er", "-est"**

Con adjetivos de una sílaba y con adjetivos de dos sílabas que terminan en "-y", se forma el comparativo añadiendo "-er" y el superlativo añadiendo "-est":

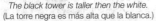

tall   taller   tallest
(alto   más alto   el más alto)

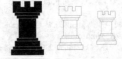

The black tower is taller then the white.
(La torre negra es más alta que la blanca.)

The black tower is the tallest of the three.
(La torre negra es la más alta de las tres.)

Atención: algunos adjetivos de dos sílabas que no terminan en "-y" también forman el comparativo y el superlativo de esta manera:

narrow narrower   narrowest | simple   simpler   simplest
(estrecho más estrecho el más estrecho) | (sencillo más sencillo el más sencillo)

– **"more" y "most"**

Con muchos adjetivos de dos sílabas que no terminan en "-y", y con todos los adjetivos de tres o más sílabas, se forma el comparativo con "more" y el superlativo con "most":

boring   more boring   the most boring | intelligent more intelligent the most intelligent
(aburrido más aburrido el más aburrido) | (inteligente más inteligente el más inteligente)

· *John thinks he's **more intelligent** than I am.*   · *Carol is **the most intelligent** person in our class.*
(John cree que es más inteligente que yo.)   (Carol es la persona más inteligente de la clase.)

- **Formas irregulares**

Algunos adjetivos tienen formas irregulares para el comparativo y el superlativo:

adjetivo	comparativo	superlativo
good (bueno)	**better** (mejor)	**best** (el / la mejor)
bad (malo)	**worse** (peor)	**worst** (el / la peor)
little (pequeño)	**less** (menos)	**least** (el más pequeño / la más pequeña)
much / many (mucho)	**more** (más)	**most** (el / la más)
far (lejos)	**farther / further** (más lejos)	**farthest / furthest** (el más lejano / la más lejana)

Las formas en "-er" y "-est" siguen algunas normas ortográficas.
– Cuando el adjetivo termina en consonante + "e", se omite la "e":

· *Peter is nicer than his brother.*
(Peter es más amable que su hermano.)

– Cuando el adjetivo termina en vocal + consonante, se duplica la consonante:

· *Which is the bigg**est** country in Europe?*
(¿Cuál es el país más grande de Europa?)

– Cuando el adjetivo termina en consonante + "-y", la "y" se convierte en "i":

· *I think German is eas**ier** than Chinese.*
(Creo que el alemán es más fácil que el chino.)

† **compile** /kəmˈpaɪl/ [compiled, compiling] *v* [T] ⇒recopilar: *to compile data* - recopilar datos ■ PRON. *pile* rima con *smile*

† **complain** /kəmˈpleɪn/ *v* [I] ⇒quejarse ⇒protestar ■ CONSTR. 1. *to complain + that* 2. *to complain about sth*

complement¹ UK: /ˈkɒm.plɪ.ment/ US: /ˈkɑːm-/ *v* [T] **1** ⇒ir bien con ⇒realzar **2** ⇒complementar

complement² UK: /ˈkɒm.plɪ.ment/ US: /ˈkɑːm-/ *n* [C] **1** ⇒complemento **2** (*form*) ⇒dotación **3** (*en gramática*) ⇒complemento

† **complete**¹ /kəmˈpliːt/ *adj* **1** ⇒completo,ta ⇒entero,ra **2** ⇒completo,ta ⇒concluido,da

† **complete**² /kəmˈpliːt/ [completed, completing] *v* [T] **1** ⇒completar ⇒acabar ⇒terminar **2** ⇒rellenar: *to complete a form* - rellenar un formulario

completely /kəmˈpliːt.li/ *adv* ⇒completamente ⇒totalmente

† **complex**¹ UK: /ˈkɒm.pleks/ UK: /kəmˈpleks/ US: /ˈkɑːm-/ *adj* ⇒complejo,ja

complex² UK: /ˈkɒm.pleks/ US: /ˈkɑːm-/ [*pl* complexes] *n* [C] **1** ⇒complejo [urbanístico] **2** (*en psicología*) ⇒complejo

complexion /kəmˈplek.ʃⁿn/ *n* [C] **1** ⇒cutis **2** ⇒naturaleza ⇒carácter ⇒cariz

complexity UK: /kəmˈplek.sɪ.ti/ US: /-sə.ˤti/ *n* [C, U] ⇒complejidad

compliance /kəmˈplaɪ.ənts/ *n* [U] (*form*) ⇒conformidad ■ PRON. *pli* rima con *fly*

† **complicate** UK: /ˈkɒm.plɪ.keɪt/ US: /ˈkɑːm-/ [complicated, complicating] *v* [T] ⇒complicar: *Don't complicate things* - No compliques las cosas

complicated UK: /ˈkɒm.plɪ.keɪ.tɪd/ US: /ˈkɑːm.plɪ.keɪ.ˤtɪd/ *adj* **1** ⇒complicado,da **2** *to get more complicated* - complicarse ■ PRON. La *a* e se pronuncia como la *i* de *did*

compliment¹ UK: /ˈkɒm.plɪ.mənt/ US: /ˈkɑːm-/ *n* [C] ⇒cumplido ⇒piropo

compliment² UK: /ˈkɒm.plɪ.mənt/ US: /ˈkɑːm-/ *v* [T] ⇒felicitar: *They complimented me on my work* - Me felicitaron por mi trabajo

complimentary UK: /ˌkɒm.plɪˈmen.tⁿr.i/ US: /ˌkɑːm.plɪˈmen.ˤtə-/ *adj* **1** ⇒halagador,-a **2** ⇒gratuito,ta: *a complimentary ticket* - una invitación

† **comply** /kəmˈplaɪ/ [complies, complied] *v* [I] (*form*) ⇒cumplir ⇒obedecer ■ PRON. *ply* rima con *fly*

component¹ UK: /kəmˈpəʊ.nənt/ US: /-ˈpoʊ-/ *n* [C] **1** ⇒componente ⇒parte **2** ⇒pieza [de un mecanismo]

† **component**² UK: /kəmˈpəʊ.nənt/ US: /-ˈpoʊ-/ *adj* ⇒integrante

† **compose** UK: /kəmˈpəʊz/ US: /-ˈpoʊz/ [composed, composing] *v* [T] **1** (*un tema musical*) ⇒componer ⇒crear **2** (*un texto*) ⇒redactar **3** ⇒integrar ⇒componer ■ CONSTR. Se usa más en pasiva **4** *to ~ oneself* ⇒serenarse ⇒tranquilizarse

composed UK: /kəmˈpəʊzd/ US: /-ˈpoʊzd/ *adj* (*una persona*) ⇒dueño,ña de sí ⇒sereno,na

composer UK: /kəmˈpəʊ.zə²/ US: /-ˈpoʊ.zə/ *n* [C] ⇒compositor,-a

composition UK: /ˌkɒm.pəˈzɪʃ.ⁿn/ US: /ˌkɑːm-/ *n* [C, U] **1** ⇒constitución ⇒composición **2** ⇒redacción

compost UK: /ˈkɒm.pɒst/ US: /ˈkɑːm.poʊst/ *n* [U] ⇒compost ⇒abono

composure UK: /kəmˈpəʊ.ʒə²/ US: /-ˈpoʊ.ʒə/ *n* [U] ⇒compostura ⇒serenidad

compound¹ UK: /ˈkɒm.paʊnd/ US: /ˈkɑːm-/ *n* [C] **1** ⇒recinto **2** ⇒compuesto químico

compound² UK: /ˈkɒm.paʊnd/ US: /ˈkɑːm-/ *adj* **1** ⇒compuesto,ta ⇒combinado,da **2** (*en gramática*) ⇒compuesto,ta

compound³ /kəmˈpaʊnd/ *v* [T] ⇒agravar

comprehend UK: /ˌkɒm.prɪˈhend/ US: /ˌkɑːm-/ *v* [T, I] (*form*) ⇒comprender: *to comprehend a problem* - comprender un problema

comprehensible UK: /ˌkɒm.prɪˈhen.sɪ.bḷ/ US: /ˌkɑːm-/ *adj* ⇒comprensible

comprehension UK: /ˌkɒm.prɪˈhen.tʃⁿn/ US: /ˌkɑːm-/ *n* [U] ⇒comprensión

comprehensive¹ UK: /ˌkɒm.prɪˈhent.sɪv/ US: /ˌkɑːm-/ *adj* ⇒completo,ta ⇒exhaustivo,va ■ Distinto de *understanding* y *sympathetic* (comprensivo)

comprehensive² UK: /ˌkɒm.prɪˈhent.sɪv/ US: /ˌkɑːm-/ *UK n* [C] ⇒centro de enseñanza secundaria

compress UK: /kəmˈpres/ *v* [T] **1** (*en informática*) ⇒comprimir **2** ⇒condensar ⇒resumir

† **comprise** /kəmˈpraɪz/ [comprised, comprising] *v* [T] **1** (*form*) ⇒abarcar ⇒constar **2** ⇒componer ⇒formar ⇒comprender

compromise¹ UK: /ˈkɒm.prə.maɪz/ US: /ˈkɑːm-/ *n* [C, U] ⇒acuerdo ⇒arreglo ■ Distinto de *commitment* (compromiso)

compromise² UK: /ˈkɒm.prə.maɪz/ US: /ˈkɑːm-/ [compromised, compromising] *v* [I] **1** ⇒llegar a un acuerdo **2** ⇒comprometer

† **compulsion** /kəmˈpʌl.ʃⁿn/ ■ *n* [U] **1** ⇒obligación ■ *n* [C] **2** ⇒deseo irresistible

compulsive /kəmˈpʌl.sɪv/ *adj* **1** ⇒compulsivo,va ⇒empedernido,da **2** (*un libro*) ⇒absorbente

compulsory UK: /kəmˈpʌl.sⁿr.i/ US: /-sə-/ *adj* **1** ⇒obligatorio,ria **2** (*un despido*) ⇒forzoso,sa ■ PRON. La *u* se pronuncia como en el término inglés *sun*

† **computer** UK: /kəmˈpjuː.tə²/ US: /-ˤtə/ *n* [C] ⇒ordenador ⇒computadora AMÉR. ■ PRON. La *u* se pronuncia como *you* ■ Ver cuadro ordenador

† **computer game** *n* [C] **1** ⇒juego de ordenador **2** ⇒videojuego

computing UK: /kəmˈpjuː.tɪŋ/ US: /-ˤtɪŋ/ *n* [U] ⇒informática ■ PRON. La *u* se pronuncia como *you*

comrade UK: /'kɒm.reɪd/ US: /'kɑːm.ræd/ n [c] *(lit)* ⇒camarada ⇒compañero,ra

con¹ UK: /kɒn/ US: /kɑːn/ [conned, conning] v [T] *(inform)* **1** ⇒estafar ⇒timar *col*. ■ CONSTR. to con sb out of sth **2** ⇒engañar ⇒engatusar *col*. ■ CONSTR. to con sb into doing th

con² UK: /kɒn/ US: /kɑːn/ n [c] *(inform)* ⇒estafa ⇒timo *col*.

con artist *(tb con man)* n [c] ⇒timador,-a ⇒estafador,-a

†**conceal** /kən'siːl/ v [T] **1** *(un objeto)* ⇒ocultar **2** *(un sentimiento)* ⇒disimular ⇒ocultar

concede /kən'siːd/ [conceded, conceding] ■ v [T] **1** ⇒reconocer: *He conceded that the other boy was the winner* - Reconoció que el otro chico era el ganador ■ CONSTR. to concede + (that) **2** ⇒darse por vencido,da ⇒rendirse **3** v [T, I] ⇒ceder: *to concede a right* - ceder un derecho ■ PRON. cede se pronuncia como *seed*

conceit /kən'siːt/ n [U] ⇒engreimiento ■ PRON. ceit se pronuncia como *seat*

conceive /kən'siːv/ [conceived, conceiving] ■ v [T, I] **1** ⇒concebir ⇒quedarse embarazada **2** ⇒imaginar(se) ⇒concebir ■ v [T] **3** ⇒concebir ⇒idear

†**concentrate** UK: /'kɒnt.sⁿn.treɪt/ US: /'kɑːnt-/ [concentrated, concentrating] v [I] ⇒concentrarse: *I have to concentrate on this task* - Tengo que concentrarme en esta tarea ■ PRON. La segunda c se pronuncia como una *s*

concentration UK: /ˌkɒnt.sⁿn'treɪ.ʃⁿn/ US: /ˌkɑːnt-/ ■ n [U] **1** *(capacidad mental)* ⇒concentración ⇒atención ■ n [c, U] **2** ⇒concentración ⇒cantidad ■ PRON. La segunda c se pronuncia como una *s*

concentric /kən'sen.trɪk/ adj *(en geometría)* ⇒concéntrico,ca

†**concept** UK: /'kɒn.sept/ US: /'kɑːn-/ n [c] ⇒concepto ■ PRON. La segunda c se pronuncia como una *s*

conception /kən'sep.ʃⁿn/ ■ n [c, U] **1** ⇒concepción ⇒idea ■ n [U] **2** *(de un niño, un animal)* ⇒concepción

†**concern¹** UK: /kən'sɜːn/ US: /-'sɜːn/ v [T] **1** ⇒concernir ⇒afectar ⇒incumbir **2** ⇒preocupar **3** to ~ *oneself* ⇒interesarse ⇒preocuparse ⇒ocuparse ■ PRON. La segunda c se pronuncia como una *s*

concern² UK: /kən'sɜːn/ US: /-'sɜːn/ ■ n [c, U] **1** ⇒preocupación: *My main concern is...* - Mi principal preocupación es... **2** ⇒interés ■ n [c] **3** ⇒negocio: *a going concern* - un negocio rentable ■ PRON. La segunda c se pronuncia como una *s*

concerned UK: /kən'sɜːnd/ US: /-'sɜːnd/ adj **1** ⇒preocupado,da **2** ⇒interesado,da ⇒en cuestión **3** as far as sth/sb is ~ ⇒en cuanto a ⇒con respecto a ■ PRON. La última e no se pronuncia y la segunda c se pronuncia como una *s*

concerning UK: /kən'sɜː.nɪŋ/ US: /-'sɜː-/ prep ⇒acerca de ⇒sobre

†**concert** UK: /'kɒn.sət/ US: /'kɑːn.sət/ n [c] ⇒concierto ⇒recital ■ PRON. La segunda c se pronuncia como una *s*

concerted UK: /kən'sɜː.tɪd/ US: /-'sɜː.ˤtɪd/ adj ⇒coordinado,da ⇒concertado,da

concerto UK: /kən'tʃɜː.təʊ/ US: /-'tʃer.ˤtoʊ/ [pl concerti, concertos] n [c] *(composición musical)* ⇒concierto ■ PRON. cert se pronuncia como *shirt*

†**concession** /kən'seʃ.ⁿn/ n [c, U] ⇒concesión

conciliation /kənˌsɪl.i'eɪ.ʃⁿn/ n [U] *(form)* ⇒conciliación

concise /kən'saɪs/ adj ⇒conciso,sa ■ PRON. La segunda c se pronuncia como una *s* y ise se pronuncia como el término inglés *ice*

†**conclude** /kən'kluːd/ [concluded, concluding] ■ v [T] **1** ⇒concluir ⇒llegar a la conclusión ■ CONSTR. to conclude + that ■ v [T, I] **2** *(form)* ⇒finalizar ⇒terminar

conclusion /kən'kluː.ʒⁿn/ n [c] **1** ⇒conclusión: *to come to a conclusion* - llegar a una conclusión **2** in ~ *(form)* ⇒en conclusión **3** to jump to conclusions ⇒llegar a una conclusión precipitadamente

conclusive /kən'kluː.sɪv/ adj ⇒concluyente ⇒decisivo,va

concoct UK: /kən'kɒkt/ US: /-'kɑːkt/ v [T] **1** ⇒inventar(se): *to concoct an excuse* - inventarse una excusa **2** ⇒crear ⇒confeccionar ⇒preparar

concourse UK: /'kɒŋ.kɔːs/ US: /'kɑːn.kɔːrs/ n [c] *(en un edificio público grande)* ⇒vestíbulo

†**concrete¹** UK: /'kɒŋ.kriːt/ US: /'kɑːn-/ n [U] ⇒hormigón ⇒concreto AMÉR.

concrete² UK: /'kɒŋ.kriːt/ US: /'kɑːn-/ adj ⇒concreto,ta: *concrete noun* - nombre concreto ■ Comparar con *specific*

concur UK: /kən'kɜː/ US: /-'kɜː/ v [T, I] *(form)* ⇒coincidir ⇒comulgar

concurrent UK: /kən'kʌr.ⁿnt/ US: /-'kɜː-/ adj ⇒coincidente ⇒simultáneo,a

†**condemn** /kən'dem/ v [T] **1** ⇒condenar ⇒desaprobar **2** ⇒declarar en ruina ■ PRON. La última n no se pronuncia

|PHRASAL VERBS
· **to condemn** *sb* **to {sth/do** *sth***}** **1** *(un castigo)* ⇒condenar **2** *(un sufrimiento)* ⇒obligar a alguien a algo ⇒condenar a alguien a algo

condensation UK: /ˌkɒn.den'seɪ.ʃⁿn/ US: /ˌkɑːn-/ n [U] ⇒condensación

condense /kən'dents/ [condensed, condensing] ■ v [T, I] **1** *(un gas, un líquido)* ⇒condensar(se) ■ v [T] **2** ⇒resumir: *to condense a speech* - resumir un discurso

† **condition**[1] /kənˈdɪʃ.ən/ ■ *n* [U, NO PL] **1** ⇒situación ⇒estado ■ *n* [C] **2** ⇒requerimiento ⇒condición **3** ⇒enfermedad ⇒afección **4 out of ~** ⇒en baja forma

condition[2] /kənˈdɪʃ.ən/ *v* [T] **1** *(un comportamiento)* ⇒condicionar ⇒influir ■ CONSTR. 1. to condition + to do sth 2. Se usa más en pasiva **2** *(el pelo)* ⇒acondicionar

conditional[1] /kənˈdɪʃ.ən.əl/ *adj* **1** ⇒condicional **2 to be ~ {on/upon} sth** ⇒estar supeditado,da a algo ⇒estar condicionado,da a algo

conditional[2] /kənˈdɪʃ.ən.əl/ **the ~** *(en gramática)* ⇒el condicional ■ El condicional se usa para expresar acciones que dependen de que suceda algo más ■ Ver cuadro en página siguiente y ver cuadro verb tenses

conditioning /kənˈdɪʃ.ən.ɪŋ/ *n* [U] **1** ⇒condicionamiento **2 air ~** ⇒aire acondicionado

conditions /kənˈdɪʃ.ənz/ *n* [PL] ⇒condiciones ⇒circunstancias

condo UK: /ˈkɒn.dəʊ/ US: /ˈkɑːn.doʊ/ *US n* [C] *(inform)* See **condominium**

condolence UK: /kənˈdəʊ.ləns/ US: /-ˈdoʊ-/ *n* [C, U] **1** ⇒condolencia ⇒pésame *My condolences -* Te acompaño en el sentimiento

condom UK: /ˈkɒn.dɒm/ US: /ˈkɑːn.dəm/ *(US tb rubber) n* [C] ⇒preservativo ⇒condón

condominium UK: /ˌkɒn.dəˈmɪn.i.əm/ US: /ˌkɑːn-/ *n* [C] **1** *(US tb condo)* ⇒apartamento en condominio **2** *(US tb condo) (edificio)* ⇒condominio AMÉR. **3** ⇒país gobernado por otros dos o más países

condone UK: /kənˈdəʊn/ US: /-ˈdoʊn/ [condoned, condoning] *v* [T] **1** ⇒perdonar ⇒excusar **2** ⇒aceptar ⇒aprobar

condor UK: /ˈkɒn.dɔːʳ/ US: /ˈkɑːn.dɔːr/ *n* [C] *(ave rapaz)* ⇒cóndor

conducive UK: /kənˈdjuː.sɪv/ US: /-ˈduː-/ *adj* **1** ⇒propicio,cia **2** *This music is conducive to sleep* - Esta música invita al sueño

conduct[1] UK: /ˈkɒn.dʌkt/ US: /ˈkɑːn-/ *n* [U] **1** ⇒conducta ⇒comportamiento **2** *(form)* ⇒gestión

conduct[2] /kənˈdʌkt/ ■ *v* [T] **1** ⇒realizar ⇒llevar a cabo **2** ⇒conducir ⇒transmitir ■ *v* [T, I] **3** ⇒dirigir: *Who conducts the school orchestra?* - ¿Quién dirige la orquesta del colegio? **4 to ~ oneself** ⇒comportarse

conductor UK: /kənˈdʌk.təʳ/ US: /-tə/ *n* [C] **1** ⇒director,-a de orquesta **2** *(en un transporte)* ⇒revisor,-a ⇒cobrador,-a [de billetes] ■ Distinto de *driver* (conductor) **3** *(material)* ⇒conductor ■ PRON. La *u* se pronuncia como en el término inglés *sun*

cone UK: /kəʊn/ US: /koʊn/ *n* [C] **1** *(forma)* ⇒cono **2** ⇒cucurucho ⇒cono **3** *(de un pino o un abeto)* ⇒piña

confectionery UK: /kənˈfek.ʃən.ri/ US: /-er.i/ *UK n* [U] ⇒repostería

confer UK: /kənˈfɜːʳ/ US: /-ˈfɜː/ [conferred, conferring] ■ *v* [I] **1** ⇒discutir ⇒deliberar ⇒consultar ■ *v* [T] **2** *(form)* ⇒conceder ⇒otorgar

† **conference** UK: /ˈkɒn.fr.əns/ US: /ˈkɑːn.fə-/ *n* [C] **1** ⇒conferencia ⇒congreso **2** ⇒reunión

† **confess** /kənˈfes/ [confesses] *v* [T, I] **1** ⇒confesar ⇒admitir ■ CONSTR. to confess to + doing sth **2** *(en religión)* ⇒confesar

confession /kənˈfeʃ.ən/ *n* [C, U] ⇒confesión

confide /kənˈfaɪd/ [confided, confiding] *v* [T, I] ⇒revelar ⇒confiar ■ CONSTR. to confide + that

| PHRASAL VERBS
| · **to confide in sb** ⇒confiar en alguien ⇒fiarse
└ de alguien

† **confidence** UK: /ˈkɒn.fɪ.dəns/ US: /ˈkɑːn-/ ■ *n* [U] **1** ⇒confianza: *You lack confidence* - Te falta confianza ■ *n* [C] **2** ⇒secreto ⇒confidencia **3 in ~** ⇒en confianza **4 to have ~ in sb** ⇒fiarse de alguien ⇒tener confianza en alguien ■ Distinto de *secret* (confidencia)

confident UK: /ˈkɒn.fɪ.dənt/ US: /ˈkɑːn-/ *adj* **1** ⇒seguro,ra de sí mismo,ma **2 to be ~ {of sth/ that}** ⇒estar seguro,ra de ■ Distinto de *confidant* e *informer* (confidente)

† **confidential** UK: /ˌkɒn.fɪˈden.tʃ°l/ US: /ˌkɑːn-/ *adj* ⇒confidencial: *a confidential document* - un documento confidencial

confidently UK: /ˈkɒn.fɪ.dənt.li/ US: /ˈkɑːn-/ *adv* ⇒con seguridad

† **confine** /kənˈfaɪn/ [confined, confining] *v* [T] **1** ⇒encerrar ⇒confinar ■ CONSTR. Se usa más en pasiva **2 to be confined to bed** ⇒tener que guardar cama

confines UK: /ˈkɒn.faɪnz/ US: /ˈkɑːn-/ *n* [PL] ⇒confines ⇒límites

† **confirm** UK: /kənˈfɜːm/ US: /-ˈfɜːm/ *v* [T] **1** ⇒confirmar ⇒ratificar ⇒constatar **2** *(en religión)* ⇒confirmarse

confirmation UK: /ˌkɒn.fəˈmeɪ.ʃən/ US: /ˌkɑːn.fə-/ *n* [C, U] **1** ⇒confirmación ⇒comprobación **2** *(en religión)* ⇒confirmación

confiscate UK: /ˈkɒn.fɪ.skeɪt/ US: /ˈkɑːn-/ [confiscated, confiscating] *v* [T] ⇒confiscar: *to confiscate sth from sb* - confiscar algo a alguien

† **conflict** UK: /ˈkɒn.flɪkt/ US: /ˈkɑːn-/ *n* [C, U] ⇒conflicto: *to come into conflict* - entrar en conflicto

conform UK: /kənˈfɔːm/ US: /-ˈfɔːrm/ *v* [I] ⇒comportarse [correctamente] ■ Distinto de *to make up* (conformar)

| PHRASAL VERBS
| · **to conform {to/with} sth** **1** ⇒seguir algo
| ⇒atenerse a algo **2** ⇒ajustarse a algo: *Does it*
| *conform to our requirements?* - ¿Se ajusta a
└ los requisitos?

C ■

conditional

• El primer condicional

	oración condicional	oración principal
If	presente	**"will" / "can" / "may" / "might" / "must"** + verbo principal

· *If you need help, you can call me.*
(Si necesitas ayuda, puedes llamarme.)

Se utiliza:

– Para describir situaciones reales o probables en el futuro:

· *If we play music too loudly, it will disturb the neighbours.*
(Si ponemos la música muy alta molestará a los vecinos.)

– Para dar avisos, consejos o hacer promesas:

· *If I don't call my mother, she might worry.*
(Si no llamo a mi madre, podría preocuparse.)

• El segundo condicional

	oración condicional	oración principal
If	pasado	**"would" / "could" / "might"** + verbo principal

· *If I had a plane, I would travel around the world.*
(Si tuviera un avión, viajaría por todo el mundo.)

Se utiliza para referirse a situaciones en el presente o en el futuro que son improbables o imaginadas:

· *What would you do if you were me?*
(¿Qué harías si fueras yo?)

• El tercer condicional

	oración condicional	oración principal
If	pasado perfecto	**"would have" / "could have" / "might have"** + verbo principal

· *If we hadn't got lost we would have arrived on time.*
(Si no nos hubiéramos perdido, habríamos llegado a tiempo.)

Se utiliza para referirse a situaciones posibles del pasado que no han sucedido:

· *If you had made the reservations, we could have slept in that hotel.*
(Si hubieras hecho las reservas, podríamos haber dormido en ese hotel.)

• Condicional mixto

	oración condicional	oración principal
If	pasado perfecto	would / might + be

· *If we hadn't taken the shortcut, we would still be walking now.*
(Si no hubiéramos cogido el atajo, todavía seguiríamos caminando.)

Se utiliza para referirse a situaciones posibles del pasado que no han sucedido y a su hipotético impacto en el presente o en el futuro.

† **confront** /kən'frʌnt/ *v* [T] **1** ⇨confrontar: *They confronted him with the witnesses* - Lo confrontaron con los testigos **2** ⇨hacer frente ⇨afrontar **3** to be confronted {by/with} *sth* ⇨enfrentar(se) a algo

† **confuse** /kən'fju:z/ [confused, confusing] *v* [T] **1** ⇨desconcertar ⇨confundir **2** ⇨despistar ⇨confundir ■ PRON. La *u* se pronuncia como *you*

confused /kən'fju:zd/ *adj* ⇨confuso,sa ■ PRON. La *e* no se pronuncia y la *u* se pronuncia como *you*

confusing /kən'fju:.zɪŋ/ *adj* **1** ⇨confuso,sa ⇨lioso,sa **2** *How confusing!* - ¡Qué lío!

confusion /kən'fju:.ʒən/ ■ *n* [C, U] **1** ⇨desbarajuste ⇨confusión ■ *n* [U] **2** ⇨confusión ⇨equivocación **3** *(situación)* ⇨lío ⇨confusión ⇨caos ■ PRON. La *u* se pronuncia como *you*

congeal /kən'dʒɪəl/ *v* [I] ⇨coagular(se) ⇨cuajar

congenial /kən'dʒiː.ni.əl/ *adj* **1** *(form)* ⇨cordial ⇨gentil **2** *(form)* ⇨placentero,ra ⇨agradable

congenital UK: /kən'dʒen.ɪ.tºl/ US: /-ˤt[ə]l/ *adj* **1** ⇨congénito,ta **2** ⇨contumaz ⇨compulsivo,va

congested /kən'dʒes.tɪd/ *adj* ⇨congestionado,da

conglomerate UK: /kən'glɒm.ºr.ət/ US: /-'glaː.mə-/ *n* [C] ⇨grupo empresarial

† **congratulate** /kən'græt.ju.leɪt/ [congratulated, congratulating] *v* [T] ⇨felicitar: *I congratulate you on your new job* - Te felicito por tu nuevo trabajo ■ PRON. La *u* se pronuncia como *you*

congratulations /kən,græt.ju'leɪ.ʃºnz/ *excl* ⇨¡felicidades! ⇨¡enhorabuena! ■ PRON. La *u* se pronuncia como *you*

congregate UK: /'kɒŋ.grɪ.geɪt/ US: /'kaːŋ-/ [congregated, congregating] *v* [I] ⇨congregarse ⇨reunirse

† **congress** *n* [NO PL] **1** ⇨congreso ⇨conferencia **2** **Congress** *US* ⇨congreso ■ El Congreso de EE. UU. está formado por la Cámara de Representantes y el Senado ■ Por ser un nombre colectivo se puede usar con el verbo en singular o en plural

conical UK: /'kɒn.ɪ.kºl/ US: /'kaː.nɪ-/ *adj* ⇨cónico,ca

conifer UK: /'kɒn.ɪ.fəʳ/ US: /'kaː.nɪ.fɚ/ *n* [C] *(en botánica)* ⇨conífera

conjecture UK: /kən'dʒek.tʃəʳ/ US: /-tʃɚ/ *n* [C, U] ⇨conjetura

† **conjunction** /kən'dʒʌŋk.ʃºn/ *n* [C] **1** ⇨conjunción **2** in ~ with *sth/sb* ⇨conjuntamente con

conjure UK: /'kʌn.dʒəʳ/ US: /-dʒɚ/ [conjured, conjuring] *v* [T] ⇨hacer aparecer: *He conjured a coin out of her ear* - Hizo aparecer una moneda de su oreja
|PHRASAL VERBS
· **to conjure** *sth* **up** [M] **1** ⇨evocar: *That sound conjures up pleasant memories* - Este sonido me evoca bellos recuerdos **2** ⇨visualizar ⇨imaginarse **3** *(una comida)* ⇨preparar algo [rápidamente]

† **con man** [*pl* con men] *n* [C] See **con artist**

† **connect** /kə'nekt/ ■ *v* [T, I] **1** ⇨conectar ⇨unir **2** *(un transporte público)* ⇨enlazar ⇨conectar **3** *v* [I] ⇨relacionar ⇨asociar **4** ⇨conectar [por teléfono]

connected /kə'nek.tɪd/ *adj* ⇨conectado,da ⇨unido,da ⇨relacionado,da ■ PRON. La última *e* se pronuncia como la *i* en *did*

connection /kə'nek.ʃºn/ ■ *n* [C, U] **1** ⇨conexión ⇨relación **2** ⇨conexión [a internet] ■ *n* [C] **3** *(en transporte público)* ⇨enlace **4** in ~ with ⇨con respecto a **5** to have connections ⇨tener enchufe *col.*

connoisseur UK: /ˌkɒn.ə'sɜːʳ/ US: /ˌkɑː.nə'sɚ/ *n* [C] ⇨entendido,da ⇨experto,ta ■ PRON. *oi* se pronuncia como la *a* en el adverbio inglés *ago* y *sseur* rima con el término inglés *her*

conquer UK: /'kɒŋ.kəʳ/ US: /'kɑːŋ.kɚ/ *v* [T] **1** ⇨conquistar ⇨invadir **2** *(un problema)* ⇨dominar ⇨vencer ■ PRON. La *qu* se pronuncia como una *k* y *quer* rima con el término inglés *her*

conquest UK: /'kɒŋ.kwest/ US: /'kɑːŋ-/ *n* [C, U] ⇨conquista ■ PRON. La *qu* se pronuncia como en *queen*

† **conscience** UK: /'kɒn.tʃºnts/ US: /'kɑːn-/ *n* [C, U] ⇨conciencia: *to have a clear conscience* - tener la conciencia tranquila; *He had a guilty conscience* - Le remordía la conciencia

conscientious UK: /ˌkɒn.tʃi'en.tʃəs/ US: /ˌkɑːn-/ *adj* **1** ⇨concienzudo,da **2** ~ objector ⇨objetor de conciencia

† **conscious** UK: /'kɒn.tʃəs/ US: /'kɑːn-/ *adj* **1** ⇨consciente ⇨despierto,ta **2** ⇨consciente ⇨deliberado,da **3** to be conscious of *sth* - ser consciente de algo

consciousness UK: /'kɒn.tʃə.snəs/ US: /'kɑːn-/ ■ *n* [U] **1** ⇨consciencia ⇨conocimiento ■ *n* [NO PL] **2** ⇨conciencia

conscript UK: /'kɒn.skrɪpt/ US: /'kɑːn-/ *n* [C] ⇨recluta

consecrate UK: /'kɒnt.sɪ.kreɪt/ US: /'kɑːnt-/ [consecrated, consecrating] *v* [T] ⇨consagrar

† **consecutive** UK: /kən'sek.ju.tɪv/ US: /-ˤtɪv/ *adj* ⇨consecutivo,va ■ PRON. La *u* se pronuncia como *you*

† **consensus** /kən'sent.səs/ *n* [U, NO PL] ⇨consenso: *to reach a consensus* - alcanzar un consenso

consent[1] /kən'sent/ *n* [U] ⇨consentimiento: *I gave my consent for them to go ahead* - Di mi consentimiento para que continuaran

consent[2] /kən'sent/ *v* [I] ⇨condescender ⇨consentir ⇨acceder ■ CONSTR. to consent + to do *sth*

† **consequence** UK: /'kɒnt.sɪ.kwənts/ US: /'kɑːnt-/ *n* [C] ⇨consecuencia

consequent UK: /'kɒnt.sɪ.kwənt/ US: /'kɑːnt-/ *adj* *(form)* ⇨consiguiente ■ Distinto de *consistent* (consecuente)

C ⬛

C

consequently UK: /ˈkɒnt.sɪ.kwənt.li/ US: /ˈkɑːnt-/ adv (form) ⇒en consecuencia ⇒por consiguiente

conservation UK: /ˌkɒnt.səˈveɪ.ʃ°n/ US: /ˌkɑːnt.sɚ-/ n [U] **1** ⇒conservación ⇒preservación **2** ⇒conservación ⇒ahorro ∎ PRON. vation rima con station

† **conservative** UK: /kənˈsɜː.və.tɪv/ US: /-ˈsɜːr.və.ˤtɪv/ adj **1** ⇒conservador,-a **2** (un cálculo) ⇒prudente ⇒cauteloso,sa

conservatory UK: /kənˈsɜː.və.tri/ US: /-ˈsɜːr.və.tɔː.ri/ [pl conservatories] n [C] **1** ⇒habitación acristalada de una casa ⇒solárium **2** ⇒conservatorio [de música o de arte]

conserve UK: /kənˈsɜːv/ US: /-ˈsɜːv/ [conserved, conserving] v [T] **1** ⇒ahorrar: to conserve energy - ahorrar energía **2** ⇒proteger ⇒preservar

† **consider** UK: /kənˈsɪd.ər/ US: /-ə-/ v [T] **1** ⇒considerar ⇒estudiar ⇒reflexionar ∎ CONSTR. to consider + doing sth **2** ⇒juzgar ⇒considerar

† **considerable** UK: /kənˈsɪd.ə.r.ə.bl/ US: /-ə-/ adj ⇒considerable ∎ PRON. La a se pronuncia como en el adverbio inglés ago

considerate UK: /kənˈsɪd.ə.r.ət/ US: /-ə-/ adj ⇒considerado,da ⇒atento,ta ∎ PRON. La a se pronuncia como en el adverbio inglés ago

consideration /kənˌsɪd.əˈreɪ.ʃ°n/ ∎ n [C] **1** ⇒importancia ⇒interés ∎ n [U] **2** ⇒consideración ⇒estudio ⇒reflexión **3** ⇒deferencia ⇒consideración **4** to be under ~ ⇒estar siendo estudiado,da ⇒ser objeto de estudio **5** to take sth into ~ ⇒tener en cuenta

considering UK: /kənˈsɪd.ə.r.ɪŋ/ US: /-ə-/ conj, prep **1** ⇒considerando ⇒teniendo en cuenta **2** She is very agile, considering her age - Está muy ágil para su edad

consign /kənˈsaɪn/

PHRASAL VERBS
· to consign sth/sb to sth **1** (form) ⇒deshacerse de **2** ⇒abandonar a: The child was consigned to an orphanage - El niño fue abandonado en un orfanato **3** ⇒relegar a: an actor consigned to oblivion - un actor relegado al olvido ∎ Distinto de to record y to set aside (consignar) ∎ PRON. sign rima con el término inglés mine

consist /kənˈsɪst/

PHRASAL VERBS
· to consist in sth (form) ⇒tratar(se) de ⇒consistir en
· to consist of sth ⇒consistir en ⇒constar de

consistency /kənˈsɪs.t°n.si/ ∎ n [U] **1** ⇒consistencia ⇒regularidad ∎ n [C, U] **2** ⇒consistencia [de un líquido]

† **consistent** /kənˈsɪs.t°nt/ adj **1** ⇒coherente ⇒consecuente **2** to be ~ with sth (form) ⇒estar en concordancia con algo ∎ Distinto de firm y solid (consistente)

consolation UK: /ˌkɒnt.səˈleɪ.ʃ°n/ US: /ˌkɑːn-/ n [C, U] ⇒consuelo ∎ PRON. lation rima con station

console¹ UK: /kənˈsəʊl/ US: /-ˈsoʊl/ [consoled, consoling] v [T] ⇒consolar

console² UK: /ˈkɒn.səʊl/ US: /-soʊl/ n [C] (en informática) ⇒consola

consolidate UK: /kənˈsɒl.ɪ.deɪt/ US: /-ˈsɑː.lɪ-/ [consolidated, consolidating] ∎ v [T, I] **1** ⇒afianzar ⇒consolidar ∎ v [I] **2** (un grupo, una empresa) ⇒consolidar(se) ⇒fusionar(se)

consolidation UK: /kənˌsɒl.ɪˈdeɪ.ʃ°n/ US: /-ˌsɑː.lɪ-/ n [U] (de un grupo, de una empresa) ⇒consolidación

† **consonant** UK: /ˈkɒn.sə.nənt/ US: /ˈkɑːn-/ n [C] ⇒consonante

consortium UK: /kənˈsɔː.ti.əm/ US: /-ˈsɔːr.ˤti-/ [pl consortia, consortiums] n [C] ⇒consorcio

conspicuous /kənˈspɪk.ju.əs/ adj **1** ⇒notable ⇒llamativo,va **2** to be ~ by its absence ⇒brillar por su ausencia col.

† **conspiracy** /kənˈspɪr.ə.si/ [pl conspiracies] n [C, U] ⇒conspiración

conspire UK: /kənˈspaɪər/ US: /-ˈspaɪr/ [conspired, conspiring] v [I] **1** ⇒conspirar: to conspire against sb - conspirar contra alguien ∎ CONSTR. to conspire + to do sth **2** ⇒volverse en contra

constable UK: /ˈkʌnt.stə.bl/ US: /ˈkɑːnt-/ n [C] ⇒policía [agente] ∎ PRON. La a se pronuncia como en el adverbio inglés ago

† **constant** UK: /ˈkɒnt.st°nt/ US: /ˈkɑːnt-/ adj **1** ⇒continuo,nua ⇒constante **2** ⇒leal ⇒fiel

constantly UK: /ˈkɒnt.st°nt.li/ US: /ˈkɑːnt-/ adv ⇒constantemente

constellation UK: /ˌkɒnt.stəˈleɪ.ʃ°n/ US: /ˌkɑːnt-/ n [C] ⇒constelación ∎ PRON. llation rima con station

constipated UK: /ˈkɒnt.stɪ.peɪ.tɪd/ US: /ˈkɑːnt.stɪ.peɪ.ˤtɪd/ adj ⇒estreñido,da ∎ Distinto de to have a cold (estar constipado,da) ∎ PRON. La e se pronuncia como la i en did

constipation UK: /ˌkɒnt.stɪˈpeɪ.ʃ°n/ US: /ˌkɑːnt-/ n [U] ⇒estreñimiento ∎ Distinto de cold (constipado) ∎ PRON. pation rima con station

† **constituency** /kənˈstɪt.ju.ənt.si/ [pl constituencies] n [C] ⇒distrito electoral

constituent /kənˈstɪt.ju.ənt/ n [C] **1** ⇒componente **2** ⇒elector,-a

† **constitute** UK: /ˈkɒn.stɪ.tjuːt/ US: /ˈkɑːn.stɪ.tuːt/ [constituted, constituting] v [T] **1** ⇒constituir **2** ⇒componer ⇒integrar

† **constitution** UK: /ˌkɒnt.stɪˈtjuː.ʃ°n/ US: /ˌkɑːnt.stɪˈtuː-/ n [C] **1** (en derecho) ⇒constitución ⇒estatuto **2** (de una persona) ⇒constitución

constitutional UK: /ˌkɒnt.stɪˈtjuː.ʃ°n.°l/ US: /ˌkɑːnt.stɪˈtuː-/ adj ⇒constitucional

contextual

constraint /kən'streɪnt/ *n* [C] ⇨limitación ⇨restricción ⇨constricción

constrict /kən'strɪkt/ ∎ *v* [T] **1** ⇨coartar ⇨constreñir ∎ *v* [T, I] **2** ⇨apretar(se) ⇨constreñir(se)

† **construct** /kən'strʌkt/ *v* [T] ⇨construir: *to construct a bridge* - construir un puente ∎ Se usa más *build* ∎ PRON. La *u* se pronuncia como en el término inglés *sun*

construction /kən'strʌk.ʃ°n/ ∎ *n* [U] **1** *(actividad)* ⇨construcción ∎ *n* [C] **2** *(obra)* ⇨construcción ⇨edificio ∎ PRON. La *u* se pronuncia como en el término inglés *sun*

construe /kən'struː/ [construed, construing] *v* [T] ⇨interpretar

consul UK: /'kɒnt.s°l/ US: /'kɑːnt-/ *n* [C] ⇨cónsul

consulate UK: /'kɒn.sjʊ.lət/ US: /'kɑːn.sjə-/ *n* [C] ⇨consulado ∎ PRON. La *a* se pronuncia como en el adverbio inglés *ago*

† **consult** /kən'sʌlt/ *v* [T] **1** ⇨consultar ∎ *v* [T, I] **2** *(un asunto)* ⇨tratar ⇨consultar ∎ PRON. La *u* se pronuncia como en el término inglés *sun*

consultant /kən'sʌl.t°nt/ *n* [C] **1** ⇨asesor,-a ⇨consultor,-a **2** *UK* ⇨especialista [médico] ∎ PRON. La *u* se pronuncia como en el término inglés *sun*

† **consume** UK: /kən'sjuːm/ US: /-'suːm/ [consumed, consuming] *v* [T] **1** ⇨consumir ⇨utilizar ⇨gastar **2** *(form)* ⇨consumir ⇨ingerir **3** to be consumed {by/with} *sth Vincent was consumed with jealousy* - A Vincent le consumían los celos ∎ PRON. La *u* se pronuncia como *you*

consumer UK: /kən'sjuː.mə°/ US: /-'suː.mə/ *n* [C] **1** ⇨consumidor,-a **2** *consumer society* - sociedad de consumo

consumerism UK: /kən'sjuː.mə.rɪ.z°m/ US: /-'suː.mə.ɪ-/ *n* [U] ⇨consumismo

consummate¹ UK: /'kɒn.sjʊ.meɪt/ US: /'kɑːn.sə-/ [consummated, consummating] *v* [T] **1** *(el matrimonio)* ⇨consumar **2** ⇨culminar ⇨cumplir

consummate² UK: /'kɒn.sə.mət/ US: /'kɑːn-/ *adj (form)* ⇨consumado,da ⇨experto,ta

consumption /kən'sʌm.pʃ°n/ *n* [U] **1** ⇨consumo ⇨compra **2** ⇨consumo ⇨uso ⇨gasto **3** ⇨consumición ∎ PRON. La *u* se pronuncia como en el término inglés *sun*

† **contact¹** UK: /'kɒn.tækt/ US: /'kɑːn-/ ∎ *n* [U] **1** ⇨contacto [físico] **2** ⇨trato ⇨contacto ∎ *n* [C] **3** ⇨enchufe *col.;* ⇨contacto **4** See **contact lens**

† **contact²** UK: /'kɒn.tækt/ US: /'kɑːn-/ *v* [T] ⇨ponerse en contacto ⇨contactar

contact lens [*pl* contact lenses] (*tb* contact) *n* [C] ⇨lente de contacto ⇨lentilla

contagious /kən'teɪ.dʒəs/ *adj* ⇨contagioso,sa: *a highly contagious disease* - una enfermedad muy contagiosa ∎ PRON. *ta* rima con *day* y *la i* no se pronuncia

† **contain** /kən'teɪn/ *v* [T] **1** ⇨contener **2** ⇨controlar ⇨contener(se) ∎ CONSTR. Se usa más como reflexivo

container UK: /kən'teɪ.nə°/ US: /-nə/ *n* [C] **1** ⇨contenedor ⇨recipiente **2** *(para el transporte)* ⇨contenedor

contaminate /kən'tæm.ɪ.neɪt/ [contaminated, contaminating] *v* [T] ⇨contaminar

† **contemplate** UK: /'kɒn.təm.pleɪt/ US: /'kɑːn.ˤtəm-/ [contemplated, contemplating] *v* [T] **1** ⇨plantearse ⇨considerar ∎ CONSTR. to contemplate + doing sth **2** ⇨contemplar

† **contemporary¹** UK: /kən'tem.p°r.°r.i/ US: /-pə.rer-/ *adj* **1** ⇨contemporáneo,a **2** ⇨coetáneo,a

contemporary² UK: /kən'tem.p°r.°r.i/ US: /-pə.rer-/ [*pl* contemporaries] *n* [C] ⇨coetáneo,a

† **contempt** /kən'tempt/ *n* [U] **1** ⇨desprecio **2** ~ of court *(en derecho)* ⇨desacato al tribunal

contend /kən'tend/ *v* [T] **1** *(form)* ⇨sostener ⇨afirmar ∎ CONSTR. to contend + (that) **2** to ~ for *sth* **1** ⇨luchar por algo **2** ⇨competir por algo: *They contended for the first prize* - Compitieron por el primer premio

| PHRASAL VERBS
· **to contend with sth** ⇨enfrentarse a algo: *to contend with a problem* - enfrentarse a un problema

content¹ UK: /'kɒn.tent/ US: /'kɑːn-/ *n* [NO PL] **1** *(de un texto o de una película)* ⇨contenido ⇨tema **2** *(de una comida, de una materia)* ⇨contenido

content² /kən'tent/ *adj* ⇨contento,ta ⇨satisfecho,cha

contented UK: /kən'ten.tɪd/ US: /-ˤtɪd/ *adj* ⇨contento,ta ⇨satisfecho,cha ∎ PRON. La última *e* se pronuncia como la *i* de *did*

contention /kən'tent.ʃ°n/ ∎ *n* [C] **1** *(form)* ⇨opinión ∎ *n* [U] **2** ⇨discusión ⇨disensión **3** a bone of ~ ⇨objeto de discordia

contentious /kən'tent.ʃəs/ *adj (form)* ⇨polémico,ca ⇨controvertido,da

† **contents** UK: /'kɒn.tents/ US: /'kɑːn-/ *n* [PL] ⇨contenidos ⇨materias ∎ También se utiliza a menudo la forma singular *content*

contest¹ UK: /'kɒn.test/ US: /'kɑːn-/ *n* [C] **1** ⇨concurso ⇨certamen **2** ⇨lucha ⇨contienda

contest² /kən'test/ *v* [T] **1** ⇨rebatir: *I decided to contest the decision* - Decidí rebatir la decisión **2** ⇨competir ⇨disputar **3** *(una decisión)* ⇨impugnar ∎ Distinto de *to answer* (contestar)

contestant /kən'tes.t°nt/ *n* [C] **1** ⇨concursante **2** ⇨contrincante

† **context** UK: /'kɒn.tekst/ US: /'kɑːn-/ *n* [C, U] ⇨contexto

contextual /kən'tek.stju.əl/ *adj (form)* ⇨contextual

† **continent** UK: /ˈkɒn.tɪ.nənt/ US: /ˈkɑːn.ˤt̬[ə]n.ənt/ *n* [c] **1** ⇒continente **2 the Continent** *UK* ⇒Europa Continental

continental UK: /ˌkɒn.tɪˈnen.t̬ᵊl/ US: /ˌkɑːn.ˤt̬[ə]nˈen.ˤt̬[ə]l/ *adj* ⇒continental

continental breakfast *n* [c] ⇒desayuno continental

contingency /kənˈtɪn.dʒᵊnt̬.si/ [*pl* contingencies] *n* [c] ⇒contingencia

contingent /kənˈtɪn.dʒᵊnt/ *n* [PL] **1** ⇒contingente [militar] **2** *(de un país, de una organización)* ⇒representación ■ Por ser un nombre colectivo se puede usar con el verbo en singular o en plural

continual /kənˈtɪn.ju.əl/ *adj* ⇒continuo,nua ■ Se usa para algo que se repite con frecuencia. Comparar con *continuous* ■ PRON. La *u* se pronuncia como *you*

continuation /kənˌtɪn.juˈeɪ.ʃᵊn/ *n* [c] ⇒continuación

† **continue** /kənˈtɪn.ju:/ [continued, continuing] *v* [T, I] ⇒seguir ⇒continuar ■ CONSTR. 1. to continue + doing sth 2. to continue + to do sth ■ La forma *continued* que se utiliza en los textos como *continúa* puede ser abreviada con *cont.* ■ PRON. La última parte, *ue*, se pronuncia como *you*

continued /kənˈtɪn.ju:d/ *adj* ⇒continuo,nua ■ PRON. La *u* se pronuncia como *you* y la *e* no se pronuncia

continuity UK: /ˌkɒn.tɪˈnju:.ɪ.ti/ US: /ˌkɑːn.t̬[ə]nˈu:.ə.ˤt̬i/ *n* [U] ⇒continuidad

continuous /kənˈtɪn.ju.əs/ *adj* ⇒continuo,nua ⇒constante ■ Se usa para algo que no se interrumpe. Comparar con *continual*

continuously /kənˈtɪn.ju.ə.sli/ *adv* ⇒continuamente ⇒constantemente

contort /kənˈtɔ:t/ US: /-ˈtɔːrt/ *v* [T, I] ⇒contorsionar(se) ⇒retorcer(se)

contour /ˈkɒn.tɔː/ US: /ˈkɑːn.tʊr/ *n* [c] **1** ⇒contorno ⇒silueta **2** *(en un mapa)* ⇒línea de nivel ■ PRON. La *ou* se pronuncia como *aw* en *saw*

contraband UK: /ˈkɒn.trə.bænd/ US: /ˈkɑːn-/ *n* [U] ⇒contrabando ⇒fayuca *AMÉR. col.*

contraception /ˌkɒn.trəˈsep.ʃᵊn/ US: /ˌkɑːn-/ *n* [U] ⇒contracepción ■ PRON. La segunda *c* se pronuncia como una *s*

† **contract¹** UK: /ˈkɒn.trækt/ US: /ˈkɑːn-/ *n* [c] ⇒contrato: *to sign a contract* - firmar un contrato

contract² /kənˈtrækt/ ■ *v* [T] **1** *(form)* ⇒contraer: *to contract an illness* - contraer una enfermedad ■ *v* [T, I] **2** ⇒contratar

contraction /kənˈtræk.ʃᵊn/ *n* [c] ⇒contracción

contradict UK: /ˌkɒn.trəˈdɪkt/ US: /ˌkɑːn-/ *v* [T] ⇒contradecir(se): *to contradict sb* - contradecir a alguien

contradiction UK: /ˌkɒn.trəˈdɪk.ʃᵊn/ US: /ˌkɑːn-/ *n* [c, U] ⇒contradicción

contrary UK: /ˈkɒn.trə.ri/ US: /ˈkɑːn.tre-/ *adj* **1** ⇒contrario,ria ⇒opuesto,ta **2** ~ **to sth** ⇒en contra de algo: *contrary to popular belief* - en contra de lo que se suele creer **3 on the** ~ ⇒por el contrario

† **contrast¹** UK: /ˈkɒn.trɑːst/ US: /ˈkɑːn.træst/ *n* [c, U] ⇒contraste

contrast² UK: /kənˈtrɑːst/ US: /-ˈtræst/ *v* [T, I] ⇒contrastar: *This contrasts with their previous attitude* - Esto contrasta con su postura anterior

† **contribute** UK: /kənˈtrɪb.ju:t/ UK: /ˈkɒn.trɪ.bjuːt/ US: /ˈkɑːn-/ [contributed, contributing] *v* [T, I] ⇒contribuir ⇒aportar ■ PRON. La *u* se pronuncia como en *you*

|PHRASAL VERBS
| · **to contribute to sth** ⇒participar en algo ⇒con-
└ tribuir a algo

contribution UK: /ˌkɒn.trɪˈbjuː.ʃᵊn/ US: /ˌkɑːn-/ *n* [c] **1** *(de dinero)* ⇒contribución ⇒aportación **2** ⇒contribución ⇒ayuda ■ PRON. La *u* se pronuncia como en *you*

† **control¹** UK: /kənˈtrəʊl/ US: /-ˈtroʊl/ *n* [U] **1** ⇒control ⇒poder **2** *Who's in control?* - ¿Quién manda aquí? **3** ⇒control ⇒manejo **4** *(instrumento)* ⇒control **5** *the control panel* - los mandos **6** *(en un experimento)* ⇒control **7** ⇒restricción **8** ⇒calma **9** ⇒mando ⇒tecla **10 out of** ~ ⇒descontrolado,da ⇒fuera de control

† **control²** UK: /kənˈtrəʊl/ US: /-ˈtroʊl/ [controlled, controlling] *v* [T] **1** ⇒controlar ⇒manejar **2** ⇒contener ⇒controlar

controlled *adj* **1** ⇒controlado,da **2** *(una emoción)* ⇒contenido,da

controls *n* [PL] ⇒mandos ⇒controles

controversial UK: /ˌkɒn.trəˈvɜː.ʃᵊl/ US: /ˌkɑːn.trəˈvɜː-/ *adj* ⇒controvertido,da ⇒polémico,ca

† **controversy** UK: /ˈkɒn.trə.vɜː.si/ UK: /kənˈtrɒv.ə-/ US: /ˈkɑːn.trə.vɜː-/ [*pl* controversies] *n* [c, U] ⇒controversia ⇒polémica

convene /kənˈviːn/ [convened, convening] *v* [T, I] *(form)* ⇒convocar ⇒congregar(se)

convenience /kənˈviː.ni.ənt̬s/ ■ *n* [U] **1** ⇒conveniencia ■ *n* [c] **2** ⇒comodidad **3** *convenience food* - platos preparados

convenience store *US n* [c] *(establecimiento)* ⇒ultramarinos ⇒abarrotería *AMÉR.*

† **convenient** /kənˈviː.ni.ənt/ *adj* **1** ⇒conveniente ⇒adecuado,da ⇒oportuno,na ⇒práctico,ca **2** ⇒bien situado,da ⇒a mano *col.* **3 to be** ~ ⇒convenir ⇒parecer bien

convent UK: /ˈkɒn.vənt/ US: /ˈkɑːn-/ *n* [c] **1** ⇒convento **2** *to enter a convent* - hacerse monja

† **convention** /kən'ven.tʃⁿn/ ∎ n [C, U] **1** ⇒convención ⇒práctica **2** *to break with convention* - salir de lo establecido ∎ n [C] **3** ⇒asamblea ⇒congreso **4** ⇒convención ⇒acuerdo

conventional /kən'ven.tʃⁿn.ᵊl/ adj **1** ⇒convencional: *a conventional lifestyle* - un estilo de vida convencional **2** ~ **wisdom** ⇒sabiduría popular

converge UK: /kən'vɜːdʒ/ US: /-'vɜːdʒ/ [converged, converging] v [I] **1** ⇒converger: *The lines converge at this point* - Las líneas convergen en este punto **2** ⇒coincidir ⇒unirse

† **conversation** UK: /ˌkɒn.və'seɪ.ʃⁿn/ US: /ˌkɑːn.vɚ-/ n [C, U] ⇒conversación: *to have a conversation with sb* - mantener una conversación con alguien

converse¹ UK: /kən'vɜːs/ US: /-'vɜːs/ [conversed, conversing] v [I] *(form)* ⇒conversar ⇒departir *form.*

converse² UK: /'kɒn.vɜːs/ UK: /kən'vɜːs/ US: /'kɑːn.vɜːs/ UK: /kən'vɜːs/ **the** ~ *(form)* ⇒lo contrario

conversion UK: /kən'vɜː.ʃⁿn/ UK: /-ʒⁿn/ US: /-'vɜː-/ ∎ n [C, U] **1** ⇒conversión ∎ n [C] **2** *(de un edificio)* ⇒reforma ⇒remodelación **3** *(en rugby)* ⇒transformación

† **convert** UK: /kən'vɜːt/ US: /-'vɜːt/ v [T, I] **1** ⇒transformar(se): *They converted their house into a hotel* - Transformaron su casa en un hotel **2** ⇒convertir(se): *to convert to another religion* - convertirse a otra religión

convertible¹ UK: /kən'vɜː.tɪ.bl̩/ US: /-'vɜːˤ.ˤtə-/ adj **1** *(en economía)* ⇒convertible **2** *(un sofá)* ⇒transformable [en cama]

convertible² UK: /kən'vɜː.tɪ.bl̩/ US: /-'vɜːˤ.ˤtɪ-/ n [C] *(un vehículo)* ⇒descapotable ⇒convertible *AMÉR.*

† **convey** /kən'veɪ/ v [T] **1** ⇒transmitir ⇒expresar **2** ⇒transportar ⇒llevar ∎ Pron. La segunda sílaba, *vey*, rima con *day*

conveyor belt n [C] ⇒cinta transportadora

convict¹ /kən'vɪkt/ v [T] *(en derecho)* ⇒condenar ⇒declarar culpable ∎ Constr. Se usa más en pasiva

convict² UK: /'kɒn.vɪkt/ US: /'kɑːn-/ n [C] ⇒condenado,da ⇒presidiario,ria

† **conviction** /kən'vɪk.ʃⁿn/ ∎ n [C, U] **1** ⇒convicción ∎ n [C] **2** ⇒condena

convince /kən'vɪnts/ [convinced, convincing] v [T] ⇒convencer: *Don't try to convince me about it* - No intentes convencerme de ello ∎ Constr. 1. to convince + that 2. to convince + to do sth ∎ Pron. *in* se pronuncia como el término inglés *in*

† **cook¹** /kʊk/ v [T, I] **1** ⇒cocinar **2** *to* ~ *the books (inform)* ⇒falsificar los libros de contabilidad ∎ Pron. Rima con *book*

PHRASAL VERBS
· **to cook** *sth* **up** [M] *(inform)* ⇒tramar ⇒inventar

TO COOK   C ▬

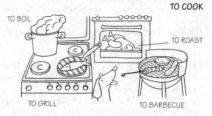

TO BOIL   TO ROAST   TO GRILL   TO BARBECUE

cook² /kʊk/ n [C] ⇒cocinero,ra ∎ Pron. Rima con *book*

cookbook /'kʊk.bʊk/ n [C] ⇒libro de cocina

cooked /kʊkt/ adj **1** ⇒cocinado,da ⇒cocido,da **2** *cooked meal* - comida caliente ∎ Pron. La *e* no se pronuncia

cooker UK: /'kʊk.ə/ US: /-ə/ UK *(US* stove) n [C] *(aparato)* ⇒cocina

cookery UK: /'kʊk.ᵊr.i/ US: /-ə-/ UK n [U] ⇒cocina: *a cookery class* - una clase de cocina; *cookery books* - libros de cocina

† **cookie** /'kʊk.i/ *US* n [C] **1** *(UK* biscuit) ⇒galleta ⇒masita *AMÉR.* **2** *(inform)* ⇒tipo,pa *col.* **3** *(en informática)* ⇒cookie

cooking /'kʊk.ɪŋ/ n [U] **1** ⇒cocina: *Italian cooking* - la cocina italiana ∎ Se usa más *cuisine* **2** ⇒comida: *vegetarian cooking* - comida vegetariana

† **cool¹** /kuːl/ adj **1** ⇒fresco,ca ∎ Indica una temperatura agradable. Comparar con *cold* **2** *(en el manejo de una situación)* ⇒sereno,na ⇒tranquilo,la **3** ⇒frío,a ⇒distante **4** *(inform)* ⇒guay *col.;* ⇒chulo,la *col.;* ⇒chévere *col. AMÉR.* **5** *(inform) (una persona)* ⇒guay *col.;* ⇒genial **6** *to {keep/stay}* ~ ⇒mantener la calma ∎ Pron. *coo* rima con *too*

cool² /kuːl/ v [T, I] ⇒enfriar(se): *Wait until the soup has cooled a little* - Espera a que se enfríe un poco la sopa

PHRASAL VERBS
· **to cool** *(sb)* **{down/off}** [M] **1** ⇒calmarse: *Cool down a bit, Alice* - Cálmate un poco, Alice **2** *(una relación)* ⇒enfriarse
· **to cool** *(sth/sb)* **{down/off}** [M] **1** ⇒refrescar: *It has cooled down a bit* - Ha refrescado un poco **2** ⇒enfriarse: *His enthusiasm cooled off quickly* - Su entusiasmo se enfrió rápidamente

coolness /'kuːl.nəs/ n [U] **1** ⇒frialdad **2** *(del agua, del aire)* ⇒frescor

† **cooperate** UK: /kəʊ'ɒp.ᵊr.eɪt/ US: /koʊ'ɑː.pə.reɪt/ [cooperated, cooperating] *(tb* co-operate) v [I] ⇒cooperar ⇒colaborar

cooperation UK: /kəʊˌɒp.ˤrˈeɪ.ʃˤn/ US: /koʊˌɑː.pəˈreɪ-/ (tb co-operation) n [U] ⇒cooperación ⇒colaboración

cooperative[1] UK: /kəʊˈɒp.ˤr.ə.tɪv/ US: /koʊˈɑː.pə.ə.ˤtɪv/ adj 1 ⇒cooperativo,va ⇒colaborador,-a 2 She has been very cooperative - Ha colaborado mucho

cooperative[2] UK: /kəʊˈɒp.ˤr.ə.tɪv/ US: /koʊˈɑː.pə.ə.ˤtɪv/ (tb co-operative) n [c] ⇒cooperativa ■ La forma abreviada es co-op

cooperatively UK: /kəʊˈɒp.ˤr.ə.tɪv.li/ US: /koʊˈɑː.pə.ə.ˤtɪv-/ (tb co-operatively) adv ⇒cooperativamente ⇒conjuntamente

coordinate UK: /kəʊˈɔː.dɪ.neɪt/ US: /koʊˈɔːr-/ [coordinated, coordinating] v [T] 1 ⇒coordinar 2 ⇒combinar: She coordinates colours very well - Combina muy bien los colores

coordinates UK: /kəʊˈɔː.dɪ.nəts/ US: /koʊˈɔːr-/ (tb co-ordinates) n [PL] 1 (prendas de vestir) ⇒conjunto 2 ⇒coordenadas [de un mapa]

coordination UK: /kəʊˌɔː.dɪˈneɪ.ʃˤn/ US: /koʊˌɔːr-/ n [U] 1 (de personas) ⇒organización ⇒coordinación 2 (del cuerpo) ⇒sincronización ⇒coordinación

cop UK: /kɒp/ US: /kɑːp/ US n [c] (inform) ⇒poli col.; ⇒madero,ra col.; ⇒paco,ca AMÉR. col.

† **cope** UK: /kəʊp/ US: /koʊp/ [coped, coping] v [I] 1 ⇒arreglárselas col.; ⇒llevar [una situación] 2 ⇒aceptar ⇒resignarse 3 ⇒poder

copious UK: /ˈkəʊ.pi.əs/ US: /ˈkoʊ-/ adj ⇒copioso,sa ⇒abundante

† **copper** UK: /ˈkɒp.əˤ/ US: /ˈkɑː.pə/ ■ n [U] 1 ⇒cobre ■ n [c] 2 UK (inform) ⇒poli col.; ⇒madero,ra col.; ⇒paco,ca AMÉR. col.

coppers UK n [PL] (inform) ⇒calderilla

† **copy**[1] UK: /ˈkɒp.i/ US: /ˈkɑː.pi/ [pl copies] n [c] 1 ⇒copia 2 ⇒ejemplar: How many copies do you have? - ¿Cuántos ejemplares tenéis?

† **copy**[2] UK: /ˈkɒp.i/ US: /ˈkɑː.pi/ [copies, copied] v [T] 1 ⇒copiar: to copy a document - copiar un documento 2 ⇒imitar: My little brother copies everything I do - Mi hermano pequeño imita todo lo que hago
PHRASAL VERBS
· to copy sth out [M] UK ⇒copiar algo [a mano
└ en papel]

copyright UK: /ˈkɒp.i.raɪt/ US: /ˈkɑː.pi-/ n [c, U] ⇒derechos de autor ⇒copyright

coral UK: /ˈkɒr.əl/ US: /ˈkɔːr-/ n [U] ⇒coral: She's wearing a coral bracelet - Lleva una pulsera de coral ■ PRON. Se acentúa la primera sílaba, co

cord UK: /kɔːd/ US: /kɔːrd/ n [c, U] 1 ⇒cuerda ⇒cordón 2 US (UK tb flex/lead) ⇒cable [eléctrico]

cordless UK: /ˈkɔːd.ləs/ US: /ˈkɔːrd-/ adj ⇒inalámbrico,ca: a cordless phone - un teléfono inalámbrico

cordon[1] UK: /ˈkɔː.dˤn/ US: /ˈkɔːr-/ n [c] ⇒cordón: a police cordon - un cordón policial ■ PRON. Se acentúa la primera sílaba, cor

cordon[2] UK: /ˈkɔː.dˤn/ US: /ˈkɔːr-/
PHRASAL VERBS
└ · to cordon sth off [M] ⇒acordonar

cords UK: /kɔːdz/ US: /kɔːrdz/ n [PL] (inform) ⇒pantalón de pana: three pairs of cords - tres pantalones de pana

corduroy UK: /ˈkɔː.də.rɔɪ/ US: /ˈkɔːr-/ n [U] ⇒pana

† **core** UK: /kɔː/ US: /kɔːr/ ■ n [NO PL] 1 (de la Tierra, de un reactor nuclear) ⇒núcleo ⇒centro 2 ⇒esencia ⇒lo esencial 3 the core issues - los asuntos esenciales 4 the core business - la actividad principal 5 core skills - capacidades esenciales ■ n [c] 6 (de una fruta) ⇒corazón 7 to the ~ ⇒hasta la médula col.; ⇒extremadamente

coriander UK: /ˌkɒr.iˈæn.dəˤ/ US: /ˈkɔːr.i.æn.də/ n [U] (planta) ⇒cilantro

cork UK: /kɔːk/ US: /kɔːrk/ ■ n [U] 1 (material) ⇒corcho ■ n [c] 2 (de una botella) ⇒corcho

corkscrew UK: /ˈkɔːk.skruː/ US: /ˈkɔːrk-/ n [c] ⇒sacacorchos: Where is your corkscrew? - ¿Dónde está el sacacorchos?

† **corn** UK: /kɔːn/ US: /kɔːrn/ ■ n [U] 1 UK (US grain) ⇒cereal ⇒grano 2 US (UK maize) ⇒maíz ⇒mazorca 3 US (UK/US tb sweetcorn) ⇒maíz tierno 4 US (inform) ⇒cursilería ⇒sentimentalismo ■ n [c] 5 (en el pie) ⇒callo ⇒dureza

† **corner**[1] UK: /ˈkɔː.nəˤ/ US: /ˈkɔːr.nə/ n [c] 1 ⇒esquina: I'll meet you at the corner of Cross Street and Bridge Road - Te espero en la esquina de Cross Street y Bridge Road ■ Se emplea la preposición at cuando se hace referencia a una zona abierta, como por ejemplo una calle 2 (de una habitación, de una caja) ⇒rincón ■ Se emplea la preposición in cuando se hace referencia a una zona cerrada, como por ejemplo una habitación 3 (en fútbol) ⇒saque de esquina ⇒córner 4 ⇒sitio: a picturesque corner - un sitio pintoresco 5 just {around/round} the ~ ⇒a la vuelta de la esquina: Her birthday is just around the corner - Su cumpleaños está a la vuelta de la esquina ■ PRON. La sílaba ner se pronuncia como en dinner

corner[2] UK: /ˈkɔː.nəˤ/ US: /ˈkɔːr.nə/ ■ v [I] 1 (conduciendo) ⇒torcer ■ v [T] 2 (a una persona o un animal) ⇒acorralar ⇒arrinconar 3 (un mercado) ⇒acaparar ■ PRON. La sílaba ner se pronuncia como en dinner

cornerstone UK: /ˈkɔː.nə.stəʊn/ US: /ˈkɔːr.nə.stoʊn/ n [c] ⇒piedra angular

cornflakes UK: /ˈkɔːn.fleɪks/ US: /ˈkɔːrn-/ n [PL] ⇒copos de maíz

corny UK: /ˈkɔː.ni/ US: /ˈkɔːr-/ adj [comp cornier, superl corniest] 1 (inform) ⇒malo,la: a corny joke

- un chiste malo **2** *(inform)* ⇒cursi ⇒sensiblero,ra

corona UK: /kəˈrəʊ.nə/ US: /-ˈroʊ-/ [*pl* coronae, coronas] *n* [C] *(en astronomía)* ⇒halo ⇒corona

coronation UK: /ˌkɒr.əˈneɪ.ʃ°n/ US: /ˌkɔːr-/ *n* [C] ⇒coronación ■ PRON. *nation* rima con *station*

coroner UK: /ˈkɒr.ə.nə/ US: /ˈkɔːr.[ə]n.ə/ *n* [C] ⇒persona encargada de la investigación de muertes no naturales o repentinas

corpora UK: /ˈkɔː.p°r.ə/ US: /ˈkɔːr.pə-/ *n* [PL] See **corpus**

corporal¹ UK: /ˈkɔː.p°r.°l/ US: /ˈkɔːr.pə-/ *n* [C] *(en el ejército)* ⇒cabo

corporal² UK: /ˈkɔː.p°r.°l/ US: /ˈkɔːr.pə-/ *adj (form)* ⇒corporal

† **corporate** UK: /ˈkɔː.p°r.ət/ US: /ˈkɔːr.pə-/ *adj* **1** ⇒corporativo,va: *corporate image* - imagen corporativa **2** ⇒colectivo,va ■ PRON. *La a se pronuncia como el adverbio inglés ago*

† **corporation** UK: /ˌkɔː.p°r'eɪ.ʃ°n/ US: /ˌkɔːr.pəˈreɪ-/ *n* [C] **1** ⇒corporación ⇒grupo empresarial **2** UK ⇒ayuntamiento ■ Por ser un nombre colectivo se puede usar con el verbo en singular o en plural ■ La forma abreviada es *Corp.*

corps UK: /kɔː²/ US: /kɔːr/ [*pl* corps] *n* [C] **1** *(en el ejército)* ⇒cuerpo **2** ⇒colectivo ⇒cuerpo ■ Por ser un nombre colectivo se puede usar con el verbo en singular o en plural ■ PRON. *No se pronuncia ps. Rima con la conjunción inglesa or*

† **corpse** UK: /kɔːps/ US: /kɔːrps/ *n* [C] ⇒cadáver

corpus UK: /ˈkɔː.pəs/ US: /ˈkɔːr-/ [*pl* corpora, corpuses] *n* [C] **1** ⇒corpus **2** ⇒obra ⇒bibliografía

† **correct¹** UK: /kəˈrekt/ *adj* **1** *(verdadero, preciso)* ⇒correcto,ta **2** *(una vestimenta, una manera, un habla)* ⇒apropiado,da ⇒adecuado,da ⇒correcto,ta **3** *to be correct* - tener razón

correct² UK: /kəˈrekt/ *v* [T] ⇒corregir: *to correct an exercise* - corregir un ejercicio

correction UK: /kəˈrek.ʃ°n/ *n* [C, U] **1** ⇒corrección **2** ⇒rectificación

correctly UK: /kəˈrekt.li/ *adv* ⇒correctamente

correlation UK: /ˌkɒr.əˈleɪ.ʃ°n/ US: /ˌkɔːr-/ *n* [C] ⇒correlación ■ PRON. *lation rima con station*

† **correspond** UK: /ˌkɒr.ɪˈspɒnd/ US: /ˌkɔːr.ɪˈspɑːnd/ *v* [I] **1** *(form)* ⇒cartearse **2** ⇒corresponderse ⇒concordar

correspondence UK: /ˌkɒr.ɪˈspɒn.dənts/ US: /ˌkɔːr.ɪˈspɑːn-/ ■ *n* [U] **1** ⇒correo ⇒correspondencia ■ *n* [C, U] **2** ⇒correspondencia ⇒conexión ⇒relación

† **correspondent** UK: /ˌkɒr.ɪˈspɒn.d°nt/ US: /ˌkɔːr.ɪˈspɑːn-/ *n* [C] ⇒corresponsal: *our correspondent in Moscow* - nuestro corresponsal en Moscú ■ Distinto de *corresponding* (correspondiente)

corresponding UK: /ˌkɒr.ɪˈspɒn.dɪŋ/ US: /ˌkɔːr.ɪˈspɑːn-/ *adj* ⇒correspondiente ■ Distinto de *correspondent* (corresponsal)

† **corridor** UK: /ˈkɒr.ɪ.dɔː²/ US: /ˈkɔːr.ɪ.də/ *n* [C] *(entre paredes)* ⇒pasillo

corrugated UK: /ˈkɒr.ə.geɪ.tɪd/ US: /ˈkɔːr.ə.ə.geɪ.ˢtɪd/ *adj (un metal o un trozo de papel)* ⇒ondulado,da

† **corrupt¹** /kəˈrʌpt/ *adj* **1** ⇒corrupto,ta ⇒deshonesto,ta **2** ⇒corrupto,ta ⇒dañado,da ■ PRON. *La u se pronuncia como el término inglés sun*

corrupt² /kəˈrʌpt/ *v* [T] **1** ⇒corromper: *to corrupt sb* - corromper a alguien ■ CONSTR. *Se usa más en pasiva* **2** ⇒dañar ⇒estropear ■ PRON. *La u se pronuncia como el término inglés sun*

cos (lettuce) UK *n* [C] ⇒lechuga romana ■ PRON. *La segunda sílaba de lettuce, tuce, rima con kiss*

cosmetic UK: /kɒzˈmet.ɪk/ US: /kɑːzˈmeˢt̬-/ *adj* **1** ⇒cosmético,ca: *a cosmetic cream* - una crema cosmética **2** *(la realidad)* ⇒disfrazado,da ⇒maquillado,da

cosmetics UK: /kɒzˈmet.ɪks/ US: /kɑːzˈmeˢt̬-/ *n* [PL] ⇒cosmético

cosmopolitan UK: /ˌkɒz.məˈpɒl.ɪ.t°n/ US: /ˌkɑːz.məˈpɑː.lɪ.ˢt̬[ə]n/ *adj* ⇒cosmopolita

† **cost¹** UK: /kɒst/ US: /kɑːst/ *n* [C, U] **1** ⇒coste ⇒precio **2** *to buy sth at cost* - comprar algo a precio de coste **3** *at all costs* ⇒como sea ⇒a cualquier precio

† **cost²**, cost, cost UK: /kɒst/ US: /kɑːst/ *v* [T] ⇒costar: *It cost him a fortune* - Le costó un dineral; *How much does this cost?* - ¿Cuánto cuesta esto? ■ CONSTR. *1. to cost + to do sth 2. to cost + dos objetos*

cost³ UK: /kɒst/ US: /kɑːst/ *v* [T] ⇒presupuestar ⇒calcular costes ■ En esta acepción, el pasado y el participio tienen forma regulares

co-star UK: /ˈkəʊ.stɑː²/ US: /ˈkoʊ.stɑːr/ *n* [C] *(en el cine o el teatro)* ⇒coprotagonista

Costa Rica UK: /ˌkɒs.təˈriː.kə/ US: /ˌkɑː.stə-/ *n* [U] ⇒Costa Rica

Costa Rican UK: /ˌkɒs.təˈriː.kən/ US: /ˌkɑː.stə-/ *adj, n* [C] ⇒costarricense

costly UK: /ˈkɒst.li/ US: /ˈkɑːst-/ *adj* [*comp* costlier, *superl* costliest] ⇒costoso,sa ⇒caro,ra

† **costume** UK: /ˈkɒs.tjuːm/ US: /ˈkɑː.stuːm/ *n* [C, U] **1** *(en un espectáculo o en una película)* ⇒vestuario **2** ⇒traje típico ⇒traje regional **3** *(para una fiesta)* ⇒disfraz **4** *(tb bathing costume)* UK *(old-fash)* ⇒bañador

† **cosy** UK: /ˈkəʊ.zi/ US: /ˈkoʊ-/ UK *(US cozy) adj* [*comp* cosier, *superl* cosiest] ⇒acogedor,-a ⇒cómodo,da

cot UK: /kɒt/ US: /kɑːt/ *n* [C] **1** UK *(US crib)* ⇒cuna **2** US ⇒catre

† **cottage** UK: /ˈkɒt.ɪdʒ/ US: /ˈkɑː.ˢt̬ɪdʒ/ *n* [C] ⇒pequeña casa de campo ■ PRON. *La a se pronuncia como la i de did*

cottage cheese n [U] ⇒queso blanco ⇒requesón ∎ PRON. La a se pronuncia como la i en did

† **cotton** UK: /ˈkɒt.ªn/ US: /ˈkɑː.ªt̬[ə]n/ n [U] **1** (planta) ⇒algodón **2** US See **cotton wool** ∎ PRON. La segunda o apenas se pronuncia

cotton wool UK (US cotton) n [U] ⇒algodón hidrófilo

couch¹ /kaʊtʃ/ [pl couches] n [C] **1** ⇒sofá: I'm going to lie down on the couch - Voy a tumbarme en el sofá **2** ⇒diván ∎ PRON. cou se pronuncia como cow

couch² /kaʊtʃ/ to ~ sth {as/in} sth ⇒expresar algo {de/en} una forma determinada ∎ PRON. cou se pronuncia como cow

couch potato [pl couch potatoes] UK n [C] (hum) ⇒teleadicto,ta ∎ PRON. cou se pronuncia como cow

† **cough¹** UK: /kɒf/ US: /kɑːf/ v [I] ⇒toser: I couldn't stop coughing - No pude parar de toser
|PHRASAL VERBS
· **to cough (sth) up** [M] (inform) (dinero o información) ⇒soltar ⇒apoquinar col.
└· **to cough sth up** [M] ⇒escupir algo

cough² UK: /kɒf/ US: /kɑːf/ n [C] ⇒tos

† **could¹** /kʊd, kəd/ v [MODAL] **1** (habilidad) ⇒aprender a **2** (posibilidad): That book could be in the library - Ese libro podría estar en la biblioteca **3** (permiso): Could I open the window, please? - ¿Podría abrir la ventana, por favor? ∎ Se usa también la forma can, pero es menos cortés **4** (petición): Could you tell me where the nearest chemist's is, please? - ¿Me podría decir dónde está la farmacia más cercana, por favor? ∎ Se usa también la forma can, pero es menos cortés **5** (sugerencia): We could go to the cinema tomorrow - Podríamos ir al cine mañana **6** how ~ you...? ⇒¿cómo has podido...?: How could you do that to me? - ¿Cómo has podido hacerme esto? **7** if I ~ ⇒si pudiera: If I could afford it, I would buy a house on the beach - Si pudiera permitírmelo, compraría una casa en la playa ∎ Va seguido de un infinitivo sin to ∎ PRON. La I no se pronuncia y, ou se pronuncia como la u en put ∎ Ver cuadro modal verbs

† **could²** /kʊd, kəd/ See **can**

† **couldn't** /ˈkʊd.ªnt/ (could not) See **could**

could've /ˈkʊd.ªv/ (could have) See **could**

† **council** /ˈkaʊnt.sªl/ n [C] **1** ⇒ayuntamiento: a council officer - un empleado del ayuntamiento **2** ⇒consejo: a council of war - un consejo de guerra ∎ Se puede usar con el verbo en singular o en plural **3** ~ flat UK ⇒piso subvencionado por el ayuntamiento **4** ~ house UK ⇒casa subvencionada por el ayuntamiento ∎ PRON. La segunda c se pronuncia como una s

councillor UK: /ˈkaʊnt.sªl.əʳ/ US: /-ə/ UK n [C] ⇒concejal,-a: She is a local councillor - Es concejala del ayuntamiento local ∎ La forma abreviada es Cllr

counsel¹ /ˈkaʊnt.sªl/ ∎ n [U] **1** (lit) ⇒asesoramiento ∎ n [C] **2** ⇒abogado,da

counsel² /ˈkaʊnt.sªl/ [counselled, counselling; US tb counseled, counseling] v [T] (form) ⇒aconsejar ∎ CONSTR. to counsel + to do sth

† **count¹** /kaʊnt/ ∎ v [T, I] **1** ⇒contar ⇒numerar **2** ⇒considerar ∎ v [I] **3** ⇒valer ⇒contar **4** to ~ the cost (of sth) **1** ⇒pagar las consecuencias [de algo] **2** ⇒reparar en el coste [de hacer algo]
|PHRASAL VERBS
· **to count down (to sth)** ⇒contar los días que quedan [para algo]
· **to count sb in** (inform) ⇒contar con alguien ⇒considerar
· **to count on sth** ⇒asumir [en los planes] ⇒esperar [que algo ocurra]
· **to count on sb** (para apoyar o ayudar) ⇒contar con alguien ⇒confiar en alguien
· **to count sb out** ⇒no contar con alguien ⇒no incluir a alguien
· **to count towards sth** ⇒contribuir a algo
└· **to count up sth/sb** ⇒contar

count² /kaʊnt/ n [C] **1** ⇒recuento **2** ⇒conde

countable UK: /ˈkaʊn.tə.bl̩/ US: /-ªtə-/ adj (en gramática) ⇒contable ∎ Ver cuadro

countdown /ˈkaʊnt.daʊn/ n [C] ⇒cuenta atrás

countenance¹ UK: /ˈkaʊn.tə.nənts/ US: /-ªt[ə]n.ənts/ ∎ n [C, U] **1** (form) ⇒semblante ⇒rostro ∎ n [U] **2** (form) ⇒aprobación ⇒consentimiento

countenance² UK: /ˈkaʊn.tə.nənts/ US: /-ªt[ə]n.ənts/ [countenanced, countenancing] v [T] (form) ⇒aprobar ⇒tolerar ⇒consentir

counter¹ UK: /ˈkaʊn.təʳ/ US: /-ªtə/ n [C] **1** ⇒mostrador: Ask at the counter - Pregunta en el mostrador **2** (en un juego) ⇒ficha **3** ⇒contador

counter² UK: /ˈkaʊn.təʳ/ US: /-ªtə/ v [T] **1** ⇒contrarrestar: to counter the negative effects of sth - contrarrestar los efectos negativos de algo **2** ⇒rebatir

† **counter³** UK: /ˈkaʊn.təʳ/ US: /-ªtə/ ~ to sth ⇒en contra de algo

counteract UK: /ˌkaʊn.təˈrækt/ US: /-ªtəˈækt/ v [T] ⇒contrarrestar

counter-attack n [C] ⇒contraataque: to mount a counter-attack - montar un contraataque

counterfeit UK: /ˈkaʊn.tə.fɪt/ US: /-ªtə-/ adj ⇒falso,sa ⇒fraudulento,ta ∎ PRON. La última e no se pronuncia

counterpart UK: /ˈkaʊn.tə.pɑːt/ US: /-ªtə.pɑːrt/ n [C] ⇒homólogo,ga: my counterpart in the other team - mi homólogo en el otro equipo

counterproductive UK: /ˌkaʊn.tə.prəˈdʌk.tɪv/ US: /-ˤt̬ə-/ adj ⇒contraproducente

countess UK: /ˈkaʊn.tes/ US: /-ˤt̬əs/ [pl countesses] n [C] ⇒condesa

countless /ˈkaʊnt.ləs/ adj ⇒innumerable: countless times - innumerables veces

†**country** /ˈkʌn.tri/ ■ n [C] **1** ⇒país ■ El plural es countries ■ n [U, NO PL] **2** ⇒campo ⇒campaña AMÉR. **3** ⇒terreno ■ PRON. coun rima con el término inglés sun

countryman /ˈkʌn.trɪ.mən/ [pl countrymen] n [C] **1** ⇒compatriota **2** ⇒campesino

†**countryside** /ˈkʌn.trɪ.saɪd/ n [U] ⇒campo ⇒campiña ⇒campaña AMÉR.

county UK: /ˈkaʊn.ti/ US: /-ˤt̬i/ [pl counties] n [C] ⇒condado ⇒provincia ■ La forma abreviada es Co. ■ PRON. cou se pronuncia como cow

†**coup** /kuː/ n [C] ⇒golpe de Estado

†**couple¹** /ˈkʌp.l̩/ ■ n [C] **1** ⇒pareja: They are a couple - Son pareja ■ Por ser un nombre colectivo se puede usar con el verbo en singular o en plural ■ n [NO PL] **2** ⇒par **3** a ~ of ⇒algunos,nas: I last saw him a couple of months ago - Lo vi por última vez hace algunos meses ■ PRON. cou se pronuncia como la u en el término inglés sun

couple² /ˈkʌp.l̩/ [coupled, coupling] v [T] **1** ⇒unir ⇒asociar ■ CONSTR. Se usa más en pasiva **2** coupled with sth ⇒unido,da con algo

coupon UK: /ˈkuː.pɒn/ US: /-pɑːn/ n [C] ⇒cupón ⇒vale

†**courage** UK: /ˈkʌr.ɪdʒ/ US: /ˈkɝː-/ n [U] ⇒valor ⇒coraje ■ PRON. La a se pronuncia como la i de did

courgette UK: /kɔːˈʒet/ US: /kʊr-/ UK (US zucchini) n [C, U] ⇒calabacín

courier /ˈkʊr.i.əʳ/ US: /-i.ɚ/ n [C] **1** ⇒mensajero,ra: We'll send it to you by courier - Te lo enviaremos por mensajero **2** UK ⇒guía turístico,ca ■ PRON. La e se pronuncia como la a del adverbio inglés ago

†**course** UK: /kɔːs/ US: /kɔːrs/ ■ n [C] **1** ⇒curso: a history course - un curso de historia **2** ⇒plato: What will you have as first course? - ¿Qué van a tomar de primer plato? **3** ⇒pista [de carreras] **4** ⇒campo [de golf] **5** UK (en medicina) ⇒tratamiento **6** ⇒transcurso: in the course of a month - en el transcurso de un mes ■ n [C, U] **7** ⇒rumbo ⇒dirección ⇒ruta **8** a ~ of action ⇒una línea de actuación **9** {during/in} the ~ of sth ⇒durante: in the course of the meeting - durante la reunión **10** of ~ ⇒desde luego ⇒por supuesto **11** of ~ not ⇒por supuesto que no ⇒claro que no ■ PRON. Rima con horse

coursebook UK: /ˈkɔːs.bʊk/ US: /ˈkɔːrs-/ UK n [C] ⇒libro de texto ■ PRON. course rima con horse

coursework UK: /ˈkɔːs.wɜːk/ US: /ˈkɔːrs.wɝːk/ UK n [U] ⇒trabajo realizado por un estudiante que cuenta para la nota final

†**court¹** UK: /kɔːt/ US: /kɔːrt/ n [C, U] **1** ⇒juzgado ⇒audiencia ⇒tribunal **2** ⇒corte real **3** (en deportes) ⇒pista ⇒cancha **4** to take sb to ~ ⇒llevar a alguien ante los tribunales ■ PRON. La u no se pronuncia

court² UK: /kɔːt/ US: /kɔːrt/ ■ v [T, I] **1** (old-fash) ⇒cortejar ■ v [T] **2** ⇒intentar conseguir **3** ⇒halagar **4** ⇒exponerse: to court danger - exponerse a un peligro ■ PRON. La u no se pronuncia

courteous UK: /ˈkɜː.ti.əs/ US: /ˈkɝː.ˤt̬i-/ adj ⇒cortés ■ PRON. cour rima con el término inglés her y la e se pronuncia como una i

†**courtesy** UK: /ˈkɜː.tə.si/ US: /ˈkɝː.ˤt̬ə-/ ■ n [U] **1** ⇒cortesía ⇒gentileza ■ n [C, U] **2** ⇒elogio: They exchanged courtesies - Se intercambiaron elogios ■ El plural es courtesies **3** (by) ~ of sth/sb ⇒por gentileza de ⇒por cortesía de

courtship UK: /ˈkɔːt.ʃɪp/ US: /ˈkɔːrt-/ ■ n [C, U] **1** (form) ⇒noviazgo ■ n [U] **2** (de animales) ⇒cortejo

---

countable / uncountable nouns

• Los **nombres contables** designan realidades que se pueden contar:

· a book, two books, three books
(un libro, dos libros, tres libros)

• Los **nombres incontables** designan realidades que no se pueden contar:

· water (agua)

· air (aire)

Atención: los nombres contables no tienen plural y nunca van acompañados por "a", "an" o números:

· I need money. (No: I need a money.)
(Necesito dinero. No: Necesito ~~un~~ dinero.)

· Drink some water. (No: Drink one water.)
(Bebe agua. No: Bebe ~~un~~ agua.)

Es posible transformar un nombre incontable en contable utilizando "a piece of":

· furniture   **a piece of** furniture
(mobiliario)   un mueble)

Atención: hay palabras que en español son contables pero en inglés son incontables, como "advice", "news" o "data":

· Let me give you **a piece of advice**. (No: Let me give you ~~an~~ advice.)
(Déjame darte un consejo.)

· I have an interesting **piece of news**.
(Tengo una noticia interesante.)

courtyard UK: /'kɔːt.jɑːd/ US: /'kɔːrt.jɑːrd/ *n* [C] ⇒patio ■ PRON. La *u* no se pronuncia

† **cousin** /'kʌz.ⁿn/ *n* [C] ⇒primo,ma: *first cousin* - primo carnal ■ PRON. *ou* se pronuncia como la *u* en el pronombre inglés *us*

cove UK: /kəʊv/ US: /koʊv/ *n* [C] ⇒cala [entrante del mar]

covenant /'kʌv.ⁿn.ⁿnt/ *n* [C] **1** ⇒convenio ⇒pacto **2** ⇒documento escrito por el que alguien se compromete a pagar una cantidad de dinero a una organización benéfica durante un período de tiempo determinado

† **cover¹** UK: /'kʌv.ə/ US: /-ə/ *v* [T] **1** ⇒cubrir ⇒tapar **2** ⇒recorrer **3** *(un área)* ⇒ocupar **4** ⇒abarcar ⇒tratar ■ PRON. La *o* se pronuncia como la *u* en el término inglés *sun*

| PHRASAL VERBS
| · **to cover for** *sb* ⇒sustituir a alguien [temporalmente]
| · **to cover** *sth* **up** [M] ⇒ocultar algo ⇒cubrir algo
| · **to cover up for** *sb* ⇒cubrir las espaldas a alguien

† **cover²** UK: /'kʌv.ə/ US: /-ə/ ■ *n* [C] **1** *(en un libro)* ⇒tapa ⇒cubierta **2** ⇒funda ⇒envoltura **3** ⇒tapadera: *This is a cover for illegal activities* - Esto es una tapadera de actividades ilegales **4** *to blow sb's cover* - desenmascarar a alguien ■ *n* [U] **5** ⇒garantía [financiera] ⇒cobertura [financiera] **6** *(del tiempo o de un ataque)* ⇒protección **7** *from* ~ *to* ~ ⇒de principio a fin **8** *to take* ~ *(from sth)* ⇒resguardarse [de algo] **9** *under* ~ *of sth* ⇒al amparo de algo ■ PRON. La *o* se pronuncia como la *u* en el término inglés *sun*

coveralls UK: /'kʌv.ə.rɔːlz/ US: /-ə.ɑːlz/ *n* [PL] *US (UK* overalls*) (de un trabajador)* ⇒mono ⇒mameluco *AMÉR.;* ⇒overol *AMÉR.*

covering UK: /'kʌv.ⁿr.ɪŋ/ US: /-ə-/ *n* [C] **1** ⇒cubierta **2** ⇒capa: *a covering of snow* - una capa de nieve

covers UK: /'kʌv.əz/ US: /-əz/ *n* [PL] *(en la cama)* ⇒mantas

covert UK: /'kəʊ.vɜːt/ US: /'koʊ.vɜːt/ UK: /-'-/ *adj (form)* ⇒encubierto,ta ⇒clandestino,na

cover-up UK: /'kʌv.ə.rʌp/ US: /-ə.ʌp/ *n* [C] ⇒encubrimiento

covet /'kʌv.ɪt/ *v* [T] *(form)* ⇒codiciar

† **cow** /kaʊ/ *n* [C] **1** ⇒vaca **2** *UK (offens)* ⇒imbécil *col. desp.* ■ Se emplea únicamente con mujeres

† **coward** UK: /'kaʊ.əd/ US: /'kaʊ.əd/ *n* [C] ⇒cobarde ■ PRON. La *r* no se pronuncia

cowardly UK: /'kaʊ.əd.li/ US: /-əd-/ *adj* ⇒cobarde ⇒miedoso,sa

cowboy /'kaʊ.bɔɪ/ *n* [C] **1** ⇒vaquero **2** *UK (inform)* ⇒chapucero,ra *desp.*

co-worker UK: /ˌkəʊ'wɜː.kə/ US: /ˌkoʊ'wɜː.kə/ *n* [C] ⇒compañero,ra de trabajo

cowshed /'kaʊ.ʃed/ *n* [C] **1** ⇒establo **2** ⇒vaqueriza

coy /kɔɪ/ *adj [comp* coyer, *superl* coyest] **1** ⇒evasivo,va ⇒reservado,da **2** ⇒tímido,da **3** *a coy smile* - una sonrisa coqueta y tímida

cozy UK: /'kəʊ.zi/ US: /'koʊ-/ *US adj [comp* cozier, *superl* coziest] See **cosy**

crab /kræb/ *n* [C, U] ⇒cangrejo: *crab salad* - ensalada de cangrejo

crack¹ /kræk/ ■ *v* [T, I] **1** ⇒resquebrajar(se) **2** ⇒crujir(se): *Don't crack your knuckles!* - ¡No te crujas los dedos! ■ *v* [T] **3** *(un huevo o una nuez)* ⇒cascar ⇒romper **4** ⇒golpear(se) ■ *v* [I] **5** ⇒desmoronar(se): *In the end, he cracked* - Al final se desmoronó **6** *to get cracking (inform)* ⇒poner(se) manos a la obra

| PHRASAL VERBS
| · **to crack down (on** *sth/sb*) ⇒tomar medidas (contra)
| · **to crack up** *(inform)* ⇒sufrir una crisis nerviosa

crack² /kræk/ ■ *n* [C] **1** ⇒raja ⇒grieta **2** ⇒rendija ⇒abertura **3** ⇒crujido **4** ⇒comentario [irónico]: *to make cracks about sth* - hacer comentarios sobre algo **5** *(inform) (una persona)* ⇒crack *col.* ■ *n* [U] **6** *(droga)* ⇒crack **7** *at the* ~ *of dawn* ⇒al amanecer

crackdown /'kræk.daʊn/ *n* [C] ⇒medidas enérgicas

cracker UK: /'kræk.ə/ US: /-ə/ *n* [C] **1** *UK (UK tb* christmas cracker*)* ⇒paquete sorpresa [con forma de caramelo] **2** ⇒galleta salada

crackle¹ /'kræk.l/ [crackled, crackling] *v* [I] ⇒crepitar ⇒crujir

crackle² /'kræk.l/ *n* [C, U] ⇒crepitación ⇒crujido

cradle¹ /'kreɪ.dl/ [cradled, cradling] *v* [T] **1** ⇒acunar: *She cradled the baby in her arms* - Acunó al bebé entre sus brazos **2** ⇒mecer

cradle² /'kreɪ.dl/ *n* [C] **1** ⇒cuna mecedora **2** *(en mecánica)* ⇒soporte **3** ⇒cuna ⇒origen

† **craft** UK: /krɑːft/ US: /kræft/ ■ *n* [C, U] **1** ⇒artesanía: *arts and crafts fair* - feria de artesanía **2** ⇒oficio ■ *n* [C] **3** ⇒barco ⇒nave ■ El plural es craft

craftsman UK: /'krɑːfts.mən/ US: /'kræfts-/ *[pl* craftsmen*] n* [C] ⇒artesano

crafty UK: /'krɑːf.ti/ US: /'kræf-/ *adj [comp* craftier, *superl* craftiest] ⇒astuto,ta ⇒ladino,na

crag /kræg/ *n* [C] ⇒peñasco

cram /kræm/ [crammed, cramming] *v* [T] **1** ⇒atestar ⇒atiborrar ■ CONSTR. Se usa generalmente seguido de una preposición o un adverbio **2** ⇒apiñar(se): *The children crammed into the car* - Los niños se apiñaban en el coche ■ CONSTR. Se usa generalmente seguido de una preposición o un adverbio **3** US (UK swot) *(inform)* ⇒empollar *col.*

cramp¹ /kræmp/ *n* [C, U] ⇒tirón [muscular] *col.;* ⇒calambre

cramp² /kræmp/ *v* [T] *(inform)* ⇒frustrar ⇒cortar *col.*

cranberry UK: /ˈkræn.bᵊr.i/ US: /-ber-/ [*pl* cranberries] *n* [C] *(fruta)* ⇒arándano

crane /kreɪn/ *n* [C] **1** ⇒grúa: *They are using a crane on that building* - Están usando una grúa en ese edificio **2** *(ave)* ⇒grulla

crank /kræŋk/ *n* [C] **1** *(inform)* ⇒bicho raro *col.* ∎ Normalmente tiene un matiz negativo **2** US *(inform)* ⇒cascarrabias *col. desp.* **3** ⇒manivela

crap¹ /kræp/ *n* [U] **1** *(vulg)* ⇒chorrada *col.: Cut the crap* - Basta de chorradas **2** *(very inform)* ⇒mierda *vulg.*

crap² /kræp/ *adj (inform)* ⇒pésimo,ma

crash¹ /kræʃ/ [*pl* crashes] *n* [C] **1** (*US tb* wreck) ⇒choque ⇒accidente **2** ⇒estrépito **3** ⇒quiebra ⇒caída **4** *(en informática)* ⇒fallo

crash² /kræʃ/ *v* [T, I] **1** ⇒chocar: *He crashed his car into a lamp-post* - Se chocó con el coche contra una farola **2** ⇒quebrar ⇒romper **3** *(en informática)* ⇒colgarse

PHRASAL VERBS

· **to crash (out)** *(inform)* ⇒dormir(se) ⇒acostar(se)

crass /kræs/ *adj* **1** ⇒burdo,da: *a person of crass manners* - una persona de modales burdos **2** *(un error)* ⇒craso,sa

crate /kreɪt/ *n* [C] ⇒cajón ⇒caja

crater UK: /ˈkreɪ.tə²/ US: /-ˤt̬ə/ *n* [C] ⇒cráter ∎ Pron. La sílaba *cra* rima con *day*

crave /kreɪv/ [craved, craving] *v* [T, I] ⇒anhelar ⇒morirse *col.*

crawl¹ UK: /krɔːl/ US: /krɑːl/ *v* [I] **1** ⇒andar a gatas ⇒gatear **2** **to be crawling with** ⇒estar plagado,da de **3** **to ~ (along)** *(el tráfico)* ⇒ir a paso de tortuga *col.* **4** **to ~ (to sb)** ⇒hacer la pelota (a alguien): *Stop crawling to your boss* - Para de hacerle la pelota a tu jefe

crawl² UK: /krɔːl/ US: /krɑːl/ ∎ *n* [C] **1** ⇒paso de tortuga ∎ *n* [U, NO PL] **2** *(en natación)* ⇒estilo crol

crayon UK: /ˈkreɪ.ɒn/ US: /-ɑːn/ ∎ *n* [C] **1** ⇒pintura [de cera] ∎ *n* [U] **2** *(en arte)* ⇒pastel

craze /kreɪz/ *n* [C] ⇒moda ⇒fiebre

† **crazy** /ˈkreɪ.zi/ *adj* [*comp* crazier, *superl* craziest] **1** ⇒loco,ca **2** ⇒disparatado,da **3** ⇒enfadado,da

creak /kriːk/ *v* [I] ⇒chirriar ⇒crujir

cream¹ /kriːm/ ∎ *n* [U] **1** ⇒nata ⇒crema de leche **2** *(color)* ⇒crema **3** ⇒la flor y nata ∎ *n* [C, U] **4** *(en cosmética)* ⇒crema **5** ⇒pomada

† **cream²** /kriːm/ *v* [T] ⇒batir: *cream the egg whites until stiff* - batir las claras de huevo a punto de nieve

PHRASAL VERBS

· **to cream sth/sb off** [M] ⇒quedarse con lo mejor de

crease¹ /kriːs/ *n* [C] **1** ⇒arruga **2** ⇒raya [de un pantalón]

crease² /kriːs/ [creased, creasing] *v* [T, I] ⇒arrugar(se): *She didn't want to crease her dress* - No quería arrugarse el vestido

† **create** /kriˈeɪt/ *v* [T] ⇒crear ⇒producir

creation /kriˈeɪ.ʃᵊn/ ∎ *n* [U] **1** ⇒creación ⇒elaboración ∎ *n* [C] **2** ⇒creación ⇒obra

† **creative** UK: /kriˈeɪ.tɪv/ US: /-ˤtɪv/ *adj* ⇒creativo,va: *creative minds* - personas creativas

creativity UK: /ˌkriː.eɪˈtɪv.ɪ.ti/ US: /-ˤtɪv.ə.ˤti/ *n* [U] ⇒creatividad

† **creature** UK: /ˈkriː.tʃə²/ US: /-tʃə/ *n* [C] ⇒criatura **~ of habits** ⇒esclavo,va de sus propias costumbres

creche /kreʃ/ *n* [C] UK **1** ⇒guardería; US **2** ⇒belén

credentials /krɪˈden.tʃᵊlz/ *n* [PL] **1** ⇒credenciales ⇒referencias **2** ⇒títulos **3** ⇒currículum vitae

† **credible** /ˈkred.ɪ.bl/ *adj* ⇒creíble ⇒verosímil

† **credit** /ˈkred.ɪt/ ∎ *n* [U] **1** ⇒crédito: *Did you buy your car on credit?* - ¿Compraste el coche a crédito?; *Is her credit good?* - ¿Se le puede dar crédito? **2** ⇒mérito ⇒reconocimiento ∎ *n* [C] **3** ⇒saldo positivo **4** *(en contabilidad)* ⇒haber **5** **to be a ~ to sth/sb** ⇒hacer honor a: *She is a credit to her family* - Hace honor a su familia **6** **to do ~ to sb** ⇒honrar a alguien

credit card *n* [C] ⇒tarjeta de crédito

credits **the ~** *(en una película o en un programa de televisión)* ⇒los títulos de crédito

creed /kriːd/ *n* [C] ⇒credo

creek /kriːk/ *n* [C] **1** UK *(en geografía)* ⇒cala **2** US ⇒arroyo **3** **to be up the ~ without a paddle** ⇒estar en apuros ⇒ir apañado,da *col.*

creep¹, crept, crept /kriːp/ *v* [I] **1** ⇒deslizarse sigilosamente ⇒ir sigilosamente **2** ⇒arrastrarse: *The mouse crept under the sofa* - El ratón pasó arrastrándose por debajo del sofá **3** *(una sensación, un sentimiento)* ⇒invadir **4** *(una planta)* ⇒trepar ∎ Constr. Se usa generalmente seguido de una preposición o un adverbio **5** *(inform)* ⇒hacer la pelota *col.*

creep² /kriːp/ *n* [C] UK *(inform)* ⇒pelota *col.;* ⇒pelotillero,ra *col.*

creepy /ˈkriː.pi/ *adj* [*comp* creepier, *superl* creepiest] *(inform)* ⇒horripilante ⇒espeluznante

cremate UK: /krɪˈmeɪt/ US: /ˈkriː.meɪt/ [cremated, cremating] *v* [T] ⇒incinerar ⇒cremar

crematorium UK: /ˌkrem.əˈtɔː.ri.əm/ US: /-ˈtɔːr.i-/ [*pl* crematoria, crematoriums] *n* [c] ⇒crematorio

C **crept** /krept/ past tense and past participle forms of **creep**

crescendo UK: /krɪˈʃen.dəʊ/ US: /-doʊ/ *n* [c] **1** *(en música)* ⇒crescendo **2** ⇒aumento ⇒incremento repentino

crescent /ˈkres.ªnt/ *n* [c] **1** ⇒medialuna **2** ⇒calle curva ■ PRON. La segunda *c* no se pronuncia

crest /krest/ *n* [c] **1** ⇒cima ⇒cumbre **2** ⇒cresta **3** *(en heráldica)* ⇒blasón

crestfallen UK: /ˈkrest.fɔː.lªn/ US: /-ˌfɑː-/ *adj* ⇒cabizbajo,ja ⇒afligido,da

cretaceous *adj* ⇒cretáceo,cea

crevasse /krəˈvæs/ *n* [c] ⇒grieta profunda [de un glaciar]

crevice /ˈkrev.ɪs/ *n* [c] ⇒grieta [de una roca]

† **crew** /kruː/ *n* [c] **1** ⇒tripulación: *lifeboat crew* - tripulación de un bote salvavidas **2** ⇒equipo ■ Por ser un nombre colectivo se puede usar con el verbo en singular o en plural ■ PRON. Rima con *too*

crib[1] /krɪb/ *n* [c] **1** *US* ⇒cuna **2** ⇒pesebre **3** *US (inform)* ⇒copia

crib[2] /krɪb/ [cribbed, cribbing] *v* [T, I] **1** *(inform)* ⇒plagiar **2** *(inform)* ⇒copiar [en un examen]

† **cricket** /ˈkrɪk.ɪt/ ■ *n* [U] **1** ⇒cricket ■ *n* [c] **2** ⇒grillo ■ PRON. La *e* se pronuncia como la *i* en *did*

cricketer UK: /ˈkrɪk.ɪ.təʰ/ US: /-ˀt̬ə/ *n* [c] ⇒jugador,-a de cricket

† **crime** /kraɪm/ ■ *n* [c] **1** ⇒delito: *to commit a crime* - cometer un delito **2** ⇒crimen: *a crime of passion* - un crimen pasional ■ *n* [U] **3** ⇒delincuencia: *the fight against crime* - la lucha contra la delincuencia ■ PRON. Rima con *time*

criminal[1] /ˈkrɪm.ɪ.nªl/ *adj* **1** ⇒delictivo,va **2** *(en derecho)* ⇒penal **3** ⇒inmoral

† **criminal**[2] /ˈkrɪm.ɪ.nªl/ *n* [c] ⇒delincuente ■ Distinto de *murderer* (criminal)

crimson /ˈkrɪm.zªn/ *adj* ⇒carmesí

cringe /krɪndʒ/ [cringed, cringing] *v* [I] ⇒morirse de vergüenza: *to cringe at sth* - morirse de vergüenza por algo

cripple /ˈkrɪp.l/ [crippled, crippling] *v* [T] **1** ⇒dejar inválido,da ■ CONSTR. Se usa más en pasiva **2** ⇒traumatizar: *Her death crippled him emotionally* - Su muerte lo traumatizó **3** ⇒paralizar ⇒perjudicar ■ CONSTR. Se usa más en pasiva

† **crisis** /ˈkraɪ.sɪs/ [*pl* crises] *n* [c, U] ⇒crisis ■ PRON. La sílaba *cri* rima con *my*

crisp[1] /krɪsp/ *adj* **1** ⇒crujiente **2** *(en meteorología)* ⇒frío, seco y soleado **3** *(un tono de voz)* ⇒tajante ⇒seco,ca

crisp[2] /krɪsp/ *UK* (*US* chip) *n* [c] ⇒patata frita [de bolsa]

crispy /ˈkrɪs.pi/ *adj* [*comp* crispier, *superl* crispiest] ⇒crujiente: *crispy bacon* - beicon crujiente

criteria *n* [PL] See **criterion**

† **criterion** UK: /kraɪˈtɪə.ri.ən/ US: /-ˈtɪr.i-/ [*pl* criteria] *n* [c] ⇒criterio

† **critic** UK: /ˈkrɪt.ɪk/ US: /ˈkrɪ°t̬-/ *n* [c] **1** ⇒crítico,ca: *a film critic* - un crítico de cine **2** ⇒detractor,-a: *She is a fierce critic of bullfighting* - Es una detractora acérrima de los toros

† **critical** UK: /ˈkrɪt.ɪ.kªl/ US: /ˈkrɪ°t̬-/ *adj* **1** ⇒crítico,ca ⇒criticón,-a *col.* **3** ⇒crucial: *a critical decision* - una decisión crucial **4** ⇒muy grave

† **criticism** UK: /ˈkrɪt.ɪ.sɪ.zªm/ US: /ˈkrɪ°t̬-/ ■ *n* [U] **1** ⇒crítica: *He doesn't take criticism well* - No acepta bien las críticas ■ *n* [c, U] **2** ⇒crítica ⇒reprobación ■ PRON. La segunda *c* se pronuncia como una *s*

criticize UK: /ˈkrɪt.ɪ.saɪz/ US: /ˈkrɪ°t̬-/ [criticized, criticizing] *v* [T, I] ⇒criticar: *He was criticized for his decision* - Fue criticado por su decisión ■ CONSTR. 1. *to criticize for* + doing sth 2. Se usa más en pasiva ■ PRON. *cize* se pronuncia como *size*

critique /krɪˈtiːk/ *n* [c] *(texto elaborado, ensayo)* ⇒crítica

croak[1] UK: /krəʊk/ US: /kroʊk/ *v* [I] ⇒croar

croak[2] UK: /krəʊk/ US: /kroʊk/ *n* [c] ⇒graznido

Croat UK: /ˈkrəʊ.æt/ US: /ˈkroʊ-/ ■ *n* [U] **1** *(idioma)* ⇒croata ■ *n* [c] **2** *(gentilicio)* ⇒croata

Croatia UK: /krəʊˈeɪ.ʃə/ US: /kroʊ-/ *n* [U] ⇒Croacia

Croatian UK: /krəʊˈeɪ.ʃən/ US: /kroʊ-/ *adj* ⇒croata

crochet UK: /ˈkrəʊ.ʃeɪ/ US: /kroʊˈʃeɪ/ *n* [U] ⇒labor de ganchillo ■ PRON. La *t* no se pronuncia y *chet* rima con *day*

crockery UK: /ˈkrɒk.ªr.i/ US: /ˈkrɑː.kə-/ *n* [U] ⇒loza ⇒vajilla

† **crocodile** UK: /ˈkrɒk.ə.daɪl/ US: /ˈkrɑː.kə-/ *n* [c] ⇒cocodrilo

crocus UK: /ˈkrəʊ.kəs/ US: /ˈkroʊ-/ [*pl* crocuses] *n* [c] *(flor)* ⇒azafrán

croissant UK: /ˈkwæs.ɒ/ US: /kwɑːˈsɑː/ *n* [c] ⇒cruasán ⇒medialuna *AMÉR.*

crony UK: /ˈkrəʊ.ni/ US: /ˈkroʊ-/ [*pl* cronies] *n* [c] *(inform)* ⇒colega *col.* ■ Tiene un matiz negativo

crook /krʊk/ *n* [c] **1** *(inform)* ⇒granuja ⇒ladrón,-a **2** *(de un brazo, de una pierna)* ⇒cara interior **3** ⇒báculo ■ PRON. Rima con *book*

crooked /ˈkrʊk.ɪd/ *adj* **1** ⇒con curvas ⇒tortuoso,sa **2** ⇒torcido,da: *That picture is crooked* - Ese cuadro está torcido **3** *(inform)* ⇒poco limpio,pia ⇒deshonesto,ta ■ PRON. La *e* se pronuncia como la *i* de *did*

† **crop**¹ UK: /krɒp/ US: /krɑːp/ n [C] ⇒cosecha

crop² UK: /krɒp/ US: /krɑːp/ [cropped, cropping] ■ v [T] **1** ⇒rapar(se): *to crop one's hair* - raparse el pelo **2** ⇒recortar ■ v [T, I] **3** *(un animal)* ⇒pacer ⇒pastar

|PHRASAL VERBS
└ **· to crop up** ⇒suceder ⇒surgir

croquet UK: /ˈkrəʊ.keɪ/ US: /kroʊˈkeɪ/ n [U] *(juego)* ⇒croquet ■ PRON. La sílaba *quet* rima con *day*

† **cross**¹ UK: /krɒs/ US: /krɑːs/ v [T, I] **1** ⇒cruzar ⇒atravesar **2** *to ~ oneself* ⇒santiguarse

† **cross**² UK: /krɒs/ US: /krɑːs/ [pl crosses] n [C] **1** ⇒cruz: *It's a cross we have to bear* - Es una cruz que tenemos **2** ⇒cruce ⇒mezcla

cross³ UK: /krɒs/ US: /krɑːs/ adj **1** ⇒enfadado,da **2** *to get ~* ⇒enfadarse ⇒embroncarse AMÉR. col.

crossbar UK: /ˈkrɒs.bɑːʳ/ US: /ˈkrɑːs.bɑːr/ n [C] **1** *(en deportes)* ⇒larguero **2** ⇒barra de la bicicleta

cross-country UK: /ˌkrɒsˈkʌn.tri/ US: /ˌkrɑːs-/ adv ⇒a campo través: *to drive cross-country* - conducir a campo través

crossfire UK: /ˈkrɒs.faɪəʳ/ US: /ˈkrɑːs.faɪr/ n [U] **1** ⇒fuego cruzado **2** *caught in the ~* ⇒entre dos fuegos

crossing UK: /ˈkrɒs.ɪŋ/ US: /ˈkrɑː.sɪŋ/ n [C] **1** ⇒travesía [por mar] **2** ⇒cruce [vial] **3** ⇒paso de peatones **4** *(acción)* ⇒cruce

cross-legged UK: /ˌkrɒsˈlegd/ UK: /-ɪd/ US: /ˌkrɑːs-/ adv ⇒con las piernas cruzadas

crossly UK: /ˈkrɒs.li/ US: /ˈkrɑː.sli/ adv *'Shut up', he said crossly* - 'Cállate', dijo enfadado

cross purposes *to talk at ~* ⇒hablar de cosas distintas: *I think we are talking at cross purposes* - Creo que hablamos de cosas distintas

crossroads UK: /ˈkrɒs.rəʊdz/ US: /ˈkrɑːs.roʊdz/ [pl crossroads] n [C] **1** ⇒cruce [de calles o carreteras] **2** *to be at a ~* ⇒estar en una encrucijada

cross-section /ˈkrɒs.sek.ʃªn/ n [C] **1** ⇒corte transversal **2** ⇒muestra representativa: *a cross-section of the population* - una muestra representativa de la población

crosswalk UK: /ˈkrɒs.wɔːk/ US: /ˈkrɑːs.wɑːk/ US *(UK zebra crossing)* n [C] ⇒paso de peatones ⇒paso de cebra

crossword (puzzle) n [C] ⇒crucigrama: *to do a crossword* - hacer un crucigrama

crotch UK: /krɒtʃ/ US: /krɑːtʃ/ [pl crotches] *(UK tb crutch)* n [C] ⇒entrepierna

crouch /krautʃ/ [crouches] v [I] ⇒ponerse en cuclillas ⇒agacharse ■ PRON. *crou* rima con *now*

crow¹ UK: /krəʊ/ US: /kroʊ/ n [C] **1** ⇒cuervo **2** *as the ~ flies* ⇒en línea recta ■ PRON. Rima con *grow*

crow² UK: /krəʊ/ US: /kroʊ/ v [I] **1** ⇒cacarear **2** ⇒jactarse: *They were crowing about their victory*

for days - Se jactaron de su victoria durante días ■ PRON. Rima con *grow*

crowd¹ /kraʊd/ ■ n [C] **1** ⇒multitud: *A large crowd gathered in the square* - Una gran multitud se reunió en la plaza **2** ⇒público ■ n [NO PL] **3** *(inform)* *(de personas)* ⇒grupo ⇒panda col. ■ Por ser un nombre colectivo se puede usar con el verbo en singular o en plural ■ PRON. *crow* rima con *now*

crowd² /kraʊd/ v [T] ⇒amontonarse: *They all crowded into the room* - Se amontonaron para entrar en la habitación ■ PRON. *crow* rima con *now*

|PHRASAL VERBS
· **to crowd {around/round} {sth/sb}** ⇒apiñarse alrededor
· **to crowd {in/into sth}** ⇒entrar en tropel ⇒apretujarse col.
· **to crowd (sth) into sth** ⇒meter en algo ⇒apiñar en algo

† **crowded** /ˈkraʊ.dɪd/ adj **1** ⇒abarrotado,da: *The station was crowded* - La estación estaba abarrotada de gente **2** ⇒concurrido,da ■ PRON. La *e* se pronuncia como la *i* de *did*

crown¹ /kraʊn/ n [C] **1** ⇒corona **2** ⇒coronilla **3** ⇒cumbre [de una colina] **4** ⇒corona [de un diente] **5** *the Crown* UK ⇒el Estado ■ PRON. Rima con *brown*

crown² /kraʊn/ v [T] ⇒coronar ■ PRON. Rima con *brown*

† **crucial** /ˈkruː.ʃªl/ adj ⇒crucial: *It's at a crucial stage* - Está en un momento crucial

crucifix /ˈkruː.sɪ.fɪks/ [pl crucifixes] n [C] ⇒crucifijo ■ PRON. La segunda *c* se pronuncia como una *s*

crucify /ˈkruː.sɪ.faɪ/ [crucifies, crucified] v [T] ⇒crucificar ■ CONSTR. Se usa más en pasiva ■ PRON. La segunda *c* se pronuncia como una *s* y *fy* rima con *my*

† **crude** /kruːd/ adj **1** ⇒rudimentario,ria: *a crude method* - un método rudimentario **2** ⇒burdo,da ⇒grosero,ra ⇒tosco,ca ■ Distinto de *raw* (crudo,da)

† **cruel** /ˈkruː.əl, krʊəl/ adj ⇒cruel ■ PRON. La *e* se pronuncia como la *a* en el adverbio inglés *ago*

cruelty UK: /ˈkruː.əl.ti/ UK: /ˈkrʊəl-/ US: /-ˤti/ [pl cruelties] n [C, U] ⇒crueldad

cruise¹ /kruːz/ n [C] **1** ⇒crucero: *to go on a cruise* - hacer un crucero **2** ⇒travesía ■ PRON. *crui* rima con el adjetivo inglés *true*

cruise² /kruːz/ [cruised, cruising] v [I] **1** ⇒hacer un crucero **2** *(un avión)* ⇒volar [a la velocidad de crucero] ■ PRON. *crui* rima con el adjetivo inglés *true*

crumb /krʌm/ n [C] **1** ⇒miga **2** ⇒pizca ■ PRON. La *b* no se pronuncia

crumble¹ /ˈkrʌm.bl̩/ [crumbled, crumbling] v [T, I] **1** ⇒derrumbar(se) ⇒desmoronar(se) **2** ⇒desmigar **3** *(una alianza)* ⇒deshacer(se)

crumble² /ˈkrʌm.bl̩/ UK n [C, U] ⇒pastel: *an apple crumble* - un pastel de manzana

crumple /'krʌm.pl/ [crumpled, crumpling] ▌ v [T, I] **1** ⇒arrugar ⇒engurruñar col. ▌ v [I] **2** ⇒desmayarse ⇒desplomarse

crunch¹ /krʌntʃ/ ▌ v [T, I] **1** ⇒masticar haciendo ruido ▌ v [I] **2** ⇒crujir: *The snow crunched under my feet* - La nieve crujía bajo mis pies ■ PRON. La *u* se pronuncia como en el término inglés *sun*

crunch² /krʌntʃ/ [pl crunches] n [C] **1** ⇒crujido **2** (inform) ⇒momento decisivo ■ PRON. La *u* se pronuncia como en el término inglés *sun*

crusade /kru:'seɪd/ n [C] **1** ⇒cruzada **2** *to wage a crusade against sth* - hacer una campaña en contra de algo

crush¹ /krʌʃ/ v [T] ⇒aplastar: *to crush a can with your foot* - aplastar una lata con el pie **2** (el ánimo) ⇒abatir ■ PRON. La *u* se pronuncia como en el término inglés *sun*

crush² /krʌʃ/ [pl crushes] n [C] **1** ⇒aglomeración [de personas] **2** (inform) ⇒flechazo [de amor] col.: *to have a crush on sb* - sentir un flechazo por alguien ■ PRON. La *u* se pronuncia como en el término inglés *sun*

crust /krʌst/ n [C, U] **1** (del pan) ⇒corteza **2** (de la Tierra) ⇒corteza

crutch /krʌtʃ/ [pl crutches] (UK, US crotch) n [C] **1** ⇒muleta **2** ⇒apoyo [excesivo] **3** UK ⇒entrepierna

crux /krʌks/ n [NO PL] ⇒quid: *the crux of the matter* - el quid de la cuestión

†**cry**¹ /kraɪ/ [cries, cried] ▌ v [I] **1** ⇒llorar: *Stop crying!* - ¡Deja de llorar! **2** ⇒exclamar ⇒gritar ▌ v [T, I] **2** to ~ *one's eyes out* ⇒llorar a lágrima viva col. ■ Se usa más *shout*

| PHRASAL VERBS
└ **· to cry out for** sth ⇒pedir algo a gritos

†**cry**² /kraɪ/ [pl cries] n [C] **1** ⇒grito: *a cry for help* - un grito de socorro **2** ⇒llorera ⇒llantina col.

crying /'kraɪ.ɪŋ/ adj **1** *a crying need* - una necesidad apremiante **2** *a crying shame* - una verdadera lástima

crypt /krɪpt/ n [C] ⇒cripta

cryptic /'krɪp.tɪk/ adj ⇒críptico,ca ⇒enigmático,ca

†**crystal** /'krɪs.tᵊl/ n [U] **1** ⇒cristal **2** *a sugar crystal* - un terrón de azúcar **3** *a salt crystal* - un grano de sal **4** *crystal clear* - totalmente claro

cub /kʌb/ n [C] **1** ⇒cachorro,rra **2** ⇒niño Scout

Cuba /'kju:.bə/ n ⇒Cuba

Cuban /'kju:.bən/ adj, n [C] ⇒cubano,na

cube /kju:b/ n [C] (forma) ⇒cubo ■ PRON. La *u* se pronuncia como *you*

cubicle /'kju:.bɪ.kl/ n [C] **1** ⇒cubículo **2** ⇒probador **3** ⇒vestuario ■ PRON. La *u* se pronuncia como *you*

cuckoo /'kʊk.u:/ n [C] (ave) ⇒cuco

†**cucumber** UK: /'kju:.kʌm.bə/ US: /-bə/ n [C, U] ⇒pepino ■ PRON. La primera *u* se pronuncia como *you*

cuddle¹ /'kʌd.l/ [cuddled, cuddling] v [T, I] ⇒abrazar ⇒achuchar ■ PRON. La *u* se pronuncia como en el término inglés *sun*

| PHRASAL VERBS
└ **· to cuddle up {against/to}** sb ⇒acurrucarse junto a alguien

cuddle² /'kʌd.l/ n [C] ⇒abrazo ■ PRON. La *u* se pronuncia como en el término inglés *sun*

cue¹ /kju:/ n [C] **1** (en teatro, en cine) ⇒señal ⇒entrada **2** ⇒taco [de un billar] **3** *right on ~* ⇒en el momento justo **4** *to take one's ~* ⇒seguir el ejemplo de alguien ■ PRON. *ue* se pronuncia como *you*

cue² /kju:/ [cued] v [T] (en teatro, en cine) ⇒hacer una señal ⇒dar la entrada ■ PRON. *ue* se pronuncia como *you*

cuff¹ /kʌf/ n [C] **1** ⇒puño [de una camisa] ⇒bocamanga **2** US ⇒vuelta [de un pantalón] **3** ⇒manotazo **4** *off the ~* **1** (decir algo) ⇒espontáneamente **2** *an off the cuff remark* - un comentario improvisado ■ PRON. La *u* se pronuncia como en *cup*

cuff² /kʌf/ v [T] **1** ⇒dar un manotazo **2** (inform) ⇒esposar: *The police handcuffed the thief* - La policía esposó al ladrón ■ PRON. La *u* se pronuncia como en *cup*

cuisine /kwɪ'zi:n/ n [U] ⇒cocina

cul-de-sac /'kʌl.də.sæk/ n [C] ⇒callejón sin salida

culinary UK: /'kʌl.ɪ.nᵊr.i/ US: /'kʌl.ə.ner-/ adj ⇒culinario,ria

cull /kʌl/ v [T] ⇒sacrificar a un animal ⇒carnear AMÉR.

culminate /'kʌl.mɪ.neɪt/ [culminated, culminating] v [T, I] (form) ⇒culminar ■ CONSTR. to culminate in/with sth

culpable /'kʌl.pə.bl/ adj (form) ⇒culpable

culprit /'kʌl.prɪt/ n [C] **1** ⇒culpable **2** ⇒móvil ⇒causa

cult /kʌlt/ n [C] **1** ⇒secta **2** ⇒culto ■ PRON. La *u* se pronuncia como en *cup*

cultivate UK: /'kʌl.tɪ.veɪt/ US: /-ˤt̬ə-/ [cultivated, cultivating] v [T] ⇒cultivar: *to cultivate coffee* - cultivar café; *to cultivate a friendship* - cultivar una amistad ■ PRON. La *u* se pronuncia como en *cup*

cultivated UK: /'kʌl.tɪ.veɪ.tɪd/ US: /-ˤt̬ə.veɪ.ˤt̬ɪd/ adj **1** ⇒cultivado,da ⇒labrado,da **2** (una planta) ⇒de cultivo **3** (una persona) ⇒culto,ta ■ PRON. La *u* se pronuncia como en *cup*

cultivation UK: /ˌkʌl.tɪ'veɪ.ʃᵊn/ US: /-ˤt̬ə-/ n [U] ⇒cultivo: *the cultivation of sunflowers* - el cultivo de girasoles

cultural UK: /'kʌl.tʃᵊr.ᵊl/ US: /-tʃə-/ adj ⇒cultural ■ PRON. La primera *u* se pronuncia como en *cup*

† **culture** UK: /'kʌl.tʃəʳ/ US: /-tʃɚ/ ■ *n* [U] ⇒cultura ⇒conocimientos ■ *n* [C, U] **2** ⇒cultura ⇒civilización ■ PRON. *La primera* u *se pronuncia como la* u *de* cup *y la terminación* ture *se pronuncia como la sílaba* cher *de* butcher

cumbersome UK: /'kʌm.bə.səm/ US: /-bɚ-/ *adj* **1** ⇒voluminoso,sa **2** ⇒engorroso,sa ⇒incómodo,da

cumulative UK: /'kju:.mju.lə.tɪv/ US: /-ˤtɪv/ *adj* ⇒acumulativo,va

cunning¹ /'kʌn.ɪŋ/ *adj* ⇒astuto,ta ⇒ingenioso,sa ■ PRON. *La* u *se pronuncia como en* cup

cunning² /'kʌn.ɪŋ/ *n* [U] ⇒astucia ⇒maña ■ PRON. *La* u *se pronuncia como en* cup

† **cup**¹ /kʌp/ *n* [C] **1** ⇒taza: *two cups of coffee* - dos tazas de café **2** ⇒copa ⇒trofeo **3** (not) to be sb's ~ of tea ⇒(no) ser del gusto de alguien: *That kind of music is not my cup of tea* - Ese tipo de música no es de mi gusto ■ PRON. *La* u *se pronuncia como en el término inglés* sun

† **cup**² /kʌp/ [cupped, cupping] *v* [T] ⇒ahuecar [las manos] ■ PRON. *La* u *se pronuncia como en el término inglés* sun

† **cupboard** UK: /'kʌb.əd/ US: /-əd/ *n* [C] ⇒armario ⇒alacena ⇒aparador

curate UK: /'kjuə.rət/ US: /'kjur.ət/ *n* [C] ⇒coadjutor de la Iglesia Anglicana

curator UK: /kju'reɪ.təʳ/ US: /kjɝ'eɪ.ˤtɚ/ *n* [C] *(de un museo, de una galería)* ⇒conservador,-a ■ PRON. *Entre la* c *y la* u *se pronuncia una* y *como en* yes, *y la sílaba* ra *rima con* day

† **curb**¹ UK: /kɜːb/ US: /kɝːb/ *v* [T] ⇒frenar: *They wanted to curb foreign exports* - Querían frenar las exportaciones extranjeras

curb² UK: /kɜːb/ US: /kɝːb/ *n* [C] **1** ⇒freno: *The Government imposed a curb on public spending* - El Gobierno puso freno al gasto público ■ CONSTR. a curb on sth **2** US See **kerb**

curdle UK: /'kɜː.dl̩/ US: /'kɝː-/ *v* [T, I] ⇒cortarse: *The milk has curdled* - La leche se ha cortado

cure¹ UK: /kjuəʳ/ US: /kjur/ *n* [C] **1** ⇒cura ⇒remedio **2** ⇒solución ■ PRON. *Entre la* c *y la* u *se pronuncia una* y *como en* yes

† **cure**² UK: /kjuəʳ/ US: /kjur/ [cured, curing] *v* [T] **1** ⇒curar ⇒sanar **2** *(un alimento)* ⇒curar ⇒secar **3** ⇒resolver ⇒remediar ■ PRON. *Entre la* c *y la* u *se pronuncia una* y *como en* yes

curfew UK: /'kɜː.fjuː/ US: /'kɝː-/ *n* [C, U] **1** ⇒toque de queda **2** to be in before the curfew - estar de vuelta en casa antes del toque de queda

curiosity UK: /ˌkjuə.ri'ɒs.ɪ.ti/ US: /ˌkjur.i'ɑː.sə.ˤti/ ■ *n* [U] **1** ⇒curiosidad: *to feel curiosity about sth* - sentir curiosidad por algo ■ *n* [C] **2** ⇒curiosidad ⇒rareza ■ *El plural es* curiosities

† **curious** UK: /'kjuə.ri.əs/ US: /'kjur.i-/ *adj* **1** ⇒curioso,sa ⇒intrigado,da **2** ⇒raro,ra ⇒curioso,sa ■ PRON. *Entre la* c *y la* u*se pronuncia una* y *como en* yes

curl¹ UK: /kɜːl/ US: /kɝːl/ *n* [C, U] ⇒rizo ■ PRON. cur *rima con el término inglés* her

curl² UK: /kɜːl/ US: /kɝːl/ *v* [T, I] ⇒rizar(se) ■ PRON. cur *rima con el término inglés* her

| PHRASAL VERBS
· to curl up **1** ⇒acurrucarse: *She curled up on the sofa* - Se acurrucó en el sofá **2** ⇒curvarse

curly UK: /'kɜː.li/ US: /'kɝː-/ *adj* [comp curlier, superl curliest] ⇒rizado,da: *curly hair* - pelo rizado ■ PRON. cur *rima con el término inglés* her

currant UK: /'kʌr.ᵊnt/ US: /'kɝː-/ *n* [C] **1** ⇒pasa **2** ⇒grosella

† **currency** UK: /'kʌr.ᵊnt.si/ US: /'kɝː-/ ■ *n* [C, U] **1** ⇒moneda ⇒divisa ■ *El plural es* currencies ■ *n* [U] **2** ⇒aceptación **3** to gain ~ ⇒difundirse

† **current**¹ UK: /'kʌr.ᵊnt/ US: /'kɝː-/ *adj* ⇒actual: *What's the current situation?* - ¿Cuál es la situación actual?; *current affairs* - temas de actualidad ■ *Distinto de* common *y* ordinary *(corriente)*

current² UK: /'kʌr.ᵊnt/ US: /'kɝː-/ ■ *n* [C] **1** ⇒corriente: *The current took the paper boat away* - La corriente se llevó el barco de papel; *to go against the current* - ir a contracorriente **2** *n* [C, U] ⇒corriente eléctrica: *to turn the current off* - cortar la corriente eléctrica

current account UK: (US checking account) *n* [C] ⇒cuenta corriente

curricular UK: /kə'rɪk.ju.ləʳ/ US: /-lɚ/ *adj* ⇒curricular

† **curriculum** /kə'rɪk.ju.ləm/ [pl curricula, curriculums] *n* [C] ⇒currículo ⇒plan de estudios ■ PRON. *La primera* u *se pronuncia como en el término inglés* sun

curry¹ UK: /'kʌr.i/ US: /'kɝː-/ [pl curries] *n* [C, U] *(en cocina)* ⇒curry

† **curry**² UK: /'kʌr.i/ US: /'kɝː-/ [curries, curried] *v* [T] **1** ⇒preparar un alimento con curry **2** *(a un caballo)* ⇒almohazar ⇒cepillar **3** to ~ favour with sb ⇒intentar congraciarse con alguien ■ *Tiene una connotación negativa*

curse¹ UK: /kɜːs/ US: /kɝːs/ *n* [C] **1** ⇒maldición: *to put a curse on sb* - echar una maldición a alguien **2** ⇒palabrota **3** ⇒cruz **4** ⇒desgracia ■ PRON. *La sílaba* cur *rima con el término inglés* her

curse² UK: /kɜːs/ US: /kɝːs/ [cursed, cursing] *v* [T, I] ⇒maldecir ■ PRON. *La sílaba* cur *rima con el término inglés* her

cursor UK: /'kɜː.səʳ/ US: /'kɝː.sɚ/ *n* [C] *(en informática)* ⇒cursor

cursory UK: /'kɜː.sᵊr.i/ US: /'kɝː.sɚ-/ *adj* **1** *(form)* ⇒somero,ra **2** to give sth a cursory glance - mirar algo muy brevemente **3** *(form) (una saludo)* ⇒mínimo,ma

C ▪

curt UK: /kɜːt/ US: /kɜːt/ *adj* ⇒brusco,ca ⇒seco,ca

curtail UK: /kəˈteɪl/ US: /kəˈteɪl/ *v* [T] *(form)* ⇒acortar ⇒reducir

† **curtain** UK: /ˈkɜː.tˢn/ US: /ˈkɜː.ˤt[ə]n/ *n* [C] **1** ⇒cortina **2** *(en teatro)* ⇒telón **3** to draw the curtains ⇒correr las cortinas ■ PRON. La sílaba *cur* rima con el término inglés *her*

† **curve¹** UK: /kɜːv/ US: /kɜːv/ *n* [C] **1** ⇒curva **2** *the learning curve* - el proceso de aprendizaje ■ PRON. La sílaba *cur* rima con el término inglés *her*

curve² UK: /kɜːv/ US: /kɜːv/ [curved, curving] *v* [T, I] ⇒curvar(se) ⇒hacer una curva ■ PRON. La sílaba *cur* rima con el término inglés *her*

curvy UK: /ˈkɜː.vi/ US: /ˈkɜː-/ *adj* [comp curvier, superl curviest] ⇒con curvas ⇒curvilíneo,a

cushion¹ /ˈkʊʃ.ˢn/ *n* [C] ⇒cojín

cushion² /ˈkʊʃ.ˢn/ *v* [T] ⇒amortiguar ⇒mitigar

cushy /ˈkʊʃ.i/ *adj* [comp cushier, superl cushiest] *(inform) (un trabajo, una situación)* ⇒cómodo,da ⇒fácil ⇒chupado,da *col.*

custard UK: /ˈkʌs.təd/ US: /-təd/ *n* [U] ⇒tipo de natillas que se sirve caliente ■ PRON. *us* se pronuncia como el pronombre inglés *us*

custodian UK: /kʌsˈtəʊ.di.ən/ US: /-ˈtoʊ-/ *n* [C] **1** *(form)* ⇒guardián,-a **2** *US* ⇒conserje

custody /ˈkʌs.tə.di/ *n* [U] **1** ⇒custodia **2** ⇒detención ⇒arresto **3** to take *sb* into ~ ⇒detener a alguien ⇒arrestar a alguien

† **custom** /ˈkʌs.təm/ ■ *n* [C, U] **1** ⇒costumbre ⇒tradición ⇒hábito ■ *n* [U] **2** ⇒clientela ■ PRON. *us* se pronuncia como el pronombre inglés *us*

† **customer** UK: /ˈkʌs.tə.məʳ/ US: /-mə/ *n* [C] ⇒cliente: *customer service* - servicio de atención al cliente ■ PRON. *us* se pronuncia como el pronombre inglés *us*

customs /ˈkʌs.təmz/ *n* [PL] ⇒aduana: *to go through customs* - pasar por la aduana

† **cut¹**, cut, cut /kʌt/ [cutting] ■ *v* [T, I] **1** ⇒cortar: *Can you cut the bread into slices?* - ¿Puedes cortar el pan en rebanadas? ■ *v* [T] **2** ⇒recortar: *to cut the budget* - recortar el presupuesto **3** ⇒tallar: *to cut a diamond* - tallar un diamante **4** ⇒cortarse **5** ~ it out! *(inform)* ⇒¡Déjalo ya! ⇒¡Ya te vale! *col.*

│ PHRASAL VERBS

· **to cut across** *sth* ⇒atajar por algún lugar **2** ⇒rebasar algo ⇒superar algo

· **to cut {back/down} (on** *sth***)** **1** ⇒reducir algo: *to cut down on sugar* - reducir el consumo de azúcar **2** *to cut down on expenses* - reducir los gastos

· **to cut** *sth* **down** [M] **1** ⇒talar ⇒cortar **2** ⇒acortar ⇒reducir

· **to cut in** ⇒interrumpir: *She cut in on our conversation* - Interrumpió nuestra conversación

· **to cut** *sth/sb* **off** [M] **1** ⇒aislar algo ⇒incomunicar **2** *(un suministro o un servicio)* ⇒cortar ■ CONSTR. Se usa más en pasiva

· **to cut** *sth* **out** [M] **1** ⇒recortar algo **2** ⇒dejar de {beber/comer...} algo: *You should cut out chocolate* - Deberías dejar de comer chocolate

· **to cut** *sth* **up** [M] ⇒cortar algo: *He cut up the card into four pieces* - Cortó la tarjeta en cuatro trozos

· **to not be cut out {for/to be}** *sth* ⇒no estar └ hecho,cha para algo

cut² /kʌt/ ■ *n* [C] **1** ⇒corte: *He has a cut on his finger* - Tiene un corte en el dedo **2** ⇒recorte: *a cut in spending* - un recorte de gastos ■ *n* [NO PL] **3** *(inform)* ⇒pellizco *col.*; ⇒parte

cutback /ˈkʌt.bæk/ *n* [C] ⇒reducción ⇒recorte

cute /kjuːt/ *adj* **1** ⇒mono,na *col.*; ⇒lindo,da ⇒chiche *AMÉR.* **2** *US (inform)* ⇒listillo,lla *col.*; ⇒listo,ta ■ PRON. La *u* se pronuncia como *you*

cutlery UK: /ˈkʌt.lə.ri/ US: /-lə.i/ *UK* *n* [U] ⇒cubertería ⇒cubiertos

cutlet /ˈkʌt.lət/ *n* [C] ⇒chuleta [de carne]

cutout UK: /ˈkʌt.aʊt/ US: /ˈkʌˤt-/ *n* [C] **1** ⇒recorte [de papel] **2** *(en electrónica)* ⇒fusible ⇒cortacircuitos

cut-price /ˌkʌtˈpraɪs/ *UK adj* ⇒a precio reducido ⇒a bajo precio

cut-throat UK: /ˈkʌt.θrəʊt/ US: /-θroʊt/ *UK adj* ⇒despiadado,da ⇒implacable

cutting¹ UK: /ˈkʌt.ɪŋ/ US: /ˈkʌˤt-/ *n* [C] **1** *UK* ⇒recorte de prensa **2** *(en botánica)* ⇒esqueje

cutting² UK: /ˈkʌt.ɪŋ/ US: /ˈkʌˤt-/ *adj* ⇒cortante: *a cutting remark* - un comentario cortante

† **CV** /ˌsiːˈviː/ *UK n* [C] ⇒CV ⇒currículum vitae ■ Procede de *curriculum vitae* (currículo)

cyanide /ˈsaɪə.naɪd/ *n* [U] ⇒cianuro

cyberspace UK: /ˈsaɪ.bə.speɪs/ US: /-bə-/ *n* [U] ⇒ciberespacio ⇒espacio cibernético

cycle¹ /ˈsaɪ.kl̩/ *n* [C] **1** ⇒ciclo: *the moon's cycle* - el ciclo lunar **2** ⇒bicicleta ⇒bici *col.*

cycle² /ˈsaɪ.kl̩/ [cycled, cycling] *v* [I] ⇒ir en bicicleta ⇒montar en bicicleta

cyclical /ˈsaɪ.klɪ.kᵊl, ˈsɪk.lɪ-/ *adj* ⇒cíclico,ca

cycling /ˈsaɪ.klɪŋ/ *n* [U] ⇒ciclismo

cyclone UK: /ˈsaɪ.kləʊn/ US: /-kloʊn/ *n* [C] ⇒ciclón

cylinder UK: /ˈsɪl.ɪn.dəʳ/ US: /-də/ *n* [C] ⇒cilindro

cymbal /ˈsɪm.bᵊl/ *n* [C] *(instrumento musical)* ⇒platillo

cynic /ˈsɪn.ɪk/ *n* [C] ⇒escéptico,ca ⇒persona recelosa ■ Distinto de *hypocrite* (cínico)

Cypriot /ˈsɪp.ri.ət/ *adj, n* [C] ⇒chipriota

Cyprus /ˈsaɪ.prəs/ *n* [U] ⇒Chipre

cyst /sɪst/ *n* [C] ⇒quiste ■ PRON. Se pronuncia como *sist* en *sister*

D
d

d /diː/ [*pl* d's or ds] *n* [C] *(letra del alfabeto)* ⇒d ▪ Pron. Se pronuncia como *dee* en *deep*

D /diː/ [*pl* D's or Ds] *n* [C, U] *(nota musical)* ⇒re

DA /ˌdiːˈeɪ/ *US n* [C] ⇒forma abreviada de **district attorney** *(fiscal)*

dab¹ /dæb/ [dabbed, dabbing] *v* [T, I] **1** ⇒aplicar(se): *She dabbed iodine on the cuts* - Aplicó yodo en las heridas **2** ⇒limpiar(se): *He dabbed at his lips with the napkin* - Se limpió los labios con la servilleta ▪ Constr. to dab at sth

dab² /dæb/ *n* [C] ⇒poquito ⇒pizca *col.*

† dad /dæd/ *n* [C] *(inform)* ⇒papá

† daddy /ˈdæd.i/ [*pl* daddies] *n* [C] *(inform)* ⇒papá ⇒papi *col.* ▪ Pertenece al lenguaje infantil

dado rail UK: /ˈdeɪ.dəʊ.reɪl/ US: /-doʊ-/ *n* [C] *(en la pared)* ⇒moldura [de madera]

daffodil /ˈdæf.ə.dɪl/ *n* [C] *(planta)* ⇒narciso

† daft UK: /dɑːft/ US: /dæft/ *UK adj* **1** *(inform)* ⇒bobo,ba *col.*: *Kevin, don't be daft!* - ¡Kevin, no seas bobo! **2** *(inform) That's daft!* - ¡Eso es una tontería!

dagger UK: /ˈdæg.əʳ/ US: /-ɚ/ *n* [C] *(arma blanca)* ⇒daga

dago UK: /ˈdeɪ.gəʊ/ US: /-goʊ/ [*pl* dagoes, dagos] *n* [C] *(offens)* ⇒término despectivo con el que se designa a españoles, portugueses, italianos y latinoamericanos

daily¹ /ˈdeɪ.li/ *adj, adv* **1** ⇒diario,ria: *a daily meal* - una comida diaria **2** ⇒a diario **3** ⇒cotidiano,na ▪ Pron. *dai* se pronuncia como *day*

daily² /ˈdeɪ.li/ [*pl* dailies] *n* [C] ⇒diario ⇒periódico

dainty UK: /ˈdeɪn.ti/ US: /-ˤti/ *adj* [*comp* daintier, *superl* daintiest] ⇒delicado,da

dairy¹ UK: /ˈdeə.ri/ US: /ˈder.i/ [*pl* dairies] *n* [C] ⇒lechería

dairy² UK: /ˈdeə.ri/ US: /ˈder.i/ *adj* ⇒lechero,ra ⇒lácteo,a

daisy /ˈdeɪ.zi/ [*pl* daisies] *n* [C] ⇒margarita

dally /ˈdæl.i/ [dallies, dallied] *v* [I] **1** *(old-fash)* ⇒entretenerse: *Come on, Jack, don't dally!* - ¡Venga, Jack, no te entretengas! **2** to ~ with *sb's*

affections ⇒jugar con los sentimientos de alguien

| PHRASAL VERBS
· to dally with *sth* ⇒coquetear con [una idea, un proyecto]

dam¹ /dæm/ *n* [C] ⇒presa [de agua]

dam² /dæm/ [dammed, damming] *v* [T] ⇒construir una presa [de agua]

† damage¹ /ˈdæm.ɪdʒ/ *n* [U] ⇒daño: *The hurricane caused a lot of damage* - El huracán causó muchos daños ▪ Pron. La segunda *a* se pronuncia como la *i* en *did*

† damage² /ˈdæm.ɪdʒ/ [damaged, damaging] *v* [T] ⇒dañar: *The fire damaged the building* - El fuego dañó el edificio ▪ Pron. La segunda *a* se pronuncia como la *i* en *did*

dame /deɪm/ *n* [C] **1** *US (inform, old-fash)* ⇒mujer **2** *UK* ⇒personaje de mujer anciana interpretado en las pantomimas por un hombre

Dame *n* [C] ⇒En el Reino Unido, título que se concede a algunas mujeres como honor especial

damn¹ /dæm/ *adj (inform)* ⇒maldito,ta *col.*; ⇒condenado,da ▪ Pron. La *n* no se pronuncia

damn² /dæm/ *adv (inform)* ⇒redomadamente ⇒rematadamente ▪ Pron. La *n* no se pronuncia

damn³ /dæm/ *not to give a ~ (inform)* ⇒importar un bledo *col.*: *I don't give a damn what she says* - Me importa un bledo lo que diga ▪ Pron. La *n* no se pronuncia

damn⁴ /dæm/ *v* [T] ⇒condenar ⇒criticar ▪ Constr. Se usa más en pasiva ▪ Pron. La *n* no se pronuncia

damning /ˈdæm.ɪŋ/ *adj* **1** ⇒condenatorio,ria: *damning evidence* - pruebas condenatorias **2** ⇒mordaz ▪ Pron. La primera *n* no se pronuncia

damp¹ /dæmp/ *adj* ⇒húmedo,da ⇒mojado,da ▪ Tiene una connotación negativa. Comparar con *moist* y con *humid*

† damp² /dæmp/ *n* [U] ⇒humedad: *Damp is destroying the paintwork* - La humedad está estropeando la pintura ▪ Tiene una connotación negativa. Comparar con *humidity*

†**damp**³ /dæmp/ *v* [T] See **dampen**

PHRASAL VERBS
· **to damp** *sth* **down** [M] **1** *(un fuego)* ⇨sofocar
└ **2** *(un sentimiento, una emoción)* ⇨apaciguar

dampen /'dæm.pən/ *(tb* damp) *v* [T] **1** ⇨humedecer **2** ⇨aplacar ⇨amortiguar

■**D** †**dance**¹ UK: /dɑːnts/ US: /dænts/ [danced, dancing] *v* [T, I] **1** ⇨bailar: *He dances very well* - Baila muy bien

†**dance**² UK: /dɑːnts/ US: /dænts/ *n* [C, U] ⇨baile

dancer UK: /'dɑːnt.sə³/ US: /'dænt.sə/ *n* [C] ⇨bailarín,-a

dancing *n* [U] ⇨baile

dandruff UK: /'dæn.drʌf/ US: /-drəf/ *n* [U] ⇨caspa

†**danger** UK: /'deɪn.dʒə³/ US: /-dʒɚ/ *n* [C, U] **1** ⇨peligro ■ *n* [C] **2** ⇨riesgo ⇨peligro ■ PRON. *da* se pronuncia como *day*

†**dangerous** UK: /'deɪn.dʒ³r.əs/ US: /-dʒɚ-/ *adj* ⇨peligroso,sa ⇨arriesgado,da ⇨riesgoso,sa *AMÉR.* ■ PRON. *da* se pronuncia como *day*

dangerously UK: /'deɪn.dʒ³r.ə.sli/ US: /-dʒɚ-/ *adv* ⇨peligrosamente ⇨arriesgadamente ⇨riesgosamente *AMÉR.*

dangle /'dæŋ.gl/ [dangled, dangling] ■ *v* [T, I] **1** ⇨pender ⇨colgar ■ *v* [T] **2** ⇨tentar ■ CONSTR. to dangle sth before/in front of sb

Danish¹ /'deɪ.nɪʃ/ *n* [U] **1** *(idioma)* ⇨danés **2** the ~ *(gentilicio)* ⇨los daneses, las danesas ■ El singular es *a Dane* ■ PRON. La primera parte, *Da*, se pronuncia como *day*

Danish² /'deɪ.nɪʃ/ *adj* ⇨danés,-a

dank /dæŋk/ *adj* ⇨frío,a y húmedo,da

†**dare** UK: /deə³/ US: /der/ [dared, daring] *v* [I] **1** ⇨atreverse: *I didn't dare to tell him* - No me atreví a decírselo; *I daren't contradict her* - No me atrevo a contradecirla ■ CONSTR. to dare + (to) do sth **2** don't you ~ *(inform)* ⇨ni se te ocurra: *Don't you dare lie to me* - Ni se te ocurra mentirme **3** how ~ you...? ⇨¿cómo te atreves...?: *How dare you speak to me like that?* - ¿Cómo te atreves a hablarme de esa manera? **4** I ~ say ⇨me atrevo a decir ⇨creo ⇨no me sorprendería **5** to ~ *sb* to do *sth* ⇨retar a alguien a hacer algo ⇨desafiar a alguien a hacer algo

daring¹ UK: /'deə.rɪŋ/ US: /'der.ɪŋ/ *adj* ⇨atrevido,da ⇨audaz

daring² UK: /'deə.rɪŋ/ US: /'der.ɪŋ/ *n* [U] ⇨atrevimiento ⇨osadía

†**dark**¹ UK: /dɑːk/ US: /dɑːrk/ *adj* **1** ⇨oscuro,ra **2** ⇨moreno,na ⇨morocho,cha *AMÉR.* **3** ⇨aciago,ga

†**dark**² UK: /dɑːk/ US: /dɑːrk/ *n* [U] **1** ⇨oscuridad **2** after ~ ⇨de noche: *Don't go out after dark!* - ¡No salgas de noche!

darken UK: /'dɑː..kⁿn/ US: /'dɑːr-/ *v* [T, I] **1** ⇨oscurecer(se): *The sky darkened* - El cielo se oscureció **2** ⇨ensombrecer ⇨amargar

darkly UK: /'dɑː.kli/ US: /'dɑːr-/ *adv* **1** *(un lugar)* ⇨en penumbra **2** ⇨misteriosamente ⇨enigmáticamente

darkness UK: /'dɑːk.nəs/ US: /'dɑːrk-/ *n* [U] ⇨oscuridad

darkroom UK: /'dɑːk.rʊm/ UK: /-ruːm/ US: /'dɑːrk-/ *n* [C] *(en fotografía)* ⇨cuarto de revelado ⇨cuarto oscuro

†**darling** UK: /'dɑː.lɪŋ/ US: /'dɑːr-/ *n* [C] ⇨cariño: *Are you OK, darling?* - ¿Estás bien, cariño? ■ Se usa como vocativo

darn UK: /dɑːn/ US: /dɑːrn/ *v* [T, I] ⇨remendar ⇨zurcir

dart¹ UK: /dɑːt/ US: /dɑːrt/ *n* [C] ⇨dardo: *to play darts* - jugar a los dardos

dart² UK: /dɑːt/ US: /dɑːrt/ *v* [I] ⇨lanzarse ⇨precipitarse ■ CONSTR. Se usa generalmente seguido de una preposición o un adverbio

dash¹ /dæʃ/ *v* [I] ⇨correr ⇨darse prisa ⇨apurarse *AMÉR.*

†**dash**² /dæʃ/ *[pl* dashes] ■ *n* [C] **1** *(signo de puntuación)* ⇨guión largo ⇨raya ■ Ver cuadro signos de puntuación **2** ⇨pizca *col.* ■ *n* [NO PL] **3** ⇨carrera: *to make a dash* - echarse una carrera

dashboard UK: /'dæʃ.bɔːd/ US: /-bɔːrd/ *n* [C] *(en un vehículo)* ⇨salpicadero ⇨control de mandos

†**data** UK: /'deɪ.tə/ US: /-ˁt̬ə/ *n* [U] ⇨datos ⇨información ■ Se puede usar con el verbo en singular o en plural: *The data is/are being checked* - Se están revisando los datos ■ PRON. *da* se pronuncia como *day*

†**database** UK: /'deɪ.tə.beɪs/ US: /-ˁt̬ə-/ *n* [C] ⇨base de datos

†**date**¹ /deɪt/ *n* [C] **1** ⇨fecha **2** ⇨cita: *a blind date* - una cita a ciegas ■ Comparar con *appointment* y *meeting* **3** ⇨dátil

date² /deɪt/ [dated, dating] ■ *v* [T] **1** ⇨fechar ⇨datar ■ *v* [T, I] **2** ⇨pasar(se) de moda **3** ⇨salir [con alguien] **4** to ~ *(form)* ⇨hasta la fecha

PHRASAL VERBS
· **to date {back/from}** **1** ⇨datar de **2** ⇨remontarse a
└

dated UK: /'deɪ.tɪd/ US: /-ˁt̬ɪd/ *adj* ⇨pasado,da de moda ⇨anticuado,da ■ PRON. La *e* se pronuncia como la *i* en *did*

†**daughter** UK: /'dɔː.tə³/ US: /'dɑː.ˁt̬ə/ *n* [C] ⇨hija ■ PRON. La *gh* no se pronuncia

daughter-in-law UK: /'dɔː.tər.ɪn.lɔː/ US: /'dɑː.ˁt̬ə.ɪn.lɑː/ *[pl* daughters-in-law] *n* [C] ⇨nuera ■ PRON. La *gh* no se pronuncia

daunting UK: /'dɔːn.tɪŋ/ US: /'dɑːn.ˁt̬ɪŋ/ *adj* *(una tarea)* ⇨abrumador,-a

dawn¹ UK: /dɔːn/ US: /dɑːn/ *n* [C, U] ⇒amanecer ⇒alba

dawn² UK: /dɔːn/ US: /dɑːn/ *v* [I] ⇒amanecer

† **day** /deɪ/ *n* [C] **1** ⇒día: *during the day* - durante el día; *two days a week* - dos días a la semana; *three days ago* - hace tres días **2** ~ **in** ~ **out** ⇒un día sí y el otro también **3 in the (good) old days** ⇒en los buenos tiempos **4** *some* ~ (*tb* **one of these days**) ⇒algún día: *Some day I'll be famous* - Algún día seré famoso **5 the** ~ **after tomorrow** ⇒pasado mañana **6 the** ~ **before yesterday** ⇒anteayer ⇒antes de ayer **7 these days** ⇒hoy día **8 to call it a** ~ ⇒terminar por hoy **9 to call it a** ~ ⇒dejarlo para otro día ⇒tener suficiente por ese día **10 to have seen better days** ⇒haber conocido tiempos mejores **11 to make** *sb's* ~ ⇒hacer feliz a alguien

daybreak /'deɪ.breɪk/ *n* [U] ⇒amanecer

daydream¹ /'deɪ.driːm/ *v* [I] ⇒soñar despierto,ta: *Stop daydreaming!* - ¡Deja de soñar despierto!

daydream² /'deɪ.driːm/ *n* [C] ⇒ensueño ⇒fantasía

daylight /'deɪ.laɪt/ *n* [U] **1** ⇒luz del día **2 in broad** ~ ⇒a plena luz del día

day return *UK n* [C] ⇒billete de ida y vuelta para un mismo día

† **daytime** /'deɪ.taɪm/ *n* [U] ⇒día: *Our baby sleeps in the daytime* - Nuestro bebé duerme durante el día

day-to-day /ˌdeɪ.tə'deɪ/ *adj* **1** ⇒diario,ria **2** ⇒cotidiano,na

day trip *n* [C] ⇒excursión de un día: *to go on a day trip* - hacer una excursión de un día

daze /deɪz/ *to be in a* ~ ⇒estar aturdido,da

dazed /deɪzd/ *adj* ⇒aturdido,da

dazzle /'dæz.l̩/ [dazzled, dazzling] *v* [T] **1** ⇒deslumbrar: *The headlights dazzled me for a moment* - Los faros me deslumbraron por unos instantes **2** ⇒maravillar ⇒deslumbrar ■ CONSTR. Se usa más en pasiva

dazzling /'dæz.lɪŋ/ *adj* **1** ⇒deslumbrante ⇒impresionante **2** ⇒deslumbrante ⇒cegador,-a

deacon /'diː.kən/ *n* [C] *(en religión)* ⇒diácono

† **dead¹** /ded/ *adj* **1** ⇒muerto,ta: *dead or alive* - vivo o muerto **2** *(una parte del cuerpo)* ⇒dormido,da **3** *(una máquina)* ⇒desconectado,da **4** *(una pila)* ⇒gastado,da **5** *(un lugar)* ⇒muerto,ta

dead² /ded/ *adv* **1** *(inform)* ⇒muy: *This book is dead good* - Este libro está muy bien **2** *(inform)* ⇒completamente: *I'm dead sure* - Estoy completamente segura ■ PRON. Rima con *red*

deaden /'ded.ə̩n/ *v* [T] **1** *(un sonido)* ⇒amortiguar **2** *(el dolor)* ⇒calmar

dead end *n* [C] ⇒callejón sin salida

dead heat *n* [C] *(en una carrera)* ⇒empate

† **deadline** /'ded.laɪn/ *n* [C] ⇒plazo ⇒fecha tope

deadlock UK: /'ded.lɒk/ US: /-lɑːk/ *n* [U, NO PL] *(en una negociación)* ⇒punto muerto

deadly /'ded.li/ *adj* [*comp* deadlier, *superl* deadliest] ⇒mortal

† **deaf** /def/ *adj* ⇒sordo,da: *to be deaf in one ear* - ser sordo de un oído

deafening /'def.ə̩n.ɪŋ/ *adj* **1** ⇒ensordecedor,-a **2** *a deafening silence* - un silencio absoluto

deal¹ /dɪəl/ *n* [C] **1** ⇒trato [comercial]: *It's a deal!* - ¡Trato hecho! **2** ⇒acuerdo: *to make a deal with sb* - llegar a un acuerdo con alguien **3 a {good/ great}** ~ ⇒mucho,cha: *He ate a good deal* - Comió mucho ■ Se usa con sustantivos incontables o sin nada detrás

† **deal²**, dealt, dealt /dɪəl/ *v* [T, I] **1** ⇒comerciar ⇒tratar **2** *(en naipes)* ⇒repartir ■ CONSTR. to deal + dos objetos

|PHRASAL VERBS
| · **to deal in** *sth* ⇒comerciar con algo
| · **to deal with** *sth* ⇒ocuparse de algo: *I'll deal with that* - Yo me ocupo de eso
| · **to deal with** *sb* ⇒tratar con alguien: *Do you usually deal with him?* - ¿Sueles tratar con él?; *She is a hard woman to deal with* - Es difícil tratar con ella

dealer UK: /'diː.lər/ US: /-lə/ *n* [C] **1** ⇒comerciante **2** *(en naipes)* ⇒jugador,-a que reparte

dealing *n* [C, U] ⇒tráfico [de drogas o de armas]

dealt /delt/ past tense and past participle forms of **deal**

dean /diːn/ *n* [C] **1** *(en una universidad)* ⇒decano,na **2** *(en religión)* ⇒deán

† **dear¹** UK: /dɪə/ US: /dɪr/ *adj* **1** *She was very dear to me* - La quería mucho **2** *(en una carta)* ⇒querido,da ⇒estimado,da **3** *UK* ⇒caro,ra: *That is very dear* - Eso es muy caro

† **dear²** UK: /dɪə/ US: /dɪr/ **oh, dear!** ⇒¡vaya! ⇒¡Dios mío! ⇒¡madre mía!

dear³ UK: /dɪə/ US: /dɪr/ *n* [C] ⇒cariño: *Are you OK, dear?* - ¿Estás bien, cariño? ■ Se usa como vocativo

dearly UK: /'dɪə.li/ US: /'dɪr-/ *adv* ⇒mucho: *I would dearly love to go* - Iría con mucho gusto

† **death** /deθ/ *n* [C, U] **1** ⇒muerte: *Till death do us part* - Hasta que la muerte nos separe **2 the** ~ **penalty** ⇒pena de muerte **3 to catch** *one's* ~ **of cold** *(inform)* ⇒pillar un trancazo *col.* **4 to put** *sb* **to** ~ ⇒matar a alguien ■ PRON. Rima con la palabra española *pez*

deathly /'deθ.li/ *adj, adv* **1** ⇒sepulcral: *a deathly silence* - un silencio sepulcral **2** ⇒como un muerto **3** ⇒como una tumba

D ■

debase /dɪ'beɪs/ [debased, debasing] v [T] **1** *(form)* ⇝depreciar ⇝desvalorizar **2** *(form) (una moneda)* ⇝devaluar

debatable UK: /dɪ'beɪ.tə.bl/ US: /-°tə-/ adj ⇝discutible: *a debatable point* - una afirmación discutible

debate¹ /dɪ'beɪt/ n [C, U] ⇝debate ⇝discusión ■ PRON. La segunda sílaba, *bate*, rima con el término inglés *late*

debate² /dɪ'beɪt/ [debated, debating] ▌v [T] **1** ⇝debatir ⇝discutir ■ CONSTR. to debate + interrogativa indirecta **2** v [T, I] ⇝debatir ⇝discutir ■ PRON. La segunda sílaba, *bate*, rima con el término inglés *late*

debit¹ /'deb.ɪt/ n [C, U] ⇝débito

debit² /'deb.ɪt/ v [T] *(un banco)* ⇝cargar ⇝cobrar

debris UK: /'deb.ri:/ UK: /'deɪ.bri:/ US: /də'bri:/ n [U] **1** ⇝escombros **2** ⇝restos ■ PRON. La s no se pronuncia

†**debt** /det/ n [C, U] ⇝deuda ⇝culebra AMÉR. ■ PRON. La b no se pronuncia

debtor UK: /'det.ə°/ US: /'de°t.ə/ n [C] ⇝deudor,-a ■ PRON. La b no se pronuncia

†**decade** /'dek.eɪd, -'-/ n [C] ⇝década ■ PRON. La última parte, *cade*, rima con el término inglés *made*

decadence /'dek.ə.d°nts/ n [U] ⇝decadencia

decaffeinated UK: /diː'kæf.ɪ.neɪ.tɪd/ US: /dɪ'kæf.ɪ.neɪ.°tɪd/ adj ⇝descafeinado,da ■ PRON. La última i se pronuncia como la i en *did*

decay¹ /dɪ'keɪ/ v [I] **1** ⇝deteriorarse **2** ⇝decaer ⇝desmoronarse **3** ⇝descomponerse ⇝pudrirse **4** *(los dientes)* ⇝picarse

decay² /dɪ'keɪ/ n [U] **1** ⇝deterioro **2** ⇝desmoronamiento **3** ⇝descomposición **4** tooth ~ ⇝caries

deceased¹ /dɪ'si:st/ adj *(form)* ⇝difunto,ta ⇝finado,da ■ PRON. La última e no se pronuncia

deceased² /dɪ'si:st/ the ~ *(form)* ⇝el difunto, la difunta ⇝el finado, la finada ■ PRON. La última e no se pronuncia

deceit /dɪ'si:t/ n [C, U] ⇝engaño ■ PRON. La última parte, *ceit*, se pronuncia como *seat*

†**deceive** /dɪ'si:v/ [deceived, deceiving] v [T] ⇝engañar: *She deceived me* - Me engañó ■ PRON. cei se pronuncia como *see*

†**December** UK: /dɪ'sem.bə°/ US: /-bə/ n [C, U] ⇝diciembre: *in December* - en diciembre; *on December 5th* - el cinco de diciembre ■ La forma abreviada escrita es *Dec* ■ PRON. La c se pronuncia como s

decency /'diː.s°nt.si/ n [U] ⇝decencia ⇝decoro

†**decent** /'diː.s°nt/ adj ⇝decente ■ PRON. de rima con el término inglés *me* y la c se pronuncia como s

†**deception** /dɪ'sep.ʃ°n/ n [C, U] ⇝engaño ■ Distinto de *disappointment* (decepción)

deceptive /dɪ'sep.tɪv/ adj ⇝engañoso,sa: *Her smile was deceptive* - Su sonrisa era engañosa

†**decide** /dɪ'saɪd/ [decided, deciding] ▌v [T, I] **1** ⇝decidir: *What have you decided to do?* - ¿Qué has decidido hacer? ■ CONSTR. 1. to decide + (that)

2. to decide + to do sth 3. to decide + interrogativa indirecta **2** v [T] **2** ⇝determinar [un resultado]

|PHRASAL VERBS
· **to decide on** *sth/sb* ⇝decidirse por ⇝optar
└ por

decided /dɪ'saɪ.dɪd/ adj **1** *(form)* ⇝evidente ⇝claro,ra **2** *(un carácter o una manera)* ⇝resuelto,ta ⇝firme ■ Distinto de *decisive* (decisivo,va)

decimal /'des.ɪ.məl/ adj, n [C] ⇝decimal ■ PRON. La c se pronuncia como s

decipher UK: /dɪ'saɪ.fə°/ US: /-fə/ v [T] *(un mensaje)* ⇝descifrar

decision /dɪ'sɪʒ.°n/ ▌n [C] **1** ⇝decisión: *He made the decision to quit the job* - Tomó la decisión de dejar el trabajo **2** n [U] ⇝decisión ⇝arrojo ■ PRON. La c se pronuncia como s

decision-making n [U] *(actividad)* ⇝toma de decisiones

†**decisive** /dɪ'saɪ.sɪv/ adj **1** ⇝atrevido,da ⇝decidido,da **2** ⇝decisivo,va: *the decisive moment* - el momento decisivo ■ PRON. La segunda sílaba, *ci*, rima con *my*

†**deck** /dek/ n [C] **1** ⇝cubierta [de un barco] **2** *(de un autobús o de un avión)* ⇝piso **3** US *(UK pack)* ⇝baraja [de cartas] **4** ⇝pletina

deckchair UK: /'dek.tʃeə°/ US: /-tʃer/ n [C] ⇝tumbona

†**declaration** /ˌdek.lə'reɪ.ʃ°n/ n [C] ⇝declaración [oficial]

†**declare** UK: /dɪ'kleə°/ US: /-'kler/ [declared, declaring] v [T] ⇝declarar: *to declare war on a country* - declarar la guerra a un país ■ CONSTR. to declare + that

|PHRASAL VERBS
· **to declare {for/against}** *sth/sb* ⇝pronunciarse {a favor/en contra} de alguien

decline¹ /dɪ'klaɪn/ n [U, NO PL] **1** ⇝decaimiento ⇝deterioro ⇝declive **2** ⇝disminución

decline² /dɪ'klaɪn/ [declined, declining] ▌v [I] **1** ⇝empeorar ⇝debilitarse **2** ⇝reducirse ▌v [T, I] **3** *(form)* ⇝rechazar ⇝rehusar ⇝declinar ■ CONSTR. to decline + to do sth

decoder UK: /diː'kəʊd.ə°/ US: /-'koʊd.ə/ n [C] ⇝descodificador

decompose UK: /ˌdiː.kəm'pəʊz/ US: /-'poʊz/ [decomposed, decomposing] v [I] *(una planta o un animal)* ⇝descomponer(se) ⇝pudrir(se)

decor UK: /'deɪ.kɔ:°/ UK: /'dek.ɔ:°/ US: /deɪ'kɔ:r/ n [U, NO PL] ⇝decoración

†**decorate** /'dek.ə.reɪt/ [decorated, decorating] ▌v [T] **1** ⇝decorar **2** v [T, I] ⇝pintar **3** ⇝condecorar ■ CONSTR. Se usa más en pasiva

decoration /ˌdek.ə'reɪ.ʃ°n/ ▌n [C, U] **1** ⇝decoración ▌n [C] **2** ⇝condecoración

decorations *n* [PL] ⇒adornos: *Christmas decorations* - adornos navideños

decorative UK: /'dek.ªr.ə.tɪv/ US: /-ə.ə.ˤtɪv/ *adj* ⇒decorativo,va

decorator UK: /'dek.ªr.eɪ.tə'/ US: /-ə.eɪ.ˤtə/ *n* [C] **1** ⇒decorador,-a **2** interior ~ ⇒interiorista

decoy /'diː.kɔɪ/ *n* [C] ⇒señuelo ⇒reclamo

decrease¹ UK: /dɪ'kriːs/ US: /'diː.kriːs/ [decreased, decreasing] *v* [T, I] ⇒disminuir ⇒reducir ■ PRON. *crea* rima con el término inglés *me*

decrease² /'diː.kriːs/ *n* [C, U] ⇒disminución ⇒reducción

decree¹ /dɪ'kriː/ *n* [C] ⇒decreto ⇒sentencia

decree² /dɪ'kriː/ [decreed] *v* [T] ⇒decretar: *The king decreed that there would be a truce* - El rey decretó una tregua ■ CONSTR. to decree + that

decrepit /dɪ'krep.ɪt/ *adj* ⇒decrépito,ta

†**dedicate** /'ded.ɪ.keɪt/ [dedicated, dedicating] *v* [T] **1** ⇒dedicar ⇒consagrar **2** *(un libro)* ⇒dedicar ■ CONSTR. En 1 y en 2, to dedicate sth to sb

dedicated UK: /'ded.ɪ.keɪ.tɪd/ US: /-ˤtɪd/ *adj* **1** ⇒entregado,da: *She is dedicated to her research* - Está entregada a sus investigaciones **2** ⇒especializado,da ■ PRON. La última *e* se pronuncia como la *i* en *did*

dedication /ˌded.ɪ'keɪ.ʃªn/ ■ *n* [U] **1** ⇒dedicación ⇒entrega ■ *n* [C] **2** *(en un libro)* ⇒dedicatoria

deduce UK: /dɪ'djuːs/ US: /-'duːs/ [deduced, deducing] *v* [T] *(una conclusión)* ⇒deducir ⇒inferir ■ CONSTR. to deduce + (that)

deduct /dɪ'dʌkt/ *v* [T] *(una cantidad)* ⇒deducir ⇒restar

deduction /dɪ'dʌk.ʃªn/ *n* [C, U] **1** ⇒deducción **2** ⇒descuento ⇒rebaja

deed /diːd/ *n* [C] **1** *(form)* ⇒hecho **2** ⇒hazaña **3** *(en derecho)* ⇒escritura ■ Se usa más en plural

†**deem** /diːm/ *v* [T] *(form)* ⇒considerar: *This place is deemed to be unsafe* - Este sitio se considera peligroso ■ CONSTR. to be deemed + to do sth

†**deep** /diːp/ *adj* **1** ⇒profundo,da **2** *(un sonido)* ⇒bajo,ja ⇒grave **3** *(un color)* ⇒intenso,sa **4** to be ~ in *sth* ⇒estar sumido,da en algo ⇒estar absorto,ta en algo

deepen /'diː.pªn/ ■ *v* [T, I] **1** *(un agujero)* ⇒hacer(se) más profundo,da **2** ⇒intensificar ⇒aumentar ■ *v* [I] **3** *(la luz, el color)* ⇒oscurecer(se)

deep freeze *n* [C] ⇒congelador ⇒heladera *AMÉR.;* ⇒freezer *AMÉR.*

deeply /'diːp.li/ *adv* **1** ⇒en profundidad **2** ⇒profundamente: *She breathed deeply* - Respiraba profundamente

deer UK: /dɪə'/ US: /dɪr/ [pl deer] *n* [C] **1** ⇒ciervo,va ⇒venado **2** ⇒ciervo macho

default¹ UK: /dɪ'fɒlt/ US: /-'fɑːlt/ *n* [U] **1** ⇒incumplimiento ⇒impago **2** ⇒valor por defecto **3** by ~ *(form)* ⇒por defecto: *The program is installed by default* - El programa se encuentra instalado por defecto

default² UK: /dɪ'fɒlt/ US: /-'fɑːlt/ *v* [I] ⇒demorarse en el pago: *He defaulted on the mortgage* - Se demoró en el pago de la hipoteca ■ CONSTR. to default on sth

D ▶

†**defeat¹** /dɪ'fiːt/ *v* [T] ⇒derrotar ⇒batir

†**defeat²** /dɪ'fiːt/ *n* [C, U] ⇒derrota

defect¹ /'diː.fekt/ *n* [C] ⇒defecto: *one of his biggest defects* - uno de sus mayores defectos

defect² /dɪ'fekt/ *v* [I] ⇒desertar: *He defected from his country to Ireland* - Desertó de su país para ir a Irlanda

defence /dɪ'fents/ *UK (US* defense) *n* [C, U] ⇒defensa

defenceless /dɪ'fent.sləs/ *UK (US* defenseless) *adj* ⇒indefenso,sa

†**defend** /dɪ'fend/ *v* [T] **1** ⇒defender: *She defended him tooth and nail* - Lo defendió con uñas y dientes **2** ⇒defender ⇒apoyar **3** *(en derecho)* ⇒defender

defendant /dɪ'fen.dªnt/ *n* [C] ⇒acusado,da ⇒demandado,da

defender UK: /dɪ'fen.də'/ US: /-də/ *n* [C] **1** *(en deportes)* ⇒defensa ⇒zaguero,ra **2** ⇒defensor,-a

defense *US n* [C, U] See **defence**

defensive /dɪ'fent.sɪv/ *adj* **1** ⇒defensivo,va: *a defensive strategy* - una estrategia defensiva **2** to be ~ about *sth* ⇒estar a la defensiva con algo

defer UK: /dɪ'fɜː'/ US: /-'fɜː/ [deferred, deferring] *v* [T] ⇒posponer ⇒aplazar

deference UK: /'def.ªr.ªnts/ US: /-ə-/ *n* [U] ⇒deferencia

defiance /dɪ'faɪ.ənts/ *n* [U] ⇒desobediencia ⇒desafío

†**defiant** /dɪ'faɪ.ənt/ *adj* ⇒desobediente ⇒desafiante

†**deficiency** /dɪ'fɪʃ.ªnt.si/ [pl deficiencies] *n* [C, U] **1** ⇒carencia **2** ⇒deficiencia: *deficiencies in the security measures* - deficiencias en las medidas de seguridad

deficient /dɪ'fɪʃ.ªnt/ *adj* **1** ⇒carente **2** ⇒deficiente

†**define** /dɪ'faɪn/ [defined, defining] *v* [T] ⇒definir ⇒caracterizar

†**definite** /'def.ɪ.nət/ *adj* **1** ⇒claro,ra ⇒seguro,ra **2** ⇒definitivo,-va ■ PRON. *ite* se pronuncia como *it*

definitely /'def.ɪ.nət.li/ *adv* ⇒definitivamente ⇒sin duda ■ PRON. *ite* se pronuncia como *it*

definition /ˌdef.ɪ'nɪʃ.ªn/ ■ *n* [C] **1** *(de una palabra)* ⇒definición ■ *n* [U] **2** *(de una imagen)* ⇒claridad ⇒definición

definitive UK: /dɪ'fɪn.ɪ.tɪv/ US: /-ə.ˤtɪv/ *adj* **1** ⇒definitivo,va **2** ⇒irrevocable **3** *This book is definitive* *in its field* - Este libro es el mejor exponente en su campo

deflate /dɪˈfleɪt/ [deflated, deflating] ■ *v* [T] ⇒desilusionar(se) ■ CONSTR. Se usa más en pasiva ■ *v* [T, I] **2** *(un globo o una rueda)* ⇒desinflar(se) ⇒deshinchar(se)

deflect /dɪˈflekt/ *v* [T, I] ⇒desviar: *He deflected the arrow* - Desvió la flecha

deforestation UK: /diːˌfɒr.ɪˈsteɪ.ʃən/ US: /-ˌfɔːr-/ *n* [U] ⇒deforestación

deformed UK: /dɪˈfɔːmd/ US: /-ˈfɔːrmd/ *adj* ⇒deformado,da ⇒deforme

deformity UK: /dɪˈfɔː.mɪ.ti/ US: /-ˈfɔːr.mə.ˤti/ [*pl* deformities] *n* [C, U] ⇒deformidad

defrost UK: /ˌdiːˈfrɒst/ US: /-ˈfrɑːst/ *v* [T, I] ⇒descongelar(se): *Please defrost some meat* - Por favor, descongela algo de carne

deft /deft/ *adj* ⇒hábil ⇒diestro,tra

defunct /dɪˈfʌŋkt/ *adj* **1** *(una organización o un grupo)* ⇒desaparecido,da **2** ⇒fallecido,da ⇒muerto,ta

defuse /ˌdiːˈfjuːz/ [defused, defusing] *v* [T] **1** *(una situación tensa)* ⇒atenuar **2** *(una bomba)* ⇒desactivar [quitando la mecha] ■ PRON. La *u* se pronuncia como *you*

† **defy** /dɪˈfaɪ/ [defies, defied] *v* [T] **1** ⇒desafiar **2** to ~ *sb* to do *sth* ⇒retar a alguien a hacer algo ■ PRON. *fy* rima con *my*

degenerate /dɪˈdʒen.ə.reɪt/ [degenerated, degenerating] *v* [I] ⇒degenerar ■ CONSTR. to degenerate into sth

degrade /dɪˈgreɪd/ [degraded, degrading] ■ *v* [T] **1** ⇒degradar ⇒humillar ⇒injuriar **2** ⇒deteriorar ⇒degradar ■ *v* [T, I] **3** *(una imagen o un sonido)* ⇒distorsionar ■ *v* [I] **4** *(una sustancia)* ⇒degradar

† **degree** /dɪˈgriː/ ■ *n* [C] **1** ⇒título universitario ⇒licenciatura **2** *(de un ángulo o de temperatura)* ⇒grado ■ *n* [C, U] **3** ⇒nivel ⇒grado **4** by degrees ⇒poco a poco **5** to {a/some} ~ ⇒en cierta medida

dehydration /ˌdiːˌhaɪˈdreɪ.ʃən/ *n* [U] ⇒deshidratación ■ PRON. *hy* se pronuncia como *high*

deign /deɪn/ to ~ to do *sth* ⇒dignarse (a) hacer algo: *She didn't deign to speak* - No se dignó hablar ■ PRON. La *g* no se pronuncia

deity UK: /ˈdeɪ.ɪ.ti/ US: /ˈdiː.ə.ˤti/ [*pl* deities] *n* [C] *(form)* ⇒deidad

dejected /dɪˈdʒek.tɪd/ *adj* ⇒desanimado,da

† **delay¹** /dɪˈleɪ/ *v* [T, I] **1** ⇒retrasar(se) ⇒demorar(se) **2** ⇒retrasar ⇒posponer ■ CONSTR. to delay + doing sth ■ PRON. *lay* rima con *day*

† **delay²** /dɪˈleɪ/ *n* [C, U] ⇒retraso ⇒demora ■ PRON. *lay* rima con *day*

delegate¹ /ˈdel.ɪ.gət/ *n* [C] ⇒delegado,da

delegate² /ˈdel.ɪ.geɪt/ [delegated, delegating] *v* [T] ⇒delegar ⇒encomendar

delegation /ˌdel.ɪˈgeɪ.ʃən/ ■ *n* [U] **1** ⇒delegación ⇒cesión ■ *n* [C] **2** ⇒delegación ⇒comisión ■ Por ser un nombre colectivo se puede usar con el verbo en singular o en plural

† **delete** /dɪˈliːt/ [deleted, deleting] *v* [T] *(datos)* ⇒borrar ⇒eliminar ⇒suprimir ■ PRON. *lete* rima con *meet*

deliberate¹ UK: /dɪˈlɪb.ªr.ət/ US: /-ɚ-/ *adj* **1** ⇒deliberado,da ⇒intencionado,da **2** *(un movimiento)* ⇒lento,ta ⇒pausado,da

deliberate² /dɪˈlɪb.ə.reɪt/ [deliberated, deliberating] *v* [T, I] *(form)* ⇒deliberar ■ PRON. *rate* rima con el término inglés *mate*

deliberately UK: /dɪˈlɪb.ªr.ət.li/ US: /-ɚ-/ *adv* ⇒deliberadamente ⇒adrede ⇒aposta

deliberation /dɪˌlɪb.əˈreɪ.ʃən/ *n* [C, U] ⇒deliberación ⇒intención

delicacy /ˈdel.ɪ.kə.si/ ■ *n* [C] **1** ⇒exquisitez [gastronómica] ■ El plural es *delicacies* ■ *n* [U] **2** *(cualidad)* ⇒delicadeza ⇒fragilidad

† **delicate** /ˈdel.ɪ.kət/ *adj* **1** ⇒delicado,da ⇒frágil **2** ⇒delicado,da: *a delicate matter* - un tema delicado **3** ⇒suave: *a delicate flavour* - un sabor suave ■ PRON. La *a* se pronuncia como en *ago*

delicatessen /ˌdel.ɪ.kəˈtes.ªn/ *n* [C] ⇒tienda de delicatessen ■ La forma abreviada es *deli*

† **delicious** /dɪˈlɪʃ.əs/ *adj* ⇒delicioso,sa ■ PRON. La sílaba *ci* se pronuncia *sh*

delight¹ /dɪˈlaɪt/ *n* [C, U] **1** ⇒placer ⇒deleite **2** to take ~ in *sth* ⇒deleitarse en algo

delight² /dɪˈlaɪt/ *v* [T] ⇒encantar ⇒deleitar

delighted UK: /dɪˈlaɪ.tɪd/ US: /-ˤtɪd/ *adj* ⇒encantado,da: *Delighted to meet you* - Encantado de conocerte ■ PRON. La última *e* se pronuncia como la *i* en *did*

delightful /dɪˈlaɪt.fªl/ *adj* **1** ⇒encantador,-a **2** ⇒delicioso,sa ⇒maravilloso,sa

delinquency /dɪˈlɪŋ.kwªnt.si/ ■ *n* [U] **1** ⇒delincuencia: *juvenile delinquency* - delincuencia juvenil ■ *n* [C] **2** *(form)* ⇒acción ilegal o inmoral ■ El plural es *delinquencies*

delinquent /dɪˈlɪŋ.kwªnt/ *n* [C] ⇒delincuente: *juvenile delinquent* - delincuente juvenil

delirious /dɪˈlɪr.i.əs/ *adj* **1** ⇒delirante **2** ⇒exultante: *Hugh was delirious with happiness* - Hugh estaba exultante de felicidad

† **deliver** /dɪˈlɪv.ər/ US: /-ɚ/ *v* [T, I] **1** ⇒entregar ⇒repartir **2** *(un recado)* ⇒dar ⇒comunicar ⇒mandar **3** ⇒pronunciar **4** ⇒atender un parto **5** ⇒cumplir [una promesa]

delivery UK: /dɪˈlɪv.ªr.i/ US: /-ɚ-/ *n* [C] **1** ⇒entrega ⇒reparto ■ El plural es *deliveries* **2** ⇒parto ■ El plural es *deliveries* ∎ *n* [U] **3** ⇒oratoria **4** ⇒presentación ⇒declamación

delta UK: /'del.tə/ US: /-ˤt̬ə/ *n* [C] ⇒delta [de un río]

delude /dɪ'luːd/ [deluded, deluding] *v* [T] ⇒engañar(se) ⇒hacer creer ∎ CONSTR. 1. to delude into + doing sth 2. Se usa más en pasiva

deluge¹ /'del.juːdʒ/ *n* [C] **1** ⇒avalancha [de cosas] ⇒aluvión [de cosas] **2** ⇒diluvio

deluge² /'del.juːdʒ/ [deluged, deluging] *v* [T] ⇒abrumar: *He is deluged with work* - Le abruma el trabajo ∎ CONSTR. Se usa más en pasiva

delusion /dɪ'luː.ʒən/ *n* [C, U] **1** ⇒error **2** ⇒ilusión ⇒engaño **3** *Poor boy, he's under the delusion he'll get the job* - Pobrecillo, se cree que le van a dar el trabajo

deluxe /dɪ'lʌks/ (*tb* de luxe) *adj* ⇒de lujo ∎ PRON. La *u* se pronuncia como en el término inglés *sun*

demand¹ UK: /dɪ'mɑːnd/ US: /-'mænd/ ∎ *n* [U, NO PL] **1** ⇒demanda ∎ *n* [C] **2** ⇒petición ⇒exigencia ∎ *n* [C, U] **3** *(en economía)* ⇒demanda **4** in ~ ⇒muy solicitado,da **5** on ~ ⇒a petición

† **demand**² UK: /dɪ'mɑːnd/ US: /-'mænd/ *v* [T] **1** ⇒pedir ⇒exigir ∎ CONSTR. 1.to demand + that 2. to demand + to do sth **2** ⇒requerir ⇒exigir

demanding UK: /dɪ'mɑːn.dɪŋ/ US: /-'mæn-/ *adj* ⇒exigente **2** ⇒absorbente: *a demanding job* - un trabajo absorbente

demise /dɪ'maɪz/ *n* [NO PL] **1** *(form)* ⇒final ⇒fin **2** *(form)* ⇒deceso *form.;* ⇒fallecimiento ∎ PRON. mi se pronuncia como my

demo UK: /'dem.əʊ/ US: /-oʊ/ *UK n* [C] **1** *(inform)* ⇒forma abreviada de **demonstration** (manifestación) **2** *(inform)* ⇒maqueta: *a demo tape* - una maqueta musical **3** *(en informática)* ⇒demo

† **democracy** UK: /dɪ'mɒk.rə.si/ US: /-'mɑː.krə-/ [*pl* democracies] *n* [C, U] ⇒democracia

democrat /'dem.ə.kræt/ *n* [C] **1** ⇒demócrata **2** *(miembro del Partido Democrático Norteamericano)* ⇒demócrata

democratic UK: /ˌdem.ə'kræt.ɪk/ US: /-'kræˤt̬-/ *adj* ⇒democrático,ca: *a democratic debate* - un debate democrático

† **demolish** UK: /dɪ'mɒl.ɪʃ/ US: /-'mɑː.lɪʃ/ [demolishes] *v* [T] **1** ⇒demoler ⇒derribar **2** *(un argumento)* ⇒desmontar

demolition /ˌdem.ə'lɪʃ.ən/ *n* [C, U] ⇒demolición

demon /'diː.mən/ *n* [C] **1** ⇒demonio **2** *(amenaza)* ⇒fantasma **3** ⇒as ⇒fiera ∎ PRON. La primera sílaba, de, rima con see

demonic UK: /dɪ'mɒn.ɪk/ US: /-'mɑː.nɪk/ *adj* ⇒demoníaco,ca

demonstrate /'dem.ən.streɪt/ [demonstrated, demonstrating] ∎ *v* [T] **1** ⇒demostrar ⇒probar ∎ CONSTR. to demonstrate + interrogativa indirecta **2** ⇒demostrar

⇒mostrar ∎ CONSTR. to demonstrate + that ∎ *v* [I] **3** ⇒manifestarse

demonstration /ˌdem.ən'streɪ.ʃən/ ∎ *n* [C, U] **1** ⇒demostración ⇒prueba ∎ *n* [C] **2** ⇒manifestación

demonstrative UK: /dɪ'mɒnt.strə.tɪv/ US: /-'mɑːnt.strə.ˤt̬ɪv/ *adj* ⇒expresivo,va

demonstrator UK: /'dem.ən.streɪ.tə/ US: /-ˤt̬ə/ *n* [C] ⇒manifestante

demotivate UK: /ˌdiː'məʊ.tɪ.veɪt/ US: /-'moʊ.ˤt̬ɪ-/ [demotivated, demotivating] *v* [T] ⇒desmotivar

den /den/ *n* [C] **1** ⇒madriguera **2** ⇒escondrijo ⇒guarida **3** ⇒tugurio ⇒antro *desp.* **4** *US* ⇒cuarto de estar

denial /dɪ'naɪ.əl/ ∎ *n* [C, U] **1** ⇒rechazo ⇒negación ∎ *n* [U] **2** ⇒negación ⇒denegación ∎ PRON. La primera sílaba, de, rima con see

† **denim** /'den.ɪm/ *n* [U] ⇒tela vaquera

denomination UK: /dɪˌnɒm.ɪ'neɪ.ʃən/ US: /-ˌnɑː.mə-/ *n* [C] **1** ⇒denominación ⇒clase **2** ⇒confesión [religiosa] **3** ⇒valor [de una moneda]

denounce /dɪ'naʊnts/ [denounced, denouncing] *v* [T] ⇒denunciar ⇒acusar ⇒sindicar *AMÉR.*

† **dense** /dents/ *adj* **1** ⇒denso,sa ⇒espeso,sa *(offens)* ⇒tonto,ta ⇒corto,ta *col.;* ⇒duro,ra de mollera *col.*

densely /'dent.sli/ *adv* ⇒densamente ⇒espesamente ⇒apretadamente

density UK: /'dent.sɪ.ti/ US: /-sə.ˤt̬i/ [*pl* densities] *n* [C, U] ⇒densidad: *population density* - densidad de población

dent¹ /dent/ *n* [C] **1** ⇒abolladura **2** *(deuda, pérdida)* ⇒agujero ∎ Distinto de tooth (diente)

dent² /dent/ *v* [T] **1** ⇒abollar **2** ⇒mermar: *The result dented her confidence* - El resultado mermó su confianza

† **dental** UK: /'den.tᵊl/ US: /-ˤt̬[ə]l/ *adj* ⇒dental: *dental treatment* - tratamiento dental

† **dentist** UK: /'den.tɪst/ US: /-ˤt̬ɪst/ *n* [C] ⇒dentista

denunciation /dɪˌnʌnt.si'eɪ.ʃən/ *n* [C, U] ⇒denuncia

† **deny** /dɪ'naɪ/ [denies, denied] *v* [T] **1** *(una historia)* ⇒desmentir **2** ⇒negar ∎ CONSTR. 1.to deny + (that) 2.to deny + doing sth 3. to deny + dos objetos **3** ⇒negar ⇒impedir

deodorant UK: /di'əʊ.dᵊr.ᵊnt/ US: /-'oʊ.də-/ *n* [C, U] ⇒desodorante ∎ PRON. de rima con see

† **depart** UK: /dɪ'pɑːt/ US: /-'pɑːrt/ *v* [I] *(form)* ⇒salir: *The train departs from platform five at 10.50* - El tren sale del andén cinco a las 10.50 ∎ La forma abreviada es dep.

† **department** UK: /dɪ'pɑːt.mənt/ US: /-'pɑːrt-/ *n* [C] **1** *(de un colegio, de una tienda, de una empresa)* ⇒departamento ∎ La forma abreviada es dept **2** *(en Gran Bretaña)* ⇒ministerio

departmental UK: /ˌdiː.pɑːtˈmen.tᵊl/ US: /-pɑːrtˈmen.ˤt[ə]l/ adj ⇝departamental

†**department store** n [c] ⇝grandes almacenes

departure UK: /dɪˈpɑː.tʃəʳ/ US: /-ˈpɑːr.tʃə/ n [c, u] **1** ⇝salida: *the departure of flight 603 to London* - la salida del vuelo 603 con destino a Londres **2** *What's your departure time to London?* - ¿A qué hora sales para Londres? **3** ⇝cambio [en una tendencia] ■ La forma abreviada escrita es *dep*. ■ Pron.: La última sílaba, *ture*, se pronuncia como en *picture*

†**depend** /dɪˈpend/ v [ɪ] **1** ⇝confiar ⇝contar **2** ⇝depender: *It doesn't depend on me* - No depende de mí ■ Constr. 1. to depend on 2. to depend + interrogativa indirecta

PHRASAL VERBS
· **to depend {on/upon}** *sth/sb* **1** ⇝depender: *I still depend on my parents* - Todavía dependo de mis padres **2** ⇝confiar en ⇝contar con

dependable /dɪˈpen.də.bl/ adj ⇝fiable ⇝de confianza

dependant /dɪˈpen.dᵊnt/ UK (US **dependent**) n [c] *He is a single man with no dependants* - Es un hombre soltero sin personas a su cargo

†**dependence** /dɪˈpen.dᵊns/ n [u, no pl] ⇝dependencia: *alcohol dependence* - dependencia del alcohol

†**dependent**[1] /dɪˈpen.dᵊnt/ adj **1** ⇝dependiente,ta **2** to be ~ on *sth* ⇝depender de algo

†**dependent**[2] /dɪˈpen.dᵊnt/ US n [c] See **dependant**

†**depict** /dɪˈpɪkt/ v [t] ⇝retratar ⇝describir

deplore UK: /dɪˈplɔː/ US: /-ˈplɔːr/ [deplored, deploring] v [t] **1** *(form)* ⇝abominar ⇝aborrecer **2** *(form)* ⇝lamentar ■ Distinto de *to grieve* (deplorar)

deploy /dɪˈplɔɪ/ v [t] **1** ⇝desplegar [militarmente] **2** ⇝utilizar

deport /dɪˈpɔːt/ US: /-ˈpɔːrt/ v [t] ⇝deportar

depose UK: /dɪˈpəʊz/ US: /-ˈpoʊz/ [deposed, deposing] v [t] ⇝destituir ⇝derrocar ⇝remover AMÉR.

deposit[1] UK: /dɪˈpɒz.ɪt/ US: /-ˈpɑː.zɪt/ n [c] **1** ⇝fianza ⇝señal **2** *(en un banco)* ⇝depósito **3** ⇝fianza **4** ⇝depósito ⇝sedimento

deposit[2] UK: /dɪˈpɒz.ɪt/ US: /-ˈpɑː.zɪt/ v [t] **1** ⇝ingresar ⇝depositar **2** ⇝poner ⇝depositar **3** to ~ *sth* with *sb* ⇝dejar en manos de alguien

depot UK: /ˈdep.əʊ/ US: /ˈdiː.poʊ/ n [c] **1** ⇝depósito ⇝almacén **2** ⇝cochera **3** *US (de autobuses, de trenes)* ⇝estación ■ Pron. La *t* no se pronuncia

†**depress** /dɪˈpres/ [depresses] v [t] **1** ⇝deprimir: *The news depressed everybody* - La noticia los deprimió a todos **2** *(un precio)* ⇝reducir ⇝bajar

depressed /dɪˈprest/ adj ⇝deprimido,da: *He's a bit depressed* - Está un poco deprimido ■ Pron. La última *e* no se pronuncia

depressing /dɪˈpres.ɪŋ/ adj ⇝deprimente

†**depression** /dɪˈpreʃ.ᵊn/ n [c, u] **1** ⇝depresión **2** *(en economía)* ⇝depresión ⇝recesión

†**deprive** /dɪˈpraɪv/ [deprived, depriving]

PHRASAL VERBS
· **to deprive** *sb* **of** *sth* ⇝privar a alguien de algo: *to deprive sb of a right* - privar a alguien de un derecho

deprived /dɪˈpraɪvd/ adj ⇝necesitado,da: *a deprived family* - una familia necesitada

depth /depθ/ ■ n [c, u] **1** ⇝profundidad: *What is the depth of this swimming pool?* - ¿Qué profundidad tiene esta piscina? ■ n [u] **2** *He was amazed at the depth of their knowledge about this subject* - Se quedó asombrado con el conocimiento tan profundo que tienen en esta materia **3** in ~ ⇝en profundidad

†**deputy** UK: /ˈdep.ju.ti/ US: /-ˤti/ [pl deputies] n [c] ⇝vice- ⇝sub- ■ Pron. La *u* se pronuncia como *you*

derail /ˌdiːˈreɪl/ ■ v [t, ɪ] **1** *(un tren)* ⇝descarrilar(se) ■ v [t] **2** *(un plan, un proyecto, un proceso)* ⇝estropear ⇝fastidiar ⇝hacer descarrilar

deranged /dɪˈreɪndʒd/ adj ⇝trastornado,da ⇝enloquecido,da ■ Pron. La última *e* no se pronuncia

derby UK: /ˈdɑː.bi/ US: /ˈdɝ-/ [pl derbies] n [c] **1** *UK (en deportes)* ⇝derbi **2** *(en hípica)* ⇝derby **3** *US (UK bowler hat)* ⇝bombín

derelict /ˈder.ə.lɪkt/ adj *(un edificio)* ⇝abandonado,da ⇝en ruinas

deride /dɪˈraɪd/ [derided, deriding] v [t] *(form)* ⇝ridiculizar ⇝mofarse de

derision /dɪˈrɪʒ.ᵊn/ n [u] *(form)* ⇝burla ⇝mofa

derisive /dɪˈraɪ.sɪv/ adj *(un gesto)* ⇝burlón,-a

derisory UK: /dɪˈraɪ.sᵊr.i/ US: /-ɚ.i/ adj **1** *(form) (una suma de dinero)* ⇝irrisorio,ria **2** ⇝cruel ⇝mordaz

derivation /ˌder.ɪˈveɪ.ʃᵊn/ n [c, u] ⇝derivación [lingüística]

derivative UK: /dɪˈrɪv.ɪ.tɪv/ US: /-ə.ˤtɪv/ n [c] **1** *(en lingüística)* ⇝derivado **2** *(una expresión artística)* ⇝poco original

†**derive** /dɪˈraɪv/ [derived, deriving] v [t] ⇝obtener ⇝hallar

PHRASAL VERBS
· **to derive (***sth***) from** *sth* **1** ⇝derivar(se) de algo **2** ⇝obtener ⇝encontrar ■ Constr. Se usa más en pasiva

dermatologist UK: /ˌdɜː.məˈtɒl.ə.dʒɪst/ US: /ˌdɝ.məˈtɑː.lə-/ n [c] ⇝dermatólogo,ga

derogatory UK: /dɪˈrɒg.ə.tᵊr.i/ UK: /-tri/ US: /-ˈrɑː.gə.tɔːr-/ adj ⇝despectivo,va

†**descend** /dɪˈsend/ v [t, ɪ] *(form)* ⇝descender: *to descend a mountain* - descender una montaña

descendant /dɪˈsen.dᵊnt/ n [c] ⇝descendiente

descent /dɪˈsent/ ∎ *n* [c, u] **1** ⇒descenso **2** ⇒pendiente [de un terreno] ∎ *n* **3** ⇒origen ⇒ascendencia **4** ⇒incursión: *His descent into drugs was unexpected* - Su incursión en las drogas fue inesperada ∎ Normalmente tiene un sentido negativo

† **describe** /dɪˈskraɪb/ [described, describing] *v* [T] ⇒describir: *Can you describe what you have seen?* - ¿Puede describir lo que ha visto? ∎ CONSTR. to describe + interrogativa indirecta

description /dɪˈskrɪp.ʃən/ *n* [c, u] ⇒descripción

descriptive /dɪˈskrɪp.tɪv/ *adj* ⇒descriptivo,va: *a descriptive report* - un informe descriptivo

desert¹ UK: /ˈdez.ət/ US: /-ət/ *n* [c, u] ⇒desierto: *The Sahara desert* - el desierto del Sahara ∎ Distinto de *dessert* (postre) ∎ PRON. La primera *e* se pronuncia como una *e* española

desert² UK: /dɪˈzɜːt/ US: /-ˈzɜːt/ *v* [T, I] **1** ⇒desertar ∎ *v* [T] **2** ⇒desamparar ⇒abandonar **3** ⇒dejar desierto ∎ PRON. La primera parte, *de*, rima con el término inglés *me*

deserted UK: /dɪˈzɜː.tɪd/ US: /-ˈzɜː.ˁtɪd/ *adj* ⇒desierto,ta: *The streets were deserted* - Las calles estaban desiertas ∎ PRON. La primera parte, *de*, rima con el término inglés *me*, y la última, *e*, se pronuncia como la *i* en *did*

deserter UK: /dɪˈzɜː.tə/ US: /-ˈzɜː.ˁtə/ *n* [c] ⇒desertor,-a

desert island *n* [c] ⇒isla desierta ∎ PRON. La primera *e* se pronuncia como una *e* española

† **deserve** UK: /dɪˈzɜːv/ US: /-ˈzɜːv/ [deserved, deserving] *v* [T] ⇒merecer: *They deserve to win the championship* - Se merecen ganar el campeonato ∎ CONSTR. to deserve + to do sth ∎ PRON. La primera *e* se pronuncia como una *e* española y *ser* rima con el término inglés *her*

deserving UK: /dɪˈzɜː.vɪŋ/ US: /-ˈzɜː-/ *adj* **1** ⇒digno,na de ser ayudado,da **2** ⇒meritorio,ria

† **design¹** /dɪˈzaɪn/ ∎ *n* [c] **1** *(de un edificio)* ⇒plano ⇒proyecto **2** ⇒dibujo ⇒diseño **3** ⇒plan ∎ *n* [u] **4** ⇒diseño **5** ⇒intención ⇒propósito

† **design²** /dɪˈzaɪn/ *v* [T, I] ⇒diseñar ⇒idear: *designed to protect* - ideado para proteger ∎ PRON. La segunda sílaba, *sign*, rima con el término inglés *mine*

designate /ˈdez.ɪg.neɪt/ [designated, designating] *v* [T] ⇒designar ⇒nombrar

designer¹ UK: /dɪˈzaɪ.nə/ US: /-nə/ *n* [c] ⇒diseñador,-a: *a fashion designer* - un diseñador de moda

designer² UK: /dɪˈzaɪ.nə/ US: /-nə/ *adj* ⇒de marca ⇒de diseño

desirable UK: /dɪˈzaɪə.rə.bl/ US: /-ˈzaɪr.ə-/ *adj* **1** ⇒conveniente **2** ⇒envidiable ⇒deseable ⇒atractivo,va

† **desire¹** UK: /dɪˈzaɪə/ US: /-ˈzaɪr/ ∎ *n* [c, u] **1** ⇒ansia ⇒deseo **2** *n* [u] ⇒deseo sexual: *to feel desire for sb* - sentir deseo por alguien

desire² UK: /dɪˈzaɪə/ US: /dɪˈzaɪr/ [desired, desiring] *v* [T] *(form)* ⇒desear ∎ CONSTR. to desire + to do sth

† **desk** /desk/ *n* [c] **1** ⇒escritorio ⇒pupitre ⇒mesa de trabajo **2** *She's not at her desk at the moment, I'm afraid* - Me temo que no está en su sitio en este momento

† **desktop** UK: /ˈdesk.tɒp/ US: /-tɑːp/ *n* [c] **1** ⇒ordenador personal **2** *(en la pantalla de un ordenador)* ⇒escritorio

desolate /ˈdes.ˀl.ət/ *adj* **1** *(una persona)* ⇒desolado,da ⇒afligido,da **2** *(un lugar)* ⇒desolador,-a

despair¹ UK: /dɪˈspeə/ US: /-ˈsper/ *n* [u] ⇒desesperación

despair² UK: /dɪˈspeə/ US: /-ˈsper/ *v* [I] ⇒desesperar ⇒perder la esperanza ∎ CONSTR. to despair of + doing sth

despatch /dɪˈspætʃ/ [despatches] *UK n* [c, u], *v* [T] *(form)* See **dispatch**

† **desperate** UK: /ˈdes.pər.ət/ US: /-pə-/ *adj* **1** ⇒desesperado,da ⇒desanimado,da **2** *(una situación)* ⇒muy grave ⇒desesperado,da ∎ PRON. La *a* se pronuncia como en el adverbio inglés *ago*

desperation /ˌdes.pəˈreɪ.ʃən/ *n* [u] ⇒desesperación

despicable /dɪˈspɪk.ə.bl/ *adj* ⇒despreciable

despise /dɪˈspaɪz/ [despised, despising] *v* [T] ⇒despreciar ⇒detestar

† **despite** /dɪˈspaɪt/ *prep* ⇒a pesar de: *We played the match despite the rain* - Jugamos el partido a pesar de la lluvia

despondent UK: /dɪˈspɒn.dˀnt/ US: /-ˈspɑːn-/ *adj* ⇒abatido,da ⇒desalentado,da

despot UK: /ˈdes.pɒt/ US: /-pɑːt/ *n* [c] ⇒déspota

† **dessert** UK: /dɪˈzɜːt/ US: /-ˈzɜːt/ *n* [c, u] ⇒postre: *What would you like for dessert?* - ¿Qué quiere de postre? ∎ Distinto de *desert* (desierto) ∎ PRON. La sílaba *de* rima con el término inglés *me* y se acentúa la segunda sílaba

dessertspoon UK: /dɪˈzɜːt.spuːn/ US: /-ˈzɜːt-/ *UK n* [c] **1** ⇒cuchara [de postre] **2** ⇒cucharada [de postre]: *Add a dessertspoon of sugar* - Añada una cucharada de azúcar

† **destination** /ˌdes.tɪˈneɪ.ʃən/ *n* [c] *(lugar)* ⇒destino

destined /ˈdes.tɪnd/ *adj* **1** ⇒destinado,da: *He was destined to be president* - Estaba destinado a ser el presidente **2** ⇒con destino **3** *They were destined to succeed* - Estaba escrito que triunfarían ∎ PRON. La última *e* no se pronuncia

destiny /ˈdes.tɪ.ni/ *[pl* destinies] *n* [c, u] ⇒destino ⇒sino

D ∎

destitute UK: /'des.tɪ.tjuːt/ US: /-ˤt̬ɪ.tuːt/ *adj* ⇨desamparado,da ⇨indigente

†**destroy** /dɪ'strɔɪ/ *v* [T] ⇨destruir ⇨destrozar

destroyer UK: /dɪ'strɔɪ.ə'/ US: /-ə/ *n* [C] *(embarcación)* ⇨destructor

destruction /dɪ'strʌk.ʃ°n/ *n* [U] ⇨destrucción

D **detach** /dɪ'tætʃ/ [detaches] *v* [T] ⇨separar: *Detach the rope from the hook* - Separa la cuerda del gancho

detached /dɪ'tætʃt/ *adj* **1** ⇨distante ⇨alejado,da **2** ⇨imparcial **3** *(una vivienda)* ⇨separado,da ■ PRON. La última *e* no se pronuncia

detachment /dɪ'tætʃ.mənt/ ■ *n* [U] **1** ⇨distanciamiento ⇨alejamiento **2** ⇨imparcialidad ■ *n* [C] **3** *(en el ejército)* ⇨destacamento

†**detail**[1] UK: /'diː.teɪl/ US: /-'-/ *n* [C, U] **1** ⇨detalle: *We can sort out the details later* - Los detalles los podemos arreglar luego **2** in ~ ⇨en detalle ⇨detalladamente **3** to go into ~ ⇨entrar en detalles

detail[2] UK: /'diː.teɪl/ US: /-'-/ *v* [T] ⇨detallar: *Could you detail how it happened?* - ¿Podría detallar cómo ocurrió? ■ CONSTR. to detail + interrogativa indirecta

detailed UK: /'diː.teɪld/ US: /-'-/ *adj* ⇨detallado,da: *a detailed description* - una descripción detallada ■ PRON. La última *e* no se pronuncia

detain /dɪ'teɪn/ *v* [T] **1** ⇨detener: *The accused was detained by the police* - El acusado fue detenido por la policía ■ CONSTR. Se usa más en pasiva **2** ⇨entretener: *I don't want to detain you* - No quiero entretenerte más

†**detect** /dɪ'tekt/ *v* [T] ⇨detectar ⇨descubrir

detection /dɪ'tek.ʃ°n/ *n* [U] **1** ⇨detección **2** ⇨descubrimiento

†**detective** /dɪ'tek.tɪv/ *n* [C] ⇨detective ■ La forma abreviada es *Det*

detector UK: /dɪ'tek.tə'/ US: /-tə/ *n* [C] ⇨detector: *metal detector* - detector de metales

detention /dɪ'ten.tʃ°n/ ■ *n* [U] **1** ⇨arresto ⇨detención ■ *n* [C, U] **2** *(en el colegio)* ⇨castigo

†**deter** UK: /dɪ'tɜː'/ US: /-'tɜː/ [deterred, deterring] *v* [T] ⇨disuadir ■ CONSTR. to deter from + doing sth

detergent UK: /dɪ'tɜː.dʒ°nt/ US: /-'tɜː-/ *n* [C, U] ⇨detergente

†**deteriorate** UK: /dɪ'tɪə.ri.ə.reɪt/ US: /-'tɪr.i-/ [deteriorated, deteriorating] *v* [I] ⇨deteriorarse ⇨empeorar

determination UK: /dɪ,tɜː.mɪ'neɪ.ʃ°n/ US: /-,tɜː-/ *n* [U] ⇨determinación ⇨voluntad

†**determine** UK: /dɪ'tɜː.mɪn/ US: /-'tɜː-/ [determined, determining] *v* [T] **1** *(form)* ⇨determinar ⇨decidir ⇨resolver ■ CONSTR. 1. to determine + to do sth 2. to determine + interrogativa indirecta **2** *(form)* ⇨fijar: *They determined the date for the event* -

Fijaron la fecha de la celebración ■ PRON. *min* rima con el término inglés *in*

†**determined** /dɪ'tɜː.mɪnd/ US: /-'tɜː-/ *adj* **1** ⇨decidido,da ⇨resuelto,ta **2** ⇨empeñado,da [en algo]: *He is determined to learn to play the piano* - Está empeñado en aprender a tocar el piano ■ PRON. La última *e* no se pronuncia y *min* rima con el término inglés *in*

†**determiner** UK: /dɪ'tɜː.mɪ.nə'/ US: /-'tɜː.mɪ.nə/ *n* [C] *(en gramática)* ⇨determinante

deterrent /dɪ'ter.°nt/ *n* [C] **1** ⇨freno **2** ⇨elemento disuasorio

detest /dɪ'test/ *v* [T] ⇨detestar: *I detest being late* - Detesto llegar tarde ■ CONSTR. to detest + doing sth

detonate UK: /'det.°n.eɪt/ US: /'deˤt̬-/ [detonated, detonating] *v* [T, I] ⇨detonar: *to detonate a bomb* - detonar una bomba

detour UK: /'diː.tɔː'/ US: /-tʊr/ *n* [C] **1** *(un camino)* ⇨rodeo **2** *US* *(UK diversion)* ⇨desviación ⇨desvío

detox UK: /'diː.tɒks/ US: /-tɑːks/ *n* [NO PL, U] ⇨desintoxicación ■ PRON. La primera sílaba, *de*, rima con el término inglés *me*

detract /dɪ'trækt/

| PHRASAL VERBS

· **to detract from *sth*** ⇨empañar algo ⇨restar mérito a algo ⇨desmerecer

detriment /'det.rɪ.mənt/ **to the ~ of *sth/sb*** *(form)* ⇨en detrimento

devaluation /ˌdiː.væl.juˈeɪ.ʃ°n/ *n* [C, U] ⇨devaluación

devalue /ˌdiː'væl.juː/ [devalued, devaluing] *v* [T] ⇨devaluar: *to devalue a currency* - devaluar una moneda

†**devastate** /'dev.ə.steɪt/ [devastated, devastating] *v* [T] **1** ⇨devastar: *The fire devastated the forest* - El incendio devastó el bosque **2** *(a una persona)* ⇨desconsolar ⇨afligir

devastating UK: /'dev.ə.steɪ.tɪŋ/ US: /-ˤt̬ɪŋ/ *adj* **1** ⇨devastador,-a ⇨desolador,-a **2** ⇨demoledor,-a ⇨aplastante

†**develop** /dɪ'vel.əp/ ■ *v* [T, I] **1** ⇨desarrollar(se) **2** ⇨elaborar **3** ⇨convertirse **4** *v* [T] ⇨revelar [una foto] **5** ⇨urbanizar [un lugar] **6** ⇨contraer [una enfermedad]

developed /dɪ'vel.əpt/ *adj* ⇨desarrollado,da: *developed countries* - países desarrollados ■ PRON. La última *e* no se pronuncia

developer UK: /dɪ'vel.ə.pə'/ US: /-pə/ ■ *n* [C] **1** ⇨promotor,-a **2** *(de una idea o de un diseño)* ⇨productor,-a ■ *n* [C, U] **3** *(en fotografía)* ⇨revelador

†**developing**[1] /dɪ'vel.ə.pɪŋ/ *adj* ⇨en desarrollo

†**developing**[2] /dɪ'vel.ə.pɪŋ/ *n* [U] *(en fotografía)* ⇨revelado

development /dɪˈvel.əp.mənt/ ∎ *n* [C, U] **1** ⇒desarrollo ⇒evolución **2** ⇒crecimiento ∎ *n* [C] **3** ⇒acontecimiento ⇒suceso **4** ⇒urbanización ∎ *n* [U] **5** ⇒surgimiento **6** ⇒construcción ⇒edificación

deviant /ˈdiː.vi.ənt/ *adj, n* [C] ⇒pervertido,da *desp.*

deviate /ˈdiː.vi.eɪt/ [deviated, deviating] *v* [I] ⇒desviarse: *to deviate from the norm* - desviarse de lo habitual

†**device** /dɪˈvaɪs/ *n* [C] **1** ⇒dispositivo ⇒mecanismo ⇒aparato **2** ⇒plan ⇒estrategia

†**devil** /ˈdev.ᵊl/ *n* [C] ⇒diablo ⇒demonio

devious /ˈdiː.vi.əs/ *adj* **1** ⇒astuto,ta ⇒taimado,da **2** *(una carretera)* ⇒tortuoso,sa

†**devise** /dɪˈvaɪz/ [devised, devising] *v* [T] ⇒concebir ⇒idear

devoid /dɪˈvɔɪd/ *adj (form)* ⇒carente ⇒desprovisto,ta

devolution /ˌdiː.vəˈluː.ʃᵊn/ *n* [U] *(en política)* ⇒descentralización ∎ Distinto de *return* (devolución)

†**devote** UK: /dɪˈvəʊt/ US: /-ˈvoʊt/ [devoted, devoting]
|PHRASAL VERBS
└ **· to devote** *sth* **to** *sth/sb* ⇒dedicar(se)

devoted UK: /dɪˈvəʊ.tɪd/ US: /-ˈvoʊ.ˤṭɪd/ *adj* ⇒dedicado,da ⇒entregado,da ∎ PRON. La última *e* se pronuncia como la *i* en *did*

devotee /ˌdev.əˈtiː/ *n* [C] **1** ⇒seguidor,-a ⇒forofo,fa **2** *(en religión)* ⇒devoto,ta

devotion UK: /dɪˈvəʊ.ʃᵊn/ US: /-ˈvoʊ-/ *n* [U] **1** ⇒devoción [religiosa] **2** ⇒adoración ⇒veneración **3** *(a una actividad)* ⇒entrega ⇒dedicación

devour UK: /dɪˈvaʊəʳ/ US: /-ˈvaʊɚ/ *v* [T] **1** ⇒devorar **2** *(un libro o una publicación)* ⇒devorar

devout /dɪˈvaʊt/ *adj* **1** ⇒devoto,ta ⇒piadoso,sa **2** ⇒a ultranza: *a devout supporter* - un defensor a ultranza

dew UK: /djuː/ US: /duː/ *n* [U] ⇒rocío

dexterity UK: /dekˈster.ə.ti/ US: /-ˈṭi/ *n* [U] ⇒destreza

diabetes UK: /ˌdaɪəˈbiː.tiːz/ US: /-ˈṭəs/ *n* [U] ⇒diabetes ∎ PRON. *di* rima con *my* y *be* se pronuncia como el sonido inglés *day*

diabolical UK: /ˌdaɪəˈbɒl.ɪ.kᵊl/ US: /-ˈbɑː.lɪ.k[ə]l/ *adj* **1** ⇒diabólico,ca ⇒diablesco,ca **2** *(inform)* ⇒diabólico,ca *col.;* ⇒espantoso,sa

†**diagnose** UK: /ˈdaɪ.əg.nəʊz/ US: /ˌdaɪ.əgˈnoʊz/ [diagnosed, diagnosing] *v* [T] ⇒diagnosticar ∎ CONSTR. to diagnose with/as having stg ⇒detectar: *to diagnose a fault* - detectar un fallo

diagnosis UK: /ˌdaɪ.əgˈnəʊ.sɪs/ US: /-ˈnoʊ-/ [*pl* diagnoses] *n* [C, U] ⇒diagnóstico: *What is the diagnosis?* - ¿Cuál es el diagnóstico? ∎ PRON. *di* rima con *my*

diagnostic UK: /ˌdaɪ.əgˈnɒs.tɪk/ US: /-ˈnɑː.stɪk/ *adj* ⇒diagnóstico,ca: *diagnostic methods* - métodos diagnósticos

†**diagonal** /daɪˈæg.ᵊn.ᵊl/ *adj, n* [C] ⇒diagonal

diagonally /daɪˈæg.ᵊn.ᵊl.i/ *adv* ⇒en diagonal ⇒diagonalmente

†**diagram** /ˈdaɪ.ə.græm/ *n* [C] ⇒diagrama ⇒esquema ∎ PRON. La primera parte, *di*, rima con *my*

dial¹ /ˈdaɪ.əl/ *n* [C] **1** ⇒dial **2** *(en un reloj)* ⇒esfera ∎ PRON. La primera parte, *di*, rima con *my*

dial² /ˈdaɪ.əl/ [dialled, dialling; *US* dialed, dialing] *v* [T, I] ⇒marcar ⇒discar *AMÉR.* ∎ PRON. La primera parte, *di*, rima con *my*

dialect /ˈdaɪ.ə.lekt/ *n* [C, U] ⇒dialecto

dialogue UK: /ˈdaɪ.ə.lɒg/ US: /-lɑːg/ *n* [C, U] ⇒diálogo ∎ PRON. La primera parte, *di*, rima con *my*

diameter UK: /daɪˈæm.ɪ.təʳ/ US: /-ə.ˤṭɚ/ *n* [C, U] ⇒diámetro

†**diamond** /ˈdaɪə.mənd/ *n* [C, U] **1** ⇒diamante **2** *(forma)* ⇒rombo ∎ PRON. La primera parte, *di*, rima con *my*

diamonds /ˈdaɪə.məndz/ *n* [PL] *(naipe)* ⇒diamantes ⇒rombos ∎ PRON. La primera parte, *di*, rima con *my*

diaper UK: /ˈdaɪ.pəʳ/ US: /-pɚ/ *US* (*UK* **nappy**) *n* [C] ⇒pañal: *disposable diapers* - pañales desechables

diaphragm /ˈdaɪ.ə.fræm/ *n* [C] ⇒diafragma

diarrhoea /ˌdaɪ.əˈriː.ə/ *UK* (*US* **diarrhea**) *n* [U] ⇒diarrea ∎ PRON. *di* rima con *my* y *rhoe* con el término inglés *me*

†**diary** UK: /ˈdaɪə.ri/ US: /ˈdaɪr.i/ [*pl* diaries] *n* [C] **1** ⇒agenda: *I'll check in my diary if I'm free tomorrow* - Miraré en mi agenda si mañana estoy libre **2** ⇒diario [personal]

dice¹ /daɪs/ [*pl* dice] *n* [C] ⇒dado

dice² /daɪs/ [diced, dicing] *v* [T] *(en cocina)* ⇒cortar en dados

†**dictate** UK: /dɪkˈteɪt/ US: /ˈ--/ [dictated, dictating] ∎ *v* [T, I] **1** ⇒dictar ∎ *v* [T] **2** ⇒decidir ⇒dictar ∎ CONSTR. to dictate + interrogativa indirecta
|PHRASAL VERBS
└ **· to dictate to** *sb* ⇒dar órdenes a alguien ⇒mandar a alguien

dictation /dɪkˈteɪ.ʃᵊn/ *n* [C, U] ⇒dictado ∎ PRON. La sílaba *ta* rima con *day*

dictator UK: /dɪkˈteɪ.təʳ/ US: /ˈdɪk.teɪ.ˤṭɚ/ *n* [C] ⇒dictador,-a ∎ PRON. La sílaba *ta* rima con *day*

dictatorship UK: /dɪkˈteɪ.tə.ʃɪp/ US: /-ˈˤṭɚ-/ *n* [C, U] ⇒dictadura

†**dictionary** UK: /ˈdɪk.ʃᵊn.ʳr.i/ US: /-er.i/ [*pl* dictionaries] *n* [C] ⇒diccionario: *Look it up in the dictionary* - Búscalo en el diccionario

did /dɪd/ past tense of **do**

didactic /daɪˈdæk.tɪk/ *adj* **1** ⇒didáctico,ca **2** *(literatura)* ⇒didáctico,ca ⇒moralizador,-a

†**didn't** /ˈdɪd.ᵊnt/ *(did not)* See **do**

†**die** /daɪ/ [died, dying] *v* [I] **1** ⇒morir(se): *He died of a heart attack* - Murió de un ataque al corazón;

D

to die of old age - morirse de viejo **2 to be dying to do** *sth* (*tb* **to be dying for sth**) *(inform)* ⇒morirse de ganas por hacer algo

| PHRASAL VERBS
· **to die away** *(un sonido)* ⇒disminuir paulatinamente hasta desaparecer
· **to die down** ⇒disminuir ⇒amainar
· **to die off** ⇒morirse uno tras otro
· **to die out 1** *(un animal)* ⇒extinguirse **2** *(una costumbre)* ⇒desaparecer

diesel /ˈdiː.zᵊl/ ■ *n* [U] **1** ⇒gasóleo ■ *n* [C] **2** *(un vehículo)* ⇒diésel ■ PRON. La primera *e* no se pronuncia

↑ **diet¹** /ˈdaɪ.ət/ ■ *n* [C, U] **1** ⇒dieta: *a balanced diet* - una dieta equilibrada **2** *n* [C] ⇒régimen ⇒dieta ■ PRON. La primera parte, *di*, rima con *my* y la *e* se pronuncia como la *a* en el adverbio inglés *ago*

diet² /ˈdaɪ.ət/ *v* [I] ⇒hacer régimen: *Have you been dieting?* - ¿Has estado haciendo régimen? ■ PRON. La primera parte, *di*, rima con *my* y la *e* se pronuncia como la *a* en el adverbio inglés *ago*

dietetic *adj* ⇒dietético,ca

↑ **differ** UK: /ˈdɪf.əʳ/ US: /-ɚ/ *v* [I] **1** ⇒diferenciarse ⇒ser diferente **2** *(form)* ⇒discrepar ⇒diferir **3** *I beg to differ* - Siento tener que disentir

difference UK: /ˈdɪf.ʳr.ᵊnts/ US: /-ɚ-/ *n* [C, U] **1** ⇒diferencia: *There is a little difference between them* - Hay pocas diferencias entre las dos **2 to make a ~** ⇒influir: *Your diet can make a difference to your health* - Tu dieta puede influir en tu salud

different UK: /ˈdɪf.ʳr.ᵊnt/ US: /-ɚ-/ *adj* ⇒diferente ⇒distinto,ta ■ CONSTR. different from/to sth. Incorrecto: different of sth

differentiate /ˌdɪf.əˈren.tʃi.eɪt/ [differentiated, differentiating] ■ *v* [T, I] **1** ⇒diferenciar: *Can you differentiate between these two images?* - ¿Puedes diferenciar estas dos imágenes? ■ CONSTR. to differentiate between sth and sth ■ *v* [T] **2** ⇒distinguir ⇒diferenciar ■ CONSTR. to differentiate sth from sth

differently UK: /ˈdɪf.ʳr.ᵊnt.li/ US: /-ɚ-/ *adv* ⇒de manera diferente

↑ **difficult** /ˈdɪf.ɪ.kᵊlt/ *adj* **1** ⇒difícil **2** *I find it difficult to speak in public* - Me cuesta hablar en público

difficulty UK: /ˈdɪf.ɪ.kᵊl.ti/ US: /-t̬i/ ■ *n* [U] **1** ⇒dificultad: *I had no difficulty in finding it* - No tuve dificultad en encontrarlo ■ CONSTR. difficulty + doing sth, difficulty in + doing sth ■ *n* [C] **2** ⇒aprieto ⇒apuro ■ El plural es difficulties

diffident /ˈdɪf.ɪ.dᵊnt/ *adj* **1** ⇒tímido,da **2** ⇒reservado,da

↑ **dig¹**, dug, dug /dɪɡ/ [digging] ■ *v* [T, I] **1** ⇒excavar: *to dig a hole in the ground* - excavar un agujero en el suelo ■ *v* [T] **2** ⇒cavar: *The prisoner dug a tunnel from his cell* - El prisionero cavó

un túnel desde su celda **3** **~ in!** *(inform)* ⇒¡al ataque! ■ Se usa antes de empezar a comer **4 to ~ one's heels in** ⇒mantenerse en sus trece

| PHRASAL VERBS
· **to dig {in/into}** *sth* *(inform)* ⇒empezar a comer
· **to dig (sth) into** *sth/sb* ⇒clavar algo en
· **to dig** *sth* **out** [M] ⇒sacar [algo guardado]
· **to dig** *sth/sb* **out** [M] ⇒sacar [cavando]
· **to dig** *sth* **up** [M] **1** ⇒desenterrar algo: *The dog dug up a bone* - El perro desenterró un hueso **2** ⇒sacar algo a la luz **3** *(una superficie)* ⇒levantar

dig² /dɪɡ/ ■ *n* [C] **1** ⇒excavación: *to work on a dig* - trabajar en una excavación **2** ⇒pulla ⇒indirecta ■ *n* [NO PL] **3** *(inform)* ⇒codazo

digest¹ /daɪˈdʒest/ *v* [T] **1** *(un alimento)* ⇒digerir **2** *(una información)* ⇒digerir ⇒asimilar ■ PRON. La sílaba *di* rima con *my* y la *g* se pronuncia como en el término inglés *general*

↑ **digest²** /ˈdaɪ.dʒest/ *n* [C] ⇒resumen ⇒compendio ■ PRON. La sílaba *di* rima con *my* y la *g* se pronuncia como en el término inglés *general*

digestion /daɪˈdʒes.tʃᵊn/ *n* [C, U] ⇒digestión ■ PRON. La sílaba *di* rima con *my*

digger UK: /ˈdɪɡ.əʳ/ US: /-ɚ/ *n* [C] ⇒excavadora

digging *n* [U] ⇒excavación

↑ **digit** /ˈdɪdʒ.ɪt/ *n* [C] **1** ⇒dígito ⇒número **2** *(form)* ⇒dedo

digital UK: /ˈdɪdʒ.ɪ.tᵊl/ US: /-ˁt̬[ə]l/ *adj* ⇒digital ■ PRON. La primera parte, *dig*, rima con *bridge*

digital camera *n* [C] ⇒cámara digital ■ PRON. La *g* se pronuncia como en *gentleman*

dignified /ˈdɪɡ.nɪ.faɪd/ *adj* **1** ⇒distinguido,da ⇒solemne **2** ⇒decoroso,sa ⇒digno,na

dignitary UK: /ˈdɪɡ.nɪ.tʳr.i/ US: /-nə.ter-/ [*pl* dignataries] *n* [C] ⇒dignatario,ria

↑ **dignity** UK: /ˈdɪɡ.nɪ.ti/ US: /-ə.ˁt̬i/ [*pl* dignities] *n* [C] ⇒dignidad

dike /daɪk/ *n* [C] See **dyke**

dilapidated UK: /dɪˈlæp.ɪ.deɪ.tɪd/ US: /-ˁt̬ɪd/ *adj* **1** *(un edificio)* ⇒en estado de ruina ⇒ruinoso,sa **2** *(un vehículo)* ⇒destartalado,da ■ Distinto de squandered (dilapidado)

↑ **dilemma** /daɪˈlem.ə/ *n* [C] ⇒dilema ■ PRON. La sílaba *di* rima con *my*

↑ **dilute** /daɪˈluːt/ *v* [T] **1** ⇒diluir: *Dilute the paint with turpentine* - Diluye la pintura con aguarrás **2** ⇒suavizar ⇒debilitar ■ PRON. La sílaba *di* rima con *my*

dim¹ /dɪm/ *adj* [*comp* dimmer, *superl* dimmest] **1** ⇒tenue ⇒débil **2** *(un recuerdo)* ⇒vago,ga ⇒borroso,sa **3** *UK (offens)* ⇒lerdo,da *desp.*; ⇒corto,ta *col. desp.* **4** *(un lugar)* ⇒sombrío,a **5** *(la vista)* ⇒turbio,bia **6** *(un futuro)* ⇒poco prometedor,-a

dim² /dɪm/ [dimmed, dimming] *v* [T, I] *(la luz)* ⇒atenuar(se)

dime /daɪm/ *n* [C] *(en Canadá y en EE. UU.)* ⇒moneda de diez centavos

dimension /ˌdaɪˈmen.tʃ°n/ *n* [C] ⇒medida ⇒dimensión

†**diminish** /dɪˈmɪn.ɪʃ/ [diminishes] *v* [T, I] **1** ⇒disminuir **2** ⇒infravalorar: *He's always trying to diminish her works* - Siempre intenta infravalorar sus obras

diminutive¹ UK: /dɪˈmɪn.jʊ.tɪv/ US: /-ˤtɪv/ *adj (form)* ⇒diminuto,ta

diminutive² UK: /dɪˈmɪn.jʊ.tɪv/ US: /-ˤtɪv/ *n* [C] ⇒diminutivo

dimple /ˈdɪm.pl̩/ *n* [C] *(en la cara)* ⇒hoyuelo

din /dɪn/ *n* [NO PL] **1** ⇒estruendo **2** ⇒barullo *col.*

dine /daɪn/ [dined, dining] *v* [I] **1** *(form)* ⇒cenar: *They dined in a small restaurant* - Cenaron en un pequeño restaurante **2** to ~ out *(form)* ⇒cenar fuera ■ PRON. Rima con el término inglés *mine*

diner UK: /ˈdaɪ.nə²/ US: /-nə/ *n* [C] **1** ⇒comensal **2** *US* ⇒bar donde se sirven comidas baratas ■ PRON. La primera parte rima con el término inglés *mine*

dinghy /ˈdɪŋ.gi/ [pl dinghies] *n* [C] *(embarcación)* ⇒bote ■ PRON. La *h* no se pronuncia

dingy /ˈdɪn.dʒi/ *adj* [comp dingier, superl dingiest] ⇒oscuro,ra y mugriento,ta

†**dining room** *n* [C] *(en una casa)* ⇒comedor ■ PRON. La primera parte rima con el término inglés *mine*

dinner UK: /ˈdɪn.ə²/ US: /-ə/ *n* [C, U] **1** ⇒cena ⇒comida AMÉR. **2** *to go out for dinner* - salir para cenar **3** *UK* ⇒comida ⇒almuerzo **4** to have ~ ⇒cenar ■ Se dice *to have dinner* o *to dine*. Incorrecto: *to dinner*

dinner jacket *UK* (*US* tuxedo) *n* [C] ⇒esmoquin

dinosaur UK: /ˈdaɪ.nə.sɔːʳ/ US: /-sɔːr/ *n* [C] ⇒dinosaurio ■ PRON. La sílaba *di* rima con *my* y *saur* se pronuncia como *saw*

diocese /ˈdaɪ.ə.sɪs/ *n* [C] ⇒diócesis

dip¹ /dɪp/ ■ *n* [C, U] **1** ⇒salsa espesa [para mojar] ■ *n* [C] **2** *(en una superficie)* ⇒hondonada ⇒depresión **3** ⇒bajada ⇒descenso ⇒caída **4** *(inform) (en el mar o en una piscina)* ⇒chapuzón ⇒baño

dip² /dɪp/ [dipped, dipping] ■ *v* [T] **1** ⇒mojar: *I like dipping biscuits in coffee* - Me gusta mojar las galletas en el café ■ *v* [I] **2** ⇒descender

PHRASAL VERBS
· **to dip into sth 1** *UK* ⇒hojear algo **2** ⇒echar mano [de los ahorros]

diphthong UK: /ˈdɪf.θɒŋ/ UK: /ˈdɪp-/ US: /-θɑːŋ/ *n* [C] *(en gramática)* ⇒diptongo

diploma UK: /dɪˈpləʊ.mə/ US: /-ˈploʊ-/ *n* [C] ⇒diploma

†**diplomacy** UK: /dɪˈpləʊ.mə.si/ US: /-ˈploʊ-/ *n* [U] ⇒diplomacia

diplomat /ˈdɪp.lə.mæt/ *n* [C] ⇒diplomático,ca

diplomatic UK: /ˌdɪp.ləˈmæt.ɪk/ US: /-ˈmæˤt̬-/ *adj* ⇒diplomático,ca

dire UK: /daɪəʳ/ US: /daɪr/ *adj* **1** ⇒extremo,ma ⇒acuciante ⇒apremiante **2** *(form) (una situación)* ⇒monstruoso,sa

†**direct¹** /daɪˈrekt/ *adj* **1** ⇒inmediato ⇒directo,ta **2** ⇒franco,ca ⇒directo,ta **3** ⇒sin intermediarios   **D** ■

†**direct²** /daɪˈrekt/ *v* [T] **1** *(una película, una obra de teatro)* ⇒dirigir **2** ⇒dar indicaciones ⇒indicar **3** ⇒organizar ⇒dirigir

direct debit *n* [C, U] ⇒domiciliación bancaria

†**direction** /daɪˈrek.ʃ°n/ ■ *n* [C] **1** ⇒dirección ⇒sentido ■ *n* [U] **2** ⇒dirección ⇒mando

directions /daɪˈrek.ʃ°nz/ *n* [PL] ⇒indicaciones ⇒instrucciones

directive /daɪˈrek.tɪv/ *n* [C] *(form)* ⇒directiva ⇒directriz

directly /daɪˈrekt.li/ *adv* **1** ⇒directamente **2** ⇒enseguida **3** ~ {after/behind/opposite...} ⇒justo {después/detrás/enfrente...}: *directly after lunch* - justo después de cenar

directness /daɪˈrekt.nəs/ *n* [U] ⇒franqueza

director /daɪˈrek.tə²/ *n* [C] ⇒director,-a: *The director of this film also made...* - La directora de esta película también hizo... ■ PRON. La sílaba *di* rima con *my*

directorate /daɪˈrek.t²r.ət/ *n* [C] ⇒junta directiva ■ Por ser un nombre colectivo se puede usar con el verbo en singular o en plural

†**dirt** UK: /dɜːt/ US: /dɝːt/ *n* [U] **1** ⇒suciedad **2** ⇒tierra: *The little boy was playing in the dirt* - El niño jugaba en la tierra **3** to dig {the/up} ~ on *sb* *(inform)* ⇒sacar los trapos sucios de alguien ■ PRON. Rima con el término inglés *her*

dirty¹ UK: /ˈdɜː.ti/ US: /ˈdɝː.ˤt̬i/ *adj* [comp dirtier, superl dirtiest] **1** ⇒sucio,cia **2** *(un tema, un chiste)* ⇒verde ⇒picante **3** *(una práctica)* ⇒sucio,cia ⇒injusto,ta ■ PRON. La sílaba *dir* rima con el término inglés *her*

dirty² UK: /ˈdɜː.ti/ US: /ˈdɝː.ˤt̬i/ [dirties, dirtied] *v* [T] ⇒ensuciar: *Don't dirty the floor* - No ensucies el suelo ■ PRON. La sílaba *dir* rima con el término inglés *her*

dis /dɪs/ [dissed, dissing] *US v* [T] *(inform)* ⇒faltar al respeto

†**disability** UK: /ˌdɪs.əˈbɪl.ɪ.ti/ US: /-ə.ˤt̬i/ [pl disabilities] *n* [C, U] ⇒discapacidad

†**disabled** /dɪˈseɪ.bl̩d/ *adj* ⇒discapacitado,da ■ PRON. La *e* no se pronuncia

†**disadvantage** UK: /ˌdɪs.ədˈvɑːn.tɪdʒ/ US: /-ˈvæn.ˤt̬ɪdʒ/ *n* [C, U] ⇒desventaja: *to be at a disadvantage* - estar en desventaja ■ PRON. La última *a* se pronuncia como la *i* en *did*

=D

disadvantaged UK: /ˌdɪs.ədˈvɑːn.tɪdʒd/ US: /-ˈvæn.ˤtɪdʒd/ *adj* ⇨marginado,da ⇨desfavorecido,da

† **disagree** /ˌdɪs.əˈɡriː/ [disagreed] *v* [I] **1** ⇨discrepar ⇨no estar de acuerdo ■ CONSTR. 1. to disagree + that 2. to disagree with sb/sth **2** *Let's agree to disagree* - Vamos a aceptar que tenemos opiniones distintas

|PHRASAL VERBS
· **to disagree with sb** (una comida) ⇨sentar
‖ mal alguien

disagreeable /ˌdɪs.əˈɡriː.ə.bl̩/ *adj* (form) ⇨desagradable

disagreement /ˌdɪs.əˈɡriː.mənt/ *n* [C, U] ⇨discrepancia ⇨desacuerdo

disallow /ˌdɪs.əˈlaʊ/ *v* [T] (en deportes) ⇨anular ⇨no aceptar

† **disappear** UK: /ˌdɪs.əˈpɪə/ US: /-ˈpɪr/ *v* [I] ⇨desaparecer: *The ship disappeared over the horizon* - El barco desapareció en el horizonte

disappearance UK: /ˌdɪs.əˈpɪə.rⁿts/ US: /-ˈpɪr.[ə]nts/ *n* [C, U] ⇨desaparición

† **disappoint** /ˌdɪs.əˈpɔɪnt/ *v* [T] ⇨decepcionar: *The film really disappointed me* - La película me decepcionó mucho

disappointed UK: /ˌdɪs.əˈpɔɪn.tɪd/ US: /-ˤtɪd/ *adj* ⇨decepcionado,da ⇨defraudado,da ■ PRON. La e se pronuncia como la i en did

disappointing UK: /ˌdɪs.əˈpɔɪn.tɪŋ/ US: /-ˤtɪŋ/ *adj* ⇨decepcionante: *It was a disappointing end to the story* - El final de la historia fue decepcionante

disappointment /ˌdɪs.əˈpɔɪnt.mənt/ *n* [C, U] ⇨decepción ■ Distinto de deception (engaño)

disapproval /ˌdɪs.əˈpruː.vᵊl/ *n* [U] ⇨desaprobación

† **disapprove** /ˌdɪs.əˈpruːv/ *v* [I] ⇨desaprobar: *I disapprove of your lying* - Desapruebo que mientas ■ CONSTR. to disapprove of sth/sb. Incorrecto: to disapprove sth/sb

disarm /dɪˈsɑːm/ US: /-ˈsɑːrm/ *v* [T, I] ⇨desarmar(se): *The police disarmed the thief* - La policía desarmó al ladrón

disarmament UK: /dɪˈsɑː.mə.mənt/ US: /-ˈsɑːr-/ *n* [U] ⇨desarme

† **disaster** UK: /dɪˈzɑː.stə/ US: /-ˈzæs.tə/ *n* [C, U] ⇨desastre: *natural disaster* - desastre natural

disastrous UK: /dɪˈzɑː.strəs/ US: /-ˈzæs.trəs/ *adj* ⇨desastroso,sa

disband /dɪsˈbænd/ *v* [I] (form) ⇨deshacer(se) ⇨disolver(se)

disbelief /ˌdɪs.bɪˈliːf/ *n* [U] ⇨incredulidad

† **disc** /dɪsk/ (US tb disk) *n* [C] **1** (forma) ⇨disco **2** ⇨disco [musical] **3** (en anatomía y en mecánica) ⇨disco ■ Distinto de disco (discoteca)

discard UK: /dɪˈskɑːd/ US: /-ˈskɑːrd/ *v* [T] **1** ⇨tirar ⇨deshacerse de **2** ⇨descartar: *to discard an option* - descartar una opción

discern UK: /dɪˈsɜːn/ US: /-ˈsɜːn/ *v* [T] **1** (form) ⇨divisar ⇨distinguir **2** (form) ⇨percibir **3** ⇨discernir

discharge¹ UK: /dɪsˈtʃɑːdʒ/ US: /-ˈtʃɑːrdʒ/ [discharged, discharging] ■ *v* [T] ⇨dar el alta **1** CONSTR. Se usa más en pasiva **2** (en el ejército) ⇨licenciar [permanente] ■ CONSTR. Se usa más en pasiva **3** ⇨disparar: *to discharge a gun* - disparar un arma ■ *v* [T, I] **4** ⇨descargar ⇨verter **5** (una deuda) ⇨liquidar ⇨pagar

discharge² UK: /ˈdɪs.tʃɑːdʒ/ US: /-tʃɑːrdʒ/ *n* [C, U] **1** ⇨alta médica **2** (en el ejército) ⇨licencia [absoluta] **3** ⇨descarga [de una arma] **4** ⇨expulsión ⇨vertido **5** ⇨supuración

disciple /dɪˈsaɪ.pl̩/ *n* [C] ⇨discípulo,la ■ PRON. sci rima con my y la c no se pronuncia

disciplinary /ˌdɪs.əˈplɪn.ᵊr.i/ US: /ˈdɪs.ə.plɪ.ner-/ *adj* ⇨disciplinario,ria

† **discipline** /ˈdɪs.ə.plɪn/ *n* [U] ⇨disciplina ■ PRON. La c no se pronuncia e ine se pronuncia como el término inglés in

disc jockey *n* [C] ⇨pinchadiscos: *He works as a disc jockey* - Trabaja como pinchadiscos ■ La forma abreviada es DJ

† **disclose** UK: /dɪˈskləʊz/ US: /-ˈskloʊz/ [disclose, disclosing] *v* [T, I] (form) ⇨revelar ■ CONSTR. to disclose + that

disclosure UK: /dɪˈskləʊ.ʒə/ US: /-ˈskloʊ.ʒə/ *n* [C, U] (form) ⇨revelación: *disclosure of information* - revelación de información

† **disco** UK: /ˈdɪs.kəʊ/ US: /-koʊ/ *n* [C] ⇨discoteca ■ Distinto de disc (disco)

discomfort UK: /dɪˈskʌm.fət/ US: /-fət/ ■ *n* [U] **1** ⇨molestia [física] **2** ⇨inquietud ⇨trastorno ■ *n* [C, U] **3** ⇨situación incómoda

disconcerting UK: /ˌdɪs.kənˈsɜː.tɪŋ/ US: /-ˈsɜː.ˤtɪŋ/ *adj* ⇨desconcertante: *a disconcerting silence* - un silencio desconcertante

disconnect /ˌdɪs.kəˈnekt/ *v* [T] ⇨desconectar ⇨cortar

disconnected /ˌdɪs.kəˈnek.tɪd/ *adj* ⇨desconectado,da

discontent /ˌdɪs.kənˈtent/ *n* [U] ⇨descontento: *discontent among the ranks* - descontento entre las filas

discontinue /ˌdɪs.kənˈtɪn.juː/ [discontinued, discontinuing] *v* [T] (form) ⇨interrumpir ⇨suspender ■ CONSTR. Se usa más en pasiva

discord UK: /ˈdɪs.kɔːd/ US: /-kɔːrd/ *n* [U] **1** (form) ⇨discordia **2** (en música) ⇨disonancia

discount¹ /ˈdɪs.kaʊnt/ *n* [C, U] ⇨descuento

discount² /dɪˈskaʊnt/ v [T] **1** ⇒descontar **2** ⇒desechar ⇒descartar

† **discourage** UK: /dɪˈskʌr.ɪdʒ/ US: /-ˈskɜː-/ [discouraged, discouraging] v [T] **1** ⇒desanimar ⇒desalentar **2** ⇒disuadir: *They discouraged us from trying it* - Nos disuadieron de probarlo ■ CONSTR. *to discourage* from *doing sth* ■ PRON. La *a* se pronuncia como la *i* en *did*

discouraging UK: /dɪˈskʌr.ɪ.dʒɪŋ/ US: /-ˈskɜː-/ *adj* ⇒desalentador,-a

† **discover** UK: /dɪˈskʌv.ə/ US: /-ə/ v [T] ⇒descubrir ■ CONSTR. 1. *to discover* + (that) 2. *to discover* sb + doing sth 3. *to be discovered* + *to have* sth 4. *to discover* + interrogativa indirecta

discovery UK: /dɪˈskʌv.ə.r.i/ US: /-ə-/ [pl discoveries] n [C, U] ⇒descubrimiento

discredit /dɪˈskred.ɪt/ v [T] *(form)* ⇒desacreditar: *to discredit* sb - desacreditar a alguien

discreet /dɪˈskriːt/ *adj* ⇒discreto,ta ■ PRON. La última parte, *creet*, rima con *meet*

discrepancy /dɪˈskrep.ᵊnt.si/ [pl discrepancies] n [C, U] ⇒discrepancia ⇒diferencia

discretion /dɪˈskreʃ.ᵊn/ n [U] **1** ⇒discreción ⇒mesura **2** ⇒criterio

† **discriminate** /dɪˈskrɪm.ɪ.neɪt/ [discriminated, discriminating] v [I] **1** ⇒discriminar: *to discriminate against* sb - discriminar a alguien **2** ⇒distinguir ⇒discernir

discriminating UK: /dɪˈskrɪm.ɪ.neɪ.tɪŋ/ US: /-ˈtɪŋ/ *adj* ⇒exigente y sagaz

discrimination /dɪˌskrɪm.ɪˈneɪ.ʃᵊn/ n [U] ⇒discriminación: *a clear case of discrimination* - un claro ejemplo de discriminación

discriminatory UK: /dɪˈskrɪm.ɪ.nə.t²r.i/ US: /dɪˈskrɪm.ɪ.nə.tɔːr-/ *adj* ⇒discriminatorio,ria

† **discuss** /dɪˈskʌs/ [discusses] v [T] ⇒hablar ⇒discutir ■ Se usa para discusiones sin discordia. Comparar con *to argue* (discutir, pelear)

discussion /dɪˈskʌʃ.ᵊn/ n [C, U] ⇒conversación ⇒discusión

disdain /dɪsˈdeɪn/ n [U] *(form)* ⇒desdén

† **disease** /dɪˈziːz/ n [C, U] ⇒enfermedad: *Parkinson's disease* - enfermedad de Parkinson ■ Se usa *disease*, y no *illness*, cuando se especifica la enfermedad ■ PRON. *sea* rima con el sustantivo inglés *tea*

disembark UK: /ˌdɪs.ɪmˈbɑːk/ US: /-ˈbɑːrk/ v [I] *(form)* ⇒desembarcar: *We disembarked in Marseilles* - Desembarcamos en Marsella

disenchanted UK: /ˌdɪs.ɪnˈtʃɑːn.tɪd/ US: /-ˈtʃæn.ᵗtɪd/ *adj* ⇒desencantado,da ⇒desilusionado,da

disentangle /ˌdɪs.ɪnˈtæŋ.gl̩/ [disentangled, disentangling] v [T] **1** ⇒liberar ⇒separar ⇒soltar **2** ⇒desenredar(se): *She disentangled her hair* - Se

desenredó el pelo **3** ⇒desentrañar: *to disentangle a mystery* - desentrañar un misterio

disfigure UK: /dɪsˈfɪɡ.ə/ US: /-jə/ [disfigured, disfiguring] v [T] ⇒desfigurar

† **disgrace¹** /dɪsˈɡreɪs/ [disgraced, disgracing] v [T] ⇒deshonrar

† **disgrace²** /dɪsˈɡreɪs/ n [U] ⇒deshonra ⇒vergüenza ■ Distinto de *misfortune* (desgracia)

disgraceful /dɪsˈɡreɪs.fᵊl/ *adj* ⇒deshonroso,sa ⇒vergonzoso,sa ■ Distinto de *unlucky* (desgraciado)

disgruntled UK: /dɪsˈɡrʌn.tl̩d/ US: /-ˈᵗtl̩d/ *adj* ⇒disgustado,da: *to be disgruntled at* sth - estar disgustado por algo

disguise¹ /dɪsˈɡaɪz/ n [C, U] ⇒disfraz ■ PRON. *gui* rima con *my*

disguise² /dɪsˈɡaɪz/ [disguised, disguising] v [T] **1** ⇒disfrazar(se): *The spy disguised himself as a tourist* - El espía se disfrazó de turista ■ CONSTR. Se usa más como reflexivo **2** *(un sentimiento)* ⇒disimular ⇒ocultar ■ PRON. *gui* rima con *my*

disgust /dɪsˈɡʌst/ n [U] **1** ⇒asco **2** ⇒indignación ■ Distinto de *upset* (disgusto) ■ PRON. La *u* se pronuncia como el pronombre inglés *us*

disgusted /dɪsˈɡʌs.tɪd/ *adj* **1** ⇒asqueado,da **2** ⇒gustado,da ■ PRON. La *e* se pronuncia como la *i* en *did*

† **disgusting** /dɪsˈɡʌs.tɪŋ/ *adj* ⇒asqueroso,sa ⇒repugnante ■ Distinto de *upset* (disgustado) ■ PRON. La *u* se pronuncia como en el pronombre inglés *us*

† **dish¹** /dɪʃ/ [pl dishes] n [C] **1** ⇒plato: *Will you wash the dishes?* - ¿Puedes fregar los platos?; *a meat dish* - un plato de carne **2** ⇒fuente [para servir comida] **3** *(antena)* ⇒parabólica

† **dish²** /dɪʃ/ [dishes]

PHRASAL VERBS

· **to dish** *sth* **out** [M] **1** *(inform)* ⇒repartir algo [sin pensarlo mucho]: *He arrived and started dishing out criticism* - Llegó y se puso a repartir críticas **2** ⇒servir [comida]

· **to dish** *(sth)* **up** [M] *UK (inform)* ⇒servir [comida]: *Could you dish up the rice?* - ¿Puedes servir el arroz?

dishcloth UK: /ˈdɪʃ.klɒθ/ US: /-klɑː.θ/ n [C] ⇒trapo ⇒paño ⇒bayeta

disheartened UK: /dɪsˈhɑː.t²nd/ US: /-ˈhɑːr.ᵗt[ə]n-/ *adj* ⇒desanimado,da

dishevelled /dɪˈʃev.ᵊld/ *UK adj* **1** *(una apariencia)* ⇒desaliñado,da **2** ⇒despeinado,da

† **dishonest** UK: /dɪˈsɒn.ɪst/ US: /-ˈsɑː.nɪst/ *adj* **1** ⇒deshonesto,ta **2** ⇒avieso,sa ⇒fraudulento,ta ■ PRON. La *h* no se pronuncia

dishonour¹ UK: /dɪˈsɒn.ə/ US: /-ˈsɑː.nə/ *UK n* [U] ⇒deshonor

dishonour² UK: /dɪˈsɒn.ə/ US: /-ˈsɑː.nə/ *UK v* [T] **1** ⇒deshonrar **2** *(un acuerdo)* ⇒quebrantar

D ■

D

† **dishwasher** UK: /ˈdɪʃˌwɒʃ.əʳ/ US: /-ˌwɑː.ʃɚ/ n [C]
⇒lavavajillas ⇒lavaplatos col.

disillusion /ˌdɪs.ɪˈluː.ʒᵊn/ v [T] ⇒desencantar ⇒desilusionar

disillusionment /ˌdɪs.ɪˈluː.ʒᵊn.mənt/ n [U] ⇒desencanto ⇒desilusión

disinfect /ˌdɪs.ɪnˈfekt/ v [T] ⇒desinfectar: *My father has disinfected the kitchen* - Mi padre ha desinfectado la cocina

disinfectant UK: /ˌdɪs.ɪnˈfek.tᵊnt/ US: /-ˈʃt[ə]nt/ n [C, U] ⇒desinfectante

† **disintegrate** UK: /dɪˈsɪn.tɪ.greɪt/ US: /-ˈʃtə-/ [disintegrated, disintegrating] v [I] ⇒desintegrar(se) ⇒desmoronar(se)

disinterested /dɪˈsɪn.trə.stɪd/ adj ⇒desinteresado,da

disjointed /dɪsˈdʒɔɪn.tɪd/ US: /-ˈʃtɪd/ adj ⇒inconexo,xa

† **disk** /dɪsk/ n [C] **1** ⇒disquete **2** US See **disc**

diskette /dɪsˈket/ n [C] ⇒disquete

dislike¹ /dɪˈslaɪk/ [disliked, disliking] v [T] ⇒no gustar ⇒sentir antipatía ■ CONSTR. to dislike + doing sth

dislike² /dɪˈslaɪk/ n [C, U] ⇒aversión

dislocate UK: /ˈdɪs.ləʊ.keɪt/ US: /dɪˈsloʊ-/ [dislocated, dislocating] v [T] ⇒dislocarse: *to dislocate one's shoulder* - dislocarse un hombro

dislodge UK: /dɪˈslɒdʒ/ US: /-ˈslɑː.dʒ/ [dislodged, dislodging] v [T] **1** *(a una persona)* ⇒desalojar **2** *(un objeto)* ⇒mover ⇒quitar ⇒sacar **3** ⇒arrebatar el puesto **4** ⇒retirar ⇒extraer

disloyal /ˌdɪsˈlɔɪ.əl/ adj ⇒desleal

dismal /ˈdɪz.məl/ adj **1** ⇒tétrico,ca ⇒lúgubre **2** ⇒pésimo,ma

dismantle UK: /dɪˈsmæn.tl̩/ US: /-ˈʃtl̩/ [dismantled, dismantling] ■ v [T] **1** ⇒desmantelar: *to dismantle a ring of smugglers* - desmantelar una red de contrabandistas ■ v [T, I] **2** *(un aparato)* ⇒desmontar ⇒desarmar

dismay /dɪˈsmeɪ/ n [U] ⇒consternación

dismember UK: /dɪˈsmem.bəʳ/ US: /-bɚ/ v [T] **1** ⇒desmembrar [un cuerpo] **2** *(lit)* ⇒desmembrar: *to dismember a State* - desmembrar un Estado

† **dismiss** /dɪˈsmɪs/ [dismisses] v [T] **1** *(una idea o una opinión)* ⇒descartar ⇒desechar **2** ⇒despedir ⇒cesantear AMÉR.; ⇒botar AMÉR. ■ CONSTR. Se usa más en pasiva **3** ⇒dejar salir

dismissal /dɪˈsmɪs.ᵊl/ ■ n [U] **1** ⇒rechazo [de una idea o una opinión] ■ n [C, U] **2** ⇒despido: *How has she taken the dismissal?* - ¿Cómo ha encajado el despido?

dismissive /dɪˈsmɪs.ɪv/ adj ⇒desdeñoso,sa

dismount /dɪˈsmaʊnt/ v [I] *(form) (un caballo o una bicicleta)* ⇒desmontar ⇒apear(se)

disobedience UK: /ˌdɪs.əʊˈbiː.di.ənts/ US: /-ə-/ n [U] ⇒desobediencia

disobey UK: /ˌdɪs.əʊˈbeɪ/ US: /-ə-/ v [T, I] ⇒desobedecer: *You shouldn't disobey your mother* - No deberías desobedecer a tu madre

disorder UK: /dɪˈsɔː.dəʳ/ US: /-ˈsɔːr.dɚ/ ■ n [C, U] **1** ⇒trastorno [psicológico] **2** ⇒trastorno ⇒deficiencia ■ n [U] **3** ⇒desorden ⇒entrevero AMÉR. col. **4** *(en el comportamiento)* ⇒desorden

disorderly UK: /dɪˈsɔː.dᵊl.i/ US: /-ˈsɔːr.dɚ.li/ adj **1** *(un lugar)* ⇒desordenado,da ⇒sucio,-a **2** *(un comportamiento)* ⇒escandaloso,sa **3** drunk and ~ *(en derecho)* ⇒persona ebria acusada de alterar el orden público

disorganised UK adj See **disorganized**

† **disorganized** UK: /dɪˈsɔː.gə.naɪzd/ US: /-ˈsɔːr-/ *(UK tb* **disorganised**) adj ⇒desorganizado,da ⇒desordenado,da ■ PRON. La e no se pronuncia

disorientated UK adj See **disoriented**

disoriented UK: /dɪˈsɔː.ri.ən.tɪd/ US: /-ˈsɔːr.i.ən.ˀtɪd/ *(UK tb* **disorientated**) adj ⇒desorientado,da

disown UK: /dɪˈsəʊn/ US: /-ˈsoʊn/ v [T] ⇒renegar

dispatch¹ /dɪˈspætʃ/ *(UK tb* **despatch**) v [T] **1** ⇒enviar: *They dispatched their troops to the zone* - Enviaron sus tropas a la zona **2** ⇒despachar: *to dispatch a missive* - despachar una misiva

dispatch² /dɪˈspætʃ/ *(UK tb* **despatch**) ■ n [U] **1** ⇒envío ■ n [C] **2** ⇒despacho ⇒notificación ■ El plural es *dispatches*

dispel /dɪˈspel/ [dispelled, dispelling] v [T] ⇒disipar ⇒alejar

dispense /dɪˈspents/ [dispensed, dispensing] v [T] **1** ⇒distribuir: *They dispensed food among the needy* - Distribuyeron alimentos entre los necesitados **2** *(una máquina)* ⇒expender **3** ⇒dispensar: *to dispense medicines* - dispensar medicinas **4** ⇒eximir **5** ⇒administrar justicia
| PHRASAL VERBS
└ **to dispense with sth/sb** ⇒prescindir de

† **disperse** UK: /dɪˈspɜːs/ US: /-ˈspɝːs/ [dispersed, dispersing] v [T, I] ⇒dispersar(se): *The crowd dispersed after the concert* - La multitud se dispersó después del concierto

displace /dɪˈspleɪs/ [displaced, displacing] v [T] ⇒desplazar **2** ⇒reemplazar

display¹ /dɪˈspleɪ/ n [C, U] **1** ⇒exposición ⇒exhibición **2** ⇒manifestación ⇒demostración **3** to be on ~ ⇒exponer(se) ⇒exhibir(se)

display² /dɪˈspleɪ/ ■ v [T] **1** ⇒exponer ⇒exhibir **2** *(un sentimiento)* ⇒mostrar ⇒manifestar ■ v [T, I] **3** *(en informática)* ⇒mostrar [en pantalla]

disposable UK: /dɪˈspəʊ.zə.bl̩/ US: /-ˈspoʊ-/ adj **1** ⇒desechable **2** *(en economía)* ⇒disponible

disposal UK: /dɪˈspəʊ.zᵊl/ US: /-ˈspoʊ-/ *n* [U] **1** ⇒desechos ⇒despojos **2** *at sb's* ~ *(form)* ⇒a disposición de alguien

disposed UK: /dɪˈspəʊzd/ US: /-ˈspoʊzd/ *to be* ~ *to do sth (form)* ⇒estar dispuesto,ta a

disposition /ˌdɪs.pəˈzɪʃ.ᵊn/ *n* [C] ⇒temperamento ⇒forma de ser

disproportionate UK: /ˌdɪs.prəˈpɔː.ʃᵊn.ət/ US: /-ˈpɔːr-/ *adj* ⇒desproporcionado,da

disprove /dɪˈspruːv/ [disproved, disproving] *v* [T] ⇒refutar: *to disprove a theory* - refutar una teoría

dispute[1] /dɪˈspjuːt, ˈdɪs.pjuːt/ *n* [C, U] **1** ⇒disputa ⇒conflicto **2** {in/under} ~ ⇒en litigio: *That question is still in dispute* - Esa cuestión todavía se encuentra en litigio

dispute[2] /dɪˈspjuːt/ [disputed, disputing] *v* [T, I] ⇒discutir ⇒oponerse ⇒rebatir ■ CONSTR. to dispute + (that)

disqualify UK: /dɪˈskwɒl.ɪ.faɪ/ US: /-ˈskwɑː.lə-/ [disqualifies, disqualified] *v* [T] **1** ⇒inhabilitar: *He was disqualified from driving for a year* - Lo inhabilitaron para conducir durante un año **2** *(en deportes)* ⇒descalificar ■ CONSTR. Se usa más en pasiva

disregard[1] UK: /ˌdɪs.rɪˈɡɑːd/ US: /-ˈɡɑːrd/ *v* [T] ⇒hacer caso omiso: *He disregarded my advice* - Hizo caso omiso de mi consejo

disregard[2] UK: /ˌdɪs.rɪˈɡɑːd/ US: /-ˈɡɑːrd/ *n* [U] **1** ⇒indiferencia **2** *(a una ley o una norma)* ⇒desacato

disreputable UK: /dɪsˈrep.jʊ.tə.bl̩/ US: /-jə.ˈt̬ə-/ *adj* **1** ⇒de mala reputación **2** ⇒de mala fama

disrepute /ˌdɪs.rɪˈpjuːt/ *n* [U] ⇒descrédito: *He fell into disrepute* - Cayó en el descrédito

disrespect /ˌdɪs.rɪˈspekt/ *n* [U] ⇒falta de respeto

disrupt /dɪsˈrʌpt/ *v* [T] **1** ⇒interrumpir ⇒trastocar [el curso de algo] **2** ⇒desorganizar ⇒romper ⇒estropear ■ PRON. ru se pronuncia como en el término inglés run

dissatisfaction UK: /dɪsˌsæt.ɪsˈfæk.ʃᵊn/ US: /ˌdɪs.sæˈt̬.əs-/ *n* [U] ⇒insatisfacción

dissatisfied UK: /dɪsˈsæt.ɪs.faɪd/ US: /-ˈsæˈt̬.əs-/ *adj* ⇒insatisfecho,cha ⇒descontento,ta ■ PRON. La última parte, fied, rima con el sustantivo inglés side

dissent /dɪˈsent/ *n* [U] ⇒disconformidad ⇒desacuerdo

dissertation UK: /ˌdɪs.əˈteɪ.ʃᵊn/ US: /-ɚ-/ *n* [C] **1** ⇒disertación **2** *(en la universidad)* ⇒tesina

dissident /ˈdɪs.ɪ.dᵊnt/ *n* [C] ⇒disidente

dissimilar UK: /dɪˈsɪm.ɪ.lər/ US: /-lɚ/ *adj* ⇒diferente ⇒distinto,ta

dissociate UK: /dɪˈsəʊ.ʃi.eɪt/ US: /-ˈsoʊ-/ [dissociated, dissociating] *v* [T] ⇒disociar ■ CONSTR. to dissociate sth from sth

PHRASAL VERBS
· **to dissociate** *oneself* **from** *sth* ⇒separarse de algo ⇒distanciarse de algo

dissolve UK: /dɪˈzɒlv/ US: /-ˈzɑːlv/ [dissolved, dissolving] ■ *v* [T, I] **1** ⇒disolver(se) ⇒diluir(se) ■ *v* [T] **2** ⇒disolver ⇒anular ■ CONSTR. Se usa más en pasiva

dissuade /dɪˈsweɪd/ [dissuaded, dissuading] *v* [T] ⇒disuadir: *She dissuaded her from leaving the country* - La disuadió de abandonar el país ■ CONSTR. to dissuade from + doing sth ■ PRON. ua se pronuncia como way

distance[1] /ˈdɪs.tᵊns/ *n* [C, U] **1** ⇒distancia **2** *in the* ~ ⇒a lo lejos

distance[2] /ˈdɪs.tᵊns/ [distanced, distancing] *to* ~ *oneself from sth/sb* ⇒distanciarse de: *He distanced himself from her* - Se distanció de ella

distant /ˈdɪs.tᵊnt/ *adj* **1** ⇒lejano,na **2** ⇒distante ⇒frío,a

distaste /dɪˈsteɪst/ *n* [U] ⇒aversión: *to have distaste for sth* - tener aversión a algo

distasteful /dɪˈsteɪst.fᵊl/ *adj* ⇒desagradable

distil /dɪˈstɪl/ [distilled, distilling] UK *v* [T] ⇒destilar: *to distil alcohol* - destilar alcohol

distinct /dɪˈstɪŋkt/ *adj* **1** ⇒claro,ra ⇒marcado,da **2** ⇒distinto,ta ⇒diferente

distinction /dɪˈstɪŋk.ʃᵊn/ *n* [C, U] **1** ⇒distinción ⇒diferencia **2** ⇒distinción ⇒honor

distinctive /dɪˈstɪŋk.tɪv/ *adj* ⇒distintivo,va ⇒particular ⇒peculiar

distinguish /dɪˈstɪŋ.ɡwɪʃ/ [distinguishes] ■ *v* [T, I] **1** ⇒distinguir ⇒diferenciar ■ *v* [T] **2** ⇒distinguir ⇒divisar **3** *to* ~ *oneself* ⇒distinguirse ⇒destacar

distinguished /dɪˈstɪŋ.ɡwɪʃt/ *adj* ⇒distinguido,da ⇒eminente ■ PRON. La e no se pronuncia

distort UK: /dɪˈstɔːt/ US: /-ˈstɔːrt/ *v* [T] **1** *(un dato o una información)* ⇒distorsionar ⇒tergiversar **2** *(un sonido o una forma)* ⇒distorsionar

distract /dɪˈstrækt/ *v* [T] ⇒distraer: *Don't distract me while I'm working* - No me distraigas cuando estoy trabajando

distracted /dɪˈstræk.tɪd/ *adj* ⇒distraído,da ■ PRON. La e se pronuncia como la i en did

distraction /dɪˈstræk.ʃᵊn/ *n* [C, U] ⇒distracción

distraught UK: /dɪˈstrɔːt/ US: /-ˈstrɑːt/ *adj* ⇒angustiado,da ⇒consternado,da

distress /dɪˈstres/ *n* [U] **1** ⇒aflicción ⇒angustia ⇒pena **2** ~ *signal* ⇒señal de socorro **3** *in* ~ ⇒en apuros

distribute /dɪˈstrɪb.juːt/ UK: /ˈdɪs.trɪ.bjuːt/ US: /-jʊt/ [distributed, distributing] *v* [T] ⇒distribuir ■ PRON. La u se pronuncia como you

distribution /ˌdɪs.trɪˈbjuː.ʃᵊn/ *n* [C, U] ⇒distribución ■ PRON. La u se pronuncia como you

D ▬

distributor UK: /dɪˈstrɪb.jʊ.tə⁷/ US: /-jə.ˢt̬ə/ *n* [C] ⇝distribuidor,-a

†**district** /ˈdɪs.trɪkt/ *n* [C] **1** *(en una ciudad)* ⇝distrito ⇝barrio **2** *(en un país)* ⇝región ⇝zona

distrust¹ /dɪˈstrʌst/ *n* [U] ⇝desconfianza

distrust² /dɪˈstrʌst/ *v* [T] ⇝desconfiar: *to distrust on sth* - desconfiar de algo

†**disturb** UK: /dɪˈstɜːb/ US: /-ˈstɜːb/ *v* [T] **1** ⇝molestar ⇝interrumpir ⇝fregar AMÉR. col. **2** ⇝inquietar **3** ⇝perturbar ⇝trastornar **4** ⇝desordenar ■ PRON. *ur* rima con el término inglés *her*

disturbance UK: /dɪˈstɜː.bⁿn̩ts/ US: /-ˈstɜː-/ *n* [C, U] **1** ⇝molestia **2** ⇝alboroto **3** ⇝alteración [del orden] **4** ⇝interrupción **5** ⇝interferencias [radiofónicas]

disturbed UK: /dɪˈstɜːbd/ US: /-ˈstɜːbd/ *adj* ⇝trastornado,da ⇝enloquecido,da ■ PRON. *ur* rima con el término inglés *her* y la última *e* no se pronuncia

disturbing UK: /dɪˈstɜː.bɪŋ/ US: /-ˈstɜː-/ *adj* ⇝perturbador,-a ⇝inquietante ■ PRON. *ur* rima con el término inglés *her*

disused /dɪˈsjuːzd/ *adj* ⇝abandonado,da: *a disused factory* - una fábrica abandonada ■ PRON. La *e* no se pronuncia

ditch¹ /dɪtʃ/ *[pl* ditches] *n* [C] **1** ⇝cuneta **2** ⇝zanja

ditch² /dɪtʃ/ *v* [T] **1** *(inform) (a la pareja)* ⇝dejar plantado,da *col.;* ⇝abandonar **2** *(inform)* ⇝deshacerse [de algo] ⇝abandonar

dither UK: /ˈdɪð.ə⁷/ US: /-ə/ *v* [I] ⇝titubear ⇝vacilar

ditto UK: /ˈdɪt.əʊ/ US: /ˈdɪˤt̬.oʊ/ *n* [C] ⇝ídem

dive¹, dived, dived *(US tb* dove, dove) /daɪv/ *[diving] v* [I] **1** ⇝zambullirse ⇝tirarse de cabeza ⇝sumergirse **2** ⇝bucear **3** *(un avión, un pájaro)* ⇝caer en picado **4** *(en deportes)* ⇝tirarse en plancha **5** *(precios)* ⇝caer en picado ⇝bajar **6** *to ~ {into/under} sth* ⇝meterse {en/debajo de} algo [precipitadamente]

dive² /daɪv/ *n* [C] **1** ⇝zambullida ⇝inmersión **2** ⇝salto de cabeza ⇝salto en picado **3** ⇝bajada vertiginosa [en la bolsa] **4** *(inform)* ⇝garito *col.;* ⇝antro *desp.*

diver UK: /ˈdaɪ.və⁷/ US: /-və/ *n* [C] ⇝buceador,-a

diverge UK: /ˌdaɪˈvɜːdʒ/ US: /dɪˈvɜːdʒ/ [diverged, diverging] *v* [I] **1** ⇝discrepar **2** ⇝apartarse ⇝salirse **3** ⇝separarse ⇝divergir

†**diverse** /daɪˈvɜːs/ US: /dɪˈvɜːs/ *adj* ⇝diverso,sa

diversify /daɪˈvɜː.sɪ.faɪ/ US: /dɪˈvɜː-/ [diversifies, diversified] *v* [T, I] ⇝diversificar(se): *Their company has diversified* - Su empresa se ha diversificado

diversion UK: /daɪˈvɜː.ʃⁿn/ US: /dɪˈvɜː-/ *n* [C] **1** *UK (US* detour) ⇝desviación ⇝desvío **2** ⇝distracción

†**diversity** UK: /daɪˈvɜː.sɪ.ti/ US: /dɪˈvɜː.sə.ˤt̬i/ *[pl* diversities] *n* [U, NO PL] ⇝diversidad: *a wide diversity of opinion* - una amplia diversidad de opiniones

divert UK: /daɪˈvɜːt/ US: /dɪˈvɜːt/ *v* [T] **1** ⇝desviar **2** *to ~ sb's {attention/thoughts}* ⇝distraer a alguien ■ Distinto de *to amuse* (divertir) ■ PRON. La primera parte, *di*, rima con *my*

†**divide** /dɪˈvaɪd/ [divided, dividing] ■ *v* [T, I] **1** ⇝dividir ⇝separar ■ Se usa generalmente seguido de las preposiciones *by* e *into* ■ *v* [T] **2** ⇝partir ⇝repartir **3** ⇝dividir ⇝enfrentar

divided *adj* ⇝dividido,da ■ PRON. La *e* se pronuncia como la *i* en *did*

†**dividend** /ˈdɪv.ɪ.dend, -dənd/ *n* [C] *(en economía)* ⇝dividendo ⇝beneficio

divine /dɪˈvaɪn/ *adj* ⇝divino,na ■ PRON. La segunda sílaba, *vine*, rima con el término inglés *mine*

diving /ˈdaɪ.vɪŋ/ *n* [U] **1** ⇝buceo ⇝submarinismo **2** ⇝saltos de trampolín

diving board *n* [C] ⇝trampolín [de una piscina]

†**division** /dɪˈvɪʒ.ⁿn/ ■ *n* [U] **1** ⇝división **2** ⇝cálculo ■ *n* [C, U] **3** ⇝desacuerdo ■ *n* [C] **4** ⇝sección ⇝departamento **5** *(en el ejército)* ⇝división **6** *(en deportes)* ⇝división **7** ⇝votación

†**divorce¹** UK: /dɪˈvɔːs/ US: /-ˈvɔːrs/ *n* [C, U] **1** ⇝divorcio **2** *to get a divorce* - divorciarse

divorce² UK: /dɪˈvɔːs/ US: /-ˈvɔːrs/ [divorced, divorcing] *v* [T, I] ⇝divorciar(se): *She divorced him* - Se divorció de él

divulge /daɪˈvʌldʒ/ [divulged, divulging] *v* [T] *(form)* ⇝divulgar ■ CONSTR. to divulge + interrogativa indirecta ■ PRON. La primera sílaba, *di*, rima con *my*

†**DIY** /ˌdiː.aɪˈwaɪ/ *UK n* [U] ⇝forma abreviada de **do-it-yourself** (bricolaje) ■ PRON. Se pronuncia cada letra por separado

†**dizzy** /ˈdɪz.i/ *adj* [comp dizzier, superl dizziest] ⇝mareado,da

DJ /ˌdiːˈdʒeɪ, '--/ *n* [C] ⇝forma abreviada de **disc jockey** (pinchadiscos)

DNA /ˌdiː.enˈeɪ/ *n* [U] ⇝ADN ■ Procede de *deoxyribonucleic acid* (ácido desoxirribonucleico)

†**do¹**, did, done /də, du, duː/ [does] ■ *v* [T] **1** ⇝hacer **2** ⇝hacer ⇝recorrer **3** ⇝estudiar ■ *v* [I] **4** ⇝servir ⇝valer ⇝bastar **5** ⇝venir bien ■ *v* [AUX] **6** *«Does she study German?» «Yes, she does»* - ¿Estudia alemán? «Sí»; *I don't know* - No lo sé; *My brother plays basketball more than I do* - Mi hermano juega más al baloncesto que yo; *I did tell you* - Te lo dije ■ En español no se traduce **7 How do you do?** *(saludo)* ⇝encantado,da ⇝mucho gusto **8 {it/that} {will never/won't} ~** ⇝no puede ser **9 that does it!** ⇝¡esto es el colmo! **10 that's done it!** *(inform)* ⇝cagarla *vulg.;* ⇝fastidiarla **11 that**

will do! ⇒¡ya basta! ⇒¡es suficiente! **12 to {be/have} with** *sth/sb* ⇒tener que ver con **13 to ~ one's best** ⇒hacer lo que se puede **14 to ~ sb good** ⇒sentar bien a alguien **15 what do you do?** ⇒¿en qué trabaja? ⇒¿a qué se dedica? ■ Ver cuadros auxiliary verbs y hacer (to do / to make)

PHRASAL VERBS
· **to do away with** *sb (inform)* ⇒cargarse a alguien *col.*
· **to do** *sth* **up [M]** 1 *UK* ⇒abrochar(se) algo 2 ⇒envolver algo 3 *(un edificio)* ⇒reformar ⇒renovar
· **to do without** *sth/sb* ⇒prescindir de ⇒pasar(se) sin

do² /duː/ [*pl* do's, dos] *UK* ■ *n* [c] **1** *(inform)* ⇒fiesta: *her leaving do* - su fiesta de despedida ■ *n* [U, NO PL] **2** *(tb* doh) *(nota musical)* ⇒do **3** do's and don'ts ⇒reglas ⇒consejos

docile UK: /ˈdəʊ.saɪl/ US: /ˈdɑː.s[ə]l/ *adj* ⇒dócil

dock¹ UK: /dɒk/ US: /dɑːk/ *n* [c] **1** *(en un puerto)* ⇒muelle ⇒dársena **2** *(en un puerto)* ⇒dique **3** *UK (en un tribunal)* ⇒banquillo de los acusados

dock² UK: /dɒk/ US: /dɑːk/ *v* [T, I] **1** *(un barco)* ⇒atracar ⇒arribar **2** ⇒llegar en barco

† **doctor¹** UK: /ˈdɒk.təʳ/ US: /ˈdɑːk.tə/ *n* [c] ⇒doctor,-a ⇒médico,ca ■ La forma abreviada es *Doc* o *Dr*

doctor² UK: /ˈdɒk.təʳ/ US: /ˈdɑːk.tə/ *v* [T] **1** ⇒adulterar **2** ⇒amañar

† **Doctor** *n* [c] *(distinción académica)* ⇒doctor **2 ~ of Medicine** ⇒doctor en medicina ■ La forma abreviada es *MD* **3 ~ of Philosophy** ⇒doctor titulado ■ La forma abreviada es *DPhil* o *PhD*

doctorate UK: /ˈdɒk.tʰr.ət/ US: /ˈdɑːk.tə-/ *n* [c] ⇒doctorado

doctrine UK: /ˈdɒk.trɪn/ US: /ˈdɑːk-/ *n* [c, U] ⇒doctrina

† **document¹** UK: /ˈdɒk.jʊ.mənt/ US: /ˈdɑː.kjʊ-/ *n* [c] ⇒documento ■ PRON. La *u* se pronuncia como en *you*

† **document²** UK: /ˈdɒk.jʊ.mənt/ UK: /-ment/ US: /ˈdɑː.kjʊ-/ *v* [T] ⇒documentar ■ PRON. La *u* se pronuncia como en *you*

documentary¹ UK: /ˌdɒk.jʊˈmen.tʰr.i/ US: /ˌdɑː.kjəˈmen.ˤtə-/ [*pl* documentaries] *n* [c] ⇒documental ■ PRON. La *u* se pronuncia como en *you*

† **documentary²** UK: /ˌdɒk.jʊˈmen.tʰr.i/ US: /ˌdɑː.kjʊˈmen.ˤtə-/ *adj* ⇒documental: *documentary evidence* - pruebas documentales ■ PRON. La *u* se pronuncia como en *you*

docusoap UK: /ˈdɒ.kju:.səʊp/ US: /ˈdɑː.kju:.soʊp/ *n* [c] *(programa de televisión)* ⇒docuserie

dodge UK: /dɒdʒ/ US: /dɑːdʒ/ [dodged, dodging] ■ *v* [T, I] **1** ⇒esquivar ⇒hacer un quiebro ■ *v* [T] **2** ⇒eludir

dodgy UK: /ˈdɒdʒ.i/ US: /ˈdɑː.dʒi/ *UK adj* [*comp* dodgier, *superl* dodgiest] **1** *(inform)* ⇒desleal ⇒deshonesto,ta **2** *(inform)* ⇒arriesgado,da: *a dodgy situation* - una situación arriesgada **3** *(inform)* ⇒débil ⇒delicado,da

doe UK: /dəʊ/ US: /doʊ/ *n* [c] **1** ⇒coneja **2** ⇒liebre hembra **3** ⇒cierva

does /dʌz, dəz/ See **do**

doesn't /ˈdʌz.ªnt/ *(does not)* See **do**

† **dog¹** UK: /dɒg/ US: /dɑːg/ *n* [c] ⇒perro,rra: *Suddenly the dogs began to bark* - De repente, los perros empezaron a ladrar

dog² UK: /dɒg/ US: /dɑːg/ [dogged, dogging] *v* [T] **1** ⇒seguir ⇒perseguir **2** *(un problema)* ⇒perseguir

dogged UK: /ˈdɒg.ɪd/ US: /ˈdɑː.gɪd/ *adj* ⇒tenaz: *a dogged attitude* - una actitud tenaz

dogsbody UK: /ˈdɒgz.bɒd.i/ US: /ˈdɑːgz.bɑː.di/ [*pl* dogsbodies] *UK n* [c] *(inform)* ⇒persona que hace siempre el trabajo sucio o el trabajo aburrido

dog-tired UK: /ˌdɒgˈtaɪəd/ US: /ˌdɑːgˈtaɪrd/ *adj (inform)* ⇒agotado,da ⇒molido,da *col.*

doh UK: /dəʊ/ US: /doʊ/ *(tb* do) *n* [U, NO PL] *(nota musical)* ⇒do

doing /ˈduː.ɪŋ/ *n* [U] ⇒obra: *I'm sure this is his doing* - Estoy seguro de que esto es obra suya

dole UK: /dəʊl/ US: /doʊl/ *UK n* [NO PL] **1** *(US* welfare) *(inform)* ⇒subsidio de desempleo **2** ⇒paro: *the dole queue* - la cola del paro **3 to be on the ~** *(US* to be on welfare) *(inform)* ⇒cobrar el paro

† **doll** UK: /dɒl/ US: /dɑːl/ *n* [c] *(juguete)* ⇒muñeca

† **dollar** UK: /ˈdɒl.əʳ/ US: /ˈdɑː.lə/ *n* [c] *(moneda)* ⇒dólar

dolphin UK: /ˈdɒl.fɪn/ US: /ˈdɑː.l-/ *n* [c] ⇒delfín

† **domain** UK: /dəʊˈmeɪn/ US: /doʊ-/ *n* [c] **1** ⇒ámbito ⇒sector **2** *(form)* ⇒dominio ⇒territorio **3** *(en internet)* ⇒dominio

dome UK: /dəʊm/ US: /doʊm/ *n* [c] ⇒cúpula

† **domestic** /dəˈmes.tɪk/ *adj* **1** ⇒casero,ra ⇒hogareño,ña **2** ⇒doméstico,ca **3** ⇒nacional: *domestic economy* - economía nacional

domesticated UK: /dəˈmes.tɪ.keɪ.tɪd/ US: /-ˤtɪd/ *adj* ⇒que tiene buena disposición para realizar las tareas domésticas

dominance UK: /ˈdɒm.ɪ.nənts/ US: /ˈdɑː.mə-/ *n* [U] ⇒dominación ⇒dominio

† **dominant** UK: /ˈdɒm.ɪ.nənt/ US: /ˈdɑː.mə-/ *adj* **1** ⇒dominante ⇒dominador,-a **2** ⇒predominante

† **dominate** UK: /ˈdɒm.ɪ.neɪt/ US: /ˈdɑː.mə-/ [dominated, dominating] *v* [T, I] **1** ⇒dominar: *The Romans dominated many nations* - Los romanos dominaron a muchos pueblos **2** ⇒dominar ⇒destacar

D ■

D

domination UK: /ˌdɒm.ɪˈneɪ.ʃ°n/ US: /ˌdɑː.məˈ-/ n [U] ⇒dominación ⇒dominio

domineering UK: /ˌdɒm.ɪˈnɪə.rɪŋ/ US: /ˌdɑː.məˈnɪr.ɪŋ/ adj ⇒dominante ⇒mandón,-a col.

Dominica /dəˈmɪn.ɪ.kə/ n [U] ⇒Dominica

Dominican UK: /dəˈmɪn.ɪ.kən/ US: /doʊ-/ adj, n [C] **1** (de la República Dominicana) ⇒dominicano **2** (de Dominica) ⇒dominiqués

Dominican Republic the ~ ⇒República Dominicana

dominion /dəˈmɪn.jən/ ∎ n [U] **1** (form) ⇒dominio ⇒poder ∎ n [C] **2** ⇒dominio ⇒territorio

domino UK: /ˈdɒm.ɪ.nəʊ/ US: /ˈdɑː.mə.noʊ/ [pl dominoes] n [C] ⇒ficha de dominó

dominoes UK: /ˈdɒm.ɪ.nəʊz/ US: /ˈdɑː.mɪ.noʊz/ n [U] ⇒dominó: to play dominoes - jugar al dominó

† **donate** UK: /dəʊˈneɪt/ US: /ˈdoʊ.neɪt/ [donated, donating] v [T, I] ⇒donar

donation UK: /dəʊˈneɪ.ʃ°n/ US: /doʊˈneɪ-/ ∎ n [U] **1** ⇒donación: blood donation - donación de sangre ∎ n [C] **2** ⇒donativo: to make a donation - hacer un donativo

done¹ /dʌn/ past participle of **do**

done² /dʌn/ adj ⇒acabado,da ⇒hecho,cha

† **donkey** UK: /ˈdɒŋ.ki/ US: /ˈdɑː.ŋ-/ (tb ass) n [C] ⇒asno ⇒burro,rra

† **donor** UK: /ˈdəʊ.nəʳ/ US: /ˈdoʊ.nɚ/ n [C] ⇒donante: an anonymous donor - un donante anónimo ∎ PRON. Se acentúa la primera sílaba

† **don't** UK: /dəʊnt/ US: /doʊnt/ (do not) See **do**

donut /ˈdəʊ.nʌt/ US: /ˈdoʊ-/ (tb doughnut) US n [C] ⇒donut®

doodle¹ /ˈduː.dl̩/ [doodled, doodling] v [T, I] ⇒hacer garabatos

doodle² /ˈduː.dl̩/ n [C] ⇒garabato

doom /duːm/ n [U] **1** ⇒condena ⇒perdición **2** ⇒fatalidad **3** merchant of ~ UK ⇒agorero,ra **4** prophet of ~ ⇒catastrofista

doomed /duːmd/ adj ⇒condenado,da ⇒abocado,da

† **door** UK: /dɔːʳ/ US: /dɔːr/ n [C] **1** ⇒puerta: to knock on the door - llamar a la puerta **2** He lives three doors away - Vive tres casas más arriba **3** out of doors ⇒al aire libre

doorbell UK: /ˈdɔː.bel/ US: /ˈdɔːr-/ n [C] ⇒timbre [de la puerta]: The doorbell rang - Sonó el timbre de la puerta

doorknob UK: /ˈdɔː.nɒb/ US: /ˈdɔːr.nɑːb/ n [C] ⇒pomo ⇒tirador

doorman UK: /ˈdɔː.mən/ US: /ˈdɔːr-/ [pl doormen] n [C] (en un hotel o en un edificio público) ⇒conserje

doorstep UK: /ˈdɔː.step/ US: /ˈdɔːr-/ n [C] **1** ⇒peldaño **2** on one's ~ ⇒a un paso ⇒muy cerca

doorway UK: /ˈdɔː.weɪ/ US: /ˈdɔːr-/ n [C] **1** ⇒vano [de una puerta] **2** ⇒entrada [a un edificio] ⇒portal

dope¹ UK: /dəʊp/ US: /doʊp/ ∎ n [U] **1** (inform) ⇒chocolate col.; ⇒hachís **2** dope test - control antidopaje ∎ n [C] **3** ⇒imbécil col. desp.

dope² UK: /dəʊp/ US: /doʊp/ [doped, doping] v [T] **1** ⇒dopar **2** ⇒narcotizar

dormant UK: /ˈdɔː.mənt/ US: /ˈdɔːr-/ adj ⇒inactivo,va ⇒dormido,da ⇒en estado latente

dormitory UK: /ˈdɔː.mɪ.tʳr.i/ US: /ˈdɔːr.mə.tɔːr-/ [pl dormitories] n [C] **1** ⇒dormitorio **2** US (UK hall of residence) ⇒colegio mayor

dosage UK: /ˈdəʊ.sɪdʒ/ US: /ˈdoʊ-/ n [C] See **dose**

† **dose** UK: /dəʊs/ US: /doʊs/ (tb dosage) n [C] ⇒dosis: in small doses - en pequeñas dosis

dossier UK: /ˈdɒs.i.eɪ/ UK: /-əʳ/ US: /ˈdɑː.si.eɪ/ n [C] ⇒dossier ⇒expediente

dot¹ UK: /dɒt/ US: /dɑːt/ n [C] **1** ⇒punto **2** on the ~ ⇒en punto: at twenty past five on the dot - a las cinco y veinte en punto ∎ Ver cuadro signos de puntuación

dot² UK: /dɒt/ US: /dɑːt/ [dotted, dotting] v [T] **1** ⇒esparcir ∎ CONSTR. Se usa más en pasiva **2** ⇒poner puntos **3** to ~ the i's and cross the t's ⇒dar los últimos retoques a algo ⇒retocar

dot.com UK: /ˌdɒtˈkɒm/ US: /ˌdɑːtˈkɑːm/ n [C] ⇒empresa que desarrolla su actividad principalmente por internet

dote UK: /dəʊt/ US: /doʊt/ [doted, doting]
| PHRASAL VERBS
· **to dote on sb** ⇒adorar a alguien: She dotes on her grandson - Adora a su nieto

doting UK: /ˈdəʊ.tɪŋ/ US: /ˈdoʊ.ˠtɪŋ/ adj (una persona) ⇒que adora a alguien

double¹ /ˈdʌb.l̩/ adj, n [C] **1** ⇒doble: a double room - una habitación doble; a double meaning - un doble sentido **2** George is your double! - ¡George es tu doble!

† **double²** /ˈdʌb.l̩/ [doubled, doubling] v [T, I] ⇒duplicar(se)
| PHRASAL VERBS
· **to double (sb) {over/up}** **1** ⇒retorcerse **2** to double up with laughter - partirse de risa
· **to double (up) as sth** ⇒hacer las veces de algo ⇒valer también como

double-barrelled /ˌdʌb.l̩ˈbær.ªld/ UK adj **1** (un arma) ⇒de dos cañones **2** (un apellido) ⇒compuesto,ta

double bass [pl double basses] (tb bass) n [C] (instrumento musical) ⇒contrabajo ∎ PRON. bass rima con face

double-check /ˌdʌb.l̩ˈtʃek/ v [T] ⇒comprobar ⇒cerciorar(se)

double-click /ˌdʌb.l'klɪk/ v [T, I] *(en informática)* ⇨hacer doble clic

double-cross UK: /ˌdʌb.l'krɒs/ US: /-'krɑːs/ [double-crosses] v [T] *(inform)* ⇨engañar ⇨traicionar

double-decker (bus) [*pl* double-decker (buses)] *UK n* [C] ⇨autobús de dos pisos

double-glazing /ˌdʌb.l'gleɪ.zɪŋ/ *UK n* [U] ⇨doble acristalamiento

double-page spread *n* [C] ⇨doble página

doubly /'dʌb.li/ *adv* ⇨doblemente: *That's doubly dangerous* - Es doblemente peligroso

† **doubt¹** /daʊt/ *n* [C, U] **1** ⇨duda **2 in ~** ⇨dudoso,sa ⇨incierto,ta **3 no ~** ⇨seguro ⇨indudablemente **4 to cast ~ on** *sth* ⇨poner en duda ⇨sembrar la duda **5 without (a) ~** ⇨sin duda ⇨sin lugar a duda ■ PRON. La *b* no se pronuncia y rima con el término inglés *out*

† **doubt²** /daʊt/ v [T] ⇨dudar: *I doubt that they'll come* - Dudo de que vengan ■ CONSTR. to doubt + (that) ■ PRON. La *b* no se pronuncia y rima con el término inglés *out*

doubtful /'daʊt.fºl/ *adj* ⇨dudoso,sa ■ PRON. La *b* no se pronuncia y la primera sílaba, *doubt*, rima con el término inglés *out*

doubtfully /'daʊt.fºl.i/ *adv* ⇨dudosamente

doubtless /'daʊt.ləs/ *adv* ⇨sin duda ⇨indudablemente

dough UK: /dəʊ/ US: /doʊ/ *n* [C, U] *(alimento)* ⇨masa ⇨pasta ■ PRON. Rima con el término inglés *go*

doughnut UK: /'dəʊ.nʌt/ US: /'doʊ-/ *(US tb* donut) *n* [C] ⇨donut®

dour /dʊəʳ/ US: /dʊr/ *adj* ⇨adusto,ta ⇨huraño,ña ⇨arisco,ca

douse /daʊs/ [doused, dousing] v [T] **1** ⇨extinguir [un fuego] **2** ⇨empapar

dove /dʌv/ *n* [C] ⇨paloma ■ PRON. La *o* se pronuncia como la *u* en el término inglés *run*

dove² UK: /dəʊv/ US: /doʊv/ *US* past tense and past participle forms of **dive**

dowdy /'daʊ.di/ *adj* [*comp* dowdier, *superl* dowdiest] *(una prenda de vestir, una persona)* ⇨pasado,da de moda ⇨poco atractivo,va

† **down¹** /daʊn/ *adv, prep* **1** ⇨hacia abajo: *He went down the hill I think* - Creo que se fue hacia abajo ■ Se usa frecuentemente con verbos de movimiento. Al traducirlo en español su significado suele estar implícito en el verbo: *to go down a mountain* - descender una montaña **2 ~ under** *(inform)* ⇨Australia **3 to be ~ to** *sb UK* ⇨ser la responsabilidad de alguien

down² /daʊn/ *adj* **1** ⇨más bajo,ja **2** ⇨triste ⇨decaído,da **3** *The server was down all day* - El servidor no funcionó en todo el día

down³ /daʊn/ *n* [U] **1** ⇨plumón: *duck down* - plumón de pavo **2** ⇨pelusa ⇨pelusilla **3 to have a ~ on** *sb UK (inform)* ⇨tener manía a alguien *col.*

down⁴ /daʊn/ v [T] *(inform)* ⇨beber rápidamente: *The child downed two glasses of water* - El niño se bebió rápidamente dos vasos de agua

down-and-out /ˌdaʊn.ə'naʊt/ *adj, n* [C] ⇨indigente

downcast /'daʊn.kɑːst/ *adj* **1** ⇨abatido,da **2** *His eyes were downcast* - Tenía la mirada baja

downgrade /ˌdaʊn'greɪd/ [downgraded, downgrading] v [T] ⇨bajar de categoría ⇨bajar de nivel

downhearted UK: /ˌdaʊn'hɑː.tɪd/ US: /-'hɑːr.ˤtɪd/ *adj* ⇨desanimado,da

downhill¹ /ˌdaʊn'hɪl, '--/ *adv* **1** ⇨cuesta abajo **2** ⇨en decadencia: *to be going downhill* - estar en decadencia

downhill² /ˌdaʊn'hɪl, '--/ *adj* **1** ⇨cuesta abajo **2 to be all ~** ⇨ser coser y cantar *col.*

download¹ UK: /ˌdaʊn'ləʊd/ UK: /'--/ US: /-'loʊd/ v [T, I] *(en informática)* ⇨bajar(se) ⇨descargar

download² UK: /'daʊn.ləʊd/ US: /-loʊd/ *n* [C] *(en informática)* ⇨descarga

downloadable UK: /ˌdaʊn'ləʊd.ə.bl/ US: /-'loʊd-/ *adj (un archivo informático)* ⇨que se puede descargar [de internet]

downmarket UK: /ˌdaʊn'mɑː.kɪt/ US: /'daʊnˌmɑːr-/ *UK adj* ⇨de baja calidad

downplay /ˌdaʊn'pleɪ/ v [T] ⇨quitar importancia

downpour UK: /'daʊn.pɔː/ US: /-pɔːr/ *n* [C] ⇨chaparrón: *a sudden downpour* - un chaparrón repentino

downright¹ /'daʊn.raɪt/ *adj (informal)* ⇨declarado,da ⇨manifiesto,ta

downright² /'daʊn.raɪt/ *adv* ⇨completamente

downside /'daʊn.saɪd/ *n* [NO PL] ⇨lado negativo ⇨inconveniente

downsize /'daʊn.saɪz/ [downsized, downsizing] v [T, I] *(euphem) (en una empresa)* ⇨reducir

downstairs¹ UK: /ˌdaʊn'steəz/ US: /-'sterz/ *adj, adv* **1** ⇨de abajo: *That's my downstairs neighbour* - Ese es mi vecino de abajo **2** ⇨abajo: *I'll wait for you downstairs* - Te espero abajo

† **downstairs²** UK: /ˌdaʊn'steəz/ US: /-'sterz/ *the ~* *(en una casa)* ⇨el piso de abajo

downstream /ˌdaʊn'striːm/ *adv* ⇨río abajo: *to swim downstream* - nadar río abajo

down-to-earth UK: /ˌdaʊn.tuː'ɜːθ/ US: /-'ɜːrθ/ *adj* ⇨práctico,ca y sencillo,lla: *a down-to-earth person* - una persona práctica y sencilla

† **downtown** /ˌdaʊn'taʊn/ *US adj, adv* **1** ⇨en el centro [de la ciudad] **2** ⇨del centro [de la ciudad]

downtrodden UK: /'daʊnˌtrɒd.ºn/ US: /-ˌtrɑː.d[ə]n/ *adj* ⇨oprimido,da ⇨sometido,da

D ▬

downturn UK: /ˈdaʊn.tɜːn/ US: /-tɜːn/ n [c] *(en economía)* ⇒descenso

†**downwards** UK: /ˈdaʊn.wədz/ US: /-wədz/ *UK adv* ⇒hacia abajo: *to move downwards* - ir hacia abajo

doze[1] UK: /dəʊz/ US: /doʊz/ [dozed, dozing] *v* [ɪ] ⇒dormitar ⇒echar una cabezada
| PHRASAL VERBS
| · **to doze off** ⇒dormirse

doze[2] UK: /dəʊz/ US: /doʊz/ *UK n* [NO PL] ⇒cabezada ⇒siesta

†**dozen** /ˈdʌz.ən/ n [c] ⇒docena: *I want half a dozen eggs* - Quiero media docena de huevos ■ Se dice *a dozen sth.* Incorrecto: *a dozen of sth* ■ La forma abreviada es *doz*

†**Dr** n [c] ⇒forma abreviada de **doctor** (doctor,-a)

drab /dræb/ *adj* [comp drabber, superl drabbest] ⇒monótono,na ⇒aburrido,da

draft[1] UK: /drɑːft/ US: /dræft/ n [c] **1** ⇒borrador ⇒esbozo **2** *(en banca)* ⇒orden de pago **3** *US* See **draught 4** the ~ *US (en el ejército)* ⇒llamada a filas

draft[2] UK: /drɑːft/ US: /dræft/ *v* [T] **1** ⇒hacer un borrador **2** *US (en el ejército)* ⇒llamar a filas ■ CONSTR. Se usa más en pasiva
| PHRASAL VERBS
| · **to draft** *sb* **in** [M] *UK* ⇒designar a alguien ⇒enviar a alguien

draftsman UK: /ˈdrɑːfts.mən/ US: /ˈdræfts-/ [pl draftsmen] *US n* [c] See **draughtsman**

drafty UK: /ˈdrɑːf.ti/ US: /ˈdræf.ˤti/ *US (UK draughty) adj* [comp draftier, superl draftiest] ⇒con corriente

drag[1] /dræg/ [dragged, dragging] ■ *v* [T] **1** ⇒arrastrar: *She dragged the suitcase into the room* - Arrastró la maleta hasta la habitación ■ CONSTR. Se usa generalmente seguido de una preposición o un adverbio ■ *v* [ɪ] **2** *(tb drag on)* ⇒alargarse ⇒pasar muy lentamente ⇒hacerse pesado,da

drag[2] /dræg/ ■ n [NO PL] **1** *(inform)* ⇒rollo *col.*: *The film was a real drag* - La película era un auténtico rollo **2** *(very inform) (una persona)* ⇒pelmazo,za *col.;* ⇒pesado,da ■ n [c] **3** *(inform)* ⇒calada [de un cigarro]

dragon /ˈdræg.ən/ n [c] ⇒dragón

dragonfly /ˈdræg.ən.flaɪ/ [pl dragonflies] n [c] ⇒libélula

drain[1] /dreɪn/ ■ *v* [T] **1** ⇒escurrir: *Drain the mushrooms* - Escurre los champiñones **2** *v* [ɪ] *(un lugar)* ⇒drenar ⇒desaguar **3** ⇒agotar: *emotionally drained* - emocionalmente agotado **4** *(un vaso)* ⇒beber [entero]
| PHRASAL VERBS
| · **to drain (***sth***) away** [M] ⇒agotarse algo ⇒desaparecer algo

drain[2] /dreɪn/ n [c] **1** ⇒desagüe ⇒alcantarilla **2** a ~ **on** *sth (de dinero o energía)* ⇒chorreo ⇒sangría

drainage /ˈdreɪ.nɪdʒ/ n [U] ⇒desagüe ⇒drenaje ■ PRON. La segunda *a* se pronuncia como la *i* en *did*

drained /dreɪnd/ *adj* ⇒agotado,da ⇒sin fuerzas

dram /dræm/ *Scot n* [c] ⇒trago [de bebida]

†**drama** UK: /ˈdrɑː.mə/ US: /ˈdræm.ə/ n [c, U] **1** ⇒obra de teatro **2** *(arte)* ⇒teatro **3** *(un evento)* ⇒drama

dramatic UK: /drəˈmæt.ɪk/ US: /-ˈmæˤt-/ *adj* **1** *(referido al teatro)* ⇒dramático,ca **2** ⇒espectacular: *a dramatic fire* - un incendio espectacular

dramatist UK: /ˈdræm.ə.tɪst/ US: /-ˤtɪst/ n [c] ⇒dramaturgo,ga

dramatize /ˈdræm.ə.taɪz/ [dramatized, dramatizing] *v* [T] **1** ⇒dramatizar ⇒hacer teatro **2** *to be dramatized on film* - ser llevado a la pantalla **3** *to be dramatized on stage* - hacer una representación teatral

drank /dræŋk/ past tense of **drink**

drape /dreɪp/ [draped, draping] **1** *to* ~ *sth* {across/on/over} *sth* ⇒colgar algo sobre algo **2** *to* ~ {in/with} *sth* ⇒cubrir con algo ⇒envolver con algo

drapes /dreɪps/ *US n* [PL] ⇒cortinas

drastic /ˈdræs.tɪk/ *adj* **1** ⇒drástico,ca **2** ⇒radical

draught UK: /drɑːft/ US: /dræft/ *UK (US draft) n* [c] ⇒corriente de aire ■ PRON. La *gh* se pronuncia como una *f*

draughts UK: /drɑːfts/ US: /dræfts/ *UK (US checkers) n* [U] *(juego)* ⇒damas

draughtsman UK: /ˈdrɑːfts.mən/ US: /ˈdræfts-/ [pl draughtsmen] *UK (US draftsman) n* [c] **1** ⇒dibujante **2** ⇒delineante

draughty UK: /ˈdrɑːf.ti/ US: /ˈdræf.ˤti/ *UK (US drafty) adj* [comp draughtier, superl draughtiest] ⇒con corriente: *a draughty room* - una habitación con corriente ■ PRON. La *gh* se pronuncia como una *f*

†**draw**[1], drew, drawn UK: /drɔː/ US: /drɑː/ ■ *v* [T, ɪ] **1** ⇒dibujar **2** *(en deportes)* ⇒empatar ■ CONSTR. to draw with sb ■ *v* [T] **3** ⇒atraer ⇒despertar interés **4** *(de un banco)* ⇒sacar [dinero] **5** ⇒sacar [un arma] **6** *(las cortinas)* ⇒correr ⇒descorrer **7** to ~ a comparison ⇒hacer una comparación ⇒comparar **8** to ~ (sb's attention) to *sth/sb* ⇒llamar la atención de
| PHRASAL VERBS
| · **to draw back** ⇒apartarse ⇒retroceder
| · **to draw in** *UK (los días)* ⇒acortarse
| · **to draw on** *sth/sb* ⇒hacer uso ⇒sacar provecho
| · **to draw up** ⇒parar(se) ⇒detener(se)
| · **to draw** *sth* **up** [M] **1** *(un plan)* ⇒preparar ⇒elaborar **2** *(una carta)* ⇒redactar

draw² UK: /drɔː/ US: /drɑː/ n [c] **1** UK ⇒empate ⇒tablas **2** (US tb **drawing**) ⇒sorteo **3** ⇒atractivo ⇒encanto

drawback UK: /ˈdrɔː.bæk/ US: /ˈdrɑː-/ n [c] ⇒inconveniente ⇒desventaja

† **drawer** UK: /drɔː/ US: /drɑː/ n [c] ⇒cajón: *It's in the drawer* - Está en el cajón ■ PRON. Rima con *floor*

drawers UK: /drɔːz/ US: /drɑːz/ n [PL] (old-fash) ⇒calzoncillos: *a pair of drawers* - unos calzoncillos

drawing UK: /ˈdrɔː.ɪŋ/ US: /ˈdrɑː-/ n [c, u] **1** ⇒dibujo **2** US (UK/US tb **draw**) ⇒sorteo

drawing pin UK (US **thumbtack**) n [c] ⇒chincheta ⇒tachuela ⇒chinche AMÉR.

drawing room n [c] (old-fash) ⇒cuarto de estar

drawl UK: /drɔːl/ US: /drɑːl/ n [NO PL] ⇒habla pausada que alarga las vocales ⇒voz cansina

drawn UK: /drɔːn/ US: /drɑːn/ adj ⇒cansado,da ⇒demacrado,da

drawn² UK: /drɔːn/ US: /drɑːn/ past participle of **draw**

dread¹ /dred/ v [T] **1** ⇒tener pavor ⇒temer ■ CONSTR. to dread + doing sth **2** I ~ **to think** ⇒me da miedo pensar ■ PRON. Rima con *red*

dread² /dred/ n [U] ⇒pavor ⇒terror ■ PRON. Rima con *red*

† **dreadful** /ˈdred.fªl/ adj ⇒pavoroso,sa ⇒horrible ⇒espantoso,sa ■ PRON. La primera parte, *dread*, rima con *red*

dreadfully /ˈdred.fªl.i/ adv **1** ⇒muy mal ⇒fatal **2** UK (form) ⇒muchísimo: *He said he felt dreadfully sorry* - Dijo que lo sentía muchísimo

dreadlocks UK: /ˈdred.lɒks/ US: /-lɑːks/ n [PL] ⇒rastas

† **dream¹** /driːm/ n [c] ⇒sueño: *I had a strange dream last night* - Tuve un extraño sueño anoche

† **dream²**, **dreamt**, **dreamt** (US tb **dreamed**, **dreamed**) /driːm/ v [T, I] **1** ⇒soñar: *I dreamt of you* - Soñé contigo **2** ⇒imaginar ⇒soñar ■ CONSTR. to dream + (that)

dreamer UK: /ˈdriː.məʳ/ US: /-mə/ n [c] ⇒soñador,-a

dreamt past tense and past participle forms of **dream** ■ PRON. *ea* se pronuncia como la e en *red*

dreamy /ˈdriː.mi/ adj [comp dreamier, superl dreamiest] **1** ⇒soñador,-a **2** (una música) ⇒apacible **3** ⇒de ensueño ⇒maravilloso,sa **4** to have a dreamy look - estar en las nubes

dreary UK: /ˈdrɪə.ri/ US: /ˈdrɪr.i/ adj [comp drearier, superl dreariest] **1** ⇒lóbrego,ga ⇒sombrío,bría **2** ⇒deprimente ⇒aburrido,da

dredge /dredʒ/ [dredged, dredging] v [T] ⇒dragar: *to dredge a river* - dragar un río

drench /drentʃ/ [drenches] v [T] ⇒empapar(se): *We got drenched on the way back home* - Nos empapamos al volver a casa ■ CONSTR. Se usa más en pasiva

† **dress¹** /dres/ ■ v [T, I] **1** ⇒vestir(se) ■ v [T] **2** (una ensalada) ⇒aliñar **3** (una herida) ⇒curar **4** (un escaparate) ⇒decorar

PHRASAL VERBS
· **to dress up 1** ⇒disfrazarse **2** ⇒ponerse elegante
· **to dress sth up** [M] ⇒disfrazar algo ⇒adornar algo

† **dress²** /dres/ ■ n [c] **1** ⇒vestido ■ El plural es *dresses* ■ n [u] **2** ⇒ropa

dresser UK: /ˈdres.əʳ/ US: /-ə/ n [c] **1** US ⇒tocador ⇒peinador AMÉR. **2** UK ⇒aparador [de cocina] **3** ⇒ayudante de vestuario

dressing /ˈdres.ɪŋ/ ■ n [c, u] **1** ⇒aliño ■ n [c] **2** ⇒vendaje

dressing gown UK (US **robe**) n [c] **1** ⇒bata **2** ⇒albornoz

dressing room n [c] **1** ⇒vestidor ⇒vestuario **2** ⇒camerino

dressing table UK n [c] ⇒tocador ⇒peinador AMÉR.

dressmaker UK: /ˈdres.ˌmeɪ.kəʳ/ US: /-kə/ n [c] ⇒modisto,ta [de mujeres]

drew /druː/ past tense of **draw** ■ PRON. Rima con *blue*

dribble /ˈdrɪb.l/ [dribbled, dribbling] v [T, I] **1** ⇒babear **2** ⇒gotear: *Water was dribbling out of the tap* - El grifo estaba goteando **3** (en deportes) ⇒regatear

drier UK: /ˈdraɪ.əʳ/ US: /-ə/ (tb **dryer**) n [c] **1** ⇒secador [de pelo] **2** (UK tb **tumble dryer**) ⇒secadora [de ropa] ■ PRON. La primera parte, *dri*, se pronuncia como *dry*

drift¹ /drɪft/ v [I] **1** ⇒dejarse llevar ⇒dejarse arrastrar **2** ⇒ir a la deriva: *The boat drifted* - El barco iba a la deriva **3** (la nieve, la arena) ⇒apilar(se) ⇒amontonar(se) ■ CONSTR. Se usa generalmente seguido de una preposición o un adverbio

drift² /drɪft/ ■ n [u, NO PL] **1** ⇒movimiento ⇒cambio ■ n [c] **2** (de nieve) ⇒montón ■ n [NO PL] **3** ⇒idea general: *Do you get the drift?* - ¿Captas la idea general?

drill¹ /drɪl/ ■ n [c] **1** ⇒taladro ⇒taladradora **2** ⇒práctica ⇒ejercicio ■ n [u] **3** (en el ejército) ⇒instrucción

drill² /drɪl/ ■ v [T, I] **1** ⇒taladrar ⇒perforar **2** (en el ejército) ⇒entrenar(se) ■ v [T] **3** ⇒instruir ⇒educar ■ CONSTR. Se usa generalmente seguido de una preposición o un adverbio

drily /ˈdraɪ.li/ adv **1** ⇒secamente **2** ⇒con ironía

† **drink**[1], **drank, drunk** /drɪŋk/ *v* [I] ⇨beber ⇨tomar [bebidas alcohólicas] *AMÉR.*
| PHRASAL VERBS
 · **to drink to** *sth/sb* ⇨brindar por
└ · **to drink (***sth***) up** [M] ⇨terminarse una bebida

† **drink**[2] /drɪŋk/ *n* [C, U] **1** ⇨bebida **2** *Shall I get you a drink?* - ¿Te traigo algo de beber? **3** *Let's go out for a drink* - ¿Vamos a tomar una copa?

drinker UK: /ˈdrɪŋ.kəʳ/ US: /-kɚ/ *n* [C] ⇨bebedor,-a: *an inveterate drinker* - un bebedor empedernido

drinking /ˈdrɪŋ.kɪŋ/ *n* [U] *(hábito)* ⇨bebida

drinking water *n* [U] ⇨agua potable

drip[1] /drɪp/ [dripped, dripping] *v* [I] **1** ⇨gotear **2** *The roof is dripping* - Hay goteras en el techo

drip[2] /drɪp/ ▪ *n* [NO PL] **1** ⇨goteo ▪ *n* [C] **2** ⇨gota **3** *(en medicina)* ⇨gotero **4** *(inform)* ⇨panoli *col. desp.;* ⇨ñoño,ña *col. desp.*

† **drive**[1] /draɪv/, drove, driven /draɪv/, /draɪv, drəʊv, ˈdrɪv.ən/ [driving] *v* [T, I] **1** ⇨conducir ⇨manejar *AMÉR.* **2** ⇨impulsar **3** ⇨hacer funcionar **4** **to ~ sb {crazy/mad/wild}** ⇨volver loco,ca a alguien *col.* **5** **to be in the driving seat** ⇨tener la sartén por el mango *col.*
| PHRASAL VERBS
 · **to drive off** ⇨alejarse [en coche] ⇨arrancar el
└ coche y marcharse

drive[2] /draɪv/ ▪ *n* [C] **1** ⇨paseo [en coche]: *Let's go for a drive* - ¿Damos un paseo en coche? **2** *(tb driveway)* *(de una casa)* ⇨camino de entrada **3** ⇨campaña **4** *(en deportes)* ⇨ataque **5** *(en informática)* ⇨unidad de disco **6** *(en mecánica)* ⇨transmisión **7** ⇨impulso ▪ *n* [U] **8** ⇨energía ⇨empuje

drive-in /ˈdraɪv.ɪn/ *US n* [C] ⇨lugar exterior de algunos establecimientos en los que se sirve a los clientes sin que salgan del coche

driven /ˈdrɪv.ʲn/, /ˈdrɪv.ən/ past participle of **drive**
 ▪ PRON. La *i* se pronuncia como en *did*

driver UK: /ˈdraɪ.vəʳ/ US: /-vɚ/ *n* [C] **1** ⇨conductor,-a: *taxi driver* - conductor de taxi; ⇨chófer ⇨chofer *AMÉR.* **2** *(en un tren)* ⇨maquinista **3** *(en informática)* ⇨controlador *US* **4** *(en economía)* ⇨propulsor

driver's license *US n* [C] See **driving licence**

driveway /ˈdraɪv.weɪ/ *(tb drive)* *n* [C] *(de una casa)* ⇨camino de entrada

driving /ˈdraɪ.vɪŋ/ *n* [U] **1** ⇨conducción ⇨manejo *AMÉR.* **2** *driving instructor* - profesor de autoescuela

† **driving licence** *UK (US driver's license) n* [C] ⇨carné de conducir: *to get one's driving licence* - sacarse el carné de conducir ▪ PRON. La primera parte de *licence, li,* rima con *my*

drizzle[1] /ˈdrɪz.l̩/ *n* [U] ⇨llovizna ⇨chirimiri ⇨garúa *AMÉR.*

drizzle[2] /ˈdrɪz.l̩/ [drizzled, drizzling] *v* [I] ⇨chispear ⇨lloviznar

drone[1] UK: /drəʊn/ US: /droʊn/ ▪ *n* [NO PL] **1** ⇨zumbido [de insectos] **2** ⇨soniquete **3** ⇨roncón [de una gaita] ▪ *n* [C] **4** *(insecto)* ⇨zángano

drone[2] UK: /drəʊn/ US: /droʊn/ [droned, droning] *v* [I] ⇨zumbar
| PHRASAL VERBS
 · **to drone on (about** *sth***)** ⇨hablar monótona-
└ mente [sobre algo]

drool /druːl/ *v* [I] **1** ⇨babear **2 to ~ at** *sth* ⇨hacerse la boca agua *col.: We drooled at the sight of the meal* - Se nos hizo la boca agua al ver la comida
| PHRASAL VERBS
 · **to drool over** *sth/sb* ⇨caerse la baba *col.: He drools over his children* - Se le cae la baba
└ con sus hijos

droop /druːp/ *v* [I] **1** ⇨caer lánguidamente **2** *(una planta)* ⇨ponerse mustio,tia ⇨marchitarse **3** *(el ánimo)* ⇨decaer

† **drop**[1] UK: /drɒp/ US: /drɑːp/ [dropped, dropping] ▪ *v* [I] **1** *(un objeto)* ⇨caer(se) ⇨dejar caer **2** ⇨bajar: *Sales have dropped considerably* - Las ventas han bajado bastante ▪ *v* [T] **3** *(un plan, una idea)* ⇨abandonar **4** *(en coche)* ⇨dejar [de camino] **5** **to ~ sb a hint** ⇨soltar una indirecta **6** **to ~ sb a line** ⇨escribirle una nota a alguien **7** **to ~ dead** ⇨morir súbitamente
| PHRASAL VERBS
 · **to drop behind** ⇨quedarse rezagado,da
 · **to drop {by/in}** *(inform)* ⇨hacer una visita: *I'll drop in tomorrow* - Te haré una visita mañana
 · **to drop off 1** *(inform)* ⇨quedarse dormido,da **2** ⇨disminuir ⇨menguar
 · **to drop out 1** *(de una competición, de un jue-*
└ *go)* ⇨retirarse **2** *(la universidad)* ⇨abandonar

† **drop**[2] UK: /drɒp/ US: /drɑːp/ ▪ *n* [C] **1** ⇨gota **2** *It's just a drop in the ocean* - Es solo una gota en el mar **3** *(inform)* ⇨trago ▪ *n* [NO PL] **4** ⇨caída: *a drop in prices* - una caída de precios **5** ⇨caída ⇨pendiente **6** ⇨lanzamiento de provisiones [desde un avión]

dropout UK: /ˈdrɒp.aʊt/ US: /ˈdrɑː.p-/ *n* [C] **1** ⇨marginado,da **2** ⇨persona que no acaba sus estudios universitarios

droppings UK: /ˈdrɒp.ɪŋz/ US: /ˈdrɑː.pɪŋz/ *n* [PL] ⇨excremento [de un animal]

drought /draʊt/ *n* [C, U] ⇨sequía ▪ PRON. Rima con el término inglés *out*

drove UK: /drəʊv/ US: /droʊv/ past tense of **drive**

† **drown** /draʊn/ *v* [T, I] **1** ⇨ahogar(se): *The ship sank and twenty people drowned* - El barco se hundió y se ahogaron veinte personas **2** ⇨inundar(se)

PHRASAL VERBS

· **to drown** *sth/sb* **out** [M] *(inform) (un ruido)* ⇨ahogar

drowsy /'draʊ.zi/ *adj* [*comp* drowsier, *superl* drowsiest] ⇨adormecido,da ⇨somnoliento,ta

drudgery UK: /'drʌdʒ.ªr.i/ US: /-ɚ-/ *n* [U] ⇨trabajo pesado

† **drug¹** /drʌg/ *n* [C] **1** ⇨medicamento ⇨fármaco **2** ⇨droga ■ Se usa más en plural

† **drug²** /drʌg/ [drugged, drugging] *v* [T] ⇨drogar

† **drug addict** *n* [C] ⇨drogadicto,ta

† **drugstore** UK: /'drʌg.stɔːr/ US: /-stɔːr/ *US* (*UK* chemist's) *n* [C] ⇨farmacia

drum¹ /drʌm/ *n* [C] **1** *(instrumento musical)* ⇨batería **2** ⇨tambor

drum² /drʌm/ [drummed, drumming] *v* [T, I] **1** ⇨tocar la batería **2** ⇨tocar el tambor **3** ⇨repiquetear ⇨tamborilear

PHRASAL VERBS

· **to drum** *sth* **into** *sb* ⇨hacer comprender algo a alguien ■ CONSTR. Se usa más en pasiva

· **to drum** *sth* **up** [M] *(el apoyo, el interés)* ⇨aumentar ⇨conseguir

drummer UK: /'drʌm.ªr/ US: /-ɚ/ *n* [C] *(persona)* ⇨batería

drumming *n* [U, NO PL] ⇨repiqueteo: *the drumming of the rain on the roof* - el repiqueteo de la lluvia contra el techo

† **drunk¹** /drʌŋk/ *adj* **1** ⇨borracho,cha **2** *to get ~* ⇨emborracharse ■ PRON. La *u* se pronuncia como en el término inglés *run*

† **drunk²** /drʌŋk/ past participle of **drink** ■ PRON. La *u* se pronuncia como en el término inglés *run*

drunken /'drʌŋ.kən/ *adj* **1** *(una persona)* ⇨bebido,da ⇨borracho,cha **2** ⇨etílico,ca

† **dry¹** /draɪ/ *adj* [*comp* drier or dryer, *superl* driest or dryest] **1** ⇨seco,ca ⇨árido,da **2** ⇨aburrido,da **3** ⇨irónico,ca

dry² /draɪ/ [dries, dried] *v* [T, I] ⇨secar(se): *Help me dry the dishes* - Ayúdame a secar los platos

PHRASAL VERBS

· **to dry (**sth**) out** ⇨secar(se)

· **to dry up 1** *(un río, un lago)* ⇨secarse **2** *UK (una persona)* ⇨atascarse ⇨quedarse en blanco *col.* **3** *(un recurso)* ⇨agotarse **4** *(la vajilla)* ⇨secar

· **to dry (**sth**) up** [M] *UK* ⇨secar [los platos]

dry clean *v* [T, I] ⇨limpiar en seco

dryer UK: /'draɪ.ªr/ US: /-ɚ/ *(tb drier) n* [C] **1** ⇨secador **2** *(UK tb* **tumble dryer***)* ⇨secadora [de ropa]

dual UK: /'dju:.əl/ US: /'du:.[ə]l/ *adj* ⇨dual ⇨doble

dual carriageway *UK n* [C] ⇨autovía ⇨carretera de doble sentido

dub /dʌb/ [dubbed, dubbing] *v* [T] **1** ⇨apodar **2** ⇨doblar: *The film was dubbed into Spanish* - La película estaba doblada al español ■ CONSTR. Se usa más en pasiva ■ PRON. La *u* se pronuncia como en el término inglés *run*

† **dubious** UK: /'dju:.bi.əs/ US: /'du:-/ *adj* **1** ⇨dudoso,sa ⇨poco fiable ⇨sospechoso,sa **2** *to be dubious about sth* - tener dudas sobre algo **3** *to have the dubious honour of doing sth* - tener el discutible honor de hacer algo ■ PRON. La *u* se pronuncia como en *you*

duchess /'dʌtʃ.es/ [*pl* duchesses] *n* [C] ⇨duquesa

duck¹ /dʌk/ *n* [C] **1** *(ave)* ⇨pato,ta **2** *(en cricket)* ⇨cero

duck² /dʌk/ ■ *v* [T, I] **1** ⇨agacharse: *I ducked just in time to dodge the ball* - Me agaché justo a tiempo para esquivar el balón **2** *v* [T] *(inform) (un problema)* ⇨eludir ⇨torear *col.*

PHRASAL VERBS

· **to duck out of** *sth* ⇨escaquearse de algo ■ CONSTR. to duck out + of + doing sth

duckling /'dʌk.lɪŋ/ *n* [C, U] ⇨patito,ta: *the ugly duckling* - el patito feo

duct /dʌkt/ *n* [C] ⇨conducto: *air duct* - conducto de aire

dud¹ /dʌd/ *n* [C] *(inform)* ⇨birria *col. desp.;* ⇨patata *col.* ■ PRON. La *u* se pronuncia como en el término inglés *sun*

dud² /dʌd/ *adj* **1** *(inform)* ⇨que no funciona: *a dud light bulb* - una bombilla que no funciona **2** *(una bomba)* ⇨que no estalla **3** *(una moneda)* ⇨falso,sa **4** *(un talón)* ⇨sin fondos ■ PRON. La *u* se pronuncia como en el término inglés *sun*

dude /du:d/ *US n* [C] *(very inform)* ⇨colega *col.;* ⇨tío *col.*

† **due¹** UK: /dju:/ US: /du:/ *adj* **1** *(form) When is the baby due?* - ¿Cuándo se espera que nazca el bebé? **2** *(deuda): Our rent is due today* - El plazo para pagar el alquiler vence hoy ■ CONSTR. Se usa detrás de un verbo **3** *(form)* ⇨debido,da: *to treat sb with due respect* - tratar a alguien con el debido respeto **4** *~ to* ⇨debido a: *Due to the weather, we had dinner inside* - Debido al tiempo, cenamos dentro **5** *to be ~ for* ⇨tocar: *I'm due for a visit to the dentist quite soon* - Me toca ir al dentista dentro de poco

due² UK: /dju:/ US: /du:/ *to give sb {his/her/their} ~* ⇨para ser justo,ta con alguien ⇨reconocer el mérito de alguien

duel UK: /'dju:.əl/ US: /'du:.[ə]l/ *n* [C] ⇨duelo

dues UK: /dju:z/ US: /du:z/ *n* [PL] *(de una asociación, de un sindicato)* ⇨cuotas

duet UK: /dju'et/ US: /du:-/ *n* [C] *(en música)* ⇨dúo ⇨dueto

D ■

dug /dʌg/ past tense and past participle forms of **dig** ■ PRON. La u se pronuncia como en el término inglés *gun*

†**duke** UK: /dju:k/ US: /du:k/ *n* [C] ⇒duque

†**dull** /dʌl/ *adj* 1 ⇒soso,sa ⇒aburrido,da 2 ⇒nublado,da ⇒gris 3 *(un sonido)* ⇒sordo,da ■ PRON. La u se pronuncia como en el término inglés *gun*

duly UK: /dju:.li/ US: /du:-/ *adv* 1 *(form)* ⇒debidamente 2 *(form)* ⇒como es debido: *She duly arrived at 4 o'clock* - Llegó a las cuatro en punto, como es debido 3 *(form)* ⇒como estaba previsto

dumb /dʌm/ *adj* 1 ⇒mudo,da 2 *US (inform)* ⇒tonto,ta *desp.;* ⇒boludo,da *AMÉR. vulg. desp.* ■ PRON. La b no se pronuncia

dumbfounded /ˌdʌmˈfaʊn.dɪd/ *adj* ⇒perplejo,ja

dummy¹ /ˈdʌm.i/ *[pl* dummies*] n* [C] 1 ⇒maniquí 2 ⇒réplica ⇒copia 3 *US (inform)* ⇒memo,ma *desp.* 4 *UK (US pacifier)* ⇒chupete ⇒chupón *AMÉR.* 5 ~ **run** ⇒ensayo ⇒simulacro

dummy² /ˈdʌm.i/ *adj* ⇒de juguete

dump¹ /dʌmp/ *v* [T] 1 ⇒verter 2 ⇒tirar 3 *(inform)* ⇒dejar ⇒plantar *col.*

dump² /dʌmp/ *(UK tb* tip*) n* [C] 1 ⇒vertedero 2 *(en el ejército)* ⇒depósito 3 *(inform) (una habitación, una casa)* ⇒cuadra *desp.;* ⇒leonera *desp.* 4 *(inform) (un lugar)* ⇒antro

dumpling /ˈdʌm.plɪŋ/ *n* [C] ⇒bola de masa que se utiliza en repostería o bien se come como acompañamiento de carne o verduras

dumps /dʌmps/ **to be (down) in the ~** *(inform)* ⇒estar bajo,ja de ánimo

dun /dʌn/ *adj* ⇒pardo,da

dune UK: /dju:n/ US: /du:n/ *n* [C] ⇒duna

dung /dʌŋ/ *n* [U] ⇒boñiga ⇒bosta

dungarees /ˌdʌŋ.gəˈriːz/ *UK (US* overalls*) n* [PL] ⇒peto ⇒mono ⇒mameluco *AMÉR.*

dungeon /ˈdʌn.dʒ³n/ *n* [C] ⇒mazmorra ■ PRON. La primera parte, *dun,* rima con el término inglés *sun*

duo UK: /ˈdju:.əʊ/ US: /ˈdu:.oʊ/ *n* [C] ⇒pareja ⇒dúo

dupe UK: /dju:p/ US: /du:p/ [duped, duping] *v* [T] ⇒engañar: *Don't let him dupe you* - No te dejes engañar por él ■ CONSTR. to be duped + into + doing sth

duplicate¹ UK: /ˈdju:.plɪ.keɪt/ US: /ˈdu:-/ [duplicated, duplicating] *v* [T] ⇒duplicar: *He always duplicates important documents* - Siempre duplica los documentos importantes

duplicate² UK: /ˈdju:.plɪ.kət/ US: /ˈdu:-/ *n* [C] ⇒duplicado

duplicate³ UK: /ˈdju:.plɪ.kət/ US: /ˈdu:-/ *adj* ⇒duplicado,da

durable UK: /ˈdjʊə.rə.bl̩/ US: /ˈdʊr.ə-/ *adj* ⇒duradero,ra

duration UK: /djʊəˈreɪ.ʃ³n/ US: /du:-/ *n* [U] 1 ⇒duración 2 **for the ~ (of** *sth***)** ⇒hasta el término de algo ⇒mientras dure algo

duress UK: /djʊˈres/ US: /du:-/ **under ~** *(form)* ⇒bajo coacción

†**during** UK: /ˈdjʊə.rɪŋ/ US: /ˈdʊr.ɪŋ/ *prep* ⇒durante: *Smoking isn't allowed during the flight* - No está permitido fumar durante el vuelo; ⇒a lo largo de

dusk /dʌsk/ *n* [U] ⇒atardecer ⇒anochecer

dust¹ /dʌst/ *n* [U] ⇒polvareda ⇒polvo ■ PRON. us se pronuncia como el pronombre inglés *us*

dust² /dʌst/ ■ *v* [T, I] 1 ⇒quitar el polvo: *Dust those shelves* - Quítale el polvo a esos estantes ■ *v* [T] 2 ⇒espolvorear

| PHRASAL VERBS

· **to dust** *sth* **{down/off} [M]** ⇒desempolvar algo

†**dustbin** /ˈdʌst.bɪn/ *UK (US* garbage can*) n* [C] ⇒cubo de basura ⇒caneca *AMÉR.* ■ PRON. us se pronuncia como el pronombre inglés *us*

duster UK: /ˈdʌs.tə³/ US: /-t̬ə/ *n* [C] 1 *UK* ⇒gamuza ⇒trapo 2 ⇒borrador [de pizarra]

dustman /ˈdʌst.mən/ *[pl* dustmen*] UK (US* garbage man*) n* [C] ⇒basurero

dustpan /ˈdʌst.pæn/ *n* [C] ⇒recogedor

dusty /ˈdʌs.ti/ *adj* [*comp* dustier, *superl* dustiest] ⇒polvoriento,ta: *a pile of dusty newspapers* - un montón de periódicos polvorientos ■ PRON. us se pronuncia como el pronombre inglés *us*

Dutch¹ /dʌtʃ/ *n* 1 *(idioma)* ⇒neerlandés ⇒holandés 2 **the ~** *(gentilicio)* ⇒los holandeses, las holandesas ■ El singular es *a Dutchman* o *a Dutchwoman*

Dutch² /dʌtʃ/ *adj* ⇒holandés,-a: *Are you Dutch?* - ¿Eres holandesa?

Dutchman /ˈdʌtʃ.mən/ *[pl* Dutchmen*] n* [C] ⇒holandés

Dutchmen *n* [PL] See **Dutchman**

Dutchwoman /ˈdʌtʃ.wʊm.ən/ *[pl* Dutchwomen*] n* [C] ⇒holandesa

Dutchwomen *n* [PL] See **Dutchwoman**

dutiful UK: /ˈdju:.tɪ.f³l/ US: /ˈdu:.°t̬ɪ-/ *adj* 1 ⇒sumiso,sa ⇒obediente 2 ⇒cumplidor,-a

†**duty** UK: /ˈdju:.ti/ US: /ˈdu:.°t̬i/ *[pl* duties*] n* [C, U] 1 ⇒obligación ⇒deber 2 ⇒responsabilidad ⇒función 3 ⇒impuesto 4 **to be off ~** ⇒estar fuera de servicio 5 **to be on ~** ⇒estar de servicio

duty-free UK: /ˌdju:.tiˈfri:/ US: /ˌdu:.°t̬i-/ *adj* ⇒libre de impuestos: *a duty-free shop* - una tienda libre de impuestos

†**duvet** UK: /ˈdu:.veɪ/ US: /-¹-/ *UK (US* comforter*) n* [C] ⇒edredón ■ PRON. La t no se pronuncia

†**DVD** /ˌdi:.vi:ˈdi:/ *n* [C] ⇒DVD ■ Procede de *digital versatile disc* (disco digital polivalente) o *digital video disc* (disco digital de vídeo)

dwarf¹ UK: /dwɔːf/ US: /dwɔːrf/ [*pl* dwarves, dwarfs] *adj, n* [C] ⇒enano,na

dwarf² UK: /dwɔːf/ US: /dwɔːrf/ *v* [T] ⇒empequeñecer: *My boat is dwarfed by those large ships* - Esos grandes barcos empequeñecen mi bote ■ Constr. Se usa más en pasiva

dwell, dwelt, dwelt (*tb* dwelled, dwelled) /dwel/ *v* [I] *(form)* ⇒morar ⇒habitar ■ Constr. Se usa generalmente seguido de una preposición o un adverbio

|PHRASAL VERBS
· **to dwell {on/upon} sth** ⇒obsesionarse con algo: *Don't dwell on it* - No te obsesiones con eso

dwelling /ˈdwel.ɪŋ/ *n* [C] *(form)* ⇒morada ⇒vivienda

dwelt past tense and past participle forms of **dwell**

dwindle /ˈdwɪn.dl/ [dwindled, dwindling] *v* [I] ⇒disminuir ⇒reducirse ⇒menguar

dye¹ /daɪ/ *n* [C, U] ⇒tinte ⇒tintura

dye² /daɪ/ [dyed, dyeing] *v* [T] ⇒teñir(se): *to dye one's hair* - teñirse el pelo

dying /ˈdaɪ.ɪŋ/ *adj* **1** ⇒moribundo,da ⇒agonizante **2** ⇒último,ma **3** ⇒que se está perdiendo ⇒en vías de extinción

dyke /daɪk/ (*tb* dike) *n* [C] **1** ⇒dique **2** *UK* ⇒acequia **3** *(offens)* ⇒tortillera *desp.;* ⇒arepera *col.*

dynamic /daɪˈnæm.ɪk/ *adj* **1** ⇒dinámico,ca **2** *(persona)* ⇒activo,va ⇒dinámico,ca *col.* ■ Pron. La primera sílaba, *dy*, rima con *my*

dynamics /daɪˈnæm.ɪks/ *n* [U] ⇒dinámica: *group dynamics* - dinámicas de grupo ■ Pron. La primera sílaba, *dy*, rima con *my*

dynamism /ˈdaɪ.nə.mɪ.zᵊm/ *n* [U] ⇒dinamismo

dynamite¹ /ˈdaɪ.nə.maɪt/ *n* [U] **1** ⇒dinamita **2** *(inform)* ⇒bomba: *Their new album is pure dynamite* - Su nuevo disco es la bomba ■ Pron. La primera sílaba, *dy*, rima con *my*

dynamite² /ˈdaɪ.nə.maɪt/ [dynamited, dynamiting] *v* [T] ⇒dinamitar ■ Pron. La primera sílaba, *dy*, rima con *my*

dynasty UK: /ˈdɪn.ə.sti/ US: /ˈdaɪ.nə-/ [*pl* dynasties] *n* [C] ⇒dinastía

dysentery UK: /ˈdɪs.ᵊn.tᵊr.i/ UK: /-tri/ US: /-ter.ə/ *n* [U] *(en medicina)* ⇒disentería

dyslexia /dɪˈslek.si.ə/ *n* [U] ⇒dislexia

D ■

E

e /iː/ [*pl* e's] *n* [c] (*letra del alfabeto*) ⇒e
E /iː/ [*pl* E's] *n* [c, u] (*nota musical*) ⇒mi
† **each¹** /iːtʃ/ *adj* ⇒cada
† **each²** /iːtʃ/ *pron* ⇒cada uno,na: *The avocados cost one pound each* - Los aguacates cuestan una libra cada uno
† **each other** (*tb* one another) *pron* ⇒el uno al otro, la una a la otra ⇒se
† **eager** UK: /ˈiː.gəʳ/ US: /-gɚ/ *adj* **1** ⇒anhelante ⇒ávido,da ⇒deseoso,sa **2 to be ~ to do** *sth* ⇒tener ganas de hacer algo ⇒estar ansioso,sa por hacer algo
† **eagle** /ˈiː.gl̩/ *n* [c] **1** ⇒águila **2 with an eagle eye** - con ojo de lince
† **ear** UK: /ɪəʳ/ US: /ɪr/ *n* [c] **1** ⇒oreja **2** ⇒oído: *She has a good ear for music* - Tiene buen oído para la música; *ear infection* - infección de oídos **3** ⇒espiga [de trigo] **4 to be all ears** ⇒ser todo oídos **5 to be up to** *one's* **ears in** *sth* ⇒estar desbordado,da de algo: *They're up to their ears in problems* - Están desbordados de problemas **6 to play** *sth* **by ~** (*en música*) ⇒tocar de oído **7 to play it by ~** (*una situación*) ⇒improvisar
earache UK: /ˈɪə.reɪk/ US: /ˈɪr.eɪk/ *n* [c, u] ⇒dolor de oídos: *to have an earache* - tener dolor de oídos ■ PRON. La última sílaba, *ache*, rima con *make*
eardrum UK: /ˈɪə.drʌm/ US: /ˈɪr-/ *n* [c] ⇒tímpano
earl UK: /ɜːl/ US: /ɜːl/ *n* [c] ⇒conde [británico]
† **early¹** UK: /ˈɜː.li/ US: /ˈɜː-/ *adj* [*comp* earlier, *superl* earliest] **1** ⇒temprano,na **2** ⇒primero,ra: *One of my earliest memories...* - Uno de mis primeros recuerdos... **3** ⇒prematuro,ra ⇒anticipado,da **4 the ~ hours** ⇒la madrugada ■ Hace referencia al principio de un período. Comparar con *soon*
† **early²** UK: /ˈɜː.li/ US: /ˈɜː-/ *adv* [*comp* earlier, *superl* earliest] **1** ⇒pronto ⇒temprano ⇒antes [de lo previsto] **2** (*en el día*) ⇒pronto ⇒temprano **3** ⇒a principios: *early last year* - a principios del año pasado **4** ⇒prematuramente **5 at the earliest** ⇒como muy temprano **6 ~ on** ⇒al poco de empezar ■ Hace referencia al principio de un período. Comparar con *soon*

earmark UK: /ˈɪə.mɑːk/ US: /ˈɪr.mɑːrk/ *v* [T] ⇒destinar: *Some money has been earmarked for that purpose* - Han destinado dinero a ese fin ■ CONSTR. 1. *to earmak sth for sth* 2. Se usa más en pasiva
† **earn** UK: /ɜːn/ US: /ɜːn/ *v* [T] **1** ⇒ganar [dinero por medio del trabajo]: *He earns a lot of money* - Gana mucho dinero **2** ⇒merecerse **3** ⇒ganarse: *to earn one's crust* - ganarse el pan
earnest UK: /ˈɜː.nɪst/ US: /ˈɜː-/ *adj* **1** ⇒serio,ria ⇒sincero,ra **2** ⇒decidido,da **3** ⇒ferviente **4 in ~** ⇒de verdad ⇒en serio
earnings UK: /ˈɜː.nɪŋz/ US: /ˈɜː-/ *n* [PL] ⇒ganancias ⇒ingresos ⇒sueldo
earphones UK: /ˈɪə.fəʊnz/ US: /ˈɪr.foʊnz/ *n* [PL] ⇒auriculares ⇒cascos
† **earring** UK: /ˈɪə.rɪŋ/ US: /ˈɪr.ɪŋ/ *n* [c] ⇒pendiente ⇒arete AMÉR.; ⇒aro AMÉR. ■ Se usa más en plural
earshot UK: /ˈɪə.ʃɒt/ US: /ˈɪr.ʃɑːt/ **to be out of ~** ⇒estar a cierta distancia de una persona de manera que no se pueda oír lo que dice
† **earth¹** ■ *n* [U, NO PL] **1** (*planeta*) ⇒Tierra ■ *n* [U] **2** (*en geología*) ⇒tierra ⇒suelo **3 to {charge/cost} the ~** *UK* ⇒(cobrar/costar) un ojo de la cara *col.* **4 to come (back) down to ~** ⇒bajarse de las nubes ⇒volver a la realidad **5 What on earth...?** (*inform*) ⇒¿qué demonios...? *col.*
earth² *UK v* [T] (*en electricidad*) ⇒conectar a tierra
earthly UK: /ˈɜːθ.li/ US: /ˈɜːθ-/ *adj* (*lit*) ⇒terrenal: *earthly paradise* - paraíso terrenal
earthquake UK: /ˈɜːθ.kweɪk/ US: /ˈɜːθ-/ *n* [c] ⇒terremoto ⇒seísmo ■ La forma abreviada es *quake*
ease¹ /iːz/ *n* [U] **1** ⇒facilidad: *with great ease* - con gran facilidad **2** ⇒bienestar ⇒desahogo **3 at ease!** (*en las fuerzas armadas*) ⇒descansen **4 to {be/feel} at ~** ⇒estar a gusto ⇒sentirse a gusto
ease² /iːz/ [eased, easing] *v* [T] **1** ⇒aliviar: *Cold water will ease your pain* - El agua fría te aliviará el dolor **2** ⇒aflojar **3** ⇒reducir: *to ease traffic problems* - reducir los atascos **4 to ~** *sth* /sub **{across/back/into/out/up}** ⇒mover a alguien

con cuidado ■ CONSTR. Se usa más como reflexivo **5 to ~ one's mind** ⇨tranquilizarse

| PHRASAL VERBS

· **to ease {off/up} 1** ⇨moderarse **2** *(una presión, un dolor)* ⇨disminuir **3** *(la lluvia, una tormenta)* ⇨amainar

easel /'iː.zªl/ *n* [C] ⇨caballete

easily /'iː.zɪ.li/ *adv* **1** ⇨fácilmente **2** ⇨perfectamente **3 ~ the {best/biggest/worst…}** ⇨seguramente el/la {mejor/mayor/peor…} ⇨con mucho el/la {mejor/mayor/peor…}

† **east¹** /iːst/ *n* [U] **1** ⇨este: *the east of Spain* - el este de España ■ La forma abreviada es *E* **2 the East** ⇨Oriente ⇨el oriente

† **east²** /iːst/ *adj* ⇨este ⇨del este ⇨oriental

† **east³** /iːst/ *adv* ⇨al este ⇨en dirección este

† **Easter** UK: /'iː.stəʳ/ US: /-stɚ/ *n* [C, U] ⇨Semana Santa ⇨Pascua

eastern /'iː.stªn/ US: /-stɚn/ *(tb* **Eastern***) adj* ⇨oriental ⇨del este ■ La forma abreviada es *E*

easy *adj, adv [comp* easier, *superl* easiest] **1** ⇨fácil **2** ⇨relajado,da **3 easier said than done** ⇨más fácil dicho que hecho **4 I'm ~** *(inform)* ⇨me es igual **5 to go ~ on sth/sb** *(inform)* ⇨tener cuidado con ⇨no pasarse con **6 to take {it/things} ~** ⇨tomarse las cosas con calma

easy-going UK: /ˌiː.ziˈɡəʊ.ɪŋ/ US: /-ˈɡoʊ-/ *adj* ⇨de trato fácil ⇨afable ⇨tolerante

† **eat, ate, eaten** /iːt/ *v* [T, I] **1** ⇨comer: *Eat your dinner* - Cómete la cena **2** *What's eating {him/you…}?* ⇨¿Qué mosca {le/te…} ha picado?

| PHRASAL VERBS

· **to eat away at sth 1** ⇨corroer algo ⇨carcomer algo ⇨desgastar **2** *(un roedor)* ⇨roer

· **to eat out** ⇨salir a comer: *They often eat out on Sundays* - A menudo salen a comer los domingos

· **to eat (sth) up** [M] ⇨comerse algo ⇨acabar con algo

eaten past participle of **eat**

eater UK: /'iː.təʳ/ US: /-t̬ɚ/ *n* [C] **1** *(persona)* ⇨comedor,-a **2** *She's a good eater* - Come bien **3** *She's a big eater* - Es una comilona

eavesdrop UK: /'iː.vz.drɒp/ US: /-drɑːp/ [eavesdropped, eavesdropping] *v* [I] ⇨escuchar a hurtadillas

ebb¹ /eb/ *v* [I] **1** *(la marea)* ⇨bajar **2** ⇨disminuir ⇨mermar

ebb² /eb/ **the ~ (tide)** ⇨el reflujo

ebony /'eb.ªn.i/ *n* [U] ⇨ébano

eccentric /ek'sen.trɪk/ *adj, n* [C] ⇨excéntrico,ca

echo¹ UK: /'ek.əʊ/ US: /-oʊ/ [*pl* echoes] *n* [C] **1** *(de un sonido)* ⇨eco ⇨resonancia **2** *(de un evento o de una idea)* ⇨repercusión ⇨eco

echo² UK: /'ek.əʊ/ US: /-oʊ/ *v* [T] **1** ⇨repetir ⇨hacerse eco de **2** *(un sonido)* ⇨resonar ⇨retumbar

eclipse¹ /ɪ'klɪps/ *n* [C] ⇨eclipse

eclipse² /ɪ'klɪps/ [eclipsed, eclipsing] *v* [T] ⇨eclipsar ■ CONSTR. Se usa más en pasiva

ecological UK: /ˌiː.kəˈlɒdʒ.ɪ.kªl/ US: /-ˈlɑː.dʒɪ-/ *adj* ⇨ecológico,ca

† **ecology** UK: /iˈkɒl.ə.dʒi/ US: /-ˈkɑː.lə-/ *n* [U] ⇨ecología

economic UK: /ˌiː.kəˈnɒm.ɪk/ UK: /ek.ə-/ US: /-ˈnɑː.mɪk/ *adj* **1** *(relativo a la economía)* ⇨económico,ca **2** ⇨rentable ⇨provechoso,sa

economical /ˌiː.kəˈnɒm.ɪ.kªl/ *adj* **1** ⇨barato,ta ⇨económico,ca **2** *economical with the truth* - que no dice toda la verdad

economics UK: /ˌiː.kəˈnɒm.ɪks/ UK: /ek.ə-/ US: /-ˈnɑː.mɪks/ *n* [U] ⇨economía

economize UK: /ɪˈkɒn.ə.maɪz/ US: /-ˈkɑː.nə-/ [economized, economizing] *v* [I] ⇨ahorrar ⇨economizar

† **economy** UK: /ɪˈkɒn.ə.mi/ US: /-ˈkɑː.nə-/ [*pl* economies] *n* [C, U] **1** ⇨economía **2** *economy pack* - envase familiar

ecosystem UK: /'iː.kəʊˌsɪs.təm/ US: /-koʊ-/ *n* [C] ⇨ecosistema: *to upset the ecosystem* - alterar el ecosistema

ecstasy /'ek.stə.si/ [*pl* ecstasies] *n* [C] **1** ⇨éxtasis **2 Ecstasy** *(droga)* ⇨éxtasis

ecstatic UK: /ɪk'stæt.ɪk/ US: /-'stæ°t̬-/ *adj* ⇨extasiado,da ⇨loco,ca de contento,ta

ecstatically UK: /ɪk'stæt.ɪ.kli/ US: /-'stæ°t̬-/ *adv* ⇨con mucho entusiasmo ⇨con euforia

Ecuador UK: /'ek.wə.dɔːʳ/ US: /-dɔːr/ *n* [U] ⇨Ecuador

Ecuadorian /ˌek.weˈdɔː.ri.ən/ *adj, n* [C] ⇨ecuatoriano,na

† **edge¹** /edʒ/ *n* [C] **1** ⇨borde: *on the edge* - al borde **2** ⇨filo **3** ⇨orilla **4** ⇨canto (de una moneda) **5 to be on ~** ⇨estar nervioso,sa ⇨tener los nervios encrespados **6 to take the ~ off sth** ⇨suavizar algo ⇨calmar algo

edge² /edʒ/ [edged, edging] *v* [I] **1** ⇨orlar ⇨ribetear **2 to ~ away (from sth/sb)** ⇨alejarse poco a poco

edgy /'edʒ.i/ *adj [comp* edgier, *superl* edgiest] *(inform)* ⇨nervioso,sa ⇨crispado,da

edible /'ed.ɪ.bl̩/ *adj* ⇨comestible

† **edit** /'ed.ɪt/ *v* [T] **1** *(una publicación)* ⇨editar **2** *(un texto)* ⇨preparar ⇨corregir ⇨revisar ⇨cortar

† **edition** /ɪˈdɪʃ.ªn/ *n* [C] **1** ⇨edición: *first edition* - primera edición **2** ⇨tirada ⇨impresión

editor UK: /'ed.ɪ.təʳ/ US: /-t̬ɚ/ *n* [C] **1** *(de un periódico)* ⇨director,-a ⇨editor,-a **2** *(de un libro)* ⇨corrector,-a ⇨revisor,-a **3** *(de un texto)* ⇨editor,-a ⇨redactor,-a **4** *(de una película)* ⇨montador,-a ⇨editor,-a

E ■

editorial UK: /ˌed.ɪˈtɔː.ri.ᵊl/ US: /-əˈtɔːr.i-/ *adj, n* [c] *(en un periódico)* ⇒editorial

† **educate** /ˈed.jʊ.keɪt/ [educated, educating] *v* [T] ⇒educar: *She was educated in a school in Wales* - Fue educada en un colegio de Gales ■ Constr. Se usa más en pasiva

educated UK: /ˈed.jʊ.keɪ.tɪd/ US: /-ˤtɪd/ *adj* 1 ⇒preparado,da: *a highly educated professional* - un profesional muy preparado ■ Distinto de *polite* (educado,da) 2 **an ~ guess** ⇒una predicción fundada

education /ˌed.jʊˈkeɪ.ʃᵊn/ *n* [U, NO PL] ⇒enseñanza ⇒formación académica

educational /ˌed.jʊˈkeɪ.ʃᵊn.ᵊl/ *adj* ⇒instructivo,va ⇒educativo,va

eel /iːl/ *n* [c] ⇒anguila

eerie UK: /ˈɪə.ri/ US: /ˈɪr.i/ *adj* ⇒inquietante ⇒raro,ra y misterioso,sa

† **effect** /ɪˈfekt/ *n* [c, U] 1 ⇒resultado ⇒efecto 2 **for ~** ⇒para impresionar 3 **in ~** ⇒en realidad ⇒de hecho 4 **to no ~** ⇒en vano ⇒inútilmente 5 **to take ~** *(en medicina)* ⇒hacer efecto 6 **to {that/this} ~** ⇒a tenor de {eso/esto}

effective /ɪˈfek.tɪv/ *adj* ⇒eficaz ⇒efectivo,va

effectively /ɪˈfek.tɪv.li/ *adv* ⇒eficazmente

effectiveness /ɪˈfek.tɪv.nəs/ *n* [U] ⇒efectividad

effeminate /ɪˈfem.ɪ.nət/ *adj* ⇒afeminado,da

efficiency /ɪˈfɪʃ.ᵊn.si/ *n* [U] 1 ⇒eficacia ⇒eficiencia 2 *energy efficiency* - uso eficiente de la energía

† **efficient** /ɪˈfɪʃ.ᵊnt/ *adj* ⇒eficiente ⇒eficaz

efficiently /ɪˈfɪʃ.ᵊnt.li/ *adv* ⇒de manera eficaz

† **effort** UK: /ˈef.ət/ US: /-ɚt/ ■ *n* [c, U] 1 ⇒esfuerzo ■ *n* [c] 2 ⇒intento

† **e.g.** /iːˈdʒiː/ *adv* ⇒forma abreviada de **exempli gratia** (por ejemplo)

† **egg¹** /eg/ *n* [c, U] 1 ⇒huevo: *to lay an egg* - poner un huevo; *a fried egg* - un huevo frito 2 **to put all one's eggs in one basket** *(inform)* ⇒jugárselo todo a una carta

† **egg²** /eg/
PHRASAL VERBS
· **to egg sb on** [M] ⇒animar a alguien [a hacer algo malo o peligroso]

eggplant UK: /ˈeg.plɑːnt/ US: /-plænt/ *US* (*UK* **aubergine**) *n* [c] ⇒berenjena

ego UK: /ˈiː.gəʊ/ US: /ˈiː.goʊ/ *n* [c] 1 ⇒ego 2 **to boost sb's ~** ⇒ensalzar el ego de alguien

Egyptian /ɪˈdʒɪp.ʃᵊn/ *adj, n* [c] ⇒egipcio,cia

eh /eɪ/ *UK excl* 1 *(spoken)* ⇒¿cómo? ⇒¿qué? 2 ⇒¿no? ⇒¿no es así?

† **eight** /eɪt/ ⇒ocho: *There are eight of them* - Son ocho; *He is eight years old* - Tiene ocho años

† **eighteen** /eɪˈtiːn, ˈ--/ ⇒dieciocho

eighteenth /eɪˈtiːnθ, ˈ--/ 1 ⇒decimoctavo,va 2 *(para las fechas)* ⇒dieciocho ■ Se puede escribir también *18th*

eighth¹ /eɪtθ/ 1 ⇒octavo,va: *He finished eighth in the race* - Terminó octavo en la carrera 2 *(para las fechas)* ⇒ocho 3 *It is her eighth birthday today* - Hoy cumple ocho años ■ Se puede escribir también *8th*

eighth² /eɪtθ/ *n* [c] ⇒octavo ⇒octava parte

† **eighty** UK: /ˈeɪ.ti/ US: /-ˤti/ ⇒ochenta

† **either¹** UK: /ˈaɪ.ðəʳ/ UK: /ˈiː-/ US: /-ðɚ/ *conj* **either... or...** *(en oraciones positivas)* ⇒o ■ *Either* siempre se sitúa delante del primer objeto

† **either²** UK: /ˈaɪ.ðəʳ/ UK: /ˈiː-/ US: /-ðɚ/ *adj* 1 ⇒ambos,bas: *There were flowers on either side of the path* - Había flores a ambos lados del camino 2 ⇒cualquier,-a de los dos

† **either³** UK: /ˈaɪ.ðəʳ/ UK: /ˈiː-/ US: /-ðɚ/ *adv* ⇒tampoco ■ Se usa en oraciones negativas y se sitúa al final

† **either⁴** UK: /ˈaɪ.ðəʳ/ UK: /ˈiː-/ US: /-ðɚ/ *pron* 1 ⇒cualquiera 2 *(en oraciones negativas)* ⇒ninguno,na

eject /ɪˈdʒekt/ *v* [T] 1 ⇒echar [a una persona] ⇒expulsar ■ Constr. Se usa más en pasiva 2 *(de una máquina)* ⇒arrojar

elaborate¹ UK: /ɪˈlæb.ᵊr.ət/ US: /-ɚ-/ *adj* 1 ⇒elaborado,da 2 *(un diseño, una arquitectura)* ⇒complicado,da ⇒rebuscado,da 3 *(un plan)* ⇒detallado,da

elaborate² /ɪˈlæb.ə.reɪt/ [elaborated, elaborating] ■ *v* [T] 1 ⇒elaborar: *to elaborate a theory* - elaborar una teoría ■ *v* [I] 2 ⇒entrar en detalles ⇒desarrollar

elapse /ɪˈlæps/ [elapsed, elapsing] *v* [I] *(form)* *(tiempo)* ⇒transcurrir

elastic¹ /ɪˈlæs.tɪk/ *adj* 1 ⇒elástico,ca 2 *(un material, un plan)* ⇒flexible ⇒adaptable

elastic² /ɪˈlæs.tɪk/ *n* [U] ⇒elástico

elastic band *UK* (*UK/US tb* **rubber band**) *n* [c] ⇒goma elástica

elated UK: /ɪˈleɪ.tɪd/ US: /-ˤtɪd/ *adj* ⇒eufórico,ca ⇒exultante

† **elbow** UK: /ˈel.bəʊ/ US: /-boʊ/ *n* [c] ⇒codo

† **elder** UK: /ˈel.dəʳ/ US: /-dɚ/ *adj* 1 the comparative form of **old** 2 ⇒mayor: *my elder brother* - mi hermano mayor ■ Se usa cuando se comparan las edades de las personas, especialmente de los miembros de una familia. Nunca se usa con *than*. Si se usa con un nombre, siempre se sitúa delante de este: *My elder brother is a singer* - Mi hermano mayor es cantante 3 *an elder statesman* - un viejo y respetado estadista

elderly¹ UK: /ˈel.dᵊl.i/ US: /-dɚ.li/ *adj* ⇒mayor: *an elderly woman* - una señora mayor ■ Es una palabra más formal que *old* para personas

† **elderly²** UK: /ˈel.dᵊl.i/ US: /-dɚ.li/ *n* [PL] **the ~** ⇒los mayores: *a leisure centre for the elderly* - un centro de ocio para los mayores

eldest /'el.dɪst/ *adj, n* [NO PL] **1** the superlative form of **old 2** ⇒mayor: *the eldest brother* - el mayor de los hermanos ■ Se usa cuando se comparan las edades de las personas, especialmente de los miembros de una familia. Nunca se usa con *than*. Si se usa con un nombre, siempre se sitúa delante de este: *Joel is the eldest member of the family* - Joel es el mayor de los miembros de la familia **3** ⇒mayor: *Kelly was the eldest of the three sisters* - Kelly era la mayor de las tres hermanas

elect /ɪ'lekt/ *v* [T] ⇒elegir: *She was elected as the new President* - Fue elegida nueva presidenta ■ CONSTR. Se usa más en pasiva

election /ɪ'lek.ʃ°n/ *n* [C, U] **1** ⇒comicios ⇒elecciones **2** *an election campaign* - una campaña electoral

electoral UK: /ɪ'lek.t°r.°l/ US: /-tɚ-/ *adj* ⇒electoral

electorate UK: /ɪ'lek.t°r.ət/ US: /-tɚ-/ *n* [C] ⇒electorado ■ Por ser un nombre colectivo se puede usar con el verbo en singular o en plural

electric /ɪ'lek.trɪk/ *adj* **1** *(un aparato)* ⇒eléctrico,ca **2** ⇒electrizante **3** *US the electric bill* - la factura de la luz **4** *electric fence* - valla electrificada

electrical /ɪ'lek.trɪ.k°l/ *adj* *(relativo a la electricidad)* ⇒eléctrico,ca

electrician /ˌɪl.ek'trɪʃ.°n/ *n* [C] ⇒electricista

electricity UK: /ˌɪˌlek'trɪs.ɪ.ti/ US: /-ə.°ṭi/ *n* [U] **1** ⇒electricidad **2** *UK the electricity bill* - la factura de la luz

electric shock *(tb shock) n* [C] ⇒descarga eléctrica: *to get an electric shock* - recibir una descarga eléctrica

electrocute /ɪ'lek.trə.kjuːt/ [electrocuted, electrocuting] *v* [T] ⇒electrocutar ■ CONSTR. Se usa más en pasiva

electrode UK: /ɪ'lek.trəʊd/ US: /-troʊd/ *n* [C] ⇒electrodo

electromagnetic UK: /ɪˌlek.trəʊ.mæg'net.ɪk/ US: /-troʊ.mæg'neˈṭ-/ *adj* ⇒electromagnético,ca

electron UK: /ɪ'lek.trɒn/ US: /-trɑːn/ *n* [C] ⇒electrón: *electron gun* - cañón de electrones

electronic UK: /ˌɪˌlek'trɒn.ɪk/ US: /-'trɑː.nɪk/ *adj* ⇒electrónico,ca: *an electronic device* - un dispositivo electrónico; *electronic publishing* - edición por internet

electronics UK: /ˌɪˌlek'trɒn.ɪks/ US: /-'trɑː.nɪks/ *n* [U] ⇒electrónica

elegance /'el.ɪ.g°nts/ *n* [U] ⇒elegancia

elegant /'el.ɪ.g°nt/ *adj* ⇒elegante

element /'el.ɪ.mənt/ *n* [C] **1** *(una parte de algo)* ⇒elemento ⇒componente **2** *(en química)* ⇒elemento **3** ⇒resistencia [eléctrica]

elementary UK: /ˌel.ɪ'men.t°r.i/ US: /-'tɚ-/ *adj* **1** ⇒elemental ⇒básico,ca **2** *(un nivel)* ⇒rudimentario,ria

elephant /'el.ɪ.fənt/ *n* [C] ⇒elefante,ta

elevator UK: /'el.ɪ.veɪ.tɚ/ US: /-°ṭɚ/ *US (UK* lift) *n* [C] ⇒ascensor ⇒elevador AMÉR.

eleven /ɪ'lev.°n/ ⇒once: *There are eleven of them* - Son once; *He is eleven years old* - Tiene once años

elevenses /ɪ'lev.°n.zɪz/ *n* [U] ⇒desayuno de media mañana

eleventh /ɪ'lev.°nθ/ **1** ⇒undécimo,ma **2** *(para las fechas)* ⇒once **3** *It is his eleventh birthday today* - Hoy cumple once años ■ Se puede escribir también *11th*

elf /elf/ *[pl* elves] *n* [C] ⇒elfo ⇒duende

elicit /ɪ'lɪs.ɪt/ *v* [T] **1** ⇒suscitar ⇒provocar **2** ⇒obtener: *to elicit an answer* - obtener una respuesta

eligible /'el.ɪ.dʒə.bl/ *adj* **1** ⇒elegible ■ CONSTR. 1.eligible for sth 2. eligible + to do sth **2** *to be eligible for sth* - cumplir los requisitos para algo **3** ⇒cotizado,da: *an eligible bachelor* - un soltero cotizado

eliminate /ɪ'lɪm.ɪ.neɪt/ [eliminated, eliminating] *v* [T] **1** ⇒eliminar ⇒suprimir ⇒erradicar **2** ⇒descartar **3** *(en deportes)* ⇒eliminar ■ CONSTR. Se usa más en pasiva

elite /ɪ'liːt/ *n* [C] ⇒elite ■ Por ser un nombre colectivo se puede usar con el verbo en singular o en plural

elm (tree) *n* ⇒olmo

elope UK: /ɪ'ləʊp/ US: /-'loʊp/ [eloped, eloping] *v* [I] ⇒fugarse para casarse

eloquent /'el.ə.kw°nt/ *adj* ⇒elocuente

El Salvador UK: /ˌel'sæl.və.dɔːʳ/ US: /-dɔːr/ *n* [U] ⇒El Salvador

else /els/ *adv* **1** ⇒más: *«Anything else?» «Nothing else, thanks»* - *«¿Algo más?» «Nada más, gracias»; Who else is going?* - ¿Quién más va? **2** ⇒otra cosa ■ Se sitúa detrás de las palabras compuestas formadas con *any-, no-, some-* y *every-*, y detrás de los interrogativos *how, what, why, where, who* y *when: If you don't like it, you can have something else* - Si no te gusta, puedes tomar otra cosa **3** *(tb* elsewhere) ⇒en otra parte **4 or ~** ⇒si no: *Help me now, or else I'll never speak to you again* - Ayúdame; si no, no volveré a dirigirte la palabra

elsewhere UK: /els'weəʳ/ US: /-'wer/ UK: /'--/ *(tb* else) *adv* ⇒en otro sitio ⇒a otra parte

elude /ɪ'luːd/ [eluded, eluding] *v* [T] **1** ⇒escapar(se) **2** *(una responsabilidad)* ⇒eludir **3** *(un dato)* ⇒no recordar

elusive /ɪ'luː.sɪv/ *adj* **1** *(una persona)* ⇒escurridizo,za ⇒difícil de encontrar ⇒esquivo,va **2** *(un objetivo)* ⇒difícil de alcanzar **3** ⇒fugaz: *an elusive memory* - un recuerdo fugaz

elves /elvz/ *n* [PL] See **elf**

'em /əm/ *(inform, spoken) (them)* See **them**

E ■

emaciated UK: /ɪˈmeɪ.si.eɪ.tɪd/ US: /-ˤṭɪd/ *adj (form)* ⇒demacrado,da ⇒escuálido,da

†**email** /ˈiː.meɪl/ *(tb* e-mail*)* n [C, U] ⇒e-mail: *to send an email* - mandar un e-mail ■ Procede de *electronic mail* (correo electrónico)

emanate /ˈem.ə.neɪt/ [emanated, emanating] *v* [I] *(form) (un sonido, un olor, una expresión)* ⇒emanar ⇒provenir

E **embankment** /ɪmˈbæŋk.mənt/ *n* 1 *(de una carretera, de un ferrocarril)* ⇒terraplén 2 ⇒ribazo 3 *US (UK* verge*)* ⇒arcén

embargo UK: /ɪmˈbɑː.gəʊ/ US: /-goʊ/ [*pl* embargoes] *n* [C] ⇒embargo: *a trade embargo* - un embargo comercial

embark UK: /ɪmˈbɑːk/ US: /-bɑːrk/ *v* [I] *(en un barco, en un avión)* ⇒embarcarse

| PHRASAL VERBS
· **to embark on sth** ⇒embarcarse en algo ⇒emprender algo

†**embarrass** UK: /ɪmˈbær.əs/ US: /-ˈber-/ [embarrasses] *v* [T] ⇒avergonzar ⇒hacer pasar vergüenza

embarrassing UK: /ɪmˈbær.ə.sɪŋ/ US: /-ˈber-/ *adj* 1 ⇒embarazoso,sa ⇒violento,ta 2 *How embarrassing!* - ¡Qué corte!

embarrassment UK: /ɪmˈbær.ə.smənt/ US: /-ˈber-/ *n* [C, U] ⇒bochorno ⇒vergüenza ■ Distinto de *pregnancy* (embarazo)

†**embassy** /ˈem.bə.si/ [*pl* embassies] *n* [C] ⇒embajada

embedded /ɪmˈbed.ɪd/ *adj* 1 ⇒incrustado,da ⇒arraigado,da

embittered UK: /ɪmˈbɪt.əd/ US: /-ˈbɪˤṭ.əd/ *adj* ⇒amargado,da

emblem /ˈem.bləm/ *n* [C] ⇒emblema: *a national emblem* - una emblema nacional

embodiment UK: /ɪmˈbɒd.ɪ.mənt/ US: /-ˈbɑː.dɪ-/ *n* [C] *(form)* ⇒encarnación ⇒personificación

embody UK: /ɪmˈbɒd.i/ US: /-ˈbɑː.di/ [embodies, embodied] *v* [T] 1 *(form)* ⇒encarnar: *She embodies elegance* - Ella encarna la elegancia 2 *(form)* ⇒incorporar

embrace¹ /ɪmˈbreɪs/ [embraced, embracing] *v* [T, I] 1 ⇒abrazar: *The pair embraced* - Los dos se abrazaron 2 ⇒adoptar: *to embrace a religion* - adoptar una religión 3 ⇒atrapar: *to embrace an opportunity* - atrapar una oportunidad

embrace² /ɪmˈbreɪs/ *n* [C, U] ⇒abrazo

embroider UK: /ɪmˈbrɔɪ.dəʳ/ US: /-dɚ/ *v* [T] 1 ⇒bordar 2 ⇒adornar: *He embroidered the truth* - Adornó la verdad

embroidery UK: /ɪmˈbrɔɪ.dəʳr.i/ US: /-dɚ-/ ■ *n* [C, U] 1 ⇒bordado ■ El plural es *embroideries* ■ *n* [U] 2 ⇒arte de bordar

embryo UK: /ˈem.bri.əʊ/ US: /-oʊ/ *n* [C] 1 ⇒embrión 2 ⇒germen: *We have the embryo of a great project* - Tenemos el germen de un gran proyecto

emerald /ˈem.ə.rəld/ *n* [C, U] ⇒esmeralda

†**emerge** UK: /ɪˈmɜːdʒ/ US: /-ˈmɜːdʒ/ [emerged, emerging] *v* [I] 1 ⇒surgir ⇒salir 2 ⇒descubrirse ⇒salir a la luz

†**emergency** UK: /ɪˈmɜː.dʒᵊn.si/ US: /-ˈmɜː-/ [*pl* emergencies] *n* [C, U] 1 ⇒urgencia ⇒emergencia 2 *an emergency landing* - un aterrizaje forzoso 3 *emergency powers* - poderes extraordinarios

emigrant /ˈem.ɪ.grənt/ *n* [C] ⇒emigrante

emigrate /ˈem.ɪ.greɪt/ [emigrated, emigrating] *v* [I] ⇒emigrar: *When the war broke out, many people emigrated* - Cuando estalló la guerra mucha gente emigró

eminent /ˈem.ɪ.nənt/ *adj* ⇒eminente ⇒ilustre

emission /ɪˈmɪʃ.ᵊn/ *n* [C, U] ⇒emisión: *gas emissions* - emisiones de gas

emit /ɪˈmɪt/ [emitted, emitting] *v* [T] 1 *(calor o un sonido)* ⇒producir ⇒emitir 2 *(un gas o un olor)* ⇒desprender

emoticon UK: /ɪˈməʊ.tɪ.kɒn/ US: /ɪˈmoʊ.ˤṭɪ.kɑːn/ *n* [C] *(en informática)* ⇒emoticono

†**emotion** UK: /ɪˈməʊ.ʃᵊn/ US: /-ˈmoʊ-/ *n* [C, U] 1 ⇒emoción 2 ⇒sentimiento: *You should express your emotions* - Deberías expresar tus sentimientos

EMOTIONS

HAPPY   SAD   NERVOUS   ANGRY

emotional UK: /ɪˈməʊ.ʃ°n.°l/ US: /-ˈmoʊ-/ *adj* **1** ⇒emocional: *emotional blackmail* - chantaje emocional **2** ⇒emotivo,va ⇒conmovedor,-a **3 to get ~** ⇒emocionarse

emotionless UK: /ɪˈməʊ.ʃ°n.ləs/ US: /-ˈmoʊ-/ *adj* ⇒impasible

emotive UK: /ɪˈməʊ.tɪv/ US: /-ˈmoʊ.ˤtɪv/ *adj* ⇒emotivo,va ⇒conmovedor,-a

† **empathy** /ˈem.pə.θi/ *n* [U] ⇒empatía

† **emperor** UK: /ˈem.p°r.ə°/ US: /-pɚ.ə/ *n* [C] ⇒emperador

emphasis /ˈemp.fə.sɪs/ [*pl* emphases] *n* [C, U] **1** ⇒énfasis ⇒hincapié **2** ⇒acento: *The emphasis is on the second syllable* - El acento se pone en la segunda sílaba

emphasise [emphasised, emphasising] *UK v* [T] See **emphasize**

† **emphasize** /ˈemp.fə.saɪz/ [emphasized, emphasizing] (*UK tb* **emphasise**) *v* [T] ⇒enfatizar ⇒recalcar ■ CONSTR. to emphasize + that

emphatic UK: /emˈfæt.ɪk/ US: /-ˈfæˤt-/ *adj* **1** ⇒enfático,ca **2** ⇒categórico,ca: *an emphatic refusal* - una negación categórica **3** ⇒aplastante: *an emphatic victory* - una victoria aplastante

† **empire** UK: /ˈem.paɪə°/ US: /-paɪr/ *n* [C] ⇒imperio: *the rise of an empire* - la emergencia de un imperio

† **employ** /ɪmˈplɔɪ/ *v* [T] **1** ⇒emplear ⇒contratar **2** (*form*) ⇒emplear ⇒utilizar ■ CONSTR. to employ + to do sth

employable /ɪmˈplɔɪ.ə.bl̩/ *adj* ⇒capacitado,da [para un trabajo]

employee /ɪmˈplɔɪ.iː, ˌ--ˈ-/ *n* [C] ⇒empleado,da

employer /ɪmˈplɔɪ.ə°/ US: /-ə/ *n* [C] ⇒empresario,ria ⇒patrón,-a **2** *a big employer* - una empresa que emplea mucha gente

employment /ɪmˈplɔɪ.mənt/ *n* [U] ⇒empleo

† **empress** /ˈem.prəs/ [*pl* empresses] *n* [C] ⇒emperatriz ■ Distinto de *company* y *enterprise* (empresa)

emptiness /ˈemp.tɪ.nəs/ *n* [U] ⇒vacío

† **empty¹** /ˈemp.ti/ *adj* [*comp* emptier, *superl* emptiest] **1** ⇒vacío,a ⇒hueco,ca **2** (*un piso, una silla*) ⇒libre ⇒desocupado,da

empty² /ˈemp.ti/ [empties, emptied] *v* [T] **1** ⇒vaciar: *Empty the bin; it's overflowing* - Vacía el cubo de la basura; está a rebosar **2** (*un lugar*) ⇒desalojar

empty-handed /ˌemp.tiˈhæn.dɪd/ *adj* ⇒con las manos vacías: *He arrived empty-handed* - Llegó con las manos vacías ■ CONSTR. Se usa detrás de un verbo

empty-headed /ˌemp.tiˈhed.ɪd/ *adj* ⇒tonto,ta *desp.;* ⇒simple *col. desp.* ■ CONSTR. Se usa detrás de un verbo

† **enable** /ɪˈneɪ.bl̩/ [enabled, enabling] *v* [T] ⇒permitir ⇒hacer posible ■ CONSTR. to enable + to do sth ■ PRON. Rima con *table*

enact /ɪˈnækt/ *v* [T] **1** (*una ley*) ⇒promulgar ■ CONSTR. Se usa más en pasiva **2** (*form*) (*una obra de teatro, una escena*) ⇒representar ■ CONSTR. Se usa más en pasiva **3 to be enacted** (*form*) ⇒llevar a cabo ⇒tener lugar

enamel /ɪˈnæm.°l/ ■ *n* [C, U] **1** (*de una superficie*) ⇒esmalte ■ *n* [U] **2** (*de los dientes*) ⇒esmalte

encephalitis *n* [U] ⇒encefalitis

enchanted UK: /ɪnˈtʃɑːn.tɪd/ US: /-ˈtʃæn.ˤtɪd/ *adj* **1** (*un castillo, un bosque*) ⇒encantado,da **2** (*una persona*) ⇒encantado,da

enchanting UK: /ɪnˈtʃɑːn.tɪŋ/ US: /-ˈtʃæn.ˤtɪŋ/ *adj* ⇒encantador,-a

encircle UK: /ɪnˈsɜː.kl̩/ US: /-ˈsɝː-/ [encircled, encircling] *v* [T] ⇒rodear: *The enemy forces encircled the castle* - El enemigo rodeó el castillo ■ CONSTR. Se usa más en pasiva **2** ⇒ceñir

† **enclose** UK: /ɪnˈkləʊz/ US: /-ˈkloʊz/ [enclosed, enclosing] *v* [T] **1** ⇒encerrar **2** ⇒adjuntar: *They enclosed some leaflets with their letter* - Adjuntaron algunos folletos en su carta **3** ⇒cercar: *The house is enclosed with railings* - La casa está cercada con verjas ■ CONSTR. Se usa más en pasiva

enclosure UK: /ɪnˈkləʊ.ʒə°/ US: /-ˈkloʊ.ʒɚ/ ■ *n* [C] **1** ⇒recinto ⇒reservado **2** (*form*) ⇒carta adjunta ⇒anexo ■ *n* [C, U] **3** ⇒cercado

encore UK: /ˈɒŋ.kɔː/ US: /ˈɑːŋ.kɔːr/ *n* [C] (*en un concierto*) ⇒bis ⇒repetición

encounter¹ UK: /ɪnˈkaʊn.tə°/ US: /-ˤtə/ *v* [T] **1** ⇒encontrar **2** (*form, lit*) ⇒topar(se): *to encounter sb* - toparse con alguien

encounter² UK: /ɪnˈkaʊn.tə°/ US: /-ˤtə/ *n* [C] ⇒encuentro

† **encourage** UK: /ɪnˈkʌr.ɪdʒ/ US: /-ˈkɝː-/ [encouraged, encouraging] *v* [T] ⇒fomentar ⇒animar ■ CONSTR. to encourage + to do sth ■ PRON. La *a* se pronuncia como la *i* en *did*

encouraging UK: /ɪnˈkʌr.ɪ.dʒɪŋ/ US: /-ˈkɝː-/ *adj* ⇒alentador,-a ⇒de aliento

encyclopaedia *UK n* [C] See **encyclopedia**

encyclopedia /ɪnˌsaɪ.kləˈpiː.di.ə/ (*UK tb* **encyclopaedia**) *n* [C] ⇒enciclopedia

† **end¹** /end/ *n* [C] **1** ⇒final ⇒fin **2** ⇒extremo ⇒punta **3 at the ~ of** *sth* ⇒al final de algo: *at the end of the chapter* - al final del capítulo **4 ~ to ~** ⇒uno tras otro **5 for {hours/days/weeks...} on ~** ⇒durante mucho tiempo ⇒sin fin ⇒indefinidamente **6 in the ~** ⇒finalmente ⇒al final ⇒por fin **7 to be at the ~ of** *one's* **tether** ⇒no aguantar más

† **end²** /end/ *v* [T, I] ⇒terminar: *The film ended at five* - La película terminó a las cinco

E ■

PHRASAL VERBS
· **to end {in/with}** *sth* ⇒acabar {en/con} algo: *The evening ended in a party* - La tarde acabó en una fiesta
· **to end up** ⇒terminar ⇒acabar

endanger UK: /ɪnˈdeɪn.dʒəʳ/ US: /-dʒɚ/ *v* [T] ⇒poner en peligro: *to endanger the welfare state* - poner en peligro el estado de bienestar

∎E **endangered** UK: /ɪnˈdeɪn.dʒəd/ US: /-dʒɚd/ *adj* **1** ⇒en peligro **2** ⇒en peligro de extinción: *an endangered species* - una especie en peligro de extinción ∎ PRON. La última *e* no se pronuncia

endear UK: /ɪnˈdɪəʳ/ US: /-dɪr/
PHRASAL VERBS
· **to endear** *sb* **to** *sb* ⇒granjearse [las simpatías de alguien] ⇒ganarse a alguien ⇒hacerse querer por alguien

endearing UK: /ɪnˈdɪə.rɪŋ/ US: /-ˈdɪr.ɪŋ/ *adj* ⇒entrañable ⇒encantador,-a

endeavour UK: /enˈdev.əʳ/ US: /-ɚ/ *UK v* [I] ⇒afanarse ⇒esforzarse

ending /ˈen.dɪŋ/ *n* [C] ⇒terminación ⇒desenlace ⇒final [de una obra narrativa]

endive /ˈen.daɪv/ *n* [C, U] **1** *UK* ⇒escarola ⇒achicoria **2** *US* ⇒endibia

endless /ˈend.ləs/ *adj* ⇒sin fin ⇒interminable

† **endorse** UK: /ɪnˈdɔːs/ US: /-ˈdɔːrs/ [endorsed, endorsing] *v* [T] **1** *(form) (un plan)* ⇒aprobar ⇒apoyar ∎ CONSTR. Se usa más en pasiva **2** ⇒promocionar: *to endorse a product* - promocionar un producto **3** *(un cheque)* ⇒endosar

endow /ɪnˈdaʊ/ *v* [T] **1** *(form)* ⇒sufragar los gastos ⇒financiar **2** **to be endowed with** *sth (form)* ⇒estar dotado,da de algo

endurance UK: /ɪnˈdjʊə.rⁿnts/ US: /-ˈdʊr.[ə]nts/ *n* [U] ⇒resistencia ⇒aguante

† **endure** UK: /ɪnˈdjʊəʳ/ US: /-ˈdʊr/ [endured, enduring] ∎ *v* [T] **1** *(form)* ⇒soportar ⇒atravesar ⇒resistir ∎ *v* [I] **2** *(form)* ⇒perdurar: *The bad weather will endure this week* - Durante esta semana perdurará el mal tiempo

enduring UK: /ɪnˈdjʊə.rɪŋ/ US: /-ˈdʊr.ɪŋ/ *adj* ⇒duradero,ra ⇒perdurable

† **enemy** /ˈen.ə.mi/ *[pl* enemies] *n* [C] ⇒enemigo,ga: *to make enemies* - hacer enemigos

energetic UK: /ˌen.əˈdʒet.ɪk/ US: /-əˈdʒeˈt̬-/ *adj* ⇒enérgico,ca ⇒activo,va

† **energy** UK: /ˈen.ə.dʒi/ US: /-ɚ-/ *[pl* energies] *n* [C, U] ⇒energía ⇒vigor

† **enforce** UK: /ɪnˈfɔːs/ US: /-ˈfɔːrs/ [enforced, enforcing] *v* [T] **1** *(una ley)* ⇒hacer cumplir **2** ⇒forzar ⇒obligar

† **engage** /ɪnˈgeɪdʒ/ [engaged, engaging] ∎ *v* [T] **1** ⇒requerir los servicios ∎ *v* [I] **2** *(form) (la atención,*

el interés) ⇒atraer ⇒captar **3** *(form)* ⇒contratar ∎ CONSTR. to engage + to do sth ∎ *v* [T, I] **4** *(una máquina)* ⇒engranar con **5** *(una pieza)* ⇒acoplar
PHRASAL VERBS
· **to engage in** *sth* ⇒tomar parte en algo ⇒participar en algo
· **to engage** *sb* **in conversation** ⇒entablar una conversación con alguien

† **engaged** /ɪnˈgeɪdʒd/ *adj* **1** *(una persona)* ⇒prometido,da **2** *UK (US* busy) *(el teléfono)* ⇒comunicando **3** *UK (US* occupied) *(el cuarto de baño)* ⇒ocupado,da **4** **to get ~** ⇒prometerse: *Sam and Jenny got engaged last week* - Sam y Jenny se prometieron la semana pasada ∎ PRON. La última *e* no se pronuncia

engagement /ɪnˈgeɪdʒ.mənt/ *n* [C, U] **1** ⇒compromiso ⇒noviazgo **2** *(form)* ⇒cita ⇒compromiso

engagement ring *n* [C] ⇒anillo de compromiso

engaging /ɪnˈgeɪ.dʒɪŋ/ *adj* ⇒atractivo,va ⇒entretenido,da ⇒interesante

† **engine** /ˈen.dʒɪn/ *n* [C] **1** ⇒motor ∎ Normalmente se usa para vehículos. Comparar con *motor* **2** ⇒locomotora

engine driver *UK (US* engineer) *n* [C] ⇒maquinista [de tren]

engineer¹ UK: /ˌen.dʒɪˈnɪəʳ/ US: /-ˈnɪr/ *n* [C] **1** ⇒ingeniero,ra: *a civil engineer* - ingeniero de caminos, canales y puentes **2** ⇒técnico [de mantenimiento] **3** *US (UK* engine driver) ⇒maquinista [de tren]

engineer² UK: /ˌen.dʒɪˈnɪəʳ/ US: /-ˈnɪr/ *v* [T] ⇒maquinar ⇒planear ∎ CONSTR. Se usa más en pasiva

engineering UK: /ˌen.dʒɪˈnɪə.rɪŋ/ US: /-ˈnɪr.ɪŋ/ *n* [U] ⇒ingeniería

English¹ /ˈɪŋ.glɪʃ/ *n* [U] **1** *(idioma)* ⇒inglés **2** **the ~** *(gentilicio)* ⇒los ingleses, las inglesas ∎ El singular es *an Englishman, an Englishwoman* ∎ No hace referencia a la gente de Gales, Escocia ni Irlanda del Norte

English² /ˈɪŋ.glɪʃ/ *adj* ⇒inglés,-a

English breakfast *UK n* [C, U] ⇒desayuno inglés

Englishman /ˈɪŋ.glɪʃ.mən/ *[pl* Englishmen] *n* [C] ⇒inglés

English muffin *US (UK* muffin) *n* [C] ⇒bollo de pan que se suele tomar caliente y con mantequilla

engrave /ɪnˈgreɪv/ [engraved, engraving] *v* [T] *(una inscripción)* ⇒grabar

engraving /ɪnˈgreɪ.vɪŋ/ *n* [C] ⇒grabado ⇒estampa

engrossed UK: /ɪnˈgrəʊst/ US: /-ˈgroʊst/ **to be ~ {in/with}** *sth* ⇒estar enfrascado,da en algo ⇒estar absorto,ta en algo

† **enhance** UK: /ɪnˈhɑːns/ US: /-ˈhænts/ [enhanced, enhancing] *v* [T] **1** *(form)* ⇒mejorar **2** *(form) (un valor)* ⇒aumentar **3** *(form) (un color, la belleza)* ⇒realzar

enhanced *adj* ⇒mejorado,da ■ PRON. *La última e no se pronuncia*

enigma /ɪˈnɪg.mə/ *n* [C] ⇒enigma: *It remains an enigma* - Sigue siendo un enigma

enigmatic UK: /ˌen.ɪgˈmæt.ɪk/ US: /-ˈmæˤt̬-/ *adj* ⇒enigmático,ca

† **enjoy** /ɪnˈdʒɔɪ/ *v* [T] **1** ⇒disfrutar ⇒gustar ■ CONSTR. to enjoy + doing sth **2** ~ **your meal!** ⇒¡que aproveche! **3 to** ~ **oneself** ⇒divertirse ⇒pasárselo bien

enjoyable /ɪnˈdʒɔɪ.ə.bl/ *adj* **1** ⇒agradable: *We spent an enjoyable evening* - Pasamos una agradable velada **2** ⇒divertido,da

enjoyment /ɪnˈdʒɔɪ.mənt/ *n* [U] ⇒disfrute ⇒satisfacción ⇒placer

enlarge UK: /ɪnˈlɑːdʒ/ US: /-ˈlɑːrdʒ/ [enlarged, enlarging] *v* [T] **1** *(una imagen)* ⇒ampliar ⇒agrandar ■ CONSTR. *Se usa más en pasiva* **2** *(una casa, un campo de acción, un círculo de amigos)* ⇒ampliar ⇒extender

| PHRASAL VERBS
| · **to enlarge {on/upon}** sth *(en una explicación)*
└─⇒extenderse

enlargement UK: /ɪnˈlɑːdʒ.mənt/ US: /-ˈlɑːrdʒ-/ *n* [C, U] ⇒ampliación ⇒extensión ⇒aumento

enlighten UK: /ɪnˈlaɪ.tⁿn/ US: /-ˈt̬[ə]n/ *v* [T] *(form)* ⇒explicar ⇒informar ⇒aclarar

enlist /ɪnˈlɪst/ ■ *v* [I] **1** *(en el ejército)* ⇒alistar(se) ■ *v* [T] **2** *(form) (apoyo o ayuda)* ⇒conseguir

enmity UK: /ˈen.mɪ.ti/ US: /-ˤt̬i/ [*pl* enmities] *n* [C, U] *(form)* ⇒enemistad

† **enormous** UK: /ɪˈnɔː.məs/ US: /-ˈnɔːr-/ *adj* ⇒enorme

enormously UK: /ɪˈnɔː.mə.sli/ US: /-ˈnɔːr-/ *adv* ⇒enormemente

† **enough**[1] /ɪˈnʌf/ *adj* **1** ⇒suficiente ⇒bastante ■ *Normalmente se sitúa delante de un nombre o detrás de un adjetivo: He has enough money - Tiene suficiente dinero; He's not old enough to go to discos - No es lo bastante mayor para ir de discotecas* ■ *Ver cuadro demasiado / suficiente* **2 that's enough!** ⇒¡ya basta! **3 to have had** ~ ⇒cansarse de ⇒estar harto,ta

† **enough**[2] /ɪˈnʌf/ *adv* **1** ⇒suficientemente: *Put another jumper on if you aren't warm enough* - Ponte otro jersey si no estás suficientemente abrigado **2 oddly** ~ ⇒curiosamente

† **enough**[3] /ɪˈnʌf/ *excl* ⇒¡vale ya! ⇒¡basta ya!

enquire UK: /ɪnˈkwaɪəʳ/ US: /-ˈkwaɪr/ [enquired, enquiring] *(tb* inquire*) UK v* [T, I] *(form)* ⇒preguntar ⇒informarse ■ CONSTR. 1. to enquire about sth 2. to enquire + interrogativa directa

enquiring *UK* (*UK/US tb* inquiring) *adj* ⇒curioso,sa ⇒inquieto,ta ⇒inquisitivo,va

enquiry UK: /ɪnˈkwaɪə.ri/ US: /ˈɪn.kwə.ri/ [*pl* enquiries] *UK* (*UK/US tb* inquiry) *n* [C, U] **1** *(form)* ⇒pregunta **2** ⇒investigación

enrage /ɪnˈreɪdʒ/ [enraged, enraging] *v* [T] ⇒enfurecer ■ CONSTR. *Se usa más en pasiva*

enrich /ɪnˈrɪtʃ/ [enriches] *v* [T] ⇒enriquecer: *This milk is enriched with calcium* - Esta leche está enriquecida con calcio ■ CONSTR. *Se usa más en pasiva*

enriching *adj* ⇒enriquecedor,-a: *an enriching experience* - una experiencia enriquecedora

enrol UK: /ɪnˈrəʊl/ US: /-ˈroʊl/ [enrolled, enrolling] *UK v* [T, I] ⇒matricularse ⇒inscribirse

† **ensure** UK: /ɪnˈʃɔːʳ/ US: /-ˈʃʊr/ [ensured, ensuring] (*US tb* insure) *v* [T] **1** *(form)* ⇒asegurar(se) ■ CONSTR. to ensure + (that) **2** ⇒garantizar ■ CONSTR. 1. to ensure + (that) 2. to ensure + dos objetos

entail /ɪnˈteɪl/ *v* [T] *(form)* ⇒conllevar: *It will entail a risk* - Va a conllevar un riesgo ■ CONSTR. to entail + doing sth

† **enter** UK: /ˈen.təʳ/ US: /-ˤt̬ə/ *v* [T] **1** ⇒entrar: *He entered my room without permission* - Entró en mi habitación sin permiso ■ *Incorrecto: to enter in a building* **2** ⇒introducir **3** *(en informática)* ⇒introducir **4** *(en un concurso)* ⇒presentarse ⇒participar

† **enterprise** UK: /ˈen.tə.praɪz/ US: /-ˤt̬ə-/ ■ *n* [C, U] **1** *(un negocio)* ⇒empresa ⇒entidad **2** ⇒proyecto ⇒iniciativa ⇒empresa ■ *n* [U] **3** ⇒iniciativa [empresarial]

enterprising UK: /ˈen.tə.praɪ.zɪŋ/ US: /-ˤt̬ə-/ *adj* ⇒emprendedor,-a ⇒con iniciativa

† **entertain** UK: /ˌen.təˈteɪn/ US: /-ˤt̬ə-/ *v* [T] **1** ⇒divertir ⇒entretener **2** *(un invitado)* ⇒recibir ⇒invitar [en casa]

entertainer UK: /en.təˈteɪ.nəʳ/ US: /-ˤt̬əˈteɪ.nə/ *n* [C] **1** ⇒animador,-a **2** *(de un espectáculo)* ⇒artista

entertaining UK: /en.təˈteɪ.nɪŋ/ US: /-ˤt̬ə-/ *adj* ⇒divertido,da ⇒entretenido,da

entertainment UK: /en.təˈteɪn.mənt/ US: /-ˤt̬ə-/ *n* [C, U] ⇒diversión ⇒entretenimiento

† **enthusiasm** UK: /ɪnˈθjuː.zi.æz.ᵃm/ US: /-ˈθuː-/ *n* [C, U] ⇒entusiasmo

enthusiast UK: /ɪnˈθjuː.zi.æst/ US: /-ˈθuː-/ *n* [C] ⇒entusiasta

enthusiastic UK: /ɪnˌθjuː.ziˈæs.tɪk/ US: /-ˌθuː-/ *adj* **1** ⇒entusiasmado,da: *to be enthusiastic about sth* - estar entusiasmado con algo **2** *not very enthusiastic* - con pocas ganas

entice /ɪnˈtaɪs/ [enticed, enticing] *v* [T] ⇒atraer ⇒tentar ⇒inducir ■ CONSTR. to entice + to do sth

† **entire** UK: /ɪnˈtaɪəʳ/ US: /-ˈtaɪr/ *adj* ⇒todo,da ⇒entero,ra

entirely UK: /ɪnˈtaɪə.li/ US: /-ˈtaɪr-/ *adv* ⇒por completo ⇒totalmente

entirety UK: /ɪnˈtaɪə.rɪ.ti/ US: /-ˈtaɪr.ə.ˤt̬i/ *n* [U] *(form)* ⇒totalidad: *in its entirety* - en su totalidad

E

† **entitle** UK: /ɪn'taɪ.tl̩/ US: /-ˤtl̩/ [entitled, entitling] v [T] **1** ⇒titularse **2** to be entitled to (do) *sth* ⇒tener derecho a algo: *You're entitled to a subsidy* - Tienes derecho a recibir una subvención **3** to ~ *sb* to (do) *sth* ⇒dar a alguien derecho a algo ⇒permitir

entitlement UK: /ɪn'taɪ.tl̩.mənt/ US: /-ˤtl̩-/ n [c, u] ⇒derecho: *to have an entitlement to sth* - tener derecho a algo

entity UK: /'en.tɪ.ti/ US: /-ˤtə.ˤti/ [pl entities] n [c] (*form*) ⇒ente ⇒entidad

† **entrance** /'en.trənts/ n [c] **1** ⇒entrada **2** ⇒admisión: *We reserve the right to refuse entrance* - Se reserva el derecho de admisión

entrance hall n [u] (*en un edificio público*) ⇒vestíbulo ⇒recibidor

entrant /'en.trənt/ n [c] **1** ⇒persona que acaba de ingresar en una institución **2** (*en una competición*) ⇒participante **3** (*en una prueba*) ⇒candidato,ta ⇒aspirante

entrepreneur UK: /ˌɒn.trə.prə'nɜːr/ US: /ˌɑːn.trə.prə'nɜː/ n [c] **1** ⇒empresario,ria **2** (*en economía*) ⇒capitalista

entrust /ɪn'trʌst/ v [T] ⇒encomendar

† **entry** /'en.tri/ [pl entries] ▪ n [c, u] **1** (*a un lugar*) ⇒entrada ▪ n [c] **2** (*en un diccionario o en una enciclopedia*) ⇒entrada **3** (*a una organización*) ⇒ingreso

envelop /ɪn'vel.əp/ v [T] (*form*) ⇒envolver ■ Constr. Se usa más en pasiva

† **envelope** /'en.və.ləʊp/ US: /'ɑːn.və.loʊp/ n [c] ⇒sobre: *to seal an envelope* - cerrar un sobre; *a padded envelope* - un sobre acolchado

enviable /'en.vi.ə.bl̩/ adj ⇒envidiable ■ Pron. La a se pronuncia como la a en el adverbio inglés *ago*

envious /'en.vi.əs/ adj **1** ⇒envidioso,sa **2** to be ~ of *sth/sb* ⇒tener envidia de

† **environment** UK: /ɪn'vaɪə.rən.mənt/ US: /-'vaɪr.ən-/ n [c] **1** ⇒medio ambiente: *to save the whales* - salvar a las ballenas **2** ⇒ambiente ⇒entorno

environmental UK: /ɪnˌvaɪə.rən'men.tˤl/ US: /-ˌvaɪr.ən'men.ˤt[ə]l/ adj ⇒medioambiental

environmentalist UK: /ɪnˌvaɪə.rən'men.tˤl.ɪst/ US: /-ˌvaɪr.ən'men.ˤt[ə]l-/ n [c] ⇒ecologista

envisage /ɪn'vɪz.ɪdʒ/ [envisaged, envisaging] UK v [T] **1** ⇒prever **2** ⇒imaginar(se): *It's difficult to envisage such a situation* - Es difícil imaginar una situación así

envoy /'en.vɔɪ/ n [c] ⇒enviado,da

envy[1] /'en.vi/ n [u] ⇒envidia ■ Pron. La última sílaba, *vy*, rima como *we*

envy[2] /'en.vi/ [envies, envied] v [T] ⇒envidiar: *I don't envy other people* - No envidio a nadie ■ Constr. to envy + dos objetos

enzyme /'en.zaɪm/ n [c] ⇒enzima

ephemeral UK: /ɪ'fem.ˤr.ˤl/ US: /-ə-/ adj ⇒efímero,ra

epic[1] /'ep.ɪk/ n [c] **1** ⇒épica **2** ⇒epopeya

epic[2] /'ep.ɪk/ adj ⇒épico,ca: *an epic journey* - un viaje épico

epidemic /ˌep.ɪ'dem.ɪk/ n [c] ⇒epidemia

epilepsy /'ep.ɪ.lep.si/ n [u] ⇒epilepsia

epileptic /ˌep.ɪ'lep.tɪk/ adj, n [c] ⇒epiléptico,ca: *to have an epileptic fit* - tener un ataque epiléptico

† **episode** UK: /'ep.ɪ.səʊd/ US: /-soʊd/ n [c] **1** (*en televisión y en radio*) ⇒episodio ⇒capítulo **2** ⇒acontecimiento **3** (*en medicina*) ⇒ataque

epitaph UK: /'ep.ɪ.tɑːf/ US: /-tæf/ n [c] ⇒epitafio

epitome UK: /ɪ'pɪt.ə.mi/ US: /-'pɪˤt-/ to be the ~ of *sth* ⇒ser la máxima expresión de algo

epoch UK: /'iː.pɒk/ US: /-pɑːk/ [pl epochs] n [c] (*form*) ⇒época ■ Pron. La ch se pronuncia como *k*

† **equal**[1] /'iː.kwəl/ adj, n [c] **1** ⇒igual **2** ~ opportunities ⇒igualdad de oportunidades

equal[2] /'iː.kwəl/ [equalled, equalling; US equaled, equaling] v [T] **1** (*en matemáticas*) ⇒ser igual **2** ⇒igualar: *Nobody can equal her as a pianist* - Nadie puede igualarla como pianista

equality UK: /ɪ'kwɒl.ɪ.ti/ US: /-'kwɑː.lə.ˤti/ n [u] ⇒igualdad

equalize /'iː.kwə.laɪz/ [equalized, equalizing] ▪ v [I] **1** (*en deportes*) ⇒igualar el marcador ⇒empatar ▪ v [T] **2** ⇒igualar ⇒nivelar

equally /'iː.kwə.li/ adv **1** ⇒equitativamente **2** ⇒igualmente

equate /ɪ'kweɪt/ [equated, equating] v [T] ⇒equiparar ⇒comparar

equation /ɪ'kweɪ.ʒ³n/ n [u] ⇒ecuación: *to solve an equation* - resolver una ecuación

equator UK: /ɪ'kweɪ.tər/ US: /-ˤtə/ n [no pl] (*en geografía*) ⇒ecuador

Equatorial Guinea n [u] ⇒Guinea Ecuatorial

Equatorial Guinean adj, n [c] ⇒guineano,na ⇒ecuatoguineano,na

† **equip** /ɪ'kwɪp/ [equipped, equipping] v [T] **1** ⇒equipar ■ Constr. to equip with sth **2** ⇒capacitar: *She's well equipped to deal with it* - Está bien capacitada para tratar el asunto ■ Constr. to equip + to do sth

equipment /ɪ'kwɪp.mənt/ n [u] **1** ⇒equipo ⇒equipamiento **2** ⇒material ■ Se dice the equipment, some equipment o a piece of equipment. Incorrecto: an equipment

equitable UK: /'ek.wɪ.tə.bl̩/ US: /-ˤtə-/ adj (*form*) ⇒equitativo,va: *an equitable distribution* - una distribución equitativa

† **equivalent** /ɪ'kwɪv.ˤl.³nt/ adj, n [c] ⇒equivalente

ER UK: /ˌiːˈɑːr/ US: /-ˈɑːr/ **1** ⇒forma abreviada de **Elizabeth Regina** ■ Es el sello real de la reina Isabel II de Inglaterra que se puede ver, por ejemplo, en los buzones de correos ■ *n* [C] **2** *US* ⇒forma abreviada de **emergency room** (sala de urgencias)

† **era** UK: /ˈɪə.rə/ US: /ˈɪr.ə/ *n* [C] *(período de tiempo)* ⇒época

eradicate /ɪˈræd.ɪ.keɪt/ [eradicated, eradicating] *v* [T] *(form)* ⇒erradicar: *to eradicate a disease* - erradicar una enfermedad

erase UK: /ɪˈreɪz/ US: /-ˈreɪs/ [erased, erasing] *v* [T] ⇒borrar

eraser UK: /ɪˈreɪ.zə/ US: /-ˈreɪ.sə/ *n* [C] **1** *US* ⇒borrador [de pizarra] **2** *(UK tb rubber)* ⇒goma de borrar

erect¹ /ɪˈrekt/ *adj (form)* ⇒erguido,da: *Keep your head erect* - Mantén la cabeza erguida

erect² /ɪˈrekt/ *v* [T] *(form)* ⇒levantar ⇒erigir

erection /ɪˈrek.ʃən/ *n* [U] **1** *(form)* ⇒construcción [de un edificio] **2** ⇒erección

ERM *n* [C] ⇒forma abreviada de **Exchange Rate Mechanism** (mecanismo de cambio)

erode UK: /ɪˈrəʊd/ US: /-ˈroʊd/ [eroded, eroding] *v* [T] ⇒erosionar: *The waves erode the rocks* - Las olas erosionan las rocas ■ CONSTR. Se usa más en pasiva **2** *(form)* ⇒afectar a ⇒deteriorar

erotic UK: /ɪˈrɒt.ɪk/ US: /-ˈrɑː.ˤtɪk/ *adj* ⇒erótico,ca

errand /ˈer.ənd/ *n* [C] ⇒recado: *to run an errand for sb* - hacer un recado a alguien

erratic UK: /ɪˈræt.ɪk/ US: /-ˈræˤt̬-/ *adj* **1** ⇒irregular: *an erratic performance* - una actuación irregular **2** ⇒impredecible

† **error** UK: /ˈer.ə⁽ʳ⁾/ US: /-ə/ *n* [C, U] ⇒error ⇒equivocación ⇒falla *AMÉR.*

† **erupt** /ɪˈrʌpt/ *v* [I] **1** *(un volcán)* ⇒entrar en erupción **2** *(una emoción o un suceso)* ⇒estallar

eruption /ɪˈrʌp.ʃən/ *n* [C, U] **1** ⇒erupción [de un volcán] **2** ⇒brote [de ira]

escalate /ˈes.kə.leɪt/ [escalated, escalating] *v* [T, I] **1** ⇒aumentar ⇒intensificarse **2** ⇒degenerar

† **escalator** UK: /ˈes.kə.leɪ.tə/ US: /-ˤt̬ə/ *n* [C] ⇒escalera mecánica ■ Distinto de *climber* (escalador)

escapade /ˈes.kə.peɪd/ *n* [C] ⇒aventura ⇒travesura

† **escape¹** /ɪˈskeɪp/ [escaped, escaping] ■ *v* [I] **1** ⇒huir ⇒escapar **2** *(un gas o un líquido)* ⇒fugarse ⇒escaparse ■ *v* [T, I] **3** *(una situación difícil)* ⇒evitar ■ *v* [T] **4** *(una información)* ⇒escapar ⇒olvidar **5** *to ~ sb's* {**attention/notice**} ⇒pasar inadvertido,da **6** *to ~* {**unharmed/unhurt**} ⇒salir ileso,sa

escape² /ɪˈskeɪp/ *n* [C, U] *(de un sitio o de un peligro)* ⇒escapada ⇒fuga

escort¹ UK: /ˈes.kɔːt/ US: /-kɔːrt/ *n* [C, U] **1** ⇒escolta: *under police escort* - bajo escolta policial **2** *(form)* ⇒acompañante

escort² UK: /ɪˈskɔːt/ US: /-kɔːrt/ *v* [T] **1** ⇒escoltar: *They escorted the President to his car* - Escoltaron al presidente hasta su coche **2** *(form)* ⇒acompañar

Eskimo UK: /ˈes.kɪ.məʊ/ US: /-kə.moʊ/ [*pl* Eskimo, Eskimos] *n* [C] ⇒esquimal ■ La palabra *Inuit* se considera más apropiada

especial /ɪˈspeʃ.əl/ *adj (form)* ⇒especial ⇒excepcional ■ Se usa más *special*

especially /ɪˈspeʃ.əl.i/ *adv* **1** ⇒especialmente ⇒sobre todo **2** ⇒muy ⇒sumamente ■ La forma abreviada es *esp.*

espionage /ˈes.pi.ə.nɑːʒ/ *n* [U] ⇒espionaje

espresso UK: /esˈpres.əʊ/ US: /-oʊ/ ■ *n* [U] **1** ⇒café exprés ■ *n* [C] **2** ⇒taza de café exprés

† **essay** /ˈes.eɪ/ *n* [C] **1** *(en una publicación)* ⇒ensayo **2** *(en el colegio o en la universidad)* ⇒redacción ⇒composición

† **essence** /ˈes.ᵊnts/ ■ *n* [U] **1** ⇒esencia ⇒característica ■ *n* [C, U] **2** *(de una sustancia)* ⇒esencia

† **essential** /ɪˈsen.tʃəl/ *adj* ⇒esencial ⇒imprescindible

essentially /ɪˈsen.tʃəl.i/ *adv* ⇒esencialmente ⇒básicamente

essential oil *n* [C] ⇒aceite esencial

† **establish** /ɪˈstæb.lɪʃ/ [establishes] *v* [T] ⇒establecer ⇒fundar ■ CONSTR. Se usa más en pasiva

established /ɪˈstæb.lɪʃt/ *adj* **1** ⇒establecido,da ⇒asentado,da **2** *(un hecho)* ⇒comprobado,da **3** *(una religión)* ⇒oficial ■ La forma abreviada es *Est*

† **establishment** /ɪˈstæb.lɪʃ.mənt/ *n* [C] **1** ⇒establecimiento **2** ⇒fundación **3** the **Establishment** ⇒las instituciones y personas que llevan y sustentan el poder

† **estate** /ɪˈsteɪt/ *n* [C] **1** ⇒finca: *a private estate* - una finca privada **2** ⇒propiedad **3** ⇒legado ⇒herencia

estate agent *UK (US* realtor/real estate agent*)* *n* [C] ⇒agente inmobiliario

estate car *UK (US* station wagon*)* *n* [C] ⇒ranchera

esteem /ɪˈstiːm/ *n* [U] *(form)* ⇒estima: *to hold sb in high esteem* - tener a alguien en alta estima

esthetic UK: /esˈθet.ɪk/ US: /-ˈθeˤt̬-/ *US (UK/US tb* aesthetic*)* *adj* ⇒estético,ca

† **estimate¹** /ˈes.tɪ.mət/ *n* [C] **1** ⇒cálculo aproximado **2** ⇒estimación ⇒presupuesto

† **estimate²** /ˈes.tɪ.meɪt/ [estimated, estimating] *v* [T] ⇒calcular [aproximadamente] ⇒estimar ■ CONSTR. to estimate + that

estimation /ˌes.tɪˈmeɪ.ʃən/ *n* [U] **1** ⇒juicio ⇒opinión **2** *to go* {**up/down**} *in sb's ~* ⇒{ganar/perder} el aprecio que alguien tiene a algo o a alguien ■ Distinto de *assessment* (estimación)

Estonia UK: /es'təʊ.ni.ə/ US: /-'toʊ-/ *n* [U] ⇒Estonia

Estonian¹ UK: /es'təʊ.ni.ən/ US: /-'toʊ-/ *n* [C] **1** *(idioma)* ⇒estonio ■ *n* [C] **2** *(gentilicio)* ⇒estonio,nia

Estonian² UK: /es'təʊ.ni.ən/ US: /-'toʊ-/ *adj* ⇒estonio,nia

estranged /ɪ'streɪndʒd/ *adj* **1** *(form)* ⇒separado,da **2** *(form) (emocionalmente)* ⇒distanciado,da ⇒alejado,da **3 to be ~ from** *sb* **1** ⇒vivir separado,da de alguien **2** ⇒estar distanciado,da de alguien [emocionalmente]

estuary UK: /'es.tjʊə.ri/ US: /-tu.er.i/ *[pl* estuaries] *n* [C] ⇒estuario

ETA /ˌiː.tiːˈeɪ/ *n* [NO PL] ⇒forma abreviada de **Estimated Time of Arrival** (hora prevista de llegada)

† **etc.** ⇒forma abreviada de **et cetera** (etcétera)

eternal UK: /ɪ'tɜː.nəl/ US: /-'tɜː-/ *adj* ⇒eterno,na: *eternal rival* - rival eterno

eternity UK: /ɪ'tɜː.nɪ.ti/ US: /-'tɜː.nə.ˁti/ *n* [U] ⇒eternidad

ethereal UK: /ɪ'θɪə.ri.əl/ US: /-'θɪr.i-/ *adj* ⇒etéreo,a

ethic /'eθ.ɪk/ *n* [C] ⇒ética ⇒moral

ethical /'eθ.ɪ.kəl/ *adj* ⇒ético,ca: *It's not ethical* - No es ético

ethics /'eθ.ɪks/ *n* [U] *(estudio)* ⇒ética

Ethiopia UK: /ˌiː.θiˈəʊ.pi.ə/ US: /-'oʊ-/ *n* [U] ⇒Etiopía

Ethiopian UK: /ˌiː.θiˈəʊ.pi.ən/ US: /-'oʊ-/ *adj, n* [C] ⇒etíope

† **ethnic** /'eθ.nɪk/ *adj* ⇒étnico,ca

ethos UK: /'iː.θɒs/ US: /-θɑːs/ *n* [NO PL] *(conjunto de ideas y creencias)* ⇒espíritu ⇒escala de valores

etiquette UK: /'et.ɪ.ket/ US: /'eˁt.ɪ.kət/ *n* [U] ⇒etiqueta ⇒protocolo

EU /ˌðiːˌiːˈjuː/ *n* [NO PL] ⇒UE ■ Procede de *European Union* (Unión Europea)

euphoria UK: /juːˈfɔː.ri.ə/ US: /-'fɔːr.i-/ *n* [U] ⇒euforia

Euro *[pl* Euro, Euros] *n* [C] *(moneda)* ⇒euro ■ PRON. La primera parte *eu* se pronuncia como la *you*

Europe UK: /'jʊə.rəp/ US: /'jʊr-/ *n* [U] **1** ⇒Europa **2** *UK* ⇒Europa [excluyendo el Reino Unido]

European UK: /ˌjʊə.rəˈpiː.ən/ US: /ˌjʊr.ə-/ *adj, n* [C] ⇒europeo,a: *the European Union* - la Unión Europea

euthanasia /ˌjuː.θəˈneɪ.ʒə/ *n* [U] ⇒eutanasia

evacuate /ɪ'væk.ju.eɪt/ [evacuated, evacuating] *v* [T] ⇒evacuar ⇒desalojar

evacuee /ɪˌvæk.juˈiː/ *n* [C] *(persona)* ⇒evacuado,da

evade /ɪ'veɪd/ [evaded, evading] *v* [T] **1** ⇒evadir: *to evade paying taxes* - evadir impuestos **2** ⇒eludir: *He evaded the issue* - Eludió la cuestión

evaluate /ɪ'væl.ju.eɪt/ [evaluated, evaluating] *v* [T] *(form)* ⇒evaluar

evaluation /ɪˌvæl.juˈeɪ.ʃən/ *n* [C, U] *(form)* ⇒evaluación

evaporate UK: /ɪ'væp.ər.eɪt/ US: /-ə-/ [evaporated, evaporating] ■ *v* [T, I] **1** ⇒evaporar(se) ■ *v* [I] **2** ⇒esfumar(se)

evasion /ɪ'veɪ.ʒən/ *n* [C, U] ⇒evasión: *tax evasion* - evasión de impuestos

evasive /ɪ'veɪ.sɪv/ *adj* ⇒evasivo,va

eve /iːv/ *n* [NO PL] ⇒víspera: *on the eve of the match* - en las vísperas del partido

even¹ /ˈiː.vən/ *adj* **1** *(un terreno)* ⇒llano,na ⇒liso,sa **2** *(en una competición)* ⇒empatado,da ⇒igual **3** *(un número, una cifra)* ⇒par **4** *(un color)* ⇒uniforme **5** *(una temperatura)* ⇒constante **6** *(inform) Invite me to dinner and we'll be even* - Invítame a cenar y quedamos en paz

even² /ˈiː.vən/ *adv* **1** ⇒incluso ⇒hasta **2** ⇒aún: *This film is even worse* - Esta película es aún peor **3 ~ if** ⇒aunque: *Even if you left immediately, you wouldn't arrive in time* - Aunque salieras ahora mismo, no llegarías a tiempo **4 ~ so** ⇒aun así: *He wasn't feeling OK but even so he wanted to go out* - No se sentía bien, y aun así, quiso salir **5 ~ though** ⇒aunque: *Even though he says he isn't in love, I'm sure he is* - Aunque diga que no está enamorado, yo estoy seguro de que lo está

† **even³** /ˈiː.vən/
|PHRASAL VERBS
└ **to even (sth) out** [M] ⇒igualar

† **evening** /ˈiːv.nɪŋ/ *n* [C] ⇒tarde ⇒noche ■ Se usa desde las seis de la tarde hasta la hora de acostarse. Comparar con *afternoon* ■ Ver cuadro partes del día

evening class *[pl* evening classes] *n* [C] ⇒clase nocturna

evenly /ˈiː.vən.li/ *adv* **1** ⇒por igual ⇒equitativamente **2** ⇒uniformemente

† **event** /ɪ'vent/ *n* [C] **1** ⇒acontecimiento ⇒suceso **2** ⇒acto **3** ⇒prueba deportiva ⇒competición deportiva **4 in the ~** *UK* ⇒finalmente ⇒al final **5 in the ~ of** *sth* *(form)* ⇒en caso de

eventful /ɪ'vent.fəl/ *adj* ⇒memorable ⇒muy movido,da ⇒con muchos incidentes

† **eventual** /ɪ'ven.tju.əl/ *adj* ⇒definitivo,va ⇒final ■ Distinto de *temporary* (eventual)

eventually /ɪ'ven.tju.əl.i/ *adv* **1** ⇒al fin **2** ⇒a la larga ■ Distinto de *on a temporary basis* (eventualmente)

† **ever** UK: /'ev.ər/ US: /-ə-/ *adv* **1** ⇒alguna vez ■ Se usa en oraciones interrogativas **2** ⇒nunca ■ Se usa en oraciones cuyo sujeto o verbo va en forma negativa. Comparar con *never* **3 as ~** ⇒como siempre **4 ~ after** ⇒para siempre **5 ~ since 1** ⇒desde que **2**

E

⟜desde entonces **6 for ~** (*tb* **forever**) *UK* ⟜siempre ⟜para siempre

evergreen *UK:* /'ev.ə.griːn/ *US:* /-ɚ-/ *adj* **1** (*una planta o un árbol*) ⟜perenne ⟜perennifolio,lia **2** ⟜mítico,ca: *an evergreen song* - una canción mítica

every /'ev.ri/ *adj* **1** ⟜todos,das: *I go to the club every Sunday* - Voy al club todos los domingos ■ El nombre debe estar siempre en singular: *I speak to her every day* - Hablo con ella todos los días **2** ⟜cada **3** **~ so often** ⟜de vez en cuando ⟜alguna que otra vez

everybody *UK:* /'ev.ri‚bɒd.i/ *US:* /-‚baː.di/ *pron* See **everyone**

everyday /'ev.ri.deɪ/ *adj* ⟜cotidiano,na ⟜diario,ria ■ Distinto de *every day* (todos los días)

everyone /'ev.ri.wʌn/ (*tb* **everybody**) *pron* ⟜todos ⟜todo el mundo

everyplace /'ev.ri.pleɪs/ *adv* See **everywhere**

everything /'ev.ri.θɪŋ/ *pron* ⟜todo: *Everything depends on you* - Todo depende de ti; *Thank you for everything* - Gracias por todo

everywhere *UK:* /'ev.ri.weə³/ *US:* /-wer/ (*tb* **everyplace**) *adv* ⟜por todas partes

evict /ɪ'vɪkt/ *v* [T] ⟜desahuciar ■ Constr. to evict sb from sth

evidence /'ev.ɪ.dⁿnts/ *n* [U] **1** ⟜pruebas ⟜indicios **2** (*en un tribunal*) ⟜testimonio

evident /'ev.ɪ.dⁿnt/ *adj* (*form*) ⟜evidente: *It was evident to Mike* - Para Mike era evidente

evidently /'ev.ɪ.dⁿnt.li/ *adv* ⟜evidentemente

evil¹ /'iː.vəl/ *adj* **1** ⟜maligno,na ⟜malvado,da **2** *the evil eye* - el mal de ojo **3** (*el clima*) ⟜malo,la

evil² *n* [C, U] ⟜mal ⟜daño

evocative *UK:* /ɪ'vɒk.ə.tɪv/ *US:* /-'vaː.kə.ᵗtɪv/ *adj* ⟜evocador,-a: *evocative beauty* - belleza evocadora

evoke *UK:* /ɪ'vəʊk/ *US:* /-'voʊk/ (evoked, evoking) *v* [T] ⟜evocar

evolution /‚iː.və'luː.ʃⁿn, ‚ev.ə-/ *n* [U] ⟜evolución

evolve (evolved, evolving) ■ *v* [I] **1** (*la especie*) ⟜evolucionar ■ *v* [T, I] **2** (*un proyecto*) ⟜evolucionar

ewe /juː/ *n* [C] ⟜oveja hembra

ex /eks/ [*pl* exes] *n* [C] **1** (*inform*) ⟜ex novio,via **2** (*inform*) ⟜ex marido, ex mujer

exact /ɪg'zækt/ *adj* ⟜exacto,ta ⟜preciso,sa

exacting /ɪg'zæk.tɪŋ/ *adj* **1** ⟜exigente **2** ⟜arduo,dua

exactly¹ /ɪg'zækt.li/ *adv* ⟜exactamente ⟜precisamente

exactly² /ɪg'zækt.li/ *excl* ⟜¡exacto! ⟜¡en efecto!

exaggerate *UK:* /ɪg'zædʒ.ə.reɪt/ *US:* /-ɚ.eɪt/ (exaggerated, exaggerating) *v* [T, I] ⟜exagerar: *Don't exaggerate* - No exageres

↑ **exam** /ɪg'zæm/ *n* [C] ⟜forma abreviada de **examination** (examen)

examination /ɪg‚zæm.ɪ'neɪ.ʃⁿn/ *n* [C, U] **1** (*form*) ⟜examen ■ La forma abreviada es *exam* **2** ⟜reconocimiento ⟜revisión

↑ **examine** /ɪg'zæm.ɪn/ (examined, examining) *v* [T] **1** (*form*) ⟜examinar ⟜poner un examen **2** ⟜examinar ⟜contemplar **3** ⟜registrar ⟜revisar

example *UK:* /ɪg'zɑː.mpl/ *US:* /-'zæm-/ *n* [C] **1** ⟜ejemplo ⟜modelo **2** (*de un documento*) ⟜ejemplar **3** **for ~** ⟜por ejemplo ■ La forma abreviada es *e.g.* **4** **to set a {good/bad} ~ to sb** ⟜dar {buen/mal} ejemplo a alguien

exasperate *UK:* /ɪg'zɑː.spə.reɪt/ *US:* /-'zæs.pə.eɪt/ (exasperated, exasperating) *v* [T] ⟜exasperar: *Your attitude exasperates me* - Tu actitud me exaspera

exasperated *UK:* /ɪg'zɑː.spə.reɪ.tɪd/ *US:* /-'zæs.pə.eɪ.ᵗtɪd/ *adj* ⟜exasperado,da

exasperation *UK:* /ɪg‚zɑː.spə'reɪ.ʃⁿn/ *US:* /-'zæs.pə-/ *n* [U] ⟜exasperación

excavate /'ek.skə.veɪt/ (excavated, excavating) *v* [T] ⟜excavar: *to excavate an area* - excavar una zona

↑ **exceed** /ɪk'siːd/ *v* [T] ⟜sobrepasar ⟜exceder ⟜superar

exceedingly /ɪk'siː.dɪŋ.li/ *adv* (*form*) ⟜sumamente: *I am exceedingly grateful to you* - Le estoy sumamente agradecido

excel /ɪk'sel/ (excelled, excelling) *v* [I] (*form*) ⟜destacar

↑ **excellent** /'ek.sᵊl.ⁿnt/ *adj* ⟜excelente

except /ɪk'sept/ *prep* **1** ⟜excepto ⟜salvo ⟜menos **~ that 2** ⟜si no fuera porque

exception /ɪk'sep.ʃⁿn/ *n* [C, U] ⟜excepción: *to make an exception* - hacer una excepción; *the exception that proves the rule* - la excepción que confirma la regla

exceptional /ɪk'sep.ʃⁿn.ᵊl/ *adj* **1** ⟜extraordinario,ria ⟜excepcional **2** (*fuera de lo común*) ⟜excepcional ⟜singular

excerpt *UK:* /'ek.sɜːpt/ *US:* /-sɜːpt/ *n* [C] ⟜extracto [de un texto] ⟜fragmento

excess *n* [U, NO PL] **1** ⟜exceso: *an excess of sth* - un exceso de algo **2** *excess baggage* - exceso de equipaje **3** **~ weight** ⟜exceso de peso ⟜sobrepeso **4** **in ~ of** ⟜por encima de **5** **to do sth to ~** ⟜hacer algo en exceso

excessive /ek'ses.ɪv/ *adj* ⟜excesivo,va ⟜exagerado,da

exchange¹ /ɪks'tʃeɪndʒ/ ■ *n* [C, U] **1** ⟜intercambio: *an exchange of ideas* - un intercambio de ideas ■ *n* [C] **2** (*entre varios colegios*) ⟜intercambio **3** ⟜pelea ⟜riña **4** ⟜cambio de divisas **5** **in ~ for** ⟜a cambio de

exchange

† **exchange²** /ɪksˈtʃeɪndʒ/ [exchanged, exchanging] *v* [T] **1** ⇒intercambiar: *We exchanged phone numbers* - Intercambiamos los teléfonos **2** *(en una tienda)* ⇒cambiar

excitable UK: /ɪkˈsaɪ.tə.bl̩/ US: /-ˈt̬ə-/ *adj* ⇒excitable ⇒nervioso,sa

† **excite** /ɪkˈsaɪt/ [excited, exciting] *v* [T] **1** *(form)* ⇒excitar ⇒alterar **2** ⇒despertar ⇒avivar

excited UK: /ɪkˈsaɪ.tɪd/ US: /-ˈt̬ɪd/ *adj* **1** ⇒emocionado,da ⇒ilusionado,da **2** ⇒nervioso,sa ■ PRON. La última *e* se pronuncia como la *i* en *did* ■ Ver cuadro

---

**adjetivos terminados en "-ed" / "-ing":
excited / exciting**

- No hay que confundir los adjetivos terminados en **"-ed"** con los terminados en **"-ing"**, porque tienen distinto significado.
- Los adjetivos terminados en **"-ed"** describen cómo se siente una persona. Los adjetivos que terminan en **"-ing"** describen la cosa, la situación, el lugar o la persona que provoca ese sentimiento o esa sensación:

· *Bungee jumping was a very **exciting** experience. Tom was really **excited**.*
(Hacer puenting fue una experiencia muy emocionante. Tom estaba realmente emocionado.)

↳ "Exciting" ('emocionante') describe cómo es la experiencia de hacer puenting. "Excited" ('emocionado') describe cómo se siente Tom.

· *The film was very **boring**. I was so **bored** that I fell asleep*
(La película era muy aburrida. Estaba tan aburrido que me dormí.)

↳ "Boring" ('aburrida') describe cómo es la película. "Bored" ('aburrido') describe cómo me siento.

Otros ejemplos:

amazed (alucinado, da)	amazing (alucinante)
amused (entretenido, da)	amusing (que entretiene)
bored (aburrido, da)	boring (que aburre)
excited (emocionado, da)	exciting (emocionante)
interested (interesado, da)	interesting (interesante)
tired (cansado, da)	tiring (que cansa)

(Ver también cuadro **aburrido**.)

---

excitedly UK: /ɪkˈsaɪ.tɪd.li/ US: /-ˈt̬ɪd-/ *adv* ⇒entusiasmadamente

excitement /ɪkˈsaɪt.mənt/ *n* [C, U] **1** ⇒emoción **2** ⇒nervios

exciting UK: /ɪkˈsaɪ.tɪŋ/ US: /-ˈt̬ɪŋ/ *adj* ⇒emocionante: *an exciting match* - un partido emocionante ■ Ver cuadro adjetivos terminados en "-ed" / "-ing": excited / exciting

† **exclaim** /ɪkˈskleɪm/ *v* [I] ⇒exclamar

exclamation /ˌek.skləˈmeɪ.ʃ⁰n/ *n* [C] ⇒exclamación

† **exclamation mark** *n* [C] *(en ortografía)* ⇒signo de admiración ■ Ver cuadro signos de puntuación

† **exclude** /ɪkˈskluːd/ [excluded, excluding] *v* [T] ⇒excluir: *James was excluded from the game* - James fue excluido del juego ■ CONSTR. 1. to exclude sth/sb from sth 2. Se usa más en pasiva

excluding /ɪkˈskluː.dɪŋ/ *prep* ⇒exceptuando ⇒excepto

exclusion /ɪkˈskluː.ʒ⁰n/ *n* [C, U] **1** ⇒exclusión **2** to the ~ of *sth He is focused on his studies, to the exclusion of everything else* - Está concentrado exclusivamente en sus estudios

† **exclusive** /ɪkˈskluː.sɪv/ *adj* ⇒exclusivo,va ⇒selecto,ta

excursion UK: /ɪkˈskɜː.ʃ⁰n/ US: /-ˈskɝː-/ *n* [C] ⇒excursión: *to go on an excursion* - ir de excursión

† **excuse¹** /ɪkˈskjuːz/ [excused, excusing] *v* [T] **1** ⇒perdonar ⇒disculpar ■ CONSTR. to excuse sb for + doing sth **2** ⇒dispensar ⇒disculpar ■ CONSTR. to excuse sb from sth **3** ~ me ⇒perdón ⇒disculpe ■ Normalmente se dice antes de interrumpir o molestar a alguien. Comparar con *sorry*

† **excuse²** /ɪkˈskjuːs/ *n* [C] ⇒excusa: *That's no excuse* - Eso no es ninguna excusa

† **execute** /ˈek.sɪ.kjuːt/ [executed, executing] *v* [T] **1** *(form) (a una persona)* ⇒ejecutar **2** *(una orden)* ⇒cumplir

execution /ˌek.sɪˈkjuː.ʃ⁰n/ *n* [U] **1** *(de una acción)* ⇒ejecución **2** *(de una persona condenada)* ⇒ejecución

executioner UK: /ˌek.sɪˈkjuː.ʃ⁰n.ə⁰/ US: /-ə/ *n* [C] ⇒verdugo

executive¹ UK: /ɪɡˈzek.jʊ.tɪv/ US: /-jə.ˈt̬ɪv/ *adj* ⇒ejecutivo,va ⇒de ejecutivo,va

executive² UK: /ɪɡˈzek.jʊ.tɪv/ US: /-jə.ˈt̬ɪv/ *n* [C] **1** ⇒ejecutivo,va: *executive director* - director ejecutivo *UK* **2** ⇒junta directiva

exempt¹ /ɪɡˈzempt/ *adj* ⇒exento,ta: *to be exempt from paying* - estar exento de pagar ■ CONSTR. Se usa detrás de un verbo

exempt² /ɪɡˈzempt/ *v* [T] *(form)* ⇒eximir: *to exempt sb from all responsibility* - eximir a alguien de toda responsabilidad ■ CONSTR. Se usa más en pasiva

†**exercise¹** UK: /ˈek.sə.saɪz/ US: /-sɚ-/ ▌ *n* [c, u] **1** *(físico)* ⇒ejercicio **2** *(por escrito)* ⇒ejercicio **3** *military exercises* - maniobras militares ▌ *n* [u] **4** ⇒ejercicio [de poder]

exercise² UK: /ˈek.sə.saɪz/ US: /-sɚ-/ [exercised, exercising] ▌ *v* [i] **1** ⇒hacer ejercicio ▌ *v* [t] **2** *(a un perro)* ⇒sacar **3** *(form) (un derecho)* ⇒ejercer

exert UK: /ɪgˈzɜːt/ US: /-ˈzɜːrt/ *v* [t] **1** ⇒ejercer: *He exerts a great influence on Peter* - Ejerce una gran influencia en Peter **2** *to ~ oneself* ⇒esforzarse

exertion UK: /ɪgˈzɜː.ʃən/ US: /-ˈzɜːr-/ *n* [u] ⇒esfuerzo

exhaust¹ UK: /ɪgˈzɔːst/ US: /-ˈzɑːst/ *v* [t] ⇒agotar: *The walk exhausted the children* - El paseo agotó a los niños

exhaust² *n* [u] **1** ⇒gases [del tubo de escape] **2** *UK* *(en un vehículo)* ⇒tubo de escape ⇒exosto AMÉR.

exhausted UK: /ɪgˈzɔː.stɪd/ US: /-ˈzɑː-/ *adj* ⇒exhausto,ta ⇒agotado,da

exhausting UK: /ɪgˈzɔː.stɪŋ/ US: /-ˈzɑː-/ *adj* ⇒agotador,-a: *an exhausting journey* - un viaje agotador

exhaustion UK: /ɪgˈzɔːs.tʃən/ US: /-ˈzɑː-/ *n* [u] ⇒agotamiento

exhaustive UK: /ɪgˈzɔː.stɪv/ US: /-ˈzɑː-/ *adj* ⇒exhaustivo,va

exhibit¹ /ɪgˈzɪb.ɪt/ ▌ *v* [t, i] **1** ⇒exhibir ⇒exponer ▌ *v* [t] **2** *(form) (un sentimiento)* ⇒mostrar

exhibit² *n* [c] *(en una exposición)* ⇒pieza expuesta

exhibition /ˌek.sɪˈbɪʃ.ən/ *n* [c, u] ⇒exposición: *to see an exhibition* - ver una exposición

EXHIBITION

exhilarating UK: /ɪgˈzɪl.ə.reɪ.tɪŋ/ US: /-ˈt̬ɪŋ/ *adj* ⇒emocionante: *an exhilarating roller-coaster ride* - una vuelta emocionante en la montaña rusa

exhilaration /ɪgˌzɪl.əˈreɪ.ʃən/ *n* [u] ⇒euforia ⇒emoción

ex-husband /ˌeks.ˈhʌz.bənd/ *n* [c] ⇒ex marido: *Her ex-husband works in a bank* - Su ex marido trabaja en un banco

exile¹ /ˈek.saɪl, ˈeg.zaɪl/ ▌ *n* [u] **1** ⇒exilio: *to live in exile* - vivir en el exilio ▌ *n* [c] **2** ⇒exiliado,da

exile² /ˈek.saɪl, ˈeg.zaɪl/ [exiled, exiling] *v* [t] ⇒exiliar

†**exist** /ɪgˈzɪst/ *v* [i] **1** ⇒existir **2** ⇒sobrevivir: *You can't exist without food* - No puedes sobrevivir sin comer nada

existence /ɪgˈzɪs.tⁿnts/ *n* [u] ⇒existencia

existing /ɪgˈzɪs.tɪŋ/ *adj* ⇒existente ⇒actual

†**exit** /ˈek.sɪt, ˈeg.zɪt/ *n* [c] **1** ⇒salida: *No exit* - Prohibida la salida **2** *to make a quick exit* - escapar pronto o rápidamente ▌ Distinto de *success* (éxito)

†**exotic** UK: /ɪgˈzɒt.ɪk/ US: /-ˈzɑː.ˈt̬ɪk/ *adj* ⇒exótico,ca: *an exotic island* - una isla exótica

†**expand** /ɪkˈspænd/ *v* [t, i] **1** ⇒expandir(se): *The company has expanded* - La empresa se ha expandido **2** ⇒dilatar(se): *The pupil expands when there is little light* - La pupila se dilata cuando hay poca luz

|PHRASAL VERBS
| **· to expand on** *sth* ⇒extenderse sobre algo
└ ⇒desarrollar algo

expanse /ɪkˈspænts/ *n* [c] **1** ⇒extensión [de mar, de tierra] **2** ⇒amplitud **3** *(de un ave, de un avión)* ⇒envergadura

expansion /ɪkˈspæn.tʃən/ *n* [c, u] ⇒expansión

expansive /ɪkˈspænt.sɪv/ *adj (form)* ⇒expansivo,va ⇒comunicativo,va ⇒sociable

expatriate UK: /ekˈspæt.ri.ət/ US: /-ˈspeɪ.tri-/ *adj, n* [c] ⇒expatriado,da

†**expect** /ɪkˈspekt/ ▌ *v* [t] **1** ⇒esperar: *I expect him to arrive any minute now* - Lo espero de un momento a otro; *She's expecting a baby* - Está esperando un bebé ▌ CONSTR. to expect + to do sth ▌ Se usa cuando existen razones para creer que algo sucederá. Comparar con *hope* (desear que algo suceda) ▌ *v* [i] **2** ⇒suponer ⇒creer ▌ CONSTR. to expect + (that) **3** ⇒confiar ⇒esperar

expectancy /ɪkˈspek.tⁿnt.si/ *n* [u] ⇒expectación: *an air of expectancy* - un ambiente de expectación

expectant /ɪkˈspek.tⁿnt/ *adj* **1** ⇒expectante ⇒ilusionado,da **2** ⇒encinta ⇒embarazada

expectation /ˌek.spekˈteɪ.ʃən/ ▌ *n* [c] **1** ⇒esperanza ▌ *n* [c, u] **2** ⇒expectativa: *What are your expectations?* - ¿Cuáles son tus expectativas? ▌ Se usa más en plural **3** *{against/contrary}* *to* (all) *expectations* ⇒contra todo pronóstico ▌ Distinto de *expectancy* (expectación)

expected /ɪkˈspek.tɪd/ *adj* ⇒esperado,da

expedition /ˌek.spəˈdɪʃ.ən/ *n* [u] **1** ⇒expedición **2** *(form) with the greatest possible expedition* - lo antes posible

expel /ɪkˈspel/ [expelled, expelling] *v* [t] ⇒expulsar ▌ CONSTR. Se usa más en pasiva

E ▬

†**expend** /ɪk'spend/ *v* [T] *(form)* ⇨dedicar ⇨gastar ⇨usar ■ CONSTR. 1. to expend + doing sth 2. to expend sth on sth

expendable /ɪk'spen.də.bl̩/ *adj (form)* ⇨prescindible

expenditure UK: /ɪk'spen.dɪ.tʃəʳ/ US: /-tʃɚ/ *n* [U] *(form)* ⇨gasto [de dinero o de energía] **2** ⇨gastos

†**expense** /ɪk'spents/ *n* [C, U] ⇨gasto ⇨coste

expensive /ɪk'spent.sɪv/ *adj* ⇨caro,ra: *an expensive car* - un coche caro

†**experience**[1] UK: /ɪk'spɪə.ri.ᵊnts/ US: /-'spɪr.i-/ ■ *n* [C] **1** ⇨experiencia ■ *n* [U] **2** ⇨experiencia ⇨práctica

experience[2] UK: /ɪk'spɪə.ri.ᵊnts/ US: /-'spɪr.i-/ [experienced, experiencing] *v* [T] **1** ⇨experimentar: *I experienced a feeling of great joy* - Experimenté una gran alegría **2** ⇨pasar: *He experienced hunger during the war* - Pasó hambre durante la guerra **3** ⇨atravesar: *She's experiencing a serious crisis* - Atraviesa una gran crisis

experienced UK: /ɪk'spɪə.ri.ᵊntst/ US: /-'spɪr.i-/ *adj* ⇨experimentado,da ⇨con experiencia ■ PRON. La última *e* no se pronuncia

†**experiment**[1] /ɪk'sper.ɪ.mənt/ *n* [C, U] ⇨experimento

experiment[2] /ɪk'sper.ɪ.ment/ *v* [I] ⇨experimentar ■ CONSTR. 1. to experiment with sth 2. to experiment on sth/sb

†**expert** UK: /'ek.spɜːt/ US: /-spɜ˞t/ *adj, n* [C] ⇨experto,ta [en una materia] ⇨especialista

expertise UK: /ˌek.spɜː'tiːz/ US: /-spɝ-/ *n* [U] ⇨pericia ⇨habilidad

†**explain** /ɪk'spleɪn/ *v* [T, I] ⇨explicar: *Explain it to me* - Explícamelo ■ CONSTR. 1.to explain + (that) 2. to explain sth to sb 3. to explain + interrogativa indirecta

explanation /ˌek.splə'neɪ.ʃᵊn/ *n* [C, U] ⇨explicación: *You owe me an explanation* - Me debes una explicación

explanatory UK: /ɪk'splæn.ə.tri/ US: /-tɔːr.i/ *adj* ⇨explicativo,va ⇨esclarecedor,-a

explicit /ɪk'splɪs.ɪt/ *adj* ⇨explícito,ta

†**explode** UK: /ɪk'spləʊd/ US: /-'sploʊd/ [exploded, exploding] ■ *v* [T, I] **1** ⇨explotar: *The bomb exploded at 22.00* - La bomba explotó a las 22.00 ■ *v* [I] **2** *(una persona)* ⇨estallar ⇨explotar

exploit[1] /ɪk'splɔɪt/ *v* [T] ⇨explotar ⇨aprovecharse ■ CONSTR. Se usa más en pasiva

exploit[2] /'ek.splɔɪt/ *n* [C] ⇨hazaña ⇨proeza ■ Se usa más en plural

exploitation /ˌek.splɔɪ'teɪ.ʃᵊn/ *n* [U] **1** *(de una persona)* ⇨explotación ⇨abuso **2** *(de tierra)* ⇨explotación

†**explore** UK: /ɪk'splɔːʳ/ US: /-'splɔːr/ [explored, exploring] *v* [T] ⇨explorar: *to explore an area* - explorar una zona

explorer UK: /ɪk'splɔː.rəʳ/ US: /-rɚ/ *n* [C] ⇨explorador,-a

explosion UK: /ɪk'spləʊ.ʒᵊn/ US: /-'sploʊ-/ *n* [C, U] ⇨explosión

explosive[1] UK: /ɪk'spləʊ.sɪv/ US: /-'sploʊ-/ *adj* ⇨explosivo,va

explosive[2] UK: /ɪk'spləʊ.sɪv/ US: /-'sploʊ-/ *n* [C, U] ⇨explosivo

export[1] UK: /'ek.spɔːt/ US: /-spɔːrt/ *n* [C, U] ⇨exportación

export[2] UK: /ɪk'spɔːt/ US: /'ek.spɔːrt/ ■ *v* [T, I] **1** ⇨exportar: *to export goods* - exportar mercancías ■ *v* [T] **2** *(un archivo informático)* ⇨exportar

†**expose** UK: /ɪk'spəʊz/ US: /-'spoʊz/ [exposed, exposing] *v* [T] **1** ⇨destapar ⇨sacar a la luz ⇨desenmascarar **2** ⇨revelar ⇨descubrir **3** *(en fotografía)* ⇨exponer
| PHRASAL VERBS
· to expose *oneself* ⇨hacer exhibicionismo
· to expose *sb* to *sth* ⇨exponer(se) a algo

exposed UK: /ɪk'spəʊzd/ US: /-'spoʊzd/ *adj* **1** *(un lugar)* ⇨expuesto,ta ⇨desprotegido,da **2** ⇨al descubierto **3** *(en fotografía)* ⇨expuesto,ta ⇨revelado,da

exposure UK: /ɪk'spəʊ.ʒəʳ/ US: /-'spoʊ.ʒɚ/ *n* [U] **1** *(a un peligro)* ⇨exposición **2** *(condición física)* ⇨congelación **3** *(de un secreto)* ⇨revelación **4** ⇨publicidad: *The event received a lot of exposure* - El evento recibió mucha publicidad **5** *(en fotografía)* ⇨abertura ⇨exposición

†**express**[1] /ɪk'spres/ *v* [T] ⇨expresar: *to express an idea* - expresar una idea

express[2] /ɪk'spres/ *adj* **1** ⇨exprés ⇨rápido,da **2** ⇨expreso,sa ⇨explícito,ta

express[3] /ɪk'spres/ *n* [C] ⇨tren expreso

†**expression** /ɪk'spreʃᵊn/ ■ *n* [C] **1** *(de la cara)* ⇨expresión ⇨gesto **2** ⇨expresión ⇨frase ■ *n* [C, U] **3** ⇨manifestación ⇨expresión

expressive /ɪk'spres.ɪv/ *adj* ⇨expresivo,va

expressively /ɪk'spres.ɪv.li/ *adv* ⇨expresivamente

expressly /ɪk'spres.li/ *adv* **1** *(form)* ⇨expresamente ⇨explícitamente **2** ⇨rotundamente

expressway /ɪk'spres.weɪ/ *US* (*UK* motorway) *n* [C] ⇨autopista: *on the expressway* - en la autopista

expulsion /ɪk'spʌl.ʃᵊn/ *n* [C, U] ⇨expulsión

exquisite /ɪk'skwɪz.ɪt/ *adj* ⇨exquisito,ta

†**extend** /ɪk'stend/ ■ *v* [T] **1** ⇨prolongar ⇨alargar ⇨ampliar ■ *v* [I] **2** ⇨extenderse **3** to ~ *sth* to *sb* *(form)* ⇨dar algo a alguien ■ CONSTR. Se usa generalmente seguido de una preposición o un adverbio

extended /ɪk'sten.dɪd/ *adj* ⇨prolongado,da: *an extended period of time* - un período prolongado de tiempo

extension /ɪk'sten.tʃ°n/ *n* [C, U] **1** ⇒ampliación ⇒prolongación **2** *Can I have an extension for the essay, please?* - ¿Puedo tener más tiempo para hacer la redacción, por favor? **3** *(de un teléfono)* ⇒extensión

extensive /ɪk'stent.sɪv/ *adj* ⇒grande ⇒extenso,sa

extent /ɪk'stent/ *n* [U, NO PL] **1** ⇒extensión **2** ⇒alcance ⇒importancia **3 to what extent...?** ⇒¿hasta qué punto...?

exterior¹ UK: /ɪk'stɪə.ri.ə°/ US: /-'stɪr.i.ə/ *adj* ⇒exterior

exterior² UK: /ɪk'stɪə.ri.ə°/ US: /-'stɪr.i.ə/ *n* [C] **1** ⇒exterior **2** ⇒apariencia: *the exterior of a car* - la apariencia de un coche

exterminate UK: /ɪk'stɜː.mɪ.neɪt/ US: /-'stɜː-/ [exterminated, exterminating] *v* [T] ⇒exterminar

external /ɪk'stɜː.nəl/ US: /-'stɜː-/ *adj* **1** ⇒externo,na ⇒exterior **2** *for external use* - de uso tópico

extinct /ɪk'stɪŋkt/ *adj* **1** *(una especie)* ⇒extinguido,da **2** *(de una especie): to become extinct* - extinguirse

extinction /ɪk'stɪŋk.ʃ°n/ *n* [U] ⇒extinción: *a species in danger of extinction* - una especie en peligro de extinción

extinguish /ɪk'stɪŋ.gwɪʃ/ [extinguishes] *v* [T] *(formal)* ⇒extinguir ⇒apagar ■ Se usa más to put out

extort UK: /ɪk'stɔːt/ US: /-'stɔːrt/ *v* [T] ⇒extorsionar [dinero]

extortionate UK: /ɪk'stɔː.ʃ°n.ət/ US: /-'stɔːr-/ *adj (un precio)* ⇒abusivo,va ⇒exorbitante

extra¹ /'ek.strə/ *adj* ⇒extra ⇒adicional

extra² /'ek.strə/ *adv* ⇒extra ⇒más

extra³ /'ek.strə/ *n* [C] **1** ⇒extra [no incluido en el precio base] **2** *(en cine)* ⇒extra **3** *US* ⇒repuesto **4** ⇒número extraordinario [de un periódico]

extract¹ /ɪk'strækt/ *v* [T] **1** ⇒extraer **2** *(form)* ⇒extraer ⇒sacar

extract² /'ek.strækt/ *n* [C] **1** *(de un texto)* ⇒resumen ⇒extracto **2** *(sustancia)* ⇒extracto ⇒esencia

extradite /'ek.strə.daɪt/ [extradited, extraditing] *v* [T] ⇒extraditar: *He has been extradited* - Fue extraditado ■ CONSTR. Se usa más en pasiva

† **extraordinary** UK: /ɪk'strɔː.dɪn.°r.i/ US: /-'strɔːr.d[ə]n.er-/ *adj* ⇒extraordinario,ria

extravagant /ɪk'stræv.ə.g°nt/ *adj* **1** ⇒derrochador,-a ⇒excesivo,va **2** *She's very extravagant with her gifts* - Es demasiado generosa con sus regalos **3** *(estilo)* ⇒peculiar ⇒extravagante

† **extreme** /ɪk'striːm/ *adj* **1** ⇒extremo,ma: *extreme temperatures* - temperaturas extremas **2** *extreme sports* - deportes de riesgo

extremely /ɪk'striːm.li/ *adv* ⇒extremadamente

extremist /ɪk'striː.mɪst/ *n* [C] *(en política)* ⇒extremista

extremity UK: /ɪk'strem.ɪ.ti/ US: /-ə.°ţi/ *[pl* extremities] *n* [C] **1** *(form)* ⇒extremidad ⇒punta **2** *(form) (del cuerpo)* ⇒extremidad **3** *(form)* ⇒apuro ⇒necesidad

extricate /'ek.strɪ.keɪt/ [extricated, extricating] **1** **to ~ sb from sth** *(form)* ⇒sacar a alguien [de una situación desagradable]: *to extricate sb from a difficult situation* - sacar a alguien de una situación difícil **2** **to ~ oneself from sth** *(form)* ⇒escaparse [de una situación desagradable] ⇒lograr salir [de una situación desagradable]

extrovert UK: /'ek.strə.vɜːt/ US: /-vɜːt/ *adj, n* [C] ⇒extrovertido,da

exuberant UK: /ɪg'zjuː.b°r.°nt/ US: /-'zuː.bə~/ *adj* **1** *(una planta)* ⇒exuberante **2** ⇒enérgico,ca y entusiasta ⇒vivaz

exude UK: /ɪg'zjuːd/ US: /-'zuːd/ [exuded, exuding] ■ *v* [T] **1** ⇒emanar ⇒irradiar ■ *v* [T, I] **2** ⇒exudar ⇒rezumar

ex-wife /ˌeks'waɪf/ *n* [C] ⇒ex mujer: *His ex-wife is an actress* - Su ex mujer es actriz

† **eye¹** /aɪ/ *n* [C] **1** *(en anatomía)* ⇒ojo **2** *(en una aguja)* ⇒ojo **3** *can't {keep/take} one's eyes off sth/ sb* ⇒no poder quitarle el ojo a algo o a alguien **4** *in sb's eyes* ⇒en opinión de alguien ⇒desde el punto de vista de alguien **5** *to be up to one's eyes in sth (una persona)* ⇒estar desbordado,da de algo **6** *to catch one's ~* ⇒llamar la atención a alguien **7** *to keep {an/ one's} ~ on sth/sb* ⇒echar un ojo *col.;* ⇒vigilar **8** *to keep one's eyes {open/peeled}* ⇒estar atento,ta **9** *to see ~ to ~ (with sb)* ⇒estar de acuerdo (con alguien)

eye² /aɪ/ [eyed, eyeing; *US tb* eying] *v* [T] ⇒mirar [con atención]

eyeball UK: /'aɪ.bɔːl/ US: /-bɑːl/ *n* [C] ⇒globo ocular

† **eyebrow** /'aɪ.braʊ/ *n* [C] ⇒ceja

eye-catching /'aɪˌkætʃ.ɪŋ/ *adj* ⇒vistoso,sa ⇒llamativo,va

† **eyelash** /'aɪ.læʃ/ *[pl* eyelashes] *n* [C] ⇒pestaña: *to curl your eyelashes* - rizar las pestañas

eyelid /'aɪ.lɪd/ *n* [C] ⇒párpado

eyesight /'aɪ.saɪt/ *n* [U] **1** *(de los ojos)* ⇒vista **2** *to have very bad eyesight* - ver muy mal

eyesore UK: /'aɪ.sɔː/ US: /-sɔːr/ *n* [C] ⇒monstruosidad ⇒horror

eyewitness /'aɪˌwɪt.nəs/ *[pl* eyewitnesses] *n* [C] ⇒testigo ocular ⇒testigo presencial

E ■

f /ef/ [*pl* f's] *n* [C] *(letra del alfabeto)* ⇒f

F[1] /ef/ [*pl* F's] *n* [C, U] *(nota musical)* ⇒fa

F[2] /ef/ *adj, n* [U] ⇒forma abreviada de **Fahrenheit** (escala de Fahrenheit)

fa *(tb* fah) *n* [U, NO PL] *(nota musical)* ⇒fa

fable /'feɪ.bl̩/ *n* [C] ⇒fábula ■ PRON. Rima con *table*

[†] **fabric** /'fæb.rɪk/ *n* [C, U] **1** *(en sastrería y tapicería)* ⇒tejido **2** the ~ (of *sth*) ⇒el tejido [de algo] ⇒la estructura [de algo] ■ Distinto de *factory* (fábrica)

fabulous /'fæb.jʊ.ləs/ *adj* ⇒fabuloso,sa ⇒de fábula

facade /fə'sɑːd/ *n* [C] **1** ⇒fachada [de un edificio] **2** ⇒apariencia ⇒fachada

[†] **face**[1] /feɪs/ *n* [C] **1** ⇒cara ⇒rostro **2** ⇒ladera [de una montaña] **3** ⇒corte [de un acantilado] **4** ⇒faz [de la tierra] **5** ~ {down/up} ⇒boca {abajo/arriba} **6** ~ to ~ ⇒cara a cara **7** in the ~ of *sth* ⇒ante algo **8** on the ~ of it ⇒a primera vista ⇒aparentemente **9** to make a ~ *(UK tb* to pull a face) ⇒hacer una mueca [por disgusto] **10** to make faces **1** ⇒hacer muecas **2** ⇒hacer burla **11** to save ~ ⇒guardar las apariencias ⇒quedar bien **12** to say *sb's* ~ ⇒a la cara: *Say it to my face* - Dímelo a la cara

[†] **face**[2] /feɪs/ [faced, facing] *v* [T] **1** ⇒estar orientado,da a ⇒dar a **2** ⇒enfrentar(se) ⇒afrontar **3** ⇒asumir ⇒aceptar **4** let's ~ it ⇒seamos realistas

| PHRASAL VERBS
| · to face up to *sth* ⇒enfrentarse a algo ⇒afrontar algo

facelift /'feɪs.lɪft/ *n* [C] **1** *(cirugía estética)* ⇒lifting **2** ⇒cambio de imagen ⇒lavado de cara

facet /'fæs.ɪt/ *n* [C] **1** ⇒faceta [de una piedra preciosa] ⇒lado **2** ⇒faceta ⇒aspecto

facetious /fə'siː.ʃəs/ *adj* ⇒burlón,-a ⇒jocoso,sa ⇒guasón,-a

face-to-face /ˌfeɪs.tə'feɪs/ *adj, adv* ⇒cara a cara

face value *n* [C] **1** *(en economía)* ⇒valor nominal **2** to take *sth* at face value - creer algo a pies juntillas

facial[1] /'feɪ.ʃl̩/ *adj* ⇒facial

facial[2] /'feɪ.ʃl̩/ *n* [C] ⇒tratamiento facial

facile /'fæs.aɪl/ *adj (form)* ⇒superficial ⇒simplista ■ Distinto de *easy* (fácil)

facilitate /fə'sɪl.ɪ.teɪt/ [facilitated, facilitating] *v* [T] *(form)* ⇒facilitar: *to facilitate things* - facilitar las cosas

facilities UK: /fə'sɪl.ɪ.tiz/ US: /-ə.ˤtiz/ *n* [PL] ⇒instalaciones ⇒medios ⇒servicios

[†] **facility** UK: /fə'sɪl.ɪ.ti/ US: /-ə.ˤti/ [*pl* facilities] *n* [C] ⇒facilidad

facing /'feɪ.sɪŋ/ *n* [C] **1** *(en una pared)* ⇒revestimiento **2** ⇒entretela

[†] **fact** /fækt/ *n* [C] **1** ⇒hecho: *It's a fact* - Es un hecho **2** ⇒realidad **3** in (actual) ~ *(tb* as a matter of fact) **1** ⇒de hecho: *I like it, in fact I'm going to buy it* - Me gusta; de hecho, me lo voy a comprar **2** ⇒en realidad **3** ⇒a decir verdad

faction /'fæk.ʃn̩/ *n* [C] ⇒facción ⇒bando [de personas]

[†] **factor** UK: /'fæk.tə/ US: /-tə/ *n* [C] **1** ⇒elemento ⇒factor **2** *(en matemáticas)* ⇒factor

[†] **factory** UK: /'fæk.tɹ.i/ US: /-tə.i/ [*pl* factories] *n* [C] ⇒fábrica ⇒maquila AMÉR. ■ Distinto de *fabric* (tejido)

factual /'fæk.tjʊəl/ *adj* ⇒factual ⇒basado,da en hechos

[†] **faculty** UK: /'fæk.ə̩l.ti/ US: /-ˤti/ [*pl* faculties] *n* [C] **1** ⇒facultad ⇒habilidad ■ Se usa más en plural **2** US ⇒facultad [universitaria] ⇒profesorado

fad /fæd/ *n* [C] ⇒moda ⇒manía

[†] **fade** /feɪd/ [faded, fading] ■ *v* [T, I] **1** ⇒decolorar(se) ⇒perder color **2** *(un sonido)* ⇒desvanecer(se) ⇒apagar(se) **3** *(una imagen de cine o televisión)* ⇒fundir(se) ■ *v* [I] **4** *(tb* fade away) *(un sentimiento)* ⇒desvanecerse **5** *(la belleza)* ⇒marchitarse

fag /fæg/ *n* [C] **1** *UK (inform)* ⇒pitillo **2** *US (offens)* ⇒forma abreviada de **faggot** (marica) *vulg. desp.*

fah /fɑː/ *(tb* fa) *n* [U, NO PL] *(nota musical)* ⇒fa

[†] **Fahrenheit** /'fær.ˤn.haɪt/ *adj, n* [U] ⇒escala de Fahrenheit: *fifty degrees Fahrenheit* - cincuenta

grados Fahrenheit ◾ La forma abreviada es *F* ◾ Con números normalmente se escribe el signo ºF en vez de *Fahrenheit: 50ºF*

†**fail¹** /feɪl/ ◾ *v* [I] **1** ⇒fallar ⇒fracasar ⇒no conseguir ◾ Constr. to fail + to do sth **2** *(un negocio)* ⇒quebrar ◾ *v* [T, I] **3** ⇒fallar ⇒faltar **4** *(un examen)* ⇒suspender ⇒reprobar AMÉR. ◾ *v* [T] **5** *(a alguien)* ⇒fallar ⇒defraudar

fail² /feɪl/ *n* [C] **1** *(en un examen)* ⇒suspenso **2** without ~ ⇒sin falta: *I have to go to the bank tomorrow without fail* - Mañana tengo que ir al banco sin falta

failing¹ /'feɪ.lɪŋ/ *n* [C] **1** ⇒defecto **2** *(de una persona)* ⇒debilidad ⇒defecto

failing² /'feɪ.lɪŋ/ *prep* ⇒en su defecto ⇒a falta de

failure UK: /'feɪ.ljəʳ/ US: /-ljɚ/ ◾ *n* [U] **1** ⇒fracaso ◾ *n* [C] **2** *(una persona)* ⇒fracasado,da ◾ *n* [C, U] **3** *(de un motor)* ⇒avería ⇒fallo ⇒pana AMÉR.; ⇒varada AMÉR. **4** *(en medicina)* ⇒crisis ⇒ataque **5** ~ to do *sth failure to follow the instructions* - el incumplimiento de las instrucciones

faint¹ /feɪnt/ *adj* **1** ⇒tenue ⇒débil **2** *(una posibilidad, una esperanza o una idea)* ⇒ligero,ra ⇒poco,ca **3** to feel ~ ⇒sentirse mareado,da: *The sight of blood makes me feel faint* - Ver sangre me hace sentir mareado

faint² /feɪnt/ *v* [I] ⇒desmayarse: *He almost fainted with the heat* - Casi se desmaya del calor

faintly /'feɪnt.li/ *adv* **1** ⇒algo: *I felt faintly disturbed* - Me sentí algo revuelto **2** ⇒ligeramente

†**fair¹** UK: /feəʳ/ US: /fer/ *adj* **1** ⇒justo,ta: *It's not fair!* - ¡No es justo! **2** *(el cabello)* ⇒rubio,bia ⇒huero,ra AMÉR.; ⇒güero,ra AMÉR. **3** *(la tez)* ⇒blanco,ca **4** *(el clima)* ⇒agradable ⇒bueno,na

fair² UK: /feəʳ/ US: /fer/ *n* [C] **1** ⇒feria ⇒exhibición **2** ⇒fiesta ⇒feria **3** ⇒parque de atracciones

fair-haired *adj* ⇒rubio,bia

fair-haired boy UK: /ˌfeə.heəd'bɔɪ/ US: /ˌfer.herd-/ *US* *(UK blue-eyed boy)* *n* [C] ⇒niño mimado ◾ Pron. La *e* no se pronuncia

fairly UK: /'feə.li/ US: /'fer-/ *adv* **1** ⇒bastante: *He is a fairly intelligent child* - Es un chico bastante inteligente **2** ⇒justamente ⇒limpiamente

fair trade *n* [U] ⇒comercio justo

†**fairy** UK: /'feə.ri/ US: /'fer.i/ [*pl* fairies] *n* [C] ⇒hada

†**faith** /feɪθ/ *n* [U] **1** ⇒fe ⇒confianza **2** ⇒fe [religiosa] **3** in {good/bad} ~ ⇒de {buena/mala} fe: *to act in good faith* - actuar de buena fe **4** to put *sb's* ~ in *sth/sb* ⇒confiar en algo o en alguien

faithful /'feɪθ.fʰl/ *adj* ⇒fiel ⇒leal

faithfully /'feɪθ.fʰl.i/ *adv* **1** ⇒fielmente ⇒con devoción **2** Yours ~ ⇒atentamente ◾ Se usa cuando en una carta no se nombra al destinatario. Comparar con *yours sincerely*

fake¹ /feɪk/ *adj* ⇒falso,sa ⇒no genuino,na

fake² /feɪk/ *n* [C] **1** *(objeto)* ⇒falsificación ⇒imitación **2** *(persona)* ⇒farsante col.; ⇒impostor,-a

fake³ /feɪk/ [faked, faking] *v* [T] **1** ⇒fingir: *He faked an injury* - Fingió estar herido **2** ⇒falsificar

falcon UK: /'fɒl.kʰn/ US: /'fɑːl-/ *n* [C] *(ave)* ⇒halcón

†**fall¹**, fell, fallen UK: /fɔːl/ US: /fɑːl/ *v* [I] **1** ⇒caer(se) **2** ⇒descender ⇒bajar **3** to ~ asleep ⇒dormirse ⇒quedarse dormido,da **4** to ~ in love with *sth/sb* ⇒enamorarse ⇒encamotarse AMÉR. col.

| PHRASAL VERBS

  · **to fall apart** ⇒hacerse pedazos ⇒desvencijar(se)
  · **to fall back 1** *(tropas)* ⇒retroceder ⇒replegarse **2** *(un precio)* ⇒caer
  · **to fall back on** *sth/sb* ⇒recurrir a algo o a alguien
  · **to fall behind** ⇒quedarse atrás ⇒retrasarse
  · **to fall down 1** *(una persona o una cosa que está en vertical)* ⇒caerse **2** *(un plan)* ⇒fracasar
  · **to fall for** *sth* *(inform)* ⇒picar col.; ⇒caer en la trampa
  · **to fall for** *sb* *(inform)* ⇒colarse por alguien col.
  · **to fall in** *(un techo)* ⇒derrumbarse ⇒desplomarse
  · **to fall off** *(una cantidad o una calidad)* ⇒disminuir
  · **to fall out** ⇒caer **2** *(dos o más personas)* ⇒pelearse ⇒estar enfadado,da
  · **to fall out with** *sb* *UK* ⇒pelearse con alguien ⇒discutir con alguien
  · **to fall over** ⇒caer(se)
  · **to fall over** *sth/sb* ⇒tropezar(se) con
  └ **to fall through** ⇒fracasar

†**fall²** UK: /fɔːl/ US: /fɑːl/ ◾ *n* [C] **1** ⇒caída **2** ⇒descenso ⇒bajada ◾ *n* [C, U] **3** *US* *(UK/US tb* autumn*)* ⇒otoño **4** falls ⇒cataratas

fallen UK: /'fɔː.lən/ US: /'fɑː-/ past participle of **fall**

falling UK: /'fɔː.lɪŋ/ US: /'fɑː-/ *adj the falling birth rate* - un índice de natalidad decreciente

†**false** UK: /fɒls/ US: /fɑːls/ *adj* **1** ⇒falso,sa: *a false identity* - una identidad falsa; *a false alarm* - una falsa alarma **2** ⇒artificial ⇒postizo,za ⇒falso,sa **3** a ~ move ⇒un paso en falso

false friend *n* [C] *(en idiomas)* ⇒falso amigo ◾ Ver cuadro en página siguiente

falsify UK: /'fɒl.sɪ.faɪ/ US: /'fɑːl-/ [falsifies, falsified] *v* [T] ⇒falsificar: *to falsify a document* - falsificar un documento

falter UK: /'fɒl.təʳ/ US: /'fɑːl.ˤt̬ɚ/ *v* [I] **1** ⇒tambalearse: *Their relationship was faltering* - Su

F◾

false friends

Los **falsos amigos** son palabras que son parecidas en dos lenguas, pero con significados diferentes:

– La palabra inglesa **library** significa '**biblioteca**', (no 'librería').

– La palabra inglesa **embarrassed** significa '**avergonzado**', (no 'embarazada').

• Al traducir del inglés al español y del español al inglés hay que tener cuidado para no cometer errores con los falsos amigos. Algunos ejemplos:

inglés → español	español → inglés
assist → 'ayudar'	*asistir* → 'to attend'
constipated → 'estreñido'	*constipado* → 'a cold'
deception → 'engaño'	*decepción* → 'disappointment'
embarrassed → 'avergonzado'	*embarazada* → 'pregnant'
exciting → 'emocionante'	*excitante* → 'stimulating'
exit → 'salida'	*éxito* → 'success'
large → 'grande'	*largo* → 'long'
lecture → 'conferencia'	*lectura* → 'reading'
library → 'biblioteca'	*librería* → 'bookshop'
realise → 'darse cuenta'	*realizar* → 'to do'
sensible → 'sensato'	*sensible* → 'sensitive'
sensitive → 'sensible'	*sensitivo* → 'related to the senses'
succeed → 'tener éxito'	*suceder* → 'to happen'
support → 'apoyar'	*soportar* → 'to stand'
terrific → 'genial'	*terrorífico* → 'terrifying'

Además, existen algunas palabras en español que vienen del inglés, pero no se corresponden exactamente a su forma original. Algunas de las más frecuentes son:

español → inglés
camping → camping site
esmoquin → tuxedo
parking → car park
footing → jogging

fart

relación se tambaleaba **2** ⇒vacilar ⇒titubear **3** ⇒entrecortar(se) **4** *(en economía)* ⇒decaer ⇒no sostenerse

fame /feɪm/ *n* [U] ⇒fama: *to get fame* - conseguir la fama

familiar UK: /fəˈmɪl.i.əʳ/ US: /-jəʳ/ *adj* **1** ⇒conocido,da ⇒familiar **2** ⇒demasiado cariñoso,sa o cercano,na **3** to be ~ with *sth* ⇒conocer algo ⇒estar familiarizado,da con algo **4** to be on ~ terms (with *sb*) ⇒tutearse (con alguien)

familiarity UK: /fəˌmɪl.iˈær.ə.ti/ US: /-ˈer.ə.ˤti/ *n* [U] **1** ⇒familiaridad **2** ~ with *sth* ⇒conocimientos de algo: *familiarity with technology* - conocimientos de tecnología

family /ˈfæm.ºl.i/ *[pl* families] *n* [C] **1** ⇒familia: *My family lives in London* - Mi familia vive en Londres ■ Por ser un nombre colectivo se puede usar con el verbo en singular o en plural **2** to run in the ~ ⇒ser cosa de familia

family name *n* [C] ⇒apellido

famine /ˈfæm.ɪn/ *n* [C, U] **1** ⇒hambre ⇒hambruna **2** ~ relief ⇒ayuda contra el hambre

famous /ˈfeɪ.məs/ *adj* ⇒famoso,sa ⇒afamado,da ■ PRON. La primera parte, *fam*, rima con el término inglés *game* ■ Tiene un matiz positivo. Comparar con *notorious*

fan /fæn/ *n* [C] **1** ⇒seguidor,-a ⇒fan ⇒forofo,fa **2** *(en fútbol)* ⇒hincha **3** ⇒abanico **4** ⇒ventilador: *a ceiling fan* - un ventilador de techo **5** ~ club ⇒club de fans

fanatic UK: /fəˈnæt.ɪk/ US: /-ˈnæˤt̬-/ *adj, n* [C] ⇒fanático,ca

fanatical UK: /fəˈnæt.ɪ.kºl/ US: /-ˈnæˤt̬-/ *adj* ⇒fanático,ca: *Peter is a fanatical about ballroom dancing* - Peter es un fanático del baile de salón

fanciful /ˈfæn.sɪ.fºl/ *adj* **1** *(una idea)* ⇒fantástico,ca **2** *(una apariencia)* ⇒descabellado,da ⇒extravagante **3** *(una persona)* ⇒fantasioso,sa

fancy¹ /ˈfæn.si/ *[fancies, fancied] v* [T] **1** *UK (inform)* ⇒gustar ■ CONSTR. to fancy + doing sth **2** *UK (inform)* ⇒apetecer ⇒tener ganas ■ CONSTR. to fancy + doing sth **3** *(form)* ⇒creer ■ CONSTR. to fancy + (that) **4** *(form)* ⇒creerse **5** ⇒querer llegar a ser **6** ~ (that)! *UK (old-fash)* ⇒¡fíjate!

fancy² /ˈfæn.si/ *n* [U] **1** *(lit)* ⇒quimera ⇒fantasía **2** ⇒capricho **3** to {catch/take} *one's* ~ ⇒cautivar a alguien **4** to take a ~ to *sth/sb* ⇒encapricharse: *I took a fancy to that motorbike* - Me encapriché de esa moto

fancy³ /ˈfæn.si/ *adj [comp* fancier, *superl* fanciest] **1** ⇒elaborado,da ⇒sofisticado,da **2** *(inform) (una idea)* ⇒estrambótico,ca col. **3** ⇒de lujo ⇒lujoso,sa ⇒elegante

fancy dress *UK n* [U] *(para diversión)* ⇒disfraz

fanny pack *US (UK* bumbag) *n* [C] *(bolsa)* ⇒riñonera

↑**fantastic** /fænˈtæs.tɪk/ *adj* **1** ⇒fantástico,ca **2** *(inform)* ⇒estupendo,da ⇒magnífico,ca ⇒fantástico,ca ⇒extraordinario,ria

↑**fantasy** /ˈfæn.tə.si/ *[pl* fantasies] *n* [C, U] ⇒fantasía

FAQ /ˌef.eɪˈkjuː/ *n* [C] ⇒forma abreviada de **frequently asked question** (pregunta frecuente)

↑**far¹** UK: /fɑːʳ/ US: /fɑːr/ *adv [comp* farther or further, *superl* farthest or furthest] **1** ⇒lejos ■ Se usa en oraciones interrogativas y negativas. En las oraciones afirmativas se suele usar *a long way* **2** ⇒mucho **3** as ~ as ⇒hasta **4** as ~ as I know ⇒que yo sepa ■ Se utiliza para dar una opinión o hacer un comentario **5** as ~ as *sth/sb* is concerned ⇒en cuanto a algo o alguien ⇒en lo que respecta a algo o alguien **6** by ~ ⇒con diferencia ⇒de lejos **7** ~ and wide ⇒por todas partes **8** ~ away ⇒lejos **9** ~ from it *(inform)* ⇒ni mucho menos **10** ~ too ⇒demasiado ■ Va seguido de un adjetivo **11** how ~ ⇒hasta qué punto **12** in {as/so} ~ as *sth* ⇒en la medida en que **13** so ~ ⇒hasta ahora ⇒de momento **14** to go too ~ ⇒pasarse

↑**far²** UK: /fɑːʳ/ US: /fɑːr/ *adj [comp* farther or further, *superl* farthest or furthest] **1** ⇒lejano,na: *the Far West* - el Lejano Oeste **2** *(un lado, un extremo)* ⇒opuesto,ta

faraway UK: /ˌfɑː.rəˈweɪ/ UK: /ˈ---/ US: /ˌfɑːr.ə-/ *adj (lit)* ⇒lejano,na ⇒remoto,ta

↑**fare** UK: /feəʳ/ US: /fer/ *n* [C] ⇒tarifa ⇒precio [de un viaje]

farewell¹ UK: /ˌfeəˈwel/ US: /ˌfer-/ *excl (old-fash)* ⇒¡adiós!

farewell² UK: /ˌfeəˈwel/ US: /ˌfer-/ *n* [C] **1** *(form)* ⇒despedida: *a farewell party* - una fiesta de despedida **2** to {bid/say} ~ to *sth/sb* *(form)* ⇒despedirse de algo o de alguien

↑**farm¹** UK: /fɑːm/ US: /fɑːrm/ *n* [C] **1** ⇒granja ⇒chácara *AMÉR.;* ⇒chacra *AMÉR.* **2** fish ~ ⇒piscifactoría

farm² UK: /fɑːm/ US: /fɑːrm/ *v* [T, I] **1** ⇒cultivar: *to farm the land* - cultivar la tierra **2** ⇒labrar

farmer UK: /ˈfɑː.məʳ/ US: /ˈfɑːr.məʳ/ *n* [C] ⇒granjero,ra ⇒agricultor,-a ⇒ganadero,-a

farmhouse UK: /ˈfɑːm.haʊs/ US: /ˈfɑːrm-/ *n* [C] *(en una granja)* ⇒vivienda ⇒casa de labranza

farming UK: /ˈfɑː.mɪŋ/ US: /ˈfɑːr-/ *n* [U] **1** ⇒agricultura **2** ⇒ganadería

farmland UK: /ˈfɑːm.lænd/ US: /ˈfɑːrm-/ *n* [U] ⇒tierras de labranza ⇒tierras de cultivo

farmyard UK: /ˈfɑːm.jɑːd/ US: /ˈfɑːrm.jɑːrd/ *n* [C] *(en una granja)* ⇒patio ⇒corral

fart¹ UK: /fɑːt/ US: /fɑːrt/ *v* [I] *(very inform)* ⇒tirarse un pedo col.

fart² UK: /fɑːt/ US: /fɑːrt/ *n* [C] *(very inform)* ⇒pedo col.

F ■

farther UK: /ˈfɑː.ðəʳ/ US: /ˈfɑːr.ðɚ/ *(tb further) adj, adv* the comparative form of **far**

farthest UK: /ˈfɑː.ðɪst/ US: /ˈfɑːr-/ *adj, adv* the superlative form of **far**

farthing UK: /ˈfɑː.ðɪŋ/ US: /ˈfɑːr-/ *n* [C] *(moneda antigua)* ⇒cuarto de penique

†**fascinate** /ˈfæs.ɪ.neɪt/ [fascinated, fascinating] *v* [T] ⇒fascinar: *India fascinates me* - La India me fascina

fascinated UK: /ˈfæs.ɪ.neɪ.tɪd/ US: /-ˁt̬ɪd/ *adj* ⇒fascinado,da ■ PRON. La *c* no se pronuncia y la *e* se pronuncia como la *i* en *did*

fascinating UK: /ˈfæs.ɪ.neɪ.tɪŋ/ US: /-ˁt̬ɪŋ/ *adj* ⇒fascinante: *How fascinating!* - ¡Qué fascinante!

†**fascism** *n* [U] ⇒fascismo

fascist /ˈfæʃ.ɪst/ *adj, n* [C] ⇒fascista

†**fashion** /ˈfæʃ.ən/ *n* [C, U] **1** ⇒moda: *He is a fashion victim* - Es un esclavo de la moda; *the latest fashion* - lo último en moda **2** out of ~ ⇒pasado,da de moda **3** to {be in/come into} ~ ⇒{estar/ponerse} de moda

fashionable /ˈfæʃ.ən.ə.bl̩/ *adj* ⇒moderno,na ⇒de moda

fashion-conscious UK: /ˈfæʃ.ən.kɒn.tʃəs/ US: /-ˌkɑːn-/ *adj* ⇒interesado,da en la última moda ⇒que lleva ropa de moda

fashion designer *n* [C] ⇒diseñador,-a de moda ■ PRON. *sign* rima con el término inglés *mine*

†**fast**¹ UK: /fɑːst/ US: /fæst/ *adj* **1** ⇒rápido,da: *a very fast car* - un coche muy rápido ■ Normalmente se usa en referencia a la velocidad. Comparar con *quick* **2** ⇒adelantado,da: *This clock is fast* - Este reloj va adelantado ■ CONSTR. Se usa detrás de un verbo **3** to make *sth* ~ ⇒sujetar bien algo ⇒amarrar bien algo

†**fast**² UK: /fɑːst/ US: /fæst/ *adv* **1** ⇒rápido: *Don't walk so fast* - No vayas tan rápido **2** ~ asleep ⇒profundamente dormido,da: *He is fast asleep* - Está profundamente dormido

fast³ UK: /fɑːst/ US: /fæst/ *v* [I] ⇒ayunar: *We are going to fast tomorrow* - Mañana vamos a ayunar

†**fast**⁴ UK: /fɑːst/ US: /fæst/ *n* [C] ⇒ayuno

†**fasten** UK: /ˈfɑː.sən/ US: /ˈfæs.[ə]n/ *v* [T, I] **1** ⇒abrocharse **2** ⇒sujetar: *Fasten it with a safety pin* - Sujétalo con un imperdible **3** to ~ *sth* {on/to/together} ⇒unir algo ⇒atar algo ■ PRON. La *t* no se pronuncia

fastener UK: /ˈfɑː.sən.əʳ/ US: /ˈfæs.[ə]n.ɚ/ *n* [C] ⇒cierre ⇒broche ■ PRON. La *t* no se pronuncia

fast food *n* [U] ⇒comida rápida

fast-forward UK: /ˌfɑːstˈfɔː.wəd/ US: /ˌfæstˈfɔːr.wəd/ *v* [T, I] **1** *(una cinta, un video, un CD o un DVD)* ⇒pasar hacia adelante **2** *Fast-forward to the next song* - Salta a la siguiente canción ■ La forma abreviada es *ff*

fastidious /fæsˈtɪd.i.əs/ *adj* **1** ⇒meticuloso,sa **2** ⇒escrupuloso,sa **3** ⇒puntilloso,sa ■ Distinto de *tiresome* (fastidioso)

†**fat**¹ /fæt/ *adj* [comp fatter, superl fattest] ⇒gordo,da: *He's a bit fat* - Está un poco gordo; *to get fat* - engordar

fat² /fæt/ *n* [C, U] **1** ⇒grasa **2** ⇒manteca

†**fatal** UK: /ˈfeɪ.tʲl/ US: /-ˁt̬[ə]l/ *adj* **1** ⇒mortal: *a fatal accident* - un accidente mortal **2** ⇒fatídico,ca ⇒fatal **3** ⇒desastroso,sa ⇒muy grave

fatality UK: /fəˈtæl.ə.ti/ US: /-ˁt̬i/ ■ *n* [C] **1** ⇒deceso *form.* ■ El plural es *fatalities* **2** ⇒víctima mortal ■ El plural es *fatalities* ■ *n* [U] **3** ⇒fatalidad

†**fate** /feɪt/ *n* [C, U] **1** ⇒destino: *One never knows what fate may bring* - Nunca se sabe lo que nos deparará el destino **2** ⇒suerte

fated UK: /ˈfeɪ.tɪd/ US: /-ˁt̬ɪd/ *adj* ⇒predestinado,da: *She was fated to become a lawyer* - Estaba predestinada a ser abogada ■ CONSTR. 1. to be fated + to do sth 2. Se usa detrás de un verbo

fateful /ˈfeɪt.fʲl/ *adj* ⇒fatídico,ca: *the fateful day* - el día fatídico

†**father** UK: /ˈfɑː.ðəʳ/ US: /-ðɚ/ *n* [C] **1** ⇒padre ⇒taita *AMÉR.* **2** the ~ of *sth* ⇒el padre de algo: *the father of genetics* - el padre de la genética

fatherhood UK: /ˈfɑː.ðə.hʊd/ US: /-ðɚ-/ *n* [U] ⇒paternidad

father-in-law UK: /ˈfɑː.ðəʳ.ɪn.lɔː/ US: /-ðɚ.ɪn.lɑː/ [pl fathers-in-law] *n* [C] ⇒suegro

fatigue /fəˈtiːg/ *n* [U] ⇒fatiga ⇒cansancio

fatten UK: /ˈfæt.ən/ US: /ˈfæˁt̬-/ *v* [T] *(una cuenta)* ⇒engordar

fattening UK: /ˈfæt.ən.ɪŋ/ US: /ˈfæˁt̬-/ *adj (comida)* ⇒que engorda

fatty UK: /ˈfæt.i/ US: /ˈfæˁt̬-/ *adj* [comp fattier, superl fattiest] **1** *(una comida)* ⇒grasiento,ta ⇒graso,sa **2** *(en medicina)* ⇒adiposo,sa

faucet /ˈfɔː.sɪt/ US: /ˈfɑː-/ *US (UK/US tb tap) n* [C] ⇒grifo ⇒canilla *AMÉR.*

†**fault**¹ UK: /fɒlt/ US: /fɑːlt/ ■ *n* [C] **1** *(en una máquina, en un sistema)* ⇒falla ⇒defecto **2** *(en el carácter de una persona)* ⇒defecto ■ *n* [U] **3** ⇒culpa: *It's my fault, I'm sorry* - Es culpa mía, lo siento **4** *(en tenis)* ⇒falta **5** *(en geología)* ⇒falla **6** to be at ~ for *sth* ⇒tener la culpa de algo

fault² UK: /fɒlt/ US: /fɑːlt/ *v* [T] ⇒encontrar defectos: *You can't fault him* - No le encontrarás ningún defecto

faultless UK: /ˈfɒlt.ləs/ US: /ˈfɑːlt-/ *adj* **1** ⇒impecable **2** ⇒perfecto,ta: *to say sth in faultless English* - decir algo en perfecto inglés

faulty UK: /ˈfɒl.ti/ US: /ˈfɑːl.ˁt̬i/ *adj* [comp faultier, superl faultiest] ⇒defectuoso,sa: *This television set is faulty* - Este televisor está defectuoso

fauna UK: /ˈfɔː.nə/ US: /ˈfɑː-/ *n* [U] ⇒fauna
favor *US n* [C], *v* [T] See **favour**
favorite *US adj* See **favourite**
favour[1] UK: /ˈfeɪ.vəʳ/ US: /-və/ *UK* (*US* **favor**) *n* [C] **1** ⇒favor: *Could you do me a favour, please?* - ¿Puedes hacerme un favor? ■ Se dice *do a favour* (hacer un favor). Incorrecto: *to make sb a favour* **2 in sb's ~** ⇒a favor de alguien: *The final score was 5-7 in Spain's favour* - El marcador quedó 5 a 7 a favor de España **3 to be in ~ of sth/sb** ⇒estar a favor de algo o de alguien: *I'm in favour of universal suffrage* - Estoy a favor del sufragio universal
favour[2] UK: /ˈfeɪ.vəʳ/ US: /-və/ *UK* (*US* **favor**) *v* [T] **1** *(form)* ⇒ser partidario,ria de ⇒estar a favor **2** ⇒favorecer ■ CONSTR. Se usa más en pasiva
favourable UK: /ˈfeɪ.vᵊr.ə.bl̩/ US: /-və-/ *UK adj* ⇒favorable ⇒propicio,cia
favourite /ˈfeɪ.vᵊr.ɪt/ *UK* (*US* **favorite**) *adj, n* [C] ⇒favorito,ta ⇒preferido,da ■ PRON. La primera sílaba, *fa*, rima con *pay* ■ La forma abreviada es *fave*
favouritism /ˈfeɪ.vᵊr.ɪ.tɪ.zᵊm/ *UK n* [U] ⇒favoritismo
fawn[1] UK: /fɔːn/ US: /fɑːn/ ▌*n* [C] **1** *(animal)* ⇒cervato ▌*n* [U] **2** *(color)* ⇒beige ⇒beis
fawn[2] UK: /fɔːn/ US: /fɑːn/ *adj* ⇒beige ⇒beis
fawn[3] UK: /fɔːn/ US: /fɑːn/
PHRASAL VERBS
· **to fawn {on/over} *sb*** ⇒adular a alguien ⇒lisonjear a alguien
fax[1] /fæks/ [*pl* faxes] *n* [C] ⇒fax
fax[2] /fæks/ *v* [T] ⇒mandar por fax ⇒poner un fax ■ CONSTR. to fax + dos objetos
FBI /ðiˌef.biːˈaɪ/ *n* [NO PL] ⇒FBI ■ Procede de *Federal Bureau of Investigation* (oficina federal de investigación del gobierno de EE.UU.)
FE *n* [U] ⇒forma abreviada de **Further Education** (enseñanza superior no universitaria)
fear[1] UK: /fɪəʳ/ US: /fɪr/ *n* [C, U] **1** ⇒temor ⇒miedo **2 for ~ of {sth/doing sth}** ⇒por temor a algo o a hacer algo
fear[2] UK: /fɪəʳ/ US: /fɪr/ *v* [T] ⇒temer ⇒tener miedo ■ CONSTR. to fear + (that)
fearful UK: /ˈfɪə.fᵊl/ US: /ˈfɪr-/ *adj* **1** *(form)* ⇒temeroso,sa **2** *to be fearful of sth* - temer algo **3** *(form)* ⇒terrible **4 to be ~ for sb** ⇒temer por alguien
fearless UK: /ˈfɪə.ləs/ US: /ˈfɪr-/ *adj* ⇒intrépido,da
fearsome UK: /ˈfɪə.səm/ US: /ˈfɪr-/ *adj* ⇒temible
feasible /ˈfiː.zə.bl̩/ *adj* ⇒viable ⇒factible
feast[1] /fiːst/ *n* [C] ⇒banquete ⇒festín
feast[2] /fiːst/ *v* [I] ⇒festejar ⇒darse un banquete
PHRASAL VERBS
· **to feast on *sth*** ⇒hartarse de algo: *We feasted on cookies* - Nos hartamos de galletas

feat /fiːt/ *n* [C] ⇒hazaña ⇒proeza
↑**feather** UK: /ˈfeð.əʳ/ US: /-ə/ *n* [C] ⇒pluma [de un ave]
↑**feature** UK: /ˈfiː.tʃəʳ/ US: /-tʃə/ *n* [C] **1** ⇒rasgo [de la cara] ■ Se usa más en plural **2** ⇒rasgo distintivo ⇒característica
feature (film) *n* [C] ⇒largometraje
↑**February** UK: /ˈfeb.ru.ᵊr.i/ US: /-ruː.er-/ [*pl* Februaries] *n* [C, U] ⇒febrero: *in February* - en febrero; *on February 20th* - el 20 de febrero ■ La forma abreviada es *Feb*
fed /fed/ past tense and past participle forms of **feed**
federal UK: /ˈfed.ᵊr.ᵊl/ US: /-ə.[ə]l/ *adj* ⇒federal: *a federal state* - un estado federal
↑**federation** UK: /ˌfed.ᵊrˈeɪ.ʃᵊn/ US: /-əˈreɪ-/ *n* [C] ⇒federación
↑**fed up** *adj (inform)* ⇒harto,ta: *to be fed up with sth* - estar harto de algo ■ CONSTR. Se usa detrás de un verbo
↑**fee** /fiː/ *n* [C] **1** ⇒remuneración ⇒honorarios **2** ⇒matrícula [escolar] **3** ⇒precio ⇒cuota
feeble /ˈfiː.bl̩/ *adj* **1** ⇒débil: *a feeble child* - un niño débil **2** ⇒endeble ⇒poco convincente
↑**feed, fed, fed** /fiːd/ *v* [T] **1** ⇒alimentar ⇒dar de comer **2** *(en informática)* ⇒meter ⇒introducir **3** ⇒suministrar
PHRASAL VERBS
· **to feed on *sth*** ⇒alimentarse de algo ⇒nutrirse de algo
↑**feedback** /ˈfiːd.bæk/ *n* [U] **1** ⇒reacción **2** *(en un sistema o una máquina)* ⇒retroalimentación
↑**feel, felt, felt** /fiːl/ *v* [T, I] **1** ⇒sentir **2** ⇒creer ■ CONSTR. to feel + (that) **3** ⇒palpar ⇒tocar **4 to ~ for sth** ⇒buscar algo a tientas **5 to ~ good** ⇒sentirse bien **6 to ~ like {sth/doing sth}** ⇒apetecer ⇒tener ganas **7 to ~ one's way** ⇒ir a tientas
PHRASAL VERBS
· **to feel for *sb*** ⇒sentirlo por alguien
feeling /ˈfiː.lɪŋ/ ▌*n* [C] **1** ⇒sensación: *a strange feeling* - una sensación rara; ⇒sentimiento: *She hurt my feelings* - Hirió mis sentimientos ▌*n* [C, U] **2** ⇒sensibilidad ⇒tacto ▌*n* [NO PL] **3** ⇒presentimiento **4 {bad/ill} ~** ⇒resentimiento ⇒rencor
feet /fiːt/ *n* [PL] See **foot**
fell /fel/ ▌**1** past tense of **fall** ▌*v* [T] **2** *(un árbol)* ⇒talar **3** *(form) (a una persona)* ⇒derribar
fella /ˈfel.ə/ (*tb* **fellow**) *n* [C] *(inform, old-fash)* ⇒tío *col.* ■ Se emplea únicamente con hombres
↑**fellow** /ˈfel.əʊ, -oʊ/ (*tb* **fella**) *n* [C] **1** *(inform, old-fash)* ⇒tío *col.*: *Jamie is a nice fellow* - Jamie es un buen tío **2** ⇒compañero,ra: *She is a fellow passenger* - Es mi compañera de viaje
fellowship UK: /ˈfel.əʊ.ʃɪp/ US: /-oʊ-/ *n* [C] **1** *(form)* ⇒asociación: *a veterans fellowship* - una

F

asociación de veteranos **2** ⇒puesto de becario de investigación [en la universidad]

felt[1] /felt/ *n* [U] ⇒fieltro

felt[2] /felt/ past tense and past participle forms of **feel**

felt-tip pen *n* [C] ⇒rotulador

†**female**[1] /ˈfiː.meɪl/ *adj* **1** *(un animal, una planta)* ⇒hembra **2** ⇒de mujer ⇒femenino,na

female[2] /ˈfiː.meɪl/ *n* [C] **1** ⇒hembra: *Often male birds are more colourful than the females* - A menudo, los pájaros machos tienen más colores que las hembras **2** ⇒mujer

†**feminine** /ˈfem.ɪ.nɪn/ *adj (cualidades)* ⇒femenino,na

feminism /ˈfem.ɪ.nɪ.zᵊm/ *n* [U] ⇒feminismo

fence[1] /fents/ *n* [C] **1** ⇒valla ⇒cerca **2** ⇒alambrada

fence[2] /fents/ [fenced, fencing] *v* [I] **1** ⇒hacer esgrima ⇒practicar esgrima **2** *(pregunta, argumento)* ⇒evadir ⇒desviar ⇒esquivar

fencing /ˈfent.sɪŋ/ *n* [U] **1** ⇒vallas **2** ⇒material para construir vallas **3** ⇒construcción de vallas **4** *(deporte)* ⇒esgrima

fend /fend/

| PHRASAL VERBS
· **to fend for *oneself*** ⇒cuidar de sí mismo,ma ⇒valerse por sí mismo,ma
└ · **to fend *sth/sb* off** [M] ⇒repeler ⇒rechazar

fender UK: /ˈfen.dəʳ/ US: /-dɚ/ *n* [C] **1** *UK* ⇒rejilla protectora [de la chimenea] **2** *US (UK* wing/mudguard) *(en un vehículo)* ⇒guardabarros ⇒salpicadera *AMÉR.*

ferment[1] UK: /fəˈment/ US: /fɚ-/ *v* [T, I] ⇒fermentar

ferment[2] UK: /ˈfɜː.ment/ US: /ˈfɜː-/ *n* [U] *(form)* ⇒conmoción ⇒agitación

fern UK: /fɜːn/ US: /fɜːn/ *n* [C] *(planta)* ⇒helecho

ferocious UK: /fəˈrəʊ.ʃəs/ US: /-ˈroʊ-/ *adj* ⇒feroz

ferocity UK: /fəˈrɒs.ə.ti/ US: /-ˈrɑː.sə.ˤti/ *n* [U] ⇒ferocidad

ferry /ˈfer.i/ [*pl* ferries] *n* [C] ⇒transbordador ⇒ferry: *car ferry* - ferry de coches

†**fertile** UK: /ˈfɜː.taɪl/ US: /ˈfɜː.ˤt[ə]l/ *adj* **1** ⇒fértil: *a fertile piece of land* - un terreno fértil **2** ⇒fecundo,da

fertilize UK: /ˈfɜː.tɪ.laɪz/ US: /ˈfɜː.ˤt[ə]l.aɪz/ [fertilized, fertilizing] *v* [T] **1** *(un terreno)* ⇒fertilizar **2** ⇒fecundar ⇒abonar

fertilizer UK: /ˈfɜː.tɪ.laɪ.zəʳ/ US: /ˈfɜː.ˤt[ə]l.aɪ-/ *(UK tb* fertiliser) *n* [C] ⇒fertilizante ⇒abono

fervent UK: /ˈfɜː.vᵊnt/ US: /ˈfɜː-/ *adj (form)* ⇒ferviente: *a fervent admirer* - un ferviente admirador

fester UK: /ˈfes.təʳ/ US: /-tɚ/ *v* [I] **1** ⇒viciar(se) **2** ⇒infectar(se): *The wound festered because of the dirt* - La herida se infectó por la suciedad **3** *There was an evil smell of festering remains* - Había olor a restos en putrefacción

†**festival** /ˈfes.tɪ.vᵊl/ *n* [C] **1** ⇒festival: *a dance festival* - un festival de danza **2** *(en religión)* ⇒fiesta

festive /ˈfes.tɪv/ *adj* ⇒festivo,va

festivities UK: /fesˈtɪv.ɪ.tiz/ US: /-ə.ˤtiz/ *n* [PL] ⇒fiestas ⇒festejos

†**fetch** /fetʃ/ [fetches] *v* [T] **1** ⇒ir por ⇒recoger ⇒ir a buscar **2** *(un precio)* ⇒alcanzar

fête /feɪt/ *UK (US* carnival) *n* [C] **1** ⇒fiesta ⇒feria [benéfica]

fetus UK: /ˈfiː.təs/ US: /-ˤtəs/ *(pl* fetuses) *US n* [C] See **foetus**

feud[1] /fjuːd/ *n* [C] ⇒rencilla ⇒enemistad crónica entre dos personas o bandas

feud[2] /fjuːd/ *v* [I] *(a largo plazo)* ⇒pelearse ⇒tener una reyerta con alguien

feudal /ˈfjuː.dᵊl/ *adj* ⇒feudal

†**fever** UK: /ˈfiː.vəʳ/ US: /-vɚ/ *n* [C, U] ⇒fiebre: *to have a slight fever* - tener algo de fiebre

feverish /ˈfiː.vᵊr.ɪʃ/ *adj* ⇒febril

†**few** /fjuː/ *adj* **1** ⇒poco,ca: *I knew very few people at the party* - Conocía a muy poca gente en la fiesta **2** a ~ ⇒unos,nas ⇒algunos,nas **3** a good ~ ⇒un buen número ⇒bastantes ⇒unos cuantos, unas cuantas **4** far between ⇒escasos,sas ⇒pocos,cas **5** quite a ~ ⇒un buen número ⇒bastantes ■ Se usa con nombres contables. Comparar con *little* ■ Ver cuadro en página siguiente

fiancé UK: /fiˈɒ̃sn.seɪ/ US: /ˌfiː.ɑːnˈseɪ/ *n* [C] ⇒novio ⇒prometido

fiancée UK: /fiˈɒ̃sn.seɪ/ US: /ˌfiː.ɑːnˈseɪ/ *n* [C] ⇒novia ⇒prometida

fiasco UK: /fiˈæs.kəʊ/ US: /-koʊ/ *(pl* USA fiascoes; fiascos) *n* [C] ⇒fracaso ⇒fiasco

fib /fɪb/ *n* [C] *(inform)* ⇒mentirijilla *col.: to tell fibs* - decir mentirijillas

†**fibre** UK: /ˈfaɪ.bəʳ/ US: /-bɚ/ *UK* ■ *n* [U] **1** *(en un alimento)* ⇒fibra ■ *n* [C, U] **2** *(en una tela)* ⇒fibra ⇒hilo ■ *n* [C] **3** *(en anatomía)* ⇒fibra

fickle /ˈfɪk.l̩/ *adj (una persona)* ⇒voluble ⇒imprevisible ⇒inconstante

†**fiction** /ˈfɪk.ʃᵊn/ *n* [U] **1** ⇒ficción **2** ⇒literatura [de ficción]: *I write fiction for children* - Escribo literatura de ficción para niños

fictional /ˈfɪk.ʃᵊn.ᵊl/ *adj* ⇒de ficción: *a fictional character* - un personaje de ficción

fiddle[1] /ˈfɪd.l̩/ ■ *v* [T] **1** *UK (inform)* ⇒amañar: *They accused him of fiddling the data* - Le acusaron de amañar los datos ■ *v* [I] **2** *(inform)* ⇒tocar el violín

| PHRASAL VERBS
· **to fiddle {about/around}** ⇒perder el tiempo
· **to fiddle {{about/around}} with *sth*** **1** ⇒juguetear: *She was fiddling around with her earring* - Estaba jugueteando con su pendiente

2 ⇒manipular: *Somebody fiddled with the machine* - Alguien manipuló la máquina

fiddle² /'fɪd.l/ *n* [c] **1** *(inform)* ⇒violín **2** *UK (inform)* ⇒chanchullo *col.;* ⇒timo *col.* **3 to play second ~ to sb** *(inform)* ⇒estar a la sombra de alguien

fiddler UK: /'fɪd.lə/ US: /-lə/ *n* [c] *(inform)* ⇒violinista

fiddly /'fɪd.li/ *UK adj* [comp fiddlier, superl fiddliest] *(inform)* ⇒complicado,da [por tratarse de objetos muy pequeños]: *I find sewing too fiddly for me* - Coser es muy complicado para mí

fidelity UK: /fɪ'del.ə.ti/ US: /-ˤti/ *n* [U] ⇒fidelidad ■ Se usa más *faithfulness*

†**field¹** /fiːld/ *n* [c] **1** ⇒prado ⇒campo **2** *US (UK pitch) (en deportes)* ⇒campo ⇒terreno [de juego] **3** *(en deportes)* ⇒participantes ⇒concursantes **4** *(en una actividad, en un negocio)* ⇒participantes ⇒candidatos **5** ⇒campo [de actividad o de interés] **6** *(en informática)* ⇒campo

†**field²** /fiːld/ ■ *v* [T, I] **1** *(en cricket o en béisbol)* ⇒parar [una bola] ■ *v* [T] **2** *(en deportes)* ⇒alinear

field hockey *US n* [U] ⇒hockey sobre hierba

fiend /fiːnd/ *n* [c] **1** ⇒desalmado,da **2** ⇒fanático,ca: *a chocolate fiend* - un fanático del chocolate

†**fierce** UK: /fɪəs/ US: /fɪrs/ *adj* ⇒fiero,ra ⇒feroz

†**fifteen** /ˌfɪf'tiːn, '--/ ⇒quince

fifteenth /ˌfɪf'tiːnθ, '--/ **1** ⇒decimoquinto,ta **2** *(para las fechas)* ⇒quince: *the fifteenth century* - el siglo quince ■ Se puede escribir también *15th*

†**fifth¹** /fɪfθ/ **1** ⇒quinto,ta **2** *(para las fechas)* ⇒cinco **3** *It is his fifth birthday today* - Hoy cumple cinco años ■ Se puede escribir también *5th*

fifth² /fɪfθ/ *n* [c] ⇒quinto ⇒quinta parte

fifth (gear) *n* [U] *(en un vehículo)* ⇒quinta [marcha]

fifty /'fɪf.ti/ ⇒cincuenta

fifty-fifty¹ /ˌfɪf.ti'fɪf.ti/ *adv (inform)* ⇒a medias: *They went fifty-fifty* - Pagaron a medias

fifty-fifty² /ˌfɪf.ti'fɪf.ti/ *adj* to have a fifty-fifty chance - tener un cincuenta por ciento de posibilidades

fig /fɪg/ *n* [c] **1** ⇒higo **2 ~ tree** ⇒higuera

†**fight¹**, fought, fought /faɪt/ *v* [T, I] **1** ⇒luchar **2** ⇒pelearse ⇒trompear *AMÉR. col.* **3 to ~ for sth** ⇒luchar por algo

|PHRASAL VERBS
└ **to fight back** ⇒defenderse ⇒contraatacar

fight² /faɪt/ *n* [c] **1** ⇒lucha ⇒pelea **2** ⇒lucha ⇒batalla

fighter UK: /'faɪ.tə/ US: /-ˤtə/ *n* [c] *(avión)* ⇒caza **2** ⇒luchador,-a

fighting UK: /'faɪ.tɪŋ/ US: /-ˤtɪŋ/ *n* [U] ⇒lucha ⇒combate ⇒enfrentamiento

†**figure¹** UK: /'fɪg.ə/ US: /-jʊr/ *n* [c] **1** ⇒cifra ⇒número **2** ⇒estadística ⇒cifra ⇒dato **3** ⇒tipo ⇒figura ⇒silueta **4** *(gráfico)* ⇒tabla ⇒cuadro ⇒figura **5** ⇒figura ⇒personaje

†**figure²** ■ *v* [I] **1** ⇒figurar ⇒aparecer ■ *v* [T] **2** *US* ⇒suponer ⇒figurarse **3 that figures** *(inform)* «*We won the game*» «*That figures*» - «Ganamos el partido» «Estaba cantado»

|PHRASAL VERBS
· **to figure sth out 1** *(inform)* ⇒averiguar cómo hacer algo ⇒entender algo ⇒descifrar algo **2** *(un problema)* ⇒resolver
· **to figure sb out** ⇒entender a alguien [su forma de pensar o actuar]: *I just can't figure him out* - Es que no consigo entenderlo

F

†**file¹** /faɪl/ *n* [c] **1** ⇒archivo ⇒carpeta **2** ⇒expediente **3** *(en informática)* ⇒archivo **4** ⇒lima **5 in single ~** ⇒en fila india **6 on ~** ⇒archivado,da

---

few / a few / little / a little

• **Few** y **a few** se utilizan con nombres contables en plural:

· *I have very **few** <u>CDs</u>, can you lend me some?* (Tengo muy pocos CD, ¿puedes prestarme algunos?)

· *We've bought **a few** <u>snacks</u> to have with the dinner.* (Hemos comprado algunos aperitivos para tomar con la cena.)

• **Little** y **a little** se utilizan con nombres incontables:

· *She has **little** <u>time</u> for games.* (Tiene poco tiempo para juegos.)

· *I've saved **a little** <u>money</u> for my holidays.* (He ahorrado algo de dinero para mis vacaciones.)

• **Few** y **little** se utilizan en oraciones con un matiz negativo. Expresan la idea de escasez:

· ***Few** people came to the première.* (Vino poca gente al estreno.)

· *Paul has **little** hope of passing his exam.* (Paul tiene pocas esperanzas de pasar el examen.)

• **A few** y **a little** se utilizan en oraciones con un matiz más positivo. Equivalen a "some":

· *I went to the cinema with **a few** friends.* (Fui al cine con algunos amigos.)

· *Paul has **a little** French.* (Paul habla un poco de francés.)

file² /faɪl/ [filed, filing] v [T] **1** ⇨archivar **2** *(un documento oficial)* ⇨presentar **3** ⇨limar ■ CONSTR. Se usa generalmente seguido del adverbio down **4** ⇨ir en fila: *The pupils filed along the corridor* - Los alumnos fueron en fila por el pasillo ■ CONSTR. Se usa generalmente seguido de una preposición o un adverbio

filet UK: /ˈfɪl.eɪ/ US: /fɪˈleɪ/ *US* n [C, U], v [T] See **fillet**

Filipino UK: /ˌfɪl.ɪˈpiː.nəʊ/ US: /-noʊ/ n [C] ⇨filipino,na

‡**fill** /fɪl/ ■ v [T, I] **1** ⇨llenar: *Fill the bottle with water* - Llena la botella de agua ■ v [T] **2** ⇨llenarse **3** *(un diente)* ⇨empastar ⇨emplomar AMÉR.
| PHRASAL VERBS
| · **to fill sb in** [M] ⇨poner a alguien al día
| · **to fill sth {in/out}** [M] ⇨rellenar {un formulario}
| · **to fill (sth) up** [M] ⇨llenar: *Fill up the tank, please* - Llene el depósito, por favor

filler UK: /ˈfɪl.ə/ US: /-ɚ/ ■ n [C, U] **1** ⇨masilla ■ n [C] **2** *(en periodismo)* ⇨cuña

fillet /ˈfɪl.ɪt/ *UK* (*US* filet) n [C, U] ⇨filete [de carne, de pescado]

filling /ˈfɪl.ɪŋ/ ■ n [C, U] **1** *(de una comida o de cojines y almohadas)* ⇨relleno ■ n [C] **2** ⇨empaste

filling station (*UK tb* petrol station) (*US tb* gas station) n [C] ⇨gasolinera

‡**film¹** /fɪlm/ ■ n [C, U] **1** (*US tb* movie) ⇨película **2** ⇨carrete ■ n [C] **3** ⇨película ⇨lámina

film² /fɪlm/ v [T, I] ⇨filmar ⇨grabar ⇨rodar

film director n [C] ⇨director,-a de cine

filming /ˈfɪl.mɪŋ/ n [C] ⇨rodaje

film-maker *UK* n [C] ⇨director de cine ⇨cineasta

film star n [C] ⇨estrella de cine

filter¹ UK: /ˈfɪl.tə/ US: /-ˈtɚ/ v [T] ⇨filtrar

filter² UK: /ˈfɪl.tə/ US: /-ˈtɚ/ n [C] ⇨filtro: *a coffee filter* - un filtro de café

‡**filth** /fɪlθ/ n [U] **1** ⇨suciedad **2** ⇨obscenidad

filthy /ˈfɪl.θi/ adj [comp filthier, superl filthiest] **1** ⇨muy sucio,cia ⇨mugriento,ta **2** ⇨obsceno,na **3** ⇨ofensivo,va **4** *a filthy temper* - un humor de perros

fin /fɪn/ n [C] **1** *(de un pez)* ⇨aleta **2** ⇨aleta dorsal

‡**final¹** /ˈfaɪ.nºl/ adj **1** ⇨final ⇨último,ma **2** ⇨definitivo,va: *a final decision* - una decisión definitiva ■ PRON. La primera sílaba, fi, rima con why

final² /ˈfaɪ.nºl/ n [C] **1** *(en deportes)* ⇨final **2** finals *(en la universidad)* ⇨exámenes finales ■ PRON. La primera sílaba, fi, rima con why

finalist /ˈfaɪ.nə.lɪst/ n [C] ⇨finalista

‡**finally** /ˈfaɪ.nə.li/ adv **1** ⇨por fin **2** ⇨finalmente **3** ⇨por último: *And finally, I want to talk about our goals* - Por último, quisiera hablar de nuestros objetivos

finance¹ /ˈfaɪ.næns/ n [U] **1** ⇨economía ⇨finanzas **2** *a finance director* - un director financiero **3** ⇨fondos ⇨financiación

finance² /ˈfaɪ.næns/ [financed, financing] v [T] ⇨financiar ⇨costear

financial /faɪˈnæn.tʃºl, fɪ-/ adj **1** ⇨financiero,ra **2** ⇨económico,ca: *financial difficulties* - problemas económicos

financially /faɪˈnæn.t.ʃºl.i, fɪ-/ adv ⇨financieramente ⇨económicamente

‡**find, found, found** /faɪnd/ v [T] **1** ⇨encontrar ⇨localizar **2** ⇨resultar ⇨encontrar **3** *(ante un juez)* ⇨declarar ■ CONSTR. Se usa más en pasiva **4** to ~ it {difficult/easy} to do sth ⇨resultarle {difícil/fácil} a alguien hacer algo ⇨{costarle/no costarle} a alguien hacer algo
| PHRASAL VERBS
| · **to find (sth) out** [M] ⇨averiguar ⇨enterarse de algo ⇨anoticiar AMÉR.
| · **to find sb out** [M] ⇨pillar a alguien ⇨descubrir a alguien ■ CONSTR. Se usa más en pasiva

finder UK: /ˈfaɪn.də/ US: /-dɚ/ n [C] ⇨descubridor,-a ■ PRON. fin se pronuncia como el término inglés fine

finding /ˈfaɪn.dɪŋ/ n [C] **1** *(en una investigación)* ⇨descubrimiento ⇨conclusión ■ Se usa más en plural **2** ⇨fallo [de un tribunal] ■ Se usa más en singular

‡**fine¹** /faɪn/ adj **1** ⇨bien: *I'm fine, thank you* - Estoy bien, gracias **2** ⇨extraordinario,ria ⇨excelente **3** ⇨vale **4** ⇨fino,na: *fine sand* - arena fina **5** ⇨sutil: *a fine distinction* - una distinción sutil **6** to have (doing) sth down to a ~ art ⇨ser un experto en algo: *He has making cakes down to a fine art* - Es un experto en hacer pasteles

fine² /faɪn/ [fined, fining] v [T] ⇨multar: *to fine sb for speeding* - multar a alguien por exceso de velocidad ■ CONSTR. Se usa más en pasiva

fine³ /faɪn/ n [C] ⇨multa

‡**finger** UK: /ˈfɪŋ.gə/ US: /-gɚ/ n [C] **1** ⇨dedo **2** to cross one's fingers ⇨cruzar los dedos **3** to put one's ~ on sth ⇨dar con algo ⇨dar en el clavo col.

‡**fingernail** UK: /ˈfɪŋ.gə.neɪl/ US: /-gɚ-/ (*tb* nail) n [C] ⇨uña [de la mano]: *to paint your fingernails* - pintarse las uñas

fingerprint UK: /ˈfɪŋ.gə.prɪnt/ US: /-gɚ-/ n [C] ⇨huella dactilar

fingertip UK: /ˈfɪŋ.gə.tɪp/ US: /-gɚ-/ n [C] **1** ⇨punta del dedo ⇨yema del dedo **2** at one's fingertips ⇨a mano

‡**finish** /ˈfɪn.ɪʃ/ [finishes] v [T, I] ⇨terminar ⇨acabar ■ CONSTR. to finish + doing sth
| PHRASAL VERBS
| · **to finish sth off** [M] ⇨acabar (con) algo
| · **to finish sth/sb off** [M] *(inform)* ⇨acabar con algo o alguien ⇨matar a algo o alguien

· **to finish up** *UK* ⇒acabar haciendo algo ■ CONS-
TR. to finish up + doing sth
· **to finish with** *sb UK* ⇒romper con alguien

finished /'fın.ıʃt/ *adj* **1** ⇒terminado,da **2** ⇒acaba-
do,da *col.: a finished man* - un hombre acabado **3**
to be ~ with *sth* ⇒terminar con algo: *I'll soon be
finished with it* - Pronto terminaré con ello

Finn /fın/ *n* [c] ⇒finlandés,-a

Finnish¹ /'fın.ıʃ/ *n* [U] *(idioma)* ⇒finés

Finnish² /'fın.ıʃ/ *adj* ⇒finlandés,-a

fir *UK:* /'fɜː'/ *US:* /'fɜːr/ *n* [c] ⇒abeto

fire¹ *UK:* /faɪə'/ *US:* /faɪr/ ■ *n* [c, U] **1** ⇒fuego ■ *n* [c]
2 ⇒incendio **3** ⇒estufa **4** to be on ~ ⇒estar en
llamas ⇒arder **5** to be under ~ **1** ⇒estar en la
línea de fuego **2** ⇒ser el blanco de todas las críticas **6** to catch ~ ⇒prenderse **7** to set ~ to *sth US*
(UK to set light to sth) ⇒prender fuego

fire² *UK:* /faɪə'/ *US:* /faɪr/ [fired, firing] ■ *v* [T, I] **1**
⇒disparar ■ *v* [T] **2** *(inform)* ⇒despedir: *They
fired her* - La han despedido ■ CONSTR. Se usa más
en pasiva

firearm *UK:* /'faɪə.rɑːm/ *US:* /'faɪr.ɑːrm/ *n* [c] *(form)*
⇒arma de fuego

fire brigade *UK n* [c] ⇒cuerpo de bomberos

fire engine *n* [c] ⇒coche de bomberos

fire escape *n* [c] ⇒escalera de incendios: *to go
down the fire escape* - bajar por la escalera de
incendios

firefighter /'faɪə.faɪ.tə'/ *n* [c] ⇒bombero,ra

fireman *UK:* /'faɪə.mən/ *US:* /'faɪr-/ [*pl* firemen] *n*
[c] *(hombre)* ⇒bombero

fireplace *UK:* /'faɪə.pleɪs/ *US:* /'faɪr-/ *n* [c] ⇒hogar
⇒chimenea ■ Comparar con *chimney*

fire station *n* [c] ⇒parque de bomberos

firewall *UK:* /'faɪə.wɔːl/ *n* [c] *(en informática)* ⇒fire-
wall ⇒cortafuego

firewood *UK:* /'faɪə.wʊd/ *US:* /'faɪr-/ *n* [U] ⇒leña:
to chop firewood - cortar leña

fireworks *UK:* /'faɪə.wɜːks/ *US:* /'faɪr.wɜːks/ *n* [PL]
⇒fuego artificial

firm¹ *UK:* /fɜːm/ *US:* /fɜːm/ *adj* **1** ⇒firme ⇒sólido,da
2 a ~ hand ⇒la mano dura ■ PRON. La primera parte,
fir, rima con el término inglés *her*

firm² *UK:* /fɜːm/ *US:* /fɜːm/ *n* [c] ⇒empresa: *an established firm* - una empresa consolidada ■ Distinto de *signature* (firma) ■ Pron. La primera parte, *fir*, rima
con el término inglés *her*

first¹ *UK:* /fɜːst/ *US:* /'fɜːst/ *adv* **1** ⇒primero ⇒an-
tes **2** ⇒por primera vez **3** ⇒primero ⇒en primer
lugar **4** at ~ ⇒al principio **5** ~ of all ⇒en primer
lugar ⇒ante todo ■ PRON. La primera parte, *fir*, rima
con el término inglés *her*

first² *UK:* /fɜːst/ *US:* /'fɜːst/ **1** ⇒primero,ra ⇒primer **2**
(para las fechas) ⇒uno **3** *It is his first birthday today*

- Hoy cumple un año ■ Se puede escribir también *1st* ■

first³ *UK:* /'fɜːst/ *US:* /'fɜːst/ ■ *n* [U] **1** *(en un vehículo)* ⇒primera [marcha] ■ *n* [c] **2** ⇒en una universidad británica, calificación más alta ■ PRON. La
primera parte, *fir*, rima con el término inglés *her*

first aid *n* [U] **1** ⇒primeros auxilios **2** ~ kit ⇒ma-
letín de primeros auxilios

† **first class**¹ *n* [U] **1** ⇒primera clase ⇒primera **2**
⇒servicio rápido de correos

† **first class**² *adv* ⇒en primera clase ⇒en primera

first-class *adj* ⇒de primera clase ⇒de primera

first floor *n* [c] **1** *UK* ⇒primer piso **2** *US* (*UK*
ground floor) ⇒planta baja

firstly *UK:* /'fɜːst.li/ *US:* /'fɜːst-/ *adv* *(en una enu-
meración)* ⇒en primer lugar ⇒primero ⇒antes
que nada

† **first name** *UK n* [c] ⇒nombre de pila

first-rate *UK:* /ˌfɜːst'reɪt/ *US:* /ˌfɜːst-/ *adj* ⇒de primera clase ⇒excelente

first-time buyer *UK:* /ˌfɜːst.taɪm'baɪ.ə'/ *US:*
/ˌfɜːst.taɪm'baɪ.ə/ *n* [c] ⇒persona que compra su
primera vivienda

† **fish**¹ /fıʃ/ ■ *n* [c] **1** ⇒pez ■ El plural es *fish* o *fishes* ■
n [U] **2** ⇒pescado: *Would you like some fish and
chips?* - ¿Quieres pescado y patatas fritas? ■ Se
dice *some fish* o *a piece of fish*. Incorrecto: *a fish*

fish² /fıʃ/ *v* [I] ⇒pescar: *I like fishing* - Me gusta
pescar

fisherman *UK:* /'fıʃ.ə.mən/ *US:* /-ə-/ [*pl* fisher-
men] *n* [c] ⇒pescador,-a

fishermen *n* [PL] See **fisherman**

† **fishing** /'fıʃ.ıŋ/ *n* [U] ⇒pesca

fishy /'fıʃ.i/ *adj* [*comp* fishier, *superl* fishi-
est] **1** *fishy smell* - olor a pescado **2** *(inform)*
⇒sospechoso,sa ⇒raro,ra **3** to smell ~ *(inform)*
⇒oler a chamusquina *col.: It smells fishy to me*
- Me huele a chamusquina

fist /fıst/ *n* [c] **1** ⇒puño **2** to bring *one's* ~ down
on the table ⇒dar un puñetazo en la mesa

† **fit**¹ /fıt/ [fitted, fitting] ■ *v* [T, I] **1** ⇒ser de la talla
de alguien: *Those shoes fit you perfectly* - Esos
zapatos son de tu talla ■ *v* [T] **2** ⇒encajar: *This
key doesn't fit the lock* - La llave no encaja en la
cerradura **3** ⇒caber: *We won't all fit in the car* -
No cabremos todos en el coche **4** ⇒instalar: *They
fitted a smoke detector in their house* - Han instalado un detector de humo en su casa

PHRASAL VERBS
  · **to fit in** ⇒encajar *col.: She thinks her son fits
   in well with her friends' children* - Cree que
   su hijo encaja con los hijos de sus amigas
  · **to fit *sth/sb* in** ⇒encontrar un hueco [para
   una actividad]

F ■

fit² /fɪt/ adj [comp fitter, superl fittest] **1** ⇒en forma: *I play tennis to keep fit* - Juego al tenis para mantenerme en forma **2** ⇒en condiciones: *He isn't fit to drive* - No está en condiciones de conducir **3** ⇒conveniente: *Do as you think fit* - Haz lo que creas conveniente **4** to be ~ for sth ⇒servir para algo

fit³ /fɪt/ n [c] **1** (de risa, de tos) ⇒ataque ⇒golpe **2** ⇒ataque [epiléptico]

fitness /'fɪt.nəs/ n [U] **1** ⇒buen estado físico ⇒buena salud **2** ⇒idoneidad: *I have doubts about his fitness for the job* - Dudo de su idoneidad para el cargo

fitting¹ UK: /'fɪt.ɪŋ/ US: /'fɪˤt̬-/ adj **1** (form) ⇒apropiado,da **2** ⇒digno,na ⇒como es debido

fitting² UK: /'fɪt.ɪŋ/ US: /'fɪˤt̬-/ n [c] **1** ⇒aparato ⇒accesorio ∎ Se usa más en plural **2** ⇒repuesto **3** ⇒prueba [de un traje] **4** ⇒muebles y accesorios de una vivienda ∎ Se usa más en plural

fitting room n [c] ⇒probador

† **five** /faɪv/ **1** ⇒cinco: *There are five of them* - Son cinco; *She is five years old* - Tiene cinco años **2** to take ~ US (inform) ⇒hacer un descanso

fiver UK: /'faɪ.vəʳ/ US: /-vɚ/ UK n [c] (inform) ⇒billete de cinco libras

five-star UK: /ˌfaɪv'stɑːʳ/ US: /-ˌstɑːr/ adj (un hotel o un servicio) ⇒de cinco estrellas

† **fix¹** /fɪks/ v [T] **1** ⇒arreglar ⇒reparar ⇒refaccionar AMÉR. **2** ⇒fijar **3** ⇒amañar

|PHRASAL VERBS
· to fix sth up [M] **1** UK ⇒fijar **2** (una máquina) ⇒mejorar
· to fix sb up [M] (inform) ⇒conseguir algo para alguien

fix² /fɪks/ [pl fixes] n [c] **1** ⇒aprieto ⇒apuro **2** (inform) ⇒dosis: *He needs his fix of coffee every morning* - Necesita su dosis de café todas las mañanas

fixed /fɪkst/ adj **1** ⇒establecido,da ⇒fijado,da **2** ⇒fijo,ja: *fixed ideas* - ideas fijas **3** of no fixed address - sin domicilio fijo

fixture UK: /'fɪks.tʃəʳ/ US: /-tʃɚ/ n [c] **1** ⇒accesorio fijo de una vivienda ∎ Se usa más en plural **2** UK (en deportes) ⇒encuentro ⇒partido

fizz¹ /fɪz/ n [U] **1** ⇒efervescencia **2** ⇒entusiasmo ⇒alegría

fizz² /fɪz/ v [I] ⇒burbujear: *After one hour the soda was still fizzing* - Después de una hora el soda todavía burbujeaba

fizzy /'fɪz.i/ adj [comp fizzier, superl fizziest] ⇒gaseoso,sa: *a fizzy drink* - una bebida gaseosa

flabby /'flæb.i/ adj [comp flabbier, superl flabbiest] (inform) (una parte del cuerpo) ⇒fofo,fa col.

flag¹ /flæg/ n [c] **1** ⇒bandera **2** ⇒banderín **3** (en el suelo) ⇒losa

flag² /flæg/ [flagged, flagging] v [I] **1** ⇒flaquear **2** ⇒desanimarse **3** ⇒marcar ⇒señalar

flagrant /'fleɪ.grᵊnt/ adj ⇒flagrante: *a flagrant lie* - una mentira flagrante

flair UK: /fleəʳ/ US: /fler/ ∎ n [NO PL] **1** ⇒talento ⇒facilidad ∎ n [U] **2** ⇒elegancia ⇒estilo

flake¹ /fleɪk/ n [c] **1** ⇒copo: *flakes of snow* - copos de nieve **2** (en la piel) ⇒escama **3** (en la madera) ⇒astilla

flake² /fleɪk/ [flaked, flaking] v [I] ⇒desconchar(se) ⇒descascarillar(se)

flamboyant /flæm'bɔɪ.ənt/ adj **1** ⇒extravagante ⇒excéntrico,ca **2** (una prenda de vestir) ⇒llamativo,va ⇒vistoso,sa

† **flame** /fleɪm/ n [c] ⇒llama: *in flames* - en llamas

flamingo UK: /flə'mɪŋ.gəʊ/ US: /-goʊ/ [pl flamingoes, flamingos] n [c] (ave) ⇒flamenco

flammable /'flæm.ə.bl̩/ (tb inflammable) adj ⇒inflamable

flan /flæn/ n [c, U] ⇒tarta [salada o dulce]: *a cheese flan* - una tarta de queso ∎ Distinto de crème caramel (flan)

flank¹ /flæŋk/ v [T] ⇒flanquear

flank² /flæŋk/ n [c] **1** (de una persona) ⇒costado **2** (de un animal) ⇒ijada **3** (en el ejército) ⇒flanco

flannel /'flæn.ᵊl/ ∎ n [U] **1** (tela) ⇒franela ∎ n [c] **2** UK (US washcloth) ⇒toalla pequeña [de baño]

flap¹ /flæp/ ∎ n [c] **1** ⇒tapa **2** (en un avión) ⇒alerón **3** (en una prenda de vestir) ⇒solapa **4** (en una mesa) ⇒hoja ∎ n [c, U] **5** US ⇒lío ⇒revuelo

flap² /flæp/ [flapped, flapping] ∎ v [T] **1** ⇒batir [alas]: *The bird flapped its wings* - El ave batió las alas ∎ v [T, I] **2** ⇒agitar(se) ⇒sacudir ∎ v [I] **3** UK (inform) ⇒ponerse nervioso,sa

flare UK: /fleəʳ/ US: /fler/ n [c] **1** ⇒bengala **2** ⇒llamarada ⇒destello **3** flares ⇒pantalones de campana

flash¹ /flæʃ/ v [T, I] **1** ⇒despedir destellos **2** (inform) ⇒hacer exhibicionismo

flash² /flæʃ/ [pl flashes] ∎ n [c] **1** ⇒destello ⇒resplandor ∎ n [c, U] **2** ⇒flash [de una cámara] **3** ⇒ataque [repentino] ⇒arrebato **4** *a flash of inspiration* - un momento de inspiración **5** *a flash fire* - un incendio repentino **6** in a ~ (inform) ⇒en un pispás col.; ⇒rápidamente

flash card n [c] (en la enseñanza) ⇒ficha [para aprender vocabulario]

flashlight /'flæʃ.laɪt/ US (UK torch) n [c] ⇒linterna

flashy /'flæʃ.i/ adj [comp flashier, superl flashiest] **1** (inform) ⇒ostentoso,sa **2** (una prenda de vestir) ⇒llamativo,va

flask UK: /flɑːsk/ US: /flæsk/ UK (UK/US tb Thermos® (flask)) n [c] ⇒termo®

flat¹ /flæt/ n [c] **1** UK (US **apartment**) ⇒piso ⇒apartamento ⇒departamento AMÉR. **2** US (UK **flat tyre**) (inform) (en una rueda) ⇒pinchazo

flat² /flæt/ adj [comp flatter, superl flattest] **1** ⇒llano,na ⇒liso,sa ⇒plano,na **2** ⇒sin gas: This drink is already flat - Esta bebida ya no tiene gas **3** (en música) ⇒desafinado,da **4** (en música) ⇒bemol **5** UK ⇒sin batería **6** (una rueda) ⇒desinflado,da ⇒pinchado,da

flatly /ˈflæt.li/ adv ⇒rotundamente

flatmate /ˈflæt.meɪt/ UK n [c] ⇒compañero,ra de piso

flatten UK: /ˈflæt.ᵊn/ US: /ˈflæᵊt̬-/ v [T, I] ⇒aplastar: Be careful, don't flatten that box - Ten cuidado, no vayas a aplastar esa caja

flatter UK: /ˈflæt.əʳ/ US: /ˈflæᵊt̬.əʳ/ v [T] **1** ⇒halagar ⇒lisonjear **2** ⇒favorecer [el aspecto]: Those earrings really flatter you - Esos pendientes te favorecen **3** to ~ oneself ⇒autoengañarse ⇒hacerse ilusiones

flattering UK: /ˈflæt.ᵊr.ɪŋ/ US: /ˈflæᵊt̬.ɚ-/ adj ⇒halagador,-a ⇒favorecedor,-a

flat tyre UK (US **flat**) n [c] (en una rueda) ⇒pinchazo

flaunt UK: /flɔːnt/ US: /flɑːnt/ v [T] ⇒ostentar ⇒hacer ostentación ⇒hacer alarde de

flavour UK: /ˈfleɪ.vəʳ/ US: /-vɚ/ UK n [c] ⇒sabor: chocolate flavour - sabor a chocolate

flaw UK: /flɔː/ US: /flɑː/ n [c] **1** ⇒defecto ⇒fallo ⇒tara **2** (de una persona) ⇒defecto

flawless UK: /ˈflɔː.ləs/ US: /ˈflɑː-/ adj ⇒impecable: a flawless job - un trabajo impecable

flea /fliː/ n [c] ⇒pulga

fleck /flek/ n [c] ⇒mota

fled /fled/ past tense and past participle forms of **flee**

flee, fled, fled /fliː/ [fleeing] v [T, I] ⇒huir ⇒escapar

fleece /fliːs/ ▮ n [c] **1** ⇒forro polar ▮ n [c, u] **2** ⇒vellón [de oveja]

fleet /fliːt/ n [c] **1** ⇒flota ⇒armada **2** ⇒flotilla

flesh /fleʃ/ n [U] **1** (de una persona, de un animal) ⇒carne **2** (de una fruta) ⇒pulpa **3** in the ~ ⇒en persona

flew /fluː/ past tense of **fly**

flex¹ /fleks/ [pl flexes] UK (US **cord**) n [c, u] ⇒cable [eléctrico]

flex² /fleks/ v [T] ⇒flexionar: to flex one's knees - flexionar las rodillas

flexibility UK: /ˌflek.sɪˈbɪl.ɪ.ti/ US: /-ə.ᵊt̬i/ n [U] ⇒flexibilidad

flexible /ˈflek.sɪ.bl̩/ adj ⇒flexible

flick¹ /flɪk/ v [T, I] ⇒hacer un movimiento corto y rápido ▮ CONSTR. Se usa generalmente seguido de una preposición o un adverbio

PHRASAL VERBS
· **to flick** sth **off** [M] ⇒apagar algo [con un interruptor]: to flick the light off - apagar la luz
· **to flick through** sth ⇒hojear algo: to flick through a book - hojear un libro

flick² /flɪk/ n [c] ⇒movimiento rápido: with a flick of the wrist - con un movimiento rápido de la muñeca

flicker¹ UK: /ˈflɪk.əʳ/ US: /-ɚ/ v [I] (una luz) ⇒parpadear

flicker² UK: /ˈflɪk.əʳ/ US: /-ɚ/ n [c] ⇒parpadeo ⇒centelleo

flies /flaɪz/ UK (UK/US tb **fly**) n [PL] ⇒bragueta: Your flies are undone - Tienes la bragueta bajada

† **flight** /flaɪt/ ▮ n [c] **1** ⇒vuelo: a charter flight - un vuelo chárter; a return flight - un vuelo de ida y vuelta **2** ⇒tramo [de escaleras] ▮ n [U] **3** ⇒huida ⇒fuga

flight attendant n [c] ⇒azafato,ta ⇒auxiliar de vuelo

flimsy /ˈflɪm.zi/ adj [comp flimsier, superl flimsiest] **1** ⇒endeble ⇒débil ⇒tonto,ta **2** (una prenda de vestir) ⇒fino,na ⇒ligero,ra

flinch /flɪntʃ/ [flinches] v [I] **1** ⇒retroceder **2** ⇒inmutarse ⇒encogerse: He flinched on hearing the noise - Se encogió al oír aquel ruido **4** ⇒echarse atrás: I flinched from doing it - Me eché atrás a la hora de hacerlo ▮ to flinch from sth

fling¹, flung, flung /flɪŋ/ v [T] **1** ⇒arrojar ⇒tirar [con fuerza] **2** ⇒arrojarse ⇒tirarse **3** ⇒echar: He flung his arms around my neck - Me echó los brazos al cuello ▮ CONSTR. Se usa generalmente seguido de una preposición o un adverbio

fling² /flɪŋ/ n [c] **1** (inform) ⇒lío col.; ⇒aventura **2** (inform) ⇒juerga col.: a final fling - una última juerga

flint /flɪnt/ n [c, u] ⇒pedernal

flip /flɪp/ [flipped, flipping] v [T, I] **1** ⇒voltear **2** (una moneda) ⇒lanzar al aire ⇒echar a cara o cruz

flippant /ˈflɪp.ᵊnt/ adj ⇒frívolo,la ⇒irónico,ca ⇒jocoso,sa

flipper UK: /ˈflɪp.əʳ/ US: /-ɚ/ n [c] ⇒aleta

flirt¹ UK: /flɜːt/ US: /flɝːt/ v [I] ⇒flirtear ⇒coquetear

flirt² UK: /flɜːt/ US: /flɝːt/ n [c] ⇒ligón,-a col.

flit /flɪt/ [flitted, flitting] v [I] **1** (un animal) ⇒revolotear **2** ⇒estar a caballo **3** ⇒pasar ▮ CONSTR. Se usa generalmente seguido de una preposición o un adverbio

† **float¹** UK: /fləʊt/ US: /floʊt/ v [T, I] **1** ⇒flotar: Cork floats on water - El corcho flota en el agua **2** (en la bolsa) ⇒lanzar al mercado **3** (una idea) ⇒presentar ⇒plantear ⇒sugerir

F ▮

float² UK: /fləʊt/ US: /floʊt/ *n* [c] **1** *(en una procesión)* ⇒carroza **2** ⇒boya **3** ⇒flotador

flock¹ UK: /flɒk/ US: /flɑːk/ *n* [c] **1** ⇒bandada ⇒rebaño **2** ⇒multitud ■ Por ser un nombre colectivo se puede usar con el verbo en singular o en plural

flock² UK: /flɒk/ US: /flɑːk/ *v* [ɪ] ⇒moverse en masa ⇒acudir en masa ■ CONSTR. to flock + to do sth

flog UK: /flɒg/ US: /flɑːg/ [flogged, flogging] *v* [T] ⇒azotar

flood¹ /flʌd/ *v* [T, ɪ] ⇒inundar: *These fields were flooded this winter* - Estos campos se inundaron este invierno ■ PRON. La oo se pronuncia como la u en el término inglés *sun*

flood² /flʌd/ ■ *n* [c, u] **1** ⇒inundación ■ *n* [c] **2** ⇒avalancha: *a flood of questions* - una avalancha de preguntas ■ PRON. La oo se pronuncia como la u en el término inglés *sun*

flooding /ˈflʌd.ɪŋ/ *n* [u] ⇒inundación ■ PRON. La oo se pronuncia como la u en el término inglés *sun*

† **floor¹** UK: /flɔːr/ US: /flɔːr/ *n* [c] **1** ⇒suelo **2** ⇒piso ⇒planta **3** ⇒pista

† **floor²** UK: /flɔːr/ US: /flɔːr/ *v* [T] **1** ⇒tirar a alguien al suelo **2** *to be floored by sth* - quedarse pasmado por algo

floorboard UK: /ˈflɔː.bɔːd/ US: /ˈflɔːr.bɔːrd/ *n* [c] *(parte del suelo)* ⇒tabla ■ Se usa más en plural

flop¹ UK: /flɒp/ US: /flɑːp/ *n* [c] *(inform)* ⇒fracaso

flop² UK: /flɒp/ US: /flɑːp/ [flopped, flopping] *v* [ɪ] **1** *(inform)* *(una obra o un negocio)* ⇒fracasar [estrepitosamente] ⇒estrellarse *col.* **2** ⇒desplomarse ⇒dejarse caer ■ CONSTR. Se usa generalmente seguido de una preposición o un adverbio

floppy¹ UK: /ˈflɒp.i/ US: /ˈflɑː.pi/ *adj* [comp floppier, superl floppiest] **1** ⇒flojo,ja **2** ⇒flexible

floppy² UK: /ˈflɒp.i/ US: /ˈflɑː.pi/ [pl floppies] *n* [c] See **floppy disk**

floppy disk *(tb floppy) n* [c] ⇒disquete

flora UK: /ˈflɔː.rə/ US: /ˈflɔːr.ə/ *n* [u] ⇒flora

floral UK: /ˈflɔː.rəl/ US: /ˈflɔːr.[ə]l/ *adj* ⇒floral ⇒floreado,da

florist UK: /ˈflɒr.ɪst/ US: /ˈflɔːr-/ *n* [c] ⇒florista

flounder UK: /ˈflaʊn.dər/ US: /-dər/ *v* [ɪ] **1** ⇒tambalearse: *Their relationship is floundering* - Su relación se está tambaleando **2** ⇒vacilar ⇒dudar **3** *(un barco)* ⇒hundirse **4** ⇒debatirse en el agua para no ahogarse

† **flour** UK: /flaʊər/ US: /flaʊər/ *n* [u] ⇒harina: *wholemeal flour* - harina integral

flourish¹ UK: /ˈflʌr.ɪʃ/ US: /ˈflɜː-/ ■ *v* [ɪ] **1** ⇒florecer ⇒prosperar ■ *v* [T] **2** ⇒agitar ⇒menear

flourish² UK: /ˈflʌr.ɪʃ/ US: /ˈflɜː-/ *n* [c] ⇒floreo

flow¹ UK: /fləʊ/ US: /floʊ/ *v* [ɪ] **1** ⇒fluir: *Blood flows through the veins and arteries* - La sangre fluye por las venas y las arterias **2** *(una lágrima)* ⇒correr

flow² UK: /fləʊ/ US: /floʊ/ *n* [c] ⇒flujo: *blood flow* - flujo sanguíneo; *a continuous flow of people* - un flujo continuo de gente

† **flower¹** UK: /flaʊ.ər/ US: /flaʊ.ər/ *n* [c] ⇒flor: *in flower* - en flor

flower² UK: /ˈflaʊ.ər/ US: /ˈflaʊ.ər/ *v* [ɪ] ⇒florecer: *Most trees flower in spring* - La mayoría de los árboles florece en primavera

flowering *n* [u] ⇒florecimiento

flown UK: /fləʊn/ US: /floʊn/ past participle of **fly**

† **flu** /fluː/ *n* [u] ⇒forma abreviada de **influenza** (gripe): *to catch the flu* - coger la gripe

fluctuate /ˈflʌk.tju.eɪt/ [fluctuated, fluctuating] *v* [ɪ] ⇒fluctuar ⇒variar

fluency /ˈfluː.ənt.si/ *n* [u] *(en el lenguaje)* ⇒fluidez

† **fluent** /ˈfluː.ənt/ *adj* ⇒fluido,da: *Rachel speaks fluent French* - Rachel habla un francés fluido

fluff /flʌf/ *n* [u] ⇒pelusa: *a piece of fluff* - una pelusa

fluffy /ˈflʌf.i/ *adj* [comp fluffier, superl fluffiest] **1** ⇒mullido,da ⇒esponjoso,sa **2** *(una superficie)* ⇒cubierto,ta de pelusa **3** *a fluffy toy* - un peluche

fluid¹ /ˈfluː.ɪd/ *n* [c] ⇒líquido ⇒fluido

fluid² /ˈfluː.ɪd/ *adj* **1** *(form)* ⇒fluido,da: *a fluid movement* - un movimiento fluido **2** *(form)* *(una situación)* ⇒variable ⇒inestable **3** *(form)* *(un plan)* ⇒flexible

fluke /fluːk/ *n* [c] **1** *(inform)* ⇒golpe de suerte **2** *It was just a fluke* - Tuve suerte, nada más

flung /flʌŋ/ past tense and past participle forms of **fling**

fluorescent UK: /fluəˈres.ənt/ US: /flu-/ *adj* ⇒fluorescente

fluoride UK: /ˈfluə.raɪd/ US: /ˈflu-/ *n* [u] *(en química)* ⇒flúor

flurry UK: /ˈflʌr.i/ US: /ˈflɜː-/ [pl flurries] *n* [c] **1** *(de nieve o lluvia)* ⇒ventisca ⇒ráfaga **2** *(de un sentimiento)* ⇒brote ⇒oleada ⇒aluvión

flush¹ /flʌʃ/ *v* [ɪ] **1** ⇒sonrojarse ⇒ruborizarse **2** ⇒limpiar ⇒desatascar **3** ⇒enjuagar: *to flush sth with water* - enjuagar algo con agua **4** *to ~ the toilet* ⇒tirar de la cadena del váter

flush² /flʌʃ/ [pl flushes] *n* [c] **1** ⇒rubor **2** ⇒arrebato [de emoción]: *a flush of excitement* - un arrebato de emoción **3** hot flushes *(en medicina)* ⇒sofoco

flute /fluːt/ *n* [c] ⇒flauta: *to play the flute* - tocar la flauta

flutter¹ UK: /ˈflʌt.ər/ US: /ˈflʌˤt̬.ər/ *v* [T, ɪ] **1** ⇒revolotear **2** ⇒ondear **3** *(las alas, una bandera)* ⇒batir ⇒agitar [delicadamente]

flutter² UK: /ˈflʌt.ər/ US: /ˈflʌˤt̬.ər/ *n* [NO PL] **1** ⇒revoloteo **2** ⇒aleteo **3** *to be* {all of a/in a} *~* ⇒estar alterado,da ⇒estar nervioso,sa

† **fly¹**, flew, flown /flaɪ/ [flies] ∎ *v* [I] **1** *(un insecto, un ave)* ⇒volar **2** ⇒ir en avión ⇒viajar en avión ⇒volar **3** ⇒irse volando ⇒irse pitando *col.* **4** ⇒volar ⇒pasar volando ∎ *v* [T] **5** *(un avión)* ⇒pilotar **6** ⇒transportar [en avión] ∎ CONSTR. Se usa más en pasiva **7** *(una bandera o un estandarte)* ⇒enarbolar **8** to ~ {away/off} *(un insecto, un ave)* ⇒irse volando **9** to ~ open ⇒abrirse de repente

fly² /flaɪ/ [*pl* flies] *n* [c] **1** ⇒mosca **2** *(UK tb* flies) ⇒bragueta

flying /'flaɪ.ɪŋ/ *adj* ⇒volador,-a

FO *n* [U] ⇒forma abreviada de **Foreign Office** *(ministerio británico de Asuntos Exteriores)*

foam¹ UK: /fəʊm/ US: /foʊm/ *n* [U] ⇒espuma

foam² UK: /fəʊm/ US: /foʊm/ *v* [I] ⇒echar espuma: *The dog was foaming at the mouth* - El perro echaba espuma por la boca

focus¹ UK: /'fəʊ.kəs/ US: /'foʊ-/ [focuses] *v* [T] ⇒enfocar: *to focus a camera* - enfocar una cámara

focus² UK: /'fəʊ.kəs/ US: /'foʊ-/ [*pl* foci, focuses] *n* [c] **1** ⇒foco **2** ⇒centro ⇒foco ⇒núcleo **3** to be in ~ *(una imagen)* ⇒estar enfocado,da **4** to be out of ~ *(una imagen)* ⇒estar desenfocado,da

fodder UK: /'fɒd.əʳ/ US: /'fɑː.dəʳ/ *n* [U] **1** ⇒pienso **2** ⇒forraje

foe UK: /fəʊ/ US: /foʊ/ *n* [c] *(lit)* ⇒enemigo,ga

foetus UK: /'fiː.təs/ US: /-ˤtəs/ [*pl* foetuses] *UK (US* fetus) *n* [c] ⇒feto

† **fog** UK: /fɒg/ US: /fɑːg/ *n* [c, U] ⇒niebla

foggy UK: /'fɒg.i/ US: /'fɑː.gi/ *adj* [*comp* foggier, *superl* foggiest] **1** ⇒con niebla ⇒de niebla **2** *It's foggy* - Hay niebla

foil¹ /fɔɪl/ ∎ *n* [U] **1** ⇒lámina de metal ∎ *n* [c] **2** *(en esgrima)* ⇒florete **3** aluminium ~ *UK* ⇒papel de aluminio

foil² /fɔɪl/ *v* [T] *(un intento)* ⇒frustrar ∎ CONSTR. Se usa más en pasiva

† **fold¹** UK: /fəʊld/ US: /foʊld/ ∎ *v* [T] **1** ⇒plegar ⇒doblar ∎ *v* [I] **2** *(una empresa)* ⇒quebrar

fold² UK: /fəʊld/ US: /foʊld/ *n* [c] **1** ⇒pliegue ⇒doblez ∎ Se usa más en plural **2** *(para animales)* ⇒redil ⇒aprisco

folder UK: /'fəʊl.dəʳ/ US: /'foʊl.dəʳ/ *n* [c] ⇒archivador ⇒carpeta ⇒fólder *AMÉR.* ∎ Distinto de *carpet* (alfombra)

foliage UK: /'fəʊ.li.ɪdʒ/ US: /'foʊ-/ *n* [U] ⇒follaje

† **folk** UK: /fəʊk/ US: /foʊk/ *UK n* [PL] ⇒gente: *country folk* - gente de campo

folklore UK: /'fəʊk.lɔːʳ/ US: /'foʊk.lɔːr/ *n* [U] ⇒folclore

follow UK: /'fɒl.əʊ/ US: /'fɑː.loʊ/ *v* [T, I] **1** ⇒seguir ⇒ir detrás **2** *(en el tiempo)* ⇒suceder ⇒seguir ⇒comprender **3** ⇒seguir **4** as follows ⇒como sigue **5** to ~ from *sth* ⇒ser la consecuencia lógica de algo

⇒poder deducirse de algo **6** to ~ the crowd ⇒hacer lo que hacen los demás

| PHRASAL VERBS
· **to follow on** *UK* ⇒venir después
· **to follow** *sth* **through [M] 1** ⇒seguir con algo ⇒continuar ⇒rematar **2** ⇒cumplir
· **to follow** *sth* **up 1** ⇒investigar ⇒examinar con detalle **2** ⇒desarrollar ∎ CONSTR. to follow up on sth

follower UK: /'fɒl.əʊ.əʳ/ US: /'fɑː.loʊ.əʳ/ *n* [c] **1** ⇒seguidor,-a ⇒partidario,ria **2** ⇒discípulo,la

following UK: /'fɒl.əʊ.ɪŋ/ US: /'fɑː.loʊ-/ *adj* ⇒siguiente: *I met her the following morning* - La vi a la mañana siguiente

follow-up UK: /'fɒl.əʊ.ʌp/ US: /'fɑː.loʊ-/ *n* [c] ⇒continuación

† **fond** UK: /fɒnd/ US: /fɑːnd/ *adj* **1** *(un recuerdo)* ⇒agradable ⇒bueno,na **2** to be ~ of *sth/sb* **1** ⇒tener mucho cariño: *I'm very fond of my cat* - Le tengo mucho cariño a mi gato **2** ⇒ser aficionado,da a: *I'm fond of classical music* - Soy aficionada a la música clásica

fondle UK: /'fɒn.dl/ US: /'fɑː-n-/ [fondled, fondling] *v* [T] ⇒acariciar [sexual o cariñosamente]

font UK: /fɒnt/ US: /fɑːnt/ *n* [c] **1** ⇒pila bautismal **2** *(tipo de letra)* ⇒fuente

† **food** /fuːd/ *n* [c, U] **1** ⇒alimento ⇒comida **2** ~ for thought ⇒motivo de reflexión

food processor *n* [c] ⇒robot de cocina

foodstuff /'fuːd.stʌf/ *n* [c] *(form)* ⇒producto alimenticio ⇒alimento ∎ Se usa más en plural

fool¹ /fuːl/ *n* [c] **1** ⇒tonto,ta *col. desp.;* ⇒boludo,da *AMÉR. vulg. desp.;* ⇒güey *AMÉR. col. desp.* **2** ⇒loco,ca *col.* **3** *(en el pasado)* ⇒bufón,-a **4** to {act/play} the ~ ⇒hacer(se) el tonto, hacer(se) la tonta **5** to be {no/nobody's} ~ ⇒no dejarse engañar por nadie **6** to make a ~ of *sb* ⇒poner en ridículo a alguien **7** to make a ~ of *oneself* ⇒hacer el ridículo

fool² /fuːl/ *v* [T] ⇒engañar ∎ CONSTR. to fool into + doing sth

| PHRASAL VERBS
· **to fool {about/around}** ⇒hacer el tonto ⇒huevear *AMÉR. vulg.;* ⇒cojudear *AMÉR. vulg.*

foolish /'fuː.lɪʃ/ *adj* **1** ⇒tonto,ta *col. desp.;* ⇒boludo,da *AMÉR. vulg. desp.* **2** ⇒ridículo,la

foolproof /'fuːl.pruːf/ *adj* ⇒infalible: *a foolproof plan* - un plan infalible

† **foot¹** /fʊt/ [*pl* feet] *n* [c] **1** *(de una persona)* ⇒pie **2** *(de un animal)* ⇒pezuña **3** *(unidad de medida)* ⇒pie ∎ La forma abreviada es *ft* **4** on ~ ⇒a pie ⇒andando **5** to put *one's* feet up ⇒descansar **6** to put *one's* ~ down ⇒ponerse firme **7** to put *one's* ~ in it ⇒meter la pata *col.* **8** to set ~ {in/on} *sth* ⇒pisar ⇒entrar

F ∎

† **foot²** /fʊt/ **to ~ the bill** *(inform)* ⇒pagar los gastos: *She had to foot the bill for the whole trip* - Tuvo que pagar todos los gastos del viaje

† **football** UK: /'fʊt.bɔːl/ US: /-bɑːl/ *n* [U] **1** *UK (US* **soccer)** ⇒fútbol ⇒futbol *AMÉR.* **2** ⇒balón de fútbol americano **3** *US* ⇒fútbol americano **4 Football Club** ⇒club de fútbol ■ La forma abreviada es *FC*

footballer UK: /'fʊt.bɔː.lə⁰/ US: /-bɑː.lə/ *UK n* [c] ⇒futbolista ⇒jugador,-a de fútbol

footing UK: /'fʊt.ɪŋ/ US: /'fʊ°ṭ-/ ■ *n* [U] **1** ⇒base ⇒condición ■ *n* [NO PL] **2** ⇒equilibrio: *to lose one's footing* - perder el equilibrio **3** *to put a company on a sound footing* - reflotar una empresa que va mal **4 to be on an equal ~** ⇒estar en igualdad de condiciones

footnote UK: /'fʊt.nəʊt/ US: /-noʊt/ *n* [c] ⇒nota a pie de página **2** ⇒información adicional

footpath UK: /'fʊt.pɑːθ/ US: /-pæθ/ *UK n* [c] ⇒sendero ⇒senda

footprint /'fʊt.prɪnt/ *n* [c] ⇒pisada ⇒huella ■ Se usa más en plural

footstep /'fʊt.step/ *n* [c] ⇒paso ⇒pisada ■ Se usa más en plural

footwear UK: /'fʊt.weə⁰/ US: /-wer/ *n* [U] ⇒calzado

† **for** UK: /fɔːʳ/ US: /fɔːr/ UK: /fə⁰/ US: /fə/ *prep* **1** *(finalidad)* ⇒para ■ CONSTR. El verbo que le sigue siempre va en gerundio **2** *(destinatario)* ⇒para **3** ⇒durante: *We talked for hours* - Hablamos durante horas **4** ⇒desde hace: *I haven't seen Walter for six months* - No veo a Walter desde hace seis meses ■ Se usa con períodos de tiempo y con verbos en pretérito perfecto o pasado simple. Comparar con *since* **5** ⇒en: *We haven't seen a house for kilometres* - No hemos visto una casa en kilómetros **6** *(dirección)* ⇒para ⇒que va a **7** ⇒a favor de: *Who is for this idea?* - ¿Quién está a favor de esta propuesta? ■ CONSTR. El verbo que le sigue siempre va en gerundio **8** *(precio)* ⇒por **9** *(causa)* ⇒por ■ CONSTR. El verbo que le sigue siempre va en gerundio **10 ~ all** ⇒a pesar de: *For all her help, they couldn't solve the problem* - A pesar de su ayuda, no pudieron solucionar el problema ■ Ver cuadro en esta página y ver cuadro para (for / to)

forbade past tense of **forbid**

† **forbid, forbade, forbidden** UK: /fə'bɪd/ US: /fə⁰-/ *v* [T] ⇒prohibir: *She forbade me to mention it again* - Me prohibió que volviera a sacar el tema ■ CONSTR. 1. to forbid + to do sth 2. to forbid from + doing sth 3. Se usa más en pasiva

forbidden UK: /fə'bɪd.ⁿn/ US: /fə⁰-/ past participle of **forbid**

forbidding UK: /fə'bɪd.ɪŋ/ US: /fə⁰-/ *adj* **1** ⇒imponente ⇒amenazante **2** ⇒arduo,dua: *a forbidding task* - una ardua tarea

† **force¹** UK: /fɔːs/ US: /fɔːrs/ ■ *n* [U] **1** ⇒fuerza: *to throw sb out by force* - sacar a alguien por la fuerza ■ *n* [c] **2** ⇒fuerza ⇒poder **3** *(conjunto de*

---

for / since

Se usa **for** y **since** con verbos en presente perfecto o en presente perfecto continuo para hablar de acciones que han comenzado en el pasado y que continúan en el presente.

- Se usa **for** cuando se especifica el período de tiempo durante el cual se desarrolla la acción: "hours" ('horas'), "one week" ('una semana'), "two months" ('dos meses'), "three years" ('tres años').

YEARS

· *Carmen has been studying English **for** six years.*
  (Carmen lleva seis años estudiando inglés.)

· *She has been working in the library **for** hours.*
  (Lleva horas trabajando en la biblioteca.)

• Se usa **since** cuando se especifica el momento en el que comenzó la acción: "yesterday" ('ayer'), "last week" ('la semana pasada'), "two months ago" ('hace dos meses '), "september" ('septiembre'), "1975", "their wedding day" ('el día de su boda'), "the last time that we saw them" ('la última vez que los vimos').

1994   NOW

· *Sally has been working in this bank **since** 1994.*
  (Sally lleva trabajando en este banco desde 1994.)

· *I haven't seen Sally and Jim **since** their wedding day.*
  (No he visto a Sally y a Jim desde el día de su boda.)

personas) ⇨cuerpo **4 in ~** *(una ley o un sistema)* ⇨vigente ⇨en vigor

† **force²** UK: /fɔːs/ US: /fɔːrs/ [forced, forcing] *v* [T] **1** ⇨forzar ⇨obligar ■ CONSTR. 1. to force + to do sth 2. Se usa más en pasiva **2** ⇨forzar

|PHRASAL VERBS
L· **to force sth {on/upon} sb** ⇨imponer

forceful UK: /ˈfɔːs.fʰl/ US: /ˈfɔːrs-/ *adj* **1** *(un argumento)* ⇨convincente ⇨contundente **2** *(una persona)* ⇨fuerte ⇨con carácter

forcible UK: /ˈfɔː.sɪ.bl̩/ US: /ˈfɔːr-/ *adj* ⇨forzoso,sa ⇨violento,ta

forcibly UK: /ˈfɔː.sɪ.bli/ US: /ˈfɔːr-/ *adv* ⇨por la fuerza

ford¹ UK: /fɔːd/ US: /fɔːrd/ *n* [C] ⇨vado [de un río]

ford² UK: /fɔːd/ US: /fɔːrd/ *v* [T] ⇨vadear: *Mildred forded the river to reach my house* - Mildred vadeó el río para llegar a mi casa

fore¹ UK: /fɔːʳ/ US: /fɔːr/ *adj (en una embarcación)* ⇨de proa ⇨delantero,ra

fore² UK: /fɔːʳ/ US: /fɔːr/ **to come to the ~** ⇨destacar ⇨hacerse famoso,sa

forearm UK: /ˈfɔː.rɑːm/ US: /ˈfɔːr.ɑːrm/ *n* [C] ⇨antebrazo

forecast¹ UK: /ˈfɔː.kɑːst/ US: /ˈfɔːr.kæst/ *n* [C] ⇨previsión ⇨pronóstico

forecast², forecast, forecast *(tb forecasted, forecasted)* UK: /ˈfɔː.kɑːst/ US: /ˈfɔːr.kæst/ *v* [T] ⇨predecir ⇨pronosticar

forefinger UK: /ˈfɔːˌfɪŋ.gəʳ/ US: /ˈfɔːrˌfɪŋ.gɚ/ *n* [C] *(dedo)* ⇨índice

forefront UK: /ˈfɔː.frʌnt/ US: /-ˈfɔːr-/ **to be at the ~ of sth** ⇨estar al frente de algo ⇨estar en la vanguardia de algo

foreground UK: /ˈfɔː.graʊnd/ US: /ˈfɔːr-/ *n* [NO PL] ⇨primer plano: *in the foreground* - en primer plano

forehead UK: /ˈfɒr.ɪd/ UK: /ˈfɔː.hed/ US: /ˈfɑː.rɪd/ *n* [C] *(en anatomía)* ⇨frente

foreign UK: /ˈfɒr.ən/US:/ˈfɔːr-/*adj***1** ⇨extranjero,ra **2** ⇨exterior: *foreign policy* - política exterior **3** ⇨extraño,ña: *foreign body* - cuerpo extraño **4 to be ~ to sth/sb** *(form)* ⇨ser ajeno,na a ■ PRON. La g no se pronuncia

foreigner UK: /ˈfɒr.ə.nəʳ/ US: /ˈfɔːr.ə.nɚ/ *n* [C] ⇨extranjero,ra ⇨fuereño,ña *AMÉR.* ■ PRON. La g no se pronuncia

foreman UK: /ˈfɔː.mən/ US: /ˈfɔːr-/ [*pl* foremen] *n* [C] **1** ⇨capataz **2** ⇨presidente [de un jurado]

foremost¹ UK: /ˈfɔː.məʊst/ US: /ˈfɔːr.moʊst/ *adj (form)* ⇨más destacado,da: *our foremost expert* - nuestra experta más destacada

foremost² UK: /ˈfɔː.məʊst/ US: /ˈfɔːr.moʊst/ *adv (form)* ⇨principalmente ⇨destacadamente

forerunner UK: /ˈfɔːˌrʌn.əʳ/ US: /ˈfɔːrˌrʌn.ɚ/ *n* [C] ⇨precursor,-a ⇨pionero,ra

foresaw past tense of **foresee**

foresee, foresaw, foreseen UK: /fəˈsiː/ US: /fɚ-/ [foreseeing] *v* [T] ⇨prever: *He had not foreseen the traffic jam* - No había previsto el atasco

foreseeable UK: /fɔːˈsiː.ə.bl̩/ US: /fɔːr-/ *adj* ⇨previsible: *in a foreseeable future* - en un futuro previsible

foreseen past participle of **foresee**

foresight UK: /ˈfɔː.saɪt/ US: /ˈfɔːr-/ *n* [U] ⇨previsión ⇨visión de futuro

† **forest** UK: /ˈfɒr.ɪst/ US: /ˈfɔːr-/ *n* [C] **1** ⇨bosque **2** *a forest ranger* - un guarda forestal **3** *forest fire* - incendio forestal

foretell, foretold, foretold UK: /fɔːˈtel/ US: /fɔːr-/ *v* [T] *(form)* ⇨predecir: *to foretell future events* - predecir futuros acontecimientos

foretold past tense and past participle forms of **foretell**

† **forever** UK: /fəˈre.vəʳ/ US: /fɔːˈrev.ɚ/ *(UK tb for ever) adv* **1** ⇨siempre ⇨para siempre **2** *(inform) This is going to take forever* - Esto va a durar una eternidad

foreword UK: /ˈfɔː.wɜːd/ US: /ˈfɔːr.wɜːd/ *n* [C] ⇨prefacio ⇨prólogo

forgave UK: /fəˈgeɪv/ US: /fɚ-/ past tense of **forgive**

forge¹ UK: /fɔːdʒ/ US: /fɔːrdʒ/ [forged, forging] *v* [T] **1** ⇨forjar: *to forge an agreement* - forjar un acuerdo **2** ⇨falsificar: *to forge a document* - falsificar un documento

|PHRASAL VERBS
 · **to forge ahead 1** ⇨adelantarse ⇨escalar posiciones **2** ⇨seguir adelante

forge² UK: /fɔːdʒ/ US: /fɔːrdʒ/ *n* [C] ⇨herrería ⇨forja ⇨fragua

forgery UK: /ˈfɔː.dʒᵊr.i/ US: /ˈfɔːr.dʒɚ.i/ ■ *n* [U] **1** *(delito)* ⇨falsificación ■ *n* [C] **2** *(objeto)* ⇨falsificación ■ El plural es *forgeries*

† **forget**, forgot, forgotten UK: /fəˈget/ US: /fɚ-/ [forgetting] *v* [T, I] ⇨olvidar: *Don't forget to lock the door* - No olvides cerrar la puerta con llave ■ CONSTR. 1.to forget + (that) 2. to forget + to do sth 3. to forget + interrogativa indirecta

forgetful UK: /fəˈget.fʰl/ US: /fɚ-/ *adj* ⇨olvidadizo,za: *My boyfriend is very forgetful* - Mi novio es muy olvidadizo

† **forgive**, forgave, forgiven UK: /fəˈgɪv/ US: /fɚ-/ [forgiving] *v* [T, I] ⇨perdonar: *Please forgive me for being late* - Por favor, perdóname por llegar tarde ■ CONSTR. to forgive for + doing sth

forgiven past participle of **forgive**

forgiveness UK: /fəˈgɪv.nəs/ US: /fɚ-/ *n* [U] ⇨perdón: *to ask forgiveness for sth* - pedir perdón por algo

F

forgiving 168

forgiving UK: /fəˈgɪv.ɪŋ/ US: /fə-/ *adj* ⇒indulgente ⇒benévolo,la

forgot past tense of **forget**

forgotten past participle of **forget**

† **fork¹** UK: /fɔːk/ US: /fɔːrk/ *n* [c] **1** ⇒tenedor **2** *(herramienta)* ⇒horca **3** *(en una carretera o un río)* ⇒bifurcación

fork² UK: /fɔːk/ US: /fɔːrk/ ∎ *v* [T] **1** *(la tierra)* ⇒remover con una horca ∎ *v* [I] **2** *(un camino o un río)* ⇒bifurcarse **3** *(a la derecha o a la izquierda)* ⇒girar

PHRASAL VERBS
· **to fork (sth) out** [M] *(inform) (dinero)* ⇒desembolsar ⇒apoquinar *col.*

† **form¹** UK: /fɔːm/ US: /fɔːrm/ ∎ *v* [T, I] **1** ⇒formar: *A small cloud formed in the blue sky* - Se formó una nube pequeña en el cielo azul ∎ *v* [T] **2** ⇒adquirir: *to form habits* - adquirir unos hábitos

† **form²** UK: /fɔːm/ US: /fɔːrm/ *n* [c] **1** ⇒forma ⇒manera ⇒tipo **2** ⇒forma ⇒silueta **3** ⇒forma [física] **4** ⇒impreso ⇒formulario **5** *UK* (*US* grade) *(en un colegio)* ⇒clase

† **formal** UK: /ˈfɔː.məl/ US: /ˈfɔːr-/ *adj* **1** ⇒formal ⇒de etiqueta **2** ⇒oficial: *formal permission* - permiso oficial **3** ⇒serio,ria ⇒ceremonioso,sa

formality UK: /fɔːˈmæl.ə.ti/ US: /-ˈt̬i/ [*pl* formalities] *n* [c] **1** ⇒formalidad **2** ⇒trámite: *legal formalities* - trámites legales

formally UK: /ˈfɔː.mə.li/ US: /ˈfɔːr-/ *adv* **1** ⇒formalmente **2** ⇒oficialmente: *to announce sth formally* - anunciar algo oficialmente

format¹ UK: /ˈfɔː.mæt/ US: /ˈfɔːr-/ *n* [c, u] ⇒formato: *a different format* - un formato distinto

format² UK: /ˈfɔː.mæt/ US: /ˈfɔːr-/ [formatted, formatting] *v* [T] *(en informática)* ⇒formatear

formation UK: /fɔːˈmeɪ.ʃ³n/ US: /fɔːr-/ *n* [u] ⇒formación ⇒creación

former¹ UK: /ˈfɔː.mə/ US: /ˈfɔːr.mə/ *adj* ⇒anterior ⇒ex ⇒pasado,da

† **former²** UK: /ˈfɔː.mə/ US: /ˈfɔːr.mə/ *pron* ⇒primero,ra ⇒aquel, aquella

formerly UK: /ˈfɔː.mə.li/ US: /ˈfɔːr.mə-/ *adv* ⇒anteriormente ⇒antiguamente

† **formidable** UK: /ˈfɔː.mɪ.də.bl̩/ US: /fɔːr-/ *adj* **1** *(una persona)* ⇒extraordinario,ria ⇒formidable ⇒imponente **2** ⇒tremendo,da ⇒ingente

† **formula** UK: /ˈfɔː.mju.lə/ US: /ˈfɔːr-/ [*pl* formulae, formulas] *n* [c] ⇒fórmula: *a chemical formula* - una fórmula química

forsake, forsook, forsaken UK: /fɔːˈseɪk/ US: /fɔːr-/ [forsaking] *v* [T] **1** *(form, lit)* ⇒abandonar: *to forsake sb* - abandonar a alguien **2** *(form)* ⇒renunciar: *to forsake sth* - renunciar a algo

forsaken past participle of **forsake**

forsook past tense of **forsake**

fort UK: /fɔːt/ US: /fɔːrt/ *n* [c] ⇒fuerte ⇒fortificación

forte UK: /ˈfɔː.teɪ/ US: /ˈfɔːr-/ *n* [c] ⇒fuerte: *Mathematics is his forte* - las matemáticas son su fuerte

† **forth** UK: /fɔːθ/ US: /fɔːrθ/ *adv* **1** *(lit)* ⇒hacia delante: *They marched forth into battle* - Marcharon a la batalla ∎ Se usa frecuentemente con verbos de movimiento. Al traducirlo en español su significado suele estar implícito en el verbo **2 and so ~** ⇒y así sucesivamente **3 from this {day/time} ~** *(form)* ⇒de ahora en adelante

† **forthcoming** UK: /ˌfɔːθˈkʌm.ɪŋ/ US: /ˌfɔːrθ-/ *adj* **1** *(form)* ⇒próximo,ma ⇒venidero,ra **2** ⇒comunicativo,va ⇒abierto,ta **3** ⇒disponible ∎ Constr. Se usa detrás de un verbo

forthright UK: /ˈfɔːθ.raɪt/ US: /ˈfɔːrθ-/ *adj* ⇒franco,ca ⇒directo,ta

fortify UK: /ˈfɔː.tɪ.faɪ/ US: /ˈfɔːr.ˁt̬ə-/ [fortifies, fortified] *v* [T] **1** ⇒fortificar: *to fortify a castle* - fortificar un castillo **2** *(una persona)* ⇒fortalecerse **3** ⇒consolidar **4** *(un vino)* ⇒encabezar

† **fortnight** UK: /ˈfɔːt.naɪt/ US: /ˈfɔːrt-/ *UK n* [c] ⇒quincena ⇒quince días **2 a ~ today** ⇒de hoy en quince días ∎ *Fortnight* es la contracción de *fourteen nights*

fortress UK: /ˈfɔː.trəs/ US: /ˈfɔːr-/ [*pl* fortresses] *n* [c] ⇒fortaleza ⇒fortificación

† **fortunate** UK: /ˈfɔː.tʃə.nət/ US: /ˈfɔːr-/ *adj* ⇒afortunado,da

† **fortunately** UK: /ˈfɔː.tʃ³n.ət.li/ US: /ˈfɔːr-/ *adv* ⇒afortunadamente

† **fortune** UK: /ˈfɔː.tʃuːn/ US: /ˈfɔːr-/ ∎ *n* [c] **1** ⇒fortuna [de dinero]: *to make a fortune* - amasar una fortuna **2** ⇒fortuna ⇒suerte ∎ *n* [u] **3** ⇒destino ⇒sino

fortune-teller *n* [c] ⇒adivino,na

† **forty** UK: /ˈfɔː.ti/ US: /ˈfɔːr.ˁt̬i/ ⇒cuarenta

forum UK: /ˈfɔː.rəm/ US: /ˈfɔːr.əm/ *n* [c] ⇒foro

† **forward¹** UK: /ˈfɔː.wəd/ US: /ˈfɔːr.wəd/ (*tb* forwards) *adv* ⇒hacia delante ⇒adelante ∎ La forma abreviada es *fwd*

forward² UK: /ˈfɔː.wəd/ US: /ˈfɔːr.wəd/ *adj* **1** ⇒hacia delante **2** ⇒avanzado,da **3** ⇒atrevido,da ⇒descarado,da

forward³ UK: /ˈfɔː.wəd/ US: /ˈfɔːr.wəd/ *v* [T] *(form)* ⇒enviar [por correo]

forward⁴ UK: /ˈfɔː.wəd/ US: /ˈfɔːr.wəd/ *n* [c] *(en fútbol)* ⇒delantero,ra

forwards UK: /ˈfɔː.wədz/ US: /ˈfɔːr.wədz/ *adv* See **forward**

fossil UK: /ˈfɒs.³l/ US: /ˈfɑː.s[ə]l/ *n* [c] ⇒fósil

foster UK: /ˈfɒs.tə/ US: /ˈfɑː.stə/ *v* [T] **1** *(form)* ⇒fomentar ⇒promover **2** *(un niño)* ⇒acoger en una familia [por un tiempo limitado]

fought UK: /fɔːt/ US: /fɑːt/ past tense and past participle forms of **fight**

foul[1] /faʊl/ adj **1** ⇒sucio,cia ⇒asqueroso,sa ⇒fétido,da **2** ⇒terrible ⇒malo,la **3** *He's in a foul temper* - Está de un humor de perros

foul[2] /faʊl/ n [C] *(en deportes)* ⇒falta

foul play n [U] **1** ⇒maniobra criminal **2** *(en deportes)* ⇒juego sucio

† **found** /faʊnd/ ■ **1** past tense and past participle forms of **find** ■ v [T] **2** ⇒fundar: *This company was founded in 1980* - Esta empresa se fundó en 1980 **3** ⇒fundamentar ⇒basar ■ CONSTR. Se usa más en pasiva

foundation /faʊnˈdeɪ.ʃⁿn/ ■ n [U] **1** ⇒fundación: *the foundation of a hospital* - la fundación de un hospital **2** ⇒maquillaje [de base] ■ n [C] **3** ⇒organización ⇒fundación **4** ⇒base ⇒fundamento **5** foundations UK (US foundation) ⇒cimientos: *the foundations of a building* - los cimientos de un edificio

founder UK: /ˈfaʊn.dəʳ/ US: /-də/ n [C] ⇒fundador,-a [de una organización]

† **fountain** /ˈfaʊn.tɪn/ n [C] ⇒manantial ⇒fuente

† **four** UK: /fɔːʳ/ US: /fɔːr/ ⇒cuatro: *There are four of them* - Son cuatro; *He is four years old* - Tiene cuatro años

† **fourteen** /ˌfɔːˈtiːn/ ⇒catorce

fourteenth /ˌfɔːˈtiːnθ/ **1** ⇒decimocuarto,ta **2** *(para las fechas)* ⇒catorce ■ Se puede escribir también 14th

fourth[1] UK: /fɔːθ/ US: /fɔːrθ/ **1** ⇒cuarto,ta **2** *(para las fechas)* ⇒cuatro **3** *It is her fourth birthday today* - Hoy cumple cuatro años ■ Se puede escribir también 4th

fourth[2] UK: /fɔːθ/ US: /fɔːrθ/ ■ n [C] **1** *US* ⇒cuarto ⇒cuarta parte ■ Cuando se habla de proporciones y periodos de tiempo, normalmente se dice a quarter, no a fourth: *I'll be finished in a quarter of an hour* - Estaré lista en un cuarto de hora ■ n [U] **2** *(en un vehículo)* ⇒cuarta [marcha]

fowl /faʊl/ [pl fowl, fowls] n [C, U] **1** ⇒ave **2** ⇒ave de corral

† **fox** UK: /fɒks/ US: /fɑːks/ [pl foxes] n [C] ⇒zorro,rra: *You're as sly as a fox* - Eres tan astuto como un zorro

foyer /ˈfɔɪ.eɪ/ n [C] ⇒vestíbulo

Fr n [C] ⇒forma abreviada de **Father** (Padre)

† **fraction** /ˈfræk.ʃⁿn/ n [C] **1** *(en matemáticas)* ⇒fracción **2** *(de tiempo)* ⇒instante ⇒fracción **3** ⇒parte ⇒porción

fracture[1] UK: /ˈfræk.tʃəʳ/ US: /-tʃə/ [fractured, fracturing] v [T, I] **1** ⇒fracturar(se): *George fractured his fibula* - George se fracturó el peroné **2** *(form)* ⇒fracturar ⇒dividir

fracture[2] UK: /ˈfræk.tʃəʳ/ US: /-tʃə/ n [C] ⇒fractura: *a skull fracture* - una fractura craneal

fragile UK: /ˈfrædʒ.aɪl/ US: /ˈfrædʒ.[ə]l/ adj ⇒frágil ⇒delicado,da

fragment[1] /ˈfræg.mənt/ n [C] **1** ⇒fragmento ⇒trozo **2** *There are still fragments of glass on the floor* - Aún hay cristales en el suelo

fragment[2] /ˈfræg.ment/ v [T, I] ⇒fragmentar(se): *The party fragmented into several factions* - El partido se fragmentó en varias facciones

fragrance /ˈfreɪ.grⁿnts/ n [C, U] **1** ⇒fragancia ⇒aroma **2** ⇒perfume ■ PRON. La primera sílaba, *fra*, rima con *day*

fragrant /ˈfreɪ.grⁿnt/ adj ⇒fragante ⇒aromático,ca

frail /freɪl/ adj ⇒achacoso,sa ⇒endeble ⇒débil

frame[1] /freɪm/ n [C] **1** ⇒marco ⇒montura **2** ⇒armazón ⇒estructura **3** *(en una película)* ⇒toma ⇒imagen ⇒fotograma **4** ⇒cuadro [de la bicicleta] **5** ~ of mind ⇒estado de ánimo

frame[2] /freɪm/ [framed, framing] v [T] **1** ⇒enmarcar **2** *(inform)* ⇒inculpar: *to be framed for sth* - ser inculpado por algo ■ CONSTR. Se usa más en pasiva **3** ⇒formular ⇒elaborar ⇒expresar

† **framework** UK: /ˈfreɪm.wɜːk/ US: /-wɜːk/ n [C] **1** ⇒soporte: *shelves on a steel framework* - estantes con soporte de hierro **2** *(en construcción)* ⇒armazón **3** ⇒ámbito ⇒marco

France UK: /frɑːnts/ US: /frænts/ n [U] ⇒Francia: *He lives in France* - Vive en Francia

† **franchise** /ˈfræn.tʃaɪz/ n [C] **1** ⇒franquicia **2** the ~ *(en política)* ⇒derecho a voto

† **frank** /fræŋk/ adj ⇒franco,ca ⇒sincero,ra

frantic UK: /ˈfræn.tɪk/ US: /-ˈt̬ɪk/ adj **1** ⇒frenético,ca: *a frantic life* - una vida frenética **2** ⇒desesperado,da

fraternal UK: /frəˈtɜː.nəl/ US: /-ˈtɜː-/ adj ⇒fraternal

fraternity UK: /frəˈtɜː.nə.ti/ US: /-ˈtɜː.nə.ˈt̬i/ ■ n [U] **1** ⇒fraternidad ■ n [C] **2** ⇒cofradía ⇒hermandad ■ El plural es fraternities ■ Por ser un nombre colectivo se puede usar con el verbo en singular o en plural **3** *US* ⇒hermandad universitaria [para hombres] ■ El plural es fraternities ■ Por ser un nombre colectivo se puede usar con el verbo en singular o en plural

† **fraud** UK: /frɔːd/ US: /frɑːd/ ■ n [C, U] **1** ⇒fraude ⇒engaño ⇒estafa ■ n [C] **2** ⇒impostor,-a

fraught UK: /frɔːt/ US: /frɑːt/ *UK adj* **1** ⇒lleno,na: *The journey was fraught with danger* - Fue un viaje lleno de peligros **2** ⇒preocupante ⇒tenso,sa

fray /freɪ/ v [T, I] *(una tela)* ⇒deshilachar(se)

freak[1] /friːk/ n [C] **1** *(inform)* ⇒bicho raro *col.* **2** *(inform)* ⇒fanático,ca *col.*: *He's a computer freak* - Es un fanático de la informática **3** *(inform)* ⇒monstruo *col.* **4** ⇒rareza

freak² /fri:k/ *adj* ⇒inusitado,da ⇒anormal ⇒extraño,ña

freckle /'frek.l/ *n* [c] ⇒peca ■ Se usa más en plural

†**free¹** /fri:/ *adj* **1** ⇒libre **2** ⇒libre ⇒disponible **3** ⇒gratis ⇒gratuito,ta **4** ~ **and easy** ⇒relajado,da ⇒informal **5** ~ {from/of} *sth* ⇒sin algo ⇒libre de algo **6** ~ **time** (*tb* spare time) ⇒tiempo libre **7** **to set** *sth/sb* ~ ⇒poner en libertad ⇒soltar

†**free²** /fri:/ [freed] *v* [T] ⇒liberar ⇒soltar

freebie /'fri:.bi/ *n* [c] *(inform)* ⇒regalo comercial

†**freedom** /'fri:.dəm/ *n* [U] **1** ⇒libertad **2** ~ **from** *sth* ⇒inmunidad contra algo **3** ~ **of** *sth* ⇒libertad de algo: *freedom of speech* - libertad de expresión

freelance UK: /'fri:.lɑːnts/ US: /-lænts/ *adj, adv* **1** *(un trabajador)* ⇒independiente ⇒autónomo,ma **2** ⇒por cuenta propia ⇒por libre

freely /'fri:.li/ *adv* **1** ⇒libremente ⇒con libertad **2** ⇒francamente ⇒abiertamente **3** ⇒en repetidas ocasiones **4** ⇒generosamente ⇒sin restricciones **5** ⇒de buen grado

free-range /ˌfri:'reɪndʒ/ *adj* ⇒de corral: *free-range eggs* - huevos de corral

freeway /'fri:.weɪ/ *US* (*UK* motorway) *n* [c] ⇒autopista: *on the freeway* - en la autopista

†**freeze**, froze, frozen /fri:z/ [freezing] **1** ⇒helar(se) ⇒congelar(se) ■ *v* [I] **2** ⇒quedarse de piedra **3** *Freeze!* - ¡No se muevan! ■ *v* [T] **4** ⇒congelar

†**freezer** UK: /'fri:.zə/ US: /-zə/ *n* [c] ⇒congelador ⇒heladera *AMÉR.;* ⇒freezer *AMÉR.*

freezing /'fri:.zɪŋ/ *adj* **1** *(inform)* ⇒helado,da ⇒congelado,da **2** ⇒gélido,da **3** ⇒bajo cero

freight /freɪt/ *n* [U] ⇒carga ⇒cargamento ⇒flete

†**French¹** /frentʃ/ *n* [U] **1** *(idioma)* ⇒francés **2** **the** ~ *(gentilicio)* ⇒los franceses, las francesas ■ El singular es *a Frenchman, a Frenchwoman, a French person*

†**French²** /frentʃ/ *adj* ⇒francés,-a: *Do you know any French restaurants?* - ¿Conoces algún restaurante francés?

Frenchman /'frentʃ.mən/ [*pl* Frenchmen] *n* [c] *(gentilicio)* ⇒francés

Frenchmen *n* [PL] See **Frenchman**

French windows *n* [PL] ⇒puerta acristalada

Frenchwoman /'frentʃ.wʊm.ən/ [*pl* Frenchwomen] *n* [c] *(gentilicio)* ⇒francesa

Frenchwomen *n* [PL] See **Frenchwoman**

frenzied /'fren.zi:d/ *adj* ⇒frenético,ca ⇒enloquecido,da

frenzy /'fren.zi/ [*pl* frenzies] *n* [c, U] ⇒frenesí ⇒delirio

frequency /'fri:.kwənt.si/ *n* [U] ⇒frecuencia

†**frequent¹** /'fri:.kwənt/ *adj* **1** ⇒frecuente **2** *He's a frequent visitor* - Viene por aquí con frecuencia

frequent² *v* [T] *(form)* ⇒frecuentar

frequently /'fri:.kwənt.li/ *adv* *(form)* ⇒con frecuencia

fresco UK: /'fres.kəʊ/ US: /-koʊ/ [*pl* frescoes, frescos] *n* [c, U] *(en pintura)* ⇒fresco

†**fresh** /freʃ/ *adj* **1** ⇒reciente ⇒fresco,ca ⇒del día **2** ⇒nuevo: *to make a fresh start* - comenzar de nuevo **3** ⇒fresco,ca: *fresh air* - aire fresco **4** *(agua)* ⇒dulce

freshen /'freʃ.ən/ ■ *v* [I] **1** *(el tiempo)* ⇒refrescar ■ *v* [T] **2** *(una persona)* ⇒refrescar(se)
│PHRASAL VERBS
│ · **to freshen** *sth* **up** [M] ⇒dar un aire nuevo a algo: *They freshened up the building* - Dieron un aire nuevo al edificio
│ · **to freshen** *(sth/sb)* **up** [M] ⇒lavar(se)
└ ⇒arreglar(se) ⇒asear(se)

freshly /'freʃ.li/ *adv* ⇒recién: *a freshly painted room* - una habitación recién pintada

freshwater UK: /'freʃˌwɔː.tə/ US: /-ˌwɑːˈt̬ə/ *adj* ⇒de agua dulce: *a freshwater fish* - un pez de agua dulce

fret /fret/ [fretted, fretting] *v* [I] ⇒inquietarse ⇒preocuparse ⇒apurarse ■ CONSTR. Se usa generalmente seguido de las preposiciones *about* y *over*

friction /'frɪk.ʃən/ *n* [U] **1** ⇒fricción **2** ⇒desavenencia [entre varias personas] ⇒roce

†**Friday** /'fraɪ.deɪ/ *n* [c, U] **1** ⇒viernes **2** *every Friday* - todos los viernes **3** *Friday morning* - el viernes por la mañana **4** *next Friday* - el viernes que viene **5** *on Friday* - el viernes; *on Fridays* - los viernes ■ La forma abreviada es *Fri*

†**fridge** /frɪdʒ/ *n* [c] ⇒frigorífico ⇒nevera

fried /fraɪd/ *adj* ⇒frito,ta: *a fried egg* - un huevo frito

†**friend** /frend/ *n* [c] **1** ⇒amigo,ga ⇒ñaño,ña *AMÉR.* **2** **to be friends (with** *sb***)** ⇒ser amigo,ga de alguien **3** **to have friends in high places** ⇒tener enchufe [en algún lugar] *col.* **4** **to make friends (with** *sb***)** ⇒hacer amistad (con alguien) ■ Ver cuadro false friends

friendly /'frend.li/ *adj* [*comp* friendlier, *superl* friendliest] ⇒amigable ⇒amable

friendship /'frend.ʃɪp/ *n* [c, U] ⇒amistad

fries /fraɪz/ *n* [PL] ⇒patatas fritas [naturales] ■ PRON. *frie* rima con *cry*

†**fright** /fraɪt/ *n* [U, NO PL] **1** ⇒susto: *You gave me a real fright* - Me has dado un susto de muerte **2** *You look a fright!* - ¡Tienes un aspecto horrible!

frighten /'fraɪ.tən/ *v* [T] ⇒asustar: *I didn't mean to frighten you* - No quise asustarte
│PHRASAL VERBS
│ · **to frighten** *sth/sb* {**away/off**} ⇒ahuyentar
└ ⇒espantar

frightened /'fraɪ.t^ənd/ adj 1 ⇒asustado,da: *Are you frightened? - ¿Estás asustado?* 2 to be ~ of sth/sb ⇒tener miedo {a/de}: *Don't be frightened of the dark - No tengas miedo a la oscuridad* ■ PRON. La última *e* no se pronuncia

frightening /'fraɪ.t^ən.ɪŋ/ adj ⇒aterrador,-a ⇒espantoso,sa ■ PRON. La *e* no se pronuncia

frightful /'fraɪt.f^əl/ UK adj (inform, old-fash) ⇒terrible ⇒horroroso,sa

frightfully /'fraɪt.f^əl.i/ UK adv 1 (old-fash) ⇒terriblemente 2 ~ sorry! (old-fash) ⇒¡mil disculpas! col.

frigid /'frɪdʒ.ɪd/ adj 1 (lit) ⇒gélido,da 2 ⇒frígido,da

frill /frɪl/ n [c] 1 (adorno) ⇒volante 2 ⇒extra: *It's a very basic hotel with no frills - Es un hotel muy simple y sin extras*

frilly /'frɪl.i/ adj [comp frillier, superl frilliest] ⇒con volantes: *a frilly skirt - una falda con volantes*

frisbee n [c] ⇒disco volador ⇒frisbee

frisk /frɪsk/ v [T] 1 ⇒cachear: *The police frisked the suspicious man - La policía cacheó al sospechoso* 2 to ~ {about/around} ⇒retozar ⇒juguetear

frisky /'frɪs.ki/ adj [comp friskier, superl friskiest] ⇒juguetón,-a

fritter UK: /'frɪt.ə^r/ US: /'frɪ^ˤt.ə/ n [c] ⇒buñuelo ⇒fritura

frivolity UK: /frɪ'vɒl.ə.ti/ US: /-'vɑː.lə.^ˤti/ [pl frivolities] n [c, u] ⇒frivolidad

frivolous /'frɪv.^əl.əs/ adj 1 (una persona) ⇒frívolo,la 2 (un objeto o una tema) ⇒trivial

† **frog** UK: /frɒg/ US: /frɑːg/ n [c] ⇒rana

frogman UK: /'frɒg.mən/ US: /'frɑːg-/ [pl frogmen] n [c] ⇒hombre rana ⇒buzo

† **from** UK: /frɒm/ US: /frɑːm/ UK: /frəm/ prep 1 (procedencia) ⇒de 2 (tiempo) ⇒de ⇒desde ⇒a partir de 3 (posición) ⇒desde 4 (distancia) ⇒de ⇒desde 5 (razón) ⇒por 6 (en matemáticas) ⇒menos 7 ⇒con: *She makes necklaces from coloured beads - Hace collares con cuentas de colores* 8 ⇒entre 9 ~ now on ⇒a partir de ahora: *From now on I'll go to the club on my own - A partir de ahora iré al club sola* 10 ~ then on ⇒de ahí en adelante ⇒desde entonces

† **front** /frʌnt/ n [c] 1 ⇒frente ⇒parte delantera 2 ⇒fachada ⇒tapadera 3 ⇒frente [de guerra] 4 ⇒terreno 5 (en meteorología) ⇒frente 6 ~ row ⇒primera fila 7 in ~ of sth ⇒delante de algo 8 up ~ ⇒por adelantado

front door n [c] ⇒puerta principal ⇒puerta de entrada

† **frontier** UK: /frʌn'tɪə^r/ UK: /'--/ US: /-'tɪr/ n [c] 1 ⇒frontera 2 *a frontier dispute - un conflicto fronterizo*

front-page /ˌfrʌnt'peɪdʒ/ adj (en un periódico o en una revista) ⇒de primera plana ⇒de portada

frost[1] UK: /frɒst/ US: /frɑːst/ n [c, u] ⇒escarcha

frost[2] v [T, I] ⇒helar(se)
| PHRASAL VERBS
└ **to frost {over/up}** ⇒cubrir(se) de escarcha

frostbite UK: /'frɒst.baɪt/ US: /'frɑːst-/ n [U] ⇒congelación [de los dedos]

frosty UK: /'frɒs.ti/ US: /'frɑː.sti/ adj [comp frostier, superl frostiest] 1 ⇒cubierto,ta de escarcha ⇒helado,da 2 (una actitud) ⇒frío,a

froth[1] UK: /frɒθ/ US: /frɑːθ/ n [U] ⇒espuma [de un líquido]

froth[2] UK: /frɒθ/ US: /frɑːθ/ v [I] ⇒hacer espuma

† **frown** /fraʊn/ v [I] ⇒fruncir el ceño: *Why are you frowning? - ¿Por qué frunces el ceño ahora?*
| PHRASAL VERBS
└ **to frown {on/upon}** sth/sb ⇒desaprobar ⇒no gustar

froze UK: /frəʊz/ US: /frɒʊz/ past tense of **freeze**

† **frozen** UK: /'frəʊ.z^ən/ US: /'froʊ-/ past participle of **freeze**

† **fruit** /fruːt/ n [c, u] 1 ⇒fruta: *ripe fruit - fruta madura* ■ Normalmente se usa como nombre incontable. Se dice *the fruit, some fruit* o *a piece of fruit*. Incorrecto: *a fruit* 2 ⇒fruto: *That tree only bears fruit in winter - Ese árbol solo da fruto en invierno; the fruits of their labour - los frutos de su trabajo* ■ PRON. Rima con *root*

fruitcake /'fruːt.keɪk/ n [c, u] ⇒plumcake

fruitful /'fruːt.f^əl/ adj ⇒fructífero,ra ⇒provechoso,sa

fruition /fruː'ɪʃ.^ən/ n [U] (form) *Our plans came to fruition - Nuestros planes se hicieron realidad*

fruitless /'fruːt.ləs/ adj ⇒infructuoso,sa ⇒infructífero,ra

† **frustrate** /frʌs'treɪt/ [frustrated, frustrating] v [T] 1 ⇒frustrar(se) 2 ⇒desbaratar(se): *Our plans were frustrated - Se desbarataron nuestros planes*

frustrating UK: /frʌs'treɪ.tɪŋ/ US: /-^ˤt̬ɪŋ/ adj ⇒frustrante: *a frustrating experience - una experiencia frustrante*

frustration /frʌs'treɪ.ʃ^ən/ n [c, u] ⇒frustración

fry[1] /fraɪ/ [fries, fried] v [T, I] ⇒freír ⇒fritar AMÉR. ■ En los países anglosajones significa cocinar algo en una pequeña cantidad de aceite o mantequilla

† **fry**[2] /fraɪ/ n [PL] (pez) ⇒alevines

† **frying pan** (US tb skillet) n [c] 1 ⇒sartén ⇒paila AMÉR. 2 out of the ~ into the fire (inform) ⇒de mal en peor col.

ft n [c] ⇒forma abreviada de **foot** (pie)

fudge /fʌdʒ/ n [U] ⇒dulce elaborado con azúcar, mantequilla y leche

† **fuel** /fjʊəl/ n [c, u] ⇒combustible ⇒carburante

fugitive UK: /ˈfjuː.dʒɪ.tɪv/ US: /-ˤṭɪv/ *n* [c] ⇒fugitivo,va ⇒prófugo,ga

fulfil /fʊlˈfɪl/ [fulfilled, fulfilling] *UK v* [T] **1** *(un deber, un plan)* ⇒cumplir **2** *(un deseo)* ⇒realizar ⇒cumplir ⇒alcanzar **3** ⇒satisfacer: *to fulfil one's needs* - satisfacer las propias necesidades **4** *(una tarea)* ⇒llevar a cabo **5** *(una función o un papel)* ⇒realizar

fulfilment /fʊlˈfɪl.mənt/ *UK n* [U] **1** ⇒satisfacción **2** *(un sueño o una ambición)* ⇒realización ■ Distinto de *realization* (comprensión)

† **full¹** /fʊl/ *adj* **1** ⇒lleno,na **2** at ~ speed ⇒a toda velocidad **3** *UK* ~ up **1** ⇒lleno,na [de comida] **2** *(un lugar)* ⇒al completo **4** in ~ ⇒completo,ta ⇒detalladamente **5** in ~ swing ⇒en pleno desarrollo **6** to be ~ of *oneself* *(inform)* ⇒ser creído,da **7** to the ~ ⇒al máximo

† **full²** /fʊl/ *adv* **1** ⇒justo: *The ball hit me full in the face* - El balón me dio justo en la cara **2** ⇒del todo

full-blown UK: /ˌfʊlˈbləʊn/ US: /-ˈbloʊn/ *adj* ⇒hecho y derecho, hecha y derecha ⇒todo,da

full-length /ˌfʊlˈleŋkθ/ *adj* **1** ⇒largo,ga: *a full-length dress* - un vestido largo **2** *a full-length photograph* - una fotografía de cuerpo entero **3** *a full-length film* - un largometraje

full moon *n* [NO PL] ⇒luna llena

† **full stop** *UK* (*US* period) *n* [c] **1** *(en ortografía)* ⇒punto **2** ⇒punto y aparte **3** ⇒y punto: *I'm not going, full stop* - No voy y punto ■ Ver cuadro signos de puntuación

full-time¹ /ˌfʊlˈtaɪm/ *adj* ⇒de jornada completa: *a full-time job* - un trabajo de jornada completa

† **full-time²** /ˌfʊlˈtaɪm/ *adv* ⇒a tiempo completo ⇒las veinticuatro horas del día

fully /ˈfʊl.i/ *adv* ⇒del todo ⇒perfectamente ⇒plenamente

fumble /ˈfʌm.bl̩/ [fumbled, fumbling] ■ *v* [I] **1** *(con las manos)* ⇒hurgar ⇒revolver **2** ⇒tartamudear **3** ⇒buscar a tientas **4** ⇒manosear [torpemente] ■ *v* [T] **5** *(en deportes)* ⇒dejar caer ■ CONSTR. Se usa generalmente seguido de una preposición o un adverbio

fume /fjuːm/ [fumed, fuming] *v* [I] ⇒echar chispas *col.*

fumes /fjuːmz/ *n* [PL] ⇒humos ⇒gases

† **fun** /fʌn/ *n* [U] **1** ⇒diversión **2** ⇒alegría **3** to have ~ ⇒pasarlo bien ⇒divertirse **4** to make ~ of *sb* ⇒reírse de alguien ⇒burlarse de alguien ⇒cojudear a alguien *AMÉR. vulg.* **5** to take the ~ out of *sth* ⇒quitar la gracia a algo

† **function¹** /ˈfʌŋk.ʃn̩/ *v* [I] *(form)* ⇒funcionar: *This computer doesn't function properly* - Este ordenador no funciona bien ■ Se usa más *work*

| PHRASAL VERBS
  · **to function as** *sth/sb* ⇒servir de ⇒hacer las
└ veces de ⇒cumplir la función de

function² /ˈfʌŋk.ʃn̩/ *n* [c] **1** ⇒función ⇒utilidad **2** ⇒función ⇒evento ⇒acto **3** *(en matemáticas)* ⇒función

functional /ˈfʌŋk.ʃn̩.əl/ *adj* **1** ⇒funcional **2** *(una máquina)* ⇒operativo,va

† **fund¹** /fʌnd/ *n* [c] ⇒fondo [monetario]: *a pension fund* - un fondo de pensiones; *to raise funds for sth* - recaudar fondos para algo

fund² /fʌnd/ *v* [T] ⇒financiar

† **fundamental** UK: /ˌfʌn.dəˈmen.tᵊl/ US: /-ˤṭ[ə]l/ *adj* ⇒fundamental

fundamentalism UK: /ˌfʌn.dəˈmen.tᵊl.ɪ.zᵊm/ US: /-ˤṭ[ə]l-/ *n* [U] ⇒fundamentalismo

fundamentalist UK: /ˌfʌn.dəˈmen.tᵊl.ɪst/ US: /-ˤṭ[ə]l-/ *adj, n* [c] ⇒fundamentalista

funding /ˈfʌn.dɪŋ/ *n* [U] **1** ⇒financiación **2** ⇒fondos: *to get funding for sth* - obtener fondos para algo

fundraising /ˈfʌndˌreɪ.zɪŋ/ *n* [U] ⇒recaudación de fondos

† **funeral** UK: /ˈfjuː.nᵊr.ᵊl/ US: /-nə.əl/ *n* [c] **1** ⇒funeral ⇒entierro **2** *funeral procession* - cortejo fúnebre

fungus /ˈfʌŋ.ɡəs/ [*pl* fungi, funguses] *n* [c, U] ⇒hongo

funnel¹ /ˈfʌn.ᵊl/ *n* [c] **1** ⇒embudo **2** *(en una embarcación)* ⇒chimenea

funnel² /ˈfʌn.ᵊl/ [funnelled, funnelling; *US* funneled, funneling] *v* [T] **1** *(ayuda, dinero)* ⇒suministrar ⇒proporcionar **2** ⇒canalizar ⇒encauzar ■ CONSTR. Se usa generalmente seguido de una preposición o un adverbio

† **funny** /ˈfʌn.i/ *adj* [*comp* funnier, *superl* funniest] **1** ⇒gracioso,sa ⇒cómico,ca ⇒extraño,ña ⇒raro,ra

† **fur** UK: /fɜː/ US: /fɜː/ *n* [c, U] **1** ⇒piel [de animal] ⇒pelaje **2** ~ coat ⇒abrigo de piel

† **furious** UK: /ˈfjʊə.ri.əs/ US: /ˈfjɜː.i-/ *adj* **1** ⇒furioso,sa: *I'm furious* - Estoy furiosa **2** ⇒fuerte: *a furious storm* - una fuerte tormenta **3** ⇒acalorado,da: *a furious debate* - un debate acalorado **4** to be ~ {at/with} *sth/sb* ⇒estar furioso,sa con

furnace UK: /ˈfɜː.nɪs/ US: /ˈfɜː-/ *n* [c] ⇒caldera ⇒horno

furnish UK: /ˈfɜː.nɪʃ/ US: /ˈfɜː-/ [furnishes] *v* [T] ⇒amueblar: *He furnished the living room with antiques* - Amuebló el salón con antigüedades

| PHRASAL VERBS
  · **to furnish** *sb* **with** *sth* *(form)* ⇒facilitar: *They furnished me with all the data* - Me facilita-
└ ron todos los datos

furnished UK: /ˈfɜː.nɪʃt/ US: /ˈfɜː-/ *adj* ⇒amueblado,da: *«Furnished flat to let»* - *«*Se alquila piso amueblado*»*

furnishings UK: /ˈfɜː.nɪ.ʃɪŋz/ US: /ˈfɜː-/ *n* [PL] ⇒mobiliario

furniture UK: /'fɜː.nɪ.tʃəʳ/ US: /'fɜː.nɪ.tʃə/ *n* [U] ⇨**muebles** ■ Se dice *the furniture, some furniture* o *a piece of furniture.* Incorrecto: *a furniture* ■ PRON. La última parte, *ture*, se pronuncia como *cher* en *butcher*

furrow¹ UK: /'fʌr.əʊ/ US: /'fɜː.oʊ/ *n* [C] **1** *(en la tierra)* ⇨surco **2** *(en la cara)* ⇨arruga

furrow² UK: /'fʌr.əʊ/ US: /'fɜː.oʊ/ *v* [T] **1** ⇨surcar **2** *to furrow one's brow* - fruncir el ceño

furry UK: /'fɜː.ri/ US: /'fɜː.i/ *adj* [*comp* furrier, *superl* furriest] **1** ⇨peludo,da **2** ⇨de peluche: *a furry toy* - un juguete de peluche

further¹ UK: /'fɜː.ðəʳ/ US: /'fɜː.ðə/ *(tb* **farther***) adj* **1** the comparative form of **far 2** ⇨más ⇨nuevo,va

further² UK: /'fɜː.ðəʳ/ US: /'fɜː.ðə/ *adv* **1** the comparative form of **far 2** ⇨más lejos: *I would go further* - Yo iría más lejos **3** *Is it much further?* - ¿Falta mucho? **4** *~ to sth (form)* ⇨con relación a algo: *Further to our telephone conversation, I don't see any other option* - Con relación a nuestra conversación telefónica, no veo ninguna otra opción **5** *nothing ~* ⇨nada más

further education *UK, Aus n* [U] ⇨enseñanza superior no universitaria ■ La forma abreviada es *FE*

furthermore UK: /ˌfɜː.ðə'mɔːʳ/ UK: /'---/ US: /'fɜː.ðə.mɔːr/ *adv (form)* ⇨además ⇨asimismo *form.*

furthest UK: /'fɜː.ðɪst/ US: /'fɜː-/ *adj, adv* **1** the superlative form of **far 2** ⇨más lejano,na

fury UK: /'fjʊə.ri/ US: /'fjɜː.i/ *n* [U, NO PL] ⇨furia ⇨cólera

fuse¹ /fjuːz/ *n* [C] **1** ⇨fusible: *to blow a fuse* - fundirse un fusible **2** ⇨mecha

fuse² /fjuːz/ [fused, fusing] *v* [T, I] **1** *UK (un fusible)* ⇨saltar **2** ⇨fusionar(se) ⇨aunar **3** ⇨fundir

fusion /'fjuː.ʒ°n/ *n* [U] ⇨fusión: *a fusion of styles* - una fusión de estilos

fuss¹ /fʌs/ *n* [U, NO PL] **1** ⇨alboroto ⇨jaleo **2** *to make a ~* ⇨armar un escándalo ⇨armar jaleo **3** *to make a ~ {of/over} sb* ⇨deshacerse en atenciones con alguien

fuss² /fʌs/ *v* [I] **1** ⇨preocuparse: *Stop fussing about unimportant things* - No te preocupes por cosas insignificantes **2** ⇨deshacerse en atenciones

fussy /'fʌs.i/ *adj* [*comp* fussier, *superl* fussiest] **1** ⇨quisquilloso,sa ⇨tiquismiquis **2** *Whichever, I'm not fussy* - Cualquiera de los dos, a mí no me importa **3** ⇨rebuscado,da

futile UK: /'fjuː.taɪl/ US: /-°t̬əl/ *adj* **1** ⇨inútil ⇨fútil **2** *His efforts were futile* - Sus esfuerzos fueron en vano

futon UK: /'fuː.tɒn/ US: /-tɑːn/ *n* [C] ⇨futón

future¹ UK: /'fjuː.tʃəʳ/ US: /-tʃə/ *n* [C, U] **1** ⇨futuro: *in the near future* - en un futuro cercano **2** *in ~* ⇨de ahora en adelante

future² UK: /'fjuː.tʃəʳ/ US: /-tʃə/ *adj* **1** ⇨futuro,ra ⇨venidero,ra **2** *~ tense (en gramática)* ⇨futuro ■ Ver cuadro en página siguiente y ver cuadro **verb tenses**

fuzzy /'fʌz.i/ *adj* [*comp* fuzzier, *superl* fuzziest] **1** ⇨confuso,sa ⇨vago,ga **2** ⇨borroso,sa **3** ⇨encrespado,da: *He's got fuzzy hair* - Tiene el pelo encrespado

F

future tense: will / be going to

• **Will** se usa:

– Para hablar de decisiones que se toman o se barajan en el momento de hablar:

· *I don't know what to do tomorrow. I think I **will** go to the club.*
(No sé qué hacer mañana. Creo que iré al club.)

· *Maybe I'**ll** go to the gym later.*
(A lo mejor voy al gimnasio más tarde.)

– Para hablar de predicciones basadas en algo que se sabe o que se piensa:

· *In the end we **will** arrive late; you'**ll** see.*
(Al final llegaremos tarde, ya verás.)

· *Who do you think **will** win the league?*
(¿Quién crees que ganará la liga?)

– Para hacer promesas, ofertas o peticiones:

· *I **will** help you; don't worry.*
(Yo te ayudaré; no te preocupes.)

· ***Will** you do me a favour?*
(¿Me haces un favor?)

La forma negativa de "will" es "will not" o "won't":

· *We **won't** be long.*
(No tardaremos mucho.)

• **Be going to** se usa:

– Para hablar de intenciones o de decisiones ya tomadas:

· *I'**m going to** the theatre tomorrow, do you want to come?*
(Voy al teatro mañana, ¿quieres venir?)

· *We **are going** to the gym this afternoon.*
(Vamos al gimnasio esta tarde.)

– Para hablar de situaciones futuras predecibles a partir de la situación actual:

· *Look at those clouds! It'**s going to** rain.*
(¡Mira esas nubes! Va a llover.)

Atención: a veces **will** y **be going to** pueden usarse en los mismos contextos:

· *She **will** / **is going to** pass her exam; she has worked hard.*
(Aprobará el examen; ha estudiado mucho.)

(Ver también cuadro **verb tenses**.)

g /dʒiː/ [pl g's] n [c] **1** (letra del alfabeto) ⇨g **2** ⇨forma abreviada de **gram** (gramo)

G /dʒiː/ [pl G's] n [c, U] (nota musical) ⇨sol

gable /ˈgeɪ.bl̩/ n [c] (de un edificio) ⇨hastial ⇨frontón

gadget /ˈgædʒ.ɪt/ n [c] ⇨aparato ⇨artilugio ⇨chisme col.

Gaelic¹ /ˈgeɪ.lɪk, ˈgæl.ɪk/ n [U] (idioma) ⇨gaélico

Gaelic² /ˈgeɪ.lɪk, ˈgæl.ɪk/ adj ⇨gaélico,ca

gag¹ /gæg/ [gagged, gagging] ∎ v [T] **1** ⇨amordazar: He was gagged with a handkerchief - Lo amordazaron con un pañuelo **2** ⇨silenciar ⇨hacer callar ∎ v [I] **3** ⇨dar arcadas

gag² /gæg/ n [c] **1** ⇨mordaza **2** (inform) ⇨gag ⇨chiste

gaiety UK: /ˈgeɪ.ə.ti/ US: /-ˤti/ n [U] (old-fash) ⇨alegría

†**gain¹** /geɪn/ ∎ v [T] **1** (algo de valor) ⇨ganar ⇨obtener ⇨adquirir **2** (una ventaja) ⇨ganar **3** (peso) ⇨coger ⇨ganar ⇨aumentar ∎ v [I] **4** (un reloj) ⇨adelantarse

PHRASAL VERBS
└ **to gain on sth/sb** ⇨acercarse ⇨ir alcanzando

gain² /geɪn/ n [c, U] ⇨ganancia ⇨aumento

gait /geɪt/ n [c] **1** (form) ⇨paso ⇨manera de andar **2** to walk with a rolling gait - andar bamboleándose

galactic /gəˈlæk.tɪk/ adj ⇨galáctico,ca

galaxy /ˈgæl.ək.si/ [pl galaxies] n [c] ⇨galaxia

gale /geɪl/ n [c] ⇨vendaval ⇨galerna ⇨temporal

gallant UK: /ˈgæl.ənt/ US: /gəˈlænt/ adj **1** (lit) ⇨valeroso,sa **2** (lit) ⇨galante

†**gallery** UK: /ˈgæl.ˤr.i/ US: /-ɚ-/ [pl galleries] n [c] **1** ⇨galería de arte **2** ⇨museo de arte **3** (en un edificio) ⇨galería ⇨corredor

galley /ˈgæl.i/ n [c] **1** (embarcación) ⇨galera **2** (en una embarcación o en un avión) ⇨cocina

gallon /ˈgæl.ən/ n [c] (unidad de medida) ⇨galón ∎ En el Reino Unido, un galón equivale a 4,56 litros. En EE. UU., equivale a 3,79 litros

gallop¹ /ˈgæl.əp/ v [I] ⇨galopar

gallop² /ˈgæl.əp/ n [NO PL] ⇨galope: at a gallop - a galope

Gambia /ˈgæm.bi.ə/ n [U] ⇨Gambia

Gambian /ˈgæm.bi.ən/ adj, n [c] ⇨gambiano,na

gamble¹ /ˈgæm.bl̩/ [gambled, gambling] v [T, I] **1** ⇨jugar ⇨apostar ∎ CONSTR. Se usa generalmente seguido de las preposiciones y adverbios at, away y on **2** to gamble away all your money - perder todo tu dinero en el juego ∎ CONSTR. Se usa generalmente seguido de las preposiciones y adverbios at, away y on **3** to be a ~ ⇨ser arriesgado,da **4** to take a ~ (on sth) ⇨arriesgarse [a algo]

PHRASAL VERBS
└ **to gamble on sth** ⇨arriesgar en algo

gamble² /ˈgæm.bl̩/ n [c] ⇨riesgo

gambling /ˈgæm.blɪŋ/ n [U] ⇨juego [de apuestas]

†**game¹** /geɪm/ ∎ n [c] **1** ⇨juego: games of chance - juegos de azar; a video game - un videojuego **2** (en algunos deportes) ⇨partido **3** (de naipes) ⇨partida ∎ n [U] **4** ⇨animales de caza ⇨caza **5** card games ⇨juego de cartas

game² /geɪm/ adj Is Kathy game? - ¿Se anima Kathy?

gammon /ˈgæm.ən/ UK n [U] ⇨jamón ahumado

gang¹ /gæŋ/ n [c] **1** ⇨banda ⇨pandilla **2** ⇨cuadrilla [de trabajo] ∎ Por ser un nombre colectivo se puede usar con el verbo en singular o en plural

†**gang²** /gæŋ/

PHRASAL VERBS
· **to gang up {against/on} sb** ⇨compincharse
└ contra alguien col.

gangster UK: /ˈgæŋk.stər/ US: /-stɚ/ n [c] ⇨gángster

gangway /ˈgæŋ.weɪ/ n [c] **1** UK ⇨pasillo [que se forma entre dos asientos] **2** (de una embarcación) ⇨pasarela

gaol¹ /dʒeɪl/ UK (UK tb jail) n [c, U] (old-fash) ⇨cárcel ⇨prisión

gaol² /dʒeɪl/ UK (UK tb jail) v [T] (old-fash) ⇨encarcelar ∎ CONSTR. Se usa más en pasiva

†**gap** /gæp/ n [c] **1** ⇨abertura ⇨hueco **2** ⇨espacio en blanco **3** (en el tiempo) ⇨diferencia ⇨intervalo ∎ Se usa más en singular

G

gape /geɪp/ [gaped, gaping] *v* [I] **1** ⇒mirar boquiabierto,ta *(una puerta, una boca o un agujero)* ⇒estar muy abierto,ta

gaping /'geɪ.pɪŋ/ *adj* **1** *(un agujero, una herida)* ⇒muy profundo,da **2** *(una boca, un agujero)* ⇒muy abierto,ta

gap year *UK n* [C] ⇒año sabático [entre el colegio y la universidad]

† **garage** UK: /'gær.ɑːʒ/ UK: /-ɪdʒ/ US: /gə'rɑːʒ/ *n* [C] **1** ⇒garaje **2** *(de coches)* ⇒taller **3** *(de autobuses)* ⇒cochera

garbage UK: /'gɑː.bɪdʒ/ US: /'gɑːr-/ *n* [U] *US (UK rubbish)* ⇒basura ■ PRON. La última *a* se pronuncia como la *i* en *did*

garbage can *US (UK dustbin) n* [C] ⇒cubo de basura ⇒caneca AMÉR. ■ PRON. La última *a* de *garbage* se pronuncia como la *i* en *did*

garbled UK: /'gɑː.bl̩d/ US: /'gɑːr-/ *adj (un mensaje)* ⇒confuso,sa

† **garden**[1] UK: /'gɑː.dⁿn/ US: /'gɑːr-/ *n* [C] **1** *UK (US yard) (una casa)* ⇒jardín **2** ⇒huerto

garden[2] UK: /'gɑː.dⁿn/ US: /'gɑːr-/ *v* [I] ⇒trabajar en el jardín

garden centre *UK n* [C] ⇒centro de jardinería ⇒vivero

gardener UK: /'gɑː.dⁿn.ə'/ US: /'gɑːr.d[ə]n.ɚ/ *n* [C] ⇒jardinero,ra

gardening UK: /'gɑː.dⁿn.ɪŋ/ US: /'gɑːr-/ *n* [U] ⇒jardinería: *gardening gloves* - guantes de jardinería

gargle UK: /'gɑː.gl̩/ US: /'gɑːr-/ *v* [I] ⇒hacer gárgaras: *The doctor told him to gargle* - La doctora le dijo que hiciera gárgaras

garish UK: /'geə.rɪʃ/ US: /'ger.ɪʃ/ *adj (un color, una prenda de ropa)* ⇒chillón,-a

garland UK: /'gɑː.lənd/ US: /'gɑːr-/ *n* [C] ⇒guirnalda

† **garlic** UK: /'gɑː.lɪk/ US: /'gɑːr-/ *n* [U] **1** ⇒ajo **2** *clove of ~* ⇒diente de ajo

garment UK: /'gɑː.mənt/ US: /'gɑːr-/ *n* [C] *(form)* ⇒prenda [de vestir]

garnish[1] UK: /'gɑː.nɪʃ/ US: /'gɑːr-/ *v* [T] *(una comida)* ⇒aderezar ⇒adornar

garnish[2] UK: /'gɑː.nɪʃ/ US: /'gɑːr-/ *[pl garnishes] n* [C] *(en una comida)* ⇒aderezo ⇒guarnición

garrison UK: /'gær.ɪ.sⁿn/ US: /'ger-/ *n* [C] ⇒guarnición [militar]

garter UK: /'gɑː.tə'/ US: /'gɑːr.°tɚ/ *US (UK suspender) n* [C] ⇒tira elástica ⇒liga

† **gas**[1] /gæs/ *n* [U] **1** ⇒gas: *Oxygen is a gas* - El oxígeno es un gas **2** *US (UK petrol)* ⇒forma abreviada de **gasoline** (gasolina) **3** *US (UK wind) (en el estómago)* ⇒gases ⇒flatulencias

gas[2] /gæs/ [gassed, gassing] *v* [T] ⇒asfixiar con gas

gash /gæʃ/ *n* [C] ⇒corte profundo: *She has a nasty gash on her leg* - Tiene un corte muy profundo en la pierna

gas mask *n* [C] ⇒máscara antigás

† **gasoline** /'gæs.ᵊl.iːn/ *US (UK petrol) n* [U] ⇒gasolina ⇒nafta AMÉR.; ⇒bencina AMÉR.

gasp[1] UK: /gɑːsp/ US: /gæsp/ *v* [I] ⇒dar un grito ahogado ⇒jadear

gasp[2] UK: /gɑːsp/ US: /gæsp/ *n* [C] ⇒grito ahogado

gas pedal *US n* [C] *(en un vehículo)* ⇒acelerador

gas station *US (UK petrol station) n* [C] ⇒gasolinera

gastronomic UK: /ˌgæs.trə'nɒm.ɪk/ US: /-'nɑː.mɪk/ *(tb gastronomical) adj* ⇒gastronómico,ca

gastronomical *adj* See **gastronomic**

† **gate** /geɪt/ *n* [C] **1** *(en una valla)* ⇒puerta **2** *(en un aeropuerto)* ⇒puerta de embarque

gateau UK: /'gæt.əʊ/ US: /'gæˢt'oʊ/ *[pl gateaux; USA gateaus] n* [C, U] ⇒tarta [con nata o fruta]

gatecrash /'geɪt.kræʃ/ [gatecrashes] *v* [T, I] *(inform) (en una fiesta)* ⇒colarse *col.*

gateway /'geɪt.weɪ/ *n* [C] **1** ⇒entrada ⇒puerta **2** *~ to sth* ⇒pasaporte hacia algo ⇒puerta a algo

† **gather** UK: /'gæð.ə'/ US: /-ɚ/ ■ *v* [T, I] **1** ⇒reunirse ⇒agruparse ■ *v* [T] **2** ⇒reunir ⇒recoger **3** *(datos)* ⇒recopilar ⇒recoger **4** ⇒tener entendido: *so I gather* - así lo tengo entendido **5** ⇒ganar: *to gather speed* - ganar velocidad

gathering UK: /'gæð.ᵊr.ɪŋ/ US: /-ɚ-/ *n* [C] ⇒reunión: *a family gathering* - una reunión familiar

gaudy UK: /'gɔː.di/ US: /'gɑː-/ *adj* [comp gaudier, superl gaudiest] *(un color o adorno)* ⇒estridente ⇒chillón,-a

gauge[1] /geɪdʒ/ [gauged, gauging] *v* [T] ⇒calcular ⇒calibrar ⇒medir ■ CONSTR. to gauge + interrogativa indirecta

gauge[2] /geɪdʒ/ *n* [C] **1** ⇒calibre **2** ⇒indicador **3** ⇒ancho de vía

gaunt UK: /gɔːnt/ US: /gɑːnt/ *adj* ⇒demacrado,da

gauze UK: /gɔːz/ US: /gɑːz/ *n* [U] ⇒gasa

gave /geɪv/ *past tense of* **give**

gay[1] /geɪ/ *adj* ⇒homosexual

gay[2] /geɪ/ *n* [C] ⇒homosexual ⇒gay

gaze[1] /geɪz/ [gazed, gazing] *v* [I] ⇒contemplar ⇒mirar fijamente ■ CONSTR. Se usa generalmente seguido de una preposición o un adverbio

gaze[2] /geɪz/ *n* [U] ⇒mirada: *I couldn't return her gaze* - No pude devolverle la mirada

gazette /gə'zet/ *n* [C] *(old-fash)* ⇒gaceta

GCSE /ˌdʒiː.siː.es'iː/ *UK n* [C] ⇒Certificado de Enseñanza Secundaria

gear[1] /gɪə'/ US: /gɪr/ *n* [C, U] **1** *(en un coche o en una bicicleta)* ⇒marcha **2** ⇒material ⇒equipo **3** ⇒bártulos

† **gear²** UK: /gɪə'/ US: /gɪr/
  | PHRASAL VERBS
  | · **to gear** *sth* {**to/towards**} *sth/sb* ⇒destinar a
  | ⇒orientar a
  | · **to gear** *(sth/sb)* **up** [M] ⇒mentalizar(se) ⇒pre-
  L   parar(se)
gearbox UK: /'gɪə.bɒks/ US: /'gɪr.bɑːks/ [*pl* gear-
  boxes] *n* [C] *(en un vehículo)* ⇒caja de cambios
gear lever *UK n* [C] ⇒palanca de cambios
gearstick *n* [C] *(en un vehículo)* ⇒palanca de
  cambios
gee /dʒiː/ *US excl (inform)* ⇒¡vaya!
geek /giːk/ *n* [C] **1** *(inform)* ⇒mojigato,ta ⇒sim-
  ple ⇒muermo,ma ■ Se emplea más con hombres **2**
  ⇒fanático,ca [de la informática o de la tecnolo-
  gía] ⇒friki *col.*
geese /giːs/ *n* [PL] See **goose**
gel /dʒel/ *n* [U] **1** ⇒gel **2** ⇒gomina
gem /dʒem/ *n* [C] **1** ⇒gema **2** *(inform)* ⇒joya: *This
  picture is the gem of the exhibition* - Este cuadro es
  la joya de la exposición **3** *(persona)* ⇒joya ⇒tesoro
Gemini /'dʒem.ɪ.naɪ/ *n* [C, U] *(signo del zodíaco)*
  ⇒géminis
† **gender** UK: /'dʒen.də'/ US: /-dɚ/ ■ *n* [C, U] **1** *(en biología)* ⇒sexo ■ *n* [C] **2** *(en gramática)* ⇒género
† **gene** /dʒiːn/ *n* [C] ⇒gen: *the gene pool* - la reserva
  de genes
† **general¹** UK: /'dʒen.ər.əl/ US: /-ɚ-/ *adj* **1** ⇒común
  ⇒general **2** ⇒general ⇒no detallado,da **3** in ~ **1**
  ⇒en general **2** ⇒normalmente
general² UK: /'dʒen.ər.əl/ US: /-ɚ-/ *n* [C] *(en las
  fuerzas armadas)* ⇒general
general election *n* [C] ⇒elecciones generales
generalise [generalised, generalising] *UK v* [I]
  See **generalize**
generalization UK: /ˌdʒen.ər.əl.aɪ'zeɪ.ʃən/ US: /-ɚ-/
  n [C, U] ⇒generalización
generalize UK: /'dʒen.ər.ə.laɪz/ US: /-ɚ-/ [general-
  ized, generalizing] *v* [I] ⇒generalizar
† **generally** UK: /'dʒen.ər.əl.i/ US: /-ɚ-/ *adv* **1** ⇒por lo
  general ⇒generalmente **2** ~ **speaking** ⇒en términos generales
† **generate** UK: /'dʒen.ər.eɪt/ US: /-ɚ-/ [generated,
  generating] *v* [T] ⇒generar: *to generate profits*
  - generar beneficios
† **generation** /ˌdʒen.ə'reɪ.ʃən/ *n* [U] **1** *(de personas
  nacidas en fechas próximas)* ⇒generación **2** *(en
  una familia)* ⇒generación ■ Por ser un nombre colectivo se puede usar con el verbo en singular o en plural
generator UK: /'dʒen.ə.reɪ.tə'/ US: /-ɚ.t̬ə/ *n* [C]
  1 *(máquina)* ⇒generador **2** *(persona, empresa o
  actividad)* ⇒generador,-a
generosity UK: /ˌdʒen.ə'rɒs.ɪ.ti/ US: /-'rɑː.sə.t̬i/ *n*
  [U] ⇒generosidad

† **generous** UK: /'dʒen.ər.əs/ US: /-ɚ-/ *adj* **1** *(una
  persona)* ⇒generoso,sa **2** ⇒abundante ⇒gene-
  roso,sa
generously UK: /'dʒen.ər.ə.sli/ US: /-ɚ-/ *adv* ⇒gene-
  rosamente
genetic UK: /dʒə'net.ɪk/ US: /-'neˤt̬-/ *adj* ⇒gené-
  tico,ca
genetically UK: /dʒə'net.ɪ.kli/ US: /-'neˤt̬-/ *adv* ⇒ge-
  néticamente
genetically modified *adj* *(un producto)*
  ⇒transgénico,ca ⇒modificado,da genéticamente
  ■ La forma abreviada es *GM*
† **genetics** UK: /dʒə'net.ɪks/ US: /-'neˤt̬-/ *n* [U] ⇒ge-
  nética
genial /'dʒiː.ni.əl/ *adj* ⇒afable ⇒cordial ■ Distinto de
  great (genial)
genie /'dʒiː.ni/ [*pl* genii, genies] *n* [C] *(personaje
  fantástico)* ⇒genio
genitals UK: /'dʒen.ɪ.t²lz/ US: /-ˤt̬[ə]lz/ *n* [PL] ⇒ge-
  nitales
† **genius** /'dʒiː.ni.əs/ ■ *n* [C] **1** *(persona)* ⇒genio **2**
  He's a genius! - ¡Es un hacha! ■ *n* [U] **3** ⇒genio
  ⇒don ⇒talento ■ El plural es *geniuses*
genocide /'dʒen.ə.saɪd/ *n* [U] ⇒genocidio
genre /'ʒɑ̃ːʔɪ.rə, 'ʒɒn-/ *n* [C] *(form) (en arte o literatura)* ⇒género
gent /dʒent/ *n* [C] *(inform, old-fash)* ⇒caballero
genteel UK: /dʒen'tɪəl/ US: /-'tiːl/ *adj* ⇒refinado,da
  ⇒elegante
† **gentle** UK: /'dʒen.t̬l/ US: /-ˤt̬l/ *adj* **1** *(una persona)*
  ⇒amable ⇒apacible ⇒gentil **2** ⇒agradable ⇒sua-
  ve **3** *(un animal)* ⇒manso,sa
† **gentleman** UK: /'dʒen.t̬l.mən/ US: /-ˤt̬l-/ [*pl* gent-
  lemen] *n* [C] **1** ⇒señor **2** ⇒hombre educado ⇒ca-
  ballero
gentlemen *n* [PL] See **gentleman**
gentleness UK: /'dʒen.t̬l.nəs/ US: /-ˤt̬l-/ *n* [U] **1**
  ⇒delicadeza ⇒suavidad **2** ⇒amabilidad ⇒dul-
  zura
gently /'dʒent.li/ *adv* **1** ⇒suavemente **2** ⇒con de-
  licadeza
† **Gents** *UK n* [NO PL] *(inform)* ⇒forma abreviada
  de **Gentlemen's** (servicio de caballeros)
† **genuine** /'dʒen.ju.ɪn/ *adj* **1** ⇒genuino,na
  ⇒auténtico,ca **2** *(una persona)* ⇒sincero,ra
geographer UK: /dʒi'ɒg.rə.fə'/ US: /dʒiːˈɑː.grə.fɚ/ *n*
  [C] ⇒geógrafo,fa
geographical /ˌdʒiː.ə'græf.ɪ.kəl/ *adj* ⇒geográfi-
  co,ca: *geographical features* - elementos geográ-
  ficos
geographically /ˌdʒiː.ə'græf.ɪ.kli/ *adv* ⇒geográfi-
  camente ■ PRON. La última *a* no se pronuncia
† **geography** UK: /dʒi'ɒg.rə.fi/ US: /dʒiːˈɑː.grə-/ *n* [U]
  ⇒geografía

G ▪

†**geology** UK: /dʒiˈɒl.ə.dʒi/ US: /-ˈɑː.lə-/ *n* [U] ⇒geología

geometric /ˌdʒiː.əˈmet.rɪk/ *adj* ⇒geométrico,ca: *a geometric shape* - una forma geométrica

geometry UK: /dʒiˈɒm.ə.tri/ US: /dʒiˈɑː.mə-/ *n* [U] ⇒geometría

geriatric[1] /ˌdʒer.iˈæt.rɪk/ *adj* **1** ⇒geriátrico,ca **2** *the geriatric ward* - la sala de geriatría

geriatric[2] /ˌdʒer.iˈæt.rɪk/ *n* [C] *(offens)* ⇒vejestorio *desp.*

†**germ** UK: /dʒɜːm/ US: /dʒɜːm/ *n* [C] **1** ⇒germen ⇒microbio **2** ⇒germen ■ Se usa más en plural

German[1] UK: /ˈdʒɜː.mən/ US: /ˈdʒɝ-/ ■ *n* [U] **1** *(idioma)* ⇒alemán ■ *n* [C] **2** ⇒alemán,-a: *three Germans* - tres alemanes

German[2] UK: /ˈdʒɜː.mən/ US: /ˈdʒɝ-/ *adj* ⇒alemán,-a: *a German car* - un coche alemán

German measles *n* [U] ⇒rubeola

†**gerund** /ˈdʒer.ənd/ *n* [C] ⇒gerundio ■ Ver cuadro

gesture[1] UK: /ˈdʒes.tʃəʳ/ US: /-tʃɚ/ *n* [C] **1** ⇒gesto **2** nice ~ ⇒detalle: *That was a really nice gesture* - Eso fue un verdadero detalle

gesture[2] UK: /ˈdʒes.tʃəʳ/ US: /-tʃɚ/ [gestured, gesturing] *v* [I] ⇒hacer gestos ⇒señalar ■ Se usa generalmente seguido de las preposiciones at, to y towards

†**get, got, got** (*US* got, gotten) /get/ [getting] *v* [T] **1** ⇒comprar ■ Constr. to get + dos objetos **2** ⇒conseguir ⇒obtener ■ Constr. to get + dos objetos **3** ⇒recibir **4** ⇒tener ■ Solo tiene dos formas verbales: *has got* y *have got* **5** ⇒coger ⇒traer **6** ⇒hacerse ■ Constr. Se usa seguido de un adjetivo **7** ⇒llegar ■ Constr. Se usa generalmente seguido de la preposición to **8** ⇒hacer que ⇒conseguir que ■ Constr. 1. to get + doing sth 2. to get + to do sth **9** ⇒llevar **10** ⇒ser ■ Constr. Se usa seguido de un verbo en participio **11** ⇒coger [un medio de transporte] **12** ⇒coger [una enfermedad] **13** ⇒entender **14** to be getting on **1** *(inform)* *(una persona)* ⇒hacerse viejo,ja **2** ⇒hacerse tarde

| PHRASAL VERBS

· **to get about 1** *UK* (*US* to get around) *(una persona, un animal)* ⇒moverse ⇒tener capacidad de movimiento **2** *(un rumor, una noticia)* ⇒correr ⇒circular **3** ⇒viajar mucho

· **to get at sb** ⇒meterse con alguien ⇒criticar a alguien

· **to get away** ⇒escaparse

· **to get away with sth 1** ⇒librarse de algo **2** ⇒llevarse algo robado

· **to get back 1** ⇒volver **2** ⇒ponerse en contacto de nuevo

· **to get sth back** [M] ⇒recuperar algo

· **to get back at sb** *(inform)* ⇒vengarse de alguien [por algo] ⇒hacer que alguien pague por una ofensa

· **to get behind with sth** ⇒quedarse atrás en algo

· **to get by 1** ⇒arreglárselas **2** ⇒sobrevivir

· **to get by {in/on/with} sth 1** ⇒defenderse {en/con} algo **2** ⇒sobrevivir con algo ⇒arreglárselas con algo

· **to get sb down** *(inform)* ⇒deprimir a alguien ⇒hundir a alguien *col.*

· **to get sth down** [M] ⇒anotar algo ⇒apuntar algo

· **to get down to {sth/doing sth}** ⇒ponerse a algo

· **to get in 1** ⇒llegar **2** *(en un coche o taxi)* ⇒subir ⇒montar ⇒abordar *AMÉR.* **3** *(en un colegio o una universidad)* ⇒ser admitido,da

· **to get sth in** [M] **1** *UK (inform)* ⇒comprar algo [por previsión] **2** ⇒entregar algo [a tiempo]

· **to get into sth 1** *(en un colegio o una universidad)* ⇒ser admitido,da **2** *(una profesión, un problema)* ⇒meterse en algo **3** *(ropa): I can't into these jeans* - No me caben estos vaqueros **4** *(un hábito)* ⇒coger ⇒adquirir **5** *(inform)* ⇒cogerle el gustillo a algo *col.;* ⇒aficionarse a algo

· **to get off 1** *(de un vehículo)* ⇒apearse ⇒bajarse **2** ⇒salir del trabajo [al final de la jornada]

· **to get sth off (sth)** *(inform)* ⇒quitar algo de algún lugar

· **to get off with sb** *UK (inform)* ⇒enrollarse con alguien *col.;* ⇒ligar(se) a alguien *col.*

· **to get on 1** *UK* (*US* to get along) ⇒progresar ⇒ir **2** ⇒tener éxito **3** ⇒montar(se) [en un caballo] **4** ⇒subir(se) [a un vehículo] ⇒abordar [un vehículo] *AMÉR.* **5** ⇒arreglárselas

· **to get on to sth** ⇒ponerse a hablar de algo ⇒pasar a considerar algo

· **to get on with sth** ⇒seguir haciendo algo

· **to get on with sb** (*US tb* to get along with sb) ⇒llevarse bien con alguien

· **to get out** *(de un coche o taxi)* ⇒apearse ⇒salir

· **to get sth out of sb** ⇒sonsacar algo a alguien

· **to get over sth 1** *(de una enfermedad, una mala noticia o una crisis)* ⇒reponerse ⇒superar ⇒recuperarse **2** *I can't get over it!* - ¡No me lo puedo creer!

· **to get round sth** *UK* (*US* to get around sth) *(un problema)* ⇒sortear ⇒esquivar

· **to get round sb** *UK* ⇒convencer a alguien ■ Constr. to get round sb + to do sth

· **to get through sth 1** *UK* ⇒acabar algo ⇒terminar algo **2** ⇒aprobar algo

· **to get through to sb 1** ⇒comunicarse [por teléfono] con alguien **2** ⇒hacer entender a alguien

gerund

- El gerundio es la forma en **"-ing"** de los verbos. Se usa:

  - Como sujeto de una oración:

    · ***Crossing*** *the road can be dangerous.*
    (Cruzar la carretera puede ser peligroso.)

    · ***Skiing*** *is her passion.*
    (Esquiar es su pasión.)

  - Después de una preposición:

    · *He is <u>against</u>* ***smoking*** *in public places.*
    (Está en contra de fumar en lugares públicos.)

    · *I'm thinking <u>about</u>* ***buying*** *a motorbike.*
    (Estoy pensando en comprar una moto.)

  - Después de algunos verbos:

    · *I* ***fancy seeing*** *a film this evening.*
    (Me apetece ver una película esta noche.)

- Algunos verbos van seguidos por gerundio, otros por infinitivo y otros pueden ir seguidos por ambas formas:

  - Algunos verbos que van seguidos del **gerundio** son:

    · *avoid*   · *can't help*   · *can't stand*   · *consider*   · *enjoy*   · *fancy*   · *finish*   · *give up*   · *imagine*
    · *keep*   · *(don't) mind*   · *miss*   · *practise*   · *regret*   · *suggest*

    · *I* ***can't help getting*** *wound up each time I see him.*
    (No puedo evitar ponerme nervioso cada vez que lo veo.)

  - Algunos verbos que van seguidos del **infinitivo** son:

    · *afford*   · *agree*   · *arrange*   · *ask*   · *choose*   · *dare*   · *decide*   · *expect*   · *hope*
    · *learn (how)*   · *manage*   · *need*   · *offer*   · *plan*   · *pretend*   · *promise*   · *refuse*   · *seem*
    · *tell*   · *want*   · *would like*   · *would prefer*

    · *We* ***have decided to move*** *to New York.*
    (Hemos decidido trasladarnos a Nueva York.)

    · ***Don't pretend to be*** *asleep!*
    (¡No te hagas el dormido!)

- Algunos verbos que pueden ir seguidos por **gerundio** o por **infinitivo** son:

  · *begin*   · *can't bear*   · *continue*   · *hate*   · *intend*   · *like*   · *love*   · *prefer*   · *propose*   · *start*

  · *It* ***started raining/to rain.***
  (Empezó a llover.)

  · *I* ***hate ironing/to iron.***
  (Odio planchar.)

  Atención: hay verbos que cambian su significado según vayan seguidos de un gerundio o de un infinitivo:

  - **Remember**:

    · *I* ***remember*** *<u>calling</u> my grandfather on his birthday.*
    (Recuerdo haber llamado a mi abuelo el día de su cumpleaños.)

    · *I always* ***remember to call*** *my grandfather on his birthday.*
    (Siempre me acuerdo de llamar a mi abuelo el día de su cumpleaños.)

  - **Stop**

  - **Try**

G▬

G

· **to get** *sth/sb* **together** ⇒reunir ⇒juntar
· **to get together with** *sb* ⇒reunirse con alguien
· **to get up** ⇒levantarse [de la cama]
└ **to get up to** *sth* *UK* ⇒tramar algo

getaway UK: /ˈget.əˌweɪ/ US: /ˈgeˤt̬-/ *n* [c] ⇒huida ⇒fuga

geyser UK: /ˈgiː.zəʳ/ US: /ˈgaɪ.zɚ/ *n* [c] **1** ⇒géiser **2** *UK* ⇒calentador de agua

ghastly UK: /ˈgɑːst.li/ US: /ˈgæst-/ *adj* [comp ghastlier, superl ghastliest] **1** ⇒horrible ⇒espantoso,sa ⇒horroroso,sa **2** ⇒pálido,da **3** *ghastly mistake* - craso error

ghetto UK: /ˈget.əʊ/ US: /ˈgeˤt̬.oʊ/ [pl ghettoes, ghettos] *n* [c] ⇒gueto

† **ghost** UK: /gəʊst/ US: /goʊst/ *n* [c] **1** ⇒fantasma: *to see a ghost* - ver un fantasma **2** ~ *writer (escritor)* ⇒negro *col.* **3** *to give up the* ~ *UK (hum)* ⇒entregar el alma

ghostly UK: /ˈgəʊst.li/ US: /ˈgoʊst-/ *adj* [comp ghostlier, superl ghostliest] ⇒fantasmal

† **giant** /ˈdʒaɪ.ənt/ *n* [c] ⇒gigante

gibberish UK: /ˈdʒɪb.ᵊr.ɪʃ/ US: /-ɚ-/ *n* [u] *to talk gibberish* - decir tonterías

gibe /dʒaɪb/ (tb jibe) *n* [c] ⇒burla

Gibraltar UK: /dʒɪˈbrɔːl.təʳ/ US: /-ˈbrɑːl.tɚ/ *n* [u] ⇒Gibraltar

Gibraltarian UK: /ˌdʒɪb.rɔːlˈteə.ri.ən/ US: /-rɑːlˈter.i-/ *adj, n* [c] ⇒gibraltareño,ña

giddy /ˈgɪd.i/ *adj* [comp giddier, superl giddiest] **1** *(por inestabilidad)* ⇒mareado,da **2** *to feel giddy with happiness* - sentirse ebrio de felicidad

† **gift** /gɪft/ *n* [c] **1** ⇒regalo **2** ⇒don **3** ⇒dote **4** *to have the* ~ *of the gab* ⇒tener mucha labia *col.*

gift certificate *US* (*UK* token) *n* [c] ⇒cheque regalo

gifted /ˈgɪf.tɪd/ *adj* **1** ⇒dotado,da ⇒con talento **2** ⇒superdotado,da: *a gifted girl* - una niña superdotada

gig /gɪg/ *n* [c] **1** *(inform)* ⇒concierto ⇒actuación ⇒bolo **2** ⇒calesa

gigantic UK: /ˌdʒaɪˈgæn.tɪk/ US: /-ˤt̬ɪk/ *adj* ⇒gigantesco,ca

giggle¹ /ˈgɪg.l̩/ [giggled, giggling] *v* [i] ⇒reír tontamente ⇒entrarle la risa tonta (a alguien)

giggle² /ˈgɪg.l̩/ **∎** *n* [c] **1** ⇒risa tonta **∎** *n* [NO PL] **2** ⇒broma ⇒gracia **3** *to get the giggles* ⇒entrarle a alguien la risa

gilded /ˈgɪl.dɪd/ *adj* ⇒dorado,da

gill /gɪl/ *n* [c] ⇒branquia **∎** Se usa más en plural

gilt /gɪlt/ *adj* ⇒dorado,da

gimmick /ˈgɪm.ɪk/ *n* [c] **1** ⇒truco publicitario **2** ⇒truco para atraer la atención

gin /dʒɪn/ *n* [c, u] ⇒ginebra

ginger¹ UK: /ˈdʒɪn.dʒəʳ/ US: /-dʒɚ/ *n* [u] *(planta)* ⇒jengibre

ginger² UK: /ˈgɪŋ.əʳ/ US: /-ɚ/ *UK adj* ⇒pelirrojo,ja

gingerly UK: /ˈdʒɪn.dʒə.li/ US: /-dʒɚ-/ *adv* ⇒cautelosamente ⇒cuidadosamente

gipsy /ˈdʒɪp.si/ [pl gypsies] *UK n* [c] ⇒gitano,na

† **giraffe** UK: /dʒɪˈrɑːf/ US: /-ˈræf/ *n* [c] ⇒jirafa

† **girl** UK: /gɜːl/ US: /gɜːrl/ *n* [c] ⇒niña ⇒chica ⇒huerca *AMÉR.;* ⇒chamaca *AMÉR.*

† **girlfriend** UK: /ˈgɜːl.frend/ US: /ˈgɜːrl-/ *n* [c] **1** ⇒novia ⇒enamorada *AMÉR.* **2** *US* ⇒amiga

† **gist** /dʒɪst/ *n* [NO PL] ⇒esencia ⇒quid

† **give, gave, given** /gɪv/ [giving] **∎** *v* [T] **1** ⇒dar **∎** Constr. to give + dos objetos **2** ⇒dar ⇒pegar **3** ⇒dar ⇒causar **∎** Constr. to give + dos objetos **∎** *v* [I] **4** ⇒dar de sí ⇒ceder **5** *(una enfermedad)* ⇒contagiar **6** *(una respuesta): Don't give me that!* - ¿Te crees que soy tonto? **7** ~ *and take* **1** ⇒toma y daca *col.* **2** *It's a question of give and take* - Hay que hacer concesiones por ambas partes **8** *to* ~ *way UK (US to yield)* ⇒ceder el paso

PHRASAL VERBS

· **to give** *sth* **away** [M] **1** ⇒regalar algo **2** ⇒revelar algo
· **to give** *sth/sb* **away** [M] ⇒delatar
· **to give** *sth* **back** [M] ⇒devolver algo ⇒regresar algo *AMÉR.*
· **to give** *sth* **in** [M] *UK (un documento)* ⇒entregar [para que sea valorado]
· **to give** *sth* **out** [M] ⇒repartir algo
· **to give up** ⇒rendirse
· **to give up (***sth***)** ⇒desistir [de una actividad difícil] **∎** Constr. to give up + doing sth
· **to give** *sth* **up** [M] *(una actividad habitual)* ⇒dejar ⇒dejar de **∎** Constr. to give up + doing sth
· **to give (***sth***) up** [M] *(un hábito)* ⇒dejar **∎** Constr. └ to give up + doing sth

given /ˈgɪv.ᵊn/ past participle of **give**

glacier UK: /ˈglæs.i.əʳ/ US: /ˈgleɪ.si.ɚ/ *n* [c] ⇒glaciar

† **glad** /glæd/ *adj* [comp gladder, superl gladdest] **1** ⇒alegre ⇒contento,ta **∎** Constr. Nunca se usa delante de un nombre **2** *to be* ~ *of sth (form)* ⇒agradecer algo: *We would be glad of your help* - Agradeceríamos tu ayuda **3** *to be* ~ *to do sth* ⇒tener mucho gusto en hacer algo

gladly /ˈglæd.li/ *adv* ⇒gustosamente ⇒con mucho gusto

glamorous UK: /ˈglæm.ᵊr.əs/ US: /-ɚ-/ *adj* ⇒glamouroso,sa ⇒con mucho glamour ⇒sofisticado,da

† **glamour** UK: /ˈglæm.əʳ/ US: /-ɚ/ *UK n* [u] ⇒glamour

glance¹ UK: /glɑːnts/ US: /glænts/ [glanced, glancing] *v* [I] ⇒echar un vistazo ⇒echar una mirada **∎** Constr. Se usa generalmente seguido de una preposición o un adverbio

glance² UK: /glɑːnts/ US: /glænts/ n [c] **1** ⇒ojeada ⇒mirada rápida ⇒vistazo **2** at a ~ ⇒a primera vista **3** without a backward ~ ⇒sin volver la vista atrás

gland /glænd/ n [c] ⇒glándula: *thyroid gland* - glándula tiroides

glare¹ UK: /gleə/ US: /gler/ n [c] **1** ⇒mirada [airada] **2** ⇒luz deslumbrante **3** ⇒resol

glare² UK: /gleə/ US: /gler/ [glared, glaring] v [i] ⇒fulminar con la mirada ⇒mirar airadamente

glaring UK: /ˈgleə.rɪŋ/ US: /ˈgler.ɪŋ/ adj **1** ⇒manifiesto,ta ⇒claro,ra ⇒evidente **2** *(una luz)* ⇒deslumbrante ⇒resplandeciente

glass UK: /glɑːs/ US: /glæs/ ■ n [U] **1** ⇒vidrio ⇒cristal ■ n [c] **2** ⇒copa ⇒vaso ■ El plural es *glasses*

glasses UK: /ˈglɑː.sɪz/ US: /ˈglæs.ɪz/ n [PL] ⇒gafas ⇒espejuelos *AMÉR.*

glaze¹ /gleɪz/ [glazed, glazing] ■ v [T] **1** *(en alfarería)* ⇒vidriar **2** *(una puerta o una ventana)* ⇒acristalar ⇒poner cristal **3** *(en pastelería)* ⇒glasear ■ v [i] **4** *(tb glaze over) (los ojos)* ⇒vidriarse

glaze² /gleɪz/ n [c] **1** *(en alfarería)* ⇒barniz **2** *(en pastelería)* ⇒glaseado

gleam¹ /gliːm/ v [i] **1** *(los ojos)* ⇒brillar ⇒hacer chiribitas *col.* **2** ⇒relucir **3** *The moon is gleaming through the clouds* - La luna brilla tenuemente entre las nubes

gleam² /gliːm/ n [c] **1** ⇒brillo **2** ⇒atisbo ⇒destello **3** *She has a gleam in her eye today* - Hoy tiene los ojos chispeantes

glean /gliːn/ v [T] **1** ⇒recopilar: *to glean information* - recopilar información ■ CONSTR. Se usa más en pasiva **2** ⇒averiguar: *What have you gleaned from your visit?* - ¿Qué has averiguado en tu visita?

glee /gliː/ n [U] **1** ⇒júbilo ⇒alegría **2** ⇒regodeo *col.*

glide /glaɪd/ [glided, gliding] v [i] **1** ⇒planear: *The eagle glided above the cliffs* - El águila planeó sobre los acantilados **2** ⇒deslizarse ■ CONSTR. Se usa generalmente seguido de una preposición o un adverbio

glider UK: /ˈglaɪ.də/ US: /-də/ n [c] *(avión)* ⇒planeador

gliding /glaɪ.dɪŋ/ n [U] ⇒vuelo sin motor ⇒planeo

glimmer UK: /ˈglɪm.ə/ US: /-ə/ n [c] **1** ⇒luz tenue **2** ⇒atisbo ⇒rayo

glimpse¹ /glɪmps/ [glimpsed, glimpsing] v [T] ⇒entrever ⇒vislumbrar

glimpse² /glɪmps/ n [c] **1** ⇒vistazo **2 to catch a ~ of sth** ⇒alcanzar a ver algo [rápidamente] ⇒vislumbrar algo

glint¹ /glɪnt/ n [U] **1** ⇒destello **2** *(en los ojos)* ⇒chispa

glint² /glɪnt/ v [i] **1** ⇒destellar ⇒reflejar [luz] **2** *(los ojos)* ⇒chispear ⇒centellear

glisten /ˈglɪs.ən/ v [i] *(una superficie mojada)* ⇒relucir

glitter¹ UK: /ˈglɪt.ə/ US: /ˈglɪˈt̬.ə/ v [i] ⇒brillar ⇒relucir

glitter² UK: /ˈglɪt.ə/ US: /ˈglɪˈt̬.ə/ n [U] **1** ⇒brillo ⇒destello **2** ⇒purpurina

† **gloat** UK: /gləʊt/ US: /gloʊt/ v [i] ⇒regodearse *col.*

† **global** UK: /ˈgləʊ.bəl/ US: /ˈgloʊ-/ adj ⇒mundial ⇒global

globalization UK: /ˌgləʊ.bəl.aɪˈzeɪ.ʃən/ US: /ˌgloʊ-/ n [U] ⇒globalización

globe UK: /gləʊb/ US: /gloʊb/ n [c] **1** ⇒globo terráqueo **2** ⇒globo **3 the ~** ⇒la tierra ⇒el mundo

gloom /gluːm/ n [U] **1** *(form)* ⇒penumbra ⇒oscuridad **2** ⇒aflicción ⇒tristeza

gloomy /ˈgluː.mi/ adj [comp gloomier, superl gloomiest] **1** *(falta de luz)* ⇒oscuro,ra ⇒tenebroso,sa ⇒gris **2** *(el futuro)* ⇒desalentador,-a ⇒pesimista ⇒nada prometedor,-a **3** ⇒lúgubre ⇒melancólico,ca

glorious UK: /ˈglɔː.ri.əs/ US: /ˈglɔːr.i-/ adj **1** ⇒maravilloso,sa ⇒radiante ⇒magnífico,ca **2** ⇒glorioso,sa: *a glorious victory* - una victoria gloriosa

glory¹ UK: /ˈglɔː.ri/ US: /ˈglɔːr.i/ ■ n [U] **1** ⇒esplendor ■ n [c, U] **2** ⇒gloria ■ El plural es *glories*

† **glory²** UK: /ˈglɔː.ri/ US: /ˈglɔːr.i/ [glories, gloried]
|PHRASAL VERBS
| · **to glory in sth** **1** ⇒disfrutar de algo: *He gloried in his success* - Disfrutaba de su éxito **2**
|_ ⇒vanagloriarse de algo

gloss¹ UK: /glɒs/ US: /glɑːs/ ■ n [c] **1** ⇒glosa ■ El plural es *glosses* ■ n [U, NO PL] **2** ⇒brillo **3** ⇒pintura de esmalte

gloss² UK: /glɒs/ US: /glɑːs/ v [T] ⇒glosar ⇒comentar
|PHRASAL VERBS
| · **to gloss over sth** ⇒pasar algo por alto ⇒quitar importancia a algo
|_

glossary UK: /ˈglɒs.ər.i/ US: /ˈglɑː.sə-/ [pl glossaries] n [c] ⇒glosario

glossy UK: /ˈglɒs.i/ US: /ˈglɑː.si/ adj [comp glossier, superl glossiest] **1** ⇒reluciente ⇒satinado,da **2** ⇒de moda: *a glossy magazine* - una revista de moda

† **glove** /glʌv/ n [c] ⇒guante: *leather gloves* - guantes de cuero

glow¹ UK: /gləʊ/ US: /gloʊ/ n [NO PL] **1** ⇒luz suave ⇒luminiscencia **2** ⇒lustre [de la cara]

glow² UK: /gləʊ/ US: /gloʊ/ v [i] **1** ⇒resplandecer ⇒brillar ⇒relucir **2 to ~ with {happiness/pride}** ⇒estar radiante de [felicidad/orgullo]: *Her face glows with happiness* - Su rostro está radiante de felicidad

glucose UK: /ˈgluː.kəʊs/ US: /-koʊs/ n [U] ⇒glucosa

G ■

glue¹ /gluː/ *n* [U] ⇒pegamento ⇒cola

glue² /gluː/ [glued, gluing, glueing] *v* [T] ⇒pegar: *We glued the pieces of the vase together* - Pegamos los pedazos del jarrón

glutton UK: /ˈɡlʌt.ən/ US: /ˈɡlʌt̬-/ *n* [C] **1** ⇒glotón,-a **2 to be a ~ for punishment** ⇒ser masoquista

GM /ˌdʒiːˈem/ *adj* ⇒forma abreviada de **genetically modified** (transgénico,ca)

GMT /ˌdʒiː.emˈtiː/ *n* [U] ⇒forma abreviada de **Greenwich Mean Time** (hora del meridiano de Greenwich)

gnarled UK: /naːld/ US: /naːrld/ *adj* ⇒lleno,na de nudos ⇒retorcido,da ⇒nudoso,sa

gnaw UK: /nɔː/ US: /naː/ *v* [T, I] **1** ⇒roer ⇒mordisquear **2** ⇒reconcomer: *I was gnawed by remorse* - El remordimiento me reconcomía ■ CONSTR. Se usa generalmente seguido de las preposiciones by, through y on
PHRASAL VERBS
· **to gnaw at** *sb* ⇒atormentar a alguien

go¹, went, gone UK: /ɡəʊ/ US: /ɡoʊ/ *v* [I] **1** *(de viaje)* ⇒ir ■ CONSTR. Se usa generalmente seguido de una preposición o un adverbio **2** *(de un sitio)* ⇒irse ⇒marcharse **3** ⇒funcionar **4** ⇒ir ⇒resultar ⇒salir ■ CONSTR. Se usa generalmente seguido de un adverbio **5** ⇒desaparecer **6** *(una actividad)* ⇒hacer ■ CONSTR. to go + doing sth **7** *(tiempo)* ⇒pasar **8** *(un sonido)* ⇒hacer **9** ⇒volverse ⇒quedarse **10 to be going to do** *sth* **1** *(tb gonna) (relativo a un plan)* ⇒ir a **2** *(relativo a una probabilidad)* ⇒ir a ⇒Ver cuadro future tense: will / be going to **11 to ~ for a** *sth* ⇒ir
PHRASAL VERBS
· **to go about** *sth* ⇒comenzar ⇒empezar
· **to go ahead** ⇒seguir adelante
· **to go along 1** *UK* ⇒ir **2** ⇒continuar **3** *I'll explain it to you as we go along* - Te lo explicaré de camino
· **to go along with** *sth/sb* ⇒estar conforme con ⇒apoyar una idea
· **to go away** ⇒marcharse ⇒irse
· **to go back 1** ⇒regresar ⇒volver **2** ⇒remontarse
· **to go back on** *sth* *(una promesa)* ⇒incumplir ⇒volverse atrás
· **to go by** ⇒pasar
· **to go down 1** ⇒caer **2** *(precios, cifras)* ⇒bajar **3** *(el sol)* ⇒ponerse **4** *(un ordenador)* ⇒bloquearse ⇒colapsarse **5** ⇒ser considerado,da ⇒ser recordado,da ⇒pasar a la historia
· **to go for** *sth* **1** ⇒escoger algo **2** *(inform)* ⇒intentar conseguir algo **3** ⇒costar algo **4** *(inform) Go for it!* - ¡A por ello!
· **to go for** *sb* ⇒atacar a alguien ⇒ir a por alguien

· **to go in** ⇒entrar
· **to go in for** *sth* **1** ⇒gustar algo **2** *(un hobby)* ⇒practicar algo **3** *(en una competición)* ⇒participar
· **to go into 1** *(profesión)* ⇒meterse en algo **2** ⇒entrar en detalles ⇒detallar **3** *(tiempo, dinero o esfuerzo)* ⇒emplear ⇒poner **4** *(en un hospital)* ⇒ingresar
· **to go off 1** ⇒estallar ⇒explotar **2** *UK (inform)* ⇒pudrirse ⇒estropearse **3** ⇒apagarse **4** *(una alarma)* ⇒sonar **5** ⇒resultar ⇒salir **6** ⇒irse ⇒marcharse
· **to go off** *sth/sb* **1** *UK (inform)* ⇒perder el interés en ⇒dejar de querer o apreciar **2** *I've gone off that restaurant* - Ya no me gusta ese restaurante
· **to go on 1** ⇒continuar ⇒seguir ■ CONSTR. to go on + doing sth **2** ⇒suceder ⇒pasar **3** *(inform)* ⇒¡venga! **4** ⇒encenderse **5** ⇒durar **6** *Go on with you!* - ¡Anda ya!
· **to go on about** *sth* *UK* ⇒no parar de hablar de algo ⇒dar la tabarra con algo
· **to go out 1** ⇒salir **2** ⇒apagarse **3** ⇒tener una relación ⇒salir **4** *(la marea)* ⇒bajar
· **to go over** *sth* ⇒repasar algo ⇒revisar algo
· **to go round 1** *UK (US* **to go around**) ⇒para todos **2** ⇒hacer una visita **3** ⇒girar ⇒dar vueltas
· **to go through** *sth* **1** ⇒vivir ⇒pasar por algo **2** ⇒examinar algo ⇒revisar algo **3** ⇒llevar algo a cabo ⇒realizar algo
· **to go together 1** *(colores)* ⇒combinar ⇒ir con **2** ⇒ir de la mano
· **to go up 1** ⇒subir **2** ⇒estallar ⇒explotar
· **to go with** ⇒ir con ⇒hacer juego
· **to go without** *sth* ⇒pasar sin algo ⇒prescindir de algo

go² UK: /ɡəʊ/ US: /ɡoʊ/ *[pl* goes] *n* [C] **1** *UK* ⇒intento **2** *UK* ⇒turno: *It's my go* - Es mi turno **3 to be on the ~** *(inform)* ⇒no parar **4 to have a ~** *UK* ⇒intentar: *My brother has had several goes at passing his driving test* - Mi hermano ha intentado sacarse el carné varias veces **5 to have a ~ at** *sb (inform)* ⇒tomarla con alguien *col.*

goad UK: /ɡəʊd/ US: /ɡoʊd/ *v* [T] ⇒provocar ⇒incitar ■ CONSTR. to goad sb into + doing sth

goal UK: /ɡəʊl/ US: /ɡoʊl/ *n* [C] **1** ⇒gol: *to score a goal* - marcar un gol; *an own goal* - un gol en propia puerta **2** ⇒portería ⇒arco *AMÉR.* **3** ⇒meta ⇒objetivo

goalie *n* [C] *(inform) (en deportes)* ⇒portero,ra ⇒arquero,ra *AMÉR.*

goalkeeper UK: /ˈɡəʊlˌkiː.pəʳ/ US: /ˈɡoʊlˌkiː.pə/ *(tb* **keeper**) *n* [C] *(en deportes)* ⇒portero,ra ⇒arquero,ra *AMÉR.*

goalpost UK: /ˈɡəʊl.pəʊst/ US: /ˈɡoʊl.poʊst/ *n* [C] *(en deportes)* ⇒poste

G

goat UK: /gəʊt/ US: /goʊt/ n [c] **1** ⇒cabra **2** ⇒macho cabrío

gobble UK: /ˈɡɒb.l̩/ US: /ˈɡɑː.bl̩/ [gobbled, gobbling] v [T] (inform) ⇒engullir: He gobbled down his sandwich in a few minutes - Engulló su bocadillo en unos minutos

go-cart UK: /ˈɡəʊ.kɑːt/ US: /ˈɡoʊ.kɑːrt/ (UK tb go-kart) n [c] ⇒kart

GO-CART / GO-KART (UK)

go-carting UK: /ˈɡəʊˌkɑː.tɪŋ/ US: /ˈɡoʊˌkɑːr.tɪŋ/ (UK tb go-karting) n [c] ⇒carrera de karts

god ∎ n [c] **1** ⇒dios ⇒ser supremo ∎ n [NO PL] **2** (en religión) ⇒Dios ⇒ Se escribe con g mayúscula

godchild UK: /ˈɡɒd.tʃaɪld/ US: /ˈɡɑːd-/ [pl godchildren] n [c] ⇒ahijado,da

goddess UK: /ˈɡɒd.es/ US: /ˈɡɑː.des/ [pl goddesses] n [c] ⇒diosa

godfather UK: /ˈɡɒdˌfɑː.ðəʳ/ US: /ˈɡɑːdˌfɑː.ðɚ/ n [c] ⇒padrino

godmother UK: /ˈɡɒdˌmʌð.əʳ/ US: /ˈɡɑːdˌmʌð.ɚ/ n [c] ⇒madrina

godparent UK: /ˈɡɒdˌpeə.rənt/ US: /ˈɡɑːdˌper.[ə]nt/ n [c] ⇒padrino, madrina: her godparents - sus padrinos

godsend UK: /ˈɡɒd.send/ US: /ˈɡɑːd-/ n [NO PL] ⇒regalo caído del cielo ⇒bendición

goggles UK: /ˈɡɒɡ.l̩z/ US: /ˈɡɑː.ɡl̩z/ n [PL] ⇒gafas [protectoras]: swimming goggles - gafas de natación

going¹ UK: /ˈɡəʊ.ɪŋ/ US: /ˈɡoʊ-/ ∎ n [U] **1** ⇒estado del terreno ⇒estado de la pista [de carreras de caballos] ∎ n [c] **2** ⇒ida: the comings and goings - las idas y venidas ∎ n [NO PL] **3** ⇒marcha ⇒partida **4** to be ~ on ⇒rondar: He's going on thirty - Ronda los treinta **5** to be ~ on with ⇒de momento: That money is enough to be going on with - Ese dinero me alcanza de momento **6** to be {hard/heavy} ~ **1** UK ⇒ser difícil: It's heavy going talking to her

- Hablar con ella es muy difícil **2** ⇒ser pesado,da: This work is hard going - Este trabajo es muy pesado **7** to be not bad ~ (inform) ⇒no estar mal para empezar **8** to do sth while the ~ is good ⇒aprovechar el momento **9** to get ~ ⇒irse: We have to get going - Debemos irnos **10** to have a lot ~ for sth/sb ⇒tener mucho a favor

going² UK: /ˈɡəʊ.ɪŋ/ US: /ˈɡoʊ-/ adj **1** ⇒vigente ⇒actual **2** ⇒del momento: He's the best cooker going - Es el mejor cocinero del momento **3** a going concern - un negocio que marcha

go-kart UK n [c] See **go-cart**

go-karting UK n [c] See **go-carting**

†**gold** UK: /ɡəʊld/ US: /ɡoʊld/ n [U] ⇒oro: solid gold - oro macizo

†**golden** UK: /ˈɡəʊl.dən/ US: /ˈɡoʊl-/ adj **1** (lit) ⇒de oro **2** ⇒dorado,da

goldfish UK: /ˈɡəʊld.fɪʃ/ US: /ˈɡoʊld-/ [pl goldfish, goldfishes] n [c] ⇒pez de colores

†**golf** UK: /ɡɒlf/ US: /ɡɑːlf/ n [U] ⇒golf: a round of golf - una partida de golf

golf club n [c] **1** ⇒club de golf **2** ⇒palo de golf

golf course n [c] ⇒campo de golf

gone UK: /ɡɒn/ US: /ɡɑːn/ past participle of **go**

gonna UK: /ˈɡə.nə/ US: /ˈɡɑː.nə/ US (inform) (going to) See **go**

†**good¹** /ɡʊd/ adj [comp better, superl best] **1** ⇒bueno,na **2** ⇒bueno,na ⇒agradable ⇒lindo,da AMÉR. **3** ⇒bueno,na ⇒obediente **4** ⇒bueno,na ⇒sano,na **5** ⇒apropiado,da ⇒bueno,na **6** for ~ ⇒para siempre **7** ~ for you ⇒me alegro por ti **8** to be ~ at sth ⇒ser bueno,na en algo ∎ Ver cuadro en página siguiente

good² /ɡʊd/ n [U] ⇒bien: She did it for the good of her family - Lo hizo por el bien de su familia

†**good afternoon** excl ⇒buenas tardes ∎ Se usa desde las 12 del mediodía hasta aproximadamente las 6 de la tarde. Comparar con good evening

†**goodbye** /ˌɡʊdˈbaɪ, ˈɡʊb-, ˌ-ˈ-/ excl ⇒¡adiós!

†**good evening** excl **1** ⇒buenas tardes **2** ⇒buenas noches ∎ Se usa desde aproximadamente las 6 de la tarde hasta antes de acostarse. Comparar con goodnight y con good afternoon

good-looking /ˌɡʊdˈlʊk.ɪŋ/ adj ⇒guapo ⇒apuesto ∎ Se emplea únicamente con hombres

†**good morning** excl ⇒buenos días ∎ Se usa desde el momento de levantarse hasta las 12 del mediodía

good-natured UK: /ˌɡʊdˈneɪ.tʃəd/ US: /-tʃɚd/ adj ⇒amable ⇒afable ∎ PRON. La e no se pronuncia

goodness /ˈɡʊd.nəs/ n [U] **1** ⇒bondad **2** ⇒valor nutritivo

goodness (gracious) excl ⇒¡madre mía!

†**good night** (tb goodnight) excl ⇒buenas noches ∎ Se usa solo antes de acostarse. Comparar con good evening

† **goods** /gʊdz/ *n* [PL] ⇨artículos ⇨mercancías ⇨bienes

goodwill /gʊd'wɪl/ *n* [U] ⇨buena voluntad: *as a sign of goodwill* - en señal de buena voluntad

goose /guːs/ [*pl* geese] *n* [C, U] **1** ⇨ganso **2** ⇨oca

gooseberry /'gʊz.bᵊr.i/ [*pl* gooseberries] *n* [C] *(fruta)* ⇨grosella

goose pimples *n* [PL] ⇨piel de gallina: *to get goose pimples* - tener la piel de gallina

gorge UK:/gɔːdʒ/ US:/gɔːrdʒ/ *n* [C] ⇨garganta ⇨desfiladero

† **gorgeous** UK:/'gɔː.dʒəs/ US:/'gɔːr-/ *adj* **1** ⇨precioso,sa ⇨divino,na ⇨magnífico,ca **2** *(una persona)* ⇨guapísimo,ma

gorilla /gə'rɪl.ə/ *n* [C] *(animal)* ⇨gorila

gory UK:/'gɔː.ri/ US:/'gɔːr.i/ *adj* [*comp* gorier, *superl* goriest] **1** ⇨sangriento,ta ⇨gore **2** *(inform)* ⇨morboso,sa

gosh UK:/gɒʃ/ US:/gɑːʃ/ *excl* *(inform, old-fash)* ⇨¡caray! *col.*

gospel UK:/'gɒs.pᵊl/ US:/'gɑː.sp[ə]l/ ∎ *n* [C] **1** ⇨evangelio ∎ *n* [U] **2** ⇨gospel ⇨música gospel

gossip¹ UK:/'gɒs.ɪp/ US:/'gɑː.səp/ ∎ *n* [U] **1** ⇨cotilleo *col.* ∎ *n* [C] **2** ⇨cotilla: *He's a terrible gossip* - Es un cotilla empedernido

gossip² UK:/'gɒs.ɪp/ US:/'gɑː.səp/ *v* [I] ⇨cotillear

got UK:/gɒt/ US:/gɑːt/ past tense and past participle forms of **get**

gotta UK:/'gɒt.ə/ US:/'gɑː.t̬ə/ *(inform) (have got to)* See **have**

gotten UK:/'gɒt.ᵊn/ US:/'gɑː.t̬[ə]n/ *US* past participle of **get**

gouge /gaʊdʒ/ [gouged, gouging] *v* [T] **1** ⇨hacer un boquete **2** ⇨sacar [con los dedos o con un objeto puntiagudo] **3** *US (inform)* ⇨extorsionar: *This business gouges its customers* - Esta empresa extorsiona a sus clientes

| PHRASAL VERBS
| · **to gouge sth out** [M] ⇨sacar algo ⇨arrancar
└ algo

† **govern** UK:/'gʌv.ᵊn/ US:/-ən/ *v* [T, I] **1** ⇨gobernar: *to govern a country* - gobernar un país **2** ⇨controlar ⇨regular

governess UK:/'gʌv.ᵊn.əs/ US:/-ɚ.nəs/ [*pl* governesses] *n* [C] ⇨institutriz

† **government** UK:/'gʌv.ᵊn.mənt/ UK:/-ᵊm-/ US:/-ən-/ *n* [C] ⇨gobierno: *to be in government* - estar en el Gobierno ∎ Por ser un nombre colectivo se puede usar con el verbo en singular o en plural ∎ La forma abreviada es *govt*

governmental UK:/ˌgʌv.ᵊm'men.tᵊl/US:/-ən'men.t̬[ə]l/ *adj* ⇨gubernamental

† **governor** UK:/'gʌv.ᵊn.ə/ US:/-ɚ.nɚ/ *n* [C] **1** ⇨gobernador,-a estatal ⇨intendente *AMÉR.* **2** ⇨director,-a;

UK **3** *(en la cárcel)* ⇨alcaide **4** *(en una institución)* ⇨miembro del consejo ∎ Distinto de *government* (gobierno)

gown /gaʊn/ *n* [C] **1** ⇨vestido largo **2** *(en educación o en derecho)* ⇨toga **3** *(en medicina)* ⇨bata

GP /ˌdʒiː'piː/ *n* [C] ⇨forma abreviada de **general practitioner** (médico,ca de familia)

grab¹ /græb/ [grabbed, grabbing] *v* [T] **1** ⇨agarrar ⇨coger [con fuerza] **2** ⇨quitar

---

good / well

• **Good** es un adjetivo que complementa a un nombre o pronombre:

· It's a very **good** book.
(Es un libro muy bueno.)

· I wish you **good** luck!
(¡Te deseo buena suerte!)

· Joyce is really **good** at chess; she's a very good player.
(A Joyce se le da muy bien el ajedrez; juega muy bien.)

Atención: con los verbos "look", "smell", "sound", "taste", **good** se usa para indicar que algo tiene buen aspecto, olor, sabor o que suena bien:

· That coffee _smells_ **good**!
(¡Ese café huele bien!)

· Your invitation _sounds_ really **good**!
(¡Tu invitación suena muy bien!)

• **Well** puede ser:

– Un adverbio que complementa a un verbo:

· Joyce _plays_ tennis very **well**.
(Joyce juega muy bien al tenis.)

· He _explained_ very **well**.
(Lo explicó muy bien.)

· I _know_ you **well**.
(Te conozco bien.)

· **Well** _done_!
(¡Bien hecho!)

– Un adjetivo, cuando se habla de la salud:

· How are you? I'm very **well**, thank you.
(¿Cómo estás? Estoy muy bien, gracias.)

Atención: las exclamaciones "¡Bien!" y "¡Muy bien!" cuando van sin verbo, se traducen en inglés como "Good!" y "Very good!".

grab² /græb/ **1 to be up for grabs** (inform) ⇨estar disponible **2 to make a ~ for** sth/sb ⇨intentar hacerse con: *She made a grab for the keys* - Intentó hacerse con las llaves

grabby /ˈgræb.i/ adj (inform) *Don't be so grabby, Tom!* - ¡No seas tan egoísta, Tom!

grace¹ /greɪs/ n [U] **1** ⇨gracia ⇨elegancia **2** (en religión) ⇨gracia

grace² /greɪs/ [graced, gracing] v [T] **1** (form) ⇨adornar ⇨decorar **2** (form) ⇨honrar

graceful /ˈgreɪs.fᵊl/ adj **1** ⇨grácil ⇨elegante **2** (un comportamiento) ⇨digno,na

gracious /ˈgreɪ.ʃəs/ adj **1** ⇨considerado,da ⇨cortés ⇨afable **2** (un lugar) ⇨elegante ⇨lujoso,sa

gradable /ˈgreɪ.də.bl̩/ adj (un adjetivo) ⇨que se puede usar con las formas comparativas o superlativas

grade¹ /greɪd/ n [C] **1** ⇨clase ⇨nivel ⇨categoría **2** US (UK form) ⇨clase ⇨curso **3** US (UK mark) ⇨nota ⇨calificación **4 to make the ~** (inform) ⇨tener éxito ■ Distinto de *degree* (grado)

grade² /greɪd/ [graded, grading] v [T] **1** ⇨clasificar: *They graded the fruit by size* - Clasificaron la fruta según su tamaño **2** US (UK mark) (un trabajo escolar) ⇨corregir ⇨puntuar ⇨calificar ■ Distinto de *to adjust* (graduar)

gradient /ˈgreɪ.di.ᵊnt/ n [C] (de una carretera o de una vía férrea) ⇨pendiente ⇨cuesta

gradual /ˈgræd.ju.əl, ˈgrædʒ.u.əl/ adj **1** ⇨gradual **2** (una pendiente) ⇨suave

gradually /ˈgræd.ju.li, ˈgrædʒ.u.li/ adv ⇨paulatinamente ⇨poco a poco

graduate¹ /ˈgræd.ʒu.ət/ n [C] ⇨licenciado,da ⇨egresado,da AMÉR.

graduate² /ˈgrædʒ.u.eɪt/ [graduated, graduating] v [I] **1** ⇨licenciarse ⇨egresar AMÉR. **2 to ~ to** sth ⇨pasar a algo [más importante] ■ Distinto de *to adjust* (graduar)

graduation /ˌgrædʒ.uˈeɪ.ʃᵊn/ ■ n [U] **1** (obtención del título) ⇨graduación ⇨titulación ■ n [C] **2** (ceremonia) ⇨graduación

graffiti UK: /grəˈfiː.ti/ US: /-t̬i/ n [PL] ⇨pintada ⇨grafiti

graft¹ UK: /grɑːft/ US: /græft/ ■ n [C] **1** ⇨injerto **2** ⇨chanchullo col. ■ n [U] **3** UK (inform) ⇨trabajo: *hard graft* - trabajo duro **4** US ⇨soborno

graft² UK: /grɑːft/ US: /græft/ ■ v [T] **1** ⇨injertar: *They grafted skin onto his arm* - Le injertaron piel en el brazo **2** ⇨unir ⇨añadir ■ v [I] **3** UK (inform) ⇨currar col.

grain /greɪn/ ■ n [C, U] **1** (de cereal) ⇨grano **2** (partícula) ⇨grano ⇨gránulo **3** ⇨pizca ⇨ápice ■ n [U] **4** US (UK corn) ⇨cereal ⇨grano **5** (en fotografía) ⇨grano

gram /græm/ (UK tb **gramme**) n [C] ⇨gramo ■ La forma abreviada es *g*

grammar UK: /ˈgræm.əʳ/ US: /-ɚ/ n [U] **1** ⇨gramática **2** *That's bad grammar* - Eso es gramaticalmente incorrecto

grammar school n [C] **1** UK (UK/US tb secondary school) ⇨instituto de enseñanza secundaria **2** US (UK primary school) ⇨escuela de enseñanza primaria

grammatical UK: /grəˈmæt.ɪ.kᵊl/ US: /-ˈmæt̬-/ adj ⇨gramatical

grammatically UK: /grəˈmæt.ɪ.kli/ US: /-ˈmæt̬-/ adv ⇨gramaticalmente: *This sentence is grammatically correct* - Esta oración es gramaticalmente correcta

gramme /græm/ UK n [C] See **gram**

gran /græn/ UK n [C] (inform) See **granny**

grand /grænd/ adj **1** ⇨grande ⇨importante **2** ⇨grandioso,sa ⇨espléndido,da ⇨imponente

grandad n [C] (inform) See **grandpa**

grandchild /ˈgrænd.tʃaɪld/ [pl grandchildren] n [C] ⇨nieto,ta

grandchildren n [PL] See **grandchild**

granddaughter UK: /ˈgrænd.dɔː.təʳ/ US: /-dɑː.t̬ɚ/ n [C] ⇨nieta

grandeur UK: /ˈgræn.djəʳ/ US: /-dʒɚ/ n [U] ⇨grandiosidad ⇨grandeza ⇨esplendor

grandfather UK: /ˈgrænd.fɑː.ðəʳ/ US: /-ðɚ/ n [C] ⇨abuelo

grandma /ˈgrænd.mɑː, ˈgræm-/ n [C] (inform) See **granny**

grandmother UK: /ˈgrænd.mʌð.əʳ/ UK: /ˈgræm-/ US: /-ɚ/ n [C] ⇨abuela

grandpa /ˈgrænd.pɑː, ˈgræm-/ (tb **grandad**) n [C] (inform) ⇨yayo col.; ⇨abuelo

grandparents UK: /ˈgrænd.peə.rᵊnt/ US: /-per.[ə]nt/ n [PL] ⇨abuelos

grand piano n [C] ⇨piano de cola

grandson /ˈgrænd.sʌn/ n [C] ⇨nieto

grandstand /ˈgrænd.stænd/ n [C] (en deportes) ⇨tribuna

granite /ˈgræn.ɪt/ n [U] ⇨granito: *blocks of granite* - bloques de granito

granny /ˈgræn.i/ [pl grannies] (tb **gran/grandma**) n [C] (inform) ⇨yaya col.; ⇨abuela

grant¹ UK: /grɑːnt/ US: /grænt/ v [T] **1** (form) ⇨otorgar ⇨conceder **2** (form) *It's difficult, I grant you, but not impossible* - No es fácil, lo reconozco, pero no es imposible ■ CONSTR. to grant + dos objetos **3 to take** sth/sb **for granted** *He takes me for granted* - No me valora

grant² UK: /grɑːnt/ US: /grænt/ n [C] **1** ⇨beca ⇨subvención **2** ⇨concesión ⇨donación

granted UK: /ˈgrɑːn.tɪd/ US: /ˈgræn.t̬ɪd/ adv (form) ⇨lo reconozco ⇨lo admito

G

† **grape** /greɪp/ *n* [c] ⇒uva: *a bunch of grapes* - un racimo de uvas

grapefruit /'greɪp.fruːt/ [*pl* grapefruit, grapefruits] *n* [c] ⇒pomelo: *This grapefruit is very sharp* - Este pomelo es muy ácido

grapevine /'greɪp.vaɪn/ *n* [c] **1** ⇒vid ⇒parra **2 to hear** *sth* {**on/through**} **the ~** ⇒enterarse de algo por un pajarito *col.*

† **graph** /grɑːf, græf/ *n* [c] ⇒gráfico,ca

graphic /'græf.ɪk/ *adj* ⇒gráfico,ca: *a very graphic description* - una descripción muy gráfica

† **graphics** /'græf.ɪks/ *n* [PL] ⇒gráficos

grapple /'græp.l/

PHRASAL VERBS

· **to grapple with** *sth* (*un problema*) ⇒lidiar con ⇒enfrentarse a
· **to grapple with** *sb* ⇒luchar con alguien ⇒forcejear con alguien

grasp¹ UK: /grɑːsp/ US: /græsp/ *v* [T] **1** ⇒coger ⇒agarrar ⇒sujetar ⇒asir **2** ⇒entender **3** (*una oportunidad*) ⇒aprovechar

grasp² UK: /grɑːsp/ US: /græsp/ *n* [NO PL] **1** ⇒conocimiento ⇒comprensión **2** ⇒agarrón ⇒apretón **3** ⇒alcance

grasping UK: /'grɑː.spɪŋ/ US: /'græs.pɪŋ/ *adj* ⇒codicioso,sa

† **grass** UK: /grɑːs/ US: /græs/ [*pl* grasses] *n* [c, u] **1** ⇒hierba **2** ⇒césped ⇒pasto *AMÉR.*

grasshopper UK: /'grɑːs.hɒp.ə⁰/ US: /'græs.hɑː.pə/ *n* [c] ⇒saltamontes

grass roots *n* [PL] ⇒ciudadanos,nas de a pie

grassy UK: /'grɑː.si/ US: /'græs.i/ *adj* [*comp* grassier, *superl* grassiest] ⇒de hierba ⇒de césped

grate¹ /greɪt/ [grated, grating] **l** *v* [T] **1** ⇒rallar: *Grate some carrot for the salad* - Ralla un poco de zanahoria para la ensalada **l** *v* [I] **2** ⇒chirriar

PHRASAL VERBS

· **to grate on** *sth/sb* (*un comportamiento o un ruido*) ⇒irritar ⇒rallar *col.*

grate² /greɪt/ *n* [c] ⇒rejilla ⇒parrilla

† **grateful** /'greɪt.f⁰l/ *adj* ⇒agradecido,da: *I'm very grateful to you for this favour* - Te estoy muy agradecido por este favor

grater UK: /'greɪ.tə⁰/ US: /-t̬ə/ *n* [c] ⇒rallador

gratitude UK: /'græt.ɪ.tjuːd/ US: /'græt̬.ə.tuːd/ *n* [u] ⇒gratitud

† **grave¹** /greɪv/ *n* [c] **1** ⇒tumba ⇒sepultura **2** *common grave* - fosa común **3 to turn in** *one's* **~** ⇒dar un síncope

grave² /greɪv/ *adj* **1** ⇒grave ⇒serio,ria ■ Se usa más *serious* **2** ⇒solemne ⇒grave

gravestone UK: /'greɪv.stəʊn/ US: /-stoʊn/ *n* [c] (*en una tumba*) ⇒lápida

graveyard UK: /'greɪv.jɑːd/ US: /-jɑːrd/ *n* [c] ⇒cementerio

gravity UK: /'græv.ɪ.ti/ US: /-ə.t̬i/ *n* [u] **1** ⇒gravedad: *the laws of gravity* - la ley de la gravedad **2** (*form*) ⇒seriedad ⇒gravedad ■ Se usa más *seriousness*

gravy /'greɪ.vi/ *n* [u] ⇒salsa de carne [hecha en su jugo]

† **gray** /greɪ/ *US* (*UK* grey) *adj, n* [c, u] ⇒gris

graze¹ /greɪz/ [grazed, grazing] **l** *v* [I] **1** ⇒pastar ⇒pacer **l** *v* [T] **2** (*la piel*) ⇒arañarse **3** ⇒rozar

graze² /greɪz/ *UK n* [c] ⇒rasguño

grease¹ /griːs/ *n* [u] **1** ⇒grasa [lubricante] ⇒aceite **2** ⇒grasa [animal]

grease² /griːs/ [greased, greasing] *v* [T] **1** ⇒engrasar **2 to ~** *sb's* **palm** ⇒untar la mano a alguien *col.*

greasy /'griː.si/ *adj* [*comp* greasier, *superl* greasiest] ⇒grasiento,ta

† **great** /greɪt/ *adj* **1** ⇒grande [en tamaño] ■ Ver cuadro grande (big / great) **2** ⇒grande ⇒importante ⇒famoso,sa **3** ⇒bueno,na ⇒grande **4** ⇒estupendo,da ⇒magnífico,ca ⇒fantástico,ca ⇒chévere *AMÉR.* *col.* **5** ⇒big (*inform*) ⇒muy grande ⇒enorme **6 to be ~ at** *sth* ⇒ser muy bueno,na en algo ■ PRON. La última parte, *eat*, rima con *eight*

Great Britain (*tb* Britain) *n* [u] ⇒Gran Bretaña

great-grandfather *n* [c] ⇒bisabuelo

greatly /'greɪt.li/ *adv* ⇒en gran medida ⇒mucho

Greece /griːs/ *n* ⇒Grecia

greed /griːd/ *n* [u] **1** ⇒avaricia **2** ⇒gula

† **greedy** /'griː.di/ *adj* [*comp* greedier, *superl* greediest] **1** ⇒avaro,ra **2** ⇒glotón,-a: *Don't be so greedy!* - ¡No seas tan glotón!

Greek¹ /griːk/ **l** *n* [u] **1** (*idioma*) ⇒griego **l** *n* [c] **2** ⇒griego,ga **3 it's all ~ to me!** ⇒¡no entiendo nada!

Greek² /griːk/ *adj* ⇒griego,ga

† **green¹** /griːn/ *adj* **1** ⇒verde **2** (*un fruto*) ⇒verde ⇒biche *AMÉR.* **3** ⇒inexperimentado,da ⇒novato,ta

† **green²** /griːn/ *n* [c, u] **1** ⇒verde **2** ⇒zona verde ⇒verde ⇒césped **3** (*en golf*) ⇒green

greenery /'griː.n⁰r.i/ *n* [u] ⇒follaje ⇒vegetación

† **greengrocer** UK: /'griː.ŋ.grəʊ.sə⁰/ US: /-grou.sə/ *UK n* [c] **1** ⇒verdulero,ra **2** ⇒frutero,ra

greenhouse /'griːn.haʊs/ *n* [c] ⇒invernadero

greens /griːnz/ *n* [PL] ⇒verduras ⇒hortalizas

† **greet** /griːt/ *v* [T] ⇒saludar ⇒recibir ⇒acoger

greeting UK: /'griː.tɪŋ/ US: /-t̬ɪŋ/ *n* [c, u] **1** ⇒saludo **2** ⇒felicitación: *a greetings card* - una tarjeta de felicitación

grenade /grəˈneɪd/ *n* [c] (*explosivo*) ⇒granada [de mano]

grew /gruː/ past tense of **grow**

grey /greɪ/ *UK (US* **gray***) adj, n* [C, U] ⇒gris
greyhound /ˈgreɪ.haʊnd/ *n* [C] ⇒galgo
greying /ˈgreɪ.ɪŋ/ *UK adj* ⇒canoso,sa
grid /grɪd/ *n* [C] **1** ⇒rejilla **2** ⇒red [eléctrica] **3** ⇒cuadrícula **4** *(en automovilismo)* ⇒parrilla de salida
gridlock UK: /ˈgrɪd.lɒk/ US: /-lɑːk/ *n* [U] **1** *(de tráfico)* ⇒atasco ⇒embotellamiento **2** *(de una situación)* ⇒bloqueo
grief /griːf/ *n* [C, U] **1** ⇒pena ⇒dolor ⇒pesar **2 to come to ~** *(inform)* ⇒fracasar ⇒sufrir un infortunio
grievance /ˈgriː.vənts/ *n* [C, U] **1** *(form)* ⇒queja: *I have a grievance* - Tengo una queja **2** ⇒reivindicación
grieve /griːv/ [grieved, grieving] ∎ *v* [I] **1** ⇒llorar ⇒lamentarse ∎ *v* [T] **2** *(form)* ⇒afligir ⇒dar pena
grill[1] /grɪl/ *n* [C, U] **1** *(US tb* **broiler***)* ⇒parrilla ⇒grill **2** ⇒parrillada: *a mixed grill* - una parrillada mixta
grill[2] /grɪl/ *v* [T] **1** ⇒asar a la parrilla **2** *(inform)* ⇒interrogar ⇒acribillar a preguntas *col.*
grille /grɪl/ *n* [C] **1** ⇒rejilla **2** *(en una ventana)* ⇒reja
grim /grɪm/ *adj* [*comp* **grimmer**, *superl* **grimmest**] **1** *(una persona)* ⇒severo,ra ⇒áspero,ra **2** ⇒macabro,bra: *a grim sense of humour* - un macabro sentido del humor **3** *(una situación, una imagen)* ⇒duro,ra ⇒crudo,da **4** *(un clima)* ⇒desagradable ⇒desapacible **5** *(un lugar)* ⇒lúgubre ⇒triste **6** *(una expresión, un gesto)* ⇒serio,ria
grimace[1] /ˈgrɪ.məs/ [grimaced, grimacing] *v* [I] ⇒hacer muecas: *to grimace with pain* - hacer muecas de dolor
grimace[2] /ˈgrɪ.məs/ *n* [C] ⇒mueca
grime /graɪm/ *n* [U] ⇒roña ⇒mugre
grin[1] /grɪn/ [grinned, grinning] *v* [I] **1** ⇒sonreír: *What are you grinning about?* - ¿Por qué estás sonriendo? **2 to ~ and bear sth** ⇒aguantar algo [sin quejarse]
grin[2] /grɪn/ *n* [C] ⇒sonrisa: *He greeted us with a grin* - Nos saludó con una sonrisa
grind[1], ground, ground /graɪnd/ *v* [T] **1** ⇒moler: *He ground some coffee to have for breakfast* - Molió café para el desayuno **2** *(un cuchillo)* ⇒afilar **3 to ~ to a halt** ⇒estancarse: *The economy has ground to a halt* - La economía se ha estancado
grind[2] /graɪnd/ **the daily ~** *(inform)* ⇒el trajín diario
grip[1] /grɪp/ *n* [NO PL] **1** ⇒apretón **2** ⇒adherencia: *road grip* - adherencia a la calzada **3** ⇒control ⇒dominio **4 to come to grips with sth** ⇒enfrentarse a algo
grip[2] /grɪp/ [gripped, gripping] *v* [T] **1** ⇒sujetar con fuerza ⇒apretar **2** ⇒llamar la atención ⇒captar la atención

gripping /ˈgrɪp.ɪŋ/ *adj (una historia, una novela)* ⇒emocionante ⇒fascinante ⇒absorbente
grit[1] /grɪt/ *n* [U] **1** ⇒arena ⇒gravilla ⇒mota **2** ⇒valor ⇒agallas
grit[2] /grɪt/ [gritted, gritting] *v* [T] *(en una calzada)* ⇒echar arenilla
groan[1] UK: /grəʊn/ US: /groʊn/ *v* [I] **1** ⇒gemir ⇒gruñir **2** ⇒crujir: *The door groaned open* - Crujió la puerta al abrirse
groan[2] UK: /grəʊn/ US: /groʊn/ *n* [C] **1** ⇒gemido ⇒gruñido ⇒quejido **2** ⇒crujido
grocer UK: /ˈgrəʊ.sər/ US: /ˈgroʊ.sɚ/ *n* [C] ⇒tendero,ra de ultramarinos
groceries UK: /ˈgrəʊ.sər.iz/ US: /ˈgroʊ.sɚ-/ *n* [PL] ⇒comestibles ⇒abarrotes *AMÉR.*
groggy UK: /ˈgrɒg.i/ US: /ˈgrɑː.gi/ *adj* [*comp* **groggier**, *superl* **groggiest**] **1** *(inform)* ⇒grogui *col.* **2** ⇒mareado,da
groin /grɔɪn/ *n* [C] ⇒ingle
groom[1] /gruːm/ *v* [T] **1** *(a un caballo)* ⇒almohazar ⇒cepillar **2** *(una persona)* ⇒preparar(se)
groom[2] /gruːm/ *n* [C] **1** ⇒forma abreviada de **bridegroom** (novio) **2** ⇒mozo de cuadra
groove /gruːv/ *n* [C] **1** ⇒ranura ⇒surco **2** *(en un disco de vinilo)* ⇒surco
grope UK: /grəʊp/ US: /groʊp/ [groped, groping] *v* [T, I] **1** ⇒buscar a tientas: *to grope for sth in the dark* - buscar algo a tientas en la oscuridad **2** *(inform) (sexualmente)* ⇒toquetear ⇒sobar
|PHRASAL VERBS
  · **to grope for sth** ⇒buscar las palabras adecuadas
└ cuadas
gross[1] UK: /grəʊs/ US: /groʊs/ *adj* **1** ⇒craso,sa: *gross ignorance* - crasa ignorancia **2** *(total)* ⇒bruto,ta **3** *(form)* ⇒grosero,ra ⇒inaceptable **4** ⇒flagrante **5** *(inform)* ⇒asqueroso,sa
gross[2] UK: /grəʊs/ US: /groʊs/ *v* [T] *(en economía)* ⇒generar beneficios brutos
↑**gross**[3] UK: /grəʊs/ US: /groʊs/ *[pl* gross,grosses] *n* [C] *(old-fash)* ⇒doce docenas
grossly UK: /ˈgrəʊ.sli/ US: /ˈgroʊ-/ *adv* ⇒muy ⇒extremadamente
grotesque UK: /grəʊˈtesk/ US: /groʊ-/ *adj* ⇒grotesco,ca
grotto UK: /ˈgrɒt.əʊ/ US: /ˈgrɑː.ţoʊ/ *[pl* grottoes, grottos] *n* [C] ⇒gruta
↑**ground**[1] /graʊnd/ ∎ *n* [U] **1** ⇒tierra ⇒suelo **2** ⇒bagaje ⇒conocimientos ∎ *n* [C] **3** *(en deportes)* ⇒campo ⇒terreno **4 to get (sth) off the ~** *(un negocio, un proyecto)* ⇒poner en marcha ⇒despegar ⇒arrancar **5 to lose ~** ⇒perder terreno ⇒perder popularidad
↑**ground**[2] /graʊnd/ past tense and past participle forms of **grind**

ground beef *US (UK* mince) *n* [U] ⇒carne picada

ground floor¹ *UK (US* first floor) *n* [NO PL] ⇒planta baja

ground floor² *adj* **1** ⇒de la planta baja **2** *a ground floor flat* - un bajo

grounding /ˈɡraʊn.dɪŋ/ *n* [U] **1** ⇒conocimiento básico **2 to have a ~ in sth** ⇒saber los conceptos fundamentales de algo

groundless /ˈɡraʊnd.ləs/ *adj (una sospecha, un miedo)* ⇒sin fundamento

grounds /ɡraʊndz/ *n* [PL] **1** ⇒jardines **2** ⇒motivo: *grounds for divorce* - motivo de divorcio **3** *(en un café)* ⇒posos

↑**group¹** /ɡruːp/ *n* [C] **1** ⇒grupo: *a group of people* - un grupo de gente **2** *(en música)* ⇒conjunto ⇒grupo ⇒agrupación ■ Por ser un nombre colectivo se puede usar con el verbo en singular o en plural

group² /ɡruːp/ *v* [T, I] ⇒agrupar: *to group together* - agruparse ■ CONSTR. Se usa generalmente seguido del adverbio together

grouping /ˈɡruː.pɪŋ/ *n* [C] ⇒agrupación ⇒agrupamiento

grouse /ɡraʊs/ *n* [C] **1** ⇒protesta ⇒queja **2** *(ave)* ⇒urogallo

grove UK: /ɡrəʊv/ US: /ɡroʊv/ *n* [C] ⇒arboleda

grovel UK: /ˈɡrɒv.ºl/ US: /ˈɡraː.v[ə]l/ [grovelled, grovelling; *US* groveled, groveling] *v* [I] **1** ⇒humillarse **2** ⇒prosternarse: *She grovelled and asked for forgiveness* - Se prosternó y pidió perdón

↑**grow, grew, grown** UK: /ɡrəʊ/ US: /ɡroʊ/ *v* [T, I] **1** ⇒crecer: *These plants grow very quickly* - Estas plantas crecen muy deprisa **2** ⇒cultivar: *My uncle grows vegetables* - Mi tío cultiva hortalizas **3** ⇒dejarse: *He's growing a beard* - Se está dejando barba **4** ⇒hacerse: *Let's go before it grows dark* - Vámonos antes de que se haga de noche

| PHRASAL VERBS

· **to grow apart from sb** ⇒distanciarse de alguien [con el tiempo]

· **to grow into sth/sb** ⇒convertirse en algo: *Caterpillars grow into butterflies* - Las orugas se convierten en mariposas

· **to grow on sb** ⇒llegar a gustar a alguien

└ · **to grow up** ⇒crecer ⇒hacerse mayor

growing UK: /ˈɡrəʊ.ɪŋ/ US: /ˈɡroʊ-/ *adj* ⇒creciente: *a growing concern about sth* - una creciente preocupación acerca de algo

growl¹ /ɡraʊl/ *v* [I] ⇒gruñir: *My dog growls at strangers* - Mi perro gruñe a los extraños

growl² /ɡraʊl/ *n* [C] ⇒gruñido

grown UK: /ɡrəʊn/ US: /ɡroʊn/ past participle of **grow**

↑**grown-up** UK: /ˈɡrəʊn.ʌp/ US: /ˈɡroʊn-/ *n* [C] ⇒adulto,ta

growth UK: /ɡrəʊθ/ US: /ɡroʊθ/ ■ *n* [U] **1** ⇒crecimiento: *economic growth* - crecimiento económico; *plant growth* - crecimiento de una planta **2** ⇒brote **3** ⇒aumento: *a growth in sales* - un aumento de ventas **4** ⇒desarrollo: *spiritual growth* - desarrollo espiritual ■ *n* [C] **5** *(en medicina)* ⇒tumor

grub /ɡrʌb/ ■ *n* [C] **1** ⇒larva ■ *n* [U] **2** *(inform)* ⇒manduca *col.;* ⇒papeo *col.* **3** *Time for some grub* - Es hora de comer algo

grubby /ˈɡrʌb.i/ *adj* [comp grubbier, superl grubbiest] *(inform)* **1** ⇒sucio,cia **2** *(una actividad)* ⇒turbio,bia

grudge¹ /ɡrʌdʒ/ *n* [C] ⇒resentimiento ⇒rencor

grudge² /ɡrʌdʒ/ [grudged, grudging] *v* [T] **1** ⇒envidiar ⇒mirar con malos ojos **2** ⇒resentirse de **3** ⇒dar de mala gana **4** ⇒negar **5** ⇒no gustar ⇒sentar mal [tener que hacer algo]

gruelling /ˈɡruː.ə.lɪŋ/ *UK (US* grueling) *adj* ⇒arduo,dua ⇒agotador,-a

gruesome /ˈɡruː.səm/ *adj* ⇒espeluznante ⇒atroz ⇒espantoso,sa

gruff /ɡrʌf/ *adj* **1** *(una voz)* ⇒áspero,ra ⇒ronco,ca **2** *(un comportamiento)* ⇒rudo,da ⇒brusco,ca

grumble¹ /ˈɡrʌm.bl̩/ [grumbled, grumbling] *v* [I] ⇒quejarse ⇒refunfuñar ■ CONSTR. to grumble about sth

grumble² /ˈɡrʌm.bl̩/ *n* [C] ⇒queja

grumpily /ˈɡrʌm.pɪ.li/ *adv (informal)* ⇒malhumoradamente

grumpy /ˈɡrʌm.pi/ *adj* [comp grumpier, superl grumpiest] ⇒gruñón,-a ⇒de mal humor

grunt¹ /ɡrʌnt/ *v* [T, I] *(un animal, una persona)* ⇒gruñir

grunt² /ɡrʌnt/ *n* [C] ⇒gruñido: *He gave a grunt of approval* - Mostró su aprobación con un gruñido

guarantee¹ /ˌɡær.ºn'tiː/ [guaranteed, guaranteeing] *v* [T] ⇒garantizar ⇒avalar ■ CONSTR. 1. to guarantee + (that) 2. to guarantee + to do sth 3. to guarantee + dos objetos

guarantee² /ˌɡær.ºn'tiː/ *n* [C, U] ⇒garantía: *This television has a one year guarantee* - Este televisor tiene garantía de un año; *a guarantee of success* - una garantía de éxito

guard¹ UK: /ɡɑːd/ US: /ɡɑːrd/ *n* [C] **1** ⇒guarda ⇒guardia ⇒guachimán *AMÉR.* **2** ⇒cubierta [protectora] **3** *(en deporte)* ⇒defensa **4 ~ dog** ⇒perro guardián **5 on ~** ⇒en guardia **6 to be on one's ~** ⇒estar en alerta

guard² UK: /ɡɑːd/ US: /ɡɑːrd/ *v* [T] **1** ⇒proteger **2** ⇒vigilar

PHRASAL VERBS

· **to guard against** *sth* ⇒prevenir algo ⇒evitar algo

guarded UK: /ˈgɑː.dɪd/ US: /ˈgɑːr-/ *adj* ⇒cauteloso,sa ⇒precavido,da

guardian UK: /ˈgɑː.di.ən/ US: /ˈgɑːr-/ *n* [c] **1** ⇒tutor,-a **2** *(form)* ⇒protector,-a ⇒guardián,-a

Guatemala UK: /ˌgwɑː.teˈmɑː.lə/ US: /-t̬ə-/ *n* [U] ⇒Guatemala

Guatemalan UK: /ˌgwɑː.teˈmɑː.lən/ US: /-t̬ə-/ *adj, n* [c] ⇒guatemalteco,ca

† **guerrilla** /gəˈrɪl.ə/ *n* [c] ⇒guerrillero,ra

guess¹ /ges/ *v* [T, I] **1** ⇒adivinar ⇒imaginar ■ Constr. to guess + interrogativa indirecta **2** ⇒calcular ■ Constr. to guess + (that) **3** ⇒creer ⇒suponer ■ Constr. to guess + (that)

guess² /ges/ *[pl* guesses*]* *n* [c] **1** ⇒suposición ⇒conjetura **2** ⇒cálculo aproximado ⇒estimación **3** **to be** *anyone's* **~** *(inform)* *That's anyone's guess!* - ¡Quién sabe! **4** **to have a ~ at** *sth* ⇒intentar adivinar algo

guesswork UK: /ˈges.wɜːk/ US: /-wɜːk/ *n* [U] ⇒conjeturas

† **guest** /gest/ *n* [c] **1** ⇒invitado,da **2** ⇒huésped,-a

guidance /ˈgaɪ.dⁿnts/ *n* [U] **1** ⇒orientación ⇒supervisión ⇒asesoramiento **2** *Can you give me some guidance?* - ¿Puedes orientarme?

guide¹ /gaɪd/ *n* [c] **1** *(persona)* ⇒guía **2** *(tb* guidebook*)* *(libro)* ⇒guía

guide² /gaɪd/ *[*guided, guiding*]* *v* [T] **1** ⇒guiar: *Keith will guide us through the forest* - Keith nos guiará por el bosque ■ Constr. Se usa generalmente seguido del adverbio through **2** ⇒guiar ⇒aconsejar

guidebook /ˈgaɪd.bʊk/ *n* [c] See **guide**

guided *adj* ⇒con guía: *a guided tour* - una excursión con guía

guideline /ˈgaɪd.laɪn/ *n* [c] ⇒directriz ⇒pauta ■ Se usa más en plural

guilt /gɪlt/ *n* [U] **1** ⇒sentimiento de culpabilidad ⇒sentimiento de culpa **2** ⇒culpabilidad: *guilt complex* - complejo de culpabilidad

guilty UK: /ˈgɪl.ti/ US: /-t̬i/ *adj* [*comp* guiltier, *superl* guiltiest] ⇒culpable: *to feel guilty about sth* - sentirse culpable de algo; *to declare sb guilty* - declarar a alguien culpable

guinea *n* [c] *(antigua moneda inglesa)* ⇒guinea

Guinea /ˈgɪn.i/ *n* [U] ⇒Guinea

Guinea-Bissau /ˌgɪn.i.bɪˈsaʊ/ *n* [U] ⇒Guinea-Bissau

Guinea-Bissauan /ˌgɪn.i.bɪˈsaʊ.ən/ *adj, n* [c] ⇒guineano,na

Guinean /ˈgɪn.i.ən/ *adj, n* [c] ⇒guineano,na ⇒guineo,nea

guinea pig *n* [c] **1** *(animal)* ⇒cobaya **2** *(inform)* *(persona)* ⇒conejillo de indias ⇒cobaya ⇒curí *AMÉR.*

guise /gaɪz/ *n* [U] *(form)* ⇒disfraz ⇒apariencia

† **guitar** UK: /gɪˈtɑːʳ/ US: /-ˈtɑːr/ *n* [c] ⇒guitarra: *to play the electric guitar* - tocar la guitarra eléctrica

guitarist UK: /gɪˈtɑː.rɪst/ US: /-ˈtɑːr.ɪst/ *n* [c] ⇒guitarrista

† **gulf** /gʌlf/ *n* [c] **1** ⇒abismo ⇒desigualdad **2** *(en geografía)* ⇒golfo ■ Al dar el nombre de un golfo, se escribe con mayúscula inicial: *the Gulf of Mexico* - el golfo de México

gull /gʌl/ *n* [c] ⇒forma abreviada de **seagull** (gaviota)

gullible /ˈgʌl.ə.bl̩/ *adj* ⇒crédulo,la: *He's very gullible* - Es muy crédulo

gulp¹ /gʌlp/ *v* [T, I] **1** ⇒beber dando tragos grandes **2** ⇒tragar saliva

gulp² /gʌlp/ *n* [c] *(de bebida)* ⇒trago

gum /gʌm/ *n* [c] **1** ⇒pegamento **2** ⇒encía: *sore gums* - encías doloridas ■ Se usa más en plural **3** *(tb* bubble gum*)* ⇒chicle

† **gun¹** /gʌn/ *n* [c] **1** ⇒arma de fuego **2** ⇒pistola **3** ⇒escopeta **4** *(inform)* ⇒pistolero,ra

† **gun²** /gʌn/

PHRASAL VERBS

· **to gun** *sb* **down** [M] ⇒abatir a tiros a alguien

gunfire UK: /ˈgʌn.faɪəʳ/ US: /-faɪr/ *n* [U] ⇒disparos [de un arma] ⇒cañonazos

gunman /ˈgʌn.mən/ *[pl* gunmen*]* *n* [c] ⇒pistolero

gunpoint /ˈgʌn.pɔɪnt/ **at ~** ⇒a punta de pistola

gunpowder UK: /ˈgʌn.paʊ.dəʳ/ US: /-dɚ/ *n* [U] ⇒pólvora

gunshot UK: /ˈgʌn.ʃɒt/ US: /-ʃɑːt/ *n* [c] ⇒disparo: *I heard a gunshot* - He oído un disparo

gurgle UK: /ˈgɜː.gl̩/ US: /ˈgɝ-/ *[*gurgled, gurgling*]* *v* [I] **1** ⇒gorgotear: *The water gurgled down the pipe* - El agua gorgoteaba en la tubería **2** *(un bebé)* ⇒gorjear

gush /gʌʃ/ *[*gushes*]* *v* [T, I] **1** ⇒salir a borbotones ⇒manar **2** ⇒hablar con excesiva efusividad ⇒exagerar ■ Se usa generalmente seguido de las preposiciones from y out of

PHRASAL VERBS

· **to gush over** *sth/sb* ⇒hablar con demasiado entusiasmo

gust /gʌst/ *n* [c] ⇒ráfaga: *a gust of wind* - una ráfaga de aire

gusto UK: /ˈgʌs.təʊ/ US: /-toʊ/ *n* [U] ⇒entusiasmo ⇒emoción ■ Distinto de *taste* (gusto)

gut¹ /gʌt/ *n* [U] **1** ⇒intestino **2** *(inform)* ⇒barriga *col.*: *beer gut* - barriga cervecera

gut² /gʌt/ *[*gutted, gutting*]* *v* [T] **1** *(un animal)* ⇒destripar **2** *(un pez)* ⇒limpiar **3** ⇒destruir completamente [por dentro]: *The factory was gutted*

G ■

- La fábrica quedó completamente destruida **4** *(inform)* ⇒destrozar [anímicamente]

gutted UK: /ˈɡʌt.ɪd/ US: /ˈɡʌt̬-/ *UK adj (inform)* ⇒destrozado,da [anímicamente] *col.*; ⇒hecho,cha polvo

gutter UK: /ˈɡʌt.ə^r/ US: /ˈɡʌt̬.ə/ *n* [C] **1** ⇒canalón **2** ⇒cuneta **3 the ~** ⇒los barrios bajos

† **guy** /ɡaɪ/ *n* [C] *(inform)* ⇒tío *col.*; ⇒tipo ⇒güey *AMÉR. col.* ∎ Se emplea únicamente con hombres

† **gym** /dʒɪm/ *n* [C, U] ⇒forma abreviada de **gymnasium** (gimnasio) y **gymnastics** (gimnasia)

gymnasium /dʒɪmˈneɪ.zi.əm/ [*pl* gymnasia, gymnasiums] *n* [C] ⇒gimnasio ∎ La forma abreviada es *gym*

gymnast /ˈdʒɪm.næst/ *n* [C] ⇒gimnasta

† **gymnastics** /dʒɪmˈnæs.tɪks/ *n* [U] ⇒gimnasia ∎ La forma abreviada es *gym*

gynaecologist UK: /ˌɡaɪ.nəˈkɒl.ə.dʒɪst/ US: /-ˈkɑː.lə-/ *UK* (*US* gynecologist) *n* [C] ⇒ginecólogo,ga

gypsy /ˈdʒɪp.si/ [*pl* gypsies] (*UK tb* gipsy) *n* [C] ⇒gitano,na

G

H

h

h /eɪtʃ/ [*pl* h's] *n* [C] *(letra del alfabeto)* ⇨h

ha /hɑː, hæ/ *excl* ⇨¡ah! ■ Se usa para expresar satisfacción, que alguien ha recibido su merecido o por una victoria

habit /'hæb.ɪt/ *n* [C, U] **1** ⇨costumbre ⇨hábito **2** *(prenda de vestir)* ⇨hábito

habitat /'hæb.ɪ.tæt/ *n* [C, U] ⇨hábitat ⇨entorno

habitation /ˌhæb.ɪ'teɪ.ʃᵊn/ **to be fit for human ~** ⇨ser habitable ■ Distinto de *room* (habitación)

habitual /hə'bɪtʃ.u.əl/ *adj* **1** ⇨habitual **2** ⇨empedernido,da: *a habitual lier* - un mentiroso empedernido

hack /hæk/ *v* [T] ⇨cortar a tajos

|PHRASAL VERBS
· **to hack (at)** *sth* ⇨golpear con algo cortante
· **to hack into** *sth (en informática)* ⇨piratear algo ⇨conseguir entrar en algo

hacker UK: /'hæk.əʳ/ US: /-ɚ/ *n* [C] ⇨pirata informático,ca

hacking *n* [U] ⇨piratería informática

had /hæd, həd, əd/ past tense and past participle forms of **have**

haddock /'hæd.ək/ [*pl* haddock] *n* [C, U] *(pez)* ⇨abadejo

hadn't /'hæd.ᵊnt/ *(had not)* See **have**

haemorrhage UK: /'hem.ᵊr.ɪdʒ/ US: /-ɚ-/ *UK (US* hemorrhage) *n* [C] ⇨hemorragia: *a brain haemorrhage* - una hemorragia cerebral

haggard UK: /'hæg.əd/ US: /-əd/ *adj (del cansancio o de una enfermedad)* ⇨demacrado,da ⇨ojeroso,sa

haggis /'hæg.ɪs/ [*pl* haggises] *n* [C, U] ⇨plato escocés a base de vísceras de cordero

haggle /'hæg.l̩/ [haggled, haggling] *v* [I] ⇨regatear: *We haggled over the price of the souvenir* - Regateamos el precio del souvenir

hail¹ /heɪl/ *n* [U] ⇨granizo

hail² /heɪl/ ■ *v* [T] **1** ⇨aclamar: *He has been hailed as a genius* - Lo han aclamado como a un genio **2** ⇨parar: *to hail a taxi* - parar un taxi ■ *v* [I] **3** ⇨granizar

[↑]**hair** UK: /heəʳ/ US: /her/ *n* [C, U] **1** *(de un animal)* ⇨pelo **2** *(de una persona)* ⇨cabello ⇨pelo **3** *(del cuerpo de una persona)* ⇨vello

hairbrush UK: /'heə.brʌʃ/ US: /'her-/ [*pl* hairbrushes] *n* [C] ⇨cepillo [para el pelo]

haircut UK: /'heə.kʌt/ US: /'her-/ *n* [C] **1** ⇨corte de pelo **2 to {get/have} a ~** ⇨cortarse el pelo

hairdo UK: /'heə.duː/ US: /'her-/ [*pl* hairdoes] *n* [C] *(inform)* ⇨peinado

[↑]**hairdresser** UK: /'heə.dres.əʳ/ US: /'her.dres.ə/ *n* [C] ⇨peluquero,ra

hairdresser's [*pl* hairdressers'] *n* [C] *(sitio)* ⇨peluquería

hairdryer UK: /'heə.draɪ.əʳ/ US: /'her.draɪ.ə/ *n* [C] ⇨secador [para el pelo]

hairpin UK: /'heə.pɪn/ US: /'her-/ *n* [C] ⇨horquilla

hairpin bend *UK n* [C] ⇨curva muy cerrada ⇨curva muy pronunciada

hairstyle UK: /'heə.staɪl/ US: /'her-/ *n* [C] ⇨peinado: *a new hairstyle* - un peinado nuevo

hairy UK: /'heə.ri/ US: /'her.i/ *adj* [*comp* hairier, *superl* hairiest] **1** ⇨peludo,da **2** *(inform) (una experiencia)* ⇨peligroso,sa ⇨espeluznante

Haiti /'heɪ.ti/ *n* [U] ⇨Haití

Haitian /'heɪ.ʃən/ *adj, n* [C] ⇨haitiano,na

halal /hæ'læl/ *adj (carne)* ⇨apto,ta para el consumo según la ley islámica

half¹ UK: /hɑːf/ US: /hæf/ [*pl* halves] *n* [C] **1** ⇨mitad **2** *half a dozen* - media docena **3** ~ *past (para las horas)* ⇨y media **4 second** ~ *(en deportes)* ⇨segundo tiempo

[↑]**half²** UK: /hɑːf/ US: /hæf/ *adj* ⇨medio,dia: *a half pint* - una media pinta

half-brother UK: /'hɑːf.brʌð.əʳ/ US: /'hæf.brʌð.ə/ *n* [C] ⇨hermanastro

half-hearted UK: /ˌhɑːf'hɑː.tɪd/ US: /ˌhæf'hɑːr.tɪd/ *adj* ⇨poco entusiasta ⇨tibio,bia ⇨sin mucha convicción

half-sister UK: /'hɑːf.sɪs.təʳ/ US: /'hæf.sɪs.tə/ *n* [C] ⇨hermanastra

half-term *UK n* [C] ⇨vacaciones de mitad de curso

† **half-time** UK: /ˌhɑːfˈtaɪm/ US: /ˈhæf.taɪm/ *n* [U] *(en deportes)* ⇒descanso

halfway UK: /ˌhɑːfˈweɪ/ US: /ˌhæf-/ *adv* **1** ⇒a mitad de camino **2** *I'm halfway through my book* - Voy por la mitad del libro

† **hall** UK: /hɔːl/ US: /hɑːl/ *n* [c] **1** ⇒sala: *concert hall* - sala de conciertos **2** *UK* ⇒vestíbulo ⇒entrada **3** *US* ⇒pasillo

hallmark UK: /ˈhɔːl.mɑːk/ US: /ˈhɑːl.mɑːrk/ *n* [c] **1** ⇒firma ⇒sello **2** *(en oro, en plata)* ⇒sello ⇒contraste

† **hallo** UK: /hælˈəʊ/ US: /-ˈoʊ/ *UK (UK/US tb* hello) *excl* ⇒¡hola!

hall of residence [*pl* halls of residence] *UK (US* dormitory) *n* [c] ⇒colegio mayor

Halloween UK: /ˌhæl.əʊˈiːn/ US: /-oʊ-/ *(tb* Hallowe'en) *n* [c, U] ⇒víspera de Todos los Santos, el 31 de octubre

Hallowe'en *n* [c, U] See **Halloween**

hallucination /həˌluː.sɪˈneɪ.ʃ°n/ *n* [c, U] ⇒alucinación

halo UK: /ˈheɪ.ləʊ/ US: /-loʊ/ [*pl* haloes, halos] *n* [c] ⇒halo ⇒aureola ■ PRON. La primera sílaba, *ha*, rima con *day*

† **halt** UK: /hɒlt/ US: /hɑːlt/ *v* [T, I] *(form)* ⇒parar(se) ⇒detener(se)

halting UK: /ˈhɒl.tɪŋ/ US: /ˈhɑːl.t̬ɪŋ/ *adj (una voz)* ⇒titubeante ⇒entrecortado,da

halve UK: /hɑːv/ US: /hæv/ [halved, halving] ■ *v* [T] **1** ⇒dividir por la mitad ⇒partir por la mitad ■ *v* [T, I] **2** ⇒rebajar a la mitad: *They have halved the price of this shirt* - Han rebajado a la mitad el precio de esta camisa

halves UK: /hɑːvz/ US: /hævz/ *n* [PL] See **half**

† **ham** /hæm/ ■ *n* [c, U] **1** ⇒jamón: *cured ham* - jamón curado ■ *n* [c] **2** ⇒actor histriónico, actriz histriónica

† **hamburger** UK: /ˈhæmˌbɜː.gə/ US: /-ˌbɜː.gɚ/ ■ *n* [c] **1** *(UK tb* beefburger) ⇒hamburguesa ■ La forma abreviada es *burger* ■ *n* [U] **2** *US (UK* mince) ⇒carne picada

hamlet /ˈhæm.lət/ *n* [c] ⇒aldea

hammer¹ UK: /ˈhæm.ə/ US: /-ɚ/ *n* [c] ⇒martillo

hammer² UK: /ˈhæm.ə/ US: /-ɚ/ *v* [T, I] **1** ⇒martillear ⇒clavar **2** *(inform)* ⇒dar una paliza
|PHRASAL VERBS
└ **to hammer {at/on}** *sth* ⇒dar golpes en algo

hammock /ˈhæm.ək/ *n* [c] ⇒hamaca ⇒chinchorro *AMÉR.*

hamper¹ UK: /ˈhæm.pə/ US: /-pɚ/ *v* [T] ⇒obstaculizar ⇒dificultar

hamper² UK: /ˈhæm.pə/ US: /-pɚ/ *n* [c] **1** *UK* ⇒canasta [para la comida] ⇒cesta [de comida] **2** *US* ⇒cesto de la ropa sucia

hamster UK: /ˈhæmp.stə/ US: /-stɚ/ *n* [c] ⇒hámster

† **hand**¹ /hænd/ ■ *n* [c] **1** ⇒mano **2** *(en un reloj)* ⇒manecilla ⇒aguja **3** *(en un juego de cartas)* ⇒mano **4** *(en un barco)* ⇒tripulante ■ *n* [U] **5** ⇒aplauso: *A big hand for…* - Un gran aplauso para… **6** a ~ ⇒ayuda ⇒una mano **7** by ~ ⇒a mano **8** ~ in ~ ⇒de la mano: *We walked hand in hand along the beach* - Paseamos de la mano por la playa **9** hands up! ⇒¡arriba las manos! **10** in ~ *(trabajo)* ⇒entre manos **11** on ~ ⇒disponible **12** on the one hand… on the other hand ⇒por una parte… por otra parte ⇒por un lado… por otro lado **13** to get out of ~ ⇒estar fuera de control ■ Se pueden construir adjetivos que designan habilidades manuales utilizando *hand* seguido del participio de un verbo: *hand-painted* (pintado a mano), *hand-built* (construido a mano), etc.

† **hand**² /hænd/ *v* [T] ⇒entregar ⇒pasar ■ CONSTR. to hand + dos objetos
|PHRASAL VERBS
· **to hand** *sth* **back (to** *sb***)** [M] ⇒devolver algo (a alguien): *The teacher handed the exam papers back to us* - El profesor nos devolvió los exámenes
· **to hand** *sth* **in (to** *sb***)** [M] ⇒entregar algo (a alguien con autoridad): *He handed the report in to his boss* - Entregó el informe a su jefe
· **to hand** *sth* **out (to** *sb***)** [M] ⇒repartir algo (entre alguien): *to hand out leaflets* - repartir folletos
· **to hand** *sth* **over (to** *sb***) 1** ⇒entregar algo (a alguien): *They handed over the keys to the new owners* - Entregaron las llaves a los nuevos dueños **2** *(una responsabilidad)* ⇒pasar
└ (a alguien) ⇒traspasar (a alguien)

† **handbag** /ˈhænd.bæg/ *UK (US* purse) *n* [c] ⇒bolso ⇒cartera *AMÉR.*

handball UK: /ˈhænd.bɔːl/ US: /-bɑːl/ *n* [U] ⇒balonmano

handbook /ˈhænd.bʊk/ *n* [c] ⇒manual [de instrucciones]

handbrake /ˈhænd.breɪk/ *UK n* [c] *(en un vehículo)* ⇒freno de mano

handcuffs /ˈhænd.kʌfs/ *n* [PL] ⇒esposas

† **handful** /ˈhænd.fʊl/ *n* [c] **1** ⇒puñado: *a handful of people* - un puñado de gente **2** to be a (real) ~ *(inform)* ⇒ser travieso,sa y lleno,na de energía ⇒ser difícil de controlar

handgun /ˈhænd.gʌn/ *n* [c] *(arma)* ⇒pistola ⇒revólver

handicap /ˈhæn.dɪ.kæp/ *n* [c] **1** ⇒impedimento [físico o mental] ⇒discapacidad **2** *(en una competición)* ⇒hándicap ⇒desventaja **3** ⇒obstáculo

handicapped /ˈhæn.dɪ.kæpt/ *adj* ⇒discapacitado,da ⇒minusválido,da ■ La palabra *disabled* se considera más apropiada ■ Pron. La *e* no se pronuncia

hand-in-hand *adj, adv* **1** *(dos personas)* ⇒de la mano ⇒cogidos,das de la mano **2** ⇒de la mano ⇒unido,da

handkerchief UK: /'hæŋ.kə.tʃiː.f/ US: /-kɚ-/ [*pl* UK handkerchieves] *n* [c] ⇒pañuelo [de bolsillo] ■ La forma abreviada es **hankie** o **hanky**

handle¹ /'hæn.dl/ [handled, handling] *v* [T] **1** ⇒tratar ⇒manipular **2** ⇒manejar **3** ⇒llevar ⇒ocuparse de **4** *Can you handle it?* - ¿Puede con ello?

handle² /'hæn.dl/ *n* [c] **1** ⇒mango **2** ⇒asa ⇒manija AMÉR. **3** ⇒picaporte **4** *(de un cajón)* ⇒tirador

HANDLE

handlebars UK: /'hæn.dl̩.bɑːz/ US: /-bɑːrz/ *n* [PL] *(en una bicicleta o en un vehículo de dos ruedas)* ⇒manillar

handmade /ˌhænd'meɪd/ *adj* ⇒hecho,cha a mano: *a handmade bag* - un bolso hecho a mano

handout /'hænd.aʊt/ *n* [c] **1** ⇒donativo ⇒limosna ■ Normalmente es despectivo **2** ⇒copia ⇒fotocopia entregada a los asistentes de un curso o congreso **3** ⇒folleto ⇒panfleto

handshake /'hænd.ʃeɪk/ *n* [c] ⇒apretón de manos: *to give sb a handshake* - dar un apretón de manos a alguien

handsome /'hæn.səm/ *adj* **1** ⇒guapo ■ Se emplea únicamente con hombres **2** *(una cantidad)* ⇒generoso,sa ⇒considerable **3** *(un regalo o un cumplido)* ⇒generoso,sa

hands-on UK: /'hænd.zɒn/ US: /-zɑːn/ *adj* ⇒participativo,va ⇒práctico,ca

handwriting UK: /'hænd.raɪ.tɪŋ/ US: /-t̬ɪŋ/ *(tb* writing) *n* [U] ⇒caligrafía ⇒letra

handwritten UK: /ˌhænd'rɪt.ᵊn/ US: /-'rɪt̬-/ *adj* ⇒escrito,ta a mano ⇒manuscrito,ta

handy /'hæn.di/ *adj* [*comp* handier, *superl* handiest] **1** ⇒práctico,ca ⇒útil **2** *UK (inform)* ⇒a mano

handyman /'hæn.di.mæn/ [*pl* handymen] *n* [c] **1** ⇒hombre que hace pequeños trabajos de

reparación **2** ⇒manitas *col.: Philip is such a handyman* - Philip está hecho un manitas

† **hang,** hung, hung *(tb* hanged, hanged) /hæŋ/ ■ *v* [T, I] **1** ⇒colgar: *Let me hang your coat up* - ¿Te cuelgo el abrigo? ■ Constr. Se usa generalmente seguido de un adverbio o una preposición **2** ⇒ahorcar(se) **3** *(un objeto)* ⇒caer(se) ■ *v* [I] **4** ⇒planear ⇒flotar

PHRASAL VERBS

· **to hang {about/around}** *(inform)* ⇒holgazanear ⇒vaguear

· **to hang on 1** *(inform)* ⇒esperar ⇒aguardar **2** ⇒agarrarse ⇒sujetarse

· **to hang out** *(inform)* ⇒juntarse [en algún lugar]

· **to hang up** *(UK tb* ring off) ⇒colgar [el teléfono]: *He hung up on me* - Me ha colgado

hangar UK: /'hæŋ.ɚ/ US: /-ɚ/ *n* [c] *(para los aviones)* ⇒hangar

hanger UK: /'hæŋ.ɚ/ US: /-ɚ/ *(tb* clothes hanger) *n* [c] ⇒percha

hang glider *n* [c] ⇒ala delta

hang gliding *n* [U] *(actividad)* ⇒ala delta

hangman /'hæŋ.mən, -mæn/ ■ *n* [c] **1** ⇒verdugo [de la horca] ■ El plural es **hangmen** ■ *n* [U] **2** ⇒juego del ahorcado

hangover UK: /'hæŋ.əʊ.vɚ/ US: /-ˌoʊ.vɚ/ *n* [c] **1** ⇒resaca *col.;* ⇒guayabo AMÉR. *col.;* ⇒cruda AMÉR. *col.* **2** ⇒vestigio ⇒legado

hankie *n* [c] *(inform)* ⇒forma abreviada de **handkerchief** (pañuelo)

hanky /'hæŋ.ki/ [*pl* hankies] *n* [c] *(inform)* See **hankie**

haphazard UK: /ˌhæp'hæz.əd/ US: /-əd/ *adj* **1** ⇒poco sistemático,ca ⇒desorganizado,da **2** ⇒al azar: *The selection seemed completely haphazard* - La selección pareció totalmente al azar

† **happen** /'hæp.ᵊn/ *v* [I] **1** ⇒suceder ⇒ocurrir ⇒pasar **2** *whatever happens* ⇒pase lo que pase

happening /'hæp.ᵊn.ɪŋ/ *n* [c] **1** ⇒suceso ⇒acontecimiento **2** ⇒actuación improvisada ⇒evento improvisado ■ Se usa más en plural

happily /'hæp.ɪ.li/ *adv* **1** ⇒afortunadamente **2** ⇒tranquilamente **3** ⇒felizmente ⇒alegremente

happiness /'hæp.ɪ.nəs/ *n* [U] ⇒felicidad: *the pursuit of happiness* - la búsqueda de la felicidad

† **happy** /'hæp.i/ *adj* [*comp* happier, *superl* happiest] **1** *(estado de ánimo)* ⇒feliz **2** ⇒contento,ta ⇒alegre **3** *to be ~ to do sth* ⇒hacer algo encantado,da: *I'd be happy to help you* - Te ayudaré encantado

† **harass** /'hær.əs/ [harasses] *v* [T] ⇒hostigar ⇒acosar

harassment /'hær.ə.smənt/ *n* [U] ⇒acoso: *sexual harassment* - acoso sexual

harbour¹ UK: /'hɑː.bɚ/ US: /'hɑːr.bɚ/ *UK n* [c] ⇒puerto

H ■

harbour² UK: /'hɑː.bə°/ US: /'hɑːr.bə/ *UK v* [T] **1** *(form)* ⇒albergar [un sentimiento]: *to harbour suspicions* - albergar sospechas **2** *(a un fugitivo o delincuente)* ⇒proteger ⇒esconder

† **hard¹** UK: /hɑːd/ US: /hɑːrd/ *adj* **1** *(un material, una superficie)* ⇒duro,ra **2** ⇒difícil ⇒duro,ra **3** *to be ~ on sb* ⇒ser duro,ra con alguien: *She is very hard on herself* - Es muy dura consigo misma **4** *to give sb a ~ time* ⇒hacer pasar un mal trago a alguien *col.* **5** *to have a ~ time* ⇒pasar una mala racha ⇒pasarlo mal **6** *to take a ~ line {on/over} sth* ⇒adoptar una postura tajante respecto a algo

† **hard²** UK: /hɑːd/ US: /hɑːrd/ *adv* **1** ⇒mucho: *It's raining hard* - Está lloviendo mucho **2** ⇒fuerte: *Press hard* - Aprieta fuerte **3** *to be ~ up (inform)* ⇒andar mal de pelas *col.;* ⇒andar pelado,da [de dinero] *col.*

hardback UK: /'hɑːd.bæk/ US: /'hɑːrd-/ *n* [C, U] **1** ⇒libro de tapa dura **2** ⇒cartoné

hard cash *n* [U] *(dinero)* ⇒efectivo

harden UK: /'hɑː.d°n/ US: /'hɑːr-/ *v* [T, I] **1** ⇒endurecer(se): *Life has hardened her* - La vida la ha endurecido **2** *a hardened criminal* - un delincuente habitual

hard-faced *adj* ⇒severo,ra

† **hardly** UK: /'hɑːd.li/ US: /'hɑːrd-/ *adv* **1** ⇒apenas: *I hardly know Chris* - Apenas conozco a Chris ■ No es la forma adverbial de *hard* **2** ⇒casi: *Hardly anyone went to the dinner* - Casi nadie fue a la cena **3** *it's ~ surprising* ⇒no es de extrañar

hardship UK: /'hɑːd.ʃɪp/ US: /'hɑːrd-/ *n* [C, U] **1** ⇒privación **2** *financial hardship* - apuro económico

hard shoulder *UK (US shoulder) n* [C] *(de una autopista o carretera principal)* ⇒arcén

hard up *adj (inform)* ⇒pelado,da [de dinero] *col.*

† **hardware** UK: /'hɑːd.weə°/ US: /'hɑːrd.wer/ *n* [U] **1** *(en informática)* ⇒hardware **2** *(del ejército)* ⇒armamento **3** ⇒utensilios ⇒equipo

hard-working UK: /ˌhɑːd'wɜː.kɪŋ/ US: /ˌhɑːrd'wɜː-/ *adj* ⇒muy trabajador,-a: *He has always been very hardworking* - Siempre ha sido una persona muy trabajadora

hardy UK: /'hɑː.di/ US: /'hɑːr-/ *adj* [*comp* hardier, *superl* hardiest] **1** *(una planta)* ⇒resistente **2** *(una persona)* ⇒robusto,ta

hare UK: /heə°/ US: /her/ [*pl* hare, hares] *n* [C] ⇒liebre

† **harm¹** UK: /hɑːm/ US: /hɑːrm/ *n* [U] **1** ⇒mal ⇒daño **2** *there's no ~ in doing sth* ⇒no se pierde nada con hacer algo: *There is no harm in trying* - No se pierde nada con intentarlo **3** *to be out of harm's way* ⇒estar fuera de peligro **4** *to come to ~* ⇒hacerse daño: *You'll come to harm if you don't look out* - Te vas a hacer daño si no tienes cuidado **5** *to keep out of harm's way* ⇒mantenerse a salvo ⇒apartarse para evitar problemas

† **harm²** UK: /hɑːm/ US: /hɑːrm/ *v* [T] ⇒dañar: *to harm sb's reputation* - dañar la reputación de alguien

† **harmful** UK: /'hɑːm.fʊl/ US: /'hɑːrm-/ *adj* **1** ⇒perjudicial ⇒dañino,na **2** *to be ~ to sth/sb* ⇒ser perjudicial para

† **harmless** UK: /'hɑːm.ləs/ US: /'hɑːrm-/ *adj* **1** ⇒inofensivo,va **2** ⇒inocuo,cua

harmonica UK: /hɑː'mɒn.ɪ.kə/ US: /hɑːr'mɑː.nɪ-/ *n* [C] ⇒armónica

harmonious UK: /hɑː'məʊ.ni.əs/ US: /hɑːr'moʊ-/ *adj* ⇒armonioso,sa

† **harmony** UK: /'hɑː.mə.ni/ US: /'hɑːr-/ ■ *n* [U] **1** ⇒armonía: *to be in harmony* - estar en armonía ■ *n* [C, U] **2** *(en música)* ⇒armonía ■ El plural es *harmonies*

harness¹ UK: /'hɑː.nəs/ US: /'hɑːr-/ [*pl* harnesses] *n* [C] **1** *(de un caballo)* ⇒arneses ⇒arreos **2** *(de seguridad)* ⇒arnés

harness² UK: /'hɑː.nəs/ US: /'hɑːr-/ *v* [T] **1** *(un caballo)* ⇒enganchar **2** *(un recurso)* ⇒canalizar ⇒explotar

harp UK: /hɑːp/ US: /hɑːrp/ *n* [C] ⇒arpa

harpoon UK: /hɑː'puːn/ US: /hɑːr-/ *n* [C] ⇒arpón

† **harsh** UK: /hɑːʃ/ US: /hɑːrʃ/ *adj* **1** ⇒áspero,ra *a harsh voice* - una voz áspera **2** ⇒duro,ra **3** ⇒severo,ra

harvest¹ UK: /'hɑː.vɪst/ US: /'hɑːr-/ *n* [C, U] **1** ⇒recolección ⇒cosecha **2** *grape harvest* - vendimia ■ Distinto de *recollection* (recuerdo)

harvest² UK: /'hɑː.vɪst/ US: /'hɑːr-/ *v* [T] ⇒cosechar ⇒recolectar ■ Distinto de *to recollect* (recordar)

has /hæz, həz, əz/ ⇒tercera persona singular del presente del verbo *to have*

hash /hæʃ/ *n* [U] **1** ⇒picadillo **2** *UK (en tipografía)* ⇒almohadilla **3** *(inform)* ⇒forma abreviada de **hashish** (hachís)

hashish /hæʃ'iːʃ/ *n* [U] ⇒hachís ■ La forma abreviada es *hash*

† **hasn't** /'hæz.°nt/ *(has not)* See **have**

hassle¹ /'hæs.l/ *n* [C, U] **1** *(inform)* ⇒fastidio ⇒lío **2** ⇒lata *col.* **3** *It's not worth the hassle* - No merece la pena

hassle² /'hæs.l/ [hassled, hassling] *v* [T] **1** *(inform)* ⇒presionar: *Stop hassling me; I'll do it in my own time* - Deja de presionarme; lo haré a mi ritmo **2** *(inform)* ⇒dar la brasa *col.;* ⇒molestar

haste /heɪst/ *n* [U] **1** ⇒prisa ⇒afán *AMÉR.;* ⇒apuro *AMÉR.* **2** *in ~* ⇒deprisa

hasten /'heɪ.sⁿn/ ■ *v* [T] **1** ⇨precipitar ⇨acelerar ■ *v* [I] **2** ⇨apresurarse: *He hastened to add that he was sorry* - Se apresuró a decir que lo sentía ■ CONSTR. to hasten + to do sth

hasty /'heɪ.sti/ *adj* [*comp* hastier, *superl* hastiest] ⇨precipitado,da: *a hasty decision* - una decisión precipitada

hat /hæt/ *n* [C] ⇨sombrero ⇨gorro

hatch /hætʃ/ [hatches] *v* [T, I] **1** ⇨romper el cascarón **2** to ~ sth (up) ⇨tramar algo

hatchback /'hætʃ.bæk/ *n* [C] *(vehículo)* ⇨ranchera *col.*

hatchet /'hætʃ.ɪt/ *n* [C] **1** ⇨hacha **2** to bury the ~ ⇨enterrar el hacha de guerra

hate¹ /heɪt/ [hated, hating] *v* [T] **1** ⇨odiar ⇨detestar **2** ⇨lamentar ⇨sentir ■ CONSTR. 1. to hate + doing sth 2. to hate + to do sth

hate² /heɪt/ *n* [U] ⇨odio

hated UK: /'heɪ.tɪd/ US: /-t̬ɪd/ *adj* ⇨odiado,da ■ PRON. La e se pronuncia como la i en did

hateful /'heɪt.fˀl/ *adj* ⇨odioso,sa

hatred /'heɪ.trɪd/ *n* [U] ⇨odio

haul¹ UK: /hɔːl/ US: /hɑːl/ *v* [T] **1** ⇨arrastrar [un objeto pesado] **2** ⇨llevar [a un infractor]: *John was hauled before the director* - Llevaron a John ante el director **3** *(en navegación)* ⇨halar **4** ⇨transportar

haul² UK: /hɔːl/ US: /hɑːl/ *n* [C] **1** ⇨botín ⇨alijo **2** *(de pescado)* ⇨redada **3** ⇨recorrido ⇨trayecto

haunt UK: /hɔːnt/ US: /hɑːnt/ *v* [T] **1** ⇨atormentar ⇨perseguir **2** *(un fantasma)* ⇨rondar ⇨aparecerse

haunted UK: /'hɔːn.tɪd/ US: /'hɑːn.t̬ɪd/ *adj* ⇨embrujado,da ⇨encantado,da

have, had, had /hæv, həv, əv/ [having] ■ *v* [AUX] **1** ⇨haber: *They have already seen that film* - Ya han visto esa película ■ *v* [T] **2** *(una posesión)* ⇨tener **3** *(una sensación)* ⇨tener **4** *(un alimento)* ⇨tomar **5** ⇨recibir: *to have a call* - recibir una llamada **6** ⇨hacer [que alguien haga algo]: *She had him do the washing-up* - Le hizo fregar los platos **7** ~ got **1** *(una posesión)* ⇨tener **2** *(una sensación)* ⇨tener ■ Siempre se utiliza en presente **8** to ~ sth done *I've had my hair cut* - Me he cortado el pelo ■ En español, esta construcción está implícita en el verbo: *We'll have the kitchen painted* - Nos van a pintar la cocina **9** to ~ had it *(inform)* *(una máquina, una herramienta)* ⇨romper(se) ⇨cascar(se) *col.* **10** to ~ it in for sb *(inform)* ⇨tener manía a alguien *col.;* ⇨tenérsela jurada a alguien *col.* **11** to ~ to ⇨tener que ■ Se usa generalmente cuando la obligación es externa o impuesta, como leyes u órdenes. ■ Se usa como verbo modal. Comparar con *must* ■ Ver cuadro must / have to **12** to ~ to do with *sth/sb* ⇨tener que ver con: *That has nothing to do with me* - Eso no tiene nada que ver conmigo ■ Ver cuadro en esta página y ver cuadro auxiliary verbs

PHRASAL VERBS

· **to have sth back** ⇨recuperar algo: *I need to have my book back* - Necesito recuperar mi libro

· **to have (got) sth on** [M] **1** *(ropa)* ⇨llevar puesto,ta algo **2** *(un aparato)* ⇨estar enchufado,da

· **to have sb on** UK *(inform)* ⇨tomar el pelo a alguien [contando algo falso] *col.: Are you having me on?* - ¿Me estás tomando el pelo?

haven /'heɪ.vⁿn/ *n* [C] **1** ⇨refugio: *a safe haven* - un refugio seguro **2** to be a ~ of peace ⇨ser un remanso de paz

haven't /'hæv.ⁿnt/ *(have not)* See **have**

H ■

have (tener / haber)			
present simple			
affirmative	contractions	negative	questions
I have	I've	I haven't	have I?
you have	you've	you haven't	have you?
he/she/it has	he's/she's /it's	he/she/it hasn't	has he/she/it?
we have	we've	we haven't	have we
you have	you've	you haven't	have you?
they have	they've	they haven't	have they?
past tense			
had	'd	didn't have	Did I/you/he… have?
past participle			
had			

havoc /'hæv.ək/ n [U] **1** ⇒estrago **2** to {cause/play/wreak} ~ {on/with} sth **1** ⇒causar estragos en algo **2** ⇒armar un lío ⇒crear una confusión

hawk UK: /hɔːk/ US: /hɑːk/ n [c] (ave) ⇒halcón

hay /heɪ/ n [U] ⇒heno

hay fever n [U] ⇒fiebre del heno ⇒alergia al polen

hazard[1] UK: /'hæz.əd/ US: /-əd/ n [c] ⇒peligro ⇒riesgo

hazard[2] UK: /'hæz.əd/ US: /-əd/ v [T] **1** ⇒poner en peligro **2** to ~ a guess ⇒aventurar una hipótesis

hazardous UK: /'hæz.ə.dəs/ US: /-ɚ-/ adj ⇒peligroso,sa ⇒arriesgado,da

haze /heɪz/ n [c, U] ⇒calima ⇒bruma

hazel /'heɪ.z°l/ n [c] (árbol) ⇒avellano

hazelnut /'heɪ.z°l.nʌt/ n [c] ⇒avellana

hazy /'heɪ.zi/ adj [comp hazier, superl haziest] **1** ⇒de calima ⇒brumoso,sa **2** ⇒confuso,sa ⇒no muy claro,ra

† **he** /hiː, hi, i/ pron ⇒él: He did it - Fue él quien lo hizo ∎ Las frases en inglés siempre llevan sujeto, menos los imperativos ∎ Ver cuadro personal pronouns

† **head**[1] /hed/ n [c] **1** (parte del cuerpo) ⇒cabeza **2** (cerebro) ⇒cabeza **3** ⇒cabecera: the head of the bed - la cabecera de la cama **4** ⇒jefe,fa **5** UK (US principal) ⇒forma abreviada de **head teacher** (director,-a de colegio) **6** {a/per} ~ ⇒por cabeza: It costs ten dollars a head - Cuesta diez dólares por cabeza **7** ~ first ⇒de cabeza **8** heads or tails ⇒cara o cruz **9** to go over sb's ~ **1** ⇒ser imposible de entender **2** ⇒pasar por encima de alguien [en la jerarquía] **10** to have a ~ for sth ⇒tener talento para algo **11** not to make ~ {nor/or} tail of sth ⇒no encontrar a algo ni pies ni cabeza col.

head[2] /hed/ v [T, I] **1** (en fútbol) ⇒cabecear **2** ⇒encabezar

| PHRASAL VERBS

· **to be heading for sth** ⇒ir camino de algo [negativo] ⇒estar buscando algo [negativo]

† **headache** /'hed.eɪk/ n [c] **1** ⇒dolor de cabeza: I've got a headache - Tengo dolor de cabeza **2** ⇒quebradero de cabeza: This crossword is a real headache - Este crucigrama es un auténtico quebradero de cabeza

headband /'hed.bænd/ n [c] ⇒cinta para el pelo

headhunter UK: /'hed.hʌn.tə'/ US: /-t̬ə/ n [c] (inform) ⇒cazatalentos

† **heading** /'hed.ɪŋ/ n [c] (en un texto) ⇒encabezamiento

headlight /'hed.laɪt/ n [c] **1** (en un coche) ⇒faro ⇒farol AMÉR. ∎ Se usa más en plural **2** to dip your headlights - poner las luces cortas

† **headline** /'hed.laɪn/ n [c] (en un periódico) ⇒titular

headmaster UK: /ˌhed'mɑː.stə'/ US: /'hed.mæs.t̬ə/ UK (US principal) n [c] ⇒director [de un colegio]

headmistress UK: /ˌhed'mɪs.trəs/ US: /'-ˌ--/ [pl headmistresses] UK (US principal) n [c] ⇒directora [de un colegio]

headphones UK: /'hed.fəʊnz/ US: /-foʊnz/ n [PL] ⇒cascos ⇒auriculares

† **headquarters** UK: /ˌhed'kwɔː.təz/ US: /-ˌkwɔːr.t̬əz/ [pl headquarters] n [c] ⇒oficina central ⇒cuartel general ∎ La forma abreviada es HQ ∎ Se puede usar con un verbo en singular o en plural: The headquarters is/are in London - La oficina central está en Londres

headscarf UK: /'hed.skɑːf/ US: /-skɑːrf/ [pl headscarves] n [c] ⇒pañuelo para la cabeza: to wear a headscarf - llevar un pañuelo para la cabeza

head teacher UK (US principal) n [c] ⇒director,-a de colegio ∎ La forma abreviada es **head**

headway /'hed.weɪ/ n [U] **1** ⇒avance ⇒progreso **2** to make ~ ⇒avanzar ⇒hacer progresos

† **heal** /hɪəl/ v [T, I] **1** (una herida) ⇒cicatrizar(se) ⇒curar(se) **2** (una persona) ⇒sanar(se) ⇒curar(se) **3** (una situación o una dificultad) ⇒salvar ⇒superar

healer UK: /'hɪə.lə'/ US: /-lə/ n [c] ⇒curandero,ra ⇒sanador,-a

healing /'hɪə.lɪŋ/ n [U] ⇒curación

† **health** /helθ/ n [U] ⇒salud: good for your health - bueno para la salud; your health! - ¡a tu salud!

healthily /'hel.θɪ.li/ adv ⇒de forma sana

† **healthy** /'hel.θi/ adj [comp healthier, superl healthiest] **1** ⇒sano,na: healthy food - comida sana; a healthy person - una persona sana **2** ⇒saludable: Sport is healthy for you - El deporte es saludable para ti **3** (un negocio) ⇒próspero,ra **4** (una cuenta bancaria o un beneficio) ⇒cuantioso,sa ⇒copioso,sa **5** (una actitud) ⇒razonable

heap[1] /hiːp/ n [c] ⇒montón ⇒pila

heap[2] /hiːp/ v [T] (inform) ⇒amontonar ∎ CONSTR. Se usa generalmente seguido de las preposiciones on y onto

| PHRASAL VERBS

· **to heap sth up** ⇒amontonar algo ⇒apilar algo

† **hear, heard, heard** UK: /hɪə'/ US: /hɪr/ v [T, I] **1** ⇒oír ∎ Se usa para hacer referencia a la capacidad de percibir o de captar las palabras que alguien dice, pero no influye necesariamente la necesidad de poner atención. Comparar con to listen **2** (en derecho) ⇒ver [un caso] **3** Let's hear it for our next guest - Demos un aplauso a nuestra siguiente invitada **4** to ~ about sth/sb ⇒enterarse de

PHRASAL VERBS
· **to hear from** *sb* ⇒saber de alguien ⇒tener noticias de alguien
· **to hear of** *sth/sb* ⇒oír hablar de

heard past tense and past participle forms of **hear**

† **hearing** UK: /ˈhɪə.rɪŋ/ US: /ˈhɪr.ɪŋ/ *n* [U] **1** *(sentido)* ⇒oído ⇒capacidad auditiva **2** *(en derecho)* ⇒vista [de un caso]

hearse UK: /hɜːs/ US: /hɜːs/ *n* [C] ⇒coche fúnebre

† **heart** UK: /hɑːt/ US: /hɑːrt/ ■ *n* [C] **1** *(órgano)* ⇒corazón ■ *n* [C, U] **2** *(sentimiento)* ⇒corazón ■ *n* [NO PL] **3** ⇒corazón ⇒centro **4** ⇒meollo: *the heart of the matter* - el meollo del asunto **5** at ~ ⇒en el fondo **6** by ~ ⇒de memoria: *to learn sth by heart* - aprenderse algo de memoria **7** hearts *(naipe)* ⇒corazones **8** to lose ~ ⇒desanimarse **9** to take ~ (from sth) ⇒animarse [por algo] ■ PRON. Rima con *art*

heartache UK: /ˈhɑːt.eɪk/ US: /ˈhɑːrt-/ *n* [C, U] ⇒pena ⇒desazón

† **heart attack** *n* [C] ⇒ataque al corazón ⇒infarto

heartbeat UK: /ˈhɑːt.biːt/ US: /ˈhɑːrt-/ *(tb* beat*)* *n* [C, U] ⇒latido [del corazón]

heartbreaking UK: /ˈhɑːtˌbreɪ.kɪŋ/ US: /ˈhɑːrt-/ *adj* ⇒desgarrador,-a ⇒desolador,-a

heartbroken UK: /ˈhɑːtˌbrəʊ.kən/ US: /ˈhɑːrtˌbroʊ-/ *adj* ⇒desconsolado,da ⇒acongojado,da

heartening UK: /ˈhɑːt.ᵊn.ɪŋ/ US: /ˈhɑːr.tʃ[ə]n-/ *adj* ⇒alentador,-a ⇒estimulante

heartfelt UK: /ˈhɑːt.felt/ US: /ˈhɑːrt-/ *adj* ⇒sincero,ra ⇒sentido,da

hearth UK: /hɑːθ/ US: /hɑːrθ/ *n* [C] **1** *(lit)* ⇒hogar ⇒lar **2** *(cerca de la chimenea)* ⇒hogar

heartless UK: /ˈhɑːt.ləs/ US: /ˈhɑːrt-/ *adj* ⇒inhumano,na ⇒desalmado,da ⇒cruel

hearty UK: /ˈhɑː.ti/ US: /ˈhɑːr.t̬i/ *adj* [*comp* heartier, *superl* heartiest] **1** *(una persona)* ⇒jovial **2** ⇒cordial ⇒caluroso,sa **3** ⇒abundante ⇒copioso,sa

heat¹ /hiːt/ ■ *n* [U] **1** ⇒calor: *This heat exhausts me* - Este calor me agota **2** *US (UK/US tb* heating*)* ⇒calefacción ■ *n* [C] **3** *(en una competición)* ⇒eliminatoria **4** to be on ~ *(un animal hembra)* ⇒estar en celo

heat² /hiːt/ *v* [T, I] **1** ⇒calentar: *to heat the meal* - calentar la comida **2** to ~ *(sth)* *(up)* ⇒calentar(se) algo

heated UK: /ˈhiː.tɪd/ US: /-t̬ɪd/ *adj* **1** ⇒acalorado,da: *a heated row* - una discusión acalorada **2** ⇒climatizado,da: *a heated swimming pool* - una piscina climatizada

heater UK: /ˈhiː.təʳ/ US: /-t̬ɚ/ *n* [C] ⇒calentador ⇒calefactor ⇒estufa

heath /hiːθ/ *n* [C] **1** ⇒campo de brezos ⇒brezal **2** ⇒páramo

heather UK: /ˈheð.əʳ/ US: /-ɚ/ *n* [C, U] *(planta)* ⇒brezo

† **heating** UK: /ˈhiː.tɪŋ/ US: /-t̬ɪŋ/ *n* [U] *(US tb* heat*)* ⇒calefacción

heat wave *n* [C] ⇒ola de calor

heave, hove, hove *(tb* heaved, heaved*)* /hiːv/ [heaving] *v* [T, I] **1** ⇒tirar ⇒arrastrar **2** to ~ {at/on} *sth* ⇒tirar con fuerza [de algo] ■ CONSTR. Se usa generalmente seguido de una preposición o un adverbio

† **heaven** /ˈhev.ᵊn/ *n* [U] **1** *(en religión)* ⇒cielo **2** *(inform)* ⇒paraíso ⇒gozada *col.*

heavenly /ˈhev.ᵊn.li/ *adj* **1** ⇒celestial **2** *(inform)* ⇒divino,na **3** ⇒celeste: *heavenly bodies* - cuerpos celestes

heavily /ˈhev.ɪ.li/ *adv* **1** ⇒mucho: *It snowed heavily all day long* - Nevó mucho durante todo el día **2** ⇒muy: *He's heavily influenced by his wife* - Está muy influenciado por su mujer **3** ⇒profundamente **4** ⇒pesadamente

† **heavy** /ˈhev.i/ *adj* [*comp* heavier, *superl* heaviest] **1** ⇒pesado,da **2** ⇒denso,sa: *heavy traffic* - tráfico denso **3** ⇒fuerte: *heavy rain* - lluvia fuerte **4** *(inform)* ⇒grave ⇒serio,ria **5** ~ going *UK* ⇒complicado,da ⇒pesado,da **6** with a ~ hand ⇒con mano dura

heavyweight /ˈhev.ɪ.weɪt/ *n* [C] **1** *(en boxeo)* ⇒peso pesado **2** ⇒persona influyente ⇒peso pesado

Hebrew /ˈhiː.bruː/ ■ *n* [U] **1** *(idioma)* ⇒hebreo ■ *n* [C] **2** ⇒hebreo,a

hectare UK: /ˈhek.teəʳ/ US: /-ter/ *n* [C] ⇒hectárea

hectic /ˈhek.tɪk/ *adj* ⇒ajetreado,da ⇒frenético,ca

† **he'd** /hiːd/ **1** *(he had)* See **have 2** *(he would)* See **would**

hedge¹ /hedʒ/ *n* [C] **1** ⇒seto [vivo] **2** ⇒protección: *a hedge against inflation* - una protección contra la inflación

hedge² /hedʒ/ [hedged, hedging] *v* [T, I] **1** ⇒salir por la tangente *col.;* ⇒contestar con evasivas **2** ⇒cercar [con un seto]

hedgehog UK: /ˈhedʒ.hɒg/ US: /-hɑːg/ *n* [C] *(animal)* ⇒erizo

heed¹ /hiːd/ *v* [T] *(form)* *(una norma o un consejo)* ⇒observar ⇒hacer caso de

heed² /hiːd/ to take ~ of *sth* *(form)* ⇒prestar atención a algo: *Take no heed of their insults* - No prestes atención a sus insultos

† **heel** /hɪəl/ *n* [C] **1** *(parte del cuerpo)* ⇒talón **2** ⇒tacón ⇒taco *AMÉR.*

hefty /ˈhef.ti/ *adj* **1** ⇒alto,ta ⇒elevado,da **2** ⇒grande ⇒corpulento,ta **3** *(un golpe)* ⇒fuerte

† **height** /haɪt/ *n* [C, U] **1** ⇒altura **2** the ~ of *sth* ⇒el culmen de algo ⇒lo más alto de algo ■ PRON. Se pronuncia como la palabra *high* seguida del sonido *t*

H■

heighten UK: /ˈhaɪ.tⁿn/ US: /-t[ə]n/ *v* [T, I] **1** ⇒intensificar(se) ⇒acrecentar(se) **2** *(el sabor)* ⇒realzar

heights /haɪts/ *n* [PL] **1** *(en una montaña)* ⇒cerros **2** *to have a fear of heights* - tener miedo a las alturas

heir UK: /eəʳ/ US: /er/ *n* [C] ⇒heredero: *the heir to the throne* - el heredero al trono

heiress UK: /ˈeə.res/ US: /ˈer.es/ *[pl* heiresses] *n* [C] ⇒heredera: *the heiress to the throne* - la heredera al trono

held /held/ past tense and past participle forms of **hold**

† **helicopter** UK: /ˈhel.ɪˌkɒp.təʳ/ US: /-ˌkɑːp.tɚ/ *n* [C] ⇒helicóptero

helium /ˈhiː.li.əm/ *n* [U] ⇒helio

† **hell** /hel/ ■ *n* [NO PL] **1** *(en religión)* ⇒infierno ■ *n* [U, NO PL] **2** *(inform)* ⇒infierno: *This city is hell* - Esta ciudad es un infierno **3** *The roadworks cause a hell of a noise* - Las obras de la calle ocasionan un ruido infernal

† **he'll** /hiːl/ *(he will)* See **will**

hellish /ˈhel.ɪʃ/ *adj* ⇒infernal ⇒endemoniado,da

† **hello** UK: /helˈəʊ/ US: /-ˈoʊ/ *excl* **1** *(UK tb* hallo/hullo) ⇒¡hola! **2** *(por teléfono)* ⇒¡diga!

helm /helm/ *n* [C] *(de un barco)* ⇒timón

† **helmet** /ˈhel.mət/ *n* [C] **1** ⇒casco **2** *(en una armadura antigua)* ⇒yelmo

† **help¹** /help/ *v* [T, I] **1** ⇒ayudar: *Can you help me take the books upstairs?* - ¿Puedes ayudarme a llevar los libros arriba? ■ CONSTR. to help sb (to) do sth **2** *cannot ~* ⇒no poder evitar: *He can't help it* - No puede evitarlo; *I couldn't help laughing* - No pude evitar reírme **3** *to ~ oneself (to sth)* ⇒servirse: *Help yourself to more cookies* - Sírvete más galletas

| PHRASAL VERBS
· to help (sb) out [M] ⇒ayudar ⇒echar una mano col.

† **help²** /help/ *n* [U] ⇒ayuda: *Do you need some help?* - ¿Necesitas ayuda?

helper UK: /ˈhel.pəʳ/ US: /-pɚ/ *n* [C] ⇒ayudante

† **helpful** /ˈhel.fl/ *adj* **1** ⇒útil **2** ⇒servicial ⇒dispuesto,ta a ayudar

helping /ˈhel.pɪŋ/ *n* [C] ⇒porción [de comida] ⇒ración [de comida] ■ Distinto de help (ayuda)

helpless /ˈhel.pləs/ *adj* **1** ⇒indefenso,sa ⇒desamparado,da **2** ⇒impotente

hem¹ /hem/ *n* [C] ⇒dobladillo

hem² /hem/ [hemmed, hemming] *v* [T] ⇒coser el dobladillo: *I must hem my skirt* - Me tengo que coser el dobladillo de la falda

| PHRASAL VERBS
└· to hem *sb* in [M] ⇒acorralar ⇒cercar

hemisphere UK: /ˈhem.ɪ.sfɪəʳ/ US: /-sfɪr/ *n* [C] ⇒hemisferio: *the northern hemisphere* - el hemisferio norte

hemorrhage UK: /ˈhem.ᵊr.ɪdʒ/ US: /-ɚ-/ [hemorrhaged, hemorrhaging] *US n* [C], *v* [I] See **haemorrhage**

hemp /hemp/ *n* [U] **1** *(planta)* ⇒cáñamo **2** ⇒marihuana

hen /hen/ *n* [C] **1** ⇒gallina **2** *hen-house* - gallinero **3** *(animal)* ⇒hembra **4** *Scot (inform)* ⇒amor ⇒cariño ■ Se usa como vocativo

† **hence** /hents/ *adv* **1** *(form)* ⇒por consiguiente ⇒de ahí que **2** *(form)* ⇒de aquí a: *I'm getting married one year hence* - Me caso de aquí a un año

henceforth UK: /ˌhentsˈfɔːθ/ US: /-ˈfɔːrθ/ *adv* *(form)* ⇒de ahora en adelante ⇒en lo sucesivo

hepatitis UK: /ˌhep.əˈtaɪ.tɪs/ US: /-t̬ɪs/ *n* [U] *(en medicina)* ⇒hepatitis ■ PRON. La tercera sílaba, ti, rima con my

† **her¹** /hɜːʳ/, /hɚʳ/, /əʳ/ *pron* **1** ⇒la ⇒le ⇒ella **2** *(después del verbo «to be»)*: *See that woman there? It's her* - ¿Ves a esa mujer de ahí? Es ella ■ Ver cuadros personal pronouns y possessive adjectives and pronouns

† **her²** /hɜːʳ/, /hɚʳ/, /əʳ/ *adj* ⇒su: *Are these her glasses?* - ¿Son estas sus gafas? ■ Ver cuadro possessive adjectives and pronouns

herald¹ /ˈher.ᵊld/ *v* [T] **1** *(form)* ⇒presagiar **2** ⇒anunciar

herald² /ˈher.ᵊld/ *n* [C] **1** *(form)* ⇒signo ⇒heraldo **2** *(en la época medieval)* ⇒heraldo ⇒mensajero,ra

† **herb** UK: /hɜːb/ US: /ɜːrb/ *n* [C] ⇒hierba [utilizada en medicina o en las comidas] ⇒especia

herd¹ UK: /hɜːd/ US: /hɜːrd/ *n* [C] ⇒rebaño ⇒manada

herd² UK: /hɜːd/ US: /hɜːrd/ *v* [T, I] ⇒llevar en manada: *We were herded through the museum* - Nos llevaron en manada por el museo ■ CONSTR. Se usa generalmente seguido de una preposición o un adverbio

† **here** UK: /hɪəʳ/ US: /hɪr/ *adv* **1** ⇒aquí ⇒acá *AMÉR.* ■ En las oraciones que comienzan con here, se sitúa el verbo detrás del sujeto si el sujeto es un pronombre: *Here we are, we finally made it* - Ya llegamos; al final lo conseguimos. Sin embargo, si el sujeto es un sustantivo, detrás de here se sitúa el verbo: *Here comes Mary* - Aquí viene Mary **2** *~ and there* ⇒aquí y allá **3** *~ you are* ⇒toma ⇒aquí tiene

hereditary /həˈred.ɪ.tri/ *adj* ⇒hereditario,ria

heresy /ˈher.ə.si/ *[pl* heresies] *n* [C, U] ⇒herejía: *That amounts to heresy for some people* - Eso equivale a herejía para algunos

† **heritage** UK: /ˈher.ɪ.tɪdʒ/ US: /-t̬ɪdʒ/ *n* [U] *(de un país)* ⇒patrimonio ⇒herencia ■ PRON. La a se pronuncia como la i en did

hermit UK: /ˈhɜː.mɪt/ US: /ˈhɜːr-/ *n* [C] ⇒ermitaño,ña

† **hero** UK: /ˈhɪə.rəʊ/ US: /ˈhɪr.oʊ/ *[pl* heroes] *n* [C] **1** ⇒héroe: *a national hero* - un héroe nacional **2** ⇒héroe ⇒protagonista

heroic UK: /hɪˈrəʊ.ɪk/ US: /-ˈroʊ-/ *adj* ⇒heroico,ca

†**heroin** UK: /ˈher.əʊ.ɪn/ US: /-oʊ-/ *n* [U] *(droga)* ⇒heroína ■ Distinto de *heroine* (una mujer heroica)

heroine UK: /ˈher.əʊ.ɪn/ US: /-oʊ-/ *n* [C] **1** ⇒heroína **2** ⇒heroína ⇒protagonista ■ Distinto de *heroin* (droga)

heroism UK: /ˈher.əʊ.ɪ.zᵊm/ US: /-oʊ-/ *n* [U] ⇒heroísmo

herring /ˈher.ɪŋ/ [*pl* herring, herrings] *n* [C, U] *(pez)* ⇒arenque

†**hers** UK: /hɜːz/ US: /hɜːz/ *pron* **1** ⇒suyo,ya: *I'm a friend of hers* - Soy una amiga suya; *Are these glasses hers?* - ¿Son tuyas estas gafas? **2** ⇒el suyo, la suya: *Don't take my hat; it's much better to take hers* - No cojas mi sombrero; coge mejor el suyo ■ Ver cuadro possessive adjectives and pronouns

herself UK: /hɜːˈself/ US: /hɜː-/ *pron* **1** ⇒se: *She cut herself with the knife* - Se cortó con el cuchillo **2** ⇒ella misma: *She'll drive the van herself* - Conducirá la furgoneta ella misma **3** ⇒en persona: *Have you talked to Mrs Edwards herself?* - ¿Has hablado con la señora Edwards en persona? **4** ⇒mismísima **5** (all) by ~ **1** ⇒sola [sin compañía]: *She lives by herself* - Vive sola **2** ⇒ella sola [sin ayuda]: *She painted the kitchen by herself* - Pintó la cocina ella sola ■ Ver cuadro reflexive pronouns

†**he's** /hiːz/ **1** *(he is)* See **be 2** *(he has)* See **have**

hesitant /ˈhez.ɪ.tᵊnt/ *adj* ⇒indeciso,sa ⇒vacilante

†**hesitate** /ˈhez.ɪ.teɪt/ [hesitated, hesitating] *v* [I] ⇒dudar: *He hesitated about calling her* - Dudó entre llamarla o no; ⇒vacilar

hesitation /ˌhez.ɪˈteɪ.ʃᵊn/ *n* [C, U] ⇒duda ⇒vacilación

heterogeneous UK: /ˌhet.ᵊrˈəˈdʒiː.ni.əs/ US: /ˌheţ.ə.roʊ-/ *adj (form)* ⇒heterogéneo,a

heterosexual UK: /ˌhet.ᵊrˈəʊˈsek.sju.ᵊl/ US: /ˌheţ.ə.roʊ-/ *adj, n* [C] ⇒heterosexual

hexagon UK: /ˈhek.sə.gən/ US: /-gɑːn/ *n* [C] ⇒hexágono

†**hey** /heɪ/ *excl (spoken)* ⇒¡oye! ⇒¡hala!

heyday /ˈheɪ.deɪ/ *n* [C] ⇒apogeo: *in her heyday* - en su apogeo ■ Se usa más en singular

†**hi** /haɪ/ *excl (inform)* ⇒¡hola!

hibernate /ˈhaɪ.bə.neɪt/ US: /-bɚ-/ [hibernated, hibernating] *v* [I] ⇒hibernar

hibernation UK: /ˌhaɪ.bəˈneɪ.ʃᵊn/ US: /-bɚ-/ *n* [U] ⇒hibernación

hiccup /ˈhɪk.ʌp/ **the hiccups** ⇒hipo: *I've got the hiccups* - Tengo hipo

hid past tense of **hide**

hidden past participle of **hide**

†**hide¹**, hid, hidden /haɪd/ [hiding] ■ *v* [T, I] **1** ⇒esconder(se) ■ *v* [T] **2** ⇒ocultar ⇒encubrir

hide² /haɪd/ ■ *n* [C, U] **1** *(de un animal)* ⇒piel ⇒pellejo ■ *n* [C] **2** *UK (US blind)* ⇒observatorio [de animales]

hide-and-seek /ˌhaɪd.ənˈsiːk/ *n* [U] ⇒escondite: *Let's play hide-and-seek* - ¿Jugamos al escondite?

hideous /ˈhɪd.i.əs/ *adj* ⇒espantoso,sa ⇒repugnante

hiding /ˈhaɪ.dɪŋ/ *n* [C] **1** *(old-fash) (vapuleo)* ⇒paliza ■ Se usa más en singular **2** *UK (inform)* ⇒paliza *col.*; ⇒derrota **3** to be in ~ ⇒estar escondido,da **4** to go into ~ ⇒esconderse

hierarchy UK: /ˈhaɪə.rɑː.ki/ US: /ˈhaɪr.ɑːr-/ [*pl* hierarchies] *n* [C] ⇒jerarquía

hieroglyphics UK: /ˌhaɪə.rəˈglɪf.ɪks/ US: /-roʊ-/ *n* [PL] ⇒jeroglífico

hi-fi /ˈhaɪ.faɪ/ *n* [C] *a hi-fi system* - un equipo de alta fidelidad

†**high¹** /haɪ/ *adj* **1** ⇒alto,ta: *a high mountain* - una montaña alta ■ Normalmente se usa con objetos altos y anchos; no se usa con personas ni animales. Comparar con *tall* **2** *(posición)* ⇒alto,ta **3** *(velocidad)* ⇒alto,ta ⇒fuerte **4** *(un sonido)* ⇒alto,ta ⇒agudo,da **5** *«How high is it?»* *«It's 30 metres high»* - *«¿Qué altura tiene?»* *«Tiene 30 de altura»* **6** ~ in *(un alimento)* ⇒alto,ta en ■ Ver cuadro alto (tall / high)

†**high²** /haɪ/ *adv* **1** ⇒alto: *She aims very high* - Quiere llegar muy alto **2** *How high can you jump?* - ¿Hasta qué altura puedes saltar?

highbrow /ˈhaɪ.braʊ/ *adj* ⇒para intelectuales: *a highbrow film* - una película para intelectuales

high-class UK: /ˌhaɪˈklɑːs/ US: /-ˈklæs/ *adj* ⇒de clase alta ⇒de categoría

High Court *n* [C] ⇒Tribunal Supremo

higher education *n* [U] ⇒enseñanza superior

high-heeled /ˌhaɪˈhɪəld/ *adj* ⇒de tacón: *high-heeled shoes* - zapatos de tacón

high jump the ~ ⇒salto de altura

high jumper *n* [C] ⇒atleta de salto de altura

high-level /ˌhaɪˈlev.ᵊl/ *adj* ⇒de alto nivel: *high-level negotiations* - negociaciones de alto nivel

highlight¹ /ˈhaɪ.laɪt/ *v* [T] **1** ⇒destacar ⇒poner de relieve **2** *(un texto)* ⇒subrayar ⇒marcar [con un rotulador]

highlight² /ˈhaɪ.laɪt/ *n* [C] **1** ⇒punto culminante ⇒lo más destacado **2** *(en arte)* ⇒toque de luz

highlighter (pen) *n* [C] ⇒rotulador fluorescente

highlights *n* [PL] **1** *(en el pelo)* ⇒reflejos **2** *(de un evento)* ⇒mejores momentos

highly /ˈhaɪ.li/ *adv* **1** ⇒muy: *highly enjoyable* - muy divertido **2** ⇒sumamente ⇒altamente **3** to {speak/think} ~ of *sth/sb* ⇒tener en gran estima

Highness /ˈhaɪ.nəs/ **{Her/His/Your}** ~ *(tratamiento honorífico)* ⇒Su Alteza

H

high-powered UK: /ˌhaɪˈpaʊəd/ US: /-ˈpaʊəd/ *adj* **1** ⇒de gran potencia: *a high-powered car* - un coche de gran potencia **2** *(un cargo o una persona)* ⇒de altos vuelos *col.*

high-rise /ˈhaɪ.raɪz/ *adj* ⇒de muchos pisos: *a high-rise building* - un edificio de muchos pisos

high-risk /ˌhaɪˈrɪsk/ *adj* ⇒de alto riesgo: *high-risk sports* - deportes de alto riesgo

high school *US* (*UK* **secondary school**) *n* [c] ⇒instituto de enseñanza secundaria

high street *UK n* [c] ⇒calle mayor

† **high-tech** /ˌhaɪˈtek/ (*UK tb* **hi-tech**) *adj* ⇒de alta tecnología: *a high-tech computer* - un ordenador de alta tecnología

† **highway** /ˈhaɪ.weɪ/ *US* (*UK* **motorway**) *n* [c] ⇒autopista: *on the highway* - en la utopista

hijack¹ /ˈhaɪ.dʒæk/ *v* [T] ⇒secuestrar [un medio de transporte]: *The plane was hijacked by the guerrillas* - Los guerrilleros secuestraron el avión ■ CONSTR. Se usa más en pasiva ■ Comparar con *kidnap* (secuestrar a una persona)

hijack² /ˈhaɪ.dʒæk/ *n* [c] ⇒secuestro [de un medio de transporte] ■ Comparar con *kidnapping* (secuestro de una persona)

hike /haɪk/ *n* [c] ⇒marcha ⇒excursión [a pie]

hilarious UK: /hɪˈleə.ri.əs/ US: /-ˈler.i-/ *adj* ⇒hilarante: *a hilarious joke* - un chiste hilarante

† **hill** /hɪl/ *n* [c] ⇒colina ⇒cerro

hillside /ˈhɪl.saɪd/ *n* [c] ⇒ladera

hilly /ˈhɪl.i/ *adj* [*comp* hillier, *superl* hilliest] ⇒montañoso,sa ⇒accidentado,da

hilt /hɪlt/ *n* [c] ⇒empuñadura **2** (up) to the ~ ⇒totalmente ⇒completamente ⇒incondicionalmente

† **him** /hɪm, ɪm/ *pron* **1** ⇒le ⇒lo ⇒él **2** *(después del verbo «to be»)* ⇒él ■ Ver cuadro personal pronouns

himself /hɪmˈself/ *pron* **1** ⇒se: *He cut himself on a piece of glass* - Se cortó con un cristal **2** ⇒él mismo: *He'll do it himself* - Lo hará él mismo **3** ⇒en persona **4** ⇒mismísimo: *I spoke to the rector himself* - Hablé con el mismísimo rector **5** (all) by ~ **1** ⇒solo [sin compañía]: *He lives by himself* - Vive solo [sin compañía] ⇒él solo [sin ayuda]: *He mended the bicycle by himself* - Arregló la bicicleta él solo ■ Ver cuadro reflexive pronouns

hinder UK: /ˈhɪn.də²/ US: /-dɚ/ *v* [T] ⇒entorpecer: *to hinder technological development* - entorpecer el desarrollo tecnológico; ⇒estorbar ■ CONSTR. Se usa más en pasiva

hindrance /ˈhɪn.drənts/ *n* [c, u] ⇒impedimento ⇒obstáculo ⇒estorbo

hindsight /ˈhaɪnd.saɪt/ {in/with} ~ ⇒pensándolo mejor

† **Hindu** /ˈhɪn.duː/ *adj, n* [c] ⇒hindú

† **Hinduism** /ˈhɪn.duː.ɪ.z²m/ *n* [U] ⇒hinduismo

hinge¹ /hɪndʒ/ *n* [c] **1** ⇒bisagra **2** ⇒gozne

hinge² /hɪndʒ/ [hinged, hinging]

| PHRASAL VERBS

· **to hinge {on/upon} sth 1** ⇒depender **2** *(una historia o una situación)* ⇒depender de algo
└─ ⇒girar en torno a algo

hint¹ /hɪnt/ *n* [c] **1** ⇒indirecta: *to drop a hint* - lanzar una indirecta **2** ⇒sugerencia **3** a ~ of *sth* ⇒un atisbo de algo ⇒un indicio de algo

hint² /hɪnt/ *v* [T, I] ⇒insinuar ⇒dar a entender ■ CONSTR. 1. to hint + that 2. to hint + at sth

hip¹ /hɪp/ *n* [c] **1** ⇒cadera: *hip replacement* - trasplante de cadera **2** *(fruto)* ⇒escaramujo

hip² /hɪp/ *adj* [*comp* hipper, *superl* hippest] *(inform)* ⇒de moda ⇒al día

hip-hop UK: /ˈhɪp.hɒp/ US: /-hɑːp/ *n* [U] ⇒hip-hop: *a hip-hop singer* - un cantante de hip-hop

hippie /ˈhɪp.i/ *n* [c] ⇒hippy

hippo /n [c] *(inform)* ⇒forma abreviada de **hippopotamus** (hipopótamo)

hippocampus *n* **1** *(pez)* ⇒hipocampo ⇒caballito de mar **2** *(en anatomía)* ⇒hipocampo

hippopotamus UK: /ˌhɪp.əˈpɒt.ə.məs/ US: /-ˈpɑː.t̬ə-/ [*pl* hippopotami, hippopotamuses] *n* [c] ⇒hipopótamo ■ La forma abreviada es *hippo*

† **hire¹** UK: /haɪə²/ US: /haɪr/ [hired, hiring] *v* [T] **1** *UK* (*US* rent) ⇒alquilar [para un plazo breve de tiempo] ⇒rentar *AMÉR.;* ⇒arrendar *AMÉR.* **2** ⇒contratar ⇒emplear

hire² UK: /haɪə²/ US: /haɪr/ *UK* (*UK/US tb* rental) *n* [U] ⇒alquiler: *car hire* - alquiler de coches

† **his¹** /hɪz/ *adj* ⇒su: *I gave him his pencil* - Le di su lápiz ■ Ver cuadro possessive adjectives and pronouns

† **his²** /hɪz/ *pron* **1** ⇒suyo,ya: *Give this book to Peter; it's his* - Dale este libro a Peter: es suyo **2** ⇒el suyo, la suya ■ Ver cuadro possessive adjectives and pronouns

Hispanic¹ /hɪˈspæn.ɪk/ *adj* ⇒hispánico,ca

Hispanic² /hɪˈspæn.ɪk/ *n* [c] ⇒hispano,na

hiss¹ /hɪs/ *v* [I] ⇒sisear ⇒silbar

hiss² /hɪs/ [*pl* hisses] *n* [c, u] ⇒siseo ⇒silbido

hissy (fit) *n* [c] *(inform)* ⇒rabieta *col.;* ⇒perra *col.*

historian UK: /hɪˈstɔː.ri.ən/ US: /-ˈstɔːr.i-/ *n* [c] ⇒historiador,-a

historic UK: /hɪˈstɒr.ɪk/ US: /-ˈstɔːr-/ *adj* ⇒relevante ⇒histórico,ca

historical UK: /hɪˈstɒr.ɪ.k²l/ US: /-ˈstɔːr-/ *adj* ⇒histórico,ca: *a historical fact* - un hecho histórico

historically UK: /hɪˈstɒr.ɪ.kli/ US: /-ˈstɔːr-/ *adv* ⇒históricamente ■ PRON. La *a* no se pronuncia

† **history** UK: /ˈhɪs.t²r.i/ US: /-t̬ə-/ *n* [U] **1** *(asignatura)* ⇒historia **2** ⇒historia ⇒pasado

† **hit¹**, hit, hit /hɪt/ [hitting] v [T] **1** ⇒pegar ⇒golpear ⇒fajar AMÉR. **2** ⇒dar: *The arrow hit the target* - La flecha dio en el blanco
│ PHRASAL VERBS
│ · **to hit back** ⇒contestar [a un ataque físico o verbal]
└
hit² /hɪt/ n [C] **1** ⇒golpe **2** ⇒éxito: *His first single was a real hit* - Su primer single fue todo un éxito **3** ⇒acierto **4** *(en internet)* ⇒visita
hit-and-run /ˌhɪt.ənˈrʌn/ adj **1** ⇒con omisión de socorro: *a hit-and-run car accident* - un accidente de coche con omisión de socorro **2** *a hit-and-run driver* - un conductor que, tras un accidente, se da a la fuga
hitch¹ /hɪtʃ/ [pl hitches] n [C] ⇒inconveniente ⇒dificultad ⇒contratiempo
hitch² /hɪtʃ/ v [T] ⇒enganchar ■ CONSTR. Se usa generalmente seguido de la preposición to
│ PHRASAL VERBS
│ · **to hitch sth up** [M] ⇒subir(se) algo ⇒remangar(se) algo
└
hitchhike /ˈhɪtʃ.haɪk/ [hitchhiked, hitchhiking] v [I] ⇒hacer autoestop
hi-tech UK adj See **high-tech**
hive /haɪv/ n [C] ⇒colmena
hoard¹ UK: /hɔːd/ US: /hɔːrd/ v [T] ⇒almacenar ⇒acopiar ⇒atesorar
hoard² UK: /hɔːd/ US: /hɔːrd/ n [C] **1** ⇒provisión **2** ⇒tesoro
hoarding UK: /ˈhɔː.dɪŋ/ US: /ˈhɔːr-/ UK (UK/US tb billboard) n [C] ⇒valla publicitaria
hoarse UK: /hɔːs/ US: /hɔːrs/ adj *(voz)* ⇒ronco,ca
hoax UK: /həʊks/ US: /hoʊks/ [pl hoaxes] n [C] ⇒engaño ⇒aviso falso ⇒falsa alarma
hob UK: /hɒb/ US: /hɑːb/ UK n [C] *(en la cocina)* ⇒placa
† **hobby** UK: /ˈhɒb.i/ US: /ˈhɑː.bi/ [pl hobbies] n [C] ⇒afición ⇒pasatiempo
† **hockey** UK: /ˈhɒk.i/ US: /ˈhɑː.ki/ n [U] ⇒hockey: *a hockey stick* - un palo de hockey
hoe UK: /həʊ/ US: /hoʊ/ n [C] *(herramienta)* ⇒azada
hog¹ UK: /hɒg/ US: /hɑːg/ US n [C] *(animal)* ⇒cerdo
hog² UK: /hɒg/ US: /hɑːg/ [hogged, hogging] v [T] *(inform)* ⇒acaparar
Hogmanay UK: /ˈhɒg.mə.neɪ/ US: /ˈhɑːg.mə.neɪ/ UK n [C, U] *(en Escocia)* ⇒nochevieja
hoist /hɔɪst/ v [T] **1** ⇒izar **2** *(tb hoist up)* ⇒subir: *They hoisted up the piano with a rope* - Subieron el piano con una cuerda
† **hold¹**, held, held UK: /həʊld/ US: /hoʊld/ v [T] **1** ⇒tener ⇒sujetar **2** ⇒mantener: *Hold your head up* - Mantén la cabeza erguida **3** ⇒tener capacidad para ⇒entrar **4** ⇒celebrar: *They're holding a party upstairs* - Están celebrando una

fiesta en el piso de arriba **5** *(un título)* ⇒ostentar **6** ⇒retener [a un prisionero] ⇒tener preso,sa **7** *Don't ~ your breath! (hum)* ⇒espera sentado,da col. **8** *to get ~ of sth/sb* ⇒localizar: *I need to get hold of Helen* - Tengo que localizar a Helen **9** *to ~ one's breath* ⇒contener la respiración **10** *to ~ (down) the fort* ⇒hacerse cargo de una situación
│ PHRASAL VERBS
│ · **to hold sth against sb** ⇒tener algo en cuenta a alguien
│ · **to hold sth back 1** *(una emoción)* ⇒contener ⇒reprimir **2** *(una información)* ⇒ocultar ⇒callarse
│ · **to hold sth/sb back** [M] **1** ⇒contener: *The police couldn't hold the crowd back* - La policía no logró contener a la multitud **2** ⇒frenar [el progreso] ⇒impedir [el desarrollo]
│ · **to hold sth/sb down** [M] **1** ⇒retener ⇒detener **2** *(coste, sueldo)* ⇒mantener a la baja
│ · **to hold on** *(inform)* ⇒esperar: *Hold on a second while I take my coat off* - Espera un segundo que me quite el abrigo; *Hold on a moment, please* - Espere un momento, por favor ■ Normalmente se usa en contextos telefónicos
│ · **to hold onto sth** ⇒sujetar algo ⇒agarrarse a algo
│ · **to hold out** ⇒aguantar ⇒soportar ⇒resistir
│ · **to hold sth out** [M] **1** ⇒extender ⇒acercar ⇒tender **2** *(una posibilidad, una esperanza)* ⇒ofrecer
│ · **to hold sth up** [M] ⇒apoyar algo ⇒sostener algo
│ · **to hold sth/sb up** [M] **1** ⇒atracar **2** ⇒retrasar ⇒detener
└
hold² UK: /həʊld/ US: /hoʊld/ ■ n [U, NO PL] **1** ⇒asimiento ⇒agarre **2** ⇒dominio ⇒control ■ n [C] **3** *(de un barco o avión)* ⇒bodega **4** *~ {on/over} sth/sb* ⇒poder ⇒influencia **5** *to get ~ of sth/sb* ⇒conseguir algo ⇒conseguir contactar con alguien
holdall UK: /ˈhəʊld.ɔːl/ US: /ˈhoʊld.ɑːl/ UK n [C] ⇒bolsa de viaje
holder UK: /ˈhəʊl.dəʳ/ US: /ˈhoʊl.də/ n [C] **1** ⇒propietario,ria: *the passport holder* - el propietario del pasaporte **2** *(de un título)* ⇒poseedor,-a **3** *(de una cuenta bancaria)* ⇒titular
holding UK: /ˈhəʊl.dɪŋ/ US: /ˈhoʊl-/ n [C] **1** *(en una empresa)* ⇒participación **2** ⇒terreno arrendado
hold-up UK: /ˈhəʊld.ʌp/ US: /ˈhoʊld-/ UK n [C] **1** ⇒atasco **2** ⇒atraco
† **hole** UK: /həʊl/ US: /hoʊl/ n [C] **1** ⇒agujero ⇒bache ⇒brecha **2** *(en golf)* ⇒hoyo **3** ⇒madriguera: *a rabbit hole* - una madriguera de conejos **4** ⇒aprieto ⇒apuro

H

†holiday¹ UK: /'hɒl.ɪ.deɪ/ US: /'hɑː.lɪ-/ *n* [C, U] **1** *UK* (*US* vacation) ⇒vacaciones ■ Cuando se hace referencia a un periodo largo se utiliza *holidays* ■ La forma abreviada es *hols* **2** ⇒fiesta ⇒día festivo **3** on ~ *UK* (*US* on vacation) ⇒de vacaciones

holiday² UK: /'hɒl.ɪ.deɪ/ US: /'hɑː.lɪ-/ *UK* (*US* vacation) *v* [I] **1** ⇒pasar las vacaciones **2** (*en verano*) ⇒veranear ■ Se usa más *to spend one's holidays* y *to go on holiday*

holidaymaker UK: /'hɒl.ə.di,meɪ.kəʳ/ US: /'hɑː.lə.deɪ,meɪ.kɚ/ *UK n* [C] **1** ⇒turista **2** (*en verano*) ⇒veraneante

holiness UK: /'həʊ.lɪ.nəs/ US: /'hoʊ-/ *n* [U] ⇒santidad

holistic UK: /həʊ'lɪs.tɪk/ US: /hoʊl'ɪs-/ *adj* ⇒holístico,ca: *holistic medicine* - medicina holística

hollow¹ UK: /'hɒl.əʊ/ US: /'hɑː.loʊ/ *adj* **1** ⇒hueco,ca: *a hollow tube* - un tubo hueco **2** (*una cara o unos ojos*) ⇒hundido,da **3** (*una amenaza o una promesa*) ⇒hueco,ca ⇒vacío,a ⇒vano,na

hollow² UK: /'hɒl.əʊ/ US: /'hɑː.loʊ/ *n* [C] **1** ⇒hueco ⇒hoyo **2** ⇒hondonada **3** *US* ⇒valle

†hollow³ UK: /'hɒl.əʊ/ US: /'hɑː.loʊ/

PHRASAL VERBS
· **to hollow sth out [M]** ⇒vaciar ⇒hacer un hueco [en algo]

holly UK: /'hɒl.i/ US: /'hɑː.li/ [*pl* hollies] *n* [C, U] (*árbol*) ⇒acebo

holocaust UK: /'hɒl.ə.kɔːst/ US: /'hɑː.lə.kɑːst/ *n* [C] ⇒holocausto

hologram UK: /'hɒl.ə.græm/ US: /'hɑː.lə-/ *n* [C] ⇒holograma

†holy UK: /'həʊ.li/ US: /'hoʊ-/ *adj* [*comp* holier, *superl* holiest] **1** ⇒sagrado,da ⇒santo,ta **2** Holy Week ⇒Semana Santa

†home¹ UK: /həʊm/ US: /hoʊm/ *n* [C, U] **1** ⇒casa: *This is my home* - Esta es mi casa ■ Se dice *to go home* - ir a casa. Incorrecto: *to go to home*. Lo mismo sucede con *to come home* y *to arrive home* **2** ⇒orfanato ⇒asilo **3** ⇒tierra ⇒patria **4** at ~ ⇒en casa **5** the ~ of *sth/sb* **1** ⇒la cuna: *India, the home of silk* - India, la cuna de la seda **2** (*para animales*) ⇒el hábitat

home² UK: /həʊm/ US: /hoʊm/ *adj* ⇒de casa ⇒local

†home³ UK: /həʊm/ US: /hoʊm/ *adv* ⇒a casa ⇒en casa

homeland UK: /'həʊm.lænd/ US: /'hoʊm-/ *n* [C] ⇒tierra natal ⇒patria

homeless UK: /'həʊm.ləs/ US: /'hoʊm-/ *adj* **1** ⇒sin hogar **2** the ~ ⇒las personas sin hogar ⇒los sin techo

homely UK: /'həʊm.li/ US: /'hoʊm-/ *UK adj* [*comp* homelier, *superl* homeliest] **1** ⇒confortable **2** *UK* ⇒hogareño,ña **3** *US* ⇒poco atractivo,va

home-made *UK adj* See **homemade**

homemade UK: /,həʊm'meɪd/ US: /,hoʊm-/ (*UK tb* home-made) *adj* ⇒casero,ra: *homemade jam* - mermelada casera

homeopathy UK: /həʊ.mi'ɒp.ə.θi/ US: /,hoʊ.mi'ɑː.pə-/ *n* [U] ⇒homeopatía

home page *n* [C] (*en informática*) ⇒página de inicio

homesick UK: /'həʊm.sɪk/ US: /'hoʊm-/ *adj* **1** ⇒nostálgico,ca **2** to {be/feel} ~ ⇒tener morriña *col.*

†homework UK: /'həʊm.wɜːk/ US: /'hoʊm.wɝːk/ *n* [U] ⇒deberes: *to do one's homework* - hacer los deberes ■ Se dice *some homework* o *a piece of homework*. Incorrecto: *a homework*

homicide UK: /'hɒm.ɪ.saɪd/ US: /'hɑː.mə-/ *US n* [C, U] (*form*) (*en derecho*) ⇒homicidio

homogeneous UK: /,hɒm.ə'dʒiː.ni.əs/ US: /,həʊ.mə-/ US: /,hoʊ.moʊ'dʒiː-/ *adj* (*form*) ⇒homogéneo,a

homosexual UK: /,həʊ.məʊ'sek.sju.əl/ UK: /,hɒm.əʊ'-/ US: /,hoʊ.moʊ'sek.ʃu.[ə]l/ *adj, n* [C] ⇒homosexual

Honduran UK: /hɒn'djʊə.rən/ US: /hɑːn'dʊr.ən/ *adj, n* [C] ⇒hondureño,ña

Honduras UK: /hɒn'djʊə.rəs/ US: /hɑːn'dʊr.əs/ *n* [U] ⇒Honduras

†honest UK: /'ɒn.ɪst/ US: /'ɑː.nɪst/ *adj* **1** ⇒honrado,da ⇒honesto,ta **2** ⇒sincero,ra

honestly UK: /'ɒn.ɪst.li/ US: /'ɑː.nɪst-/ *adv* **1** ⇒con sinceridad ⇒sinceramente ⇒francamente **2** ⇒de verdad ⇒en serio **3** ⇒honradamente

honesty UK: /'ɒn.ə.sti/ US: /'ɑː.nə-/ *n* [U] **1** ⇒honradez ⇒honestidad **2** ⇒sinceridad

honey UK: /'hʌn.i/ ■ *n* [U] **1** ⇒miel ■ *n* [C] **2** *US* ⇒cariño ■ Se usa como vocativo **3** ⇒encanto: *She's a honey* - Es un encanto

honeymoon UK: /'hʌn.i.muːn/ *n* [C] ⇒luna de miel: *to go on honeymoon* - irse de luna de miel

Hong Kong¹ UK: /,hɒŋ'kɒŋ/ US: /'hɑː.ŋ,kɑːŋ/ *n* [U] ⇒Hong Kong

Hong Kong² UK: /,hɒŋ'kɒŋ/ US: /'hɑː.ŋ,kɑːŋ/ *adj* ⇒hongkonés,-a

honk UK: /hɒŋk/ US: /hɑːŋk/ *v* [T, I] **1** (*en un coche*) ⇒tocar la bocina **2** (*un ganso*) ⇒graznar

honor UK: /'ɒn.əʳ/ US: /'ɑː.nɚ/ *US n* [C] See **honour**

honorable UK: /'ɒn.ʳr.ə.bl/ US: /'ɑː.nɚ-/ *US adj* See **honourable**

honorary UK: /'ɒn.ʳr.ə.ri/ US: /'ɑː.nə.rer.i/ *adj* ⇒honorario,ria ⇒honorífico,ca

†honour UK: /'ɒn.əʳ/ US: /'ɑː.nɚ/ *UK* (*US* honor) *n* [C] **1** ⇒honor: *a dinner in honour of John* - una cena en honor de John **2** honours ⇒licenciatura con matrícula de honor ■ Pron. La *h* no se pronuncia

■H

honourable UK: /ˈɒn.ᵊr.ə.bl̩/ US: /ˈɑː.nə-/ UK (US honorable) adj ⇒honorable

†**hood** /hʊd/ n [c] 1 ⇒capucha 2 US (UK bonnet) (en un coche) ⇒capó 3 (en una cocina) ⇒campana

hoof /huːf/ [pl hooves, hoofs] n [c] ⇒pezuña

hook¹ /hʊk/ n [c] 1 ⇒gancho 2 ⇒percha 3 ⇒anzuelo 4 off the ~ (el teléfono) ⇒descolgado,da 5 to get sb off the ~ (inform) ⇒sacar a alguien de un apuro 6 to let sb off the ~ (inform) ⇒dejar que alguien se escape

hook² /hʊk/ v [T] 1 ⇒enganchar 2 ⇒pescar

hooked /hʊkt/ adj 1 ⇒ganchudo,da: hooked nose - nariz ganchuda 2 (inform) ⇒enganchado,da col.: I'm hooked on that TV series - Estoy enganchado a esa serie televisiva

hooligan /ˈhuː.lɪ.gᵊn/ n [c] 1 ⇒gamberro,rra 2 ⇒hooligan

hoop /huːp/ n [c] ⇒aro

hooray /hʊˈreɪ, hə-/ excl See **hurrah**

hoot¹ /huːt/ ∎ n [c] 1 UK ⇒pitido [de un coche] ⇒silbato [de un tren] ∎ n [NO PL] 2 (inform) ⇒risa col.: That play is a hoot - Esa obra de teatro es una risa 3 (inform) ⇒chistoso,sa

hoot² /huːt/ ∎ v [T, I] 1 UK (en un coche) ⇒tocar la bocina ∎ v [T] 2 (un búho) ⇒ulular 3 ⇒reír(se) a carcajadas: We hooted with laughter - Nos reímos a carcajadas

hoover UK v [T, I] ⇒pasar la aspiradora

Hoover® UK: /ˈhuː.vəʳ/ US: /-və/ UK n [c] ⇒aspiradora

hooves /huːvz/ n [PL] See **hoof**

hop¹ UK: /hɒp/ US: /hɑːp/ [hopped, hopping] v [I] 1 ⇒andar a la pata coja 2 ⇒andar a saltitos

hop² UK: /hɒp/ US: /hɑːp/ n [c] 1 ⇒saltito 2 (planta) ⇒lúpulo

†**hope¹** UK: /həʊp/ US: /hoʊp/ [hoped, hoping] v [T, I] 1 ⇒esperar: I hope that you get better soon - Espero que te recuperes pronto ∎ CONSTR. 1. to hope + (that) 2. to hope + to do sth 2 I should ~ not! ⇒¡faltaría más! ∎ Se usa para expresar el deseo de que algo suceda. Comparar con expect

†**hope²** UK: /həʊp/ US: /hoʊp/ n [c, U] ⇒esperanza: You have to hold on to that hope - Tienes que tener esperanza; You're my only hope - Eres mi única esperanza

hopeful UK: /ˈhəʊp.fᵊl/ US: /ˈhoʊp-/ adj 1 ⇒esperanzado,da 2 I was hopeful that he would arrive on time - Tenía la esperanza de que pudiese llegar a tiempo 3 (un signo) ⇒esperanzador,-a

hopefully UK: /ˈhəʊp.fᵊl.i/ US: /ˈhoʊp-/ adv 1 ⇒con esperanza: She talked to me hopefully about the future - Me habló del futuro con esperanza 2 Hopefully, they'll come - Tenemos esperanzas de que vengan 3 ⇒espero que sí: «Are you coming too?» «Hopefully» - «¿Tú también vienes?» «Espero que sí»

hopeless UK: /ˈhəʊ.pləs/ US: /ˈhoʊ-/ adj 1 ⇒pésimo,ma ⇒desastroso,sa 2 ⇒desesperanzador,-a 3 ⇒inútil: It's hopeless to ask him for money - Es inútil que le pidas dinero

hopelessly UK: /ˈhəʊ.plə.sli/ US: /ˈhoʊ-/ adv 1 ⇒totalmente: He was hopelessly in love - Estaba totalmente enamorado 2 ⇒sin esperanza

hopscotch UK: /ˈhɒp.skɒtʃ/ US: /ˈhɑːp.skɑːtʃ/ n [U] (juego) ⇒rayuela

horde UK: /hɔːd/ US: /hɔːrd/ n [c] 1 ⇒horda ⇒aglomeración ⇒multitud 2 (en historia) ⇒horda

horizon UK: /həˈraɪ.zᵊn/ US: [NO PL] ⇒horizonte: on the horizon - en el horizonte

†**horizontal** UK: /ˌhɒr.ɪˈzɒn.tᵊl/ US: /ˌhɔːr.ɪˈzɑːn.ᵊt̬[ə]l/ adj, n [c] ⇒horizontal

horizontally UK: /ˌhɒr.ɪˈzɒn.tᵊl.i/ US: /ˌhɔːr.ɪˈzɑːn.ᵊt̬[ə]l-/ adv ⇒horizontalmente

hormone UK: /ˈhɔː.məʊn/ US: /ˈhɔːr.moʊn/ n [c] ⇒hormona: hormone treatment - tratamiento con hormonas

†**horn** UK: /hɔːn/ US: /hɔːrn/ ∎ n [c, U] 1 (en algunos animales) ⇒cuerno ⇒asta ∎ n [c] 2 ⇒bocina 3 (instrumento musical) ⇒cuerno ⇒trompa

horoscope UK: /ˈhɒr.ə.skəʊp/ US: /ˈhɔːr.ə.skoʊp/ n [c] ⇒horóscopo

horrendous /hɒˈren.dəs/ adj 1 ⇒horrendo,da ⇒horroroso,sa ⇒espantoso,sa 2 ⇒tremendo,da ⇒inmenso,sa

†**horrible** UK: /ˈhɒr.ɪ.bl̩/ US: /ˈhɔːr-/ adj ⇒horrible

horrid UK: /ˈhɒr.ɪd/ US: /ˈhɔːr-/ adj (inform) ⇒horrible

horrific /həˈrɪf.ɪk/ adj ⇒horrendo,da ⇒espantoso,sa

horrify UK: /ˈhɒr.ɪ.faɪ/ US: /ˈhɔːr-/ [horrifies, horrified] v [T] ⇒horrorizar ∎ CONSTR. Se usa más en pasiva

horrifying UK: /ˈhɒr.ɪ.faɪ.ɪŋ/ US: /ˈhɔːr-/ adj ⇒horroroso,sa ⇒horripilante

†**horror** UK: /ˈhɒr.əʳ/ US: /ˈhɔːr.ə/ ∎ n [U] 1 ⇒terror ⇒horror ∎ n [c] 2 (persona) ⇒demonio ⇒diablo

horror story [pl horror stories] n [c] ⇒historia de terror

†**horse** UK: /hɔːs/ US: /hɔːrs/ n [c] 1 ⇒caballo: to ride a horse - montar a caballo 2 (en un gimnasio) ⇒potro

horsepower UK: /ˈhɔːs.paʊəʳ/ US: /ˈhɔːrs.paʊr/ n [c, U] (en un motor) ⇒caballos ∎ La forma abreviada es hp

horse riding UK n [U] ⇒equitación

horseshoe UK: /ˈhɔːs.ʃuː/ US: /ˈhɔːrs-/ n [c] ⇒herradura

horticulture UK: /ˈhɔː.tɪ.kʌl.tʃəʳ/ US: /ˈhɔːr.ᵊt̬ə.kʌl.tʃə/ n [U] ⇒horticultura

hose UK: /həʊz/ US: /hoʊz/ ■ *n* [C] **1** ⇨manguera ■ *n* [U] **2** ⇨medias

hospice UK: /ˈhɒs.pɪs/ US: /ˈhɑː.spɪs/ *n* [C] ⇨hospital para enfermos terminales ■ Distinto de *omen* (*auspicio*)

†**hospitable** UK: /hɒsˈpɪt.ə.bl̩/ US: /hɑːˈspɪˤt̩-/ *adj* ⇨hospitalario,ria ⇨acogedor,-a

†**hospital** UK: /ˈhɒs.pɪ.tºl/ US: /ˈhɑː.spɪ.ˤt[ə]l/ *n* [C, U] ⇨hospital

hospitality UK: /ˌhɒs.pɪˈtæl.ə.ti/ US: /ˌhɑː.spɪˈtæl.ə.ˤt̩i/ *n* [U] ⇨hospitalidad

host¹ UK: /həʊst/ US: /hoʊst/ ■ *n* [C] **1** ⇨anfitrión,-a ■ *n* [NO PL] **2** (*en la misa*) ⇨hostia **3** *US* (*UK presenter*) (*en radio o en televisión*) ⇨presentador,-a ⇨conductor,-a AMÉR.

host² UK: /həʊst/ US: /hoʊst/ *v* [T] **1** (*un evento*) ⇨albergar ⇨ser la sede **2** (*un programa de radio o televisión*) ⇨presentar **3** (*en informática*) ⇨proporcionar los elementos necesarios para crear o alojar una página web

hostage UK: /ˈhɒs.tɪdʒ/ US: /ˈhɑː.stɪdʒ/ *n* [C] ⇨rehén: *to take sb hostage* - tomar a alguien como rehén ■ PRON. La *a* se pronuncia como la *i* en *did*

hostel UK: /ˈhɒs.tºl/ US: /ˈhɑː.st[ə]l/ *n* [C] ⇨albergue ⇨hogar ⇨residencia [de estudiantes]

hostess UK: /ˈhəʊ.stes/ US: /ˈhoʊ.stɪs/ [*pl* hostesses] *n* [C] **1** ⇨anfitriona **2** ⇨presentadora [de televisión] ■ Se emplea únicamente con mujeres

†**hostile** UK: /ˈhɒs.taɪl/ US: /ˈhɑː.st[ə]l/ *adj* **1** ⇨hostil ⇨adverso,sa **2** (*un territorio*) ⇨enemigo,ga

hostility UK: /hɒsˈtɪl.ɪ.ti/ US: /hɑːˈstɪl.ə.ˤt̩i/ *n* [U] ⇨hostilidad: *to show hostility to sb* - mostrar hostilidad hacia alguien

†**hot** UK: /hɒt/ US: /hɑːt/ *adj* [*comp* hotter, *superl* hottest] **1** ⇨caliente: *Don't touch the pot; it's hot* - No toques la olla; está caliente ■ Hace referencia a una temperatura muy alta y desagradable. Comparar con *warm* **2** (*una comida*) ⇨picante **3** (*inform*) ⇨atractivo,va ⇨cañón *col.* **4 to be ~ 1** ⇨tener calor: *Aren't you hot?* - ¿No tienes calor? **2** ⇨hacer calor: *It's very hot in here* - Hace mucho calor aquí

hot chocolate *n* [C, U] (*bebida*) ⇨chocolate caliente ■ PRON. La segunda *o* de *chocolate* no se pronuncia

hot dog *n* [C] ⇨perrito caliente ⇨pancho AMÉR.

†**hotel** UK: /həʊˈtel/ US: /hoʊ-/ *n* [C] ⇨hotel: *a three star hotel* - un hotel de tres estrellas

hotly UK: /ˈhɒt.li/ US: /ˈhɑːt.li/ *adv* **1** ⇨enérgicamente ⇨con pasión **2** ⇨con indignación ⇨con enfado **3** *hotly pursued by the police* - con la policía pisándole los talones

hound¹ /haʊnd/ *n* [C] ⇨perro de caza

hound² /haʊnd/ *v* [T] ⇨acosar: *They hounded him with questions* - Lo acosaron con preguntas

†**hour** UK: /aʊəʳ/ US: /aʊr/ *n* [C] **1** (*unidad de tiempo*) ⇨hora **2** (*momento determinado*) ⇨hora **3** after hours ⇨después del trabajo **4** hours ⇨horario: *What hours do you work?* - ¿Qué horario tienes? ■ Se dice *At what time?* - ¿A qué hora? y *What time is it?* - ¿Qué hora es?. Incorrecto: *At what hour?* o *What hour is it?* ■ La forma abreviada es *Hr*

hourly UK: /ˈaʊə.li/ US: /ˈaʊr-/ *adj* ⇨cada hora ⇨por hora

†**house**¹ /haʊs, ˈhaʊzɪz/ *n* [C] **1** ⇨casa: *detached house* - casa independiente; *semi-detached house* - casa pareada **2** full ~ (*en un teatro*) ⇨lleno **3** on the ~ ⇨cortesía de la casa

house² /haʊz/ [housed, housing] *v* [T] (*form*) ⇨alojar ⇨albergar

houseboat UK: /ˈhaʊs.bəʊt/ US: /-boʊt/ *n* [C] (*en un río o en un canal*) ⇨embarcación que se utiliza de vivienda

†**household** UK: /ˈhaʊs.həʊld/ US: /-hoʊld/ *n* [C] ⇨hogar ⇨familia

householder UK: /ˈhaʊs.həʊl.dəʳ/ US: /-ˌhoʊl.dɚ/ *UK n* [C] **1** ⇨propietario,ria de una casa **2** ⇨inquilino,na

housekeeper UK: /ˈhaʊsˌkiː.pəʳ/ US: /-pɚ/ *n* [C] (*en una casa*) ⇨ama de llaves

housekeeping /ˌhaʊsˈkiː.pɪŋˌmʌn.i/ *n* [U] **1** ⇨tareas domésticas **2** ⇨gastos domésticos ⇨gastos de la casa

House of Commons *n* [NO PL] (*en Reino Unido y en Canadá*) ⇨Cámara de los Comunes

House of Lords *n* [NO PL] (*en Reino Unido*) ⇨Cámara de los Lores

Houses of Parliament *n* [PL] ⇨Parlamento británico

†**housewife** /ˈhaʊs.waɪf/ [*pl* housewives] *n* [C] ⇨ama de casa

†**housework** UK: /ˈhaʊs.wɜːk/ US: /-wɜːrk/ *n* [U] ⇨faenas del hogar ⇨tareas domésticas ■ Se dice *some housework*. Incorrecto: *a housework*

housing /ˈhaʊ.zɪŋ/ *n* [U] ⇨vivienda ⇨alojamiento

housing estate *UK n* [C] ⇨urbanización

hove past tense and past participle forms of **heave**

hover UK: /ˈhɒv.əʳ/ US: /ˈhɑː.vɚ/ *v* [I] **1** (*un ave*) ⇨cernerse **2** (*un helicóptero*) ⇨sobrevolar ⇨mantenerse en el aire **3** (*una persona*) ⇨rondar **4** ⇨tener dudas **5** ⇨debatirse: *After the accident, she hovered between life and death for several hours* - Tras el accidente, se debatió entre la vida y la muerte durante horas ■ CONSTR. Se usa generalmente seguido de una preposición o un adverbio

†**hovercraft** UK: /ˈhɒv.ə.krɑːft/ US: /ˈhɑː.vɚ.kræft/ [*pl* hovercrafts, hovercraft] *n* [C] ⇨aerodeslizador

how /haʊ/ *adv* **1** *(modo)* ⇒cómo **2** *(edad)* ⇒qué ⇒cuánto,ta **3** *(cantidad)* ⇒cuánto **4** *(tamaño)* ⇒qué ⇒cómo **5** *(estado de salud, ánimo)* ⇒qué tal **6** *(frecuencia): How often do you go to the dentist? -* ¿Cada cuánto vas al dentista? **7** *(en oraciones exclamativas)* ⇒qué ■ Se usa seguido de adjetivos o de adverbios: *How interesting! ¡Qué interesante!* Comparar con *what* **8** ~ **about...?** ⇒¿y si?: *How about going to Venice? -* ¿Y si vamos a Venecia? **9** ~ **come...?** *(inform)* ⇒¿cómo es que...? *col.: How come you arrived so late? -* ¿Cómo es que llegaste tan tarde? **10** ~ **do you do?** *(form)* ⇒¿cómo está usted? ■ La respuesta a esta pregunta es también *How do you do?* Normalmente este saludo va acompañado de un apretón de manos ■ Ver cuadros interrogative pronouns and adverbs y ¿cómo está...? / ¿cómo es...?

however UK: /ˌhaʊˈev.əʳ/ US: /-ɚ/ *adv* **1** ⇒sin embargo **2** ⇒por muy ⇒por mucho **3** ⇒como **4** *However you look at it, it's a mistake -* Lo mires con lo mires, es un error **5** *(en preguntas)* ⇒cómo ⇒cómo rayos

howl¹ /haʊl/ *v* [I] **1** *(un perro o un lobo)* ⇒aullar **2** ⇒dar alaridos: *to howl in pain -* dar alaridos de dolor **3** *(el viento)* ⇒rugir ⇒silbar

howl² /haʊl/ *n* [C] **1** ⇒aullido **2** ⇒grito [de dolor]

HQ /ˌeɪtʃˈkjuː/ *n* [C] ⇒forma abreviada de **headquarters** (cuartel general)

hr [*pl* hrs] *n* [C] ⇒h ⇒forma abreviada de **hour** (hora)

hub /hʌb/ *n* [C] **1** *(en un vehículo)* ⇒llanta **2** ⇒alma ⇒núcleo ⇒eje **3** *(en una rueda)* ⇒cubo

huddle¹ /ˈhʌd.l/ [huddled, huddling] *v* [I] **1** ⇒acurrucarse: *I huddled close to the chimney -* Me acurruqué junto a la chimenea **2** ⇒apiñarse ⇒arrimarse ⇒amontonarse ■ CONSTR. Se usa generalmente seguido de los adverbios around, round, together y up

huddle² /ˈhʌd.l/ *n* [C] ⇒corrillo

huff /hʌf/ *v* [I] **1** *(inform)* ⇒resoplar **2 to be in a** ~ *(inform)* ⇒estar cabreado,da *vulg.;* ⇒estar indignado,da

hug¹ /hʌg/ [hugged, hugging] *v* [T] ⇒abrazar: *Give me a hug -* Abrázame

hug² /hʌg/ *n* [C] ⇒abrazo

huge /hjuːdʒ/ *adj* ⇒enorme: *a huge wave -* una ola enorme

huh /hə/ *excl (inform)* ⇒eh: *It's cold, huh? -* Hace frío, ¿eh?

hull /hʌl/ *n* [C] *(de un barco)* ⇒casco

hullo UK: /həˈləʊ/ US: /-ˈloʊ/ *UK* (*UK/US tb* hello) *excl* ⇒¡hola!

hum¹ /hʌm/ [hummed, humming] ■ *v* [I] **1** ⇒zumbar ⇒sonar **2** *(inform)* ⇒bullir [de actividad] ■

v [T, I] **3** ⇒tararear: *to hum a song -* tararear una canción

hum² /hʌm/ (*tb* humming) *n* [C] ⇒zumbido ⇒susurro ⇒murmullo

†**human** /ˈhjuː.mən/ *adj* ⇒humano,na: *human rights -* derechos humanos

humane /hjuːˈmeɪn/ *adj* ⇒humano,na ⇒humanitario,ria

humanitarian UK: /hjuːˌmæn.ɪˈteə.ri.ən/ US: /-ˈter.i-/ *adj* ⇒humanitario,ria: *for humanitarian reasons -* por razones humanitarias

humanity UK: /hjuːˈmæn.ə.ti/ US: /-ˈt̬i/ *n* [U] ⇒humanidad

human nature *n* [U] ⇒naturaleza humana

humble¹ /ˈhʌm.bl/ *adj* [*comp* humbler, *superl* humblest] **1** *(un carácter)* ⇒humilde **2** ⇒humilde ⇒sencillo,lla **3** ⇒modesto,ta ⇒humilde

humble² /ˈhʌm.bl/ [humbled, humbling] *v* [T] ⇒dar una lección de humildad

humid /ˈhjuː.mɪd/ *adj (el aire)* ⇒húmedo,da ■ Tiene una connotación positiva

humidity UK: /hjuːˈmɪd.ɪ.ti/ US: /-ˈt̬i/ *n* [U] ⇒humedad [atmosférica]

humiliate /hjuːˈmɪl.i.eɪt/ [humiliated, humiliating] *v* [T] ⇒humillar: *Don't humiliate people -* No humilles a los demás

humiliating UK: /hjuːˈmɪl.i.eɪ.tɪŋ/ US: /-ˈt̬ɪŋ/ *adj* ⇒humillante ⇒vergonzoso,sa

humility UK: /hjuːˈmɪl.ɪ.ti/ US: /-ə.ˈt̬i/ *n* [U] ⇒humildad

humming *n* [C] See **hum**

humor *US n* [U], *v* [T] See **humour**

humorous /ˈhjuː.mə.rəs/ *adj* ⇒cómico,ca ⇒divertido,da

humour¹ UK: /ˈhjuː.məʳ/ US: /-mɚ/ *UK* (*US* humor) *n* [U] ⇒humor: *to have a fine sense of humour -* tener sentido del humor

humour² UK: /ˈhjuː.məʳ/ US: /-mɚ/ *UK* (*US* humor) *v* [T] ⇒seguir la corriente a alguien *col.: It's better to humour him -* Es mejor seguirle la corriente

hump /hʌmp/ *n* [C] **1** *(en la espalda)* ⇒joroba **2** *(en el suelo o en la carretera)* ⇒montículo

hunch¹ /hʌntʃ/ [*pl* hunches] *n* [C] **1** ⇒corazonada **2 to have a** ~ **(that)** ⇒tener la corazonada (de que)

hunch² /hʌntʃ/ *v* [T, I] ⇒encorvarse ⇒encogerse

†**hundred** /ˈhʌn.drəd/ ⇒cien ⇒ciento ■ Se dice *two hundred pounds.* Incorrecto: *two hundreds pounds*

hundredth¹ /ˈhʌn.drətθ/ ⇒centésimo,ma ■ Se puede escribir también *100th*

hundredth² /ˈhʌn.drətθ/ *n* [C] ⇒centésima parte: *a hundredth of sth -* la centésima parte de algo

hung /hʌŋ/ past tense and past participle forms of **hang**

H

Hungarian¹ UK: /hʌŋˈgeə.ri.ən/ US: /-ˈger.i-/ ■ *n* [U]
1 *(idioma)* ⇒húngaro ■ *n* [C] **2** *(gentilicio)* ⇒húngaro,ra

Hungary /ˈhʌŋ.gə.ri/ *n* [U] ⇒Hungría

hunger¹ UK: /ˈhʌŋ.gə/ US: /-gɚ/ *n* [U] **1** ⇒hambre **2 to die of ~** ⇒morir(se) de hambre

†hunger² UK: /ˈhʌŋ.gə/ US: /-gɚ/
│ PHRASAL VERBS
└ **· to hunger {after/for}** *sth* ⇒ansiar algo ⇒desear algo ⇒tener sed de algo

hungrily /ˈhʌŋ.grɪ.li/ *adv* ⇒ávidamente

hungry /ˈhʌŋ.gri/ *adj* [*comp* hungrier, *superl* hungriest] **1** ⇒hambriento,ta **2 to be ~** ⇒tener hambre: *Mum, I'm hungry!* - Mamá, ¡tengo hambre!

hunk /hʌŋk/ *n* [C] **1** ⇒buen trozo **2** *(inform)* ⇒cachas *col.;* ⇒macizo,za ■ Se emplea únicamente con hombres

hunt¹ /hʌnt/ *v* [T, I] **1** ⇒cazar **2** ⇒buscar: *to hunt for a special present* - buscar un regalo especial

hunt² /hʌnt/ *n* [C] **1** ⇒cacería ⇒caza **2** ⇒búsqueda: *to be on the hunt for sth* - emprender la búsqueda de algo

hunter UK: /ˈhʌn.tə/ US: /-ˈtɚ/ *n* [C] ⇒cazador,-a

hunting UK: /ˈhʌn.tɪŋ/ US: /-ˈtɪŋ/ *n* [U] **1** *(actividad)* ⇒caza **2** *job hunting* - búsqueda de empleo

hurdle UK: /ˈhɜː.dl̩/ US: /ˈhɜː-/ *n* [C] **1** *(en deportes)* ⇒valla **2** ⇒obstáculo ⇒dificultad

hurl UK: /hɜːl/ US: /hɜːl/ *v* [T] **1** ⇒arrojar ⇒lanzar **2** ⇒proferir: *The hooligans hurled insults at him* - Los hooligans proferían insultos contra él

hurrah *(tb* hooray) *excl* ⇒¡hurra!

hurricane UK: /ˈhʌr.ɪ.kən/ UK: /-keɪn/ US: /ˈhɜː-/ *n* [C] ⇒huracán

hurried UK: /ˈhʌr.id/ US: /ˈhɜː-/ *adj* ⇒apresurado,da ⇒precipitado,da

†hurry¹ UK: /ˈhʌr.i/ US: /ˈhɜː-/ [hurries, hurried] *v* [T, I] **1** ⇒darse prisa ⇒ir deprisa ⇒apurarse *AMÉR.* **2** ⇒meter prisa
│ PHRASAL VERBS
├ **· to hurry up** ⇒darse prisa
└ **· to hurry** *sb* **up** [M] ⇒meter prisa a alguien

hurry² UK: /ˈhʌr.i/ US: /ˈhɜː-/ *n* [NO PL] **1** ⇒prisa **2 in a ~** ⇒rápido ⇒deprisa y corriendo **3 to be in a ~** ⇒tener prisa: *I'm in a real hurry* - Tengo mucha prisa

†hurt¹, hurt, hurt UK: /hɜːt/ US: /hɜːt/ *v* [T, I] **1** ⇒lastimar(se) ⇒hacer(se) daño **2** ⇒doler: *Does it hurt?* - ¿Duele? **3** ⇒ofender ⇒herir **4** ⇒perjudicar ⇒dañar

hurt² UK: /hɜːt/ US: /hɜːt/ *adj* **1** ⇒herido,da ⇒lesionado,da ⇒lastimado,da **2** ⇒ofendido,da ⇒dolido,da **3 to get ~** ⇒hacerse daño

hurtful UK: /ˈhɜːt.fᵊl/ US: /ˈhɜːt-/ *adj* ⇒hiriente: *a hurtful remark* - un comentario hiriente

hurtle UK: /ˈhɜː.tl̩/ US: /ˈhɜː.ˤtl̩/ [hurtled, hurtling] *v* [I] ⇒lanzarse ⇒precipitarse ■ CONSTR. Se usa generalmente seguido de las preposiciones y adverbios down, towards y through

†husband /ˈhʌz.bənd/ *n* [C] ⇒marido ⇒esposo

hush¹ /hʌʃ/ *excl* Hush! - ¡calla!

hush² /hʌʃ/ *n* [U, NO PL] ⇒silencio: *a deathly hush* - un silencio sepulcral

hush³ /hʌʃ/ *v* [I] ⇒hacer callar
│ PHRASAL VERBS
└ **· to hush** *sth* **up** [M] *(un asunto)* ⇒acallar

husky¹ /ˈhʌs.ki/ *adj* [*comp* huskier, *superl* huskiest] **1** *(voz)* ⇒ronco,ca ⇒grave **2** *US (persona)* ⇒fuerte ⇒fornido ■ Se emplea únicamente con hombres

husky² /ˈhʌs.ki/ [*pl* huskies] *n* [C] *(perro)* ⇒husky siberiano

hustle¹ /ˈhʌs.l̩/ [hustled, hustling] ■ *v* [T] **1** ⇒empujar: *She hustled me out of the room* - Me empujó fuera de la habitación ■ CONSTR. Se usa generalmente seguido de la preposición out of ■ *v* [T, I] **2** *US (inform)* ⇒sacar dinero a alguien **3 to ~** *sb* (into *sth*) ⇒meter prisa a alguien [con algo] ⇒empujar a alguien [a algo]

hustle² /ˈhʌs.l̩/ **~ and bustle** ⇒ajetreo: *the hustle and bustle of modern life* - el ajetreo de la vida moderna

†hut /hʌt/ *n* [C] **1** ⇒cabaña **2** ⇒choza ⇒jacal *AMÉR.*

hybrid /ˈhaɪ.brɪd/ *adj, n* [C] ⇒híbrido,da ■ PRON. La primera sílaba, *hy,* se pronuncia como *high*

hydrant /ˈhaɪ.drənt/ *n* [C] ⇒boca de incendios ⇒hidrante ■ Distinto de *moisturizing* (hidratante)

hydraulic UK: /haɪˈdrɒl.ɪk/ US: /-ˈdrɑː.lɪk/ *adj* ⇒hidráulico,ca: *a hydraulic jack* - un gato hidráulico

hydroelectric UK: /ˌhaɪ.drəʊ.ɪˈlek.trɪk/ US: /-droʊ-/ *adj* ⇒hidroeléctrico,ca: *a hydroelectric power station* - una central hidroeléctrica

hydrogen /ˈhaɪ.drɪ.dʒən/ *n* [U] ⇒hidrógeno

†hygiene /ˈhaɪ.dʒiːn/ *n* [U] ⇒higiene: *personal hygiene* - higiene personal ■ PRON. La primera sílaba, *hy,* se pronuncia como *high*

hymn /hɪm/ *n* [C] ⇒himno [religioso] ■ PRON. La *n* no se pronuncia

hype¹ /haɪp/ *n* [U] ⇒despliegue publicitario ⇒propaganda

hype² /haɪp/ [hyped, hyping] *(tb* hype up) *v* [T] ⇒anunciar [con mucha propaganda] ■ PRON. La primera sílaba, *hy,* se pronuncia como *high*

hyperactive UK: /ˌhaɪ.pəˈræk.tɪv/ US: /-pɚˈæk.ˤtɪv/ *adj* ⇒hiperactivo,va: *What a hyperactive child!* - ¡Vaya niño más hiperactivo!

hyperlink UK: /ˈhaɪ.pə.lɪŋk/ US: /ˈhaɪ.pɚ.lɪŋk/ *n* [C] *(en internet)* ⇒hipervínculo

H

† **hyphen** /'haɪ.fⁿn/ *n* [c] *(signo de puntuación)* ⇒guión ■ PRON. La primera sílaba, *hy*, se pronuncia como *high* ■ Ver cuadro signos de puntuación

hypnosis UK: /hɪp'nəʊ.sɪs/ US: /-'noʊ-/ *n* [U] ⇒hipnosis

hypnotic UK: /hɪp'nɒt.ɪk/ US: /-'nɑː.ˤt̬ɪk/ *adj* ⇒hipnótico,ca: *a hypnotic rhythm* - un ritmo hipnótico

hypnotise [hypnotised, hypnotising] *UK v* [T] See **hypnotize**

hypnotist UK: /'hɪp.nə.tɪst/ US: /-ˤt̬ɪst/ *n* [c] ⇒hipnotizador,-a

hypnotize /'hɪp.nə.taɪz/ [hypnotized, hypnotizing] *(UK tb hypnotise) v* [T] ⇒hipnotizar

hypochondriac UK: /ˌhaɪ.pəʊ'kɒn.dri.æk/ US: /-poʊ'kɑːn-/ *adj, n* [c] ⇒hipocondríaco,ca

† **hypocrisy** UK: /hɪ'pɒk.rɪ.si/ US: /-'pɑː.krə-/ *n* [U] ⇒hipocresía

hypocrite /'hɪp.ə.krɪt/ *n* [c] **1** ⇒hipócrita: *Don't be such a hypocrite* - ¡No seas tan hipócrita! **2** ⇒cínico,ca ■ PRON. Se acentúa la primera sílaba

hypothermia UK: /ˌhaɪ.pəʊ'θɜː.mi.ə/ US: /-poʊ'θɜː-/ *n* [U] *(en medicina)* ⇒hipotermia

hypothesis UK: /haɪ'pɒθ.ə.sɪs/ US: /-'pɑː.θə-/ [*pl* hypotheses] *n* [c] ⇒hipótesis

hypothetical UK: /ˌhaɪ.pə'θet.ɪ.kᵊl/ US: /-'θeˤt̬-/ *adj* ⇒hipotético,ca ■ PRON. La primera sílaba, *hy*, se pronuncia como *high*

† **hysteria** UK: /hɪ'stɪə.ri.ə/ US: /-'stɪr.i-/ *n* [U] **1** ⇒histeria **2** *(en medicina)* ⇒histeria

hysterical /hɪ'ster.ɪ.kᵊl/ *adj* **1** ⇒histérico,ca **2** *(inform)* ⇒tronchante *col.*: *The film was hysterical* - La película fue tronchante

hysterics /hɪ'ster.ɪks/ *n* [PL] ⇒ataque de histeria: *to go into hysterics* - sufrir un ataque de histeria

H ■

† i /aɪ/ [pl i's] n [C] 1 *(letra del alfabeto)* ⇒i 2 *to dot the i's and cross the t's* - poner los puntos sobre las íes

† I /aɪ/ pron ⇒yo: *I didn't say that; he did* - Yo no he dicho eso; ha sido él ■ Siempre se escribe con mayúscula. Las frases en inglés siempre llevan sujeto, menos los imperativos ■ Ver cuadro **personal pronouns**

† ice¹ /aɪs/ n [U] ⇒hielo: *ice cap* - casquete de hielo ■ Se dice *some ice, a piece of ice* o *an ice cube*. Incorrecto: *an ice* 2 *to break the ~ (en una situación tensa)* ⇒romper el hielo *col.*

ice² /aɪs/ [iced, icing] v [T] ⇒glasear: *to ice a cake* - glasear una tarta

iceberg UK: /'aɪs.bɜːɡ/ US: /-bɝːɡ/ n [C] ⇒iceberg

ice cap n [C] *(en geología)* ⇒casquete glaciar ⇒casquete de hielo

ice-cold UK: /ˌaɪs'kəʊld/ US: /-'koʊld/ adj ⇒gélido,da ⇒congelado,da

† ice cream n [C, U] ⇒helado ⇒nieve *AMÉR.*

ice cube n [C] ⇒cubito de hielo

iced /aɪst/ adj ⇒helado,da ⇒con hielo ■ PRON. La e no se pronuncia

ice hockey n [U] ⇒hockey sobre hielo

ice rink n [C] ⇒pista de patinaje de hielo

ice skate *(tb skate)* n [C] ⇒patín [de hielo]

icicle /'aɪ.sɪ.kl̩/ n [C] ⇒carámbano

icing /'aɪ.sɪŋ/ n [U] *(en una tarta)* ⇒glaseado

icon /'aɪ.kɒn/ US: /-kɑːn/ n [C] 1 ⇒icono ⇒símbolo 2 ⇒icono *[religioso]* 3 *(en informática)* ⇒icono

ICT /aɪ.siː'tiː/ n [U] ⇒forma abreviada de **information and communication technology** (tecnología de la información y de las comunicaciones)

icy /'aɪ.si/ adj [comp icier, superl iciest] 1 ⇒helado,da 2 ⇒cubierto,ta de hielo 3 ⇒frío,a ⇒glacial

† I'd /aɪd/ 1 *(I had)* See **have** 2 *(I would)* See **would**

ID /ˌaɪ'diː/ n [U] 1 ⇒forma abreviada de **identification** (identificación) 2 *~ card* ⇒carné de identidad: *to renew your ID card* - renovar el carné de identidad

† idea /aɪ'dɪə/ n [C] 1 ⇒idea: *I have an idea* - Tengo una idea; *What a great idea!* - ¡Muy buena idea! 2 ⇒ocurrencia ■ PRON. La *i* se pronuncia como el pronombre de primera persona *I*

† ideal /aɪ'dɪəl/ adj, n [C, NO PL] ⇒ideal

idealism /aɪ'dɪə.lɪ.zᵊm/ n [U] ⇒idealismo

ideally /aɪ'dɪə.li/ adv 1 *Ideally, we should always be happy* - Lo ideal sería que fuésemos siempre felices 2 ⇒de una forma ideal

† identical UK: /aɪ'den.tɪ.kᵊl/ US: /-ˤt̬ə-/ adj ⇒idéntico,ca: *You and your sister are identical* - Eres idéntica a tu hermana

identification UK: /aɪˌden.tɪ.fɪ'keɪ.ʃᵊn/ US: /-ˤt̬ə-/ n [U] 1 ⇒identificación ⇒documentación ■ La forma abreviada es **ID** 2 *~ parade* ⇒rueda de reconocimiento

† identify UK: /aɪ'den.tɪ.faɪ/ US: /-ˤt̬ə-/ [identifies, identified] v [T] ⇒identificar

| PHRASAL VERBS
└ *to identify with sth/sb* ⇒identificarse con

† identity UK: /aɪ'den.tɪ.ti/ US: /-ˤt̬ə.ˤt̬i/ [pl identities] n [C, U] 1 ⇒identidad: *an identity crisis* - una crisis de identidad 2 *mistaken ~* ⇒identificación errónea

ideology UK: /ˌaɪ.di'ɒl.ə.dʒi/ US: /-'ɑː.lə-/ [pl ideologies] n [C, U] ⇒ideología

† idiom /'ɪd.i.əm/ ■ n [C] 1 ⇒modismo ⇒expresión idiomática ■ n [C, U] 2 *(form)* ⇒estilo [de escribir] ⇒lenguaje ■ Distinto de *language* (idioma)

† idiot /'ɪd.i.ət/ adj, n [C] *(offens)* ⇒idiota: *Don't be an idiot* - No seas idiota *desp.;* ⇒huevón,-a *AMÉR. vulg.;* ⇒cojudo,da *AMÉR. vulg.*

idle /'aɪ.dl̩/ adj 1 ⇒holgazán,-a ⇒vago,ga 2 ⇒parado,da ⇒desempleado,da 3 ⇒ocioso,sa ⇒frívolo,la 4 *(una máquina)* ⇒parado,da

idol /'aɪ.dᵊl/ n [C] ⇒ídolo: *He's my idol* - Es mi ídolo

idyllic /ɪ'dɪl.ɪk/ adj ⇒idílico,ca: *an idyllic spot* - un lugar idílico

† i.e. /ˌaɪ'iː/ ⇒forma abreviada de **id est** (es decir)

† if /ɪf/ conj 1 *(condición)* ⇒si 2 *(elección)* ⇒si 3 *~ in doubt* ⇒en caso de duda 4 *~ I were you* ⇒yo que tú ⇒si yo fuera tú 5 *~ only* ⇒ojalá

iffy /'ɪf.i/ *adj* **1** *(inform)* ⇒dudoso,sa ⇒incierto,ta **2** *(inform)* ⇒pocho,cha: *This yoghurt is a bit iffy* - Este yogur está un poco pocho

igloo /'ɪg.luː/ *n* [c] ⇒iglú

ignite /ɪg'naɪt/ [ignited, igniting] ■ *v* [T, I] **1** *(form)* ⇒incendiar ⇒prender fuego ■ *v* [T] **2** *(form)* ⇒provocar ⇒encender

ignition /ɪg'nɪʃ.ªn/ ■ *n* [U] **1** *(form)* ⇒ignición ■ *n* [c] **2** ⇒encendido [de un coche]

ignominious /ˌɪg.nə'mɪn.i.əs/ *adj (form)* ⇒ignominioso,sa ⇒vergonzoso,sa

ignorance UK: /'ɪg.nªr.ªnts/ US: /-nɚ-/ *n* ⇒ignorancia ⇒desconocimiento

ignorant UK: /'ɪg.nªr.ªnt/ US: /-nɚ-/ *adj* **1** ⇒ignorante **2** *to be ignorant of sth* - ignorar algo

† **ignore** UK: /ɪg'nɔːʳ/ US: /-'nɔːr/ [ignored, ignoring] *v* [T] **1** ⇒no hacer caso ⇒hacer caso omiso **2** *(una persona)* ⇒pasar de ⇒ignorar

† **ill**¹ /ɪl/ *adj* **1** ⇒enfermo,ma: *She is seriously ill* - Está gravemente enferma ■ CONSTR. Se usa detrás de un verbo ■ Se dice *a sick person*. Incorrecto: *an ill person* **2** *(form)* ⇒malo,la: *an ill influence* - una mala influencia **3** *to be ~ at ease* ⇒estar incómodo,da ⇒estar a disgusto

ill² /ɪl/ *n* [c] *(form)* ⇒mal: *the ills of society* - los males de la sociedad ■ Se usa más en plural

ill³ /ɪl/ *adv* ⇒mal: *ill-equipped* - mal equipado

I'll 1 *(I will)* See **will 2** *(I shall)* See **shall**

illegal /ɪ'liː.gªl/ *adj* ⇒ilegal: *illegal substances* - sustancias ilegales

illegible /ɪ'ledʒ.ə.bl/ *adj* ⇒ilegible: *Her handwriting is practically illegible* - Su letra es casi ilegible

illegitimate UK: /ˌɪl.ɪ'dʒɪt.ə.mət/ US: /-'dʒɪtˤ-/ *adj* ⇒ilegítimo,ma

illicit /ɪ'lɪs.ɪt/ *adj* ⇒ilícito,ta

illiterate UK: /ɪ'lɪt.ªr.ət/ US: /-'lɪtˤ.ɚ-/ *adj* **1** ⇒analfabeto,ta **2** ⇒ignorante: *I'm computer illiterate* - Soy un ignorante en informática

illness /'ɪl.nəs/ *[pl* illnesses*] n* [c, U] ⇒enfermedad: *a long illness* - una enfermedad larga

illogical UK: /ɪ'lɒdʒ.ɪ.kªl/ US: /-'lɑː.dʒɪ-/ *adj* ⇒ilógico,ca

illuminate /ɪ'luː.mɪ.neɪt/ [illuminated, illuminating] *v* [T] **1** *(form)* ⇒iluminar: *The garden was illuminated by the moonlight* - La luz de la luna iluminaba el jardín **2** *(un asunto)* ⇒aclarar ⇒arrojar luz sobre

illuminating UK: /ɪ'luː.mɪ.neɪ.tɪŋ/ US: /-ˤtɪŋ/ *adj* **1** *(form)* ⇒esclarecedor,-a **2** *(form)* ⇒instructivo,va

illusion /ɪ'luː.ʒªn/ *n* [c, U] **1** ⇒ilusión **2** *To be under the illusion that...* - Creer erróneamente que...

† **illustrate** /'ɪl.ə.streɪt/ [illustrated, illustrating] *v* [T] **1** *(un texto, un impreso)* ⇒ilustrar **2** *(un tema)* ⇒ilustrar ⇒ejemplificar ■ CONSTR. to illustrate + interrogativa indirecta

illustration /ˌɪl.ə'streɪ.ʃªn/ *n* [c, U] **1** ⇒ilustración **2** ⇒lámina [de un libro] **3** ⇒ejemplo: *See the illustration on page seven* - Véase el ejemplo en la página siete

illustrious /ɪ'lʌs.tri.əs/ *adj (form)* ⇒ilustre

† **I'm** /aɪm/ *(I am)* See **be**

† **image** /'ɪm.ɪdʒ/ ■ *n* [c, U] **1** ⇒imagen ■ *n* [c] **2** ⇒retrato **3** ⇒imagen ⇒ilustración ■ PRON. La *a* se pronuncia como la *i* en *did*

imagery UK: /'ɪm.ɪ.dʒªr.i/ US: /-dʒɚ-/ *n* [U] *(recurso poético)* ⇒imágenes

imaginary UK: /ɪ'mædʒ.ɪ.nªr.i/ US: /-ə.ner-/ *adj* ⇒imaginario,ria

† **imagination** /ɪˌmædʒ.ɪ'neɪ.ʃªn/ *n* [c, U] ⇒imaginación

imaginative UK: /ɪ'mædʒ.ɪ.nə.tɪv/ US: /-ˤtɪv/ *adj* ⇒imaginativo,va

† **imagine** /ɪ'mædʒ.ɪn/ [imagined, imagining] *v* [T] **1** ⇒imaginar ■ CONSTR. 1. to imagine + (that) 2. to imagine + doing sth 3. to imagine + interrogativa indirecta **2** ⇒imaginar ⇒suponer ■ CONSTR. to imagine + (that)

imbalance /ɪm'bæl.ªnts/ *n* [c] *(en una situación)* ⇒desequilibrio ⇒desajuste

imitate /'ɪm.ɪ.teɪt/ [imitated, imitating] *v* [T] ⇒imitar ⇒copiar

imitation /ˌɪm.ɪ'teɪ.ʃªn/ *n* [c, U] ⇒imitación ⇒copia

immaculate /ɪ'mæk.ju.lət/ *adj* **1** ⇒inmaculado,da ⇒impoluto,ta **2** *(una apariencia o un comportamiento)* ⇒impecable ⇒intachable

immaterial UK: /ˌɪm.ə'tɪə.ri.əl/ US: /-'tɪr.i-/ *adj* ⇒irrelevante ⇒insignificante

immature UK: /ˌɪm.ə'tʃʊəʳ/ US: /-'tʊr/ *adj* ⇒inmaduro,ra

immeasurable UK: /ɪ'meʒ.ªr.ə.bl/ US: /-ɚ-/ *adj* ⇒inconmesurable ⇒incalculable

† **immediate** /ɪ'miː.di.ət/ *adj* **1** ⇒inmediato,ta ⇒urgente **2** *(familia)* ⇒más cercano,na **3** *(un lugar)* ⇒cercano,na ⇒próximo,ma **4** *in the immediate vicinity of* - en las inmediaciones de

immediately /ɪ'miː.di.ət.li/ *adv* **1** *(en el tiempo)* ⇒inmediatamente ⇒enseguida ⇒ahora mismo **2** ⇒directamente ⇒justamente ⇒al tiro *AMÉR.*

immense /ɪ'ments/ *adj* ⇒inmenso,sa

immerse UK: /ɪ'mɜːs/ US: /-'mɝs/ [immersed, immersing] *v* [T, I] ⇒sumergir(se) ⇒meterse de lleno

† **immigrant** /'ɪm.ɪ.grªnt/ *n* [c] ⇒inmigrante

immigration /ˌɪm.ɪ'greɪ.ʃªn/ *n* [U] ⇒inmigración

† **imminent** /'ɪm.ɪ.nªnt/ *adj* ⇒inminente: *the imminent publication of his new book* - la inminente publicación de su nuevo libro

immobile UK: /ɪ'məʊ.baɪl/ US: /-'moʊ.b[ə]l/ *adj* ⇒inmóvil

immoral UK: /ɪˈmɒr.ᵊl/ US: /-ˈmɑːr-/ adj ⇒inmoral: *an immoral act* - una acción inmoral

immortal UK: /ɪˈmɔː.tᵊl/ US: /-ˈmɔːr.ᵊt̬[ə]l/ adj, n [c] **1** ⇒inmortal **2** *(una fama)* ⇒imperecedero,ra

† **immune** /ɪˈmjuːn/ adj **1** ⇒inmune ■ CONSTR. Se usa detrás de un verbo **2** ~ **system** *(en medicina)* ⇒sistema inmunológico

immunity UK: /ɪˈmjuː.nɪ.ti/ US: /-ə.ᵊt̬i/ n [U] **1** ⇒inmunidad: *diplomatic immunity* - inmunidad diplomática **2** ⇒exención [de impuestos]

immunize /ˈɪm.jʊ.naɪz/ [immunized, immunizing] v [T] ⇒inmunizar: *to immunize against measles* - inmunizar contra el sarampión

† **impact** /ˈɪm.pækt/ n [c, U] **1** ⇒impacto **2** *(de un objeto)* ⇒choque

impair UK: /ɪmˈpeə²/ US: /-ˈper/ v [T] *(form)* ⇒perjudicar ⇒afectar ■ CONSTR. Se usa más en pasiva

impart /ɪmˈpɑːt/ US: /-ˈpɑːrt/ v [T] **1** *(form)* ⇒transmitir ⇒impartir **2** *(sabor, cualidad)* ⇒dar

impartial UK: /ɪmˈpɑː.ʃᵊl/ US: /-ˈpɑːr-/ adj ⇒imparcial

impasse UK: /æmˈpæs/ US: /ˈɪm.pæs/ n [U] ⇒punto muerto ⇒situación sin salida

impassioned /ɪmˈpæʃ.ᵊnd/ adj ⇒apasionado,da: *an impassioned speech* - un discurso apasionado

impassive /ɪmˈpæs.ɪv/ adj ⇒impasible

impatience /ɪmˈpeɪ.ʃᵊn/s/ n [U] ⇒impaciencia ■ PRON. La segunda sílaba, *pa*, se pronuncia como *pay*

† **impatient** /ɪmˈpeɪ.ʃᵊnt/ adj **1** ⇒impaciente **2** *I'm impatient to see it* - Tengo muchas ganas de verlo ■ CONSTR. impatient + to do sth ■ PRON. La segunda sílaba, *pa*, se pronuncia como *pay*

impatiently /ɪmˈpeɪ.ʃᵊnt.li/ adv ⇒impacientemente ⇒con impaciencia ■ PRON. La segunda sílaba, *pa*, se pronuncia como *pay*

impeccable /ɪmˈpek.ə.bl̩/ adj **1** ⇒impecable **2** *Your timing is impeccable* - Has venido justo en el momento oportuno

impede /ɪmˈpiːd/ [impeded, impeding] v [T] *(form)* ⇒impedir ⇒entorpecer ⇒obstaculizar

impediment /ɪmˈped.ɪ.mənt/ n [c] **1** *(form)* ⇒impedimento **2** *(form)* ⇒defecto: *a speech impediment* - un defecto del habla

impel /ɪmˈpel/ [impelled, impelling] v [T] *(form)* ⇒estimular ⇒impeler ■ CONSTR. to impel + to do sth

impending /ɪmˈpen.dɪŋ/ adj ⇒inminente: *an impending event* - un acontecimiento inminente

impenetrable /ɪmˈpen.ɪ.trə.bl̩/ adj **1** ⇒impenetrable **2** ⇒incomprensible ⇒imposible de comprender

imperative¹ UK: /ɪmˈper.ə.tɪv/ US: /-ˈt̬ɪv/ ■ n [NO PL] **1** *(en gramática)* ⇒imperativo ■ Ver cuadro ■ n [c] **2** ⇒imperativo ⇒mandato

imperative² UK: /ɪmˈper.ə.tɪv/ US: /-ˈt̬ɪv/ adj **1** *(form)* ⇒imprescindible ⇒fundamental **2** ⇒imperioso,sa: *an imperative tone* - un tono imperioso

imperceptible UK: /ˌɪm.pəˈsep.tɪ.bl̩/ US: /-pəˈsep.tə-/ adj ⇒imperceptible: *an imperceptible difference* - una diferencia imperceptible

imperfect UK: /ɪmˈpɜː.fekt/ US: /-ˈpɜː-/ adj ⇒imperfecto,ta

† **imperial** UK: /ɪmˈpɪə.ri.əl/ US: /-ˈpɪr.i-/ adj ⇒imperial

imperialism UK: /ɪmˈpɪə.ri.ə.lɪ.zᵊm/ US: /-ˈpɪr.i-/ n [U] ⇒imperialismo

impermeable UK: /ɪmˈpɜː.mi.ə.bl̩/ US: /-ˈpɜː-/ adj ⇒impermeable

impersonal UK: /ɪmˈpɜː.sᵊn.ᵊl/ US: /-ˈpɜː-/ adj ⇒impersonal: *a very impersonal manner* - un trato muy impersonal

impersonate UK: /ɪmˈpɜː.sᵊn.eɪt/ US: /-ˈpɜː-/ [impersonated, impersonating] v [T] **1** ⇒imitar [a

---

imperative

- El imperativo tiene la misma forma que el infinitivo sin "to". Nunca va acompañado del sujeto:

  · *Come here.*
  (Ven aquí.)

  · *Look at this.*
  (Mira esto.)

  · *Go home.*
  (Vete a casa.)

- En la forma negativa, se usa "**do not / don't**":

  · *Don't cross without looking.*
  (No cruces sin mirar.)

  · *Don't eat a lot of sweets.*
  (No comas muchos caramelos.)

- Se usa el imperativo para dar instrucciones, consejos u órdenes:

  · *Come in!*
  (¡Entra!)

  · *Look both ways before crossing the road!*
  (Mira a ambos lados antes de cruzar la calle.)

- El imperativo también se usa para dar instrucciones sobre cómo llegar a un lugar:

  · *Go down the street and turn left at the end.*
  (Baje esta calle y gire a la izquierda al final.)

una persona] ⇒hacer imitaciones **2** ⇒hacerse pasar por: *He impersonated a police officer* - Se hizo pasar por un agente de policía

impertinent UK:/ɪm'pɜː.tɪ.nənt/US:/-'pɜː.ᵗt[ə]n.[ə]nt/ *adj (form)* ⇒impertinente: *Don't be impertinent* - No seas impertinente

impetus UK: /'ɪm.pɪ.təs/ US: /-pə.ᵗtəs/ *n* [U] ⇒ímpetu ⇒impulso

implant¹ UK: /'ɪm.plɑːnt/ US: /-plænt/ *n* [C] *(en medicina)* ⇒implante

implant² UK:/ɪm'plɑːnt/US:/-'plænt/*v* [T] **1** *(en medicina)* ⇒implantar **2** *(una idea)* ⇒implantar(se) ⇒inculcar

implausible UK: /ɪm'plɔː.zɪ.bl̩/ US: /-'plɑː.zə-/ *adj* ⇒inverosímil: *a rather implausible story* - una historia más bien inverosímil

implement¹ /'ɪm.plɪ.ment/ *v* [T] **1** *(form)* ⇒ejecutar ⇒llevar a cabo **2** ⇒poner en práctica: *His proposal was implemented* - Pusieron en práctica su propuesta **3** *(en derecho)* ⇒aplicar

implement² /'ɪm.plɪ.mənt/ *n* [C] ⇒utensilio ⇒herramienta

implicate /'ɪm.plɪ.keɪt/ [implicated, implicating] *v* [T] *(en una situación delicada)* ⇒implicar ■ CONSTR. Se usa más en pasiva

implication /ˌɪm.plɪ'keɪ.ʃ³n/ ■ *n* [U] **1** ⇒implicación [en un delito] ■ *n* [C, U] **2** ⇒consecuencia ⇒implicación ■ Se usa más en plural

implicit /ɪm'plɪs.ɪt/ *adj* **1** ⇒implícito,ta **2** ⇒absoluto,ta: *implicit trust* - confianza absoluta

implore UK: /ɪm'plɔːʳ/ US: /-'plɔːr/ [implored, imploring] *v* [T] *(lit)* ⇒implorar ⇒suplicar ■ CONSTR. to implore sb + to do sth

† **imply** /ɪm'plaɪ/ [implies, implied] *v* [T] **1** ⇒dar a entender ⇒insinuar ■ CONSTR. to imply + (that) **2** ⇒suponer ⇒conllevar ⇒implicar

impolite /ˌɪm.pəˈl'aɪt/ *adj (form)* ⇒descortés ⇒grosero,ra

import¹ UK: /ɪm'pɔːt/ US: /'ɪm.pɔːrt/ *v* [T] ⇒importar: *to import data* - importar datos

import² UK: /'ɪm.pɔːt/ US: /-pɔːrt/ ■ *n* [C] **1** ⇒producto importado ■ Se usa más en plural ■ *n* [U] **2** ⇒importación ⇒artículo de importación **3** ⇒importancia ⇒transcendencia **4** ⇒significado

importance UK: /ɪm'pɔː.t³nts/ US: /-'pɔːr.ᵗt[ə]nts/ *n* [U] ⇒importancia

† **important** UK: /ɪm'pɔː.t³nt/ US: /-'pɔːr.ᵗt[ə]nt/ *adj* ⇒importante: *The important thing is...* - Lo importante es...

importantly UK: /ɪm'pɔː.t³nt.li/ US: /-'pɔːr.ᵗt[ə]nt-/ *adv* **1** ⇒en tono rimbombante ⇒aires de importancia **2** more ~ ⇒lo que es más importante

impose UK: /ɪm'pəʊz/ US: /-'pouz/ [imposed, imposing] *v* [T] **1** ⇒imponer: *to impose one's beliefs*

- imponer sus creencias ■ CONSTR. to impose sth on sth **2** ⇒abusar de: *They imposed on their friends' hospitality* - Abusaron de la hospitalidad de sus amigos

imposing UK: /ɪm'pəʊ.zɪŋ/ US: /-'poʊ-/ *adj* ⇒imponente ⇒impresionante ⇒que impone

imposition /ˌɪm.pə'zɪʃ.³n/ *n* [U] **1** ⇒imposición **2** ⇒abuso [de hospitalidad]

† **impossible** UK: /ɪm'pɒs.ɪ.bl̩/ US: /-'pɑː.sə-/ *adj* **1** ⇒imposible **2** ⇒insufrible ⇒intolerable **3** *(una persona): She's impossible!* - ¡Ella me supera!

impotent UK: /'ɪm.pə.t³nt/ US: /-ᵗt[ə]nt/ *adj* **1** ⇒impotente ⇒completamente frustrado,da **2** ⇒impotente [sexualmente]

impoverished UK: /ɪm'pɒv.³r.ɪʃt/ US: /-'pɑː.və-/ *adj* **1** *(form)* ⇒empobrecido,da **2** *(tierra)* ⇒agotado,da

impractical /ɪm'præk.tɪ.k³l/ *adj* **1** ⇒poco práctico,ca **2** *(una persona)* ⇒poco hábil **3** *an impractical plan* - un plan muy difícil de llevar a la práctica

† **impress** /ɪm'pres/ [impresses] *v* [T, I] ⇒impresionar: *He impressed me with his singing* - Me impresionó con su canto

| PHRASAL VERBS

· **to impress sth {on/upon} sb** ⇒recalcar algo a alguien

† **impression** /ɪm'preʃ.³n/ *n* [C, NO PL] **1** ⇒impresión: *What was your impression?* - ¿Cuál fue tu impresión? **2** ⇒huella ⇒marca **3** *(de una persona)* ⇒imitación **4** to be under the ~ (that) ⇒tener la impresión de que **5** to make a {good/bad} ~ on sb ⇒causar {buena/mala} impresión a alguien

impressionism *n* [U] *(en arte)* ⇒impresionismo

impressionist /ɪm'preʃ.³n.ɪst/ *adj (en arte)* ⇒impresionista

impressive /ɪm'pres.ɪv/ *adj* ⇒impresionante ⇒imponente ⇒excelente

imprison /ɪm'prɪz.³n/ *v* [T] ⇒encarcelar: *He was imprisoned for theft* - Lo encarcelaron por robo ■ CONSTR. 1. to imprison sb for sth 2. Se usa más en pasiva

improbable UK: /ɪm'prɒb.ə.bl̩/ US: /-'prɑː.bə-/ *adj* ⇒improbable

impromptu UK: /ɪm'prɒmp.tʃuː/ US: /-tuː/ *adj* ⇒improvisado,da: *an impromptu party* - una fiesta improvisada

improper UK:/ɪm'prɒp.əʳ/US:/-'prɑː.pə/*adj* **1** *(form)* ⇒irregular ⇒indebido,da **2** *(form)* ⇒inadecuado,da ⇒inexacto,ta **3** *(form)* ⇒indecoroso,sa

† **improve** /ɪm'pruːv/ [improved, improving] *v* [T, I] ⇒mejorar: *How can I improve my English?* - ¿Cómo puedo mejorar mi inglés?

| PHRASAL VERBS

· **to improve {on/upon} sth** ⇒mejorar algo

improvement /ɪmˈpruːv.mənt/ n [C, U] **1** ⇒mejora: *It's an improvement on the last one* - Supone una mejora sobre el anterior **2** ⇒mejoría **3** ⇒aumento **4** home improvements ⇒reformas en casa

improvisation UK: /ˌɪm.prə.vaɪˈzeɪ.ʃ³n/ US: /ɪmˌprɑː.vɪˈ-/ n [C, U] ⇒improvisación

improvise /ˈɪm.prə.vaɪz/ [improvised, improvising] v [T, I] ⇒improvisar: *Musicians sometimes improvise songs* - A veces, los músicos improvisan canciones

impulse /ˈɪm.pʌls/ n [C] **1** ⇒impulso [eléctrico] **2** ⇒impulso ⇒arrebato

impulsive /ɪmˈpʌl.sɪv/ adj ⇒impulsivo,va ⇒irreflexivo,va

† **in**[1] /ɪn/ prep **1** *(lugar)* ⇒en **2** *(posición)* ⇒en **3** *(en una dirección)* ⇒en ■ Se usa cuando no se especifica el número de la calle. Comparar con *at* **4** *(tiempo)* ⇒en ⇒de **5** *(descripción)* ⇒en ⇒de **6** *(modo)* ⇒en **7** *(actividad o profesión)* ⇒en **8** *(prendas de vestir)* ⇒de ⇒en **9** *(plazo de tiempo)* ⇒dentro de ⇒en **10** ~ that *(form)* ⇒en tanto que ■ Ver cuadro on / in / at (preposiciones de tiempo)

† **in**[2] /ɪn/ adv **1** ⇒adentro: *Come in here with me* - Vente para adentro; *You can't go in* - No puedes entrar **2** ⇒en casa: *He isn't in* - No está en casa **3** ⇒en el trabajo **4** to be ~ for sth *(inform)* *You're in for a surprise!* - ¡Vaya sorpresa que te vas a llevar!

inability UK: /ˌɪn.əˈbɪl.ɪ.ti/ US: /-ˈt̬i/ n [U] ⇒incapacidad

inaccessible /ˌɪn.əkˈses.ɪ.bl̩/ adj **1** *(un lugar)* ⇒inaccesible ⇒inalcanzable **2** ⇒incomprensible

inaccurate UK: /ɪˈnæk.ju.rət/ US: /-jɚ.ət/ adj ⇒inexacto,ta ⇒incorrecto,ta ⇒impreciso,sa

inaction /ɪˈnæk.ʃ³n/ n [U] ⇒inactividad

inactivity UK: /ˌɪn.ækˈtɪv.ɪ.ti/ US: /-ə.ˈt̬i/ n [U] ⇒inactividad

inadequate /ɪˈnæd.ɪ.kwət/ adj **1** ⇒inadecuado,da ⇒insuficiente **2** ⇒inepto,ta: *to feel inadequate* - sentirse un inepto

inappropriate UK: /ˌɪn.əˈprəʊ.pri.ət/ US: /-ˈprou-/ adj ⇒inapropiado,da ⇒poco apropiado,da ⇒inoportuno,na

inaugural UK: /ɪˈnɔː.gju.rəl/ US: /-ˈnɑː.gjɚ-/ adj ⇒inaugural ⇒de apertura

inaugurate UK: /ɪˈnɔː.gju.reɪt/ US: /-ˈnɑː-/ [inaugurated, inaugurating] v [T] **1** *(form)* ⇒inaugurar **2** ⇒investir: *He was inaugurated President* - Lo invistieron presidente

Inc. /ɪŋk/ US adj ⇒forma abreviada de **incorporated company** (sociedad anónima)

incapable /ɪnˈkeɪ.pə.bl̩/ adj **1** ⇒incapaz: *He is incapable of hurting anyone* - Es incapaz de hacer daño a nadie **2** ⇒incompetente

incense /ˈɪn.sents/ n [U] ⇒incienso

incensed /ɪnˈsentst/ adj ⇒enfurecido,da

† **incentive** UK: /ɪnˈsen.tɪv/ US: /-ˈt̬ɪv/ n [C, U] ⇒aliciente ⇒incentivo

incessant /ɪnˈses.³nt/ adj ⇒incesante: *her incessant criticism* - sus críticas incesantes

incest /ˈɪn.sest/ n [U] ⇒incesto

† **inch** /ɪntʃ/ [pl inches] n [C] **1** *(unidad de longitud)* ⇒pulgada ■ La forma abreviada es *in.* **2** not to {budge/give} an ~ ⇒no ceder ni un ápice

incidence /ˈɪnt.sɪ.d³nts/ n [C] *(en estadística)* ⇒incidencia

† **incident** /ˈɪnt.sɪ.d³nt/ n [C] *(form)* ⇒incidente ⇒episodio

incidental UK: /ˌɪnt.sɪˈden.t³l/ US: /-ˈt̬[ə]l/ adj ⇒incidental ⇒secundario,ria ⇒fortuito,ta

incidentally UK: /ˌɪnt.sɪˈden.t³l.i/ US: /-ˈt̬[ə]l-/ adv ⇒por cierto ⇒a propósito

incisive /ɪnˈsaɪ.sɪv/ adj ⇒incisivo,va ⇒penetrante

incite /ɪnˈsaɪt/ [incited, inciting] v [T] ⇒provocar ⇒incitar [a hacer algo violento o negativo] ■ CONSTR. to incite sb + to do sth

inclination /ˌɪn.klɪˈneɪ.ʃ³n/ n [C] ⇒inclinación ⇒propensión ⇒tendencia

incline[1] /ɪnˈklaɪn/ [inclined, inclining] v [T] *(form)* ⇒inclinar: *to incline one's head* - inclinar la cabeza

incline[2] /ˈɪn.klaɪn/ n [C] *(form)* ⇒pendiente: *a steep incline* - una pendiente empinada

inclined /ɪnˈklaɪnd/ adj **1** ⇒propenso,sa ⇒dispuesto,ta ⇒con ganas ■ CONSTR. 1. to be inclined + to do sth 2. Se usa detrás de un verbo **2** to be ~ to {agree/believe/think...} ⇒inclinarse a ■ PRON. La e no se pronuncia

† **include** /ɪnˈkluːd/ [included, including] v [T] **1** ⇒incluir ⇒contener ■ CONSTR. to include + doing sth **2** ⇒incluir ⇒incorporar ⇒figurar ■ CONSTR. Se usa más en pasiva

including /ɪnˈkluː.dɪŋ/ prep ⇒incluyendo ⇒incluido,da ■ La forma abreviada es *incl.*

inclusion /ɪnˈkluː.ʒ³n/ n [C, U] ⇒inclusión: *his inclusion in the team* - su inclusión en el equipo

inclusive /ɪnˈkluː.sɪv/ adj **1** *(un precio)* ⇒todo incluido ⇒incluido,da **2** ⇒inclusive: *From Monday to Thursday inclusive* - De lunes a jueves, ambos inclusive

incoherent UK: /ˌɪn.kəʊˈhɪə.rənt/ US: /-koʊˈhɪr.[ə]nt/ adj ⇒incoherente

† **income** /ˈɪn.kʌm/ n [C, U] **1** ⇒ingresos **2** ⇒renta: *private income* - rentas

incoming /ˈɪnˌkʌm.ɪŋ/ adj ⇒entrante

incompetent UK: /ɪnˈkɒm.pɪ.t³nt/ US: /-ˈkɑːm.pə.ˈt̬ənt/ adj ⇒incompetente

incomplete /ˌɪn.kəmˈpliːt/ adj ⇒incompleto,ta ⇒inacabado,da

ncomprehensible UK: /ˌɪnˌkɒm.prɪˈhen.sɪ.bl/ US: /-kɑːm-/ adj ⇨incomprensible

nconceivable /ˌɪn.kənˈsiː.və.bl/ adj ⇨inconcebible

nconclusive /ˌɪn.kənˈkluː.sɪv/ adj ⇨no concluyente: *an inconclusive result* - un resultado no concluyente

ncongruous UK: /ɪnˈkɒŋ.gru.əs/ US: /-ˈkɑːŋ-/ adj (form) ⇨incongruente ⇨que destaca por ser o parecer distinto,ta

nconsiderate UK: /ˌɪn.kənˈsɪd.ᵊr.ət/ US: /-ɚ-/ adj 1 ⇨desconsiderado,da ⇨poco considerado,da 2 *That was very inconsiderate of you* - Fue un gran falta de consideración de tu parte

nconsistent /ˌɪn.kənˈsɪs.tᵊnt/ adj ⇨inconsecuente ⇨contradictorio,ria ⇨irregular

nconspicuous /ˌɪn.kənˈspɪk.ju.əs/ adj 1 ⇨discreto,ta ⇨que no llama la atención ⇨poco llamativo,va 2 *try and be inconspicuous* - intentar no llamar la atención

nconvenience[1] /ˌɪn.kənˈviː.ni.ᵊns/ n [C, U] ⇨inconveniente ⇨molestia ⇨inconveniencia

nconvenience[2] /ˌɪn.kənˈviː.ni.ᵊns/ [inconvenienced, inconveniencing] v [T] ⇨incomodar ⇨molestar

nconvenient /ˌɪn.kənˈviː.ni.ᵊnt/ adj ⇨inoportuno,na ⇨inconveniente

ncorporate UK: /ɪnˈkɔː.pᵊr.eɪt/ US: /-ˈkɔːr.pɚ-/ [incorporated, incorporating] v [T] ⇨incorporar ⇨agregar ⇨incluir

ncorrect UK: /ˌɪn.kᵊrˈekt/ US: /-kəˈrekt/ adj ⇨incorrecto,ta: *That is an incorrect answer* - Esa respuesta es incorrecta

ncrease[1] /ɪnˈkriːs/ [increased, increasing] v [T, I] ⇨aumentar ⇨incrementarse

ncrease[2] /ˈɪn.kriːs/ n [C, U] ⇨aumento ⇨incremento

ncreasing adj ⇨creciente ⇨cada vez mayor

ncreasingly /ɪnˈkriː.sɪŋ.li/ adv ⇨cada vez más: *an increasingly global approach* - un enfoque cada vez más global

ncredible /ɪnˈkred.ɪ.bl/ adj 1 (inform) ⇨alucinante ⇨increíble 2 ⇨increíble ⇨inverosímil

ncredibly /ɪnˈkred.ɪ.bli/ adv 1 (inform) ⇨increíblemente 2 ⇨por increíble que parezca

ncurable UK: /ɪnˈkjʊə.rə.bl/ US: /-ˈkjʊr.ə-/ adj ⇨incurable

ndecisive /ˌɪn.dɪˈsaɪ.sɪv/ adj 1 (una persona) ⇨indeciso,sa 2 (un resultado) ⇨dudoso,sa ⇨no concluyente

ndeed /ɪnˈdiːd/ adv 1 (form) ⇨indudablemente 2 (form) ⇨realmente ⇨verdaderamente ■ Tiene valor enfático 3 *That is praise indeed* - Eso sí que es un elogio 4 ⇨así es ⇨en efecto 5 ⇨de hecho

indefensible /ˌɪn.dɪˈfent.sɪ.bl/ adj 1 ⇨indefendible ⇨inaceptable ⇨inexcusable 2 (una teoría) ⇨insostenible

indefinite /ɪnˈdef.ɪ.nət/ adj ⇨indefinido,da ⇨impreciso,sa

indefinitely /ɪnˈdef.ɪ.nət.li/ adv ⇨indefinidamente ⇨por un período indefinido

indelible /ɪnˈdel.ɪ.bl/ adj 1 (una mancha) ⇨imborrable ⇨indeleble 2 (un recuerdo) ⇨inolvidable ⇨indeleble

indemnity UK: /ɪnˈdem.nə.ti/ US: /-ˤt̬i/ [pl indemnities] n [C, U] 1 (en seguros) ⇨indemnización 2 ⇨indemnización [monetaria]

independence /ˌɪn.dɪˈpen.dᵊnts/ n [U] ⇨independencia: *to gain independence* - conseguir la independencia

Independence Day n [C] ⇨día de la independencia ■ En EE. UU. se celebra el 4 de julio

↑**independent** /ˌɪn.dɪˈpen.dᵊnt/ adj 1 ⇨independiente ⇨autónomo,ma 2 (un país) ⇨independiente

in-depth /ˈɪn.depθ/ adj ⇨en profundidad ⇨a fondo

indescribable /ˌɪn.dɪˈskraɪ.bə.bl/ adj ⇨indescriptible: *an indescribable sensation* - una sensación indescriptible

↑**index** /ˈɪn.deks/ [pl indices, indexes] n [C] ⇨índice ⇨fichero

India /ˈɪn.di.ə/ n [U] ⇨India

Indian /ˈɪn.di.ən/ adj, n [C] 1 (tb American Indian) (de América del norte) ⇨indio,dia ⇨amerindio,dia 2 (de la India) ⇨indio,dia ⇨hindú

Indian summer n [C] 1 ⇨veranillo [de San Miguel] 2 ⇨segunda juventud: *My grandmother is enjoying an Indian summer* - Mi abuela está viviendo una segunda juventud

↑**indicate** /ˈɪn.dɪ.keɪt/ [indicated, indicating] ■ v [T] 1 ⇨indicar ⇨señalar 2 ⇨marcar ■ Constr. 1. to indicate + (that) 2. to indicate + interrogativa indirecta ■ v [T, I] 3 UK (en un coche) ⇨poner el intermitente ⇨señalizar

indication /ˌɪn.dɪˈkeɪ.ʃᵊn/ n [C, U] 1 ⇨indicación 2 ⇨indicio 3 ⇨señal

indicative[1] UK: /ɪnˈdɪk.ə.tɪv/ US: /-ˤt̬ɪv/ adj 1 ⇨revelador,-a ⇨indicativo,va 2 (en gramática) ⇨en tiempo indicativo

indicative[2] UK: /ɪnˈdɪk.ə.tɪv/ US: /-ˤt̬ɪv/ n [NO PL] (en gramática) ⇨indicativo

indicator UK: /ˈɪn.dɪ.keɪ.tə/ US: /ˈɪn.dɪ.keɪ.t̬ɚ/ n [C] 1 UK (en un coche) ⇨intermitente 2 ⇨indicador 3 ⇨panel de información

indictment /ɪnˈdaɪt.mənt/ n [C] 1 ⇨acusación ⇨procesamiento 2 ⇨condena 3 ⇨crítica severa

indifference UK: /ɪnˈdɪf.ᵊr.ᵊnts/ UK: /-rᵊnts/ US: /-ɚ-/ n [U] ⇨indiferencia

indifferent UK: /ɪnˈdɪf.ªr.ªnt/ UK: /-rənt/ US: /-ɚ-/ adj 1 ⇒indiferente 2 ⇒mediocre ⇒no muy bueno,na ⇒regular

indigenous /ɪnˈdɪdʒ.ɪ.nəs/ adj ⇒indígena ⇒autóctono,na

indigestion /ˌɪn.dɪ.ˈdʒes.tʃªn/ n [U] ⇒indigestión

indignant /ɪnˈdɪg.nənt/ adj ⇒indignado,da: to be indignant about sth - estar indignado por algo ■ Distinto de outrageous (indignante)

indignation /ˌɪn.dɪgˈneɪ.ʃªn/ n [U] ⇒indignación

indignity UK: /ɪnˈdɪg.nɪ.ti/ US: /-nə.ˤti/ [pl indignities] n [C, U] ⇒indignidad ⇒vileza ⇒humillación

indirect /ˌɪn.daɪˈrekt/ adj ⇒indirecto,ta: indirect taxation - impuestos indirectos; indirect object - complemento indirecto

indiscreet /ˌɪn.dɪˈskriːt/ adj ⇒indiscreto,ta: an indiscreet question - una pregunta indiscreta

indiscriminate /ˌɪn.dɪˈskrɪm.ɪ.nət/ adj ⇒indiscriminado,da

indispensable /ˌɪn.dɪˈspent.sə.bl̩/ adj ⇒imprescindible ⇒indispensable

indisputable UK: /ˌɪn.dɪˈspjuː.tə.bl̩/ US: /-ˤtə-/ adj ⇒indisputable ⇒indiscutible ⇒irrefutable

indistinct /ˌɪn.dɪˈstɪŋkt/ adj ⇒indistinto,ta ⇒poco claro,ra

individual[1] /ˌɪn.dɪˈvɪd.ju.əl/ n [C] 1 ⇒individuo 2 (inform) ⇒individuo desp.; ⇒tipo desp.

individual[2] /ˌɪn.dɪˈvɪd.ju.əl/ adj 1 ⇒individual: an individual portion - una ración individual 2 ⇒particular ⇒personal

individualism /ˌɪn.dɪˈvɪd.ju.ə.lɪ.zªm/ n [U] ⇒individualismo

individuality UK: /ˌɪn.dɪ.vɪd.juˈæl.ə.ti/ US: /-ˤti/ n [U] ⇒individualidad: to lack individuality - carecer de individualidad

individually /ˌɪn.dɪˈvɪd.ju.ə.li/ adv ⇒individualmente ⇒por separado

Indonesia /ˌɪn.dəˈniː.ʒə/ n [U] ⇒Indonesia

†**indoor** UK: /ˌɪnˈdɔː/ US: /-ˈdɔːr/ adj 1 ⇒de interior: indoor plants - plantas de interior 2 an indoor swimming pool - una piscina cubierta

indoors UK: /ˌɪnˈdɔːz/ US: /-ˈdɔːrz/ adv ⇒en casa ⇒dentro

induce UK: /ɪnˈdjuːs/ US: /-ˈduːs/ [induced, inducing] v [T] 1 (form) ⇒inducir ⇒convencer 2 (form) ⇒causar 3 (un parto) ⇒provocar ⇒inducir ■ Constr. to induce + to do sth

induction /ɪnˈdʌk.ʃªn/ n [U] 1 ⇒inducción 2 ⇒iniciación 3 ~ course ⇒cursillo preparatorio

indulge /ɪnˈdʌldʒ/ [indulged, indulging] ■ v [T, I] 1 ⇒dar rienda suelta ⇒darse el gusto col.; ⇒permitirse ■ Constr. to indulge in sth ■ v [T] 2 ⇒consentir ⇒mimar

indulgence /ɪnˈdʌl.dʒªnts/ n [C, U] 1 ⇒indulgencia ⇒tolerancia 2 ⇒capricho ⇒lujo 3 ⇒satisfacción 4 (en religión) ⇒indulgencia

indulgent /ɪnˈdʌl.dʒªnt/ adj ⇒indulgente

industrial /ɪnˈdʌs.tri.əl/ adj ⇒industrial: an industrial estate - un polígono industrial

industrialist /ɪnˈdʌs.tri.ə.lɪst/ n [C] ⇒industrial ⇒empresario,ria

industrialization /ɪnˌdʌs.tri.ə.laɪˈzeɪ.ʃªn/ (UK tb industrialisation) n [U] ⇒industrialización

industrious /ɪnˈdʌs.tri.əs/ adj (form) ⇒muy trabajador,-a ⇒diligente

†**industry** /ˈɪn.də.stri/ [pl industries] n [C, U] ⇒industria ⇒sector

inedible /ɪˈned.ɪ.bl̩/ adj ⇒incomestible ⇒incomible

ineffective /ˌɪn.ɪˈfek.tɪv/ adj ⇒ineficaz ⇒ineficiente

inefficient /ˌɪn.ɪˈfɪʃ.ªnt/ adj 1 (una persona) ⇒ineficiente ⇒incompetente 2 (una cosa) ⇒ineficaz

ineligible /ɪˈnel.ɪ.dʒə.bl̩/ adj 1 ⇒sin derecho: ineligible to vote - sin derecho a voto 2 ⇒que no reúne las condiciones necesarias: an ineligible candidate - un candidato que no reúne las condiciones necesarias

inept /ɪˈnept/ adj ⇒inepto,ta

inequality UK: /ˌɪn.ɪˈkwɒl.ə.ti/ US: /-ˈkwɑː.lə.ˤti/ [pl inequalities] n [C, U] ⇒desigualdad

inert UK: /ɪˈnɜːt/ US: /-ˈnɜːt/ adj (form) ⇒inerte

inertia UK: /ɪˈnɜː.ʃə/ US: /-ˈnɜː-/ n [U] ⇒inercia

inescapable /ˌɪn.ɪˈskeɪ.pə.bl̩/ adj ⇒ineludible

inexcusable /ˌɪn.ɪkˈskjuː.zə.bl̩/ adj ⇒inexcusable ⇒imperdonable

inexhaustible /ˌɪn.ɪgˈzɔː.stɪ.bl̩/ US: /-ˈzɑː-/ adj ⇒inagotable: an inexhaustible source of money - una fuente inagotable de dinero

inexpensive /ˌɪn.ɪkˈspent.sɪv/ adj ⇒económico,ca ⇒barato,ta

inexperience UK: /ˌɪn.ɪkˈspɪə.ri.ªnts/ US: /-ˈspɪr.i-/ n [U] ⇒inexperiencia ⇒falta de experiencia

inexperienced UK: /ˌɪn.ɪkˈspɪə.ri.ªntst/ US: /-ˈspɪr.i-/ adj ⇒inexperto,ta: to be inexperienced in sth - ser inexperto en algo ■ Pron. La última e no se pronuncia

inexplicable /ˌɪn.ɪkˈsplɪk.ə.bl̩/ adj ⇒inexplicable

infallible /ɪnˈfæl.ɪ.bl̩/ adj ⇒infalible

infamous /ˈɪn.fə.məs/ adj ⇒infame

infancy /ˈɪn.fənt.si/ n [U] 1 ⇒primera infancia 2 ⇒inicios: the infancy of a company - los inicios de una empresa 3 to be in its ~ ⇒estar en pañales col.: This project is still in its infancy - Este proyecto está todavía en pañales

†**infant** /ˈɪn.fənt/ n [C] ⇒niño,ña [pequeño]

infantile UK: /ˈɪn.fən.taɪl/ US: /-t[ə]l/ adj ⇒infantil

nfantry /'ɪn.fən.tri/ n [U] ⇒infantería ■ Por ser un nombre colectivo se puede usar con el verbo en singular o en plural

nfatuated UK: /ɪn'fæt.ju.eɪ.tɪd/ US: /-ˤt̬ɪd/ adj ⇒prendado,da ⇒chiflado,da col.; ⇒encaprichado,da

nfect /ɪn'fekt/ v [T] ⇒infectar ⇒contagiar ■ CONSTR. 1. to infect with sth 2. Se usa más en pasiva

nfection /ɪn'fek.ʃən/ n [C, U] ⇒infección

nfectious /ɪn'fek.ʃəs/ adj 1 (una enfermedad) ⇒infeccioso,sa ⇒contagioso,sa 2 (un sentimiento o una emoción) ⇒contagioso,sa

nfer UK: /ɪn'fɜːʳ/ US: /-'fɜː/ [inferred, inferring] v [T] 1 (form) ⇒inferir ⇒deducir 2 ⇒dar a entender ⇒insinuar ■ CONSTR. to infer + (that)

nference UK: /'ɪn.fʳr.ənts/ US: /-fɚ-/ n [C, U] 1 (form) ⇒inferencia ⇒deducción ■ n [U] 2 (form) ⇒conclusión

nferior UK: /ɪn'fɪə.ri.əʳ/ US: /-'fɪr.i.ɚ/ adj ⇒inferior: You shouldn't feel inferior to them - No debes sentirte inferior a ellos

nfertile UK: /ɪn'fɜː.taɪl/ US: /-'fɜː.ˤt̬[ə]l/ adj 1 (un terreno) ⇒infértil 2 (una persona) ⇒estéril

nfest /ɪn'fest/ v [T] ⇒infestar: The locusts infested the crops - Las langostas infestaron los cultivos ■ CONSTR. Se usa más en pasiva

nfidelity UK: /ˌɪn.fɪ'del.ə.ti/ US: /-fə'del.ə.ˤt̬i/ [pl infidelities] n [C, U] ⇒infidelidad

nfiltrate /'ɪn.fɪl.treɪt/ [infiltrated, infiltrating] v [T, I] ⇒infiltrar(se)

nfinite /'ɪn.fɪ.nət/ adj ⇒infinito,ta

nfinitely /'ɪn.fɪ.nət.li/ adv ⇒infinitamente: That's infinitely better - Eso es infinitamente mejor

nfinitive UK: /ɪn'fɪn.ɪ.tɪv/ US: /-ə.ˤt̬ɪv/ n [C] (en gramática) ⇒infinitivo

nfinity UK: /ɪn'fɪn.ɪ.ti/ US: /-ə.ˤt̬i/ n [U] 1 ⇒infinito 2 ⇒infinidad

nfirm UK: /ɪn'fɜːm/ US: /-'fɜːm/ adj 1 (form) ⇒enfermizo,za ⇒achacoso,sa 2 (form) ⇒débil

nfirmary UK: /ɪn'fɜː.mə.ri/ US: /-'fɜː.mɚ-/ [pl infirmaries] n [C] 1 UK (form) ⇒hospital 2 US ⇒enfermería

nfirmity UK: /ɪn'fɜː.mə.ti/ US: /-'fɜː.mə.ˤt̬i/ [pl infirmities] n [C, U] 1 (form) ⇒enfermedad ⇒achaque 2 (form) ⇒debilidad

nflamed /ɪn'fleɪmd/ adj 1 (una parte del cuerpo) ⇒inflamado,da 2 (un sentimiento o una pasión) ⇒inflamado,da ⇒encendido,da

nflammable /ɪn'flæm.ə.bl/ (tb flammable) adj ⇒inflamable

nflammation /ˌɪn.flə'meɪ.ʃən/ n [C, U] ⇒inflamación

nflatable /ɪn'fleɪ.tə.bl/ US: /-ˤt̬ə-/ adj ⇒hinchable

inflate /ɪn'fleɪt/ [inflated, inflating] v [T, I] ⇒hinchar(se) ⇒inflar(se)

† **inflation** /ɪn'fleɪ.ʃən/ n [U] ⇒inflación: the rise in inflation - la subida de la inflación

inflexible /ɪn'flek.sɪ.bl/ adj 1 ⇒inflexible ⇒intransigente 2 (un material) ⇒inflexible ⇒rígido,da

inflict /ɪn'flɪkt/ v [T] 1 ⇒ocasionar ⇒afectar 2 ⇒infligir ⇒imponer ■ CONSTR. to inflict sth/sb on sth/sb

† **influence¹** /'ɪn.flu.ənts/ n [U] 1 ⇒influencia 2 to be a {good/bad} ~ on sb ⇒ejercer una influencia {buena/mala} sobre alguien ■ Distinto de influenza (gripe)

influence² /'ɪn.flu.ənts/ [influenced, influencing] v [T] ⇒influir ⇒influenciar ■ CONSTR. Se usa más en pasiva

influential /ˌɪn.flu'en.tʃ°l/ adj ⇒influyente

influenza /ˌɪn.flu'en.zə/ n [U] (form) ⇒gripe ⇒gripa AMÉR. ■ Se usa más la forma abreviada flu ■ Distinto de influence (influencia)

influx /'ɪn.flʌks/ [pl influxes] n [C] ⇒flujo [de personas, de objetos] ⇒entrada [de personas, de objetos] ■ Se usa más en singular

† **inform** UK: /ɪn'fɔːm/ US: /-'fɔːrm/ v [T] 1 ⇒poner al corriente ⇒informar ⇒anoticiar AMÉR. ■ CONSTR. to inform + (that) 2 ⇒informar ⇒avisar ■ CONSTR. 1. Se usa más en pasiva 2. Se usa generalmente seguido de las preposiciones about y of

PHRASAL VERBS
· **to inform {against/on}** sb ⇒delatar a alguien: He was afraid to inform on the thieves - Tenía miedo de delatar a los ladrones

† **informal** UK: /ɪn'fɔː.məl/ US: /-'fɔːr-/ adj 1 ⇒informal ⇒sin etiqueta 2 ⇒coloquial: informal language - lenguaje coloquial

informant UK: /ɪn'fɔː.mənt/ US: /-'fɔːr-/ n [C] 1 ⇒confidente ⇒espía 2 ⇒informante

information UK: /ˌɪn.fə'meɪ.ʃən/ US: /-fɚ-/ n [U] ⇒información: I'm looking for some information on train times - Estoy buscando información sobre el horario de los trenes ■ Se dice some information o a piece of information. Incorrecto: an information ■ La forma abreviada es info

information technology n [U] ⇒informática ⇒tecnología de la información ■ La forma abreviada es IT

informative UK: /ɪn'fɔː.mə.tɪv/ US: /-'fɔːr.mə.ˤt̬ɪv/ adj ⇒informativo,va

informed UK: /ɪn'fɔːmd/ US: /-'fɔːrmd/ adj 1 ⇒informado,da: Keep me informed - Mantenme informado 2 ⇒fundamentado,da: an informed analysis - un análisis fundamentado

informer UK: /ɪn'fɔː.məʳ/ US: /-'fɔːr.mɚ/ n [C] ⇒confidente

† **infrastructure** UK: /'ɪn.frəˌstrʌk.tʃəʳ/ US: /-tʃɚ/ n [C] ⇒infraestructura

infrequent /ɪn'friː.kwənt/ *adj* ⇒infrecuente

infuriate UK: /ɪn'fjʊə.ri.eɪt/ US: /-'fjʊr.i-/ [infuriated, infuriating] *v* [T] ⇒enfurecer: *He infuriated his talking to him in that tone* - Le enfureció cuando le habló en ese tono

ingenious /ɪn'dʒiː.ni.əs/ *adj* ⇒ingenioso,sa

ingenuity UK: /ˌɪn.dʒə'njuː.ɪ.ti/ US: /-ə.ˤt̬i/ *n* [U] ⇒ingenio ⇒inventiva

ingrained /ɪn'ɡreɪnd/ *adj* **1** ⇒arraigado,da: *an ingrained belief* - una creencia arraigada **2** *(la suciedad)* ⇒incrustado,da

[†]**ingredient** /ɪn'ɡriː.di.ənt/ *n* [C] ⇒ingrediente: *What ingredients do you need?* - ¿Qué ingredientes necesitas?

[†]**inhabit** /ɪn'hæb.ɪt/ *v* [T] *(form)* ⇒habitar: *Dinosaurs inhabited the Earth* - Los dinosaurios habitaron la Tierra ■ CONSTR. Se usa más en pasiva

inhabitant /ɪn'hæb.ɪ.t̬ənt/ *n* [C] ⇒habitante

inhale /ɪn'heɪl/ [inhaled, inhaling] *v* [T, I] ⇒inhalar ⇒aspirar

inherent UK: /ɪn'her.ˤnt/ UK: /-'hɪə.rənt/ US: /-'hɪr.[ə]nt/ *adj* ⇒inherente: *to be inherent in sth* - ser inherente a algo

[†]**inherit** /ɪn'her.ɪt/ *v* [T, I] ⇒heredar: *I inherited my grandfather's gold watch* - Heredé el reloj de oro de mi abuelo

inheritance /ɪn'her.ɪ.t̬ənts/ *n* [C, U] **1** ⇒herencia **2** ⇒patrimonio: *cultural inheritance* - patrimonio cultural

inhibit /ɪn'hɪb.ɪt/ *v* [T] **1** ⇒inhibir ⇒frenar **2** ⇒impedir

inhibited UK: /ɪn'hɪb.ɪ.tɪd/ US: /-ˤt̬ɪd/ *adj* ⇒inhibido,da ⇒cohibido,da

inhibition /ˌɪn.hɪ'bɪʃ.ˤn/ *n* [C, U] **1** ⇒inhibición **2** ⇒reparo ⇒apuro ⇒vergüenza

inhospitable /ˌɪn.hɒs'pɪt.ə.bl̩, ˌɪn.ha:'spɪˤt̬-/ *adj* **1** *(un lugar)* ⇒inhóspito,ta **2** *(una persona)* ⇒inhospitalario,ria

inhuman /ɪn'hjuː.mən/ *adj* ⇒inhumano,na ⇒atroz ⇒despiadado,da

initial¹ /ɪ'nɪʃ.ˤl/ *adj* ⇒inicial ⇒primero,ra

initial² /ɪ'nɪʃ.ˤl/ *n* [C] **1** ⇒inicial: *His initials are BCM* - Sus iniciales son BCM ⇒sigla ■ Se usa más en plural

initially /ɪ'nɪʃ.ˤl.i/ *adv* ⇒en un principio ⇒inicialmente

[†]**initiate** /ɪ'nɪʃ.i.eɪt/ [initiated, initiating] *v* [T] **1** *(form)* ⇒iniciar ⇒emprender ■ CONSTR. Se usa más en pasiva **2** ⇒iniciar: *He was initiated into reading by his mother* - Su madre lo inició en la lectura ■ CONSTR. 1. to initiate sb into sth 2. Se usa más en pasiva

[†]**initiative** UK: /ɪ'nɪʃ.ə.tɪv/ US: /-ˤt̬ɪv/ *n* [C] ⇒iniciativa: *to use one's initiative* - obrar por iniciativa propia

[†]**inject** /ɪn'dʒekt/ *v* [T] ⇒poner una inyección ⇒inyectar ■ CONSTR. to inject sb with sth

injection /ɪn'dʒek.ʃ°n/ *n* [C, U] ⇒inyección

[†]**injure** UK: /'ɪn.dʒə/ US: /-dʒɚ/ [injured, injuring] *v* [T] **1** ⇒hacer daño ⇒herir ⇒lesionar(se) **2** ⇒herir ⇒dañar

injured UK: /'ɪn.dʒəd/ US: /-dʒɚd/ *adj* ⇒herido,da ⇒lesionado,da

injury UK: /'ɪn.dʒ°r.i/ US: /-dʒɚ-/ [*pl* injuries] *n* [C, U] ⇒herida [por accidente] ⇒lesión ■ Comparar con wound (herida de arma)

injustice /ɪn'dʒʌs.tɪs/ *n* [C, U] ⇒injusticia

ink /ɪŋk/ *n* [C, U] ⇒tinta

inkling /'ɪŋ.klɪŋ/ *n* [C, U] ⇒ligera idea ⇒presentimiento

inland /'ɪn.lənd, -lænd, ˌ-'-/ *adj, adv* **1** ⇒del interior ⇒interior **2** ⇒en el interior ⇒hacia el interior

in-laws UK: /'ɪn.lɔ:z/ US: /-la:z/ *n* [PL] *(inform.)* ⇒familia política

inlet /'ɪn.let/ *n* [C] **1** ⇒ensenada **2** ⇒brazo de mar **3** *(en una máquina)* ⇒entrada [de un líquido o una sustancia gaseosa]

inmate /'ɪn.meɪt/ *n* [C] **1** ⇒recluso,sa **2** ⇒enfermo,ma [de un hospital psiquiátrico]

inn /ɪn/ *n* [C] **1** ⇒posada ⇒hostal **2** ⇒taberna ⇒mesón

innate /ɪ'neɪt/ *adj* ⇒innato,ta: *an innate talent* - un talento innato

[†]**inner** UK: /'ɪn.ə/ US: /-ə/ *adj* ⇒interior ⇒interno,na

inner city [*pl* inner cities] *n* [C] ⇒zona superpoblada y pobre en torno al centro de una ciudad

innermost UK: /'ɪn.ə.məʊst/ US: /-ə.moʊst/ *adj* **1** *(form)* ⇒más íntimo,ma: *He'll never reveal his innermost secrets* - Nunca revelará sus secretos más íntimos **2** *(un lugar)* ⇒más recóndito,ta

innocence /'ɪn.ə.s°nts/ *n* [U] ⇒inocencia

[†]**innocent** /'ɪn.ə.s°nt/ *adj* ⇒inocente: *to be found innocent of sth* - ser declarado inocente de algo

innocuous UK: /ɪ'nɒk.ju.əs/ US: /-'na:.kju-/ *adj* **1** *(una sustancia)* ⇒inocuo,cua **2** ⇒inofensivo,va

innovation /ˌɪn.əʊ'veɪ.ʃ°n/ ■ *n* [C, U] **1** ⇒innovación ⇒novedad ■ *n* [U] **2** *(proceso)* ⇒innovación

innovative UK: /'ɪn.ə.və.tɪv/ US: /-veɪ.ˤt̬ɪv/ *adj* ⇒innovador,-a

innuendo UK: /ˌɪn.ju'en.dəʊ/ US: /-doʊ/ [*pl* innuendoes, innuendos] *n* [C, U] ⇒indirecta ⇒insinuación

innumerable UK: /ɪ'nju:.mər.ə.bl̩/ US: /ɪ'nu:.mə-/ *adj* ⇒innumerable

input /'ɪn.pʊt/ ■ *n* [C, U] **1** ⇒contribución ⇒aportación ■ *n* [U] **2** *(en informática)* ⇒entrada

inquest /'ɪŋ.kwest/ *n* [C] **1** ⇒investigación judicial **2** ⇒investigación post mortem

nquire UK: /ɪn'kwaɪəʳ/ US: /-'kwaɪr/ [inquired, inquiring] (*UK tb* **enquire**) *v* [T, I] (*form*) ⇒preguntar ⇒informarse ⇒pedir información ■ CONSTR. 1. to inquire **about** sth 2. to inquire + interrogativa indirecta

nquiring UK: /ɪn'kwaɪə.rɪŋ/ US: /-'kwaɪr.ɪŋ/ (*UK tb* **enquiring**) *adj* ⇒curioso,sa ⇒inquieto,ta

nquiry UK: /ɪn'kwaɪə.ri/ US: /'ɪŋ.kwə.i/ [*pl* inquiries] (*UK tb* **enquiry**) *n* [C, U] 1 (*form*) ⇒pregunta ⇒petición de información 2 ⇒investigación

nquisitive UK: /ɪn'kwɪz.ɪ.tɪv/ US: /-ˤtɪv/ *adj* 1 ⇒curioso,sa ⇒preguntón,-a 2 ⇒inquisitivo,va: *an inquisitive gaze* - una mirada inquisitiva

nsane /ɪn'seɪn/ *adj* 1 ⇒loco,ca: *You're insane* - Estás loco 2 *an insane idea* - una locura ■ Distinto de *unhealthy* (insano)

nsanity UK: /ɪn'sæn.ə.ti/ US: /-ˤti/ *n* [U] ⇒demencia ⇒locura

nsatiable /ɪn'seɪ.ʃə.bl/ *adj* ⇒insaciable

nscribe /ɪn'skraɪb/ [inscribed, inscribing] *v* [T] (*form*) ⇒inscribir ⇒grabar ■ CONSTR. Se usa más en pasiva

nscription /ɪn'skrɪp.ʃⁿn/ *n* [C] ⇒inscripción: *an inscription on a tombstone* - una inscripción en una lápida

nsect /'ɪn.sekt/ *n* [C] ⇒insecto

nsecticide /ɪn'sek.tɪ.saɪd/ *n* [C, U] ⇒insecticida

nsecure UK: /ˌɪn.sɪ'kjʊəʳ/ US: /-'kjʊr/ *adj* ⇒inseguro,ra: *to feel insecure* - sentirse inseguro

nsecurity UK: /ˌɪn.sɪ'kjʊə.rɪ.ti/ US: /-'kjʊr.ə.ˤti/ *n* [U] ⇒inseguridad

nsensitive UK: /ɪn'sen.sɪ.tɪv/ US: /-sə.ˤtɪv/ *adj* 1 ⇒insensible 2 ⇒que no tiene tacto ⇒que no tiene consideración

nseparable /ɪn'sep.rə.bl/ *adj* ⇒inseparable

nsert UK: /ɪn'sɜːt/ US: /-'sɝːt/ *v* [T] ⇒introducir ⇒insertar ⇒meter

nside¹ /ɪn'saɪd/ *n* [C] 1 ⇒interior ⇒parte de dentro 2 ~ out ⇒del revés: *You're wearing your jumper inside out* - Llevas el jersey del revés

nside² /ɪn'saɪd/ *adj* ⇒interior: *an inside wall* - una pared interior

nside³ /ˌɪn'saɪd/, /'ɪn.saɪd, ˌ-'-/, /ɪn'saɪd/ *adv* ⇒dentro ⇒adentro

nsight /'ɪn.saɪt/ ■ *n* [C, U] 1 ⇒idea ⇒conocimiento ⇒percepción nueva ■ *n* [U] 2 ⇒perspicacia ⇒visión 3 to get insights into *sth* ⇒conseguir comprender algunos aspectos de algo

nsignificant /ˌɪn.sɪg'nɪf.ɪ.kⁿnt/ *adj* ⇒insignificante ⇒sin importancia

nsincere UK: /ˌɪn.sɪn'sɪəʳ/ US: /-'sɪr/ *adj* ⇒insincero,ra ⇒falso,sa

nsinuate /ɪn'sɪn.ju.eɪt/ [insinuated, insinuating] *v* [T] ⇒insinuar: *He insinuated that he wanted the book* - Insinuó que quería el libro ■ CONSTR. to insinuate + (that)

† **insist** /ɪn'sɪst/ *v* [T, I] 1 ⇒insistir ⇒empeñarse 2 ⇒exigir 3 ⇒hacer hincapié ■ CONSTR. 1. to insist + (that) 2. to insist **on/upon** + sth/doing sth

insistence /ɪn'sɪs.tⁿnts/ *n* [U] ⇒insistencia ⇒empeño

insistent /ɪn'sɪs.tⁿnt/ *adj* ⇒insistente

insolent /'ɪnt.sⁿl.ənt/ *adj* (*form*) ⇒insolente: *an insolent manner* - una actitud insolente

insomnia UK: /ɪn'sɒm.ni.ə/ US: /-'sɑːm-/ *n* [U] ⇒insomnio: *to suffer from insomnia* - padecer insomnio

† **inspect** /ɪn'spekt/ *v* [T] ⇒inspeccionar ⇒registrar ⇒revisar

inspection /ɪn'spek.ʃⁿn/ *n* [C, U] ⇒inspección ⇒revisión

inspector /ɪn'spek.təʳ/ *n* [C] 1 ⇒inspector,-a 2 ⇒revisor,-a: *the bus inspector* - el revisor del autobús 3 ⇒inspector,-a [de policía]

inspiration /ˌɪn.spɪ'reɪ.ʃⁿn/ ■ *n* [C, U] 1 ⇒inspiración ⇒musa ■ *n* [C] 2 ⇒inspiración ⇒idea genial

† **inspire** UK: /ɪn'spaɪəʳ/ US: /-'spaɪr/ [inspired, inspiring] *v* [T] 1 ⇒inspirar ⇒mover [a hacer algo] ■ CONSTR. 1. to inspire + to do sth 2. Se usa más en pasiva 2 (*un sentimiento*) ⇒infundir ■ CONSTR. 1. to inspire sb with sth 2. to inspire sth in sb

instability UK: /ˌɪn.stə'bɪl.ɪ.ti/ US: /-ə.ˤti/ *n* [U] ⇒inestabilidad

† **install** UK: /ɪn'stɔːl/ US: /-'stɑːl/ *v* [T] ⇒instalar

instalment UK: /ɪn'stɔːl.mənt/ US: /-'stɑːl-/ *UK n* [C] 1 ⇒plazo: *to pay in instalments* - pagar a plazos 2 ⇒fascículo ⇒entrega 3 ⇒episodio [de una serie de televisión]

† **instance** /'ɪn.stənts/ *n* [C] ⇒caso ⇒ejemplo

† **instant¹** /'ɪn.stənt/ *n* [NO PL] ⇒instante: *in an instant* - en un instante

instant² /'ɪn.stənt/ 1 *adj* ⇒inmediato,ta ⇒inminente 2 ⇒instantáneo,a: *instant coffee* - café instantáneo

instantaneous /ˌɪn.stən'teɪ.ni.əs/ *adj* ⇒instantáneo,a: *Her reply was instantaneous* - Su respuesta fue instantánea

instantly /'ɪn.stənt.li/ *adv* ⇒instantáneamente ⇒en el acto ⇒inmediatamente ⇒al tiro AMÉR.

instant messaging *n* [U] (*en internet*) ⇒mensajería instantánea

† **instead** /ɪn'sted/ *adv* ⇒en su lugar

instigate /'ɪn.stɪ.geɪt/ [instigated, instigating] *v* [T] (*form*) ⇒instigar: *to instigate a rebellion* - instigar una rebelión

instinct /'ɪn.stɪŋkt/ *n* [C, U] ⇒instinto: *the survival instinct* - el instinto de supervivencia

instinctive /ɪn'stɪŋk.tɪv/ *adj* ⇒instintivo,va: *an instinctive reaction* - una reacción instintiva

institute¹ UK: /'ɪnt.stɪ.tjuːt/ US: /-tuːt/ *n* [C] 1 (*centro de investigación*) ⇒instituto 2 (*organización* *profesional)* ⇨colegio ⇨asociación **3** *(de idiomas)* ⇨instituto

institute² UK: /'ınt.stı.tju:t/ US: /-tu:t/ [instituted, instituting] *v* [T] *(form) (una ley, un sistema o un plan)* ⇨fundar ⇨instituir ⇨constituir

↑ **institution** UK: /ˌınt.stı'tju:.ʃ°n/ US: /-'tu:-/ *n* [C] **1** ⇨organización ⇨fundación ⇨institución **2** ⇨asilo ⇨hospital **3** *(costumbre)* ⇨institución

↑ **instruct** /ın'strʌkt/ *v* [T] **1** ⇨enseñar ■ CONSTR. to instruct in sth **2** ⇨mandar ⇨ordenar ■ CONSTR. to instruct + to do sth

instruction /ın'strʌk.ʃ°n/ ■ *n* [U] **1** ⇨enseñanza ⇨formación ⇨instrucción ■ *n* [C] **2** ⇨órdenes ⇨instrucción ■ Se usa más en plural

instructions /ın'strʌk.ʃ°nz/ *n* [PL] ⇨instrucciones

instructive /ın'strʌk.tıv/ *adj* ⇨instructivo,va

instructor UK: /ın'strʌk.tə²/ US: /-tə/ *n* [C] ⇨instructor,-a ⇨monitor,-a ⇨profesor,-a

↑ **instrument** /'ın.strə.mənt/ *n* [C] **1** ⇨instrumento ⇨herramienta **2** *(en música)* ⇨instrumento

instrumental UK: /ˌın.strə'men.t°l/ US: /-ˤt[ə]l/ *adj* **1** ⇨determinante **2** ⇨instrumental: *instrumental music* - música instrumental

insufficient /ˌın.sə'fıʃ.°nt/ *adj* ⇨insuficiente

insular UK: /ın.sju.lə²/ US: /-lə/ *adj* **1** ⇨estrecho,cha de miras **2** ⇨insular

insulate /'ın.sju.leıt/ [insulated, insulating] *v* [T] **1** ⇨aislar [cubrir con un material]: *to insulate an electrical wire* - aislar un cable eléctrico **2** ⇨aislar ⇨proteger ⇨mantener apartado,da

insulation /ˌın.sju'leı.ʃ°n/ *n* [U] *(protección)* ⇨aislamiento

insult¹ /ın'sʌlt/ *v* [T] ⇨insultar: *Don't insult me!* - ¡No me insultes!

insult² /'ın.sʌlt/ *n* [C] ⇨insulto

insurance UK: /ın'ʃɔ:.rənts/ US: /-'ʃɔ:r.[ə]nts/ *n* [U] ⇨seguro: *an insurance policy* - una póliza de seguros; *car insurance* - seguro del coche

↑ **insure** UK: /ın'ʃɔ:/ US: /-'ʃɔ:r/ [insured, insuring] *v* [T] **1** ⇨asegurar: *I'm going to fully insure the car* - Voy a asegurar el coche a todo riesgo **2** *(tb ensure)* US *(form)* ⇨asegurar(se): *Insure that it is well written* - Asegúrese de que está bien escrito ■ CONSTR. to insure + (that) **3** *(tb ensure)* US *(form)* ⇨garantizar ■ CONSTR. 1. to insure + (that) 2. to insure + to do sth

intact /ın'tækt/ *adj* ⇨intacto,ta: *to remain intact* - seguir intacto,ta

intake /'ın.teık/ *n* [C] **1** ⇨ingestión ⇨consumo **2** *UK* ⇨entrada [de personas]

integral UK: /'ın.tı.grəl/ US: /-ˤtə-/ *adj (una parte)* ⇨integral ⇨esencial ⇨fundamental

↑ **integrate** UK: /'ın.tı.greıt/ US: /-ˤtə-/ [integrated, integrating] ■ *v* [T, I] **1** ⇨integrar(se): *to integrate*

into a group - integrarse en un grupo ■ *v* [T] **2** *(una empresa)* ⇨fusionar(se) ■ CONSTR. to integrate into/with sth

↑ **integrity** UK: /ın'teg.rə.ti/ US: /-ˤti/ *n* [U] **1** ⇨integridad **2** *a person of integrity* - una persona íntegra

intellectual UK: /ˌın.t°l'ek.tju.əl/ US: /-ˤt[ə]l'ek.tʃu- adj, n* [C] ⇨intelectual

↑ **intelligence** /ın'tel.ı.dʒ°nts/ *n* [U] ⇨inteligencia

intelligent /ın'tel.ı.dʒ°nt/ *adj* ⇨inteligente

↑ **intend** /ın'tend/ *v* [T] ⇨tener la intención ⇨pensar ■ CONSTR. to intend + to do sth

intended /ın'ten.dıd/ *n* [C] **1** *(old-fash, hum)* ⇨prometido,da **2** *to be ~ for sb* **1** ⇨estar hecho,cha para ⇨ser para **2** ⇨destinarse ■ PRON. La última e se pronuncia como la *i* en *did*

↑ **intense** /ın'tents/ *adj* **1** ⇨intenso,sa **2** ⇨muy serio,ria

intensify /ın'tent.sı.faı/ [intensifies, intensified] ■ [T, I] ⇨intensificar

↑ **intensive** /ın'tent.sıv/ *adj* ⇨intenso,sa ⇨intensivo,va

intent¹ /ın'tent/ *n* [U] **1** *(form)* ⇨propósito ⇨intención **2** *{for/to} all intents (and purposes)* ⇨a todos los efectos

intent² /ın'tent/ *adj* **1** ⇨resuelto,ta ⇨decidido,da **2** ⇨concentrado,da ⇨absorto,ta **3** *to be ~ {on upon} {sth/doing sth}* ⇨estar decidido,da a algo ⇨estar resuelto,ta a algo

intention /ın'ten.ʃ°n/ *n* [C, U] ⇨intención: *It wasn't my intention* - No fue mi intención

intentional /ın'ten.ʃ°n.əl/ *adj* ⇨intencionado,da ⇨deliberado,da

↑ **interact** UK: /ˌın.tə'rækt/ US: /-ˤtə'ækt/ *v* [I] *(personas)* ⇨relacionarse **2** *(cosas)* ⇨reaccionar ⇨interactuar

interaction UK: /ˌın.tə'ræk.ʃ°n/ US: /-ˤtə-/ *n* [C, U] **1** *(entre personas)* ⇨relación **2** *(entre cosas)* ⇨interacción

interactive UK: /ˌın.tə'ræk.tıv/ US: /-ˤtə-/ *adj* ⇨interactivo,va

intercept UK: /ˌın.tə'sept/ US: /-tə-/ *v* [T] ⇨interceptar: *to intercept the ball* - interceptar la pelota

interchangeable UK: /ˌın.tə'tʃeın.dʒə.bl/ US: /-ˤtə-/ *adj* ⇨intercambiable: *interchangeable parts* - piezas intercambiables

intercourse UK: /'ın.tə.kɔ:s/ US: /-ˤtə.kɔ:rs/ *n* [U] *(form, old-fash)* ⇨trato social **2** *(form)* ⇨coito

↑ **interest¹** UK: /'ın.tºr.est/ US: /-ˤtə-/ ■ *n* [U, NO PL] ⇨interés **2** *to show an interest in sth* - mostrar interesado en algo ■ *n* [U] **3** *(en economía)* ⇨interés **4** ⇨interés ⇨curiosidad **5** ⇨valor ⇨interés ■ *n* [C] **6** ⇨hobby ⇨interés ⇨afición ■ *n* [C, U] ⇨interés ⇨beneficio

interest² UK: /'ɪn.t²r.est/ US: /-ˤt̬ɚ-/ v [T] ⇒interesar: *History interests me a lot* - La historia me interesa mucho; *That book was what first interested me in Buddhism* - Ese libro fue lo que hizo que me interesara por el budismo

interested UK: /'ɪn.t²r.es.tɪd/ US: /-ˤt̬ɚ-/ adj 1 ⇒interesado,da ■ CONSTR. 1. interested in + doing sth 2. interested + to do sth 3. Se usa detrás de un verbo 2 *I would be interested to hear more about your trip* - Me gustaría saber más de tu viaje ■ PRON. La e se pronuncia como la i en *did* ■ Ver cuadro adjetivos terminados en "-ed" / "-ing": excited / exciting

interesting UK: /'ɪn.t²r.es.tɪŋ/ US: /-ˤt̬ɚ-/ adj ⇒interesante ⇒curioso,sa ■ Ver cuadro adjetivos terminados en "-ed" / "-ing": excited / exciting

interface UK: /'ɪn.tə.feɪs/ US: /-ˤt̬ɚ-/ n [C] *(en informática)* ⇒interfaz

interfere UK: /ˌɪn.tə'fɪə²/ US: /-ˤt̬ɚ'fɪr/ [interfered, interfering] v [I] ⇒entrometerse ⇒inmiscuirse

|PHRASAL VERBS
| · to interfere with *sth* 1 ⇒interferir en algo 2 *(en una señal de radio o televisión)* ⇒interferir

interference UK: /ˌɪn.tə'fɪə.r²nts/ US: /-ˤt̬ɚ'fɪr.[ə]nts/ n [U] 1 ⇒intromisión 2 ⇒interferencia [radiofónica]

interfering UK: /ˌɪn.tə'fɪə.rɪŋ/ US: /-ˤt̬ɚ'fɪr.ɪŋ/ adj ⇒entrometido,da

interim¹ UK: /'ɪn.t²r.ɪm/ US: /-ˤt̬ɚ-/ adj ⇒provisional ⇒interino,na

interim² UK: /'ɪn.t²r.ɪm/ US: /-ˤt̬ɚ-/ in the ~ ⇒mientras tanto ⇒en el ínterin

interior UK: /ɪn'tɪə.ri.ə²/ US: /-'tɪr.i.ə/ adj, n [C, NO PL] ⇒interior: *an interior courtyard* - un patio interior

interior decorator n [C] ⇒interiorista

interjection UK: /ˌɪn.tə'dʒek.ʃ²n/ US: /-ˤt̬ɚ-/ ■ n [C, U] 1 *(form) (en una conversación)* ⇒interrupción ■ n [C] 2 *(form) (en gramática)* ⇒interjección ⇒exclamación

interlude UK: /'ɪn.tə.luːd/ US: /-ˤt̬ɚ-/ n [C] 1 ⇒intervalo 2 ⇒interludio

intermediate UK: /ˌɪn.tə'miː.di.ət/ US: /-ˤt̬ɚ-/ adj ⇒intermedio,dia: *an intermediate level* - un nivel intermedio

intermission UK: /ˌɪn.tə'mɪʃ.²n/ US: /-ˤt̬ɚ-/ n [C, U] 1 US (UK interval) *(en televisión, en una obra de teatro)* ⇒intermedio 2 ⇒interrupción ⇒intervalo

intern UK: /'ɪn.tɜːn/ US: /-'tɜːn/ *US n* [C] 1 *(un médico)* ⇒interno,na 2 ⇒becario,ria

internal UK: /ɪn'tɜː.nəl/ US: /-'tɜː-/ adj ⇒interior ⇒interno,na

international¹ UK: /ˌɪn.tə'næʃ.²n.²l/ US: /-ˤt̬ɚ-/ adj ⇒internacional

international² UK: /ˌɪn.tə'næʃ.²n.²l/ US: /-ˤt̬ɚ-/ UK n [C] 1 ⇒evento deportivo internacional 2 *(jugador)* ⇒internacional

internationally UK: /ˌɪn.tə'næʃ.²n.²l.i/ US: /-ˤt̬ɚ-/ adv ⇒internacionalmente ⇒en el mundo entero

internet n [NO PL] ⇒internet: *to look sth up on the internet* - consultar algo en internet

†**interpret** UK: /ɪn'tɜː.prɪt/ US: /-'tɜː-/ ■ v [T] 1 ⇒interpretar ⇒explicar ⇒entender 2 ⇒actuar ⇒interpretar ■ v [T, I] 3 ⇒traducir [oralmente] ⇒interpretar

interpretation UK: /ɪnˌtɜː.prɪ'teɪ.ʃ²n/ US: /-ˌtɜː-/ ■ n [C, U] 1 *(una idea, un texto)* ⇒interpretación ⇒explicación ■ n [C] 2 ⇒interpretación ⇒actuación

interpreter UK: /ɪn'tɜː.prɪ.tə²/ US: /-'tɜː.prɪ.ˤt̬ə/ n [C] ⇒intérprete: *Can you act as interpreter?* - ¿Puedes hacer de intérprete?

interrogate /ɪn'ter.ə.geɪt/ [interrogated, interrogating] v [T] ⇒interrogar: *The inspector interrogated the witnesses* - El inspector interrogó a los testigos

interrogative UK: /ˌɪn.tə'rɒg.ə.tɪv/ US: /-ˤt̬ə'rɑː.gə.ˤt̬ɪv/ adj ⇒interrogativo,va ⇒de interrogación ■ Ver cuadro en página siguiente y ver cuadro interrogative pronouns and adverbs

†**interrupt** UK: /ˌɪn.tə'rʌpt/ US: /-ˤt̬ə-/ v [T, I] ⇒interrumpir

interruption UK: /ˌɪn.tə'rʌp.ʃ²n/ US: /-ˤt̬ə-/ n [C, U] ⇒interrupción: *I apologise for the interruption* - Pido disculpas por la interrupción

intersect UK: /ˌɪn.tə'sekt/ US: /-ˤt̬ɚ-/ v [T, I] ⇒cortar(se) ⇒cruzar(se)

intersection UK: /ˌɪn.tə'sek.ʃ²n/ US: /-ˤt̬ɚ-/ US (UK junction) n [C, U] ⇒intersección ⇒cruce

interstate UK: /'ɪn.tə.steɪt/ US: /'ɪn.ˤt̬ɚ.steɪt/ n [C] ⇒autovía [entre estados de EE. UU.]

interval UK: /'ɪn.tə.v²l/ US: /-ˤt̬ɚ-/ ■ n [C] 1 ⇒intervalo n [C, U] UK (US intermission) 2 ⇒intermedio [de televisión, de una obra de teatro]

†**intervene** UK: /ˌɪn.tə'viːn/ US: /-ˤt̬ɚ-/ [intervened, intervening] v [I] 1 ⇒intervenir: *He intervened to stop the fighting* - Intervino para parar la pelea ■ CONSTR. to intervene + to do sth 2 ⇒interrumpir ⇒interponerse ■ PRON. La última sílaba rima con *bean*

intervening UK: /ˌɪn.tə'viː.nɪŋ/ US: /-ˤt̬ɚ-/ adj 1 ⇒intermedio,dia 2 *in the intervening period* - en el interior

intervention UK: /ˌɪn.tə'ven.ʃ²n/ US: /-ˤt̬ɚ-/ n [C, U] ⇒intervención: *military intervention* - intervención militar

†**interview¹** UK: /'ɪn.tə.vjuː/ US: /-ˤt̬ɚ-/ n [C] ⇒entrevista: *a job interview* - una entrevista de trabajo

interview² UK: /'ɪn.tə.vjuː/ US: /-ˤt̬ɚ-/ v [T] ⇒entrevistar ⇒reportear AMÉR.

interviewee UK: /ˌɪn.tə.vjuˈiː/ US: /-ˤtə-/ n [c] ⇒entrevistado,da

interviewer UK: /ˈɪn.tə.vjuː.əʳ/ US: /-ˤtə.vjuː.ə/ n [c] ⇒entrevistador,-a

intestine /ɪnˈtes.tɪn/ n [c] (en anatomía) ⇒intestino

intimacy UK: /ˈɪn.tɪ.mə.si/ US: /-ˤtə-/ ■ n [u] 1 ⇒intimidad ⇒privacidad ■ n [c] 2 ⇒relación íntima ■ El plural es intimacies

intimate¹ UK: /ˈɪn.tɪ.mət/ US: /-ˤtə-/ adj 1 ⇒íntimo,ma 2 ⇒estrecho,cha: an intimate relationship between two people - una estrecha relación entre dos personas 3 ⇒profundo,da: to have an intimate knowledge of a subject - tener un conocimiento profundo de un tema

intimate² UK: /ˈɪn.tɪ.meɪt/ US: /-ˤtə-/ [intimated, intimating] v [T] (form) ⇒insinuar ■ CONSTR. to intimate + (that)

intimidate /ɪnˈtɪm.ɪ.deɪt/ [intimidated, intimidating] v [T] ⇒intimidar ■ CONSTR. to intimidate sb into + doing sth

† **into** /ˈɪn.tuː/ prep 1 (dirección) ⇒en ⇒a ⇒dentro de 2 (cambio de estado) ⇒en 3 (en matemáticas): Five into ten goes two - Diez dividido por cinco son dos 4 to be ~ sth (inform) ⇒ser aficionado,da a algo: He's really into comic books - Es un gran aficionado a los tebeos

intolerable UK: /ɪnˈtɒl. əʳ.ə.bl/ US: /-ˈtɑː.lə-/ adj ⇒intolerable: intolerable behaviour - un comportamiento intolerable

intolerance UK: /ɪnˈtɒl.əʳ.ənts/ US: /-ˈtɑː.lə-/ n [u] ⇒intolerancia ⇒intransigencia

intolerant UK: /ɪnˈtɒl.əʳ.ənt/ US: /-ˈtɑː.lə-/ adj ⇒intransigente ⇒intolerante

intonation /ˌɪn.təˈneɪ.ʃən/ n [c, u] ⇒entonación

intoxicated UK: /ɪnˈtɒk.sɪ.keɪ.tɪd/ US: /-ˈtɑːk.sɪ.keɪ.ˤtɪd/ adj 1 (form) (del alcohol) ⇒embriagado,da ⇒ebrio,bria 2 (de un sentimiento) ⇒extasiado,da ⇒embriagado,da

intranet /ˈɪn.trə.net/ n [c] (en informática) ⇒intranet

intrepid /ɪnˈtrep.ɪd/ adj ⇒intrépido,da: an intrepid explorer - una exploradora intrépida

intricate /ˈɪn.trɪ.kət/ adj ⇒complejo,ja ⇒intrincado,da

intrigue¹ /ɪnˈtriːg/ [intrigued, intriguing] v [T] 1 ⇒fascinar ⇒intrigar 2 ⇒intrigar ⇒conspirar

intrigue² /ˈɪn.triːg/ n [c, u] ⇒intriga: political intrigue - intriga política

intriguing /ɪnˈtriː.gɪn/ adj ⇒intrigante: an intriguing book - un libro intrigante

intrinsic /ɪnˈtrɪn.zɪk/ adj ⇒intrínseco,ca: an intrinsic part of sth - una parte intrínseca de algo

† **introduce** UK: /ˌɪn.trəˈdjuːs/ US: /-ˈduːs/ [introduced introducing] v [T] 1 (a una persona) ⇒presentar ■ CONSTR. to introduce sb to sb 2 ⇒introducir ⇒establecer |PHRASAL VERBS L· **to introduce sb to sth** ⇒iniciar a alguien en algo

introduction /ˌɪn.trəˈdʌk.ʃən/ ■ n [c, u] 1 ⇒presentación ⇒introducción 2 (en un libro) ⇒introducción ⇒prólogo ■ n [NO PL] 3 ⇒iniciación ■ La forma abreviada es intro

introductory /ˌɪn.trəˈdʌk.tʳr.i/ adj 1 ⇒preliminar ⇒introductorio,ria 2 an introductory course - un curso de iniciación

---

interrogative structures

- En frases con verbo auxiliar o con el verbo **"be"**, se invierte el orden del sujeto y del verbo: **verbo + sujeto**:

  · Craig is your friend. → **Is Craig** your friend? (Craig es tu amigo. → ¿Es Craig tu amigo?)

  · You can swim. → **Can you** swim? (Sabes nadar. → ¿Sabes nadar?)

  · He will come. → **Will he** come? (Vendrá. → ¿Vendrá?)

- Con el resto de los verbos se utiliza la construcción auxiliar **"do"** (presente) / **"did"** (pasado) **+ sujeto + verbo principal en infinitivo**:

  · **Do** you live in Bristol? (¿Vives en Bristol?)

  · Where **does** she work? (¿Dónde trabaja?)

  · How long **did** you take to get here? (¿Cuánto has tardado en llegar aquí?)

- Cuando las partículas interrogativas **"who"**, **"which"**, **"what"** o **"how many"** se refieren al sujeto, la posición del verbo no cambia y no se usa "do"/"did":

  · **Who** is playing in the garden? (¿Quién está jugando en el jardín?)

  · **Which** of your sisters lives in New York? (¿Cuál de tus hermanas vive en Nueva York?)

  · **What** happened yesterday? (¿Qué pasó ayer?)

  · **How many** people are coming to the party? (¿Cuántas personas van a venir a la fiesta?)

(Ver también cuadros **negative structures** y **verb tenses**.)

introvert UK: /'ın.trə.vɜːt/ US: /-vɜːt/ *n* [C] ⇒introvertido,da

intrude /ın'truːd/ [intruded, intruding] *v* [I] **1** ⇒importunar ⇒molestar **2** ⇒entrometerse ■ CONSTR. to intrude into/on/upon sth/sb

intruder UK: /ın'truː.dəʳ/ US: /-dəʳ/ *n* [C] ⇒intruso,sa: *There's an intruder in the house* - Hay un intruso en la casa

intrusion /ın'truː.ʒən/ *n* [C, U] **1** ⇒intrusión **2** ⇒intromisión: *Forgive the intrusion* - Perdone la intromisión

intrusive /ın'truː.sıv/ *adj* **1** ⇒inoportuno,na: *intrusive questions* - preguntas inoportunas **2** *(en fonética)* ⇒epentético,ca

intuition UK: /ˌın.tjuː'ıʃ.ən/ US: /-tuː-/ *n* [U] ⇒intuición: *to trust your intuition* - confiar en tu intuición

intuitive UK: /ın'tjuː.ɪ.tıv/ US: /-'tuː.ˌɪ.ˤtɪv/ *adj* ⇒intuitivo,va

Inuit /'ın.ju.ıt/ [*pl* Inuit, Inuits] *n* [C] ⇒esquimal

inundate /'ın.ʌn.deıt/ [inundated, inundating] *v* [T] **1** ⇒inundar(se) **2** ⇒desbordar(se): *I'm inundated with work* - Estoy desbordado de trabajo ■ CONSTR. to be inundated by/with sth

invade /ın'veıd/ [invaded, invading] *v* [T, I] ⇒invadir: *The enemy troops invaded the country* - Las tropas enemigas invadieron el país; *Don't invade my space!* - ¡No invadas mi espacio!

invader UK: /ın'veı.dəʳ/ US: /-dəʳ/ *n* [C] ⇒invasor,-a

invalid[1] /'ın.və.lıd/ *n* [C] *(old-fash) (persona)* ⇒inválido,da *desp.*

invalid[2] /ın'væl.ıd/ *adj* ⇒nulo,la ⇒invalidado,da ⇒no válido,da

invaluable /ın'væl.ju.bl̩/ *adj* ⇒inestimable: *Your help has been invaluable* - Tu ayuda ha sido inestimable

invariably /ın'veə.ri.ə.bli/ *adv* ⇒invariablemente ⇒siempre

invasion /ın'veı.ʒən/ *n* [C, U] ⇒invasión: *an invasion of privacy* - una invasión de la intimidad

invent /ın'vent/ *v* [T] ⇒inventar: *Who invented the electric light bulb?* - ¿Quién inventó la bombilla?; *to invent a story* - inventar una historia

invention /ın'ven.ʃən/ ■ *n* [U] **1** ⇒invención ⇒invento ■ *n* [C] **2** ⇒invento ⇒creación

inventive UK: /ın'ven.tıv/ US: /-ˤtɪv/ *adj* ⇒imaginativo,va ⇒creativo,va

inventor UK: /ın'ven.təʳ/ US: /-ˤtəʳ/ *n* [C] ⇒inventor,-a

inventory UK: /'ın.vən.tri/ US: /-tɔːr.i/ [*pl* inventories] *n* [C] ⇒inventario

inversion UK: /ın'vɜː.ʒən/ US: /-'vɜː-/ *n* [U] *(form) (del orden, de los hechos, de la posición)* ⇒inversión

invert UK: /ın'vɜːt/ US: /-'vɜːt/ *v* [T] *(form) (el orden, la posición)* ⇒invertir

[†] **inverted commas** *UK n* [PL] **1** *(en ortografía)* ⇒comillas **2** *(en un discurso hablado)*

[†] **invest** /ın'vest/ *v* [T, I] ⇒invertir: *to invest money in sth* - invertir dinero en algo; *to invest a lot of time* - invertir mucho tiempo ■ CONSTR. to invest in sth

[†] **investigate** /ın'ves.tı.geıt/ [investigated, investigating] *v* [T, I] ⇒investigar ⇒indagar ■ CONSTR. to investigate + interrogativa indirecta

investigation /ınˌves.tı'geı.ʃən/ *n* [C, U] **1** ⇒pesquisa ⇒investigación **2** *(en medicina)* ⇒exploración ■ Comparar con *research* (investigación académica o científica)

investigative UK: /ın'ves.tı.gə.tıv/ US: /-ˤtɪv/ *adj* ⇒inquisitivo,va ⇒de investigación

investigator UK: /ʊʃ/ UK: /ın'ves.tı.geı.ˤtə/ US: /-ˤtə/ *n* [C] ⇒investigador,-a

investment /ın'vest.mənt/ *n* [C, U] ⇒inversión: *a good investment* - una buena inversión

investor UK: /ın'ves.təʳ/ US: /-ˤtə/ *n* [C] ⇒inversor,-a

invigorating UK: /ın'vıg.ə.reı.tıŋ/ US: /-ˤtɪŋ/ *adj* ⇒tonificante: *an invigorating swim* - un baño tonificante

invincible /ın'vın.sı.bl̩/ *adj* ⇒invencible

[†] **invisible** /ın'vız.ı.bl̩/ *adj* ⇒invisible

invitation /ˌın.vı'teı.ʃən/ *n* [C, U] ⇒invitación: *Thanks for the invitation* - Gracias por la invitación

[†] **invite** /ın'vaıt/ [invited, inviting] *v* [T] **1** ⇒invitar: *I would like to invite him to lunch* - Me gustaría invitarlo a comer **2** ⇒solicitar [oficialmente] ■ CONSTR. to invite + to do sth ■ No se suele usar en estilo directo. Incorrecto: *I'll invite you to a drink*

| PHRASAL VERBS
· **to invite sb back 1** ⇒invitar a alguien a casa [después de haber pasado tiempo juntos] **2** ⇒invitar a alguien [para devolver la invitación]
· **to invite sb {in/up}** ⇒invitar a alguien a entrar en su casa
· **to invite sb out** ⇒invitar a alguien a salir

inviting UK: /ın'vaı.tıŋ/ US: /-ˤtɪŋ/ *adj* ⇒atractivo,va ⇒tentador,-a

invoice[1] /'ın.vɔıs/ *n* [C] ⇒factura: *to send an invoice for sth* - presentar una factura de algo

invoice[2] /'ın.vɔıs/ [invoiced, invoicing] *v* [T] ⇒emitir [una factura]

involuntary UK: /ın'vɒl.ən.tri/ US: /-'vɑː.lən.ter.i/ *adj* ⇒involuntario,ria

[†] **involve** UK: /ın'vɒlv/ US: /-'vɑːlv/ [involved, involving] *v* [T] **1** ⇒implicar(se) ⇒involucrar(se) ⇒embarrar *AMÉR. col.* **2** ⇒traer consigo ⇒suponer ■ CONSTR. to involve + doing sth **3** ⇒hacer participar ⇒implicar

involved UK: /ɪnˈvɒlvd/ US: /-ˈvɑːlvd/ *adj* **1** ⇒implicado,da **2** ⇒entregado,da: *She's very involved in the project* - Está muy entregada al proyecto **3** ⇒complicado,da: *an involved situation* - una situación complicada **4** to {be/get} ~ {in/with} sth **1** ⇒involucrarse en algo ⇒estar metido en algo **2** ⇒participar en algo **5** to {be/get} ~ with sb ⇒tener una relación con alguien

involvement UK: /ɪnˈvɒlv.mənt/ US: /-ˈvɑːlv-/ ■ *n* [U] **1** ⇒implicación ⇒participación ■ *n* [C, U] **2** ⇒relación sentimental ⇒lío *col*.

inward[1] UK: /ˈɪn.wəd/ US: /-wəd/ *adj* **1** ⇒hacia dentro **2** ⇒interior ⇒íntimo,ma

inward[2] UK: /ˈɪn.wəd/ US: /-wəd/ *adv* ⇒hacia dentro: *This window opens inward* - Esta ventana se abre hacia dentro

inwardly UK: /ˈɪn.wəd.li/ US: /-wəd-/ *adv* ⇒internamente ⇒por dentro ⇒para sus adentros

iodine /ˈaɪ.ə.diːn, -daɪn/ *n* [U] ⇒yodo

iPod® /ˈaɪ.pɒd/ *n* [C] ⇒iPod® ⇒MP3 ■ PRON. La *i* se pronuncia como el pronombre de primera persona *I*

IQ /aɪˈkjuː/ *n* [C, U] ⇒forma abreviada de **intelligence quotient** (cociente intelectual)

Iran UK: /ɪˈrɑːn/ US: /-ˈræn/ *n* [U] ⇒Irán

Iranian /ɪˈreɪ.ni.ən/ *adj, n* [C] ⇒iraní

Iraq UK: /ɪˈrɑːk/ US: /-ˈræk/ *n* [U] ⇒Irak

Iraqi UK: /ɪˈrɑː.ki/ US: /-ˈræ.ki/ *adj, n* [C] ⇒iraquí

iris /ˈaɪ.rɪs/ [*pl* irises] *n* [C] **1** ⇒iris (del ojo) **2** ⇒lirio

Irish[1] /ˈaɪə.rɪʃ/ *adj* ⇒irlandés,-a

Irish[2] /ˈaɪə.rɪʃ/ *n* [U] **1** *(idioma)* ⇒irlandés **2** the ~ *(gentilicio)* ⇒los irlandeses, las irlandesas ■ El singular es *an Irishman* o *an Irishwoman*

Irishman /ˈaɪə.rɪʃ.mən/ [*pl* Irishmen] *n* [C] *(gentilicio)* ⇒irlandés

Irishmen *n* [PL] See **Irishman**

Irishwoman /ˈaɪə.rɪʃ.wʊm.ən/ [*pl* Irishwomen] *n* [C] *(gentilicio)* ⇒irlandesa

Irishwomen *n* [PL] See **Irishwoman**

[†] **iron**[1] UK: /aɪən/ US: /aɪrn/ ■ *n* [U] **1** ⇒hierro ⇒fierro AMÉR. **2** *corrugated iron* - chapa ondulada ■ *n* [C] **3** ⇒plancha

iron[2] UK: /aɪən/ US: /aɪrn/ *v* [T, I] ⇒planchar: *He's ironing a shirt* - Está planchando una camisa

| PHRASAL VERBS
└ **to iron** sth **out** [M] ⇒resolver

ironic UK: /aɪəˈrɒn.ɪk/ US: /aɪˈrɑː.nɪk/ *adj* ⇒irónico,ca

ironing UK: /ˈaɪə.nɪŋ/ US: /aɪr-/ *n* [U] **1** *(actividad)* ⇒plancha ⇒planchado **2** to do the ~ ⇒planchar

ironing board *n* [C] ⇒tabla de planchar

[†] **irony** UK: /ˈaɪə.rə.ni/ US: /ˈaɪ-/ [*pl* ironies] *n* [C, U] ⇒ironía: *They spoke about the ironies of life* - Hablaban sobre las ironías de la vida

irrational /ɪˈræʃ.ən.əl/ *adj* ⇒irracional: *irrational behaviour* - comportamiento irracional

irrationality UK: /ɪˌræʃ.ənˈæl.ə.ti/ US: /-ˈt̬i/ *n* [U] ⇒irracionalidad

[†] **irregular** UK: /ɪˈreg.jə.lə²/ US: /-lə/ *adj* **1** ⇒irregular: *an irregular surface* - una superficie irregular **2** *(una práctica)* ⇒poco ortodoxo,xa ■ Ver cuadro

irrelevant /ɪˈrel.ɪ.vənt/ *adj* **1** ⇒que no viene al caso **2** ⇒irrelevante

irreparable /ɪˈrep.rə.bl̩/ *adj (una pérdida)* ⇒irreparable ⇒irremediable

irresistible /ˌɪr.ɪˈzɪs.tə.bl̩/ *adj* ⇒irresistible

irresponsible UK: /ˌɪr.ɪˈspɒnt.sɪ.bl̩/ US: /-ˈspɑːnt-/ *adj* **1** ⇒irresponsable **2** *It was irresponsible of you* - Fue una irresponsabilidad por tu parte

irreversible UK: /ˌɪr.ɪˈvɜː.sɪ.bl̩/ US: /-ˈvɜː-/ *adj* ⇒irreversible: *irreversible damage* - daños irreversibles

irrigate /ˈɪr.ɪ.geɪt/ [irrigated, irrigating] *v* [T] ⇒regar ⇒irrigar

irrigation /ˌɪr.ɪˈgeɪ.ʃən/ *n* [U] ⇒riego: *a precise irrigation system* - un sistema de riego preciso

irritable UK: /ˈɪr.ɪ.tə.bl̩/ US: /-ˈt̬ə-/ *adj* ⇒irritable: *Why are you so irritable?* - ¿Por qué estás tan irritable?

irritate /ˈɪr.ɪ.teɪt/ [irritated, irritating] *v* [T] ⇒irritar ⇒fastidiar **2** ⇒escocer ⇒irritar

irritating UK: /ˈɪr.ɪ.teɪ.tɪŋ/ US: /-ˈt̬ɪŋ/ *adj* **1** ⇒irritante ⇒insufrible **2** *I find her very irritating* - No puedo con ella

is /ɪz, z, s/ ⇒tercera persona singular del presente del verbo *to be*

ISBN /ˌaɪ.es.biːˈen/ *n* [C] ⇒ISBN ■ Procede de *International Standard Book Number* (número internacional normalizado de libros)

[†] **Islam** /ˈɪz.lɑːm, -læm/ *n* [U] ⇒islamismo ⇒islam

Islamic /ɪzˈlæm.ɪk, -ˈlɑː.mɪk/ *adj* ⇒islámico,ca: *Islamic law* - la ley islámica

[†] **island** /ˈaɪ.lənd/ *n* [C] ⇒isla: *They lived on an island for five years* - Vivieron en una isla durante cinco años ■ PRON. La *s* no se pronuncia

isle /aɪl/ *n* [C] ⇒isla: *the Isle of Skye* - la isla de Skye ■ Se usa especialmente con un nombre propio ■ PRON. La *s* no se pronuncia

[†] **isn't** /ˈɪz.ənt/ *(is not)* See **be**

isolate /ˈaɪ.sə.leɪt/ [isolated, isolating] *v* [T] ⇒aislar: *He isolated himself from people* - Se aisló de la gente ■ CONSTR. to isolate from sth/sb

isolated UK: /ˈaɪ.sə.leɪ.tɪd/ US: /-ˈt̬ɪd/ *adj* ⇒aislado,da: *an isolated village* - un pueblo aislado ■ PRON. La *e* se pronuncia como la *i* en *did*

isolation /ˌaɪ.sˠə.leɪ.ʃən/ *n* [U] **1** ⇒aislamiento **2** in ~ ⇒aislado,da ⇒de forma separada

ISP /ˌaɪ.esˈpiː/ *n* [C] ⇒forma abreviada de **internet service provider** (proveedor de servicios de internet)

irregular verbs

Infinitive	Past Simple	Past Participle
arise	arose	arisen
awake	awoke (*US tb* awaked)	awoken
be	was/were	been
bear	bore	borne (*US tb* born)
beat	beat	beaten (*US tb* beat)
become	became	become
begin	began	begun
bend	bent	bent
bet	bet, betted	bet, betted
bid	bid, bade	bid, bidden
bind	bound	bound
bite	bit	bitten
bleed	bled	bled
bless	blessed	blest
blow	blew	blown
break	broke	broken
breed	bred	bred
bring	brought	brought
broadcast	broadcast (*US tb* broadcasted)	broadcast (*US tb* broadcasted)
build	built	built
burn	burnt, burned	burnt, burned
burst	burst	burst
bust	bust (*US* busted)	bust (*US* busted)
buy	bought	bought
cast	cast	cast
catch	caught	caught
choose	chose	chosen
cling	clung	clung
come	came	come
cost	cost, costed	cost, costed
creep	crept	crept
cut	cut	cut
deal	dealt	dealt
dig	dug	dug
dive	dived (*US tb* dove)	dived
do	did	done
draw	drew	drawn
dream	dreamed, dreamt	dreamed, dreamt
drink	drank	drunk
drive	drove	driven
dwell	dwelt, dwelled	dwelt, dwelled
eat	ate	eaten
fall	fell	fallen
feed	fed	fed
feel	felt	felt
fight	fought	fought
find	found	found
flee	fled	fled
fling	flung	flung
fly	flew	flown
forbid	forbade, forbad	forbidden
forecast	forecasted, forecast	forecasted, forecast
foresse	foresaw	foreseen
forget	forgot	forgotten
forgive	forgave	forgiven

irregular verbs

forsake	forsook	forsaken
freeze	froze	frozen
get	got	got (US tb gotten)
give	gave	given
go	went	gone
grind	ground	ground
grow	grew	grown
hang	hung, hanged	hung, hanged
have	had	had
hear	heard	heard
hide	hid	hidden
hit	hit	hit
hold	held	held
hurt	hurt	hurt
input	inputted, input	inputted, input
keep	kept	kept
kneel	knelt, kneeled	knelt, kneeled
knit	knitted, knit	knitted (US tb knit)
know	knew	known
lead	led	led
lean	leaned (UK tb leant)	leaned (UK tb leant)
leap	leapt, leaped	leapt, leaped
learn	learned (UK tb learnt)	learned (UK tb learnt)
leave	left	left
lend	lent	lent
let	let	let
lie	lay, lied	lain, lied
light	lit, lighted	lit, lighted
lip-read	lip-read	lip-read
lose	lost	lost
make	made	made
mean	mean	meant
meet	met	met
mimic	mimicked	mimicked
mislead	misled	misled
mistake	mistook	mistaken
misunderstand	misunderstood	misunderstood
mow	mowed	mown, mowed
offset	offset	offset
outdo	outdid	outdone
outgrow	outgrew	outgrown
overcome	overcame	overcome
overdo	overdid	overdone
overhang	overhung	overhung
overhear	overheard	overheard
override	overrode	overridden
overrun	overran	overrun
oversee	oversaw	overseen
oversleep	overslept	overslept
overtake	overtook	overtaken
overthrow	overthrew	overthrown
pay	paid	paid
plead	pleaded (US tb pled)	pleaded (US tb pled)
prove	proved	proved, proven
put	put	put
quit	quit, quitted	quit, quitted

irregular verbs

read	read	read
rebuild	rebuilt	rebuilt
repay	repaid	repaid
rethink	rethought	rethought
rewrite	rewrote	rewritten
rid	rid	rid
ride	rode	ridden
ring	rang	rung
rise	rose	risen
run	ran	run
saw	sawed	sawn (*US tb* sawed)
say	said	said
see	saw	seen
seek	sought	sought
sell	sold	sold
send	sent	sent
set	set	set
sew	sewed	sewn, sewed
shake	shook	shaken
shear	sheared	sheared, shorn
shed	shed	shed
shine	shone	shone
shoot	shot	shot
show	showed	shown
shrink	shrank	shrunk
shut	shut	shut
sing	sang	sung
sink	sank	sunk
sit	sat	sat
slay	slew, slayed	slain
sleep	slept	slept
slide	slid	slid
sling	slung	slung
slink	slunk	slunk
slit	slit	slit
smell	smelled (*UK tb* smelt)	smelled (*UK tb* smelt)
sneak	sneaked (*US tb* snuck)	sneaked (*US tb* snuck)
sow	sowed	sown, sowed
speak	spoke	spoken
speed	sped, speeded	sped, speeded
spell	spelled (*UK tb* spelt)	spelled (*UK tb* spelt)
spend	spent	spent
spill	spilled (*UK tb* spilt)	spilled (*UK tb* spilt)
spin	spun	spun
spit	spat (*US tb* spit)	spat (*US tb* spit)
split	split	split
spoil	spoiled, spoilt	spoiled, spoilt
spread	spread	spread
spring	sprang	sprung
stand	stood	stood
steal	stole	stolen
stick	stuck	stuck
sting	stung	stung
stink	stank (*US tb* stunk)	stunk
stride	strode	strode
strike	struck	struck (*US tb* stricken)

irregular verbs

string	strung	strung
strive	strove, strived	striven, strived
swear	swore	sworn
sweep	swept	swept
swell	swelled	swollen, swelled
swim	swam	swum
swing	swung	swung
take	took	taken
teach	taught	taught
tear	tore	torn
tell	told	told
think	thought	thought
thrive	thrived (*US tb* throve)	thrived (*US tb* thriven)
throw	threw	thrown
thrust	thrust	thrust
tread	trod (*US tb* treaded)	trodden (*US tb* trod)
undergo	underwent	undergone
underlie	underlay	underlain
understand	understood	understood
undertake	undertook	undertaken
undo	undid	undone
unwind	unwound	unwound
uphold	upheld	upheld
upset	upset	upset
wake	woke	woken
wear	wore	worn
weave	wove, weaved	woven, weaved
weep	wept	wept
wet	wet, wetted	wet, wetted
win	won	won
wind	wound	wound
withdraw	withdrew	withdrawn
withhold	withheld	withheld
withstand	withstood	withstood
wreak	wrought, wreaked	wrought, wreaked
wring	wrung	wrung
write	wrote	written

Israel /ɪzˈreɪl/ *n* [U] ⮕Israel

Israeli /ɪzˈreɪ.li/ *adj, n* [C] ⮕israelí

↑**issue¹** /ˈɪʃ.uː, ˈɪs.juː/ *n* [C] **1** ⮕cuestión ⮕asunto ⮕vaina *AMÉR.* **2** ⮕problema: *to avoid an issue* - esquivar un problema **3** ⮕ejemplar [de una publicación] ⮕número [de una publicación] **4** *(de un documento oficial)* ⮕emisión ⮕expedición

issue² /ˈɪʃ.uː, ˈɪs.juː/ [issued, issuing] *v* [T] **1** ⮕publicar ⮕emitir **2** ⮕suministrar ⮕repartir: *They issued toys to all the children* - Repartieron juguetes entre todos los niños **3** ⮕salir [de algo]

↑**it** /ɪt/ *pron* **1** ⮕él, ella, ello: *I don't want to talk about it* - No quiero hablar de ello **2** ⮕lo, la: *Give it to me, please* - Dámelo, por favor; *I need it* - Lo necesito **3** *(en oraciones impersonales)*: *It's snowing* - Está lloviendo; *It's four o'clock* - Son las cuatro; *It's three miles to the forest* - Hay tres millas hasta el bosque ▪ Las frases en inglés siempre llevan sujeto (exceptuando los imperativos). Se dice *It is raining* (Está lloviendo). Incorrecto: *Is raining* ▪ Ver cuadro personal pronouns

↑**IT** /ˌaɪˈtiː/ *n* [U] ⮕forma abreviada de **information technology** (tecnología de la información)

Italian¹ /ɪˈtæl.jən, -i.ən/ ▌ *n* [U] **1** *(idioma)* ⮕italiano ▌ *n* [C] **2** *(gentilicio)* ⮕italiano,na ⮕tano,na *AMÉR. col.*

Italian² /ɪˈtæl.jən, -i.ən/ *adj* ⮕italiano,na ⮕tano,na *AMÉR. col.*

italics /ɪˈtæl.ɪks/ *n* [PL] ⮕cursiva: *Write the examples in italics* - Escribe los ejemplos en cursiva

Italy UK: /ˈɪt.ə.li/ US: /ˈɪˤt̬-/ *n* [U] ⮕Italia

itch¹ /ɪtʃ/ v [I] **1** ⇨picar: *Try not to scratch it even though it itches* - Trata de no rascarte aunque te pique **2** ⇨escocer
| PHRASAL VERBS
· **to be itching to do** *sth (inform)* ⇨morirse de ganas de hacer algo *col.: I'm itching to see him* - Me muero de ganas de verlo

itch² /ɪtʃ/ [*pl* itches] *n* [C] **1** ⇨picor: *I've got an itch* - Tengo picor **2** ⇨escozor

itchy /ˈɪtʃ.i/ *adj* [*comp* itchier, *superl* itchiest] **1** ⇨irritado,da **2** *It's itchy* - Me pica

it'd UK: /ˈɪt.əd/ US: /ˈɪˤt̬-/ **1** *(it had)* See **have 2** *(it would)* See **would**

item UK: /ˈaɪ.təm/ US: /-ˤt̬əm/ *n* [C] **1** ⇨punto **2** *(en una lista, en una gama)* ⇨artículo ⇨objeto **3** *(en un periódico, en televisión)* ⇨noticia ⇨información

itinerary UK: /aɪˈtɪn.ˤr.ˤr.i/ US: /-ə.rer-/ [*pl* itineraries] *n* [C] ⇨itinerario: *a holiday itinerary* - un itinerario de vacaciones

† **it'll** UK: /ˈɪt.ˤl/ US: /ˈɪˤt̬-/ *(it will)* See **will**

its /ɪts/ *adj* **1** ⇨su: *everything in its place* - todo en su sitio **2** ⇨suyo,ya ■ Ver cuadro possessive adjectives and pronouns

† **it's** /ɪts/ **1** *(it is)* See **be 2** *(it has)* See **have**

itself /ɪtˈself/ *pron* **1** ⇨se **2** ⇨él mismo, ella misma: *more than life itself* - más que la vida misma **3 by ~** ⇨solo,la ■ Ver cuadro reflexive pronouns

† **I've** /aɪv/ *(I have)* See **have**

ivory UK: /ˈaɪ.vˤr.i/ US: /-vɚ-/ *n* [U] ⇨marfil: *ivory tower* - torre de marfil

ivy /ˈaɪ.vi/ [*pl* ivies] *n* [C, U] ⇨hiedra: *covered with ivy* - cubierto de hiedra

I

J j

j [*pl* j's] *n* [C] *(letra del alfabeto)* ⇒j

jab[1] /dʒæb/ [jabbed, jabbing] *v* [T, I] **1** ⇒pinchar [con un objeto punzante] **2** *You almost jabbed me in the eye with your pen!* - ¡Casi me sacas un ojo con el boli! **3** *(en boxeo)* ⇒dar un golpe rápido

jab[2] /dʒæb/ *n* [C] **1** ⇒golpe ⇒pinchazo ⇒codazo **2** *(en boxeo)* ⇒golpe rápido **3** *(con una aguja)* ⇒pinchazo *col.* **4** *UK (inform)* ⇒inyección **5 flu ~** *(inform)* ⇒vacuna contra la gripe

jack /dʒæk/ *n* [C] **1** ⇒gato [hidráulico] **2** *(naipe)* ⇒jota

jackal /ˈdʒæk.əl/ *n* [C] ⇒chacal

↑**jacket** /ˈdʒæk.ɪt/ *n* [C] ⇒chaqueta ⇒americana ⇒saco AMÉR.

jacket potato [*pl* jacket potatoes] *UK n* [C] ⇒patata asada [con piel]

jackpot UK: /ˈdʒæk.pɒt/ US: /-pɑːt/ *n* [C] ⇒premio gordo ⇒bote

jade /dʒeɪd/ *n* [U] *(mineral)* ⇒jade

jaded /ˈdʒeɪ.dɪd/ *adj* ⇒hastiado,da ⇒agotado,da

jagged /ˈdʒæg.ɪd/ *adj* **1** ⇒dentado [con picos irregulares] **2** ⇒mellado,da: *a jagged knife* - un cuchillo mellado

jaguar UK: /ˈdʒæg.jʊ.əʳ/ US: /-juː.ɑːr/ *n* [C] ⇒jaguar ⇒tigre AMÉR.

jail[1] /dʒeɪl/ (*UK tb* **gaol**) *n* [C, U] ⇒cárcel ⇒prisión

jail[2] /dʒeɪl/ (*UK tb* **gaol**) *v* [T] ⇒encarcelar ■ CONSTR. Se usa más en pasiva

jam[1] /dʒæm/ *n* [C, U] **1** *UK* (*US* **jelly**) ⇒mermelada: *raspberry jam* - mermelada de frambuesa **2** (*tb* **traffic jam**) *(de tráfico)* ⇒atasco ⇒embotellamiento ⇒tapón *col.* **3** ⇒aglomeración [de gente] **4** ⇒apuro ⇒lío

jam[2] /dʒæm/ [jammed, jamming] *v* [T, I] **1** ⇒atascar(se) ⇒bloquear(se) **2** *(las señales de radio)* ⇒interferir **3** *(en música)* ⇒improvisar **4 to ~ *sth* {in/into/on} *sth*** ⇒meter algo a presión ⇒apretujar algo en algo

Jamaica /dʒəˈmeɪ.kə/ *n* [U] ⇒Jamaica

Jamaican /dʒəˈmeɪ.kən/ *adj, n* [C] ⇒jamaicano,na

Jan *n* [C, U] ⇒forma abreviada de **January** (enero)

jangle /ˈdʒæŋ.gl/ [jangled, jangling] *v* [T, I] ⇒sonar de forma desagradable y metálica

janitor UK: /ˈdʒæn.ɪ.təʳ/ US: /-ˤt̬ə/ *US, Scot* (*UK* **caretaker**) *n* [C] ⇒bedel,-a ⇒conserje ⇒portero,ra

↑**January** UK: /ˈdʒæn.jʊə.ri/ US: /-juː.er.i/ [*pl* Januaries] *n* [C, U] ⇒enero: *in January* - en enero; *on January 3rd* - el 3 de enero ■ La forma abreviada es *Jan*

Japan /dʒəˈpæn/ *n* [U] ⇒Japón: *She is moving to Japan next month* - Se traslada a Japón el mes que viene

Japanese[1] /ˌdzæp.əˈniːz/ *adj* ⇒japonés,-a

Japanese[2] /ˌdzæp.əˈniːz/ *n* [U] **1** *(idioma)* ⇒japonés **2 the ~** *(gentilicio)* ⇒los japoneses, las japonesas ■ El singular es *a Japanese man, a Japanese woman*

jar[1] UK: /dʒɑːʳ/ US: /dʒɑːr/ *n* [C] **1** ⇒tarro ⇒bote ■ Distinto de *jug* (jarra) **2** *(inform)* ⇒caña [de cerveza] *col.*: *to have a few jars* - tomar unas cañas

jar[2] UK: /dʒɑːʳ/ US: /dʒɑːr/ [jarred, jarring] ▌*v* [T, I] **1** ⇒golpear ⇒sacudir ▌*v* [T] **2** ⇒enervar ⇒crispar **3** ⇒conmocionar **4** ⇒desentonar

PHRASAL VERBS

· **to jar on *sb*** ⇒irritar: *His passive attitude jars on me* - Su actitud pasiva me irrita

jargon UK: /ˈdʒɑː.gən/ US: /ˈdʒɑːr-/ *n* [U] ⇒jerga: *I don't understand this technical jargon* - No entiendo esta jerga técnica

jaundice UK: /ˈdʒɔːn.dɪs/ US: /ˈdʒɑːn-/ *n* [U] *(en medicina)* ⇒ictericia

jaundiced UK: /ˈdʒɔː.n.dɪst/ US: /ˈdʒɑːn-/ *adj* *(form)* *(una persona)* ⇒negativo,va ⇒pesimista ⇒amargado,da

javelin /ˈdʒæv.lɪn/ *n* [C] *(en deportes)* ⇒jabalina

↑**jaw** UK: /dʒɔː/ US: /dʒɑː/ ▌*n* [C] **1** ⇒mandíbula **2** *My jaw dropped when I heard the news* - Me quedé boquiabierto cuando oí las noticias ▌*n* [NO PL] **3** ⇒charla *col.*; ⇒conversación

jaws UK: /dʒɔːz/ US: /dʒɑːz/ *n* [PL] ⇒fauces

jay /dʒeɪ/ *n* [C] *(ave)* ⇒arrendajo

jazz[1] /dʒæz/ *n* [U] ⇒jazz

↑**jazz**[2] /dʒæz/

PHRASAL VERBS

· **to jazz *sth* up [M]** *(inform)* ⇒alegrar algo ⇒dar vida a algo *col.*

ealous /ˈdʒel.əs/ *adj* **1** ⇒celoso,sa: *to be jealous of sb* - estar celoso de alguien; *to make sb jealous* - dar celos a alguien **2** ⇒envidioso,sa

ealousy /ˈdʒel.ə.si/ *[pl* jealousies] *n* [c, u] **1** ⇒celos **2** ⇒envidia

eans /dʒiːnz/ *n* [PL] *(prenda de vestir)* ⇒vaqueros

Jeep® /dʒiːp/ *n* [c] ⇒jeep® ⇒todoterreno

eer¹ UK: /dʒɪə'/ US: /dʒɪr/ *v* [T, I] **1** ⇒abuchear: *to jeer at sb* - abuchear a alguien **2** ⇒mofarse

eer² UK: /dʒɪə'/ US: /dʒɪr/ *n* [c] ⇒abucheo ⇒burla

Jell-O® UK: /ˈdʒel.əʊ/ US: /-oʊ/ *US n* [U] See **jelly**

elly /ˈdʒel.i/ *[pl* jellies] *n* [c, u] **1** *UK* (*US* Jell-O®) ⇒gelatina **2** *US* (*UK* jam) ⇒mermelada

ellyfish /ˈdʒel.i.fɪʃ/ *[pl* jellyfish] *n* [c] ⇒medusa

eopardize UK: /ˈdʒep.ə.daɪz/ US: /-ɚ-/ [jeopardized, jeopardizing] *v* [T] ⇒poner en peligro

eopardy UK: /ˈdʒep.ə.di/ US: /-ɚ-/ to be in ~ ⇒estar en peligro

erk¹ UK: /dʒɜːk/ US: /dʒɜːk/ *v* [T, I] **1** ⇒sacudir ⇒mover(se) a sacudidas **2** ⇒dar un tirón: *He jerked my arm to get my attention* - Me dio un tirón en el brazo para captar mi atención

erk² UK: /dʒɜːk/ US: /dʒɜːk/ *n* [c] **1** ⇒sacudida ⇒movimiento brusco **2** ⇒tirón **3** *US (very inform, offens)* ⇒imbécil *col. desp.*

ersey UK: /ˈdʒɜː.zi/ US: /ˈdʒɜː-/ *[pl* jerseys] *n* [c] **1** ⇒jersey **2** *(de un uniforme deportivo)* ⇒camiseta

Jesus Christ *(tb* Christ) *n* [U] ⇒Jesucristo

et /dʒet/ ∎ *n* [c] **1** ⇒chorro: *a jet of cold water* - un chorro de agua fría **2** *(avión)* ⇒reactor ∎ *n* [U] **3** ⇒azabache

et lag *n* [U] ⇒jet lag ⇒desfase horario

etty UK: /ˈdʒet.i/ US: /ˈdʒeᵗ-/ *[pl* jetties] *n* [c] **1** ⇒embarcadero **2** ⇒rompeolas

ew /dʒuː/ *n* [c] ⇒judío,a

ewel /ˈdʒuː.ᵊl/ *n* [c] **1** ⇒joya ⇒piedra preciosa **2** *(persona)* ⇒joya ⇒tesoro

eweller UK: /ˈdʒuː.ə.lə'/ US: /-lɚ/ *UK n* [c] ⇒joyero,ra

ewellery /ˈdʒuː.ᵊl.ri/ *UK n* [U] *(adorno)* ⇒joyas ∎

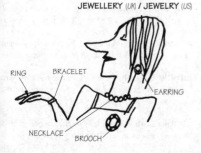

JEWELLERY (UK) / JEWELRY (US)

RING   BRACELET

EARRING

NECKLACE   BROOCH

Se dice *some jewellery* o *a piece of jewellery*. Incorrecto: *a jewellery*

Jewish /ˈdʒuː.ɪʃ/ *adj* ⇒judío,a

jibe /dʒaɪb/ *(tb* gibe) *n* [c] **1** ⇒burla ⇒mofa **2** *cheap jibes* - chistes fáciles

jigsaw UK: /ˈdʒɪg.sɔː/ US: /-sɑː/ *n* [c] ⇒rompecabezas ⇒puzle

JIGSAW

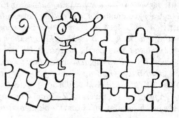

J ∎

jingle¹ /ˈdʒɪŋ.gl̩/ [jingled, jingling] *v* [T, I] ⇒tintinear ⇒hacer tintinear

jingle² /ˈdʒɪŋ.gl̩/ *n* [c] **1** ⇒tintineo **2** *(en publicidad)* ⇒jingle

jinx¹ /dʒɪŋks/ *[pl* jinxes] *n* [c] **1** ⇒gafe *col.* **2** *There's a jinx on it* - Está gafado

jinx² /dʒɪŋks/ *v* [T] **1** *(inform)* ⇒gafar *col.* **2** to be jinxed *(inform)* ⇒estar gafado,da *col.*

†**job** UK: /dʒɒb/ US: /dʒɑːb/ *n* [c] **1** ⇒tarea ⇒trabajo **2** ⇒empleo ⇒puesto de trabajo ⇒laburo *AMÉR. col.* **3** *It's my job* - Es mi responsabilidad **4** ~ *vacancy* ⇒puesto vacante **5** out of a ~ ⇒en paro **6** to be a good ~ *UK (inform) It's a good job I brought my umbrella* - Menos mal que traje el paraguas *col.* **7** to do the ~ *(inform)* ⇒servir: *It'll do the job* - Servirá **8** to have a ~ {doing/to do} *sth* ⇒costar hacer algo: *I'll have a job saving* - Me costará ahorrar

jobless UK: /ˈdʒɒb.ləs/ US: /ˈdʒɑː.bləs/ *adj* ⇒parado,da ⇒desempleado,da

jockey UK: /ˈdʒɒk.i/ US: /ˈdʒɑː.ki/ *n* [c] ⇒yóquey

jog¹ UK: /dʒɒg/ US: /dʒɑːg/ [jogged, jogging] ∎ *v* [I] **1** ⇒hacer footing: *to jog in the park* - hacer footing en el parque ∎ *v* [T] **2** ⇒dar un ligero golpe [normalmente con el codo] **3** to go jogging ⇒hacer footing **4** to ~ *sb's memory* ⇒refrescar la memoria a alguien

jog² UK: /dʒɒg/ US: /dʒɑːg/ *n* [NO PL] **1** ⇒codazo [ligero] **2** *to go for a jog* - hacer footing

jogger UK: /ˈdʒɒg.ə'/ US: /ˈdʒɑː.gɚ/ *n* [c] ⇒persona que hace footing

jogging UK: /ˈdʒɒg.ɪŋ/ US: /ˈdʒɑː.gɪŋ/ *n* [U] ⇒footing ⇒aerobismo *AMÉR.*

john UK: /ˈdʒɒn/ US: /ˈdʒɑː.n/ *US* (*UK* loo) *n* [c] *(inform)* ⇒retrete ⇒aseo

†**join¹** /dʒɔɪn/ v [T, I] **1** ⇒unir(se) ⇒juntar(se) **2** ⇒ingresar en ⇒hacerse socio,cia **3** *(una empresa, una organización)* ⇒incorporarse a **4** ⇒alistarse **5** ⇒apuntar(se)
| PHRASAL VERBS
└ **to join in (sth)** ⇒participar

join² /dʒɔɪn/ *UK* n [c] ⇒juntura ⇒junta

joined-up /ˌdʒɔɪnd'ʌp/ *UK* ~ writing ⇒letra redondilla

joint¹ /dʒɔɪnt/ adj **1** ⇒conjunto,ta: *a joint piece of work* - un trabajo conjunto **2** *a joint author* - un coautor

joint² /dʒɔɪnt/ n [c] **1** *(del cuerpo)* ⇒articulación **2** ⇒juntura: *The water is leaking through the joint* - El agua se sale por la juntura **3** *UK (carne)* ⇒asado **4** *(inform) (lugar)* ⇒antro *desp.*; ⇒garito *col. desp.* **5** *(very inform)* ⇒canuto *col.*; ⇒porro

†**joke¹** *UK:* /dʒəʊk/ *US:* /dʒoʊk/ n [c] ⇒chiste: *to tell a joke* - contar un chiste **2** ⇒broma: *to play a joke on sb* - gastar una broma a alguien; *It was just a joke* - Solo era una broma

joke² *UK:* /dʒəʊk/ *US:* /dʒoʊk/ [joked, joking] v [I] **1** ⇒bromear: *I'm joking* - Estoy bromeando ■ CONSTR. to joke about sth **2** joking {apart/aside} ⇒bromas aparte

joker *UK:* /ˈdʒəʊ.kəʳ/ *US:* /ˈdʒoʊ.kə/ n [c] **1** ⇒guasón,-a ⇒bromista **2** *(en naipes)* ⇒comodín

jolly¹ *UK:* /ˈdʒɒl.i/ *US:* /ˈdʒɑː.li/ adj [comp jollier, superl jolliest] ⇒jovial ⇒alegre

jolly² *UK:* /ˈdʒɒl.i/ *US:* /ˈdʒɑː.li/ *UK adv (old-fash)* ⇒muy: *This film is jolly good* - Esta película es muy buena

jolt¹ *UK:* /dʒəʊlt/ *US:* /dʒoʊlt/ n [c] ⇒sacudida

jolt² *UK:* /dʒəʊlt/ *US:* /dʒoʊlt/ ■ v [T, I] **1** ⇒dar una sacudida: *The car jolted as it braked* - El coche dio una sacudida al frenar ■ v [T] **2** ⇒conmocionar: *The whole world was jolted by the news of her death* - El mundo entero se conmocionó con la noticia de su muerte

Jordanian *UK:* /dʒɔːˈdeɪ.ni.ən/ *US:* /dʒɔːr-/ adj, n [c] ⇒jordano,na

jostle *UK:* /ˈdʒɒs.l̩/ *US:* /ˈdʒɑː.sl̩/ v [T, I] ⇒dar empujones ⇒empujar

jot *UK:* /dʒɒt/ *US:* /dʒɑːt/ [jotted, jotting]
| PHRASAL VERBS
└ **to jot sth down [M]** ⇒apuntar algo

†**journal** *UK:* /ˈdʒɜː.nəl/ *US:* /ˈdʒɝː-/ n [c] **1** ⇒revista o periódico [especializados]: *a medical journal* - una revista de medicina **2** ⇒diario [personal]

†**journalism** *UK:* /ˈdʒɜː.nə.lɪ.z²m/ *US:* /ˈdʒɝː-/ n [U] ⇒periodismo ⇒diarismo *AMÉR.*

journalist *UK:* /ˈdʒɜː.nə.lɪst/ *US:* /ˈdʒɝː-/ n [c] ⇒periodista

†**journey** *UK:* /ˈdʒɜː.ni/ *US:* /ˈdʒɝː-/ n [c] ⇒viaje ⇒trayecto

†**joy** /dʒɔɪ/ ■ n [U] **1** ⇒júbilo ⇒alegría ■ n [c] **2** ⇒encanto ⇒gusto ⇒placer

joyful /ˈdʒɔɪ.f²l/ adj ⇒gozoso,sa ⇒alegre

joyous /ˈdʒɔɪ.əs/ adj *(lit)* ⇒gozoso,sa ⇒de júbilo ⇒alegre

joyriding /ˈdʒɔɪˌraɪ.dɪŋ/ n [U] ⇒robo de un coche por diversión

joystick /ˈdʒɔɪ.stɪk/ n [c] ⇒palanca de control ⇒joystick

jubilant /ˈdʒuː.bɪ.lənt/ adj ⇒jubiloso,sa ⇒exultante

†**Judaism** /ˈdʒuː.deɪ.ɪ.z²m/ n [U] ⇒judaísmo

judge¹ /dʒʌdʒ/ n [c] **1** *(en un tribunal)* ⇒juez **2** *(en una competición)* ⇒árbitro,tra ⇒juez **3** ⇒conocedor,-a: *a judge of good food* - un gran conocedor de la buena comida

†**judge²** /dʒʌdʒ/ [judged, judging] v [T, I] **1** ⇒juzgar: *Don't judge anyone by their appearance* - No juzgues a nadie por su aspecto **2** ⇒decidir **3** ⇒considerar ⇒calcular **4** judging {by/from} ⇒juzgar por

judgement n [c, U] See **judgment**

judgment /ˈdʒʌdʒ.mənt/ (tb judgement) ■ n [c] **1** ⇒juicio ⇒opinión ■ n [U] **2** ⇒juicio ⇒discernimiento **3** *(en un tribunal)* ⇒sentencia

judicious /dʒuːˈdɪʃ.əs/ adj ⇒sensato,ta ⇒juicioso,sa

judo *UK:* /ˈdʒuː.dəʊ/ *US:* /-doʊ/ n [U] ⇒judo: *to be a black belt in judo* - ser cinturón negro en judo

†**jug** /dʒʌg/ *(US tb pitcher)* n [c] **1** ⇒jarra: *a jug of water* - una jarra de agua **2** *(para compartir)* ⇒jarra

juggle /ˈdʒʌg.l̩/ [juggled, juggling] ■ v [T, I] **1** ⇒hacer juegos malabares ■ v [T] **2** ⇒arreglársela ⇒compaginar

juggler *UK:* /ˈdʒʌg.ləʳ/ *US:* /-lə/ n [c] ⇒malabarista

juggling /ˈdʒʌg.l̩ɪŋ, ˈdʒʌg.lɪŋ/ n [U] ⇒malabarismo

†**juice** /dʒuːs/ n [U] **1** ⇒zumo: *fruit juice* - zumo de frutas; ⇒jugo *AMÉR.* **2** ⇒jugo

juicy /ˈdʒuː.si/ adj [comp juicier, superl juiciest] **1** ⇒jugoso,sa **2** *(inform)* ⇒sabroso,sa: *a juicy story* - un cuento sabroso

jukebox *UK:* /ˈdʒuː.k.bɒks/ *US:* /-bɑːks/ [pl jukeboxes] n [c] *(en una cafetería, en un bar)* ⇒máquina de discos ⇒tocadiscos

†**July** /dʒuˈlaɪ/ [pl Julies] n [c, U] ⇒julio: *in July* - en julio; *on July 3rd* - el 3 de julio ■ La forma abreviada es *Jul*

jumble¹ /ˈdʒʌm.bl̩/ ■ n [NO PL] **1** ⇒revoltijo ⇒desorden ⇒mejunje ■ n [U] **2** *UK* ⇒cosas viejas o usadas

jumble² /ˈdʒʌm.bl̩/ [jumbled, jumbling] v [T] ⇒revolver ⇒mezclar ■ CONSTR. 1. Se usa generalmente seguido de las preposiciones together y up 2. Se usa más en pasiva

jumble sale *UK* n [c] ⇒rastrillo benéfico en el que se venden objetos usados y ropa usada

jumbo UK: /'dʒʌm.bəʊ/ US: /-boʊ/ *adj* **1** ⇨enorme **2** *(en una tienda)* ⇨de tamaño extra grande

jump¹ /dʒʌmp/ *v* [I] **1** ⇨saltar: *Stop jumping about!* - ¡Deja de saltar! **2** ⇨sobresaltar(se): *The telephone ringing made us jump* - El sonido del teléfono nos sobresaltó **3** to ~ {a/the} queue *UK* ⇨colarse **4** to ~ to conclusions ⇨llegar a una conclusión precipitada **5** to ~ up and down ⇨dar saltos

│ PHRASAL VERBS

└ · to jump at *sth* ⇨aprovechar algo ⇨atrapar algo sin dudar

jump² /dʒʌmp/ *n* [C] **1** ⇨salto ⇨brinco **2** ⇨aumento: *a jump in price* - un aumento de precio **3** to make *sb* ~ ⇨dar un susto a alguien

jumper UK: /'dʒʌm.pə'/ US: /-pə/ *n* [C] **1** *UK* (*UK/ US tb* **sweater**) ⇨jersey: *a roll neck jumper* - un jersey de cuello cisne **2** *US* ⇨mandil ⇨mono de trabajo ⇨pichi **3** *(persona)* ⇨saltador,-a

Jun *n* [C, U] ⇨forma abreviada de **June** (junio)

junction /'dʒʌŋk.ʃ°n/ *UK* (*US* **intersection**) *n* [C] **1** ⇨cruce **2** *(en una autopista)* ⇨salida

June /dʒuːn/ *n* [C, U] ⇨junio: *in June* - en junio; *on 2nd June* - el 2 de junio ■ La forma abreviada es **Jun**

jungle /'dʒʌŋ.gl̩/ *n* [C, U] ⇨selva: *the law of the jungle* - la ley de la selva

junior UK: /'dʒuː.ni.ə'/ US: /-njə/ *adj* **1** ⇨joven **2** ⇨subalterno,na **3** *(en deportes)* ⇨juvenil **4** *(después del nombre)* ⇨hijo ■ Se emplea únicamente con hombres ■ La forma abreviada es *Jr* o *Jnr* **5** *(en relación con otros)* ⇨más joven ⇨más nuevo,va

junior school *UK n* [C] ⇨escuela de enseñanza primaria

junk /dʒʌŋk/ *n* [U] **1** *(inform)* ⇨trastos viejos ⇨basura **2** *(inform)* ⇨baratijas: *a junk shop* - una tienda de baratijas **3** *(barco)* ⇨junco

junk food *n* [C, U] ⇨comida basura

junk mail *n* [U] ⇨publicidad que se envía por correo

Jupiter UK: /'dʒuː.pɪ.tə'/ US: /-ˤt̬ə/ *n* [NO PL] *(planeta)* ⇨Júpiter

juror UK: /'dʒʊə.rə'/ US: /'dʒʊr.ə/ *n* [C] ⇨miembro de un jurado

† **jury** UK: /'dʒʊə.ri/ US: /'dʒʊr.i/ [*pl* **juries**] *n* [C] ⇨jurado: *trial by jury* - juicio con jurado ■ Por ser un nombre colectivo se puede usar con el verbo en singular o en plural

† **just¹** /dʒʌst/ *adv* **1** ⇨acabar de ⇨recién *AMÉR.;* ⇨nomás *AMÉR.* ■ Se usa normalmente con el verbo en presente perfecto **2** ⇨ya **3** ⇨precisamente ⇨justo **4** ⇨justo cuando **5** ⇨solo **6** ⇨por poco **7** *Just as I thought!* - ¡Lo que me parecía! **8** it's ~ as well... ⇨menos mal que... **9** ~ about ⇨casi **10** ~ a {moment/second} ⇨un momento **11** ~ in case ⇨por si acaso **12** ~ like ⇨igual que ⇨típico,ca de **13** ~ now **1** ⇨ahora mismo **2** ⇨hace un momento **14** (only) ~ ⇨a duras penas ⇨con dificultad **15** to be ~ about to do *sth* ⇨estar a punto de hacer algo

just² /dʒʌst/ *adj* **1** ⇨justo,ta: *a just decision* - una decisión justa **2** ⇨merecido,da

† **justice** /'dʒʌs.tɪs/ *n* [U] **1** ⇨justicia **2** ~ department ⇨departamento de justicia **3** to bring *sb* to ~ *(un delincuente)* ⇨llevar ante los juzgados **4** to do *sth/sb* ~ ⇨hacer justicia: *The photo doesn't do you justice* - Esta foto no te hace justicia

justifiable /'dʒʌs.tɪ.faɪ.ə.bl̩, ,--'---/ *adj* ⇨justificable

† **justify** /'dʒʌs.tɪ.faɪ/ [justifies, justified] *v* [T] ⇨justificar: *You have to justify your absence* - Tienes que justificar tu ausencia

jut /dʒʌt/ to ~ {into/out} ⇨sobresalir: *The rock juts out from the sea* - La roca sobresale del mar

juvenile¹ UK: /'dʒuː.vᵊn.aɪl/ US: /-n[ə]l/ *adj* **1** ⇨juvenil: *a juvenile offender* - un delincuente juvenil **2** ⇨pueril

juvenile² UK: /'dʒuː.vᵊn.aɪl/ US: /-n[ə]l/ *n* [C] *(form)* ⇨menor

J ▬

k /keɪ/ [pl k's] n [c] *(letra del alfabeto)* ⇒k

K /keɪ/ [pl K] n [c] *(inform)* ⇒forma abreviada de **thousand pounds** (mil libras) o **thousand dollars** (mil dólares): *She earns 30K* - Gana treinta mil libras

kaleidoscope UK: /kə'laɪ.də.skəʊp/ US: /-skoʊp/ n [c] ⇒caleidoscopio

kangaroo UK: /ˌkæŋ.g²r'uː/ US: /-gə'ruː/ n [c] ⇒canguro

karaoke UK: /ˌkær.i'əʊ.ki/ US: /ˌker.i'oʊ.ki/ n [u] ⇒karaoke

karat UK: /'kær.ət/ US: /'ker-/ *US* (*UK* carat) n [c] ⇒quilate: *4 carat gold* - oro de cuatro quilates

karate UK: /kə'rɑː.ti/ US: /-ˤʈi/ n [u] ⇒kárate

kayak /'kaɪ.æk/ n [c] *(embarcación)* ⇒kayak

keel[1] /kiːl/ n [c] *(en una embarcación)* ⇒quilla

keel[2] /kiːl/

|PHRASAL VERBS
· **to keel over 1** ⇒volcarse: *The ship keeled over* - El barco se volcó **2** ⇒desplomarse

†**keen** /kiːn/ adj **1** ⇒aficionado,da ⇒entusiasta ■ CONSTR. keen on sth **2** ⇒deseoso,sa ■ CONSTR. keen + to do sth **3** ⇒agudo,da **4** *a keen interest* - gran interés

†**keep**[1], kept, kept /kiːp/ v [T] **1** ⇒guardar ⇒conservar ⇒quedarse con **2** ⇒continuar ⇒seguir ⇒persistir ■ CONSTR. to keep + doing sth **3** *(animales)* ⇒tener ⇒criar **4** ⇒mantener ⇒sustentar **5** ⇒llevar **6** ⇒tener ⇒mantener **7** ⇒entretener ⇒retener **8** ⇒retener **9** ⇒quedarse **10** *Keep quiet!* - ¡Cállate! **11** ⇒perseverar ⇒seguir **12** *(una ley, una promesa, un acuerdo)* ⇒mantener ⇒observar ⇒cumplir **13** *(una comida o una bebida)* ⇒conservarse bien **14** to ~ a secret ⇒guardar un secreto **15** to ~ one's {promise/word} ⇒mantener la palabra ⇒cumplir la palabra

|PHRASAL VERBS
· **to keep (sth/sb) away** ⇒mantener(se) alejado,da
· **to keep sth back** ⇒guardar algo ⇒ocultar algo

· **to keep sth down 1** ⇒mantener algo [bajo] **2** ⇒no vomitar algo
· **to keep sth/sb from doing sth** ⇒evitar ⇒impedir
· **to keep off sth** *UK (un tema)* ⇒evitar
· **to keep (sth/sb) off** ⇒no tocar ⇒no entrar ⇒no pisar
· **to keep on** *UK (inform)* ⇒dar la chapa *col.*
· **to keep on doing sth** ⇒continuar ⇒seguir
· **to keep out (of sth)** *(inform)* ⇒no entrar [en algo] *col.*
· **to keep sth/sb out (of sth)** ⇒no dejar que entre
· **to keep to sth** ⇒ceñirse a algo ⇒seguir algo
· **to keep (sth) up** [M] **1** ⇒continuar ⇒seguir **2** ⇒sujetar ⇒sostener
· **to keep up with sth/sb** ⇒mantener el ritmo ⇒seguir el paso

keep[2] /kiːp/ ■ n [u] **1** ⇒sustento ⇒manutención ■ n [c] **2** ⇒torreón

keeper UK: /'kiː.pə'/ US: /-pə/ n [c] **1** ⇒guarda ⇒vigilante **2** *(tb goalkeeper) (inform) (en deportes)* ⇒portero,ra

keeping /'kiː.pɪŋ/ n [u] **1** ⇒cuidado: *to be in sb's keeping* - estar al cuidado de alguien **2** in ~ with sth ⇒de acuerdo con algo ⇒conforme a algo

ken /ken/ n [u] **1** ⇒saber ⇒conocimiento **2** to be beyond one's ~ ⇒ser algo que alguien no sabe

kennel /'ken.²l/ *UK* n [c] **1** ⇒caseta [de perro] **2** ⇒residencia canina

Kenya /'ken.jə/ n [u] ⇒Kenia

Kenyan /'ken.jən/ adj, n [c] ⇒keniata ⇒keniano,na

kept /kept/ past tense and past participle forms of **keep**

kerb UK: /kɜːb/ US: /kɝːb/ *UK (US* curb) n [c] ⇒bordillo

kerosene /'ker.ə.siːn/ *US (UK* paraffin) n [u] ⇒parafina

ketchup /'ketʃ.ʌp/ n [u] ⇒ketchup

kettle UK: /'ket.l/ US: /'keˤt̬-/ n [C] ⇒hervidor [de agua]

KETTLE

TEAPOT

key¹ /kiː/ n [C] **1** ⇒llave: *I have lost my keys* - He perdido mis llaves **2** ⇒tecla **3** ⇒solución ⇒clave
■ Constr. the key to sth

key² /kiː/ adj ⇒clave ⇒decisivo,va

key³ /kiː/ v [T, I] ⇒teclear
|PHRASAL VERBS
· **to key sth in** [M] ⇒introducir [datos]: *Key in your password* - Introduce tu contraseña

keyboard UK: /'kiː.bɔːd/ US: /-bɔːrd/ n [C] **1** ⇒teclado **2** *(instrumento musical)* ⇒teclado electrónico **3** ~ **player** ⇒teclista

keyhole UK: /'kiː.həʊl/ US: /-hoʊl/ n [C] ⇒ojo de la cerradura: *to peep through the keyhole* - mirar por el ojo de la cerradura

key ring n [C] ⇒llavero

kg n [C] ⇒forma abreviada de **kilogram** (kilogramo)

khaki /'kɑː.ki/ adj, n [U] *(color)* ⇒caqui

kick¹ /kɪk/ v [T, I] **1** ⇒dar una patada: *to kick sb* - dar una patada a alguien **2** *(un animal)* ⇒cocear **3** *to ~ oneself (inform)* ⇒darse de tortas *col.;* ⇒tirarse de los pelos *col.* **4** *to ~ the bucket (inform)* ⇒estirar la pata *col.*
|PHRASAL VERBS
· **to kick off** [M] *(una actividad)* ⇒empezar
· **to kick sb out** [M] *(inform)* ⇒echar [a la fuerza] *col.*

kick² /kɪk/ n [C] **1** ⇒patada ⇒tiro ⇒coz **2** ⇒emoción fuerte

kick-off UK: /'kɪk.ɒf/ US: /-ɑːf/ n [C, U] ⇒saque de inicio ⇒comienzo de un partido

kid¹ /kɪd/ n [C] **1** *(inform)* ⇒crío,a ⇒chaval,-a ⇒pelado,da *AMÉR. col.* **2** *(animal)* ⇒cabrito

kid² /kɪd/ [kidded, kidding] v [T, I] *(inform)* ⇒bromear: *I was just kidding* - Solo bromeaba
|PHRASAL VERBS
· **to kid oneself** ⇒engañarse a sí mismo,ma: *Don't kid yourself* - No te engañes a ti mismo

kidnap /'kɪd.næp/ [kidnapped, kidnapping] v [T] ⇒secuestrar [a una persona]: *He was kidnapped by the Mafia* - Lo secuestró la mafia ■ Comparar con *hijack* (secuestrar un medio de transporte)

kidnapping /'kɪd.næp.ɪŋ/ n [C, U] ⇒secuestro [de una persona] ■ Comparar con *hijack* (secuestro un medio de transporte)

↑ **kidney** /'kɪd.ni/ n [C, U] **1** ⇒riñón **2** ~ **failure** ⇒insuficiencia renal **3** ~ **stone** ⇒cálculo renal

↑ **kill**¹ /kɪl/ v [T, I] **1** ⇒matar ⇒ultimar *AMÉR.;* ⇒chingar *AMÉR. col.* **2** ⇒hacer mucha gracia: *He kills me* - Me parto de la risa con él **3** *to ~ two birds with one stone* ⇒matar dos pájaros de un tiro *col.*
|PHRASAL VERBS
· **to kill sth/sb off** [M] ⇒eliminar ⇒exterminar

↑ **kill**² /kɪl/ *to go in for the* ~ ⇒entrar a matar *col.*

killer UK: /'kɪl.ə/ US: /-ə/ n [C] **1** ⇒asesino,na **2** *US, Aus (inform)* ⇒divertido,da ⇒persona hábil

killing /'kɪl.ɪŋ/ n [C] **1** ⇒matanza ⇒asesinato **2** *to make a* ~ *(inform)* ⇒ganar una pasta *col.;* ⇒hacer el agosto *col.*

kiln /kɪln/ n [C] ⇒horno para cerámica

↑ **kilo** UK: /'kiː.ləʊ/ US: /-loʊ/ n [C] ⇒forma abreviada de **kilogram** (kilogramo)

↑ **kilogram** /'kɪl.ə.græm/ n [C] ⇒kilogramo ■ La forma abreviada es *kilo* o *kg*

↑ **kilometre** UK: /'kɪl.ə.miː.tə/ US: /kɪˈlɑː.mə.ˤt̬ə/ UK n [C] ⇒kilómetro ■ La forma abreviada es *km*

kilt /kɪlt/ n [C] ⇒falda escocesa

kin /kɪn/ n [PL] *(form)* ⇒parientes ⇒familiares

↑ **kind**¹ /kaɪnd/ n [C] **1** ⇒clase ⇒tipo **2** *in ~* ⇒en especie: *to pay in kind* - pagar en especie **3** ~ *of* **1** *(inform)* ⇒en cierto modo: «*Are you angry?*» «*Well, kind of*» - «¿Estás enfadado?» «Pues, en cierto modo sí» **2** *(inform)* ⇒una especie de: *It's kind of yellow-orange* - Es una especie de amarillo anaranjado

↑ **kind**² /kaɪnd/ adj **1** ⇒amable: *It was very kind of you* - Fue muy amable de tu parte **2** ⇒bondadoso,sa **3** ~ **gesture** ⇒detalle

kindly¹ /'kaɪnd.li/ adv **1** ⇒amablemente **2** *(form) As you are not helping me with my bags, could you kindly open the door?* - Ya que no me ayudas con las bolsas, ¿tendrías la amabilidad de abrirme la puerta? ■ Denota disgusto o enfado por parte del hablante **3** *not to take* ~ *to sth* ⇒no gustar algo

kindly² /'kaɪnd.li/ adj [comp kindlier, superl kindliest] *(old-fash)* ⇒bondadoso,sa ■ Se usa más *kind*

K ■

kindness /'kaɪnd.nəs/ n [U] **1** ⇒amabilidad **2** ⇒bondad

† **king** /kɪŋ/ n [C] **1** ⇒rey **2** *(en ajedrez)* ⇒rey **3** *the Three Kings* - los Reyes Magos

† **kingdom** /'kɪŋ.dəm/ n [C] ⇒reino: *the plant kingdom* - el reino vegetal

kingfisher UK: /'kɪŋˌfɪʃ.ə'/ US: /-ə/ n [C] *(ave)* ⇒martín pescador

kiosk UK: /'kiː.ɒsk/ US: /-ɑːsk/ n [C] **1** ⇒quiosco **2** ⇒cabina telefónica

kip /kɪp/ *UK* to have a ~ *(inform)* ⇒echarse un rato ⇒dar una cabezada *col.*

kipper UK: /'kɪp.ə'/ US: /-ə/ *UK* n [C] ⇒arenque ahumado

† **kiss¹** /kɪs/ v [T, I] ⇒besar: *He said goodnight and kissed me* - Me dio las buenas noches y me besó

† **kiss²** /kɪs/ [pl kisses] n [C] **1** ⇒beso: *to blow sb a kiss* - tirar un beso a alguien **2** to give the ~ of life ⇒hacer el boca a boca

† **kit** /kɪt/ ∎ n [C] **1** ⇒kit ⇒equipo **2** ⇒equipo de montaje ∎ n [U] **3** *UK (en deportes)* ⇒equipación **4** *(en el ejército)* ⇒uniforme **5** ⇒bártulos **6** first aid ~ ⇒botiquín [de primeros auxilios] **7** tool ~ ⇒juego de herramientas

† **kitchen** /'kɪtʃ.²n/ n [C] *(lugar)* ⇒cocina

kite /kaɪt/ n [C] **1** ⇒cometa ⇒papalote *AMÉR.;* ⇒barrilete *AMÉR.* **2** *(ave)* ⇒milano

kitten UK: /'kɪt.²n/ US: /'kɪˤt̬-/ n [C] ⇒gatito,ta

kitty UK: /'kɪ.ti/ US: /-ˤt̬i/ [pl kitties] n [C] **1** ⇒fondo común ⇒bote **2** *(inform)* ⇒gatito,ta *col.*

kiwi /'kiː.wiː/ n [C] **1** *(fruta)* ⇒kiwi **2** *(ave)* ⇒kiwi

Kiwi adj, n [C] *(inform)* ⇒neozelandés,-a

km n [C] ⇒forma abreviada de **kilometre** (kilómetro)

knack /næk/ n [NO PL] **1** ⇒truco ⇒maña **2** ⇒tranquillo: *He's got the knack* - Ya le ha cogido el tranquillo

knackered UK: /'næk.əd/ US: /-əd/ *UK adj* **1** *(very inform)* ⇒hecho,cha polvo *col.;* ⇒agotado,da **2** *(inform)* ⇒escacharrado,da *col.*

knead /niːd/ v [T] ⇒amasar: *The baker kneaded the mixture* - El panadero amasó la mezcla **2** ⇒dar un masaje ⇒masajear *col.*

† **knee** /niː/ n [C] **1** ⇒rodilla **2** on *one's* knees ⇒en las rodillas: *He sat the child on his knees* - Sentó al niño en las rodillas

kneecap /'niː.kæp/ n [C] ⇒rótula

† **kneel, knelt, knelt** *(US tb kneeled, kneeled)* /niːl/ *(tb kneel down)* v [I] ⇒arrodillarse: *The knight knelt down when he saw the queen* - El caballero se arrodilló al ver a la reina

knelt past tense and past participle forms of **kneel**

knew UK: /njuː/ US: /nuː/ past tense of **know**

knickers UK: /'nɪk.əz/ US: /-əz/ *UK (US panties)* n [PL] **1** ⇒bragas ⇒calzonarias *AMÉR.;* ⇒bloomer *AMÉR.;* ⇒blúmer *AMÉR.*

† **knife¹** /naɪf/ [pl knives] n [C] ⇒cuchillo ⇒fierro *AMÉR.*

knife² /naɪf/ [knifed, knifing] v [T] ⇒acuchillar ⇒apuñalar

knight¹ /naɪt/ n [C] **1** *(en el medievo)* ⇒caballero **2** *(en ajedrez)* ⇒caballo

knight² /naɪt/ v [T] ⇒conferir el título de caballero

knighthood /'naɪt.hʊd/ n [C, U] ⇒título de caballero: *to give sb a knighthood* - otorgar a alguien el título de caballero

† **knit, knit, knit** *(tb knitted, knitted)* /nɪt/ [knitting] v [T, I] ⇒tricotar ⇒hacer punto ⇒tejer

knitting UK: /'nɪt.ɪŋ/ US: /'nɪˤt̬-/ n [U] ⇒labor de punto ⇒tejido *AMÉR.* ∎ Se dice *some knitting* o *a piece of knitting*. Incorrecto: *a knitting*

knitwear UK: /'nɪt.weə'/ US: /-wer/ n [U] ⇒artículo de punto

knives n [PL] See **knife**

† **knob** UK: /nɒb/ US: /nɑːb/ n [C] **1** ⇒pomo ⇒tirador **2** *(de un televisor o de una radio)* ⇒mando [que gira] **3** *(offens)* ⇒polla *vulg.*

† **knock¹** UK: /nɒk/ US: /nɑːk/ v [T] **1** ⇒golpear ∎ CONSTR. Se usa generalmente seguido de las preposiciones y adverbios *against, into, off* y *over* **2** *(inform)* ⇒criticar **3** *Don't knock it* - No lo desprecies ∎ v [I] **4** ⇒llamar [a la puerta] ∎ CONSTR. to knock at/on sth **5** to ~ on wood *(UK/US tb to touch wood) (inform)* ⇒tocar madera [por superstición]

| PHRASAL VERBS

· **to knock sth down** [M] *(un edificio)* ⇒derribar ⇒demoler

· **to knock sth/sb down** [M] *UK* ⇒atropellar

· **to knock off (sth)** *(inform)* ⇒terminar rápido ⇒terminar temprano

· **to knock sth off** [M] **1** *(inform)* ⇒robar algo **2** *(inform) (un precio)* ⇒rebajar ⇒hacer un descuento

· **to knock sb out** [M] **1** ⇒noquear a alguien ⇒dejar a alguien sin sentido **2** ⇒perder alguien el conocimiento **3** *(inform)* ⇒alucinar ⇒dejar pasmado,da **4** ⇒eliminar a alguien *He was knocked out of the competition* - Lo eliminaron del concurso ∎ CONSTR. Se usa más en pasiva

knock² UK: /nɒk/ US: /nɑːk/ n [C] **1** ⇒golpe: *to receive a knock* - recibir un golpe **2** ⇒llamada a la puerta

knockout¹ UK: /'nɒk.aʊt/ US: /'nɑːk-/ n [C] **1** *(en boxeo)* ⇒KO **2** *(inform)* ⇒tío,-a bueno,na *col.*

knockout² UK: /'nɒk.aʊt/ US: /'nɑːk-/ adj *a knockout competition* - una eliminatoria

knot¹ UK: /nɒt/ US: /nɑːt/ *n* [c] **1** ⇒nudo: *a slip knot* - un nudo corredizo **2 to tie the ~** *(inform)* ⇒casarse

knot² UK: /nɒt/ US: /nɑːt/ [knotted, knotting] *v* [T] ⇒anudar

† **know, knew, known** UK: /nəʊ/ US: /noʊ/ ∎ *v* [T, I] **1** ⇒saber: *I know where you live* - Sé dónde vives; *Do you know how to use this program?* - ¿Sabes usar este programa?; *God knows!* - ¡Sabe Dios!; *You never know* - Nunca se sabe; *as far as I know* - que yo sepa ∎ CONSTR. 1. to know + (that) 2. to know + to do sth 3. to know + interrogativa indirecta ∎ *v* [T] **2** ⇒conocer: *Do you know him?* - ¿Lo conoces?; *That is also known as…* - Eso también se conoce como… **3** ⇒reconocer **4 to get to ~** ⇒llegar a conocer **5 to let** *sb* **~** *(sth)* ⇒informar a alguien [de algo] ⇒avisar a alguien [de algo]

knowing UK: /ˈnəʊ.ɪŋ/ US: /ˈnoʊ-/ *adj* **1** ⇒de complicidad: *a knowing glance* - una mirada de complicidad **2** *There's no knowing* - No hay manera de saberlo

knowingly UK: /ˈnəʊ.ɪŋ.li/ US: /ˈnoʊ-/ *adv* ⇒deliberadamente ⇒con complicidad

† **knowledge** UK: /ˈnɒl.ɪdʒ/ US: /ˈnɑː.lɪdʒ/ *n* [U] **1** ⇒conocimientos **2** *to my knowledge* - que yo sepa

knowledgeable UK: /ˈnɒl.ɪ.dʒə.bl̩/ US: /ˈnɑː.lɪ-/ *adj* ⇒informado,da ⇒instruido,da

known UK: /nəʊn/ US: /noʊn/ past participle of **know**

knuckle¹ /ˈnʌk.l̩/ *n* [c] ⇒nudillo

knuckle² /ˈnʌk.l̩/ **to ~ down (to** *sth***)** *(inform)* ⇒poner(se) manos a la obra [con algo] *col.;* ⇒poner(se) a trabajar en serio

koala (bear) UK: /kəʊˈɑː.lə/ US: /koʊ-/ *n* [c] ⇒koala

Koran UK: /ðə.kɒrˈɑːn/ US: /-kəˈrɑːn/ *n* [NO PL] ⇒Corán

Kurd UK: /kɜːd/ US: /kɜːd/ *n* [c] ⇒kurdo,da

Kuwait UK: /kjuːˈweɪt/ US: /kuː-/ *n* [U] ⇒Kuwait

Kuwaiti UK: /kjuːˈweɪ.ti/ US: /kuːˈweɪ.ˤti/ *adj, n* [c] ⇒kuwaití

K∎

l /el/ [pl l's] n [c] **1** *(letra del alfabeto)* ⇒l **2** ⇒forma abreviada de **litre** (litro)

L /el/ n [NO PL] ⇒forma abreviada de **learner driver** (aprendiz,-a de conductor,-a)

la /lɑː/ *(tb* **lah)** n [U, NO PL] *(nota musical)* ⇒la

† **lab** /læb/ n [c] *(inform)* ⇒forma abreviada de **laboratory** (laboratorio)

label[1] /ˈleɪ.bəl/ n [c] ⇒etiqueta: *What does it say in the label?* - ¿Qué pone en la etiqueta?

label[2] /ˈleɪ.bəl/ [labelled, labelling; US labeled, labeling] v [T] **1** *(a un objeto)* ⇒poner una etiqueta ⇒etiquetar **2** *(a una persona)* ⇒etiquetar ■ CONSTR. Se usa más en pasiva

† **laboratory** UK: /ləˈbɒr.ə.tri/ US: /ˈlæb.rə.tɔːr.i/ [pl laboratories] n [c] ⇒laboratorio: *laboratory tests* - pruebas de laboratorio ■ La forma abreviada es *lab*

laborer UK: /ˈleɪ.bᵊr.ə'/ US: /-bɚ.ɚ/ US n [c] See **labourer**

labor union US n [c] ⇒sindicato

labour[1] UK: /ˈleɪ.bə'/ US: /-bɚ/ UK n [U] **1** ⇒trabajo **2** ⇒mano de obra **3** ⇒parto: *to go into labour* - ponerse de parto

labour[2] UK: /ˈleɪ.bə'/ US: /-bɚ/ UK v [I] **1** *(form)* ⇒trabajar **2** ⇒luchar ⇒esforzarse ■ CONSTR. to labour + to do sth

labourer UK: /ˈleɪ.bᵊr.ə'/ US: /-bɚ.ɚ/ UK *(US* laborer) n [c] **1** ⇒obrero,ra ⇒peón **2** day ~ ⇒jornalero,ra

Labour Party n [NO PL] *(en Reino Unido)* ⇒Partido Laborista

labyrinth /ˈlæb.ə.rɪnθ/ n [c] ⇒laberinto

lace[1] /leɪs/ ■ n [U] **1** ⇒encaje ■ n [c] **2** ⇒cordón: *Tie your laces* - Átate los cordones ■ Se usa más en plural

lace[2] /leɪs/ [laced, lacing] v [T] **1** *(tb* lace up) ⇒atar [los cordones] **2** *(a una bebida o comida)* ⇒añadir alcohol

† **lack**[1] /læk/ n [U] ⇒carencia ⇒falta

† **lack**[2] /læk/ v [T] **1** ⇒carecer ⇒faltar **2** to be lacking ⇒faltar **3** to be lacking in sth ⇒carecer de [una cualidad]

lacquer UK: /ˈlæk.ə'/ US: /-ɚ/ n [U] ⇒laca [para metal y madera]

† **lad** /læd/ UK n [c] ⇒chaval *col.;* ⇒huerco AMÉR. ■ Se emplea únicamente con hombres

† **ladder** UK: /ˈlæd.ə'/ US: /-ɚ/ n [c] **1** ⇒escalera de mano **2** UK *(US* run) *(en unas medias)* ⇒carrera

laden /ˈleɪ.dᵊn/ adj ⇒cargado,da [de peso]: *He arrived home laden with gifts* - Llegó a casa cargado de regalos

Ladies UK n [NO PL] *(euphem)* ⇒servicio de señoras

ladle /ˈleɪ.dl/ n [c] ⇒cucharón ⇒cazo [de servir]

† **lady** /ˈleɪ.di/ [pl ladies] n [c] **1** ⇒señora ⇒dama **2** *little old lady* - viejecita **3** *(título)* ⇒Lady **4** ladies and gentlemen ⇒señoras y señores **5** the First Lady ⇒la primera dama

ladybird UK: /ˈleɪ.di.bɜːd/ US: /-bɝd/ UK n [c] *(insecto)* ⇒mariquita

lag[1] /læg/ *(tb* time lag) n [c] ⇒lapso ⇒intervalo ⇒desfase

lag[2] /læg/ [lagged, lagging] v [T] **1** ⇒revestir **2** *Aus (inform) (una persona)* ⇒detener ⇒condenar
| PHRASAL VERBS
· **to lag behind sth/sb** ⇒rezagar(se) ⇒ir por detrás ⇒estar a la zaga

lager UK: /ˈlɑː.gə'/ US: /-gɚ/ n [c, U] ⇒lager ⇒cerveza rubia

lagoon /ləˈguːn/ n [c] ⇒albufera

lah *(tb* la) n [U, NO PL] *(nota musical)* ⇒la

laid /leɪd/ past tense and past participle forms of **lay**

lain /leɪn/ past participle of **lie**

† **lake** /leɪk/ n [c] ⇒lago

lakeside /ˈleɪk.saɪd/ by the ~ ⇒a orillas del lago

† **lamb** /læm/ n [c] ⇒cordero,ra: *roast lamb* - cordero asado ■ PRON. La *b* no se pronuncia

lame /leɪm/ adj **1** *(una excusa)* ⇒pobre ⇒poco convincente **2** ⇒cojo,ja ⇒rengo,ga AMÉR.

lament /ləˈment/ v [T, I] *(form)* ⇒lamentar(se) ⇒llorar

† **lamp** /læmp/ n [c] ⇒lámpara: *bedside lamp* - lámpara de mesilla de noche

lamppost UK: /'læmp.pəʊst/ US: /-poʊst/ n [c] ⇨farola ⇨foco AMÉR.

lampshade /'læmp.ʃeɪd/ n [c] (en una lámpara) ⇨pantalla

land¹ /lænd/ n [u] **1** ⇨tierra: dry land - tierra firme **2** ⇨terreno ⇨tierra **3** (lit) ⇨patria ⇨tierra

land² /lænd/ ∎ v [T, I] **1** ⇨aterrizar ⇨amerizar ⇨alunizar ∎ v [T] **2** ⇨pescar col.; ⇨conseguir
│ PHRASAL VERBS
│ · **to land sb with sth** ⇨endilgar a alguien algo
└ col.; ⇨endosar a alguien algo col.

landed /'læn.dɪd/ adj the landed gentry - los terratenientes

landfill /'lænd.fɪl/ ∎ n [u] **1** ⇨entierro de residuos ∎ n [c] **2** ⇨vertedero

landing /'læn.dɪŋ/ n [c] **1** ⇨aterrizaje: crash landing - aterrizaje forzoso **2** (en un edificio) ⇨descansillo ⇨rellano

landlady /'lænd,leɪ.di/ [pl landladies] n [c] **1** ⇨casera **2** ⇨encargada [de un bar o pub]

landline /'lænd.laɪn/ n [c] **1** ⇨cable telefónico [subterráneo] **2** ⇨teléfono fijo: use the landline - utiliza el teléfono fijo

landlord /'lænd.lɔːd/ US: /-lɔːrd/ n [c] **1** ⇨casero **2** ⇨encargado [de un bar o pub]

landmark /'lænd.mɑːk/ US: /-mɑːrk/ n [c] **1** ⇨punto destacado ⇨punto de referencia [que ayuda a la orientación] **2** ⇨monumento representativo ⇨monumento emblemático **3** ⇨hito **4** ⇨mojón ⇨marca de tierra

landowner /'lænd,əʊ.nəʳ/ US: /-,oʊ.nəʳ/ n [c] ⇨terrateniente ⇨hacendado,da AMÉR.

landscape /'lænd.skeɪp/ n [c, u] ⇨paisaje ⇨panorama

landslide /'lænd.slaɪd/ n [c] **1** ⇨desprendimiento de tierra **2** (en unas elecciones) ⇨victoria aplastante

lane /leɪn/ n [c] **1** (en una vía) ⇨carril **2** ⇨camino rural **3** (en una ciudad) ⇨calle **4** (en navegación y en aviación) ⇨ruta **5** (en atletismo) ⇨calle

language /'læŋ.gwɪdʒ/ ∎ n [u] **1** ⇨lenguaje ∎ n [c] **2** ⇨idioma ⇨lengua **3** bad ~ ⇨palabrotas ∎ PRON. La última parte, guage, rima con fridge

lantern /'læn.tən/ US: /-tən/ n [c] ⇨farol ∎ Distinto de torch (linterna)

lap¹ /læp/ n [c] **1** ⇨regazo **2** (en deportes) ⇨vuelta

lap² /læp/ [lapped, lapping] ∎ v [T] **1** (un animal) ⇨beber a lengüetazos ∎ v [T, I] **2** (las olas) ⇨lamer
│ PHRASAL VERBS
│ · **to lap sth up** [M] **1** (inform) ⇨absorber algo con avidez **2** ⇨estar en la gloria con algo
└ ⇨disfrutar de algo

lapel /lə'pel/ n [c] (en una prenda de vestir) ⇨solapa

lapse¹ /læps/ n [c] **1** ⇨fallo ⇨lapsus **2** ⇨lapso [de tiempo]

lapse² /læps/ [lapsed, lapsing] v [I] **1** (un contrato, una situación legal) ⇨extinguir(se) ⇨caducar(se) **2** ⇨perder(se) ⇨decaer **3** (el tiempo) ⇨transcurrir
│ PHRASAL VERBS
│ · **to lapse into sth** ⇨caer [en un estado]: Brian
└ lapsed into apathy - Brian cayó en la apatía

laptop UK: /ˌlæp.tɒp.kəm'pjuː.təʳ/ US: /-tɑːp.kəm'pjuː.ˈtəʳ/ n [c] ⇨ordenador portátil

↑ **large** UK: /lɑːdʒ/ US: /lɑːrdʒ/ adj **1** ⇨grande: a large box - una caja grande; a large amount - una gran cantidad **2** by and ~ ⇨en general ⇨en conjunto **3** to be at ~ (una persona o un animal peligroso) ⇨estar en libertad ∎ Distinto de long (largo)

↑ **largely** UK: /'lɑːdʒ.li/ US: /'lɑːrdʒ-/ adv ⇨mayormente col.; ⇨en su mayor parte ⇨en gran parte

large-scale adj ⇨a gran escala ⇨de gran magnitud

lark UK: /lɑːk/ US: /lɑːrk/ n [c] **1** (ave) ⇨alondra **2** ⇨broma ⇨diversión ⇨travesura

lasagne UK: /lə'zæn.jə/ US: /-ˈzɑː.njə/ UK n [u] ⇨lasaña

laser UK: /'leɪ.zəʳ/ US: /-zəʳ/ n [c] ⇨láser: laser surgery - cirugía láser ∎ PRON. La a se pronuncia como la a de lake

lash¹ /læʃ/ ∎ v [T, I] **1** (el viento, la lluvia) ⇨azotar ∎ v [T] **2** ⇨atar ⇨amarrar ∎ CONSTR. Se usa generalmente seguido de una preposición o un adverbio
│ PHRASAL VERBS
│ · **to lash out at sth/sb 1** ⇨atacar ⇨arremeter **2**
└ ⇨azotar ⇨golpear

lash² /læʃ/ [pl lashes] n [c] **1** ⇨latigazo **2** ⇨látigo **3** ⇨pestaña

lass /læs/ [pl lasses] Scot, North Eng n [c] ⇨chavala col.; ⇨huerca AMÉR. ∎ Se emplea únicamente con mujeres

last¹ UK: /lɑːst/ US: /læst/ adj **1** ⇨último,ma: the last days of summer - los últimos días de verano ∎ CONSTR. the last + to do sth **2** ⇨pasado,da: I went to the cinema last Saturday - Fui al cine el sábado pasado ∎ Se dice Last year they went to Greece - El año pasado fueron a Grecia. Incorrecto: The last year they went to Greece ∎ Solo se usa the con last cuando forma parte de una cláusula con that o cuando se alude a un período de tiempo que continúa en el presente: I haven't been to school for the last few days - No he ido al cole en estos últimos días **3** to have the ~ laugh ⇨reírse el último, reírse la última

↑ **last²** UK: /lɑːst/ US: /læst/ adv **1** ⇨último: to arrive last - llegar el último **2** When did they last visit you? - ¿Cuándo os visitaron la última vez? **3** at (long) ~ ⇨al fin ⇨por fin **4** ~ but not least ⇨el

último pero no menos importante, la última
pero no menos importante

† **last³** UK: /lɑ:st/ US: /læst/ **1 the day before ~** ⇒anteayer **2 the ~** ⇒el último, la última: *She was the last to leave home* - Fue la última en marcharse de casa ■ CONSTR. the last + to do sth

† **last⁴** UK: /lɑ:st/ US: /læst/ v [T, I] **1** *(tiempo)* ⇒durar ⇒perdurar ■ Se usa para hacer referencia a la duración de algo *The film lasts nearly two hours* - La película dura casi dos horas; *This battery should last at least a year* - Esta pila debería durar un año por lo menos. Comparar con *to take* **2** ⇒alcanzar ⇒durar

lasting UK: /'lɑ:.stɪŋ/ US: /'læs.tɪŋ/ adj ⇒duradero,ra: *a lasting relationship* - una relación duradera

lastly UK: /'lɑ:st.li/ US: /'læst-/ adv ⇒finalmente ⇒por último

last-minute UK: /ˌlɑ:st'mɪn.ɪt/ US: /ˌlæst-/ adj ⇒de última hora: *a last-minute rush* - las prisas de última hora

latch¹ /lætʃ/ [pl latches] n [c] *(en una puerta)* ⇒pasador ⇒pestillo

latch² /lætʃ/ v [T, I] ⇒cerrar con pestillo

PHRASAL VERBS
· **to latch on** UK *(inform)* ⇒entender ⇒pillar col.

† **late** /leɪt/ adj, adv **1** ⇒tarde: *I arrived late* - Llegué tarde ■ La forma comparativa del adjetivo es *later* y la forma superlativa es *latest* **2** *The report will be published in late June* - El informe se publicará a finales de junio; *She's in her late seventies* - Roza los ochenta **3** ⇒difunto,ta

lately /'leɪt.li/ adv ⇒últimamente

† **latest** UK: /'leɪ.tɪst/ US: /-⁰tɪst/ adj **1** the superlative form of **late 2** ⇒último,ma ⇒más reciente ■ Distinto de *last* (el último, final) **3 at the ~** ⇒como muy tarde

lather¹ UK: /'lɑ:.ðəʳ/ US: /'læð.ɚ/ ■ n [NO PL] **1** ⇒espuma [de jabón] ■ n [U] **2** *(en un caballo)* ⇒sudor

lather² UK: /'lɑ:.ðəʳ/ US: /'læð.ɚ/ v [T, I] **1** ⇒hacer espuma **2** ⇒enjabonar(se): *to lather one's hair* - enjabonarse el pelo

Latin UK: /'læt.ɪn/ US: /'læ⁰t̬-/ n [U] ⇒latín

Latino UK: /ˌlæt'i:.nəʊ/ US: /-noʊ/ *US* n [c] ⇒latinoamericano,na [residente en EE. UU.]

latitude UK: /'læt.ɪ.tju:d/ US: /'læ⁰t̬.ɪ.tu:d/ ■ n [c, U] **1** ⇒latitud ■ n [U] **2** *(form)* ⇒libertad [de acción]

† **latter** UK: /'læt.əʳ/ US: /'læ⁰t̬.ɚ/ pron **1** *(form)* ⇒el último, la última: *the latter half of the year* - la última mitad del año **2 the ~** ⇒este último, esta última: *I'm studying German and Italian, but I find the latter easier* - Estudio alemán e italiano, pero este último me resulta más sencillo

Latvia /'læt.vi.ə/ n [U] ⇒Letonia

Latvian /'læt.vi.ən/ adj, n [c] ⇒latvio,via ⇒letón,-a

---

† **laugh¹** UK: /lɑ:f/ US: /læf/ v [I] ⇒reír(se): *She couldn't stop laughing* - No podía parar de reírse

PHRASAL VERBS
└ **to laugh at sth/sb** ⇒reírse de

laugh² UK: /lɑ:f/ US: /læf/ n [c] **1** ⇒risa ⇒carcajada **2 to be a (good) ~** UK *(inform)* ⇒ser divertido,da

laughing n [U] **1** ⇒risa **2** *He says laughing is good for you* - Dice que reírse es saludable **3** *It's no laughing* - No es para reírse

† **laughter** UK: /'lɑ:f.təʳ/ US: /'læf.tɚ/ n [U] ⇒risas

launch¹ UK: /lɔ:ntʃ/ US: /lɑ:ntʃ/ v [T] **1** *(una embarcación)* ⇒botar **2** *(un producto)* ⇒lanzar **3** *(un cohete)* ⇒lanzar ■ PRON. La primera parte, *lau*, se pronuncia como *lor* en *lord*

PHRASAL VERBS
· **to launch into sth** ⇒empezar a {decir/criticar} algo

† **launch²** UK: /lɔ:ntʃ/ US: /lɑ:ntʃ/ [pl launches] n [c] **1** ⇒lancha **2** ⇒lanzamiento **3** *(de una embarcación)* ⇒botadura ■ PRON. La primera parte, *lau*, se pronuncia como *lor* en *lord*

launder UK: /'lɔ:n.dəʳ/ US: /'lɑ:n.dɚ/ v [T] **1** *(una prenda de vestir)* ⇒lavar y planchar **2** *(dinero)* ⇒blanquear

launderette® UK: /ˌlɔ:n'dret/ US: /ˌlɑ:n-/ UK n [c] ⇒lavandería automática

laundry UK: /'lɔ:n.dri/ US: /'lɑ:n-/ ■ n [U] **1** ⇒ropa sucia **2** ⇒colada: *to do the laundry* - hacer la colada ■ n [c] **3** ⇒lavandería ■ El plural es *laundries*

lava UK: /'lɑ:.və/ n [U] ⇒lava

lavatory /'læv.ə.tri/ [pl lavatories] UK n [c] *(form)* ⇒aseo ⇒retrete

lavender UK: /'læv.ɪn.dəʳ/ US: /-dɚ/ n [U] **1** *(planta)* ⇒lavanda **2** ⇒azul lavanda

lavish /'læv.ɪʃ/ adj **1** ⇒suntuoso,sa ⇒lujoso,sa ⇒desmesurado,da **2** ⇒abundante ⇒profuso,sa ⇒generoso,sa

† **law** UK: /lɔ:/ US: /lɑ:/ n [c, U] **1** ⇒ley: *The law says that everyone is equal* - La ley dice que todos somos iguales; *a law to ban smoking in public areas* - una ley que prohíbe fumar en zonas públicas ■ CONSTR. 1. a law + doing sth 2. a law + to do sth **2** ⇒derecho: *I studied law* - He estudiado derecho **3 against the ~** ⇒en contra de la ley: *That is against the law* - Eso va en contra de la ley **4 court of ~** ⇒tribunal de justicia

lawful UK: /'lɔ:.fʰl/ US: /'lɑ:-/ adj *(form)* ⇒legal

† **lawn** UK: /lɔ:n/ US: /lɑ:n/ n [c, U] ⇒césped ⇒pasto AMÉR.

lawnmower UK: /'lɔ:n.məʊ.əʳ/ US: /'lɑ:n.moʊ.ɚ/ n [c] ⇒cortacésped

† **lawsuit** UK: /'lɔ:.sju:t/ US: /'lɑ:.su:t/ n [c] **1** ⇒pleito **2** ⇒demanda judicial: *to file a lawsuit against sb* - interponer una demanda judicial contra alguien

lawyer UK: /'lɔɪ.əʳ/ US: /'lɑː.jə/ (*US tb* **attorney**) *n* [c] ⇒abogado,da

lay¹, laid, laid /leɪ/ ∎ **1** past tense of **lie** (echarse, estar situado) ∎ *v* [T] **2** ⇒colocar ⇒poner **3** *(en posición horizontal)* ⇒echar ⇒poner ∎ CONSTR. Se usa generalmente seguido de una preposición o un adverbio **4 to ~ the table** (*tb* **to set the table**) ⇒poner la mesa

| PHRASAL VERBS
　· **to lay sth down** [M] **1** *(una regla o una norma)* ⇒establecer **2** *(un arma)* ⇒deponer ⇒abandonar
　· **to lay into sb** *(inform)* ⇒despotricar contra alguien *col.;* ⇒criticar a alguien ⇒atacar a alguien
　· **to lay sb off** [M] ⇒despedir a alguien ⇒cesantear a alguien AMÉR.; ⇒botar a alguien AMÉR.
　· **to lay sth on** [M] UK ⇒proporcionar algo ⇒ofrecer algo
　· **to lay sth out** [M] **1** ⇒extender algo ⇒esparcir algo **2** ⇒explicar algo ⇒exponer algo

lay³ /leɪ/ *adj* **1** ⇒laico,ca ⇒secular **2** ⇒lego,ga ⇒profano,na

lay-by /'leɪ.baɪ/ [*pl* **lay-bys**] UK *n* [c] *(en una carretera)* ⇒área de descanso

layer UK: /'leɪ.əʳ/ US: /-ə/ *n* [c] **1** ⇒capa [plana, superpuesta a otra]: *a layer of jam* - una capa de mermelada **2** ⇒estrato

layout /'leɪ.aʊt/ *n* [c] **1** ⇒distribución ⇒disposición ⇒trazado **2** *(de una página)* ⇒composición

lazily /'leɪ.zɪ.li/ *adv* ⇒perezosamente ⇒relajadamente

lazy /'leɪ.zi/ *adj* [*comp* **lazier**, *superl* **laziest**] **1** ⇒vago,ga ⇒perezoso,sa **2** ⇒lento,ta ⇒relajado,da ∎ Distinto de *vague* (impreciso)

lb [*pl* **lbs**] *n* [c] *(unidad de peso)* ⇒forma abreviada de **pound** (libra)

lead¹, led, led /liːd/ *v* [T, I] **1** *(form)* ⇒ir delante ⇒guiar **2** ⇒llevar ⇒conducir **3** ⇒llevar la delantera ⇒encabezar ⇒puntear AMÉR. **4** ⇒dirigir ⇒liderar ∎ PRON. Rima con *red*

| PHRASAL VERBS
　· **to lead to sth** ⇒dar lugar a algo ⇒causar
　· **to lead up to sth** ⇒preceder a algo

lead² /led/ ∎ *n* [U] **1** *(metal)* ⇒plomo ∎ *n* [c, U] **2** ⇒mina [de un lápiz] ∎ PRON. Rima con *red*

lead³ /liːd/ ∎ *n* [NO PL] **1** *(en deportes)* ⇒ventaja **2** *Sally is in the lead, I think she is going to win* - Sally va en cabeza, creo que va a ganar ∎ *n* [c] **3** *(en cine o en teatro)* ⇒papel principal ⇒protagonista **4** UK (*UK/US tb* **leash**) ⇒correa [para un animal] **5** UK (*US* **cord**) ⇒cable [eléctrico] **6** ⇒pista ⇒indicio

leader UK: /'liː.dəʳ/ US: /-də/ *n* [c] **1** ⇒líder ⇒jefe,fa **2** ⇒editorial [de un periódico]

leadership UK: /'liː.də.ʃɪp/ US: /-də-/ *n* [U] ⇒liderazgo

leading /'liː.dɪŋ/ *adj* ⇒principal

lead singer *n* [c] ⇒solista

leaf /liːf/ [*pl* **leaves**] *n* [c] **1** ⇒hoja [de una planta o árbol]: *the fallen leaves* - las hojas caídas **2** ⇒página **3 to take a ~ out of sb's book** UK ⇒tomar ejemplo de alguien

leaflet /'liː.flət/ *n* [c] ⇒folleto: *a leaflet with the exhibition details* - un folleto con los detalles de la exposición

league /liːg/ *n* [c] **1** *(en deportes)* ⇒liga **2** *(de personas o países)* ⇒liga ⇒sociedad **3 not to be in the same ~ as sth/sb** *(inform)* ⇒no estar a la altura de **4 to be in ~ with sb** ⇒estar compinchado,da con alguien *col.*

leak¹ /liːk/ ∎ *v* [T, I] **1** ⇒gotear ⇒perder ⇒tener un escape **2** ⇒salirse [por un agujero]: *The vinegar has leaked all over the bag* - El vinagre se ha salido por toda la bolsa ∎ *v* [T] **3** *(información)* ⇒filtrar

leak² /liːk/ *n* [c] **1** ⇒escape ⇒fuga **2** ⇒filtración [de información] **3 to {take/have} a ~** *(vulg)* ⇒ir a mear *vulg.*

lean¹, leant, leant (*tb* **leaned, leaned**) /liːn/ *v* [T, I] ⇒inclinar(se): *That tower leans to one side* - Esa torre se inclina hacia un lado ∎ CONSTR. Se usa generalmente seguido de una preposición o un adverbio

| PHRASAL VERBS
　· **to lean (sth) {against/on} sth** ⇒apoyar(se) en algo: *Don't lean against the wall* - No te apoyes en la pared; *She has always leaned on her mother for support* - Siempre se ha apoyado en su madre

lean² /liːn/ *adj* **1** ⇒delgado,da ⇒enjuto,ta **2** *(la carne)* ⇒magro,gra

leant past tense and past participle forms of **lean**

leap¹, leapt, leapt (*tb* **leaped leaped**) /liːp/ *v* [I] ⇒brincar ⇒saltar ∎ CONSTR. Se usa generalmente seguido de las preposiciones y adverbios *out of*, *over* y *up*

leap² /liːp/ *n* [c] ⇒brinco ⇒salto

leapt past tense and past participle forms of **leap**

learn, learnt, learnt (*US tb* **learned, learned**) UK: /lɜːn/ US: /lɝːn/ ∎ *v* [T, I] **1** ⇒aprender ∎ CONSTR. 1. to learn + to do sth 2. to learn + interrogativa indirecta ∎ *v* [T] **2** ⇒aprender(se) algo ⇒estudiar(se) algo

| PHRASAL VERBS
　· **to learn {about/of} sth** ⇒enterarse de algo

learned UK: /'lɜː.nɪd/ US: /'lɝː-/ *adj* *(form)* ⇒culto,ta ⇒erudito,ta ⇒docto,ta

learner UK: /'lɜː.nəʳ/ US: /'lɝː.nə/ *n* [c] **1** ⇒estudiante ⇒principiante **2** *to be a slow learner* - tener dificultades de aprendizaje

learning UK: /'lɜː.nɪŋ/ US: /'lɜː-/ n [U] ⇒aprendizaje: *learning curve* - proceso de aprendizaje **2** ⇒erudición **3** ⇒cultura

learnt past tense and past participle forms of **learn**

lease¹ /liːs/ n [C] ⇒alquiler ⇒arrendamiento

lease² /liːs/ [leased, leasing] v [T] ⇒alquilar ⇒arrendar *AMÉR.* ■ CONSTR. to lease + dos objetos

leash /liːʃ/ [pl leashes] (*UK tb* lead) n [C] ⇒correa [para un animal]: *to keep a dog on the leash* - llevar a un perro con la correa

† **least¹** /liːst/ adj, n [U] **1** the superlative form of **little 2** ⇒menor ⇒mínimo,ma

† **least²** /liːst/ adv **1** ⇒menos: *I like that shirt least* - Esa es la camisa que menos me gusta **2** at ~ ⇒al menos ⇒por lo menos **3** at the ~ ⇒como mínimo **4** not in the ~ ⇒en absoluto: *I'm not in the least worried* - No estoy preocupada en absoluto **5** not ~ *(form)* ⇒especialmente

† **leather** UK: /'leð.ə'/ US: /-ə-/ n [U] ⇒cuero

† **leave¹**, left, left /liːv/ [leaving] ■ v [T, I] **1** ⇒salir [de un lugar]: *I leave home at seven every morning* - Salgo de casa a las siete todos los días ■ v [T] **2** ⇒dejar [en un lugar] **3** ⇒dejar olvidado,da ⇒dejar **4** ⇒dejar [como herencia]

| PHRASAL VERBS
· **to be left over** ⇒sobrar: *There was a lot of food left over* - Sobraba mucha comida
· **to leave** *sth/sb* **behind** [M] ⇒olvidar(se)
· **to leave** *sth/sb* **out** [M] ⇒dejar fuera ⇒excluir
└─ ⇒omitir

leave² /liːv/ n [U] **1** ⇒permiso **2** ⇒baja: *maternity leave* - baja por maternidad

leaves /liːvz/ n [PL] See **leaf**

Lebanese /ˌleb.ə'niːz/ [pl Lebanese] adj, n [C] ⇒libanés,-a

Lebanon /'leb.ə.nən/ n [U] ⇒Líbano

lecture¹ UK: /'lek.tʃə'/ US: /-tʃə/ n [C] **1** ⇒conferencia ⇒clase [en la universidad] **2** ⇒sermón ⇒reprimenda ■ Distinto de *reading* (lectura)

lecture² UK: /'lek.tʃə'/ US: /-tʃə/ [lectured, lecturing] ■ v [I] **1** ⇒dar una conferencia ■ CONSTR. to lecture in/on sth ■ v [T] **2** ⇒sermonear ■ CONSTR. to lecture sb on sth

lecturer UK: /'lek.tʃ°r.ə'/ US: /-tʃə.ə/ n [C] **1** ⇒conferenciante **2** *UK* ⇒profesor,-a de universidad ■ Distinto de *reader* (lector)

led /led/ past tense and past participle forms of **lead**

ledge /ledʒ/ n [C] **1** ⇒saliente ⇒repisa **2** the window ~ ⇒el alféizar

leek /liːk/ n [C] ⇒puerro

† **left¹** /left/ adj, adv **1** *(un lado)* ⇒izquierdo,da **2** *(una orientación)* ⇒a la izquierda

† **left²** /left/ n [NO PL] ⇒izquierda: *In Britain people drive on the left* - En Gran Bretaña se conduce por la izquierda

† **left³** /left/ past tense and past participle forms of **leave**

† **left-hand** /'left.hænd/ adj ⇒a la izquierda ⇒a mano izquierda

left-handed /ˌleft'hæn.dɪd/ adj ⇒zurdo,da

leftover UK: /'left.əʊ.və'/ US: /'lef.ˌtoʊ.və/ adj ⇒sobrante: *Give me a bag for the leftover food* - Dame una bolsa para la comida sobrante

left-wing /ˌleft'wɪŋ/ adj ⇒de izquierdas: *a left-wing politician* - un político de izquierdas

leg /leg/ n [C] **1** *(de una persona)* ⇒pierna **2** *(de un animal)* ⇒pata **3** *(de un mueble)* ⇒pata **4** *(de un pantalón)* ⇒pernera **5** *(de un viaje, una carrera o una eliminatoria)* ⇒etapa ⇒tramo ⇒vuelta

† **legacy** /'leg.ə.si/ [pl legacies] n [C] ⇒legado ⇒herencia

† **legal** /'liː.g°l/ adj ⇒legal: *legal action* - acciones legales

legend /'ledʒ.°nd/ n [C, U] ⇒leyenda

leggings /'leg.ɪŋz/ n [PL] ⇒mallas ⇒leggings

legible /'ledʒ.ɪ.bl/ adj ⇒legible

legion /'liː.dʒ°n/ n [C] ⇒legión

† **leisure** UK: /'leʒ.ə'/ US: /'liː.ʒə/ n [U] **1** ⇒ocio: *leisure time* - tiempo de ocio **2** at *(one's)* ~ ⇒cuando le venga bien a alguien

leisure centre *UK* n [C] ⇒centro recreativo ⇒polideportivo

leisurely¹ UK: /'leʒ.ə.li/ US: /-ə-/ adj ⇒a un ritmo pausado ⇒sin prisa ⇒tranquilo,la

leisurely² UK: /'leʒ.ə.li/ US: /-ə-/ adv ⇒pausadamente

lemming /'lem.ɪŋ/ n [C] **1** *(animal)* ⇒lemming **2** like lemmings ⇒como borregos *col.*

† **lemon** /'lem.ən/ n [C, U] **1** ⇒limón **2** *lemon tree* - limonero

† **lemonade** /ˌlem.ə'neɪd/ n [U] **1** *UK* ⇒refresco de limón [con gas] **2** *US* ⇒limonada

† **lend**, lent, lent /lend/ v [T, I] **1** ⇒prestar: *Can you lend me your pencil?* - ¿Me prestas el lápiz? ■ CONSTR. to lend + dos objetos **2** to ~ *sth* to *sth/sb* *(form)* ⇒prestar ⇒ofrecer ⇒dar

lending n [U] *(en economía)* ⇒préstamo

† **length** /leŋkθ/ ■ n [C, U] **1** ⇒longitud: *It's 20 metres in length* - Tiene 20 metros de longitud ■ n [C] **2** ⇒tira ⇒trozo **3** *(en natación)* ⇒largo **4** to go to great lengths to do *sth* ⇒hacer todo lo posible por hacer algo

lengthen /'leŋk.θən/ v [T, I] ⇒alargar: *I have to lengthen this skirt* - Tengo que alargar esta falda

≡L

lengthy /'leŋk.θi/ *adj* [*comp* lengthier, *superl* lengthiest] *(en el tiempo)* ⇒prolongada,da ⇒largo,ga ⇒eterno,na

lenient /'li:.ni.ənt/ *adj* ⇒indulgente ⇒poco severo,ra

lens /lenz/ [*pl* lenses] *n* [c] **1** ⇒lente ⇒objetivo **2** ⇒lentilla ⇒lente de contacto **3** *(en el ojo)* ⇒cristalino

lent /lent/ past tense and past participle forms of **lend**

Lent *n* [U] *(en la religión cristiana)* ⇒Cuaresma

lentil UK: /'len.tᵊl/ US: /-ˤt[ə]l/ *n* [c] ⇒lenteja

Leo UK: /'li:.əʊ/ US: /-oʊ/ *n* [c, U] *(signo del zodíaco)* ⇒leo

leopard UK: /'lep.əd/ US: /-ᵊd/ *n* [c] ⇒leopardo

lesbian /'lez.bi.ən/ *adj, n* [c] ⇒lesbiana

less¹ /les/ *adj* **1** the comparative form of **little**: *I know you have less time than me to do the shopping* - Ya sé que tienes menos tiempo que yo para hacer la compra **2** *(cantidad o tamaño)* ⇒menos

less² /les/ *adv* **1** ⇒menos: *It seems to snow less now than before* - Parece que ahora nieva menos que antes **2** ~ **and** ~ ⇒cada vez menos: *I understand this subject less and less* - Cada vez entiendo menos esta asignatura

lessen /'les.ᵊn/ *v* [T, I] ⇒disminuir ⇒aliviar: *This aspirin will lessen the pain* - Esta aspirina te aliviará el dolor

lesser UK: /'les.ər/ US: /-ə/ *adj* ⇒menor: *to a lesser degree* - en menor grado

lesson /'les.ᵊn/ *n* [c] **1** ⇒clase: *private lessons* - clases particulares **2** ⇒lección [de un libro de texto] **3** to learn *one's* ~ ⇒aprender(se) la lección: *I have learnt my lesson* - Ya he aprendido la lección

let, let, let /let/ [letting] *v* [T] **1** ⇒permitir ⇒dejar ■ CONSTR. to let + do sth **2** *UK* (*UK/US tb* rent) *(una vivienda o terreno)* ⇒alquilar ■ CONSTR. to let + dos objetos **3** ~ **alone** ⇒mucho menos **4** let's *Let's go to the beach* - Vamos a la playa; *Let's eat* - Comamos ■ CONSTR. to let + do sth ■ *Let's* es la contracción de *let us* **5** let's face it ⇒reconozcámoslo **6** to ~ (*sth*) **go** ⇒soltar

| PHRASAL VERBS
  · **to let** *sb* **down** [M] ⇒fallar a alguien ⇒defraudar a alguien
  · **to let** *sb* {**in/out**} [M] ⇒dejar {entrar/salir} a alguien
  · **to let** *sb* **off** [M] ⇒perdonar a alguien ⇒dejar a alguien sin castigo

lethal /'li:.θᵊl/ *adj* ⇒letal: *a lethal weapon* - un arma letal

lethargic UK: /lə'θɑː.dʒɪk/ US: /-'θɑːr-/ *adj* **1** ⇒letárgico,ca **2** ⇒aletargado,da ⇒somnoliento,ta

let's *(let us)* See **let**

---

† **letter** UK: /'let.ər/ US: /'leˤt.ə/ *n* [c] **1** *(papel escrito)* ⇒carta **2** ⇒letra **3** to the ~ ⇒al pie de la letra

letterbox UK: /'let.ə.bɒks/ US: /'leˤt.ə.bɑːks/ [*pl* letterboxes] *UK n* [c] **1** *(US* mailbox) *(en la calle)* ⇒buzón **2** *(en una puerta o en una pared)* ⇒ranura [para el correo]

letting UK: /'let.ɪŋ/ US: /'leˤt-/ *UK n* [c] **1** ⇒alquiler ⇒arrendamiento **2** ⇒traspaso [de un terreno]

† **lettuce** UK: /'let.ɪs/ US: /'leˤt-/ *n* [c, U] **1** ⇒lechuga: *to wash the lettuce* - lavar la lechuga **2** rocket ~ (*tb* rocket) *(en botánica)* ⇒rúcula ■ PRON. La segunda sílaba, *ttuce*, rima con *kiss*

leukaemia UK: /lu:'ki:.mi.ə/ *UK n* [U] *(en medicina)* ⇒leucemia ■ PRON. La segunda sílaba, *kae*, se pronuncia como *key*

† **level¹** /'lev.ᵊl/ *n* [c] **1** ⇒nivel: *All the rooms in the house are on the same level* - Todas las habitaciones de la casa están al mismo nivel; *an intermediate level* - un nivel intermedio **2** *(en un edificio)* ⇒piso ⇒planta

level² /'lev.ᵊl/ *adj* **1** ⇒nivelado,da ⇒llano,na **2** ⇒raso,sa: *a level spoonful* - una cucharada rasa ■ CONSTR. Se usa detrás de un verbo

level³ /'lev.ᵊl/ [levelled, levelling; *US* leveled, leveling] *v* [T] **1** *(un terreno)* ⇒nivelar ⇒allanar **2** *(una ciudad o un edificio)* ⇒arrasar ⇒devastar

| PHRASAL VERBS
  · **to level** *sth* {**against/at**} *sb* ⇒dirigir críticas hacia alguien ⇒hacer acusaciones contra alguien

level crossing *UK n* [c] ⇒paso a nivel

lever UK: /'li:.vər/ US: /'lev.ə/ *US n* [c] ⇒palanca

levy¹ /'lev.i/ [*pl* levies] *n* [c] ⇒impuesto ⇒tasa

levy² /'lev.i/ [levies, levied] *v* [T] ⇒recaudar [un impuesto]

lexical /'lek.sɪ.kᵊl/ *adj* ⇒léxico,ca

lexis /'lek.sɪs/ *n* [U] ⇒léxico

liability UK: /ˌlaɪ.ə'bɪl.ɪ.ti/ US: /-ə.ˤti/ ■ *n* [U] **1** ⇒responsabilidad ■ *n* [NO PL] **2** ⇒estorbo ⇒carga

† **liable** UK: /'laɪ.ə.bl̩/ *adj* **1** ⇒responsable: *to be liable for a debt* - ser responsable de una deuda ■ CONSTR. 1. liable for sth 2. Se usa detrás de un verbo **2** ⇒propenso,sa ⇒con muchas posibilidades ■ CONSTR. liable + to do sth **3** ⇒sujeto,ta ⇒expuesto,ta

liaison UK: /li'eɪ.zɒn/ US: /-zɑːn/ ■ *n* [U, NO PL] **1** ⇒coordinación **2** *US* ⇒coordinador,-a ⇒intermediario,ria ■ *n* [c] **3** *(form)* ⇒relación [amorosa]

† **liar** UK: /'laɪ.ər/ US: /-ə/ *n* [c] ⇒mentiroso,sa

libel /'laɪ.bᵊl/ *n* [c, U] ⇒libelo ⇒difamación

† **liberal** UK: /'lɪb.ᵊr.ᵊl/ *UK:* /-rᵊl/ US: /-ə-/ *adj, n* [c] **1** ⇒liberal: *a liberal attitude* - una actitud liberal **2** ⇒generoso,sa ⇒abundante

† **liberate** UK: /'lɪb.ᵊr.eɪt/ US: /-ə.eɪt/ [liberated, liberating] *v* [T] **1** ⇒liberar: *The soldiers liberated*

the prisoners - Los soldados liberaron a los prisioneros **2** *(hum, euphem)* ⇒mangar col.

Liberia UK: /laɪˈbɪə.ri.ə/ US: /-ˈbɪr.i-/ *n* [U] ⇒Liberia

Liberian UK: /laɪˈbɪə.ri.ən/ US: /-ˈbɪr.i-/ *adj, n* [C] ⇒liberiano,na

† **liberty** UK: /ˈlɪb.ə.ti/ US: /-ə.ˤti/ ∎ *n* [U] **1** *(form)* ⇒libertad ⇒voluntad ∎ *n* [C] **2** *(form)* ⇒libertad ⇒permiso ∎ El plural es *liberties* **3 to take the ~ of doing sth** *(form)* ⇒tomarse la libertad de hacer algo ⇒permitirse algo

Libra /ˈliː.brə/ *n* [C, U] *(signo del zodíaco)* ⇒libra

librarian UK: /laɪˈbreə.ri.ən/ US: /-ˈbrer.i-/ *n* [C] ⇒bibliotecario,ria ∎ Distinto de *bookseller* (librero)

† **library** /ˈlaɪ.brər.i, -bri/ *[pl libraries] n* [C] ⇒biblioteca: *to take some books out of the library* - sacar unos libros de la biblioteca ∎ Distinto de *bookshop* (librería)

Libya /ˈlɪb.i.ə/ *n* [U] ⇒Libia

Libyan /ˈlɪb.i.ən/ *adj, n* [C] ⇒libio,bia

lice /laɪs/ *n* [PL] See **louse**

† **licence** /ˈlaɪ.sᵊnts/ *UK (US license)* *n* [C, U] ⇒permiso ⇒licencia

license[1] /ˈlaɪ.sᵊnts/ *US n* [C, U] See **licence**

license[2] /ˈlaɪ.sᵊnts/ *[licensed, licensing] v* [T] ⇒autorizar ∎ CONSTR. 1.to license + to do sth 2. Se usa más en pasiva

license plate *US (UK number plate) n* [C] *(de un vehículo)* ⇒matrícula ⇒chapa *AMÉR.;* ⇒patente *AMÉR.;* ⇒placa *AMÉR.*

lick[1] /lɪk/ *v* [T] ⇒lamer: *The dog licked its master* - El perro lamía a su dueño

lick[2] /lɪk/ *n* [C] ⇒lamedura ⇒lametón

† **lid** /lɪd/ *n* [C] **1** ⇒tapa **2** *(en anatomía)* ⇒párpado

† **lie**[1], lay, lain /laɪ/ *[lying] v* [I] **1** ⇒echarse [en posición horizontal] ⇒estar tumbado,da **2** ⇒estar situado,da ⇒quedar ∎ CONSTR. Se usa generalmente seguido de una preposición o un adverbio **3 to ~ low** *(inform)* ⇒mantenerse a escondidas

PHRASAL VERBS
· **to lie back** ⇒recostarse
· **to lie down** ⇒tumbarse ⇒echarse

† **lie**[2] /laɪ/ *[lied, lying] v* [I] ⇒mentir: *Don't lie to me* - No me mientas

lie[3] /laɪ/ *n* [C] **1** ⇒mentira **2** *a white lie* - una mentirijilla

Liechtenstein[1] *n* [U] ⇒Liechtenstein

Liechtenstein[2] *adj* ⇒liechtensteiniano,na

Liechtensteiner UK: /ˈlɪk.tən‚staɪ.nəʳ/ US: /-ə/ *n* [C] ⇒liechtensteiniano,na

lieutenant UK: /lefˈten.ᵊnt/ US: /luː-/ *n* [C] *(oficial)* ⇒teniente ∎ La forma abreviada es *Lieut.* o *Lt.*

† **life** /laɪf/ ∎ *n* [U] **1** ⇒vida: *He lived his life the way he wanted to* - Vivió su vida como quiso ∎ *n* [C] **2**

⇒vida: *way of life* - modo de vida ∎ El plural es *lives* **3 Get a life!** *(inform)* ⇒¡espabila! ⇒¡anímate!

lifeboat UK: /ˈlaɪf.bəʊt/ US: /-boʊt/ *n* [C] ⇒bote salvavidas

life expectancy *[pl life expectancies] n* [C] ⇒esperanza de vida

lifeguard UK: /ˈlaɪf.gɑːd/ US: /-gɑːrd/ *n* [C] ⇒socorrista

life jacket *n* [C] ⇒chaleco salvavidas

lifelike /ˈlaɪf.laɪk/ *adj (un retrato)* ⇒real ⇒realista

lifelong UK: /ˈlaɪf.lɒŋ/ US: /-lɑːŋ/ *adj* ⇒de toda la vida

† **lifestyle** /ˈlaɪf.staɪl/ *n* [C] ⇒estilo de vida

† **lifetime** /ˈlaɪf.taɪm/ *n* [C] ⇒vida

lift[1] /lɪft/ *v* [T, I] ⇒levantar: *to lift a heavy box* - levantar una caja pesada

lift[2] /lɪft/ ∎ *n* [C] **1** *UK (US elevator)* ⇒ascensor ⇒elevador *AMÉR.* ∎ *n* [NO PL.] **2** ⇒ánimo **3 to give sb a ~** *UK (US to give sb a ride)* ⇒llevar a alguien en coche

lifting *n* [U] **1** *(de objetos)* ⇒levantamiento **2** *(de un embargo)* ⇒levantamiento ∎ Distinto de *facelift* (lifting)

ligament /ˈlɪg.ə.mənt/ *n* [C] ⇒ligamento

† **light**[1] /laɪt/ ∎ *n* [U] **1** ⇒luz: *the light at the end of the tunnel* - la luz al final del túnel ∎ *n* [C] **2** ⇒luz: *Turn on the lights* - Enciende las luces **3 to set ~ to sth UK (US to set fire to sth)** ⇒prender fuego a algo

† **light**[2] /laɪt/ *adj* **1** *(un color)* ⇒claro,ra **2** ⇒ligero,ra: *light luggage* - equipaje ligero; *as light as a feather* - ligero como una pluma **3** ⇒bajo,ja en calorías ⇒ligero,ra ⇒frugal

light[3], lit, lit /laɪt/ ∎ *v* [T, I] **1** ⇒encender: *to light a candle* - encender una vela ∎ *v* [T] **2** ⇒iluminar ∎ CONSTR. Se usa más en pasiva

PHRASAL VERBS
· **to light up** *(un rostro)* ⇒iluminarse
· **to light (sth) up** [M] *(un cigarillo, un puro o una pipa)* ⇒encender

light bulb *(tb bulb) n* [C] ⇒bombilla ⇒foco *AMÉR.*

light-coloured *adj* ⇒de color claro

lighted UK: /ˈlaɪ.tɪd/ US: /-ˤtɪd/ *adj* **1** *(una cerilla, una vela)* ⇒encendido,da **2** ⇒prendido,da [con fuego]

lighten UK: /ˈlaɪ.tᵊn/ US: /-ˤt[ə]n/ *v* [T, I] **1** ⇒aligerar: *to lighten the load* - aligerar el peso **2** *(un color)* ⇒aclarar **3** ⇒alegrar ⇒contentar

lighter UK: /ˈlaɪ.təʳ/ US: /-ˤtə/ *n* [C] ⇒mechero ⇒encendedor ⇒yesquero *AMÉR.;* ⇒briqué *AMÉR.*

light-hearted UK: /‚laɪtˈhɑː.tɪd/ US: /-ˈhɑːr.ˤtɪd/ *adj* **1** ⇒despreocupado,da **2** ⇒con humor ⇒desenfadado,da ∎ PRON. La primera *e* no se pronuncia y la última *e* se pronuncia como la *i* en *did*

lighthouse /'laɪt.haʊs/ n [C] *(para los barcos)* ⇒faro

lighting UK: /'laɪ.tɪŋ/ US: /-ˤtɪŋ/ n [U] ⇒alumbrado ⇒iluminación

lightly /'laɪt.li/ adv **1** ⇒ligeramente **2** ⇒a la ligera: *to take sth lightly* - tomarse algo a la ligera **3** ⇒suavemente

lightning /'laɪt.nɪŋ/ n [U] **1** ⇒relámpago ⇒rayo **2** *a lightning visit* - una visita relámpago

lightweight[1] /'laɪt.weɪt/ adj **1** ⇒ligero,ra **2** ⇒de poca influencia ⇒de poca importancia

lightweight[2] /'laɪt.weɪt/ n [C] **1** *(en deportes)* ⇒peso ligero **2** ⇒persona de poca influencia

like[1] /laɪk/ prep **1** *(comparación)* ⇒como **2** *(ejemplo)* ⇒como ■ Se usa para comparar sintagmas nominales (*a house like yours* - una casa como la tuya) y para ejemplificar (*singers like Whitney Houston* - cantantes como Whitney Houston). Comparar con *as* **3** ⇒propio,pia de ⇒típico,ca de **4** *to look ~* ⇒parecer(se) a ■ Ver cuadro ¿cómo está...? / ¿cómo es?

like[2] /laɪk/ [liked, liking] v [T] **1** ⇒gustar: *I like reading* - Me gusta leer; *I like to go swimming when I can* - Me gusta ir a nadar cuando puedo ■ CONSTR. 1. to like + doing sth 2. to like + to do sth. **2** ⇒querer: *Would you like some tea?* - ¿Quiere un poco de té? ■ CONSTR. would like + to do sth **3** ⇒preferir: *Her father likes her to be at home early* - Su padre prefiere que llegue temprano a casa ■ CONSTR. like + to do sth

like[3] /laɪk/ conj **1** *(inform)* ⇒como si: *I feel like I'm in paradise* - Me siento como si estuviera en el paraíso **2** *(inform)* ⇒como: *He speaks exactly like his mother* - Habla exactamente como su madre

likeable /'laɪ.kə.bl̩/ adj ⇒agradable ⇒simpático,ca

likely[1] /'laɪ.kli/ adj *[comp likelier, superl likeliest]* **1** ⇒probable: *It's likely to rain* - Es probable que llueva ■ CONSTR. 1. to be likely + to do sth 2. to be likely + that **2** *not likely! UK (inform)* ⇒¡ni hablar!

likely[2] /'laɪ.kli/ adv ⇒probablemente

liken /'laɪ.kⁿn/
| PHRASAL VERBS
· **to liken** *sth/sb* **to** *sth/sb* ⇒equiparar ⇒comparar ■ CONSTR. Se usa más en pasiva

likeness /'laɪk.nəs/ *[pl likenesses]* n [C, U] **1** ⇒similitud ⇒parecido **2** ⇒retrato

likewise /'laɪk.waɪz/ adv **1** ⇒del mismo modo ⇒de la misma manera ⇒asimismo **2** *You should do likewise* - Tú deberías hacer lo mismo

liking /'laɪ.kɪŋ/ n [NO PL] **1** ⇒gusto: *Is the room to your liking?* - ¿La habitación está a su gusto? **2** *to be to one's ~ (form)* ⇒ser del agrado de alguien

lilac[1] /'laɪ.lək/ adj *(color)* ⇒lila

lilac[2] /'laɪ.lək/ ■ n [U] **1** *(color)* ⇒lila ■ n [C, U] **2** *(árbol)* ⇒lilo **3** *(flor)* ⇒lila

lily /'lɪl.i/ *[pl lilies]* n [C] **1** *(planta)* ⇒lirio **2** *(planta)* ⇒azucena

limb /lɪm/ n [C] **1** *(en anatomía)* ⇒miembro ⇒extremidad **2** ⇒rama [de un árbol]

lime /laɪm/ ■ n [C, U] **1** *(fruta)* ⇒lima ■ n [U] **2** ⇒cal

limelight /'laɪm.laɪt/ n [NO PL] *to be in the limelight* - estar en el candelero

† **limit**[1] /'lɪm.ɪt/ ■ n [C] **1** ⇒límite ■ n [NO PL] **2** ⇒colmo: *That is the limit!* - ¡Es el colmo! **3** *within limits* ⇒dentro de unos límites

† **limit**[2] /'lɪm.ɪt/ v [T] ⇒limitar: *The Parliament decided to limit the powers of the king* - El Parlamento decidió limitar los poderes del rey

† **limited** UK: /'lɪm.ɪ.tɪd/ US: /-ˤtɪd/ adj ⇒limitado,da: *limited space* - espacio limitado

limousine /ˌlɪm.əˈziːn/ n [C] ⇒limusina ■ La forma abreviada es *limo*

limp[1] /lɪmp/ v [I] ⇒cojear: *He limped a bit after the operation* - Cojeaba un poco tras la operación

limp[2] /lɪmp/ n [NO PL] ⇒cojera ⇒renguera *AMÉR.*

limp[3] /lɪmp/ adj ⇒débil ⇒flojo,ja

† **line**[1] /laɪn/ n [C] **1** ⇒línea ⇒raya **2** *US (UK queue)* ⇒fila ⇒cola **3** ⇒cuerda ⇒cable **4** *(del tren)* ⇒vía **5** ⇒línea [telefónica o eléctrica] **6** *I'm sorry, the line is busy* - Lo siento, está comunicando **7** *(de un texto)* ⇒línea ■ La forma abreviada es *l* **8** *US* ⇒frontera **9** *{along/on} the lines of sth* ⇒del estilo de algo

line[2] /laɪn/ [lined, lining] v [T] **1** ⇒alinear(se) ⇒poner(se) en fila **2** ⇒forrar ⇒revestir
| PHRASAL VERBS
· **to line** *(sth/sb)* **up** [M] **1** *(UK tb queue)* ⇒poner(se) en fila ⇒hacer cola ⇒alinear(se) **2** ⇒planear

lined /laɪnd/ adj **1** *(un rostro)* ⇒arrugado,da **2** *(un papel)* ⇒rayado,da **3** *(una prenda de vestir)* ⇒con forro

linen /'lɪn.ɪn/ n [U] **1** ⇒lino **2** ⇒ropa blanca

liner UK: /'laɪ.nəʳ/ US: /-nə/ n [C] ⇒transatlántico: *a liner bound for New York* - un transatlántico con rumbo a Nueva York

linger UK: /'lɪŋ.gəʳ/ US: /-gə/ v [I] **1** ⇒persistir ⇒perdurar **2** ⇒quedarse: *He lingered there for hours* - Se quedó allí durante horas

linguist /'lɪŋ.gwɪst/ n [C] **1** ⇒políglota **2** ⇒lingüista

linguistically /lɪŋˈgwɪs.tɪ.kli/ adv ⇒lingüísticamente

linguistics /lɪŋˈgwɪs.tɪks/ n [U] ⇒lingüística

lining /'laɪ.nɪŋ/ n [C, U] ⇒forro: *my coat lining* - el forro de mi abrigo

† **link**¹ /lɪŋk/ n [C] **1** ⇒vínculo ⇒lazo **2** ⇒conexión ⇒relación **3** *(en un transporte)* ⇒enlace **4** ⇒eslabón [de una cadena] **5** *(en un ordenador)* ⇒enlace ⇒vínculo

† **link**² /lɪŋk/ v [T] ⇒conectar ⇒relacionar ■ CONSTR. Se usa más en pasiva

| PHRASAL VERBS
└ **to link (sth/sb) up** [M] ⇒unir(se)

links /lɪŋks/ [pl links] n [C] **1** ⇒colinas utilizadas para jugar al golf **2** *US* ⇒campo de golf

† **lion** /'laɪ.ən/ n [C] ⇒león: *a pride of lions* - una manada de leones

lip /lɪp/ ■ n [C] **1** ⇒labio **2** ⇒borde [de una taza] ■ n [U] **3** *(inform)* ⇒impertinencias: *That's enough of your lip!* - ¡Basta de impertinencias!

lip-read, lip-read, lip-read /'lɪp.riːd/ v [T, I] ⇒leer los labios: *My friend can lip-read* - Mi amiga puede leer los labios

lipstick /'lɪp.stɪk/ n [C, U] **1** ⇒barra de labios ⇒pintalabios **2** *to put one's lipstick on* - pintarse los labios

† **liquid** /'lɪk.wɪd/ adj ⇒líquido,da

liquor UK: /'lɪk.ə/ US: /-ɚ/ *US (UK* spirit*)* n [U] ⇒bebida alcohólica

lisp¹ /lɪsp/ n [C] ⇒ceceo

lisp² /lɪsp/ v [I] ⇒cecear

† **list**¹ /lɪst/ n [C] ⇒lista ⇒listado

list² /lɪst/ ■ v [T] **1** ⇒hacer una lista **2** ⇒catalogar **3** ⇒enumerar ⇒leer una lista ■ v [I] **4** *(un barco)* ⇒escorar

† **listen** /'lɪs.ən/ v [I] **1** ⇒escuchar: *Listen to this song* - Escucha esta canción ■ CONSTR. to listen to sth/sb ■ Se usa para hacer referencia a la acción de escuchar prestando atención: *Listen to the instructions* - Escuchad las instrucciones. Comparar con to hear **2** ⇒hacer caso ■ CONSTR. to listen to sth/sb ■ PRON. La t no se pronuncia

| PHRASAL VERBS
┌ **· to listen (out) for sth** ⇒permanecer a la escucha de algo

listener UK: /'lɪs.ən.ə/ UK: /-nɚ/ US: /'lɪs.[ə]n.ɚ/ n [C] **1** ⇒oyente: *listener's requests* - peticiones del oyente **2** good ~ ⇒persona que sabe escuchar

listings /'lɪs.tɪŋz/ n [PL] ⇒guía de ocio ⇒cartelera

lit /lɪt/ past tense and past participle forms of **light**

liter UK: /'liː.tə/ US: /-ˤtə/ *US* n [C] See **litre**

literacy UK: /'lɪt.ᵊr.ə.si/ US: /'lɪˤt.ɚ-/ n [U] **1** ⇒alfabetización ⇒capacidad de leer y escribir **2** ⇒nociones básicas de algo

literal UK: /'lɪt.ᵊr.ᵊl/ US: /'lɪˤt.ɚ-/ adj ⇒literal: *a literal translation* - una traducción literal

† **literally** UK: /'lɪt.ᵊr.ᵊl.i/ UK: /-rə.li/ US: /'lɪˤt.ɚ-/ adv ⇒literalmente

† **literary** UK: /'lɪt.ᵊr.ᵊr.i/ US: /'lɪˤt.ə.rer-/ adj ⇒literario,ria

literate UK: /'lɪt.ᵊr.ət/ US: /'lɪˤt.ɚ-/ adj **1** ⇒alfabetizado,da **2** ⇒culto,ta

† **literature** UK: /'lɪt.ᵊr.ɪ.tʃə/ US: /'lɪˤt.ə.ɪ.tʃə/ n [U] **1** ⇒literatura **2** ~ {about/on} sth ⇒información sobre algo ■ PRON. La última sílaba, ture, se pronuncia como cher en butcher

Lithuania /ˌlɪθ.ju'eɪ.ni.ə/ n [U] ⇒Lituania

Lithuanian¹ /ˌlɪθ.ju'eɪ.ni.ən/ ■ n [U] **1** *(idioma)* ⇒lituano ■ n [C] **2** *(gentilicio)* ⇒lituano,na

Lithuanian² /ˌlɪθ.ju'eɪ.ni.ən/ adj ⇒lituano,na

† **litre** UK: /'liː.tə/ US: /-ˤtə/ *UK (US* liter*)* n [C] ⇒litro: *a litre of milk* - un litro de leche ■ La forma abreviada es l

litter¹ UK: /'lɪt.ə/ US: /'lɪˤt.ə/ ■ n [U] **1** *(en un sitio público)* ⇒basura ⇒papeles ■ n [C] **2** ⇒camada: *a litter of kittens* - una camada de gatitos

litter² UK: /'lɪt.ə/ US: /'lɪˤt.ə/ v [T] ⇒ensuciar

† **little**¹ UK: /'lɪt.l/ US: /'lɪˤt-/ adv [comp less, superl least] **1** ⇒poco: *He goes out very little because he has to study* - Sale muy poco porque tiene que estudiar **2** a ~ ⇒un poco: *Richard knows a little Japanese* - Richard sabe un poco de japonés ■ Little tiene un matiz negativo y a little tiene un matiz positivo

† **little**² UK: /'lɪt.l/ US: /'lɪˤt-/ adj [comp smaller, superl smallest] **1** ⇒pequeño,ña: *My little brother is very naughty sometimes* - Mi hermano pequeño es muy travieso a veces ■ Ver cuadro pequeño (small / little) **2** [comp less, superl least] ⇒poco,ca ⇒algo de ■ Se usa con nombres incontables. Comparar con few ■ Ver cuadro few / a few / little / a little

† **live**¹ /lɪv/ [lived, living] v [I] **1** ⇒vivir ■ CONSTR. to live to sth **2** ⇒vivir **3** ⇒llevar **4** to ~ it up *(inform)* ⇒pegarse la gran vida col.

| PHRASAL VERBS
┌ **· to live for sth/sb** ⇒vivir para
| **· to live on** ⇒seguir viviendo ⇒perdurar
| **· to live on sth** ⇒vivir a base de algo ⇒vivir con algo
| **· to live up to sth** ⇒estar a la altura de algo ⇒no defraudar
└ **· to live with sth** ⇒vivir con algo ⇒aceptar algo

† **live**² /laɪv/ adj **1** ⇒vivo,va **2** ⇒en directo: *a live concert* - un concierto en directo

live³ /laɪv/ adv ⇒en directo ⇒en vivo

livelihood /'laɪv.li.hʊd/ n [C, U] ⇒medio de subsistencia ⇒sustento

† **lively** /'laɪv.li/ adj [comp livelier, superl liveliest] **1** ⇒vivo,va ⇒animado,da **2** ⇒marchoso,sa

[†] **liver** UK: /'lɪv.əʳ/ US: /-ɚ/ n [C, U] ⇒hígado

lives /laɪvz/ n [PL] See **life**

livestock UK: /'laɪv.stɒk/ US: /-stɑ:k/ n [U] ⇒ganado

living¹ /'lɪv.ɪŋ/ n [U] ⇒vida: *to earn one's living* - ganarse la vida

living² /'lɪv.ɪŋ/ adj 1 ⇒vivo,va ⇒con vida 2 {in/within} ~ memory ⇒en el recuerdo ⇒en la memoria

[†] **living room** (*UK tb* sitting room) n [C] ⇒cuarto de estar ⇒salón ⇒living AMÉR.

lizard UK: /'lɪz.əd/ US: /-əd/ n [C] ⇒lagarto ⇒lagartija

llama /'lɑ:.mə/ n [C] *(animal)* ⇒llama ■ PRON. Solo se pronuncia una *l*

load¹ UK: /ləʊd/ US: /loʊd/ n [C] 1 ⇒carga 2 *(inform)* ⇒montón *col.*; ⇒ruma AMÉR. 3 a ~ of {nonsense/rubbish} *UK* (*inform*) ⇒basura ⇒tonterías

load² UK: /ləʊd/ US: /loʊd/ ■ v [T, I] 1 *(un vehículo)* ⇒cargar ■ v [T] 2 *(un arma)* ⇒cargar 3 *(una cámara de fotos)* ⇒poner el carrete

loaf UK: /ləʊf/ US: /loʊf/ [*pl* loaves] n [C] ⇒barra [de pan] ⇒hogaza ■ Suele tener la forma del pan de molde

[†] **loan** UK: /ləʊn/ US: /loʊn/ n [C] ⇒préstamo: *to ask for a loan* - pedir un préstamo

loathe UK: /ləʊð/ US: /loʊð/ [loathed, loathing] v [T] ⇒detestar: *She loathes being left alone* - Detesta que la dejen sola ■ CONSTR. to loathe + doing sth

loaves UK: /ləʊvz/ US: /loʊvz/ n [PL] See **loaf**

lobby¹ UK: /'lɒb.i/ US: /'lɑ:.bi/ [*pl* lobbies] n [C] 1 *(en política)* ⇒grupo de presión 2 ⇒vestíbulo ⇒hall

lobby² UK: /'lɒb.i/ US: /'lɑ:.bi/ [lobbies, lobbied] v [T, I] ⇒presionar ⇒hacer presión ■ CONSTR. 1. to lobby + to do sth 2. to lobby for/against sth

lobster UK: /'lɒb.stəʳ/ US: /'lɑ:b.stɚ/ n [C] *(crustáceo)* ⇒langosta ⇒bogavante

[†] **local** UK: /'ləʊ.kəl/ US: /'loʊ-/ adj 1 ⇒local: *a local newspaper* - un periódico local 2 ⇒del barrio

locally UK: /'ləʊ.kəl.i/ US: /'loʊ-/ adv 1 ⇒en la zona ⇒en la región 2 ⇒a nivel local: *to invest locally* - invertir a nivel local

[†] **locate** UK: /ləʊ'keɪt/ US: /'loʊ-/ [located, locating] v [T] *(form)* ⇒situar ⇒localizar

[†] **location** UK: /ləʊ'keɪ.ʃən/ US: /'loʊ-/ ■ n [C] 1 ⇒sitio ⇒lugar ⇒ubicación 2 ⇒paradero [de una persona] ■ n [C, U] 3 *(en cine)* ⇒exteriores

loch UK: /lɒk/ US: /lɑ:k/ [*pl* lochs] *Scot* n [C] ⇒lago ⇒ría

lock¹ UK: /lɒk/ US: /lɑ:k/ v [T, I] 1 ⇒cerrar con llave: *Lock the door* - Cierra la puerta con llave 2 *(un mecanismo)* ⇒bloquear(se) ■ CONSTR. Se usa generalmente seguido de una preposición o un adverbio

|PHRASAL VERBS
 · to lock *sth* away [M] ⇒guardar algo bajo llave
 · to lock (*sth*) up [M] *(un edificio)* ⇒cerrar
 · to lock *sb* {up/away} [M] ⇒encarcelar a alguien ⇒encerrar a alguien

[†] **lock**² UK: /lɒk/ US: /lɑ:k/ n [C] 1 ⇒cerradura ⇒chapa AMÉR. 2 ⇒mechón [de cabello] ⇒guedeja *poético* 3 *(en un río)* ⇒esclusa 4 *(en lucha)* ⇒llave

locked adj ⇒enfrascado,da [en un conflicto]

locker UK: /'lɒk.əʳ/ US: /'lɑ:.kɚ/ n [C] *(en un lugar público)* ⇒taquilla

loco UK: /'ləʊ.kəʊ/ US: /'loʊ.koʊ/ *UK* n [C] *(inform)* ⇒forma abreviada de **locomotive** (locomotora)

locomotive UK: /ˌləʊ.kə'məʊ.tɪv/ US: /ˌloʊ.kə'moʊ.^ˤt̬ɪv/ n [C] ⇒locomotora ■ La forma abreviada es *loco*

lodge¹ UK: /lɒdʒ/ US: /lɑ:dʒ/ n [C] 1 ⇒caseta de un guarda 2 ⇒portería 3 ⇒grupo local [de personas]

lodge² UK: /lɒdʒ/ US: /lɑ:dʒ/ [lodged, lodging] ■ v [I] 1 ⇒alojarse ⇒hospedarse ■ v [T] 2 *(form)* ⇒presentar: *to lodge a complaint* - presentar una queja

lodger UK: /'lɒdʒ.əʳ/ US: /'lɑ:.dʒɚ/ *UK* (*US* boarder) n [C] 1 ⇒huésped,-a 2 ⇒inquilino,na

[†] **loft** UK: /lɒft/ US: /lɑ:ft/ n [C] 1 ⇒desván ⇒ático ⇒entretecho AMÉR. 2 *US* ⇒loft

log¹ UK: /lɒg/ US: /lɑ:g/ n [C] 1 ⇒tronco ⇒leño 2 *to sleep like a log* - dormir como un tronco 3 ⇒diario de a bordo

log² UK: /lɒg/ US: /lɑ:g/ v [T] *(un registro)* ⇒anotar

|PHRASAL VERBS
 · to log {in/on} *(en informática)* ⇒entrar [al introducir una contraseña]
 · to log {out/off} *(en informática)* ⇒cerrar [las aplicaciones]

[†] **logic** UK: /'lɒdʒ.ɪk/ US: /'lɑ:.dʒɪk/ n [U] ⇒lógica

logical UK: /'lɒdʒ.ɪ.kəl/ US: /'lɑ:.dʒɪ-/ adj ⇒lógico,ca: *It's not logical* - No es lógico

logically UK: /'lɒdʒ.ɪ.kli/ US: /'lɑ:.dʒɪ-/ adv ⇒lógicamente ■ PRON. La g se pronuncia como en gentleman y la a no se pronuncia

logo UK: /'ləʊ.gəʊ/ US: /'loʊ.goʊ/ n [C] ⇒logotipo

lollipop UK: /'lɒl.i.pɒp/ US: /'lɑ:.li.pɑ:p/ n [C] ⇒piruleta® ■ La forma abreviada es *lolly*

[†] **lonely** UK: /'ləʊn.li/ US: /'loʊn-/ adj [*comp* lonelier, *superl* loneliest] ⇒solitario,ria ⇒solo,la ⇒íngrimo,ma AMÉR. ■ Hace referencia al sentimiento de soledad. Comparar con *alone*

[†] **long**¹ UK: /lɒŋ/ US: /lɑ:ŋ/ adj 1 ⇒largo,ga: *She has got long hair* - Tiene el pelo largo 2 *(tiempo)* ⇒mucho,cha 3 a ~ way (away) ⇒muy lejos (de aquí) ■ Se suele usar en oraciones afirmativas: *The coast*

is a long way away - La costa está muy lejos de aquí. En oraciones interrogativas y negativas se suele usar *far* **4 in the ~** ⇒a la larga **5 in the ~ term** ⇒a largo plazo

†**long²** UK: /lɒŋ/ US: /lɑːŋ/ *adv* **1** ⇒mucho tiempo ⇒mucho **2 as ~ as** ⇒con tal de que **3 for ~** ⇒durante mucho tiempo **4 how long...?** ⇒¿cuánto tiempo...? **5 ~ ago** ⇒hace tiempo **6 Long time no see!** ⇒¡Cuánto tiempo! [hace que no nos vemos] **7 no longer** (*tb* not any longer) ⇒ya no

†**long³** UK: /lɒŋ/ US: /lɑːŋ/ **1 to ~ for sth** (*form*) ⇒anhelar algo **2 to ~ to do sth** (*form*) ⇒anhelar algo: *He was longing for his wedding day to arrive* - Anhelaba que llegara el día de su boda

†**long-distance** UK: /ˌlɒŋˈdɪs.tⁿnts/ US: /ˌlɑːŋ-/ *adj* **1** ⇒de larga distancia **2 ~ phone call** ⇒conferencia [telefónica] **3 ~ runner** ⇒corredor de fondo

longevity UK: /lɒnˈdʒev.ə.ti/ US: /lɑːnˈdʒev.ə.ˁti/ *n* [U] (*form*) ⇒longevidad

longing UK: /ˈlɒŋ.ɪŋ/ US: /ˈlɑːŋ-/ *n* [U, NO PL] ⇒anhelo ⇒deseo ⇒antojo

longitude UK: /ˈlɒn.dʒɪ.tjuːd/ UK: /ˈlɒŋ.ɡɪ-/ US: /ˈlɑːn.dʒə.tuːd/ *n* [U] (*en geografía*) ⇒longitud

long jump *n* [NO PL] (*en atletismo*) ⇒salto de longitud

long-life UK: /ˈlɒŋ.laɪf/ US: /ˈlɑːŋ-/ *UK adj* ⇒de larga duración: *long-life batteries* - pilas de larga duración

long-range UK: /ˌlɒŋ.reɪndʒ/ US: /ˈlɑːŋ-/ *adj* **1** (*un misil*) ⇒de largo alcance **2** (*un plan*) ⇒a largo plazo

long-sighted UK: /ˌlɒŋˈsaɪ.tɪd/ US: /ˌlɑːŋˈsaɪ.ˁtɪd/ *UK adj* ⇒hipermétrope

long-standing UK: /ˌlɒŋˈstæn.dɪŋ/ US: /ˌlɑːŋ-/ *adj* (*un conflicto, una amistad o una relación*) ⇒largo,ga ⇒duradero,ra ⇒antiguo,gua

long-suffering UK: /ˌlɒŋˈsʌf.ᵊr.ɪŋ/ US: /ˌlɑːŋˈsʌf.ɚ-/ *adj* (*una persona*) ⇒sufrido,da ⇒resignado,da

†**long-term** UK: /ˌlɒŋˈtɜːm/ US: /ˌlɑːŋˈtɜːm/ *adj* ⇒a largo plazo

loo /luː/ *UK* (*US* john) *n* [C] (*inform*) ⇒retrete ⇒aseo

†**look¹** /lʊk/ *v* [I] **1** ⇒mirar: *Don't look at me like that* - No me mires así ■ Ver cuadro see / look at / watch **2** ⇒parecer **3** ⇒buscar: *I'm still looking* - Sigo buscando ■ CONSTR. Se usa generalmente seguido de una preposición o un adverbio **4 to ~ on the bright side** ⇒encontrar el lado positivo

⌐ PHRASAL VERBS

· **look out!** ⇒¡cuidado!

· **to look after sth/sb** ⇒cuidar de: *I have to look after my brother* - Tengo que cuidar de mi hermano

· **to look around 1** ⇒echar una mirada: *I'm going to look around* - Voy a echar una mirada **2** ⇒buscar

· **to look at sth 1** ⇒examinar algo **2** ⇒considerar algo

· **to look back** ⇒mirar algo en retrospectiva

· **to look down on sb** ⇒menospreciar a alguien

· **to look for sth/sb** ⇒buscar: *I'm looking for my glasses* - Estoy buscando mis gafas

· **to look forward to {sth/doing sth} 1** (*algo venidero, algo planeado*) ⇒desear ⇒esperar con ilusión ⇒tener ganas de algo **2** (*al final de una carta o de un e-mail*): *I look forward to hearing from you* - Espero noticias tuyas

· **to look into sth** ⇒investigar algo

· **to look on** ⇒mirar [sin implicarse]

· **to look out for sth/sb** ⇒estar pendiente de ⇒estar atento,ta a

· **to look sth over [M]** ⇒examinar algo [rápidamente] ⇒revisar algo

· **to look through sth** ⇒hojear algo ⇒leer algo [rápidamente]

· **to look sth up [M]** ⇒consultar algo ⇒buscar algo

· **to look up to sb** ⇒respetar a alguien ⇒estimar a alguien

†**look²** /lʊk/ *n* [C] ⇒mirada: *to take a look at sth* - echar una mirada a algo

lookout /ˈlʊk.aʊt/ *n* [C] **1** ⇒vigía **2** *That is my lookout* - Eso es problema mío **3 to be on the ~ for sth** ⇒estar al acecho de algo ⇒estar atento,ta a algo

looks /lʊks/ *n* [PL] (*de una persona*) ⇒cara ⇒aspecto

loom¹ /luːm/ *v* [I] **1** (*una amenaza o un peligro*) ⇒estar al caer ⇒vislumbrar(se) **2** ⇒surgir ⇒aparecer

loom² /luːm/ *n* [C] (*máquina*) ⇒telar

loony /ˈluː.ni/ *adj* [*comp* loonier, *superl* looniest] (*inform*) ⇒tocado,da *col.*; ⇒chiflado,da *col.*

loop¹ /luːp/ *n* [C] **1** ⇒lazo ⇒bucle **2** (*en informática o en música*) ⇒bucle **3** ⇒vuelta ⇒curva

loop² /luːp/ *v* [T, I] **1** ⇒hacer un lazo **2 to ~ sth {around/over} sth** ⇒pasar algo [alrededor de/por] algo: *Loop the rope around your waist* - Pasa la cuerda alrededor de tu cintura **3 to ~ the ~** (*en aviación*) ⇒rizar el rizo *col.*

loophole UK: /ˈluːp.həʊl/ US: /-hoʊl/ *n* [C] (*en derecho*) ⇒vacío legal

†**loose** /luːs/ *adj* **1** ⇒suelto,ta: *loose change* - dinero suelto **2** ⇒flojo,ja **3** ⇒holgado,da: *a loose shirt* - una camisa holgada **4 to be at a ~ end** (*inform*) ⇒no tener nada que hacer ⇒no estar ocupado,da

loosen /'luː.sᵊn/ v [T, I] ⇒aflojar(se) ⇒soltar(se)
| PHRASAL VERBS
└ · **to loosen up** ⇒relajarse [entre otras personas]

loot¹ /luːt/ v [T, I] ⇒saquear: *to loot a shop* - saquear una tienda

loot² /luːt/ n [U] **1** ⇒botín ⇒dinero robado **2** *(inform)* ⇒pasta *col.*; ⇒guita *col.*

lop UK: /lɒp/ US: /lɑːp/ [lopped, lopping]
| PHRASAL VERBS
└ · **to lop sth off** [M] **1** ⇒cortar algo ⇒podar algo **2** *(inform)* ⇒rebajar algo

lopsided UK: /ˌlɒpˈsaɪd.ɪd/ US: /ˌlɑːp-/ adj **1** ⇒torcido,da ⇒ladeado,da **2** ⇒desequilibrado,da

lord n [U] **1** *(título nobiliario)* ⇒lord **2 the Lord** *(en religión)* ⇒el Señor **3 the Lords** *(en Reino Unido)* ⇒la Cámara de los Lores

lorry UK: /'lɒr.i/ US: /'lɔːr-/ [pl lorries] UK n [C] **1** *(UK/US tb truck)* ⇒camión **2 ~ driver** ⇒camionero,ra

lose, lost, lost /luːz/ [losing] ■ v [T] **1** ⇒perder ⇒extraviar ⇒botar *AMÉR.* ■ v [T, I] **2** *(un partido, un concurso, una batalla)* ⇒perder **3 to ~ weight** ⇒perder peso ⇒adelgazar
| PHRASAL VERBS
└ · **to lose out** ⇒perder ⇒salir perdiendo

loser UK: /'luː.zəʳ/ US: /-zɚ/ n [C] **1** ⇒perdedor,-a **2** *(inform)* ⇒fracasado,da

loss UK: /lɒs/ US: /lɑːs/ [pl losses] n [C, U] **1** ⇒pérdida **2** *(de dinero)* ⇒pérdida **3** *(de un ser querido)* ⇒muerte ⇒pérdida

lost¹ UK: /lɒst/ US: /lɑːst/ adj **1** ⇒perdido,da: *a lost cause* - una causa perdida **2 to get ~ 1** ⇒perderse: *We got lost on the way back* - Nos perdimos a la vuelta **2** *(inform)* ⇒largarse *col.*: *Get lost!* - ¡Lárgate!

lost² UK: /lɒst/ US: /lɑːst/ past tense and past participle forms of **lose**

lost property UK n [U] ⇒objetos perdidos: *lost property office* - oficina de objetos perdidos

lot UK: /lɒt/ US: /lɑːt/ n [C] **1** *UK* ⇒grupo ⇒montón **2** *US* ⇒terreno ⇒parcela **3** ⇒lote **4 a ~** *(tb lots)* ⇒mucho: *It's a lot nicer here* - Es mucho más agradable aquí **5 a ~ of** ⇒mucho,cha: *There are a lot of apples* - Hay muchas manzanas

lotion UK: /'ləʊ.ʃᵊn/ US: /'loʊ-/ n [C, U] ⇒loción: *body lotion* - loción corporal

lottery UK: /'lɒt.ᵊr.i/ US: /'lɑː.t̬ɚ-/ [pl lotteries] n [C] **1** ⇒lotería **2** *It's a lottery* - Es cuestión de suerte

loud /laʊd/ adj **1** *(un sonido)* ⇒alto,ta ⇒fuerte **2** *(una persona)* ⇒escandaloso,sa ⇒ruidoso,sa

loudly /'laʊd.li/ adv ⇒alto: *Don't speak so loudly!* - ¡No hables tan alto!

loudspeaker UK: /ˌlaʊdˈspiː.kəʳ/ US: /'laʊdˌspiː.kɚ/ n [C] ⇒altavoz ⇒parlante *AMÉR.*

lounge¹ /laʊndʒ/ n [C] **1** *UK (en una casa)* ⇒salón **2** *US (en un lugar público)* ⇒salón

lounge² /laʊndʒ/
| PHRASAL VERBS
└ · **to lounge {about/around}** ⇒no hacer nada ⇒holgazanear

louse /laʊs/ [pl lice] n [C] ⇒piojo

lousy /'laʊ.zi/ adj [comp lousier, superl lousiest] *(inform)* ⇒pésimo,ma ⇒despreciable ⇒vil

lout /laʊt/ n [C] *(inform, offens)* ⇒patán *col. desp.*; ⇒gamberro *desp.* ■ Se emplea únicamente con hombres

lovable /'lʌv.ə.bl̩/ adj ⇒encantador,-a ⇒amable ⇒adorable

†**love**¹ /lʌv/ [loved, losing] v [T] **1** ⇒querer ⇒amar **2** ⇒encantar ■ CONSTR. 1. to love + doing sth 2. to love + to do sth ■ En la forma condicional, *love* va seguido de un infinitivo con *to*: *I would love to go to the cinema with you* - Me encantaría ir al cine contigo

†**love**² /lʌv/ ■ n [U] **1** ⇒amor **2** ⇒recuerdos: *Give my love to your parents* - Dale recuerdos a tus padres de mi parte **3** *(en una carta)* ⇒un abrazo **4** *(en tenis)* ⇒cero ■ n [C] **5** ⇒amado,da **6** *UK* ⇒amor ⇒cariño ■ Se usa como vocativo **7 to be in ~ with sb** ⇒estar enamorado,da de alguien: *I'm in love with him* - Estoy enamorada de él **8 to make ~** ⇒hacer el amor

love affair n [C] ⇒aventura amorosa

loveless /'lʌv.ləs/ adj *(una relación)* ⇒sin amor

†**lovely** /'lʌv.li/ adj [comp lovelier, superl loveliest] ⇒bonito,ta ⇒precioso,sa ⇒encantador,-a ⇒muy agradable

†**lover** /'lʌv.əʳ/ US: /-ɚ/ n [C] **1** ⇒amante **2** ⇒amado,da **3** ⇒aficionado,da [a algo]

loving /'lʌv.ɪŋ/ adj ⇒cariñoso,sa ⇒querendón,-a *AMÉR. col.*

†**low**¹ UK: /ləʊ/ US: /loʊ/ adj **1** ⇒bajo,ja: *a low chair* - una silla baja **2** *(la voz, el tono)* ⇒grave **3** *(el volumen)* ⇒bajo,ja **4** ⇒abatido,da ⇒deprimido,da **5 on low heat** - a fuego lento **6** *(una persona)* ⇒sucio,cia ⇒bajo,ja ⇒vil

low² UK: /ləʊ/ US: /loʊ/ adv ⇒bajo: *to fly low* - volar bajo

†**low**³ UK: /ləʊ/ US: /loʊ/ {an all time/a new/a record...} ~ ⇒un {histórico/nuevo/récord...} mínimo

†**lower** UK: /'ləʊ.əʳ/ US: /'loʊ.ɚ/ v [T] ⇒bajar: *Lower your voices, please!* - ¡Bajad la voz, por favor!; *Shall we lower the blinds?* - ¿Bajamos las persianas?

low-fat /ˌləʊˈfæt/ adj ⇒desnatado,da ⇒descremado,da

low-key /ˌləʊˈkiː/ adj ⇒discreto,ta ⇒de tono moderado

†**loyal** /'lɔɪ.əl/ adj ⇨leal: *a loyal friend* - un amigo leal

loyalty UK: /'lɔɪ.əl.ti/ US: /-ˤţi/ n [U] ⇨lealtad

†**luck** /lʌk/ n [U] **1** ⇨suerte: *I had a piece of luck* - Tuve suerte ■ Se dice *some luck, a stroke of luck* o *a piece of luck*. Incorrecto: *a luck* **2** *to be {in/out of} ~ (inform)* ⇨{estar/no estar} de suerte

luckily /'lʌk.ªl.i/ adv ⇨afortunadamente ⇨por suerte

†**lucky** /'lʌk.i/ adj [comp luckier, superl luckiest] **1** ⇨afortunado,da ⇨con suerte **2** *to be ~* ⇨tener suerte: *You're so lucky!* - ¡Qué suerte tienes!

ludicrous /'luː.dɪ.krəs/ adj ⇨ridículo,la ⇨absurdo,da

†**luggage** /'lʌg.ɪdʒ/ n [U] ⇨equipaje: *excess luggage* - exceso de equipaje ■ PRON. La *a* se pronuncia como la *i* en *did*

lukewarm UK: /ˌluːk'wɔːm/ UK: /'--/ US: /'luːk.wɔːrm/ adj **1** *(un líquido)* ⇨tibio,bia **2** *It's only lukewarm, I'm afraid* - Lo siento, no está muy caliente **3** ⇨poco entusiasta

lull[1] /lʌl/ v [T] ⇨calmar ⇨aquietar ⇨adormecer

lull[2] /lʌl/ n [C] **1** ⇨período de calma ⇨intervalo ⇨pausa **2** ⇨tregua

lullaby /'lʌl.ə.baɪ/ [pl lullabies] n [C] ⇨nana ⇨canción de cuna

lumber UK: /'lʌm.bəʳ/ US: /-bɚ/ v [I] ⇨moverse pesada y lentamente: *He lumbered across to the door* - Se movió pesada y lentamente hacia la puerta ■ CONSTR. Se usa generalmente seguido de una preposición o un adverbio

|PHRASAL VERBS
· **to lumber** *sb* **with** *sth* *UK (inform)* ⇨cargar a alguien con algo

lump[1] /lʌmp/ n [C] **1** ⇨terrón: *a sugar lump* - un terrón de azúcar **2** ⇨grumo **3** ⇨bulto ⇨chichón

†**lump**[2] /lʌmp/

|PHRASAL VERBS
· **to lump** *sth/sb* **together** ⇨juntar ⇨agrupar

lump sum n [C] **1** ⇨pago único **2** ⇨suma global

lumpy /'lʌm.pi/ adj [comp lumpier, superl lumpiest] **1** *(una salsa)* ⇨con grumos **2** *(un objeto blando)* ⇨lleno,na de bultos

lunacy /'luː.nə.si/ n [U] ⇨locura

lunar UK: /'luː.nəʳ/ US: /-nɚ/ adj ⇨lunar: *a lunar eclipse* - un eclipse lunar

lunatic UK: /'luː.nə.tɪk/ US: /-ˤţɪk/ n [C] ⇨lunático,ca

†**lunch** /lʌntʃ/ [pl lunches] n [C, U] **1** ⇨almuerzo ⇨comida **2** *to have ~ (a mediodía)* ⇨comer

lunchbox UK: /'lʌntʃ.bɒks/ US: /-baːks/ [pl lunchboxes] n [C] *(para llevar al trabajo o al colegio)* ⇨fiambrera ⇨lonchera AMÉR. ■ PRON. La *u* se pronuncia como en el término inglés *sun*

lunchtime /'lʌntʃ.taɪm/ n [C, U] ⇨hora de comer

†**lung** /lʌŋ/ n [C] **1** ⇨pulmón **2** *lung capacity* - capacidad pulmonar

lurch[1] UK: /lɜːtʃ/ US: /lɜːtʃ/ v [I] **1** ⇨tambalearse: *Paul suddenly lurched forward* - De pronto, Paul se tambaleó **2** *(un coche)* ⇨dar tirones

lurch[2] UK: /lɜːtʃ/ US: /lɜːtʃ/ [pl lurches] n [C] **1** ⇨tambaleo **2** *to leave sb in the ~* ⇨dejar a alguien en la estacada *col.*

lure[1] /ljʊəʳ/ US: /lʊr/ [lured, luring] v [T] ⇨seducir [para obtener algo]

lure[2] UK: /ljʊəʳ/ US: /lʊr/ n [C] ⇨encanto ⇨atracción

lurid UK: /'ljʊə.rɪd/ US: /lʊr.ɪd/ adj **1** *(un color)* ⇨chillón,-a **2** ⇨espeluznante: *a lurid tale* - una historia espeluznante

lurk UK: /lɜːk/ US: /lɜːk/ v [I] **1** ⇨estar al acecho: *The gangster was lurking in the shadows* - El gánster estaba al acecho entre las sombras **2** *(una duda o una sospecha)* ⇨perdurar

lush /lʌʃ/ adj **1** *(la vegetación)* ⇨exuberante ⇨rico,ca **2** ⇨lujoso,sa ⇨suntuoso,sa

lust[1] /lʌst/ n [U] **1** ⇨codicia **2** ⇨lujuria ⇨lascivia **3** ⇨ansia [de poder]

lust[2] /lʌst/

|PHRASAL VERBS
· **to lust after** *sb* ⇨desear a alguien [sexualmente]
· **to lust {after/for}** *sth* ⇨desear algo ⇨codiciar algo

Luxembourg[1] n [U] ⇨Luxemburgo

Luxembourg[2] adj ⇨luxemburgués,-a

Luxemburger UK: /'lʌk.səm.bɜː.gəʳ/ US: /-bɜː.gɚ/ n [C] ⇨luxemburgués,-a

luxurious UK: /lʌg'ʒʊə.ri.əs/ US: /-'ʒʊr.i-/ adj ⇨lujoso,sa ■ Distinto de *lascivious* y *lecherous* (lujurioso)

†**luxury** UK: /'lʌk.ʃʳr.i/ US: /-ʃɚ-/ [pl luxuries] n [C, U] ⇨lujo: *a luxury hotel* - un hotel de lujo

lyrical /'lɪr.ɪ.kl/ adj **1** ⇨lírico,ca **2** ⇨elocuente

lyrics /'lɪr.ɪks/ n [PL] ⇨letra [de una canción]: *Do you know the lyrics?* - ¿Te sabes la letra?

L

m¹ /em/ [pl m's] n [c] (letra del alfabeto) ⇒m ■ PRON. Se pronuncia como em en them

m² n [c] **1** ⇒forma abreviada de **metre** (metro) **2** ⇒forma abreviada de **mile** (milla)

ma /mɑː/ n [c] (inform) ⇒mamá col.

MA /ˌemˈeɪ/ n [c] ⇒forma abreviada de **Master of Arts** (máster en una materia de Humanidades o de Ciencias Sociales)

ma'am /mɑːm/ US n (madam) ⇒señora ■ Se usa como vocativo

mac /mæk/ n [c] **1** UK ⇒gabardina ⇒impermeable **2** US (inform) ⇒amigo,ga ⇒hermano,na ■ Se usa como vocativo con un hombre al que no conoces

macabre /məˈkɑː.brə/ adj ⇒macabro,bra: a macabre tale - un relato macabro

macaroni UK: /ˌmæk.ᵊrˈəʊ.ni/ US: /-əˈroʊ-/ n [U] ⇒macarrones

Macedonia UK: /ˌmæs.əˈdəʊ.ni.ə/ US: /-ˈdoʊ-/ n [U] ⇒Macedonia

Macedonian¹ UK: /ˌmæ.səˈdəʊ.ni.ən/ US: /-ˈdoʊ-/ ■ n [U] **1** (idioma) ⇒macedonio ■ n [c] **2** (gentilicio) ⇒macedonio,nia

Macedonian² UK: /ˌmæ.səˈdəʊ.ni.ən/ US: /-ˈdoʊ-/ adj ⇒macedonio,nia

machine /məˈʃiːn/ n [c] ⇒máquina: sewing machine - máquina de coser; The machine doesn't work - La máquina no funciona

machine gun n [c] ⇒ametralladora

machinery UK: /məˈʃiː.nə.ri/ US: /-nə.i/ n [U] ⇒maquinaria

mackintosh UK: /ˈmæk.ɪn.tɒʃ/ US: /-tɑːʃ/ [pl mackintoshes] UK n [c] (old-fash) ⇒impermeable ■ La forma abreviada es mac

mad /mæd/ adj **1** (inform) ⇒loco,ca **2** (inform) ⇒enfadado,da ⇒furioso,sa **3** to be ~ about sth/ sb (inform) ⇒estar loco,ca por **4** to get ~ (inform) ⇒enfadarse ⇒enojarse AMÉR.

madam /ˈmæd.əm/ n [c, U] (form) ⇒señora ■ Hoy en día, se usa principalmente en cartas

made /meɪd/ past tense and past participle forms of **make**

made-up /ˌmeɪdˈʌp/ adj **1** (una persona) ⇒maquillado,da ■ CONSTR. Se usa detrás de un verbo **2** (una historia) ⇒inventado,da

madhouse /ˈmæd.haʊs/ n [NO PL] (inform) ⇒casa de locos

madman /ˈmæd.mən, -mæn/ [pl madmen] n [c] (hombre) ⇒loco

madmen n [PL] See **madman**

madness /ˈmæd.nəs/ n [U] ⇒locura

mag n [c] (inform) ⇒forma abreviada de **magazine** (revista)

magazine /ˌmæg.əˈziːn/ n [c] ⇒revista ■ La forma abreviada es mag

maggot /ˈmæg.ət/ n [c] ⇒gusano

magic¹ /ˈmædʒ.ɪk/ n [U] **1** ⇒magia **2** as if by ~ ⇒como por arte de magia

magic² /ˈmædʒ.ɪk/ adj **1** ⇒mágico,ca ⇒de magia **2** a magic spell - un hechizo **3** UK (inform) ⇒mágico,ca ⇒genial ■ CONSTR. Se usa detrás de un verbo

magical /ˈmædʒ.ɪ.kᵊl/ adj ⇒mágico,ca: magical powers - poderes mágicos

magician /məˈdʒɪʃ.ᵊn/ n [c] ⇒mago,ga ■ PRON. La ci se pronuncia como sh

magnet /ˈmæg.nət/ n [c] ⇒imán

magnetic UK: /mægˈnet.ɪk/ US: /-ˈneᵗt̬-/ adj **1** (una personalidad, un carácter) ⇒magnético,ca ⇒encantador,-a **2** (un cuerpo, un campo) ⇒magnético,ca

magnificent /mægˈnɪf.ɪ.sᵊnt/ adj ⇒magnífico,ca ⇒espléndido,da

magnify /ˈmæg.nɪ.faɪ/ [magnifies, magnified] v [T] ⇒aumentar ■ Distinto de to extol (ensalzar) o to praise (elogiar)

magnifying glass [pl magnifying glasses] n [c] ⇒lupa

magnitude UK: /ˈmæg.nɪ.tjuːd/ US: /-tuːd/ n [U] ⇒alcance ⇒magnitud

mahogany UK: /məˈhɒg.ᵊn.i/ US: /-ˈhɑː.g[ə]n-/ n [U] ⇒caoba

maid /meɪd/ n [c] **1** ⇒criada **2** ⇒doncella

maiden /ˈmeɪ.dᵊn/ n [c] (lit, old-fash) ⇒chica o mujer soltera ⇒doncella

M

maiden name n [C] ⇒apellido de soltera ■ En los países anglosajones, muchas mujeres adoptan el apellido del marido cuando se casan

† **mail**¹ /meɪl/ (*UK tb* post) n [U] **1** ⇒cartas y paquetes **2** ⇒correo: *by mail* - por correo

mail² /meɪl/ *US* v [T] ⇒mandar por correo

mailbox UK: /ˈmeɪl.bɒks/ US: /-bɑːks/ [*pl* mailboxes] *US* (*UK* letterbox) n [C] ⇒buzón

mailing list n [C] ⇒lista de envío ⇒lista de direcciones

mailman /ˈmeɪl.mæn/ [*pl* mailmen] *US* n [C] (*hombre*) ⇒cartero

mail order n [U] ⇒venta por correo

maim /meɪm/ v [T] ⇒mutilar ⇒lisiar

† **main**¹ /meɪn/ *adj* ⇒principal ⇒mayor

main² /meɪn/ n [C] ⇒conducto principal [de agua, de gas o de electricidad]

main course n [C] (*en una comida*) ⇒plato fuerte ⇒plato principal ■ PRON. *course* rima con *horse*

mainland /ˈmeɪn.lænd/ the ~ ⇒el territorio de un país o continente que no incluye sus islas

† **mainly** /ˈmeɪn.li/ *adv* ⇒principalmente ⇒fundamentalmente

mains /meɪnz/ *UK* n [PL] ⇒red [eléctrica, de gas o de agua]

mainstream¹ /ˈmeɪn.striːm/ the ~ ⇒la corriente principal

mainstream² /ˈmeɪn.striːm/ *adj* ⇒convencional ⇒mayoritario,ria

† **maintain** /meɪnˈteɪn/ v [T] **1** ⇒mantener ⇒conservar **2** (*form*) (*una afirmación, una opinión*) ⇒mantener ⇒defender ■ CONSTR. to maintain + (that)

maintenance /ˈmeɪn.tɪ.nənts/ n [U] **1** ⇒mantenimiento **2** *UK* ⇒pensión de manutención ⇒pensión compensatoria

† **maize** /meɪz/ *UK* (*US* corn) n [U] ⇒maíz

† **major**¹ UK: /ˈmeɪ.dʒəʳ/ US: /-dʒɚ/ *adj* **1** ⇒principal ⇒importante ⇒serio,ria **2** (*en música*) ⇒mayor

major² UK: /ˈmeɪ.dʒəʳ/ US: /-dʒɚ/ n [C] **1** (*en el ejército*) ⇒comandante **2** *US* (*en estudios superiores*) ⇒asignatura principal ■ Distinto de *older* y *grown-up* (*mayor*)

† **majority** UK: /məˈdʒɒr.ə.ti/ US: /-ˈdʒɑː.rə.ˁti/ [*pl* majorities] n [C, NO PL] **1** ⇒mayoría: *The majority of my friends agree with me* - La mayoría de mis amigos opina como yo; *to achieve a majority* - conseguir mayoría **2** to be in {a/the} ~ ⇒ser mayoría

† **make**¹, made, made /meɪk/ [making] v [T] **1** ⇒hacer ⇒elaborar ⇒fabricar **2** (*comida, bebida*) ⇒hacer ⇒preparar **3** (*dinero*) ⇒hacer ⇒ganar **4** *to make a profit* - obtener beneficios **5** ⇒asistir ⇒ir a **6** (*con cifras*) ⇒hacer **7** ⇒llegar a ser ⇒tener cualidades para ser **8** ⇒hacer ⇒ascender [en el trabajo]

■ CONSTR. to make + dos objetos **9** to be made for {each other/sb} ⇒estar hechos el uno para el otro **10** to ~ sb angry ⇒enfadar a alguien **11** to ~ a {promise/remark} ⇒hacer una {promesa/comentario} **12** to ~ sb do sth ⇒forzar ⇒obligar ■ CONSTR. En activa, va seguido de otro verbo en infinitivo sin *to*: *She made him make his bed* - Lo obligó a hacerse la cama. Por el contrario, en pasiva el verbo que le sigue aparece precedido de la partícula *to*: *He was made to pay a fine* - Lo obligaron a pagar una multa **13** to ~ do (with) ⇒arreglarse con lo que hay **14** to ~ it **1** (*inform*) ⇒llegar a tiempo **2** ⇒tener éxito ⇒triunfar **15** to ~ the most of sth ⇒sacar el mayor provecho de algo **16** to ~ time ⇒sacar tiempo ■ CONSTR. to make time + to do sth ■ Ver cuadro hacer (to do / to make)

PHRASAL VERBS

· to make for *sth/sb* ⇒dirigirse ⇒ir con rumbo a
· to make of *sth/sb* ⇒pensar ⇒opinar
· to make off with *sth* (*inform*) ⇒escapar(se con algo
· to make {*oneself/sb*} up [M] ⇒maquillar(se)
· to make out **1** *US* (*inform*) ⇒manejar [una situación con éxito] **2** *US* (*inform*) ⇒magrear se *col.*; ⇒enrollarse *col.*
· to make *sth* out **1** (*un documento*) ⇒escribir ⇒rellenar **2** ⇒entender [las razones de algo] ⇒comprender [las razones de algo] ■ Se usa en frases interrogativas y negativas
· to make *sth/sb* out [M] **1** ⇒distinguir ⇒entender **2** ⇒distinguir ⇒divisar
· to make up *sth* ⇒formar ⇒conformar ⇒constituir
· to make *sth* up [M] (*historias, excusas, mentiras*) ⇒inventar(se)
· to make up for *sth* ⇒compensar algo
· to make up with *sb* ⇒hacer las paces con alguien

make² /meɪk/ n [C] (*de vehículos o de aparatos*) ⇒marca ■ Cuando no se trata de un vehículo o un aparato se usa *brand*

makeover /ˈmeɪkˌəʊ.vəʳ/ US: /-ˌoʊ.vɚ/ n [C] **1** *She went to a salon to have a makeover* - Fue a un salón de belleza para que la maquillaran **2** (*de un lugar*) ⇒mejora ⇒reforma

maker UK: /ˈmeɪ.kəʳ/ US: /-kɚ/ n [C] ⇒fabricante *the bigger maker of cars of the world* - el mayor fabricante de coches en el mundo

makeshift /ˈmeɪk.ʃɪft/ *adj* ⇒provisional ⇒improvisado,da

making /ˈmeɪ.kɪŋ/ n [U] **1** ⇒fabricación ⇒creación **2** ⇒confección ⇒preparación **3** to be the ~ of *sb* ⇒ser la clave del éxito de alguien

malaria UK: /məˈleə.ri.ə/ US: /-ˈler.i-/ n [U] ⇒malaria: *to get malaria* - contraer la malaria

M

Malawi /məˈlɑː.wi/ n [U] ⇒Malawi

Malawian /məˈlɑː.wi.ən/ adj, n [C] ⇒malawiano,na

Malaysia UK: /məˈleɪ.zi.ə/ US: /-ʒə/ n [U] ⇒Malasia

Malaysian UK: /məˈleɪ.zi.ən/ US: /-ʒən/ adj, n [C] ⇒malasio,sia ⇒malayo,ya

male¹ /meɪl/ adj **1** (características físicas) ⇒masculino,na ⇒varonil **2** (género) ⇒macho

male² /meɪl/ n [C] **1** (un animal) ⇒macho **2** ⇒varón

malice /ˈmæl.ɪs/ n [U] ⇒maldad ⇒malicia

mall UK: /mɔːl/ US: /maːl/ (US tb shopping mall) n [C] ⇒centro comercial

mallet /ˈmæl.ɪt/ n [C] ⇒mazo

malt UK: /mɒlt/ US: /maːlt/ n [U] ⇒malta: malt whisky - whisky de malta

Malta UK: /mɔːl.tə/ US: /maːl-/ n [U] ⇒Malta

mammal /ˈmæm.ªl/ n [C] ⇒mamífero

mammoth¹ /ˈmæm.əθ/ n [C] ⇒mamut

mammoth² /ˈmæm.əθ/ adj ⇒colosal ⇒gigantesco,ca

man¹ /mæn/ [pl men] n [C] **1** ⇒hombre: a strange man - un hombre raro **2** the ~ in the street ⇒el ciudadano de a pie

man² /mæn/ [manned, manning] v [T] ⇒hacer funcionar **2** ⇒funcionar ⇒estar disponible

manage /ˈmæn.ɪdʒ/ [managed, managing] ∎ v [T] **1** ⇒dirigir **2** ⇒administrar: Your should manage your free time better - Deberías administrarte mejor tu tiempo libre ∎ v [T, I] **3** ⇒conseguir: I managed to convince sb in the end - Al final conseguí convencerlo ∎ CONSTR. to manage + to do sth ∎ v [I] **4** ⇒arreglarse: Can you manage with a screwdriver? - ¿Puedes arreglarte con un destornillador? ∎ CONSTR. Se usa generalmente seguido de las preposiciones with y without ∎ PRON. La última a se pronuncia como la i en did

manageable /ˈmæn.ɪ.dʒə.bl/ adj **1** ⇒manejable **2** ⇒accesible ⇒tratable

management /ˈmæn.ɪdʒ.mənt/ n [U] **1** (actividad) ⇒dirección [de una empresa] ∎ Por ser un nombre colectivo se puede usar con el verbo en singular o en plural **2** ⇒gestión ⇒administración **3** (persona) ⇒dirección

manager UK: /ˈmæn.ɪ.dʒəʳ/ US: /-dʒə/ n [C] **1** ⇒director,-a ⇒jefe,fa **2** ⇒entrenador,-a **3** ⇒encargado,da [de una tienda]

mandate /ˈmæn.deɪt/ n [C] ⇒mandato ∎ CONSTR. mandate + to do sth

mane /meɪn/ n [C] **1** ⇒crin **2** ⇒melena

maneuver UK: /məˈnuː.vəʳ/ US: /-və/ US (UK manoeuvre) ∎ v [T, I] **1** ⇒maniobrar ∎ v [T] **2** ⇒manipular

mango UK: /ˈmæŋ.ɡəʊ/ US: /-ɡoʊ/ [pl mangoes, mangos] n [C, U] ⇒mango: Are the mangoes ripe? - ¿Están maduros los mangos?

manhood /ˈmæn.hʊd/ n [U] **1** ⇒edad viril **2** ⇒virilidad

mania /ˈmeɪ.ni.ə/ n [C, U] ⇒manía ⇒obsesión

maniac /ˈmeɪ.ni.æk/ n [C] (inform) ⇒maníaco,ca

manic /ˈmæn.ɪk/ adj ⇒frenético,ca

manifest /ˈmæn.ɪ.fest/ v [T] (form) ⇒mostrar ⇒manifestar

manifesto UK: /ˌmæn.ɪˈfes.təʊ/ US: /-toʊ/ [pl manifestoes, manifestos] n [C] (documento) ⇒manifiesto ⇒declaración

manipulate /məˈnɪp.ju.leɪt/ [manipulated, manipulating] v [T] ⇒manipular ⇒manejar

mankind /mænˈkaɪnd/ n [U] ⇒humanidad ⇒ser humano

manly /ˈmæn.li/ adj [comp manlier, superl manliest] ⇒viril ⇒varonil

man-made /ˌmænˈmeɪd/ adj ⇒artificial: a man-made lake - un lago artificial

manned adj **1** (un barco) ⇒tripulado,da **2** The phones are manned during office hours - Las líneas telefónicas están operativas durante el horario laboral

↑ **manner** UK: /ˈmæn.əʳ/ US: /-ə/ n [U, NO PL] **1** ⇒manera ⇒forma **2** ⇒modo de comportarse ⇒actitud

mannerism UK: /ˈmæn.ªr.ɪ.z²m/ US: /-ə-/ ∎ n [C] **1** ⇒gesto [característico de una persona] ∎ n [U] **2** (estilo de arquitectura) ⇒manierismo

↑ **manners** UK: /ˈmæn.əz/ US: /-əz/ n [PL] **1** ⇒modales: to have good manners - tener buenos modales **2** That's bad manners - Eso es una falta de educación

manoeuvre¹ UK: /məˈnuː.vəʳ/ US: /-və/ UK (US maneuver) n [C] ⇒maniobra: on manoeuvres - de maniobras ∎ Se usa más en plural

manoeuvre² UK: /məˈnuː.vəʳ/ US: /-və/ UK (US maneuver) ∎ v [T, I] **1** ⇒maniobrar ∎ v [T] **2** ⇒manipular **3** to manoeuvre sb into doing sth - conseguir que alguien haga algo

manor UK: /ˈmæn.əʳ/ US: /-ə/ UK n [C] (inform) (en el trabajo) ⇒área [de una persona] ⇒territorio

manpower UK: /ˈmæn.paʊəʳ/ US: /-paʊr/ n [U] **1** ⇒mano de obra ⇒personal **2** ⇒recursos humanos

↑ **mansion** /ˈmæn.tʃªn/ n [C] ⇒mansión ⇒casa solariega

mantelpiece UK: /ˈmæn.tªl.piːs/ US: /-ˤt̬[ə]l-/ UK n [C] ⇒repisa de la chimenea

manual¹ /ˈmæn.ju.əl/ adj ⇒manual

manual² /ˈmæn.ju.əl/ n [C] (libro) ⇒manual

manufacture¹ UK: /ˌmæn.juˈfæk.tʃəʳ/ US: /-tʃə/ [manufactured, manfacturing] v [T] **1** ⇒fabricar ⇒producir **2** (una excusa, una historia) ⇒inventar

manufacture² UK: /ˌmæn.juˈfæk.tʃəʳ/ US: /-tʃə/ n [U] ⇒fabricación ⇒elaboración

M∎

manure UK: /məˈnjʊəˈ/ US: /-ˈnʊr/ *n* [U] ⇨estiércol

manuscript /ˈmæn.jʊ.skrɪpt/ *n* [C] **1** ⇨manuscrito **2** *(un texto)* ⇨original

†**many** /ˈmen.i/ *adj, pron* [*comp* more, *superl* most] **1** ⇨mucho,cha: *There weren't many people at the concert* - No había mucha gente en el concierto **2** ⇨muchos,chas: *«Were there many tourists in the town?» «No, there weren't many»* - *«¿Había muchos turistas en la ciudad?» «No, no muchos»* **3** as ~ as ⇨tantos como **4** how many...? ⇨¿cuántos...?: *How many children have you got?* - *¿Cuántos hijos tienes?* ■ Ver cuadro interrogative structures **5** ~ a *sth* (*form*) ⇨mucho,cha ■ Se usa con nombres contables. Comparar con *much* ■ Normalmente se usa en oraciones interrogativas o negativas. En oraciones afirmativas se usa *a lot of*

map¹ /mæp/ *n* [C] **1** ⇨mapa **2** ⇨plano: *a street map* - un plano callejero **3** to put *sth/sb* on the ~ ⇨dar a conocer ⇨lanzar a la fama

†**map²** /mæp/ [mapped, mapping] *v* [T] ⇨hacer un mapa: *to map an area* - hacer un mapa de una zona
│ PHRASAL VERBS
│ · to map *sth* out [M] *(un proyecto)* ⇨trazar algo
└ ⇨planear algo

■ M **maple** /ˈmeɪ.pl̩/ *n* [C, U] *(árbol)* ⇨arce

mar UK: /mɑːˈ/ US: /mɑːr/ [marred, marring] *v* [T] *(form)* ⇨estropear ■ Constr. Se usa más en pasiva

Mar [C, U] ⇨forma abreviada de **March** (marzo)

†**marathon** /ˈmær.ə.θˀn/ US: /-θɑːn/ *n* [C] **1** *(en atletismo)* ⇨maratón **2** *(actividad larga e intensa)* ⇨maratón

marble /ˈmɑː.bl̩/ US: /ˈmɑːr-/ ■ *n* [U] **1** ⇨mármol ■ *n* [C] **2** ⇨canica

march¹ *v* [I] **1** *(en el ejército)* ⇨marchar ⇨desfilar **2** ⇨manifestarse
│ PHRASAL VERBS
│ · to march in ⇨entrar resueltamente
│ · to march {over/up} to *sb* ⇨abordar a alguien con resolución
└ · to march past *sb* ⇨desfilar ante alguien

march² [*pl* marches] *n* [C, U] **1** *(militar, en música)* ⇨marcha **2** ⇨manifestación **3** on the ~ *(un grupo de soldados)* ⇨en marcha

†**March** UK: /mɑːtʃ/ US: /mɑːrtʃ/ [*pl* Marches] *n* [C, U] ⇨marzo: *in March* - en marzo; *on March 6th* - el 6 de marzo ■ La forma abreviada es *Mar*

mare UK: /meəˈ/ US: /mer/ *n* [C] ⇨yegua

margarine UK: /ˌmɑː.dʒəˈriːn/ US: /ˈmɑːr.dʒɚ-/ *(UK tb* marge*)* *n* [U] ⇨margarina

marge *UK n* [U] *(inform)* See **margarine**

†**margin** UK: /ˈmɑː.dʒɪn/ US: /ˈmɑːr-/ *n* [C] **1** ⇨margen [de una página]: *to write sth in the margin*

- escribir algo al margen **2** ⇨margen [de tiempo o de dinero]: *He allowed us a margin of an hour* - Nos dejó un margen de una hora; *profit margin* - margen de beneficios

marginal UK: /ˈmɑː.dʒɪ.nəl/ US: /ˈmɑːr-/ *adj* **1** ⇨marginal ⇨mínimo,ma **2** ⇨marginado,da **3** *(en economía)* ⇨marginal

†**marijuana** /ˌmær.əˈwɑː.nə/ *(UK* cannabis*)* *n* [U] *(droga)* ⇨marihuana

marina /məˈriː.nə/ *n* [C] ⇨puerto deportivo

marine¹ /məˈriːn/ *adj* ⇨marino,na ⇨marítimo,ma

marine² /məˈriːn/ *n* [C] **1** *(militar)* ⇨marine **2** the Marines ⇨infantería de marina

mariner UK: /ˈmær.ɪ.nəˈ/ US: /-nə/ *n* [C] ⇨marinero ⇨navegante

marital UK: /ˈmær.ɪ.tˀl/ US: /-ˈt̬[ə]l/ *adj (form)* ⇨marital ⇨conyugal

maritime /ˈmær.ɪ.taɪm/ *adj* **1** *(form)* ⇨marítimo,ma: *a maritime port* - un puerto marítimo **2** *(form)* ⇨costero,ra

†**mark¹** UK: /mɑːk/ US: /mɑːrk/ *n* [C] **1** *UK* *(US* grade*)* ⇨nota ⇨calificación **2** ⇨mancha ⇨marca ⇨señal **3** *(moneda antigua)* ⇨marco **4** On your marks, get set, go! ⇨¡Preparados, listos, ya! **5** to {leave/make} *one's* ~ ⇨dejar la propia marca personal ⇨dejar huella

†**mark²** UK: /mɑːk/ US: /mɑːrk/ *v* [T] **1** *UK* *(US* grade*)* ⇨corregir ⇨puntuar ⇨calificar **2** ⇨marcar ⇨señalar **3** to ~ time **1** ⇨hacer tiempo **2** *(un soldado)* ⇨marcar el paso
│ PHRASAL VERBS
│ · to mark *sth* down [M] *(un precio o una calificación)* ⇨bajar
└ · to mark *sth* up [M] *(un precio)* ⇨subir

marked UK: /mɑːkt/ US: /mɑːrkt/ *adj* **1** ⇨acusado,da ⇨pronunciado,da **2** ⇨marcado,da ⇨señalado,da

marker UK: /ˈmɑː.kəˈ/ US: /ˈmɑːr.kə/ *n* [C] **1** *(en deportes)* ⇨marcador **2** ⇨indicador **3** ⇨rotulador ⇨plumón *AMÉR.* **4** ⇨señal

†**market¹** UK: /ˈmɑː.kɪt/ US: /ˈmɑːr-/ *n* [C] **1** ⇨mercado **2** *street market* - mercadillo **3** *(en economía)* ⇨mercado ⇨demanda **4** *US* ⇨supermercado **5** on the ~ ⇨en venta: *That house is on the market* - Esa casa está en venta **6** to be in the ~ for *sth* ⇨estar interesado,da en comprar algo

market² UK: /ˈmɑː.kɪt/ US: /ˈmɑːr-/ *v* [T] ⇨comercializar ⇨promocionar

marketing UK: /ˈmɑː.kɪ.tɪŋ/ US: /ˈmɑːr.kɪ.ˈt̬ɪŋ/ *n* [U] ⇨marketing ⇨mercadotecnia

marketplace UK: /ˈmɑː.kɪt.pleɪs/ US: /ˈmɑːr-/ *n* [C] **1** ⇨plaza del mercado ⇨lugar del mercado **2** the ~ ⇨el mercado ⇨el comercio

market research *n* [U] ⇨estudio de mercado

marking UK: /'mɑː.kɪŋ/ US: /'mɑːr-/ *n* [C] **1** ⇒marca **2** ⇒mancha [de un animal] ■ Se usa más en plural **3** ⇒corrección [de trabajos escolares] ⇒calificación [de trabajos escolares]

marmalade UK: /'mɑː.mə.leɪd/ US: /'mɑːr-/ *n* [U] ⇒mermelada [de cítricos]: *orange marmalade* - mermelada de naranja

maroon¹ /mə'ruːn/ *adj, n* [C, U] ⇒granate

maroon² /mə'ruːn/ *v* [T] ⇒dejar aislado,da ⇒quedar aislado,da ■ Constr. Se usa más en pasiva

marquee UK: /mɑː'kiː/ US: /mɑːr-/ *n* [C] **1** *UK* ⇒carpa ⇒toldo **2** *US* ⇒marquesina

marriage UK: /'mær.ɪdʒ/ US: /'mer-/ *n* [C, U] **1** ⇒matrimonio: *marriage of convenience* - matrimonio de conveniencia **2** ⇒boda **3** *proposal of ~ (tb proposal)* ⇒propuesta de matrimonio ■ Pron. La última *a* no se pronuncia

married UK: /'mær.id/ US: /'mer-/ *adj* **1** ⇒casado,da: *a married couple* - un matrimonio; *just married* - recién casados **2** *to get ~* ⇒casarse: *They are getting married on Sunday* - Se casan este domingo

marrow UK: /'mær.əʊ/ US: /-oʊ/ ■ *n* [C, U] **1** *UK (US squash)* ⇒calabaza alargada **2** ⇒calabacín ■ *n* [U] **3** ⇒médula ⇒tuétano

marry UK: /'mær.i/ US: /'mer-/ [marries, married] *v* [T, I] **1** ⇒casar(se): *I'm going to marry him* - Voy a casarme con él **2** ⇒aunar

Mars UK: /mɑːz/ US: /mɑːrz/ *n* [NO PL] *(planeta)* ⇒Marte

marsh UK: /mɑːʃ/ US: /mɑːrʃ/ [pl marshes] *n* [C, U] ⇒ciénaga ⇒pantano

marshal¹ UK: /'mɑː.ʃ°l/ US: /'mɑːr-/ [marshalled, marshalling; marshaled, marshaling] *v* [T] **1** *(un grupo)* ⇒organizar ⇒ordenar **2** *(pruebas, ideas)* ⇒ordenar ⇒presentar

marshal² UK: /'mɑː.ʃ°l/ US: /'mɑːr-/ *n* [C] **1** *(en un acto público)* ⇒miembro del servicio de seguridad **2** ⇒en EE. UU., jefe,fa de policía **3** ⇒en EE. UU., jefe,fa de bomberos **4** ⇒mariscal [del ejército]

martial UK: /'mɑː.ʃ°l/ US: /'mɑːr-/ *adj (form)* ⇒marcial ⇒militar

Martian *n* [C] ⇒marciano,na

martyr UK: /'mɑː.tə/ US: /'mɑːr.ˤtə/ *n* [C] ⇒mártir

marvel¹ UK: /'mɑː.v°l/ US: /'mɑːr-/ *n* [C] ⇒maravilla ⇒prodigio

marvel² UK: /'mɑː.v°l/ US: /'mɑːr-/ [marvelled, marvelling; *US* marveled, marveling] *v* [I] ⇒maravillarse ■ Constr. 1. to marvel + that 2. Se usa frecuentemente seguido de at o about

marvellous UK: /'mɑː.v°l.əs/ US: /'mɑːr-/ *UK adj* ⇒maravilloso,sa ⇒estupendo,da

mascara /mæs'kɑː.rə/ US: /-'kær.ə/ *n* [C, U] ⇒rímel® ■ Distinto de *mask* (máscara)

mascot UK: /'mæs.kɒt/ US: /-kɑːt/ *n* [C] **1** ⇒amuleto ⇒talismán **2** *(animal)* ⇒mascota

↑ **masculine** /'mæs.kjʊ.lɪn/ *adj (una cualidad)* ⇒masculino,na

mash /mæʃ/ [mashes] *v* [T] **1** ⇒hacer puré: *Can you mash the potatoes, please?* - ¿Puedes hacer puré las patatas? **2** ⇒machacar ⇒triturar

mask¹ UK: /mɑːsk/ US: /mæsk/ *n* [C] **1** ⇒máscara ⇒careta **2** ⇒antifaz **3** *(en medicina)* ⇒mascarilla

mask² UK: /mɑːsk/ US: /mæsk/ *v* [T] ⇒enmascarar ⇒encubrir

masochism /'mæs.ə.kɪ.z°m/ *n* [U] ⇒masoquismo

mason *n* [C] **1** ⇒cantero **2** *US* ⇒albañil,-a

masonry *n* [U] **1** ⇒mampostería **2** ⇒masonería

masquerade¹ UK: /ˌmæs.k°r'eɪd/ US: /-kə'reɪd/ *n* [C, U] **1** ⇒mascarada ⇒farsa **2** ⇒baile de máscaras

masquerade² UK: /ˌmæs.k°r'eɪd/ US: /-kə'reɪd/

PHRASAL VERBS
· **to masquerade as** *sth/sb* ⇒disfrazarse ⇒hacerse pasar por

mass¹ /mæs/ ■ *n* [C] **1** *(sólido)* ⇒masa ⇒mezcla ■ El plural es *masses* ■ *n* [U] **2** *(en física)* ⇒masa **3** *a ~ of sth* ⇒un montón de algo *col.: a mass of flowers* - un montón de flores **4** *masses of sth (inform)* ⇒una pila de algo *col.;* ⇒una montaña de algo *col.;* ⇒gran cantidad de algo **5** *the great ~ of sth* ⇒la inmensa mayoría de algo **6** *the masses* ⇒las masas ⇒la gente **7** *to be a ~ of sth* ⇒estar cubierto,ta de algo ⇒estar lleno,na de algo

mass² /mæs/ *adj* ⇒masivo,va ⇒de masas

mass³ /mæs/ *v* [T, I] *(form)* ⇒juntar(se) ⇒reunir(se)

↑ **Mass** *n* [U] *(en el cristianismo)* ⇒misa

massacre¹ UK: /'mæs.ə.kə/ US: /-kə/ *n* [C] ⇒masacre ⇒matanza

massacre² UK: /'mæs.ə.kə/ US: /-kə/ [massacred, massacring] *v* [T] ⇒masacrar

massage¹ UK: /'mæs.ɑːdʒ/ US: /mə'sɑːdʒ/ *n* [C, U] ⇒masaje: *to give sb a massage* - dar un masaje a alguien

massage² UK: /'mæs.ɑːdʒ/ US: /mə'sɑːdʒ/ [massaged, massaging] *v* [T] **1** ⇒dar un masaje **2** *(cifras, datos)* ⇒maquillar

↑ **massive** /'mæs.ɪv/ *adj* **1** ⇒monumental ⇒enorme **2** ⇒multitudinario,ria **3** ⇒sólido,da

mass-produce UK: /ˌmæs.prə'djuːs/ US: /-'duːs/ [mass-produced, mass-producing] *v* [T] ⇒producir en serie

mast UK: /mɑːst/ US: /mæst/ *n* [C] **1** *(en una embarcación)* ⇒mástil **2** ⇒torre [de televisión o de radio] **3** *(de una bandera)* ⇒palo ⇒asta

master¹ UK: /'mɑː.stə/ US: /'mæs.tə/ *n* [C] **1** *(old-fash)* ⇒maestro ⇒profesor **2** ⇒dueño ⇒propietario **3**

M ■

⇒maestro,tra ⇒experto,ta **4** ⇒amo ⇒señor **5** ⇒original [de una grabación o de un texto] **6** **Master's (degree)** ⇒máster: *to study a Master's degree* - estudiar un máster

master² UK: /'mɑː.stə'/ US: /'mæs.tə/ *v* [T] ⇒dominar ⇒controlar

master³ UK: /'mɑː.stə/ US: /'mæs.tə/ *adj* ⇒altamente cualificado,da [en un oficio]

masterful UK: /'mɑː.stə.fᵊl/ US: /'mæs.tə-/ *adj* **1** ⇒con capacidad de mando ■ Se emplea únicamente con hombres **2** ⇒imperioso,sa **3** ⇒con maestría ⇒magistral

mastermind¹ UK: /'mɑː.stə.maɪnd/ US: /'mæs.tə-/ *n* [C] ⇒cerebro: *He was the mastermind of the robbery* - Él fue el cerebro del robo

mastermind² UK: /'mɑː.stə.maɪnd/ US: /'mæs.tə-/ *v* [T] ⇒planear ⇒dirigir

masterpiece UK: /'mɑː.stə.piːs/ US: /'mæs.tə-/ *n* [C] ⇒obra maestra: *It's his masterpiece* - Es su obra maestra

mastery UK: /'mɑː.stᵊr.i/ US: /'mæs.tə-/ *n* [U] ⇒dominio ⇒perfecto conocimiento **2** ⇒superioridad: *mastery over sth* - superioridad sobre algo **3** ⇒maestría

masturbate UK: /'mæs.tə.beɪt/ US: /-tə-/ [masturbated, masturbating] *v* [I] ⇒masturbar(se)

= M ↑ **mat** /mæt/ *n* [C] **1** ⇒felpudo ⇒estera ⇒tapete *AMÉR.* **2** ⇒mantel individual ⇒salvamanteles **3** ⇒colchoneta

↑ **match¹** /mætʃ/ [*pl* matches] ■ *n* [C] **1** ⇒partido ⇒encuentro [deportivo] ■ El plural es *matches* **2** ⇒forma abreviada de **matchstick** (cerilla) ■ El plural es *matches* ■ *n* [NO PL] **3** ⇒complemento **4 to be no ~ for** *sth/sb* ⇒no estar a la altura de **5 to {find/meet} one's ~** ⇒encontrar la horma del zapato *col.*

↑ **match²** /mætʃ/ ■ *v* [T, I] **1** ⇒combinar [con algo] ⇒pegar [con algo] ■ *v* [T] **2** ⇒igualar: *to match an offer* - igualar una oferta **3** ⇒coincidir

PHRASAL VERBS
· **to match up** *(unos datos)* ⇒equipararse ⇒coincidir
· **to match** *sth/sb* **up** [M] ⇒hacer coincidir
· **to match up {to/with}** *sth* UK ⇒estar a la altura de algo

matchbox UK: /'mætʃ.bɒks/ US: /-bɑːks/ [*pl* matchboxes] *n* [C] ⇒caja de cerillas

matching /'mætʃ.ɪŋ/ *adj* ⇒a juego: *a blue suit with matching blue tie* - un traje azul con una corbata a juego

mate¹ /meɪt/ *n* [C] **1** UK *(inform)* ⇒amigo,ga ⇒compañero,ra ⇒colega *col.;* ⇒cuate,ta *AMÉR. col.* **2** *(un animal)* ⇒pareja **3** ⇒ayudante **4** *(en navegación)* ⇒segundo,da de a bordo

mate² /meɪt/ [mated, mating] ■ *v* [T] **1** ⇒dar jaque mate ■ *v* [I] **2** ⇒aparear(se)

↑ **material** UK: /mə'tɪə.ri.əl/ US: /-'tɪr.i-/ ■ *n* [C, U] **1** ⇒material: *What materials do you need?* - ¿Qué materiales necesitas? **2** ⇒materia: *raw materials* - materias primas **3** *(en sastrería y tapicería)* ⇒tela ■ *n* [U] **4** ⇒información

materialize UK: /mə'tɪə.ri.ə.laɪz/ US: /-'tɪr.i-/ [materialized, materializing] *v* [I] **1** ⇒materializar **2** ⇒hacer(se) realidad

maternal UK: /mə'tɜː.nᵊl/ US: /-'tɜː-/ *adj* **1** ⇒maternal: *maternal instinct* - instinto maternal **2** ⇒materno,na ⇒de madre

maternity UK: /mə'tɜː.nə.ti/ US: /-'tɜː.nə.ˤți/ *n* [U] *(estado o situación)* ⇒maternidad

math US *(UK* maths*)* *n* [U] ⇒forma abreviada de **mathematics** (matemáticas)

mathematical UK: /ˌmæθ'mæt.ɪ.kᵊl/ US: /-'mæˤț-/ *adj* ⇒matemático,ca: *a mathematical formula* - una fórmula matemática

↑ **mathematics** UK: /ˌmæθ'mæt.ɪks/ US: /-'mæˤț-/ *n* [U] *(form)* ⇒matemáticas ■ La forma abreviada es *maths*

maths UK *(US* math*)* *n* [U] *(inform)* ⇒forma abreviada de **mathematics** (matemáticas)

matrimony /'mæt.rɪ.mə.ni/ *n* [U] *(form) (estado)* ⇒matrimonio

matrix /'meɪ.trɪks/ [*pl* matrices, matrixes] *n* [C] **1** ⇒matriz ⇒modelo **2** *(en matemáticas)* ⇒matriz **3** *(en geología)* ⇒matriz

matt /mæt/ UK *adj* *(una superficie, una pintura)* ⇒mate

↑ **matter¹** UK: /'mæt.ə/ US: /'mæˤț.ə/ ■ *n* [C] **1** ⇒tema ⇒asunto ⇒cuestión ■ *n* [U] **2** *(en física)* ⇒materia **3** ⇒sustancia **4 a ~ of {hours/minutes/time}** ⇒cuestión de {horas/minutos/tiempo} **5 a ~ of life and death** ⇒una cuestión de vida o muerte **6 as a ~ of fact** *(inform)* ⇒en realidad ⇒de hecho **7 no ~** ⇒no importa **8 what's the matter?** ⇒¿qué pasa? ⇒¿cuál es el problema?

↑ **matter²** UK: /'mæt.ə/ US: /'mæˤț.ə/ *v* [I] ⇒importar: *It doesn't matter that they're not here* - No importa que no estén aquí ■ CONSTR. 1. to matter + that 2. to matter + interrogativa indirecta

matter-of-fact UK:/ˌmæt.ə.rəv'fækt/US:/ˌmæˤț.ə.əv-/ *adj* **1** ⇒impasible ⇒impertérrito,ta **2** *(un estilo)* ⇒prosaico

mattress /'mæt.rəs/ [*pl* mattresses] *n* [C] ⇒colchón

↑ **mature** UK: /mə'tjʊə/ US: /-tjʊr/ *adj* **1** *(mentalmente, emocionalmente)* ⇒maduro,ra **2** *(física mente)* ⇒adulto,ta **3** *(una comida, una bebida)* ⇒añejo,ja ⇒curado,da

maturity UK: /mə'tjʊə.rɪ.ti/ US: /-'tʊr.ə.ˤți/ *n* [U] ⇒madurez

maul UK: /mɔːl/ US: /mɑːl/ v [T] **1** ⇒atacar salvajemente: *He was mauled by a lion* - Fue atacado salvajemente por un león **2** ⇒criticar duramente ■ Constr. Se usa más en pasiva

Mauritania UK: /ˌmɒr.ɪˈteɪ.ni.ə/ US: /ˌmɔːr.ɪ-/ n [c] ⇒Mauritania

Mauritanian UK: /ˌmɒr.ɪˈteɪ.ni.ən/ US: /ˌmɔːr.ɪ-/ adj, n [c] ⇒mauritano,na

maverick UK: /ˈmæv.ˀr.ɪk/ US: /-ɚ-/ adj **1** ⇒inconformista **2** *(en política)* ⇒disidente

maxim /ˈmæk.sɪm/ n [c] ⇒máxima ⇒aforismo

maximize /ˈmæk.sɪ.maɪz/ [maximized, maximizing] v [T] ⇒maximizar ⇒aumentar

maximum /ˈmæk.sɪ.məm/ n [c] ⇒máximo,ma: *at the maximum* - como máximo

may /meɪ/ v [MODAL] **1** *(incertidumbre)* ⇒poder que ⇒ser posible que **2** *(form) (permiso)* ⇒poder ■ Se usa también la forma can, pero es menos cortés **3** *(form) (deseo, esperanza)* ⇒ojalá que **4** be that as it ~ ⇒sea como fuere ■ Constr. may + do sth ■ Ver cuadro modal verbs

May n [c, u] ⇒mayo: *in May* - en mayo; *on May 5th* - el 5 de mayo

maybe /ˈmeɪ.bi, ˌ-ˈ-/ adv ⇒quizá ⇒a lo mejor ⇒tal vez

mayhem /ˈmeɪ.hem/ n [u] ⇒caos ⇒descontrol ⇒alboroto

mayonnaise /ˌmeɪ.əˈneɪz, ˈ---/ n [u] ⇒mayonesa

mayor UK: /meəˀ/ US: /mer/ n [c] ⇒alcalde ⇒intendente AMÉR. ■ Distinto de older y grown-up (mayor)

maypole UK: /ˈmeɪ.pəʊl/ US: /-poʊl/ n [c] ⇒palo que se lleva en las fiestas de mayo

maze /meɪz/ n [c] ⇒laberinto: *to find your way out of the maze* - conseguir salir del laberinto

MAZE

MBA /ˌem.biːˈeɪ/ n [c] ⇒forma abreviada de **Master of Business Administration** (máster en Dirección de Empresas)

me¹ /miː, mɪ/ pron **1** ⇒me ⇒a mí **2** ⇒yo ■ Se usa detrás del verbo *to be* ■ Ver cuadro personal pronouns

me² /miː/ *(tb* **mi)** n [u, NO PL] *(nota musical)* ⇒mi

meadow UK: /ˈmed.əʊ/ US: /-oʊ/ n [c] ⇒prado ⇒pradera

meagre UK: /ˈmiː.gəˀ/ US: /-gɚ/ UK adj ⇒escaso,sa ⇒pobre

meal /mɪəl/ n [c] **1** *(en horas fijas)* ⇒comida **2** to make a ~ of sth UK *(inform)* ⇒hacer un mundo de algo col.

mean¹, meant, meant /miːn/ v [T] **1** ⇒significar ⇒querer decir ■ Constr. to mean + that **2** ⇒decir en serio **3** ⇒suponer(se) ■ Constr. Se usa más en pasiva **4** ⇒tener intención ■ Constr. to mean + to do sth **5** I ~ *(inform)* ⇒quiero decir ■ Se usa mucho como coletilla **6** to be meant for each other ⇒estar hechos el uno para el otro **7** to ~ business ⇒ir en serio **8** to ~ well ⇒tener buenas intenciones

mean² /miːn/ UK adj **1** ⇒tacaño,ña ⇒mezquino,na **2** *(en matemáticas)* ⇒media

meander UK: /miˈæn.dəˀ/ US: /-dɚ/ v [I] **1** *(un río, un camino)* ⇒serpentear **2** *(una persona)* ⇒deambular

meaning /ˈmiː.nɪŋ/ ■ n [c, u] **1** ⇒significado ■ n [u] **2** *(de una actividad o de una acción)* ⇒sentido

meaningful /ˈmiː.nɪŋ.fˀl/ adj ⇒significativo,va ⇒importante

means /miːnz/ n [PL] **1** ⇒medio ⇒manera ⇒forma **2** ⇒medios *[económicos]* **3** *private means* - rentas **4** a ~ to an end ⇒un medio para conseguir un fin **5** by all ~ *(inform)* ⇒por supuesto

meant past tense and past participle of **mean**

meantime /ˈmiːn.taɪm/ in the ~ ⇒entretanto ⇒mientras tanto

meanwhile /ˈmiːn.waɪl/ adv ⇒entretanto ⇒mientras tanto

measles /ˈmiː.zlz/ n [u] ⇒sarampión: *to get the measles* - contraer el sarampión

measurable UK: /ˈmeʒ.ˀr.ə.bl̩/ US: /-ɚ-/ adj ⇒mensurable

measure¹ UK: /ˈmeʒ.əˀ/ US: /-ɚ/ [measured, measuring] v [T] **1** ⇒medir: *We'll have to measure that table* - Tendremos que medir esta mesa **2** *(la calidad, el efecto, el valor)* ⇒evaluar
  PHRASAL VERBS
  · to measure up (to *sth/sb*) ⇒estar a la altura
  └ de alguien

measure² UK: /ˈmeʒ.əˀ/ US: /-ɚ/ n [c, u] **1** ⇒medida ⇒tamaño **2** *a suit made to measure* - un traje hecho a medida **3** ⇒medida *[de actuación]* ■ Constr. measures + to do sth ■ Se usa más en plural **4** *US (en música)* ⇒compás **5** a ~ of *sth* ⇒un signo de algo

measured UK: /'meʒ.əd/ US: /-əd/ *adj* 1 ⇒comedido,da 2 ⇒deliberado,da

measurement UK: /'meʒ.ə.mənt/ US: /-ə-/ ∎ *n* [c, u] 1 ⇒medida: *to take sb's measurements* - tomarle las medidas a alguien ∎ *n* [u] 2 ⇒medición

† **meat** /miːt/ *n* [u] ⇒carne: *raw meat* - carne cruda

† **mechanic** /mə'kæn.ɪk/ *n* [c] *(de vehículos)* ⇒mecánico,ca

† **mechanical** /mə'kæn.ɪ.kəl/ *adj* ⇒mecánico,ca: *a mechanical failure* - un fallo mecánico

mechanics /mə'kæn.ɪks/ *n* [u] ⇒mecánica

mechanism /'mek.ə.nɪ.zəm/ *n* [c] ⇒mecanismo

† **medal** /'med.əl/ *n* [c] ⇒medalla: *a gold medal* - una medalla de oro

meddle /'med.l/ [meddled, meddling] *v* [i] 1 ⇒entrometerse: *He's always meddling in my business* - Siempre se entromete en mis asuntos ∎ Constr. to meddle in/with sth 2 to ~ with sth 1 ⇒juguetear con algo ⇒manosear algo 2

media /'miː.di.ə/ *n* [u] ⇒medios de comunicación ∎ Por ser un nombre colectivo se puede usar con el verbo en singular o en plural: *The media is/are often criticised* - Los medios de comunicación son frecuentemente criticados

medic /'med.ɪk/ *n* [c] 1 *(inform)* ⇒médico,ca 2 *(inform)* ⇒estudiante de medicina

≡ M † **medical**[1] /'med.ɪ.kəl/ *adj* ⇒médico,ca: *He has to receive medical treatment* - Tiene que recibir tratamiento médico

medical[2] /'med.ɪ.kəl/ *UK* (*US* physical) *n* [c] ⇒revisión médica: *to have a medical* - someterse a una revisión médica

medication /ˌmed.ɪ'keɪ.ʃən/ *n* [c, u] ⇒medicación ⇒tratamiento

medicinal /mə'dɪs.ɪ.nəl/ *adj* ⇒medicinal

† **medicine** /'med.ɪ.sən/ ∎ *n* [u] 1 *(ciencia)* ⇒medicina ∎ *n* [c, u] 2 ⇒medicina ⇒medicamento

† **medieval** /ˌmed.i'iː.vəl/ *adj* ⇒medieval: *a medieval castle* - un castillo medieval

mediocre UK: /ˌmiː.di'əʊ.kər/ US: /-'oʊ.kə/ *adj* ⇒mediocre: *a mediocre performance* - una actuación mediocre

meditate /'med.ɪ.teɪt/ [meditated, meditating] *v* [i] *(form)* ⇒meditar

Mediterranean /ˌmed.ɪ.tə'reɪ.ni.ən/ *adj* ⇒mediterráneo,a: *a Mediterranean climate* - un clima mediterráneo

† **medium** /'miː.di.əm/ *adj* 1 *(una talla, un grado, una altura)* ⇒medio,dia 2 *Do you have this T-shirt in medium?* - ¿Tiene esta camiseta en la talla mediana? 3 *(la carne)* ⇒no muy hecho,cha ⇒en su punto

medley /'med.li/ *n* [c] *(en música)* ⇒popurrí

meek /miːk/ *adj* ⇒manso,sa ⇒dócil

† **meet,** met, met /miːt/ *v* [t, i] 1 ⇒reunirse ⇒quedar 2 *Let's meet on Friday* - Nos vemos el viernes 3 ⇒conocer [por primera vez] ⇒relacionarse con 4 ⇒encontrar(se) [por casualidad] 5 ⇒juntarse 6 to ~ sb's eye ⇒mirar a alguien a los ojos

|PHRASAL VERBS
· to meet up (with sb) ⇒verse ⇒quedar con alguien
L guien

meeting UK: /'miː.tɪŋ/ US: /- t̬ɪŋ/ *n* [c] 1 ⇒reunión ⇒encuentro 2 *UK (en deportes)* ⇒encuentro ⇒competición ⇒evento ∎ Se usa para encuentros y citas deportivas o de trabajo. Comparar con *appointment* y *date*

megaphone UK: /'meg.ə.fəʊn/ US: /-foʊn/ *n* [c] ⇒megáfono

melancholic UK: /ˌmel.əŋ'kɒl.ɪk/ US: /-'kɑː.lɪk/ *adj (form)* ⇒melancólico,ca

melancholy UK: /'mel.əŋ.kɒl.i/ US: /-kɑː.li/ *n* [u] *(form)* ⇒melancolía

melee /'mel.eɪ/ *n* [c] *(lit)* ⇒bullicio ⇒tumulto

mellow[1] UK: /'mel.əʊ/ US: /-oʊ/ *adj* 1 ⇒suave *(una luz)* ⇒suave ⇒tenue 3 *(un sonido)* ⇒dulce ⇒cálido 4 *(una fruta)* ⇒maduro,ra 5 *(un vino)* ⇒añejo

mellow[2] UK: /'mel.əʊ/ US: /-oʊ/ *v* [t, i] ⇒dulcificar(se) ⇒ablandar(se) ⇒humanizar(se)

melodic UK: /mə'lɒd.ɪk/ US: /-'lɑː.dɪk/ *adj* ⇒melódico,ca

melodious UK: /mə'ləʊ.di.əs/ US: /-'loʊ-/ *adj (form)* ⇒melodioso,sa

melodrama UK: /'mel.ə.drɑː.mə/ US: /-dræm.ə/ *n* [c, u] ⇒melodrama

melody /'mel.ə.di/ *[pl* melodies] *n* [c] ⇒melodía: *to hum a melody* - tararear una melodía

melon /'mel.ən/ *n* [c, u] ⇒melón: *a slice of melon* - una rodaja de melón

† **melt** /melt/ *v* [t, i] ⇒fundir(se) ⇒derretir(se) ⇒deshacer(se)

|PHRASAL VERBS
· to melt away ⇒desaparecer ⇒dispersar(se)
L · to melt sth down [M] ⇒fundir algo

melting pot *n* [c] ⇒crisol: *That country is a melting pot of cultures* - Ese país es un crisol de culturas

† **member** UK: /'mem.bər/ US: /-bə/ *n* [c] 1 ⇒miembro ⇒socio,cia 2 *(en anatomía)* ⇒miembro

membership UK: /'mem.bə.ʃɪp/ US: /-bə-/ *n* [u] 1 ⇒afiliación ⇒pertenencia ∎ Se puede usar con el verbo en singular o en plural 2 ⇒socios ⇒miembros

membrane /'mem.breɪn/ *n* [c, u] 1 *(lámina)* ⇒membrana 2 *(en biología)* ⇒membrana

memento UK: /mə'men.təʊ/ US: /-toʊ/ *[pl* mementoes, mementos] *n* [c] ⇒recuerdo ⇒souvenir

message

memo UK: /ˈmem.əʊ/ US: /-oʊ/ n [C] ⇒forma abreviada de **memorandum** (memorándum)

memorabilia /ˌmem.ᵊr.əˈbɪl.i.ə/ n [PL] ⇒recuerdos [de personajes famosos] ⇒objetos de coleccionista

memorable /ˈmem.ᵊr.ə.bl/ adj ⇒inolvidable ⇒memorable

memorandum /ˌmem.əˈræn.dəm/ [pl memoranda, memorandums] n [C] (form) ⇒memorando ⇒memorándum ■ La forma abreviada es memo

memorial UK: /məˈmɔː.ri.əl/ US: /-ˈmɔːr.i-/ n [C] ⇒monumento conmemorativo ■ Distinto de memory (memoria)

memorise [memorised, memorising] UK v [T] See **memorize**

memorize /ˈmem.ə.raɪz/ [memorized, memorizing] (UK tb memorise) v [T] ⇒memorizar

memory UK: /ˈmem.ᵊr.i/ US: /-ᵊ-/ [pl memories] ■ n [C, U] **1** ⇒memoria ■ n [C] **2** ⇒recuerdo **3** in ~ of sb ⇒en memoria de alguien

men /men/ n [PL] See **man**

menace /ˈmen.ɪs/ ■ n [U] **1** (form) ⇒amenaza ■ n [C] **2** (form) ⇒peligro **3** (un niño) ⇒bestia ⇒diablo

mend /mend/ ■ v [T] **1** ⇒reparar ⇒arreglar ■ v [I] **2** ⇒mejorar

mending /ˈmen.dɪŋ/ n [U] ⇒ropa para arreglar

meningitis UK: /ˌmen.ɪnˈdʒaɪ.tɪs/ US: /-ˈdʒɪs/ n [U] (en medicina) ⇒meningitis

menopause /ˈmen.ə.pɔːz/ US: /-pɑːz/ n [U] ⇒menopausia: to go through the menopause - tener la menopausia

menstrual /ˈmen.strəl/ adj ⇒menstrual

mental UK: /ˈmen.t̬ᵊl/ US: /-ᵊt̬[ə]l/ adj **1** ⇒mental: mental arithmetic - cálculos mentales **2** UK (inform) ⇒majareta col.

mentality UK: /menˈtæl.ə.ti/ US: /-ᵊt̬i/ [pl mentalities] n [C] ⇒mentalidad ⇒pensamiento ⇒ideología

mention¹ /ˈmen.tʃ°n/ v [T] **1** ⇒mencionar ■ CONSTR. 1. to mention + (that) 2. to mention + doing sth 3. to mention + interrogativa indirecta **2** don't ~ it ⇒no hay de qué: «Thanks for your help.» «Don't mention it» - «Gracias por tu ayuda.» «No hay de qué» **3** not to ~ sth ⇒por no hablar de algo

mention² /ˈmen.tʃ°n/ n [C, NO PL] ⇒mención ⇒elogio

mentor UK: /ˈmen.tɔː/ US: /-tɔːr/ n [C] (form) ⇒mentor,-a

menu /ˈmen.juː/ n [C] **1** (en un restaurante) ⇒carta **2** What's on the menu? - ¿Qué hay de menú? **3** (en informática) ⇒menú

mercenary UK: /ˈmɜː.sᵊn.ri/ US: /ˈmɜː-/ [pl mercenaries] adj, n [C] ⇒mercenario,ria

merchandise UK: /ˈmɜː.tʃ°n.daɪs/ US: /ˈmɜː-/ n [U] (form) ⇒mercancía

merchant UK: /ˈmɜː.tʃ°nt/ US: /ˈmɜː-/ n [C] (form) ⇒comerciante

merciless UK: /ˈmɜː.sɪ.ləs/ US: /ˈmɜː-/ adj ⇒despiadado,da ⇒cruel

mercury UK: /ˈmɜː.kju.ri/ US: /ˈmɜː-/ n [U] **1** (en química) ⇒mercurio **2** the ~ (inform, old-fash) ⇒temperatura

Mercury n [NO PL] (planeta) ⇒Mercurio

†**mercy** UK: /ˈmɜː.si/ US: /ˈmɜː-/ n [U] **1** ⇒piedad ⇒misericordia ⇒clemencia **2** to be at the ~ of sth/sb ⇒estar a merced de

†**mere** UK: /mɪə/ US: /mɪr/ adj ⇒mero,ra ⇒simple

merely UK: /ˈmɪə.li/ US: /ˈmɪr-/ adv ⇒solamente ⇒simplemente

†**merge** UK: /mɜːdʒ/ US: /mɜːdʒ/ [merged, merging] v [T, I] ⇒fusionar(se): The two companies will eventually merge - Las dos empresas se fusionarán finalmente

meringue /məˈræŋ/ n [C, U] ⇒merengue

merit¹ /ˈmer.ɪt/ n [C, U] (form) ⇒mérito: to judge sth on its merits - juzgar algo por sus méritos

merit² /ˈmer.ɪt/ v [T] (form) ⇒merecer ⇒ser digno,na de

mermaid UK: /ˈmɜː.meɪd/ US: /ˈmɜː-/ n [C] (en la mitología) ⇒sirena

merry /ˈmer.i/ adj [comp merrier, superl merriest] **1** (old-fash) ⇒alegre **2** (inform) ⇒alegre ⇒piripi col. **3** Merry Christmas! ⇒¡Feliz Navidad!

mesh /meʃ/ [pl meshes] n [C, U] ⇒malla ⇒red

mesozoic adj ⇒mesozoico,ca

†**mess¹** /mes/ [pl messes] n [C, U] **1** (en un lugar) ⇒desorden ⇒caos ⇒entrevero AMÉR. col. **2** (en una situación) ⇒enredo ⇒lío **3** ⇒desastre: His life is a mess - Su vida es un desastre **4** ⇒porquería **5** to make a ~ of sth **1** ⇒arruinar algo ⇒echar a perder algo **2** ⇒desordenar algo

†**mess²** /mes/

PHRASAL VERBS

· to mess {about/around} **1** (inform) ⇒hacer el tonto col. **2** ⇒perder el tiempo ⇒pasar el rato

· to mess sb {about/around} UK (inform) ⇒machacar a alguien col.

· to mess {about/around} with sth **1** (inform) ⇒enredar con algo **2** ⇒entretenerse con algo

· to mess sb up (inform) ⇒traumatizar a alguien

· to mess sth up [M] **1** ⇒desordenar algo ⇒desacomodar algo AMÉR. **2** ⇒estropear algo **3** ⇒echar algo a perder ⇒meter la pata col.

· to mess with sth/sb (inform) ⇒meterse con algo o alguien [peligroso]

†**message** /ˈmes.ɪdʒ/ n [C] **1** ⇒mensaje ⇒recado **2** to get the ~ (inform) ⇒captar el mensaje ⇒enterarse ■ PRON. La a se pronuncia como la i en did

M ■

messenger UK: /'mes.ɪn.dʒəʳ/ US: /-dʒɚ/ n [C] ⇒mensajero,ra

Messiah the ~ 1 (en la religión cristiana) ⇒Jesucristo 2 (en el judaísmo) ⇒Mesías

Messrs UK: /'mes.əz/ US: /-ɚz/ n [PL] (form) See **Mister**

messy /'mes.i/ adj [comp messier, superl messiest] 1 ⇒sucio,cia ⇒desordenado,da 2 (una situación) ⇒complicado,da ⇒enrevesado,da ⇒descontrolado,da

met /met/ past tense and past participle forms of **meet**

metabolic UK: /ˌmet.ə'bɒl.ɪk/ US: /ˌmeˤt̬.ə'bɑː.lɪk/ adj ⇒metabólico,ca: metabolic disorder - desorden metabólico; metabolic rate - ciclo metabólico

metabolism /mə'tæb.ªl.ɪ.z°m/ n [C] ⇒metabolismo

† metal UK: /'met.ªl/ US: /'meˤt̬-/ n [C, U] ⇒metal: precious metals - metales preciosos

metaphor UK: /'met.ə.fɔːʳ/ US: /'meˤt̬.ə.fɔːr/ n [C, U] ⇒metáfora

meteor UK: /'miː.ti.ɔːʳ/ US: /-ˤt̬i.ɔːr/ n [C] ⇒meteorito [en la atmósfera]

meteorite UK: /'miː.ti.ªr.aɪt/ US: /-ˤt̬i.ə.raɪt/ n [C] ⇒meteorito [en la superficie de la Tierra]

meter UK: /'miː.təʳ/ US: /-ˤt̬ɚ/ n [C] 1 US See **metre** 2 ⇒contador: gas meter - contador del gas

methane /'miː.θeɪn/ n [U] (en química) ⇒metano

† method /'meθ.əd/ n [C] 1 ⇒método 2 method of payment - forma de pago

Methodist /'meθ.ə.dɪst/ adj, n [C] (en religión) ⇒metodista

† metre UK: /'miː.təʳ/ US: /-ˤt̬ɚ/ UK (US meter) n [C] (medida) ⇒metro ■ La forma abreviada es m

† metric /'met.rɪk/ adj ⇒métrico,ca: metric measurements - medidas métricas

metro UK: /'met.rəʊ/ US: /-roʊ/ n [U] (medio de transporte) ⇒metro ⇒subterráneo AMÉR.

metropolis UK: /mə'trɒp.ªl.ɪs/ US: /-'trɑː.p[ə]l-/ [pl metropolises] n [C] (form) ⇒metrópoli

Mexican /'mek.sɪ.kən/ adj, n [C] ⇒mexicano,na ⇒mejicano,na

Mexico UK: /'mek.sɪ.kəʊ/ US: /-koʊ/ n [U] ⇒México

mi /miː/ (tb me) n [U, NO PL] (nota musical) ⇒mi

mice /maɪs/ n [PL] See **mouse**

mickey /'mɪk.i/ UK to take the ~ (out of sb) (inform) ⇒tomar el pelo (a alguien) col.; ⇒burlarse (de alguien)

microbe /'maɪ.krəʊb/ US: /-kroʊb/ n [C] ⇒microbio

microchip UK: /'maɪ.krəʊ.tʃɪp/ US: /-kroʊ-/ n [C] ⇒microchip

microcomputer UK: /'maɪ.krəʊ.kəmˌpjuː.təʳ/ US: /-kroʊ.kəmˌpjuː.ˤt̬ɚ/ n [C] ⇒microordenador ■ La forma abreviada es micro ■ PRON. mi se pronuncia como my y la u se pronuncia como you

microcosm UK: /'maɪ.krəʊˌkɒz.ªm/ US: /-kroʊˌkɑː.z[ə]m/ n [C, U] ⇒microcosmos

microcredit n [C] ⇒microcrédito

† microphone UK: /'maɪ.krə.fəʊn/ US: /-foʊn/ (tb mike) n [C] ⇒micrófono

microscope UK: /'maɪ.krə.skəʊp/ US: /-skoʊp/ n [C] ⇒microscopio: to look at sth under the microscope - mirar algo por el microscopio

microwave UK: /'maɪ.krəʊ.weɪv/ US: /-kroʊ-/ (tb microwave oven) n [C] ⇒microondas: to heat sth up in the microwave - calentar algo en el microondas

mid-air UK: /ˌmɪd'eəʳ/ US: /ˌmɪd'er/ n [U] 1 ⇒en vuelo 2 in mid-air - en el aire 3 to leave sth in ~ ⇒dejar algo sin resolver

† midday /ˌmɪd'deɪ/ n [U] ⇒mediodía: at midday - a mediodía ■ Ver cuadro partes del día

† middle¹ /'mɪd.l/ ■ n [C, NO PL] 1 ⇒medio ⇒centro 2 (de un período) ⇒mitad ■ n [C] 3 (inform) ⇒cintura 4 to be in the ~ of doing sth ⇒estar ocupado,da en algo 5 to be in the ~ of nowhere ⇒estar en el quinto pino col.

† middle² /'mɪd.l/ adj 1 ⇒mediano,na: the middle son - el hijo mediano 2 ⇒central ⇒medio,dia 3 the ~ ground ⇒terreno neutral

† middle age n [U] ⇒madurez ⇒mediana edad

middle-aged /ˌmɪd.l'eɪdʒd/ adj ⇒de mediana edad: a middle-aged woman - una mujer de mediana edad

† middle class [pl middle classes] n [NO PL] ⇒clase media ■ Por ser un nombre colectivo se puede usar con el verbo en singular o en plural

middleman /'mɪd.l.mæn/ [pl middlemen] n [C] (en comercio y en política) ⇒intermediario,ria

middle name n [C] ⇒segundo nombre, que va entre el nombre de pila y el apellido

midget /'mɪdʒ.ɪt/ n [C] 1 (offens) ⇒enano,na 2 (of fens) ⇒canijo,ja col. desp.

† midnight /'mɪd.naɪt/ n [U] ⇒medianoche: I heard a noise at midnight - Escuché un ruido a media noche

midst /mɪdst, mɪtst/ n [U] 1 (form) ⇒medio ⇒centro 2 in our midst - entre nosotros

midsummer UK: /ˌmɪd'sʌm.əʳ/ US: /-ɚ/ n [U] 1 ⇒pleno verano 2 ⇒solsticio de verano 3 Midsummer's Day ⇒día de San Juan

midtown n [U] (en una ciudad o un pueblo) ⇒centro

midway /ˌmɪd'weɪ/ adv ⇒a medio camino: It's midway between Chicago and Detroit - Está a medio camino entre Chicago y Detroit

midweek /ˌmɪdˈwiːk/ n [U] ⇒mitad de semana: *By midweek, I'll phone him* - Le llamaré a mitad de semana

midwife /ˈmɪd.waɪf/ [pl midwives] n [C] ⇒comadrona

might[1] /maɪt/ v [MODAL] **1** *(incertidumbre)* ⇒poder (que) ⇒ser posible que **2** *(form) (permiso)* ⇒poder **3** *(form)* ⇒deber ⇒poder **4** *(sugerencia): I thought we might go to the cinema tonight* - Pensé que podríamos ir al cine esta noche ■ CONSTR. might + do sth ■ Ver cuadro modal verbs

might[2] /maɪt/ n [U] **1** *(form)* ⇒poder ⇒fuerza **2** *might is right* - quien tiene el poder, tiene la razón

mighty UK: /ˈmaɪ.ti/ US: /-ˤt̬i/ adj [comp mightier, superl mightiest] *(lit)* ⇒poderoso,sa ⇒enorme ⇒tremendo,da

migraine UK: /ˈmiː.greɪn/ UK: /ˈmaɪ-/ US: /ˈmaɪ-/ n [C, U] *(en medicina)* ⇒migraña ■ PRON. La primera sílaba, mi, se pronuncia como my

migrant /ˈmaɪ.grənt/ n [C] **1** ⇒ave migratoria **2** ⇒trabajador migratorio, trabajadora migratoria

migrate /maɪˈgreɪt/ [migrated, migrating] v [I] ⇒migrar

mike /maɪk/ *(tb microphone)* n [C] *(inform)* ⇒micro col.: *Put the mike closer to your mouth* - Acércate más al micro

mild /maɪld/ adj **1** *(el clima)* ⇒templado,da **2** ⇒suave ⇒dulce **3** *(una comida)* ⇒suave ⇒no muy picante **4** *(una enfermedad o un castigo)* ⇒leve **5** *(una crítica)* ⇒leve ⇒moderado,da

mile /maɪl/ n [C] **1** ⇒milla: *It's five miles from here* - Está a cinco millas ■ La forma abreviada es m **2** (by) miles *(inform)* ⇒por mucho **3** to be miles away **1** *(inform)* ⇒estar en la inopia col. **2** ⇒estar lejos **4** to be miles from {anywhere/nowhere} *(inform)* ⇒estar en el quinto pino col. **5** to {stand/stick} out a ~ ⇒notarse a la legua col.

milestone UK: /ˈmaɪl.stəʊn/ US: /-stoʊn/ n [C] **1** *(un acontecimiento)* ⇒hito ⇒jalón **2** *(en una carretera)* ⇒mojón ⇒hito

militant /ˈmɪl.ɪ.tˤnt/ adj, n [C] ⇒militante: *a militant group* - un grupo militante

military UK: /ˈmɪl.ɪ.tri/ US: /-ter.i/ adj ⇒militar: *military service* - servicio militar

militia /mɪˈlɪʃ.ə/ n [C] ⇒milicia

milk[1] /mɪlk/ n [U] ⇒leche: *a glass of cold milk* - un vaso de leche fría; *some hot milk* - un poco de leche caliente

milk[2] /mɪlk/ v [T, I] **1** ⇒ordeñar **2** *(a una persona)* ⇒sangrar col.

milkman /ˈmɪlk.mən/ [pl milkmen] n [C] ⇒lechero [que entrega la leche a domicilio]

milkshake /ˈmɪlk.ʃeɪk/ *(tb shake)* n [C, U] ⇒batido ⇒licuado AMÉR.

milky /ˈmɪl.ki/ adj [comp milkier, superl milkiest] **1** ⇒lechoso,sa **2** ⇒con bastante leche: *milky tea* - té con bastante leche

mill /mɪl/ n [C] **1** ⇒molino **2** ⇒fábrica [de tejidos] **3** ⇒molinillo: *a coffee mill* - un molinillo de café

millennium /mɪˈlen.i.əm/ [pl millennia, millenniums] n [C] ⇒milenio: *the second millennium* - el segundo milenio

milligram /ˈmɪl.ɪ.græm/ n [C] ⇒miligramo ■ La forma abreviada es mg

millimetre UK: /ˈmɪl.ɪˌmiː.tˤ/ US: /-ˤt̬ə/ UK n [C] ⇒milímetro ■ La forma abreviada es mm

million /ˈmɪl.jən/ **1** ⇒millón: *Three million people live there* - Tres millones de personas viven allí ■ Se dice seven million. Incorrecto: seven millions **2** millions *(inform)* ⇒mogollón col.: *I've read that book millions of times* - He leído ese libro mogollón de veces **3** one in a ~ ⇒excepcional ⇒uno,na entre un millón

millionaire UK: /ˌmɪl.jəˈneə/ US: /-ˈner/ n [C] ⇒millonario,ria: *to be a millionaire* - ser millonario

millionth[1] /ˈmɪl.jənθ/ adj ⇒millonésimo,ma

millionth[2] /ˈmɪl.jənθ/ n [C] ⇒millonésimo,na ⇒millonésima parte

M ■

mime[1] /maɪm/ [mimed, miming] v [T, I] **1** ⇒representar mímicamente: *They mimed a story at school* - Representaron mímicamente una historia en el colegio **2** ⇒hacer mímica

mime[2] /maɪm/ ■ n [C] **1** *(una persona)* ⇒mimo **2** ⇒pantomima ■ n [U] **3** ⇒mímica

mimic[1] /ˈmɪm.ɪk/ [mimicked, mimicking] v [T] ⇒imitar

mimic[2] /ˈmɪm.ɪk/ n [C] ⇒imitador,-a

mince[1] /mɪnts/ UK *(US ground beef/hamburger)* n [U] ⇒carne picada

mince[2] /mɪnts/ [minced, mincing] v [T] **1** ⇒picar [la comida en trozos] **2** not to ~ (one's) words ⇒no andarse con rodeos: *She doesn't mince her words* - No se anda con rodeos

mincemeat /ˈmɪnts.miːt/ n [U] **1** ⇒relleno para pasteles hecho con frutas y especias **2** to make ~ of sb *(inform)* ⇒hacer picadillo a alguien col.

mince pie n [C] ⇒pastel con un relleno dulce y especiado que se come en Navidad

mind[1] /maɪnd/ n [C] **1** ⇒mente ⇒cabeza **2** UK to be in two minds ⇒estar indeciso,sa **3** to be out of one's ~ *(inform)* ⇒estar loco,ca **4** to make up one's ~ ⇒decidirse: *Come on, make up your mind* - Venga, decídete de una vez

mind[2] /maɪnd/ ■ v [T] **1** ⇒cuidar: *Would you mind the children for me?* - ¿Podrías cuidar de los niños por mí? ■ v [T, I] **2** ⇒importar:

Doesn't he mind being alone? - ¿No le importa estar solo?; *If you don't mind, I would rather stay* - Si no te importa, lo prefiero ■ CONSTR. 1. to mind + doing sth 2. to mind + interrogativa indirecta **3** ⇨tener cuidado: *Mind the step!* - ¡Ten cuidado con el escalón! **4** {do/would} you mind...? ⇨¿le importaría...?: *Would you mind waiting outside?* - ¿Le importaría esperar fuera? ■ CONSTR. would mind + doing sth **5** ~ you ⇨a decir verdad **6** never ~ 1 ⇨no importa 2 ⇨no te preocupes

| PHRASAL VERBS
└ **to mind out** *UK* ⇨tener cuidado

mind-boggling UK: /ˈmaɪndˌbɒg.l.ɪŋ/ US: /-ˌbɑː.ɡl.ɪŋ/ *adj (inform)* ⇨alucinante *col.;* ⇨increíble

minded to be ~ to do *sth (form)* ⇨estar dispuesto,ta a hacer algo ⇨estar pensando hacer algo [en el momento]

minder UK: /ˈmaɪn.də¹/ US: /-də/ *n* [C] **1** ⇨guardaespaldas **2** *(en relaciones públicas)* ⇨consejero,ra **3** ⇨niñero,ra

mindless /ˈmaɪnd.ləs/ *adj* **1** ⇨infundado,da ⇨gratuito,ta **2** ⇨mecánico,ca ⇨automático,ca

†**mine¹** /maɪn/ *pron* **1** ⇨mío, mía: *He's a friend of mine* - Es amigo mío; *Is this yours? Yes, it's mine* - ¿Es tuyo? Sí, es mío **2** ⇨el mío, la mía: *I won't take your car, I'll take mine* - No cogeré tu coche, cogeré el mío ■ Ver cuadro possessive adjectives and pronouns

mine² /maɪn/ *n* [C] **1** ⇨mina [de minerales] **2** ⇨mina [explosiva]

mine³ /maɪn/ [mined, mining] ■ *v* [T, I] **1** *(un mineral)* ⇨extraer ■ *v* [T] **2** *(una región)* ⇨explotar ■ CONSTR. Se usa más en pasiva

minefield /ˈmaɪn.fiːld/ *n* [C] **1** ⇨campo de minas **2** ⇨polvorín *col.*

miner UK: /ˈmaɪ.nə¹/ US: /-nə/ *n* [C] ⇨minero,ra

†**mineral** /ˈmɪn.ᵊr.ᵊl/ *n* [C] ⇨mineral

†**mineral water** *n* [U] ⇨agua mineral: *sparkling mineral water* - agua mineral con gas

mingle /ˈmɪŋ.ɡl/ [mingled, mingling] ■ *v* [T, I] **1** ⇨mezclar(se) ■ *v* [I] **2** *(en un evento social)* ⇨relacionar(se) ■ CONSTR. to mingle with sb

mini /ˈmɪn.i/ *(tb* miniskirt*) n* [C] ⇨minifalda

miniature¹ UK: /ˈmɪn.ɪ.tʃə¹/ US: /-tʃə/ *adj* ⇨en miniatura

miniature² UK: /ˈmɪn.ɪ.tʃə¹/ US: /-tʃə/ *n* [C] ⇨miniatura

minibus /ˈmɪn.ɪ.bʌs/ [*pl* minibuses] *n* [C] ⇨microbús ⇨buseta *AMÉR.;* ⇨liebre *AMÉR. col.*

minimal /ˈmɪn.ɪ.məl/ *adj* ⇨mínimo,ma: *The damages were minimal* - Los daños fueron mínimos

minimise [minimised, minimising] *UK v* [T] See **minimize**

minimize /ˈmɪn.ɪ.maɪz/ [minimized, minimizing] *(UK tb* minimise*) v* [T] ⇨minimizar

†**minimum¹** /ˈmɪn.ɪ.məm/ *adj* ⇨mínimo,ma: *minimum wage* - salario mínimo

minimum² /ˈmɪn.ɪ.məm/ *n* [C] ⇨mínimo: *We need a minimum of six people* - Necesitamos un mínimo de seis personas

mining /ˈmaɪ.nɪŋ/ *n* [U] ⇨minería

miniskirt UK: /ˈmɪn.ɪ.skɜːt/ US: /-skɜːt/ *(tb* mini*) n* [C] ⇨minifalda: *to wear a miniskirt* - llevar una minifalda

†**minister** UK: /ˈmɪn.ɪ.stə¹/ US: /-stə/ *n* [C] **1** *UK (US* secretary*)* ⇨ministro,tra **2** ⇨pastor protestante

ministry /ˈmɪn.ɪ.stri/ [*pl* ministries] *n* [C] **1** ⇨ministerio **2** the ~ 1 ⇨la clerecía 2 *to enter the ministry* - hacerse sacerdote

minor¹ UK: /ˈmaɪ.nə¹/ US: /-nə/ *adj* **1** ⇨secundario,ria ⇨de poca importancia **2** *(en música)* ⇨menor

minor² UK: /ˈmaɪ.nə¹/ US: /-nə/ *n* [C] *(form)* ⇨menor de edad

†**minority** UK: /maɪˈnɒr.ɪ.ti/ US: /-ˈnɑːr.ə.ˤti/ [*pl* minorities] *n* [C, NO PL] **1** *(parte de un grupo)* ⇨minoría **2** ⇨minoría [social]: *ethnic minority* - minoría étnica

†**mint** /mɪnt/ ■ *n* [U] **1** ⇨menta ⇨hierbabuena ■ *n* [C] **2** ⇨caramelo de menta **3** the Royal Mint ⇨la casa de la moneda

minus¹ /ˈmaɪ.nəs/ *prep* **1** *(en matemáticas)* ⇨menos **2** *(inform)* ⇨sin ■ PRON. La primera sílaba rima con *my*

minus² /ˈmaɪ.nəs/ *adj (temperatura)*: *minus two* - dos bajo cero ■ PRON. La primera sílaba rima con *my*

minus³ /ˈmaɪ.nəs/ [*pl* minusses, minuses] *n* [C] **1** *(en matemáticas)* ⇨menos ⇨signo menos **2** ⇨desventaja ⇨dificultad ■ PRON. La primera sílaba rima con *my*

†**minute¹** /ˈmɪn.ɪt/ *n* [C] **1** ⇨minuto **2** (at) any ~ ⇨en cualquier momento

minute² UK: /maɪˈnjuːt/ US: /-ˈnuːt/ *adj* **1** ⇨diminuto,ta **2** ⇨minucioso,sa ■ PRON. La *u* se pronuncia como *you*

minutes to take the ~ *(en una reunión)* ⇨levantar acta

†**miracle** /ˈmɪr.ɪ.kl/ *n* [C] ⇨milagro: *It's a miracle* - Es un milagro

miraculous /mɪˈræk.jʊ.ləs/ *adj* ⇨milagroso,sa

mirage /mɪˈrɑːʒ/ *n* [C] ⇨espejismo

†**mirror¹** UK: /ˈmɪr.ə¹/ US: /-ə/ *n* [C] ⇨espejo: *to look at oneself in the mirror* - mirarse en el espejo

mirror² UK: /ˈmɪr.ə¹/ US: /-ə/ *v* [T] ⇨retratar ⇨reflejar

mirth UK: /mɜːθ/ US: /mɜːθ/ *n* [U] *(form)* ⇨dicha ⇨risas

■M

misbehave /ˌmɪs.bɪˈheɪv/ [misbehaved, misbehaving] *v* [I] ⇒comportarse mal

miscarriage UK: /ˈmɪsˌkær.ɪdʒ/ US: /-ˌker-/ *n* [C, U] ⇒aborto [accidental]: *to have a miscarriage -* sufrir un aborto ∎ PRON. La última *a* no se pronuncia

miscellaneous /ˌmɪs.əˈleɪ.ni.əs/ *adj* ⇒variado,da ⇒misceláneo,a

mischief /ˈmɪs.tʃɪf/ *n* [U] ⇒travesuras: *to get up to mischief -* hacer travesuras

mischievous /ˈmɪs.tʃɪ.vəs/ *adj* ⇒travieso,sa ⇒pícaro,ra

misconception /ˌmɪs.kənˈsep.ʃən/ *n* [C] ⇒idea equivocada

misconduct UK: /ˌmɪsˈkɒn.dʌkt/ US: /-ˈkɑːn-/ *n* [U] *(form)* ⇒mala conducta ⇒mal comportamiento

miserable UK: /ˈmɪz.ər.ə.bl/ US: /-ɚ-/ *adj* **1** ⇒triste ⇒abatido,da **2** ⇒muy desagradable **3** *(inform)* ⇒insignificante ⇒mísero,ra ∎ Distinto de *wretched* (miserable)

misery UK: /ˈmɪz.ər.i/ US: /-ɚ-/ ∎ *n* [C] **1** ⇒pena ⇒miseria ⇒aflicción ∎ El plural es *miseries* ∎ *n* [U] **2** ⇒miseria ⇒pobreza **3** *to put sb out of their ~* *(inform)* ⇒sacar a alguien de la duda

misfortune UK: /ˌmɪsˈfɔː.tʃuːn/ US: /-ˈfɔːr.tʃən/ ∎ *n* [U] **1** ⇒mala suerte ⇒yeta AMÉR. *col.* ∎ *n* [C] **2** ⇒desgracia

misgiving /ˌmɪsˈɡɪv.ɪŋ/ *n* [C, U] ⇒duda ⇒recelo

misguided /ˌmɪsˈɡaɪ.dɪd/ *adj* **1** *(un plan, un proyecto)* ⇒descaminado,da ⇒mal orientado,da **2** *(una creencia, una actitud)* ⇒desacertado,da ⇒equivocado,da

mishap /ˈmɪs.hæp/ *n* [C, U] ⇒percance ⇒contratiempo

misinform UK: /ˌmɪs.ɪnˈfɔːm/ US: /-ˈfɔːrm/ *v* [T] ⇒informar mal: *We were misinformed -* Nos informaron mal ∎ CONSTR. Se usa más en pasiva

misinterpret UK: /ˌmɪs.ɪnˈtɜː.prɪt/ US: /-ˈtɜː-/ *v* [T] ⇒malinterpretar

misjudge /ˌmɪsˈdʒʌdʒ/ [misjudged, misjudging] *v* [T] **1** ⇒juzgar erróneamente **2** ⇒calcular mal

mislaid past tense and past participle forms of **mislay**

mislead /ˌmɪsˈliːd/ *v* [T] **1** ⇒engañar: *Don't be misled by his good manners -* No te dejes engañar por sus buenos modales **2** ⇒llevar a conclusiones erróneas ∎ CONSTR. Se usa más en pasiva

misled past tense and past participle forms of **mislead**

misname [misnamed, misnaming] *v* [T] ⇒denominar inapropiada e incorrectamente

misogynist UK: /mɪˈsɒdʒ.ɪ.nɪst/ US: /-ˈsɑː.dʒɪ-/ *adj, n* [C] ⇒misógino,na

misplaced /ˌmɪsˈpleɪst/ *adj* *(un sentimiento o una creencia)* ⇒equivocado,da ⇒fuera de lugar

misprint /ˈmɪs.prɪnt/ *n* [C] ⇒error de imprenta ⇒errata

misread, misread, misread /ˌmɪsˈriːd/ *v* [T] **1** ⇒leer mal: *I think I have misread it -* Creo que lo he leído mal **2** ⇒malinterpretar

misrepresent /ˌmɪs.rep.rɪˈzent/ *v* [T] ⇒tergiversar ⇒falsear

↑**miss¹** [misses] ∎ *v* [T] **1** ⇒echar de menos: *I miss you -* Te echo de menos; *I didn't miss my wallet until we asked for the bill -* No eché de menos mi cartera hasta que pedimos la cuenta ∎ CONSTR. to miss + doing sth **2** *(a una clase, a una reunión)* ⇒faltar **3** ⇒no ver ⇒perder **4** ⇒perder ⇒no oír **5** ⇒perder: *I missed the train -* He perdido el tren; *You've just missed her -* Se acaba de marchar ∎ *v* [T, I] **6** ⇒errar ⇒fallar **7** *to ~ the point* ⇒no entender algo

|PHRASAL VERBS

· **to miss out 1** ⇒perder(se): *You really missed out on a great opportunity -* Te perdiste una gran oportunidad **2** ⇒saltarse

· **to miss sth/sb out** [M] *UK* ⇒excluir ⇒olvidar

miss² [*pl* misses] *n* [C] **1** *(en deportes)* ⇒fallo ⇒tiro errado **2** *to give sth a ~* *UK (inform)* ⇒pasar de hacer algo *col.;* ⇒no hacer algo

↑**Miss** /mɪs/ *n* ⇒señorita ∎ Se usa con un apellido y designa a una mujer soltera o a una niña

↑**missile** UK: /ˈmɪs.aɪl/ US: /-[ə]l/ *n* [C] ⇒misil

↑**missing** /ˈmɪs.ɪŋ/ *adj* **1** ⇒perdido,da ⇒desaparecido,da ⇒extraviado,da **2** *There are a few students missing -* Faltan algunos alumnos

↑**mission** /ˈmɪʃ.ən/ *n* [C] ⇒misión: *to be on a secret mission -* estar en una misión secreta

missionary UK: /ˈmɪʃ.ən.ri/ US: /-er.i/ [*pl* missionaries] *n* [C] ⇒misionero,ra: *to be a missionary in Africa -* ser misionero en África

mist¹ /mɪst/ *n* [C, U] **1** ⇒neblina **2** ⇒bruma **3** *in the mists of time* ⇒en la noche de los tiempos

↑**mist²** /mɪst/

|PHRASAL VERBS

· **to mist {over/up} 1** *(un cristal)* ⇒empañar(se) **2** *(los ojos)* ⇒empañar(se) ⇒llenarse de lágrimas

↑**mistake¹** /mɪˈsteɪk/ *n* [C] **1** ⇒error ⇒equivocación ⇒falla AMÉR. ∎ CONSTR. to make a mistake **2** *by ~* ⇒por error

mistake², mistook, mistaken /mɪˈsteɪk/ [mistaking] *v* [T] ⇒malinterpretar

|PHRASAL VERBS

· **to mistake sth/sb for sth/sb** ⇒confundir: *I mistook you for your brother -* Te confundí con tu hermano

mistaken¹ /mɪˈsteɪ.kən/ past participle of **mistake**

M ▤

mistaken² /mɪˈsteɪ.kən/ *adj* ⇒confundido,da ⇒equivocado,da

Mister UK: /ˈmɪs.tə²/ US: /-tə/ [*pl* Messrs] *n* ⇒señor ■ La forma abreviada es Mr

mistletoe UK: /ˈmɪs.l̩.təʊ/ US: /-toʊ/ *n* [U] *(planta)* ⇒muérdago

mistook past tense of **mistake**

mistreat /ˌmɪsˈtriːt/ *v* [T] ⇒maltratar

mistress /ˈmɪs.trəs/ [*pl* mistresses] *n* [C] **1** ⇒amante [de un hombre] ⇒querida [de un hombre] **2** *(old-fash)* ⇒dueña [de un animal]

mistrust¹ /ˌmɪsˈtrʌst/ *n* [U] ⇒recelo ⇒desconfianza

mistrust² /ˌmɪsˈtrʌst/ *v* [T] ⇒recelar ⇒desconfiar

misty /ˈmɪs.ti/ *adj* [*comp* mistier, *superl* mistiest] **1** *(un día)* ⇒neblinoso,sa ⇒con neblina **2** *(un cristal)* ⇒empañado,da **3** *(un ojo)* ⇒lloroso,sa

misunderstand, misunderstood, misunderstood UK: /ˌmɪs.ʌn.dəˈstænd/ US: /-dɚ-/ *v* [T, I] ⇒entender mal ⇒malinterpretar

misunderstood past tense and past participle forms of **misunderstand**

misuse /ˌmɪsˈjuːs/ *n* [C, U] **1** ⇒abuso **2** ⇒mal empleo ⇒despilfarro

mitigate UK: /ˈmɪt.ɪ.ɡeɪt/ US: /ˈmɪˤt̬-/ [mitigated, mitigating] *v* [T] *(form)* ⇒mitigar ⇒paliar

mix¹ /mɪks/ [mixes] *v* [T, I] ⇒mezclar

PHRASAL VERBS

· **to mix** *sth/sb* **up** [M] ⇒confundir: *I always mix you up with your sister* - Siempre te confundo con tu hermana

mix² /mɪks/ [*pl* mixes] ■ *n* [C] **1** ⇒mezcla ⇒combinación ■ *n* [C, U] **2** *(en cocina)* ⇒preparado

mixed /mɪkst/ *adj* **1** ⇒mezclado,da ⇒variado,da **2** *(en educación)* ⇒mixto,ta **3** *(en tenis)* ⇒mixto,ta **4** ~ **salad** ⇒ensalada mixta

mixed-ability UK: /ˌmɪkst.əˈbɪl.ɪ.ti/ US: /-ə.ˤt̬i/ *adj mixed-ability classes* - clases con alumnos de diferentes niveles

mixer UK: /ˈmɪk.sə²/ US: /-sɚ/ *n* [C] **1** ⇒batidora **2** ⇒refresco [para mezclar con una bebida alcohólica] **3 a bad ~** ⇒una persona poco sociable **4 a good ~** ⇒una persona muy sociable

mixture UK: /ˈmɪks.tʃə²/ US: /-tʃɚ/ *n* [C] ⇒mezcla ⇒combinación

mix-up /ˈmɪks.ʌp/ *n* [C] *(inform)* ⇒confusión ⇒lío

mm *n* [C] ⇒forma abreviada de **milimetre** (milímetro)

moan¹ /məʊn/ US: /moʊn/ *v* [I] **1** ⇒gemir **2** ⇒quejarse: *He is always moaning about his marks* - Siempre se está quejando de sus notas ■ CONSTR. 1. to moan + (that) 2. to moan about sth

moan² UK: /məʊn/ US: /moʊn/ *n* [C] **1** ⇒gemido **2** ⇒queja

mob¹ UK: /mɒb/ US: /maːb/ ■ *n* [C] **1** ⇒muchedumbre ⇒masa [de gente] ■ Por ser un nombre colectivo se puede usar con el verbo en singular o en plural ■ *n* [NO PL] **2** *(inform)* ⇒mafia

mob² UK: /mɒb/ US: /maːb/ [mobbed, mobbing] *v* [T] ⇒acosar ⇒abalanzarse ■ CONSTR. Se usa más en pasiva

† **mobile** UK: /ˈməʊ.baɪl/ US: /ˈmoʊ.b[ə]l/ *adj* **1** ⇒móvil **2** ⇒portátil **3** ⇒ambulante: *mobile library* - biblioteca ambulante

mobile home *n* [C] ⇒caravana ⇒remolque

† **mobile (phone)** *UK n* [C] ⇒teléfono móvil ⇒celular *AMÉR.* ■ PRON. es larga, como en el término inglés *no* y *bi* rima con *my* ■ Ver cuadro teléfono móvil

mobilize UK: /ˈməʊ.bɪ.laɪz/ US: /ˈmoʊ-/ [mobilized, mobilizing] ■ *v* [T] **1** ⇒movilizar ■ *v* [T, I] **2** *(tropas militares)* ⇒reclutar ⇒llamar a filas

mock¹ UK: /mɒk/ US: /maːk/ *v* [T] ⇒burlarse

mock² UK: /mɒk/ US: /maːk/ *adj* **1** ⇒de imitación ⇒falso,sa **2** ⇒de prueba: *a mock exam* - un examen de prueba

mockery UK: /ˈmɒk.ᵊr.i/ US: /ˈmaː.kɚ-/ *n* [U] **1** ⇒burla **2 to make a ~ of** *sth* ⇒ridiculizar algo

modal (verb) UK: /ˌməʊ.dᵊlˈvɜːb/ US: /ˌmoʊ.d[ə]lˈvɜːb/ *n* [C] *(en gramática)* ⇒verbo modal ■ Ver cuadro

† **mode** UK: /məʊd/ US: /moʊd/ *n* [C] **1** *(form)* ⇒modo ⇒forma ⇒medio **2** ⇒moda

† **model**¹ UK: /ˈmɒd.ᵊl/ US: /ˈmaː.d[ə]l/ *n* [C] **1** ⇒modelo ⇒maqueta ⇒miniatura **2** *(oficio)* ⇒modelo ⇒maniquí **3** ⇒modelo ⇒ejemplo ⇒guía **4** ⇒modelo ⇒diseño

model² UK: /ˈmɒd.ᵊl/ US: /ˈmaː.d[ə]l/ [modelled, modelling; *US* modeled, modeling] ■ *v* [T] **1** ⇒modelar ■ *v* [T, I] **2** ⇒ser modelo (de): *She's modelled for several designers* - Ha sido modelo para varios diseñadores **3 to be modelled on** *sth* ⇒estar basado,da en algo ⇒inspirarse en algo **4 to ~** *oneself* **on** *sb* ⇒imitar a alguien ⇒inspirarse en alguien

modem UK: /ˈməʊ.dem/ US: /ˈmoʊ.dəm/ *n* [C] *(en informática)* ⇒módem

moderate¹ UK: /ˈmɒd.ᵊr.ət/ US: /ˈmaː.dɚ-/ *adj* ⇒moderado,da

moderate² UK: /ˈmɒd.ᵊr.eɪt/ US: /ˈmaː.dɚ.eɪt/ [moderated, moderating] *v* [T, I] ⇒moderar(se)

† **modern** UK: /ˈmɒd.ᵊn/ US: /ˈmaː.dən/ *adj* ⇒moderno,na: *modern architecture* - arquitectura moderna

† **modest** UK: /ˈmɒd.ɪst/ US: /ˈmaː.dɪst/ *adj* **1** ⇒modesto,ta ⇒sencillo,lla **2** *(una persona)* ⇒modesto,ta ⇒humilde

modesty UK: /ˈmɒd.ɪ.sti/ US: /ˈmaː.dɪ-/ *n* [U] ⇒modestia: *in all modesty* - con toda modestia

modify UK: /ˈmɒd.ɪ.faɪ/ US: /ˈmaː.dɪ-/ [modifies, modified] *v* [T] ⇒modificar

M

module UK: /ˈmɒd.juːl/ US: /ˈmɑː.dʒuːl/ n [C] ⇨módulo: *The course consists of eight modules* - El curso está formado por ocho módulos

mogul UK: /ˈməʊ.gəl/ US: /ˈmoʊ-/ n [C] ⇨magnate: *an oil mogul* - un magnate del petróleo

moist /mɔɪst/ adj **1** ⇨húmedo,da **2** ⇨esponjoso,sa: *a moist cake* - un bizcocho esponjoso ■ Tiene un matiz positivo. Comparar con *damp*

mold UK: /məʊld/ US: /moʊld/ US n [C, U], v [T] See **mould**

mole UK: /məʊl/ US: /moʊl/ n [C] **1** *(animal)* ⇨topo **2** *(en la piel)* ⇨lunar **3** *(inform)* ⇨topo *col.;* ⇨infiltrado,da

molecule UK: /ˈmɒl.ɪ.kjuːl/ US: /ˈmɑː.lɪ-/ n [C] ⇨molécula

molest /məˈlest/ v [T] **1** ⇨agredir sexualmente **2** ⇨meterse con ⇨atacar ⇨importunar ■ Distinto de *to annoy* (molestar)

mom UK: /mɒm/ US: /mɑːm/ US *(UK mum)* n [C] *(inform)* ⇨mamá

moment UK: /ˈməʊ.mənt/ US: /ˈmoʊ-/ n [C] **1** ⇨momento ⇨instante **2** at the ~ ⇨en este momento ⇨actualmente **3** for the ~ ⇨de momento **4** the ~ of truth ⇨la hora de la verdad **5** the ~ (that) ⇨en cuanto ■ La forma abreviada es *mo*

momentarily UK: /ˌməʊ.mənˈter.ɪ.li/ US: /ˌmoʊ-/ adv ⇨momentáneamente

momentary UK: /ˈməʊ.mən.tri/ US: /ˈmoʊ-/ adj ⇨momentáneo,a: *She suffered from momentary amnesia* - Tenía amnesia momentánea

momentous UK: /məˈmen.təs/ US: /-ˤtəs/ adj ⇨crucial ⇨trascendental

momentum UK: /məˈmen.təm/ US: /-ˤtəm/ n [U] **1** ⇨impulso **2** ⇨ímpetu **3** to {gain/gather} ~ **1** ⇨coger velocidad **2** ⇨ganar fuerza

mommy UK: /ˈmɒm.i/ US: /ˈmɑː.mi/ [pl mommies] US *(UK mummy)* n [C] *(inform)* ⇨mamá ■ Pertenece al lenguaje infantil

monarch UK: /ˈmɒn.ək/ US: /ˈmɑː.nək/ [pl monarches] n [C] ⇨monarca

monarchy UK: /ˈmɒn.ə.ki/ US: /ˈmɑː.nə-/ [pl monarchies] n [C, U] ⇨monarquía

monastery UK: /ˈmɒn.ə.stri/ US: /ˈmɑː.nə.ster.i/ [pl monasteries] n [C] ⇨monasterio

monastic /məˈnæs.tɪk/ adj **1** ⇨monástico,ca ⇨monacal **2** *(un modo de vida)* ⇨monacal ⇨austero,ra

Monday /ˈmʌn.deɪ/ n [C, U] ⇨lunes: *See you on Monday* - Te veo el lunes; *The meeting is next Monday* - La reunión es el lunes que viene ■ La forma abreviada es *Mon*

monetary /ˈmʌn.ɪ.tri/ adj ⇨monetario,ria: *monetary policy* - política monetaria

---

modal verbs

Los verbos modales en inglés son:

> can, could
> may, might
> must
> will, would
> shall
> should, ought

Y a veces "**dare**" y "**need**".

Estas son algunas de las características de los verbos modales:

• No tienen infinitivo con "to" (no existe: "to can").

• Solo tienen una forma. No añaden "-s" a la 3.ª persona singular del presente:

  · *Catherine **can** ski.*
   (Catherine sabe esquiar.)

  · *Christopher **must** be home at 11.*
   (Christopher tiene que estar en casa a las 11.)

• Siempre van seguidos de un verbo principal en infinitivo sin "to" (excepto en el caso de "ought"):

  · *It **might** <u>snow</u> today.*
   (Podría nevar hoy.)

  · *He **can** <u>do</u> it.*
   (Puede hacerlo.)

Pero:

  · *You **ought** <u>to work</u> a bit harder.*
   (Deberías trabajar más.)

• En oraciones negativas, se añade "not" detrás del verbo modal:

  · *I **couldn't** speak until I was three.*
   (No empecé a hablar hasta los tres años.)

  · *You **shouldn't** go out without a coat. It's freezing.*
   (No deberías salir sin abrigo. Hace mucho frío.)

• En oraciones interrogativas, el verbo modal va delante del sujeto:

  · *When **will** you phone me?*
   (¿Cuándo me llamarás?)

  · *How **dare** you call me a coward?*
   (¿Cómo te atreves a llamarme cobarde?)

M ▬

†**money** /ˈmʌn.i/ *n* [U] **1** ⊸dinero ⊸lana *AMÉR. col.*
2 to make ~ ⊸ganar dinero ⊸hacer fortuna **3 to
save ~** ⊸ahorrar dinero

Mongol *n* [C] See **Mongolian**

Mongolia UK: /mɒŋˈgəʊ.li.ə/ US: /mɑːŋˈgoʊ-/ *n* [U]
⊸Mongolia

Mongolian UK: /mɒŋˈgəʊ.li.ən/ US: /mɑːŋˈgoʊ-/ (*tb*
Mongol) *adj, n* [C] ⊸mongol,-a

mongrel /ˈmʌŋ.grəl/ *n* [C] ⊸chucho,cha *col.;* ⊸pe-
rro,rra

monitor¹ UK: /ˈmɒn.ɪ.tər/ US: /ˈmɑː.nɪ.ˤtɚ/ *n* [C] **1**
⊸monitor [de un ordenador] **2** ⊸monitor [para
medir] **3** ⊸supervisor,-a ⊸monitor,-a

monitor² UK: /ˈmɒn.ɪ.tər/ US: /ˈmɑː.nɪ.ˤtɚ/ *v* [T] ⊸con-
trolar ⊸observar

monk /mʌŋk/ *n* [C] ⊸monje

†**monkey** /ˈmʌŋ.ki/ *n* [C] **1** ⊸mono,na ⊸simio,mia
2 *(inform) (niño)* ⊸mocoso,sa *col.* **3** *I don't give a
mokey's* - Me importa un pepino

monogamy UK: /məˈnɒg.ə.mi/ US: /məˈnɑː.gə-/ *n*
[U] ⊸monogamia

monologue UK: /ˈmɒn.əl.ɒg/ US: /ˈmɑː.nə.lɑːg/ *n*
[C] ⊸monólogo

†**monopoly** UK: /məˈnɒp.ºl.i/ US: /-ˈnɑː.p[ə]l-/ [*pl*
monopolies] *n* [C] ⊸monopolio

monotonous UK: /məˈnɒt.ºn.əs/ US: /-ˈnɑː.ˤt[ə]n-/
adj ⊸monótono,na: *a monotonous speech* - un
discurso monótono

monsoon UK: /mɒnˈsuːn/ US: /mɑːn-/ *n* [C] ⊸monzón

†**monster** UK: /ˈmɒnt.stər/ US: /ˈmɑːnt.stɚ/ *n* [C] **1**
⊸monstruo **2** ⊸gigante

monstrous UK: /ˈmɒnt.strəs/ US: /ˈmɑːnt-/ *adj*
⊸monstruoso,sa

†**month** /mʌnθ/ *n* [C] ⊸mes: *a whole month* - un
mes entero; *twice a month* - dos veces al mes

monthly¹ /ˈmʌnt.θli/ *adj* ⊸mensual: *a monthly
magazine* - una revista mensual

monthly² /ˈmʌnt.θli/ *adv* ⊸mensualmente: *This
magazine comes out monthly* - Esta revista sale
mensualmente

†**monument** UK: /ˈmɒn.ju.mənt/ US: /ˈmɑːn-/ *n* [C]
⊸monumento: *the city's historic monuments* -
los monumentos de la ciudad

moo /muː/ *v* [I] ⊸mugir

†**mood** /muːd/ *n* [C] **1** ⊸humor: *He is in a bad
mood today* - Hoy está de mal humor **2** ⊸ánimo
3 *(en gramática)* ⊸modo **4 to be in the ~ to do
sth** (*tb* **to be in the mood for sth**) ⊸tener ganas
de ⊸estar de humor para

moody /ˈmuː.di/ *adj* [*comp* moodier, *superl*
moodiest] **1** ⊸malhumorado,da **2** ⊸tacitur-
no,na

moon /muːn/ *n* [C] **1** ⊸luna **2 to be over the ~**
(inform) ⊸estar como unas pascuas *col.: He was*

over the moon about his grades - Estaba como
unas pascuas con sus notas

moonlight /ˈmuːn.laɪt/ *n* [U] ⊸luz de luna

moonlit /ˈmuːn.lɪt/ *adj* ⊸iluminado,da [por la luna]

moonstone *n* [C] *(mineral)* ⊸feldespato

moor¹ UK: /mɔːr/ UK: /mʊər/ US: /mʊr/ *n* [C] ⊸páramo

moor² UK: /mɔːr/ UK: /mʊər/ US: /mʊr/ *v* [T, I] ⊸ama-
rrar: *to moor a boat* - amarrar un barco

Moor *adj, n* [C] ⊸moro,ra

moorland UK: /ˈmɔː.lənd/ UK: /ˈmʊə-/ US: /ˈmʊr-/ *n*
[C, U] ⊸páramo

moose /muːs/ [*pl* moose] *n* [C] ⊸alce

mop¹ UK: /mɒp/ US: /mɑːp/ *n* [C] ⊸fregona ⊸tra-
peador *AMÉR.*

mop² UK: /mɒp/ US: /mɑːp/ [mopped, mopped] *v*
[T] ⊸fregar ⊸trapear *AMÉR.*

| PHRASAL VERBS
| · **to mop sth up** [M] **1** *(una superficie)* ⊸limpiar
| [con una fregona o un trapo] **2** ⊸acabar con
└   algo

†**moral**¹ UK: /ˈmɒr.ºl/ US: /ˈmɔːr-/ *adj* ⊸moral: *moral support* - apoyo moral

moral² UK: /ˈmɒr.ºl/ US: /ˈmɔːr-/ *n* [C] ⊸moraleja:
And the moral of the story is... - Y la moraleja
de la historia es...

morale /məˈrɑːl/ *n* [U] ⊸moral ⊸ánimo

morals UK: /ˈmɒr.ºlz/ US: /ˈmɔːr-/ *n* [PL] ⊸morali-
dad ⊸moral [conjunto de valores y normas de
conducta]

morbid UK: /ˈmɔː.bɪd/ US: /ˈmɔːr-/ *adj* **1** ⊸morbo-
so,sa **2** *(en medicina)* ⊸mórbido,da

†**more**¹ UK: /mɔːr/ US: /mɔːr/ *adj* **1** the comparative
form of **many**, **much** and **a lot of**: *You've read
more books than I have* - Has leído más libros
que yo **2 ~ and ~** ⊸más y más ⊸cada vez más **3**
~ or less **1** ⊸casi: *We've more or less finished* -
Casi hemos acabado **2** ⊸más o menos: *It's more
or less five kilometres away* - Está más o menos
a cinco kilómetros

†**more²** UK: /mɔːr/ US: /mɔːr/ *adv* **1** the comparative form of **very 2 ~ and ~** ⊸cada vez más **3 ~
or less** ⊸más o menos **4 once ~** ⊸una vez más
⊸otra vez

†**moreover** UK: /ˌmɔːˈrəʊ.vər/ US: /ˌmɔːrˈoʊ.vɚ/ *adv*
(form) ⊸además ⊸asimismo

morgue UK: /mɔːg/ US: /mɔːrg/ *n* [C] ⊸depósito de
cadáveres

†**morning** UK: /ˈmɔː.nɪŋ/ US: /ˈmɔːr-/ *n* [C, U] **1** *(parte del día)* ⊸mañana **2** ⊸madrugada ■ La forma
abreviada es **morn** ■ Ver cuadro partes del día

Moroccan UK: /məˈrɒk.ən/ US: /-ˈrɑː-/ *adj, n* [C]
⊸marroquí

Morocco UK: /məˈrɒk.əʊ/ US: /-ˈrɑː.koʊ/ *n* [U] ⊸Ma-
rruecos

≡M

moron UK: /'mɔː.rɒn/ US: /'mɔːr.ɑːn/ n [c] *(inform, offens)* ⇨imbécil *desp.;* ⇨zoquete *col. desp.;* ⇨pelotudo,da *AMÉR. vulg. desp.* ⇨pendejo *AMÉR. col. desp.*

morose UK: /məˈrəus/ US: /-ˈrous/ *adj* ⇨malhumorado,da ■ Distinto de *in arrears* (moroso)

morphine UK: /'mɔː.fiːn/ US: /'mɔːr-/ n [U] ⇨morfina: *a morphine injection* - una inyección de morfina

morsel UK: /'mɔː.sᵊl/ US: /'mɔːr-/ n [c] ⇨pizca [de comida] ⇨bocado [de comida]

mortal[1] UK: /'mɔː.tᵊl/ US: /'mɔːr.ᵗt[ə]l/ *adj* ⇨mortal: *his mortal remains* - sus restos mortales

mortal[2] UK: /'mɔː.tᵊl/ US: /'mɔːr.ᵗt[ə]l/ n [c] *(lit)* ⇨mortal: *mere mortals* - simples mortales

mortar UK: /'mɔː.tə/ US: /'mɔːr.tə/ ■ n [c] **1** *(arma)* ⇨mortero **2** *(en cocina)* ⇨mortero ■ n [U] **3** ⇨argamasa

mortgage[1] UK: /'mɔː.gɪdʒ/ US: /'mɔːr-/ n [c] ⇨hipoteca ■ PRON. La última *a* se pronuncia la *i* en *did*

mortgage[2] UK: /'mɔː.gɪdʒ/ US: /'mɔːr-/ [mortgaged, mortgaging] v [T] ⇨hipotecar

mortify UK: /'mɔː.tɪ.faɪ/ US: /'mɔːr.ᵗtə-/ [mortifies, mortified] v [T] ⇨avergonzar

mortuary UK: /'mɔː.tju.ri/ US: /'mɔːr.tʃu.er.i/ [pl mortuaries] n [c] ⇨depósito de cadáveres

mosaic UK: /məuˈzeɪ.ɪk/ US: /mou-/ n [c] ⇨mosaico

Moslem UK: /'muz.lɪm/ US: /'mɑːz.lem/ *(tb Muslim)* *adj, n* [c] ⇨musulmán,-a

mosque UK: /mɒsk/ US: /mɑːsk/ n [c] ⇨mezquita: *to visit a mosque* - visitar una mezquita

mosquito UK: /məˈskiː.təu/ US: /-ˈtou/ [pl mosquitoes] n [c] ⇨mosquito ⇨zancudo *AMÉR.*

moss UK: /mɒs/ US: /mɑːs/ [pl mosses] n [c, U] ⇨musgo

most[1] UK: /məust/ US: /moust/ *adj, n* [c] **1** the superlative form of **many**, **much** and **a lot of**: *I have more books than John, but Sally has the most of all* - Yo tengo más libros que John, pero Sally es la que más libros tiene ■ CONSTR. Se usa con el artículo definido *the* **2** ⇨la mayoría ⇨la mayor parte ■ Se usa normalmente con un verbo en plural

most[2] UK: /məust/ US: /moust/ *adv* **1** the superlative form of **very**: *the most interesting* - lo más interesante ■ CONSTR. Se usa con el artículo definido *the* **2** ⇨muy: *most likely* - muy probablemente **3** *US (inform)* ⇨casi: *most every evenings* - casi todas las tardes **4** at (the) ~ ⇨como mucho **5** the ~ *He ate the most* - Él fue el que más comió

nostly UK: /'məust.li/ US: /'moust-/ *adv* **1** ⇨principalmente ⇨generalmente **2** *My friends are mostly of my age* - La mayoría de mis amigos son de mi edad

moth UK: /mɒθ/ US: /mɑːθ/ n [c] ⇨polilla

mother UK: /'mʌð.ə/ US: /-ə/ n [c] ⇨madre: *to be like a mother to sb* - ser como una madre para alguien

mother-in-law UK: /'mʌð.ə.rɪn.lɔː/ US: /-ə.ɪn.lɑː/ [pl mothers-in-law] n [c] ⇨suegra

Mother's Day UK: /'mʌð.əz.deɪ/ US: /-əz-/ n [U] ⇨día de la madre

motif UK: /məuˈtiːf/ US: /mou-/ n [c] **1** ⇨motivo [decorativo] ⇨adorno **2** *(en una obra musical o literaria)* ⇨motivo ⇨tema

motion[1] UK: /'məu.ʃᵊn/ US: /'mou-/ n [c, U] **1** ⇨movimiento: *to be in motion* - estar en movimiento **2** ⇨gesto ⇨ademán **3** *(en una reunión)* ⇨moción **4** to go through the motions **1** ⇨cumplir con las formalidades **2** ⇨hacer algo sin interés **5** to {put/set} *sth* in ~ ⇨poner algo en marcha

motion[2] UK: /'məu.ʃᵊn/ US: /'mou-/ to ~ {for/to} *sb* (to do *sth*) ⇨hacer señas a alguien para que haga algo

motionless UK: /'məu.ʃᵊn.ləs/ US: /'mou-/ *adj* ⇨inmóvil: *to remain motionless* - quedarse inmóvil

motivate UK: /'məu.tɪ.veɪt/ US: /'mou.ᵗtɪ-/ [motivated, motivating] v [T] ⇨motivar ■ CONSTR. *to motivate sb + to do sth*

motivation UK: /ˌməu.tɪˈveɪ.ʃᵊn/ US: /ˌmou.ᵗtɪ-/ ■ n [U] **1** ⇨motivación ■ n [c] **2** ⇨motivo ⇨móvil

motive UK: /'məu.tɪv/ US: /'mou.ᵗtɪv/ n [c] ⇨motivo ⇨razón

motor UK: /'məu.tə/ US: /'mou.ᵗtə/ n [c] **1** ⇨motor ■ Normalmente se usa para aparatos eléctricos. Comparar con *engine* **2** *UK (inform)* ⇨coche

motorbike UK: /'məu.tə.baɪk/ US: /'mou.ᵗtə-/ n [c] ⇨motocicleta ⇨moto

motorcycle UK: /'məu.təˌsaɪ.kl/ US: /'mou.ᵗtə-/ n [c] ⇨motocicleta

motorist UK: /'məu.tᵊr.ɪst/ US: /'mou.ᵗtə-/ n [c] ⇨conductor,-a [de coche] ■ Distinto de *motorcyclist* (motorista)

motorway UK: /'məu.tə.weɪ/ US: /'mou.ᵗtə-/ *UK (US expressway/freeway/highway)* n [c] ⇨autopista: *Let's take the motorway* - Vamos por la autopista

mottled UK: /'mɒt.ld/ US: /'mɑː.ᵗtld/ *adj* **1** ⇨con manchas en la piel **2** *(una tela)* ⇨moteado,da ⇨jaspeado,da

motto UK: /'mɒt.əu/ US: /'mɑː.ᵗtou/ [pl mottoes, mottos] n [c] ⇨lema ⇨máxima

mould[1] UK: /məuld/ US: /mould/ *UK (US mold)* ■ n [c] **1** ⇨molde [de repostería] ■ n [U] **2** ⇨moho

mould[2] UK: /məuld/ US: /mould/ *UK (US mold)* v [T] **1** ⇨moldear: *to mould clay* - moldear la arcilla **2** ⇨formar

mound /maund/ n [c] **1** ⇨cerro ⇨montículo **2** ⇨montón ⇨pila *col.*

M

mount¹ /maʊnt/ n [C] **1** ⇒monte ■ La forma abreviada es Mt ■ Al dar el nombre de una montaña, se escribe con mayúscula inicial: *Mount Everest* **2** *(de caballo)* ⇒montura **3** ⇒soporte ⇒engaste ⇒montura

mount² /maʊnt/ ■ v [T, I] **1** ⇒subir(se) ⇒montar ■ v [T] **2** ⇒organizar ⇒montar **3** *(la emoción, la tensión)* ⇒aumentar **4** ⇒colocar
| PHRASAL VERBS
└ **· to mount up** ⇒subir ⇒aumentar

† **mountain** UK: /'maʊn.tɪn/ US: /-t[ə]n/ n [C] **1** ⇒montaña: *to climb a mountain* - escalar una montaña **2** a ~ of sth *a mountain of paperwork* - una montaña de papeleo **3** ~ pass ⇒puerto de montaña **4** ~ range ⇒sierra ⇒cordillera

mountain biking n [U] ⇒ciclismo de montaña

mourn UK: /mɔːn/ US: /mɔːrn/ v [T, I] **1** ⇒estar de luto ⇒llorar la muerte **2** ⇒lamentar

mourning UK: /'mɔː.nɪŋ/ US: /'mɔːr-/ n [U] ⇒luto ⇒duelo

† **mouse** /maʊs/ [pl mice] n [C] **1** ⇒ratón **2** *(en informática)* ⇒ratón **3** ~ mat UK (US mouse pad) *(en informática)* ⇒alfombrilla

mouse mat UK (US mouse pad) n [C] ⇒alfombrilla para el ratón [del ordenador]

mouse pad US (UK mouse mat) n [C] ⇒alfombrilla para el ratón [del ordenador]

mousse /muːs/ n [U] **1** ⇒mousse: *a chocolate mousse* - un mousse de chocolate **2** ⇒espuma [para el cabello]

† **moustache** UK: /mʊ'stɑːʃ/ US: /'mʌs.tæʃ/ (US tb mustache) n [C] ⇒bigote

† **mouth** /maʊθ/ n [C] **1** ⇒boca **2** ⇒desembocadura [de un río] **3** ⇒entrada [de una cueva] **4** *(offens)* *Shut your mouth!* - ¡Cierra el pico! *col.*

mouthful /'maʊθ.fʊl/ n [C] **1** ⇒bocado **2** ⇒trago: *He drank the glass of milk in one mouthful* - Se bebió el vaso de leche de un trago **3** *(de aire, de humo)* ⇒bocanada

mouthpiece /'maʊθ.piːs/ n [C] **1** *(del teléfono)* ⇒micrófono **2** *(de un instrumento musical)* ⇒boquilla **3** *(de una organización)* ⇒portavoz

movable /'muː.və.bl/ adj ⇒movible

† **move¹** /muːv/ [moved, moving] ■ v [T, I] **1** ⇒mover(se): *Don't move* - No te muevas **2** ⇒cambiar [de sitio] ■ v [T] **3** ⇒conmover: *I was very moved by the story* - La historia me conmovió mucho **4** to get sth/sb moving ⇒poner(se) en marcha
to ~ {about/around} **1** ⇒moverse ⇒andar **2** ⇒mudarse: *He's moved around a lot in the past few years* - Se ha mudado mucho en los últimos años **6** to ~ {ahead/along} ⇒avanzar **7** to ~ forward **1** ⇒avanzar **2** ⇒adelantar [en el tiempo] **8** to ~ sb (to do sth) ⇒inducir a alguien [a hacer algo]

| PHRASAL VERBS
· **to move (sth) away** ⇒alejar(se)
· **to move {in/into sth}** ⇒mudarse ⇒trasladarse
· **to move on (to sth)** ⇒seguir ⇒pasar a algo
· **to move out 1** ⇒mudarse [de casa]: *We're moving out at the end of the month* - Nos mudamos
└ a finales de mes **2** *(las tropas)* ⇒retirar(se)

move² /muːv/ n [C, NO PL] **1** *(en un juego)* ⇒jugada **2** ⇒mudanza ⇒traslado **3** ⇒acción ⇒medida **4** to get a ~ on *(informal)* ⇒darse prisa **5** to make a ~ ⇒irse: *It's time to make a move* - Es hora de irnos **6** to make the first ~ ⇒dar el primer paso

movement /'muːv.mənt/ n [C, U] ⇒movimiento

† **movie** /'muː.vi/ n [C] **1** US (UK film) ⇒película **2** the movies US ⇒cine

movie theater US (UK cinema) n [C] ⇒cine: *What is playing at the local movie theater?* - ¿Qué ponen en el cine local?

moving /'muː.vɪŋ/ adj **1** ⇒conmovedor,-a **2** ⇒móvil: *a moving part* - una pieza móvil

mow, mowed, mown UK: /məʊ/ US: /moʊ/ v [T, I] ⇒cortar [el césped]
| PHRASAL VERBS
· **to mow sb down** [M] ⇒matar a alguien ⇒se-
└ gar la vida de alguien

mown past participle of **mow**

Mozambican UK: /ˌməʊ.zæm'biː.kən/ US: /ˌmoʊ-/ adj, n [C] ⇒mozambiqueño,ña

Mozambique UK: /ˌməʊ.zæm'biːk/ US: /ˌmoʊ-/ n [U] ⇒Mozambique

† **MP** /ˌem'piː/ n [C] **1** ⇒forma abreviada de **Member of Parliament** (parlamentario,ria) **2** ⇒forma abreviada de **Military Police** (policía militar)

MP3 /ˌem.piː'θriː/ n [C, U] ⇒MP3: *MP3 player* - reproductor MP3

† **Mr** UK: /'mɪs.tə⁰/ US: /-tə/ n ⇒Sr.: *Mr Smith* - el Sr Smith ■ Se usa con un apellido

† **Mrs** /'mɪs.ɪz/ n ⇒Sra.: *Mrs Reynolds* - la Sra. Reynolds ■ Se usa con un apellido y designa a una mujer casada

† **Ms** /məz, mɪz/ n ⇒Sra.: *Ms Robinson* - la Sra. Robinson ■ Se usa con un apellido, y no especifica el estado civil de la mujer

† **MS** /ˌem'es/ US n [C] See **MSc**

MSc /ˌem.es'siː/ UK (US MS) n [C] ⇒forma abreviada de **Master of Science** (máster en una materia de Ciencias)

Mt n [C] ⇒forma abreviada de **mount** (monte)

† **much¹** /mʌtʃ/ adj, pron [comp more, superl most] **1** *(en oraciones negativas)* ⇒mucho,cha **2** *(en oraciones interrogativas)* ⇒mucho,cha **3** as ~ as ⇒tanto como: *I don't know as much English as she does* - No sé tanto inglés como ella **4** how

much...? ⇒¿cuánto,ta...?: *How much butter is there in the fridge?* - ¿Cuánta mantequilla hay en la nevera?; *How much is it?* - ¿Cuánto es? Se usa con nombres incontables. Comparar con *many* ■ Normalmente se usa en oraciones interrogativas o negativas. En oraciones afirmativas se usa *a lot of* **5** so ~ ⇒tanto,ta: *so much noise* - tanto ruido **6** too ~ ⇒demasiado,da: *It's too much for me* - Es demasiado para mí

much² /mʌtʃ/ *adv* **1** ⇒mucho: *They don't go out much* - No salen mucho **2** *much to his surprise* - para gran sorpresa suya **3** ⇒muy: *a much-deserved rest* - un descanso muy merecido **4** as ~ as ⇒a pesar de ⇒aunque ⇒por mucho que ⇒por más que

muck¹ /mʌk/ *n* [U] **1** *(inform)* ⇒porquería **2** ⇒estiércol

muck² /mʌk/

| PHRASAL VERBS
· **to muck {about/around}** *UK (inform)* ⇒hacer el indio *col. desp.;* ⇒hacer el tonto *col.*
· **to muck sth up** [M] **1** *(inform)* ⇒echar a perder *col.;* ⇒meter la pata **2** ⇒ensuciar

mucus /'mju:.kəs/ *n* [U] ⇒mucosidad ⇒moco

mud /mʌd/ *n* [U] ⇒barro ⇒fango

muddle¹ /'mʌd.l/ *n* [U, NO PL] **1** ⇒desorden **2** ⇒lío: *He got himself into a muddle* - Se armó un lío

muddle² /'mʌd.l/

| PHRASAL VERBS
· **to muddle sth up** [M] ⇒mezclar algo ⇒desordenar algo ⇒revolver algo
· **to muddle sth/sb up** [M] ⇒confundir ⇒hacerse un lío con

muddy /'mʌd.i/ *adj* [*comp* muddier, *superl* muddiest] **1** *(el agua)* ⇒turbio,bia **2** ⇒con barro ⇒embarrado,da **3** *(un color)* ⇒sucio,cia ⇒apagado,da

mudguard UK: /'mʌd.gɑːd/ US: /-gɑːrd/ *UK (US* **fender**) *n* [C] *(en un vehículo)* ⇒guardabarros ⇒salpicadera *AMÉR.*

muffin /'mʌf.ɪn/ *n* [C] **1** *US* ⇒bollo con forma de magdalena que puede llevar chocolate o frutos **2** *UK (US* **English muffin**) ⇒bollo de pan que se suele tomar caliente y con mantequilla

mug¹ /mʌg/ *n* [C] **1** ⇒taza ⇒jarrillo ⇒pocillo **2** *(inform)* ⇒careto *col.* **3** *(inform)* ⇒tontorrón,-a *col.;* ⇒primo,ma *col.;* ⇒ingenuo,nua

mug² /mʌg/ [mugged, mugging] *v* [T] *(en la calle)* ⇒asaltar ⇒atracar

mugger UK: /'mʌg.ə/ US: /-ə/ *n* [C] ⇒atracador,-a [que actúa en la calle]

mugging /'mʌg.ɪŋ/ *n* [C, U] ⇒atraco [en la calle]

muggy /'mʌg.i/ *adj* [*comp* muggier, *superl* muggiest] **1** ⇒bochornoso,sa **2** *Last night it was muggy* - Anoche hizo bochorno

mule /mju:l/ *n* [C] ⇒mulo,la: *as stubborn as a mule* - terco como una mula

mull /mʌl/ *v* [T] ⇒calentar cerveza o vino con azúcar y especias

| PHRASAL VERBS
· **to mull sth over** [M] ⇒meditar algo ⇒reflexionar sobre algo

multicultural UK: /ˌmʌl.ti'kʌl.tʃᵊr.ᵊl/ US: /-ᵊti'kʌl.tʃə-/ *adj* ⇒multicultural

multiculturalism UK: /ˌmʌl.ti'kʌl.tʃᵊr.ᵊl.ɪ.zᵊm/ US: /-ᵊti'kʌl.tʃə-/ *n* [U] ⇒multiculturalismo

multi-disciplinary UK: /ˌmʌl.ti.dɪs.ə'plɪn.ᵊr.i/ US: /-ᵊti.dɪs.ə'plɪ.ner-/ *adj* ⇒multidisciplinar: *a multi-disciplinary approach* - un enfoque multidisciplinar

multilingual UK: /ˌmʌl.ti'lɪŋ.gwəl/ US: /-ᵊti-/ *adj* ⇒plurilingüe

multimedia UK: /ˌmʌl.ti'mi:.di.ə/ US: /-ᵊti-/ *n* [U] ⇒multimedia

multinational UK: /ˌmʌl.ti'næʃ.ᵊn.ᵊl/ US: /-ᵊti-/ *adj, n* [C] ⇒multinacional: *He works for a multinational pharmaceutical* - Trabaja en una multinacional farmacéutica

multiple¹ UK: /'mʌl.tɪ.pl/ US: /-ᵊtɪ-/ *adj* ⇒múltiple: *multiple birth* - parto múltiple

multiple² UK: /'mʌl.tɪ.pl/ US: /-ᵊtɪ-/ *n* [C] *(en matemáticas)* ⇒múltiplo

multiple sclerosis *n* [U] *(en medicina)* ⇒esclerosis múltiple

multiplex UK: /'mʌl.tɪ.pleks/ US: /-ᵊtɪ-/ [*pl* multiplexes] *n* [C] ⇒multicine

multiplication UK: /ˌmʌl.tɪ.plɪ'keɪ.ʃᵊn/ US: /-ᵊtɪ-/ *n* [U] ⇒multiplicación: *multiplication table* - tabla de multiplicar; *multiplication sign* - signo de multiplicar

multiply /'mʌl.tɪ.plaɪ/ US: /-ᵊtɪ-/ [multiplies, multiplied] *v* [T, I] **1** *(en matemáticas)* ⇒multiplicar **2** ⇒multiplicarse ⇒aumentar

multiracial UK: /ˌmʌl.tɪ'reɪ.ʃᵊl/ US: /-ᵊtɪ-/ *adj* ⇒multirracial

multitude UK: /'mʌl.tɪ.tju:d/ US: /-ᵊtə.tu:d/ *n* [C, NO PL] **1** *(form)* ⇒multitud **2** *the multitudes (form) (conjunto de personas)* ⇒las masas

M ⬛

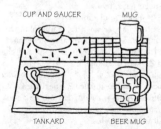

CUP AND SAUCER   MUG

TANKARD   BEER MUG

†**mum** /mʌm/ *UK* (*US* **mom**) *n* [C] *(inform)* ⇒mamá
■ PRON. La *u* se pronuncia como la *u* en el término inglés *sun*

mumble /'mʌm.bl̩/ [mumbled, mumbling] *v* [T, I] ⇒hablar entre dientes ⇒musitar

†**mummy** /'mʌm.i/ [*pl* mummies] *n* [C] **1** *UK* (*US* **mommy**) *(inform)* ⇒mamá ■ Pertenece al lenguaje infantil **2** ⇒momia ■ PRON. La *u* se pronuncia como la *u* en el término inglés *sun*

mumps /mʌmps/ *n* [U] ⇒paperas: *My brother's got the mumps* - Mi hermano tiene paperas

mundane /mʌn'deɪn/ *adj* **1** ⇒cotidiano,na ⇒rutinario,ria **2** ⇒intrascendente ⇒prosaico

†**municipal** /mju:'nɪs.ɪ.pəl/ *adj* ⇒municipal: *municipal elections* - elecciones municipales

munitions /mju:'nɪʃ.ənz/ *n* [PL] ⇒municiones

mural UK: /'mjʊə.rəl/ US: /'mjʊr.[ə]l/ *n* [C] *(pintura)* ⇒mural

†**murder¹** UK: /'mɜː.də/ US: /'mɜː.də/ *n* [C, U] **1** ⇒asesinato: *charged with murder* - acusado de asesinato ■ Comparar con *assassination* (asesinato de alguien importante) **2** **to be ~** *(inform)* ⇒ser muy difícil ⇒ser horrible

†**murder²** UK: /'mɜː.də/ US: /'mɜː.də/ *v* [T] ⇒asesinar ⇒ultimar *AMÉR.*

murderer UK: /'mɜː.dᵊr.ə/ US: /'mɜː.də.ə/ *n* [C] ⇒asesino,na ■ Comparar con *assassin* (asesino de alguien importante)

murky UK: /'mɜː.ki/ US: /'mɜː-/ *adj* [*comp* murkier, *superl* murkiest] **1** ⇒lóbrego,ga ⇒sombrío,a ⇒turbio,bia **2** *(un asunto, una situación)* ⇒poco claro,ra ⇒turbio,bia

murmur¹ UK: /'mɜː.mə/ US: /'mɜː.mə/ *v* [T, I] ⇒murmurar: *She murmured sth into my ear* - Me murmuró algo al oído

murmur² UK: /'mɜː.mə/ US: /'mɜː.mə/ *n* [C, NO PL] ⇒murmullo: *There was a murmur of approval* - Se oyó un murmullo de aprobación

†**muscle** /'mʌs.l̩/ *n* [C, U] ⇒músculo

muscular UK: /'mʌs.kjʊ.lə/ US: /-lə/ *adj* ⇒muscular ⇒musculoso,sa

muse¹ /mju:z/ [mused, musing] *v* [I] **1** *(form)* ⇒reflexionar ⇒meditar ■ CONSTR. to muse about/on sth **2** ⇒decir pensativo,va

muse² /mju:z/ *n* [C] ⇒musa

†**museum** /mju:'zi:.əm/ *n* [C] ⇒museo: *the modern art museum* - el museo de arte moderno

†**mushroom** /'mʌʃ.ru:m, -rʊm/ *n* [C] **1** ⇒champiñón **2** ⇒seta **3** ⇒hongo

†**music** /'mju:.zɪk/ *n* [U] **1** ⇒música: *to listen to music* - escuchar música **2** ⇒partitura

musical¹ /'mju:.zɪ.kᵊl/ *adj* **1** ⇒musical: *a musical instrument* - un instrumento musical **2** ⇒con aptitudes musicales

musical² /'mju:.zɪ.kᵊl/ *n* [C] *(obra de teatro, película)* ⇒musical

†**musician** /mju:'zɪʃ.ᵊn/ *n* [C] ⇒músico,ca: *He's a musician* - Es músico

†**Muslim** UK: /'mʊz.lɪm/ US: /'mɑː.zlem/ (*tb* **Moslem**) *adj, n* [C] ⇒musulmán,-a

mussel /'mʌs.ᵊl/ *n* [C] ⇒mejillón: *mussel bed* - criadero de mejillones

†**must** /mʌst, məst, məs/ *v* [MODAL] **1** *(obligación)* ⇒deber ⇒tener que ■ Se utiliza generalmente cuando la obligación es de carácter personal. Comparar con *have to* **2** *(probabilidad)* ⇒deber de ■ CONSTR. 1. must + do sth 2. must + have + participio de pasado ■ No se utiliza con tiempos pasados, para ello se emplea *had to* ■ Ver cuadro en página siguiente y ver cuadro *modal verbs*

mustache UK: /mʊ'stɑː.ʃ/ US: /'mʌs.tæʃ/ *US* (*UK* **moustache**) *n* [C] ⇒bigote

mustard UK: /'mʌs.təd/ US: /-təd/ *n* [U] **1** ⇒mostaza **2** *(color)* ⇒mostaza

muster UK: /'mʌs.tə/ US: /-tə/ *v* [T, I] ⇒reunir(se)
|PHRASAL VERBS
| · **to muster** *sth* **(up)** ⇒reunir algo ⇒contar con algo

†**mustn't** /'mʌs.ᵊnt/ *(must not)* See **must**

musty /'mʌs.ti/ *adj* [*comp* mustier, *superl* mustiest] **1** ⇒rancio,cia: *It smells musty here* - Huele a rancio **2** ⇒mohoso,sa

mutant UK: /'mju:.tᵊnt/ US: /-ˤt̬[ə]nt/ *n* [C] ⇒mutante

mute¹ /mju:t/ *adj* **1** ⇒callado,da **2** ⇒mudo,da

mute² /mju:t/ [muted, muting] *v* [T] **1** *(el sonido de algo)* ⇒bajar ⇒amortiguar **2** *(un sentimiento, una actividad)* ⇒acallar

mute³ /mju:t/ *n* [C] **1** *(en música)* ⇒sordina **2** ⇒letra muda

muted UK: /'mju:.tɪd/ US: /-ˤt̬ɪd/ *adj* **1** *(el sonido de algo)* ⇒bajo,ja ⇒apagado,da **2** ⇒acallado,da ⇒velado,da **3** *(una respuesta, un aplauso)* ⇒tibio,bia **4** *(un color)* ⇒apagado,da

mutilate UK: /'mju:.tɪ.leɪt/ US: /-ˤt̬[ə]l.eɪt/ [mutilated, mutilating] *v* [T] ⇒mutilar

mutiny UK: /'mju:.tɪ.ni/ US: /-ˤt̬ɪ-/ [*pl* mutinies] *n* [C, U] ⇒motín

†**mutter** UK: /'mʌt.ə/ US: /'mʌˤt̬.ə/ *v* [T, I] **1** ⇒decir entre dientes ⇒murmurar **2** ⇒refunfuñar *col.*

mutton UK: /'mʌt.ᵊn/ US: /'mʌˤt̬-/ *n* [U] ⇒carne de cordero

†**mutual** /'mju:.tʃu.əl/ *adj* **1** ⇒mutuo,tua **2** ⇒común: *a mutual friend* - un amigo común

muzzle¹ /'mʌz.l̩/ *n* [C] **1** *(para un perro)* ⇒bozal **2** *(de un animal)* ⇒hocico **3** *(de un arma)* ⇒boca

muzzle² /'mʌz.l̩/ [muzzled, muzzling] *v* [T] **1** ⇒poner un bozal **2** ⇒amordazar ⇒coaccionar

≡ M

---

must / have to

Must y have to se usan para expresar una obligación o para expresar que algo es necesario:

· You **must / have to** pay to go in!
(Debes / tienes que pagar para entrar).

Sin embargo, no siempre se usan en los mismos contextos:

• **Must** es un verbo modal que tiene una sola forma para todas las personas. Siempre va seguido de un infinitivo sin "to" y se usa con tiempos del presente o del futuro indistintamente, sin cambiar de forma. Normalmente se usa para expresar una obligación por parte del hablante, o una fuerte convicción o sugerencia:

· I **must** go home now.
(Tengo que irme a casa ya.)

· You **must** see that film, it's fantastic!
(Tienes que ver esa película, ¡es fantástica!)

• **Have to** se usa en cualquier tiempo verbal. Generalmente se emplea para expresar una obligación impuesta por una norma o un acuerdo:

· When I was 14, I **had** to be home at 10.
(Cuando tenía 14 años, tenía que estar en casa a las 10.)

· You **have to** wear a cap in the pool.
(Tienes que llevar gorro en la piscina.)

Las formas negativas **must not** (**mustn't**) y **don't have to** tienen significados diferentes:

– Se usa **must not** (**musn't**) para expresar una prohibición o una obligación negativa y sin posibilidad de elección:

· You **mustn't** use your mobile phone in the hospital.
(No debes usar el móvil en el hospital.)

– Se usa **don't have to** para expresar que algo no es obligatorio, que deja abierta la posibilidad de hacerlo o no:

· You **don't have to** use your mobile. You can call from our phone.
(No tienes que usar tu móvil. Puedes llamar desde nuestro teléfono.)

---

† **my** /maɪ/ adj **1** ⇒mi: This is my sister Natalie - Esta es mi hermana Natalie **2** My arm hurts - Me duele el brazo ∎ Ver cuadro possessive adjectives and pronouns

myself /maɪˈself/ pron **1** ⇒me: I cut myself with the knife - Me corté con el cuchillo **2** ⇒personalmente ⇒yo mismo,ma **3** (all) by ~ **1** ⇒solo,la [sin compañía]: I go to school by myself - Voy solo al colegio **2** ⇒solo,la [sin ayuda]: I made this all by myself - Lo hice yo sola ∎ Ver cuadro reflexive pronouns

mysterious UK: /mɪˈstɪə.ri.əs/ US: /-ˈstɪr.i-/ adj ⇒misterioso,sa: a mysterious phone call - una llamada misteriosa

† **mystery** UK: /ˈmɪs.tʰr.i/ US: /-tə-/ [pl mysteries] n [c, u] **1** ⇒misterio **2** It was a mystery to him - No lograba entenderlo **3** a mystery tour - un viaje sorpresa

mystify /ˈmɪs.tɪ.faɪ/ [mystifies, mystified] v [T] ⇒dejar perplejo,ja ∎ Constr. Se usa más en pasiva

mystique /mɪˈstiːk/ n [U] ⇒aura de misterio y glamour

† **myth** /mɪθ/ n [c, U] ⇒mito

mythical /ˈmɪθ.ɪ.kʰl, ˈmɪθ.ɪ.k/ adj **1** ⇒mítico,ca **2** ⇒imaginario,ria ⇒irreal

mythology UK: /mɪˈθɒl.ə.dʒi/ US: /-ˈθɑː.lə-/ n [U] ⇒mitología: classical mythology - mitología clásica

M

N

n

n /en/ [pl n's] n [c] *(letra del alfabeto)* ⇒n ■ PRON. Se pronuncia como *en* en *men*.

N /en/ adj, n [U] ⇒forma abreviada de **north** (norte) y de **northern** (del norte)

naff /næf/ *UK adj (inform)* ⇒hortera ⇒de mal gusto

nag[1] /næg/ [nagged, nagging] v [T, I] *(inform)* **1** ⇒dar la lata *col.: Stop nagging me to cut my hair* - Deja de darme la lata para que me corte el pelo **2** ⇒regañar

nag[2] /næg/ n [c] ⇒jamelgo *col.;* ⇒penco

↑**nail**[1] /neɪl/ n [c] **1** *(tb fingernail)* ⇒uña: *Don't bite your nails!* - ¡No te muerdas las uñas! **2** ⇒clavo

nail[2] /neɪl/ v [T] **1** ⇒clavar ■ CONSTR. Se usa generalmente seguido de una preposición o un adverbio **2** *US (inform)* ⇒pillar *col.;* ⇒coger ⇒capturar

PHRASAL VERBS

· **to nail** *sb* **down** ⇒hacer que alguien se comprometa ⇒obligar a alguien a concretar algo

· **to nail** *sth* **down** [M] **1** *US (inform)* ⇒determinar algo ⇒concretar algo ⇒descubrir algo con certeza **2** ⇒describir algo con exactitud

↑**naked** /'neɪ.kɪd/ adj **1** ⇒desnudo,da ⇒biringo,ga *AMÉR. col.;* ⇒pilucho,cha *AMÉR. col.* ■ Comparar con *nude* (para contextos artísticos) **2 the ~ truth** ⇒la pura verdad ■ PRON. La *e* se pronuncia como la *i* en *did* **3 to the ~ eye** ⇒a simple vista

↑**name**[1] /neɪm/ n [c] **1** ⇒nombre: *first name* - nombre de pila **2** *My name is Joe* - Me llamo Joe **3 by ~** ⇒de nombre **4 by the ~ of** *(form)* ⇒llamado,da **5 in the ~ of** *sth* ⇒en nombre de algo **6 the ~ of the game** ⇒el objetivo fundamental ⇒la parte más importante

↑**name**[2] /neɪm/ v [T] **1** ⇒llamar: *She's going to be named Laura* - La van a llamar Laura ■ CONSTR. to name + dos objetos **2** ⇒nombrar: *Julie has been named as director* - Han nombrado a Julie directora ■ CONSTR. 1. to name + dos objetos 2. Se usa más en pasiva **3** ⇒fijar: *Let's name a date for going to the theatre* - Fijemos una fecha para ir al teatro

PHRASAL VERBS

· **to name** *sb* **after** *sb* ⇒poner un nombre por alguien: *They named him Peter after his father* - Le pusieron el nombre de Peter por su padre

nameless /'neɪm.ləs/ adj **1** ⇒anónimo,ma **2** *A friend who shall be nameless warned me about you* - Un amigo, cuyo nombre no voy a revelar, me advirtió sobre ti

namely /'neɪm.li/ adv *(form)* ⇒en concreto ⇒a saber ⇒es decir

namesake /'neɪm.seɪk/ n [c] ⇒tocayo,ya

nanny /'næn.i/ [pl nannies] n [c] **1** ⇒niñera ⇒tata *col.;* ⇒nana *AMÉR.* **2** *UK (inform)* ⇒abuela ⇒yaya *col.*

nap /næp/ n [c] ⇒cabezada ⇒siesta

nape /neɪp/ n [c] ⇒nuca

napkin /'næp.kɪn/ *(UK tb* **serviette***)* n [c] ⇒servilleta [de tela]

nappy /'næp.i/ [pl nappies] *UK (US* **diaper***)* n [c] ⇒pañal: *to change a nappy* - cambiar un pañal

narcotic[1] UK: /nɑː'kɒt.ɪk/ US: /nɑːr'kɑː.ˤt̬-/ n [c] ⇒narcótico

narcotic[2] UK: /nɑː'kɒt.ɪk/ US: /nɑːr'kɑː.ˤt̬-/ adj ⇒narcótico,ca: *a narcotic effect* - un efecto narcótico

narrate /nə'reɪt, 'nær.eɪt/ [narrated, narrating] v [T] *(form)* ⇒narrar ⇒contar ⇒relatar

narration UK: /nə'reɪ.ʃ°n/ US: /'nær'eɪ-/ n [U] *(form)* ⇒narración ⇒relato

narrative UK: /'nær.ə.tɪv/ US: /-ˤt̬ɪv/ ■ n [U] **1** *(form)* ⇒narrativa ■ n [c, U] **2** *(form)* ⇒relato ⇒historia

narrator UK: /nə'reɪ.tə°/ US: /'nær.eɪ.ˤt̬ə/ n [c] ⇒narrador,-a

↑**narrow**[1] UK: /'nær.əʊ/ US: /-oʊ/ adj **1** ⇒estrecho,cha **2** ⇒escaso,sa ⇒limitado,da **3 to have a ~ escape** ⇒escaparse por los pelos *col.*

narrow[2] UK: /'nær.əʊ/ US: /-oʊ/ v [T, I] **1** ⇒estrechar(se): *The road narrows at this point* - Aquí la calle se estrecha **2** ⇒disminuir ⇒restringir

PHRASAL VERBS

└ to narrow *sth* **down** [M] ⇨reducir

narrow-minded UK: /ˌnær.əʊˈmaɪn.dɪd/ US: /-oʊ-/ *adj* ⇨estrecho,cha de miras ⇨intolerante

NASA /ˈnæs.ə/ *n* [U] ⇨NASA ∎ Procede de *National Aeronautics and Space Administration* (Administración Nacional de Aeronáutica y del Espacio)

nasal /ˈneɪ.zᵊl/ *adj* **1** *(relativo a la nariz)* ⇨nasal **2** ⇨gangoso,sa ⇨nasal

nasty UK: /ˈnɑː.sti/ US: /ˈnæs.ti/ *adj* [*comp* nastier, *superl* nastiest] **1** ⇨desagradable ⇨asqueroso,sa ⇨malo,la **2** ⇨malintencionado,da ⇨antipático,ca **3** ⇨cruel ⇨violento,ta **4** ⇨ofensivo,va ⇨despectivo,va **5** *(situación)* ⇨complicado,da ⇨peligroso,sa

† **nation** /ˈneɪ.ʃᵊn/ *n* [C] ⇨nación

national¹ /ˈnæʃ.ᵊn.ᵊl, ˈnæʃ.nᵊl/ *adj* ⇨nacional: *national holiday* - fiesta nacional

national² /ˈnæʃ.ᵊn.ᵊl, ˈnæʃ.nᵊl/ *n* [C] *a British national* - persona de nacionalidad británica

National Health Service *n* [NO PL] ⇨en el Reino Unido, servicio de asistencia sanitaria de la Seguridad Social ∎ La forma abreviada es *NHS*

National Insurance *n* [U] ⇨en el Reino Unido, seguridad social

nationalism /ˈnæʃ.ᵊn.ᵊl.ɪ.zᵊm, ˈnæʃ.nə.lɪ-/ *n* [U] ⇨nacionalismo

nationality UK: /ˌnæʃ.ᵊnˈæl.ə.ti/ UK: /ˌnæʃˈnæl-/ US: /-ˁti/ [*pl* nationalities] *n* [C, U] ⇨nacionalidad: *He has taken Italian nationality* - Ha adoptado la nacionalidad italiana

nationalize /ˈnæʃ.ᵊn.ᵊl.aɪz, ˈnæʃ.nə.laɪz/ [nationalized, nationalizing] *v* [T] ⇨nacionalizar: *to nationalize public transport* - nacionalizar el transporte público

nationwide /ˌneɪ.ʃᵊnˈwaɪd/ *adj, adv* **1** ⇨de toda la nación: *a nationwide problem* - un problema de toda la nación **2** ⇨a escala nacional ⇨por todo el país

native¹ UK: /ˈneɪ.tɪv/ US: /-ˁtɪv/ *adj* **1** ⇨natal **2** ⇨indígena ⇨nativo,va **3** *(una lengua)* ⇨materno,na **4** *(una planta o un animal)* ⇨autóctono,na **5** *(una habilidad)* ⇨innato,ta

native² UK: /ˈneɪ.tɪv/ US: /-ˁtɪv/ *n* [C] **1** ⇨nativo,va ⇨natural **2** ⇨indígena

Native American *adj, n* [C] ⇨indígena americano,na ⇨nativo americano, nativa americana

nativity *n* [NO PL] **1** ⇨natividad **2 Nativity scene** ⇨belén

nativity play UK: /nəˈtɪv.ɪ.ti͵pleɪ/ US: /-ə.ˁti-/ *n* [C] *(en un colegio)* ⇨función de Navidad

natural UK: /ˈnætʃ.ᵊr.ᵊl/ US: /-ə-/ *adj* **1** ⇨natural: *natural resources* - recursos naturales **2** ⇨normal ⇨lógico,ca **3** ⇨innato,ta: *He has a natural aptitude for the piano* - Tiene una aptitud innata

para tocar el piano **4** *(un padre, una madre)* ⇨biológico,ca

natural history *n* [U] ⇨historia natural

naturalist UK: /ˈnætʃ.ᵊr.ᵊl.ɪst/ US: /-ə-/ *n* [C] ⇨naturalista

naturally UK: /ˈnætʃ.ᵊr.ᵊl.i/ US: /-ə-/ *adv* **1** ⇨con naturalidad: *to behave naturally* - comportarse con naturalidad **2** ⇨naturalmente ⇨desde luego **3** ⇨naturalmente ⇨de forma natural

† **nature** UK: /ˈneɪ.tʃə/ US: /-tʃə/ ∎ *n* [U] **1** ⇨naturaleza ⇨medio ambiente ∎ *n* [NO PL] **2** ⇨carácter ⇨personalidad **3** ⇨índole ⇨carácter **4 in the ~ of** *sth* ⇨como algo: *Her comments were in the nature of an apology* - Sus comentarios fueron como una disculpa

† **naughty** UK: /ˈnɔː.ti/ US: /ˈnɑː.ˁti/ *adj* [*comp* naughtier, *superl* naughtiest] **1** ⇨travieso,sa ∎ Generalmente referido a un niño **2** *(inform, hum)* ⇨verde ⇨picante

nausea UK: /ˈnɔː.zi.ə/ UK: /-ʒə/ US: /ˈnɑː-/ *n* [U] ⇨náusea: *I was overcome by nausea* - Me dieron náuseas

nautical UK: /ˈnɔː.tɪ.kᵊl/ US: /ˈnɑː.ˁti-/ *adj* ⇨náutico,ca

naval /ˈneɪ.vᵊl/ *adj* ⇨naval ⇨marítimo,ma

nave /neɪv/ *n* [C] *(en una iglesia)* ⇨nave

navel /ˈneɪ.vᵊl/ *n* [C] ⇨ombligo

navigate /ˈnæv.ɪ.geɪt/ [navigated, navigating] *v* [T, I] **1** *(un barco)* ⇨navegar ⇨gobernar **2** *(un avión)* ⇨pilotar **3** *(un vehículo o una actividad)* ⇨guiar ⇨dirigir

† **navy** /ˈneɪ.vi/ [*pl* navies] *n* [C] *(fuerzas navales)* ⇨marina ⇨armada ∎ Por ser un nombre colectivo se puede usar con el verbo en singular o en plural

† **Nazi** /ˈnɑːt.si/ *adj, n* [C] ⇨nazi

NE *adj, n* [U] ⇨forma abreviada de **northeast** (noreste)

† **near**¹ UK: /nɪə/ US: /nɪr/ *adv, prep* **1** ⇨cerca de ∎ Se dice *near my house*. Incorrecto: *near of my house* **2** ⇨cerca **3** ⇨casi: *near perfect* - casi perfecto **4** **~ enough 1** ⇨casi **2** ⇨suficientemente preciso **5 nowhere ~ 1** ⇨de ninguna manera ⇨para nada *col.* **2** ⇨lejos

† **near**² UK: /nɪə/ US: /nɪr/ *adj* ⇨cercano,na ⇨próximo,ma ∎ Aparte de la frase *the near future* y las formas comparativa y superlativa, no se se suele situar directamente delante de un nombre. Comparar con *nearby*

near³ UK: /nɪə/ US: /nɪr/ *v* [T, I] ⇨acercarse ⇨aproximarse

nearby UK: /ˌnɪəˈbaɪ/ US: /ˌnɪr-/ *adj, adv* **1** ⇨cercano,na ∎ Normalmente se sitúa delante de un nombre **2** ⇨cerca: *I've parked nearby* - He aparcado cerca

† **nearly** UK: /ˈnɪə.li/ US: /ˈnɪr-/ *adv* **1** ⇨casi **2 not ~ (as/so)** ⇨mucho menos ⇨ni con mucho

N

nearsighted UK: /ˌnɪəˈsaɪ.tɪd/ US: /ˌnɪrˈsaɪ.ˤt̬ɪd/ *US* (*UK* short-sighted) *adj* ⇨miope

†**neat** /niːt/ *adj* **1** ⇨ordenado,da ⇨pulcro,cra **2** ⇨claro,ra: *neat writing* - letra clara **3** *US* (*inform*) ⇨estupendo,da **4** (*una bebida alcohólica*) ⇨solo,la **5** ~ **and tidy** ⇨bien arreglado,da ⇨bien ordenado,da

necessarily /ˈnes.ə.ser.ɪl.i/ *adv* ⇨necesariamente ⇨indefectiblemente ⇨forzosamente

†**necessary** /ˈnes.ə.ser.i/ *adj* **1** ⇨necesario,ria: *Is it really necessary?* - ¿Realmente es necesario? **2** (*form*) ⇨inevitable: *a necessary evil* - un mal inevitable ■ PRON. La c se pronuncia como una s

necessitate /nəˈses.ɪ.teɪt/ [necessitated, necessitating] *v* [T] (*form*) ⇨requerir ⇨exigir

necessity UK: /nəˈses.ɪ.ti/ US: /-ə.ˤt̬i/ ■ *n* [C] ⇨necesidad ⇨artículo de primera necesidad ■ El plural es *necessities* ■ *n* [U] **2** ⇨necesidad

†**neck** /nek/ *n* [C] **1** (*de una persona*) ⇨cuello **2** ⇨pescuezo **3** (*de una prenda de vestir*) ⇨cuello **4** ~ **and ~** ⇨a la par: *The two boats are neck and neck* - Los dos barcos van a la par **5** **to be up to one's ~ in** *sth* ⇨estar metido,da en algo hasta el cuello *col.*

†**necklace** /ˈnek.ləs/ *n* [C] ⇨collar: *a pearl necklace* - un collar de perlas

nectarine UK: /ˈnek.tᵊr.iːn/ US: /ˌnek.təˈriːn/ *n* [C] (*fruta*) ⇨nectarina

⊨N

†**need¹** /niːd/ *v* [T] **1** ⇨necesitar ■ CONSTR. to need + to do sth **2** ⇨hay que ■ CONSTR. to need + doing sth **3** ⇨tener que ⇨hacer falta ■ CONSTR. to need + to do sth **4** **needn't do** *sth* ⇨no tener por qué ⇨no tener que ⇨no hace falta que ■ CONSTR. needn't + do sth ■ Se puede usar como verbo modal **5** **there needs to be** *sth* ⇨hace falta

†**need²** /niːd/ *n* [U, NO PL] **1** ⇨necesidad: *There is no need to argue* - No hay necesidad de discutir **2** **if** ~ **be 1** ⇨si fuera necesario: *I'll come back, if need be* - Si fuera necesario, volvería **2** ⇨si no queda más remedio: *I'll call him, if need be* - Lo llamaré yo, si no queda más remedio **3** **to be in** ~ **of** *sth* ⇨estar falto,ta de algo

†**needle** /ˈniː.dl̩/ *n* [C] **1** ⇨aguja: *the eye of a needle* - el ojo de una aguja **2** ⇨alfiler

needless /ˈniːd.ləs/ *adj* **1** ⇨inútil ⇨innecesario **2** ~ **to say** ⇨ni que decir tiene

†**needn't** /ˈniː.dᵊnt/ (*need not*) See **need**

needy /ˈniː.di/ *adj* [*comp* needier, *superl* neediest] ⇨necesitado,da: *needy people* - gente necesitada

†**negative¹** UK: /ˈneg.ə.tɪv/ US: /-ˤt̬ɪv/ *adj* ⇨negativo,va: *a negative attitude* - una actitud negativa ■ Ver cuadro

negative² UK: /ˈneg.ə.tɪv/ US: /-ˤt̬ɪv/ *n* [C, U] **1** ⇨negativa **2** (*en fotografía*) ⇨negativo **3** (*en electricidad*) ⇨polo negativo

neglect¹ /nɪˈglekt/ *v* [T] **1** ⇨dejar ⇨descuidar **2** ⇨desatender ⇨desamparar **3** **to** ~ **to do** *sth* ⇨descuidar algo ⇨olvidar hacer algo

neglect² /nɪˈglekt/ *n* [U] ⇨abandono ⇨negligencia

negligent /ˈneg.lɪ.dʒᵊnt/ *adj* **1** ⇨negligente: *to be negligent in doing sth* - ser negligente al hacer algo **2** ⇨dejado,da ⇨descuidado,da

negligible /ˈneg.lɪ.dʒə.bl̩/ *adj* ⇨insignificante ⇨desdeñable

†**negotiate** UK: /nəˈgəʊ.ʃi.eɪt/ US: /-ˈgoʊ-/ [negotiated, negotiating] ■ *v* [T, I] **1** ⇨negociar ■ *v* [T] **2** ⇨salvar: *to negotiate an obstacle* - salvar un obstáculo

neigh¹ /neɪ/ *v* [I] ⇨relinchar

neigh² /neɪ/ *n* [C] ⇨relincho

neighbor *US n* [C] See **neighbour**

†**neighbour** UK: /ˈneɪ.bər/ US: /-bə/ *UK* (*US* neighbor) *n* [C] **1** ⇨vecino,na: *my next-door neighbour*

---

negative structures

- Con verbos auxiliares y con el verbo "**be**" se usa "**not**".

  - *I* **am not** *English, I'm Welsh.*
    (No soy inglés; soy galés.)

  - *Charles* **can't** *swim.*
    (Charles no sabe nadar.)

  - *I* **haven't** *finished yet.*
    (Aún no hemos terminado.)

- Con verbos principales se usa "**do**" + "**not**":

  - *I* **do not** *want fish.*
    (No quiero pescado.)

  - *John's father* **does not** *work in the morning.*
    (El padre de John no trabaja por la mañana.)

  - *Susan* **did not** *go to school last week.*
    (Susan no fue al colegio la semana pasada.)

- En un registro informal (una conversación, una carta a un amigo…) se suelen usar contracciones:

  - *I* **don't** *like fish.*
    (No me gusta el pescado.)

  - *There* **wasn't** *a swimming pool at the hotel.*
    (No había piscinas en el hotel.)

  - *You* **mustn't** *eat in class.*
    (No debes comer en clase.)

(Ver también cuadros **interrogative structures** y **verb tenses**.)

- mi vecino de al lado; *our upstairs neighbours* - nuestros vecinos de arriba **2** *(form)* ⇒prójimo

neighbourhood UK: /ˈneɪ.bə.hʊd/ US: /-bɚ-/ *UK* *(US* **neighborhood)** *n* [C] ⇒vecindario ⇒barrio

neighbouring UK: /ˈneɪ.bʰr.ɪŋ/ US: /-bɚ-/ *UK adj* ⇒vecino,na ⇒contiguo,gua

neither[1] UK: /ˈnaɪ.ðə/ UK: /ˈniː-/ US: /-ðɚ/ *conj* **neither... nor...** *(en oraciones afirmativas)* ⇒ni... ni...

neither[2] UK: /ˈnaɪ.ðə/ UK: /ˈniː-/ US: /-ðɚ/ *adj* ⇒ninguno de los dos, ninguna de las dos: *Neither proposal was accepted* - No se aceptó ninguna de las dos propuestas

neither[3] UK: /ˈnaɪ.ðə/ UK: /ˈniː-/ US: /-ðɚ/ *adv* ⇒tampoco: *Susan didn't stay, neither did Bob* - Susan no se quedó y Bob tampoco; *«I don't want it».* *«Neither do I!»* - «No lo quiero». «¡Yo tampoco!»

neither[4] UK: /ˈnaɪ.ðə/ UK: /ˈniː-/ US: /-ðɚ/ *pron (en oraciones afirmativas)* ⇒ninguno,na ⇒ni el uno ni el otro

neon UK: /ˈniː.ɒn/ US: /-ɑːn/ *n* [U] ⇒neón: *a neon sign* - un letrero de neón

Nepal /nəˈpɔːl/ *n* [U] ⇒Nepal

Nepalese /ˌnep.əˈliːz/ [*pl* Nepalese] *adj, n* [C] ⇒nepalés,-a ⇒nepalí

nephew /ˈnef.juː, ˈnev-/ *n* [C] ⇒sobrino: *My nephew Sam is twelve* - Mi sobrino Sam tiene doce años ■ Se refiere solo a los sobrinos de sexo masculino. Para hacer referencia a los sobrinos en general hay que usar la locución *nephews and nieces: How many nephews and nieces do you have?* - ¿Cuántos sobrinos tienes?

Neptune UK: /ˈnep.tjuːn/ US: /-tuːn/ *n* [NO PL] *(planeta)* ⇒Neptuno

nerd UK: /nɜːd/ US: /nɜːd/ *n* [C] **1** *(inform) (una persona)* ⇒pavo,va *col.;* ⇒petardo,da *col. desp.;* ⇒pendejo,ja AMÉR. *col. desp.* **2** *(inform)* ⇒obseso,sa de la informática

nerve UK: /nɜːv/ US: /nɜːv/ *n* [C] **1** ⇒nervio ■ *n* [U, NO PL] **2** ⇒sangre fría ⇒valor ⇒ñeque AMÉR. ■ CONSTR. *nerve + to do sth* **3** ⇒descaro ⇒morro *col.* ■ CONSTR. *nerve + to do sth*

nerve-racking UK: /ˈnɜːvˌræk.ɪŋ/ US: /ˈnɜːv-/ *adj* ⇒angustioso,sa: *a nerve-racking situation* - una situación angustiosa

nerves UK: /nɜːvz/ US: /nɜːvz/ *n* [PL] **1** ⇒nervios **2** **{steady/strong}** ~ ⇒nervios de acero **3** **to calm one's** ~ ⇒tranquilizar(se): *This will calm your nerves* - Esto te tranquilizará **4** **to get on** *sb's* ~ *(inform)* ⇒poner a alguien de los nervios *col.: Traffic jams really get on my nerves* - Los atascos me ponen de los nervios

nervous UK: /ˈnɜː.vəs/ US: /ˈnɜː-/ *adj* **1** ⇒nervioso,sa ⇒preocupado,da **2** *to get nervous* - ponerse nervioso **3** *(en medicina)* ⇒nervioso,sa

nervously UK: /ˈnɜː.və.sli/ US: /ˈnɜː-/ *adv* ⇒de forma nerviosa

nervousness UK: /ˈnɜː.və.snəs/ US: /ˈnɜː-/ *n* [U] ⇒nerviosismo

[†] **nest** /nest/ *n* [C] ⇒nido: *an eagle's nest* - un nido de águila

nestle /ˈnes.l̩/ [nestled, nestling] *v* [T, I] **1** ⇒acurrucar(se) **2** ⇒recostar(se) **3** ⇒coger con ternura **4** ⇒colocar ⇒apoyar **5** *(un pueblo o un edificio)* ⇒estar enclavado,da ■ CONSTR. Se usa generalmente seguido de una preposición o un adverbio

net[1] /net/ *n* [C, U] **1** ⇒red: *a fishing net* - una red de pesca; *a tennis court net* - la red de un campo de tenis **2** *(en informática)* ⇒red **3** *(tela)* ⇒malla ⇒tul

net[2] /net/ *adj* **1** ⇒neto,ta: *net weight* - peso neto; *net income* - ingresos netos **2** *(un resultado)* ⇒final

netball UK: /ˈnet.bɔːl/ US: /-bɑːl/ *n* [U] ⇒deporte femenino parecido al baloncesto

netting UK: /ˈnet.ɪŋ/ US: /ˈneˤt-/ *n* [U] ⇒red ⇒malla

nettle UK: /ˈnet.l̩/ US: /ˈneˤt-/ *n* [C] ⇒ortiga

network[1] UK: /ˈnet.wɜːk/ US: /-wɜːk/ *n* [C] **1** ⇒cadena **2** *(en informática)* ⇒red **3** ⇒red de cadenas de televisión y radio

network[2] UK: /ˈnet.wɜːk/ US: /-wɜːk/ ■ *v* [T] **1** *(en informática)* ⇒conectar a la red **2** *(en radio y televisión)* ⇒retransmitir ■ *v* [I] **3** ⇒establecer contactos [de negocios o de política]

neural UK: /ˈnjʊə.rəl/ US: /ˈnʊr.əl/ *adj (en medicina)* ⇒neural

neuroscientist *n* [C] ⇒neurólogo,ga

neurotic UK: /njʊəˈrɒt.ɪk/ US: /nʊrˈɑː.ˤtɪk/ *adj, n* [C] ⇒neurótico,ca

neutral[1] UK: /ˈnjuː.trəl/ US: /ˈnuː-/ *adj* **1** ⇒neutral **2** *(un color)* ⇒neutro **3** *(una voz, una expresión)* ⇒neutro,tra **4** *neutral shoe cream* - betún incoloro

neutral[2] UK: /ˈnjuː.trəl/ US: /ˈnuː-/ *n* [C] **1** ⇒país neutral **2** ⇒persona neutral **3** *(de un coche)* ⇒punto muerto

[†] **never** UK: /ˈnev.ə/ US: /-ɚ/ *adv* ⇒nunca: *Never again!* - ¡Nunca más! ■ Se sitúa detrás de los verbos auxiliares y modales y delante de los demás verbos: *I've never been to China* - Nunca he estado en China; *I never eat meat* - Nunca como carne ■ No se usa con oraciones negativas. Comparar con *ever*

[†] **nevertheless** UK: /ˌnev.ə.ðəˈles/ US: /-ɚ-/ *(tb* **nonetheless)** *adv* ⇒no obstante ⇒sin embargo ⇒a pesar de ello ⇒aun así

[†] **new** UK: /njuː/ US: /nuː/ *adj* **1** ⇒nuevo,va ⇒recién adquirido,da ⇒recién comprado,da **2** ⇒nuevo,va ⇒otro,tra **3** **to be good as** ~ ⇒estar como nuevo

newcomer UK: /ˈnjuːˌkʌm.ə/ US: /ˈnuːˌkʌm.ɚ/ *n* [C] ⇒recién llegado,da

N

newly UK: /'nju:.li/ US: /'nu:.li/ *adv* ⇒recién: *newly painted* - recién pintado

† **news** UK: /nju:z/ US: /nu:z/ *n* [U] **1** ⇒noticia ⇒novedad ∎ *Se dice the news, some news o a piece of news. Incorrecto: a news* **2** ⇒telediario® ⇒noticiario ⇒noticiero *AMÉR.*

newsagent UK: /'nju:z,eɪ.dʒ³nt/ US: /'nu:z-/ *UK n* [c] ⇒encargado,da de una tienda de prensa

newsagent's [*pl* newsagents'] *UK n* [c] ⇒tienda de prensa

newsgroup UK: /'nju:z.gru:p/ US: /'nu:z.gru:p/ *n* [c] *(en internet)* ⇒grupo de discusión ⇒grupo de noticias

newsletter UK: /'nju:z,let.ə³/ US: /'nu:z,leˤt.ə/ *n* [c] *(de una organización)* ⇒boletín ⇒hoja informativa

† **newspaper** UK: /'nju:z,peɪ.pə³/ US: /'nu:z,peɪ.pə/ ∎ *n* [c] **1** ⇒periódico **2** *daily newspaper* - diario ∎ *n* [U] **3** ⇒papel de periódico: *to wrap sth in newspaper* - envolver algo en papel de periódico

newsreader UK: /'nju:z,ri:.də³/ US: /'nu:z,ri:.də/ *UK n* [c] ⇒presentador,-a de noticias

newsroom UK: /'nju:z.rʊm/ UK: /-ru:m/ US: /'nu:z-/ *n* [c] ⇒sala de redacción

newsstand UK: /'nju:z.stænd/ US: /'nu:z-/ *US n* [c] ⇒quiosco de periódicos

† **New Year** *n* [U] **1** ⇒año nuevo: *Happy New Year!* - ¡Feliz año nuevo! **2** *She is expecting her baby in the New Year* - Tendrá al niño a primeros de año

New Zealand[1] *n* [U] ⇒Nueva Zelanda

New Zealand[2] *adj* ⇒neozelandés,-a

New Zealander UK: /,nju:'zi:.lən.də³/ US: /-də/ *n* [c] ⇒neozelandés,-a

next[1] /nekst/ *adj* ⇒próximo,ma ⇒que viene ⇒siguiente ∎ *Cuando forma parte de complementos temporales, no se usa el artículo. Se dice I'd like to go to Italy next. Incorrecto: I'd like to go to Italy the next year*

next[2] /nekst/ *adv* **1** ⇒después ⇒luego **2** ⇒la próxima vez

† **next**[3] /nekst/ ~ *to sth/sb* ⇒junto a ⇒al lado de ⇒al costado de ∎ *Se usa con objetos inmóviles. Comparar con alongside*

next[4] /nekst/ *pron* ⇒el próximo, la próxima ⇒el,la siguiente

† **next door** *adv* ⇒al lado: *They live next door* - Viven al lado

next of kin [*pl* next of kin] *n* [c] *(form)* ⇒pariente más cercano ⇒familiar más cercano

NGO *n* [c] ⇒ONG ∎ *Procede de Non-Governmental Organization (organización no gubernamental)*

nib /nɪb/ *n* [c] *(en una pluma estilográfica)* ⇒plumín

nibble /'nɪb.l/ [nibbled, nibbling] *v* [T, I] ⇒mordisquear ⇒roer

Nicaragua UK: /,nɪk.ə'ræg.ju.ə/ US: /-'rɑ:g.wə/ *n* [U] ⇒Nicaragua

Nicaraguan UK: /,nɪk.ə'ræg.ju.ən/ US: /-'rɑ:g.wən/ *adj, n* [c] ⇒nicaragüense

† **nice** /naɪs/ *adj* **1** ⇒bueno,na ⇒agradable ⇒lindo,da *AMÉR.* **2** ⇒amable ⇒agradable ⇒majo,ja *col.* **3** ⇒bonito,ta ⇒lindo,da *AMÉR.* **4** ⇒fino,na ⇒sutil **5** ~ **and** *sth (inform)* ⇒bien ⇒bastante ∎ *Se usa seguido de un adjetivo*

nicely /'naɪ.sli/ *adv* **1** ⇒satisfactoriamente **2** ⇒bien: *This tie will do nicely* - Esta corbata estará bien

niche UK: /ni:ʃ/ US: /nɪtʃ/ *n* [c] **1** *(en arquitectura)* ⇒nicho ⇒hornacina **2** *(en economía)* ⇒nicho de mercado

nick[1] /nɪk/ *v* [T] **1** *UK (inform)* ⇒mangar *col.;* ⇒birlar *col.;* ⇒chingar *AMÉR. col.* **2** *UK (inform)* ⇒pillar *col.;* ⇒cazar *col.;* ⇒trincar *col.* **3** ⇒desportillar **4** ⇒rayar levemente **5** ⇒hacerse un corte ⇒cortarse

nick[2] /nɪk/ *n* [c] **1** ⇒mella ⇒muesca **2** *UK (inform)* ⇒trullo *col.;* ⇒cárcel **3** in the ~ *of time (inform)* ⇒justo a tiempo

nickel /'nɪk.l/ ∎ *n* [U] **1** ⇒níquel ∎ *n* [c] **2** ⇒en EE. UU. y en Canadá, moneda de cinco centavos

nickname[1] /'nɪk.neɪm/ *n* [c] ⇒apodo ⇒mote

nickname[2] /'nɪk.neɪm/ [nicknamed, nicknaming] *v* [T] ⇒apodar ∎ *CONSTR. to nickname + dos objetos*

nicotine UK: /'nɪk.ə.ti:n/ US: /-ˤti:n/ *n* [U] ⇒nicotina: *nicotine patch* - parche de nicotina

† **niece** /ni:s/ *n* [c] ⇒sobrina: *I have two nieces, aged six and three* - Tengo dos sobrinas, de seis y tres años

Nigeria UK: /naɪ'dʒɪə.ri.ə/ US: /-'dʒɪr.i-/ *n* [U] ⇒Nigeria

Nigerian UK: /naɪ'dʒɪə.ri.ən/ US: /-'dʒɪr.i-/ *adj, n* [c] ⇒nigeriano,na

† **night** /naɪt/ *n* [c, U] ⇒noche: *on Saturday night* - el sábado por la noche; *at night* - por la noche ∎ *Ver cuadro partes del día*

† **nightclub** /'naɪt.klʌb/ *n* [c] ⇒club nocturno ⇒club ⇒sala de fiestas

nightdress /'naɪt.dres/ [*pl* nightdresses] *UK n* [c] ⇒camisón

nightfall UK: /'naɪt.fɔ:l/ US: /-fɑ:l/ *n* [U] ⇒anochecer

nightie UK: /'naɪ.ti/ US: /-ˤti/ *n* [c] *(inform)* ⇒camisón

nightingale UK: /'naɪ.tɪŋ.geɪl/ US: /-ˤtɪŋ-/ *n* [c] ⇒ruiseñor: *the nightingale's song* - el canto del ruiseñor

nightlife /'naɪt.laɪf/ *n* [U] ⇒vida nocturna

nightly /'naɪt.li/ *adv* ⇒cada noche ⇒por noche

† **nightmare** UK: /'naɪt.meəʳ/ US: /-mer/ n [C] ⇒pesadilla: *to have a nightmare* - tener una pesadilla

night-time /'naɪt.taɪm/ n [U] ⇒noche: *in the night-time* - por la noche

nil /nɪl/ n [U] **1** *UK (en deporte)* ⇒cero **2** ⇒nada

nimble /'nɪm.bl̩/ adj **1** ⇒ágil ⇒habilidoso,sa ⇒rápido,da [en movimiento] **2** *(una persona)* ⇒despierto,ta ⇒espabilado,da ⇒ágil [mentalmente]

nine /naɪn/ ⇒nueve: *There are nine of them* - Son nueve; *She is nine years old* - Tiene nueve años

nineteen /ˌnaɪn'tiːn/ ⇒diecinueve

nineteenth /ˌnaɪn'tiːnθ, '--'/ **1** ⇒decimonoveno,na **2** *(para las fechas)* ⇒diecinueve ■ Se puede escribir también *19th*

ninety UK: /'naɪn.ti/ US: /-ˤţi/ ⇒noventa

ninth¹ /naɪnθ/ **1** ⇒noveno,na **2** *(para las fechas)* ⇒nueve **3** *It is his ninth birthday today* - Hoy cumple nueve años ■ Se puede escribir también *9th*

ninth² /naɪnθ/ n [C] ⇒noveno ⇒novena parte

nip /nɪp/ [nipped, nipping] ■ v [T, I] **1** ⇒pellizcar ⇒mordisquear ■ v [I] **2** *UK (inform) He nipped out and bought some food* - Salió un momento para comprar algo de comida ■ CONSTR. Se usa generalmente seguido de una preposición o un adverbio

nipple /'nɪp.l̩/ n [C] **1** ⇒pezón **2** *US (en un biberón)* ⇒tetina

nit /nɪt/ n [C] ⇒liendre ■ Se usa más en plural

nitrogen /'naɪ.trə.dʒən/ n [U] *(en química)* ⇒nitrógeno

no¹ UK: /nəʊ/ US: /noʊ/ adv ⇒no: *«Do you speak German?» «No, I don't»* - *«¿Hablas alemán?»* *«No»*

no² UK: /nəʊ/ US: /noʊ/ adj **1** *(en oraciones afirmativas)* ⇒ningún,-a **2** ⇒prohibido,da ⇒no

No. n [C] ⇒Es la forma abreviada de **number** *(número)*

nobility UK: /nəʊ'bɪl.ɪ.ti/ US: /noʊ'bɪl.ə.ˤţi/ n [U] ⇒nobleza

noble¹ UK: /'nəʊ.bl̩/ US: /noʊ-/ adj **1** *(cualidad loable)* ⇒noble ⇒honesto,ta **2** ⇒noble ⇒aristocrático,ca

noble² UK: /'nəʊ.bl̩/ US: /noʊ-/ n [C] ⇒noble ⇒aristócrata

nobody¹ UK: /'nəʊ.bə.di/ UK: /-bɒd.i/ US: /'noʊ.bɑː.di/ pron *(en oraciones afirmativas)* ⇒nadie

nobody² UK: /'nəʊ.bə.di/ UK: /-bɒd.i/ US: /'noʊ.bɑː.di/ [pl nobodies] n [C] ⇒don nadie

nocturnal UK: /nɒk'tɜː.nəl/ US: /nɑːk'tɜː-/ adj *(form)* ⇒nocturno,na

nod¹ UK: /nɒd/ US: /nɑːd/ [nodded, nodding] v [T, I] **1** ⇒asentir ⇒decir que sí con la cabeza **2** *(en fútbol)* ⇒cabecear

PHRASAL VERBS

· **to nod off** *(inform)* ⇒quedarse traspuesto,ta ⇒dar cabezadas

nod² UK: /nɒd/ US: /nɑːd/ n [C] ⇒consentimiento: *to give sb the nod to do sth* - dar a alguien el consentimiento para hacer algo

Noel UK: /nəʊ'el/ US: /noʊ-/ n [U] ⇒Navidad

no-good UK: /ˌnəʊ'gʊd/ US: /ˌnoʊ-/ US adj *(very inform) (una persona)* ⇒inútil desp.

† **noise** /nɔɪz/ n [C, U] **1** ⇒ruido: *to make noise* - hacer ruido **2** *noise pollution* - contaminación acústica

noisily /'nɔɪ.zɪ.li/ adv ⇒ruidosamente

noisy /'nɔɪ.zi/ adj [comp noisier, superl noisiest] ⇒ruidoso,sa ⇒con mucho ruido ⇒escandaloso,sa

nomad UK: /'nəʊ.mæd/ US: /'noʊ-/ n [C] ⇒nómada

nominal UK: /'nɒm.ɪ.nəl/ US: /'nɑː.mə-/ adj ⇒simbólico,ca ⇒nominal

† **nominate** UK: /'nɒm.ɪ.neɪt/ US: /'nɑː.mə-/ [nominated, nominating] v [T] **1** ⇒nombrar ⇒designar **2** ⇒nominar **3** ⇒elegir ⇒seleccionar ■ CONSTR. to nominate + to do sth

nominee UK: /ˌnɒm.ɪ'niː/ US: /ˌnɑː.mə-/ n [C] ⇒candidato,ta

† **none** /nʌn/ pron **1** ⇒ninguno,na ⇒nada **2** ~ *other than* ⇒el mismísimo, la mismísima **3** ~ *the I'm still none the wiser* - Sigo sin enterarme de nada ■ CONSTR. Se usa seguido de un adjetivo comparativo **4** ~ *too* ⇒nada ⇒para nada col. ■ CONSTR. Se usa seguido de un adjetivo o un adverbio

† **nonetheless** /ˌnʌn.ðə'les/ adv ⇒no obstante ⇒sin embargo ⇒a pesar de ello ⇒aun así

non-existent UK: /ˌnɒn.ɪg'zɪs.tᵊnt/ US: /ˌnɑːn-/ adj ⇒inexistente

nonfiction n [U] ⇒literatura que no pertenece al género de la ficción

non-flammable UK: /ˌnɒn'flæm.ə.bl̩/ US: /ˌnɑːn-/ adj ⇒no inflamable

† **nonsense** UK: /'nɒn.sᵊnts/ US: /'nɑːn.sents/ n [U] ⇒tontería ⇒huevada AMÉR. vulg.

non-stop UK: /ˌnɒn'stɒp/ US: /ˌnɑːn'stɑːp/ adj, adv **1** ⇒directo,ta ⇒sin paradas **2** ⇒sin hacer escala **3** ⇒sin parar

non-verbal UK: /ˌnɒn'vɜː.bᵊl/ US: /ˌnɑːn'vɜː-/ adj ⇒no verbal ⇒sin palabras

† **noon** /nuːn/ n [U] ⇒mediodía: *at noon* - al mediodía

† **no one** pron *(en oraciones afirmativas)* ⇒nadie

noose /nuːs/ n [C] **1** ⇒soga **2** ⇒lazo [para atrapar animales]

† **nor** UK: /nɔːʳ/ US: /nɔːr/ conj **1** *UK* ⇒tampoco: *You aren't going, and nor am I* - Tú no vas, ni yo tampoco ■ Se usa en frases después de *not* **2** neither... nor... ⇒ni: *Neither Sam nor Lee have a car* - Ni Sam ni Lee tienen coche

N

norm UK: /nɔːm/ US: /nɔːrm/ *n* [c] ⇒norma ∎ Se usa más en plural

†**normal** UK: /ˈnɔː.məl/ US: /ˈnɔːr-/ *adj* ⇒normal: *above normal* - por encima de lo normal; *below normal* - por debajo de lo normal

†**normally** UK: /ˈnɔː.mə.li/ US: /ˈnɔːr-/ *adv* **1** ⇒normalmente ⇒por lo general **2** *(actuar)* ⇒con normalidad

†**north**¹ UK: /nɔːθ/ US: /nɔːrθ/ *n* [U] ⇒norte: *the north of Spain* - el norte de España ∎ La forma abreviada es *N*

north² UK: /nɔːθ/ US: /nɔːrθ/ *adj* ⇒norte ⇒del norte

†**north**³ UK: /nɔːθ/ US: /nɔːrθ/ *adv* ⇒en dirección norte: *to travel north* - viajar en dirección norte

northbound UK: /ˈnɔːθ.baʊnd/ US: /ˈnɔːrθ-/ *adj a northbound road* - una carretera que va hacia el norte

†**northeast**¹ UK: /ˌnɔːˈθiːst/ US: /ˌnɔːrθ-/ *n* [U] ⇒nordeste: *in the northeast of South America* - al nordeste de Suramérica ∎ La forma abreviada es *NE*

northeast² UK: /ˈnɔːθˌiːst/ US: /ˈnɔːrθ-/ *adj* ⇒nordeste ⇒del nordeste

†**northeast**³ UK: /ˌnɔːˈθiːst/ US: /ˌnɔːrθ-/ *adv* ⇒en dirección nordeste: *to go northeast* - ir en dirección nordeste

northern UK: /ˈnɔː.ðən/ US: /ˈnɔːr.ðən/ *adj* ⇒del norte ⇒septentrional ∎ La forma abreviada es *N*

northwards *adv* ⇒hacia el norte: *to travel northwards* - viajar hacia el norte

†**northwest**¹ UK: /ˌnɔːθˈwest/ US: /ˌnɔːrθ-/ *n* [U] ⇒noroeste: *in the northwest of Europe* - al noroeste de Europa ∎ La forma abreviada es *NW*

†**northwest**² UK: /ˈnɔːθˌwest/ US: /ˈnɔːrθ-/ *adj* ⇒noroeste ⇒del noroeste

†**northwest**³ UK: /ˌnɔːθˈwest/ US: /ˌnɔːrθ-/ *adv* ⇒en dirección noroeste: *to go northwest* - ir en dirección noroeste

†**nose**¹ UK: /nəʊz/ US: /noʊz/ *n* [c] **1** ⇒nariz **2** *to have a ~ for sth UK (inform)* ⇒tener olfato para algo

nose² UK: /nəʊz/ US: /noʊz/ [nosed, nosing] *v* [T, I] *(un vehículo)* ⇒asomar el morro ⇒deslizarse lentamente

|PHRASAL VERBS
· **to nose {about/around}** *(sth)* *(inform)* ⇒fisgar ⇒curiosear

nosebleed UK: /ˈnəʊz.bliːd/ US: /ˈnoʊz-/ *n* [c] **1** ⇒hemorragia nasal **2** *to have a ~* ⇒sufrir una hemorragia nasal

nosey *adj* See **nosy**

nostalgia UK: /nɒsˈtæl.dʒə/ US: /nɑːˈstæl-/ *n* [U] ⇒nostalgia: *to feel nostalgia for sth* - sentir nostalgia de algo

nostril UK: /ˈnɒs.trəl/ US: /ˈnɑː.str[ə]l/ *n* [c] ⇒fosa nasal

nosy UK: /ˈnəʊ.zi/ US: /ˈnoʊ-/ *(tb nosey) adj* [*comp* nosier, *superl* nosiest] *(inform)* ⇒metomentodo *col.;* ⇒meticón,-a *col.;* ⇒entrometido,da

†**not** UK: /nɒt/ US: /nɑːt/ *adv* **1** ⇒no **2** *~ as... as all that He's not as cute as all that* - No es tan guapo **3** *~ at all* **1** ⇒en absoluto ⇒para nada **2** ⇒de nada ∎ Ver cuadro negative structures

†**notable** UK: /ˈnəʊ.tə.bl̩/ US: /ˈnoʊ.ᵗtə-/ *adj* ⇒notable

notch¹ UK: /nɒtʃ/ US: /nɑːtʃ/ [*pl* notches] *n* [c] **1** ⇒muesca **2** ⇒nivel

notch² UK: /nɒtʃ/ US: /nɑːtʃ/

|PHRASAL VERBS
· **to notch up** *sth* [M] *(inform)* ⇒apuntarse: *He notched up another victory* - Se apuntó un nuevo triunfo

†**note**¹ UK: /nəʊt/ US: /noʊt/ *n* [c] **1** ⇒nota ⇒apunte **2** ⇒nota ⇒mensaje **3** ⇒nota [musical] **4** *UK* (*US* bill) *(dinero)* ⇒billete

note² UK: /nəʊt/ US: /noʊt/ [noted, noting] *v* [T] ⇒notar ⇒percibir ∎ Constr. 1. to note + (that) 2. to note + interrogativa indirecta

|PHRASAL VERBS
· **to note** *sth* **down** ⇒anotar algo ⇒apuntar algo

†**notebook** UK: /ˈnəʊt.bʊk/ US: /ˈnoʊt-/ *n* [c] ⇒cuaderno ⇒libreta

noted UK: /ˈnəʊ.tɪd/ US: /ˈnoʊ.ᵗtɪd/ *adj* ⇒célebre: *That place is noted for its landscape* - Ese sitio es célebre por su paisaje ∎ Constr. Se usa generalmente seguido de la preposición for

notepaper UK: /ˈnəʊt.peɪ.pəʳ/ US: /ˈnoʊt.peɪ.pə/ *n* [U] ⇒papel de cartas: *Do you have any notepaper?* - ¿Tienes papel de cartas?

noteworthy UK: /ˈnəʊt.wɜː.ði/ US: /ˈnoʊt.wɜ:-/ *adj* *(form)* ⇒digno,na de mención

†**nothing** /ˈnʌθ.ɪŋ/ *pron* **1** *(en oraciones afirmativas)* ⇒nada **2** *for ~* **1** ⇒gratis: *I got into the theatre for nothing* - Entré gratis al teatro **2** ⇒en vano ⇒para nada **3** *to have ~ to do with sth/sb* ⇒no tener nada que ver: *It has nothing to do with us* - No tiene nada que ver con nosotros

†**notice**¹ UK: /ˈnəʊ.tɪs/ US: /ˈnoʊ.ᵗtɪs/ [noticed, noticing] *v* [T, I] ⇒fijarse ∎ Constr. 1. to notice + (that) 2. to notice + interrogativa indirecta

notice² UK: /ˈnəʊ.tɪs/ US: /ˈnoʊ.ᵗtɪs/ ∎ *n* [c] **1** ⇒cartel ⇒nota ⇒letrero ⇒anuncio [informativo] **2** *It escaped my notice* - No me di cuenta ∎ *n* [U] **3** ⇒aviso **4** *They gave me a month's notice* - Me avisaron con un mes de antelación ∎ Distinto de *a piece of news* (noticia) **5** *to {give/hand} in one's ~*

(en el trabajo) ⇨presentar la dimisión **6 to take ~ of** sth/sb ⇨prestar atención ⇨hacer caso

noticeable UK: /ˈnəʊ.tɪ.sə.bl̩/ US: /ˈnoʊ.ˤtɪ-/ *adj* ⇨sensible ⇨evidente ⇨notorio,ria ⇨perceptible

noticeboard UK: /ˈnəʊ.tɪs.bɔːd/ US: /ˈnoʊ.ˤtɪs.bɔːrd/ *UK (US* bulletin board*) n* [c] ⇨tablón de anuncios: *to put sth up on the noticeboard -* poner algo en el tablón de anuncios

notify UK: /ˈnəʊ.tɪ.faɪ/ US: /ˈnoʊ.ˤt̬ə-/ (notifies, notified] *v* [T] *(form)* ⇨notificar ⇨avisar ■ CONSTR. to notify sb + (that)

notion UK: /ˈnəʊ.ʃən/ US: /ˈnoʊ-/ *n* [c, u] ⇨idea ■ CONSTR. 1. notion of sth 2. notion that ■ Distinto de *basic knowledge* (nociones)

notorious UK: /nəʊˈtɔː.ri.əs/ US: /noʊˈtɔːr.i-/ *adj* ⇨conocido,da ⇨famoso,sa ⇨de mala reputación ■ Tiene un matiz negativo. Comparar con *famous*

notwithstanding UK: /ˌnɒt.wɪðˈstæn.dɪŋ/ US: /ˌnɑːt-/ *adv, prep (form)* ⇨a pesar de ⇨pese a ⇨no obstante

nought UK: /nɔːt/ US: /nɑːt/ *n* [U] **1** *UK* ⇨cero ■ Normalmente se refiere al *0* como parte de una cifra: *The figure '1,000' has three noughts -* La cifra '1.000' tiene tres ceros **2** *(old-fash)* ⇨nada: *There was nought I could do -* No había nada que pudiera hacer

noun /naʊn/ *n* [c] *(en gramática)* ⇨nombre ⇨sustantivo

nourish UK: /ˈnʌr.ɪʃ/ US: /ˈnɜː-/ [nourishes] *v* [T] **1** *(form)* ⇨nutrir ⇨alimentar **2** *(lit)* ⇨avivar ⇨alimentar

novel¹ UK: /ˈnɒv.əl/ US: /ˈnɑː.v[ə]l/ *n* [c] ⇨novela: *a gripping novel -* una novela que engancha

novel² UK: /ˈnɒv.əl/ US: /ˈnɑː.v[ə]l/ *adj* ⇨innovador,-a ⇨novedoso,sa

novelty UK: /ˈnɒv.əl.ti/ US: /ˈnɑː.v[ə]l.ˤti/ ■ *n* [U] **1** ⇨novedad ⇨cambio ■ *n* [c] **2** ⇨novedad ⇨innovación ■ El plural es *novelties* **3** ⇨bagatela ⇨chuchería ■ El plural es *novelties*

November UK: /nəʊˈvem.bər/ US: /noʊˈvem.bɚ/ *n* [c, u] ⇨noviembre: *in November -* en noviembre; *on November 5th -* el 5 de noviembre ■ La forma abreviada es *Nov*

novice UK: /ˈnɒv.ɪs/ US: /ˈnɑː.vɪs/ *n* [c] **1** ⇨principiante **2** *(en religión)* ⇨novicio,cia

now¹ /naʊ/ *adv* **1** ⇨ahora: *Where are you now? -* ¿Dónde estás ahora? **2** ⇨ya: *He won't be long now -* Ya no tardará mucho en llegar **3** (every) ~ and {again/then} ⇨a veces ⇨de vez en cuando **4** right ~ ⇨ahora mismo ⇨ya

now² /naʊ/ *(tb* now that*) conj* ⇨ahora que

nowadays /ˈnaʊ.ə.deɪz/ *adv* ⇨hoy en día ⇨actualmente ⇨hoy por hoy

nowhere UK: /ˈnəʊ.weər/ US: /ˈnoʊ.wer/ *adv* **1** *(en oraciones afirmativas)* ⇨a ninguna parte ⇨en ninguna parte **2** to {get/go} ~ ⇨no conseguir nada ⇨no llegar a nada

now that *conj* See **now**

nozzle UK: /ˈnɒz.l̩/ US: /ˈnɑː.zl̩/ *n* [c] *(de una manguera)* ⇨boquilla

nuance UK: /ˈnjuː.ɑːnts/ US: /ˈnuː-/ *n* [c] ⇨matiz

nuclear UK: /ˈnjuː.klɪər/ US: /ˈnuː.klɪː.ə/ *adj* ⇨nuclear: *nuclear waste -* residuos nucleares; *nuclear energy -* energía nuclear

nucleus UK: /ˈnjuː.kli.əs/ US: /ˈnuː-/ *[pl* nuclei, nucleuses] *n* [c] **1** *(en química, en biología)* ⇨núcleo **2** *(de un grupo)* ⇨núcleo

nude¹ UK: /njuːd/ US: /nuːd/ *adj (en arte)* ⇨desnudo,da ■ Comparar con *naked*

nude² UK: /njuːd/ US: /nuːd/ *n (en arte)* ⇨desnudo

nudge /nʌdʒ/ [nudged, nudging] ■ *v* [T] **1** ⇨dar un codazo **2** ⇨empujar [suavemente] ■ CONSTR. Se usa generalmente seguido de una preposición o un adverbio ■ *v* [T, I] **3** ⇨rozar ⇨alcanzar

nugget /ˈnʌɡ.ɪt/ *n* [c] **1** ⇨pepita: *a gold nugget -* una pepita de oro **2** ⇨trozo de pescado o carne rebozado **3** *a nugget of information -* un dato interesante

nuisance UK: /ˈnjuː.sənts/ US: /ˈnuː-/ *n* [c, u] **1** ⇨pesado,da ⇨pelmazo,za *col.* **2** ⇨lata *col.;* ⇨fastidio **3** to make a ~ of oneself ⇨molestar ⇨incordiar *col.*

nuke¹ UK: /njuːk/ US: /nuːk/ *v* [T] **1** *(inform) (un lugar)* ⇨bombardear [con armas nucleares] **2** *US (inform) (un alimento)* ⇨calentar o cocinar en el microondas

nuke² UK: /njuːk/ US: /nuːk/ *n* [c] *(inform)* ⇨arma nuclear

numb¹ /nʌm/ *adj* **1** ⇨entumecido,da ⇨dormido,da **2** ⇨petrificado,da ⇨conmocionado,da

numb² /nʌm/ *v* [T] **1** ⇨entumecer **2** ⇨paralizar ⇨petrificar ⇨conmocionar

number¹ UK: /ˈnʌm.bər/ US: /-bɚ/ *n* [c] **1** ⇨número ⇨cifra ■ La forma abreviada es *No.* **2** ⇨número ⇨cantidad **3** *(publicación)* ⇨número

number² UK: /ˈnʌm.bər/ US: /-bɚ/ *v* [T] **1** ⇨numerar **2** ⇨contar **3** ⇨figurar ⇨incluir(se) ■ CONSTR. Se usa más en pasiva **4** ⇨ascender: *Our staff numbers over 500 employees -* Nuestro personal asciende a más de 500 empleados

numbered *adj* **1** ⇨numerado,da: *numbered tickets -* entradas numeradas **2** ⇨contado,da: *The days of the video recorder are numbered -* Los días del vídeo están contados ■ PRON. La última *e* no se pronuncia

number plate *UK (US* license plate*) n* [c] *(de un vehículo)* ⇨matrícula ⇨chapa *AMÉR.;* ⇨placa *AMÉR.*

N

numerical UK: /njuː'mer.ɪ.kl̩/ US: /nuː-/ *adj* ⇒numérico,ca: *in numerical order* - en orden numérico; *numerical superiority* - superioridad numérica

† **numerous** UK: /'njuː.mə.rəs/ US: /'nuː-/ *adj (form)* ⇒numeroso,sa: *on numerous occasions* - en numerosas ocasiones

† **nun** /nʌn/ *n* [c] ⇒monja

† **nurse**[1] UK: /nɜːs/ US: /nɝːs/ *n* [c] ⇒enfermero,ra

nurse[2] UK: /nɜːs/ US: /nɝːs/ [nursed, nursing] *v* [T] **1** ⇒cuidar ⇒atender **2** *(un sentimiento)* ⇒albergar **3** ⇒dar el pecho ⇒amamantar

† **nursery** UK: /'nɜː.s[ə]r.i/ US: /'nɝː.sɚ-/ [pl nurseries] *n* [c] **1** ⇒guardería **2** ⇒cuarto de los niños **3** ⇒vivero [de plantas]

nursery rhyme *n* [c] ⇒canción popular infantil ⇒poema popular infantil

nursery school *n* [c] ⇒jardín de infancia

nurture UK: /'nɜː.tʃə/ US: /'nɝː.tʃɚ/ [nurtured, nurturing] *v* [T] **1** *(form)* ⇒criar ⇒educar **2** *(form) (una planta)* ⇒cuidar **3** *(una idea, un deseo)* ⇒abrigar ⇒albergar

† **nut** /nʌt/ *n* [c] **1** ⇒fruto seco [de cáscara dura] **2** ⇒nuez **3** ⇒tuerca **4** *(inform)* ⇒chiflado,da *col.;* ⇒pirado,da *col.* **5** *(inform)* ⇒forofo,fa ⇒incondicional **6** *(inform)* ⇒mollera *col.;* ⇒chaveta *col.;* ⇒chola *col.*

nutrient UK: /'njuː.tri.[ə]nt/ US: /'nuː-/ *n* [c] *(form)* ⇒nutriente

nutrition UK: /nju:'trɪʃ.[ə]n/ US: /nuː-/ *n* [U] ⇒nutrición

nutritionist UK: /nju:'trɪʃ.[ə]n.ɪst/ US: /nuː-/ *n* [c] ⇒nutricionista

nuts /nʌts/ *adj* **1** *(inform)* ⇒pirado,da *col.;* ⇒chiflado,da *col.* **2** *to go ~ (inform)* ⇒volver(se) loco,ca: *I'll go nuts if I don't get out for a bit* - Me volveré loco si no salgo un poco

nutshell /'nʌt.ʃel/ *in a ~* ⇒en pocas palabras ⇒en resumen

nutty UK: /'nʌt.i/ US: /'nʌ^ˤţ-/ *adj* [comp nuttier, superl nuttiest] **1** ⇒con sabor a frutos secos **2** ⇒con frutos secos **3** *(inform)* ⇒chiflado,da *col.*

nylon® UK: /'naɪ.lɒn/ US: /-lɑːn/ *n* [U] ⇒nailon®

nymph /nɪmpf/ *n* [c] ⇒ninfa

o UK: /əʊ/ US: /oʊ/ [*pl* o's] *n* [c] **1** *(letra del alfabeto)* ⇒o **2** *(cifra)* ⇒cero

oak UK: /əʊk/ US: /oʊk/ ∎ *n* [c, u] **1** *(árbol)* ⇒roble ∎ *n* [c] **2** *(madera)* ⇒roble

OAP UK: /ˌəʊ.eɪˈpiː/ US: /ˌoʊ-/ *UK n* [c] ⇒forma abreviada de **old age pensioner** (pensionista)

oar UK: /ɔːʳ/ US: /ɔːr/ *n* [c] ⇒remo

oasis UK: /əʊˈeɪ.sɪs/ US: /oʊ-/ [*pl* oases] *n* [c] ⇒oasis

oath UK: /əʊθ/ US: /oʊθ/ *n* [c] **1** ⇒juramento: *to be under oath* - estar bajo juramento; *to take an oath* - hacer un juramento **2** *(old-fash)* ⇒palabrota

oats UK: /əʊts/ US: /oʊts/ *n* [PL] **1** ⇒avena **2** ⇒copos de avena

obedience UK: /əʊˈbiː.di.ənts/ US: /oʊ-/ *n* [u] **1** ⇒obediencia **2** *John showed obedience to his teacher* - John obedeció a su profesora

obese UK: /əʊˈbiːs/ US: /oʊ-/ *adj* ⇒obeso,sa

obey UK: /əʊˈbeɪ/ US: /oʊ-/ *v* [T, I] ⇒obedecer ⇒cumplir ⇒acatar

obituary UK: /əʊˈbɪtʃ.ʊə.ri/ US: /oʊˈbɪtʃ.u.er.i/ [*pl* obituaries] *n* [c] ⇒esquela ⇒necrológica

object¹ UK: /ˈɒb.dʒɪkt/ US: /ˈɑːb-/ *n* [c] **1** ⇒objeto **2** ⇒objetivo ⇒propósito **3** *(una persona)* ⇒objeto **4** *(en gramática)* ⇒objeto ⇒complemento ∎ Ver cuadro verbos con dos objetos

object² /əbˈdʒekt/ *v* [I] ⇒oponerse ⇒poner reparos ∎ CONSTR. to object to sth

objection /əbˈdʒek.ʃən/ *n* [c] **1** ⇒objeción ⇒reparo **2** ⇒inconveniente

objective¹ /əbˈdʒek.tɪv/ *n* [c] ⇒propósito ⇒objetivo

objective² /əbˈdʒek.tɪv/ *adj* ⇒objetivo,va: *It's impossible to be objective* - Es imposible ser objetivo

obligation UK: /ˌɒb.lɪˈɡeɪ.ʃən/ US: /ˌɑː.bləˈ-/ *n* [c, u] ⇒obligación ⇒compromiso

obligatory UK: /əˈblɪɡ.ə.tʳr.i/ US: /-tɔːr-/ *adj* **1** ⇒obligatorio,ria **2** *(form)* ⇒consabido,da

oblige /əˈblaɪdʒ/ [obliged, obliging] ∎ *v* [T] **1** ⇒obligar: *Rachel felt obliged to attend* - Rachel se sintió obligada a asistir; ⇒forzar ∎ *v* [T, I] **2** ⇒complacer ∎ CONSTR. to oblige + to do sth

obliged /əˈblaɪdʒd/ *adj* *(form)* ⇒agradecido,da: *to be obliged to sb for sth* - estar agradecido a alguien por algo

obliterate UK: /əˈblɪt.ʳr.eɪt/ US: /-ˈblɪˤt̬.ə.reɪt/ [obliterated, obliterating] *v* [T] **1** ⇒aniquilar ⇒destruir ∎ CONSTR. Se usa más en pasiva **2** ⇒borrar: *to obliterate a memory from one's mind* - borrar un recuerdo de la mente

oblivion /əˈblɪv.i.ən/ *n* [u] ⇒olvido: *to sink into oblivion* - caer en el olvido

oblivious /əˈblɪv.i.əs/ *adj* ⇒ajeno,na: *She was oblivious to their suffering* - Permanecía ajena a su sufrimiento

obscene /əbˈsiːn/ *adj* ⇒obsceno,na

obscure¹ UK: /əbˈskjʊəʳ/ US: /-ˈskjʊr/ *adj* **1** ⇒oscuro,ra ⇒poco claro,ra **2** ⇒poco conocido,da: *an obscure writer* - un autor poco conocido

obscure² UK: /əbˈskjʊəʳ/ US: /-ˈskjʊr/ [obscured, obscuring] *v* [T] **1** ⇒tapar ⇒ocultar **2** ⇒oscurecer

observant UK: /əbˈzɜː.vˢnt/ US: /-ˈzɜː-/ *adj* ⇒observador,-a: *She's very observant* - Es muy observadora

observation UK: /ˌɒb.zəˈveɪ.ʃən/ US: /ˌɑː.b.zɚ-/ ∎ *n* [u] **1** ⇒observación ⇒contemplación **2** *to be under observation* - estar vigilado ∎ *n* [c] **3** ⇒observación ⇒comentario

observatory UK: /əbˈzɜː.və.tri/ US: /-ˈzɜː.və.tɔːr.i/ [*pl* observatories] *n* [c] ⇒observatorio

observe UK: /əbˈzɜːv/ US: /-ˈzɜːv/ [observed, observing] *v* [T] **1** ⇒observar ⇒mirar ∎ CONSTR. to observe + interrogativa indirecta **2** *(form)* ⇒comentar ∎ CONSTR. to observe + that **3** ⇒observar ⇒obedecer **4** *(form)* ⇒notar ∎ CONSTR. 1. to observe + that 2. to observe + interrogativa indirecta

observer UK: /əbˈzɜːvəʳ/ US: /-ˈzɜːvɚ/ *n* [c] **1** ⇒testigo presencial **2** ⇒observador,-a

obsess /əbˈses/ [obsesses] *v* [T, I] ⇒obsesionar(se): *The idea obsessed me for years* - Durante años me obsesionó la idea ∎ CONSTR. to obsess about sth

O

obsessed /əb'sest/ *adj* ⇒obsesionado,da: *obsessed with money* - obsesionado con el dinero ■ PRON. La última *e* no se pronuncia

obsession /əb'seʃ.ºn/ *n* [C, U] ⇒obsesión

obsessive /əb'ses.ɪv/ *adj* ⇒obsesivo,va

obsolete UK: /ˈɒb.sºlˈiːt/ US: /ˌɑːb-/ *adj* ⇒obsoleto,ta **2** *to become obsolete* - caer en desuso

obstacle UK: /ˈɒb.stɪ.kl̩/ US: /ˈɑːb-/ *n* [C] ⇒obstáculo: *to overcome an obstacle* - superar un obstáculo

obstetrician UK: /ˌɒb.stəˈtrɪʃ.ºn/ US: /ˌɑːb-/ *n* [C] *(en medicina)* ⇒tocólogo,ga

obstinate UK: /ˈɒb.stɪ.nət/ US: /ˈɑːb.stə-/ *adj* ⇒terco,ca ⇒obstinado,da

obstruct /əb'strʌkt/ *v* [T] ⇒obstruir ⇒tapar

†**obtain** /əb'teɪn/ *v* [T] *(form)* ⇒conseguir ⇒obtener

†**obvious** UK: /ˈɒb.vi.əs/ US: /ˈɑːb-/ *adj* ⇒evidente ⇒obvio,via

obviously UK: /ˈɒb.vi.ə.sli/ US: /ˈɑːb-/ *adv* ⇒obviamente ⇒evidentemente ⇒por supuesto

†**occasion** /əˈkeɪ.ʒºn/ *n* [C] **1** ⇒ocasión **2** ⇒acontecimiento: *His wedding will be quite an occasion* - Su boda será todo un acontecimiento

†**occasional** /əˈkeɪ.ʒºn.ºl, -ˈkeɪʒ.nəl/ *adj* ⇒ocasional ⇒esporádico,ca

occasionally /əˈkeɪ.ʒºn.ºl.i, -ˈkeɪʒ.nəl-/ *adv* ⇒ocasionalmente

occupant UK: /ˈɒk.ju.pºnt/ US: /ˈɑː.kjə-/ *n* [C] *(form) (de un edificio o un medio de transporte)* ⇒ocupante ⇒inquilino,na

occupation UK: /ˌɒk.juˈpeɪ.ʃºn/ US: /ˌɑː.kjə-/ ■ *n* [C] **1** *(form)* ⇒profesión ■ *n* [U] **2** ⇒invasión ⇒ocupación

occupational UK: /ˌɒk.juˈpeɪ.ʃºn.ºl/ US: /ˌɑː.kjə-/ *adj* ⇒ocupacional: *occupational therapy* - terapia ocupacional

occupied UK: /ˈɒk.ju.paɪd/ US: /ˈɑː.kju-/ *adj* **1** ⇒invadido,da ⇒ocupado,da **2** *(con una actividad)* ⇒ocupado,da **3** *US (UK* engaged) *(el cuarto de baño)* ⇒ocupado,da

occupier UK: /ˈɒk.ju.paɪ. əʳ/ US: /ˈɑː.kjə.paɪ.ə/ *UK n* [C] **1** ⇒ocupante ⇒inquilino,na **2** ⇒ocupante ⇒invasor,-a ■ Se usa más en plural

†**occupy** UK: /ˈɒk.ju.paɪ/ US: /ˈɑː.kju-/ [occupies, occupied] *v* [T] **1** ⇒invadir ⇒ocupar **2** *(un espacio)* ⇒ocupar **3** *(con una actividad)* ⇒ocupar ⇒entretener

†**occur** UK: /əˈkɜː/ US: /-ˈkɜʳ/ [occurred, occurring] *v* [I] *(form)* ⇒ocurrir: *Something strange has occurred* - Ha ocurrido algo extraño

PHRASAL VERBS
· **to occur to** *sb* ⇒ocurrirse a alguien: *It didn't occur to me to call you* - No se me ocurrió llamarte

occurrence UK: /əˈkʌr.ºnts/ US: /-ˈkɜː-/ ■ *n* [C] **1** ⇒hecho: *a common occurrence* - un hecho frecuente ■ *n* [U] **2** ⇒incidencia ⇒tasa

†**ocean** UK: /ˈəʊ.ʃºn/ US: /ˈoʊ-/ *n* [C, NO PL] ⇒océano: *at the bottom of the ocean* - al fondo del océano ■ Al dar el nombre de un océano, se escribe con mayúscula inicial: *the Atlantic Ocean*

†**o'clock** UK: /əˈklɒk/ US: /-ˈklɑːk/ *adv (para las horas exactas): at two o'clock* - a las dos; *by five o'clock* - antes de las cinco

octagon UK: /ˈɒk.tə.gən/ US: /ˈɑːk.tə.gɑːn/ *n* [C] ⇒octógono

†**October** UK: /ɒkˈtəʊ.bəʳ/ US: /ɑːkˈtoʊ.bə/ *n* [C, U] ⇒octubre: *in October* - en octubre; *on October 10th* - el diez de octubre ■ La forma abreviada es *Oct*

octopus UK: /ˈɒk.tə.pəs/ US: /ˈɑːk.tə.pəs/ *[pl* octopuses] *n* [C] ⇒pulpo

†**odd** UK: /ɒd/ US: /ɑːd/ *adj* **1** ⇒extraño,ña ⇒raro,ra **2** ⇒desparejado,da: *an odd sock* - un calcetín desparejado **3** *(un número, una cifra)* ⇒impar **4** ⇒ jobs ⇒trabajos esporádicos y de baja categoría **5** the ~ ⇒alguno que otro, alguna que otra: *I heard the odd criticism* - Oí alguna que otra crítica

oddity UK: /ˈɒd.ɪ.ti/ US: /ˈɑː.də.ˤti/ *[pl* oddities] *n* [C] **1** ⇒rareza ⇒singularidad **2** ⇒bicho raro *col.*

oddly UK: /ˈɒd.li/ US: /ˈɑːd-/ *adv* ⇒extrañamente ⇒de manera rara

†**odds** UK: /ɒdz/ US: /ɑːdz/ *n* [PL] **1** ⇒probabilidades: *What are the odds?* - ¿Cuáles son las probabilidades? **2** *(en apuestas)* ⇒puntos a favor ⇒puntos de ventaja **3** ~ and ends ⇒retazos ⇒retales **4** to be at ~ with *sth/sb* ⇒discrepar: *I'm at odds with him over a debt* - Discrepo con él sobre una deuda **5** to make no ~ *(inform)* ⇒dar igual *col.*

odour UK: /ˈəʊ.dəʳ/ US: /ˈoʊ.də/ *UK n* [C, U] ⇒olor *body odour* - olor corporal

†**of** UK: /əv/ US: /ɒv/ US: /ɑːv/ *prep* **1** *(relación o pertenencia)* ⇒de **2** *(contenido)* ⇒de **3** *(con cantidades)* ⇒de **4** *(material)* ⇒de **5** *(para las fechas)* ⇒de ■ Cuando se escribe la fecha con un número se omite la preposición *of: October 2nd* **6** *(causa o cualidad)* ⇒de **7** *(tema)* ⇒de ⇒respecto a **8** *That's very kind of you* - Es muy amable de tu parte

†**off¹** UK: /ɒf/ US: /ɑːf/ *adv* **1** ⇒de distancia ⇒fuera de **2** *(un aparato)* ⇒apagado,da **3** *(tiempo)* ⇒libre **4** *I must be off* - Tengo que irme **5** *(una cita)* ⇒cancelado,da **6** *He's off his food* - Está desganado

off² UK: /ɒf/ US: /ɑːf/ *prep* **1** ⇒de: *to take one's feet off the table* - quitar los pies de encima de la mesa **2** to be ~ *sth* ⇒haber dejado de gustar *She's off coffee* - Le ha dejado de gustar el café

†**off³** UK: /ɒf/ US: /ɑːf/ *adj* **1** *(comida)* ⇒estropeado,da ⇒malo,la **2** *(inform) (conducta)* ⇒incorrecto,ta

⇨malo,la ■ Constr. Se usa detrás de un verbo **3** *a day off* - un día libre

offence /ə'fens/ *UK (US* **offense)** *n* [c] **1** ⇨delito ⇨infracción **2** to take ~ at *sth* ⇨ofenderse por algo: *She never takes offence at anything* - Nunca se ofende por nada ■ Distinto de *insult* (ofensa)

offend /ə'fend/ *v* [T] ⇨ofender: *I didn't mean to offend you* - No pretendía ofenderte ■ Constr. to be offended + that

offender UK: /ə'fen.dəʳ/ US: /-dəʳ/ *n* [c] ⇨infractor,-a ⇨delincuente

offense /ə'fens/ *US n* [c] See **offence**

offensive[1] /ə'fen.sɪv/ *adj* **1** ⇨ofensivo,va **2** *(form)* ⇨repugnante: *an offensive odour* - un olor repugnante

offensive[2] /ə'fen.sɪv/ *n* [c] ⇨ofensiva [militar]

offer[1] UK: /'ɒf.əʳ/ US: /'ɑː.fəʳ/ *v* [T, I] **1** ⇨ofrecer: *Can I offer you sth?* - ¿Puedo ofrecerte algo? ■ Constr. to offer + dos objetos **2** ⇨ofrecerse: *Mary offered to teach them driving* - Mary se ofreció para enseñarles a conducir ■ Constr. to offer + to do sth **3** ⇨dar ⇨proporcionar

offer[2] UK: /'ɒf.əʳ/ US: /'ɑː.fəʳ/ *n* [c] ⇨oferta ⇨ofrecimiento

offering UK: /'ɒf.ᵊr.ɪŋ/ US: /'ɑː.fəʳ-/ *n* [c] ⇨ofrenda

offhand[1] UK: /ˌɒf'hænd/ US: /ˌɑːf-/ *adj* ⇨brusco,ca ⇨displicente

offhand[2] UK: /ˌɒf'hænd/ US: /ˌɑːf-/ *adv* ⇨sin pensarlo

office UK: /'ɒf.ɪs/ US: /'ɑː.fɪs/ *n* [c] **1** ⇨oficina **2** ⇨despacho **3** to be in ~ ⇨estar en el poder **4** to take ~ ⇨asumir el cargo

officer UK: /'ɒf.ɪ.səʳ/ US: /'ɑː.fɪ.səʳ/ *n* [c] **1** *(en las fuerzas armadas o la policía)* ⇨oficial ⇨agente **2** ⇨funcionario,ria: *prison officers* - funcionarios de prisiones

official[1] /ə'fɪʃ.ᵊl/ *adj* ⇨oficial: *an official statement* - una declaración oficial

official[2] /ə'fɪʃ.ᵊl/ *n* [c] ⇨funcionario,ria ■ Distinto de *officer* (oficial)

off-licence UK: /'ɒf.laɪ.sᵊnts/ US: /'ɑːf-/ *UK n* [c] ⇨tienda de bebidas alcohólicas

off-peak UK: /ˌɒf'piːk/ US: /ˌɑːf-/ *adj* **1** ⇨en temporada baja: *off-peak holidays* - vacaciones en temporada baja **2** ⇨de bajo coste

offset, offset, offset UK: /ˌɒf'set/ US: /ˌɑːf-/ [offsetting] *v* [T] ⇨compensar ■ Constr. Se usa más en pasiva

offshore UK: /ˌɒf'ʃɔːʳ/ US: /ˌɑːf'ʃɔːʳ/ *adj* **1** *(un viento)* ⇨que sopla desde la tierra **2** *(pesca)* ⇨de bajura **3** ⇨cercano,na a la costa **4** *(una empresa)* ⇨en un paraíso fiscal

offside UK: /'ɒf.saɪd/ US: /'ɑːf-/ *UK adj (en conducción)* ⇨derecho,cha

offspring UK: /'ɒf.sprɪŋ/ US: /'ɑːf-/ [*pl* offspring] *n* [c] **1** *(form) (de un animal)* ⇨cría **2** *(de una persona)* ⇨prole

[↑]**often** UK: /'ɒf.ᵊn/ US: /'ɑːf-/ *adv* **1** ⇨a menudo ⇨con frecuencia ■ Se sitúa detrás del verbo *to be* y de los verbos auxiliares y modales y delante de los demás verbos: *He's often late for school* - Llega tarde al colegio con frecuencia; *I often go to the theatre* - Voy al teatro a menudo **2** how often...? ⇨¿cada cuánto...?

[↑]**oh** UK: /əʊ/ US: /oʊ/ *excl* ⇨¡oh! ⇨¡ah!

[↑]**oil**[1] /ɔɪl/ ■ *n* [c, u] **1** ⇨aceite: *olive oil* - aceite de oliva; *sunflower oil* - aceite de girasol ■ *n* [u] **2** ⇨petróleo **3** *an oil company* - una empresa petrolera

[↑]**oil**[2] /ɔɪl/ *v* [T] ⇨engrasar ⇨lubricar

oily /'ɔɪ.li/ *adj* [*comp* oilier, *superl* oiliest] **1** ⇨grasiento,ta *oily skin* - piel grasa **3** ⇨aceitoso,sa: *an oily sauce* - una salsa aceitosa **4** ~ fish ⇨pescado azul

ointment /'ɔɪnt.mənt/ *n* [u] **1** ⇨pomada **2** ⇨ungüento

OK *adj, adv (inform)* ⇨forma abreviada de **okay** (bien)

[↑]**okay**[1] UK: /ˌəʊ'keɪ/ US: /ˌoʊ-/ UK: /'--/ *adj, adv* **1** *(inform)* ⇨bien **2** *(inform)* ⇨bien **3** *(inform)* ⇨vale ⇨de acuerdo ■ Se usa más la forma abreviada *OK*

[↑]**okay**[2] UK: /ˌəʊ'keɪ/ US: /ˌoʊ-/ UK: /'--/ *v* [T] *(inform)* ⇨dar el visto bueno

[↑]**old** UK: /əʊld/ US: /oʊld/ *adj* [*comp* older, *superl* oldest] **1** *(una persona, un animal)* ⇨mayor ⇨viejo,ja ⇨anciano,na ■ Cuando se comparan las edades de personas, sobre todo las edades de los miembros de una familia, se pueden usar *elder* y *eldest*: *John is the elder of the two* - John es el mayor de los dos; *Ann is my eldest sister* - Ann es mi hermana mayor **2** *(un objeto)* ⇨viejo,ja ⇨antiguo,gua **3** *(desde hace mucho tiempo)* ⇨viejo,ja **4** ⇨de edad: *He's twenty-six years old* - Tiene veintiséis años de edad; *a nine-year-old girl* - una niña de nueve años; *How old is he?* - ¿Cuántos años tiene?

old-age pension *UK n* [c] ⇨pensión de jubilación

old-age pensioner *UK n* [c] ⇨pensionista ⇨pensionado,da *AMÉR.* ■ La forma abreviada es *OAP*

older *adj* the comparative form of **old**: *Anne is older than me* - Anne es mayor que yo

oldest *adj* the superlative form of **old**: *Will is the oldest boy in the class* - Will es el chico mayor de la clase

[↑]**old-fashioned** UK: /ˌəʊld'fæʃ.ᵊnd/ US: /ˌoʊld-/ *adj* **1** ⇨pasado,da de moda ⇨anticuado,da ⇨chapado,da a la antigua **2** ⇨antiguo,gua **3** ⇨tradicional: *an old-fashioned pub* - un pub tradicional ■ Pron. La e no se pronuncia

O ▬

†**olive** UK: /ˈɒl.ɪv/ US: /ˈɑː.lɪv/ n [c] **1** *(fruto)* ⇒aceituna ⇒oliva **2** *(árbol)* ⇒olivo

Olympic UK: /əʊˈlɪm.pɪk/ US: /oʊ-/ adj ⇒olímpico,ca

Olympic Games *(tb Olympics)* n [PL] ⇒juegos olímpicos ⇒olimpiadas

Olympics UK: /ðiˈəʊˈlɪm.pɪks/ US: /-oʊ-/ n [PL] See **Olympic Games**

Oman UK: /əʊˈmɑːn/ US: /oʊ-/ n [U] ⇒Omán

†**omelette** UK: /ˈɒm.lət/ US: /ˈɑː.mə.lət/ n [c] ⇒tortilla ⇒tortilla francesa ⇒torta *AMÉR.*

omen UK: /ˈəʊ.mən/ US: /ˈoʊ-/ n [c] ⇒presagio ⇒agüero

ominous UK: /ˈɒm.ɪ.nəs/ US: /ˈɑː.mə-/ adj ⇒de mal agüero ⇒amenazador,-a

omission UK: /əʊˈmɪʃ.ˀn/ US: /oʊ-/ n [c, U] ⇒omisión ⇒descuido

†**omit** UK: /əʊˈmɪt/ US: /oʊ-/ [omitted, omitting] v [T] **1** ⇒omitir **2** ⇒pasar por alto ■ *CONSTR.* 1. to omit + to do sth 2. Se usa más en pasiva

†**on¹** UK: /ɒn/ US: /ɑːn/ prep **1** ⇒en ⇒sobre ⇒encima de **2** *(lugar)* ⇒en **3** *(sentido)* ⇒a **4** *(fechas y días de la semana)* ⇒el ■ Se usa *on* cuando se especifica una fecha o un día de la semana; sin embargo, se usa *in* con los meses cuando no se detalla una fecha: *in May* - en mayo **5** *(tema)* ⇒sobre ⇒de **6** *(instrumento)* ⇒con **7** *(en un texto)* ⇒en **8** *(en un medio de transporte)* ⇒en ⇒a **9** ⇒al ⇒mientras **10** ⇒encima ⇒con **11** *(afiliación)* ⇒en **12** *(comida)* ⇒de **13** *(consumo)* ⇒en ■ Ver cuadro

⊨O †**on²** UK: /ɒn/ US: /ɑːn/ adv **1** ⇒encendido,da ⇒en marcha **2** ⇒puesto,ta **3** *The band played on* - El grupo siguió tocando; *I danced on until late* - Me quedé bailando hasta tarde ■ Se usa frecuentemente con verbos de acción o movimiento. Al traducirlo en español añade al verbo sentido de continuidad: *We walked on in silence* - Caminamos en silencio **4** *(con «early», «late», «far» y «further»)* ⇒más **5** ~ *and* ~ ⇒sin parar **6** *to be* ~ *(en el cine, la televisión, la radio)* ⇒poner

†**once¹** /wʌnts/ adv **1** *(frecuencia)* ⇒una vez **2** ⇒hace tiempo ⇒en el pasado **3** *at* ~ **1** ⇒enseguida ⇒inmediatamente **2** ⇒a la vez: *doing two things at once* - haciendo dos cosas a la vez **4** ~ {*again/more*} ⇒una vez más **5** ~ *and for all* ⇒de una vez por todas **6** ~ *in a while* ⇒de vez en cuando **7** ~ *or twice* ⇒un par de veces **8** ~ *upon a time* ⇒érase una vez...

†**once²** /wʌnts/ conj ⇒una vez que: *Once seen, never forgotten* - Una vez que se ha visto, ya no se olvida

oncoming UK: /ˈɒn.kʌm.ɪŋ/ US: /ˈɑːn-/ adj **1** ⇒que va en dirección contraria **2** ⇒venidero,ra ⇒que se aproxima

one¹ /wʌn/ pron **1** *(form)* *(persona)* ⇒uno,na **2** *«Which one do you want?» «I want this one»* -

---

preposiciones de tiempo: on / in / at

• **On** se emplea con:

  – Los días de la semana:

  · *The course starts on Tuesday, not Monday.*
  (El curso empieza el martes, no el lunes.)

  – Las fechas:

  · *I was born on August 11th.*
  (Nací el 11 de agosto.)

  – Los días específicos:

  · *Will you go home on Thanksgiving Day?*
  (¿Iréis a casa el día de acción de gracias?)

  – Una parte de un día concreto:

  · *You have an appointment on Tuesday morning.*
  (Tienes una cita el martes por la mañana.)

• **In** se emplea con:

  – Una parte del día (excepto "night"), cuando no se menciona qué día:

  · *I'll phone you in the morning.*
  (Te llamaré por la mañana.)

  – Períodos largos, como un mes, un año o las estaciones del año:

  · *The leaves fall from the trees in autumn.*
  (Las hojas se caen de los árboles en otoño.)

• **At** se emplea con:

  – Una hora o un momento preciso del día:

  · *We'll meet at dinner, at 6 o'clock.*
  (Nos veremos en la cena, a las 6.)

  – La palabra "night":

  · *When I can't sleep at night I do sudokus.*
  (Cuando no puedo dormir por la noche, hago sudokus.)

  – Con períodos de fiestas, como "Christmas" o "Easter":

  · *At Christmas all my family get together.*
  (En navidades toda mi familia se reúne.)

«¿Cuál quieres?» «Quiero este» ■ No se traduce en español **3** all in ~ ⇒todo en uno **4** ~ or two ⇒unos cuantos, unas cuantas

ne² UK: /wʌn/ **1** *(una cifra)* ⇒uno **2** *(cantidad)* ⇒uno,na **3** *(en un momento indeterminado)* ⇒un,-a ⇒algún **4** ⇒único,ca: *He is the only one who knows* - Él es el único que lo sabe **5** the ~ and only ⇒el mismísimo, la mismísima

ne-off UK: /ˌwʌnˈɒf/ US: /-ˈɑːf/ *UK n* [NO PL] ⇒algo que se hace solo una vez ⇒ocasión única

neself /wʌnˈself/ *pron* **1** *(form)* ⇒uno mismo, una misma: *One needs time for oneself* - Uno necesita tiempo para uno mismo **2** *(form)* ⇒solo,la: *Some things one must do oneself* - Algunas cosas ha de hacerlas uno solo **3** *(form) (con uso reflexivo)* ⇒se

ne-way /ˌwʌnˈweɪ/ *adj* **1** *(una calle o una carretera)* ⇒de sentido único **2** *(una relación)* ⇒no correspondido,da

ne-way ticket *US (UK* single*) n* [C] ⇒billete de ida

ngoing UK: /ˈɒŋˌɡəʊ.ɪŋ/ UK: /ˌ-ˈ--/ US: /ˈɑːnˌɡoʊ-/ *adj* ⇒en desarrollo ⇒en curso

nion /ˈʌn.jən/ *n* [C, U] ⇒cebolla: *onion rings* - aros de cebolla

nline UK: /ˌɒnˈlaɪn/ US: /ˌɑːnˈlaɪn/ *adj, adv (en informática)* ⇒conectado,da ⇒en línea

nlooker UK: /ˈɒnˌlʊk.əʳ/ US: /ˈɑːnˌlʊk.ə/ *n* [C] *(de un incidente)* ⇒espectador,-a

nly¹ UK: /ˈəʊn.li/ US: /ˈoʊn-/ *adv* **1** ⇒solo ⇒solamente ⇒únicamente ⇒nomás AMÉR. **2** not only... but also... ⇒no solo... sino también...

nly² UK: /ˈəʊn.li/ US: /ˈoʊn-/ *adj* ⇒único,ca: *I'm an only child* - Soy hija única; *I was the only person there* - Yo era la única persona allí

nly³ UK: /ˈəʊn.li/ US: /ˈoʊn-/ *conj* **1** ⇒pero ⇒solo que **2** if ~ ⇒si ⇒ojalá

nly child *n* [C] ⇒hijo único, hija única: *She's an only child* - Es hija única

nset UK: /ˈɒn.set/ US: /ˈɑːn-/ the ~ of sth ⇒la llegada de algo ⇒el comienzo de algo

nslaught UK: /ˈɒn.slɔːt/ US: /ˈɑːn.slɑːt/ *n* [C] ⇒arremetida ⇒ataque violento

nto UK: /ˈɒn.tu/ US: /ˈɑːn.tu/ *prep* ⇒a ⇒sobre ⇒en

nward UK: /ˈɒn.wəd/ US: /ˈɑːn.wəd/ *adj* ⇒hacia delante

ops /uːps, ʊps/ *(tb* whoops*) excl* ⇒¡huy!: *Oops! I've made a mistake* - ¡Huy! Me he equivocado

oze /uːz/ [oozed, oozing] *v* [T, I] **1** ⇒rezumar: *After it rains the wall oozes dampness* - Después de llover la pared rezuma humedad **2** ⇒salir ⇒gotear ■ CONSTR. Se usa generalmente seguido de una preposición o un adverbio

pal UK: /ˈəʊ.pᵊl/ US: /ˈoʊ-/ *n* [C, U] *(mineral)* ⇒ópalo

opaque UK: /əʊˈpeɪk/ US: /oʊ-/ *adj* ⇒opaco,ca: *opaque glass* - cristal opaco

†**open¹** UK: /ˈəʊ.pᵊn/ US: /ˈoʊ-/ *adj* **1** ⇒abierto,ta: *an open mind* - una mente abierta; *The supermarket isn't open yet* - El supermercado aún no está abierto **2** *(una actitud, un carácter)* ⇒abierto,ta ⇒dispuesto,ta a escuchar ⇒franco,ca **3** in the ~ air ⇒al aire libre: *I like reading in the open air* - Me gusta leer al aire libre **4** out in the ~ ⇒al descubierto: *Her secret is out in the open* - Su secreto ha quedado al descubierto

†**open²** UK: /ˈəʊ.pᵊn/ US: /ˈoʊ-/ *v* [T, I] **1** ⇒abrir(se): *She opened the door for me* - Me abrió la puerta; *The windows opened with the wind* - Las ventanas se abrieron con el viento **2** *(un establecimiento)* ⇒inaugurar ⇒abrir

PHRASAL VERBS
· to open up **1** ⇒abrirse [a alguien] ⇒sincerarse [con alguien] **2** *(una flor)* ⇒abrirse **3** *(una empresa, una tienda)* ⇒abrir ⇒inaugurar
· to open *(sth)* up [M] ⇒abrir (algo): *May opens up the gym at eight* - May abre el gimnasio a las ocho

open-air UK: /ˌəʊ.pᵊnˈeəʳ/ US: /ˌoʊ.p[ə]nˈer/ *adj* ⇒al aire libre: *an open-air party* - una fiesta al aire libre

open-ended UK: /ˌəʊ.pᵊnˈen.dɪd/ US: /ˌoʊ-/ *adj* **1** ⇒de duración indefinida ⇒sin plazo establecido **2** *(un debate o una pregunta)* ⇒abierto,ta

opener UK: /ˈəʊ.pᵊn.əʳ/ US: /ˈoʊ.p[ə]n.ə/ *n* [C] ⇒abridor

opening UK: /ˈəʊ.pᵊn.ɪŋ/ US: /ˈoʊp.nɪŋ/ *n* [C] **1** ⇒abertura **2** ⇒inauguración ⇒apertura ⇒comienzo **3** *(en teatro)* ⇒estreno **4** ⇒abertura [de una flor] **5** *(para una persona)* ⇒oportunidad ⇒hueco

openly UK: /ˈəʊ.pᵊn.li/ US: /ˈoʊ-/ *adv* ⇒francamente ⇒abiertamente

open-minded UK: /ˌəʊ.pᵊnˈmaɪn.dɪd/ US: /ˌoʊ-/ *adj* ⇒abierto,ta ⇒sin prejuicios

openness UK: /ˈəʊ.pᵊn.nəs/ US: /ˈoʊ-/ *n* [U] ⇒franqueza: *I appreciate your openness* - Agradezco tu franqueza

†**opera** UK: /ˈɒp.ᵊr.ə/ US: /ˈɒp.rə/ US: /ˈɑː.pə.ə/ *n* [C, U] ⇒ópera: *to go to the opera* - ir a la ópera; *an opera singer* - un cantante de ópera

†**operate** UK: /ˈɒp.ᵊr.eɪt/ US: /ˈɑː.pə.reɪt/ [operated, operating] ■ *v* [T, I] **1** *(un aparato)* ⇒funcionar **2** ⇒manejar: *Do you know how to operate this camera?* - ¿Sabes cómo manejar esta cámara? ■ *v* [I] **3** *(en medicina)* ⇒operar ■ CONSTR. 1. to operate on sth/sb 2. to be operated on

operating room *US n* [C] See **operating theatre**

operating theatre *UK* (*US* **operating room**) *n* [C] ⇒quirófano
operation UK: /ˌɒp.ᵊrˈeɪ.ʃᵊn/ US: /ˌɑː.pəˈreɪ-/ *n* [C] **1** ⇒operación: *to have an operation* - someterse a una operación; *a rescue operation* - una operación de rescate **2** ⇒funcionamiento: *The program is currently in operation* - El programa está en funcionamiento **3 to {be/come into} ~ 1** ⇒{estar/entrar} en funcionamiento **2** *(en derecho)* ⇒{estar/entrar} en vigor
operational UK: /ˌɒp.ᵊrˈeɪ.ʃᵊn.ᵊl/ US: /ˌɑː.pəˈreɪ-/ *adj* ⇒en funcionamiento ⇒operativo,va
operative¹ UK: /ˈɒp.ᵊr.ə.tɪv/ US: /ˈɑː.pɚ.ə.ˁt̬ɪv/ *adj* **1** *(form)* ⇒en funcionamiento ⇒operativo,va **2** *(form) (en derecho)* ⇒en vigor **3** *(form) (en medicina)* ⇒operatorio,ria
operative² UK: /ˈɒp.ᵊr.ə.tɪv/ US: /ˈɑː.pɚ.ə.ˁt̬ɪv/ *n* [C] **1** ⇒operario,ria ⇒obrero,ra **2** *US* ⇒agente secreto
operator UK: /ˈɒp.ᵊr.eɪ.təʳ/ US: /ˈɑː.pə.reɪ.ˁt̬ɚ/ *n* [C] **1** ⇒operario,ria **2** ⇒telefonista ⇒operador,-a
↑**opinion** /əˈpɪn.jən/ *n* [C, U] **1** ⇒opinión: *to seek a second opinion* - pedir una segunda opinión **2** *What is your opinion of the film?* - ¿Qué opinas sobre la película? **3 public ~** ⇒opinión pública
opinion poll *n* [C] ⇒encuesta [de opinión] ⇒sondeo [de opinión]
↑**opponent** UK: /əˈpəʊ.nənt/ US: /-ˈpoʊ-/ *n* [C] **1** *(en una competición)* ⇒adversario,ria ⇒contrincante **2** ⇒contrario,ria
O ↑**opportunity** UK: /ˌɒp.əˈtjuː.nə.ti/ US: /ˌɑː.pɚˈtuː.nə.ˁt̬i/ [*pl* opportunities] *n* [C, U] **1** ⇒ocasión ⇒oportunidad **2 to take the ~ to do *sth*** ⇒aprovechar la ocasión para hacer algo
↑**oppose** UK: /əˈpəʊz/ US: /-ˈpoʊz/ [opposed, opposing] *v* [T] ⇒oponerse ⇒estar en contra
opposed UK: /əˈpəʊzd/ US: /-ˈpoʊzd/ *adj* **1** ⇒opuesto,ta ⇒en contra de **2 as ~ to** *(form)* ⇒a diferencia de ⇒en vez de ■ CONSTR. Se usa detrás de un verbo
opposing UK: /əˈpəʊ.zɪŋ/ US: /-ˈpoʊ-/ *adj* **1** ⇒contrario,ria: *the opposing team* - el equipo contrario **2** ⇒enemigo,ga: *the opposing army* - el ejército enemigo
↑**opposite¹** UK: /ˈɒp.ə.zɪt/ US: /ˈɑː.pə-/ *adv, prep* **1** ⇒enfrente **2** ⇒enfrente de ⇒frente a
opposite² UK: /ˈɒp.ə.zɪt/ US: /ˈɑː.pə-/ *adj* **1** ⇒contrario,ria ⇒opuesto,ta **2** *(ubicación)* ⇒de enfrente
opposite³ UK: /ˈɒp.ə.zɪt/ US: /ˈɑː.pə-/ *n* [C] ⇒opuesto ⇒contrario
opposition UK: /ˌɒp.əˈzɪʃ.ᵊn/ US: /ˌɑː.pə-/ *n* [U] ⇒oposición: *the opposition to the plan* - la oposición al plan

oppress /əˈpres/ [oppresses] *v* [T] **1** ⇒oprimir CONSTR. Se usa más en pasiva **2** ⇒agobiar
oppressed /əˈprest/ *adj* **1** ⇒oprimido,da: *oppressed minorities* - minorías oprimidas ⇒agobiado,da
oppression /əˈpreʃ.ᵊn/ *n* [U] ⇒opresión
oppressive /əˈpres.ɪv/ *adj* **1** ⇒opresivo,va: *an oppresive regime* - un régimen opresivo **2** ⇒agobiante **3** *(una temperatura)* ⇒sofocante
↑**opt** UK: /ɒpt/ US: /ɑːpt/ *v* [I] ⇒optar: *I opted not to go out with them* - Opté por no salir con ellos CONSTR. 1. to opt + to do sth 2. to opt for sth

PHRASAL VERBS
· **to opt out (of *sth*)** ⇒optar por no participar (en algo)

optical UK: /ˈɒp.tɪ.kᵊl/ US: /ˈɑːp-/ *adj* ⇒óptico,ca: *an optical illusion* - una ilusión óptica; *optical fibre* - fibra óptica
↑**optician** UK: /ɒpˈtɪʃ.ᵊn/ US: /ɑːp-/ *n* [C] **1** *(persona)* ⇒óptico,ca **2** *UK (establecimiento)* ⇒óptica
↑**optimism** UK: /ˈɒp.tɪ.mɪ.zᵊm/ US: /ˈɑːp.tə-/ *n* [U] ⇒optimismo **2** *to have grounds for optimism* - tener motivos para ser optimista
optimist UK: /ˈɒp.tɪ.mɪst/ US: /ˈɑːp.tə-/ *n* [C] ⇒optimista
optimistic UK: /ˌɒp.tɪˈmɪs.tɪk/ US: /ˌɑːp.tə-/ *adj* ⇒optimista: *I think you are too optimistic* - Creo que eres demasiado optimista
optimum UK: /ˈɒp.tɪ.məm/ US: /ˈɑːp-/ *adj (form)* ⇒óptimo,ma
↑**option** UK: /ˈɒp.ʃᵊn/ US: /ˈɑːp-/ *n* [C, U] ⇒elección ⇒opción ⇒posibilidad
optional UK: /ˈɒp.ʃᵊn.ᵊl/ US: /ˈɑːp-/ *adj* ⇒optativo,va ⇒opcional
↑**or** /ɔːʳ/, /əʳ/ *conj* **1** ⇒o: *Are you coming by train or by coach?* - ¿Vienes en tren o en autocar? **2 ~ so** *(con cifras)* ⇒aproximadamente
↑**oral** UK: /ˈɔː.rəl/ US: /ˈɔːr.əl/ *adj* **1** ⇒oral ⇒bucal ⇒oral ⇒verbal
orally UK: /ˈɔː.rə.li/ US: /ˈɔːr.ə-/ *adv* ⇒oralmente ⇒por vía oral
↑**orange¹** UK: /ˈɒr.ɪndʒ/ US: /ˈɔːr-/ *adj (color)* ⇒naranja ■ PRON. La *a* se pronuncia como la *i* en *did*
orange² UK: /ˈɒr.ɪndʒ/ US: /ˈɔːr-/ *n* [C, U] **1** *(fruta)* ⇒naranja **2** *orange tree* - naranjo **3** *orange juice* - zumo de naranja **4** *(color)* ⇒naranja ■ PRON. La *a* se pronuncia como la *i* en *did*
orbit UK: /ˈɔː.bɪt/ US: /ˈɔːr-/ *n* [C, U] ⇒órbita
orchard UK: /ˈɔː.tʃəd/ US: /ˈɔːr.tʃɚd/ *n* [C] ⇒huerto [de frutales]
↑**orchestra** UK: /ˈɔː.kɪ.strə/ US: /ˈɔːr-/ *n* [C] **1** ⇒orquesta: *a symphony orchestra* - una orquesta sinfónica ■ Por ser un nombre colectivo se puede usar con el verbo en singular o en plural **2** *US (en un teatro)* ⇒platea

rchid UK: /ˈɔː.kɪd/ US: /ˈɔːr-/ n [c] ⇒orquídea

rdeal UK: /ɔːˈdɪəl/ US: /ɔːr-/ n [c] ⇒suplicio ⇒martirio

rder¹ UK: /ˈɔː.dəʳ/ US: /ˈɔːr.dɚ/ ∎ v [T] **1** ⇒ordenar ⇒poner en orden **2** ⇒mandar ⇒ordenar ∎ CONSTR. to order + to do sth ∎ v [T, I] **3** *(en un restaurante)* ⇒pedir **4** *(de una catálogo, de una tienda)* ⇒encargar ⇒pedir

| PHRASAL VERBS
| · **to order** sb {about/around} ⇒mangonear a
└ alguien col.

rder² UK: /ˈɔː.dəʳ/ US: /ˈɔːr.dɚ/ ∎ n [c] **1** ⇒orden: *in alphabetical order* - por orden alfabético; *public order* - el orden público ∎ n [c] **2** ⇒orden: *to give orders* - dar órdenes **3** ⇒encargo ⇒pedido **4** *(en derecho)* ⇒orden ⇒fallo ⇒sentencia **5** *(en religión)* ⇒orden **6** in ~ ⇒en regla ⇒en orden **7** out of ~ **1** *(un aparato)* ⇒estropeado,da ⇒fuera de servicio **2** ⇒fuera de lugar

rdered UK: /ˈɔː.dəd/ US: /ˈɔːr.dɚd/ adj ⇒ordenado,da: *«First» and «second» are ordinal numbers* - «Primero» y «segundo» son números ordinales

rderly UK: /ˈɔː.dºl.i/ US: /ˈɔːr.dɚ.li/ adj **1** ⇒ordenado,da **2** ⇒disciplinado,da

rdinal (number) n [c] ⇒número ordinal

rdinary UK: /ˈɔː.dɪ.nə.ri/ US: /ˈɔːr.d[ə]n.er-/ adj **1** ⇒normal ⇒corriente **2** out of the ~ ⇒fuera de lo corriente ⇒extraordinario,ria

re UK: /ɔːʳ/ US: /ɔːr/ n [c, u] **1** *(en un filón o en un yacimiento)* ⇒mena ⇒mineral

rgan UK: /ˈɔː.gən/ US: /ˈɔːr-/ n [c] **1** *(en anatomía)* ⇒órgano **2** *(instrumento musical)* ⇒órgano

rganic UK: /ɔːˈgæn.ɪk/ US: /ɔːr-/ adj **1** ⇒ecológico,ca ⇒orgánico,ca **2** ⇒biológico,ca: *organic farming* - agricultura biológica

rganisation UK n [c, u] See **organization**

rganise [organised, organising] UK v [T] See **organize**

rganised UK adj See **organized**

rganism UK: /ˈɔː.gºn.ɪ.zºm/ US: /ˈɔːr-/ n [c] ⇒organismo

rganization UK: /ˌɔː.gºn.aɪˈzeɪ.ʃºn/ US: /ˌɔːr-/ *(UK tb* organisation*)* ∎ n [c] **1** *(entidad)* ⇒organización ∎ n [u] **2** *(de un sistema, de un evento)* ⇒organización

rganize UK: /ˈɔː.gºn.aɪz/ US: /ˈɔːr-/ [organized, organizing] *(UK tb* organise*)* v [T] **1** ⇒organizar ⇒planear ∎ CONSTR. to organize + to do sth **2** ⇒ordenar ⇒organizar

rganized UK: /ˈɔː.gºn.aɪzd/ US: /ˈɔːr-/ *(UK tb* organised*)* adj **1** ⇒organizado,da **2** *(una persona)* ⇒organizado,da ⇒ordenado,da ∎ PRON. La e no se pronuncia

organizer UK: /ˈɔː.gºn.aɪ.zɚʳ/ US: /ˈɔːr.g[ə]n.aɪ.zɚ/ n [c] ⇒organizador,-a

orgy UK: /ˈɔː.dʒi/ US: /ˈɔːr-/ *[pl* orgies*]* n [c] **1** ⇒orgía **2** ⇒exceso [de actividad]

orient US v [T] See **orientate**

oriental UK: /ˌɔː.riˈen.tºl/ US: /ˌɔːr.iˈen.ˤt[ə]l/ adj ⇒oriental ⇒de Oriente

orientate UK: /ˈɔː.ri.ən.teɪt/ US: /ˈɔːr.i-/ [orientated, orientating] *UK (US* orient*)* v [T] **1** ⇒orientar(se) **2** ⇒enfocar ⇒encaminar

orientation UK: /ˌɔː.ri.enˈteɪ.ʃºn/ US: /ˌɔːr.i-/ n [c, u] **1** *(form) (ideológica)* ⇒orientación ⇒tendencia **2** *(form) (sexual)* ⇒orientación ⇒inclinación **3** *an orientation session* - una sesión de orientación

↑**origin** UK: /ˈɒr.ɪ.dʒɪn/ US: /ˈɔːr.ə-/ n [c, u] ⇒origen ⇒ascendencia

original¹ /əˈrɪdʒ.ɪ.nəl/ adj **1** ⇒original ⇒primero,ra **2** ⇒innovador,-a ⇒original **3** ⇒originario,ria

original² /əˈrɪdʒ.ɪ.nəl/ n [c] **1** ⇒original **2** in the ~ ⇒en el idioma original ⇒en versión original

originality UK: /əˌrɪdʒ.ɪˈnæl.ə.ti/ US: /-ˤti/ n [u] ⇒originalidad

originally /əˈrɪdʒ.ɪ.nə.li/ adv ⇒en un principio ⇒en sus orígenes

originate /əˈrɪdʒ.ɪ.neɪt/ [originated, originating] ∎ v [T] **1** ⇒originar ∎ v [I] **2** ⇒dimanar ⇒nacer ⇒surgir **3** to ~ from sth ⇒provenir de algo

ornament UK: /ˈɔː.nə.mənt/ US: /ˈɔːr-/ n [c] ⇒adorno ⇒ornamento

ornamental UK: /ˌɔː.nəˈmen.tºl/ US: /ˌɔːr.nəˈmen.ˤt[ə]l/ adj ⇒ornamental ⇒decorativo,va

ornate UK: /ɔːˈneɪt/ US: /ɔːr-/ adj **1** *(un edificio o un objeto)* ⇒recargado,da **2** *(lenguaje)* ⇒florido,da ⇒recargado,da

orphan UK: /ˈɔː.fºn/ US: /ˈɔːr-/ n [c] ⇒huérfano,na: *to become an orphan* - quedarse huérfano

orphanage UK: /ˈɔː.fºn.ɪdʒ/ US: /ˈɔːr-/ n [c] ⇒orfanato ⇒orfelinato ∎ PRON. La última a se pronuncia la i en did

orthodox UK: /ˈɔː.θə.dɒks/ US: /ˈɔːr.θə.dɑːks/ adj ⇒ortodoxo,xa: *an orthodox approach* - un enfoque ortodoxo

osteoporosis UK: /ˌɒs.ti.əʊ.pəˈrəʊ.sɪs/ US: /ˌɑː.sti.oʊ.pəˈroʊ-/ n [u] ⇒osteoporosis

ostrich UK: /ˈɒs.trɪtʃ/ US: /ˈɑː.strɪtʃ/ *[pl* ostriches*]* n [c] ⇒avestruz

↑**other¹** UK: /ˈʌð.əʳ/ US: /-ɚ/ adj **1** ⇒otro,tra: *Is there no other possibility?* - ¿No hay otra posibilidad?; *The other girls came late* - Las otras chicas llegaron tarde ∎ Se usa con sustantivos en plural y con sustantivos en singular determinados. Con sustantivos determinados se usa con artículo delante *(the other day - el otro día; the other cars - los otros coches)* u otros determinantes

O ▬

(*any other idea* - cualquier otra idea; *her other friends* - sus otros amigos). Con sustantivos plurales indeterminados se usa sin artículo (*other people* - otra gente). Comparar con *another* **2** every ~ ⇒uno sí, uno no: *every other week* - una semana sí, otra no **3** ~ than

† **other²** UK: /ˈʌð.əʳ/ US: /-ə/ *pron* ⇒otro,tra ■ Se usa con artículo delante u otros determinantes (*I don't like this jacket; I prefer the other* - No me gusta esta chaqueta; prefiero la otra), excepto cuando sustituye a un sustantivo en plural (*Others might think the opposite* - Otros podrían pensar lo contrario). Comparar con *another*

† **otherwise** UK: /ˈʌð.ə.waɪz/ US: /-ə-/ *adv* **1** ⇒si no ⇒en caso contrario **2** ⇒por lo demás ⇒aparte de eso **3** ⇒de otra manera

otter UK: /ˈɒt.əʳ/ US: /ˈɑː.ˤtə/ *n* [C] ⇒nutria

OU *n* [NO PL] ⇒forma abreviada de **Open University** (universidad de educación a distancia)

ouch /aʊtʃ/ *excl* ⇒¡ay!: *Ouch! It hurts!* - ¡Ay! ¡Me duele!

† **ought** UK: /ɔːt/ US: /ɑːt/ *v* [MODAL] **1** (*obligación*) ⇒deber **2** (*probabilidad*) ⇒deber de ■ CONSTR. ought + to do sth ■ Ver cuadro modal verbs

† **ounce** /aʊnts/ ■ *n* [C] **1** (*medida de peso*) ⇒onza ■ La forma abreviada es oz ■ *n* [NO PL] **2** ⇒pizca: *He didn't show an ounce of common sense* - No demostró tener ni pizca de sentido común

† **our** UK: /aʊəʳ/ UK: /ɑːʳ/ US: /aʊə/ *adj* ⇒nuestro,tra: *I'll show you our house* - Te enseñaré nuestra casa ■ Ver cuadro possessive adjectives and pronouns

ours UK: /aʊəz/ UK: /ɑːz/ US: /aʊəz/ *pron* **1** ⇒nuestro,tra: *That one is ours* - Eso es nuestro **2** ⇒el nuestro, la nuestra: *Their flat is newer than ours* - Su piso es más nuevo que el nuestro ■ Ver cuadro possessive adjectives and pronouns

ourselves UK: /aʊəˈselvz/ UK: /ɑː-/ US: /aʊə-/ *pron* **1** ⇒nos: *If we fall we'll hurt ourselves* - Si nos caemos, nos haremos daño **2** ⇒nosotros mismos, nosotras mismas: *We're going to repair the bike ourselves* - Arreglaremos la bicicleta nosotros mismos **3** (all) by ~ ⇒solos,las [sin compañía]: *We stayed at home by ourselves* - Nos quedamos solos en casa **2** ⇒nosotros solos, nosotras solas [sin ayuda]: *We'll paint the gate by ourselves* - Pintaremos la verja nosotros solos ■ Ver cuadro reflexive pronouns

† **out¹** /aʊt/ *adv* **1** ⇒fuera **2** ⇒ausente [del trabajo o de casa] **3** ⇒en alto **4** ⇒incorrecto,ta **5** ⇒bajo,ja ■ CONSTR. Se usa detrás de un verbo **6** to be ~ of sth ⇒acabarse ⇒estar sin algo

† **out²** /aʊt/ to ~ sb ⇒revelar la homosexualidad de alguien

outback /ðiˈaʊt.bæk/ the ~ ⇒zona poco poblada de Australia, caracterizada por ser desértica

outbreak /ˈaʊt.breɪk/ *n* [C] (*de una enfermedad, de descontento*) ⇒ola ⇒brote

outburst UK: /ˈaʊt.bɜːst/ US: /-bɝːst/ *n* [C] **1** (*de una emoción*) ⇒arrebato **2** (*de una actividad violenta*) ⇒estallido

outcast UK: /ˈaʊt.kɑːst/ US: /-kæst/ *n* [C] ⇒marginado,da ⇒paria

† **outcome** /ˈaʊt.kʌm/ *n* [C] ⇒resultado ⇒consecuencia

outcry /ˈaʊt.kraɪ/ [*pl* outcries] *n* [C] ⇒protesta ruidosa ⇒desaprobación

outdated UK: /aʊtˈdeɪ.tɪd/ US: /-ˤtɪd/ *adj* ⇒pasado,da de moda ⇒anticuado,da

outdid past tense of **outdo**

outdo, outdid, outdone /aʊtˈduː/ [outdoes] *v* [T] ⇒ser mejor ⇒sobrepasar ⇒superar

outdone past participle of **outdo**

† **outdoor** UK: /ˈaʊt.dɔːʳ/ US: /-ˌdɔːr/ *adj* ⇒exterior ⇒al aire libre

outdoors UK: /aʊtˈdɔːz/ US: /-ˈdɔːrz/ *adv* ⇒al aire libre ⇒fuera

† **outer** UK: /ˈaʊ.təʳ/ US: /-ˤtə/ *adj* ⇒externo,na ⇒exterior

outfit /ˈaʊt.fɪt/ *n* [C] **1** (*prendas de vestir*) ⇒traje ⇒uniforme ⇒conjunto **2** (*inform*) ⇒empresa ⇒organización ■ Por ser un nombre colectivo se puede usar con el verbo en singular o en plural

outgoing UK: /ˈaʊtˈgəʊ.ɪŋ/ US: /ˈaʊt.goʊ-/ *adj* **1** ⇒sociable **2** (*de un puesto*) ⇒que sale ⇒saliente

outgrew past tense of **outgrow**

outgrow, outgrew, outgrown UK: /aʊtˈgrəʊ/ US: /-ˈgroʊ/ *v* [T] **1** ⇒hacerse demasiado mayor [para algo] **2** *Jackie has outgrown her old trousers* - A Jackie se le han quedado pequeños los pantalones **3** ⇒perder el interés [porque uno ha madurado o ha cambiado]

outgrown past participle of **outgrow**

outing UK: /ˈaʊ.tɪŋ/ US: /-ˤtɪŋ/ *n* [C] ⇒excursión: *Let's go on an outing to the beach* - ¿Vamos de excursión a la playa?

outlandish /aʊtˈlæn.dɪʃ/ *adj* ⇒extravagante ⇒estrafalario,ria

outlaw¹ UK: /ˈaʊt.lɔː/ US: /-lɑː/ *v* [T] ⇒ilegalizar ⇒prohibir ■ CONSTR. Se usa más en pasiva

outlaw² UK: /ˈaʊt.lɔː/ US: /-lɑː/ *n* [C] (*old-fash*) ⇒proscrito,ta ⇒forajido,da

outlet /ˈaʊt.let/ *n* [C] **1** ⇒punto de venta **2** ⇒desahogo: *Painting is her artistic outlet* - La pintura es su desahogo artístico **3** ⇒escape ⇒salida **4** US (UK/US tb socket) ⇒enchufe ⇒toma de corriente

outline¹ /ˈaʊt.laɪn/ [outlined, outlining] *v* [T] ⇒describir en líneas generales ⇒esbozar **2** ⇒perfilar(se)

outline² /'aʊt.laɪn/ n [C] **1** ⇒idea general ⇒resumen **2** ⇒silueta ⇒contorno

outlive /ˌaʊt'lɪv/ [outlived, outliving] v [T] ⇒sobrevivir: *to outlive sb* - sobrevivir a alguien

outlook /'aʊt.lʊk/ n [C] **1** ⇒punto de vista **2** ⇒pronóstico **3** ⇒futuro

outnumber UK: /ˌaʊt'nʌm.bəʳ/ US: /-bɚ/ v [T] ⇒sobrepasar [en número]

out of prep **1** ⇒de ⇒procedente de **2** ⇒fuera de ⇒alejado,da de **3** ⇒con ⇒de ⇒utilizando **4** *(causa)* ⇒por **5** *(en un grupo)* ⇒de un total de **6** ⇒sin ⇒carente de **7** ~ the blue ⇒de la nada

out-of-date adj **1** ⇒anticuado,da ⇒pasado,da de moda **2** *(un alimento)* ⇒caducado,da **3** *(un documento)* ⇒caducado,da

outpatient /'aʊt.peɪ.ʃ°nt/ n [C] *(en medicina)* ⇒paciente externo,na [de un hospital]

outpost UK: /'aʊt.pəʊst/ US: /-poʊst/ n [C] *(en el ejército)* ⇒puesto de avanzada

output /'aʊt.pʊt/ n [U] **1** ⇒producción **2** ⇒rendimiento **3** *(en informática)* ⇒salida **4** *(en física)* ⇒potencia

outrage¹ /'aʊt.reɪdʒ/ ∎ n [U] **1** ⇒indignación ⇒cólera ∎ n [C] **2** ⇒escándalo ⇒atentado **3** ⇒atrocidad

outrage² /'aʊt.reɪdʒ/ [outraged, outraging] v [T] **1** ⇒ultrajar **2** *to be outraged* - estar totalmente indignado ∎ CONSTR. Se usa más en pasiva

outrageous /ˌaʊt'reɪ.dʒəs/ adj **1** ⇒escandaloso,sa ⇒indignante **2** ⇒extravagante: *outrageous clothes* - ropa extravagante

outright¹ /'aʊt.raɪt/ adj **1** *(una conducta)* ⇒abierto,ta ⇒directo,ta **2** ⇒rotundo,da ⇒completo,ta ⇒absoluto,ta **3** *(una mentira)* ⇒descarado,da

outright² /ˌaʊt'raɪt/ adv **1** ⇒abiertamente **2** ⇒rotundamente **3** ⇒en el acto: *to be killed outright* - morir en el acto

outset /ðɪ'aʊt.set/ n [NO PL] **1** ⇒principio ⇒comienzo **2** *at the* ~ ⇒al comienzo **3** *from the* ~ ⇒desde el principio

outside¹ /ˌaʊt'saɪd, '--/ prep ⇒fuera de: *We waited for him outside the museum* - Lo esperamos fuera del museo

outside² /ˌaʊt'saɪd, '--/ adv ⇒afuera ⇒fuera

outside³ /ˌaʊt'saɪd, '--/ adj ⇒exterior: *the outside layer of sth* - la capa exterior de algo

outside⁴ /ˌaʊt'saɪd, '--/ the ~ ⇒el exterior: *the outside of a building* - el exterior de un edificio

outsider UK: /ˌaʊt'saɪ.dəʳ/ US: /-dɚ/ n [C] **1** ⇒forastero,ra **2** ⇒intruso,sa **3** *(en una competición)* ⇒participante con pocas probabilidades de ganar

outskirts UK: /ðɪ'aʊt.skɜːts/ US: /-skɜːrts/ the ~ ⇒afueras: *on the outskirts of Sheffield* - a las afueras de Sheffield

outspoken UK: /ˌaʊt'spəʊ.k°n/ US: /-'spoʊ-/ adj *(un comentario)* ⇒directo,ta ⇒franco,ca

↑ **outstanding** /ˌaʊt'stæn.dɪŋ/ adj **1** ⇒destacado,da ⇒notable ⇒excepcional **2** ⇒pendiente

outstretched /ˌaʊt'stretʃt/ adj *(una extremidad)* ⇒extendido,da ⇒estirado,da

outward¹ UK: /'aʊt.wəd/ US: /-wəd/ adj **1** *(un viaje)* ⇒de ida **2** *(un rasgo, una característica)* ⇒externo,na **3** ⇒hacia fuera

outward² UK: /'aʊt.wəd/ US: /-wəd/ adv ⇒hacia fuera: *to open a door outwards* - abrir una puerta hacia fuera

outwardly UK: /'aʊt.wəd.li/ US: /-wəd-/ adv ⇒aparentemente ⇒por fuera

outweigh /ˌaʊt'weɪ/ v [T] ⇒tener mayor importancia ⇒pesar más

↑ **oval** UK: /'əʊ.v°l/ US: /'oʊ-/ adj ⇒ovalado,da

ovary UK: /'əʊ.v°r.i/ US: /'oʊ-/ [pl ovaries] n [C] ⇒ovario

↑ **oven** /'ʌv.°n/ n [C] ⇒horno: *to put sth in the oven* - meter algo en el horno

↑ **over** UK: /'əʊ.vəʳ/ US: /'oʊ.vɚ/ adv, prep **1** ⇒sobre **2** ⇒al otro lado ⇒a la otra parte ⇒al otro lado de **3** ⇒por encima de **4** *(cantidad)* ⇒más de **5** ⇒encima de **6** ⇒durante **7** *The milk is boiling over* - La leche se está saliendo **8** *(por motivo de)* ⇒sobre ⇒por **9** ⇒de más ⇒de sobra **10** ⇒por [teléfono o radio] **11** *(en radio)* ⇒corto y cambio **12** ~ and above ⇒por encima de ⇒además de **13** ~ and ~ (again) ⇒una y otra vez **14** ~ {here/there} ⇒aquí/allí **15** *to run* ~ *sth* ⇒repasar algo [con rapidez] ∎ Se usa frecuentemente con verbos de movimiento. Al traducirlo en español su significado suele estar implícito en el verbo: *to fall over* - caerse; *to talk sth over* - hablar de algo ∎ Ver cuadro en página siguiente

overall¹ UK: /ˌəʊ.və'rɔːl/ US: /ˌoʊ.və'ɑːl/ adj ⇒de conjunto ⇒global

overall² UK: /ˌəʊ.və'rɔːl/ US: /ˌoʊ.və'ɑːl/ adv ⇒en conjunto ⇒en resumen

↑ **overall³** UK: /ˌəʊ.və'rɔːl/ US: /ˌoʊ.və'ɑːl/ UK n [C] ⇒bata

overalls UK: /'əʊ.v°r.ɔːlz/ US: /'oʊ.və.ɑːlz/ n [PL] **1** UK *(US coveralls) (de un trabajador)* ⇒mono ⇒mameluco AMÉR.; ⇒overol AMÉR. **2** US *(UK dungarees)* ⇒peto ⇒mameluco AMÉR.

overbearing UK: /ˌəʊ.və'beə.rɪŋ/ US: /ˌoʊ.və'ber.ɪŋ/ adj ⇒autoritario,ria ⇒dominante

overboard UK: /'əʊ.və.bɔːd/ UK: /ˌ--'-/ US: /'oʊ.və.bɔːrd/ adv ⇒por la borda: *to jump overboard* - saltar por la borda

overcame past tense of **overcome**

overcast UK: /ˌəʊ.və.kɑːst/ UK: /ˌ--'-/ US: /'oʊ.və.kæst/ adj *(el cielo)* ⇒nublado,da ⇒encapotado,da

overcharge UK: /ˌəʊ.və'tʃɑːdʒ/ US: /ˌoʊ.və'tʃɑːrdʒ/ [overcharged, overcharging] v [T, I] ⇒cobrar de más: *We were overcharged £2* - Nos cobraron dos libras de más ■ CONSTR. to overcharge + dos objetos

overcoat UK: /ˈəʊ.və.kəʊt/ US: /ˈoʊ.və.koʊt/ *n* [c] ⇒abrigo ⇒sobretodo *AMÉR.*

↑**overcome, overcame, overcome** UK: /ˌəʊ.vəˈkʌm/ US: /ˌoʊ.və-/ [overcoming] *v* [T, I] *(un problema o una dificultad)* ⇒superar

overcompensate UK: /ˌəʊ.vəˈkɒm.pən.seɪt/ US: /ˌoʊ.və-ˈkɑːm-/ [overcompensated, overcompensating] *v* [I] ⇒sobrecompensar

overcrowded UK: /ˌəʊ.vəˈkraʊ.dɪd/ US: /ˌoʊ.və-/ *adj* ⇒atestado,da [con personas u objetos]

overdid past tense of **overdo**

overdo, overdid, overdone UK: /ˌəʊ.vəˈduː/ US: /ˌoʊ.və-/ [overdoes] *v* [T] ⇒exceder(se) ⇒exagerar ⇒pasar(se)

overdone UK: /ˌəʊ.vəˈdʌn/ US: /ˌoʊ.və-/ past participle of **overdo**

overdose UK: /ˈəʊ.və.dəʊs/ US: /ˈoʊ.və.doʊs/ *n* [c] ⇒sobredosis ■ La forma abreviada es *OD*

overdraft UK: /ˈəʊ.və.drɑːft/ US: /ˈoʊ.və.dræft/ *n* [c] *(en economía)* ⇒descubierto

---

over / above

A veces, **over** y **above** tienen el mismo significado:

*Look at that lamp **over / above** your head.*
(Mira esa lámpara que hay encima de ti.)

• Cuando una cosa no está directamente encima de otra, usamos **above** para expresar 'más alto que':

*The village is **above** the lake.*
(El pueblo está encima del lago.)

• Cuando el verbo de la oración expresa movimiento, normalmente se usa **over**:

*The aeroplane flew **over** the houses.*
(El avión voló por encima de las casas.)

• **Over** también puede tener el significado de 'sobre' o 'cubriendo':

The child had a blanket over his head.
(El chico tenía una toalla sobre su cabeza.)

overdrawn UK: /ˌəʊ.vəˈdrɔːn/ US: /ˌoʊ.vəˈdrɑːn/ *adj* ⇒en números rojos: *to be overdrawn* - estar en números rojos

overdue UK: /ˌəʊ.vəˈdjuː/ US: /ˌoʊ.vəˈduː/ *adj* 1 ⇒retrasado,da 2 *(un pago, un período)* ⇒atrasado,da

overestimate UK: /ˌəʊ.vəˈres.tɪ.meɪt/ US: /ˌoʊ.vəˈes-/ [overestimated, overestimating] *v* [T, I] ⇒sobrestimar

overflow[1] UK: /ˌəʊ.vəˈfləʊ/ US: /ˌoʊ.vəˈfloʊ/ *v* [T, I] 1 *(un río)* ⇒desbordar(se) 2 ⇒rebosar: *She's overflowing with joy* - Rebosa alegría en estos momentos

overflow[2] UK: /ˈəʊ.və.fləʊ/ US: /ˈoʊ.və.floʊ/ *n* [U, NO PL] 1 ⇒desbordamiento 2 ⇒exceso [de gente]

overgrown UK: /ˌəʊ.vəˈgrəʊn/ US: /ˌoʊ.vəˈgroʊn/ *adj* 1 *(un jardín, una senda)* ⇒lleno,na de la maleza o de plantas descuidadas 2 ⇒demasiado grande 3 *He's like an overgrown schoolboy* - Parece un niño grande

overhang, overhung, overhung UK: /ˌəʊ.vəˈhæŋ/ US: /ˌoʊ.və-/ *v* [T] ⇒sobresalir

overhaul[1] UK: /ˌəʊ.vəˈhɔːl/ US: /ˈoʊ.və.hɑːl/ *v* [T] ⇒revisar a fondo ⇒poner a punto ⇒reparar

overhaul[2] UK: /ˈəʊ.və.hɔːl/ US: /ˈoʊ.və.hɑːl/ *n* [C] ⇒revisión a fondo ⇒puesta a punto ⇒reparación

overhead[1] UK: /ˈəʊ.və.hed/ US: /ˈoʊ.və-/ *adj, adv* 1 ⇒elevado,da 2 ⇒en lo alto ⇒por encima de la cabeza 3 ⇒en el techo ⇒de techo

overhead[2] UK: /ˈəʊ.və.hed/ US: /ˈoʊ.və-/ *US n* [U] See **overheads**

overheads UK: /ˈəʊ.və.hedz/ US: /ˈoʊ.və-/ *UK (US* overhead*)* *n* [PL] *(de una empresa)* ⇒gastos generales

overhear, overheard, overheard UK: /ˌəʊ.vəˈhɪəʳ/ US: /ˌoʊ.vəˈhɪr/ *v* [T, I] ⇒oír [de forma no intencionada]: *She overheard us talking about her* - Nos oyó hablar de ella; *Did I overhear you say that you're leaving us?* - ¿Te he oído decir que nos dejas? ■ CONSTR. 1. to overhear + doing sth 2. to overhear sb + do sth

overheard past tense and past participle forms of **overhear**

overheat UK: /ˌəʊ.vəˈhiːt/ US: /ˌoʊ.və-/ *v* [T, I] *(una máquina)* ⇒recalentar(se)

overhung UK: /ˌəʊ.vəˈhʌŋ/ US: /ˌoʊ.və-/ past tense and past participle forms of **overhang**

overjoyed UK: /ˌəʊ.vəˈdʒɔɪd/ US: /ˌoʊ.və-/ *adj* ⇒eufórico,ca ⇒loco,ca de contento,ta *col.*

overlap UK: /ˌəʊ.vəˈlæp/ US: /ˌoʊ.və-/ [overlapped, overlapping] *v* [T, I] 1 ⇒superponer(se) 2 ⇒coincidir

overload UK: /ˌəʊ.vəˈləʊd/ US: /ˌoʊ.vəˈloʊd/ *v* [T] 1 ⇒sobrecargar 2 *I'm overloaded at work* - Tengo demasiado trabajo ■ CONSTR. Se usa más en pasiva

overlook UK: /ˌəʊ.vəˈlʊk/ US: /ˌoʊ.və-/ *v* [T] 1 ⇒dar a 2 ⇒pasar por alto ⇒no darse cuenta 3 ⇒perdonar ⇒pasar por alto

overnight[1] UK: /ˌəʊ.vəˈnaɪt/ US: /ˌoʊ.və-/ *adv* 1 ⇒durante la noche 2 *to stay somewhere overnight* - pasar la noche en algún sitio 3 ⇒repentinamente ⇒de la noche a la mañana

overnight[2] UK: /ˌəʊ.vəˈnaɪt/ US: /ˌoʊ.və-/ *adj* 1 ⇒de noche: *an overnight journey* - viaje de noche 2 ⇒por la noche 3 ⇒repentino,na

overpass UK: /ˈəʊ.və.pɑːs/ US: /ˈoʊ.və.pæs/ [*pl* overpasses] *US n* [C] ⇒paso elevado

overpower UK: /ˌəʊ.vəˈpaʊəʳ/ US: /ˌoʊ.vəˈpaʊə/ *v* [T] 1 *(en un forcejeo)* ⇒dominar 2 ⇒vencer 3 ⇒abrumar

overpowering UK: /ˌəʊ.vəˈpaʊə.rɪŋ/ US: /ˌoʊ.vəˈpaʊə.ɪŋ/ *adj* ⇒abrumador,-a ⇒opresor,-a ⇒opresivo,va ⇒sofocante

overran UK: /ˌəʊ.vəˈræn/ US: /ˌoʊ.və-/ past tense of **overrun**

overreact UK: /ˌəʊ.və.riˈækt/ US: /ˌoʊ.və-/ *v* [I] ⇒reaccionar de forma exagerada ■ CONSTR. to overreact to sth

overridden past participle of **override**

override, overrode, overridden UK: /ˌəʊ.vəˈraɪd/ US: /ˌoʊ.və-/ [overriding] *v* [T] 1 *(una decisión)* ⇒anular ⇒rechazar ⇒invalidar 2 ⇒prevalecer 3 ⇒ignorar

overriding UK: /ˌəʊ.vəˈraɪ.dɪŋ/ US: /ˌoʊ.və-/ *adj* ⇒primordial ⇒fundamental

overrode past tense of **override**

overrun, overran, overrun UK: /ˌəʊ.vəˈrʌn/ US: /ˌoʊ.və-/ ■ *v* [T] 1 *(militarmente)* ⇒invadir ■ CONSTR. Se usa más en pasiva 2 *(un lugar)* ⇒llenar(se) [de algo desagradable] ⇒invadir ■ CONSTR. Se usa más en pasiva ■ *v* [T, I] 3 *UK (en el tiempo)* ⇒exceder(se)

oversaw past tense of **oversee**

overseas[1] /ˌəʊ.vəˈsiːz/ *adj* ⇒del extranjero: *overseas students* - estudiantes del extranjero

overseas[2] /ˌəʊ.vəˈsiːz/ *adv* ⇒al extranjero ⇒en el extranjero

oversee, oversaw, overseen UK: /ˌəʊ.vəˈsiː/ US: /ˌoʊ.və-/ [overseeing] *v* [T] *(una actividad)* ⇒supervisar

overseen past participle of **oversee**

overshadow UK: /ˌəʊ.vəˈʃæd.əʊ/ US: /ˌoʊ.vəˈʃæd.oʊ/ *v* [T] 1 *(una persona)* ⇒eclipsar 2 ⇒ensombrecer ■ CONSTR. Se usa más en pasiva

oversight UK: /ˈəʊ.və.saɪt/ US: /ˈoʊ.və-/ *n* [C, U] ⇒descuido ⇒olvido

oversleep, overslept, overslept UK: /ˌəʊ.vəˈsliːp/ US: /ˌoʊ.və-/ *v* [I] ⇒quedarse dormido,da ⇒no despertarse a tiempo

overslept past tense and past participle forms of **oversleep**

overstate UK: /ˌəʊ.vəˈsteɪt/ US: /ˌoʊ.vɚ-/ [overstated, overstating] *v* [T] ⇨exagerar ⇨sobredimensionar

overstep UK: /ˌəʊ.vəˈstep/ US: /ˌoʊ.vɚ-/ [overstepped, overstepping] *v* [T] **1** ⇨sobrepasar: *to overstep the limits* - sobrepasar los límites **2** *to ~ the mark* ⇨pasarse de la raya *col.*

overt UK: /əʊˈvɜːt/ UK: /ˈ--/ US: /oʊˈvɜːt/ *adj* ⇨abierto,ta ⇨manifiesto,ta ⇨patente

†**overtake** overtook, overtaken UK: /ˌəʊ.vəˈteɪk/ US: /ˌoʊ.vɚ-/ [overtaking] ∎ *v* [T] **1** ⇨desbancar ⇨superar **2** *to be overtaken by an event* - ser sorprendido por un acontecimiento ∎ *v* [T, I] **3** ⇨adelantar(se): *to overtake a car* - adelantar a un coche

overtaken past participle of **overtake**

overthrow¹, overthrew, overthrown UK: /əʊ.vəˈθrəʊ/ US: /ˌoʊ.vɚˈθroʊ/ *v* [T] ⇨derrocar ⇨derribar

overthrow² UK: /ˈəʊ.və.θrəʊ/ US: /ˈoʊ.vɚ.θroʊ/ *n* [C] ⇨derrocamiento

overtime UK: /ˈəʊ.və.taɪm/ US: /ˈoʊ.vɚ-/ *n* [U] **1** ⇨horas extras: *to work overtime* - hacer horas extras **2** *US (en deportes)* ⇨prórroga

overtook UK: /ˌəʊ.vəˈtʊk/ US: /ˌoʊ.vɚ-/ past tense of **overtake**

overture UK: /ˈəʊ.və.tjʊəʳ/ US: /ˈoʊ.vɚ.tʃɚ/ *n* [C] **1** *(en música)* ⇨obertura **2** ⇨intento de acercamiento ⇨propuesta ∎ Se usa más en plural **3** *(inform)* ⇨proposición sexual ⇨insinuación *col.* ∎ Se usa más en plural

†**overturn** UK: /ˌəʊ.vəˈtɜːn/ US: /ˌoʊ.vɚˈtɜːn/ ∎ *v* [T, I] **1** ⇨volcar(se) ⇨dar(se) la vuelta ∎ *v* [T] **2** *(una decisión)* ⇨anular **3** ⇨derrocar

overview UK: /ˈəʊ.və.vjuː/ US: /ˈoʊ.vɚ-/ *n* [C] ⇨visión general ⇨perspectiva

overweight UK: /ˌəʊ.vəˈweɪt/ UK: /ˈ---/ US: /ˌoʊ.vɚ-/ *adj* **1** ⇨con sobrepeso **2** *He was a bit overweight* - Tenía unos kilos de más

†**overwhelm** UK: /ˌəʊ.vəˈwelm/ US: /ˌoʊ.vɚ-/ *v* [T] **1** ⇨abrumar ⇨apabullar *col.* **2** *(a un adversario)* ⇨machacar *col.;* ⇨aplastar *col.* **3** *(un sentimien to o una sensación)* ⇨vencer ∎ CONSTR. Se usa má en pasiva **4** ⇨agobiar

overwhelming UK: /ˌəʊ.vəˈwel.mɪŋ/ US: /ˌoʊ.vɚ-/ *adj* **1** *(una victoria)* ⇨abrumador,-a **2** *(una expe riencia)* ⇨sobrecogedor,-a **3** *(un impulso)* ⇨irresistible

ow /aʊ/ *excl* ⇨¡ay!: *Ow! That hurts!* - ¡Ay! ¡Que duele!

†**owe** UK: /əʊ/ US: /oʊ/ [owed, owing] *v* [T] **1** *(di nero)* ⇨deber ∎ CONSTR. to owe + dos objetos **2** *(expresión de gratitud o reconocimiento)* ⇨de ber ∎ CONSTR. 1. to owe sth to sth/sb 2. to owe - dos objetos

owing to *prep* ⇨debido a

†**owl** /aʊl/ *n* [C] ⇨búho

†**own¹** UK: /əʊn/ US: /oʊn/ *adj, pron* ⇨propio,pia *Sean has his own computer* - Sean tiene su pro pio ordenador

†**own²** UK: /əʊn/ US: /oʊn/ *v* [T] ⇨tener ⇨ser due ño,ña de ⇨poseer

| PHRASAL VERBS
· **to own up to {sth/doing sth}** ⇨confesar algo

owner UK: /ˈəʊ.nəʳ/ US: /ˈoʊ.nɚ/ *n* [C] ⇨propie tario,ria ⇨dueño,ña

ox UK: /ɒks/ US: /ɑːks/ *[pl* oxen] *n* [C] ⇨buey

†**oxygen** UK: /ˈɒk.sɪ.dʒən/ US: /ˈɑːk-/ *n* [U] ⇨oxíge no: *an oxygen mask* - una máscara de oxígeno

oyster UK: /ˈɔɪ.stəʳ/ US: /-stɚ/ *n* [C] ⇨ostra

oz *n* ⇨forma abreviada de **ounce** (onza)

ozone UK: /ˈəʊ.zəʊn/ US: /ˈoʊ.zoʊn/ *n* [U] ⇨ozono

p [*pl* p's] *n* [c] *(letra del alfabeto)* ⇒p ■ PRON. Se pronuncia como *pea* en el sustantivo inglés *peace*

PA *n* [c] **1** ⇒forma abreviada de **public address system** (sistema de megafonía) **2** ⇒forma abreviada de **personal assistant** (asistente personal)

pace¹ /peɪs/ ▮ *n* [c] **1** ⇒paso: *to set the pace* - marcar el paso ▮ *n* [U] **2** ⇒ritmo **3** to keep ~ with *sth/sb* ⇒seguir el ritmo de

pace² /peɪs/ [paced, pacing] *v* [T, I] **1** ⇒pasear(se) [con inquietud]: *They paced up and down the corridor* - Se paseaban por el pasillo arriba y abajo ■ CONSTR. Se usa generalmente seguido de una preposición o un adverbio **2** ⇒marcar el ritmo

pacemaker UK: /ˈpeɪsˌmeɪ.kəʳ/ US: /-kɚ/ *n* [c] **1** ⇒marcapasos **2** ⇒liebre ⇒persona o animal que marca el paso en una carrera

pacific /pəˈsɪf.ɪk/ *adj* ⇒pacífico,ca ■ PRON. La primera *c* se pronuncia como una *s*

pacifier UK: /ˈpæs.ɪ.faɪ.əʳ/ US: /-ɚ/ US (UK **dummy**) *n* [c] ⇒chupete ⇒chupón AMÉR.

pacifism /ˈpæs.ɪ.fɪ.z²m/ *n* [U] ⇒pacifismo

pacify /ˈpæs.ɪ.faɪ/ [pacifies, pacified] *v* [T] **1** *(a una persona)* ⇒tranquilizar ⇒apaciguar **2** *(un sitio)* ⇒pacificar

pack¹ /pæk/ *v* [T, I] **1** ⇒empaquetar **2** ⇒hacer la maleta ⇒empacar AMÉR. **3** *(un lugar)* ⇒llenar

|PHRASAL VERBS

· **to pack** *sth* **in** [M] **1** *(inform)* ⇒parar **2** *(un hábito o una actividad)* ⇒dejar

· **to pack up** UK *(inform)* *(una máquina)* ⇒estropear(se)

pack² /pæk/ *n* [c] **1** US ⇒caja [pequeña]: *a pack of crayons* - una caja de pinturas **2** US (UK **packet**) ⇒paquete **3** US ⇒mochila **4** ⇒jauría ⇒manada **5** UK (US **deck**) ⇒baraja [de cartas]

package¹ /ˈpæk.ɪdʒ/ *n* [c] **1** ⇒paquete ⇒bulto ⇒encomienda AMÉR. **2** US (UK **packet**) ⇒paquete **3** ⇒paquete: *a package of measures* - un paquete de medidas; ⇒conjunto ■ PRON. La última *a* se pronuncia como la *i* en *did*

package² /ˈpæk.ɪdʒ/ [packaged, packaging] *v* [T] **1** ⇒envasar ⇒empaquetar **2** ⇒mostrar ⇒presentar ■ PRON. La última *a* se pronuncia como la *i* en *did*

packaging /ˈpæk.ɪ.dʒɪŋ/ *n* [U] **1** ⇒envoltorio **2** ⇒envase ⇒embalaje

packed /pækt/ *adj* **1** *(de gente)* ⇒abarrotado,da ⇒lleno,na **2** *(de cosas)* ⇒repleto,ta ⇒lleno,na

packed lunch [*pl* packed lunches] UK *n* [c] ⇒comida que se lleva para comer fuera de casa [metida en un recipiente]

↑**packet** /ˈpæk.ɪt/ UK (US **pack/package**) *n* [c] ⇒paquete [enviado]: *There is a packet for you* - Hay un paquete para ti

packing /ˈpæk.ɪŋ/ *n* [U] **1** ⇒embalaje ⇒papel de embalaje **2** ⇒empaquetado **3** *(de cigarrillos)* ⇒cajetilla **4** ⇒bolsa **5** ⇒preparación del equipaje ⇒preparación del traslado

↑**pact** /pækt/ *n* [c] ⇒acuerdo ⇒pacto ■ CONSTR. to pact + to do sth

pad¹ /pæd/ *n* [c] **1** *(material)* ⇒almohadilla ⇒cojinete **2** (US *tb* **tablet**) ⇒bloc [de notas] **3** *shoulder pad* - hombrera; *shin pad* - espinillera

pad² /pæd/ [padded, padding] ▮ *v* [I] **1** ⇒andar sin hacer ruido **2** *I padded along the hallway trying not to wake my parents* - Atravesé el vestíbulo sin hacer ruido para no despertar a mis padres ■ CONSTR. Se usa siempre seguido de una preposición o un adverbio ▮ *v* [T] **3** ⇒acolchar

|PHRASAL VERBS

· **to pad** *sth* **out** [M] ⇒meter paja [en un texto] *col.*

padding /ˈpæd.ɪŋ/ *n* [U] **1** ⇒relleno ⇒guata ⇒acolchado **2** *(en un texto)* ⇒relleno ⇒paja *col.*

paddle¹ /ˈpæd.l̩/ ▮ *n* [c] **1** ⇒pala ⇒remo ▮ *n* [NO PL] **2** UK ⇒paseo por la orilla de un río o de un mar, con los pies dentro del agua

paddle² /ˈpæd.l̩/ [paddled, paddling] ▮ *v* [T, I] **1** ⇒remar [con pala]: *The children paddled along the river* - Los niños remaron a lo largo del río ▮ *v* [I] **2** UK (US **wade**) ⇒mojarse los

P ■

pies: *We paddled in the lake* - Nos mojamos los pies en el lago **3** *US* ∘chapotear ∎ Constr. Se usa generalmente seguido de una preposición o un adverbio

paddock /'pæd.ǝk/ *n* [c] **1** ∘cercado [para caballos o para ganado] **2** *Aus* ∘campo agrícola

padlock /'pæd.lɒk/ US: /-lɑːk/ *n* [c] ∘candado: *to lock sth with a padlock* - cerrar algo con un candado

paediatrician /ˌpiː.di.ǝ'trɪʃ.ǝn/ *UK* (*US* **pediatrician**) *n* [c] ∘pediatra ∎ Pron. La primera sílaba, *pae*, se pronuncia como *pee*

pagan /'peɪ.gǝn/ *adj, n* [c] ∘pagano,na

† **page¹** /peɪdʒ/ *n* [c] **1** ∘página: *It's on page 76* - Está en la página 76 ∎ La forma abreviada es *p*. **2** (*tb* **web page**) (*en informática*) ∘página web

page² /peɪdʒ/ [paged, paging] *v* [T] **1** ∘llamar por altavoz **2** ∘llamar por el busca

pager UK: /'peɪ.dʒǝʳ/ US: /-dʒǝ/ *n* [c] (*aparato*) ∘busca *col.*

† **paid¹** /peɪd/ *past tense and past participle forms* of **pay**

† **paid²** /peɪd/ *adj* **1** ∘remunerado,da **2** *a well-paid job* - un trabajo bien pagado

† **pain** /peɪn/ ∎ *n* [c, u] **1** ∘dolor: *I have a pain in my arm* - Tengo un dolor en el brazo ∎ *n* [u] **2** ∘dolor [emocional] ∘sufrimiento [emocional] **3** *to be a ~ in the neck* (*inform*) ∘ser un pesado, una pesada *col.;* ∘ser un peñazo *col.*

pained /peɪnd/ *adj* **1** ∘disgustado,da **2** ∘ofendido,da ∘dolido,da

painful /'peɪn.fŀl/ *adj* ∘doloroso,sa ∘desagradable

painfully /'peɪn.fŀl.i/ *adv* ∘terriblemente: *a painfully boring film* - una película terriblemente aburrida

painkiller UK: /'peɪnˌkɪl.ǝʳ/ US: /-ǝ/ *n* [c] ∘calmante ∘analgésico

painless /'peɪn.lǝs/ *adj* **1** ∘sin dolor ∘indoloro,ra **2** (*un método*) ∘sencillo,lla ∘fácil ∘sin complicaciones

painstaking /'peɪnzˌteɪ.kɪŋ/ *adj* ∘meticuloso,sa ∘pormenorizado,da ∘laborioso,sa

† **paint¹** /peɪnt/ *n* [c, u] ∘pintura: *oil paint* - pintura al óleo; *a coat paint* - una mano de pintura

† **paint²** /peɪnt/ ∎ *v* [T, I] **1** ∘pintar: *We've painted the walls* - Hemos pintado las paredes; *Wet paint!* - ¡Recién pintado! **2** (*en arte*) ∘pintar ∎ *v* [I] **3** ∘pintarse: *She always paints her lips red* - Siempre se pinta los labios de rojo

paintbrush /'peɪnt.brʌʃ/ [*pl* paintbrushes] *n* [c] **1** ∘brocha **2** ∘pincel

painter UK: /'peɪn.tǝʳ/ US: /-ˤt̬ǝ/ *n* [c] **1** (*de cuadros*) ∘pintor,-a **2** (*de edificios*) ∘pintor,-a

painting UK: /'peɪn.tɪŋ/ US: /-ˤt̬ɪŋ/ *n* [c] ∘pintura ∘cuadro

† **pair¹** UK: /peǝʳ/ US: /per/ *n* [c] **1** ∘par: *a pair of shoes* - un par de zapatos; *a pair of trousers* - un par de pantalones **2** *a pair of scissors* - unas tijeras **3** ∘pareja

† **pair²** UK: /peǝʳ/ US: /per/

|PHRASAL VERBS
· **to pair off** ∘emparejar(se) [para empezar una relación romántica o sexual]
· **to pair** (*sb*) **off** [M] (*en el colegio*) ∘ponerse por parejas
· **to pair sb off** (**with** *sb*) [M] ∘emparejar a alguien (con alguien)
· **to pair up** ∘formar pareja [temporalmente, para una actividad]

pajamas UK: /pɪ'dʒɑː.mǝz/ US: /-'dʒæm.ǝz/ *US* (*UK* **pyjamas**) *n* [PL] ∘pijama

Pakistan /ˌpɑː.kɪ'stɑːn/ *n* [u] ∘Paquistán

Pakistani /ˌpɑː.kɪ'stɑː.ni/ *adj, n* [c] ∘paquistaní

pal /pæl/ *n* [c] (*inform*) ∘amigo,ga ∘colega *col.;* ∘cuate,ta AMÉR. *col.*

† **palace** /'pæl.ɪs/ *n* [c] (*de monarca o jefe de estado*) ∘palacio ∎ Pron. La última parte rima con *kiss*

palate /'pæl.ǝt/ *n* [c] **1** ∘paladar ∘cielo de la boca **2** ∘paladar ∘gusto

pale /peɪl/ *adj* [*comp* paler, *superl* palest] **1** (*un color*) ∘claro,ra **2** (*una luz*) ∘tenue **3** ∘pálido,da ∘lívido,da **4** *to turn pale* - palidecer **5** *beyond the ~* (*una conducta*) ∘inaceptable

Palestine /'pæl.ǝ.staɪn/ *n* [u] ∘Palestina

Palestinian /ˌpæl.ǝ'stɪn.i.ǝn/ *adj, n* [c] ∘palestino,na

† **palm¹** /pɑːm/ *n* [c] **1** (*tb* **palm tree**) (*árbol*) ∘palma ∘palmera **2** (*de la mano*) ∘palma **3** *to read sb's palm* - leerle la mano a alguien **4** *to have sb in the ~ of one's hand* ∘tener a alguien en la palma de la mano *col.*

† **palm²** /pɑːm/

|PHRASAL VERBS
· **to palm sb off** (**with** *sth*) ∘quitar(se) a alguien de encima con algo [falso o sin valor]

palm tree *n* [c] See **palm**

paltry UK: /'pɔːl.tri/ US: /'pɑːl-/ *adj* [*comp* paltrier *superl* paltriest] **1** (*una cantidad de dinero*) ∘irrisorio,ria ∘insignificante **2** ∘baladí ∘insignificante

pamper UK: /'pæm.pǝʳ/ US: /-pǝ/ *v* [T] ∘mimar mucho

pamphlet /'pæm.flǝt/ *n* [c] **1** ∘folleto **2** ∘panfleto [político]

P

† **pan** /pæn/ n [C] **1** ⇒sartén ⇒paila *AMÉR.* **2** ⇒cacerola ⇒cazuela **3** *US* (*UK* tin) ⇒molde [para el horno] ■ Distinto de *bread* (pan)

Panama /'pæn.ə.mɑ:/ n [U] ⇒Panamá

Panamanian /ˌpæn.ə'meɪ.ni.ən/ adj, n [C] ⇒panameño,ña

pancake /'pæn.keɪk/ n [C] ⇒tortita ⇒crep

panda /'pæn.də/ n [C] ⇒oso panda

pander UK: /'pæn.də'/ US: /-də/
| PHRASAL VERBS
| · to pander to sth/sb ⇒contentar ⇒complacer
| ⇒condescender con ■ Tiene un matiz negativo

pane /peɪn/ n [C] *(en una ventana o una puerta)* ⇒cristal

panel /'pæn.ºl/ n [C] **1** ⇒panel **2** ⇒jurado: *A new panel will assess his candidature* - Un nuevo jurado valorará su candidatura **3** *(en un avión u otra máquina)* ⇒panel de control ⇒tablero de mandos

panelling /'pæn.ºl.ɪŋ/ *UK* n [U] **1** ⇒revestimiento **2** ⇒paneles

pang /pæŋ/ n [C] ⇒punzada ⇒dolor

panic¹ /'pæn.ɪk/ n [C, U] ⇒pánico: *to be in a panic* - ser preso del pánico

panic² /'pæn.ɪk/ [panicked, panicking] v [T, I] ⇒asustarse ⇒dejarse llevar por el pánico

pansy /'pæn.zi/ [pl pansies] n [C] *(flor)* ⇒pensamiento

pant /pænt/ v [I] ⇒jadear: *The dog came in panting* - El perro entró jadeando

panther UK: /'pæn.θə'/ US: /-θə/ [pl panther, panthers] n [C] ⇒pantera

panties UK: /'pæn.tiz/ US: /-ˤtiz/ *US* (*UK* knickers) n [PL] ⇒bragas ⇒calzonarias *AMÉR.;* ⇒bloomer *AMÉR.;* ⇒blúmer *AMÉR.* ■ Distinto de *tights* (pantis)

pantomime UK: /'pæn.tə.maɪm/ US: /-ˤtə-/ ■ n [C, U] **1** ⇒comedia musical que se representa en Navidad ■ n [U] **2** ⇒pantomima ■ La forma abreviada es *panto*

pantry /'pæn.tri/ [pl pantries] n [C] ⇒despensa

† **pants** /pænts/ n [PL] **1** *UK* (*UK/US tb* underpants) ⇒calzoncillos **2** *UK* (*US* panties) ⇒bragas ⇒calzonarias *AMÉR.;* ⇒blúmer *AMÉR.* **3** *US* (*UK/US tb* trousers) ⇒pantalón

pantyhose UK: /'pæn.ti.həʊz/ US: /-ˤti.hoʊz/ *US* (*UK* tights) n [PL] ⇒medias ⇒pantys

† **paper** UK: /'peɪ.pə'/ US: /-pə/ ■ n [U] **1** *(para escribir o pintar)* ⇒papel ■ Se dice *some paper, a piece of paper* o *a sheet of paper.* Incorrecto: *a paper* ■ n [C] **2** ⇒periódico: *to read the paper* - leer el periódico **3** *UK* ⇒examen **4** ⇒artículo ⇒ponencia ⇒comunicación **5** on ~ **1** ⇒por escrito **2** ⇒en teoría: *It looks good on paper* - En teoría debería funcionar

paperback UK: /'peɪ.pə.bæk/ US: /-pə-/ n [C] ⇒libro [en rústica]

paper clip n [C] ⇒clip [para papeles]

papers UK: /'peɪ.pəz/ US: /-pəz/ n [PL] ⇒documentación ⇒papeles

paper thin adj ⇒muy fino,na

paperwork UK: /'peɪ.pə.wɜːk/ US: /-pə.wɜːk/ n [U] ⇒papeleo ⇒trabajo administrativo

par UK: /pɑ:'/ US: /pɑːr/ n [U] **1** *(en golf)* ⇒par **2** to be below ~ ⇒estar pachucho,cha *col.* **3** to be on a ~ with sth/sb ⇒estar a la altura de ⇒estar a la par de

parable UK: /'pær.ə.bl̩/ US: /'per-/ n [C] *(narración)* ⇒parábola

† **parachute** UK: /'pær.ə.ʃuːt/ US: /'per-/ *(tb* chute) n [C] ⇒paracaídas ■ PRON. La *ch* se pronuncia como *sh* en *shop*

parade¹ /pə'reɪd/ n [C] **1** ⇒desfile: *a military parade* - un desfile militar; *a fashion parade* - un desfile de moda **2** ⇒exhibición

P ■

PAN

SAUCEPAN

FRYING PAN   PRESSURE COOKER   GRILL PAN (UK) / BROILER PAN (US)

parade² /pəˈreɪd/ [paraded, parading] ■ *v* [T, I] **1** ⇒desfilar **2** ⇒exhibir ⇒pasear ■ *v* [T] **3** ⇒hacer alarde de ■ *v* [I] **4** *(en el ejército)* ⇒pasar revista ■ CONSTR. Se usa generalmente seguido de una preposición o un adverbio

paradise UK: /ˈpær.ə.daɪs/ US: /ˈper-/ *n* [C, U] ⇒paraíso: *This is paradise!* - ¡Esto es el paraíso!

paradox UK: /ˈpær.ə.dɒks/ US: /ˈper.ə.dɑːks/ [*pl* paradoxes] *n* [C, U] ⇒paradoja

paraffin UK: /ˈpær.ə.fɪn/ US: /ˈper-/ *UK (US* kerosene) *n* [U] ⇒parafina

†**paragraph** UK: /ˈpær.ə.grɑːf/ US: /ˈper.ə.græf/ *n* [C] ⇒párrafo

Paraguay /ˈpær.ə.gwaɪ/ *n* [U] ⇒Paraguay

Paraguayan /ˌpær.əˈgwaɪ.ən/ *adj, n* [C] ⇒paraguayo,ya

parallel¹ UK: /ˈpær.ə.lel/ US: /ˈper-/ *adj* ⇒paralelo,la: *parallel line* - línea paralela

parallel² UK: /ˈpær.ə.lel/ US: /ˈper-/ *n* [C] *(en geografía)* ⇒paralelo

paralyse UK: /ˈpær.ᵊl.aɪz/ US: /ˈper-/ [paralysed, paralysing] *UK (US* paralyze) *v* [T] ⇒paralizar: *The country was paralysed by the strike* - El país quedó paralizado por la huelga ■ CONSTR. Se usa más en pasiva

paralysed UK: /ˈpær.ᵊl.aɪzd/ US: /ˈper-/ *UK adj* **1** ⇒paralizado,da: *He was paralysed with fear* - Se quedó paralizado del miedo **2** ⇒paralítico,ca

paralysis /pəˈræl.ə.sɪs/ [*pl* paralyses] *n* [C, U] ⇒inmovilidad ⇒parálisis **2** ⇒paralización

paralyze [paralyzed, paralyzing] *US v* [T] See **paralyse**

paramedic UK: /ˌpær.əˈmed.ɪk/ US: /ˌper.əˈmed-/ *n* [C] ⇒profesional sanitario a las órdenes de médicos y enfermeros

paramount UK: /ˈpær.ə.maʊnt/ US: /ˈper-/ *adj (form)* ⇒primordial ⇒sumo,ma

paranoia UK: /ˌpær.əˈnɔɪ.ə/ US: /ˌper-/ *n* [U] ⇒paranoia ⇒neura *col.*

paranoid UK: /ˈpær.ᵊn.ɔɪd/ US: /ˈper.ə.nɔɪd/ *adj* ⇒paranoico,ca

paraphrase UK: /ˈpær.ə.freɪz/ US: /ˈper-/ [paraphrased, paraphrasing] *v* [T, I] ⇒parafrasear

parasite UK: /ˈpær.ə.saɪt/ US: /ˈper-/ *n* [C] ⇒parásito

†**parcel** UK: /ˈpɑː.sᵊl/ US: /ˈpɑːr-/ *n* [C] ⇒paquete ⇒encomienda *AMÉR.* ■ Distinto de *plot* (parcela)

parched UK: /ˈpɑːtʃt/ US: /ˈpɑːrtʃt/ *adj* **1** ⇒muy árido,da ⇒reseco,ca **2** *(inform)* ⇒seco,ca *col.*

pardon¹ UK: /ˈpɑː.dᵊn/ US: /ˈpɑːr-/ *(US tb* pardon me) *n* [C] *(cuando no se oye bien algo)* ⇒¿cómo? ■ Distinto de *excuse me* y *sorry* (perdón)

pardon² UK: /ˈpɑː.dᵊn/ US: /ˈpɑːr-/ *v* [T] ⇒indultar ⇒perdonar

pardon³ UK: /ˈpɑː.dᵊn/ US: /ˈpɑːr-/ *n* [C] *(en derecho)* ⇒indulto

pare UK: /peəʳ/ US: /per/ [pared, paring] *v* [T] **1** ⇒mondar ⇒pelar **2** *(tb* pare down) ⇒reducir: *to pare expenses down* - reducir gastos

†**parent** UK: /ˈpeə.rᵊnt/ US: /ˈper.[ə]nt/ *n* [C] ⇒padre, madre: *My parents are away* - Mis padres están de viaje ■ Distinto de *relative* (pariente)

parental UK: /pəˈren.tᵊl/ US: /-ˤt[ə]l/ *adj* ⇒de los padres: *parental support* - apoyo de los padres

parenthood UK: /ˈpeə.rᵊnt.hʊd/ US: /ˈper.[ə]nt-/ *n* [U] ⇒paternidad ⇒maternidad

parish UK: /ˈpær.ɪʃ/ US: /ˈper-/ [*pl* parishes] *n* [C] ⇒parroquia ⇒feligresía

†**park¹** UK: /pɑːk/ US: /pɑːrk/ *n* [C] **1** ⇒parque: *a walk in the park* - un paseo por el parque **2** *UK* ⇒jardín [de una mansión] **3** *US* ⇒campo deportivo

†**park²** UK: /pɑːk/ US: /pɑːrk/ *v* [T, I] ⇒aparcar ⇒parquear *AMÉR.*

parking UK: /ˈpɑː.kɪŋ/ US: /ˈpɑːr-/ *n* [U] *(acción)* ⇒aparcamiento ⇒estacionamiento ⇒parqueo *AMÉR.*

parking lot *US (UK* car park) *n* [C] ⇒aparcamiento ⇒playa de estacionamiento *AMÉR.;* ⇒parqueo *AMÉR.*

†**parliament** UK: /ˈpɑː.lɪ.mənt/ US: /ˈpɑːr.lə-/ *n* [C, U] **1** ⇒parlamento **2** *to enter parliament* - ser elegido diputado **3** *(período)* ⇒legislatura

parliamentary UK: /ˌpɑː.lɪˈmen.tᵊr.i/ US: /ˌpɑːr.ləˈmen.ˤtə-/ *adj* ⇒parlamentario,ria

parlour UK: /ˈpɑː.ləʳ/ US: /ˈpɑːr.lə/ *UK n* [C] **1** *(old-fash) (en una casa)* ⇒salón ⇒sala **2** *beauty parlour* - salón de belleza

parody UK: /ˈpær.ə.di/ US: /ˈper-/ [*pl* parodies] *n* [C, U] ⇒parodia

parole UK: /pəˈrəʊl/ US: /-ˈroʊl/ *n* [U] ⇒libertad condicional: *to be released on parole* - ser puesto en libertad condicional

†**parrot** UK: /ˈpær.ət/ US: /ˈper-/ *n* [C] ⇒loro

parsley UK: /ˈpɑː.sli/ US: /ˈpɑːr-/ *n* [U] ⇒perejil: *a sprig of parsley* - una rama de perejil

parsnip UK: /ˈpɑː.snɪp/ US: /ˈpɑːr-/ *n* [C] *(planta)* ⇒chirivía

†**part¹** UK: /pɑːt/ US: /pɑːrt/ ■ *n* [C, U] **1** ⇒parte: *I liked the first part of the programme* - Me gustó la primera parte del programa ■ *n* [C] **2** *(en una máquina)* ⇒pieza **3** *(en una serie)* ⇒episodio **4** *(en un espectáculo, en una película)* ⇒papel **5** *US* See **parting 6** for the most ~ ⇒por lo general **7** in ~ ⇒en parte **8** on *sb's* ~ ⇒de parte de alguien: *It was an error on his part* - Fue un error de su parte **9** the best ~ of *sth* **1** ⇒la mayor parte de algo **2** *the best part of an hour* - casi una hora **10** to take ~ (in *sth*) ⇒tomar par

te ⇝participar **11 to take** *sb's* ~ ⇝ponerse de parte de alguien: *You always take Jimmy's part!* - ¡Siempre te pones de parte de Jimmy!

part² UK: /pɑːt/ US: /pɑːrt/ ∎ *v* [T, I] **1** *(form)* ⇝separar **2** *(cortinas)* ⇝abrir ⇝correr ∎ *v* [T] **3** ⇝peinar con raya **4 to ~ company {from/with}** *(una pareja, unos socios)* ⇝separarse

| PHRASAL VERBS
└ **to part with** *sth* ⇝desprenderse de algo

partial UK: /ˈpɑː.ʃ ᵊl/ US: /ˈpɑːr-/ *adj* **1** *(incompleto)* ⇝parcial **2** *(influenciado)* ⇝parcial **3 to be ~ to** *sth* ⇝tener debilidad por algo ⇝gustarle a alguien algo

partially UK: /ˈpɑː.ʃᵊl.i/ US: /ˈpɑːr-/ *adv* ⇝parcialmente

participant UK: /pɑːˈtɪs.ɪ.p ᵊnt/ US: /pɑːrˈtɪs.ə-/ *n* [C] ⇝participante

participate UK: /pɑːˈtɪs.ɪ.peɪt/ US: /pɑːrˈtɪs.ə-/ [participated, participating] *v* [I] ⇝participar ∎ Constr. to participate in sth

participation UK: /pɑːˌtɪs.ɪˈpeɪ.ʃ ᵊn/ US: /pɑːrˌtɪs.ə-/ *n* [U] ⇝participación

participle UK: /pɑːˈtɪs.ɪ.pl̩/ US: /ˈpɑːr.tɪ.sɪ-/ *n* [C] *(en gramática)* ⇝participio

particle UK: /ˈpɑː.tɪ.kl̩/ US: /ˈpɑːr. ᵗə-/ *n* [C] **1** *(materia)* ⇝partícula **2** *(en gramática)* ⇝partícula **3** ⇝pizca ⇝ápice

particular UK: /pəˈtɪk.jʊ.lə ʳ/ US: /pəˈtɪk.jə.lɚ/ *adj* **1** ⇝especial ⇝gran **2** ⇝particular ⇝concreto,ta ⇝específico,ca **3** ⇝especial ⇝exigente

particularly UK: /pəˈtɪk.jʊ.lə.li/ US: /pəˈtɪk.jə.lɚ.li/ *adv* ⇝especialmente ⇝en particular

parting UK: /ˈpɑː.tɪŋ/ US: /ˈpɑːr. ᵗɪŋ/ ∎ *n* [C, U] **1** ⇝despedida **2** *(form)* ⇝separación ⇝división ∎ *n* [C] **3** *UK (US* part) ⇝raya [del pelo]

partisan¹ UK: /ˌpɑː.tɪˈzæn/ UK: /ˈ---/ US: /ˈpɑːr. ᵗɪ.zən/ *adj* ⇝partidista ⇝parcial ⇝sesgado,da

partisan² UK: /ˌpɑː.tɪˈzæn/ UK: /ˈ---/ US: /ˈpɑːr. ᵗɪ.zən/ *n* [C] **1** ⇝partisano,na **2** ⇝partidario,ria

partition UK: /pɑːˈtɪʃ. ᵊn/ US: /pɑːr-/ *n* [C] **1** *(de un país)* ⇝división ⇝separación **2** ⇝tabique

partly UK: /ˈpɑːt.li/ US: /ˈpɑːrt-/ *adv* ⇝en parte

partner UK: /ˈpɑːt.nə ʳ/ US: /ˈpɑːrt.nɚ/ *n* [C] **1** *(en una actividad)* ⇝pareja ⇝compañero,ra ⇝acompañante **2** *(compañero sentimental)* ⇝pareja ⇝esposo,sa ⇝novio,via **3** ⇝socio,cia

partnership UK: /ˈpɑːt.nə.ʃɪp/ US: /ˈpɑːrt.nɚ-/ *n* [C, U] **1** ⇝asociación **2** ⇝sociedad

part of speech [*pl* parts of speech] *n* [C] **1** *(en gramática)* ⇝parte de la oración **2** ⇝clase de palabra ⇝categoría gramatical

parts UK: /pɑːts/ US: /pɑːrts/ *n* [PL] **1** ⇝región [de un país] **2** *(inform) Are you from these parts* - ¿Eres de por aquí?

† **part-time** UK: /ˌpɑːtˈtaɪm/ US: /ˌpɑːrt-/ *adj, adv* ⇝a tiempo parcial ⇝de media jornada

† **party** UK: /ˈpɑː.ti/ US: /ˈpɑːr. ᵗi/ [*pl* parties] *n* [C] **1** ⇝fiesta: *to have a party* - dar una fiesta **2** *(en política)* ⇝partido ∎ Por ser un nombre colectivo se puede usar con el verbo en singular o en plural **3** ⇝grupo ∎ Por ser un nombre colectivo se puede usar con el verbo en singular o en plural **4** *(en derecho)* ⇝parte **5 to be a ~ to** *sth* ⇝estar involucrado,da en algo ⇝ser cómplice en algo

† **pass¹** UK: /pɑːs/ US: /pæs/ ∎ *v* [T, I] **1** *(en el espacio)* ⇝pasar ⇝dejar atrás **2** *(un examen, una ley)* ⇝aprobar **3** *(un período de tiempo)* ⇝pasar ⇝transcurrir ∎ Se usa cuando el período de tiempo es sujeto. Comparar con to spend **4** *(en deportes)* ⇝pasar ⇝hacer un pase ∎ *v* [T] **5** *(un objeto)* ⇝pasar ⇝dar **6** ⇝superar **7** *(en medicina)* ⇝echar ⇝expulsar

| PHRASAL VERBS
 · **to pass** *sth* **{around/round}** *sth* [M] ⇝hacer circular algo ⇝pasar
 · **to pass {as/for}** *sth/sb* ⇝pasar por ⇝ser tomado,da por
 · **to pass away** *(euphem)* ⇝pasar a mejor vida
 · **to pass** *sb* **by** ⇝dejar a alguien de lado [para algo] ⇝pasar sin ser aprovechado
 · **to pass** *sth* **down** *(un objeto, una enseñanza)* ⇝heredar ∎ Constr. Se usa frecuentemente en pasiva
 · **to pass** *sth/sb* **off as** *sth/sb* [M] ⇝hacer pasar por
 · **to pass out 1** ⇝desmayarse **2** *(en el ejército)* ⇝graduarse
 · **to pass** *sth* **up** [M] *(inform)* ⇝desaprovechar algo ⇝dejar pasar algo ⇝desperdiciar algo

pass² UK: /pɑːs/ US: /pæs/ [*pl* passes] *n* [C] **1** *(en un examen)* ⇝aprobado **2** *(en deportes)* ⇝pase **3** ⇝pase ⇝entrada **4** ⇝puerto [de montaña]: *The pass is unpassable because of the snow* - El puerto está cerrado debido a la nieve **5 bus ~** ⇝billete de autobús

† **passage** /ˈpæs.ɪdʒ/ ∎ *n* [C] **1** ⇝pasadizo **2** ⇝pasillo **3** *(en un libro o pieza musical)* ⇝pasaje ⇝fragmento ∎ *n* [NO PL] **4** ⇝travesía ⇝viaje **5** ⇝progreso ⇝paso **6** *the nasal passage* - el conducto nasal ∎ PRON. La última *a* se pronuncia como la *i* en did

† **passenger** UK: /ˈpæs. ᵊn.dʒə ʳ/ US: /-dʒɚ/ *n* [C] ⇝pasajero,ra

passer-by UK: /ˌpɑː.səˈbaɪ/ US: /ˌpæs.ɚ-/ [*pl* passers-by] *n* [C] ⇝transeúnte

passing¹ UK: /ˈpɑː.sɪŋ/ US: /ˈpæs.ɪŋ/ *adj* **1** ⇝pasajero,ra **2** ⇝de pasada

passing² UK: /ˈpɑː.sɪŋ/ US: /ˈpæs.ɪŋ/ ∎ *n* [U] **1** ⇝paso ⇝transcurso ∎ *n* [NO PL] **2** *(euphem)* ⇝muerte ⇝desaparición **3 in ~** ⇝de pasada

P ∎

† **passion** /'pæʃ.ºn/ n [U] ⇒pasión

passionate UK: /'pæʃ.ºn.ət/ US: /-ə.nɪt/ adj **1** ⇒apasionado,da **2** ⇒entusiasta: *a passionate fan* - un fan entusiasta

passive¹ /'pæs.ɪv/ n [NO PL] *(en gramática)* ⇒voz pasiva ⇒pasiva ■ Ver cuadro

passive² /'pæs.ɪv/ adj *(una persona)* ⇒pasivo,va

† **passport** UK: /'pɑːs.pɔːt/ US: /'pæs.pɔːrt/ n [C] ⇒pasaporte

password UK: /'pɑːs.wɜːd/ US: /'pæs.wɜːd/ n [C] ⇒contraseña ⇒clave

† **past**¹ UK: /pɑːst/ US: /pæst/ adj **1** ⇒pasado,da: *her past life* - su vida pasada **2** ⇒último,ma: *in the past month* - durante el último mes **3** ⇒antiguo,gua **4** ~ **tense** *(en gramática)* ⇒pasado ■ Ver cuadros past tense y verb tenses

† **past**² UK: /pɑːst/ US: /pæst/ adv, prep **1** ⇒delante de ⇒por delante de **2** *I ran past them without stopping* - Les pasé corriendo sin detenerme ■ Se usa frecuentemente con verbos de movimiento. Al traducirlo en español su significado suele estar implícito en el verbo **3** *(para las horas)* ⇒y ■ Se dice *twenty-five past four* - las cuatro y veinticinco. Incorrecto: *four past twenty-five* **4** not to put it ~ sb to do sth *(inform)* ⇒no extrañar que alguien sea capaz de hacer algo ⇒creer que alguien es capaz de hacer algo **5** to be ~ it *UK (inform, hum)* ⇒ser muy viejo,ja [para hacer algo]

† **past**³ UK: /pɑːst/ US: /pæst/ n [NO PL] ⇒pasado: *in the past* - en el pasado

† **pasta** UK: /'pæs.tə/ US: /'pɑː.stə/ n [U] *(comida)* ⇒pasta

paste /peɪst/ n [C, U] **1** *(mezcla)* ⇒pasta **2** ⇒pegamento **3** ⇒paté: *anchovy paste* - paté de anchoa

pastel UK: /'pæs.tºl/ US: /pæs'tel/ adj *US (color)* ⇒pastel

pastime UK: /'pɑːs.taɪm/ US: /'pæs-/ n [C] ⇒pasatiempo

pastor UK: /'pɑː.stə/ US: /'pæs.tə/ n [C] ⇒pastor de la iglesia protestante

pastoral UK: /'pɑː.stºr.ºl/ US: /'pæs.tə-/ adj **1** ⇒pastoril ⇒bucólico,ca **2** ⇒pastoral: *pastoral duties* - obligaciones pastorales

† **pastry** /'peɪ.stri/ n [U] **1** ⇒masa **2** ⇒hojaldre **3** ⇒pastel pequeño

pasture UK: /'pɑːs.tʃə/ US: /'pæs.tʃə/ n [C] ⇒pasto ⇒prado

pat¹ /pæt/ [patted, patting] v [T] ⇒dar palmaditas [como gesto de cariño o aprobación]: *to pat sb on*

P

┌───┐
│ **the passive**

• La voz pasiva se construye con el verbo "to be" y el participio pasado del verbo principal:

Voz activa	**Voz pasiva**
· *They built a house in the woods.* (Construyeron una casa en el bosque.)	· *The Eiffel Tower* **was built** *in 1898.* (La torre Eiffel se construyó en 1898.)

• La voz pasiva se encuentra con mucha frecuencia en el registro formal. Se usa:

– Cuando la persona que realiza la acción es desconocida o no es importante:

· *Most televisions* **are manufactured** *in Asia.*
(La mayoría de las televisiones se fabrican en Asia.)

– Acompañada de "by" + objeto para indicar quién ha realizado la acción, pero con mayor énfasis en el sujeto:

· *The church* **was built** *by an Italian architect.*
(La iglesia fue construida por un arquitecto italiano.)

– Para evitar señalar al responsable de algo:

· *Some mistakes* **were made**.
(Se cometieron algunos errores.)

– En algunos estilos objetivos de escritura:

· *The demonstrators were* **compelled** *to leave.*
(Los manifestantes se vieron obligados a marcharse.)
└───┘

past tense

• Past simple

El pasado simple se usa:

- Para expresar acciones o estados acabados en el pasado:

  · I **sang** my favourite song. / (Canté mi canción favorita.)

- Para expresar una sucesión ordenada de hechos o acontecimientos:

  · The striker **stopped** the ball, **shot** and **scored** a goal. / (El delantero paró el balón, chutó y metió un gol.)

• Past continuous

El pasado continuo se usa:

- Para expresar acciones o estados que habían empezado pero que aún no habían terminado en un momento del pasado:

  · What **were you doing** two hours ago? / (¿Qué estabas haciendo hace dos horas?)

- Para expresar una acción larga durante la cual sucede una acción más corta. La acción larga se expresa en "past continuous"; la acción más corta, en "past simple":

  · The phone rang while **I was having** a shower.
  (El teléfono sonó mientras me estaba duchando.)

• Present perfect

El presente perfecto se usa:

- Para referirse a acciones o experiencias con un período de tiempo que continúa hasta ahora:

  · I **haven't been** to Australia. / (No he estado en Australia.)

- Para expresar una acción del pasado relacionada con el presente o que tiene un efecto en el presente:

  · We **have spent** all our money; we can't buy anything else.
  (Hemos gastado todo nuestro dinero; no podemos comprar nada más.)

• Present perfect continuous

El presente perfecto continuo se usa:

- Para referirse a una acción que se ha repetido durante un período de tiempo que continúa hasta el presente:

  · We **have been studying** Chinese since we were five. / (Llevamos estudiando chino desde los cinco años.)

- Para referirse a una actividad que ha cesado recientemente y que tienen conexión con el presente:

  · She**'s been working out** and now she's tired. / (Ha estado entrenando y ahora está cansada.)

• Past perfect

El pasado perfecto se usa:

- Para referirse a una acción o a un estado acabados en el pasado antes de otra acción o estado en el pasado:

  · He returned to the place were **he had met** her. / (Regresó al lugar donde la había conocido.)

- Con las expresiones "the {first / second / third} time that":

  · That was the first time that **I had ridden** a bike. / (Esa era la primera vez que había montado en bicicleta.)

P

his back - dar unas palmaditas en la espalda a alguien

pat² /pæt/ *n* [C] **1** ⇒palmadita: *He gave the dog a pat on its head* - Le dio al perro una palmadita en la cabeza **2** *to give sb a ~ on the back* ⇒felicitar a alguien

patch¹ /pætʃ/ [*pl* patches] *n* [C] **1** ⇒parche ⇒remiendo **2** ⇒mancha **3** ⇒parcela [de tierra] **4** *vegetable patch* - huerto **5** *(en informática)* ⇒parche **6** ⇒parche [de nicotina] **7** *UK* ⇒zona [de trabajo] **8** *not to be a ~ on sth/sb UK (inform)* ⇒no llegar a la suela de los zapatos *col.;* ⇒no tener comparación con

patch² /pætʃ/ *v* [T] **1** ⇒coser un parche ⇒remendar **2** *(en electrónica)* ⇒conectar

| PHRASAL VERBS
 · **to patch** *sth* **up** [M] **1** *(una relación)* ⇒intentar arreglar ⇒intentar salvar **2** ⇒hacer un
└ apaño [temporal]

patchwork /ˈpætʃ.wɜːk/ US: /-wɝːk/ ■ *n* [U] **1** *(tela)* ⇒patchwork ■ *n* [NO PL] **2** ⇒mosaico: *a patchwork of cultures* - un mosaico de culturas

patchy /ˈpætʃ.i/ *adj* [*comp* patchier, *superl* patchiest] **1** *(niebla)* ⇒intermitente ⇒irregular **2** *(un conocimiento)* ⇒con lagunas ⇒incompleto,ta **3** ⇒irregular ⇒poco uniforme ⇒desigual

pâté UK: /ˈpæ.teɪ/ US: /-ˈ-/ *n* [U] ⇒paté

patent¹ UK: /ˈpeɪ.tᵊnt/ US: /ˈpæt.[ə]nt/ *adj, n* [C] *(form)* ⇒patente

patent² UK: /ˈpeɪ.tᵊnt/ US: /ˈpæt.[ə]nt/ *v* [T] ⇒patentar

paternal UK: /pəˈtɜː.nəl/ US: /-ˈtɝː-/ *adj* **1** ⇒paternal **2** ⇒paterno,na

━P **paternity** UK: /pəˈtɜː.nɪ.ti/ US: /-ˈtɝː.nə.ˤti/ *n* [U] ⇒paternidad: *paternity leave* - permiso de paternidad

† **path** UK: /pɑːθ/ US: /pæθ/ *(tb pathway) n* [C] ⇒sendero ⇒camino ⇒trayectoria

pathetic UK: /pəˈθet.ɪk/ US: /-ˈθeˤt-/ *adj* **1** *(inform)* ⇒pésimo,ma ⇒patético,ca **2** ⇒conmovedor,-a ⇒lastimero,ra ⇒patético,ca

pathological UK: /ˌpæθ.əˈlɒdʒ.ɪ.kᵊl/ US: /-ˈlɑː.dʒɪ-/ *adj (en medicina)* ⇒patológico,ca

pathologist UK: /pəˈθɒl.ə.dʒɪst/ US: /-ˈθɑː.lə-/ *n* [C] *(en medicina)* ⇒patólogo,ga

pathology UK: /pəˈθɒl.ə.dʒi/ US: /-ˈθɑː.lə-/ *n* [U] ⇒patología

pathos UK: /ˈpeɪ.θɒs/ US: /-θɑːs/ *n* [U] ⇒patetismo

† **patience** /ˈpeɪ.ʃᵊnts/ *n* [U] **1** ⇒paciencia: *I'm running out of patience* - Se me está acabando la paciencia **2** *UK (juego de cartas)* ⇒solitario

† **patient¹** /ˈpeɪ.ʃᵊnt/ *adj* ⇒paciente ⇒tranquilo,la ■ PRON. La primera sílaba, *pa*, se pronuncia como *pay*

† **patient²** /ˈpeɪ.ʃᵊnt/ *n* [C] ⇒paciente

patiently /ˈpeɪ.ʃᵊnt.li/ *adv* ⇒pacientemente: *to wait patiently* - esperar pacientemente ■ PRON. *pa* se pronuncia como *pay*

patio UK: /ˈpæt.i.əʊ/ US: /ˈpæˤt.i.oʊ/ *n* [C] **1** ⇒patio **2** ⇒terraza

patriot UK: /ˈpæt.ri.ət/ UK: /ˈpeɪ.tri-/ US: /ˈpeɪ.tri.ɑːt/ *n* [C] ⇒patriota ■ PRON. La primera sílaba se pronuncia como *pay*

patriotic UK: /ˌpæt.riˈɒt.ɪk/ UK: /ˌpeɪ.tri-/ US: /ˌpeɪ.triˈɑː.ˤtɪk/ *adj* ⇒patriótico,ca: *a patriotic speech* - un discurso patriótico

patrol¹ UK: /pəˈtrəʊl/ US: /-ˈtroʊl/ [patrolling, patrolled] *v* [T, I] ⇒patrullar: *The police patrolled the area* - La policía patrulló la zona

patrol² UK: /pəˈtrəʊl/ US: /-ˈtroʊl/ *n* [C, U] ⇒patrulla

patrolman UK: /pəˈtrəʊl.mən/ US: /-ˈtroʊl-/ [*pl* patrolmen] *n* [C] *US* See **patrol officer**

patrol officer *US (UK/US tb* patrolman/patrol woman) *n* [C] ⇒policía que patrulla

patrolwoman [*pl* patrolwomen] *US n* [C] See **patrol officer**

patron /ˈpeɪ.trən/ *n* [C] **1** ⇒patrocinador,-a **2** ⇒mecenas **3** ⇒cliente habitual ⇒parroquiano,na

patronize UK: /ˈpæt.rᵊn.aɪz/ US: /ˈpeɪ.tr[ə]n-/ UK: /ˈpæt.rᵊn-/ [patronized, patronizing] *v* [T] **1** ⇒patrocinar **2** ⇒tratar a alguien como si fuera tonto,ta **3** *(form) (una tienda, un negocio)* ⇒frecuentar ⇒ser cliente de

† **pattern** UK: /ˈpæt.ᵊn/ US: /ˈpæˤt.ən/ *n* [C] **1** ⇒dibujo ⇒diseño **2** ⇒patrón ⇒modelo **3** ⇒pauta

pause¹ UK: /pɔːz/ US: /pɑːz/ *n* [C] ⇒pausa ⇒descanso

† **pause²** UK: /pɔːz/ US: /pɑːz/ [paused, pausing] *v* [I] ⇒hacer una pausa: *The speaker paused to talk to her advisers* - La conferenciante hizo una pausa para hablar con sus asesores

pave /peɪv/ [paved, paving] *v* [T] **1** ⇒pavimentar **2** *to ~ the way* ⇒allanar el camino ⇒preparar el terreno

† **pavement** /ˈpeɪv.mənt/ *n* [C] **1** *UK (US* sidewalk*)* ⇒acera ⇒vereda *AMÉR.;* ⇒andén *AMÉR.* **2** ⇒pavimento

pavilion /pəˈvɪl.jən/ *n* [C] **1** ⇒pabellón **2** *UK (en deportes)* ⇒vestuario

paw¹ UK: /pɔː/ US: /pɑː/ *n* [C] **1** *(de un animal)* ⇒pata ⇒garra **2** *(inform)* ⇒mano ⇒manaza

paw² UK: /pɔː/ US: /pɑː/ *v* [T, I] **1** ⇒arañar **2** ⇒manosear **3** ⇒sobar [a alguien]

pawn¹ UK: /pɔːn/ US: /pɑːn/ *n* [C] **1** *(en ajedrez)* ⇒peón **2** *(persona)* ⇒peón ⇒títere

pawn² UK: /pɔːn/ US: /pɑːn/ *v* [T] ⇒empeñar: *She was forced to pawn her jewels* - Tuvo que empeñar las joyas

pawnbroker UK:/'pɔ:nˌbrəʊ.kəʳ/ US:/'pɑ:nˌbrou.kɚ/ *n* [C] ⇒prestamista

pay[1], **paid, paid** /peɪ/ *v* [T, I] **1** ⇒pagar ■ Constr. to pay for sth **2** *How much did you pay for it?* - ¿Cuánto te costó? **3** ⇒ser rentable **4** ⇒compensar **5** to ~ **attention** ⇒prestar atención ⇒hacer caso

| PHRASAL VERBS
· **to pay sb back** ⇒hacer pagar a alguien [por una ofensa]
· **to pay sth/sb back** [M] ⇒devolver [dinero] ⇒pagar
· **to pay sth {in/into sth}** [M] *(dinero)* ⇒ingresar [en el banco]
· **to pay off** *(inform)* ⇒dar fruto ⇒merecer la pena
· **to pay sth off** [M] *(una deuda o un préstamo)* ⇒pagar
· **to pay sb off** [M] **1** ⇒despedir a alguien [con indemnización] **2** ⇒sobornar a alguien
· **to pay up** *(inform)* ⇒pagar [a la fuerza] ⇒sol-
‾‾ tar la pasta *col.*

pay[2] /peɪ/ *n* [U] ⇒sueldo ⇒paga

payment /'peɪ.mənt/ ■ *n* [U] **1** ⇒pago ■ *n* [C] **2** ⇒plazo: *monthly payments* - plazos mensuales

PC /ˌpi:'si:/ *n* [C] **1** ⇒PC ■ Procede de *personal computer* (ordenador personal) **2** ⇒forma abreviada de **politically correct** (políticamente correcto,-a)

PE /ˌpi:'i:/ *n* [U] ⇒forma abreviada de **physical education** (educación física)

pea /pi:/ *n* [C] ⇒guisante ⇒chícharo AMÉR.; ⇒alverja AMÉR.; ⇒arveja AMÉR.

peace /pi:s/ *n* [U] **1** ⇒paz: *disturbance of the peace* - perturbación de la paz y el orden **2** ⇒paz ⇒tranquilidad **3** to {be/feel} at ~ (with sth/sb) ⇒estar en armonía con **4** to make (one's) ~ with sb ⇒hacer las paces con alguien

peaceful /'pi:s.fᵊl/ *adj* **1** ⇒tranquilo,la **2** ⇒pacífico,ca: *Costa Rica is quite a peaceful country* - Costa Rica es un país bastante pacífico

peacefully /'pi:s.fᵊl.i/ *adv* ⇒tranquilamente ⇒pacíficamente

peach /pi:tʃ/ [*pl* peaches] *n* [C] **1** ⇒melocotón ⇒durazno AMÉR. **2** *peach tree* - melocotonero **3** *(inform)* ⇒monada

peacock UK:/'pi:.kɒk/ US:/-kɑ:k/ *n* [C] ⇒pavo real

peak[1] /pi:k/ *n* [C] **1** ⇒pico ⇒cumbre **2** ⇒auge ⇒nivel máximo **3** *UK* (*US* visor) ⇒visera

peak[2] /pi:k/ *v* [I] ⇒alcanzar el punto máximo

peak[3] /pi:k/ **in ~ condition** ⇒en condiciones óptimas

peanut /'pi:.nʌt/ *n* [C] ⇒cacahuete

‾ **pear** UK:/peəʳ/ US:/per/ *n* [C] **1** ⇒pera **2** *pear tree* - peral

pearl UK:/pɜ:l/ US:/pɜ:l/ *n* [C] **1** ⇒perla **2** ⇒joya: *an absolute pearl* - una verdadera joya

pear-shaped UK:/'peə.ʃeɪpt/ US:/'per-/ *adj* **1** ⇒con forma de pera **2** ⇒ancho,cha de caderas **3** to go ~ *(inform)* ⇒irse al garete *col.*

peasant /'pez.ᵊnt/ *n* [C] **1** ⇒campesino,na ■ Hace referencia a personas del pasado o de un país pobre **2** *(offens)* ⇒paleto,ta ⇒cateto,ta

peat /pi:t/ *n* [U] *(combustible)* ⇒turba

pebble /'peb.l̩/ *n* [C] ⇒guijarro

peck[1] /pek/ ■ *v* [T, I] **1** *(un pájaro)* ⇒picotear ■ *v* [T] **2** ⇒dar un beso [corto y rápido]

peck[2] /pek/ *n* [C] **1** ⇒picotazo **2** ⇒beso [corto y rápido]: *to give sb a peck on the cheek* - dar a alguien un beso en la mejilla

peckish /'pek.ɪʃ/ *UK adj* ⇒con un poco de hambre

‾ **peculiar** UK:/pɪ'kju:.li.əʳ/ US:/-kju:l.jɚ/ *adj* ⇒peculiar ⇒extraño,ña

peculiarity UK:/pɪˌkju:.li'ær.ə.ti/ US:/-'er.ə.ˈti/ ■ *n* [C] **1** ⇒peculiaridad ■ El plural es *peculiarity* ■ *n* [U] **2** ⇒rareza

peculiarly UK:/pɪ'kju:.li.ə.li/ US:/-'kju:l.jɚ-/ *adv* **1** ⇒especialmente **2** ⇒característicamente **3** ⇒extrañamente **4** ⇒de forma rara

pedal[1] /'ped.ᵊl/ *n* [C] ⇒pedal: *brake pedal* - pedal de freno

‾ **pedal**[2] /'ped.ᵊl/ [pedalled, pedalling; *US* pedaled, pedaling] *v* [T, I] ⇒pedalear: *Those cyclists pedal very quickly* - Esos ciclistas pedalean muy deprisa

pedestrian[1] /pə'des.tri.ən/ *n* [C] ⇒peatón,-a: *Watch out for pedestrians* - Ten cuidado con los peatones

pedestrian[2] /pə'des.tri.ən/ *adj (form)* ⇒prosaico,ca ⇒pedestre

pediatrician /ˌpi:.di.ə'trɪʃ.ᵊn/ *US n* [C] See **paediatrician**

pedigree[1] /'ped.ɪ.gri:/ *n* [C] **1** ⇒pedigrí **2** ⇒casta **3** ⇒genealogía: *a humble pedigree* - una genealogía humilde

pedigree[2] /'ped.ɪ.gri:/ *adj* ⇒de pedigrí: *pedigree poodle* - caniche de pedigrí

pee[1] /pi:/ [peed, peeing] *v* [I] *(inform)* ⇒hacer pis *col.*

pee[2] /pi:/ *n* [NO PL] *(inform)* ⇒pis *col.*: *to go for a pee* - ir a hacer pis

peek /pi:k/ *v* [I] **1** ⇒echar una mirada furtiva **2** ⇒asomarse: *He peeked over the balcony* - Se asomó por la terraza

peel[1] /pi:l/ ■ *v* [T] **1** ⇒pelar ■ *v* [T, I] **2** ⇒despegarse ⇒desconcharse ■ Constr. Se usa generalmente

P ■

seguido de los adverbios away, back y off ∎ *v* [I] **3**
⇒pelarse: *My skin is peeling* - Se me está pelando la piel

peel² /piːl/ *n* [U] ⇒piel ⇒monda ⇒cáscara

peep¹ /piːp/ *v* [I] ⇒echar una ojeada ⇒mirar a hurtadillas ⇒espiar ∎ CONSTR. Se usa generalmente seguido de las preposiciones into, over y through

peep² /piːp/ *n* [NO PL] ⇒ojeada ⇒vistazo ∎ CONSTR. to have/take a peep at sth

peer¹ UK: /pɪə/ US: /pɪr/ *v* [I] **1** ⇒mirar detenidamente **2** ⇒forzar la vista ∎ CONSTR. Se usa generalmente seguido de una preposición o un adverbio

peer² UK: /pɪə/ US: /pɪr/ *n* [C] **1** ⇒igual ⇒homólogo,ga **2** *UK* ⇒noble ⇒lord ⇒par

peer group *n* [C] ⇒grupo paritario

peg¹ /peg/ *n* [C] **1** ⇒colgador ⇒perchero **2** *UK* ⇒pinza de la ropa **3** ⇒clavija **4** ⇒estaca: *a tent peg* - una estaca de tienda de campaña **5** to {bring/take} sb down a ~ (or two) (inform) ⇒bajarle a alguien los humos *col.*

peg² /peg/ [pegged, pegging] *v* [T] **1** ⇒establecer ⇒fijar **2** to ~ sth (out) **1** ⇒tender [ropa]: *She pegged her clothes out* - Tendió su ropa **2** ⇒sujetar con estacas

pelican /ˈpel.ɪ.kən/ *n* [C] ⇒pelícano

pellet /ˈpel.ət/ *n* [C] **1** ⇒bola [de papel u otro material] **2** ⇒perdigón [de metal] **3** ⇒gránulo

pelvic /ˈpel.vɪk/ *adj (en anatomía)* ⇒pelviano,na

pelvis /ˈpel.vɪs/ [pl pelvises] *n* [C] ⇒pelvis

†**pen** /pen/ *n* [C] **1** ⇒pluma ⇒bolígrafo **2** ⇒redil ⇒corral

penalize /ˈpiː.nə.laɪz/ [penalized, penalizing] *v* [T] **1** ⇒penalizar: *to be penalized for sth* - ser penalizado por algo **2** ⇒perjudicar ∎ CONSTR. Se usa más en pasiva

penalty UK: /ˈpen.əl.ti/ US: /-ˤti/ [pl penalties] *n* [C] **1** ⇒multa **2** ⇒castigo **3** ⇒desventaja **4** ⇒penalización **5** *(en deportes)* ⇒penalti ⇒penal *AMÉR.*

pence /pents/ *n* [PL] See **penny** ∎ La forma abreviada es p.

†**pencil** /ˈpen.sᵊl/ *n* [C, U] **1** ⇒lápiz *a pencil drawing* - un dibujo a lápiz

pencil case *n* [C] ⇒estuche [para lápices]

pencil sharpener *n* [C] ⇒sacapuntas ⇒afilador *AMÉR.*

pendant /ˈpen.dᵊnt/ *n* [C] ⇒colgante

pending¹ /ˈpen.dɪŋ/ *prep (form)* ⇒a la espera de ⇒pendiente de ⇒en trámite

pending² /ˈpen.dɪŋ/ *adj* **1** *(form)* ⇒pendiente **2** *(form)* ⇒próximo,ma

pendulum UK: /ˈpen.dju.ləm/ US: /-dʒə.ləm/ *n* [C] ⇒péndulo: *the swing of a pendulum* - el balanceo de un péndulo

penetrate /ˈpen.ɪ.treɪt/ [penetrated, penetrating] *v* [T, I] **1** ⇒penetrar: *to penetrate into enemy territory* - penetrar en territorio enemigo **2** *(en una organización)* ⇒infiltrar(se)

penetrating UK: /ˈpen.ɪ.treɪ.tɪŋ/ US: /-ˤtɪŋ/ *adj* **1** *(una mirada, un sonido)* ⇒penetrante **2** ⇒perspicaz ⇒avispado,da

penguin /ˈpeŋ.gwɪn/ *n* [C] ⇒pingüino

penicillin /ˌpen.əˈsɪl.ɪn/ *n* [U] ⇒penicilina: *She is allergic to penicillin* - Es alérgica a la penicilina

peninsula UK: /pəˈnɪnt.sju.lə/ US: /-sə-/ *n* [C] ⇒península: *the Iberian Peninsula* - la península Ibérica

penis /ˈpiː.nɪs/ [pl penises] *n* [C] ⇒pene

penniless /ˈpen.i.ləs/ *adj* ⇒sin dinero

†**penny** /ˈpen.i/ [pl pennies, pence] *n* [C] ⇒penique: *Can you lend me fifty pence?* - ¿Puedes prestarme cincuenta peniques? ∎ Se usa pennies cuando se alude a las monedas de un penique ∎ La forma abreviada es p

pension¹ /ˈpen.ʃᵊn/ *n* [C] ⇒pensión: *to draw a pension* - estar cobrando una pensión

†**pension²** /ˈpen.ʃᵊn/ *UK*

| PHRASAL VERBS
└ **to pension sb off** [M] ⇒jubilar a alguien

penthouse /ˈpent.haʊs/ *n* [C] ⇒ático lujoso

pent-up /ˌpentˈʌp/ *adj (un sentimiento, una emoción)* ⇒contenido,da ⇒reprimido,da

penultimate UK: /pəˈnʌl.tɪ.mət/ US: /pɪˈnʌl.ˤtə.mət/ *adj (form)* ⇒penúltimo,ma

†**people** /ˈpiː.pl̩/ ∎ *n* [PL] **1** ⇒gente ⇒personas ∎ Es un nombre contable. Se dice: *There are many people here* - Hay mucha gente aquí. Incorrecto: *There is many people here.* ∎ *n* [C] **2** ⇒pueblo ⇒población

†**pepper** UK: /ˈpep.ə/ US: /-ə-/ ∎ *n* [U] **1** ⇒pimienta: *black pepper* - pimienta negra ∎ *n* [C] **2** ⇒pimiento: *green pepper* - pimiento verde; *red pepper* - pimiento rojo

peppermint UK: /ˈpep.ə.mɪnt/ US: /-ə-/ ∎ *n* **1** ⇒menta **2** *a peppermint tea* - una infusión de poleo menta ∎ *n* [C] **3** ⇒caramelo de menta

†**per** UK: /pɜː/ US: /pɜː/ UK: /pə/ US: /pə/ *prep* ⇒por: *miles per hour* - millas por hora; *fifty pounds per head* - cincuenta libras por cabeza

†**perceive** UK: /pəˈsiːv/ US: /pə-/ [perceived, perceiving] *v* [T] **1** ⇒percibir ⇒observar ⇒notar ⇒detectar **2** to ~ sth (as sth) ⇒interpretar algo [como algo] ⇒considerar algo [como algo]

†**percent** UK: /pəˈsent/ US: /pə-/ *(tb* per cent*)* *adj, n* [C], *adv* ⇒por cien ⇒por ciento ∎ Se puede escribir también %

percentage UK: /pəˈsen.tɪdʒ/ US: /pəˈsen.ˤtɪdʒ/ ∎ *n* [C] **1** ⇒porcentaje: *What percentage of people* own a car? - ¿Qué porcentaje de gente tiene un coche? ∎ *n* [U] **2** *US* ⇒ tajada *col.;* ⇒ provecho ∎ PRON. La *a* se pronuncia como la *i* en *did*

perceptible UK: /pəˈsep.tə.bl̩/ US: /pɚ-/ *adj* **1** *(form)* ⇒ perceptible ⇒ sensible **2** ⇒ notable

† **perception** UK: /pəˈsep.ʃ°n/ US: /pɚ-/ ∎ *n* [C] **1** ⇒ percepción: *What is your perception?* - ¿Cuál es tu percepción? **2** *(de una persona)* ⇒ imagen ⇒ impresión ∎ *n* [U] **3** ⇒ perspicacia ⇒ agudeza

perceptive UK: /pəˈsep.tɪv/ US: /pɚ-/ *adj* ⇒ perspicaz ⇒ agudo,da

perch¹ UK: /pɜːtʃ/ US: /pɝːtʃ/ *v* [I] ⇒ posarse ⇒ encaramar(se) ∎ CONSTR. Se usa generalmente seguido de una preposición o un adverbio

perch² UK: /pɜːtʃ/ US: /pɝːtʃ/ [*pl* perches] *n* [C] **1** *(para las aves)* ⇒ percha **2** ⇒ posición [elevada] **3** *(pez)* ⇒ perca

percussion UK: /pəˈkʌʃ.°n/ US: /pɚ-/ *n* [U] ⇒ percusión: *percussion instruments* - instrumentos de percusión

perennial /pəˈren.i.əl/ *adj* ⇒ perenne: *a perennial problem* - un problema perenne

perfect¹ UK: /ˈpɜː.fekt/ US: /ˈpɝː-/ *adj* **1** ⇒ perfecto,ta ⇒ ideal **2** ⇒ completo,ta

perfect² UK: /pəˈfekt/ US: /pɝː-/ *v* [T] ⇒ perfeccionar

perfection UK: /pəˈfek.ʃ°n/ US: /pɚ-/ *n* [U] **1** ⇒ perfección **2** to ~ ⇒ a la perfección

perfectionist UK: /pəˈfek.ʃ°n.ɪst/ US: /pɚ-/ ⇒ perfeccionista: *She is such a perfectionist* - Es tan perfeccionista

perfectly UK: /ˈpɜː.fekt.li/ US: /ˈpɝː-/ *adv* **1** ⇒ perfectamente **2** ⇒ completamente

perform UK: /pəˈfɔːm/ US: /pɚˈfɔːrm/ *v* [T, I] **1** *(una obra teatral)* ⇒ representar **2** *(en una obra teatral)* ⇒ actuar ⇒ interpretar **3** *(en música)* ⇒ interpretar ⇒ tocar ∎ *v* [T] **4** *(form)* ⇒ hacer un trabajo ⇒ funcionar **5** *(form) (en una competición, en un trabajo)* ⇒ rendir ⇒ responder **6** *(form) (una función)* ⇒ desempeñar ⇒ cumplir **7** *(form)* ⇒ realizar

performance UK: /pəˈfɔː.mənts/ US: /pɚˈfɔːr-/ ∎ *n* [C] **1** ⇒ actuación ⇒ interpretación ⇒ representación **2** *(en cine)* ⇒ sesión ∎ *n* [U] **3** ⇒ rendimiento **4** ⇒ resultados [de una empresa] **5** *(en economía): performance indicator* - indicador de resultados **6** ⇒ cumplimiento [de deberes]

performer UK: /pəˈfɔː.mə/ US: /pɚˈfɔːr.mɚ/ *n* [C] ⇒ artista ⇒ actor ⇒ actriz ⇒ intérprete

∎ **performing arts** *n* [PL] ⇒ artes interpretativas

∎ **perfume** UK: /ˈpɜː.fjuːm/ US: /ˈpɝːˈfjuːm/ *n* [C, U] **1** ⇒ perfume **2** *a perfume shop* - una perfumería **3** ⇒ aroma ⇒ perfume ∎ PRON. La *u* se pronuncia como *you*

∎ **perhaps** UK: /pəˈhæps/ UK: /præps/ US: /pɚˈhæps/ *adv* ⇒ quizá ⇒ quizás

peril /ˈper.°l/ *n* [C, U] **1** *(form)* ⇒ peligro: *to be in peril* - correr peligro **2** ⇒ riesgo

perimeter UK: /pəˈrɪm.ɪ.tə/ US: /-ˈrɪm.ə.ˈtɚ/ *n* [C] ⇒ perímetro

† **period** UK: /ˈpɪə.ri.əd/ US: /ˈpɪr.i-/ *n* [C] **1** *(de tiempo)* ⇒ período **2** ⇒ época **3** ⇒ período ⇒ menstruación ⇒ período **4** *period pains* - dolores menstruales **5** *US (UK full stop) (en gramática)* ⇒ punto **6** *(en educación)* ⇒ clase

periodic UK: /ˌpɪə.riˈɒd.ɪk/ US: /ˌpɪr.iˈɑː.dɪk/ *adj* ⇒ periódico,ca: *a periodic revisión* - una revisión periódica

periodical UK: /ˌpɪə.riˈɒd.ɪ.k°l/ US: /ˌpɪr.iˈɑː.dɪ-/ *n* [C] ⇒ revista especializada

periodically UK: /ˌpɪə.riˈɒd.ɪ.kli/ US: /ˌpɪr.iˈɑː.dɪ-/ *adv* ⇒ periódicamente

perish /ˈper.ɪʃ/ [perishes] *v* [I] **1** *(form)* ⇒ deteriorarse **2** *(lit)* ⇒ perecer ⇒ fallecer

perishable /ˈper.ɪ.ʃə.bl̩/ *adj* ⇒ perecedero,ra: *perishable goods* - bienes perecederos

perjury UK: /ˈpɜː.dʒ°r.i/ US: /ˈpɝː.dʒɚ-/ *n* [U] *(form)* ⇒ perjurio: *to commit perjury* - cometer perjurio

perk¹ UK: /pɜːk/ US: /pɝːk/ *n* [C] **1** ⇒ ventaja adicional **2** *(en un trabajo)* ⇒ beneficio adicional

perk² UK: /pɜːk/ US: /pɝːk/
| PHRASAL VERBS
· **to perk up** *(inform) (una situación)* ⇒ mejorar
└ ⇒ repuntar

perm¹ UK: /pɜːm/ US: /pɝːm/ *n* [C] *(en peluquería)* ⇒ permanente *col.*

perm² UK: /pɜːm/ US: /pɝːm/ *v* [T] *(en peluquería)* ⇒ hacer una permanente *col.*

† **permanent** UK: /ˈpɜː.mə.nənt/ US: /ˈpɝː-/ *adj* **1** ⇒ permanente ⇒ fijo,ja **2** ⇒ irreparable: *permanent damage* - daños irreparables   P ∎

permissible UK: /pəˈmɪs.ə.bl̩/ US: /pɚ-/ *adj (form)* ⇒ permisible: *Is it permissible to do it?* - ¿Es permisible hacerlo?

permission UK: /pəˈmɪʃ.°n/ US: /pɚ-/ *n* [U] ⇒ permiso: *to ask permission to do sth* - pedir permiso para hacer algo

permissive UK: /pəˈmɪs.ɪv/ US: /pɚ-/ *adj* ⇒ permisivo,va ⇒ tolerante

permit¹ UK: /pəˈmɪt/ US: /pɚ-/ [permitted, permitting] *v* [T] *(form)* ⇒ permitir: *They didn't permit him to take photographs* - No le permitieron hacer fotografías ∎ CONSTR. 1. to permit + doing 2. to permit + to do

permit² UK: /ˈpɜː.mɪt/ US: /ˈpɝː-/ *n* [C] **1** ⇒ permiso ⇒ licencia **2** ⇒ pase [de entrada]

perpendicular UK: /ˌpɜː.pəⁿˈdɪk.ju.lə/ US: /ˌpɝː.pənˈdɪk.juː.lə/ *adj* **1** ⇒ perpendicular: *perpendicular to the main road* - perpendicular a la carretera **2** ⇒ vertical

perpetrate UK: /ˈpɜː.pə.treɪt/ US: /ˈpɝː-/ [perpetrated, perpetrating] v [T] *(form)* ⇒perpetrar: *to perpetrate a crime* - perpetrar un delito

perpetual UK: /pəˈpetʃ.u.əl/ US: /pɚˈpetʃ-/ *adj* **1** ⇒perpetuo,tua **2** ⇒constante ⇒continuo,nua

perpetuate UK: /pəˈpetʃ.u.eɪt/ US: /pɚˈpetʃ-/ [perpetuated, perpetuating] v [T] *(form)* ⇒perpetuar

perplexed UK: /pəˈplekst/ US: /pɚ-/ *adj* ⇒desconcertado,da ⇒perplejo,ja

persecute UK: /ˈpɜː.sɪ.kjuːt/ US: /ˈpɝː-/ [persecuted, persecuting] v [T] **1** ⇒perseguir [especialmente por motivos políticos, de raza o de religión] **2** ⇒acosar

persevere UK: /ˌpɜː.sɪˈvɪə/ US: /ˌpɝː.səˈvɪr/ [persevered, persevering] v [I] ⇒perseverar ⇒seguir insistiendo

Persia UK: /ˈpɜː.ʒə/ US: /ˈpɝː-/ n [U] ⇒Persia

Persian[1] UK: /ˈpɜː.ʒən/ US: /ˈpɝː-/ ∎ n [U] **1** *(idioma)* ⇒persa ∎ n [C] **2** *(gentilicio)* ⇒persa

Persian[2] UK: /ˈpɜː.ʒən/ US: /ˈpɝː-/ *adj* ⇒persa

†**persist** UK: /pəˈsɪst/ US: /pɚ-/ v [I] **1** ⇒persistir **2** ⇒empeñarse ⇒insistir **3** ⇒continuar

persistent UK: /pəˈsɪs.tᵊnt/ US: /pɚ-/ *adj* **1** ⇒persistente **2** ⇒insistente **3** ⇒continuo,nua

†**person** UK: /ˈpɜː.sᵊn/ US: /ˈpɝː-/ [pl people] n [C] **1** ⇒persona: *You have to go in person* - Tienes que ir en persona; *a nice person* - una persona agradable ∎ Su plural es *people* **2** *(en gramática)* ⇒persona ∎ Su plural es *persons*

personal UK: /ˈpɜː.sᵊn.ᵊl/ US: /ˈpɝː.s[ə]n.[ə]l/ *adj* **1** ⇒personal ∎ Ver cuadro **2** ⇒personal ⇒privado,da **3** to get ~ ⇒hacer críticas personales ⇒hacer comentarios muy personales

personal assistant n [C] ⇒secretario,ria personal ⇒ayudante personal

personality UK: /ˌpɜː.sᵊnˈæl.ə.ti/ US: /ˌpɝː.s[ə]nˈæl.ə.ˁti/ [pl personalities] n [C] **1** ⇒personalidad ⇒carácter **2** ⇒personalidad ⇒celebridad

personally UK: /ˈpɜː.sᵊn.ᵊl.i/ US: /ˈpɝː.s[ə]n.[ə]l.i/ *adv* **1** ⇒personalmente: *Personally, I think that…* - Personalmente, creo que… **2** to take *sth* ~ ⇒tomar algo a mal

personify UK: /pəˈsɒn.ɪ.faɪ/ US: /pɚˈsɑː.nɪ-/ [personifies, personified] v [T] ⇒personificar

†**personnel** UK: /ˌpɜː.sᵊnˈel/ US: /ˌpɝː-/ ∎ n [PL] **1** ⇒personal ⇒conjunto de empleados ∎ n [U] **2** ⇒departamento de personal ⇒departamento de recursos humanos ∎ Se puede usar con el verbo en singular o en plural

†**perspective** UK: /pəˈspek.tɪv/ US: /pɚˈspek-/ ∎ n [C] **1** ⇒punto de vista ⇒perspectiva ∎ n [U] **2** *(en arte)* ⇒perspectiva **3** to {get/keep/put} *sth* {in/into} ~ ⇒poner algo en perspectiva

perspiration UK: /ˌpɜː.spᵊrˈeɪ.ʃᵊn/ US: /ˌpɝː.spəˈreɪ-/ n [U] *(form)* ⇒sudor ⇒transpiración

perspire UK: /pəˈspaɪə/ US: /pɚˈspaɪɚ/ [perspired, perspiring] v [I] *(form)* ⇒sudar ⇒transpirar

†**persuade** UK: /pəˈsweɪd/ US: /pɚ-/ [persuaded, persuading] v [T] ⇒persuadir ⇒convencer ∎ CONSTR. 1. to persuade sb + (that) 2. to persuade sb + to do sth

persuasion UK: /pəˈsweɪ.ʒᵊn/ US: /pɚ-/ n [U] **1** ⇒persuasión **2** ⇒creencia ⇒opinión

persuasive UK: /pəˈsweɪ.sɪv/ US: /pɚ-/ *adj* **1** ⇒persuasivo,va: *a very persuasive man* - un hombre muy persuasivo **2** ⇒convincente

pertinent UK: /ˈpɜː.tɪ.nənt/ US: /ˈpɝː.t[ə]n.[ə]nt/ *adj* *(form)* ⇒pertinente: *pertinent to the discussion* - pertinente a lo que se está hablando

Peru /pəˈruː/ n [U] ⇒Perú

personal pronouns	
sujeto	objeto
I	me
you	you
he	him
she	her
it	it
we	us
you	you
they	them
· *I want a dog.* (Quiero un perro.) · *She is a writer.* (Es escritora.) · *We can't come tonight.* (No podemos venir esta noche.) · *Where are **they** going?* (¿Adónde van?)	· *Jack gave **me** his racket.* (Jack me dio su raqueta.) · *I know **her**.* (La conozco.) · *He told **us** to go.* (Nos dijo que nos fuéramos.) · *Don't tell **them** off.* (No les regañes.)

Los pronombres objeto se usan también inmediatamente después del verbo "to be" en oraciones afirmativas y negativas:

· *It's **me**. Open the door.* (Soy yo. Abre la puerta.)

· *Is that Tom and Paul? No, it's not **them**.* (¿Son Tom y Paul? No, no son ellos.)

Peruvian /pəˈruː.vi.ən/ *adj, n* [C] ⇒peruano,na

pervade UK: /pəˈveɪd/ US: /pɚ-/ [pervaded, pervading] *v* [T] **1** *(form)* ⇒invadir ⇒difundirse ⇒extenderse **2** *(form)* ⇒impregnar

pervasive UK: /pəˈveɪ.sɪv/ US: /pɚ-/ *adj* **1** *(form)* *(una creencia, una idea)* ⇒generalizado,da **2** *(form)* *(un sentimiento, una infuencia)* ⇒dominante **3** *(form)* *(un olor)* ⇒penetrante

perverse UK: /pəˈvɜːs/ US: /pɚˈvɜːs/ *adj* **1** *(una persona)* ⇒retorcido,da **2** ⇒perverso,sa: *a perverse delight* - un placer perverso **3** ⇒terco,ca

perversion UK: /pəˈvɜː.ʒºn/ US: /pɚˈvɜː-/ *n* [C] **1** ⇒perversión [sexual] **2** ⇒corrupción [moral] **3** ⇒tergiversación: *a perversion of the facts* - una tergiversación de los hechos

pervert[1] UK: /ˈpɜː.vɜːt/ US: /ˈpɜːr.vɜːrt/ *n* [C] ⇒pervertido,da

pervert[2] UK: /pəˈvɜːt/ US: /pɚˈvɜːt/ *v* [T] **1** ⇒pervertir **2** ⇒adulterar ⇒corromper **3** ⇒tergiversar ⇒distorsionar

† **pessimism** /ˈpes.ɪ.mɪ.zºm/ *n* [U] ⇒pesimismo

pessimist /ˈpes.ɪ.mɪst/ *n* [C] ⇒pesimista

pessimistic /ˌpes.ɪˈmɪs.tɪk/ *adj* ⇒pesimista: *Why are you so pessimistic?* - ¿Por qué estás tan pesimista?

pest /pest/ *n* [C] **1** ⇒plaga [de insectos, de animales] **2** *(inform)* ⇒plasta *col.*; ⇒pelmazo,za *col.*; ⇒pelma *col.*

pester UK: /ˈpes.tər/ US: /-tɚ/ *v* [T] ⇒molestar ⇒atosigar ∎ CONSTR. to pester + to do sth

pesticide UK: /ˈpes.tɪ.saɪd/ US: /-ˤtə-/ *n* [C, U] ⇒pesticida

pet[1] /pet/ *n* [C] **1** *(animal doméstico)* ⇒mascota ~ **shop** ⇒tienda de animales

pet[2] /pet/ [petted, petting] *v* [T] **1** ⇒manosear ⇒sobar **2** *(un animal)* ⇒acariciar

† **pet**[3] /pet/ *adj* **1** ⇒predilecto,ta **2** *(un animal)* ⇒domesticado,da

petal UK: /ˈpet.ºl/ US: /ˈpeˤt-/ *n* [C] ⇒pétalo

peter UK: /ˈpiː.tər/ US: /-ˤtɚ/

| PHRASAL VERBS

· **to peter out** **1** ⇒terminar ⇒llegar a su fin **2** *(un fuego)* ⇒extinguirse **3** ⇒agotarse [poco a poco]

petite /pəˈtiːt/ *adj* ⇒menudita *col.*; ⇒pequeñita *col.* ∎ Se emplea únicamente con mujeres

petition /pəˈtɪʃ.ºn/ *n* [C] ⇒petición

petrol /ˈpet.rºl/ *UK* (*US* gas/gasoline) *n* [U] ⇒gasolina ⇒nafta *AMÉR.;* ⇒bencina *AMÉR.* ∎ Distinto de *oil* (petróleo)

petroleum UK: /pəˈtrəʊ.li.əm/ US: /-ˈtroʊ-/ *n* [U] ⇒petróleo

petrol station *UK* (*US* gas station) *n* [C] ⇒gasolinera: *Where is the nearest petrol station?* - ¿Dónde está la gasolinera más cercana?

petticoat UK: /ˈpet.ɪ.kəʊt/ US: /ˈpeˤt.ɪ.koʊt/ *n* [C] ⇒enagua

petty UK: /ˈpet.i/ US: /ˈpeˤt-/ *adj* [comp pettier, superl pettiest] **1** ⇒insignificante ⇒trivial ⇒nimio,mia **2** ⇒mezquino,na: *Don't be so petty and let her borrow your bike* - No seas mezquino y déjale tu bicicleta ∎ CONSTR. Se usa detrás de un verbo **3** ~ **cash** ⇒dinero para gastos menores

pew /pjuː/ *n* [C] *(en una iglesia)* ⇒banco de madera

phantom[1] UK: /ˈfæn.tºm/ US: /-ˤt[ə]m/ *n* [C] ⇒fantasma

phantom[2] UK: /ˈfæn.tºm/ US: /-ˤt[ə]m/ *adj* ⇒ilusorio,ria

pharmaceutical UK: /ˌfɑː.məˈsuː.tɪ.kºl/ US: /ˌfɑːr.məˈsuː.ˤtɪ-/ *adj* ⇒farmacéutico,ca: *the pharmaceutical industry* - el sector farmacéutico

pharmacist UK: /ˈfɑː.mə.sɪst/ US: /ˈfɑːr-/ (*UK tb* chemist) *n* [C] ⇒farmacéutico,ca

pharmacy UK: /ˈfɑː.mə.si/ US: /ˈfɑːr-/ ∎ *n* [C] **1** *(establecimiento)* ⇒farmacia ∎ El plural es pharmacies ∎ *n* [U] **2** *(disciplina)* ⇒farmacia

phase[1] /feɪz/ *n* [C] ⇒fase ⇒etapa

† **phase**[2] /feɪz/

| PHRASAL VERBS

· **to phase sth in** [M] ⇒introducir algo paulatinamente

· **to phase sth out** [M] ⇒retirar algo paulatinamente

PhD /ˌpiː.eɪtʃˈdiː/ *n* [C] ⇒forma abreviada de **Doctor of Philosophy** (Doctor,-a titulado,da)

pheasant /ˈfez.ºnt/ [pl pheasant, pheasants] *n* [C] ⇒faisán

phenomenal UK: /fəˈnɒm.ɪ.nºl/ US: /-ˈnɑː.mə-/ *adj* ⇒fenomenal ⇒formidable ⇒extraordinario,ria

† **phenomenon** UK: /fəˈnɒm.ɪ.nən/ US: /-ˈnɑː.mə.nɑːn/ [pl phenomena] *n* [C] ⇒fenómeno

phew *excl* ⇒¡uf!

philanthropist /fɪˈlænt.θrə.pɪst/ *n* [C] ⇒filántropo,pa

Philippine /ˈfɪl.ɪ.piːn/ *adj* ⇒filipino,na

Philippines /ˈfɪl.ɪ.piːnz/ the ~ ⇒Filipinas

philosopher UK: /fɪˈlɒs.ə.fər/ US: /-ˈlɑː.sə.fɚ/ *n* [C] ⇒filósofo,fa: *a German philosopher* - un filósofo alemán

philosophical UK: /ˌfɪl.əˈsɒf.ɪ.kºl/ US: /-ˈsɑː.fɪ-/ *adj* **1** ⇒filosófico,ca **2** to be philosophical about sth - tomarse algo con filosofía

philosophically UK: /ˌfɪl.əˈsɒf.ɪ.kli/ US: /-ˈsɑː.fɪ-/ *adv* ⇒filosóficamente ∎ PRON. phil se pronuncia como fill y la a no se pronuncia

† **philosophy** UK: /fɪˈlɒs.ə.fi/ US: /-ˈlɑː.sə-/ ∎ *n* [U] **1** *(disciplina)* ⇒filosofía ∎ *n* [C] **2** ⇒filosofía ⇒ideología ∎ El plural es philosophies ∎ PRON. phil se pronuncia como fill

phlegmatic UK: /flegˈmæt.ɪk/ US: /-ˈmæˤt-/ *adj* *(form)* ⇒flemático,ca

P ∎

phobia UK: /'fəʊ.bi.ə/ US: /'foʊ.bjə/ n [C] ⇨fobia: *My cousin has got a phobia about cockroaches* - Mi primo tiene fobia a las cucarachas

phoenix¹ UK: /'fiː.nɪks/ [*pl* phoenixes] *n* [C] *(ave mitológica)* ⇨fénix

†**phone¹** UK: /fəʊn/ US: /foʊn/ *n* [C] **1** ⇨forma abreviada de **telephone** (teléfono): *phone bill* - factura de teléfono **2** on the ~ ⇨al teléfono

†**phone²** UK: /fəʊn/ US: /foʊn/ [phoned, phoning] *(tb phone up)* *v* [T, I] ⇨forma abreviada de **telephone** (llamar por teléfono): *Phone me later* - Llámame luego

†**phone box** [*pl* phone boxes] *UK n* [C] ⇨cabina telefónica: *to call from a phone box* - llamar desde una cabina telefónica

†**phone call** *n* [C] ⇨llamada telefónica: *She has gone to make a phone call* - Ha ido a hacer una llamada telefónica

phone-in UK: /'fəʊn.ɪn/ US: /'foʊn-/ *UK n* [C] ⇨programa de radio o televisión abierto al público

phoneme *n* [C] *(en lingüística)* ⇨fonema

†**phonetic** UK: /fəʊ'net.ɪk/ US: /foʊ'neˠt̬-/ *adj* ⇨fonético,ca

phonetics UK: /fəʊ'net.ɪks/ US: /foʊ'neˠt̬-/ *n* [U] ⇨fonética

phoney UK: /'fəʊ.ni/ US: /'foʊ-/ *UK adj* [*comp* phonier, *superl* phoniest] **1** *(inform)* ⇨falso,sa: *a phoney address* - una dirección falsa **2** *(inform)* ⇨fingido,da

†**photo** UK: /'fəʊ.təʊ/ US: /'foʊˠt̬oʊ/ *n* [C] ⇨forma abreviada de **photograph** (fotografía): *to take photos* - hacer fotos

photo album *n* [C] ⇨álbum de fotos

photocopiable UK: /ˌfəʊ.təʊ'kɒ.pi.ə.bəl/ US: /ˌfoʊˠt̬oʊ'kaː.pi.ə.b[ə]l/ *adj* ⇨fotocopiable

photocopier UK: /'fəʊ.təʊˌkɒp.i.ə/ US: /'foʊˠt̬oʊˌkaː.pi.ə/ *n* [C] ⇨fotocopiadora

photocopy¹ UK: /'fəʊ.təʊˌkɒp.i/ US: /'foʊˠt̬oʊˌkaː.pi/ [*pl* photocopies] *n* [C] ⇨fotocopia

photocopy² UK: /'fəʊ.təʊˌkɒp.i/ US: /'foʊˠt̬oʊˌkaː.pi/ [photocopies, photocopied] *v* [T] ⇨fotocopiar

photogenic UK: /ˌfəʊ.təʊ'dʒen.ɪk/ US: /ˌfoʊˠt̬oʊ-/ *adj* ⇨fotogénico,ca

†**photograph** UK: /'fəʊ.tə.grɑːf/ US: /'foʊˠt̬oʊ.græf/ *n* [C] ⇨fotografía ■ La forma abreviada es *photo*

photographer UK: /fə'tɒg.rə.fə/ US: /-'tɑː.grə.fə/ *n* [C] **1** ⇨fotógrafo,fa **2** *to be a keen photographer* - ser un aficionado a la fotografía

photographic UK: /ˌfəʊ.tə'græf.ɪk/ US: /ˌfoʊˠt̬ə-/ *adj* ⇨fotográfico,ca

photography UK: /fə'tɒg.rə.fi/ US: /-'tɑː.grə-/ *n* [U] *(técnica)* ⇨fotografía

†**phrasal verb** UK: /ˌfreɪ.zəl'vɜːb/ US: /-'vɜːb/ *n* [C] *(en gramática)* ⇨verbo con partícula ■ Ver cuadro en página siguiente

†**phrase** /freɪz/ *n* [C] *(en gramática)* ⇨locución ⇨frase

phrase book *n* [C] ⇨guía de conversación: *an English phrase book* - una guía de conversación de inglés

†**physical¹** /'fɪz.ɪ.kəl/ *adj* ⇨físico,ca: *physical exercise* - ejercicio físico

physical² /'fɪz.ɪ.kəl/ *US* (*UK* medical) *n* [C] ⇨revisión médica

physically /'fɪz.ɪ.kli/ *adj* **1** ⇨físicamente **2** *Amy is physically fit* - Amy está en buena forma física

physician /fɪ'zɪʃ.ən/ *US n* [C] *(form)* ⇨médico,ca ■ Distinto de *physicist* (físico)

physicist /'fɪz.ɪ.sɪst/ *n* [C] ⇨físico,ca: *My uncle is a physicist* - Mi tío es físico

†**physics** /'fɪz.ɪks/ *n* [U] ⇨física: *nuclear physics* - física nuclear

physiological UK: /ˌfɪz.i.ə'lɒdʒ.ɪ.kəl/ US: /-'lɑː.dʒɪ-/ *adj* ⇨fisiológico,ca

physiologically *adv* ⇨fisiológicamente

physiology UK: /ˌfɪz.i'ɒl.ə.dʒi/ US: /-'ɑː.lə-/ *n* [U] ⇨fisiología

physiotherapist UK: /ˌfɪz.i.əʊ'θer.ə.pɪst/ US: /-oʊ-/ *n* [C] ⇨fisioterapeuta

physiotherapy UK: /ˌfɪz.i.əʊ'θer.ə.pi/ US: /-oʊ-/ *n* [U] ⇨fisioterapia

physique /fɪ'ziːk/ *n* [C] **1** ⇨constitución física ⇨físico **2** *a muscular physique* - un cuerpo musculoso

pianist /'piː.ən.ɪst/ *n* [C] ⇨pianista: *to be a professional pianist* - ser pianista profesional

†**piano** UK: /pi'æn.əʊ/ US: /-oʊ/ *n* [C] ⇨piano: *My sister plays the piano* - Mi hermana toca el piano

†**pick¹** /pɪk/ *v* [T] **1** ⇨escoger ⇨elegir ■ CONSTR. to pick sb + to do sth **2** ⇨coger ⇨recoger **3** to ~ sb's pocket ⇨robar algo del bolsillo de alguien

PHRASAL VERBS
· **to pick at** *sth* **1** ⇨comer algo con desgana **2** ⇨toquetear algo
· **to pick on** *sb* ⇨meterse con alguien
· **to pick** *sth/sb* **out** [M] **1** ⇨distinguir ⇨identificar ⇨reconocer **2** ⇨escoger
· **to pick up 1** ⇨mejorar ⇨incrementar(se) **2** ⇨recuperar(se) **3** *(el viento)* ⇨soplar más fuerte
· **to pick** *sth* **up** [M] **1** ⇨aprender algo **2** ⇨coger algo ⇨recoger algo **3** *(una señal)* ⇨recibir **4** ⇨detectar
· **to pick** *sth/sb* **up** [M] **1** ⇨recoger ⇨levantar **2** ⇨recoger ⇨ir a buscar

pick² /pɪk/ *n* [C] **1** ⇨elección ⇨selección **2** *(herramienta)* ⇨pico ⇨piqueta **3** the ~ of *sth* ⇨lo mejor de algo: *We only sell the pick of the crop* - Solo vendemos lo mejor de la cosecha

pickle /'pɪk.l̩/ n [C, U] **1** ⇒encurtido **2** US ⇒pepinillo en vinagre **3 to be in a ~** *(old-fash)* ⇒estar metido,da en un lío *col.*

pickpocket UK: /'pɪk,pɒk.ɪt/ US: /-,pɑː.kɪt/ n [C] ⇒carterista: *Warning! There are pickpockets operating in the area* - ¡Aviso! Hay carteristas en la zona

picnic /'pɪk.nɪk/ n [C] ⇒picnic ⇒comida al aire libre

---

phrasal verbs

• Un **phrasal verb** es una expresión formada por:

— **verbo + adverbio:**
  · *Slow down! You're driving over the speed limit!*
  (¡Reduce la velocidad! ¡Estás circulando por encima del límite de velocidad!)

— **verbo + preposición:**
  · *Look after your sister while I'm away.*
  (Cuida de tu hermana mientras estoy fuera.)

— **verbo + adverbio + preposición:**
  · *What are you up to?*
  (¿Qué estáis tramando?)

• Cuando los **phrasal verbs** van seguidos por un verbo, este va siempre en gerundio:
  · *Let's carry on playing a little longer.*
  (Sigamos jugando un rato más.)
  · *I'm looking forward to seeing you this weekend.*
  (Estoy deseando verte este fin de semana.)

• Los **phrasal verbs** son de dos tipos:

— **Intransitivos**, cuando no pueden tener un objeto:
  · *Susan usually gets up at 7.30.*
  (Susan se levanta habitualmente a las 7.30.)

— **Transitivos**, siempre tienen un objeto:
  · *I have decided to give up smoking.*
  (He decidido dejar de fumar.)

  Los **phrasal verbs** transitivos pueden ser, a su vez, de dos tipos:

  - **Separables**, cuando el objeto puede introducirse entre los elementos que forman el **phrasal verb**:
    · *Don't throw away those papers! / Don't throw those papers away!*
    (¡No tires esos papeles!)

    En el diccionario la marca [M] que acompaña a algunos **phrasal verbs** indica que la partícula *sth* o el objeto que sustituye a esta partícula puede moverse y es, por tanto, separable: por ejemplo, **give** *sth* **up** [M]

    Atención: si el objeto se sustituye por un pronombre, siempre se sitúa entre los elementos que forman el **phrasal verb**:
    · *Don't throw them away!* (No: *Don't throw away them.*)
    (¡No los tires!)

  - **Inseparables**, cuando no puede introducirse ninguna palabra entre los elementos que forman el **phrasal verb**:
    · *I can't put up with your behaviour!*
    (¡No aguanto tu comportamiento!)

Atención: algunos **phrasal verbs** pueden tener más de un significado. Por ejemplo, *"give up"* puede significar 'dejar de hacer algo' o 'rendirse'.

P ▉

pictorial UK: /pɪkˈtɔː.ri.əl/ US: /-ˈtɔːr.i-/ *adj (en arte)* ⇨pictórico,ca

↑**picture¹** UK: /ˈpɪk.tʃəʳ/ US: /-tʃə/ *n* [C] **1** ⇨cuadro **2** ⇨dibujo **3** ⇨fotografía **4** ⇨imagen ⇨ilustración **5** ⇨película **6 ~ window** ⇨ventana grande [con vistas] **7 to be a ~** *UK* ⇨ser una preciosidad **8 to {keep/put} *sb* in the ~** *(inform)* ⇨{mantener/poner} a alguien al corriente *col.*

picture² UK: /ˈpɪk.tʃəʳ/ US: /-tʃə/ [pictured, picturing] *v* [T] **1** ⇨imaginar: *I can't picture you serving in the army* - No te imagino en el ejército ■ CONSTR. 1. to picture + doing sth 2. to picture + interrogativa indirecta **2** ⇨fotografiar ⇨retratar ■ CONSTR. Se usa más en pasiva

↑**picturesque** UK: /ˌpɪk.tʃəʳˈesk/ US: /-tʃəˈresk/ *adj* ⇨pintoresco,ca

↑**pie** /paɪ/ *n* [C, U] **1** ⇨pastel [salado]: *meat pie* - pastel de carne **2** *(dulce)* ⇨tarta ■ Distinto de *foot* (pie)

↑**piece¹** /piːs/ *n* [C] **1** ⇨trozo ⇨pedazo **2** ⇨pieza ⇨unidad **3** *a piece of paper* - una hoja de papel; *a piece of furniture* - un mueble; *a piece of advice* - un consejo ■ Se usa con sustantivos incontables para hablar de unidades **4 in one ~** ⇨sano y salvo, sana y salva **5 to be a ~ of cake** *(inform)* ⇨estar chupado,da *col.;* ⇨ser pan comido *col.*

↑**piece²** /piːs/ [pieced, piecing]

PHRASAL VERBS

- **to piece *sth* together [M]** 1 ⇨encajar las piezas ⇨recomponer algo **2** ⇨reconstruir algo

piecemeal /ˈpiːs.miːl/ *adv* ⇨poco a poco

pier UK: /pɪəʳ/ US: /pɪr/ *n* [C] **1** ⇨embarcadero ⇨muelle **2** ⇨paseo marítimo [sobre un muelle o un malecón]

pierce UK: /pɪəs/ US: /pɪrs/ [pierced, piercing] *v* [T] **1** ⇨atravesar ⇨perforar **2** *(lit) (una luz o un sonido)* ⇨penetrar

piercing UK: /ˈpɪə.sɪŋ/ US: /ˈpɪr-/ *adj* **1** *(un sonido)* ⇨agudo,da **2** *(una mirada)* ⇨penetrante **3** *(un viento)* ⇨cortante

piety UK: /ˈpaɪ.ə.ti/ US: /ˈpaɪə.ˤt̬i/ *n* [U] *(form)* ⇨piedad

↑**pig** /pɪg/ *n* [C] **1** ⇨cerdo,da ⇨chancho,cha AMÉR. **2** *(inform)* ⇨glotón,-a **3** *(inform, offens) (una persona)* ⇨cerdo,da *desp.*

pigeon /ˈpɪdʒ.ən/ *n* [C] **1** ⇨palomo,ma **2** ⇨pichón

piglet /ˈpɪg.lət/ *n* [C] ⇨cochinillo

pigment /ˈpɪg.mənt/ *n* [C, U] ⇨pigmento

pigsty /ˈpɪg.staɪ/ [*pl* pigsties] *n* [C] **1** ⇨pocilga **2** *(una habitación, un lugar)* ⇨pocilga ⇨leonera

pigtail /ˈpɪg.teɪl/ *n* [C] **1** *(peinado)* ⇨coleta **2** *(peinado)* ⇨trenza

pike /paɪk/ [*pl* pike] *n* [C, U] **1** *(arma)* ⇨pica ⇨lanza **2** *North Eng (montaña)* ⇨pico **3** *(pez)* ⇨lucio

↑**pile¹** /paɪl/ *n* [C] **1** ⇨montón ⇨pila *col.;* ⇨ruma AMÉ **2** *to put things in a pile* - amontonar cosas ⇨montón *col.;* ⇨gran cantidad **4** ⇨pila [eléctrica]

↑**pile²** /paɪl/ [piled, piling]

PHRASAL VERBS

- **to pile {in/out}** *(inform)* ⇨{entrar/salir} e tropel
- **to pile *sth* up [M]** ⇨amontonar algo ⇨apila algo

piles /paɪlz/ *n* [PL] *(inform)* ⇨almorranas: *to hav piles* - tener almorranas

pile-up /ˈpaɪl.ʌp/ *n* [C] ⇨choque en cadena [de ve hículos] ⇨accidente múltiple

pilgrim /ˈpɪl.grɪm/ *n* [C] ⇨peregrino,na

pilgrimage /ˈpɪl.grɪ.mɪdʒ/ *n* [C, U] ⇨peregrinació ■ PRON. La *a* se pronuncia como la *i* en *did*

↑**pill** /pɪl/ *n* [C] **1** ⇨pastilla ⇨píldora **2 the ~** ⇨ píldora [anticonceptiva] **3 to sugar the ~** ⇨do rar la píldora

pillar UK: /ˈpɪl.əʳ/ US: /-ə/ *n* [C] ⇨pilar: *a marbl pillar* - un pilar de mármol

↑**pillow** UK: /ˈpɪl.əʊ/ US: /-oʊ/ *n* [C] ⇨almohada

pillowcase UK: /ˈpɪl.əʊ.keɪs/ US: /-oʊ-/ *n* [C ⇨funda [de almohada]

pilot¹ /ˈpaɪ.lət/ *n* [C] ⇨piloto: *His ambition is to b a pilot* - Su ambición es ser piloto

pilot² /ˈpaɪ.lət/ *v* [T] ⇨pilotar: *to pilot a plane* - pi lotar un avión ■ PRON. La primera sílaba se pronunc como *pi* en el sustantivo inglés *pipe*

pimple /ˈpɪm.pl̩/ *n* [C] *(en la piel)* ⇨grano ⇨esp nilla

↑**PIN** *n* [C] ⇨PIN ■ Procede de *Personal Identificatic Number* (número de identificación personal)

pin¹ /pɪn/ *n* [C] **1** ⇨alfiler **2** *US* ⇨broche **3** ⇨clavij

pin² /pɪn/ [pinned, pinning] *v* [T] **1** ⇨prender [co alfileres]: *She pinned up the hem of her dress* Prendió el bajo del vestido con alfileres **2** ⇨in movilizar ⇨atrapar ■ CONSTR. Se usa generalmen seguido de una preposición o un adverbio

PHRASAL VERBS

- **to pin *sb* down [M]** 1 ⇨conseguir que alguie dé detalles sobre algo **2** ⇨inmovilizar a a guien [en el suelo]

pinball UK: /ˈpɪn.bɔːl/ US: /-bɑːl/ *n* [U] *(juego)* ⇨flip per ⇨pinball

pincer UK: /ˈpɪnt.səʳ/ US: /-sə/ *n* [C] **1** ⇨tenaza ■ S usa más en plural **2** *(de animales)* ⇨pinza

pinch¹ /pɪntʃ/ *v* [T] **1** ⇨pellizcar **2** *UK (inform* ⇨mangar *col.: She has pinched my pencil* - M ha mangado el lápiz

pinch² /pɪntʃ/ [*pl* pinches] *n* [C] **1** ⇨pellizco *(cantidad)* ⇨pellizco ⇨pizca **3 at a ~** *UK* (*US* in pinch) *(inform)* ⇨si es necesario ⇨si no qued otra opción

plain

ine[1] /paɪn/ *n* [C, U] **1** *(madera)* ⇒pino **2** *a pine wood* - un pinar

ine[2] /paɪn/ [pined, pining]
|PHRASAL VERBS
└ · **to pine for** *sth/sb* ⇒añorar ⇒echar de menos

ineapple /'paɪnˌæp.l̩/ *n* [C, U] ⇒piña: *tinned pineapple* - piña en lata

ing[1] *v* [I] *(al golpear)* ⇒producir un sonido metálico

ing[2] /pɪŋ/ *n* [C] *(al golpear)* ⇒sonido metálico

ink /pɪŋk/ *adj, n* [C, U] *(color)* ⇒rosa

innacle /'pɪn.ə.kl̩/ *n* [C] **1** *(en un edificio)* ⇒pináculo **2** *(lit) (en una montaña)* ⇒pico ⇒cima **3** ⇒cúspide ⇒cenit

inpoint UK: /'pɪn.pɔɪnt/ US: /'pɪn-/ *v* [T] ⇒precisar ⇒localizar

int /paɪnt/ *n* [C] **1** *(unidad de medida)* ⇒pinta **2** *UK (inform)* ⇒cerveza

in-up /'pɪn.ʌp/ *n* [C] ⇒foto [de alguien famoso] ⇒póster [de alguien famoso]

ioneer UK: /ˌpaɪə'nɪəʳ/ US: /-'nɪr/ *n* [C] ⇒pionero,ra: *to be a pioneer in sth* - ser pionero en algo

ioneering UK: /ˌpaɪə'nɪə.rɪŋ/ US: /-'nɪr.ɪŋ/ *adj* ⇒pionero,ra: *pioneering techniques* - técnicas pioneras

ious /'paɪ.əs/ *adj* ⇒pío,a

ip /pɪp/ *n* [C] **1** *UK (US seed)* ⇒pepita ⇒pepa *AMÉR.* **2** ⇒pitido

ipe /paɪp/ *n* [C] **1** ⇒tubería: *a leaking pipe* - una tubería con goteras **2** ⇒pipa ⇒cachimba

ipeline /'paɪp.laɪn/ *n* [C] **1** ⇒gasoducto **2** ⇒oleoducto **3** *to be in the* ~ *(un proyecto)* ⇒estar en marcha

iping hot *adj, adv (una comida o una bebida)* ⇒hirviendo ⇒muy caliente

iracy UK: /'paɪ.rə.si/ US: /'paɪr.ə-/ *n* [U] ⇒piratería

irate[1] UK: /'paɪ.rət/ US: /'paɪr.ət/ *n* [C] ⇒pirata

irate[2] UK: /'paɪ.rət/ US: /'paɪr.ət/ [pirated, pirating] *v* [T] ⇒piratear: *to pirate a program* - piratear un programa informático

isces /'paɪ.siːz/ [*pl* Pisceses] *n* [C, U] *(signo del zodíaco)* ⇒piscis

istol /'pɪs.t³l/ *n* [C] ⇒pistola

iston /'pɪs.t³n/ *n* [C] ⇒pistón ⇒émbolo

it /pɪt/ *n* [C] **1** ⇒foso **2** ⇒mina ⇒yacimiento **3** *US (UK stone) (en algunos frutos)* ⇒hueso ⇒carozo *AMÉR.* **4** *the pits UK (US the pit) (en una carrera de coches)* ⇒boxes **5** *to be the pits (inform)* ⇒ser una birria *col. desp.*

itch[1] /pɪtʃ/ ■ *v* [T, I] **1** *(una pelota, una piedra)* ⇒lanzar **2** *(una persona)* ⇒caer(se) ■ CONSTR. Se usa generalmente seguido de una preposición o un adverbio ■ *v* [T] **3** *(una tienda de campaña)* ⇒montar **4** *(una nota musical)* ⇒dar **5** *(un instrumento)* ⇒ajustar **6** *(una clase, un discurso)* ⇒ajustar [a un nivel] **7** *(un barco)* ⇒cabecear
|PHRASAL VERBS
└ · **to pitch in** *(inform)* ⇒arrimar el hombro: *Everybody pitched in* - Todo el mundo arrimó el hombro

pitch[2] /pɪtʃ/ [*pl* pitches] ■ *n* [C] **1** *UK (US field) (en deportes)* ⇒campo ⇒cancha *AMÉR.* **2** *(en béisbol)* ⇒lanzamiento **3** *(en un mercado)* ⇒puesto ■ *n* [U] **4** *(en música)* ⇒tono ■ Al ser incontable, no tiene plural ■ *n* [C, U] **5** ⇒discurso [para vender]

pitcher UK: /'pɪtʃ.əʳ/ US: /-ɚ/ *n* [C] **1** *US (en béisbol)* ⇒lanzador,-a **2** *US (UK/US tb* jug*)* ⇒cántaro ⇒jarra

pitfall UK: /'pɪt.fɔːl/ US: /-fɑːl/ *n* [C] ⇒escollo ⇒dificultad ■ Se usa más en plural

pitiful UK: /'pɪt.ɪ.f³l/ US: /'pɪˢt̬-/ *adj* **1** ⇒lastimero,ra **2** ⇒penoso,sa: *He gave me a pitiful excuse* - Me dio una excusa penosa

pity[1] UK: /'pɪt.i/ US: /'pɪˢt̬-/ ■ *n* [U] **1** ⇒compasión ⇒lástima ⇒pena ■ *n* [NO PL] **2** ⇒pena ⇒lástima **3** *to take* ~ *on sb* ⇒apiadarse de alguien ⇒compadecerse de alguien

pity[2] UK: /'pɪt.i/ US: /'pɪˢt̬-/ [pities, pitied] *v* [T] ⇒compadecer(se): *I pity those affected by the flood* - Compadezco a los afectados por la riada

pivot /'pɪv.ət/ *n* [C] **1** ⇒pivote **2** ⇒eje

pizza /'piːt.sə/ *n* [C, U] ⇒pizza: *to order a pizza* - encargar una pizza

placard UK: /'plæk.ɑːd/ US: /-ɑːrd/ *n* [C] ⇒pancarta

placate UK: /plə'keɪt/ US: /'pleɪ.keɪt/ [placated, placating] *v* [T] *(form)* ⇒apaciguar: *to placate sb* - apaciguar a alguien

place[1] /pleɪs/ ■ *n* [C] **1** ⇒sitio ⇒ubicación **2** ⇒lugar ⇒paraje ⇒población **3** ⇒espacio ⇒sitio ■ *n* [NO PL] **4** ⇒lugar ⇒puesto **5** *(inform)* ⇒casa **6** ⇒puesto ⇒plaza **7** *all over the* ~ ⇒por todos lados **8** *in* ~ ⇒en su sitio **9** *out of* ~ **1** ⇒descolocado,da **2** ⇒fuera de lugar **10** *to take* ~ ⇒tener lugar

place[2] /pleɪs/ [placed, placing] ■ *v* [T, I] **1** ⇒colocar ⇒poner ■ *v* [T] **2** *I can't place where I know you from* - No sé de dónde, pero te conozco

placing *n* [C] *(en una carrera o una competición)* ⇒puesto [de clasificación]

plague[1] /pleɪg/ *n* [C, U] **1** ⇒peste: *bubonic plague* - peste bubónica **2** *a* ~ *of sth* ⇒una plaga de algo ⇒una epidemia de algo

plague[2] /pleɪg/ [plagued, plaguing] *v* [T] ⇒atormentar ⇒mortificar ■ CONSTR. Se usa más en pasiva

plaice /pleɪs/ [*pl* plaice] *n* [C, U] *(pez)* ⇒platija

plain[1] /pleɪn/ *adj* **1** ⇒liso,sa ⇒sin dibujo **2** ⇒discreto,ta ⇒sencillo,lla **3** ⇒claro,ra ⇒obvio,via **4** *(una*

P ▆

persona) ⇒ poco agraciado,da **5** ⇒ simple ⇒ normal **6 to make sth ~** ⇒ dejar algo claro

plain² /pleɪn/ *n* [C] ⇒ llanura

plainly /'pleɪn.li/ *adv* **1** ⇒ claramente ⇒ con franqueza **2** ⇒ evidentemente **3** *It was plainly not a good time* - Estaba claro que no era un buen momento **4** ⇒ con ropa sencilla ⇒ con sencillez

plaintiff UK: /'pleɪn.tɪf/ US: /-ˤt̬ɪf/ *n* [C] *(en derecho)* ⇒ demandante

plait /plæt/ *UK (US braid) n* [C] ⇒ trenza: *to wear your hair in plaits* - llevar el pelo con trenzas

† **plan¹** /plæn/ *n* [C] **1** ⇒ plan **2** ⇒ plano ⇒ mapa **3** ⇒ esquema ⇒ esbozo

† **plan²** /plæn/ [planned, planning] ∎ *v* [T, I] ⇒ planificar ⇒ planear ∎ Constr. 1. to plan + to do sth 2. to plan + interrogativa indirecta ∎ *v* [T] ⇒ proyectar ⇒ diseñar
|PHRASAL VERBS
· **to plan sth out** [M] ⇒ planificar algo ⇒ programar algo

† **plane** /pleɪn/ *n* [C] **1** ⇒ forma abreviada de **aeroplane** y de **airplane** (avión) **2** ⇒ nivel ⇒ categoría ⇒ grado **3** *(en matemáticas)* ⇒ plano ⇒ superficie **4** *(herramienta)* ⇒ cepillo [de carpintero]

† **planet** /'plæn.ɪt/ *n* [C] ⇒ planeta: *the planet Earth* - el planeta Tierra

plank /plæŋk/ *n* [C] **1** ⇒ tabla ⇒ tablón **2** *(lit)* ⇒ fundamento: *the main planks of the programme* - los fundamentos del programa

planner UK: /'plæn.ə/ US: /-ə/ *n* [C] **1** *(persona)* ⇒ planificador,-a **2** ⇒ aparejador,-a

planning /'plæn.ɪŋ/ *n* [U] **1** ⇒ planificación **2** *planning permission* - permiso de obra

P † **plant¹** UK: /plɑːnt/ US: /plænt/ *n* [C] **1** *(en biología)* ⇒ planta **2** ⇒ fábrica ⇒ planta

plant² UK: /plɑːnt/ US: /plænt/ *v* [T] ⇒ plantar: *I've planted a rose bush in the garden* - He plantado un rosal en el jardín **2** ⇒ sembrar **3** ⇒ inculpar

plantation UK: /plæn'teɪ.ʃ°n/ UK: /plɑː.n-/ US: /plæn-/ *n* [C] ⇒ plantación: *a tea plantation* - una plantación de té

plaque UK: /plɑːk/ UK: /plæk/ US: /plæk/ ∎ *n* [C] **1** ⇒ placa conmemorativa ∎ *n* [U] **2** ⇒ sarro

plaster¹ UK: /'plɑː.stə/ US: /'plæs.tə/ *n* [U] **1** ⇒ escayola ⇒ yeso **2** *UK (US Band-Aid®)* ⇒ tirita® ⇒ curita® *AMÉR.*

plaster² UK: /'plɑː.stə/ US: /'plæs.tə/ *v* [T] **1** ⇒ embadurnar(se) **2** ⇒ enyesar: *They plastered the walls before painting them* - Enyesaron las paredes antes de pintarlas

† **plastic** /'plæs.tɪk/ *n* [C, U] ⇒ plástico: *a plastic bag* - una bolsa de plástico

plastic surgery *n* [U] ⇒ cirugía plástica

† **plate** /pleɪt/ *n* [C] **1** *(recipiente)* ⇒ plato **2** ⇒ lámina [en un libro] **3** ⇒ placa [de metal]

plateau UK: /'plæt.əʊ/ US: /plæt'oʊ/ *[pl plateau o plateaus] n* [C] ⇒ meseta

† **platform** UK: /'plæt.fɔːm/ US: /-fɔːrm/ *n* [C] **1** ⇒ andén: *Which platform does the train leave from* - ¿De qué andén sale el tren? **2** ⇒ tribuna **3** *(política)* ⇒ programa electoral

platinum UK: /'plæt.ɪ.nəm/ US: /'plæt̬.ə.nəm/ *n* [U] ⇒ platino: *a platinum ring* - un anillo de platino

platoon /plə'tuːn/ *n* [C] ⇒ pelotón [militar]

plausible UK: /'plɔː.zə.bl/ US: /'plɑː-/ *adj* **1** ⇒ verosímil ⇒ creíble **2** *(una persona)* ⇒ convincente

† **play¹** /pleɪ/ *v* [T, I] **1** ⇒ jugar **2** *(en deportes)* ⇒ jugar **3** *(en música)* ⇒ tocar ⇒ interpretar **4** *(una grabación)* ⇒ poner **5** *(música)* ⇒ sonar **6** *(en cine o teatro)* ⇒ representar ⇒ interpretar
|PHRASAL VERBS
· **to play along with sb** ⇒ seguir el juego a alguien
· **to play sth down** [M] ⇒ quitar importancia a algo
· **to play sth/sb off against sth/sb** [M] ⇒ enfrentar a alguien contra alguien

play² /pleɪ/ ∎ *n* [U] **1** ⇒ juego ⇒ diversión ∎ Se dice *Chess is a difficult game*. Incorrecto: *Chess is a difficu... play* **2** ⇒ interacción: *the play of light on the water* - la interacción de la luz sobre el agua ⇒ holgura ∎ *n* [C] **4** *US* ⇒ jugada **5** ⇒ obra de teatro: *to put on a play* - representar una obra de teatro

player UK: /'pleɪ.ə/ US: /-ə/ *n* [C] **1** ⇒ jugador,-a **2** ⇒ músico,ca **3** *(form)* ⇒ actor, actriz

playful /'pleɪ.fl/ *adj* **1** ⇒ juguetón,-a **2** *(un comentario o una acción)* ⇒ en broma ⇒ de broma

playfully /'pleɪ.fl.i/ *adv* ⇒ juguetonamente ⇒ de manera juguetona

† **playground** /'pleɪ.graʊnd/ *n* [C] ⇒ patio de recreo

playgroup /'pleɪ.gruːp/ *n* [C] ⇒ guardería ⇒ jardín de infancia

playing card *n* [C] ⇒ carta ⇒ naipe ∎ Se usa más *card*

playing field *n* [C] *(en deportes)* ⇒ campo de juego

playpen /'pleɪ.pen/ *n* [C] *(para niños)* ⇒ corralito ⇒ parque

playtime /'pleɪ.taɪm/ *n* [U] *(en el colegio o en el instituto)* ⇒ recreo

playwright /'pleɪ.raɪt/ *n* [C] ⇒ dramaturgo,ga

† **plea** /pliː/ *n* [C] **1** *(form)* ⇒ súplica ⇒ petición **2** *make a plea for mercy* - pedir clemencia **3** *(en derecho)* ⇒ alegato ⇒ alegación ⇒ declaración: *plea of not guilty* - una declaración de inocencia **4** *(form)* ⇒ pretexto ⇒ excusa

† **plead** /pliːd/, pleaded, pleaded *(US pled, pled)* /pliːd/ ∎ *v* **1** ⇒ rogar ⇒ suplicar ∎ Constr. to plead with sb ∎ *v* [T, I] ⇒ declararse: *The defendant pleaded guilty* - El acusado se declaró culpable ∎ *v* [T] **3** ⇒ alegar ⇒ aducir

•**leasant** /'plez.ᵊnt/ *adj* ⇨agradable ⇨grato,ta

•**leasantly** /'plez.ᵊnt.li/ *adv* ⇨agradable ⇨gratamente

•**lease¹** /pliːz/ *excl* **1** ⇨por favor: *Can I borrow your pencil, please?* - ¿Me prestas el lápiz, por favor? **2** *Please accept this small gift* - Le ruego que acepte este pequeño obsequio **3** ⇨ do! ⇨¡por supuesto!

•**lease²** /pliːz/ [pleased, pleasing] *v* [T, I] **1** ⇨agradar ⇨complacer ⇨contentar **2** to ~ *oneself* (*inform*) ⇨hacer lo que uno quiera

•**leased** /pliːzd/ *adj* **1** ⇨contento,ta ⇨satisfecho,cha **2** *I am pleased to hear it* - Me alegra saberlo **3** to be ~ to do *sth* ⇨alegrarse de hacer algo ⇨tener el placer de hacer algo ■ Pron. La última ma e no se pronuncia

•**leasing** /'pliː.zɪŋ/ *adj* **1** ⇨agradable: *to be pleasing to the eye* - ser agradable a la vista **2** ⇨grato,ta

•**leasurable** UK: /'pleʒ.ᵊr.ə.bl̩/ US: /-ɚ.ɚ-/ *adj* ⇨placentero,ra ⇨agradable

•**leasure** UK: /'pleʒ.ɚ/ US: /-ɚ/ *n* [U] **1** ⇨placer ⇨satisfacción **2** to take ~ in *sth* ⇨disfrutar con algo **3** with ~ (*form*) ⇨con mucho gusto

•**led** /pled/ *US* past tense and past participle forms of **plead**

•**ledge¹** /pledʒ/ *n* [C] ⇨promesa ⇨compromiso

•**ledge²** /pledʒ/ [pledged, pledging] *v* [T] **1** ⇨prometer: *I pledge to come back soon* - Prometo que volveré pronto ■ Constr. to pledge + to do sth **2** ⇨comprometerse: *She pledged not to raise taxes* - Se comprometió a no subir los impuestos

•**lentiful** UK: /'plen.tɪ.fⁱl/ US: /-ˤtɪ-/ *adj* ⇨abundante: *a plentiful supply of water* - un suministro abundante de agua

•**lenty¹** UK: /'plen.ti/ US: /-ˤti/ *pron* ⇨mucho,cha: *We still have plenty* - Aún tenemos muchos

•**lenty²** UK: /'plen.ti/ US: /-ˤti/ **1** *adv* ⇨de sobra: *We have plenty of time* - Tenemos tiempo de sobra **2** ~ {big/long} enough (*inform*) ⇨lo bastante {grande/largo}

•**liers** UK: /'plaɪ.əz/ US: /-ɚz/ *n* [PL] ⇨alicate: *two pairs of pliers* - dos alicates

•**light** /plaɪt/ *n* [NO PL] ⇨situación grave ⇨crisis

lonk UK: /plɒŋk/ US: /plɑːŋk/ *UK v* [T, I] (*inform*) ⇨plantificar *col.* ■ Constr. Se usa generalmente seguido de una preposición o un adverbio

PHRASAL VERBS

· **to plonk** *oneself* **down** (*inform*) ⇨dejarse caer ⇨tumbarse

lot¹ UK: /plɒt/ US: /plɑːt/ *n* [C] **1** (*de un libro o de una película*) ⇨trama ⇨argumento **2** ⇨complot **3** (*de un terreno*) ⇨parcela ⇨solar ⇨lote *AMÉR.*

lot² UK: /plɒt/ US: /plɑːt/ [plotted, plotting] ■ *v* [T, I] **1** ⇨tramar ⇨conspirar ■ Constr. to plot + to do sth ■ *v* [T] **2** ⇨trazar

plough¹ /plaʊ/ *UK (US plow) n* [C] ⇨arado

plough² /plaʊ/ *UK (US plow) v* [T, I] ⇨arar: *to plough the land* - arar la tierra

PHRASAL VERBS

· **to plough** *sth* **back** [M] ⇨reinvertir algo

· **to plough into** *sth* ⇨chocar fuertemente contra algo

· **to plough through** *sth* **1** ⇨abrirse paso **2** ⇨acabar algo [con dificultad]

plover UK: /'plʌv.ɚ/ US: /-ɚ/ [*pl* plover, plovers] *n* [C] (*ave*) ⇨chorlito

plow *US n* [C], *v* [T, I] See **plough**

ploy /plɔɪ/ *n* [C] ⇨estratagema ⇨táctica ⇨truco

pluck /plʌk/ ■ *v* [T] **1** ⇨desplumar: *We plucked the turkey before cooking it* - Desplumamos el pavo antes de cocinarlo **2** ⇨arrebatar: *I plucked it out of her hand* - Se lo arrebaté de las manos **3** (*lit*) (*una hoja, una fruta, una flor*) ⇨arrancar ⇨coger ■ *v* [T, I] **4** (*un instrumento de cuerda*) ⇨puntear **5** to ~ up the courage to do *sth* (*inform*) ⇨armarse de valor para hacer algo

plug¹ /plʌg/ *n* [C] **1** ⇨enchufe [de un aparato] **2** ⇨tapón [de la bañera o del lavabo] **3** (*inform*) ⇨anuncio

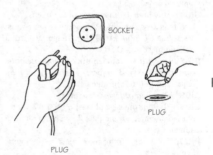

SOCKET

PLUG

PLUG

P ▬

plug² /plʌg/ [plugged, plugging] *v* [T] **1** ⇨tapar ⇨sellar ⇨rellenar **2** ⇨promocionar **3** (*los oídos*) ⇨taponar(se) **4** ⇨pegar [a alguien] **5** ⇨pegar un tiro [a alguien]

PHRASAL VERBS

· **to plug** *sth* **in** ⇨enchufar algo ⇨conectar algo ⇨prender algo *AMÉR.*

· **to plug** *sth* **into** *sth* ⇨conectar algo a algo ⇨enchufar

↑ **plum** /plʌm/ *n* [C] **1** ⇨ciruela **2** ⇨ciruelo

plumage /'pluː.mɪdʒ/ *n* [U] ⇨plumaje ■ Pron. La sílaba age se pronuncia como ich en *sandwich*

plumber UK: /'plʌm.ɚ/ US: /-ɚ/ *n* [C] ⇨fontanero,ra ⇨plomero,ra *AMÉR.;* ⇨gásfiter *AMÉR.*

plumbing /'plʌm.ɪŋ/ n [U] **1** ⇒tuberías ⇒cañerías **2** ⇒fontanería ⇒plomería AMÉR.

plummet /'plʌm.ɪt/ v [I] ⇒desplomar(se) ⇒caer en picado

plump[1] /plʌmp/ adj ⇒rollizo,za ⇒gordito,ta col.

plump[2] /plʌmp/ UK v [T] (una almohada, un cojín) ⇒mullir

| PHRASAL VERBS
· **to plump (sth/sb) down** [M] (inform) ⇒dejarse caer ⇒caer pesadamente

plunder UK: /'plʌn.də'/ US: /-də/ n [U] **1** ⇒saqueo **2** ⇒botín

plunder UK: /'plʌn.də'/ US: /-də/ v [T, I] ⇒saquear

plunge[1] /plʌndʒ/ [plunged, plunging] v [T, I] **1** ⇒zambullirse: to plunge into the water - zambullirse en el agua **2** ⇒hundir ⇒meter **3** (en economía) ⇒experimentar un gran descenso ⇒caer en picado

| PHRASAL VERBS
· **to plunge sth into sth 1** ⇒hundir algo en algo **2** (en un líquido) ⇒sumergir algo

plunge[2] /plʌndʒ/ n [C] **1** ⇒zambullida **2** ⇒caída **3 to take the ~** (inform) ⇒dar un paso decisivo ⇒lanzarse a la piscina col.

↑ **plural** UK: /'pluə.rəl/ US: /'plur.[ə]l/ adj, n [C, U] ⇒plural ■ Ver cuadro

↑ **plus**[1] /plʌs/ prep **1** ⇒más: Two plus three is five - Dos más tres son cinco **2** ⇒además de: I have his latest CD plus his DVD - Tengo su último CD además de su DVD

plus[2] /plʌs/ adj **1** ⇒como mínimo **2** (en matemáticas) ⇒positivo,va **3** (inform) ⇒favorable: a plus point - un punto favorable

plus[3] /plʌs/ conj (inform) ⇒además

plus[4] /plʌs/ [pl plusses, pluses] n [C] **1** (en matemáticas) ⇒más ⇒signo más **2** ⇒ventaja ⇒punto a favor

plush /plʌʃ/ adj (inform) ⇒lujoso,sa ⇒magnífico,ca

Pluto UK: /'pluː.təʊ/ US: /-ţoʊ/ n [NO PL] (planeta enano) ⇒Plutón

plutonium UK: /pluː'təʊ.ni.əm/ US: /-'toʊ-/ n [U] (en química) ⇒plutonio

ply /plaɪ/ [plies, plied] v [T, I] **1** (old-fash) ⇒hacer un trayecto ■ CONSTR. Se usa generalmente seguido de las preposiciones between y across **2 to ~ one's trade** (form) ⇒desempeñar su trabajo ⇒ejercer su profesión

| PHRASAL VERBS
· **to ply sb with sth 1** ⇒cebar a alguien [con comida o bebida] col.: Greg plied us with food all evening - Greg nos cebó con comida toda la tarde **2** ⇒acosar a alguien [con preguntas]

plywood /'plaɪ.wʊd/ n [U] ⇒contrachapado

PM /ˌpiː'em/ n [U] ⇒forma abreviada de **Prime Minister** (primer,-a ministro,tra)

↑ **p.m.** /ˌpiː'em/ adv ⇒de la tarde: The train leave at 4 p.m. - El tren sale a las 4 de la tarde ■ Cuando se dice p.m. no se dice o'clock ■ Procede de post meridiem (después del mediodía)

pneumatic UK: /nju:'mæt.ɪk/ US: /nu:'mæţ-/ adj ⇒neumático,ca: a pneumatic drill - un taladro neumático

pneumonia UK: /nju:'məʊ.ni.ə/ US: /nu:'moʊ.njə/ n [U] ⇒neumonía ⇒pulmonía

poach UK: /pəʊtʃ/ US: /poʊtʃ/ [poaches] ▮ v [T, I] ⇒cazar furtivamente **2** ⇒pescar furtivamente **3** (a una persona) ⇒persuadir [para que trabaje por alguien] ▮ v [T] **4** (un huevo) ⇒escalfar **5** (un alimento) ⇒hervir ⇒cocer **6** ⇒robar ⇒apropiarse ⇒quitar

poacher UK: /'pəʊ.tʃə'/ US: /'poʊ.tʃə/ n [C] **1** ⇒cazador furtivo, cazadora furtiva **2** ⇒pescador furtivo, pescadora furtiva

↑ **pocket**[1] UK: /'pɒk.ɪt/ US: /'pɑː.kɪt/ n [C] **1** ⇒bolsillo: to take sth out of your pocket - sacar algo del bolsillo **2** ⇒foco ⇒núcleo **3 to be out of ~** ⇒terminar perdiendo [dinero] ⇒salir perdiendo [dinero]

pocket[2] UK: /'pɒk.ɪt/ US: /'pɑː.kɪt/ v [T] **1** ⇒guardar(se) en el bolsillo ⇒meter(se) en el bolsillo **2** ⇒robar

pocketful UK: /'pɒk.ɪt.fʊl/ US: /'pɑː.kɪt-/ n [C] ⇒puñado: a pocketful of change - un puñado de monedas

pocketknife UK: /'pɒk.ɪt.naɪf/ US: /'pɑː.kɪt-/ [pl pocketknives] n [C] ⇒navaja

pod UK: /pɒd/ US: /pɑːd/ n [C] **1** (en una planta) ⇒vaina **2** (en aviación) ⇒tanque

podium UK: /'pəʊ.di.əm/ US: /'poʊ-/ [pl podiums, podia] n [C] ⇒podio

↑ **poem** UK: /'pəʊ.ɪm/ US: /'poʊ.əm/ n [C] ⇒poema ⇒poesía

poet UK: /'pəʊ.ɪt/ US: /'poʊ.ət/ n [C] ⇒poeta ⇒poetisa

poetic UK: /pəʊ'et.ɪk/ US: /poʊ'eţ-/ adj ⇒poético,ca: a poetic licence - una licencia poética

poetry UK: /'pəʊ.ɪ.tri/ US: /'poʊ.ə-/ n [U] ⇒poesía

poignant /'pɔɪ.njənt/ adj ⇒conmovedor,-a: It was a poignant moment - Fue un momento conmovedor

↑ **point**[1] /pɔɪnt/ ▮ n [C] **1** ⇒punta: Be careful with the point of the pin - Ten cuidado con la punta del alfiler **2** (en deportes) ⇒punto ⇒tanto **3** ⇒momento: Just at that point, Peter sneezed - Justo en ese momento, Peter estornudó ■ Se dice at the point. Incorrecto: in that point **4** (en geometría) ⇒punto **5** (en matemáticas) ⇒con ⇒coma **6** (medida) ⇒punto **7** ⇒lugar ⇒punto **8** (calidad

plural forms of nouns

- El plural de los nombres se forma normalmente añadiendo una "-s":

  · a car $\longrightarrow$ two cars
  (un coche $\longrightarrow$ dos coches)

  · a boy $\longrightarrow$ some boys
  (un niño $\longrightarrow$ varios niños)

- Cuando el nombre termina en "-ch", "-sh", "-s", "-x" o "-z", se añade "-es":

  · a watch $\longrightarrow$ two watches
  (un reloj $\longrightarrow$ dos relojes)

  · the ash $\longrightarrow$ the ashes
  (la ceniza $\longrightarrow$ las cenizas)

  · a bus $\longrightarrow$ three buses
  (un autobús $\longrightarrow$ tres autobuses)

  · my boss $\longrightarrow$ my bosses
  (mi jefe $\longrightarrow$ mis jefes)

  · a box $\longrightarrow$ four boxes
  (una caja $\longrightarrow$ cuatro cajas)

- Cuando el nombre termina en consonante + "y", la "y" se convierte en "i" y se añade "-es":

  · a baby $\longrightarrow$ two babies
  (un bebé $\longrightarrow$ dos bebés)

  · a city $\longrightarrow$ two cities
  (una ciudad $\longrightarrow$ dos ciudades)

- Cuando el nombre termina en "-f" o en "-fe", la "f" se convierte en "v" y se añade "-es" o "-s", respectivamente:

  · a thief $\longrightarrow$ two thieves
  (un ladrón $\longrightarrow$ dos ladrones)

  · a knife $\longrightarrow$ two knives
  (un cuchillo $\longrightarrow$ dos cuchillos)

  Atención: el plural de "roof" es "roofs".

- Algunos nombres que terminan en "-o" forman su plural añadiendo "-es":

  · a potato $\longrightarrow$ two potatoes
  (una patata $\longrightarrow$ dos patatas)

  · a tomato $\longrightarrow$ two tomatoes
  (un tomate $\longrightarrow$ dos tomates)

P

Algunos nombres tienen **plurales irregulares**:

child (niño) $\longrightarrow$	children (niños)	foot (pie) $\longrightarrow$	feet (pies)
man (hombre) $\longrightarrow$	men (hombres)	tooth (diente) $\longrightarrow$	teeth (dientes)
woman (mujer) $\longrightarrow$	women (mujeres)	goose (ganso) $\longrightarrow$	geese (gansos)
person (persona) $\longrightarrow$	people (personas)	mouse (ratón) $\longrightarrow$	mice (ratones)

Atención: los plurales irregulares nunca llevan "-s" al final.

Las palabras, como "people" y "children", que son sustantivos contables, en plural, hacen la concordancia en plural:

· There <u>are</u> many people in the waiting room.
(Hay muchas personas en la sala de espera.)

Hay otros plurales irregulares que tienen la misma forma que su correspondiente singular:

· deer (ciervo/ciervos)

· sheep (oveja/ovejas)

⇒punto **9** (en geografía) ⇒promontorio **10** ⇒cuestión ⇒punto **‖** n [NO PL] **11** ⇒razón ⇒motivo **12** ⇒sentido: There is no point in waiting any longer - No tiene sentido seguir esperando **13** to be beside the ~ ⇒no tener nada que ver ⇒ser irrelevante **14** to the ~ **1** ⇒conciso,sa: Her article is short and to the point - Su artículo es breve y conciso **2** ⇒al grano col.: to get to the point - ir al grano

point² /pɔɪnt/ v [T, I] **1** ⇒señalar [con el dedo] **2** ⇒apuntar **3** ⇒mirar [hacia una dirección] **4** (en una pared, en un muro) ⇒repasar las juntas ⇒rejuntar
│ PHRASAL VERBS
└ · **to point sth/sb out** [M] **1** ⇒señalar ⇒indicar **2** ⇒señalar ⇒apuntar

point-blank¹ /ˌpɔɪntˈblæŋk, '--/ adj **1** ⇒categórico,ca ⇒rotundo,da ⇒tajante **2** a ~ range ⇒a quemarropa ⇒a bocajarro

point-blank² /ˌpɔɪntˈblæŋk, '--/ adv **1** ⇒categóricamente ⇒rotundamente ⇒tajantemente **2** ⇒a quemarropa ⇒a bocajarro

pointed UK: /ˈpɔɪn.tɪd/ US: /-t̬ɪd/ adj **1** ⇒puntiagudo,da ⇒afilado,da **2** ⇒malintencionado,da: a pointed comment - un comentario malintencionado **‖** PRON. La e se pronuncia como la i en did

pointer UK: /ˈpɔɪn.tə²/ US: /-t̬ə/ n [C] **1** ⇒sugerencia: ¿Can you give me a pointer? - ¿Tienes alguna sugerencia? **2** ⇒pista ⇒indicador **3** (instrumento) ⇒aguja ⇒indicador **4** ⇒puntero [para señalar] **5** ⇒perro de muestra

pointing n [U] (en construcción) ⇒junta

pointless /ˈpɔɪnt.ləs/ adj **1** ⇒sin sentido **2** ⇒inútil: It would be pointless to call her again - Sería inútil llamarla de nuevo

poise /pɔɪz/ n [U] **1** ⇒aplomo **2** ⇒elegancia ⇒garbo

poised /pɔɪzd/ adj **1** ⇒con aplomo ⇒sereno,na **2** ⇒preparado,da: poised to leave - preparado para partir **3** ⇒suspendido,da: poised in the air - suspendido en el aire

poison¹ /ˈpɔɪ.zᵊn/ n [C, U] ⇒veneno

poison² /ˈpɔɪ.zᵊn/ v [T] ⇒envenenar

poisoning /ˈpɔɪ.zᵊn.ɪŋ/ n [U] ⇒envenenamiento

poisonous /ˈpɔɪ.zᵊn.əs/ adj **1** ⇒venenoso,sa ⇒tóxico,ca **2** ⇒pernicioso,sa ⇒malicioso,sa

poke UK: /pəʊk/ US: /poʊk/ [poked, poking] v [T] **1** ⇒meter **2** ⇒dar [golpes] **3** (el fuego) ⇒atizar **4** to ~ {out/round/through} ⇒asomar
│ PHRASAL VERBS
└ · **to poke {about/around}** (inform) ⇒fisgonear ⇒fisgar

poker UK: /ˈpəʊ.kə²/ US: /ˈpoʊ.kə/ **‖** n [U] **1** ⇒póquer: to play poker - jugar al póquer **‖** n [C] **2** ⇒atizador [de fuego]

poker-faced UK: /ˈpəʊ.kə.feɪst/ US: /ˈpoʊ.kə-/ adj ⇒de rostro imperturbable ⇒de rostro impávido

poky UK: /ˈpəʊ.ki/ US: /ˈpoʊ-/ adj [comp pokie superl pokiest] **1** UK (inform) (un sitio) ⇒dimi nuto,ta **2** US (inform) ⇒muy lento,ta

Poland UK: /ˈpəʊ.lənd/ US: /ˈpoʊ-/ n [U] ⇒Polonia

polar UK: /ˈpəʊ.lə²/ US: /ˈpoʊ.lə/ adj **1** ⇒polar: th polar ice caps - los casquetes polares **2** polar op posites - polos opuestos

polar bear n [C] ⇒oso,sa polar

Pole n [C] ⇒polaco,ca

pole UK: /pəʊl/ US: /poʊl/ n [C] **1** (en geografía) ⇒pol **2** ⇒palo ⇒vara **3** ⇒poste **4** to be poles apart ⇒se polos opuestos ⇒ser completamente diferentes

pole vault (tb vault) n [NO PL] ⇒salto con pértiga

police¹ /pəˈliːs/ n [PL] ⇒policía

police² /pəˈliːs/ [policed, policing] v [T] (la poli cía) ⇒vigilar ⇒controlar

policeman /pəˈliːs.mən/ [pl policemen] n [C] ⇒po licía

policemen n [PL] See **policeman**

police officer n [C] ⇒agente de policía

police station n [C] ⇒comisaría [de policía] Where is the nearest police station? - ¿Dónd está la comisaría más cercana?

policewoman /pəˈliːs.wʊm.ən/ [pl policewomen n [C] ⇒policía ⇒mota AMÉR.

policy UK: /ˈpɒl.ə.si/ US: /ˈpɑː.lə-/ [pl policies] **‖** [C, U] **1** ⇒política: the government's foreign polic - la política exterior del gobierno **‖** n [C] **2** ⇒póli za [de seguros] **‖** Distinto de police (policía)

polio UK: /ˈpəʊ.li.əʊ/ US: /ˈpoʊ.li.oʊ/ n [U] (en me dicina) ⇒polio

Polish¹ UK: /ˈpəʊ.lɪʃ/ US: /ˈpoʊ-/ n [U] **1** (idioma ⇒polaco **2** the ~ (gentilicio) ⇒los polacos, las po lacas **‖** El singular es a Pole

Polish² UK: /ˈpəʊ.lɪʃ/ US: /ˈpoʊ-/ adj ⇒polaco,ca

polish¹ UK: /ˈpɒl.ɪʃ/ US: /ˈpɑː.lɪʃ/ v [T] **1** ⇒sacar brillo He polished his shoes before going out - Sacó brillo a los zapatos antes de salir **2** (una superficie ⇒pulir **3** ⇒encerar **4** (una habilidad, una técnico ⇒pulir ⇒perfeccionar **5** (los modales) ⇒refinar
│ PHRASAL VERBS
│ · **to polish sth off** [M] (inform) ⇒zampar(se algo col.: He polished off the cake - Se zamp toda la tarta **2** (inform) (el trabajo) ⇒cepillar se col.; ⇒despachar ⇒terminar [rápidamente]
│ · **to polish sb off** [M] (inform) ⇒cargarse a al
└ guien col.; ⇒cepillarse col.

polish² UK: /ˈpɒl.ɪʃ/ US: /ˈpɑː.lɪʃ/ **‖** n [C, U] **1** ⇒betún [d los zapatos] **2** ⇒cera **3** ⇒esmalte [de uñas] **‖** n [N PL] **4** ⇒brillo ⇒lustre **5** ⇒elegancia ⇒refinamiento

polished UK: /ˈpɒl.ɪʃt/ US: /ˈpɑː.lɪʃt/ adj **1** ⇒bri llante ⇒pulido,da **2** ⇒distinguido,da ⇒refinado,d **3** ⇒impecable: a polished performance - una ac tuación impecable

◼P

‣**olite** /pəˈlaɪt/ *adj* **1** ⇒educado,da ⇒cortés **2** *(un comportamiento)* ⇒correcto,ta ⇒amable

‣**olitely** /pəˈlaɪt.li/ *adv* ⇒cortésmente ⇒educadamente

‣**oliteness** /pəˈlaɪt.nəs/ *n* [U] ⇒educación ⇒cortesía

‣**olitical** UK: /pəˈlɪt.ɪ.kᵊl/ US: /-ˈlɪt̬.ə-/ *adj* **1** ⇒político,ca **2** *He is a political animal* - Lleva la política en la sangre

‣**olitically correct** *adj* ⇒políticamente correcto,ta ∎ La forma abreviada es *PC*

‣**olitician** UK: /ˌpɒl.ɪˈtɪʃ.ᵊn/ US: /ˌpɑː.ləˈ-/ *n* [c] ⇒político,ca: *an astute politician* - un político astuto

‣**olitics** UK: /ˈpɒl.ɪ.tɪks/ US: /ˈpɑː.lə-/ ∎ *n* [U] **1** *(actividad)* ⇒política **2** ⇒relaciones de poder ∎ Se puede usar con el verbo en singular o en plural ∎ *n* [U] **3** *(disciplina)* ⇒ciencias políticas

‣**oll** UK: /pəʊl/ US: /poʊl/ *n* [c] **1** ⇒encuesta ⇒sondeo **2** ⇒votación **3** ⇒elección

‣**ollen** UK: /ˈpɒl.ən/ US: /ˈpɑː.lən/ *n* [U] ⇒polen

‣**ollute** /pəˈluːt/ [polluted, polluting] *v* [T] **1** ⇒contaminar **2** ⇒corromper

‣**ollution** /pəˈluː.ʃᵊn/ *n* [U] ⇒contaminación: *pollution levels* - niveles de contaminación

‣**olo** UK: /ˈpəʊ.ləʊ/ US: /ˈpoʊ.loʊ/ *n* [U] *(deporte)* ⇒polo

‣**olo neck** UK *(US* turtleneck*)* *n* [c] ⇒cuello vuelto: *a polo neck sweater* - un jersey de cuello vuelto

‣**olyester** UK: /ˌpɒl.iˈes.tə⁻/ US: /ˌpɑː.liˈes.tə/ *n* [U] ⇒poliéster

‣**olynesia** UK: /ˌpɒ.lɪˈniː.ʒə/ US: /ˌpɑː.lə-/ *n* [U] ⇒Polinesia

‣**olynesian** UK: /ˌpɒ.lɪˈniː.ʒən/ US: /ˌpɑː.lə-/ *adj, n* [c] ⇒polinesio,sia

‣**olythene** UK: /ˈpɒl.ɪ.θiːn/ US: /ˈpɑː.lɪ-/ *UK n* [U] *(sustancia sintética)* ⇒polietileno

‣**omp** UK: /pɒmp/ US: /pɑːmp/ *n* [U] ⇒pompa ⇒ostentación

‣**ompous** UK: /ˈpɒm.pəs/ US: /ˈpɑːm-/ *adj* **1** ⇒ampuloso,sa ⇒grandilocuente **2** *(una persona)* ⇒ostentoso,sa ⇒presumido,da

‣**ond** UK: /pɒnd/ US: /pɑːnd/ *n* [c] ⇒estanque ⇒charca

‣**onder** UK: /ˈpɒn.də⁻/ US: /ˈpɑːn.də/ *v* [T, I] *(lit)* ⇒cavilar ⇒reflexionar ∎ Constr. to ponder + interrogativa indirecta

‣**ony** UK: /ˈpəʊ.ni/ US: /ˈpoʊ-/ *[pl* ponies*] n* [c] ⇒poni: *to ride a pony* - montar en poni

‣**onytail** UK: /ˈpəʊ.ni.teɪl/ US: /ˈpoʊ.ni.teɪl/ *n* [c] ⇒cola de caballo ⇒coleta

‣**oo** /puː/ *n* [c, U] ⇒caca *col.* ∎ Pertenece al lenguaje infantil

‣**oodle** /ˈpuː.dl̩/ *n* [c] ⇒caniche

pool[1] /puːl/ ∎ *n* [c] **1** ⇒charca ⇒estanque **2** *(tb* swimming pool*)* ⇒piscina ⇒alberca *AMÉR.;* ⇒pileta *AMÉR.* **3** ⇒charco **4** ⇒grupo ⇒colección **5** ⇒reserva ∎ *n* [U] **6** ⇒billar americano

pool[2] /puːl/ *v* [T] ⇒aunar ⇒juntar ⇒poner en común

pools *n* [PL] ⇒quiniela: *to do the pools* - jugar a la quiniela

↑ **poor** UK: /pɔːʳ/ US: /pʊr/ *adj* **1** ⇒pobre ⇒indigente **2** ⇒pobre ⇒que da lástima **3** ⇒malo,la ⇒pobre ⇒insuficiente

poorly[1] UK: /ˈpɔː.li/ US: /ˈpʊr-/ *adv* **1** ⇒pobremente **2** ⇒mal: *poorly paid* - mal pagado

poorly[2] UK: /ˈpɔː.li/ US: /ˈpʊr-/ *UK adj (inform)* ⇒enfermo,ma ⇒pachucho,cha *col.*

pop[1] UK: /pɒp/ US: /pɑːp/ ∎ *n* [U] **1** *(género musical)* ⇒pop **2** *(estilo)* ⇒pop **3** *(inform)* ⇒refresco [con gas] ∎ *n* [c] **4** *(sonido)* ⇒taponazo ⇒pequeño estallido ∎ *n* [NO PL] **5** *US (inform)* ⇒papá *col.*

pop[2] UK: /pɒp/ US: /pɑːp/ [popped, popping] ∎ *v* [T, I] **1** ⇒reventar ⇒estallar ∎ *v* [T] **2** *(inform)* ⇒poner ⇒meter ∎ Constr. Se usa generalmente seguido de una preposición o un adverbio **3** to ~ {in/over} *(inform)* ⇒pasar(se) **4** to ~ out *(inform)* ⇒salir un momento

|PHRASAL VERBS
└· **to pop up** *(inform)* ⇒aparecer de repente

popcorn UK: /ˈpɒp.kɔːn/ US: /ˈpɑːp.kɔːrn/ *n* [U] ⇒palomitas [de maíz] ⇒cabritas *AMÉR.*

↑ **pope** UK: /pəʊp/ US: /poʊp/ *n* [c] ⇒papa

poplar UK: /ˈpɒp.lə⁻/ US: /ˈpɑː.plə/ *n* [c] *(árbol)* ⇒chopo

poppy UK: /ˈpɒp.i/ US: /ˈpɑː.pi/ *[pl* poppies*] n* [c] ⇒amapola: *poppy seeds* - semillas de amapola

pop star *n* [c] ⇒estrella del pop

↑ **popular** UK: /ˈpɒp.jʊ.lə⁻/ US: /ˈpɑː.pjə.lə/ *adj* **1** ⇒popular ⇒estimado,da [por otras personas] **2** ⇒popular ⇒del pueblo **3** ⇒popular ⇒generalizado,da

popularity UK: /ˌpɒp.jʊˈlær.ə.ti/ US: /ˌpɑː.pjəˈler.ə.t̬i/ *n* [U] ⇒popularidad: *Her popularity waned after this* - Su popularidad decayó después de esto

popularize UK: /ˈpɒp.jʊ.lə.raɪz/ US: /ˈpɑː.pjə-/ [popularized, popularizing] *v* [T] ⇒popularizar

↑ **population** UK: /ˌpɒp.jʊˈleɪ.ʃᵊn/ US: /ˌpɑː.pjə-/ *n* [c] ⇒población ∎ Por ser un nombre colectivo se puede usar con el verbo en singular o en plural

porcelain UK: /ˈpɔː.sᵊl.ɪn/ US: /ˈpɔːr-/ *n* [U] **1** ⇒porcelana: *fine porcelain* - porcelana fina **2** ⇒objeto de porcelana

porch UK: /pɔːtʃ/ US: /pɔːrtʃ/ *[pl* porches*] n* [c] **1** ⇒porche **2** *US (UK/US tb* veranda*)* ⇒terraza [de una casa]

pore[1] UK: /pɔːʳ/ US: /pɔːr/ *n* [c] ⇒poro

P

pore² UK: /pɔː⁣ʳ/ US: /pɔːr/
| PHRASAL VERBS
· **to pore over** *(un documento, un dato)* ⇒estudiar minuciosamente

↑**pork** UK: /pɔːk/ US: /pɔːrk/ *n* [U] ⇒carne de cerdo: *pork chops* - chuletas de cerdo

pornography UK: /pɔːˈnɒg.rə.fi/ US: /pɔːrˈnɑː.grə-/ *n* [U] ⇒pornografía ∎ La forma abreviada es *porn*

porous UK: /ˈpɔː.rəs/ US: /ˈpɔːr.əs/ *adj* ⇒poroso,sa: *a porous rock* - una roca porosa

porridge UK: /ˈpɒr.ɪdʒ/ US: /ˈpɔːr-/ *n* [U] ⇒copos de avena ⇒gachas de avena

↑**port** UK: /pɔːt/ US: /pɔːrt/ ∎ *n* [C, U] **1** ⇒puerto ⇒embarcadero **2** ⇒puerto ⇒localidad portuaria ∎ *n* [C] **3** *Aus* ⇒maleta ⇒bolsa ∎ *n* [U] **4** *(vino)* ⇒Oporto **5** *(en una embarcación)* ⇒babor

portable UK: /ˈpɔː.tə.bl̩/ US: /ˈpɔːr.tə-/ *adj* ⇒portátil: *a portable radio* - una radio portátil

porter UK: /ˈpɔː.təʳ/ US: /ˈpɔːr.tə̩/ *n* [C] **1** *(en una estación, en un aeropuerto)* ⇒mozo de equipajes ⇒maletero,ra *AMÉR.* **2** *(en un hotel)* ⇒botones ⇒maletero,ra *AMÉR.* **3** *(en un hospital)* ⇒celador,-a **4** *(en la montaña, en la jungla)* ⇒porteador,-a

portfolio UK: /ˌpɔːtˈfəʊ.li.əʊ/ US: /ˌpɔːrtˈfoʊ.li.oʊ/ *n* [C] **1** ⇒muestra de fotos o dibujos **2** ⇒cartera [ministerial] **3** *(en economía)* ⇒cartera [de acciones] **4** *(en una empresa)* ⇒cartera [de productos]

porthole UK: /ˈpɔːt.həʊl/ US: /ˈpɔːrt.hoʊl/ *n* [C] *(en un barco)* ⇒portilla

↑**portion** UK: /ˈpɔː.ʃ⁣ᵉn/ US: /ˈpɔːr-/ *n* [C] **1** ⇒porción ⇒parte **2** *(en un restaurante)* ⇒ración **3** *(de tarta, de queso)* ⇒trozo

═P ↑**portrait** UK: /ˈpɔː.trət/ UK: /-treɪt/ US: /ˈpɔːr.trɪt/ *n* [C] ⇒retrato: *to sit for a portrait* - hacerse un retrato

↑**portray** UK: /pɔːˈtreɪ/ US: /pɔːr-/ *v* [T] **1** ⇒retratar **2** ⇒representar ⇒describir **3** *(un papel)* ⇒interpretar ⇒representar

Portugal UK: /ˈpɔː.tʃə.gəl/ US: /ˈpɔːr-/ *n* [U] ⇒Portugal: *I've only been to Portugal once* - Solo he estado una vez en Portugal

Portuguese¹ UK: /ˌpɔː.tʃəˈgiːz/ US: /ˌpɔːr-/ ∎ *n* [U] **1** *(idioma)* ⇒portugués ∎ *n* [C] **2** *(gentilicio)* ⇒portugués,-a

Portuguese² UK: /ˌpɔː.tʃəˈgiːz/ US: /ˌpɔːr-/ *adj* ⇒portugués,-a

↑**pose¹** UK: /pəʊz/ US: /poʊz/ [posed, posing] *v* [I] **1** *(para un cuadro, para una foto)* ⇒posar **2** *UK* ⇒llamar la atención
| PHRASAL VERBS
└· **to pose as sb** ⇒hacerse pasar por alguien

pose² UK: /pəʊz/ US: /poʊz/ ∎ *n* [C] **1** ⇒pose ⇒postura ⇒posición ∎ *n* [NO PL] **2** ⇒pose ⇒fingimiento ⇒afectación

↑**posh** UK: /pɒʃ/ US: /pɑːʃ/ *adj* **1** *(inform)* ⇒de lujo ⇒de clase **2** *UK (inform)* ⇒pijo,ja *col. desp.*

↑**position¹** UK: /pəˈzɪʃ.⁣ᵉn/ ∎ *n* [C] **1** ⇒ubicación ⇒situación **2** *(form)* ⇒opinión ⇒postura **3** ⇒situación ⇒posición **4** ⇒colocación ⇒puesto ⇒empleo **5** ⇒puesto ⇒posición ∎ *n* [C, U] **6** ⇒posición ⇒postura **7** to be in a ~ to do *sth* ⇒estar en posición de hacer algo

position² UK: /pəˈzɪʃ.⁣ᵉn/ *v* [T] ⇒colocar(se) ⇒posicionar(se) ∎ CONSTR. Se usa más como reflexivo

↑**positive** UK: /ˈpɒz.ə.tɪv/ US: /ˈpɑː.zə.t̪ɪv/ *adj* **1** ⇒positivo,va **2** ⇒convencido,da ⇒seguro,ra ∎ CONSTR. 1. positive + (that) 2. Se usa detrás de un verbo **3** *(en medicina)* ⇒positivo,va

positively UK: /ˈpɒz.ə.tɪv.li/ US: /ˈpɑː.zə.t̪ɪv-/ *adv* **1** ⇒positivamente ⇒favorablemente **2** ⇒rotundamente **3** ⇒con seguridad ⇒decididamente

↑**possess** UK: /pəˈzes/ [possesses] *v* [T] **1** *(form)* ⇒poseer **2** *What possessed you to say that?* - ¿Qué te ha dado para decir eso?

possession /pəˈzeʃ.⁣ᵉn/ *n* [C, U] *(form)* ⇒posesión ∎ Se usa más en plural

possessive /pəˈzes.ɪv/ *adj* ⇒posesivo,va ∎ Ver cuadro

---

possessive adjectives and pronouns

Se usan los adjetivos y pronombres posesivos para indicar a quién pertenece algo.

Adjetivos posesivos	Pronombres posesivos
my	mine
your	yours
his	his
her	hers
its	its
our	ours
your	yours
their	theirs

Se usan los **adjetivos posesivos** con un nombre:	Se usan los **pronombres posesivos** sin nombre:
· *Jeremy is **my** <u>brother</u>.* (Jeremy es mi hermano.)	· *Sheila's bike is red.* ***Mine** (= my bike) is black.* (La bici de Sheila es roja. La mía es negra.)
· ***Our** <u>parents</u> live in France.* (Nuestros padres viven en Francia.)	· *Their house is new.* ***Ours** (=our house) is old.* (Su casa es nueva. La nuestra es antigua.)
· ***Her** <u>boots</u> are blue.* (Sus botas son azules.)	